LICITAÇÃO E CONTRATAÇÃO PÚBLICA

De acordo com a Lei nº 14.133/21

A Editora Fórum, consciente das questões sociais e ambientais, utilizou, na impressão deste material, papéis certificados FSC® (*Forest Stewardship Council*).

A certificação FSC® é uma garantia de que a matéria-prima utilizada na fabricação do papel deste livro provém de florestas manejadas de maneira ambientalmente correta, socialmente justa e economicamente viável.

JOSÉ ANACLETO ABDUCH SANTOS

Prefácio
Marçal Justen Filho

LICITAÇÃO E CONTRATAÇÃO PÚBLICA
De acordo com a Lei nº 14.133/21

Belo Horizonte

2023

©2023 Editora Fórum Ltda.

É proibida a reprodução total ou parcial desta obra, por qualquer meio eletrônico, inclusive por processos xerográficos, sem autorização expressa do Editor.

Conselho Editorial

Adilson Abreu Dallari	Floriano de Azevedo Marques Neto
Alécia Paolucci Nogueira Bicalho	Gustavo Justino de Oliveira
Alexandre Coutinho Pagliarini	Inês Virgínia Prado Soares
André Ramos Tavares	Jorge Ulisses Jacoby Fernandes
Carlos Ayres Britto	Juarez Freitas
Carlos Mário da Silva Velloso	Luciano Ferraz
Cármen Lúcia Antunes Rocha	Lúcio Delfino
Cesar Augusto Guimarães Pereira	Marcia Carla Pereira Ribeiro
Clovis Beznos	Márcio Cammarosano
Cristiana Fortini	Marcos Ehrhardt Jr.
Dinorá Adelaide Musetti Grotti	Maria Sylvia Zanella Di Pietro
Diogo de Figueiredo Moreira Neto (*in memoriam*)	Ney José de Freitas
Egon Bockmann Moreira	Oswaldo Othon de Pontes Saraiva Filho
Emerson Gabardo	Paulo Modesto
Fabrício Motta	Romeu Felipe Bacellar Filho
Fernando Rossi	Sérgio Guerra
Flávio Henrique Unes Pereira	Walber de Moura Agra

Luís Cláudio Rodrigues Ferreira
Presidente e Editor

Coordenação editorial: Leonardo Eustáquio Siqueira Araújo
Aline Sobreira de Oliveira

Rua Paulo Ribeiro Bastos, 211 – Jardim Atlântico – CEP 31710-430
Belo Horizonte – Minas Gerais – Tel.: (31) 99412.0131
www.editoraforum.com.br – editoraforum@editoraforum.com.br

Técnica. Empenho. Zelo. Esses foram alguns dos cuidados aplicados na edição desta obra. No entanto, podem ocorrer erros de impressão, digitação ou mesmo restar alguma dúvida conceitual. Caso se constate algo assim, solicitamos a gentileza de nos comunicar através do *e-mail* editorial@editoraforum.com.br para que possamos esclarecer, no que couber. A sua contribuição é muito importante para mantermos a excelência editorial. A Editora Fórum agradece a sua contribuição.

Dados Internacionais de Catalogação na Publicação (CIP) de acordo com ISBD

S237l	Santos, José Anacleto Abduch
	Licitação e contratação pública: de acordo com a Lei nº 14.133/21 / José Anacleto Abduch Santos. Belo Horizonte: Fórum, 2023.
	782p. 17x24cm
	ISBN 978-65-5518-613-0
	1. Licitações. 2. Contratos administrativos. 3. Contratações públicas. 4. Administração pública. 5. Tribunal de Contas. 6. Contratos públicos. I. Título.
	CDD: 342
	CDU: 342.2

Ficha catalográfica elaborada por Lissandra Ruas Lima – CRB/6 – 2851

Informação bibliográfica deste livro, conforme a NBR 6023:2018 da Associação Brasileira de Normas Técnicas (ABNT):

SANTOS, José Anacleto Abduch. Licitação e contratação pública: de acordo com a Lei nº 14.133/21. Belo Horizonte: Fórum, 2023. 782p. ISBN 978-65-5518-613-0.

Dedico este trabalho, com amor pleno, para Gloria Lucia, esposa amada e companheira inseparável de todas as horas, e para minhas queridas filhas Fernanda e Andressa, três fontes de toda inspiração e razão de minha vida.

SUMÁRIO

PREFÁCIO
Marçal Justen Filho 21

INTRODUÇÃO 25

CAPÍTULO 1
FUNDAMENTOS JURÍDICOS DO PROCESSO DA CONTRATAÇÃO PÚBLICA 29

1.1	Dever de licitar...	29
1.2	Competência para legislar sobre licitações e contratos administrativos	30
1.3	Obrigados a realizar licitação prévia para celebrar contratos	32
1.4	Relações contratuais submetidas ao regime jurídico da Lei nº 14.133/21	38
1.5	Princípios do processo da contratação pública..	39
1.6	Lei de Introdução às Normas do Direito Brasileiro aplicada às contratações públicas	42

CAPÍTULO 2
GOVERNANÇA DE CONTRATAÇÃO PÚBLICA 47

2.1	Governança pública e governança de contratações públicas..........................	47
2.2	Dever de implementar sistemas de governança no setor público e nas contratações públicas	51
2.3	Deveres fundamentais de governança no plano das contratações públicas....	52
2.3.1	Dever de capacitação e aperfeiçoamento dos agentes públicos para as funções essenciais no processo da contratação	53
2.3.2	Dever de edição de normas regulamentares	53
2.3.3	Dever de provimento de recursos materiais	54
2.3.4	Dever de implementar processos e estruturas, inclusive de gestão de riscos e controles internos	54
2.4	Instrumentos de governança de contratações públicas	56
2.5	Governança de contratações e Lei Geral de Proteção de dados	57
2.5.1	Dados pessoais informados como condição para participar de licitações ou ser contratado	58
2.5.2	Do uso compartilhado de dados pessoais pelo Poder Público.......................	59
2.5.3	Condutas vedadas à Administração Pública quando do tratamento de dados pessoais em licitações e contratações públicas....................................	60
2.5.4	Deveres da Administração Pública relacionados à implementação da LGPD nos processos de licitação e de contratação	61
2.5.5	Da gestão dos riscos e responsabilidade pelo tratamento de dados pessoais pela Administração no processo da contratação pública	61

2.5.6	Dever de governança em relação aos dados pessoais utilizados no processo da contratação pública	62
2.5.7	Lei Geral de Proteção de dados e contratos de prestação de serviços com dedicação exclusiva de mão de obra	63

CAPÍTULO 3
MODALIDADES DE LICITAÇÃO E MODOS DE DISPUTA ... 65

3.1	Conceito e natureza jurídica de modalidade de licitação	65
3.2	Modalidades de licitação em espécie	66
3.2.1	Aspectos jurídicos relevantes do pregão	66
3.2.2	Aspectos jurídicos relevantes da concorrência	69
3.2.3	Aspectos jurídicos relevantes do concurso	70
3.2.4	Aspectos jurídicos relevantes do leilão	70
3.2.5	Aspectos jurídicos relevantes do diálogo competitivo	72
3.3	Modos de disputa	77
3.4	Fases da etapa de seleção do fornecedor ou prestador (licitação em sentido estrito)	80
3.4.1	Etapa recursal	83

CAPÍTULO 4
ETAPA PREPARATÓRIA DA CONTRATAÇÃO PÚBLICA ... 85

4.1	O planejamento da contratação pública como dever jurídico estruturante da formação do contrato	85
4.2	Dever de planejamento na dimensão dos princípios da proporcionalidade e da razoabilidade	86
4.3	Os objetivos especiais do processo da contratação – diretrizes estruturantes e funcionais da etapa preparatória	89
4.3.1	Assegurar a seleção da proposta apta a gerar o resultado de contratação mais vantajoso para a Administração Pública, inclusive no que se refere ao ciclo de vida do objeto	90
4.3.2	Assegurar tratamento isonômico entre os licitantes, bem como a justa competição	93
4.3.3	Evitar contratações com sobrepreço ou com preços manifestamente inexequíveis e superfaturamento na execução dos contratos	96
4.3.4	Incentivar a inovação e o desenvolvimento nacional sustentável	99
4.4	Agentes públicos responsáveis pelo processo da contratação pública	101
4.4.1	Requisitos para a designação para exercer funções essenciais no processo da contratação	101
4.4.2	Designação de agentes públicos deve observar a segregação de funções	106
4.5	Atribuições dos agentes encarregados das funções essenciais no processo da contratação	107
4.5.1	Atribuições da fase preparatória	107
4.5.2	Atribuições da fase de seleção de fornecedor ou de prestador	108
4.5.3	Atribuições da fase de gestão e fiscalização da execução contratual	110
4.6	Manifestação jurídica no exercício de controle de juridicidade	111
4.6.1	Manifestação jurídica decorrente de consulta obrigatória	113
4.6.2	Manifestação jurídica decorrente de consulta facultativa	113

4.6.3	Conteúdo e forma da manifestação jurídica	114
4.7	Dever jurídico de planejamento – diretriz normativa	115
4.7.1	Diretrizes normativas da etapa preparatória da contratação de acordo com a norma contida no art. 18	115
4.7.1.1	Plano de contratações anual	116
4.7.1.2	Alinhamento com leis orçamentárias	116
4.7.2	Considerações técnicas, mercadológicas e de gestão que podem interferir na contratação	118
4.7.2.1	A descrição da necessidade da contratação fundamentada em estudo técnico preliminar que caracterize o interesse público envolvido	118
4.7.2.2	A definição do objeto para o atendimento da necessidade, por meio de termo de referência, anteprojeto, projeto básico ou projeto executivo, conforme o caso	118
4.7.2.3	Definição das condições de execução e pagamento, das garantias exigidas e ofertadas e das condições de recebimento	123
4.7.2.4	Orçamento estimado, com as composições dos preços utilizados para sua formação	123
4.7.2.5	Elaboração do edital de licitação	129
4.7.2.6	Elaboração de minuta de contrato, quando necessária, que constará obrigatoriamente como anexo do edital de licitação	129
4.7.2.7	O regime de fornecimento de bens, de prestação de serviços ou de execução de obras e serviços de engenharia, observados os potenciais de economia de escala	130
4.7.2.8	A modalidade de licitação, o critério de julgamento, o modo de disputa e a adequação e eficiência da forma de combinação desses parâmetros, para os fins de seleção da proposta apta a gerar o resultado de contratação mais vantajoso para a Administração Pública, considerado todo o ciclo de vida do objeto	137
4.7.2.9	Motivação circunstanciada das condições do edital, tais como justificativa de exigências de qualificação técnica, mediante indicação das parcelas de maior relevância técnica ou valor significativo do objeto, e de qualificação econômico-financeira, justificativa dos critérios de pontuação e julgamento das propostas técnicas, nas licitações com julgamento por melhor técnica ou técnica e preço, e justificativa das regras pertinentes à participação de empresas em consórcio	139
4.7.2.10	Análise dos riscos que possam comprometer o sucesso da licitação e a boa execução contratual – dever de gestão de riscos	141
4.7.2.11	A motivação sobre o momento da divulgação do orçamento da licitação – definição sobre sigilo do orçamento estimativo	144
4.7.3	Estudo técnico preliminar	146
4.7.4	Definição dos requisitos de habilitação	149
4.7.4.1	Habilitação jurídica	152
4.7.4.2	Regularidade fiscal, trabalhista e social	153
4.7.4.3	Habilitação técnica	161
4.7.4.4	Habilitação econômico-financeira	172
4.8	Particularidades da etapa preparatória da contratação de compras	178
4.8.1	Princípios aplicáveis às compras	182
4.8.1.1	Princípio da padronização	182

4.8.1.2	Princípio do parcelamento	184
4.8.1.3	Desnecessidade de parcelamento do objeto contratual	186
4.8.2	Indicação de marca	188
4.8.3	Exigência de amostra, prova de conceito e carta de solidariedade	189
4.9	Particularidades da etapa preparatória da contratação de gestão para ocupação de imóveis públicos – contratação de facilities	192
4.9.1	Regime de execução de obras nos contratos de facilities	195
4.10	Definição dos encargos contratuais – Direitos e deveres das partes contra	195
4.11	Definição das garantias contratuais	196
4.12	Contratações públicas sustentáveis: inserindo requisitos de sustentabilidade no processo da contratação pública ou contratações públicas ESG (*environmental, social and governance*)	198
4.13	Regras para participação de microempresas e empresas de pequeno porte	207
4.13.1	Prova da condição de microempresa ou empresa de pequeno porte	208
4.13.2	Tratamento diferenciado e favorecido	210
4.13.3	Tratamento diferenciado e simplificado	211
4.13.4	Regime de tratamento diferenciado para ME e EPP previsto na Lei nº 14.133/21	216
4.14	Instrumento convocatório da licitação	218
4.15	Publicidade do instrumento convocatório	223
4.16	Regime jurídico da alocação dos riscos – matriz de riscos – taxa de riscos	226
4.17	Conteúdo e formalização da relação contratual	231

CAPÍTULO 5
FUNDAMENTOS JURÍDICOS DO CONTRATO ADMINISTRATIVO ... 235

5.1	Aspectos elementares da relação contratual administrativa	235
5.2	Conceito de contrato administrativo	237
5.3	Regime jurídico aplicável aos contratos administrativos	242
5.4	As denominadas cláusulas exorbitantes: concretização das prerrogativas públicas na formação e na gestão dos contratos administrativos	244
5.4.1	Prerrogativas exorbitantes em espécie	247
5.4.1.1	Modificação unilateral para melhor adequação às finalidades de interesse público, respeitados os direitos do contratado	247
5.4.1.2	Extingui-los, unilateralmente, nos casos especificados na Lei;	249
5.4.1.3	Fiscalizar a execução contratual	250
5.4.1.4	Aplicar sanções motivadas pela inexecução total ou parcial do ajuste ou pelo cometimento de infração à norma jurídica	250
5.4.1.5	Ocupar provisoriamente bens móveis e imóveis e utilizar pessoal e serviços vinculados ao objeto do contrato nas hipóteses de: a) risco à prestação de serviços essenciais; b) necessidade de acautelar apuração administrativa de faltas contratuais pelo contratado, inclusive após extinção do contrato	251
5.5	Direitos do contratado em face do exercício de prerrogativas de alteração unilateral do contrato	252

CAPÍTULO 6
DA DURAÇÃO DOS CONTRATOS ADMINISTRATIVOS ... 253

6.1	Prazo de vigência e prazo de execução	253

6.2	Parâmetros para a definição do prazo de vigência do contrato administrativo	254
6.2.1	Elemento jurídico para definição do prazo de vigência contratual	254
6.2.2	Elemento técnico para definição do prazo de vigência contratual	259
6.2.3	Elemento econômico-financeiro e orçamentário para a definição do prazo de vigência	261
6.3	Configuração de contratos plurianuais – contratos de prestação de serviços contínuos e contratos de fornecimentos contínuos	261
6.3.1	Contratos plurianuais	262
6.3.2	Contratos de prestação de serviços a serem executados de forma contínua	262
6.3.3	Contratos de fornecimentos a serem executados de forma contínua	268
6.4	Requisitos para a celebração de contratos plurianuais	269
6.4.1	Atestar a maior vantagem econômica vislumbrada em razão da contratação plurianual	270
6.4.2	Aferir, no início da contratação e de cada exercício, a existência de créditos orçamentários vinculados à contratação e a vantagem em sua manutenção	270
6.4.3	Previsão contratual de prerrogativa pública de extinguir o contrato, sem ônus, quando não dispuser de créditos orçamentários para sua continuidade ou quando entender que o contrato não mais lhe oferece vantagem	271
6.5	Regime jurídico da prorrogação ou da renovação contratual – possibilidade de vigência decenal	272
6.5.1	Primeiro requisito para a prorrogação de contratos de fornecimentos contínuos e de serviços contínuos – previsão no instrumento convocatório	275
6.5.2	Segundo requisito para a prorrogação de contratos de fornecimentos contínuos e de serviços contínuos – preços e condições vantajosos	278
6.6	Algumas interpretações feitas pelo Tribunal de Contas da União acerca dos contratos de prestação de serviços contínuos	278
6.6.1	Aquisição de combustíveis	278
6.6.2	Fornecimento de material de informática	279
6.6.3	Fornecimento de passagens aéreas	280
6.7	Particularidades dos contratos de locação de equipamentos	281
6.8	Particularidades dos contratos de utilização de programas de informática	282
6.9	Prorrogação do prazo de execução no caso de contratos de escopo	285
6.9.1	Causas de descumprimento do prazo de contrato de escopo atribuíveis à Administração Pública	287
6.9.1.1	Alteração do projeto ou especificações pela Administração	287
6.9.1.2	Interrupção da execução do contrato ou diminuição do ritmo de trabalho por ordem e no interesse da Administração	289
6.9.1.3	Omissão ou atraso de providências a cargo da Administração, inclusive quanto aos pagamentos previstos de que resulte, diretamente, impedimento ou retardamento na execução do contrato	289
6.9.2	Causas de descumprimento do prazo de contrato de escopo atribuíveis ao contratado	289
6.9.3	Causas de descumprimento do prazo de contrato de escopo alheias e estranhas à vontade ou conduta das partes contratantes	291
6.10	Hipótese de prorrogação automática do prazo de vigência de contrato de escopo	292

6.11	Limites e pressupostos objetivos para as prorrogações contratuais...............	293
6.12	Celebração de contratos com vigência de 10 (dez) anos..........................	304
6.13	Definição do prazo inicial dos contratos plurianuais com duração de até 10 anos..	305
6.14	Contratos com vigência indeterminada...	306
6.15	Definição de prazo de contratos de receita e de eficiência........................	307
6.15.1	Definição do prazo de contratos de receita sem investimentos	308
6.15.2	Definição do prazo de contrato de receita com investimentos................	308
6.15.3	Reversão das benfeitorias permanentes ao patrimônio público	309
6.15.4	Prorrogação e extinção antecipada dos contratos de receita	309
6.16	Duração de contratos regidos por lei especial	310
6.17	Duração de contratos sob regime de fornecimento e prestação de serviço associado..	310
6.18	Duração dos contratos de operação continuada de sistemas estruturantes de tecnologia de informação...	310
6.19	Duração dos contratos de gestão para ocupação de imóveis públicos – contrato de *facilities*	311

CAPÍTULO 7
ALTERAÇÃO DOS CONTRATOS ADMINISTRATIVOS 313

7.1	Noções fundamentais acerca do regime jurídico das alterações contratuais ..	313
7.2	Espécies de alterações contratuais	319
7.2.1	Quanto à vontade das partes: alterações unilaterais e alterações consensuais..	319
7.2.2	Quanto ao conteúdo: alterações objetivas quantitativas e alterações objetivas qualitativas...	320
7.2.3	Quanto aos sujeitos: alterações subjetivas	322
7.3	Limites para as alterações quantitativas e alterações qualitativas	326
7.3.1	Primeiro limite às alterações contratuais: integridade e identidade do objeto – Princípio licitatório	327
7.3.2	Segundo limite às alterações contratuais: mercado concorrencial original	332
7.3.3	Terceiro limite às alterações contratuais: percentuais estabelecidos em lei para acréscimos e supressões	333
7.3.3.1	O percentual de acréscimo deve incidir sobre o valor inicial do contrato, descontado o valor de eventual supressão anteriormente havida..............	336
7.3.3.2	São vedadas compensações entre acréscimos e supressões......................	337
7.3.3.3	Os limites devem ser observados também em contratos cujo valor seja estimativo...	339
7.3.3.4	Limites para alterações qualitativas	340
7.3.4	Quarto limite às alterações contratuais: capacidade técnica e econômico-financeira do contratado...	342
7.4	Definição de preço unitário dos itens acrescidos quando de alterações contratuais	343
7.4.1	Definição de preço unitário no caso de acréscimo de itens que já têm previsão contratual...	343
7.4.2	Definição de preço unitário no caso de acréscimo de itens novos que não estavam previstos originalmente no contrato	344

7.5	Particularidades das alterações de contratos de obras, serviços de engenharia e de prestação de serviços, contínuos ou não: evitando o "jogo de planilhas"	345
7.6	Incomunicabilidade jurídico-material entre os limites percentuais para alterações contratuais e as formas de recomposição do equilíbrio econômico-financeiro	348
7.7	Incomunicabilidade jurídico-material entre os efeitos econômicos das alterações contratuais e o fundamento da contratação direta em razão do valor do objeto	349
7.8	Direitos do contratado em caso de supressão de obras, bens ou serviços	350
7.9	Vedação a alterações contratuais no caso de adoção dos regimes de execução por contratação semi-integrada ou contratação integrada	351
7.10	Responsabilidade por alterações contratuais decorrentes de falhas de projeto	353
7.11	A formalização das alterações contratuais	355
7.11.1	Celebração de termo aditivo é condição para execução material das alterações contratuais pretendidas	355
7.11.2	Formalização da alteração contratual em casos de urgência – direito de postergação da celebração de termo aditivo	359
7.12	Formalização das alterações contratuais – requisitos para configuração do termo aditivo	360

CAPÍTULO 8
O CONTROLE INTERNO DA EXECUÇÃO CONTRATUAL 363

8.1	Dever de controle interno	363
8.2	Dever de controle e de implementar processos e estruturas de controle interno	364
8.3	Auditoria interna e controle interno no plano da Lei nº 14.133/21	365
8.4	Dever de orientação por parte do órgão de controle interno	368
8.5	Dever de orientação e vedação à prática de atos que caracterizem cogestão	369
8.6	Controle da execução contratual: gestão e fiscalização do contrato	369
8.7	Natureza jurídica do controle da execução contratual: controle interno, liquidação da despesa e instrumental como referência para aplicação de sanções e análise do histórico de desempenho	371
8.8	Protagonistas do controle interno da execução contratual	375
8.8.1	Autoridade responsável pela contratação	376
8.8.2	Órgão de controle interno	377
8.8.3	Gestor do contrato	379
8.8.3.1	Atribuições, em espécie, do gestor do contrato	382
8.8.4	Fiscal do contrato	382
8.8.4.1	Da designação do fiscal	384
8.9	Responsabilidade da autoridade competente, do gestor e do fiscal por vícios na execução contratual	387
8.10	Atribuições e elementos do controle da execução contratual	388
8.10.1	Controle dos elementos jurídicos da execução contratual	388
8.10.2	Controle dos elementos econômico-financeiros e orçamentários	389

8.10.3	Controle dos elementos técnicos da execução contratual: obrigação principal	389
8.10.4	Controle dos elementos administrativo-tributários da execução: obrigações acessórias	390
8.10.5	Registro formal das ocorrências e sistemas de controle e de avaliação de desempenho	390
8.11	Contratação de prestação de serviços de auxílio e apoio à fiscalização	394
8.12	Recebimento do objeto do contrato	397
8.13	Retenção ou glosa do pagamento devido ao contratado: limites e possibilidades	404
8.14	Pagamento antecipado	407
8.15	Nulidade da licitação e do contrato e subsistência da obrigação de pagamento	410
8.16	Dever de pagamento e ordem cronológica	412
8.16.1	Dever de pagamento	413
8.16.2	Formação e constituição do dever de pagamento	413
8.16.3	Aspectos jurídicos relevantes sobre ordem cronológica de pagamento	415
8.16.4	Ordem cronológica e unidades gestoras financeiras	416
8.16.5	Responsabilidade pela violação da ordem cronológica de pagamento	417
8.16.6	Controle da ordem cronológica de pagamentos	417
8.16.7	O papel da assessoria jurídica e do controle interno pela observância da ordem cronológica de pagamento	419
8.16.8	Violação da ordem cronológica de pagamentos sob o enfoque dos princípios da razoabilidade e da proporcionalidade	419
8.16.9	Conclusões acerca da ordem cronológica de pagamento	419
8.17	*Compliance* de contratações públicas – o modelo das linhas de defesa	420
8.17.1	O modelo das linhas de defesa	422
8.17.2	Implementação de programa de *compliance* de contratações públicas	425

CAPÍTULO 9
O EQUILÍBRIO ECONÔMICO-FINANCEIRO DOS CONTRATOS ADMINISTRATIVOS E AS FORMAS DE RECOMPOSIÇÃO QUANDO VIOLADO ... 431

9.1	Equilíbrio econômico financeiro do contrato	431
9.2	Hipóteses de desequilíbrio econômico-financeiro do contrato administrativo	434
9.2.1	Desequilíbrio econômico-financeiro em decorrência de evento da álea administrativa	437
9.2.2	Desequilíbrio econômico-financeiro em decorrência de fato da administração	437
9.2.3	Desequilíbrio econômico-financeiro em decorrência de fato do príncipe	438
9.2.4	Desequilíbrio econômico-financeiro em decorrência de evento da álea econômica – ordinária ou extraordinária	440
9.2.5	Desequilíbrio econômico-financeiro em decorrência de força maior, caso fortuito e sujeições imprevistas	443
9.3	Formas de recomposição do equilíbrio econômico-financeiro do contrato administrativo	444
9.3.1	Recomposição da equação econômico-financeira por reajuste	445

9.3.1.1	Do reajustamento em sentido estrito	449
9.3.1.1.1	Periodicidade mínima para o reajustamento em sentido estrito	449
9.3.1.2	Previsão do reajustamento em sentido estrito no instrumento convocatório	457
9.3.2	Recomposição da equação econômico-financeira por reajustamento por repactuação	458
9.3.2.1	Formalização do reajustamento por repactuação	462
9.3.3	Instrumento para a formalização do reajuste contratual	464
9.4	Recomposição da equação econômico-financeira por revisão	464
9.4.1	Periodicidade da revisão	466
9.4.2	O fato gerador da revisão	466
9.4.3	A revisão contratual a favor da Administração Pública	472
9.4.4	A formalização da revisão do contrato administrativo	474
9.5	Prazo para a solicitação de recomposição do equilíbrio econômico-financeiro do contrato – a questão da preclusão lógica	475

CAPÍTULO 10
EXTINÇÃO DOS CONTRATOS ADMINISTRATIVOS 481

10.1	Extinção dos contratos	481
10.2	Causas de extinção do contrato	482
10.2.1	Não cumprimento ou cumprimento irregular de normas editalícias ou de cláusulas contratuais, de especificações, de projetos ou de prazos;	482
10.2.2	Desatendimento das determinações regulares emitidas pela autoridade designada para acompanhar e fiscalizar sua execução ou por autoridade superior	482
10.2.3	Alteração social ou modificação da finalidade ou da estrutura da empresa que restrinja sua capacidade de concluir o contrato	483
10.2.4	Decretação de falência ou de insolvência civil, dissolução da sociedade ou falecimento do contratado	483
10.2.5	Caso fortuito ou força maior, regularmente comprovados, impeditivos da execução do contrato	483
10.2.6	Atraso na obtenção da licença ambiental, ou impossibilidade de obtê-la, ou alteração substancial do anteprojeto que dela resultar, ainda que obtida no prazo previsto	484
10.2.7	Atraso na liberação das áreas sujeitas à desapropriação, à desocupação ou à servidão administrativa, ou impossibilidade de liberação dessas áreas	484
10.2.8	Razões de interesse público, justificadas pela autoridade máxima do órgão ou da entidade contratante	484
10.2.9	Não cumprimento das obrigações relativas à reserva de cargos prevista em lei, bem como em outras normas específicas, para pessoa com deficiência, para reabilitado da Previdência Social ou para aprendiz	484
10.2.10	Motivos não previstos expressamente em lei que podem justificar a extinção do contrato	485
10.2.10.1	A paralisação da obra, do serviço ou do fornecimento, sem justa causa e prévia comunicação à Administração	485
10.2.10.2	Subcontratação total ou parcial do seu objeto, a associação do contratado com outrem, a cessão ou transferência, total ou parcial, bem como a fusão, cisão ou incorporação não admitidas no edital e no contrato	485
10.2.10.3	Cometimento reiterado de faltas na sua execução	486

10.3	Extinção unilateral	487
10.4	Extinção consensual	487
10.5	Extinção judicial	489
10.5.1	A supressão, por parte da Administração, de obras, serviços ou compras, acarretando modificação do valor inicial do contrato além do limite permitido pelo art. 125 da Lei	489
10.5.2	Suspensão de execução do contrato, por ordem escrita da Administração, por prazo superior a 3 (três) meses;	489
10.5.3	Repetidas suspensões que totalizem 90 (noventa) dias úteis, independentemente do pagamento obrigatório de indenização pelas sucessivas e contratualmente imprevistas desmobilizações e mobilizações e outras previstas	490
10.5.4	Atraso superior a 2 (dois) meses, contado da emissão da nota fiscal, dos pagamentos ou de parcelas de pagamentos devidos pela Administração por despesas de obras, serviços ou fornecimentos	490
10.6	Opção pela extinção contratual e o devido processo administrativo como condição para o desfazimento do contrato	490
10.7	Consequências da extinção contratual	492

CAPÍTULO 11
MEIOS ALTERNATIVOS DE RESOLUÇÃO DE CONTROVÉRSIAS ... 495

11.1	Resolução de controvérsias por meios alternativos	495
11.2	Da mediação	496
11.3	Da arbitragem	499
11.4	Do comitê de resolução de disputas	501

CAPÍTULO 12
SANÇÕES POR INEXECUÇÃO CONTRATUAL OU PELO COMETIMENTO DE INFRAÇÕES LEGAIS OU CONTRATUAIS ... 503

12.1	Considerações preliminares: estrutura jurídica da infração contratual e princípios aplicáveis ao processo administrativo sancionatório	503
12.2	Princípios que regem a aplicação de sanções por infração administrativo-contratual	505
12.2.1	Princípio da isonomia	506
12.2.2	Princípio da impessoalidade	506
12.2.3	Princípio da boa-fé	507
12.2.4	Princípio da moralidade	508
12.2.5	Princípio da razoabilidade	509
12.2.6	Princípio do devido processo legal	510
12.2.7	Princípio do juiz natural	512
12.2.8	Princípio da proporcionalidade	512
12.2.9	Princípio da motivação	513
12.2.10	Princípio da celeridade	514
12.2.11	Princípio da segurança jurídica	514
12.2.12	Princípio do contraditório	514
12.3	Sanções a que estão sujeitos os contratados pelo cometimento de infrações administrativo-contratuais	515

12.3.1	Sanções e previsão no instrumento convocatório	515
12.3.2	Aplicação de sanções é um dever	516
12.4	Tipicidade no processo da contratação pública	517
12.4.1	Tipicidade como modulador de condutas de licitantes e contratados	519
12.4.2	Infrações licitatórias e contratuais tipificadas na Lei nº 14.133/21	519
12.5	Sanções em espécie, relação entre infrações e sanções e dosimetria da pena	522
12.5.1	Sanção de advertência	522
12.5.2	Multa	523
12.5.3	Sanção de impedimento de licitar e contratar	525
12.5.4	Declaração de inidoneidade	528
12.6	Processo de apuração de responsabilidade pelo cometimento de infração no processo da contratação pública	530
12.7	Dosimetria da sanção	532
12.8	Reabilitação de pessoa física ou jurídica punida	535
12.9	Desconsideração da personalidade jurídica – a questão da extensão dos efeitos da sanção	537
12.10	Detração penal administrativa e compensação de sanções – garantia do *non bis in idem*	546
12.11	Vedação ao bis in idem e independência das instâncias	550
12.12	Medida substitutiva de apuração de responsabilidade e de aplicação de sanção – termo de ajustamento de conduta – TAC	555
12.12.1	Termo de ajustamento de conduta como instrumento substitutivo da função sancionatória	556
12.12.2	Experiência administrativa na adoção do termo de ajustamento de conduta	557
12.12.3	Processo administrativo e requisitos para a celebração do termo de ajustamento de conduta – TAC	558
12.13	Roteiro prático para a apuração de responsabilidade por infração legal e contratual e para a aplicação de sanções	560
12.14	Prescrição da pretensão punitiva	565
12.15	Prescrição intercorrente	566
12.16	Aplicação indevida de sanção e responsabilidade do Estado: a teoria da perda de chance	568
12.17	Repercussões da Lei Anticorrupção (Lei nº 12.846/13) no plano das sanções por inexecução contratual	573

CAPÍTULO 13
DA NULIDADE DOS CONTRATOS 579

13.1	Validade e invalidade do contrato administrativo	579
13.2	Invalidação e convalidação dos atos produzidos no processo da contratação	581
13.3	Atos e contratos anuláveis e convalidáveis	583
13.4	Regime de nulidade contratual da Lei nº 14.133/21 e o instituto da avaliação prévia dos efeitos concretos da invalidação de atos e contratos	586
13.5	Da postergação dos efeitos da invalidação do contrato	592

CAPÍTULO 14
PARTICULARIDADES DOS CONTRATOS DE TERCEIRIZAÇÃO DE SERVIÇOS 595

14.1	Contratos de terceirização	595

14.2	Limites à terceirização	596
14.3	Fatores que devem ser considerados para decidir pela terceirização da prestação de serviços	599
14.4	Responsabilidade subsidiária da Administração Pública por obrigações trabalhistas da pessoa jurídica contratada	600
14.5	Especificidades do planejamento da contratação de serviços terceirizados	604
14.5.1	Base referencial para elaboração de orçamento estimativo do custo da mão de obra	606
14.5.2	Indicação referencial de quantidade mínima de empregados para executar o objeto contratual	609
14.5.3	Disposições contratuais acerca de custeio de viagens, hospedagem e alimentação dos empregados da empresa contratada	611
14.5.4	Instrumento de medição de resultados – IMR	612
14.5.5	Planilha de custos e formação de preços	614
14.6	O Acórdão nº 1.214/13 prolatado pelo Tribunal de Contas da União como referência de planejamento da contratação de serviços terceirizados	616
14.7	Contratos de serviços terceirizados e limites de despesa com pessoal impostos pela Lei de Responsabilidade Fiscal	625
14.8	Particularidades da repactuação de contratos de prestação de serviços com dedicação exclusiva de mão de obra de acordo com a lei nº 14.133/21	628
14.8.1	O desequilíbrio da equação econômico financeira do contrato em razão de evento relativo à álea econômica ordinária	629
14.8.2	Aspectos relevantes do planejamento do contrato no que tange ao reajuste por intermédio da repactuação	630
14.8.3	A periodicidade da repactuação	634
14.8.4	Critérios para definição do valor devido a título de repactuação	636
14.9	A formalização da repactuação	637
14.10	Conclusões objetivas sobre repactuação de contratos de prestação de serviços com dedicação exclusiva de mão de obra	637

CAPÍTULO 15
PARTICULARIDADES DOS CONTRATOS DE OBRAS E SERVIÇOS DE ENGENHARIA 639

15.1	Contratos de obras e serviços de engenharia	639
15.2	Distinção entre obras e de serviços de engenharia	639
15.3	Relevância prática da distinção entre serviço de engenharia e obra de engenharia	642
15.4	Regime jurídico aplicável aos profissionais engenheiros e arquitetos	645
15.5	Anotação de responsabilidade técnica dos profissionais que atuam na execução de obras e de serviços de engenharia	649
15.6	Particularidades do planejamento da contratação de obras e serviços de engenharia	651
15.6.1	Identificação da necessidade – Estudos preliminares: programa de necessidades, estudo de viabilidade e anteprojeto	651
15.6.2	Programa de necessidades	652
15.6.3	Estudo técnico preliminar para contratar obras ou serviços de engenharia	653
15.6.4	Anteprojeto de engenharia ou arquitetura	655

15.6.5	Orçamento estimativo com nível de precisão preliminar	656
15.6.6	Descrição do objeto – elaboração de projeto básico e projeto executivo	658
15.6.7	Modelagem da Informação da Construção (*Building Information Modelling* – BIM) como instrumento de definição do objeto contratual	661
15.6.8	Projeto executivo – instrumento de detalhamento do objeto contratual	665
15.6.9	Estudo de impacto ambiental e licenciamento ambiental	667
15.6.10	Orçamento estimativo detalhado de obra ou serviço de engenharia ou arquitetura	671
15.6.11	Taxa de bonificação e despesas indiretas – BDI	676
15.6.12	Orçamento sigiloso	679
15.6.13	Canteiro de obras, mobilização e administração local como custos diretos	680
15.6.14	Fator chuva – a produtividade de obras e serviços de engenharia em período chuvoso	681
15.6.15	Obras públicas e serviços de engenharia sustentáveis	684
15.6.16	Particularidades da licitação para contratação de obras e serviços de engenharia	685
15.6.17	Requisitos de habilitação técnica profissional e técnica operacional para contratação de obras e serviços de engenharia e arquitetura	691
15.6.18	Particularidades do seguro-garantia para obras e serviços de engenharia	693
15.7	Particularidades do controle da execução de contratos de obras e serviços de engenharia	696
15.8	Particularidades referentes às alterações contratuais para inclusão de itens novos	700
15.9	Vedação à execução de novos serviços sem previsão contratual utilizando faturamento de serviços contratualmente previstos – química contratual	703
15.10	Particularidade do recebimento definitivo de obras ou serviços de engenharia – *as built*	704
15.11	Principais irregularidades cometidas em processo de contratação de obras	704
15.11.1	Irregularidades concernentes ao procedimento licitatório	704
15.11.2	Irregularidades concernentes ao contrato	705
15.11.3	Irregularidades concernentes às medições e aos pagamentos	706
15.11.4	Irregularidades concernentes ao recebimento da obra	706

CAPÍTULO 16
PROCEDIMENTOS AUXILIARES DAS LICITAÇÕES E DAS CONTRATAÇÕES PÚBLICAS ... 707

16.1	Procedimentos auxiliares das licitações e das contratações públicas	707
16.2	Credenciamento	707
16.3	Pré-qualificação	710
16.4	Procedimento de manifestação de interesse	711
16.5	Sistema de Registro de Preços	713
16.5.1	Conceito e cabimento do sistema de registro de preços	713
16.5.2	Etapa preparatória do registro de preços	714
16.5.3	A seleção do fornecedor ou do prestador para o registro de preços	716
16.5.4	A ata de registro de preços	717
16.5.5	Reajuste, revisão e repactuação dos preços registrados	718
16.5.6	Definição de quantitativos máximos a serem contratados	718

16.5.7	Critério de julgamento por grupo de itens – lotes	719
16.5.8	Adesão ou carona	720
16.6	Registro cadastral	721

CAPÍTULO 17
CONTRATO PÚBLICO PARA SOLUÇÃO INOVADORA ... 723

17.1	Fundamentos do contrato público para solução inovadora – incentivo à inovação e ao desenvolvimento nacional sustentável	723
17.2	Inovação e solução inovadora	726
17.3	Licitação destinada ao contrato público para solução inovadora	726
17.4	Contrato público para solução inovadora	730
17.5	Do Contrato de Fornecimento	732

CAPÍTULO 18
ERRO GROSSEIRO NO PROCESSO DA CONTRATAÇÃO PÚBLICA ... 733

18.1	Responsabilidade pessoal por dolo ou erro grosseiro	733
18.2	Razão de existir da norma legal – proibição de excesso no exercício da pretensão punitiva estatal	734
18.3	Limitação objetiva do dispositivo normativo	734
18.4	Extensão dos efeitos da norma legal	735
18.5	Responsabilidade do agente por conduta dolosa	736
18.6	Responsabilidade do agente por conduta culposa	736
18.7	Dimensões jurídicas do erro	737
18.8	Caracterização do erro grosseiro	739
18.9	Medida do homem médio padrão ou do administrador médio	741
18.10	A natureza instrumental e funcional do contrato administrativo	742
18.11	Erro grosseiro na identificação da necessidade a ser satisfeita pelo contrato público	743
18.12	Erro grosseiro na descrição do objeto da contratação	745
18.13	Erro grosseiro na elaboração do orçamento estimativo	747
18.14	Erro grosseiro decorrente de insuficiência, falha ou inexistência de motivação das decisões	750
18.15	Conclusões acerca de erro grosseiro no processo da contratação pública	751

CAPÍTULO 19
QUESTÕES OBJETIVAS RELEVANTES SOBRE O PROCESSO DA CONTRATAÇÃO PÚBLICA ... 753

19.1	Etapa de planejamento	753
19.2	Etapa da seleção do fornecedor ou prestador	759
19.3	Etapa de gestão e fiscalização do contrato	768

REFERÊNCIAS ... 777

PREFÁCIO

Não existe Administração Pública sem contrato administrativo. Essa ponderação do autor, logo no início da obra, enuncia a relevância do tema e dá o tom das reflexões que a sucedem.

Diz-se que a Administração Pública substituiu a intrincada rede de relações aristocráticas que era típica da sociedade medieval. A nobreza e o clero eram responsáveis pela administração do reino, e tal decorria, entre outros fatores (relacionados à legitimação do poder), da concessão de títulos e encargos, espécies de pactos firmados pelo soberano e a aristocracia. Portanto, já se reconhecia a imprescindibilidade do contrato, ainda que sob outra forma e contexto, para o desempenho de funções de administração.

O instituto do contrato administrativo, então, se desenvolve. Cada vez mais se reconhece a necessidade de a Administração Pública atribuir a terceiros o desempenho de funções administrativas, bem como adquirir bens, obras e serviços para desempenho por si mesma dessas funções. Num primeiro momento, mantém-se a forma da concessão de privilégios. Os primeiros contratos administrativos constituíam-se na outorga de títulos a particulares que eram destinatários da preferência pessoal do governante. Daí, inclusive, a origem do instituto da "concessão", tal como o conhecemos atualmente. O particular era agraciado com a concessão de um privilégio para desempenhar uma determinada função administrativa. Tal decorria de que a Administração Pública detinha esse poder, que poderia usar autoritariamente.

Ainda que pareça evidente que esse modelo de contratação administrativa não mais subsista, diante de conquistas civilizatórias tais como a democracia republicana e o Estado de Direito, a racionalidade da contratação como uma manifestação de poder de autoridade, que concede (ou retira) um privilégio, ainda vigora no cotidiano da atividade administrativa. A primeira virtude da obra de José Anacleto Abduch Santos reside precisamente no delineamento de pressupostos que se afastam dessa concepção.

Assim, o autor não se vincula a uma ideia abstrata de "interesse público", que pode servir para justificar condutas autoritárias e ilegítimas da Administração (lembre-se o "espírito do povo alemão", a justificar o nacional-socialismo). Muito embora se refira ao "princípio da supremacia e indisponibilidade do interesse público", expressão consagrada no Direito Administrativo, faz menção às suas "diversas dimensões" – entre elas, o respeito aos direitos do particular contratado. Portanto, o autor parte do pressuposto de que não se pode invocar genericamente "o interesse público" como fundamento da atividade administrativa. "Interesse público" é uma expressão que não apresenta significado próprio, ou seja, cujo significado deve ser demonstrado na realidade concreta. Por outro lado, não existe "o interesse público", mas "interesses públicos", todos merecedores de proteção jurídica. Já enfrentamos essa questão em diversas oportunidades. Esse é o motivo para a defesa da existência do "princípio da supremacia e indisponibilidade dos direitos fundamentais" para atribuir conteúdo à expressão, em princípio vazia (e muitas vezes perigosa), "interesse público".

Na mesma linha de pensamento e atento às discussões mais contemporâneas sobre outro dogma do Direito Administrativo – as "prerrogativas exorbitantes", que atribuem à Administração Pública o poder de instabilizar o vínculo contratual –, o trabalho é categórico: a alteração contratual, promovida unilateralmente pela Administração, deve configurar-se como exceção. E vai além, para referir-se às prerrogativas exorbitantes como causas potenciais de corrupção.

Nada mais correto e alvissareiro. O modelo brasileiro de contratação administrativa precisa ser reformulado a partir dessa advertência. Não se pode admitir que a Administração Pública instabilize o vínculo contratual sem que se atenha a uma causa imprescindível de satisfação das necessidades coletivas. Tampouco cabe admitir que a prerrogativa de alteração unilateral seja exercida como solução fácil para contratações públicas mal planejadas.

Reside aí outra grande e importante contribuição do José Anacleto, que é enunciar a absoluta relevância do planejamento da contratação. Se não existe Administração Pública sem contrato administrativo, também não existe contrato administrativo bem-sucedido sem planejamento. Nesse ponto, a obra fornece elementos essenciais e esquematizados, de fácil compreensão, para orientar e esclarecer as dúvidas dos agentes públicos e demais sujeitos envolvidos. Na verdade, esse livro pode ser considerado como um detalhado roteiro, de relevante viés prático (vejam-se as diversas referências à jurisprudência, em especial do Tribunal de Contas da União), colaboradora da atuação escorreita do corpo de funcionários da Administração e dos demais interessados. Certamente, essas virtudes decorrem da vasta experiência do autor como professor e procurador do Estado do Paraná.

Ainda no tocante à conduta dos agentes públicos no exercício do controle interno da contratação, a obra é preciosa. O autor identifica os protagonistas da função de controle e dá especial atenção às figuras do gestor do contrato e do fiscal do contrato que, muitas vezes, não recebem a importância devida pela doutrina especializada. O autor também desenvolve reflexões sobre a função de controle interno, tão cara ao sucesso da execução contratual.

Não se pode deixar de apontar que a obra é consonante com as numerosas inovações legislativas produzidas sobre o tema da contratação administrativa nos últimos anos. Mais do que isso, a obra examina essas novidades com percuciência. Não escapam do texto as contratações sustentáveis, chegando o autor até mesmo a formular a ideia original de "capacidade técnica ambiental". Há ainda reflexões sobre a terceirização e sobre o regime anticorrupção da Lei nº 12.846/2013, com repercussões no plano das sanções por inexecução contratual.

Por tudo isso, a obra de José Anacleto Abduch Santos é de leitura indispensável e, como não dizer, obrigatória para aqueles que se dedicam ao estudo e à prática de contratações administrativas.

Marçal Justen Filho
Sócio fundador da Justen, Pereira, Oliveira & Talamini. Foi professor titular da Faculdade de Direito da UFPR (1986 a 2006). Autor de diversos livros, sendo os mais conhecidos *Comentários à Lei de Licitações e Contratos Administrativos*, *Curso de Direito Administrativo*, *Pregão*, *Comentários ao RDC*, *O direito das agências reguladoras independentes* e *Teoria Geral das*

Concessões de Serviço Público. Foi *visiting researcher* na Yale Law School (2010/2011) e *visiting fellow* no Instituto Universitário Europeu, em Florença (1999). É palestrante frequente em conferências internacionais e seminários e já ministrou centenas de cursos e palestras para órgãos governamentais e instituições de Direito em todo o Brasil. É membro da Red Iberoamericana de Contratación Pública e da Public Contracts in Legal Globalization Network.

INTRODUÇÃO

Os denominados contratos administrativos são instrumentos elementares e indispensáveis para a excelência da gestão pública e, por que não dizer, para a própria existência de uma estrutura de gestão pública – é possível mesmo afirmar que sem a figura do contrato administrativo não é possível existir materialmente a Administração Pública.

Os contratos de direito privado – avenças estabelecidas entre particulares, regidas predominantemente pelo direito privado – têm na sua formação como características fundantes a autonomia da vontade (liberdade para escolher e definir as condições e cláusulas contratuais) e a autonomia de contratar (liberdade para escolher e definir com quem contratar). Essas características imprimem à contratação privada o traço jurídico nuclear da liberdade. Essa liberdade não é plena, pois subsumida a um conjunto de normas determinadas pelo Estado com vistas à proteção de direitos e garantias fundamentais – o denominado dirigismo contratual. A submissão a normas fixadas pelo Estado não tem o condão, entretanto, de afastar a natureza nuclear da liberdade como traço marcante dos contratos celebrados pelos particulares.

Os contratos administrativos, por seu turno, têm diferidas as autonomias contratual e de contratar. A Administração Pública não pode definir livremente, a partir de escolhas pessoais do administrador, com quem celebrará o contrato. De resto, também tem a autonomia contratual fortemente regulada e delimitada pelas normas que integram o regime jurídico administrativo, verdadeiro parâmetro e norte hermenêutico para o Poder Público.

Essa limitação de liberdade de escolha (com quem contratar) e de definição das condições contratuais (quais as condições da contratação) tem lastro e lustro constitucional e deriva de princípios fundantes da República, como, e, em especial, o da isonomia. A contratação pública implica realização de despesas com utilização de recursos públicos arrecadados basicamente pelo conjunto de operações do sistema tributário. Natural, portanto, que, se os recursos que custearão a despesa contratual são públicos, a forma de escolha do contratado e os critérios para gastar tais recursos devam ser republicanos, lastreada na igualdade de oportunidades entre os potenciais interessados em realizar negócios com o Estado.

Sob outro ângulo, deve-se registrar que a atividade contratual estatal é espécie do gênero atividade econômica. Por intermédio da contratação pública há, inevitavelmente, produção e circulação de bens e de serviços, sob regime de contraprestação pecuniária.

Ora, a Constituição da República dedica um capítulo inteiro à formulação das normas de regência da atividade econômica. Os princípios fundamentais da ordem econômica previstos no artigo 170 da Constituição de 1988 são de observância compulsória quando do delineamento da relação jurídico-contratual pública, a partir, por evidente, dos princípios da livre iniciativa e da livre concorrência. Serão considerados para a concepção da relação contratual administrativa (na medida da intensidade do interesse público envolvido no caso concreto) também os princípios da soberania nacional, propriedade privada, função social da propriedade, livre concorrência, defesa do consumidor, defesa do meio ambiente, inclusive mediante tratamento diferenciado conforme o impacto ambiental dos produtos e serviços e de seus processos de elaboração e prestação, redução das desigualdades regionais e sociais, busca do pleno emprego, tratamento favorecido para as empresas de pequeno porte constituídas sob as leis brasileiras e que tenham sua sede e administração no país. O conjunto de normas e princípios constitucionais que alicerçam a ordem econômica são o primeiro vetor jurídico a ser considerado para a conformação do contrato público, como dever jurídico elementar do Poder Público.

No plano da hermenêutica e da interpretação jurídica, o agente público que se dedica à contratação pública tem o encargo de deduzir do plexo normativo constitucional os valores jurídicos que efetivamente devem ser tutelados ou buscados como resultado da execução contratual. Tal encargo pressupõe encontrar o ponto de equilíbrio entre tantos valores jurídico-constitucionais expressos e implícitos, como a legalidade, a eficiência, a economicidade, a moralidade, e a probidade, entre outros. Tal implica dizer que a configuração do contrato, em especial no que tange aos requisitos de qualidade do objeto e de habilitação, é tarefa que se cumpre com olhos voltados para os comandos e valores expressos e implícitos da Constituição de 1988.

Outro aspecto de relevo é que o interesse público a ser tutelado ou buscado pela execução do contrato administrativo, único e exclusivo fator de justificativa para a celebração, será deduzido do complexo das relações sociais contemporâneas à configuração da avença. Hodiernamente, há um incremento crescente da atuação estatal em parceria com os particulares orientado à satisfação de necessidades públicas fundamentais. Cada vez mais há a atuação em colaboração entre o Poder Público e particulares por intermédio da técnica da contratação pública, conferindo relevância pública adjetivada para o contrato administrativo, como instrumento efetivo de gestão.

Neste contexto constitucional, a Lei nº 14.133/21 estabelece novos paradigmas e novas racionalidades jurídicas no plano das contratações públicas, com uma diretriz taxativa para a excelência dos resultados da execução contratual. É imensurável o volume de recursos públicos despendidos com contratações de baixa ou de péssima qualidade – situação de fato de reconfiguração necessária. Percebe-se uma tendência histórica dos órgãos e agentes de controle, interno e externo, de zelo para com o valor jurídico da competitividade e de sua ampliação. Trata-se de valor jurídico de relevância indiscutível. O princípio da isonomia, garantia fundamental expressa no texto constitucional, impõe que seja conferida a ampla possibilidade e potencialidade de que os agentes econômicos possam disputar uma contratação pública. Entretanto, o valor jurídico competitividade não deve, e não pode, sobrepujar o valor jurídico eficiência da contratação. Eficiência é princípio pluridimensional e multifacetado. Uma contratação pública tem potencial de múltiplas eficiências: eficiência material, eficiência econômica, eficiência ecológica, eficiência social, entre outras faces.

No plano da eficiência, há uma determinação expressa e taxativa da Lei no art. 11, I, de que um dos objetivos do processo da contratação é "assegurar a seleção da proposta apta a gerar o resultado de contratação mais vantajoso para a Administração Pública, inclusive no que se refere ao ciclo de vida do objeto". Não foi sutil o legislador, mas de suficiente clareza – os agentes públicos devem perseguir "o resultado da contratação mais vantajoso para a Administração Pública".

A Lei nº 14.133/21 contempla inúmeras técnicas jurídicas destinadas à eficiência (qualidade máxima) das contrações da Administração Pública, para as quais se deve dar a também máxima possibilidade de produção de efeitos concretos, como a consideração do ciclo de vida de produto ou serviço, possibilidade de exigência de certificações de qualidade de produto ou serviço, inclusive de natureza ambiental.

O relevo que adquiriu a relação contratual administrativa nos últimos anos justifica a produção de ensaios e estudos, a partir de óticas e pontos de vista distintos que levam à riqueza da diversidade acadêmica sobre o tema.

Em especial, o objetivo deste texto é o de conferir um singelo instrumento ao operador do direito e aos agentes públicos envolvidos no processo da contratação pública, pela produção de reflexões sobre a etapa preparatória, a etapa de seleção de prestador ou fornecedor, e a etapa do controle interno da execução do contrato, com foco nas principais características jurídicas de cada uma delas, e com sustentáculo em posições firmadas pela doutrina e pelo Tribunal de Contas da União.

Destacam-se particularidades de três espécies rotineiras de contrato público, os contratos de prestação de serviços terceirizados, os contratos de obras e serviços de engenharia e os contratos públicos para solução inovadora. É feita uma tratativa aprofundada sobre a noção jurídica de erro grosseiro no processo da contratação pública, e, ao final, são apresentadas 100 questões relevantes sobre o tema, com respostas objetivas e sintéticas.

CAPÍTULO 1

FUNDAMENTOS JURÍDICOS DO PROCESSO DA CONTRATAÇÃO PÚBLICA

1.1 Dever de licitar

No âmbito dos contratos regidos essencialmente pelo direito privado – contratos entre particulares –, dos quais não é parte da relação contratual algum órgão ou entidade públicos, há uma certa margem ampla de autonomia contratual (de dispor sobre as condições do contrato e de escolher quem será a contraparte). Não há exigência legal, ao menos no plano geral, de que uma pessoa física ou jurídica tenha que escolher outra para contratar com ela, por intermédio de um processo de disputa pública prévio, embora se tenha notícia de pessoas jurídicas privadas que se valem de institutos licitatórios simplificados para esta seleção. A Administração Pública, em sua dimensão lata, somente pode contratar com alguém que tenha sido selecionado mediante processo de disputa pública ou processo de contratação direta. Tal decorre de norma constitucional expressa contida no art. 37, XXI da Constituição Federal: "ressalvados os casos especificados na legislação, as obras, serviços, compras e alienações serão contratados mediante processo de licitação pública que assegure igualdade de condições a todos os concorrentes, com cláusulas que estabeleçam obrigações de pagamento, mantidas as condições efetivas da proposta, nos termos da lei, o qual somente permitirá as exigências de qualificação técnica e econômica indispensáveis à garantia do cumprimento das obrigações".

Há, com sede constitucional, um dever jurídico de licitar. Este dever tem duas dimensões distintas:
(i) dever de selecionar alguém para contratar por intermédio de processo licitatório prévio ou de processo de contração direta, nos termos da Lei;
(ii) dever de não impedir, sem motivação legítima, alguém de disputar uma oportunidade contratual com a Administração Pública (fixando requisitos de participação ilegítimos, por exemplo).

Esse também é o conteúdo jurídico do denominado princípio licitatório. A violação desse dever jurídico constitui grave infração, que pode ensejar responsabilização civil, penal, administrativa e por improbidade administrativa.

A seleção de pessoa física ou jurídica para formar uma relação contratual com a Administração Pública pode se dar por licitação em sentido estrito ou mediante processo de contratação direta (dispensa ou inexigibilidade de licitação).

Licitação é o processo administrativo por intermédio do qual ocorre a disputa, por critérios de julgamento legalmente previstos, para celebrar relações contratuais com a Administração Pública, regulado por instrumento convocatório, contendo os requisitos para a aceitabilidade de propostas e de habilitação dos interessados potenciais.

Contratação direta é o processo administrativo destinado à seleção de pessoa, física ou jurídica, para contratar com a Administração Pública, sem licitação prévia, seja porque não existe viabilidade de competição (licitação inexigível), seja porque, em razão de interesse público, o legislador, expressa e taxativamente, autorizou sua dispensa (licitação dispensável).

1.2 Competência para legislar sobre licitações e contratos administrativos

Como dispõe a Constituição Federal, compete à União, privativamente, editar "normas gerais de licitação e contratação, em todas as modalidades, para as administrações públicas diretas, autárquicas e fundacionais da União, Estados, Distrito Federal e Municípios, obedecido o disposto no art. 37, XXI, e para as empresas públicas e sociedades de economia mista, nos termos do art. 173, §" (art. 22, XXVII).

A competência para legislar sobre licitações e contratos pode ser exercida pela União, pelos Estados, pelos Municípios e pelo Distrito Federal. É conclusão hermenêutica inelutável que decorre da regra prevista no citado art. 22, XXVII do texto constitucional em conjunto com aquela do art. 24: "a competência da União para legislar sobre normas gerais não exclui a competência suplementar dos Estados". Foi atribuída à União a competência para editar normas gerais sobre o tema das licitações e contratos administrativos, e reservada para os demais entes federados a competência suplementar para legislar sobre normas especiais (que não sejam gerais) acerca da matéria.

Tal se deu, também, em respeito ao princípio federativo de que trata o art. 1º da Constituição: "a República Federativa do Brasil, formada pela união indissolúvel dos Estados e Municípios e do Distrito Federal constitui-se em Estado Democrático de Direito". É da essência do sistema federativo que os entes que integram a federação detenham certa margem ampla de autonomia administrativa, orçamentária, fiscal, patrimonial, legislativa, entre outras. No que tange à matéria de licitações e contratos administrativos, a Constituição entendeu por reservar parcela de competência para dispor sobre o tema aos entes federados. Não o fez com outros temas, como o de Direito Penal, Direito Processual, Direito Eleitoral e outros disciplinados no art. 22 – nem por isso se pode concluir que houve violação do princípio federativo, por óbvio.

No exercício de sua competência, a União editou a Lei nº 14.133/21, que "estabelece normas gerais de licitação e contratação para as Administrações Públicas diretas, autárquicas e fundacionais da União, dos Estados, do Distrito Federal e dos Municípios, e abrange: I – os órgãos dos Poderes Legislativo e Judiciário da União, dos Estados e do Distrito Federal e os órgãos do Poder Legislativo dos Municípios, quando no desempenho de função administrativa; II – os fundos especiais e as demais entidades controladas direta ou indiretamente pela Administração Pública".

As normas gerais de licitações e contratações têm dupla função: (i) conferir margem de competência para Estados, Municípios e Distrito Federal para legislar sobre o tema – a União edita regras, sem eliminar a competência dos demais entes federados para editar suas próprias regras sobre a matéria, adaptando o processo da contratação às suas particularidades e especificidades no que tange a recursos materiais, recursos humanos, recursos orçamentários, entre outros aspectos; e (ii) uniformizar condutas e processos de contratação. O Brasil tem 5.568 Municípios, 26 Estados, e o Distrito Federal integrando a federação. A existência de leis substancialmente diferentes – e mesmo com regras antagônicas e conflitantes – editada por cada um deles produziria prejuízos ao interesse público, especialmente no que tange à segurança jurídica, com redução potencial do universo de competidores e dificuldades de controle.[1] É importante que as normas estruturais do processo da contratação sejam iguais para todos os entes federados.

É quase unânime o entendimento de que nem todas as normas previstas na Lei nº 14.133/21 são gerais. O parâmetro da uniformidade necessária de tratamento do tema pelos entes federados é critério que parece eficiente para segregar do texto da lei as normas gerais. Alguns exemplos podem orientar: (i) é necessário que os requisitos de habilitação sejam uniformes, para que os agentes econômicos possam disputar contratações similares com exigências de capacidade técnica ou econômico-financeira também similares em toda a Administração Pública; (ii) é necessário que os instrumentos e meios de publicidade sejam uniformes, para evitar multiplicidade de prazos e de formas de publicação, o que poderia gerar transtornos injustificáveis para os interessados nas disputas licitatórias; (iii) não é necessário que as regras de fiscalização de contratos sejam uniformes entre os entes federados, ou aquelas relativas à avaliação de desempenho contratual.

Em suma, por força do regime constitucional, os Estados, os Municípios e o Distrito Federal podem editar normas (leis ou regulamentos), versando sobre licitações e contratos administrativos, para (i) regulamentar e adaptar as normas gerais da Lei nº 14.133/21; ou (ii) para dispor de modo diverso sobre matérias previstas na Lei nº 14.133/21 que não constituam normas gerais.

Confira-se precedentes do Supremo Tribunal Federal sobre o tema:

AÇÃO DIRETA DE INCONSTITUCIONALIDADE. DIREITO CONSTITUCIONAL. ARTIGO 34, VII DA LEI ESTADUAL PARANAENSE nº 15608/2007. LICITAÇÃO E CONTRATAÇÃO. NORMAS GERAIS. HIPÓTESE INOVADORA DE DISPENSA DE LICITAÇÃO. INVASÃO DA COMPETÊNCIA LEGISLATIVA DA UNIÃO. INCONSTITUCIONALIDADE FORMAL. PROCEDÊNCIA DA AÇÃO DIRETA DE INCONSTITUCIONALIDADE. MODULAÇÃO DOS EFEITOS. 1. Esta Corte já assentou o entendimento de que assiste aos Estados competência suplementar para legislar sobre licitação e contratação, desde que respeitadas as normas gerais estabelecidas pela União. 2. Lei estadual que ampliou hipótese de dispensa de licitação em dissonância do que estabelece a Lei 8.666/1993. 3. Usurpa a competência da União para legislar sobre normais gerais de licitação norma estadual que prevê ser dispensável o procedimento licitatório para aquisição por pessoa jurídica de direito interno, de bens

---

[1] Assim também defende Marçal Justen Filho: o critério de finalidade preconiza que a norma geral versa sobre temas cujo tratamento uniforme, no âmbito de todos os entes federativos, for indispensável para promover a segurança jurídica e outros valores protegidos constitucionalmente. (JUSTEN FILHO, Marçal. Comentários à Lei de Licitações e Contratações Administrativas. São Paulo: Revista dos Tribunais, 2021. p. 19).

produzidos ou serviços prestados por órgão ou entidade que integre a Administração Pública, e que tenha sido criado especificamente para este fim específico, sem a limitação temporal estabelecida pela Lei 8.666/1993 para essa hipótese de dispensa de licitação. 4. Ação direta de inconstitucionalidade julgada procedente, com modulação de efeitos, a fim de preservar a eficácia das licitações eventualmente já finalizadas com base no dispositivo cuja validade se nega, até a data desde julgamento. ADI 4658.

ARGUIÇÃO DE DESCUMPRIMENTO DE PRECEITO FUNDAMENTAL. LEI MUNICIPAL 1.327, DE 2007, E LEI MUNICIPAL 1.395, DE 2008, DO MUNICÍPIO DE ARIQUEMES/RO. PARCERIA PÚBLICO-PRIVADA PARA OBRAS DE INFRAESTRUTURA E URBANISMO. 1. Criação de hipóteses de parcerias público-privadas para a execução de obra pública desvinculadas de qualquer serviço público ou social. Impossibilidade. Competência privativa da União para legislar sobre normas gerais de licitação e contratação (art. 22, XXVII, da CF/88). Precedentes. 2. Arguição de Descumprimento de Preceito Fundamental conhecida e julgada parcialmente procedente. ADPF 282

RECURSO EXTRAORDINÁRIO. CONSTITUCIONAL. ADMINISTRATIVO. AÇÃO DIRETA DE INCONSTITUCIONALIDADE DA LEI DISTRITAL 5.345/2014. INVERSÃO DAS FASES DO PROCEDIMENTO DE LICITAÇÃO REALIZADO POR ÓRGÃO OU ENTIDADE DO DISTRITO FEDERAL. ALEGAÇÃO DE INVASÃO DA COMPETÊNCIA PRIVATIVA DA UNIÃO PARA LEGISLAR SOBRE NORMAS GERAIS DE LICITAÇÃO. ARTIGO 22, INCISO XXVII, DA CONSTITUIÇÃO DA REPÚBLICA. PACTO FEDERATIVO. PRINCÍPIO DA EFICIÊNCIA NAS CONTRATAÇÕES PÚBLICAS. MANIFESTAÇÃO PELA REPERCUSSÃO GERAL. RE 1188352 RG / DF – DISTRITO FEDERAL (Tema de repercussão geral nº 1036 – Competência legislativa para editar norma sobre a ordem de fases de processo licitatório, à luz do art. 22, inciso XXVII, da Constituição Federal).

O regime jurídico das contratações públicas não se restringe às Leis nº 14.133/21 e Lei nº 13.303/16. Antes, é constituído de diversas leis, como a Lei nº 8987/95 (Lei Geral de Concessões); a Lei nº 11.079/04 (Lei das PPP); Lei Complementar nº 123 (Estatuto da Microempresa e da Empresa de Pequeno Porte); Lei Complementar nº 182 (Marco Legal das Startup); Lei nº 12.232/10 (Licitações e Contratos de Serviços de Publicidade); entre outras.

1.3 Obrigados a realizar licitação prévia para celebrar contratos

Por força da regra expressa do art. 37, XXI da Constituição Federal, e do princípio licitatório, além de órgãos e entidades que integram a Administração Pública, são obrigados a realizar processo licitatório prévio às suas contratações:

(i) Entidades integrantes do denominado Sistema S: As entidades integrantes do denominado sistema S são entidades de direito privado que recebem contribuições parafiscais e prestam serviço de interesse público ou social (SESI, SEBRAE, SENAC, entre outras). As entidades do Sistema S não integram a Administração Pública, direta ou indireta, e também não são entes controlados direta ou indiretamente pela Administração Pública. A este propósito, confira-se a decisão proferida pelo Supremo Tribunal Federal em acórdão proferido no RE nº 789.874:

Os serviços sociais autônomos integrantes do denominado Sistema "S", vinculados a entidades patronais de grau superior e patrocinados basicamente por recursos recolhidos do próprio setor produtivo beneficiado, ostentam natureza de pessoa jurídica de direito privado e não integram a Administração Pública, embora colaborem com ela na execução de atividades de relevante significado social. Tanto a Constituição Federal de 1988, como a correspondente legislação de regência (como a Lei 8.706/93, que criou o Serviço Social do Trabalho – SEST) asseguram autonomia administrativa a essas entidades, sujeitas, formalmente, apenas ao controle finalístico, pelo Tribunal de Contas, da aplicação dos recursos recebidos.

Como não integram a Administração Pública, não se submetem às normas da Lei nº 14.133/21, como não se submetiam às normas da Lei nº 8.666/93. Sobre o tema, já se pronunciou o Tribunal de Contas da União:

> É aplicável a declaração de inidoneidade (art. 46 da Lei 8.443/1992) na ocorrência de fraude em licitações promovidas por entidades do Sistema S, pois, embora não se submetam à Lei 8.666/1993, a obrigatoriedade de licitar dos serviços sociais autônomos decorre da necessidade de observância aos princípios constitucionais da moralidade, da impessoalidade e da economicidade, entre outros, assegurando-se, por consequência, igualdade de condições a todos particulares interessados na contratação (Acórdão nº 1280/2018-TCU-Plenário).

Contudo, as entidades do Sistema S tem o dever jurídico de licitar (incluída nesta lata noção o dever de realizar processos de contratação direta). Este dever decorre de sua peculiar natureza jurídica, e do fato de administrarem "recursos públicos[2] de natureza tributária, advindos de contribuições parafiscais e destinadas ao atendimento de fins de interesse público".[3] As licitações e contratações das entidades do Sistema S são regidas pelos seus regulamentos próprios.

(ii) entidades privadas sem fins lucrativos quando realizarem contratações com recursos de transferências voluntárias: A Lei nº 13.019/14 estabelece o regime jurídico das parcerias entre a Administração Pública e as organizações da sociedade civil, em regime de mútua cooperação, para a consecução de finalidades de interesse público e recíproco, mediante a execução de atividades ou de projetos previamente estabelecidos em planos de trabalho inseridos em termos de colaboração, em termos de fomento ou em acordos de cooperação. Essas parcerias podem envolver a transferência de recursos para os parceiros privados, que poderão ser destinados a contratações de terceiros para cumprimento dos propósitos da avença. Nesta Lei, havia a previsão de que "Art. 43. As contratações de bens e serviços pelas organizações da sociedade civil, feitas com o uso de recursos transferidos pela administração pública, deverão observar os princípios da legalidade, da moralidade, da boa-fé, da probidade, da impessoalidade, da economicidade, da eficiência, da isonomia, da publicidade, da razoabilidade e do julgamento objetivo e a busca permanente de qualidade e durabilidade, de acordo com o regulamento de compras e contratações aprovado para a consecução do objeto da

---

[2] Os recursos geridos pelas entidades do Sistema S têm natureza pública e sua utilização deve estar vinculada aos objetivos institucionais da entidade, sob pena de desvio de finalidade, ocorrência que sujeita os responsáveis ao julgamento pela irregularidade de suas contas, com imputação de débito e aplicação de multa (Acórdão nº 2509/2014-TCU-Plenário).

[3] Acórdão nº 2079/2015-TCU-Plenário.

parceria". Este dispositivo foi revogado pela Lei nº 13.204/15. Não se pode concluir que, com a revogação da norma do art. 43 da Lei 13.019/14, esteja autorizada a celebração de contratos, por parte das entidades privadas, sem a observância prévia de processo licitatório. Assim, defende-se que a realização de despesas mediante contratação de terceiros, com o uso de recursos de transferências voluntárias, deve ser precedida de processo licitatório. Tal não significa que devam adotar as Leis de licitações que se aplicam para a Administração Pública. As entidades privadas têm a faculdade de adotar a Lei nº 14.133/21 para realizar licitação ou instituírem processos próprios, simplificados, para dar cumprimento ao princípio licitatório. Tal se impõe inclusive por conta dos expressivos montantes de recursos públicos que certas entidades recebem para o cumprimento de suas missões institucionais. Antes já se defendeu esta conduta: "as normas para a seleção prévia aos contratos a serem firmados pelo Terceiro Setor com o uso de recursos públicos devem ser estabelecidas em regulamentos próprios. Estes regulamentos podem prever mecanismos simplificados e céleres de seleção, contanto que tenham conteúdo compatível com os princípios aplicáveis a estas entidades responsáveis pelo uso do dinheiro público. Não se exige, portanto, que os regulamentos próprios das entidades repitam as normas da lei de licitações".[4]

Sobre contratações realizadas por entidades integrantes do Terceiro Setor com uso de recursos públicos, já assentou o Supremo Tribunal Federal:

> AÇÃO DIRETA DE INCONSTITUCIONALIDADE. CONSTITUCIONAL. ADMINISTRATIVO. TERCEIRO SETOR. MARCO LEGAL DAS ORGANIZAÇÕES SOCIAIS. LEI Nº 9.637/98 E NOVA REDAÇÃO, CONFERIDA PELA LEI Nº 9.648/98, AO ART. 24, XXIV, DA LEI Nº 8.666/93. MOLDURA CONSTITUCIONAL DA INTERVENÇÃO DO ESTADO NO DOMÍNIO ECONÔMICO E SOCIAL. SERVIÇOS PÚBLICOS SOCIAIS. SAÚDE (ART. 199, CAPUT), EDUCAÇÃO (ART. 209, CAPUT), CULTURA (ART. 215), DESPORTO E LAZER (ART. 217), CIÊNCIA E TECNOLOGIA (ART. 218) E MEIO AMBIENTE (ART. 225). ATIVIDADES CUJA TITULARIDADE É COMPARTILHADA ENTRE O PODER PÚBLICO E A SOCIEDADE. DISCIPLINA DE INSTRUMENTO DE COLABORAÇÃO PÚBLICO-PRIVADA. INTERVENÇÃO INDIRETA. ATIVIDADE DE FOMENTO PÚBLICO. INEXISTÊNCIA DE RENÚNCIA AOS DEVERES ESTATAIS DE AGIR. MARGEM DE CONFORMAÇÃO CONSTITUCIONALMENTE ATRIBUÍDA AOS AGENTES POLÍTICOS DEMOCRATICAMENTE ELEITOS. PRINCÍPIOS DA CONSENSUALIDADE E DA PARTICIPAÇÃO. INEXISTÊNCIA DE VIOLAÇÃO AO ART. 175, CAPUT, DA CONSTITUIÇÃO. EXTINÇÃO PONTUAL DE ENTIDADES PÚBLICAS QUE APENAS CONCRETIZA O NOVO MODELO. INDIFERENÇA DO FATOR TEMPORAL. INEXISTÊNCIA DE VIOLAÇÃO AO DEVER CONSTITUCIONAL DE LICITAÇÃO (CF, ART. 37, XXI). PROCEDIMENTO DE QUALIFICAÇÃO QUE CONFIGURA HIPÓTESE DE CREDENCIAMENTO. COMPETÊNCIA DISCRICIONÁRIA QUE DEVE SER SUBMETIDA AOS PRINCÍPIOS CONSTITUCIONAIS DA PUBLICIDADE, MORALIDADE, EFICIÊNCIA E IMPESSOALIDADE, À LUZ DE CRITÉRIOS OBJETIVOS (CF, ART. 37, CAPUT). INEXISTÊNCIA DE PERMISSIVO À ARBITRARIEDADE. CONTRATO DE GESTÃO. NATUREZA DE CONVÊNIO. CELEBRAÇÃO NECESSARIAMENTE SUBMETIDA A PROCEDIMENTO OBJETIVO E IMPESSOAL. CONSTITUCIONALIDADE DA DISPENSA

---

[4] SANTOS, José Anacleto Abduch. Licitações e o Terceiro Setor. *In*: OLIVEIRA, Gustavo Justino (Org.). *Terceiro Setor, Empresas e Estado: Novas fronteiras entre o público e o privado*. Belo Horizonte: Editora Fórum, 2007. p. 319.

DE LICITAÇÃO INSTITUÍDA PELA NOVA REDAÇÃO DO ART. 24, XXIV, DA LEI DE LICITAÇÕES E PELO ART. 12, §3º, DA LEI Nº 9.637/98. FUNÇÃO REGULATÓRIA DA LICITAÇÃO. OBSERVÂNCIA DOS PRINCÍPIOS DA IMPESSOALIDADE, DA PUBLICIDADE, DA EFICIÊNCIA E DA MOTIVAÇÃO. IMPOSSIBILIDADE DE EXIGÊNCIA DE LICITAÇÃO PARA OS CONTRATOS CELEBRADOS PELAS ORGANIZAÇÕES SOCIAIS COM TERCEIROS. OBSERVÂNCIA DO NÚCLEO ESSENCIAL DOS PRINCÍPIOS DA ADMINISTRAÇÃO PÚBLICA (CF, ART. 37, CAPUT). REGULAMENTO PRÓPRIO PARA CONTRATAÇÕES. INEXISTÊNCIA DE DEVER DE REALIZAÇÃO DE CONCURSO PÚBLICO PARA CONTRATAÇÃO DE EMPREGADOS. INCIDÊNCIA DO PRINCÍPIO CONSTITUCIONAL DA IMPESSOALIDADE, ATRAVÉS DE PROCEDIMENTO OBJETIVO. AUSÊNCIA DE VIOLAÇÃO AOS DIREITOS CONSTITUCIONAIS DOS SERVIDORES PÚBLICOS CEDIDOS. PRESERVAÇÃO DO REGIME REMUNERATÓRIO DA ORIGEM. AUSÊNCIA DE SUBMISSÃO AO PRINCÍPIO DA LEGALIDADE PARA O PAGAMENTO DE VERBAS, POR ENTIDADE PRIVADA, A SERVIDORES. INTERPRETAÇÃO DOS ARTS. 37, X, E 169, §1º, DA CONSTITUIÇÃO. CONTROLES PELO TRIBUNAL DE CONTAS DA UNIÃO E PELO MINISTÉRIO PÚBLICO. PRESERVAÇÃO DO ÂMBITO CONSTITUCIONALMENTE DEFINIDO PARA O EXERCÍCIO DO CONTROLE EXTERNO (CF, ARTS. 70, 71, 74 E 127 E SEGUINTES). INTERFERÊNCIA ESTATAL EM ASSOCIAÇÕES E FUNDAÇÕES PRIVADAS (CF, ART. 5º, XVII E XVIII). CONDICIONAMENTO À ADESÃO VOLUNTÁRIA DA ENTIDADE PRIVADA. INEXISTÊNCIA DE OFENSA À CONSTITUIÇÃO. AÇÃO DIRETA JULGADA PARCIALMENTE PROCEDENTE PARA CONFERIR INTERPRETAÇÃO CONFORME AOS DIPLOMAS IMPUGNADOS. 1. A atuação da Corte Constitucional não pode traduzir forma de engessamento e de cristalização de um determinado modelo pré-concebido de Estado, impedindo que, nos limites constitucionalmente assegurados, as maiorias políticas prevalecentes no jogo democrático pluralista possam pôr em prática seus projetos de governo, moldando o perfil e o instrumental do poder público conforme a vontade coletiva. 2. Os setores de saúde (CF, art. 199, caput), educação (CF, art. 209, caput), cultura (CF, art. 215), desporto e lazer (CF, art. 217), ciência e tecnologia (CF, art. 218) e meio ambiente (CF, art. 225) configuram serviços públicos sociais, em relação aos quais a Constituição, ao mencionar que "são deveres do Estado e da Sociedade" e que são "livres à iniciativa privada", permite a atuação, por direito próprio, dos particulares, sem que para tanto seja necessária a delegação pelo poder público, de forma que não incide, in casu, o art. 175, caput, da Constituição. 3. A atuação do poder público no domínio econômico e social pode ser viabilizada por intervenção direta ou indireta, disponibilizando utilidades materiais aos beneficiários, no primeiro caso, ou fazendo uso, no segundo caso, de seu instrumental jurídico para induzir que os particulares executem atividades de interesses públicos através da regulação, com coercitividade, ou através do fomento, pelo uso de incentivos e estímulos a comportamentos voluntários. 4. Em qualquer caso, o cumprimento efetivo dos deveres constitucionais de atuação estará, invariavelmente, submetido ao que a doutrina contemporânea denomina de controle da Administração Pública sob o ângulo do resultado (Diogo de Figueiredo Moreira Neto). 5. O marco legal das Organizações Sociais inclina-se para a atividade de fomento público no domínio dos serviços sociais, entendida tal atividade como a disciplina não coercitiva da conduta dos particulares, cujo desempenho em atividades de interesse público é estimulado por sanções premiais, em observância aos princípios da consensualidade e da participação na Administração Pública. 6. A finalidade de fomento, in casu, é posta em prática pela cessão de recursos, bens e pessoal da Administração Pública para as entidades privadas, após a celebração de contrato de gestão, o que viabilizará o direcionamento, pelo Poder Público, da atuação do particular em consonância com o interesse público, através da inserção de metas e de resultados a serem alcançados, sem que isso configure qualquer forma de renúncia aos deveres constitucionais de atuação. 7. Na essência, preside a execução deste programa de ação institucional a lógica que prevaleceu no jogo democrático, de que a atuação privada pode ser mais eficiente do que a pública em determinados domínios, dada a agilidade e a flexibilidade que marcam o regime de direito privado. 8. Os arts. 18 a 22 da Lei nº 9.637/98 apenas concentram a decisão política, que poderia ser validamente feita no futuro, de afastar a atuação de entidades públicas através da intervenção direta para privilegiar a escolha pela busca dos mesmos fins através da indução e do fomento de atores privados, razão pela qual a extinção das entidades mencionadas nos dispositivos não afronta a Constituição, dada a irrelevância do fator tempo na opção pelo modelo de fomento – se simultaneamente ou após a edição da Lei. 9. O procedimento de qualificação de entidades, na sistemática da Lei, consiste em etapa inicial e embrionária, pelo deferimento do título jurídico de "organização social", para que Poder Público e particular colaborem na realização de um interesse comum, não se fazendo presente a contraposição de interesses, com feição comutativa e com intuito lucrativo, que consiste no núcleo conceitual da figura do contrato administrativo, o que torna inaplicável o dever constitucional de licitar (CF, art. 37, XXI). 10. A atribuição de título jurídico de legitimação da entidade através da qualificação configura hipótese de credenciamento, no qual não incide a licitação pela própria natureza jurídica do ato, que não é contrato, e pela inexistência de qualquer competição, já que todos os interessados podem alcançar o mesmo objetivo, de modo includente, e não excludente. 11. A previsão de competência discricionária no art. 2º, II, da Lei nº 9.637/98 no que pertine à qualificação tem de ser interpretada sob o influxo da principiologia constitucional, em especial dos princípios da impessoalidade, moralidade, publicidade e eficiência (CF, art. 37, caput). É de se ter por vedada, assim, qualquer forma de arbitrariedade, de modo que o indeferimento do requerimento de qualificação, além de pautado pela publicidade, transparência e motivação, deve observar critérios objetivos fixados em ato regulamentar expedido em obediência ao art. 20 da Lei nº 9.637/98, concretizando de forma homogênea as diretrizes contidas nos inc. I a III do dispositivo. 12. A figura do contrato de gestão configura hipótese de convênio, por consubstanciar a conjugação de esforços com plena harmonia entre as posições subjetivas, que buscam um negócio verdadeiramente associativo, e não comutativo, para o atingimento de um objetivo comum aos interessados: a realização de serviços de saúde, educação, cultura, desporto e lazer, meio ambiente e ciência e tecnologia, razão pela qual se encontram fora do âmbito de incidência do art. 37, XXI, da CF. 13. Diante, porém, de um cenário de escassez de bens, recursos e servidores públicos, no qual o contrato de gestão firmado com uma entidade privada termina por excluir, por consequência, a mesma pretensão veiculada pelos demais particulares em idêntica situação, todos almejando a posição subjetiva de parceiro privado, impõe-se que o Poder Público conduza a celebração do contrato de gestão por um procedimento público impessoal e pautado por critérios objetivos, por força da incidência direta dos princípios constitucionais da impessoalidade, da publicidade e da eficiência na Administração Pública (CF, art. 37, caput). 14. As dispensas de licitação instituídas no art. 24, XXIV, da Lei nº 8.666/93 e no art. 12, §3º, da Lei nº 9.637/98 têm a finalidade que a doutrina contemporânea denomina de função regulatória da licitação, através da qual a licitação passa a ser também vista como mecanismo de indução de determinadas práticas sociais benéficas, fomentando a atuação de organizações sociais que já ostentem, à época da contratação, o título de qualificação, e que por isso sejam reconhecidamente colaboradoras do Poder Público no desempenho dos deveres constitucionais no campo dos serviços sociais. O afastamento do certame licitatório não exime, porém, o administrador público da observância dos princípios constitucionais, de modo que a contratação direta deve observar critérios objetivos e impessoais, com publicidade de forma a permitir o acesso a todos os interessados. 15. As organizações sociais, por integrarem o Terceiro Setor, não fazem parte do conceito constitucional de Administração Pública, razão pela qual não se submetem, em suas contratações com terceiros, ao dever de licitar, o que consistiria em quebra da lógica de flexibilidade do setor privado, finalidade por detrás de todo o marco regulatório instituído pela Lei. Por receberem recursos públicos, bens públicos e servidores públicos, porém, seu regime jurídico tem de ser minimamente informado pela incidência do núcleo essencial dos princípios da Administração Pública (CF, art. 37, caput), dentre os quais se destaca o princípio da impessoalidade, de modo que suas contratações devem observar o disposto em regulamento próprio (Lei nº 9.637/98, art. 4º, VIII), fixando regras objetivas e impessoais para o dispêndio de recursos públicos. 16. Os empregados das Organizações Sociais não são servidores públicos, mas sim empregados privados, por isso que sua remuneração não deve ter base em lei (CF, art. 37, X), mas nos contratos de trabalho firmados consensualmente. Por identidade de razões, também não se aplica às Organizações Sociais a exigência de concurso público (CF, art. 37, II), mas a seleção de pessoal, da mesma forma como a contratação de obras e serviços, deve ser posta em prática através de um procedimento objetivo e impessoal. 17. Inexiste violação aos direitos dos servidores públicos cedidos às organizações sociais, na medida em que preservado o paradigma com o cargo de origem, sendo desnecessária a previsão em lei para que verbas de natureza privada sejam pagas pelas organizações sociais, sob pena de afronta à própria lógica de eficiência e de flexibilidade que inspiraram a criação do novo modelo. 18. O âmbito constitucionalmente definido para o controle a ser exercido pelo Tribunal de Contas da União (CF, arts. 70, 71 e 74) e pelo Ministério Público (CF, arts. 127 e seguintes) não é de qualquer forma restringido pelo art. 4º, caput, da Lei nº 9.637/98, porquanto dirigido à estruturação interna da organização social, e pelo art. 10 do mesmo diploma, na medida em que trata apenas do dever de representação dos responsáveis pela fiscalização, sem mitigar a atuação de ofício dos órgãos constitucionais. 19. A previsão de percentual de representantes do poder público no Conselho de Administração das organizações sociais não encerra violação ao art. 5º, XVII e XVIII, da Constituição Federal, uma vez que dependente, para concretizar-se, de adesão voluntária das entidades privadas às regras do marco legal do Terceiro Setor. 20. Ação direta de inconstitucionalidade cujo pedido é julgado parcialmente procedente, para conferir interpretação conforme à Constituição à Lei nº 9.637/98 e ao art. 24, XXIV, da Lei nº 8.666/93, incluído pela Lei nº 9.648/98, para que: (i) o procedimento de qualificação seja conduzido de forma pública, objetiva e impessoal, com observância dos princípios do caput do art. 37 da CF, e de acordo com parâmetros fixados em abstrato segundo o que prega o art. 20 da Lei nº 9.637/98; (ii) a celebração do contrato de gestão seja conduzida de forma pública, objetiva e impessoal, com observância dos princípios do caput do art. 37 da CF; (iii) as hipóteses de dispensa de licitação para contratações (Lei nº 8.666/93, art. 24, XXIV) e outorga de permissão de uso de bem público (Lei nº 9.637/98, art. 12, §3º) sejam conduzidas de forma pública, objetiva e impessoal, com observância dos princípios do caput do art. 37 da CF; (iv) os contratos a serem celebrados pela Organização Social com terceiros, com recursos públicos, sejam conduzidos de forma pública, objetiva e impessoal, com observância dos princípios do caput do art. 37 da CF, e nos termos do regulamento próprio a ser editado por cada entidade; (v) a seleção de pessoal pelas Organizações Sociais seja conduzida de forma pública, objetiva e impessoal, com observância dos princípios do caput do art. 37 da CF, e nos termos do regulamento próprio a ser editado por cada entidade;

e (vi) para afastar qualquer interpretação que restrinja o controle, pelo Ministério Público e pelo TCU, da aplicação de verbas públicas (ADI nº1923).

1.4 Relações contratuais submetidas ao regime jurídico da Lei nº 14.133/21

Submetem-se ao regime jurídico da Lei nº 14.133/21 (art. 2º): I – alienação e concessão de direito real de uso de bens; II – compra, inclusive por encomenda; III – locação; IV – concessão e permissão de uso de bens públicos; V – prestação de serviços, inclusive os técnico-profissionais especializados; VI – obras e serviços de arquitetura e engenharia; VII – contratações de tecnologia da informação e de comunicação.

Praticamente todos os objetos contratuais necessários à satisfação das necessidades administrativas podem ser contratados de acordo com as regras da Lei. Alguns deles, entretanto, podem exigir modelos contratuais fundados também em outras normas. Tome-se, à guisa de exemplo, (i) o caso do contrato de locação em que órgão ou entidade publica figure como locatária. Nessa hipótese, a relação contratual se submeterá, ao menos em parcela, ao regime jurídico da Lei nº 8345/91 – que dispõe sobre as locações dos imóveis urbanos e os procedimentos a elas pertinentes; ou (ii) a hipótese de contratação de tecnologia da informação e de comunicação, que pode se submeter, em parte, ao regime da Lei nº 9609/98 – que dispõe sobre a proteção da propriedade intelectual de programa de computador.

Não estão submetidas ao regime da Lei as relações que envolvam:

a) contratos que tenham por objeto operação de crédito, interno ou externo, e gestão de dívida pública, incluídas as contratações de agente financeiro e a concessão de garantia relacionadas a esses contratos: por sua peculiar natureza, envolvendo por vezes contratações realizadas no exterior, e sujeitas às regras próprias dos agentes financeiros, não estão submetidas à Lei nº 14.133/21.

b) contratações sujeitas a normas previstas em legislação própria: diversas espécies contratuais administrativas são reguladas por leis próprias, como (i) contratos de concessão de serviços públicos (Lei nº 8987/95); contratos de parcerias público-privadas (Lei nº 11.079/2004); contratos de prestação de serviços de publicidade por intermédio de agência de propaganda (Lei nº 12.232/10); parcerias entre a Administração Pública e as organizações da sociedade civil, em regime de mútua cooperação, para a consecução de finalidades de interesse público e recíproco pela via do termo de fomento, termo de colaboração ou acordo de cooperação (Lei nº 13.019/14); contrato público para solução inovadora (Lei Complementar nº 182), entre outros. As relações contratuais e destinadas à formação de parcerias que sejam regidas por leis próprias podem demandar aplicação da Lei nº 14.133/21, em caráter direto ou em caráter subsidiário. Para identificação de possibilidade de aplicação direta ou subsidiária da Lei nº 14.133/21 a relações contratuais submetidas à legislação própria, algumas regras relevantes desta Lei:

(i) art. 184 – aplicam-se as disposições desta Lei, no que couber e na ausência de norma específica, aos convênios, acordos, ajustes e outros instrumentos congêneres celebrados por órgãos e entidades da Administração Pública, na forma estabelecida em regulamento do Poder Executivo federal;

(ii) art. 186 – aplicam-se as disposições desta Lei subsidiariamente à Lei nº 8.987, de 13 de fevereiro de 1995, à Lei nº 11.079, de 30 de dezembro de 2004, e à Lei nº 12.232, de 29 de abril de 2010; e
(iii) art. 189 – aplica-se esta Lei às hipóteses previstas na legislação que façam referência expressa à Lei nº 8.666, de 21 de junho de 1993, à Lei nº 10.520, de 17 de julho de 2002, e aos arts. 1º a 47-A da Lei nº 12.462, de 4 de agosto de 2011.

1.5 Princípios do processo da contratação pública

Princípios são normas que orientam o sistema jurídico. Para Robert Alexy, em direção similar à adotada por Dworkin, princípios são normas com grau de generalidade elevada, verdadeiros mandamentos de otimização porque "ordenam que algo seja realizado na maior medida possível dentro das possibilidades jurídicas e fáticas existentes", enquanto regras serão sempre ou satisfeitas ou não satisfeitas. Não há a rigor hierarquia entre princípios, mas necessidade de verificação valorativa sobre se um princípio terá precedência sobre outro em caso de conflito sob determinadas condições. Os princípios, então, têm peso diferente, e o princípio com maior peso terá sempre precedência. Trata-se então de estimar qual dos interesses protegidos por princípios terá maior peso no caso concreto.[5] Além dos princípios constitucionais expressos e implícitos, a Lei nº 14.133/21 determina a observação, no processo da contratação pública, dos seguintes princípios (art. 5º):
a) Legalidade: a Administração Pública está adstrita ao cumprimento de todas as normas do sistema jurídico, Constituição, leis, regulamentos, entre outras. Exige condutas administrativas conforme normas de direito, não apenas leis. Usa-se referir que o administrador só pode realizar condutas autorizadas por Lei. As condutas administrativas devem ter suporte em norma legal;
b) impessoalidade: as condutas dos agentes públicos no processo da contratação devem ser imparciais, destituídas de avaliações, no possível, marcadas por influências de caráter subjetivo ou pessoal;
c) moralidade: exige-se que, além do cumprimento de normas legais, haja o cumprimento de normas de natureza ética e moral, e adoção de condutas legítimas, voltadas para o interesse público. Conduta moral é aquela social e administrativamente aceitável em dado momento histórico;
d) publicidade: os atos praticados pela Administração Pública não podem, salvo exceção legal, ser sigilosos. A publicidade é requisito formal de validade de certos atos e exigência legal para qualquer conduta pública. O princípio exige a ampla divulgação as condutas administrativas, inclusive para fins de exercício de controle;
e) eficiência: determina o alcance dos objetivos legalmente determinados para o processo da contratação e a plena satisfação das necessidades públicas com economicidade, sustentabilidade e efetividade. A Lei nº 12.305/10 apresenta o conceito de ecoeficiência, que será obtida mediante a compatibilização entre o fornecimento, a preços competitivos, de bens e serviços qualificados que satisfaçam as necessidades humanas e tragam

---

[5] ALEXY, Robert. *Teoria dos Direitos Fundamentais*. São Paulo: Malheiros, 2008. p. 90.

qualidade de vida e a redução do impacto ambiental e do consumo de recursos naturais a um nível, no mínimo, equivalente à capacidade de sustentação estimada do planeta (art. 6º, V). A eficiência das contratações públicas será alcançada pelo cumprimento de seu objetivo específico – satisfação da necessidade específica que deu causa ao contrato; e pelo cumprimento dos objetivos que lhe confere a norma do art. 11 da Lei: I – assegurar a seleção da proposta apta a gerar o resultado de contratação mais vantajoso para a Administração Pública, inclusive no que se refere ao ciclo de vida do objeto; II – assegurar tratamento isonômico entre os licitantes, bem como a justa competição; III – evitar contratações com sobrepreço ou com preços manifestamente inexequíveis e superfaturamento na execução dos contratos; IV – incentivar a inovação e o desenvolvimento nacional sustentável;

f) interesse público: o propósito finalístico da contratação pública é a satisfação do legítimo interesse público. O interesse público, se legítimo – mediante adequação constitucional – e justificado, deve prevalecer sobre o interesse particular. Esse é o conteúdo jurídico do princípio da supremacia do interesse público. É evidente, e nem poderia diferente ser no sistema constitucional, que a legitimidade e a justificativa devem ser objetivamente demonstradas. Pode ser tomado como axioma na medida em que pode ser reputada premissa aceita previamente. O que não significa que não se possa contrapor aduzir sobre a inexistência dos pressupostos ou premissas para que a supremacia possa ser caracterizada. Os pressupostos são exatamente a legitimidade – adequação constitucional – e a justificativa. Não se trata de ponderação ou de qualquer método hermenêutico a ser aplicado a partir de uma relação jurídica concreta. Para ser reputado como aplicável o princípio é preciso que a conduta praticada sob o argumento da supremacia seja legítima – tenha adequação constitucional – e seja justificada;

g) probidade administrativa: exige conduta honesta e proba na prática dos atos inerentes ao processo da contratação pública. O contrário da probidade é a improbidade administrativa, que é tipificada na Lei nº 8429/92. Para os fins de contratação pública, consideram-se de improbidade as condutas dolosas tipificadas nos art. 9º, 10 e 11 da Lei de Improbidade Administrativa, respectivamente, enriquecimento ilícito, lesão ao erário e violação de princípio da Administração Pública;

h) igualdade: no processo da contratação devem ser assegurados tratamentos iguais para licitantes e contratados. O princípio da igualdade revela uma autorização para tratar as pessoas de modo diferente. Essa autorização será fundada em elemento de fato legítimo, pena de invalidade. Em outros termos, se uma legítima situação de fato autorizar, podem ser estabelecidos critérios e tratamento discriminatório entre licitantes ou contratados;

i) planejamento: exige-se que o processo da contratação seja configurado e conduzido mediante ações racionais e sistêmicas, estabelecendo os objetivos a serem atingidos e os meios para tanto. É a conduta de exercício de previsibilidade objetiva, antecipando riscos, positivos ou negativos, que possam favorecer ou comprometer o processo da contratação;

j) transparência: exige ampla visibilidade e divulgação dos atos e condutas no processo da contratação pública, em relação a decisões, atos e condutas dos agentes públicos encarregados das funções essenciais;

k) eficácia: as condutas no processo da contratação devem ser orientadas para a produção de um resultado concreto e real, vantajoso e adequado, inclusive na perspectiva dos resultados de sustentabilidade;

l) segregação de funções: processo de contratação pública é a sucessão de atos e condutas destinadas à efetivação de um resultado contratual adequado ao sistema jurídico-constitucional e aos objetivos legalmente determinados. Nessa condição, há uma cadeia sucessória de controle, na qual um agente que pratica um ato, também pode exercer o controle dos atos praticados pelos agentes que o antecederam. Para que possa haver este controle processual, é preciso que não haja a designação do mesmo agente público para atuação simultânea em funções mais suscetíveis a riscos, de modo a reduzir a possibilidade de ocultação de erros e de ocorrência de fraudes na respectiva contratação;

m) motivação: é requisito de validade dos atos e condutas no processo da contratação pública. A toda conduta ou decisão deve corresponder a indicação objetiva do motivo que levou à sua prática e das razões de fato e de direito que as autorizam e legitimam. A falta de motivação vicia o ato ou a conduta;

n) vinculação ao instrumento convocatório: o edital é ato administrativo de natureza normativa que contempla as regras do processo da contratação pública em específico – para o caso concreto. Essas regras são de cumprimento obrigatório pelos licitantes, contratados e pela Administração Pública;

o) julgamento objetivo: o objetivo é o julgamento impessoal, que não toma em conta percepções de natureza subjetiva de quem decide. É feito, assim, a partir do objeto em exame. Este princípio tem duas dimensões: (i) objetividade para decidir questões controversas ou conflituosas; e (ii) objetividade para definir os critérios e requisitos para possibilitar decisões objetivas;

p) segurança jurídica: o processo da contratação deve ser configurado e conduzido em um ambiente jurídico-material marcado pela estabilidade e pela previsibilidade. As regras e decisões proferidas no processo da contratação devem ser claras, coerentes e isonômicas.

q) razoabilidade: razoável é a conduta coerente, inteligente, de bom senso e adequada ao padrão vigente de senso comum;

r) competitividade: um dos objetivos da licitação em sentido estrito é a obtenção da proposta apta a produzir o melhor resultado para a Administração, considerada a necessidade que lhe deu causa. É de se supor que quanto maior for o número de potenciais interessados em competir e efetivos competidores pelo contrato, maiores serão as oportunidades de obter propostas que possam satisfazer os objetivos almejados. Não devem ser criados óbices ou empecilhos ilegítimos para garantir o maior número de competidores no processo da contratação;

t) proporcionalidade: as condutas e decisões adotadas no processo devem ser ajustadas à necessidade, em juízo de adequação legítima entre os fins pretendidos e os meios para atingi-los;

u) celeridade: a duração do processo será a estritamente necessária e justificada em face do cumprimento de deveres jurídicos e de formalidades. Este princípio é corolário do preceito do art. 5º, LXXVIII da Constituição Federal: a todos, no âmbito judicial e administrativo, são assegurados a razoável duração do processo e os meios que garantam a celeridade de sua tramitação. Os atos processuais praticados pelos agentes encarregados das funções essenciais serão produzidos no menor tempo possível, sem comprometimento da qualidade e do cumprimento dos demais princípios e regras aplicáveis;

v) economicidade: deve ser obtida no processo a contratação que produza a melhor relação custo x benefício. Ou seja, aquela que exija o menor dispêndio, com cumprimento de outros valores jurídicos determinados por lei ou pela Constituição;

x) desenvolvimento nacional sustentável: implica o uso do poder de compra da Administração Pública, manifestado por intermédio das suas contratações, para fomentar boas práticas de sustentabilidade ambiental, econômica ou social. É fundamento das contratações públicas ESG – *environmental, social and governance*, ou contratações públicas sustentáveis.

1.6 Lei de Introdução às Normas do Direito Brasileiro aplicada às contratações públicas

A Lei nº 14.133/21 tem previsão expressa – o que de resto nem seria preciso – para que seja aplicada ao processo da contratação pública o regime jurídico do Decreto-Lei nº 4657/42 – Lei de Introdução às Normas do Direito Brasileiro. Trata-se de uma importante lei que contempla regramento substancial destinado à produção de atos, contratos e decisões administrativas dotadas, principalmente, de potencial para garantir segurança jurídica para as partes integrantes de uma certa relação processual administrativa.

Todas as regras da Lei devem ser observadas, mas, em especial destacam-se as seguintes:

a) Art. 20. Nas esferas administrativa, controladora e judicial, não se decidirá com base em valores jurídicos abstratos sem que sejam consideradas as consequências práticas da decisão.

Parágrafo único. A motivação demonstrará a necessidade e a adequação da medida imposta ou da invalidação de ato, contrato, ajuste, processo ou norma administrativa, inclusive em face das possíveis alternativas.

A norma preconiza o denominado consequencialismo jurídico – que preconiza a ponderação prévia das consequências concretas e efetivas de uma determinada conduta ou decisão. Valores jurídicos abstratos são aqueles dotados de vagueza e indeterminação conceitual, dificultando as suas exatas dimensões e finalidades. Os princípios são normas que prescrevem valores jurídicos abstratos. O contraste de valor jurídico abstrato com um valor jurídico concreto pode ajudar a compreensão: quando se diz "matar alguém" não há dúvidas sobre a natureza material da conduta que foi praticada. Contudo, quando se diz "atuou de modo imoral", sem mais informações é impossível deduzir qual foi a conduta praticada pelo agente. Caso a decisão seja adotada com base em um valor jurídico abstrato, que envolva conceito jurídico indeterminado, o órgão decisório deverá, pena de nulidade do ato, revelar em concreto em qual medida e substância o valor abstrato tem aplicação. Por exemplo: uma autoridade aplica sanção a um licitante sob o argumento de conduta inidônea. Deverá apontar concretamente qual a conduta praticada e porque foi reputada ilegítima, realizando o contraste com a conduta esperada e exigida legalmente. A decisão deve revelar que o órgão decisório avaliou e levou em conta as suas consequências materiais e jurídicas. Por exemplo: suponha-se uma licitação para contratação de produtos alimentícios destinados à merenda escolar. Quando de uma decisão judicial concedendo medida liminar suspendendo o certame, o Magistrado deve, na sua fundamentação, deixar claro que avaliou a possibilidade de faltarem tais produtos e as implicações que a falta produzira no plano concreto da Administração e do interesse público. Sob pena de invalidade, esta representação das consequências da decisão deve integrá-la. A decisão deve apontar, também, as alternativas possíveis que potencialmente teria o Administrador em substituição da decisão administrativa adotada.

b) Art. 21. A decisão que, nas esferas administrativa, controladora ou judicial, decretar a invalidação de ato, contrato, ajuste, processo ou norma administrativa deverá indicar de modo expresso suas consequências jurídicas e administrativas.

Parágrafo único. A decisão a que se refere o *caput* deste artigo deverá, quando for o caso, indicar as condições para que a regularização ocorra de modo proporcional e equânime e sem prejuízo aos interesses gerais, não se podendo impor aos sujeitos atingidos ônus ou perdas que, em função das peculiaridades do caso, sejam anormais ou excessivos.

A hipótese normativa é similar à do art. 21 da LINDB, contudo, versa sobre decisão invalidatória de ato, contrato, ajuste ou processo. Qualquer invalidação de ato em processo licitatório – anulação da licitação, por exemplo –, ou de contratação administrativa – deverá expressar os resultados materiais e jurídicos da invalidação. Por exemplo: no caso de anulação de um contrato serão apontadas as consequências, como dever de indenizar o contratado, prejuízos decorrentes da interrupção da execução contratual entre outras (de modo expresso). Esta norma também confere sustentáculo normativo para a regra do art. 147 da Lei nº 14.133/21, que exige avaliação prévia dos efeitos concretos do ato para a invalidação de processo licitatório ou contrato.

c) Art. 22. Na interpretação de normas sobre gestão pública, serão considerados os obstáculos e as dificuldades reais do gestor e as exigências das políticas públicas a seu cargo, sem prejuízo dos direitos dos administrados.

§1º Em decisão sobre regularidade de conduta ou validade de ato, contrato, ajuste, processo ou norma administrativa, serão consideradas as circunstâncias práticas que houverem imposto, limitado ou condicionado à ação do agente.

Não é incomum que agentes públicos cometam atos irregulares premidos pela urgência ou por situação que demande solução que não se adequa ao formato legalmente exigido. A norma exige que, na atividade de controle, sejam tais aspectos da realidade empírica levados em conta, por hipótese, para a apuração da responsabilidade e para a caracterização de dolo ou culpa do agente. Por exemplo: suponha-se o caso de abrupta interrupção de execução de contrato de fornecimento contínuo de produtos médicos destinados ao funcionamento de uma unidade de saúde. A falta imediata dos produtos pode demandar uma compra que não seja precedida de nenhuma formalidade, nem mesmo daquelas exigidas para uma contratação direta em razão de urgência. A situação de fato – dificuldade real do gestor – afasta a ilicitude da conduta (o estado de necessidade, ademais, é uma das excludentes de ilicitude, desconstituindo uma infração).

d) Art. 23. A decisão administrativa, controladora ou judicial que estabelecer interpretação ou orientação nova sobre norma de conteúdo indeterminado, impondo novo dever ou novo condicionamento de direito, deverá prever regime de transição quando indispensável para que o novo dever ou condicionamento de direito seja cumprido de modo proporcional, equânime e eficiente e sem prejuízo aos interesses gerais.

Não é vedada a alteração de interpretação de norma, o que é da essência do próprio direito ao longo do tempo. Mas é vedado impor a nova interpretação sem que exista tempo para adaptação. Por exemplo: suponha-se o caso de, ao longo dos anos, não terem sido considerados de mesma natureza, para fins de contratação direta por valor, dois certos produtos. Assim, ao longo do tempo, eram gastos por exercício, R$57.000,00 com cada contratação direta independente de cada um dos produtos. O órgão de controle passa a considerar que tais produtos têm mesma natureza e devem ter o valor somado para fins de aferição do limite de contratação direta. Esta nova interpretação será implementada com a concessão de um regime de transição, para que a Administração possa se adaptar ao novo entendimento esposado.

e) Art. 24. A revisão, nas esferas administrativa, controladora ou judicial, quanto à validade de ato, contrato, ajuste, processo ou norma administrativa cuja produção já se houver completado, levará em conta as orientações gerais da época, sendo vedado que, com base em mudança posterior de orientação geral, se declarem inválidas situações plenamente constituídas.

É vedado impor a nova interpretação a fatos pretéritos, fazendo com que retroaja para fins de responsabilização; ou exigir a imediata aplicação da nova exegese, sem que os destinatários da norma estejam preparados para o novo sentido de aplicação. Por exemplo: suponha-se que tenha sido celebrado um contrato, pelo prazo de 15 anos, admitidas prorrogações até 35 anos, tendo como objeto a concessão de uso de bem público, no qual tenham sido feitos investimentos permanentes (a Lei admite tais contratações por tal prazo). Os investimentos feitos foram considerados permanentes pelo órgão de controle externo. Decorridos vários anos, o órgão de controle externo altera a interpretação para reputar que aqueles investimentos, outrora reputados como permanentes, não são mais assim considerados. Esta mudança de interpretação não pode retroagir para invalidar o contrato celebrado, e não pode ser invocada para, sem tempo para adaptação administrativa, obstar a prorrogação contratual.

f) Art. 26. Para eliminar irregularidade, incerteza jurídica ou situação contenciosa na aplicação do direito público, inclusive no caso de expedição de licença, a autoridade administrativa poderá, após oitiva do órgão jurídico e, quando for o caso, após realização de consulta pública, e presentes razões de relevante interesse geral, celebrar compromisso com os interessados, observada a legislação aplicável, o qual só produzirá efeitos a partir de sua publicação oficial.

§1º O compromisso referido no *caput* deste artigo:

I – buscará solução jurídica proporcional, equânime, eficiente e compatível com os interesses gerais;

III – não poderá conferir desoneração permanente de dever ou condicionamento de direito reconhecidos por orientação geral;

IV – deverá prever com clareza as obrigações das partes, o prazo para seu cumprimento e as sanções aplicáveis em caso de descumprimento.

A regra é fundamento da celebração de termo de ajustamento no que tange a situações controvertidas ou conflituosas acerca de interpretação de norma legal ou contratual, ou quando do cometimento de infrações. Diante de incerteza ou dúvida sobre aplicação de regra contratual ou legal, é autorizada a celebração do compromisso de que trata a Lei, para conformação da conduta do interessado ao modelo reputado como devido e legítimo pela Administração.

g) Art. 27. A decisão do processo, nas esferas administrativa, controladora ou judicial, poderá impor compensação por benefícios indevidos ou prejuízos anormais ou injustos resultantes do processo ou da conduta dos envolvidos.

§1º A decisão sobre a compensação será motivada, ouvidas previamente as partes sobre seu cabimento, sua forma e, se for o caso, seu valor.

§2º Para prevenir ou regular a compensação, poderá ser celebrado compromisso processual entre os envolvidos.

Apurada, em regular processo administrativo, ou reconhecida voluntariamente pelo interessado, uma conduta infracional que tenha produzido prejuízos materiais para a Administração, pode ser imposta a compensação – em valor e condições – para a justa reparação. Em relação ao processo da contratação pública, tome-se, por exemplo, o caso de uma execução contratual defeituosa de obra que resulte prejuízo material para o patrimônio público. Pode haver decisão determinando a compensação deste prejuízo, sua forma e condições, mediante compromisso formal assumido pelo interessado, a quem foi imputada a falta. O ressarcimento de prejuízos causados para o interesse público nunca dependeu desta regra da LINDB, mas é de reconhecer que a previsão legal de possibilidade de um compromisso formal, como solução alternativa ao Poder Judiciário, confere mais segurança jurídica aos agentes encarregados de promover a compensação pelos danos sofridos.

h) Art. 28. O agente público responderá pessoalmente por suas decisões ou opiniões técnicas em caso de dolo ou erro grosseiro.

Este tema, pela sua importância, será objeto de ampla abordagem no capítulo 16, ao qual se remete o leitor.

CAPÍTULO 2

GOVERNANÇA DE CONTRATAÇÃO PÚBLICA

2.1 Governança pública e governança de contratações públicas

Mais do que um conceito técnico ou jurídico, governança é de fato um especial modo de agir ou fazer. Numa espécie de aplicação do imperativo categórico kantiano, governança implica a adoção, por uma organização pública ou privada, de sistemas de condutas que, por sua correção, todas elas poderiam ou deveriam adotar como a coisa certa a fazer. Uma das normas mais importantes da Lei nº 14.133/21 é aquela contida no art. 11, parágrafo único:

> a alta administração do órgão ou entidade é responsável pela governança das contratações e deve implementar processos e estruturas, inclusive de gestão de riscos e controles internos, para avaliar, direcionar e monitorar os processos licitatórios e os respectivos contratos, com o intuito de alcançar os objetivos estabelecidos no caput deste artigo, promover um ambiente íntegro e confiável, assegurar o alinhamento das contratações ao planejamento estratégico e às leis orçamentárias e promover eficiência, efetividade e eficácia em suas contratações.

A Lei inocula a racionalidade da governança no plano dos contratos públicos. Tal racionalidade determina deveres jurídicos que, se descumpridos, podem gerar a responsabilização por omissão própria das autoridades integrantes da alta administração. À toda vista, pretende o legislador imprimir de forma indelével ao processo da contratação certos valores e objetivos destinados à excelência de resultados, tanto sob a ótica da eficiência, como sob a ótica da integridade.

O destinatário principal da regra é a alta administração. Contudo, emana efeitos para atingir todos os agentes públicos envolvidos no processo da contratação.

A alta administração dos órgãos e entidades públicas é constituída pelos "gestores que integram o nível executivo do órgão ou da entidade, com poderes para estabelecer as políticas, os objetivos e conduzir a implementação da estratégia para cumprir a missão da organização".[6] Integram a denominada alta administração: Chefes de Poder, Ministros, Secretários, Diretores e autoridades do alto escalão da Administração Pública.

---

[6] PORTARIA SEGES/ME Nº 8.678, DE 19 DE JULHO DE 2021. Esta norma, de baixa hierarquia no sistema jurídico, só é mandatória no âmbito da Administração Pública federal direta, autárquica e fundacional, porém, contém interessantes conceitos que podem servir de referência objetiva para a interpretação da Lei nº 14.133/21.

A origem da governança "está associada ao momento em que organizações deixaram de ser geridas diretamente por seus proprietários (p. ex. donos do capital) e passaram à administração de terceiros, a quem foi delegada autoridade e poder para administrar recursos pertencentes àqueles. Em muitos casos, há divergência de interesses entre proprietários e administradores, o que, em decorrência do desequilíbrio de informação, poder e autoridade, leva a um potencial conflito de interesse entre eles, na medida em que ambos tentam maximizar seus próprios benefícios".[7]

A noção de governança surge então, para superar o denominado conflito de agência, ou seja, o potencial conflito de interesses entre os proprietários de empresas e aqueles a quem a gestão ou administração do negócio foi designada. No âmbito da governança corporativa privada se faz referência a duas figuras jurídicas elementares: um principal (proprietário do negócio ou da organização) e a um agente (terceiro a quem foi delegada a administração dos negócios pelo principal).

O propósito original da governança foi o de estimular boas práticas de gestão e dissuadir os agentes de práticas lesivas aos negócios da organização – ou seja, o de intentar a excelência na condução dos negócios por parte dos agentes – o que inclui, evidentemente, a prestação de contas e a responsabilização por ilegalidades ou erros de conduta.

No plano da Administração Pública esta concepção de governança tem plena aplicação, entendendo-se que o principal é o povo, na medida em que todo o poder dele emana e o agente são os representantes eleitos diretamente para exercer tal poder, ou qualquer agente público a quem tenha sido delegado o exercício de função estatal, como por exemplo, os titulares de cargo ou emprego público.[8]

Trata-se pois, a governança no setor público, de um "conjunto de mecanismos de liderança, estratégia e controle postos em prática para avaliar, direcionar e monitorar a gestão, com vistas à condução de políticas públicas e à prestação de serviços de interesse da sociedade";[9] e, em específico, governança das contratações públicas é o "conjunto de mecanismos de liderança, estratégia e controle postos em prática para avaliar, direcionar e monitorar a atuação da gestão das contratações públicas, visando a agregar valor ao negócio do órgão ou entidade, e contribuir para o alcance de seus objetivos, com riscos aceitáveis".[10]

Interessante contribuição para o tema está contida na Instrução Normativa Conjunta MP/CGU nº 01/16:

> Art. 2º Para fins desta Instrução Normativa, considera-se:
>
> VIII – governança: combinação de processos e estruturas implantadas pela alta administração, para informar, dirigir, administrar e monitorar as atividades da organização, com o intuito de alcançar os seus objetivos;

---

[7] BRASIL. Tribunal de Contas da União. *Referencial Básico de Governança*. Brasília, 2014. p. 11. Disponível em: file:///C:/Users/User/Downloads/2663788%20(1).PDF. Acesso em: 28 ago. 2023.
[8] Constituição Federal, art. 1º, §1º.
[9] Decreto Federal nº 9.203/2017, art. 2º, I.
[10] PORTARIA SEGES/ME Nº 8.678, DE 19 DE JULHO DE 2021 da Secretaria Especial de Desburocratização, Gestão e Governo Digital do Ministério da Economia, art. 2º, III.

IX – governança no setor público: compreende essencialmente os mecanismos de liderança, estratégia e controle postos em prática para avaliar, direcionar e monitorar a atuação da gestão, com vistas à condução de políticas públicas e à prestação de serviços de interesse da sociedade;

Governança no setor público implica, nesta linha, instituição e constituição de mecanismos destinados a fomentar a conformidade das condutas de agentes públicos com princípios e valores constitucionais e monitorar tais condutas para aferir se efetivamente se ajustam a estes parâmetros, exigindo deles resultados benéficos e vantajosos para o povo, com as devidas prestações de contas e transparência das ações.

Sob o prisma da governança pública, pode-se dizer que ao agente público (agente) são designadas competências (pelo principal) e dele se exigirão condutas, praticadas com transparência e mediante prestação de contas, orientadas ao cumprimento das missões que a Constituição Federal designou para o Estado, todas objetivando o interesse público e a satisfação das necessidades do povo.

A boa governança no setor público permite:[11]

a) garantir a entrega de benefícios econômicos, sociais e ambientais para os cidadãos;

b) garantir que a organização seja, e pareça, responsável para com os cidadãos;

c) ter clareza acerca de quais são os produtos e serviços efetivamente prestados para cidadãos e usuários, e manter o foco nesse propósito;

d) ser transparente, mantendo a sociedade informada acerca das decisões tomadas e dos riscos envolvidos;

e) possuir e utilizar informações de qualidade e mecanismos robustos de apoio às tomadas de decisão;

f) dialogar com e prestar contas à sociedade;

g) garantir a qualidade e a efetividade dos serviços prestados aos cidadãos;

h) promover o desenvolvimento contínuo da liderança e dos colaboradores;

i) definir claramente processos, papéis, responsabilidades e limites de poder e de autoridade;

j) institucionalizar estruturas adequadas de governança;

k) selecionar a liderança tendo por base aspectos como conhecimento, habilidades e atitudes (competências individuais);

l) avaliar o desempenho e a conformidade da organização e da liderança, mantendo um balanceamento adequado entre eles;

m) garantir a existência de um sistema efetivo de gestão de riscos;

n) utilizar-se de controles internos para manter os riscos em níveis adequados e aceitáveis;

o) controlar as finanças de forma atenta, robusta e responsável; e

p) prover aos cidadãos dados e informações de qualidade (confiáveis, tempestivas, relevantes e compreensíveis).

Distinção relevante se dá entre funções de governança e funções de gestão. São funções de governança: a) definir o direcionamento estratégico; b) supervisionar a gestão; c) envolver as partes interessadas; d) gerenciar riscos estratégicos; e) gerenciar conflitos internos; f) auditar e avaliar o sistema de gestão e controle; e g) promover a

---

[11] BRASIL. Tribunal de Contas da União. *Referencial Básico de Governança*. Brasília, 2014. p. 14. Disponível em: file:///C:/Users/User/Downloads/2663788%20(1).PDF. Acesso em: 28 ago. 2023.

accountability (prestação de contas e responsabilidade) e a transparência. São funções da gestão: a) implementar programas; b) garantir a conformidade com as regulamentações; c) revisar e reportar o progresso de ações; d) garantir a eficiência administrativa; e) manter a comunicação com as partes interessadas; e f) avaliar o desempenho e aprender.[12]

A governança estrutura-se a partir dos seguintes princípios:[13]

> a) Legitimidade: princípio jurídico fundamental do Estado Democrático de Direito e critério informativo do controle externo da administração pública que amplia a incidência do controle para além da aplicação Níveis de Análise isolada do critério da legalidade. Não basta verificar se a lei foi cumprida, mas se o interesse público, o bem comum, foi alcançado. Admite o ceticismo profissional de que nem sempre o que é legal é legítimo
>
> b) Equidade: promover a equidade é garantir as condições para que todos tenham acesso ao exercício de seus direitos civis – liberdade de expressão, de acesso à informação, de associação, de voto, igualdade entre gêneros –, políticos e sociais – saúde, educação, moradia, segurança.
>
> c) Responsabilidade: diz respeito ao zelo que os agentes de governança devem ter pela sustentabilidade das organizações, visando sua longevidade, incorporando considerações de ordem social e ambiental na definição dos negócios e operações.
>
> d) Eficiência: é fazer o que é preciso ser feito com qualidade adequada ao menor custo possível. Não se trata de redução de custo de qualquer maneira, mas de buscar a melhor relação entre qualidade do serviço e qualidade do gasto.
>
> e) Probidade: trata-se do dever dos servidores públicos de demonstrar probidade, zelo, economia e observância às regras e aos procedimentos do órgão ao utilizar, arrecadar, gerenciar e administrar bens e valores públicos. Enfim, refere-se à obrigação que têm os servidores de demonstrar serem dignos de confiança.
>
> f) Transparência: caracteriza-se pela possibilidade de acesso a todas as informações relativas à organização pública, sendo um dos requisitos de controle do Estado pela sociedade civil. A adequada transparência resulta em um clima de confiança, tanto internamente quanto nas relações de órgãos e entidades com terceiros.
>
> g) Accountability: As normas de auditoria da Intosai conceituam accountability como a obrigação que têm as pessoas ou entidades às quais se tenham confiado recursos, incluídas as empresas e organizações públicas, de assumir as responsabilidades de ordem fiscal, gerencial e programática que lhes foram conferidas, e de informar a quem lhes delegou essas responsabilidades. Espera-se que os agentes de governança prestem contas de sua atuação de forma voluntária, assumindo integralmente as consequências de seus atos e omissões.

O objetivo da governança no setor público é propiciar a ação pública adequada, qual seja, aquela que garante a satisfação do interesse público legítimo.

Em certa medida, parafraseando Eça de Queirós, nada de muito novo sob o sol. Governança no setor público, num sentido, é uma das formas possíveis de fazer referência ao conjunto de deveres e de poderes que a Lei ou a Constituição designam a um agente público e aos mecanismos de controle de sua atuação.

---

[12] BRASIL. Tribunal de Contas da União. *Referencial Básico de Governança*. Brasília, 2014. p. 31. Disponível em: file:///C:/Users/User/Downloads/2663788%20(1).PDF. Acesso em: 28 ago. 2023.

[13] BRASIL. Tribunal de Contas da União. *Referencial Básico de Governança*. Brasília, 2014. p. 34. Disponível em: file:///C:/Users/User/Downloads/2663788%20(1).PDF. Acesso em: 28 ago. 2023.

Trata-se a governança, no setor público, de uma nova roupagem para velhos institutos jurídicos que orientam a atuação da Administração Pública e dos agentes públicos, todos com o objetivo de aprimorar a conduta pública no que diz respeito aos seus compromissos com o interesse público.

2.2 Dever de implementar sistemas de governança no setor público e nas contratações públicas

Aludir à inexistência de nada de muito novo quando se trata de governança no setor público tem sua relevância. Se, como defendido, governança no setor público é uma das novas formas possíveis de fazer referência ao velho conjunto de deveres e de poderes atribuídos aos agentes públicos e à Administração Pública, tal significa dizer que não há – como nunca houve – margem de liberdade para escolher entre adotar ou não um sistema de governança pública (sistema direcionado à consecução das missões inseridas pela Constituição no núcleo de competências da Administração Pública).

Trata-se de um dever jurídico do administrador público implementar, no plano de sua organização pública, um sistema de governança. Implicação desta afirmação, é que sempre que há um dever jurídico, que poderia e deveria ser cumprido e não o é, resta caracterizada a omissão própria (daquele que detinha o dever jurídico).

E a omissão é passível de responsabilização pessoal. Assim, caso os objetivos fixados na Lei e na Constituição para um determinado órgão ou entidade pública não sejam atendidos, ou sejam atendidos de modo insatisfatório ou insuficiente, em razão de falhas de gestão que possam ser atribuídas à inexistência de mecanismos ou sistemas de governança, pode haver a responsabilização daquele que deu causa, por omissão dolosa ou culposa, ao resultado lesivo aos interesses do povo (principal). Este é o entendimento do Tribunal de Contas da União, apontando a potencialidade de responsabilização da alta administração pela omissão em implementar ações de governança das contratações:

> 86. O conjunto de falhas ora descritas denota que, muito além de fiscalização contratual deficiente em um contrato específico, o Ministério da Saúde apresenta graves fragilidades de caráter estrutural que propiciam elevação em grau temerário dos riscos de ineficácia, desperdício e, até mesmo, malversação de recursos públicos.
>
> 87. Nos termos do disposto na nova lei de licitações e contratos, a governança das contratações constitui responsabilidade da alta administração do órgão, cabendo-lhe implantar processos e estruturas, inclusive de gestão de riscos e controles internos, para avaliar, direcionar e monitorar os processos licitatórios e os respectivos contratos, tendo por objetivos, dentre outros, o de assegurar a seleção da proposta apta a gerar o resultado de contratação mais vantajoso para a Administração Pública; assegurar tratamento isonômico entre os licitantes, bem como a justa competição, além de evitar contratações com sobrepreço ou com preços manifestamente inexequíveis e superfaturamento na execução dos contratos (Lei 14.133/2021, artigos 11 e 169) .
>
> 88. Conclui-se, no ponto, pela desnecessidade da emitir ciência ao Ministério da Saúde quanto à falha ora constatada por já haver sido reconhecida pelo próprio órgão, sem prejuízo de assinalar que a não resolução das recorrentes fragilidades constatadas ao longo de anos na governança das contratações, atrai diretamente para a alta administração do

órgão a responsabilização pelas irregularidades e eventuais danos ao erário que vierem a ser constatados.

Considerando que a proposição aguarda deliberação do colegiado competente, considera-se oportuno também dar ciência ao Ministério da Saúde que a não resolução das recorrentes fragilidades constatadas ao longo de anos na governança das contratações, a exemplo da continuidade da irregular execução dos serviços de armazenagem e transporte de insumos de saúde sem cobertura contratual, atrai diretamente para a alta administração do órgão a responsabilização pelas irregularidades e eventuais danos ao erário que vierem a ser constatados (Acórdão nº 1270/2023 – Plenário).

Em específico, a implementação de governança dos contratos enseja ganhos de eficiência, economicidade e de legitimidade. A Lei nº 14.133/21 determina que as contratações públicas devem almejar o cumprimento de objetivos específicos e de objetivos especiais. O objetivo específico é a satisfação plena da necessidade que deu causa ao contrato. Os objetivos especiais são aqueles designados no art. 11 da Lei: I – assegurar a seleção da proposta apta a gerar o resultado de contratação mais vantajoso para a Administração Pública, inclusive no que se refere ao ciclo de vida do objeto; II – assegurar tratamento isonômico entre os licitantes, bem como a justa competição; III – evitar contratações com sobrepreço ou com preços manifestamente inexequíveis e superfaturamento na execução dos contratos; IV – incentivar a inovação e o desenvolvimento nacional sustentável. A consecução de tais objetivos pela via contratual exige estruturas e sistemas organizacionais eficientes e eficazes, que podem ser implementados ou aperfeiçoados mediante técnicas e condutas de governança.

Instituir, manter, dirigir e controlar um plano de governança dos contratos públicos é um dever jurídico da Administração Pública.

A governança dos contratos é uma noção bastante ampla, com significado e conteúdo jurídico bastante peculiar e particular. Implica a adoção de condutas preventivas, orientativas, corretivas, de controle e sancionatórias destinadas a evitar ou a sancionar atos ilícitos, ilegítimos ou antieconômicos quando do planejamento de licitação, da etapa de seleção do contratado ou quando da execução do contrato.

Ao adotar um plano de governança eficaz e eficiente dos contratos, a Administração Pública estará aprimorando a gestão administrativa para bem atingir dois objetivos elementares: a) o cumprimento do dever jurídico de obter a excelência da execução contratual, com a plena satisfação do interesse público, consubstanciado nos valores jurídicos e objetivos materiais que a Constituição Federal atribui ao Poder Público; b) evitando ilegalidades ou irregularidades que podem, além de obstar a satisfação do interesse público, ensejar a responsabilização pessoal dos agentes envolvidos no processo da contratação.

2.3 Deveres fundamentais de governança no plano das contratações públicas

Pode-se apontar três deveres fundamentais, implícita ou expressamente designados para a alta administração do órgão ou entidade pública no plano das contratações. O cumprimento de ditos deveres, como eficiência, eficácia e economicidade, afasta o risco de defeitos de organização que podem produzir danos para o erário e contratações inaptas para o cumprimento dos objetivos que lhe foram determinados pela Lei.

Tais deveres são os de capacitação dos agentes públicos, edição de normas regulamentares, e provimento de recursos materiais – na premissa de que, no plano da governança, bons contratos – bem executados, com pleno atendimento das necessidades públicas – dependem de boas regras, bons recursos humanos e bons recursos materiais.

2.3.1 Dever de capacitação e aperfeiçoamento dos agentes públicos para as funções essenciais no processo da contratação

O tema será aprofundado quando se tratará dos requisitos para a designação de agentes para o exercício das funções essenciais no processo da contratação. Inobstante, a título introdutório do tema, é preciso registrar que o processo da contratação pública é complexo e demanda a utilização de técnicas e conhecimentos multidisciplinares, a começar pelas técnicas e conhecimentos jurídicos. A potencialidade de excelência da contratação é diretamente proporcional à preparação e capacitação técnica dos agentes públicos encarregados das funções essenciais. A insuficiência de preparação técnica para o exercício das funções essencial gera riscos inaceitáveis para a Administração – consubstanciados na inviabilidade de produção dos resultados esperados do contrato; e riscos pessoais para os agentes públicos, que poderão ser responsabilizados por ilegalidades, erros ou vícios quando de sua conduta, como já decidiu o Tribunal de Contas da União: "a falta de capacitação do agente público para a realização de tarefa específica a ele atribuída não impede sua responsabilização por eventual prejuízo causado ao erário. Ciente de sua falta de habilitação para o exercício da tarefa, deve o servidor negar-se a realizá-la, uma vez que, ao executá-la, assume os riscos inerentes aos resultados produzidos" (Acórdão nº 1174/2016-TCU-Plenário).

2.3.2 Dever de edição de normas regulamentares

É premissa de boa governança a existência de regras claras, objetivas, e suficientes para orientar a conduta dos agentes públicos e daqueles que pretendam se relacionar contratualmente com ela. As normas devem versar sobre aspectos materiais e técnicos, aspectos procedimentais e aspectos éticos e de integridade, para conferir previsibilidade objetiva no processo da contratação. A falta de normas regulamentares pode resultar prejuízos efetivos, jurídicos e materiais, para a Administração e a responsabilização pessoal do gestor, como já decidiu o Tribunal de Contas da União: "a jurisprudência desta Corte apoia o entendimento de que o dirigente máximo de órgão ou entidade da Administração Pública deve ser responsabilizado quando comprovada omissão grave no seu dever de regulamentação e supervisão dos subordinados, não podendo se abster dessa função" (Acórdão nº 10.434/21 – 2ª Câmara). Tais normas regulamentares serão editadas por intermédio de decretos do chefe do Poder, quando houver indicação de que esta é a forma legal do ato, ou quando as regras que veicularem deverem ser aplicadas de modo uniforme e homogêneo por todos os órgãos que integram a Administração (por exemplo, regras sobre credenciamento ou sistema de registro de preços). Normas regulamentares podem ser veiculadas por atos normativos mais específicos, como portarias, resoluções e instruções normativas, quando a matéria puder ser disciplinada de modo diverso pelos órgãos que integram a Administração (por exemplo, atribuições de gestor e fiscal de contrato ou recebimento do objeto contratado). É possível veicular normas regulamentares para atender situações específicas e particulares de uma determinada relação licitatória e contratual – que não se evidenciam nas demais – por intermédio do instrumento convocatório e do instrumento de contrato.

Compete ao órgão de assessoramento jurídico auxiliar na definição das matérias que devem ser regulamentadas por decreto do Chefe de Poder, ou que podem ser regulamentadas por normas de outra natureza jurídica.

2.3.3 Dever de provimento de recursos materiais

A excelência do processo da contratação é diretamente proporcional à qualidade e quantidade de recursos materiais a ele destinados. Equipamentos, mobiliário e espaço físico adequados são indispensáveis ao sucesso da contratação. Pode-se cogitar de um "mínimo existencial", como recursos de *hardware* (computadores e equipamentos de informática), recursos de *software* (programas de informática), acesso de qualidade e velocidade à rede mundial de computadores (internet). Mas também é exigível, nos limites da razoabilidade e da proporcionalidade, o provimento de recursos que extrapolam este "mínimo existencial". Alguns destes recursos tem previsão na Lei nº 14.133/21, como:
(i) a depender da complexidade do objeto, em licitação que envolva bens ou serviços especiais cujo objeto não seja rotineiramente contratado pela Administração, poderá ser contratado, por prazo determinado, serviço de empresa ou de profissional especializado para assessorar os agentes públicos responsáveis pela condução da licitação – art. 8º, §4º;
(ii) contratação de recursos de tecnologia de informação como a Modelagem da Informação da Construção (*Building Information Modelling* – BIM) ou tecnologias e processos integrados similares ou mais avançados que venham a substituí-la – art. 19, §3;
(iii) adoção gradativa de tecnologias e processos integrados que permitam a criação, a utilização e a atualização de modelos digitais de obras e serviços de engenharia – art. 19, IV; ou
(iv) contratação de terceiros para assistir e subsidiar com informações os agentes responsáveis pela fiscalização da execução contratual – art. 117.

2.3.4 Dever de implementar processos e estruturas, inclusive de gestão de riscos e controles internos

A contratação pública deve ser realizada em perspectiva sistêmica, especialmente em razão de sua natureza processual. Conceito útil para esta análise é o de metaprocesso da contratação pública: rito integrado pelas fases de planejamento da contratação, seleção do fornecedor e gestão do contrato, e que serve como padrão para que os processos específicos de contratação sejam realizados.[14] A perspectiva sistêmica do processo da contratação indica que as fases ou etapas que compõe o processo produzem e sofrem

---

[14] PORTARIA SEGES/ME Nº 8.678, DE 19 DE JULHO DE 2021 da Secretaria Especial de Desburocratização, Gestão e Governo Digital do Ministério da Economia, art. 2º, IV.

influências recíprocas. As intercorrências da fase preparatória afetam a fase de execução dos contratos e vice-versa, assim ocorrendo em relação a todas as etapas.

Em perspectiva sistêmica endógena, tem-se que o processo da contratação sofre influências no plano do órgão ou entidade em que se efetiva (do planejamento estratégico do órgão, do orçamento, das regras internas). Em perspectiva exógena, tem-se que o processo da contratação sofre e produz influências externas, que transcendem o universo do órgão ou entidade no qual se efetiva (da Constituição, das leis orçamentárias, dos agentes econômicos e do mercado).

Estas interações e influências recíprocas são naturais, ordinárias e, algumas, previsíveis. A governança dos contratos inclui a instituição de processos racionais destinados à excelência da contratação, com avaliação reflexiva e axiológica de informações disponíveis; que tomem em consideração os aspectos relevantes do mercado em que se situa o objeto do contrato, as condições fáticas, jurídicas e administrativas que afetam ou podem afetar os resultados da contratação, e os riscos envolvidos, para produzir aquilo que Claus-Wilhelm Canaris aponta como finalidade de um sistema, que é propiciar claramente a adequação valorativa e a unidade interior.[15]

Ao determinar o dever de implementar processos e estruturas, a Lei está a comandar a criação de processos sistêmicos e racionais que possam produzir previsibilidade e constituir marcos estruturais para o desenvolvimento das ações relacionadas à contratação pública. Processo sistêmico e racional tende a prevenir a adoção de condutas aleatórias, independentes e destituídas da conexão necessária com os elementos fáticos, técnicos ou jurídicos integrantes dos demais sistemas (internos e externos) que informam e devem informar o metaprocesso da contratação.

Exemplos podem tornar mais clara a lógica da afirmação:
(i) a inexistência de fluxogramas – roteiros formais que materializam a rotina sequencial das etapas do processo da contratação, que indicam os agentes ou setores envolvidos, as atribuições dos agentes e setores e os prazos para manifestação;
(ii) a inexistência de uma avaliação sistêmica do processo pode levar à duplicidade de contratações – dois órgãos, integrantes da mesma entidade pública, promovem contratações independentes e distintas para atendimento de uma específica necessidade pública;
(iii) configuração da licitação e do contrato sem atentar para a sua função social e para os objetivos especiais previstos no art. 11 da Lei nº 14.133/21.

Estes processos racionais intercomunicativos, integrados e sistêmicos asseguram maior eficiência, eficácia, economicidade e legitimidade para a contratação.

Estruturas racionais colaborativas fazem também parte do plano geral da governança dos contratos. Nesta medida, todos os agentes e setores envolvidos na execução de funções essenciais do processo atuarão mediante intercâmbio contínuo e permanente de informações relevantes, para evitar riscos efetivos e evitar a reiteração de ocorrências negativas que se mostraram indevidas ou prejudiciais no passado.

---

[15] CANARIS, Claus Wilhelm. *Pensamento sistemático e conceito de direito na ciência do direito*. 2. ed. Lisboa: Fundação Calouste Gulbenkian. 1996. p. 36. Ao tratar deste tema, Canaris faz referência ao direito, mas, por analogia, cabe a referência.

As estruturas e processos de que trata a Lei serão, inclusive, de gestão de riscos e de controle interno. Estes temas serão objeto de análise posterior, mas a pretexto de introdução, tem-se que gerenciamento de riscos é um processo que consiste nas atividades de identificação dos principais riscos que possam comprometer a efetividade do processo, a avaliação dos riscos identificados, consistindo da mensuração da probabilidade de ocorrência e do impacto de cada risco; o tratamento dos riscos considerados inaceitáveis por meio da definição das ações para reduzir a probabilidade de ocorrência dos eventos ou suas consequências; e para os riscos que persistirem inaceitáveis após o tratamento, definição das ações de contingência para o caso de os eventos correspondentes aos riscos se concretizarem.

No plano das contratações, o risco implica em qualquer acontecimento ou intercorrência que possa produzir efeitos negativos na execução do contrato, impedindo que os resultados pretendidos pela Administração Pública sejam plenamente alcançados, seja no que diz respeito ao planejamento da contratação, seja no plano da licitação ou no plano da execução do contrato.

O controle da execução contratual é o pleno exercício do dever-poder da Administração Pública de valer-se da prerrogativa de direção, supervisão, gerência e de conferir de forma racional e organizada se todos os encargos contratuais estão sendo cumpridos ou foram cumpridos pelo contratado, a depender do momento em que a aferição ocorre. No plano das relações público-contratuais, trata-se da mais importante das atribuições do Poder Público – e dos agentes públicos designados para tal. A falta ou insuficiência de controle pode ser a causa de resultados desastrosos no que tange ao interesse público que o contrato objetivava atender.

A aferição sobre o cumprimento exato e firme dos deveres contratuais é um dever-poder de exercício obrigatório por parte da Administração. Tal significa que não pode ela deixar de controlar a execução contratual, e mais, não pode ela deixar de controlar com eficiência e eficácia.

A premissa elementar é de que inexiste qualquer margem de juízo discricionário ou faculdade – opção – quanto ao controle da execução do contrato por parte do órgão ou entidade pública: é um dever inafastável e incontornável que, se descumprido ou cumprido de forma insuficiente, deve implicar a responsabilização.

2.4 Instrumentos de governança de contratações públicas

Governança dos contratos é uma noção complexa, multidimensional e multifacetada. Uma das faces da governança pode ser expressa pelos instrumentos jurídicos destinados à implementação de condutas que se inserem no seu âmbito. Além de todos os requisitos e elementos da boa governança dos contratos já tratados, a este propósito pode-se fazer referência, ainda, a alguns instrumentos, como o plano de contratações anual; política de gestão de estoques; política de compras compartilhadas; política de interação com o mercado; e diretrizes para a gestão dos contratos – com o registro de que tais institutos serão oportunamente objeto de análise mais acurada:

a) **plano de contratações anual**: documento que registra todas as contratações que serão realizadas em um exercício financeiro. Deve ser elaborado em um exercício, e conterá a indicação de todas as contratações que serão realizadas no exercício seguinte;

b) **política de gestão de estoques**: sistema de informações e de condutas materiais destinados ao controle e racionalização de uso dos materiais e insumos necessários às atividades administrativas. Serão definidas nesta política: agentes responsáveis e atribuições de gestão; definição de características e requisitos de almoxarifado, arranjo físico dos bens em almoxarifado; condições de conservação e segurança, níveis de consumo; condições e oportunidade de reabastecimento; critérios de logística e de logística reversa; destinação final de resíduos sólidos, sistema informatizado de gestão e de controle; compartilhamento de estoques, entre outros;

c) **política de compras compartilhadas:** a Lei nº 14.133/21 prevê, no art. 181, que os entes federativos instituirão centrais de compras, com o objetivo de realizar compras em grande escala, para atender a diversos órgãos e entidades sob sua competência e atingir as finalidades da Lei, e, no caso dos Municípios com até 10.000 (dez mil) habitantes, serão preferencialmente constituídos consórcios públicos para a realização das atividades de compras compartilhadas. A ação organizada e colaborativa entre órgãos públicos pode gerar ganhos elevados de eficiência, como ganhos de escala;

d) **política de interação com o mercado:** o mercado é uma importante referência material e normativa para o gestor público. Para cumprimento de obrigações legais, como definição do objeto contratual, definição da solução técnica mais adequada ao contrato, definição de preços, definição de prazos contratuais, entre outros, é fundamental conhecer o mercado em que se insere o objeto da contratação. Conhecer o mercado é nuclear e essencial. A interação entre a Administração e os agentes econômicos que atuam no mercado é também indispensável. A adoção de métodos e práticas de interação com o mercado tem o potencial, entre outros, de:

(i) ampliar o universo de competidores nos processos licitatórios;
(ii) contribuir para as definições da etapa preparatória da contratação; e
(iii) prevenir controvérsias e conflitos nas relações contratuais. A Lei prevê alguns instrumentos de interação com o mercado, como consultas públicas, audiências públicas, e procedimento de manifestação de interesse;

e) **diretrizes para a gestão dos contratos:** nos termos da Lei nº 14.133/21, devem ser definidos o modelo de execução do objeto, que consiste na definição de como o contrato deverá produzir os resultados pretendidos desde o seu início até o seu encerramento; e o modelo de gestão do contrato, que descreve como a execução do objeto será acompanhada e fiscalizada pelo órgão ou entidade. Tais modelos serão definidos em conformidade com as especificidades e particularidades de cada órgão ou entidade pública.

2.5 Governança de contratações e Lei Geral de Proteção de dados

Informações são fundamentais para o pleno desenvolvimento do potencial humano em qualquer das áreas do conhecimento ou da vida pessoal. A facilidade que hoje se tem para obter informações é uma causa espetacular de grandes avanços pessoais e sociais e de otimização de tempo. Porém, a par das vantagens, esta facilitação e universalização de obtenção de informações tem nítidas consequências negativas também, que devem ser moduladas e controladas, de modo a garantir direitos fundamentais individuais, como a privacidade. Num mundo globalizado, conectado e digitalizado é preciso garantia mínima de um núcleo intangível de privacidade e proteção contra divulgação de dados ou informações pessoais que podem ser utilizadas em prejuízo do seu titular.

Com este propósito de proteção de dados pessoais foi editada a Lei Geral de Proteção de Dados. A Lei dispõe sobre o tratamento de dados pessoais, inclusive nos meios digitais, por pessoa natural ou por pessoa jurídica de direito público ou privado, com o objetivo de proteger os direitos fundamentais de liberdade e de privacidade e o livre desenvolvimento da personalidade da pessoa natural.

É elemento nuclear da governança dos contratos o regular tratamento de dados pessoais.

Diversos dispositivos da Lei Geral de Proteção de Dados – Lei nº 13.709/18 – suscitam dos operadores do direito esforços hermenêuticos para identificar com precisão o alcance das normas no plano geral, e, em especial, como se pretende, no plano das licitações e contratações públicas.

O primeiro aspecto elementar a se destacar é que o objeto da Lei são os dados pessoais de pessoa natural. Não contempla a norma a proteção de dados relativos a pessoas jurídicas, o que se subsume a regime jurídico diverso. Os dados tutelados pela Lei distribuem-se em três espécies: o dado pessoal: informação relacionada à pessoa natural identificada ou identificável; o dado pessoal sensível: dado pessoal sobre origem racial ou étnica, convicção religiosa, opinião política, filiação a sindicato ou a organização de caráter religioso, filosófico ou político, dado referente à saúde ou à vida sexual, dado genético ou biométrico, quando vinculado a uma pessoa natural; e o dado anonimizado: dado relativo a titular que não possa ser identificado, considerando a utilização de meios técnicos razoáveis e disponíveis na ocasião de seu tratamento.

Em abordagem introdutória, destaque-se, ainda, que tratamento é toda operação realizada com dados pessoais, como as que se referem à coleta, produção, recepção, classificação, utilização, acesso, reprodução, transmissão, distribuição, processamento, arquivamento, armazenamento, eliminação, avaliação ou controle da informação, modificação, comunicação, transferência, difusão ou extração.

O processo licitatório e de contratação pública implica tratamento de dados pessoais, na forma da Lei, o que não significa que todas as disposições de proteção de dados nela previstas tenham aplicação pelo Poder Público quando de suas relações licitatórias e contratuais. No processo da contratação pública há o tratamento – na acepção legal – de dados pessoais (da pessoa natural) e de dados relativos às pessoas jurídicas. Reitere-se que os dados relativos à pessoa jurídica não são alcançados pela Lei Geral de Proteção de Dados, ao menos de modo direto. Pode-se, contudo, cogitar de tratamento de dados de pessoa jurídica que mediata ou indiretamente impliquem tratamento de dados de pessoa natural.

2.5.1 Dados pessoais informados como condição para participar de licitações ou ser contratado

Como condição para participar de licitações e serem contratados, os interessados devem fornecer para a Administração Pública diversos dados pessoais, por exemplo, (i) aqueles inerentes a documentos de identificação; (ii) referentes a participações societárias; (iii) informações inseridas em contratos sociais; (iv) endereços físicos e eletrônicos; (v) estado civil; (vi) eventuais informações sobre cônjuges; (vii) relações de parentesco; (viii) número de telefone; (ix) sanções administrativas que esteja cumprindo perante a Administração Pública; (x) informações sobre eventuais condenações no plano criminal ou por improbidade administrativa; dentre outros. Estas informações constarão do processo administrativo e serão objeto de tratamento por parte da Administração Pública.

O tratamento dos dados pessoais relacionados aos processos de contratação presume-se válido, legítimo e, portanto, juridicamente adequado. Primeiro porque, ao participar de processo licitatório ou de contratação direta, o titular dos dados manifesta seu inequívoco consentimento para tratamento dos dados pessoais pela Administração Pública (art. 7º, I). Em segundo lugar, os dados pessoais exigidos nos processos licitatórios ou de contratação direta destinam-se a cumprimento de obrigação legal pelo controlador (art. 7º II). Por terceiro, o tratamento dos danos, nesta hipótese em exame é "necessário para a execução de contrato ou de procedimentos preliminares relacionados a contrato do qual seja parte o titular, a pedido do titular dos dados (art. 7º V).

Tem-se, então, que o tratamento de dados pessoais informados pelo titular no processo da contratação pública tem autorização legal prevista em, no mínimo, três dispositivos da LGPD.

Sob outro ângulo jurídico, a norma prevista no art. 13 da Lei nº 14.133/21 estipula que "os atos praticados no processo licitatório são públicos, ressalvadas as hipóteses de informações cujo sigilo seja imprescindível à segurança da sociedade e do Estado, na forma da lei". Esta disposição normativa, fundada no princípio da publicidade previsto no art. 37 da Constituição Federal, implica que todos os dados pessoais informados pelos licitantes e pelos contratados também serão acessíveis e disponíveis ao público.

Não se trata de disposição normativa geral que possa ser afastada por norma especial, no caso a LGPD. A Lei Geral de Proteção de Dados não determina, como regra, o sigilo de informações, mas tão somente o cuidado exigível com o tratamento de dados pessoais, de modo a não violar direitos e garantias fundamentais do seu titular.

Em primeira conclusão, pode-se deduzir que os dados pessoais que forem fornecidos pelos interessados em participar de licitações ou ser contratados pela Administração Pública poderão receber o tratamento legítimo por parte do controlador ou do operador, sem que se possa cogitar de violação da Lei.

2.5.2 Do uso compartilhado de dados pessoais pelo Poder Público

Uso compartilhado de dado é "a comunicação, difusão, transferência internacional, interconexão de dados pessoais ou tratamento compartilhado de bancos de dados pessoais por órgãos e entidades públicos no cumprimento de suas competências legais, ou entre esses e entes privados, reciprocamente, com autorização específica, para uma ou mais modalidades de tratamento permitidas por esses entes públicos, ou entre entes privados". O uso compartilhado de dados pessoais pode ocorrer quando do cadastramento de sanções aplicadas pela Administração Pública nos sistemas de cadastro legalmente instituídos, como o CEIS – Cadastro de Empresas Inidôneas e Suspensas, o CNEP – Cadastro Nacional de Empresas Punidas; ou quando do cadastramento em sistemas de registro cadastral como o SICAF – Sistema de Cadastramento Unificado de Fornecedores ou sistemas similares.

A divulgação ou comunicação da aplicação de sanções ou de informações cadastrais, ainda que contenham dados pessoais, é legítima e regular, desde que feitas na forma da Lei. Irregular seria, por exemplo, o compartilhamento pela Administração, de documento ou informação que contivesse dados pessoais, eventualmente até sensíveis, sem que isto ocorra para o cumprimento de uma finalidade de interesse público, amparada em Lei.

No plano das contratações públicas, é usual e mesmo indispensável o uso compartilhado de dados pessoais. Diversas soluções contratuais previstas em Lei demandam este uso compartilhado: compartilhamento de dados pessoais para exercício de controle das condutas inerentes à fase preparatória, à fase de seleção – licitação, ou à fase de execução dos contratos; compartilhamento de dados para fins de registro de preços – entre os participantes e entre os órgãos aderentes; compartilhamento para fins de compras compartilhadas; entre outras.

Não há nenhum impeditivo legal para que seja realizado o compartilhamento de dados pessoais para tais desideratos contratuais.

2.5.3 Condutas vedadas à Administração Pública quando do tratamento de dados pessoais em licitações e contratações públicas

Antes dito que todos os dados pessoais informados pelos titulares em processos licitatórios e de contratação pública podem ser objeto do tratamento legítimo de que trata a LGPD. A legitimidade do tratamento dos dados pessoais, nesta hipótese, pressupõe a legitimidade das informações e documentos contendo dados pessoais que serão exigidos como condição para participar de licitações ou de ser contratado pela Administração Pública. Nesta medida, não devem ser exigidas informações ou documentos que contenham dados pessoais quando referidas informações ou documentos não forem indispensáveis à satisfação de algum imperativo de interesse público relacionado à licitação ou ao contrato. Assim, documentos e informações somente podem ser exigidos se contiverem dados pessoais, se, de modo justificado, forem absolutamente necessários em relação ao objeto da licitação ou do contrato. Em sentido contrário, caso um documento ou informação que contenha dados pessoais forem dispensáveis por não se mostrarem necessários à prova de situação de fato relacionada com o objeto da contratação, não podem ser exigidos. É vedada também a divulgação de documentos e informações que contenham dados pessoais fora dos limites da Lei. Vedado também o compartilhamento de informações de licitantes e contratados que contenham dados pessoais fora dos limites de Lei. Não é vedada a divulgação de dados pessoais para fins de publicidade legal e oficial das informações relativas ao processo de contratação pública. Não se exige que dados pessoais sejam protegidos por tarjas ou similar quando da publicação de atos ou contratos.

2.5.4 Deveres da Administração Pública relacionados à implementação da LGPD nos processos de licitação e de contratação

Primeiro dever: instituir processos e sistemas de capacitação de agentes públicos para operar as normas previstas na LGPD quando das licitações e contratações.

Segundo dever: elaborar normas internas e manuais versando sobre a aplicação da LGPD em processos licitatórios e contratações públicas.

Terceiro dever: no planejamento das licitações e das contratações diretas, avaliar o conteúdo de documentos e informações que serão exigidos como condição para participar do certame ou ser contratado – no que diz respeito a dados pessoais que serão apresentados.

Quarto dever: avaliar a efetiva necessidade de obter, pela via indireta, dados pessoais de interessados em participar de licitações ou de serem contratados.

Quinto dever: deixar de exigir documentos que não sejam de apresentação obrigatória ou necessária, a depender do objeto da contratação, que contenham dados pessoais.

Sexto dever: justificar a exigência de documentos que não sejam de apresentação obrigatória por força de Lei, em licitações ou quando da contratação direta, caso contenham dados pessoais.

Sétimo dever: implementar sistema de gestão dos riscos de tratamento de dados pessoais no processo da contratação pública.

Oitavo dever: implementar regras de boas práticas e de governança que estabeleçam as condições de organização, o regime de funcionamento, os procedimentos, incluindo reclamações e petições de titulares, as normas de segurança, os padrões técnicos, as obrigações específicas para os diversos envolvidos no tratamento, as ações educativas, os mecanismos internos de supervisão e de mitigação de riscos e outros aspectos relacionados ao tratamento de dados pessoais.

2.5.5 Da gestão dos riscos e responsabilidade pelo tratamento de dados pessoais pela Administração no processo da contratação pública

O Gerenciamento de Riscos é um processo que consiste nas seguintes atividades: I – identificação dos principais riscos a que está sujeita a conduta administrativa; II – avaliação dos riscos identificados, consistindo da mensuração da probabilidade de ocorrência e do impacto de cada risco; III – tratamento dos riscos considerados inaceitáveis por meio da definição das ações para reduzir a probabilidade de ocorrência dos eventos ou suas consequências; IV – para os riscos que persistirem inaceitáveis após o tratamento, definição das ações de contingência para o caso de os eventos correspondentes aos riscos se concretizarem; e V – definição dos responsáveis pelas ações de tratamento dos riscos e das ações de contingência.

No que tange ao tratamento de dados pessoais, a Administração Pública deve identificar todos os riscos envolvidos no tratamento de dados pessoais quando da licitação e da contratação, avaliá-los e tratá-los de modo a evitar o cometimento de seu uso abusivo ou ilegal, e, por consequência, a responsabilização pessoal ou institucional.

Há um dever jurídico genérico previsto no art. 46 da LGPD: "os agentes de tratamento devem adotar medidas de segurança, técnicas e administrativas aptas a proteger os dados pessoais de acessos não autorizados e de situações acidentais ou ilícitas de destruição, perda, alteração, comunicação ou qualquer forma de tratamento inadequado ou ilícito". O dever jurídico, quando descumprido, pode gerar a responsabilidade por ação ou por omissão, estatal ou pessoal.

Este processo de gestão de riscos deve ser materializado no mapa de riscos e poderá ensejar alocação dos riscos de violação ilegal de dados pessoais. Por exemplo: a matriz de riscos poderá prever que o risco de acesso indevido a dados pessoais por parte de empregados terceirizados alocados na prestação de serviços seja alocado como de responsabilidade do contratado, que adotará medidas de tratamento para evitar responsabilização.

2.5.6 Dever de governança em relação aos dados pessoais utilizados no processo da contratação pública

Governança nas contratações públicas, repita-se, é o "conjunto de mecanismos de liderança, estratégia e controle postos em prática para avaliar, direcionar e monitorar a atuação da gestão das contratações públicas, visando a agregar valor ao negócio do órgão ou entidade, e contribuir para o alcance de seus objetivos, com riscos aceitáveis".

Dentre as atribuições de liderança (edição de normas), estratégia (planejamento) e controle (fiscalização) estão as de monitorar e direcionar as atividades realizadas pelos contratados. Para o cumprimento de seus desideratos legais e constitucionais a Administração Pública, inevitavelmente, contrata bens, serviços e obras com particulares. Inerente ao objeto destas contratações pode estar o tratamento, direto ou indireto, de dados pessoais de terceiros. Nesta linha, pode-se afirmar que inúmeros contratos celebrados pela Administração implicarão a utilização (ou o mero acesso) de dados pessoais tutelados pela Lei Geral de Proteção de Dados.

O tratamento ilegal e ilegítimo de dados pessoais a que tenha acesso um contratado da Administração Pública poderá implicar a responsabilidade objetiva do contratante público – nos termos do disposto no art. 37, §6º da Constituição Federal –, a depender dos contornos da situação fática em concreto.

Nesta medida, constitui elemento de governança, a conferir segurança jurídica para contratante, contratados e terceiros interessados na proteção de seus dados pessoais, a implementação de mecanismos jurídicos adequados e destinados a prevenir riscos de uso indevido de informações.

Normas administrativas de cunho geral devem ser editadas contemplando limites e possibilidades para o uso de dados pessoais a que tenham acesso os contratados da Administração. Fundamental também é que os instrumentos convocatórios e os instrumentos contratuais contenham regras precisas e suficientes para delimitar a conduta dos contratados. Indispensável também a fixação de tipos penais administrativos especificando as infrações decorrentes do uso irregular de dados pessoais e as sanções correlatas.

A existência efetiva, eficaz e eficiente de estrutura administrativa e normativa de governança dos contratos públicos pode – ao menos em tese – descaracterizar o nexo causal no plano da responsabilidade objetiva pelo uso indevido de dados pessoais por contratados da Administração Pública. E, assim, afastar a responsabilidade estatal – ao menos em tese, repita-se.

2.5.7 Lei Geral de Proteção de dados e contratos de prestação de serviços com dedicação exclusiva de mão de obra

Contratos de prestação de serviços contínuos com regime de dedicação exclusiva de mão de obra: aqueles cujo modelo de execução contratual exige, entre outros requisitos, que: a) os empregados do contratado fiquem à disposição nas dependências do contratante para a prestação dos serviços; b) o contratado não compartilhe os recursos humanos e materiais disponíveis de uma contratação para execução simultânea de outros contratos; c) o contratado possibilite a fiscalização pelo contratante quanto à distribuição, controle e supervisão dos recursos humanos alocados aos seus contratos.

São contratos indispensáveis para o regular funcionamento da Administração Pública que envolvem a prestação de serviços acessórios, complementares ou instrumentais para o exercício das atividades-fim estatais. Nesta categoria de contratações estão serviços como vigilância, limpeza, jardinagem, manutenção predial, dentre tantos outros. A execução cotidiana de contratos desta natureza implica intensa movimentação de pessoal por todos os espaços físicos da Administração, muitas vezes em horários nos quais não há presença simultânea de outros agentes públicos.

A análise que se faz é destituída de qualquer juízo valorativo ou depreciativo destas categorias profissionais, antes, de cunho absolutamente objetivo: a implementação de estruturas e processos de gerenciamento de riscos envolvendo o tratamento de dados pessoais sensíveis usualmente tem como objeto os agentes públicos.

Contudo, o acesso e o manejo de dados pessoais é bastante intenso por parte dos colaboradores terceirizados. Tomem-se alguns exemplos: (i) os dados pessoais coletados e tratados por parte de recepcionistas quando do acesso aos prédios públicos; (ii) o acesso a fichas contendo dados pessoais de alunos e professores nas escolas públicas; (iii) o acesso a informações pessoais contidas em documentos dispostos em mesas ou bancadas de trabalho; (iv) o acesso a prontuários médicos em hospitais públicos; (v) o acesso a registros e anotações relativas a atendimentos familiares ou psicopedagógicos em escolas públicas; (vi) o acesso a boletins de ocorrência em delegacias de polícia, dentre tantos outros.

No caso de acesso e utilização indevida de dados pessoais por parte de colaboradores terceirizados, haverá conduta típica, passível de responsabilização.

Poderá, claro, haver a responsabilidade daquele que utilizou indevidamente os dados obtidos, de modo não autorizado, acidental, ou, mesmo autorizado, para o exercício de suas atribuições trabalhistas.

Pode haver, também, a responsabilização dos agentes públicos a quem competia o cuidado com dados pessoais de que tinham a guarda podem responder subjetivamente (por dolo ou erro grosseiro no manejo de informações que foram acessadas indevidamente por terceiros). Por fim, a Administração Pública responderá objetivamente (independentemente de prova de dolo ou culpa) pelos prejuízos causados a particulares em razão do uso indevido de dados pessoais por parte de colaboradores terceirizados.

Indispensável, assim, a instituição de estruturas de gestão de riscos e de controle interno voltadas à prevenção do acesso e uso indevido de dados pessoais por parte de ditos colaboradores terceirizados. Para evitar prejuízos a terceiros particulares, e para evitar a responsabilização de agentes públicos e da Administração Pública, inclusive, como dito, por danos morais.

No plano da governança dos contratos relacionada à Lei Geral de Proteção de Dados, são condutas estratégicas:
1. Editar normas internas claras, suficientes e adequadas, com fundamento na Lei Geral de Proteção de Dados, contendo a disciplina do tratamento correto de dados pessoais que estejam sob a guarda administrativa;
2. Capacitar agentes públicos para aplicação das normas da LGPD e das normas internas da organização pública, destinadas ao correto tratamento de dados pessoais, em especial, para a proteção de dados pessoais contra o acesso e uso indevido, ainda que acidental;
3. A depender do grau de risco, e dos dados pessoais tratados pela Administração, exigir, no instrumento convocatório da licitação, que as empresas, para fins de contratação, apresentem programa de proteção de dados pessoais a que tiverem acesso no curso da execução do contrato;
4. Realizar eventos e treinamentos periódicos para colaboradores terceirizados versando sobre a importância e necessidade de proteção de dados pessoais, bem como acerca da possibilidade de responsabilização pessoal pelo uso indevido;
5. Alertar periodicamente os colaboradores terceirizados acerca dos riscos envolvidos no acesso acidental a dados pessoais protegidos pelo regime da LGPD;
6. Formar agentes multiplicadores das regras e processos destinados à prevenção contra o uso indevido de dados pessoais;
7. Estabelecer, em normas internas, no instrumento convocatório da licitação, e no contrato, regime de apuração de responsabilidade e de aplicação de sanções pelo cometimento de infrações à Lei Geral de Proteção de Dados e às normas internas editadas – com adequada tipificação das condutas reputadas infracionais, e as correspondentes sanções aos contratados.

A adoção de estruturas e processos de gestão de riscos decorrentes do uso indevido de dados pessoais por parte de colaboradores terceirizados, ao menos, evita infrações e afasta a imputação de responsabilidade por conduta omissiva em relação ao dever jurídico de proteção dos dados pessoais de que trata a LGPD.

CAPÍTULO 3

MODALIDADES DE LICITAÇÃO E MODOS DE DISPUTA

3.1 Conceito e natureza jurídica de modalidade de licitação

A escolha da modalidade da licitação que será utilizada para selecionar pessoa física ou jurídica para com ela contratar, e dos modos de disputa, são atribuições administrativas inerentes à etapa preparatória da contratação, consoante regra do art. 18, VIII da Lei nº 14.133/21, que será objeto do capítulo 4.

Contudo, em face de sua relevância, o tema será tratado em capítulo autônomo. Como já dito, a Administração Pública não goza de plena autonomia contratual para livremente escolher a contraparte do contrato. Esta escolha tem que ocorrer de acordo com a sistemática constitucionalmente determinada – por processo de licitação em sentido estrito, ou por processo de contratação direta. Sob a dimensão da finalidade, pode-se afirmar que processo de licitação em sentido estrito e processo de contratação direta são institutos idênticos – ambos se prestam à seleção de pessoa física ou jurídica para com ela celebrar, normalmente, um contrato. Esta afirmação tem grande relevância no que diz com a etapa preparatória da contratação – para deixar patente que as cautelas de preparação da contratação não guardam relação necessária com o critério escolhido para selecionar o futuro contratado, mas com a complexidade e custo do objeto e com os riscos envolvidos na execução contratual.

Modalidades são os instrumentos jurídicos específicos para veicular as licitações, em seu sentido estrito de disputa pública pelo contrato, contemplando: requisitos formais, requisitos objetivos e requisitos de natureza procedimental constituintes e definidores de hipóteses de cabimento e limites de sua aplicabilidade.

As modalidades de licitação têm natureza instrumental e prestam-se a conferir eficiência e segurança jurídica para os agentes públicos e para os interessados na contratação pública. A eficiência materializa-se com a adoção de ritos processuais sistêmicos, organizados e burocráticos – na acepção positiva da expressão – que produzem, ou deveriam produzir, decisões substanciais lastreadas nos elementos objetivos colhidos ao longo do processo de disputa pública. A segurança jurídica materializa-se pela previsibilidade e estabilidade geradas com a adoção de modelos processuais legalmente estabelecidos, sem muita margem para condutas desbordantes destes modelos legais.

Modos de disputa são institutos de natureza procedimental que definem como se dará a oferta de preços na licitação. Os modos de disputa podem ser aberto, fechado ou combinado.

3.2 Modalidades de licitação em espécie

A Lei nº 14.133/21 opera com cinco modalidades de licitação: a concorrência, o pregão, o concurso, o leilão e diálogo competitivo. A escolha da modalidade de licitação a ser utilizada no processo da contratação insere-se no plano das condutas vinculadas do administrador. Conduta vinculada é aquela antecipadamente prevista em norma legal da qual não pode se furtar o agente público. E a Lei contém regras taxativas sobre qual seja a modalidade de licitação adequada a cada espécie contratual. A Lei não opera com o valor estimado do contrato como fator para definição da modalidade de licitação. Pelo regime da Lei nº 8.666/93 este era o critério predominante. Lembre-se que a escolha sob este regime jurídico (da Lei nº 8.666/93), entre as modalidades de concorrência, tomada de preços ou convite, se dava por tal critério do valor estimado da contratação, com potencial ou efetiva geração de problemas de interpretação e de gestão. É que a regra contida no art. 23, §5º da Lei nº 8.666/93 previa que "é vedada a utilização da modalidade 'convite' ou 'tomada de preços', conforme o caso, para parcelas de uma mesma obra ou serviço, ou ainda para obras e serviços da mesma natureza e no mesmo local que possam ser realizadas conjunta e concomitantemente, sempre que o somatório de seus valores caracterizar o caso de 'tomada de preços' ou 'concorrência', respectivamente, nos termos deste artigo, exceto para as parcelas de natureza específica que possam ser executadas por pessoas ou empresas de especialidade diversa daquela do executor da obra ou serviço". Sob este regime jurídico, por exemplo, incorria em falta grave o gestor que adotasse realizar três licitações na modalidade de convite, fracionando a despesa, quando deveria ter adotado imediatamente uma licitação única, para o total pretendido, pela modalidade de concorrência.

O sistema de eleição da modalidade de licitação da Lei nº 14.133/21 é melhor, embora não ideal. A escolha da modalidade de licitação se dará com lastro na natureza do objeto ou da natureza da relação contratual.

Em relação à natureza do objeto, podem ser escolhidas as modalidades de concorrência, pregão, concurso e diálogo competitivo. Leilão é modalidade que se escolhe por conta da natureza da relação contratual.

3.2.1 Aspectos jurídicos relevantes do pregão

Pregão é modalidade de licitação obrigatória para aquisição de bens e serviços comuns, "aqueles cujos padrões de desempenho e qualidade podem ser objetivamente definidos pelo edital, por meio de especificações usuais de mercado" (art. 6º, XIII). O critério de julgamento no pregão poderá ser o de menor preço ou o de maior desconto (art. 6º, XLI). É modalidade de licitação que se escolhe por conta da natureza do objeto. Devem ser licitados por pregão, os bens e serviços comuns, inclusive serviços comuns de engenharia, nos termos da regra ao art. 29, §único: "o pregão não se aplica às contratações de serviços técnicos especializados de natureza predominantemente intelectual e de obras e serviços de engenharia, exceto os serviços de engenharia de que trata a alínea "a" do inciso XXI do caput do art. 6º".

O dispositivo do 6º, XXI, especifica que serviço de engenharia é toda atividade ou conjunto de atividades destinadas a obter determinada utilidade, intelectual ou material, de interesse para a Administração e que, não enquadradas no conceito de obra, são estabelecidas, por força de lei, como privativas das profissões de arquiteto e engenheiro ou de técnicos especializados, que compreendem: a) serviço comum de engenharia: todo serviço de engenharia que tem por objeto ações, objetivamente padronizáveis em termos de desempenho e qualidade, de manutenção, de adequação e de adaptação de bens móveis e imóveis, com preservação das características originais dos bens; b) serviço especial de engenharia: aquele que, por sua alta heterogeneidade ou complexidade não pode se enquadrar na definição constante da alínea "a" deste inciso.

Aqui reside a autorização legal para licitar serviços comuns de engenharia pela modalidade de pregão. É vedado por lei o uso do pregão para licitar obras de engenharia, o que é destituído de qualquer razoabilidade, como se demonstrará adiante.

A expressão comum utilizada pela Lei não significa simples. Assim, podem ser licitados por pregão bens e serviços complexos.

A posição do Tribunal de Contas da União acerca da utilização do pregão:

> É irregular a adoção injustificada da modalidade concorrência em detrimento do pregão eletrônico para a contratação de serviços comuns de engenharia, a exemplo da contratação conjunta de serviços de conservação e manutenção de infraestrutura predial (facilities), uma vez que pode resultar na prática de ato de gestão antieconômico.
>
> O TCU analisou representação sobre indícios de irregularidades ocorridas em licitação na modalidade concorrência, conduzida pelo Sistema da Federação de Indústrias do Estado do Paraná (Fiep) e destinada à contratação dos serviços de facilities (serviços contínuos de limpeza, jardinagem, copeiragem e manutenção predial, além de manutenção de ar condicionado e purificadores) para o atendimento das entidades componentes do referido sistema (Fiep, Sesi-PR, Senai-PR e IEL-PR). Entre as falhas noticiadas, foi analisada a questão da "não utilização do pregão preferencialmente sob a forma eletrônica para a realização do certame, considerando se tratar, aí, de serviço comum, em desacordo com a jurisprudência do TCU". Ao se pronunciar no voto, o relator apontou que "subsistira, então, a ausência de justificativa para a opção da concorrência, em vez do pregão, tendo a Selog anotado que o serviço de facilities seria comum, até porque a execução de cada serviço contratado pelo mencionado certame também seria comum, além de contar com a baixa complexidade, destacando que a alta materialidade do contrato e a contratação dos serviços em prol de 76 unidades do Sistema Fiep no Estado do Paraná não serviriam para caracterizar a suposta complexidade do objeto licitado, nem para justificar a suposta necessidade de adoção da referida concorrência". Nesse sentido, o relator, narrando trecho da instrução, indicou que "diversos certames para a contratação do serviço de facilities teriam sido promovidos por meio de pregão eletrônico, a exemplo, inclusive, do certame conduzido pelo Sesi-SP", ressaltando que, por meio do Acórdão 10.264/2018-2ª Câmara, o TCU enviara ciência ao Departamento Nacional do Sebrae no sentido de que, "nas licitações para a contratação do serviço de facilities, a injustificada adoção do pregão sob a forma presencial poderia resultar em ato de gestão antieconômica", sujeitando os responsáveis às sanções previstas no art. 58 da Lei 8.443/1992. No caso concreto examinado, entretanto, a unidade técnica assinalou a existência de atenuantes à opção feita pelo Sistema Fiep que teriam garantido a competitividade do certame, a exemplo da realização de audiência pública e da permissão para a participação de empresas em consórcio. Como conclusão, o Plenário acolheu a proposta do relator de cientificar as entidades envolvidas para que, em atenção aos princípios da legalidade e da eficiência, sejam adotadas as providências necessárias para impedir,

em futuras licitações, a injustificada adoção da concorrência em detrimento do pregão eletrônico, em razão da possibilidade de caracterização de ato de gestão antieconômico. Adicionalmente, por sugestão do Gabinete do Ministro Benjamin Zymler reportada no voto do relator, o colegiado deliberou para que as entidades do Sistema S fossem também cientificadas "para que, no correspondente regulamento licitatório próprio, o Sesi e o Senai passem a prever o uso obrigatório do pregão eletrônico para a contratação dos serviços de engenharia comuns, aí incluídos os eventuais serviços comuns de facilities, em sintonia, por exemplo, com a regulamentação procedida pelo Decreto Federal nº 10.024, de 2019" (Acórdão nº 1534/2020 Plenário, Agravo, Relator Ministro-Substituto André de Carvalho. Acórdão nº 1534/2020-TCU-Plenário).

Os serviços de consultoria devem ser contratados mediante pregão, ressalvadas situações excepcionais, devidamente justificadas, em que tais serviços não se caracterizem como comuns. Acórdão 2801/2019-TCU-Plenário.

É possível a realização de pregão com vistas à contratação de artistas e bandas de renome local ou regional, pois o objeto é passível de atendimento por qualquer pessoa jurídica que consiga mobilizar os profissionais que atuam no setor nas referidas bases geográficas e não há incompatibilidade entre apresentações musicais e o conceito de serviço comum. Acórdão 5902/2021-TCU-Segunda Câmara.

São considerados serviços comuns, tornando obrigatória a utilização do pregão, preferencialmente em sua forma eletrônica, os serviços de engenharia consultiva com padrões de desempenho e qualidade que possam ser objetivamente definidos no edital de licitação, por meio de especificações usuais no mercado (art. 1º da Lei 10.520/2002 c/c art. 4º do Decreto 5.450/2005). Acórdão 713/2019-TCU-Plenário.

A adoção, por conselho de fiscalização profissional, da modalidade de licitação convite para a contratação de serviços advocatícios que possam ser considerados como objeto comum infringe o disposto no art. 4º do Decreto 5.450/2005, que determina a utilização do pregão, preferencialmente na forma eletrônica. Acórdão 197/2018-TCU-Plenário.

O desenvolvimento e a manutenção de softwares enquadram-se na categoria de objetos comuns prevista na Lei 10.520/2002 sempre que possam ter seus padrões de desempenho e qualidade objetivamente definidos no edital por meio de especificações usuais no mercado, devendo, nessa situação, ser licitados mediante pregão (art. 9º, §§1º e 2º, do Decreto 7.174/2010) .Representação formulada ao TCU apontou possíveis irregularidades na Casa da Moeda do Brasil, relacionadas ao Pregão Presencial Internacional CMB 0010/16, do tipo menor preço global, que tinha por objeto a "prestação de serviços técnicos especializados para o Sistema de Controle e Rastreamento da Produção de Cigarros (Scorpios) em âmbito nacional, incluindo: service desk; data center; sistema supervisório; suporte técnico; solução de automação; solução de autenticação; desenvolvimento e manutenção de demandas evolutivas e corretivas do software referente ao SGD-Scorpios; bem como a mão de obra necessária ao cumprimento do objeto do contrato". A representante argumentou que o pregão presencial seria inaplicável ao caso, por não se tratar de hipótese de contratação de bem ou serviço comum nos moldes previstos pela legislação relativa à modalidade pregão. Sustentou também que, em razão da complexidade do objeto licitado, que envolve a integração de serviços distintos, havendo a possibilidade de diversas tecnologias diferentes, a serem avaliadas sob o ponto de vista técnico, deveria ser adotada a modalidade de concorrência, do tipo técnica e preço. Ao analisar os argumentos da representante, a unidade técnica ponderou que "assim como é certo tratar-se de sistema com integração de diversos módulos de funcionamento, bem como se tratar realmente do desenvolvimento de um software para atendimento exclusivo à Casa da Moeda do Brasil, não se pode deixar de apontar que o desenvolvimento de sistemas, apesar da complexidade de sua execução, é tarefa realizada a partir de técnicas padronizadas e usuais no mercado, ainda que cada empresa detenha sua própria metodologia e arcabouço tecnológico". Registrou ainda que o TCU, por diversas vezes, examinou contratações de empresas que deveriam desenvolver softwares específicos para a contratante e não verificou ilegalidade na escolha do pregão como modalidade licitatória. A unidade técnica concluiu: "A bem da verdade, são as particularidades do objeto a ser licitado que irão permitir ou impedir a adoção da modalidade pregão. A Corte de Contas entende, então, que o desenvolvimento e a manutenção de softwares não necessariamente são objetos predominantemente intelectuais. Se objetivamente definidos por meio de especificações usuais no mercado, enquadram-se na categoria de bens/serviços comuns prevista na legislação", no que foi acompanhada pelo relator. Em seu voto, ao deixar assente que "os padrões de desempenho e de qualidade do objeto estão objetivamente definidos por meio de especificações usuais no mercado, conforme detalhamento constante no termo de referência", o relator concluiu ter sido "adequada a adoção da modalidade pregão, do tipo menor preço, para a contratação do objeto pretendido pela CMB". Ao final, o relator propôs e o Plenário decidiu considerar improcedente a representação (Acórdão nº 1667/2017 Plenário, Agravo, Relator Ministro Aroldo Cedraz. Acórdão nº 1667/2017-TCU-Plenário). A definição sobre a natureza comum do objeto, para fins de escolha da modalidade de pregão é de competência da área técnica em que se insere o objeto – informática, tecnologia de informação, engenharia, arquitetura etc. Agente integrante da respectiva área técnica produzirá manifestação formal e identificada apontando a natureza de comum ou especial do objeto para fins de escolha da modalidade.

As licitações na modalidade de pregão serão conduzidas por pregoeiro (art. 8º, §5º), auxiliado por equipe de apoio.

3.2.2 Aspectos jurídicos relevantes da concorrência

Concorrência é modalidade de licitação para contratação de bens e serviços especiais e de obras e serviços comuns e especiais de engenharia, cujo critério de julgamento poderá ser: a) menor preço; b) melhor técnica ou conteúdo artístico; c) técnica e preço; d) maior retorno econômico; e) maior desconto (Lei nº 14.133/21, art. 6º, XXXVIII). Conquanto a Lei preveja que serviços comuns de engenharia podem ser licitados por concorrência, como visto, para tanto se deve adotar a modalidade de pregão.

Para os fins de escolha de modalidade é bastante relevante a distinção entre obra de engenharia e serviço de engenharia – pois serviços comuns de engenharia podem ser licitados por pregão. Obra é toda atividade estabelecida, por força de lei, como privativa das profissões de arquiteto e engenheiro que implica intervenção no meio ambiente por meio de um conjunto harmônico de ações que, agregadas, formam um todo que inova o espaço físico da natureza ou acarreta alteração substancial das características originais de bem imóvel (art. 6º XII); e, serviço de engenharia é toda atividade ou conjunto de atividades destinadas a obter determinada utilidade, intelectual ou material, de interesse para a Administração e que, não enquadradas no conceito de obra, são estabelecidas, por força de lei, como privativas das profissões de arquiteto e engenheiro ou de técnicos especializados, que compreendem: a) serviço comum de engenharia: todo serviço de engenharia que tem por objeto ações, objetivamente padronizáveis em termos de desempenho e qualidade, de manutenção, de adequação e de adaptação de bens móveis e imóveis, com preservação das características originais dos bens; b) serviço especial de engenharia: aquele que, por sua alta heterogeneidade ou complexidade, não pode se enquadrar na definição constante da alínea "a" deste inciso (art. 6º, XXI).

A licitação na modalidade de concorrência será conduzida por agente de contratação, auxiliado por equipe de apoio (art. 8º). Em licitação que envolva bens ou serviços especiais, desde que observados os requisitos estabelecidos no art. 7º da Lei, o agente de contratação poderá ser substituído por comissão de contratação formada por, no mínimo, 3 (três) membros, que responderão solidariamente por todos os atos praticados pela comissão, ressalvado o membro que expressar posição individual divergente fundamentada e registrada em ata lavrada na reunião em que houver sido tomada a decisão (art. 8º, §2º).

3.2.3 Aspectos jurídicos relevantes do concurso

Concurso é modalidade de licitação para escolha de trabalho técnico, científico ou artístico, cujo critério de julgamento será o de melhor técnica ou conteúdo artístico, e para concessão de prêmio ou remuneração ao vencedor (art. 6º, XXXIX). É modalidade que se escolhe pela natureza do objeto contratual.

O concurso observará as regras e condições previstas em edital, que indicará: I – a qualificação exigida dos participantes; II – as diretrizes e formas de apresentação do trabalho; e III – as condições de realização e o prêmio ou remuneração a ser concedida ao vencedor.

O ponto nuclear do concurso é que por esta modalidade, os licitantes não são selecionados para executar um objeto, para posterior recebimento da contraprestação pecuniária contratualmente determinada. Os licitantes, de acordo com o regramento do instrumento convocatório da licitação, apresentam para avaliação um objeto pronto e acabado: uma obra de arte, um projeto arquitetônico ou de engenharia, um estudo técnico, entre outros. Não há disputa de preços no concurso. A Administração Pública fixa a remuneração ou o prêmio (até mesmo uma singela honraria, como uma medalha) que será a contrapartida recebida pelo vencedor do certame. No caso de concursos destinados à elaboração de projeto, o vencedor deverá ceder à Administração Pública todos os direitos patrimoniais relativos ao projeto e autorizar sua execução conforme juízo de conveniência e oportunidade das autoridades competentes (art. 30, parágrafo único).

3.2.4 Aspectos jurídicos relevantes do leilão

Leilão é modalidade de licitação para alienação de bens imóveis ou de bens móveis inservíveis ou legalmente apreendidos a quem oferecer o maior lance (art. 6º, XL).

Destaque-se que a alienação de bens públicos deve ser precedida de processo administrativo no qual seja comprovada, motivadamente, a existência de interesse público e avaliação realizada na forma de Lei. A avaliação de bens imóveis é serviço reservado para algumas categorias profissionais por força de lei:

(i) da área de engenharia – Lei nº 5194/66, art. 7º As atividades e atribuições profissionais do engenheiro, do arquiteto e do engenheiro-agrônomo consistem em: c) estudos, projetos, análises, avaliações, vistorias, perícias, pareceres e divulgação técnica;
(ii) da área de arquitetura – Lei nº 12.378/10, art. 2º As atividades e atribuições do arquiteto e urbanista consistem em: VI – vistoria, perícia, avaliação, monitoramento, laudo, parecer técnico, auditoria e arbitragem; e
(iii) da área de corretagem de imóveis – Resolução nº 957 de 22/05/2006 / COFECI – Conselho Federal de Corretores de Imóveis),[16] art. 1º – A elaboração de Parecer Técnico para determinação do valor de mercado de imóvel será permitida ao Corretor de Imóveis.

Para a alienação de bens imóveis deve haver a desafetação e autorização legislativa. A alienação de bens imóveis cuja aquisição tenha sido derivada de procedimentos judiciais ou de dação em pagamento dispensará autorização legislativa e exigirá apenas avaliação prévia.

A alienação de bens móveis também é condicionada à sua avaliação prévia, bem como à declaração de sua inservibilidade. O processo administrativo para a declaração de inservibilidade será instaurado e conduzido por comissão processante, nos termos de regulamentação própria do órgão ou entidade. Sobre a matéria, a posição do Tribunal de Contas da União:

> 9.4. firmar entendimento no sentido de que qualquer processo de alienação de bens da União considerados inservíveis deverá ser precedido de avaliação, em data próxima à venda, fixação de preço mínimo e ampla divulgação da licitação, incluída nessa divulgação o preço mínimo de alienação, visando assegurar que o preço de venda equipare-se ao valor de mercado, em consonância com o art. 37, caput, da Constituição Federal, c/c o art. 3º, caput, da Lei nº 8.666/93, e com os artigos 17, inciso II, e 53, §§1º e 4º, da mesma Lei de Licitações (Acórdão nº 174/2004-Plenário).

A condução do leilão pode ser feita por servidor designado (inclusive agente de contratação) ou por leiloeiro oficial, contratado na forma da Lei. Se a opção for de realizar leilão por intermédio de leiloeiro oficial, a Administração deverá selecioná-lo mediante credenciamento ou licitação na modalidade pregão e adotar o critério de julgamento de maior desconto para as comissões a serem cobradas, utilizados como parâmetro máximo os percentuais definidos na lei que regula a referida profissão e observados os valores dos bens a serem leiloados. O leilão será precedido da divulgação do edital em sítio eletrônico oficial, que conterá: I – a descrição do bem, com suas características, e, no caso de imóvel, sua situação e suas divisas, com remissão à matrícula e aos registros; II – o valor pelo qual o bem foi avaliado, o preço mínimo pelo qual poderá ser alienado, as condições de pagamento e, se for o caso, a comissão do leiloeiro designado; III – a

---

[16] Confira-se precedente do Superior Tribunal de Justiça sobre o tema:
PROCESSUAL CIVIL E ADMINISTRATIVO. OFENSA A RESOLUÇÃO. NÃO-INCLUSÃO NO CONCEITO DE LEI FEDERAL. REEXAME DE MATÉRIA FÁTICA. IMPOSSIBILIDADE. SÚMULA 7/STJ. EXERCÍCIO PROFISSIONAL. MULTA APLICADA POR CONSELHO REGIONAL DE ENGENHARIA E ARQUITETURA. AVALIAÇÃO DE IMÓVEL. NOMEAÇÃO DE PERITO. VIOLAÇÃO AO ART. 7º DA LEI 5.194/66. INOCORRÊNCIA. ATIVIDADE NÃO AFETA COM EXCLUSIVIDADE A ENGENHEIROS, ARQUITETOS OU AGRÔNOMOS. CORRETOR DE IMÓVEIS. POSSIBILIDADE. ART. 3º DA LEI 6.530/78. PRECEDENTES. RECURSO ESPECIAL PARCIALMENTE CONHECIDO E, NESSA PARTE, DESPROVIDO. REsp nº 779196 / RS.

indicação do lugar onde estiverem os móveis, os veículos e os semoventes; IV – o sítio da internet e o período em que ocorrerá o leilão, salvo se excepcionalmente for realizado sob a forma presencial por comprovada inviabilidade técnica ou desvantagem para a Administração, hipótese em que serão indicados o local, o dia e a hora de sua realização; V – a especificação de eventuais ônus, gravames ou pendências existentes sobre os bens a serem leiloados (art. 31, §2º). Além da divulgação no sítio eletrônico oficial, o edital do leilão será afixado em local de ampla circulação de pessoas na sede da Administração e poderá, ainda, ser divulgado por outros meios necessários para ampliar a publicidade e a competitividade da licitação. O leilão não exigirá registro cadastral prévio, não terá fase de habilitação e deverá ser homologado assim que concluída a fase de lances, superada a fase recursal e efetivado o pagamento pelo licitante vencedor, na forma definida no edital.

3.2.5 Aspectos jurídicos relevantes do diálogo competitivo

Diálogo competitivo é modalidade de licitação para contratação de obras, serviços e compras em que a Administração Pública realiza diálogos com licitantes previamente selecionados mediante critérios objetivos, com o intuito de desenvolver uma ou mais alternativas capazes de atender às suas necessidades, devendo os licitantes apresentar proposta final após o encerramento dos diálogos (art. 6º XLII).

A modalidade diálogo competitivo é restrita a contratações em que a Administração: I – vise contratar objeto que envolva as seguintes condições: a) inovação tecnológica ou técnica; b) impossibilidade de o órgão ou entidade ter sua necessidade satisfeita sem a adaptação de soluções disponíveis no mercado; e c) impossibilidade de as especificações técnicas serem definidas com precisão suficiente pela Administração; e II – verifique a necessidade de definir e identificar os meios e as alternativas que possam satisfazer suas necessidades, com destaque para os seguintes aspectos: a) a solução técnica mais adequada; b) os requisitos técnicos aptos a concretizar a solução já definida; c) a estrutura jurídica ou financeira do contrato (art. 32).

Diálogo competitivo é, à toda vista, modalidade de licitação inspirada no diálogo concorrencial previsto na Directiva nº 2004/18/CE do Parlamento Europeu e do Conselho de 31 de Março de 2004, relativa à coordenação dos processos de adjudicação dos contratos de empreitada de obras públicas, dos contratos públicos de fornecimento e dos contratos públicos de serviços no âmbito da União Europeia.

A norma conceitua diálogo concorrencial como "o procedimento em que qualquer operador econômico pode solicitar participar e em que a entidade adjudicante conduz um diálogo com os candidatos admitidos nesse procedimento, tendo em vista desenvolver uma ou várias soluções aptas a responder às suas necessidades e com base na qual, ou nas quais, os candidatos selecionados serão convidados a apresentar uma proposta".[17]

O roteiro procedimental adotado para o diálogo concorrencial pode servir de instrumento útil a orientar a implementação e adoção desta modalidade de diálogo competitivo de que trata a Lei nº 14.133/21:

---

[17] Disponível em: https://eur-lex.europa.eu/LexUriServ/LexUriServ.do?uri=CONSLEG:2004L0018:20160101:PT:PDF. Acesso em: 29 ago. 2023.

2. As entidades adjudicantes publicarão um anúncio de concurso, em que darão a conhecer as suas necessidades e exigências, que definirão nesse mesmo anúncio e/ou numa memória descritiva.
3. As entidades adjudicantes darão início, com os candidatos seleccionados nos termos das disposições pertinentes dos artigos 44.o a 52.o, a um diálogo que terá por objectivo identificar e definir os meios que melhor possam satisfazer as suas necessidades. Durante esse diálogo, poderão debater com os candidatos seleccionados todos os aspectos do contrato. Durante esse diálogo, as entidades adjudicantes garantirão a igualdade de tratamento de todos os proponentes. Designadamente, não facultarão de forma discriminatória informações que possam dar a um proponente vantagem relativamente a outros. As entidades adjudicantes não podem revelar aos outros participantes as soluções propostas nem outras informações confidenciais comunicadas por um candidato que participe no diálogo, sem a aprovação deste último.
4. As entidades adjudicantes podem determinar que o procedimento por negociação se desenrole em fases sucessivas por forma a reduzir o número de soluções a debater durante a fase de diálogo e aplicando os critérios de adjudicação indicados no anúncio de concurso ou na memória descritiva. O recurso a esta faculdade deve ser indicado no anúncio de concurso ou na memória descritiva.
5. As entidades adjudicantes prosseguirão esse diálogo até estarem em condições de identificar, se necessário por comparação, a solução ou soluções susceptíveis de satisfazer as suas necessidades. 6. Depois de declararem a conclusão do diálogo e de informarem do facto os participantes, as entidades adjudicantes convidá-los-ão a apresentar a sua proposta final com base na ou nas soluções apresentadas e especificadas durante o diálogo. Estas propostas devem conter todos os elementos requeridos e necessários à realização do projecto. A pedido das entidades adjudicantes, estas propostas podem ser clarificadas, precisadas e ajustadas. Todavia, essas precisões, clarificações, ajustamentos ou complementos não podem alterar elementos fundamentais da proposta ou do concurso cuja variação seja susceptível de distorcer a concorrência ou de ter um efeito discriminatório.
7. As entidades adjudicantes avaliarão as propostas recebidas com base nos critérios de adjudicação fixados no anúncio de concurso ou na memória descritiva e escolherão a proposta economicamente mais vantajosa, nos termos do artigo 53.o. A pedido da entidade adjudicante, pode ser solicitado ao proponente identificado como tendo apresentado a proposta economicamente mais vantajosa que clarifique aspectos da sua proposta ou confirme os compromissos nela constantes, na condição de tal não ter por efeito alterar elementos substanciais da proposta ou do anúncio de concurso, falsear a concorrência ou acarretar discriminações.
8. As entidades adjudicantes podem prever prémios ou pagamentos aos participantes no diálogo.

Nos termos do disposto no art. 32, §1º da Lei, "na modalidade diálogo competitivo, serão observadas as seguintes disposições:
I – a Administração apresentará, por ocasião da divulgação do edital em sítio eletrônico oficial, suas necessidades e as exigências já definidas e estabelecerá prazo mínimo de 25 (vinte e cinco) dias úteis para manifestação de interesse na participação da licitação;
II – os critérios empregados para pré-seleção dos licitantes deverão ser previstos em edital e serão admitidos todos os interessados que preencherem os requisitos objetivos estabelecidos;

III – a divulgação de informações de modo discriminatório que possa implicar vantagem para algum licitante será vedada;

IV – a Administração não poderá revelar a outros licitantes as soluções propostas ou as informações sigilosas comunicadas por um licitante sem o seu consentimento;

V – a fase de diálogo poderá ser mantida até que a Administração, em decisão fundamentada, identifique a solução ou as soluções que atendam às suas necessidades;

VI – as reuniões com os licitantes pré-selecionados serão registradas em ata e gravadas mediante utilização de recursos tecnológicos de áudio e vídeo;

VII – o edital poderá prever a realização de fases sucessivas, caso em que cada fase poderá restringir as soluções ou as propostas a serem discutidas;

VIII – a Administração deverá, ao declarar que o diálogo foi concluído, juntar aos autos do processo licitatório os registros e as gravações da fase de diálogo, iniciar a fase competitiva com a divulgação de edital contendo a especificação da solução que atenda às suas necessidades e os critérios objetivos a serem utilizados para seleção da proposta mais vantajosa e abrir prazo, não inferior a 60 (sessenta) dias úteis, para todos os licitantes pré-selecionados na forma do inciso II deste parágrafo apresentarem suas propostas, que deverão conter os elementos necessários para a realização do projeto;

IX – a Administração poderá solicitar esclarecimentos ou ajustes às propostas apresentadas, desde que não impliquem discriminação nem distorçam a concorrência entre as propostas;

X – a Administração definirá a proposta vencedora de acordo com critérios divulgados no início da fase competitiva, assegurada a contratação mais vantajosa como resultado;

XI – o diálogo competitivo será conduzido por comissão de contratação composta de pelo menos 3 (três) servidores efetivos ou empregados públicos pertencentes aos quadros permanentes da Administração, admitida a contratação de profissionais para assessoramento técnico da comissão;

Com lastro na norma contida no acima citado art. 32, §1§, deduzem-se as seguintes características materiais e jurídicas do instituto:

a) Imprecisão, indefinição ou impossibilidade de identificação precisa da necessidade a ser atendida pela via do contrato: ordinariamente, a Administração Pública identifica, com boa margem de precisão, a necessidade (problema) a ser resolvida com a execução do contrato. Pode-se supor, entretanto, que diante de uma certa situação fático-material representativa de uma necessidade pública, a Administração Pública não tenha condições de caracterizá-la, com nível de precisão adequado, nas suas dimensões qualitativa e quantitativa. Por exemplo: suponha-se que determinado ente da federação se depare com a necessidade de abastecimento de água em uma comunidade rural, pela via de captação em um lago para fornecimento ao público consumidor. Contará com algumas informações acerca desta necessidade, como população a ser atendida, distâncias entre a captação e utilização, estação de tratamento e destinatários finais, composição da água, entre outras. Contudo, não existe certeza sobre a natureza dos componentes físico-químicos da água, nem acerca da biodiversidade local – informações decisivas e indispensáveis para eleger a melhor solução técnica;

b) Inexistência de solução técnica padronizada e disponível para contratação no mercado: diante da imprecisão ou indefinição da própria necessidade administrativa é impossível a identificação, no mercado, de agente econômico apto ofertar a solução mais vantajosa para a Administração. Esta insuficiência de informações sobre a real, concreta e efetiva necessidade administrativa inviabiliza a eleição de uma solução técnica específica e adoção de licitação pela modalidade de concorrência ou pregão, pelo critério de menor preço – tal opção demanda precisão qualitativa e quantitativa da necessidade administrativa e a existência de uma solução previamente definida pela Administração, que será disputada pelo preço – ou, por técnica e preço, se cabível este critério de julgamento, que, aliás, implica transferir parte da definição da solução técnica para os licitantes;

c) A imprecisão ou indefinição acerca da necessidade administrativa e da melhor solução (objeto) para a satisfazer justifica a adoção do diálogo competitivo: os licitantes participarão da licitação na modalidade de diálogo competitivo com a dupla função de (i) identificar integralmente, ou ao menos de modo substancialmente útil, a necessidade administrativa que deve ser satisfeita; e (ii) conceber a solução técnica mais vantajosa, em todas as suas dimensões: econômica, financeira, técnica e de sustentabilidade. A inviabilidade de encontrar no mercado uma solução técnica já definida, que atenda integralmente às necessidades administrativa justificam a adoção do diálogo competitivo;

d) Serão convocados potenciais interessados em construir uma solução inovadora: a Administração Pública publicará edital de chamamento público, por intermédio do qual convidará interessados em apresentar propostas iniciais no certame licitatório. Este edital conterá todas as informações de que dispõe. Estas informações devem ser levantadas na etapa preparatória da licitação. Para tanto, será elaborado o estudo técnico preliminar contendo dados e informações sobre as necessidades já conhecidas, e as exigências já definidas, que constarão do edital da licitação. O prazo de publicidade deste edital será de, no mínimo, 25 dias. A citada diretiva da União Europeia dispõe sobre o rito procedimental do diálogo concorrencial, que pode servir como referência para a utilização do diálogo competitivo nacional:

> 1. As entidades adjudicantes podem celebrar os seus contratos públicos recorrendo a um procedimento por negociação, com publicação prévia de um anúncio, nos seguintes casos:
>
> a) Em presença de propostas irregulares ou inaceitáveis à luz de disposições nacionais compatíveis com o disposto nos artigos 4º, 24º, 25º e 27º e no capítulo VII, apresentadas no âmbito de um concurso público ou limitado ou de um diálogo concorrencial, desde que as condições iniciais do contrato não sejam substancialmente alteradas. As entidades adjudicantes podem não publicar um anúncio de concurso se incluírem no procedimento por negociação todos os proponentes, e exclusivamente os proponentes, que satisfaçam os critérios referidos nos artigos 45º a 52º e que, no concurso público ou limitado ou no diálogo concorrencial anterior, tenham apresentado propostas que correspondam aos requisitos formais do procedimento de adjudicação;
>
> b) A título excepcional, quando se trate de obras, produtos ou serviços que, pela sua natureza ou condicionalismos, não permitam a fixação prévia e global dos preços;
>
> c) No caso de serviços, designadamente da categoria 6 do anexo II A, e de prestações de carácter intelectual, tal como a concepção de obras, na medida em que a natureza da prestação a fornecer seja de molde a impossibilitar a elaboração de especificações com precisão suficiente para permitir a adjudicação do contrato através da selecção da melhor proposta de acordo com as regras que regem os concursos públicos ou limitados;

d) No caso dos contratos de empreitada de obras públicas, se se tratar de obras a realizar apenas para fins de investigação, experimentação ou desenvolvimento, e não com o objectivo de assegurar a rendibilidade ou amortização dos custos de investigação e desenvolvimento.

2. Nos casos a que se refere o nº 1, as entidades adjudicantes negociarão com os proponentes as propostas por estes apresentadas a fim de as adaptar aos requisitos indicados no anúncio de concurso, no caderno de encargos e nos eventuais documentos complementares, e de determinar a melhor proposta em conformidade com o nº 1 do artigo 53º

3. Durante a negociação, as entidades adjudicantes garantirão a igualdade de tratamento de todos os proponentes. Designadamente, não facultarão de forma discriminatória informações que possam dar a um proponente vantagem relativamente a outros.

4. As entidades adjudicantes podem determinar que o procedimento por negociação se desenrole em fases sucessivas por forma a reduzir o número de propostas a negociar aplicando os critérios de atribuição indicados no anúncio de concurso ou no caderno de encargos. O recurso a esta faculdade deve ser indicado no anúncio de concurso ou no caderno de encargos.

e) os interessados atenderão à convocação e formularão propostas iniciais: atente-se para que os licitantes não dispõem de todas as informações para a apresentação de uma proposta completa, destinada à satisfação integral da necessidade pública – nem a Administração detém tais informações. As propostas são apresentadas com base nas informações veiculadas pelo instrumento convocatório. De acordo com a situação hipotética apresentada no item a, acima, o problema administrativo apresentado foi o de abastecer uma comunidade rural com água coletada de um lago. Com base nas informações disponíveis, imagine-se que três licitantes tenham apresentado propostas iniciais, propondo soluções diversas. As propostas inaceitáveis serão prontamente desclassificadas, por exemplo, aquela que ofereça uma solução potencialmente lesiva ao meio ambiente em grau inaceitável. As propostas aceitáveis serão inicialmente classificadas;

f) etapa do diálogo: selecionadas as propostas aceitáveis, tem início a etapa licitatória dos diálogos. Nesta etapa, são realizadas reuniões com os licitantes – reuniões individualizadas, com cada um deles. O instrumento convocatório pode prever a possibilidade de reuniões conjuntas. Nesta etapa, os licitantes e os agentes públicos para tanto designados – integrantes, ou não, da comissão especial de contratação – realizarão debates, ensaios, simulações, estudos complementares e vistorias destinados à coleta e intercâmbio de informações reputadas relevantes. A partir das propostas apresentadas, podem se tornar conhecidos aspectos da necessidade pública que ainda não tenham sido considerados ou identificados (por exemplo, a descoberta de um fungo ou alga que proliferou nas águas que tem que ser aproveitadas para consumo humano). A comissão especial de contratação consolidará as informações trazidas pelas propostas apresentadas, produzidas nas reuniões (diálogos) e que sejam fruto de avaliações reflexivas derivadas delas (das informações). Quando, a critério da comissão processante, não houver mais potencialidade de produção de informações e dados relevantes na etapa dos diálogos, será encerrada;

g) definição da solução técnica: com fundamento nas informações e avaliações técnicas produzidas na etapa dos diálogos, a comissão processante, isolada ou com apoio técnico especializado (banca técnica, por exemplo) se entender viável e possível, definirá a melhor e mais completa solução técnica para atender à necessidade. Há ampla margem de liberdade e de discricionariedade, que se exercerão com fundamento nas informações técnicas oriundas da etapa dos diálogos, para a concepção da solução mais adequada à necessidade administrativa. Caso se entenda por inviável a continuidade do processo, por não ter sido possível conceber uma solução técnica aceitável, será encerrada a licitação por sugestão da comissão e decisão da autoridade competente. Caso viável, será configurada a solução mais vantajosa, que pode ser obtida da conjugação das propostas apresentadas pelos diversos licitantes (com aproveitamento de partes de cada proposta);

h) elaboração de projeto básico ou termo de referência: definida a solução técnica pela comissão processante e aprovada pela autoridade competente, será elaborado o projeto básico ou o termo de referência, contemplando todas as informações necessárias à identificação, com excelente margem de precisão, do objeto do futuro contrato. Com base neste projeto básico ou termo de referência, será elaborado o instrumento convocatório para participação da próxima etapa da licitação;

i) publicidade do instrumento convocatório: o instrumento convocatório da etapa final do processo do diálogo competitivo será objeto de publicação, nos termos e prazos legalmente determinados;

j) etapa de julgamento das propostas: da etapa de julgamento das propostas somente poderão participar os licitantes que tenham sido classificados e tenham participado efetivamente da etapa dos diálogos. Os interessados formularão sua proposta técnica e proposta de preço, que será objeto de avaliação e classificação final, de acordo com os requisitos e critérios previstos no instrumento convocatório. O menor preço não precisa ser o critério de julgamento principal;

k) etapa de habilitação: o licitante classificado em primeiro lugar, de acordo com os requisitos do instrumento convocatório, terá os documentos de habilitação avaliados.

3.3 Modos de disputa

As licitações serão veiculadas por uma das modalidades previstas na Lei e adotarão certo modo de disputa. Modo de disputa é a forma e oportunidade pela qual os licitantes realizarão oferta de preço. Toda licitação deve prever no instrumento convocatório o modo de disputa do certame, que poderá ser:

a) aberto, hipótese em que os licitantes apresentarão suas propostas por meio de lances públicos e sucessivos, crescentes ou decrescentes: pelo modo aberto, os licitantes têm a faculdade de apresentar múltiplas e sucessivas ofertas de preço;

b) fechado, hipótese em que as propostas permanecerão em sigilo até a data e hora designadas para sua divulgação: não há disputa de lances, nem possibilidade de os licitantes ofertarem propostas em regime de competição por sucessão de ofertas;

c) combinado: pode haver a previsão no instrumento convocatório de combinação de modos de disputa – aberto/fechado, ou fechado/aberto.

Não há previsão legal sobre o procedimento ou sistemática para adoção dos modos de disputa. Uma referência interessante pode ser a sistemática processual prevista na Instrução Normativa nº 73/2022 da Secretaria Especial de Desburocratização, Gestão e Governo Digital do Ministério Da Economia, que regulamenta as licitações eletrônicas no âmbito da Administração Pública Federal direta, autárquica e fundacional (sabe-se que tal regra, de baixa hierarquia, é sujeita à revogação ou modificação a qualquer tempo, o que, entretanto, não lhe retira o potencial de referência). De acordo com referida norma:

a) modo de disputa aberto: (i) pelo sistema eletrônico tem início uma etapa de lances, com duração de dez minutos, transcorrido este tempo, haverá prorrogação automática da possibilidade de oferta de novos lances sempre que houver lance ofertado nos últimos dois minutos do período de duração desta etapa; (ii) esta prorrogação automática da etapa de envio de lances será de dois minutos e ocorrerá, sucessivamente, sempre que houver lances enviados nesse período de prorrogação, inclusive quando se tratar de lances intermediários; (iii) na hipótese de não haver novos lances nesta etapa de prorrogação automática, será encerrada automaticamente, e o sistema ordenará e divulgará os lances ofertados; (iv) definida a melhor proposta, se a diferença em relação à proposta classificada em segundo lugar for de pelo menos 5% (cinco por cento), o pregoeiro, agente de contratação ou a comissão de contratação, quando o substituir, auxiliado pela equipe de apoio, poderá admitir o reinício da disputa aberta, nos termos estabelecidos no edital de licitação para a definição das demais colocações;

b) modo de disputa aberto e fechado: (i) o sistema admite o envio de lances pelo prazo de 15 minutos; (ii) encerrado este prazo previsto, o sistema encaminhará o aviso de encerramento da etapa de lances a qualquer momento (de modo randômico ou aleatório) e, transcorrido o período de até dez minutos, aleatoriamente determinado, a recepção de lances será automaticamente encerrada; (iii) após a etapa de disputa de lances encerrada automaticamente, o sistema abrirá a oportunidade para que o autor da oferta de valor mais baixo ou de maior percentual de desconto e os autores das ofertas subsequentes com valores ou percentuais até 10% (dez por cento) superiores ou inferiores àquela, conforme o critério adotado, possam ofertar um lance final e fechado em até cinco minutos, que será sigiloso até o encerramento deste prazo; (iii) na ausência de, no mínimo, três ofertas nesta etapa de lance final, os autores dos melhores lances subsequentes, na ordem de classificação, até o máximo de três, poderão oferecer um lance final e fechado em até cinco minutos, que será sigiloso até o encerramento do prazo estabelecido para a etapa; (iv) encerrados os prazos, o sistema ordenará e divulgará os lances;

c) modo de disputa fechado e aberto: (i) os licitantes apresentam proposta de preço inicial pelo sistema. Serão classificados automaticamente pelo sistema, para a etapa da disputa aberta, na forma disposta no instrumento convocatório, com a apresentação de lances, o licitante que apresentou a proposta de menor preço ou maior percentual de desconto e os das propostas até 10% (dez por cento) superiores ou inferiores àquela, conforme o critério de julgamento adotado; (ii) não havendo pelo menos 3 (três) propostas na margem de preço de até 10% superior ao primeiro – ou inferior, a depender do critério de julgamento –, os licitantes que apresentaram as três melhores propostas, consideradas as empatadas, oferecer novos lances sucessivos, pela sistemática de modo aberto; (iii) definida a melhor proposta, se a diferença em relação à proposta classificada em segundo lugar for de pelo menos 5% (cinco por cento), o pregoeiro, agente de contratação ou a comissão de contratação, quando o substituir, auxiliado pela equipe de apoio, poderá admitir o reinício da disputa aberta, nos termos estabelecidos no edital de licitação para a definição das demais colocações.

A Lei veda a utilização isolada do modo de disputa fechado quando adotados os critérios de julgamento de menor preço ou de maior desconto; e veda a utilização do modo de disputa aberto quando adotado o critério de julgamento de técnica e preço.

Podem ser ofertados pelos licitantes lances intermediários, de acordo com previsão no instrumento convocatório. São considerados intermediários os lances:
(i) iguais ou inferiores ao maior já ofertado, quando adotado o critério de julgamento de maior lance; ou
(ii) iguais ou superiores ao menor já ofertado, quando adotados os demais critérios de julgamento.

Os lances intermediários têm a finalidade de propiciar aos licitantes uma melhor classificação no certame, ainda que não tenham se sagrado vencedores originalmente. É que, caso o licitante vencedor recuse assinatura ao contrato ou venha a ter o contrato celebrado extinto (rescindido), abre-se a possibilidade de aproveitamento, a critério discricionário da Administração, dos licitantes remanescentes da licitação realizada, pela ordem de classificação, nos termos do disposto no art. 90, §§4º e 7º da Lei:[18] "será facultado à Administração, quando o convocado não assinar o termo de contrato ou não aceitar ou não retirar o instrumento equivalente no prazo e nas condições estabelecidas, convocar os licitantes remanescentes, na ordem de classificação, para a celebração do contrato nas condições propostas pelo licitante vencedor. Decorrido o prazo de validade da proposta indicado no edital sem convocação para a contratação, ficarão os licitantes liberados dos compromissos assumidos. Na hipótese de nenhum dos licitantes aceitar a contratação, a Administração, observados o valor estimado e sua eventual atualização nos termos do edital, poderá: I – convocar os licitantes remanescentes para negociação, na ordem de classificação, com vistas à obtenção de preço melhor, mesmo que acima do preço do adjudicatário; II – adjudicar e celebrar o contrato nas condições ofertadas

---

[18] Art. 90. A Administração convocará regularmente o licitante vencedor para assinar o termo de contrato ou para aceitar ou retirar o instrumento equivalente, dentro do prazo e nas condições estabelecidas no edital de licitação, sob pena de decair o direito à contratação, sem prejuízo das sanções previstas nesta Lei.
§1º O prazo de convocação poderá ser prorrogado 1 (uma) vez, por igual período, mediante solicitação da parte durante seu transcurso, devidamente justificada, e desde que o motivo apresentado seja aceito pela Administração.
§2º Será facultado à Administração, quando o convocado não assinar o termo de contrato ou não aceitar ou não retirar o instrumento equivalente no prazo e nas condições estabelecidas, convocar os licitantes remanescentes, na ordem de classificação, para a celebração do contrato nas condições propostas pelo licitante vencedor.
§3º Decorrido o prazo de validade da proposta indicado no edital sem convocação para a contratação, ficarão os licitantes liberados dos compromissos assumidos.
§4º Na hipótese de nenhum dos licitantes aceitar a contratação nos termos do §2º deste artigo, a Administração, observados o valor estimado e sua eventual atualização nos termos do edital, poderá:
I – convocar os licitantes remanescentes para negociação, na ordem de classificação, com vistas à obtenção de preço melhor, mesmo que acima do preço do adjudicatário;
II – adjudicar e celebrar o contrato nas condições ofertadas pelos licitantes remanescentes, atendida a ordem classificatória, quando frustrada a negociação de melhor condição.
§5º A recusa injustificada do adjudicatário em assinar o contrato ou em aceitar ou retirar o instrumento equivalente no prazo estabelecido pela Administração caracterizará o descumprimento total da obrigação assumida e o sujeitará às penalidades legalmente estabelecidas e à imediata perda da garantia de proposta em favor do órgão ou entidade licitante.
§6º A regra do §5º não se aplicará aos licitantes remanescentes convocados na forma do inciso I do §4º deste artigo.
§7º Será facultada à Administração a convocação dos demais licitantes classificados para a contratação de remanescente de obra, de serviço ou de fornecimento em consequência de rescisão contratual, observados os mesmos critérios estabelecidos nos §§2º e 4º deste artigo.

pelos licitantes remanescentes, atendida a ordem classificatória, quando frustrada a negociação de melhor condição. Será facultada à Administração a convocação dos demais licitantes classificados para a contratação de remanescente de obra, de serviço ou de fornecimento em consequência de rescisão contratual, observados os mesmos critérios estabelecidos nos §§2º e 4º do art. 90.

3.4 Fases da etapa de seleção do fornecedor ou prestador (licitação em sentido estrito)

A Lei nº 14.133/21, em especial em relação às modalidades de pregão e de concorrência, estabeleceu a seguinte fase sequencial:

I – preparatória;
II – de divulgação do edital de licitação;
III – de apresentação de propostas e lances, quando for o caso;
IV – de julgamento;
V – de habilitação;
VI – recursal;
VII – de homologação.

Digno de nota inicial é que pelo regime da Lei, como regra geral, a fase de julgamento das propostas será realizada antes da fase de habilitação. A opção legislativa é bastante louvável. Especialmente por conta da experiência extremamente favorável da sistemática do pregão instituída pela Lei nº 10.520/02, pela qual a fase de habilitação se dava ao final do processo licitatório, o modelo sequencial da Lei nº 14.133/21 é o que melhor atende o interesse público, especialmente nos planos da eficiência e da celeridade. A Lei contempla a possibilidade de inversão das fases apontadas no art. 17: "a fase referida no inciso V do *caput* deste artigo poderá, mediante ato motivado com explicitação dos benefícios decorrentes, anteceder as fases referidas nos incisos III e IV do *caput* deste artigo, desde que expressamente previsto no edital de licitação" (art. 17, §5º) – para prever, em dada licitação, que a habilitação será realizada de todos os licitantes, no início do processo licitatório. A experiência empírica demonstra não haver nenhuma justificativa aceitável para esta inversão de fases, o que não se recomenda em nenhuma hipótese.

As licitações deverão ser preferencialmente pelo modo eletrônico. Na hipótese excepcional de licitação sob a forma presencial, a sessão pública de apresentação de propostas deverá ser gravada em áudio e vídeo, e a gravação será juntada aos autos do processo licitatório depois de seu encerramento (art. 17, §5º).

Em que pese a previsão legal expressa das fases do processo licitatório, defende-se, por interpretação sistemática, que deve ser prevista no instrumento convocatório uma fase de saneamento de vícios de documentos e de propostas, determinada de modo implícito. Esta determinação deriva da dicção das normas contidas:
(i) no art. 12, III – o desatendimento de exigências meramente formais que não comprometam a aferição da qualificação do licitante ou a compreensão do conteúdo de sua proposta não importará seu afastamento da licitação ou a invalidação do processo;

(ii) no Art. 59. Serão desclassificadas as propostas que: I – contiverem vícios insanáveis, IV – não tiverem sua exequibilidade demonstrada, quando exigido pela Administração; e V – apresentarem desconformidade com quaisquer outras exigências do edital, desde que insanável;

(iii) no Art. 64. Após a entrega dos documentos para habilitação, não será permitida a substituição ou a apresentação de novos documentos, salvo em sede de diligência, para: I – complementação de informações acerca dos documentos já apresentados pelos licitantes e desde que necessária para apurar fatos existentes à época da abertura do certame; II – atualização de documentos cuja validade tenha expirado após a data de recebimento das propostas;

(iv) no art. Art. 147. Constatada irregularidade no procedimento licitatório ou na execução contratual, caso não seja possível o saneamento, a decisão sobre a suspensão da execução ou sobre a declaração de nulidade do contrato somente será adotada na hipótese em que se revelar medida de interesse público, com avaliação, entre outros, dos seguintes aspectos; e

(v) no Art. 169. As contratações públicas deverão submeter-se a práticas contínuas e permanentes de gestão de riscos e de controle preventivo, inclusive mediante adoção de recursos de tecnologia da informação, e, além de estar subordinadas ao controle social, sujeitar-se-ão às seguintes linhas de defesa: §3º Os integrantes das linhas de defesa a que se referem os incisos I, II e III do *caput* deste artigo observarão o seguinte: I – quando constatarem simples impropriedade formal, adotarão medidas para o seu saneamento e para a mitigação de riscos de sua nova ocorrência, preferencialmente com o aperfeiçoamento dos controles preventivos e com a capacitação dos agentes públicos responsáveis.

Os dispositivos legais acima citados, todos, contemplam normas exigindo que os agentes públicos produzam o saneamento de vícios de documentos de habilitação e de propostas, como medida de eficiência e aproveitamento de propostas potencialmente vantajosas. A diretriz de saneamento de defeitos de documentos e de propostas no processo licitatório tem sido recomendada pelo Tribunal de Contas da União, e deve ser adotada pelos órgãos e entidades públicos (com o registro de que a Corte de Contas admite inclusive a juntada de novos documentos ao processo licitatório):

> Na hipótese de a certificação de qualidade ou o laudo exigido para o fornecimento do produto estar em desconformidade com a amostra apresentada pelo licitante, cabe ao pregoeiro diligenciar para que seja apresentado o documento correto, em vez de proceder à desclassificação da proposta, sobretudo quando há considerável diferença de preços entre esta e a dos licitantes subsequentes. Nesse caso, não há alteração na substância da proposta, pois o novo laudo apenas atesta condição preexistente do produto ofertado, que já se encontrava intrínseca na amostra.
>
> Representação formulada ao TCU apontou supostas irregularidades no Pregão Eletrônico para Registro de Preços 37/2020, promovido pelo Ministério da Justiça e Segurança Pública (MJSP), cujo objeto era a aquisição de uniformes (vestimentas operacionais profissionais) personalizados para atendimento às necessidades da Secretaria de Operações Integradas (Seopi) daquela Pasta. Segundo a representante, conforme o edital do pregão, a empresa licitante, provisoriamente classificada em primeiro lugar, deveria apresentar amostras

do produto ofertado e os respectivos laudos atestando a aderência às especificações técnicas previstas no termo de referência. No entanto, sua proposta foi desclassificada sob o fundamento de que a amostra por ela apresentada para os itens 2 a 5 do pregão (bota tática ou coturno) seria diferente da bota que fora certificada no Relatório de Biomecânica 331/2020, emitido pelo Instituto Brasileiro de Tecnologia do Couro e Calçados (IBTeC/RS). Prosseguindo, alegou que as diferenças entre o calçado da amostra e o do mencionado laudo seriam insignificantes e que, por isso, sua desclassificação teria sido indevida, resultando na aceitação de propostas com preço superior em até 98,37%, perfazendo um potencial prejuízo total de R$ 18.113.485,00. A unidade técnica decidiu promover a oitiva do MJSP para que se pronunciasse acerca da desclassificação da proposta da representante sem que lhe fosse oportunizada, em sede de diligência, a apresentação de laudo técnico que comprovasse o atendimento, pela sua amostra, dos requisitos de desempenho constantes do termo de referência, em desacordo com o entendimento consignado no Acórdão 1211/2021-TCU-Plenário, haja vista que tal laudo apenas atestaria uma situação preexistente da amostra, qual seja, atendimento ou não de requisitos exigidos pelo edital. O MJSP contestou a aplicação do referido acórdão ao caso concreto, por entender que não se tratara da apresentação de documento que atestaria situação preexistente. Conforme argumentado, o produto oferecido não seria o mesmo que fora objeto de certificação e, portanto, não havia comprovação de atendimento às exigências do termo de referência. Em sua instrução, a unidade técnica concluiu que, apesar de haver dúvidas sobre a aplicabilidade do Acórdão 1211/2021-TCU-Plenário à situação em apreço, subsistiam os seguintes aspectos: a) constatado que o Relatório de Biomecânica 331/2020 se referia a produto distinto da amostra apresentada, seja por erro ou juízo equivocado da licitante, poderia o pregoeiro ter-lhe fixado prazo para apresentar o devido laudo relativo à amostra, em caráter de diligência, em vez de proceder à desclassificação da proposta da licitante; b) havia interesse público em diligenciar a licitante para requisitar a apresentação de laudo compatível com a amostra, tendo em vista que o valor da sua proposta era mais de R$18 milhões inferior ao preço das propostas vencedoras do certame. Em seu voto, o relator considerou que teria havido sim, de parte da representante, equívoco em encaminhar amostra e laudo divergentes e, mais tarde, persistir na defesa da compatibilidade entre esses elementos. Por outro lado, assinalou o relator, a conduta do pregoeiro privilegiou o apego ao formalismo em detrimento da busca pela proposta mais vantajosa para a Administração. A seu ver, embora o edital estabelecesse que a amostra física e o laudo deveriam ser entregues na mesma data, havia fundamento fático e jurídico para que a disposição fosse flexibilizada. Frisou ainda que as análises realizadas pela área técnica não apontaram desconformidade ou divergência entre a proposta da representante e a amostra entregue, confirmando-se assim que a amostra era efetivamente o produto que a empresa pretendia fornecer ao Ministério. Portanto, apresentados a amostra do produto ofertado e o laudo divergente, "seria razoável inferir que a licitante incorreu em equívoco". Considerando então que a amostra era o produto que seria fornecido e que teria havido claro equívoco na apresentação do laudo correspondente, "caberia ao pregoeiro apontar expressamente a desconformidade e diligenciar para que fosse apresentado o documento correto". Para o relator, não haveria nesse caso alteração na substância da proposta, pois o novo laudo viria apenas atestar condição preexistente do produto ofertado, "que se encontrava corporificado na amostra", e que essa situação se afigurava "bastante próxima daquela descrita no Acórdão 1.211/2021-TCU-Plenário". E arrematou: "Ainda que não fosse assim, o interesse público também justificaria seguir por uma linha de ação mais assertiva por parte do pregoeiro ante a considerável economia de recursos que se poderia obter na contratação.". Nos termos propostos pelo relator, e considerando que já estavam em vigor a Ata de Registro de Preços 28/2021, referente aos itens 1, 2 e 5, bem como a Ata de Registro de Preços 29/2021, referente aos itens 3 e 4, o Plenário decidiu determinar ao MJSP que se abstivesse de realizar novas aquisições ou permitir qualquer adesão adicional, "autorizando-se tão somente a concluir a aquisição do pedido já emitido a que se refere à nota de empenho 2021NE000254" (Acórdão nº 1445/2022 Plenário).

Na falta de documento relativo à fase de habilitação em pregão que consista em mera declaração do licitante sobre fato preexistente ou em simples compromisso por ele firmado, deve o pregoeiro conceder-lhe prazo razoável para o saneamento da falha, em respeito aos princípios do formalismo moderado e da razoabilidade, bem como ao art. 2º, caput, da Lei 9.784/1999 (Acórdão nº 988/2022-TCU-Plenário).

A vedação à inclusão de novo documento, prevista no art. 43, §3º, da Lei 8.666/1993 e no art. 64 da Lei 14.133/2021 (nova Lei de Licitações), não alcança documento ausente, comprobatório de condição atendida pelo licitante quando apresentou sua proposta, que não foi juntado com os demais comprovantes de habilitação e da proposta, por equívoco ou falha, o qual deverá ser solicitado e avaliado pelo pregoeiro (Acórdão nº 1211/2021-TCU-Plenário).

Pode-se concluir que está autorizada, senão exigida, a instituição de uma fase de saneamento de vícios ou irregularidades de documentos e de propostas, que deve estar prevista e regulamentada no instrumento convocatório da licitação ou em outra norma regulamentar.

3.4.1 Etapa recursal

A previsão legal é de que dos atos da Administração decorrentes da aplicação desta Lei cabem: I – recurso, no prazo de 3 (três) dias úteis, contado da data de intimação ou de lavratura da ata, em face de: a) ato que defira ou indefira pedido de pré-qualificação de interessado ou de inscrição em registro cadastral, sua alteração ou cancelamento; b) julgamento das propostas; c) ato de habilitação ou inabilitação de licitante; d) anulação ou revogação da licitação; e) extinção do contrato, quando determinada por ato unilateral e escrito da Administração; ou II – pedido de reconsideração, no prazo de 3 (três) dias úteis, contado da data de intimação, relativamente a ato do qual não caiba recurso hierárquico.

No que tange aos recursos de decisões proferidas no processo licitatório, a lei opta pela unicidade recursal, com o seguinte roteiro procedimental:
a) os licitantes devem apresentar intenção de recorrer imediatamente após a prolação de decisão, sob pena de preclusão;
b) deverão apresentar razões recursais no prazo de 3 (três) dias úteis, cujo termo inicial é a data de intimação ou de lavratura da ata de habilitação ou inabilitação ou na hipótese de adoção da inversão de fases prevista no §1º do art. 17 da Lei, da ata de julgamento. O termo inicial do prazo de recurso não é a data da manifestação da intenção de recorrer;
c) a apreciação do recurso se dará em fase única. Esta disposição normativa implica que (i) proferida a decisão de julgamento da etapa de habilitação, serão intimados dela, e manifestarão, se assim entenderem, intenção de recorrer com razões recursais no prazo legal; (ii) as razões recursais poderão versar sobre a decisão da etapa de julgamento das propostas e sobre a decisão da etapa de julgamento da habilitação – esta sistemática é

familiar aos agentes públicos que atuam com pregão, presencial ou eletrônico com base na Lei nº 10.520/02, e não apresenta maiores complexidades.

Questão controvertida é quando houver a inversão das fases do processo licitatório. A inversão de fases, de acordo com a Lei nº 14.133/21, tem por consequência a realização da etapa de julgamento da habilitação em primeiro lugar, sucedida da etapa de julgamento das propostas, da qual somente poderão participar os licitantes devidamente habilitados. Ocorre que, nos termos da Lei, mesmo nesta situação de inversão de fases, a sistemática recursal não se altera, e ordinariamente, haverá apenas uma oportunidade de recurso, cujo termo inicial da contagem de prazo para interposição é a data da intimação da decisão proferida na etapa de julgamento das propostas.

O problema desta solução legal é que, ao final do processo – após a fase de julgamento das propostas – pode haver recurso de decisão proferida na etapa de habilitação. Se esta decisão, porventura for para inabilitar aquele que foi o vencedor da etapa de julgamento de propostas, ou, o que é mais complexo, para habilitar quem não participou desta etapa derradeira (porque inicialmente inabilitado) podem ocorrer prejuízos para a Administração e perdas de eficiência e celeridade processual – em razão da necessidade de anulação de etapa e seu refazimento.

Não há vedação legal à instituição de mais uma etapa recursal, ainda que não prevista expressamente. Para conferir efetividade aos princípios da eficiência e da ampla defesa, o instrumento convocatório, ou regulamentação interna do órgão ou entidade, pode estabelecer regramento prevendo que, a cada etapa de julgamento – de propostas e de habilitação – caberá recurso da decisão respectiva. Não é ilegal a norma que não viola a isonomia e amplia o universo de direito de defesa por parte dos licitantes.

Os recursos devem ser dirigidos à autoridade prolatora da decisão, que poderá reconsiderar o ato. A avaliação sobre reconsideração deve ocorrer no prazo de 3 dias úteis. Se não houver reconsideração, o recurso será encaminhado, devidamente instruído, para a autoridade competente para julgamento recursal, que deverá proferir decisão em prazo máximo de 10 dias. O termo final deste prazo é a data do recebimento dos autos do processo recursal.

CAPÍTULO 4

ETAPA PREPARATÓRIA DA CONTRATAÇÃO PÚBLICA

4.1 O planejamento da contratação pública como dever jurídico estruturante da formação do contrato

O contrato administrativo não surge no mundo dos fatos de maneira aleatória e circunstancial (ao menos não deveria ser assim). Todo e qualquer contrato administrativo deve ser planejado e configurado de maneira eficaz, eficiente e econômica. Planejamento usualmente é tido como a atividade de delinear objetivos e metas, bem como os meios para assegurar a sua concretização. O planejamento da contratação pública é o conjunto de atos preparatórios, praticados sob o regime principiológico de direito público e orientados para configurar a avença mais satisfatória para atender uma necessidade pública por meio da colaboração de particulares. Destina-se à definição dos requisitos subjetivos que deverá apresentar a pessoa física ou jurídica para ser contratada, os requisitos de qualidade do objeto a ser contratado e todas as regras que balizarão a disputa pública, a contratação direta e a execução contratual.

O planejamento é conduta que se realiza na denominada fase preparatória (interna) do processo da contratação pública, aquela que se estende até a data da publicação do aviso de licitação. Renato Geraldo Mendes lembra que "é na fase interna que a licitação é pensada, planejada e estruturada sob o ponto de vista das condições e exigências que serão estabelecidas. É também nesta fase que as condições definidas são reunidas em um único documento: o edital".[19] Para o autor, "planejar uma contratação nada mais é do que definir um encargo".[20] Na fase de planejamento da contratação, são definidos todos os elementos e características fundamentais do contrato administrativo.

Trata-se da mais relevante fase do processo da contratação pública, que demanda extremas cautela e zelo por parte da Administração Pública. Não é exagero afirmar que grande parte dos problemas que surgem na fase de execução contratual tem origem em falhas, erros ou negligência na fase de planejamento, o que significa dizer que as definições do planejamento têm influência imediata e direta na execução do contrato.

---

[19] MENDES. Renato Geraldo. *O processo de contratação pública: fases, etapas e atos*. Curitiba: Zênite. 2012. p. 87.
[20] *Op. cit.*, p. 88.

Nesta fase, as opções administrativas estão relativamente resguardadas de impugnações pelos particulares ou pelos órgãos de controle administrativo, de vez que ainda não dadas a conhecer formalmente ao público particular. Pondera Roberto Dromi que *"en esta etapa se llevan a cabo los pressupuestos que tornan juridicamente posible la manifestación de voluntad contractual administrativa. Es puramente interna de la Administración, sin intervención ni participación de los administrados, oferentes, licitadores o terceros interesados"*.[21] O fato de ser esta fase puramente interna não importa admitir a impossibilidade de contraste da conduta decisória administrativa com as normas, princípios e valores que orientam o sistema jurídico administrativo. Mas é forçoso reconhecer que a desobrigação com a publicidade de determinados atos decisórios produzidos na fase preparatória do certame possibilita a sua modificação ou revisão, ou ainda a revogação, sem a produção de efeitos concretos na esfera jurídica de terceiros.

Os atos decisórios praticados nesta fase com vistas à licitação – seleção de particular para contratar com a Administração – constituem pré-requisito à abertura do certame. Toda opção administrativa produzida nesta fase deverá obrigatoriamente ser contrastada com o conjunto de normas, princípios e valores que informam o sistema jurídico-administrativo, de modo que reste assegurada a sua sustentabilidade jurídica – requisito de validade – a ser demonstrada após o início da fase essencial ou externa com a publicação do instrumento convocatório.

Pode-se afirmar que a fase interna da licitação tem caráter estrutural em relação às demais etapas do certame. É nesta fase, repita-se, que são fixados os fundamentos fático-jurídicos que condicionarão toda a conduta administrativa a ser adotada ao longo do processo licitatório. Ao incluir, segundo Dromi, *"los análisis jurídicos, contables, financieros, económicos, políticos y de factibilidad física de la obra o servicio objeto de la futura contratación, la imputación previa de conformidad al crédito presupuestario y la elaboración del pliego de condiciones"*,[22] a fase interna concretamente fixa as bases da licitação. A dinâmica jurídica que é peculiar à licitação leva ao estabelecimento de estreitos e indissolúveis vínculos entre as opções (decisões) administrativas adotadas na fase interna e as decisões administrativas que serão proferidas no decorrer do processo de seleção de particular para contratar com a Administração, o que adjetiva e qualifica a decisão produzida nesta fase e ressalta a sua importância.

4.2 Dever de planejamento na dimensão dos princípios da proporcionalidade e da razoabilidade

Há dever de planejamento dedutível da sistemática normativa da Lei nº 14.133/21, que o consagra (o planejamento) ora como princípio (art. 5º), ora como valor que caracteriza a etapa preparatória (art. 18).

Toda contratação pública deve ser precedida de planejamento, que será proporcional e razoável. A decisão administrativa na etapa de planejamento será produzida em um contexto que conjuga conceitos indeterminados com caráter polissêmico (de ordem

---

[21] DROMI, Roberto. *Licitacion Publica*. 2. ed. Buenos Aires: Ciudad Argentina, 1999. p. 96.
[22] *Op. cit.*, p. 96.

jurídica ou não), disposições normativas expressas e uma pluralidade de opções fático-administrativas. A escolha da opção administrativa que melhor atenda o interesse público, dentre as diversas alternativas possíveis em face do ordenamento jurídico, exige ponderação valorativa que considere, além das disposições legais expressas, o conteúdo jurídico expressado pelos princípios da razoabilidade e da proporcionalidade. O método da aplicação do direito não é estritamente o axiomático-dedutivo, como se disse, o que induz à conclusão de que o intérprete-administrador não poderá contar sempre com a expressa previsão do tratamento jurídico-constitucional a ser conferido a uma determinada situação-problema de fato.

De outra sorte, o exercício da função pública constitui instrumento para a realização dos propósitos constitucionais eleitos como de interesse público, e concretiza-se mediante exercício das atribuições de competência legal do agente público.

Assim, o exercício da competência administrativa não é faculdade conferida ao administrador, mas antes, dever legal. Tal qual o magistrado, que deverá exercer a jurisdição, resolvendo o conflito de interesses que lhe seja submetido independentemente de haver ou não norma jurídica para orientar sua conduta (hipótese das lacunas do direito), o administrador, a quem a Constituição delegou o exercício da função administrativa, deve agir exercendo a conduta que seja necessária à satisfação do interesse público.

A solução jurídica que melhor atenda o interesse público, na maioria das vezes, estará sujeita à integração valorativa do administrador, a quem não é dada a alternativa de não agir em persecução do interesse público. A integração valorativa de que se trata deve ter lastro, entre outros, nos princípios da razoabilidade e da proporcionalidade.

Segundo Egon Bockmann Moreira, "a razoabilidade tem lastro em análise axiológica, para descobrir se a relação entre finalidade normativa e conduta administrativa é racionalmente clara. Determina a exclusão de condutas imprudentes, bizarras e contrárias ao bom senso. Ou seja, não é possível cogitar que a lei autorizaria o agente público a adotar comportamentos desconformes a uma compreensão sensata do caso concreto".[23]

Ao se sustentar a necessidade de integração valorativa pelo administrador como requisito da decisão administrativa correta, não se cogita inobservância do princípio da legalidade administrativa, mas de entender este princípio como "*la aplicación razonada y jerárquica de los grandes princípios jurídicos, tales como el de razonabilidad o justicia natural, ambos de nível constitucional y supraconstitucional, por encima de los freqüentes desvarios de la norma reglamentaria*".[24] O princípio da legalidade convive, pois, harmonicamente com os demais princípios administrativo-constitucionais[25] e não goza de posição

---

[23] MOREIRA, Egon Bockmann. Processo Administrativo. Princípios constitucionais e a Lei 9.784/99. São Paulo: Malheiros, 2003. p. 83. O autor, citando Suzana Barros, informa ainda que "razoabilidade enseja desde logo uma idéia de adequação, idoneidade, aceitabilidade, logicidade, equidade, traduz tudo aquilo que não é absurdo, tão-somente o que é admissível. Razoabilidade tem, ainda, outros significados, como, por exemplo, bom senso, prudência, moderação" (BARROS, Suzana de Toledo. O Princípio da proporcionalidade e o Controle de Constitucionalidade das Leis Restritivas de Direitos Fundamentais. Brasília: Livraria e Editora Brasília Jurídica, 1996. p. 68).

[24] GORDILLO, Agustín. *Tratado de Derecho Administrativo*. 5. ed. Buenos Aires: Fundación de Derecho Administrativo, 1988. IX-12. O autor inclusive alerta que frequentemente o princípio da legalidade objetiva "*se confunde con el apego ciego a la irrazonabilidad de la norma reglamentaria, como supuesto 'cumplimiento de la ley'*".

[25] Na acepção de sistema e de interpretação sistemática apresentada na introdução como o primeiro referente metodológico do texto.

hierarquicamente superior, o que leva à hipótese cogitada de certo espaço hermenêutico, produto da interpretação, que esteja desvinculado da literalidade da norma.

A decisão administrativa, neste compasso, deve ser exarada de acordo com a ideia de bom senso, inteligência, prudência, previdência, bom juízo e cautela, afastando, portanto, soluções bizarras, estranhas, ilógicas e contrárias ao bom senso no curso da fase interna.

Por força do princípio da proporcionalidade, a medida da decisão administrativa deve ser a da equivalência justa entre conduta que advirá como resultado da decisão e os efeitos que produzirá em contraste com a finalidade que se busca atingir. Qualquer seja a opção administrativa traduzida em decisão, a validade dela está subordinada à demonstração (motivação) de que não desbordou dos limites daquilo que é necessário e indispensável para a concretização da finalidade pública que se pretende implementar.

Sobre a proporcionalidade, Celso Antonio Bandeira de Mello assevera que "as competências administrativas só podem ser validamente exercidas na extensão e intensidade proporcionais ao que seja demandado pra cumprimento da finalidade de interesse público a que estão atreladas".[26]

Assim, a escolha entre diversas alternativas de conduta possíveis em face do ordenamento jurídico deverá recair naquela que tenha maior adequação com as noções expressadas pelos princípios da razoabilidade e da proporcionalidade, de modo que "mediante uma leal ponderação de causa e efeito, a Administração Pública dimensione a sua atuação sempre sob a perspectiva de causar o menor dano jurídico ao particular atingido pela conduta em face da finalidade objetivada".[27]

Pode-se concluir então que a decisão administrativa sobre quaisquer dos aspectos concernentes à fase interna da licitação, ainda que produzida em consonância com o princípio da legalidade objetiva, estará eivada de vício se não for simultaneamente razoável e proporcional.

Referência normativa de grande significação para esta análise é a norma contida no art. 14 do Decreto-Lei nº 200/67, que aponta que "o trabalho administrativo será racionalizado mediante simplificação de processos e supressão de contrôles que se evidenciarem como puramente formais ou cujo custo seja evidentemente superior ao risco". A racionalidade contida nesta norma é essencial para a aplicação do princípio do planejamento. Devem assim, ser suprimidas, não serem adotadas, as condutas administrativas cujo custo seja evidentemente superior ao risco. Este é o "fio condutor" da lógica jurídica a ser adotada quando do planejamento da contratação.

Não se ajusta à sistemática normativa legal e constitucional o dispêndio de recursos públicos na etapa preparatória que seja desnecessário ou excessivo em razão da complexidade, dos riscos envolvidos e do custo do objeto contratual.

As cautelas e providências de planejamento serão sempre proporcionais ao risco, à complexidade e ao custo do objeto contratual. Afirmar que existe dever de planejamento não equivale a afirmar que está autorizada à Administração dispender recursos públicos com condutas desnecessárias de planejamento. Assim, a depender

---

[26] Op. cit., p. 99.
[27] SANTOS, José Anacleto Abduch. *Contratos de Concessão de Serviços Públicos* – Equilíbrio Econômico-Financeiro. Curitiba: Juruá, 2002. p. 85.

do objeto da contratação, poderão ser dispensados, no todo ou em parte, as cautelas e documentos constituintes da etapa preparatória. Um dos instrumentos legais destinados à simplificação de condutas na etapa preparatória é o dever de padronização, como indica a norma prevista no art. 19, IV, que aponta que a Administração deverá "instituir, com auxílio dos órgãos de assessoramento jurídico e de controle interno, modelos de minutas de editais, de termos de referência, de contratos padronizados e de outros documentos".

Outra referência significativa sobre simplificação de planejamento está contida na norma do art. 18, §3: "em se tratando de estudo técnico preliminar para contratação de obras e serviços comuns de engenharia, se demonstrada a inexistência de prejuízo para a aferição dos padrões de desempenho e qualidade almejados, a especificação do objeto poderá ser realizada apenas em termo de referência ou em projeto básico, dispensada a elaboração de projetos".

A conduta de planejamento deve ser também razoável e de bom senso, sendo vedada também à luz deste princípio a adoção de condutas de planejamento que sejam excessivas e desnecessárias, tendo sempre como parâmetros o risco, a complexidade ou o custo do objeto contratual.

4.3 Os objetivos especiais do processo da contratação – diretrizes estruturantes e funcionais da etapa preparatória

Toda contratação pública tem – por certo aspecto – por fim o atingimento de dupla finalidade. A primeira finalidade é a satisfação do objeto específico do contrato, ou seja, o recebimento de prestação contratual que satisfaça a necessidade específica administrativa (por exemplo, a necessidade de transportar pessoas). A segunda finalidade é a satisfação dos objetivos especiais legalmente determinados. Não há gradação valorativa entre o objetivo específico do contrato e os objetivos especiais determinados em Lei.

Os objetivos especiais do processo da contratação estão previstos no art. 11 da Lei nº 14.133/21: I – assegurar a seleção da proposta apta a gerar o resultado de contratação mais vantajoso para a Administração Pública, inclusive no que se refere ao ciclo de vida do objeto; II – assegurar tratamento isonômico entre os licitantes, bem como a justa competição; III – evitar contratações com sobrepreço ou com preços manifestamente inexequíveis e superfaturamento na execução dos contratos; e IV – incentivar a inovação e o desenvolvimento nacional sustentável.

Cumprir estes objetivos especiais é dever jurídico imposto para a alta administração por força da norma contida no art. 11:

> A alta administração do órgão ou entidade é responsável pela governança das contratações e deve implementar processos e estruturas, inclusive de gestão de riscos e controles internos, para avaliar, direcionar e monitorar os processos licitatórios e os respectivos contratos, com o intuito de alcançar os objetivos estabelecidos no caput deste artigo, promover um ambiente íntegro e confiável, assegurar o alinhamento das contratações ao planejamento estratégico e às leis orçamentárias e promover eficiência, efetividade e eficácia em suas contratações.

Estes objetivos especiais serão, a seguir, avaliados em espécie:

4.3.1 Assegurar a seleção da proposta apta a gerar o resultado de contratação mais vantajoso para a Administração Pública, inclusive no que se refere ao ciclo de vida do objeto

Um dos valores jurídicos elementares e fundamentais da Lei nº 14.133/21 é a qualidade das contratações públicas. Esta diretriz não é implícita, mas antes expressa no texto legal. Não se trata de valor absoluto, uma vez que convive em harmonia com outros valores que orientam o sistema jurídico-constitucional, mas é de relevância considerar que um dos objetivos especiais do processo da contratação é a seleção da proposta que se mostre a mais apta a gerar o resultado mais vantajoso para a Administração. A busca pelo resultado mais eficiente, que ofereça a melhor relação custo x benefício é o norte hermenêutico a ser observado quando da definição das condutas de planejamento da contratação. Em sentido oposto, pode-se inferir da regra uma proibição: é vedada a celebração de contratos que não possibilitem o atingimento desta meta de excelência de qualidade. A qualidade da contratação não é objetivo que se possa atingir sem a adoção de racionalidade estrutural específica no curso da etapa preparatória da contratação. Claro que há outros valores jurídicos a considerar, como a competitividade nos certames licitatórios. Mas a proteção da competitividade não pode se dar em detrimento e em prejuízo do interesse público, de modo a propiciar contratos de péssima qualidade, que produzem efetiva lesão ao erário.

De muito se defende que o objetivo da contratação não deve ser o de buscar o menor preço, mas o melhor preço. Tratam-se de noções jurídico-materiais distintas em absoluto. O objeto de menor preço, por vezes, tem qualidade tão ruim, que o torna inservível para os fins que levaram à contratação.[28] O prejuízo ao erário em decorrência de contratações de baixa qualidade nunca foi objeto de levantamentos estatísticos oficiais, mas parece inegável que, conquanto imensurável, é devastador. É preciso união de esforços, com a participação ativa também dos órgãos de controle interno e externo (em especial dos Tribunais de Contas) para reverter este quadro administrativo e estabelecer que a qualidade das contratações é um valor jurídico de extrema relevância, em face do qual outros devem ceder – em juízo de ponderação axiológica ou valorativa. É preciso, assim, uma revisão axiológica da noção jurídica de competitividade, valor elevado por vezes à categoria de dogma, para considerar que exigências de qualidade nas contratações públicas, quando legítimas, não violam a competitividade, apenas podem produzir o salutar efeito de modificar o universo dos competidores – para melhor!

No plano do resultado mais vantajoso para a Administração está a inexorável consideração do ciclo de vida do objeto da contratação, exigência específica da Lei.

Ciclo de vida é a série de etapas que envolvem o desenvolvimento do produto, a obtenção de matérias-primas e insumos, o processo produtivo, o consumo e a disposição final, quando for o caso. A consideração do ciclo de vida de produto é medida de

---

[28] O prejuízo ao erário em decorrência de contratações de baixa qualidade nunca foi objeto de levantamentos estatísticos oficiais, mas parece inegável que, conquanto imensurável, é devastador. É preciso união de esforços, com a participação ativa também dos órgãos de controle interno e externo (em especial dos Tribunais de Contas) para reverter o quadro administrativo e primar pela qualidade das contratações. É preciso uma revisão axiológica da noção jurídica de competitividade, valor elevado por vezes à categoria de dogma, para considerar que exigências de qualidade nas contratações públicas não violam a competitividade, apenas podem modificar o universo dos competidores – para melhor!

sustentabilidade ambiental ajustada ao processo da contratação. Considerar o ciclo de vida de produto não equivale a avaliá-lo. A avaliação de ciclo de vida é processo que pode ser muito complexo e de custo elevado. Há, no mercado, inúmeros produtos à disposição do público consumidor que já tiveram o ciclo de vida avaliado. Esta avaliação, usualmente, é feita por entidade de natureza pública ou privada, acreditada, que fornece declarações ou certificações de ciclo de vida. Um exemplo de entidade que atua com avaliação de ciclo de vida é a organização não governamental denominada Forest Stewardship *Council* – FSC,[29] que emite a certificação de mesma designação acerca do ciclo de vida de madeira e papel. A Lei contempla, neste sentido, a seguinte norma: "a prova de qualidade de produto apresentado pelos proponentes como similar ao das marcas eventualmente indicadas no edital será admitida por qualquer um dos seguintes meios: I – comprovação de que o produto está de acordo com as normas técnicas determinadas pelos órgãos oficiais competentes, pela Associação Brasileira de Normas Técnicas (ABNT) ou por outra entidade credenciada pelo Inmetro; II – declaração de atendimento satisfatório emitida por outro órgão ou entidade de nível federativo equivalente ou superior que tenha adquirido o produto; III – certificação, certificado, laudo laboratorial ou documento similar que possibilite a aferição da qualidade e da conformidade do produto ou do processo de fabricação, inclusive sob o aspecto ambiental, emitido por instituição oficial competente ou por entidade credenciada (art. 42).

Em razão deste objetivo especial consignado em lei, e da norma prevista no art. 42, a Administração Pública está autorizada a exigir a certificação de ciclo de vida de produto ou serviço que pretenda contratar.

A propósito deste objetivo destinado ao resultado eficiente das contratações, a possibilidade de exigência de certificações não é restrita ao ciclo de vida de produto e serviço. Há previsão expressa da possibilidade de exigência de certificações de qualidade a fim de atestar a qualidade de produto ou serviço.

Podem ser exigidas no instrumento convocatório, como fator de garantia de qualidade e resultado vantajoso da execução contratual:

a) certificações emitidas pela ABNT (Associação Brasileira de Normas Técnicas) ou INMETRO. Nos termos do disposto na Lei nº 8078/90 – Código de Defesa do Consumidor, constitui prática abusiva "colocar, no mercado de consumo, qualquer produto ou serviço em desacordo com as normas expedidas pelos órgãos oficiais competentes ou, se normas específicas não existirem, pela Associação Brasileira de Normas Técnicas ou outra entidade credenciada pelo Conselho Nacional de Metrologia, Normalização e

---

[29] O FSC é hoje o selo verde mais reconhecido em todo o mundo, com presença em mais de 75 países e todos os continentes. Atualmente, os negócios com produtos certificados geram negócios da ordem de 5 bilhões de dólares por ano em todo o globo. FSC é uma sigla em inglês para a palavra *Forest Stewardship Council*, ou Conselho de Manejo Florestal, em português.
Este conselho foi criado como o resultado de uma iniciativa para a conservação ambiental e desenvolvimento sustentável das florestas do mundo inteiro. Seu objetivo é difundir o uso racional da floresta, garantindo sua existência no longo prazo. Para atingir este objetivo, o FSC criou um conjunto de regras reconhecidas internacionalmente, chamadas Princípios e Critérios, que conciliam as salvaguardas ecológicas com os benefícios sociais e a viabilidade econômica, e são os mesmos para o mundo inteiro.
O FSC atua de três maneiras: desenvolve os princípios e critérios (universais) para certificação; credencia organizações certificadoras especializadas e independentes; e apoia o desenvolvimento de padrões nacionais e regionais de manejo florestal, que servem para detalhar a aplicação dos princípios e critérios, adaptando-os à realidade de um determinado tipo de floresta.

Qualidade Industrial – Conmetro (art. 39, VIII). Uma das formas de prova de cumprimento de normas técnicas são as certificações. Há fundamento legal para a exigência na norma contida no art. 17, §6º da Lei Geral de Licitações: "a Administração poderá exigir certificação por organização independente acreditada pelo Instituto Nacional de Metrologia, Qualidade e Tecnologia (Inmetro) como condição para aceitação de: I – estudos, anteprojetos, projetos básicos e projetos executivos; II – conclusão de fases ou de objetos de contratos; e III – material e corpo técnico apresentados por empresa para fins de habilitação. Registre-se também a norma mandatória contida no art. 1º da Lei nº 4150/1965: "nos serviços públicos concedidos pelo Govêrno Federal, assim como nos de natureza estadual e municipal por êle subvencionados ou executados em regime de convênio, nas obras e serviços executados, dirigidos ou fiscalizados por quaisquer repartições federais ou órgãos paraestatais, em tôdas as compras de materiais por êles feitas, bem como nos respectivos editais de concorrência, contratos ajustes e pedidos de preços será obrigatória a exigência e aplicação dos requisitos mínimos de qualidade, utilidade, resistência e segurança usualmente chamados 'normas técnicas' e elaboradas pela Associação Brasileira de Normas Técnicas, nesta lei mencionada pela sua sigla 'ABNT'" (atente-se para que a lei indica que o cumprimento de normas editadas pela ABNT é obrigatório);
b) certificações de avaliação de ciclo de vida de produto e serviço, como antes dito.
c) certificações de qualidade ambiental, destinadas a comprovar o impacto ambiental do objeto licitado. Uma das disposições relevantes e inovadoras da lei é operar o conceito de menor dispêndio, quando da adoção do critério de julgamento pelo menor preço ou pelo maior desconto. A previsão normativa é de que o julgamento por menor preço ou maior desconto e, quando couber, por técnica e preço considerará o menor dispêndio para a Administração, atendidos os parâmetros mínimos de qualidade definidos no edital de licitação. Os custos indiretos, relacionados com as despesas de manutenção, utilização, reposição, depreciação e impacto ambiental do objeto licitado, entre outros fatores vinculados ao seu ciclo de vida, poderão ser considerados para a definição do menor dispêndio, sempre que objetivamente mensuráveis, conforme disposto em regulamento (art. 34, §1º). A aferição e comprovação do impacto ambiental do objeto licitado podem ser realizadas mediante exigência de certificação de natureza ambiental.

Acerca de exigência de certificações o Tribunal de Contas da União tem precedentes bem conservadores (zelando mais pela competitividade do que pela qualidade do resultado contratual):

> É irregular a exigência de atendimento a normas técnicas da ABNT, declarações de qualidade, certificações, laudos técnicos e certificados de conformidade sem a demonstração da essencialidade dessas exigências para se garantir a qualidade e o desempenho suficientes do objeto a ser contratado. Acórdão 2129/2021-TCU-Plenário.

> É legítima a exigência de certificação, comprovando que o objeto licitado está em conformidade com norma da Associação Brasileira de Normas Técnicas (ABNT), de forma a garantir a qualidade e o desempenho dos produtos a serem adquiridos pela Administração, desde que tal exigência esteja devidamente justificada no processo licitatório (Acórdão nº 898/2021-TCU-Plenário).

Nas licitações para compra de produto de certificação voluntária, é irregular a exigência de que a certificação seja fornecida exclusivamente por instituição acreditada pelo Inmetro, devendo ser aceitas certificações equivalentes, como as emitidas por entidades com as quais o Inmetro mantém acordo de reconhecimento mútuo, cuja apresentação só pode ser exigida no momento da celebração do contrato ou do fornecimento, evitando-se, assim, onerar desnecessariamente os licitantes (Acórdão nº 337/2021-TCU-Plenário).

A exigência de comprovação da certificação florestal válida (referência: FSC, Cerflor) em nome do fabricante do material acabado, como critério de aceitabilidade da proposta, apesar de estar em consonância com o art. 2º do Decreto 7.746/2012, não deve, no caso concreto, comprometer o caráter competitivo da licitação (Acórdão nº 1666/2019-TCU-Plenário).

Desde que o processo licitatório contenha a devida justificativa, é possível exigir dos licitantes, para fins de qualificação técnica, a certificação NBR 15.247, com vistas à execução de serviços de manutenção de sala-cofre (Acórdão nº 1474/2017-TCU-Plenário).

É lícito a Administração exigir, como critério de aceitação das propostas, que os produtos de informática ofertados pelos licitantes cumpram os requisitos técnicos previstos na Portaria Inmetro 170/2012. Todavia, não pode ser exigida a certificação correspondente, pois constitui modalidade voluntária de certificação, cuja emissão depende de requerimento do fabricante dos produtos, o qual não tem obrigação legal de fazê-lo (Acórdão nº 445/2016-TCU-Plenário).

O Certificado de Boas Práticas de Fabricação e Controle (CBPF), emitido pela Anvisa, pode ser exigido como condição de qualificação técnica em licitações destinadas à aquisição de medicamentos (art.30, inciso IV, da Lei 8.666/93) (Acórdão nº 7783/2015-TCU-Segunda Câmara).

A exigência de certificações de qualidade e de cumprimento de normas legais constitui um eficiente e eficaz instrumento de alcance do propósito legal de assegurar o resultado mais vantajoso para a Administração Pública quando de uma contratação pública. Defende-se, repita-se, que tal exigência encontra amparo em disposições expressas da Lei nº 14.133/21. Entretanto, para que as normas e instrumentos jurídicos inovadores e potencialmente garantidores de qualidade de contratações públicas possam produzir seus benéficos efeitos, é preciso abandonar velhos paradigmas de cunho formalista e acatar os valores jurídicos mais relevantes no plano constitucional e legal. É preciso compreender, e admitir, que exigências de qualidade, se legítimas, não violam a competitividade, apenas circunscrevem novo universo de competidores que possam garantir melhores relações custo/benefício no plano das contratações da Administração Pública.

4.3.2 Assegurar tratamento isonômico entre os licitantes, bem como a justa competição

Em adequada acepção jurídica, deduzida do sistema normativo aplicável às contratações, o dever de assegurar tratamento isonômico é mais amplo do que aquele proclamado na Lei. Deve ser assegurado, por assim, o tratamento isonômico entre os participantes de processo de contratação pública (licitação ou contratação direta) e entre os potenciais interessados em participar de ditos processos. O processo da contratação pública é, por essência e por natureza, um processo seletivo, e, nesta condição, um processo marcado pela discriminação. Todo processo seletivo é discriminatório, pois nele são previstos requisitos para participação e para orientar a disputa que, evidentemente, restringem o universo de competidores e de potenciais agentes econômicos que possam ser selecionados para contratar. Não há vedação legal ou constitucional para a fixação de critérios discriminatórios.[30] O que é vedado legal e constitucionalmente é fixação de critérios e discriminação que não sejam legítimos e justificados.

Sob certa medida, é de se afirmar que "isonomia" é, no plano fático-material, uma autorização legal e constitucional para tratar as pessoas de maneira diferente. Caso inexista tal autorização, o tratamento a ser dispensado para as pessoas deve ser idêntico. É no plano material dos fatos que se deduz a autorização para tratar as pessoas, físicas ou jurídicas, de modo diferente no processo da contratação. À guisa de exemplo: é dever da Administração Pública afastar os riscos envolvendo a execução contratual de uma obra de infraestrutura. Para reduzir ou eliminar os riscos, é preciso que o agente econômico que vai executar o encargo contratual tenha experiência mínima. Logo, exigir prova de capacidade técnica nesta situação hipotética, é legítimo, ainda que afaste (discrimine) agentes econômicos que não detenham tal prova de capacidade. No mundo dos fatos encontra-se o fundamento legítimo para a discriminação licitatória e contratual. Neste exemplo, caso o objeto da contratação não apresente risco relevante (pavimentar uma pequena área de estacionamento), a exigência discriminatória válida naquele caso não será legítima neste.

Este objetivo especial determina que as exigências discriminatórias e o tratamento processual dado a todos deverá ser isonômico – na sua acepção de autorização para tratar as pessoas de modo diferente em situação similares.

A justa competição é outro valor jurídico fixado como objetivo especial do processo da contratação pública. Justa competição é corolário do princípio constitucional da livre concorrência. Eros Grau, a propósito, registra que "a noção de mercado como atividade – conjunto de operações econômicas e modelos de trocas; conjunto de contratos, convenções e transações relativas a bens ou operações realizadas no lugar mercado – supõe a livre competição".[31] Livre e justa competição são elementares para a atividade econômica. Forçoso, neste tópico, tomar em conta que todas as relações contratuais públicas são submetidas às regras do art. 170 (entre outras, claro) da Constituição Federal. O art. 170 da CF inaugura o título constitucional dedicado à Ordem Econômica e Financeira, bem como apresenta os princípios que regem a ordem econômica. A expressão ordem econômica tem duas acepções (ao menos). A acepção jurídica – conjunto de normas que regem as atividades econômicas, e a acepção material – exercício efetivo de atividades econômicas. O contrato, inclusive o contrato público, é expressão de atividade econômica, logo, submete-se ao regime jurídico principiológico da ordem econômica.

Um dos princípios basilares da ordem econômica é o da livre concorrência. Livre concorrência é "a abertura jurídica concedida aos particulares para competirem entre si, em segmento lícito, objetivando o êxito econômico pelas leis de mercado e a contribuição para o desenvolvimento nacional e a justiça social".[32] Assegurar a justa competição

---

[30] Por exemplo: a Lei exige prova de regularidade fiscal para participação em processo de contratação. Os agentes econômicos que não a tiverem não estão proibidos de explorar atividades econômicas no mercado, mas estão proibidos de contratar com a Administração Pública. Esta exigência para participar de contratações públicas é discriminatória.

[31] GRAU, Eros. *A ordem econômica na Constituição de 1988*. 14. ed. São Paulo: Malheiros, 2010. p. 34.

[32] TAVARES, André Ramos. *Direito constitucional econômico*. 3. ed. São Paulo: Método, 2011. p. 256.

significa assegurar a livre concorrência – disputa leal e honesta por uma oportunidade de negócios. A Lei nº 14.133/21 constitui a alta administração em dever jurídico de governança dos contratos (art. 11, parágrafo único) e de promover um ambiente contratual íntegro e confiável para que possa ser assegurada – ou potencialmente assegurada – a justa competição. Cabe à alta administração adotar condutas voltadas a reprimir e prevenir práticas que violem a livre iniciativa e a justa competição. São exemplos de condutas que violam, direta ou indiretamente, a livre concorrência e a justa competição aquelas previstas (i) no art. 36 da Lei nº 12.529/11: I – limitar, falsear ou de qualquer forma prejudicar a livre concorrência ou a livre iniciativa; II – dominar mercado relevante de bens ou serviços; III – aumentar arbitrariamente os lucros; e IV – exercer de forma abusiva posição dominante; ou no art. 5º, IV, da Lei nº 12.846/13: a) frustrar ou fraudar, mediante ajuste, combinação ou qualquer outro expediente, o caráter competitivo de procedimento licitatório público; b) impedir, perturbar ou fraudar a realização de qualquer ato de procedimento licitatório público; c) afastar ou procurar afastar licitante, por meio de fraude ou oferecimento de vantagem de qualquer tipo; d) fraudar licitação pública ou contrato dela decorrente; e) criar, de modo fraudulento ou irregular, pessoa jurídica para participar de licitação pública ou celebrar contrato administrativo; f) obter vantagem ou benefício indevido, de modo fraudulento, de modificações ou prorrogações de contratos celebrados com a Administração Pública, sem autorização em lei, no ato convocatório da licitação pública ou nos respectivos instrumentos contratuais; ou g) manipular ou fraudar o equilíbrio econômico-financeiro dos contratos celebrados com a Administração Pública.

Para tanto, no plano interno da Administração, devem ser elaborados e adotados Códigos de Conduta e Integridade aptos a orientar os agentes públicos e os particulares acerca de condutas aceitáveis no processo da contratação sob o prisma da integridade.

Um dos instrumentos aptos a evitar condutas que violem a livre concorrência e a justa competição nos processos de contratação pública são os denominados programas de integridade.

Programa de integridade consiste, no âmbito de uma pessoa jurídica, no conjunto de mecanismos e procedimentos internos de integridade, auditoria e incentivo à denúncia de irregularidades e na aplicação efetiva de códigos de ética e de conduta, políticas e diretrizes, com objetivo de: I – prevenir, detectar e sanar desvios, fraudes, irregularidades e atos ilícitos praticados contra a Administração Pública, nacional ou estrangeira; e II – fomentar e manter uma cultura de integridade no ambiente organizacional.[33]

De modo a contribuir para a formação de um ambiente administrativo-contratual íntegro, a Lei nº 14.133/21 contém dispositivo prevendo que nas contratações de obras, serviços e fornecimentos de grande vulto, o edital deverá prever a obrigatoriedade de implantação de programa de integridade pelo licitante vencedor, no prazo de 6 (seis) meses, contado da celebração do contrato, conforme regulamento que disporá sobre as medidas a serem adotadas, a forma de comprovação e as penalidades pelo seu descumprimento (art. 25, §4º).

---

[33] Decreto nº 11.129, de 11 de julho de 2022.

Sobre o tema, o Tribunal de Contas da União já decidiu que " é ilegal a exigência de apresentação de programa de integridade por parte das empresas participantes de licitação, como critério de habilitação, uma vez que o rol de documentos constante dos arts. 27 a 31 da Lei nº 8.666/1993 é taxativo (Acórdão nº 1467/2022-TCU-Plenário).

O tema da integridade nos processos de contratação não se insere na noção de norma geral. Portanto, Estados e Municípios podem editar leis próprias, prevendo que deve haver implantação de programas de integridade como requisito para execução de contratos públicos de valor legalmente estipulado, ainda que diverso daquele estabelecido na Lei Geral de Licitações.[34]

O Supremo Tribunal federal assim decidiu:

> Edição, pela União, da Lei Federal nº 14.133/21, que aperfeiçoou a antiga Lei nº 8.666/93, estabelecendo a exigibilidade de programa de integridade (compliance) em licitações e contratos de grande monta, fixando para o âmbito federal o valor referencial de R$ 200.000,00 (duzentos milhões), na forma dos seus artigos 6º, XXII, e 25, §4º.
>
> Norma de caráter geral que estabelece a obrigatoriedade do programa, mas deixa espaço para a competência suplementar dos Municípios em fixar qual o valor referencial para "grande monta", segundo sua realidade financeiro-orçamentária.
>
> Conformidade da Lei objurgada com os artigos 22, inciso XXVII, e 30, incisos I e II da Constituição Federal (RE nº 1.410.340).

4.3.3 Evitar contratações com sobrepreço ou com preços manifestamente inexequíveis e superfaturamento na execução dos contratos

A lei contempla conceitos jurídicos para sobrepreço e superfaturamento. Sobrepreço é preço orçado para licitação ou contratado em valor expressivamente superior aos preços referenciais de mercado, seja de apenas 1 (um) item, se a licitação ou a contratação for por preços unitários de serviço, seja do valor global do objeto, se a licitação ou a contratação for por tarefa, empreitada por preço global ou empreitada integral, semi-integrada ou integrada (art. 6º, LVI). Superfaturamento é dano provocado ao patrimônio da Administração, caracterizado, entre outras situações, por: a) medição de quantidades superiores às efetivamente executadas ou fornecidas; b) deficiência na execução de obras e de serviços de engenharia que resulte em diminuição da sua qualidade, vida útil ou segurança; c) alterações no orçamento de obras e de serviços de engenharia que causem desequilíbrio econômico-financeiro do contrato em favor do contratado;[35] d) outras alterações de cláusulas financeiras que gerem recebimentos contratuais

---

[34] No âmbito do Distrito Federal foi editada a Lei nº 6.112/18, que torna obrigatória a implementação de programa de integridade por pessoa jurídica que celebre contratos ou congêneres com a Administração Distrital com valor superior a R$5.000.000,00: Art. 1º Fica estabelecida a obrigatoriedade de implementação do Programa de Integridade em todas as pessoas jurídicas que celebrem contrato, consórcio, convênio, concessão, parceria público-privada e qualquer outro instrumento ou forma de avença similar, inclusive decorrente de contratação direta ou emergencial, pregão eletrônico e dispensa ou inexigibilidade de licitação, com a administração pública direta ou indireta do Distrito Federal em todas as esferas de poder, com valor global igual ou superior a R$5.000.000,00.

[35] É evidente que a lei trata de desequilíbrio econômico-financeiro em favor do contratado que seja ilegítimo ou ilegal. Não se insere na noção de superfaturamento o desequilíbrio econômico-financeiro do contrato que decorra de causas legítimas, como alterações contratuais unilaterais necessárias para o atendimento do interesse administrativo.

antecipados, distorção do cronograma físico-financeiro, prorrogação injustificada do prazo contratual com custos adicionais para a Administração ou reajuste irregular de preços. Não há conceito de "preços manifestamente inexequíveis" na Lei nº 14.133/21. Pode-se utilizar, como referência, o conceito interessante previsto na Lei nº 8.666/93: preços manifestamente inexequíveis são assim considerados aqueles que não venham a ter demonstrada sua viabilidade através de documentação que comprove que os custos dos insumos são coerentes com os de mercado e que os coeficientes de produtividade são compatíveis com a execução do objeto do contrato (art. 48, II). As três hipóteses, se verificadas no processo da contratação, podem produzir graves prejuízos para o erário e para o interesse público.

Ao determinar que há um objetivo especial de evitar sobrepreço, superfaturamento ou preços manifestamente inexequíveis, a lei cria um dever jurídico – ou, reforça e adjetiva aquele já existente por força de outros dispositivos normativos – de elaboração de orçamentos estimativos adequados e que reflitam com boa margem de precisão as características econômicas do mercado em que se insere o objeto do contrato.

A identificação de sobrepreço e de algumas situações que evidenciam o superfaturamento (alterações no orçamento de obras e de serviços de engenharia que causem desequilíbrio econômico-financeiro ilegítimo do contrato em favor do contratado; ou outras alterações de cláusulas financeiras que gerem recebimentos contratuais antecipados, distorção do cronograma físico-financeiro, prorrogação injustificada do prazo contratual com custos adicionais para a Administração ou reajuste irregular de preços) se faz basicamente por contrataste entre os preços contratuais – ou que serão aplicados ao contrato – com aqueles vigentes no mercado para objetos idênticos ou similares. Situações de superfaturamento como medição de quantidades superiores às efetivamente executadas ou fornecidas ou deficiência na execução de obras e de serviços de engenharia que resulte em diminuição da sua qualidade, vida útil ou segurança devem ser evitadas mediante previsões contratuais corretas e adequadas, bem como mediante sistema eficaz e eficiente de gestão e de fiscalização da execução contratual.

Falhas e erros de orçamento estimativo, ou falhas e erros de gestão e fiscalização contratual que produzam sobrepreço ou superfaturamento, se dolosas ou maculadas por erro grosseiro, podem implicar a responsabilização pessoal dos agentes públicos que lhes deram causa, como já decidiu o Tribunal de Contas da União:

> Para fins do exercício do poder sancionatório do TCU, pode ser tipificada como erro grosseiro (art. 28 do Decreto-Lei nº 4.657/1942 – Lindb) a elaboração do orçamento estimado da licitação sem o dimensionamento adequado dos quantitativos e com base em pesquisa de mercado exclusivamente junto a potenciais fornecedores, sem considerar contratações similares realizadas pela Administração Pública, propiciando a ocorrência de substancial sobrepreço no orçamento do certame (Acórdão nº 3569/2023-TCU-Segunda Câmara).

Outros precedentes relevantes do Tribunal de Contas da União acerca de sobrepreço e superfaturamento:

> Constatado superfaturamento decorrente da prática de sobrepreço em licitação cujos participantes estiveram reunidos em conluio, apresentando lances de cobertura ou se

abstendo de apresentar propostas no certame, o débito deve ser imputado apenas ao licitante vencedor (contratado), enquanto os demais competidores podem ser punidos pelas fraudes ao processo licitatório, na forma de declarações de inidoneidade (art. 46 da Lei 8.443/1992) para participar de licitação na Administração Pública federal ou nos certames promovidos pelos estados, Distrito Federal e municípios a partir da aplicação de recursos federais (Acórdão nº 1484/2022-TCU-Plenário).

As empresas que contratam com a Administração devem ofertar preços compatíveis com os de mercado, sob pena de serem responsabilizadas por eventual sobrepreço constatado no contrato, uma vez que o regime jurídico-administrativo relativo às contratações públicas, com a consequente obrigação de seguir os preços praticados no mercado (art. 43, inciso IV, da Lei 8.666/1993), se aplica tanto à Administração Pública quanto aos colaboradores privados (Acórdão nº 992/2022-TCU-Plenário).

Não é possível imputar débito com base em sobrepreço de itens isolados da planilha contratual. A aferição quanto à adequabilidade do preço contratado deve perpassar por uma avaliação mais abrangente da avença, permitindo-se, em geral, compensações de itens com sobrepreço e itens com subpreço. Ao final, se os preços globais contratados estiverem aderentes às práticas de mercado, deve-se sopesar se as distorções pontuais identificadas representam risco para a Administração (potencial jogo de planilha, por exemplo), e se adotar medidas para mitigá-las (Acórdão nº 1377/2021-TCU-Plenário).

A simples divergência entre os valores orçados e os valores adjudicados não serve para evidenciar a ocorrência de sobrepreço, sendo necessário, para tanto, que a constatação esteja baseada em informações sobre os preços de mercado vigentes à época da licitação (Acórdão nº 1494/2020-TCU-Plenário).

O TCU não adota margem de erro ou limite de tolerância na apuração de sobrepreço em contratações promovidas pela Administração. Somente é admissível contratar por valores superiores aos referenciais de preço se presentes condições extraordinárias, devidamente justificadas no procedimento administrativo (Acórdão nº 2621/2019-TCU-Plenário).

É vedada a compensação de eventual subpreço na planilha contratual original com sobrepreço verificado em termo aditivo resultante da inclusão de serviço não previsto inicialmente, uma vez que isso implicaria a alteração do equilíbrio econômico-financeiro em desfavor da Administração (Acórdão nº 1624/2018-TCU-Plenário).

Para a apuração de sobrepreço em obras já contratadas, o método adequado é o da limitação do preço global (MLPG), que prevê a compensação entre os preços superavaliados e os subavaliados, só havendo sobrepreço ou superfaturamento se a soma dos valores superavaliados superar os subavaliados, imputando-se o sobrepreço pela diferença global. Para serviços incluídos mediante termo de aditamento contratual, a avaliação de superfaturamento é mais indicada pelo método da limitação dos preços unitários (MLPU), que considera apenas os serviços com preço unitário acima do referencial, sem compensação com itens subavaliados (Acórdão nº 1727/2018-TCU-Primeira).

A existência na planilha contratual de serviços específicos com preços unitários acima dos referenciais de mercado, ainda que não caracterize sobrepreço global, deve ser evitada, principalmente se concentrados na parcela de maior materialidade da obra, pois traz risco de dano ao erário no caso de celebração de aditivos que aumentem quantitativos dos serviços majorados (jogo de planilha) ou diante da inexecução de serviços com descontos significativos nos preços, depois de executados aqueles com preços unitários superiores aos de mercado (jogo de cronograma) (Acórdão nº 2307/2017-TCU-Plenário).

Preços manifestamente inexequíveis podem ser evitados (i) mediante elaboração de orçamentos estimativos corretos e adequados; e (ii) mediante fixação, no instrumento convocatório, de mecanismos destinados a esta prevenção, por exemplo, critérios de aceitabilidade de preços unitários em licitação veiculada tendo como critério de julgamento o menor preço global, como já decidiu o Tribunal de Contas da União: "a ausência de critério de aceitabilidade dos preços unitários em edital de licitação para contratação de obra, em complemento ao critério de aceitabilidade do preço global, configura erro grosseiro que atrai a responsabilidade do parecerista jurídico que não apontou a falha no exame da minuta do ato convocatório, pois deveria saber, como esperado do parecerista médio, quando as disposições editalícias não estão aderentes aos normativos legais e à jurisprudência" (Acórdão nº 615/2020-TCU-Plenário).

4.3.4 Incentivar a inovação e o desenvolvimento nacional sustentável

As contratações públicas têm uma função social. A função típica e específica do contrato administrativo é a de satisfazer certa e determinada necessidade administrativa, o denominado objeto específico do contrato. Dizer que a contratação pública tem uma função social significa dizer que tem, também, um objeto transcendental em relação ao seu objeto específico.

Neste plano, são objetivos destinados a cumprir a função social do contrato público incentivar a inovação e incentivar o desenvolvimento nacional sustentável.

De muito se defende e sustenta a existência de um "poder de compra" dos recursos públicos, em especial daqueles destinados a custear certa contratação administrativa. A magnitude do volume de recursos públicos destinados para as contratações públicas eleva esta categoria de atividade pública à de verdadeira política pública.[36] Nesta categoria de política pública ou instrumento de exercício de função social, a contratação pública deve atingir os objetivos específicos do contrato, os objetivos especiais antes avaliados e cumprir sua função social em dupla dimensão: incentivar a inovação e incentivar o desenvolvimento nacional sustentável. Trata-se do uso do contrato como instrumento de fomento.

Inovação é a introdução de novidade ou aperfeiçoamento no ambiente produtivo e social que resulte em novos produtos, serviços ou processos ou que compreenda a agregação de novas funcionalidades ou características a produto, serviço ou processo já existente que possa resultar em melhorias e em efetivo ganho de qualidade ou desempenho.[37] O fomento à inovação pode se dar por adoção de instrumentos normativos orientados para esta finalidade, como:

(i) procedimento de manifestação de interesse, que é procedimento pelo qual a Administração poderá solicitar à iniciativa privada, mediante procedimento aberto de manifestação de interesse a ser iniciado com a publicação de edital de chamamento

---

[36] Cumpre ressaltar o papel assumido pela política de compras governamentais no rol das políticas públicas, visto que esse mecanismo pode ser utilizado para alcançar um amplo leque de objetivos. Além disso, tal importância fica ainda mais evidente quando se verifica a elevada proporção do poder de compra governamental vis-à-vis o PIB dos países (RIBEIRO, Cássio Garcia; INÁCIO JR., Edmundo. *O mercado de compras governamentais brasileiro (2006-2017)*: mensuração e análise. Texto para discussão. IPEA. Instituto de Pesquisa Econômica Aplicada, 2019. Disponível em: https://repositorio.ipea.gov.br/bitstream/11058/9315/1/td_2476.pdf. Acesso em: 29 ago. 2023.

[37] Lei nº 10.973, de 02 de dezembro de 2004, art. 2º, IV.

público, a propositura e a realização de estudos, investigações, levantamentos e projetos de soluções inovadoras que contribuam com questões de relevância pública. O procedimento de manifestação de interesse poderá ser restrito a startups, assim considerados os microempreendedores individuais, as microempresas e as empresas de pequeno porte, de natureza emergente e com grande potencial, que se dediquem à pesquisa, ao desenvolvimento e à implementação de novos produtos ou serviços baseados em soluções tecnológicas inovadoras que possam causar alto impacto, exigida, na seleção definitiva da inovação, validação prévia fundamentada em métricas objetivas, de modo a demonstrar o atendimento das necessidades da Administração (art. 81);

(ii) diálogo competitivo, que é modalidade de licitação para contratação de obras, serviços e compras em que a Administração Pública realiza diálogos com licitantes previamente selecionados mediante critérios objetivos, com o intuito de desenvolver uma ou mais alternativas capazes de atender às suas necessidades, devendo os licitantes apresentar proposta final após o encerramento dos diálogos;

(iii) estabelecer margens de preferência em processo licitatório: para os bens manufaturados nacionais e serviços nacionais resultantes de desenvolvimento e inovação tecnológica no País (art. 26, §2º);

(iv) contratação integrada: é regime de contratação de obras e serviços de engenharia em que o contratado é responsável por elaborar e desenvolver os projetos básico e executivo, executar obras e serviços de engenharia, fornecer bens ou prestar serviços especiais e realizar montagem, teste, pré-operação e as demais operações necessárias e suficientes para a entrega final do objeto. Neste regime de contratação, a solução técnica para satisfazer a necessidade administrativa será atribuída ao contratado, que poderá, por exigência da Administração, contemplar solução inovadora (art. 6º, XXXII);

(v) critério de julgamento por melhor técnica ou técnica e preço: critério de julgamento de que trata o *caput* deste artigo poderá ser utilizado para a contratação de projetos e trabalhos de natureza técnica, científica ou artística, de natureza predominantemente intelectual (art. 35 e 36).

Outra forma jurídica de fomento da inovação é a adoção do contrato público para solução inovadora previsto na Lei Complementar nº 182, que prevê que "a administração pública poderá contratar pessoas físicas ou jurídicas, isoladamente ou em consórcio, para o teste de soluções inovadoras por elas desenvolvidas ou a ser desenvolvidas, com ou sem risco tecnológico, por meio de licitação na modalidade especial" (art. 13). As licitações veiculadas pela concorrência especial de que trata a lei complementar têm o propósito de contratação de soluções inovadoras para: I – resolver demandas públicas que exijam solução inovadora com emprego de tecnologia; e II – promover a inovação no setor produtivo por meio do uso do poder de compra do Estado (art. 12).

O contrato público para solução inovadora destina-se também ao fomento das *startups*, que são as organizações empresariais ou societárias, nascentes ou em operação recente, cuja atuação caracteriza-se pela inovação aplicada a modelo de negócios ou a produtos ou serviços ofertados (art. 4º).

O incentivo ao desenvolvimento nacional sustentável se dá pela adoção do modelo de contratações públicas sustentáveis, ou contratações públicas ESG – *Environmental, Social and Governance*, sobre o qual se tratará na sequência.

4.4 Agentes públicos responsáveis pelo processo da contratação pública

Um dos fatores indispensáveis para assegurar eficiência, juridicidade, legitimidade e economicidade ao processo da contratação é a qualidade dos recursos humanos alocados à tarefa de conduzi-lo. Nesta medida, a qualidade do processo da contratação é diretamente proporcional à qualidade dos agentes públicos designados para as funções essenciais. A Lei contém especial e relevante tratamento jurídico destinado a regular a conduta dos agentes públicos responsáveis pela condução do processo da contratação pública, notadamente no que diz respeito a (i) requisitos para a designação para exercer funções essenciais; e (ii) competência para os atos do processo da contratação.

4.4.1 Requisitos para a designação para exercer funções essenciais no processo da contratação

Processo é a sequência ordenada, racional e sistêmica de atos e condutas – com caráter preclusivo – orientadas para um resultado de interesse, no caso, de interesse público. Do conceito, infere-se que no processo da contratação pública serão adotadas diversas condutas pelos agentes públicos, que podem ser qualificadas como principais ou instrumentais. As condutas principais dizem respeito ao núcleo de ações indispensáveis para a condução e conclusão válidas do processo de contratação. As condutas instrumentais, são aquelas necessárias, e mesmo indispensáveis, mas que não guardam relação necessária com a validade ou legitimidade do processo. São exemplos de condutas instrumentais: extração de fotocópias, movimentação burocrática do processo, entre outras ações administrativas de apoio.

As condutas indispensáveis para a validade e legitimidade do processo são denominadas pela Lei de "funções essenciais", que podem ser identificadas em relação a cada etapa do processo da contratação – etapa preparatória, etapa de seleção do fornecedor ou prestador e etapa de gestão e execução contratual.

(i) funções essenciais da etapa preparatória: são funções essenciais da etapa preparatória, por exemplo, a elaboração de estudo técnico preliminar, orçamento estimativo, termo de referência, projeto básico, projeto executivo, instrumento convocatório e seus anexos necessários, minutas de atas de registro de preços, contratos e instrumentos congêneres, bem como de manifestação jurídica;

(ii) funções essenciais da etapa de seleção do prestador ou fornecedor: são funções essenciais da etapa de seleção de prestador ou fornecedor as de pregoeira ou pregoeiro, agente de contratação, comissão de contratação, equipe de apoio e banca especial para julgamento de fase técnica de licitação pelo critério de julgamento de melhor técnica, técnica e preço ou melhor conteúdo artístico;

(iv) funções essenciais da etapa de gestão e execução contratual: são funções essenciais da etapa de gestão e execução contratual as de gestor de contrato, fiscal de contrato, recebimento provisório e recebimento definitivo do objeto contratado.

A norma prescrita no art. 7º da Lei nº 14.133/21 contém os requisitos que devem ser observados para a designação de agentes para o exercício das funções essenciais no processo da contratação.

Por primeiro, a autoridade com competência para tanto designará os agentes mediante gestão por competências. Competências são características observáveis sob a forma de conhecimento aplicado ou comportamento real, que contribuem para um desempenho bem-sucedido num posto de trabalho ou de uma função específica.[38]

A gestão por competências, de muito preconizada pelo Tribunal de Contas da União, agora é mandamental no que tange à designação de agentes públicos para as funções essenciais do processo da contratação:

> 69. Tal modelo é o primeiro passo para o estabelecimento da gestão por competências, a qual é um instrumento da governança de pessoas. O modelo consiste na descrição das competências (conhecimentos, habilidades e atitudes) necessárias para o bom desempenho das ocupações existentes na organização. A identificação de competências requeridas pela organização é a base da gestão estratégica de pessoas, sendo fundamental para alinhar os processos de gestão de pessoas com a estratégia estabelecida pela organização (OCDE, 2010).
>
> 70. Ademais, as competências permitem a integração dos diversos processos de gestão de pessoas a partir do estabelecimento de um quadro de referência comum. O objetivo é potencializar a agregação de valor do capital humano por intermédio de processos – de recrutamento, seleção, desenvolvimento, avaliação de desempenho, promoção, sucessão, entre outros – que priorizem as competências desejadas pela organização.
>
> 71. A Organização para a Cooperação e Desenvolvimento Econômico – OCDE afirma que a principal vantagem dos modelos de competências é permitir ao governo trabalhar 'de forma mais sistemática e mais orientada para metas no planejamento da força de trabalho e dos investimentos em recursos humanos' (OCDE, 2010, p. 133).
>
> 72. A gestão por competência é amplamente reconhecida como instrumento gerador de forte orientação para o desempenho, pois prioriza os resultados a serem alcançados, e não as atividades a serem executadas pelos servidores. O governo federal, inclusive, reconheceu a importância desse instrumento quando publicou o Decreto 5.707/2006 (grifo nosso)(...) (Acórdão TCU nº 3023/2013-Plenário).

Gestão por competências é processo pelo qual a gestão dos recursos humanos de uma organização leva necessariamente em conta para as decisões o conjunto de conhecimentos, habilidades e aptidões necessárias ao desempenho das funções dos servidores, visando ao alcance dos objetivos da instituição.[39]

Para uma designação legítima de agentes públicos para atuarem nas funções essenciais a escolha será precedida de método racional que considere aspectos subjetivos e objetivos, com vistas à seleção mais eficaz e eficiente sob o prisma do interesse público e também das peculiares características de cada pessoa.

---

[38] OCDE. *Recomendação do Conselho sobre Liderança e Competências na Função Pública*, OCDE/LEGAL/0445. Disponível em: https://www.oecd.org/gov/pem/recommendation-on-public-service-leadership-and-capability-pt.pdf. Acesso em: 29 ago. 2023.

[39] Gestão por competências "é uma metodologia de gestão empresarial em que são analisados os conhecimentos, habilidade e atitudes dos colaboradores (o chamado CHA) e, da mesma forma, quais dessas características os diversos cargos do negócio necessitam para serem desempenhados com sucesso. Assim, o foco da gestão de pessoas está em atrair, selecionar, contratar e desenvolver os colaboradores para que suas competências se encaixem nos cargos que ocupam, ou vão ocupar ao longo de sua carreira na empresa" (Você sabe o que é gestão por competência? Descubra e saiba como aplicar na sua empresa passo a passo. *Siteware*. Disponível em: https://www.siteware.com.br/blog/metodologias/o-que-e-gestao-por-competencia/. Acesso em: 29 ago. 2023).

A identificação das competências deve ser objeto de um mapeamento prévio, como recomenda o Conselho Nacional de Justiça:

> O mapeamento de competências é o pilar da gestão por competências e visa identificar a relação entre as competências que uma organização possui e aquelas que são desejáveis ou necessárias a ela. Quando essas competências são cruzadas, é possível detectar lacunas existentes (gaps). Os gaps são proporcionais à necessidade de desenvolvimento de competências: quanto maior o grau, maior a necessidade de aperfeiçoamento. Sem o mapeamento das competências necessárias, é inviável encontrar o gap de competências estratégicas à organização e ter subsídios satisfatórios para as ações e os programas de treinamento e desenvolvimento profissional. Para que o mapeamento de competências gere consequências efetivas em termos de resultados estratégicos para a organização, é necessário que ele possua uma relação direta com os valores das pessoas e do próprio órgão. É fundamental que esteja concatenado ao planejamento estratégico organizacional. E mesmo que não haja um, o mapeamento de competências deve estar alinhado à visão, à missão, aos valores e deve ser coerente com atos normativos do órgão, tais como regimento interno, manual de cargos e outros. Existem diversas metodologias de mapeamento de competências. As abordagens teóricas indicadas no item 1 "definição de equipe" ajudarão nessa etapa do programa. Para a escolha da metodologia mais adequada, o órgão deve considerar o seu planejamento estratégico, a sua missão, a sua visão, a sua própria estrutura, as suas necessidades e as suas viabilidades financeiras. Não há uma metodologia pronta e pré-moldada a cada órgão. Portanto, preconizase que a implementação da gestão por competências esteja baseada nas peculiaridades da própria organização. Caso se opte por contratar uma consultoria, é imprescindível ponderar essas características organizacionais específicas.[40]

Para ser designado para qualquer das funções essenciais do processo da contratação, o agente público deverá também atender os seguintes requisitos:
(i) devem ser, preferencialmente, servidores efetivos ou empregados públicos dos quadros permanentes da Administração Pública: vale dizer, a designação para tal atribuição de titular de cargo em comissão deve ser excepcional e devidamente justificada. Uma justificativa plausível é a inexistência de servidores efetivos em número ou com qualificação suficientes no órgão ou entidade. Atente-se para que o valor jurídico envolvido na necessidade da contratação pode, eventualmente, se sobrepor ao valor jurídico da legalidade. Parece óbvio que, em face de impossibilidade material concreta e efetiva de designação de servidores titulares de cargo efetivo, poderá recair em servidores titulares de cargo em comissão. Deve haver a devida justificativa para tanto. As funções essenciais do processo não podem ser delegadas a quem não seja servidor público – não podem ser designados, por exemplo, empregados de empresas prestadoras de serviços, ainda que com dedicação exclusiva de mão de obra e dotados de capacidade técnica para a função;

---

[40] CONSELHO NACIONAL DE JUSTIÇA – CNJ. *Gestão por competências passo a passo*: um guia de implementação/ Coordenação: Centro de Formação e Aperfeiçoamento de Servidores do Poder Judiciário (CEAJUD). Brasília: CNJ, 2016. p. 29. Disponível em: https://www.cnj.jus.br/wp-content/uploads/2012/01/6df487e745d2ed907c5ea4 33b6ebee96.pdf. Acesso em: 29 ago. 2023.

(ii) devem ter atribuições relacionadas a licitações e contratos ou possuam formação compatível ou qualificação atestada por certificação profissional emitida por escola de governo criada ou mantida pelo Poder Público: o legislador passa a exigir a capacitação formal e material para exercer atribuições no processo da licitação. É vedada a indicação para exercer atribuições de agente de contratação, pregoeiro ou membro de comissão de contratação, de agente público que não detenha a suficiente capacitação técnica. O cumprimento adequado das missões constitucionais delegadas aos agentes públicos depende da qualificação técnica. Com efeito, a efetivação do princípio da eficiência depende da atuação de servidores públicos plenamente capacitados em suas específicas áreas de atuação, para exercício, com excelência, das atribuições de seus cargos públicos. Promover a capacitação é um dever da alta administração e um direito dos agentes públicos que serão designados para as funções essenciais. A adequada capacitação dos agentes públicos para o exercício de suas atribuições tende em potencial a evitar o cometimento de erros grosseiros. E o erro grosseiro, sabe-se, é causa de responsabilização pessoal dos agentes públicos, nos exatos termos da norma contida no art. 28 do Decreto-Lei nº 4.657/42.

O Tribunal de Contas da União tem diversos precedentes, alertando para o dever jurídico de capacitação dos servidores públicos:

> (...) capacite os gestores na área de aquisições em gestão de riscos;
>
> (...) elabore Plano Anual de Capacitação para a organização, estabelecendo um modelo de competências para os ocupantes das funções chave da área de aquisição, em especial, para aqueles que desempenham papeis ligados à governança e à gestão das aquisições e para aqueles que exercem funções de pregoeiro ou na comissão de licitações e na fiscalização e gestão dos contratos, de forma que somente servidores capacitados possam ser designados para exercer tais atribuições;
>
> (...) adote mecanismos para acompanhar a execução do plano anual de capacitação.1
> Note que a precariedade na gestão das aquisições pode ser causada pela incipiente capacitação dos agentes públicos, que não possuem, em seu favor, controles e planos de governança que contenham projetos estratégicos de capacitação.
> O investimento no desenvolvimento humano profissional deve ser prática e prioridade da Administração Pública. As atividades podem ser substancialmente aprimoradas se a iniciativa de ações de capacitação e desenvolvimento gerencial estiver efetivamente implantada (Acórdão no 2.352/2016-Plenário).
> 1.7. Recomendar à omissis que:
> 1.7.4. adote medidas administrativas necessárias: (a) ao adequado acompanhamento da execução contratual; (b) à proibição de uso dos veículos oficiais por pessoas estranhas ao serviço público; (c) à capacitação de pessoal nas áreas de patrimônio e gestão de contratos; (d) à revisão e à adequação das informações do Relatório de Gestão aos normativos em vigor; (e) à inscrição dos bens no Spiunet e sua reavaliação; (f) à normatização do controle de uso e do abastecimento dos veículos; (g) à definição do planejamento operacional das ações e das compras; (h) e à observância das disposições da Lei 8.666/1993 (Acórdão nº 564/2016-TCU-2ª Câmara).
> 1.7. Determinar ao omissis, com fundamento no art. 208, §2º, do RI/TCU, que elabore um plano de ação, no prazo de 90 dias, contemplando as seguintes medidas:

1.7.1. realização de treinamento e de aperfeiçoamento de pessoal na área de recursos logísticos para adquirir conhecimento quanto aos procedimentos de aquisição de materiais com determinadas especificações ambientais;
1.7.2. promoção da capacitação dos servidores da área técnica para manuseio da ferramenta oferecida no Sistema Comprasnet;
1.7.3. implementação de medidas que tornem os resultados das fiscalizações das transferências eficazes e que previnam prejuízos ao erário;
1.7.4. implementação de rotinas a fim de identificar e de tratar as acumulações ilegais de cargos na Unidade Jurisdicionada;
1.7.5. instituição formal de normas estabelecendo atribuições e responsabilidades dos agentes responsáveis pela regularidade dos pagamentos e pelo cumprimento da legislação na área de pessoal;
1.7.6. implementação de rotinas quanto à atualização periódica do Plano de Providências Permanente, de forma a evitar descumprimento de prazos de atendimento das recomendações do Órgão de Controle Interno (Acórdão nº 544/2016-TCU-1ª Câmara).
1.7.1 Recomendar ao omissis, com fundamento no art. 250, inciso III, do Regimento Interno do TCU, que:
1.7.1.1 promova a capacitação continuada dos agentes responsáveis pela elaboração de procedimentos licitatórios e adote, formalmente, medidas administrativas que coíbam a restrição à competitividade na elaboração de procedimentos licitatórios; (Acórdão nº 3.707/2015-TCU-1ª Câmara).
9.1.3. institua política de capacitação para os profissionais do (omissis), de forma regulamentada, com o objetivo de estimular o aprimoramento de seus recursos humanos, especialmente aqueles correlacionados com as áreas de licitações e contratos, planejamento e execução orçamentária, acompanhamento e fiscalização contratual e outras áreas da esfera administrativa, de modo a subsidiar melhorias no desenvolvimento de atividades nas áreas de suprimentos/compras, licitações/contratos e recebimento e atesto de serviços" (Acórdão nº 1.709/2013-TCU-Plenário)
1.7. Dar ciência à (...) sobre as seguintes impropriedades: (...) 1.7.3 não realização, para os servidores que atuam na área de licitações e contratos, de treinamentos sobre licitações sustentáveis, fiscalização de contratos, serviços contínuos e outros correlatos, conforme recomendado no Acórdão 4.529/2012-TCU-1ª Câmara (Acórdão nº 8.233/2013-TCU- Primeira Câmara).
(Representação. Informática. Contrato de produtos e serviços de suporte técnico para internalização da tecnologia. Obrigatoriedade de designação formal de servidores qualificados para fiscalização contratual) (RELATÓRIO) (...) 5.7.6. Acerca das incumbências do fiscal do contrato, o TCU entende que devem ser designados servidores públicos qualificados para a gestão dos contratos, de modo que sejam responsáveis pela execução de atividades e/ou pela vigilância e garantia da regularidade e adequação dos serviços (item 9.2.3 do Acórdão nº 2.632/2007-P). 5.7.7. O servidor designado para exercer o encargo de fiscal não pode oferecer recusa, porquanto não se trata de ordem ilegal. Entretanto, tem a opção de expor ao superior hierárquico as deficiências e limitações que possam impedi-lo de cumprir diligentemente suas obrigações. A opção que não se aceita é uma atuação a esmo (com imprudência, negligência, omissão, ausência de cautela e de zelo profissional), sob pena de configurar grave infração à norma legal (itens 31/3 do voto do Acórdão nº 468/2007-P) (Acórdão nº 2.917/2010 – Plenário – TCU).
Convênio. Fraude na comprovação de que os serviços foram executados) (VOTO) 13. Outra ocorrência grave foi a emissão dos Pareceres Técnicos de nº 01 a 04/2005 por funcionário não

qualificado e competente para atestar os serviços prestados, haja vista que tal empregado só possuía formação de nível fundamental e, de fato, não acompanhou ou fiscalizou a execução do contrato. O próprio funcionário, Sr. [omissis], confirma a irregularidade, conforme depoimento colhido nos autos (fls. 118/119 – VP): (Acórdão nº 2.917/2010-Plenário).

O exercício eficiente e eficaz das atribuições de um cargo ou função pública é condicionado à formação e à capacitação dos agentes públicos. Assim, fomentar o pleno desenvolvimento das aptidões profissionais é um dever do gestor público.

A Administração Pública tem o dever de promover a capacitação dos agentes públicos para atuar nos processos de licitação, e os agentes públicos têm o direito de receber a formação e a capacitação necessárias para o desempenho de suas atribuições; (iii) não podem ser cônjuge ou companheiro de licitantes ou contratados habituais da Administração nem tenham com eles vínculo de parentesco, colateral ou por afinidade, até o terceiro grau, ou de natureza técnica, comercial, econômica, financeira, trabalhista e civil: a Administração Pública não conhece, ou, ao menos nem sempre conhece com antecedência os potenciais participantes dos processos licitatórios. Contudo, é de se reconhecer que, em certas licitações, muitos licitantes particulares se repetem. Quando for possível antecipar um ou alguns dos licitantes que se insira na vedação legal, deve ser ajustada a designação para as posições de agente de contratação, pregoeiro ou comissão de contratação. É evidente que tal condição legal somente poderá ser invocada diante da real e concreta previsibilidade objetiva, ou real e concreta possibilidade de antever o universo total ou parcial dos licitantes. Do contrário, não se pode sequer cogitar de vício do certame.

4.4.2 Designação de agentes públicos deve observar a segregação de funções

A designação para o exercício das funções essenciais deverá observar o princípio da segregação de funções, sendo vedada a designação do mesmo agente público para atuação simultânea em funções mais suscetíveis a riscos, de modo a reduzir a possibilidade de ocultação de erros e de ocorrência de fraudes na respectiva contratação (art. 7º, §1º). Segregação de funções é princípio inerente ao controle dos atos praticados pelos agentes públicos que opera com a cadeia processual de atos e condutas, na presunção de que os agentes que praticam atos subsequentes promoverão a avaliação de controle dos atos praticados pelos agentes que os antecederam na cadeia processual.

Além de princípio, a segregação de funções é destacada na Lei como uma regra que deve ser observada pela autoridade máxima do órgão para designar agentes públicos para funções de relevância e valor significativo nas licitações e nos processos de contratação pública.

Confira-se alguns precedentes do Tribunal de Contas da União que podem servir de referência para a Administração no que diz respeito aos limites da segregação de funções para designação de agentes públicos para atribuições de relevância e valor significativo na execução da Lei:

> Não cabe à comissão de licitação avaliar o conteúdo da pesquisa de preços realizada pelo setor competente do órgão, pois são de sua responsabilidade, em regra, apenas os atos relacionados à condução do procedimento licitatório (Acórdão nº 594/2020-TCU).

A segregação de funções, princípio básico de controle interno que consiste na separação de atribuições ou responsabilidades entre diferentes pessoas, deve possibilitar o controle das etapas do processo de pregão por setores distintos e impedir que a mesma pessoa seja responsável por mais de uma atividade sensível ao mesmo tempo (Acórdão nº 2829/2015-TCU-Plenário).

As boas práticas administrativas impõem que as atividades de fiscalização e de supervisão do contrato devem ser realizadas por agentes administrativos distintos (princípio da segregação das funções), o que favorece o controle e a segurança do procedimento de liquidação de despesa (Acórdão nº 2296/2014-TCU-Plenário).

A atribuição, ao pregoeiro, da responsabilidade pela elaboração do edital cumulativamente às atribuições de sua estrita competência afronta o princípio da segregação de funções adequado à condução do pregão, inclusive o eletrônico, e não encontra respaldo nos normativos legais que regem o procedimento (Acórdão nº 3381/2013-TCU-Plenário).

Embora relevante, à segregação de funções não pode ser reputado um valor jurídico supremo e absoluto, produzindo efeitos de modo autônomo e independente no sistema jurídico-constitucional. É preciso, assim, que a norma legal seja interpretada à luz do princípio da reserva do possível.[41] Este princípio tem origem no Tribunal Constitucional Alemão, e, inobstante ter sido criado para atender situação jurídica diversa, por analogia, pode ser invocado para esta análise. Não é exigível do Administrador Público aquilo que não é possível no plano material (financeiro, orçamentário, administrativo). Caso o órgão ou entidade pública não disponha de agentes públicos em número suficiente e necessário para implementar a efetiva segregação de funções, haverá justificativa jurídica para deixar de fazê-lo. Em juízo de ponderação valorativa, o valor jurídico da segregação de funções deverá ceder a outros valores jurídicos topicamente mais relevantes, como a vida humana, a segurança pública, entre outros (suponha-se a hipótese absurda de um Município deixar de adquirir medicamentos para atendimento da população sob o argumento de que não dispõe de servidores em número suficiente para atender à segregação de funções no processo da contratação).

4.5 Atribuições dos agentes encarregados das funções essenciais no processo da contratação

4.5.1 Atribuições da fase preparatória

A Lei não contempla, de modo expresso, a quem competem as atribuições da fase preparatória da contratação. Fundamental é que tais designações sejam formais, mediante ato expresso e por escrito, exarado pela autoridade competente, seja para delimitar o conjunto de atribuições, seja para delimitar a responsabilidade funcional.

---

[41] Como informa Christiane Falsarella (FALSARELLA, Christiane. *Reserva do possível como aquilo que é razoável se exigir do Estado*. Disponível em: https://apesp.org.br/comunicados/images/tese_christiane_mina_out2012.pdf). Acesso em: 23 ago. 2023), a expressão "reserva do possível" (*Vorbehalt des Möglichen*) foi utilizada pela primeira vez pelo Tribunal Constitucional Federal Alemão, em julgamento proferido em 18 de julho de 1972. Trata-se da decisão BVerfGE 3 33, 303 (*numerus clausus*) 4, na qual se analisou a constitucionalidade, em controle concreto, de normas de direito estadual que regulamentavam a admissão aos cursos superiores de medicina nas universidades de Hamburgo e da Baviera nos anos de 1969 e 1970. Em razão do exaurimento da capacidade de ensino dos cursos de medicina, foram estabelecidas limitações absolutas de admissão (*numerus clausus*).

Esta etapa, como antes dito, destina-se às seguintes funções: a elaboração de estudo técnico preliminar, orçamento estimativo, termo de referência, projeto básico, projeto executivo, instrumento convocatório e seus anexos necessários, minutas de atas de registro de preços, contratos e instrumentos congêneres, bem como de manifestação jurídica. Em que pese orientação oposta delimitada pelo Tribunal de Contas da União, defende-se que a participação de agentes públicos que já tenham atribuições nas demais etapas do processo (seleção e gestão contratual) podem ter participação ativa na etapa preparatória do contrato. Os agentes encarregados das etapas de seleção e de gestão contratual invariavelmente são detentores de experiência acumulada ao longo do tempo de atividade, que deve sofrer aproveitamento para a configuração de novos processos licitatório. Atente-se, neste sentido, para a norma contida no art. 169, I da Lei nº 14.133/21, que preceitua que "os integrantes das linhas de defesa a que se referem os incisos I, II e III do *caput* deste artigo observarão o seguinte: I – quando constatarem simples impropriedade formal, adotarão medidas para o seu saneamento e para a mitigação de riscos de sua nova ocorrência, preferencialmente com o aperfeiçoamento dos controles preventivos e com a capacitação dos agentes públicos responsáveis". É, assim, dever da alta administração e dos agentes envolvidos no processo atuar de modo proativo para que ocorrências como erros, falhas, defeitos, ilegalidades ou riscos de qualquer natureza que tenham se evidenciado em contratações pretéritas sejam objeto de tratamento específico, eficaz e eficiente quando da configuração das contratações futuras, para que não se repitam. Esta conduta deve ser materializada com a participação efetiva dos agentes envolvidos nos processos de seleção (licitação e contratação direta) ou de gestão e fiscalização contratual, na etapa preparatória do contrato, assessorando e subsidiando com informações relevantes. Sob o argumento da segregação de funções, não pode restar inviabilizado o indispensável regime de atuação colaborativa entre os agentes envolvidos no metaprocesso da contratação. A etapa preparatória não exige segregação de funções, assim, as diversas atribuições desta fase podem ser designadas, simultaneamente, para o mesmo agente público.

4.5.2 Atribuições da fase de seleção de fornecedor ou de prestador

A etapa de seleção de fornecedor ou de prestador é reservada para a disputa licitatória ou para a contratação direta. Não há previsão legal expressa sobre competência para o exercício de função no caso de contratação direta (competência para conduzir o processo). Infere-se, daí, que há relativa margem de competência discricionária do gestor público para a designação de agentes para conduzir processo de contratação direta, mediante regulamentação própria e específica do órgão ou entidade. Aponte-se que não existe vedação legal para que as atribuições relacionadas à seleção de parceiro de negócios no caso de contratação direta (licitação dispensável ou licitação inexigível) recaiam sobre os mesmos agentes designados para conduzir os processos licitatórios (pregoeiro, agente de contratação ou comissão de contratação). No que diz respeito ao processo licitatório em sentido estrito (licitação), há previsão legal sobre a competência para a condução do processo. A condução da etapa de seleção será atribuída a pregoeiro, agente de contratação, comissão de contratação ou leiloeiro.

Para a adequada compreensão da sistemática normativa de distribuição de competências para o exercício das funções essenciais, é importante registrar que tal se dará em relação às modalidades de licitação legalmente instituídas.

São modalidades de licitação, nos termos da Lei, concorrência, pregão, leilão, concurso e diálogo competitivo. Acerca das modalidades de licitação se discorrerá adiante de modo mais exaustivo. Para esta análise tópica importa destacar que a escolha da modalidade licitatória se dará em razão do objeto (concorrência, pregão, concurso, ou diálogo competitivo) ou em razão da natureza do contrato (leilão para contratos destinados para a alienação de bens).

Agente de contratação é a "pessoa designada pela autoridade competente, entre servidores efetivos ou empregados públicos dos quadros permanentes da Administração Pública, para tomar decisões, acompanhar o trâmite da licitação, dar impulso ao procedimento licitatório e executar quaisquer outras atividades necessárias ao bom andamento da licitação" (art. 6º LX). Ao agente de contratação compete processar e julgar licitações veiculadas pela modalidade de concorrência, concurso ou leilão. Por seu turno, concorrência é modalidade para licitar a contratação de obras de engenharia, serviços especiais de engenharia ou bens e serviços especiais. O agente de contratação será auxiliado por equipe de apoio e poderá ser substituído, a depender da complexidade do objeto licitado, por uma comissão de contratação.

Ao pregoeiro compete processar e julgar, com o auxílio de equipe de apoio, licitações veiculadas pela modalidade de pregão, que é destinada à contratação de bens ou serviços comuns, inclusive serviços comuns de engenharia.

O leilão será conduzido por agente de contratação, servidor especialmente designado, ou por leiloeiro oficial para tanto contratado.[42] Por fim, processar e julgar licitação veiculada por diálogo competitivo compete comissão de contratação composta de pelo menos 3 (três) servidores efetivos ou empregados públicos pertencentes aos quadros permanentes da Administração, admitida a contratação de profissionais para assessoramento técnico da comissão (art. 32, §1º, XI).

Não se faz necessária a segregação de funções entre os agentes designados para as funções essenciais na etapa de seleção de fornecedor ou prestador. Nesta liça, as atribuições de pregoeiro, agente de contratação ou integrante de comissão de contratação podem ser titularizadas, simultaneamente, pelo mesmo agente público.

A lei não contempla distinção significativa ou relevante no que diz respeito às atribuições ou funções de pregoeiro, agente de contratação ou comissão de contratação. É possível interpretar as normas legais no sentido de concluir que devem e podem exercer atribuições administrativas idênticas, cada qual no âmbito da modalidade licitatória que lhes competem, como

I – analisar a minuta de edital, propondo as alterações e correções necessárias;

II – promover a divulgação do edital, após aprovação pela Assessoria Jurídica, quando necessário, e autorização da autoridade competente;

---

[42] A contratação de leiloeiro oficial pode se dar mediante licitação específica ou mediante sistema de credenciamento. A contratação de leiloeiro deve atender, além das disposições da Lei nº 14.133/21, àquelas contidas no decreto nº 21.981, de 19 de outubro de 1932, que regulamenta a profissão.

III – responder os pedidos de esclarecimentos e eventuais impugnações apresentadas contra o edital, com o auxílio dos setores técnicos competentes;
IV – determinar a abertura da sessão pública e promover seu adiamento, suspensão ou reativação, quando necessário, conforme decisão da autoridade competente;
V – analisar as propostas e desclassificar aquelas que não atendam aos requisitos previstos no edital;
VI – promover o desempate das propostas, quando o sistema eletrônico de licitação não o prever automaticamente;
VII – processar a etapa de lances de acordo com a modalidade de licitação e com o sistema utilizado;
VIII – promover o exercício do direito de preferência afeto às microempresas, empresas de pequeno porte e cooperativas, quando for o caso;
IX – negociar o valor do menor preço obtido ou condições mais vantajosas para a Administração;
X – decidir motivadamente quanto à aceitabilidade do preço;
XI – promover a habilitação;
XII – recepcionar, analisar e se manifestar com relação aos recursos interpostos contra seus atos, encaminhando-os à autoridade competente, caso não reforme a decisão recorrida;
XIII – elaborar ata da sessão pública, que conterá, sem prejuízo de outros elementos, o registro:
a) dos participantes do procedimento licitatório;
b) das propostas classificadas e desclassificadas;
c) das propostas e lances e da classificação final das propostas;
d) do exercício do direito de preferência por parte de microempresas, empresas de pequeno porte e cooperativas;
e) da negociação do preço;
f) da aceitabilidade do menor preço;
g) da análise dos documentos de habilitação;
h) do saneamento de irregularidade fiscal das microempresas, empresas de pequeno porte e cooperativas, quando for o caso;
i) dos recursos apresentados e respectiva decisão;
XIV – propor à autoridade competente a homologação, a adjudicação do objeto ao licitante vencedor, a revogação ou a anulação do processo licitatório, bem como a declaração de licitação deserta ou prejudicada.

4.5.3 Atribuições da fase de gestão e fiscalização da execução contratual

A etapa de gestão e fiscalização da execução contratual destina-se ao acompanhamento e controle da execução do contrato. Nesta etapa, atuarão agentes públicos para funções essenciais de gestão, de fiscalização, e de recebimento do objeto contratado. A Lei determina que devam ser editados regulamentos próprios e específicos, disciplinando as atribuições que competem a cada agente, como preceitua a norma do art. 8º, §3º: "as regras relativas à atuação do agente de contratação e da equipe de apoio, ao funcionamento da comissão de contratação e à atuação de fiscais e gestores de contratos de que trata esta Lei serão estabelecidas em regulamento, e deverá ser prevista a possibilidade de eles contarem com o apoio dos órgãos de assessoramento jurídico e de controle interno para o desempenho das funções essenciais à execução do disposto nesta Lei".

As atividades de gestão não se confundem com atividades de fiscalização. Gestão dos contratos contempla atividades de coordenação e controle das atividades de fiscalização, bem como dos atos preparatórios necessários à instrução processual, adoção de condutas destinadas à formalização dos procedimentos de prorrogação, alteração, reajuste, repactuação ou revisão contratual, termos aditivos, processamento da apuração de responsabilidades e aplicação de sanções, pagamento, entre outros. Já a fiscalização dos contratos implica condutas de controle específico e imediato para atestar em concreto o cumprimento das obrigações – principais e acessórias – que constituem o encargo contratual. Recebimento é ato final de controle da execução do contrato, pelo qual, após a entrega de parcela ou da integralidade do objeto da contratação, a Administração atesta sua regularidade para fins de pagamento.

Nesta etapa, exige-se segregação de funções. O mesmo agente público não pode titularizar simultaneamente as funções de gestor, fiscal ou de recebimento do objeto contratual – em relação à mesma relação contratual, por óbvio.

4.6 Manifestação jurídica no exercício de controle de juridicidade

Ultrapassadas as etapas fundamentais para a elaboração da minuta do instrumento convocatório e do contrato administrativo, nos termos do artigo 53 da Lei nº 14.133/21, "ao final da fase preparatória, o processo licitatório seguirá para o órgão de assessoramento jurídico da Administração, que realizará controle prévio de legalidade mediante análise jurídica da contratação".

A natureza jurídica dessa manifestação é de parecer obrigatório instrumental que integrará a motivação do ato administrativo sancionatório. Na esteira do entendimento esposado pelo Supremo Tribunal Federal no Acórdão nº 24.584 – DF,[43] a manifestação jurídica se dará por intermédio de parecer de natureza obrigatória – vale dizer, de prolação obrigatória.

A manifestação jurídica versará primeiramente sobre a regularidade formal e material de todas as definições do planejamento da contratação pública. Conquanto seja obrigatória a emissão do parecer, a manifestação jurídica não é vinculante.

A manifestação jurídica não tem conteúdo decisório. Contudo, pode constituir o fundamento da decisão administrativa. Como leciona Hely Lopes Meirelles,

> pareceres administrativos são manifestações de órgãos técnicos sobre assuntos submetidos à sua consideração. O parecer tem caráter meramente opinativo, não vinculando a Administração ou os particulares à sua motivação ou conclusões, salvo se aprovado por ato subsequente. Já então, o que subsiste como ato administrativo, não é o parecer, mas sim o ato de sua aprovação, que poderá revestir a modalidade normativa, ordinária, negocial ou punitiva.[44]

---

[43] Em voto vista proferido nesse julgamento, o Ministro Joaquim Barbosa classifica os pareceres jurídicos em facultativo (quando a lei não exige a prolação), obrigatório (de prolação obrigatória) ou vinculante (que demanda decisão administrativa na linha jurídica determinada).

[44] MEIRELLES, Hely Lopes. *Direito Administrativo brasileiro*. 26. ed. São Paulo: Malheiros, 2001. p. 185.

Conquanto não tenha natureza vinculante, o Tribunal de Contas da União tem posição orientada à responsabilização do emissor de parecer jurídico por fundamentação insuficiente ou desarrazoada que possa induzir a atos de gestão irregulares ou danosos aos cofres públicos:

O parecerista jurídico pode ser responsabilizado solidariamente com gestores por irregularidades na aplicação de recursos públicos. O parecer jurídico integra e motiva a decisão a ser adotada pelo ordenador de despesas.

Por meio de Pedido de Reexame, subprocurador administrativo de município requereu a reforma de deliberação que o condenara ao pagamento de multa em razão de irregularidades em procedimento licitatório envolvendo a aplicação de recursos públicos federais no Programa Caminho da Escola e no Programa Nacional de Apoio ao Transporte Escolar. Alegou o recorrente que não poderia ser responsabilizado "pois apenas emitiu parecer jurídico, que seria ato 'meramente opinativo'", e ainda que "não ordenou despesas, não gerenciou, arrecadou, guardou ou administrou quaisquer bens ou valores públicos". Ao examinar a matéria, a relatora anotou que "o entendimento deste Tribunal é de que o parecerista jurídico pode ser responsabilizado solidariamente com gestores por irregularidades na aplicação dos recursos públicos. O parecer jurídico, via de regra acatado pelo ordenador de despesas, é peça com fundamentação jurídica que integra e motiva a decisão a ser adotada". Citou precedente do STF que, "ao tratar da responsabilização de procurador de autarquia por emissão de parecer técnico-jurídico, admitiu a responsabilidade solidária do parecerista em conjunto com o gestor". Ademais, a responsabilização solidária do parecerista por dolo ou culpa decorre da própria Lei 8.906/1994 (Estatuto da Advocacia), que, em seu art. 32, dispõe que o 'advogado é responsável pelos atos que, no exercício profissional, praticar com dolo ou culpa'". Por fim, observou que o parecer favorável emitido pelo recorrente implicou prosseguimento de certame "marcado por total falta de competitividade". O Tribunal, então, seguindo o voto da relatora, decidiu negar provimento ao recurso (Acórdão nº 825/2014-Plenário, TC nº 030.745/2011-0, relatora Ministra Ana Arraes, 02.04.2014).

Os pareceres jurídicos exigidos pelo art. 38 da Lei 8.666/93 integram a motivação dos atos administrativos. Devem apresentar abrangência suficiente para tanto, evidenciando a avaliação integral dos documentos submetidos a exame. É ilegal a adoção de pareceres jurídicos sintéticos, com conteúdo genérico, sem a demonstração da efetiva análise do edital e dos anexos.

Em Representação relativa a concorrências públicas promovidas pela Secretaria Municipal de Educação de Manaus/AM (Semed), objetivando a construção de creches do tipo B segundo o padrão FNDE, a unidade técnica apontara, dentre outras irregularidades, "a adoção de pareceres jurídicos pró-forma". Ao apreciar a questão, o relator observou que "a utilização de pareceres jurídicos sintéticos, de apenas uma página, com conteúdo genérico, sem demonstração da efetiva análise do edital e dos anexos, em especial quanto à legalidade das cláusulas editalícias, permitiu, no caso concreto, a presença de itens posteriormente impugnados". Nesse sentido, lembrou o relator que o Tribunal já se posicionara "acerca da necessidade de os pareceres jurídicos exigidos pelo art. 38 da Lei nº 8.666, de 21 de junho de 1993, integrarem a motivação dos atos administrativos, com abrangência suficiente, evidenciando a avaliação integral dos documentos submetidos a exame (v. g.: Acórdão 748/2011-Plenário)". Diante disso e de outras irregularidades subsistentes, o Tribunal decidiu por fixar prazo para que a Semed e a Comissão Municipal de Licitação anulassem os certames, bem como expediu diversas determinações corretivas às instituições municipais (Acórdão nº 1.944/2014 Plenário, TC nº 004.757/2014-9, relator Ministro-Substituto André Luís de Carvalho, 23.07.2014).

Há previsão legal de duas espécies de manifestação jurídica no processo da contratação pública: (i) a manifestação jurídica decorrente de consulta obrigatória; e a (ii) manifestação jurídica decorrente de consulta facultativa.

4.6.1 Manifestação jurídica decorrente de consulta obrigatória

Manifestação jurídica decorrente de consulta obrigatória é aquela, repita-se estipulada pela norma do art. 53, que preceitua que "ao final da fase preparatória, o processo licitatório seguirá para o órgão de assessoramento jurídico da Administração, que realizará controle prévio de legalidade mediante análise jurídica da contratação". Reputa-se obrigatória esta manifestação porque se inexistente, ensejará vício de nulidade insanável. É obrigatória a solicitação para manifestação, bem como o pronunciamento do órgão de assessoramento jurídico. A assessoria jurídica será obrigatoriamente consultada e instada a produzir manifestação formal de aprovação de atos, condutas, exigências e formalidades. A omissão no dever de solicitar (consultar) a assessoria jurídica ao final da etapa preparatória constitui erro grosseiro passível de responsabilização pessoal.

Não é apenas em razão da norma do art. 53 que se constitui dever de consulta obrigatória à assessoria jurídica, objetivando exercício de controle prévio de legalidade.

É obrigatória a consulta à assessoria jurídica, com a consequente manifestação obrigatória, para controle prévio de legalidade nos casos de contratações diretas, acordos, termos de cooperação, convênios, ajustes, adesões a atas de registro de preços, outros instrumentos congêneres e de seus termos aditivos.

É também obrigatória a consulta à assessoria jurídica e respectiva manifestação para:
(i) dar efetividade ao dever jurídico de instituir modelos padronizados de minutas de editais, de termos de referência, de contratos padronizados e de outros documentos (art. 19, IV);
(ii) dirimir dúvidas e subsidiar com as informações necessárias a autoridade competente para a elaboração de suas decisões em sede de recursos e pedidos de reconsideração de sanções aplicadas no processo de apuração de responsabilidade de licitantes e contratados (art. 168, parágrafo único);
(iii) avaliar a regularidade de processo de apuração de responsabilidade pelo cometimento de infrações contratuais e legais, inclusive no âmbito do regime jurídico instituído pela Lei nº 12.846/13 – Lei Anticorrupção;
(iv) avaliar a regularidade de processo de extinção contratual.

A falta de manifestação jurídica formal em caso de consulta obrigatória vicia de nulidade o processo da contratação.

4.6.2 Manifestação jurídica decorrente de consulta facultativa

A Lei circunscreve situações jurídicas nas quais a manifestação da assessoria jurídica é facultativa. Nestas hipóteses, submeter a questão controvertida à apreciação da assessoria jurídica constitui prerrogativa discricionária do agente público.

A primeira hipótese normativa de consulta facultativa é aquela prevista no art. 117, §3º da Lei: "o fiscal do contrato será auxiliado pelos órgãos de assessoramento jurídico e de controle interno da Administração, que deverão dirimir dúvidas e subsidiá-lo com informações relevantes para prevenir riscos na execução contratual". Os agentes responsáveis pelo controle da execução contratual, no curso de exercício de sua atribuição funcional, podem se deparar com situações fático-jurídica para as quais não detém capacidade técnica jurídica. Diante de circunstância desta natureza poderão formular consulta para a assessoria jurídica.

A segunda hipótese normativa de consulta facultativa para o órgão de assessoramento jurídico está contida no art. 8º, §3º da Lei: "as regras relativas à atuação do agente de contratação e da equipe de apoio, ao funcionamento da comissão de contratação e à atuação de fiscais e gestores de contratos de que trata esta Lei serão estabelecidas em regulamento, e deverá ser prevista a possibilidade de eles contarem com o apoio dos órgãos de assessoramento jurídico e de controle interno para o desempenho das funções essenciais à execução do disposto nesta Lei". Deverão, pena de omissão própria, ser editados regulamentos próprios por órgãos e entidades públicas, normatizando o dever de apoio jurídico para os agentes envolvidos com as funções essenciais do processo da contratação.

Conquanto a consulta ao setor jurídico nestes casos seja facultativa, a manifestação respectiva não é. Ao reverso. Mesmo em caso de consulta facultativa ao órgão de assessoramento jurídico, quando houver, implicará obrigação de manifestação, sob pena de responsabilidade.

4.6.3 Conteúdo e forma da manifestação jurídica

Seja na hipótese de consulta obrigatória, seja na hipótese de consulta facultativa, a manifestação jurídica restringe-se ao exame da juridicidade dos atos e do processo. A manifestação jurídica será sempre expressão de controle de juridicidade – que tem acepção mais ampla do que legalidade. Cabe ao órgão de assessoramento jurídico da Administração o contraste entre as condutas praticadas, ou omitidas, com todas as normas do sistema jurídico – regras e princípios, a partir da Constituição Federal. Não compete à assessoria jurídica pronunciamento sobre o mérito de condutas administrativa, logo, não lhe assiste avaliar aspectos relativos à conveniência e oportunidade da prática dos atos administrativos, tampouco pronunciamento acerca de materialidade de questões de natureza técnica, administrativa, financeira ou orçamentária.

A delimitação do conteúdo jurídico da manifestação por vezes é complexa. Exemplos podem auxiliar: (i) não compete ao órgão de assessoramento jurídico avaliar a juridicidade de exigência quantitativa de capacidade técnica, mas lhe compete conhecer e comunicar os limites para estas exigências previstos no art. 67 da Lei: "observado o disposto no caput e no §1º deste artigo, será admitida a exigência de atestados com quantidades mínimas de até 50% (cinquenta por cento) das parcelas de que trata o referido parágrafo, vedadas limitações de tempo e de locais específicos relativas aos atestados"; (ii) não compete ao órgão de assessoramento jurídico aferir acerca da correção do orçamento estimativo elaborado, mas lhe compete aferir se foi realizado de acordo com os parâmetros do art. 23; (iii) não compete ao órgão de assessoramento jurídico apontar defeito técnico no estudo técnico preliminar, mas lhe compete conferir se foram avaliados os seus elementos constitutivos previstos no art. 18, §1º; e (iv) não compete ao jurídico avaliar o mérito das decisões, escolhas e requisitos fixados no instrumento convocatório, mas lhe é exigível comprovar que todas estão acompanhadas de motivação circunstanciada, como determinado pela norma do art. 18, IX.

A forma da manifestação jurídica deve ser escrita. No plano da manifestação jurídica decorrente de consulta obrigatória, o tema não revela maior relevância, uma vez que a não manifestação verbal não se prestaria a cumprir a exigência legal. Questão pode decorrer da manifestação em caso de consulta facultativa. Suponha-se uma consulta formulada por agente de contratação, exatamente no curso de um processo licitatório eletrônico. Não seria absurdo supor que o agente público pudesse dirimir sua dúvida jurídica mediante contato telefônico. Defende-se que toda manifestação jurídica, mesmo aquelas que demandam posicionamento urgente – ressalvadas exceções óbvias de necessidade de imediato, pena de perecimento, interesse público – devem ser exaradas por escrito.

A manifestação jurídica pode ser formalizada pela emissão de parecer jurídico, ou por outro instrumento formal, como notas técnicas e informações. Não há previsão legal para a forma da manifestação jurídica no processo da contratação.

4.7 Dever jurídico de planejamento – diretriz normativa

Como antes já dito, a Lei consagra o planejamento como princípio (art. 5º) e como elemento caracterizador da etapa preparatória da contratação, ao dispor que "a fase preparatória do processo licitatório é caracterizada pelo planejamento" (art. 18). Estas disposições contém comando normativo direcionado a constituir o Administrador em dever jurídico de planejamento, com as consequentes repercussões jurídicas desta imposição.

Dizer que há dever jurídico de planejamento significa reconhecer que a inexistência de um planejamento preciso, suficiente, proporcional e adequado pode ensejar a caracterização de conduta omissiva própria do Administrador. A conduta omissiva própria é marcada pelo descumprimento de uma obrigação legal (ação mandada) sem que exista justificativa para tanto.

É corrente que a inexistência ou insuficiência de planejamento são causa de contratações ineficazes e ineficientes que podem produzir lesão ao erário. Defeitos de licitação ou de contratações podem gerar a responsabilidade por omissão própria, se decorrentes de vícios de planejamento. Esta responsabilização pode ser pessoal, consoante dispõe o art. 28 do Decreto-Lei nº 4.657/42, a título de dolo ou de erro grosseiro.

Vícios de planejamento constituem também defeito de organização e falha de governança dos contratos, atribuíveis para a alta administração, que, nesta medida, está também sujeita à responsabilização pessoal.

4.7.1 Diretrizes normativas da etapa preparatória da contratação de acordo com a norma contida no art. 18

A fase preparatória da contratação deve compatibilizar-se com o plano de contratações anual, sempre que elaborado, e com as leis orçamentárias, bem como abordar todas as considerações técnicas, mercadológicas e de gestão que podem interferir na contratação (art. 18). Estas são as referências preliminares para a configuração da etapa preparatória da contratação:

4.7.1.1 Plano de contratações anual

O plano de contratações anual é instrumento de governança dos contratos, elaborado anualmente pelos órgãos e entidades, contendo todas as contratações que se pretende realizar ou prorrogar no exercício subsequente, com o objetivo de racionalizar as contratações sob sua competência, garantir o alinhamento com o seu planejamento estratégico e subsidiar a elaboração da respectiva lei orçamentária do ente federativo. Trata-se de indispensável ferramenta de gestão das contratações. A Lei nº 14.133/21 não o prevê como instrumento de elaboração obrigatória de modo expresso. Contudo, em razão de sua importância estratégica, pode-se defender a existência de dever jurídico de elaboração, por força do princípio da eficiência – defeitos de organização decorrentes da falta de plano de contratações anual podem ser objeto de responsabilização.

O plano de contratações anual, além de documento de planejamento operacional, por ser consequência de avaliação crítica da necessidade contratual, tem o potencial de evitar contratações emergenciais e fracionamento ilegal de despesas. De outro ângulo, a sua ampla divulgação no potencial de atrair competidores e fomentar a participação de pequenas empresas nos negócios com a Administração Pública.

4.7.1.2 Alinhamento com leis orçamentárias

Toda contratação deve estar alinhada e ser compatível com as leis orçamentárias, notadamente, com o plano plurianual (se for o caso), com a lei de orçamento anual e com a Lei de Responsabilidade Fiscal.

Para que possa dar seguimento ao processo da contratação pública, após a elaboração dos orçamentos estimativos detalhados em planilha de custos unitários, é obrigatório que a Administração Pública demonstre que existem recursos orçamentários para dar cobertura aos custos da contratação. A este respeito, a Lei fixa que "nenhuma contratação será feita sem a caracterização adequada de seu objeto e sem a indicação dos créditos orçamentários para pagamento das parcelas contratuais vincendas no exercício em que for realizada a contratação, sob pena de nulidade do ato e de responsabilização de quem lhe tiver dado causa" (art. 150). Este comando normativo dá cumprimento à regra do artigo 167, que dispõe que é vedada a realização de despesas ou a assunção de obrigações diretas que excedam os créditos orçamentários ou adicionais. Consoante entendimento dominante no Tribunal de Contas da União

> *As obras e os serviços somente poderão ser licitados quando houver previsão de recursos orçamentários que assegurem o pagamento das respectivas obrigações no exercício financeiro em curso.*
> Em Representação relativa à concorrência conduzida pelo Centro Nacional de Pesquisa em Pesca, Aquicultura e Sistemas Agrícolas – CNPASA objetivando a conclusão das obras da sede da Embrapa Pesca e Aquicultura em Palmas/TO, o relator concluiu pela improcedência dos questionamentos levantados pela representante. Destacou, contudo, as seguintes falhas detectadas pela unidade técnica, relativas à previsão orçamentária: a) em que pese o contrato ter prazo de vigência superior a um exercício financeiro, não houve a devida inclusão do empreendimento no Plano Plurianual (PPA) vigente, "em afronta ao que preceitua o art.

5º, §5º, da Lei Complementar 101/2000 (LRF)"; b) erro de classificação orçamentária, uma vez que a funcional-programática utilizada está codificada e classificada como atividade (não como projeto), o que é incompatível com a natureza do empreendimento; c) "não foi efetuada abertura de créditos adicionais com dotação orçamentária específica para a obra (...), de tal forma que o aludido empreendimento não está devidamente incluído no Orçamento Fiscal da União". Nesse sentido, concluiu que houve ilegalidade quando a concorrência fora lançada e, posteriormente, firmado o contrato, "sem que estivessem garantidos os respectivos créditos orçamentários para a cobertura das correspondentes despesas (art. 7º, §2º, inciso III, e art. 55, inciso V, da Lei nº 8.666/1993)". Destacou ainda que, de acordo com a Lei Complementar 101/00 – LRF e a jurisprudência do TCU, "as obras e os serviços somente poderão ser licitados quando houver previsão de recursos orçamentários que assegurem o pagamento das respectivas obrigações decorrentes a serem executadas no exercício financeiro em curso, de acordo com o respectivo cronograma físico-financeiro". Ponderou, contudo, que a opção de licitar e contratar as obras de conclusão da sede do CNPASA sem a adequada previsão orçamentária, "embora represente afronta à legislação e à jurisprudência do TCU, pautou-se na necessidade de se evitar a ocorrência de prejuízos futuros decorrentes da deterioração de serviços pendentes de finalização". O Tribunal, ao acolher a proposta do relator, julgou a representação improcedente quanto às falhas apontadas pela representante, sem prejuízo de efetuar determinações e cientificar o CNPASA quanto às impropriedades detectadas (Acórdão nº 4.910/2013, Segunda Câmara, TC nº 045.505/2012-8, relator Ministro Marcos Bemquerer Costa, 20.08.2013)

Não é preciso que a Administração Pública contratante já tenha os recursos financeiros (dinheiro em caixa) à sua disposição, bastando que exista previsão no orçamento do órgão ou da entidade pública.

Além da adequação da contratação às disposições da Lei de Orçamento Anual, com indicação do crédito orçamentário pelo qual correrá a despesa contratual (dotação orçamentária), é preciso atender às exigências previstas no art. 16 da Lei de Responsabilidade Fiscal. Disciplina esta Lei que as normas contidas no dito art. 16 constituem condição prévia para empenho e licitação de serviços, fornecimento de bens ou execução de obras (art. 16, §4º). É condição de regularidade e de validade do processo da contratação pública a existência de (i) estimativa do impacto orçamentário-financeiro no exercício em que deva entrar em vigor e nos dois subsequentes; e (ii) declaração do ordenador da despesa de que o aumento tem adequação orçamentária e financeira com a lei orçamentária anual e compatibilidade com o plano plurianual e com a lei de diretrizes orçamentárias. Para os fins da Lei, considera-se:

a) adequada com a lei orçamentária anual a despesa objeto de dotação específica e suficiente, ou que esteja abrangida por crédito genérico, de forma que somadas todas as despesas da mesma espécie, realizadas e a realizar, previstas no programa de trabalho, não sejam ultrapassados os limites estabelecidos para o exercício;

b) compatível com o plano plurianual e a lei de diretrizes orçamentárias, a despesa que se conforme com as diretrizes, objetivos, prioridades e metas previstos nesses instrumentos e não infrinja qualquer de suas disposições.

Note-se que o legislador determina uma avaliação reflexiva acerca de todas as condições que podem afetar a configuração e a execução dos contratos públicos. Devem ser realizadas avaliações de natureza técnica (soluções técnicas aptas a satisfazer plenamente a necessidade contratual administrativa); avaliações de natureza mercadológica (tendo o mercado em que se insere o objeto do contrato como referência indispensável para ajustar as condições do contrato); e avaliações acerca da gestão administrativa (particularidades e especificidades de cada órgão ou entidade para gerir o contrato).

4.7.2 Considerações técnicas, mercadológicas e de gestão que podem interferir na contratação

A norma contida no art. 18 da Lei preceitua que na etapa preparatória da contratação a Administração deverá abordar todas as considerações técnicas, mercadológicas e de gestão que podem interferir na contratação, compreendidos:

4.7.2.1 A descrição da necessidade da contratação fundamentada em estudo técnico preliminar que caracterize o interesse público envolvido

Todo contrato administrativo tem uma causa fim de interesse público, uma razão para a qual será celebrado. Essa razão para a celebração do contrato administrativo sempre e inevitavelmente será o atendimento de uma necessidade pública que a Administração Pública não tem condições de realizar pelos próprios meios ou entende que será melhor atendida por meio da atuação de particulares contratados. Como bem expressado por Renato Geraldo Mendes, "o marco zero do processo de contratação é a identificação da necessidade".[45] A necessidade administrativa é aquilo que se pretende atender com a execução contratual. Identificar com precisão a necessidade pública a ser suprida pela via do contrato é a primeira das tarefas dos agentes públicos envolvidos no planejamento da contratação. A correta e precisa identificação da necessidade, a depender da sua complexidade, carece da atuação multidisciplinar de agentes públicos. Desta feita, o ponto de partida da contratação pública é a perfeita e adequada identificação da necessidade que demanda ser satisfeita com a execução do contrato. Todo e qualquer contrato, se pode dizer, tem por fito a solução de um problema, que constitui o seu núcleo de formação. A necessidade administrativa deve ser precisamente definida em sua dupla dimensão: a dimensão qualitativa e a dimensão quantitativa.[46] No que tange à formalização da identificação da necessidade pública, será contemplada, diz a lei, em estudo técnico preliminar.

4.7.2.2 A definição do objeto para o atendimento da necessidade, por meio de termo de referência, anteprojeto, projeto básico ou projeto executivo, conforme o caso

O objeto da contratação é aquilo que constituirá o conteúdo principal ou a obrigação principal a ser convencionada no contrato administrativo. É, nos termos de Renato Geraldo Mendes "a solução ou providência capaz de garantir a satisfação ou o atendimento

---

[45] *Op. cit.*, p. 93.
[46] Para esclarecer a distinção entre necessidade e objeto. Por exemplo, a necessidade (problema) é transportar pessoas. O objeto (solução) será escolhido entre as múltiplas opções disponíveis no mercado: carro, ônibus, vans, compra, locação etc. A identificação precisa da necessidade é fundamental. A contratação de transporte de pessoas por ônibus comuns não seria adequada se a necessidade fosse de transportar pessoas com deficiência – o que demandaria como solução o uso de ônibus com as devidas adaptações técnicas.

da necessidade".⁴⁷ A necessidade administrativa tem base empírico-material. Não há margem de escolha ou discricionariedade para a identificação da necessidade: ou ela existe e tem os contornos fáticos que efetivamente a caracterizam, ou não existe – o que pode ocorrer é a identificação equivocada da necessidade, o que é coisa bem diferente. Já a descrição do objeto ou da solução que atenderá à necessidade identificada tem base fático-jurídica, na medida em que serão poucos ou nenhum os casos em que somente um objeto se apresenta como o ideal para satisfazer a necessidade pública pela via contratual. Vale dizer, sempre é possível que mais de um objeto tenha potencialidade para atender à necessidade pública. Por exemplo, se a necessidade é o transporte, diversas são as formas dele; se é a alimentação, diversas também são as possibilidades de suprir tal necessidade. Assim se dá com a quase totalidade das necessidades públicas, que em tese podem ser supridas ou satisfeitas por mais de um objeto (meio de satisfação).

A correta delimitação e definição do objeto da licitação constitui um requisito de validade da licitação em face do regime principiológico constitucional. Sob o ângulo jurídico, o objeto da licitação eleito fixa os critérios para a efetivação dos princípios da isonomia, da eficiência e da impessoalidade; além de constituir o substrato para a eleição da modalidade e do tipo de licitação a serem adotados. Sob o ângulo técnico (características específicas da necessidade pública a ser satisfeita), orienta a definição de requisitos de habilitação e de admissibilidade das propostas (requisitos de qualidade). O desafio que se posta para o administrador ao decidir acerca do objeto da licitação não diz, tão somente, com a estrita identificação da necessidade administrativa, que decorre da observação fático-empírica. A complexidade maior é a de traduzir essa necessidade em signos técnico-jurídicos que simultaneamente sejam compreensíveis para a generalidade das pessoas (assegurando a competitividade ínsita ao princípio licitatório), representem a melhor solução técnica para suprir a necessidade administrativa (assegurando o princípio da eficiência e da economicidade) e estejam em consonância com os demais princípios, normas e valores que regem a licitação, em especial no que concerne à preservação ou ampliação da competitividade.

Sobre a relação do objeto da licitação com a competitividade, bem disse Jessé Torres Pereira Jr. que "a definição do objeto não deve servir ao desejo, oculto e eventual, de afastar licitantes, pela exigência de que tal ou qual material ou equipamento, obra ou serviço, preencha especificações descabidas ou desnecessárias, quando a execução seria igualmente viável por materiais ou equipamentos com outras especificações".⁴⁸

O ato de definir e delimitar o objeto da licitação parte da observação de todos os elementos técnico-fáticos de que se reveste a necessidade pública que se pretende suprir. Observar não é decidir, mas a constatação empírica da necessidade administrativa ensejará os elementos materiais necessários para a definição e delimitação do objeto, com repercussões jurídicas evidentes quando da elaboração e aprovação do projeto básico ou termo de referência que orientarão o certame pela autoridade competente, ou do significado jurídico que lhe será atribuído quando da edição do regulamento licitatório.

---

⁴⁷ *Op. cit.*, p. 129.
⁴⁸ PEREIRA JÚNIOR, Jessé Torres. *Comentários à Lei das Licitações e Contratações da Administração Pública*. 5. ed. Rio de Janeiro: Renovar, 2002. p. 426.

A decisão quanto à definição do objeto[49] é, pois, nuclear à elaboração e aprovação do projeto básico[50] ou do termo de referência, à garantia do caráter competitivo da licitação e à garantia da satisfação adequada da necessidade pública. Por constituir uma das decisões mais importantes da fase interna da licitação, a decisão que define e delimita o objeto do certame deve ser editada com vistas a (i) identificar com propriedade todos os elementos materiais que integram e constituem a necessidade administrativa; (ii) abster-se de incluir caracteres que restrinjam imotivadamente a participação de potenciais interessados;[51] e (iii) deixar taxativamente demonstrada, pelas opções realizadas, a finalidade de interesse público que será atendida, inclusive pela demonstração da conformação do objeto com o regime jurídico administrativo.

Reflexo ou decorrência inafastável da decisão quanto aos elementos constitutivos do objeto do certame, além do aspecto referencial para a elaboração do projeto básico, é a decisão acerca da definição dos requisitos de admissibilidade das propostas quanto à qualidade do objeto que sejam toleráveis em face do regime principiológico jurídico-administrativo.

Requisitos de admissibilidade das propostas, no tocante à qualidade do objeto, são as características técnico-qualitativas que o bem ou serviço deverá apresentar para ter equivalência com a noção de vantajosidade. Constituem os requisitos mínimos de qualidade que deverão ser exigidos pela Administração e demonstrados pelos licitantes para que o serviço ou bem possa ser adquirido validamente pelo Poder Público. Para Marçal Justen Filho, "o edital tem de descrever adequadamente o objeto licitado, o que se traduz não apenas numa definição genérica do objeto, mas também em atributos qualitativos reputados indispensáveis para satisfazer as necessidades da Administração".[52]

Decidir sobre quais as características mínimas de qualidade técnico-material que deverá conter o bem ou serviço objeto do certame implica estabelecer nova discriminação, o que põe em evidência o caráter competitivo do certame licitatório, sob juízo, pois, de valoração hierárquica. A decisão administrativa tocante aos requisitos de admissibilidade das propostas em relação à qualidade do objeto será legítima e válida se possibilitar a conjugação de valores jurídicos relevantes, quais sejam, a ampla participação de potenciais interessados em contratar com a Administração, a excelente qualidade dos bens ou serviços a serem contratados, e, de acordo com as premissas das contratações sustentáveis, requisitos de sustentabilidade (sobre o que se tratará adiante). São objetivos de interesse público que não podem ser afastados ou relevados por conta de requisitos de qualidade do objeto incompatíveis com a real e concreta necessidade pública.

---

[49] Não se trata aqui da indicação sucinta do objeto da licitação que deverá conter o edital consoante disposto no artigo 38, *caput*. A previsão de que o objeto deverá ser indicado de forma sucinta não afasta a necessidade de uma precisa, ampla e adequada definição e delimitação do objeto na fase interna do certame, ainda que não seja sucinta, a depender da natureza dele.

[50] Que, nos termos do artigo 6º, IX, da Lei nº 8.666/93 "é o conjunto de elementos necessários e suficientes, com nível de precisão adequado, para caracterizar a obra ou serviço, ou complexo de obras ou serviços objeto da licitação, elaborado com base nas indicações dos estudos técnicos preliminares, que assegurem a viabilidade técnica e o adequado tratamento ambiental do empreendimento, e que possibilite a avaliação do custo da obra e a definição dos métodos e do prazo de execução".

[51] Cumpre lembrar que toda a forma de seleção é discriminatória, e que, portanto, a discriminação é da essência da licitação. O que se afirma é que a decisão acerca do objeto da licitação não poderá ensejar discriminação destituída de qualquer relação técnico-lógico-jurídica com a efetiva necessidade pública que se pretende atender.

[52] *Op. cit.*, p. 390.

Há um largo espaço discricionário posto à disposição do administrador para a definição do objeto da contratação, portanto, a lei estabelece determinados parâmetros que se pretendem objetivos para sua definição e para a definição de sua qualidade.

O primeiro deles são os princípios que regem a Administração Pública: moralidade, probidade, legalidade, economicidade, eficiência, proporcionalidade e razoabilidade. Em segundo lugar, regras expressas previstas em lei. A Lei nº 14.133/21 institui que aos agentes públicos é vedado admitir, prever, incluir ou tolerar, nos atos que praticar, situações que: a) comprometam, restrinjam ou frustrem o caráter competitivo do processo licitatório, inclusive nos casos de participação de sociedades cooperativas; b) estabeleçam preferências ou distinções em razão da naturalidade, da sede ou do domicílio dos licitantes; c) sejam impertinentes ou irrelevantes para o objeto específico do contrato (art. 9º).

Tais são os parâmetros jurídicos para a descrição do objeto da contratação, que alinhados aos parâmetros fáticos constituem o referencial para a ação de planejamento administrativa.

Importante frisar que a descrição do objeto delimita o universo concorrencial da licitação (disputa pública) ou da contratação direta. Assim, somente serão tolerados requisitos discriminatórios de qualidade do objeto quando se demonstrarem aqueles que inegavelmente constituem a melhor forma de satisfazer a necessidade pública. É imperioso que a descrição do objeto seja acompanhada de consistente motivação fática e jurídica.

A materialização documental do objeto do futuro contrato será realizada mediante elaboração de projeto básico, no caso de contratação de obras e serviços de engenharia (art. 6º, XXV), que, nos termos da Lei é

> conjunto de elementos necessários e suficientes, com nível de precisão adequado para definir e dimensionar a obra ou o serviço, ou o complexo de obras ou de serviços objeto da licitação, elaborado com base nas indicações dos estudos técnicos preliminares, que assegure a viabilidade técnica e o adequado tratamento do impacto ambiental do empreendimento e que possibilite a avaliação do custo da obra e a definição dos métodos e do prazo de execução, devendo conter os seguintes elementos:
>
> a) levantamentos topográficos e cadastrais, sondagens e ensaios geotécnicos, ensaios e análises laboratoriais, estudos socioambientais e demais dados e levantamentos necessários para execução da solução escolhida;
> b) soluções técnicas globais e localizadas, suficientemente detalhadas, de forma a evitar, por ocasião da elaboração do projeto executivo e da realização das obras e montagem, a necessidade de reformulações ou variantes quanto à qualidade, ao preço e ao prazo inicialmente definidos;
> c) identificação dos tipos de serviços a executar e dos materiais e equipamentos a incorporar à obra, bem como das suas especificações, de modo a assegurar os melhores resultados para o empreendimento e a segurança executiva na utilização do objeto, para os fins a que se destina, considerados os riscos e os perigos identificáveis, sem frustrar o caráter competitivo para a sua execução;
> d) informações que possibilitem o estudo e a definição de métodos construtivos, de instalações provisórias e de condições organizacionais para a obra, sem frustrar o caráter competitivo para a sua execução;

e) subsídios para montagem do plano de licitação e gestão da obra, compreendidos a sua programação, a estratégia de suprimentos, as normas de fiscalização e outros dados necessários em cada caso;

f) orçamento detalhado do custo global da obra, fundamentado em quantitativos de serviços e fornecimentos propriamente avaliados, obrigatório exclusivamente para os regimes de execução.

No caso de contratação de compras ou serviços em geral, a materialização documental do objeto será realizada mediante termo de referência (art. 6º XXIII), que é, segundo a Lei,

> documento necessário para a contratação de bens e serviços, que deve conter os seguintes parâmetros e elementos descritivos:
>
> a) definição do objeto, incluídos sua natureza, os quantitativos, o prazo do contrato e, se for o caso, a possibilidade de sua prorrogação;
>
> b) fundamentação da contratação, que consiste na referência aos estudos técnicos preliminares correspondentes ou, quando não for possível divulgar esses estudos, no extrato das partes que não contiverem informações sigilosas;
>
> c) descrição da solução como um todo, considerado todo o ciclo de vida do objeto;
>
> d) requisitos da contratação;
>
> e) modelo de execução do objeto, que consiste na definição de como o contrato deverá produzir os resultados pretendidos desde o seu início até o seu encerramento;
>
> f) modelo de gestão do contrato, que descreve como a execução do objeto será acompanhada e fiscalizada pelo órgão ou entidade;
>
> g) critérios de medição e de pagamento;
>
> h) forma e critérios de seleção do fornecedor;
>
> i) estimativas do valor da contratação, acompanhadas dos preços unitários referenciais, das memórias de cálculo e dos documentos que lhe dão suporte, com os parâmetros utilizados para a obtenção dos preços e para os respectivos cálculos, que devem constar de documento separado e classificado;
>
> j) adequação orçamentária.

As funções do termo de referência e do projeto básico são bastante similares. Ambos se prestam a definir, com nível de precisão adequado, o objeto da futura contratação.

Contudo, enquanto que o termo de referência presta-se à definição do objeto no caso de compras e serviços, o projeto básico tem a função de descrever o objeto no caso de obras de engenharia.

Esta distinção é bastante clara na Lei nº 14.133/21, que dispõe que o termo de referência é "documento necessário para a contratação de bens e serviços", enquanto que o projeto básico é o "conjunto de elementos necessários e suficientes, com nível de precisão adequado para definir e dimensionar a obra ou o serviço".

Ao definir o projeto básico, perceba-se que a lei não faz referência expressa a "serviços de engenharia", mas a "obras e serviços". Contudo, a análise dos elementos do projeto básico, contidos no inciso XXV, letras a a f do art. 6º, leva à conclusão de que a expressão "serviços" contida no conceito diz respeito a serviços de engenharia.

Tal não impede, entretanto, que, eventualmente, um serviço que não se enquadre como "de engenharia" possa ser licitado com base em documento denominado projeto básico, ao invés de fundado em termo de referência.

Já uma obra ou serviço de engenharia deverão ser definidas, para a licitação, em um projeto básico, inclusive porque assim determina a Resolução nº 361/91 do Conselho Federal de Engenharia e Agronomia – CONFEA.

A depender do objeto ou da complexidade da contratação, o conteúdo de termo de referência ou de projeto básico poderão ser simplificados, em homenagem ao princípio da proporcionalidade. A Administração é dispensada da elaboração de projeto básico nos casos de contratação integrada, hipótese em que deverá ser elaborado anteprojeto de acordo com metodologia definida em ato do órgão competente (art. 46, §2º).

É "vedada a realização de obras e serviços de engenharia sem projeto executivo" (art. 46, §1º) ressalvada a situação de contratação de obras e serviços comuns de engenharia, em que, se demonstrada a inexistência de prejuízo para a aferição dos padrões de desempenho e qualidade almejados, a especificação do objeto poderá ser realizada apenas em termo de referência ou em projeto básico, dispensada a elaboração de outros projetos (art. 18, §3º).

4.7.2.3 Definição das condições de execução e pagamento, das garantias exigidas e ofertadas e das condições de recebimento

Devem ser avaliadas todas as condições necessárias para a adequada execução contratual. O núcleo das obrigações contratuais, principais e acessórias deve ser definido de modo completo. As condições de pagamento incluem definição de cronograma físico financeiro e requisitos materiais e formais que devem ser cumpridos pelo contratado. A depender dos riscos envolvidos na execução do contrato poderão ser exigidas garantias de execução. Necessária também a definição dos requisitos que devem ser cumpridos pelo contratado para o aceite de execução contratual, que se efetiva pelas etapas do recebimento provisório e definitivo.

4.7.2.4 Orçamento estimado, com as composições dos preços utilizados para sua formação

A elaboração do orçamento estimativo significa avaliar no mercado específico o custo aproximado do objeto que vai ser licitado e contratado. Nesta liça, é imposição legal que "o valor previamente estimado da contratação deverá ser compatível com os valores praticados pelo mercado" (art. 23). A referência fundamental para a formação do orçamento estimativo, é, pois, o mercado em que se insere o objeto específico da contratação. Mercado é sistema formado por um conjunto de fornecedores e por um conjunto de demandantes que se relacionam por certas normas específicas e próprias, que lhes conferem identidade particular (mercado imobiliário, mercado automobilístico, mercado de locações etc.). As informações que orientarão a configuração do contrato público, inclusive no que diz respeito ao orçamento estimativo, serão deduzidas do mercado. O orçamento estimativo é indispensável ação de planejamento, que deve ser executada de modo eficiente, eficaz e adequado. A Lei estabelece parâmetros referenciais que devem ser observados para a elaboração dos orçamentos estimativos no art. 23. São parâmetros para a elaboração de orçamento estimativo para a contratação de compras (art. 23, §2º):

> No processo licitatório para aquisição de bens e contratação de serviços em geral, conforme regulamento, o valor estimado será definido com base no melhor preço aferido por meio da utilização dos seguintes parâmetros, adotados de forma combinada ou não:
> I – composição de custos unitários menores ou iguais à mediana do item correspondente no painel para consulta de preços ou no banco de preços em saúde disponíveis no Portal Nacional de Contratações Públicas (PNCP);
> II – contratações similares feitas pela Administração Pública, em execução ou concluídas no período de 1 (um) ano anterior à data da pesquisa de preços, inclusive mediante sistema de registro de preços, observado o índice de atualização de preços correspondente;
> III – utilização de dados de pesquisa publicada em mídia especializada, de tabela de referência formalmente aprovada pelo Poder Executivo federal e de sítios eletrônicos especializados ou de domínio amplo, desde que contenham a data e hora de acesso;
> IV – pesquisa direta com no mínimo 3 (três) fornecedores, mediante solicitação formal de cotação, desde que seja apresentada justificativa da escolha desses fornecedores e que não tenham sido obtidos os orçamentos com mais de 6 (seis) meses de antecedência da data de divulgação do edital;
> V – pesquisa na base nacional de notas fiscais eletrônicas, na forma de regulamento.

Para a elaboração de orçamento estimativo destinado à contratação de obras ou serviços de engenharia, os parâmetros legais são (art. 23, º 2º):

> No processo licitatório para contratação de obras e serviços de engenharia, conforme regulamento, o valor estimado, acrescido do percentual de Benefícios e Despesas Indiretas (BDI) de referência e dos Encargos Sociais (ES) cabíveis, será definido por meio da utilização de parâmetros na seguinte ordem:
> I – composição de custos unitários menores ou iguais à mediana do item correspondente do Sistema de Custos Referenciais de Obras (Sicro), para serviços e obras de infraestrutura de transportes, ou do Sistema Nacional de Pesquisa de Custos e Índices de Construção Civil (Sinapi), para as demais obras e serviços de engenharia;
> II – utilização de dados de pesquisa publicada em mídia especializada, de tabela de referência formalmente aprovada pelo Poder Executivo federal e de sítios eletrônicos especializados ou de domínio amplo, desde que contenham a data e a hora de acesso;
> III – contratações similares feitas pela Administração Pública, em execução ou concluídas no período de 1 (um) ano anterior à data da pesquisa de preços, observado o índice de atualização de preços correspondente;
> IV – pesquisa na base nacional de notas fiscais eletrônicas, na forma de regulamento.

A Administração Pública deve se valer de todos os meios legítimos para a apuração do orçamento de referência do objeto pretendido. Falhas na elaboração do orçamento estimativo podem produzir resultados desastrosos para o interesse público, como o superfaturamento e o subfaturamento de preços, com as consequências materiais e jurídicas deles decorrentes.

Sobre orçamento estimativo, assim tem se posicionado o Tribunal de Contas da União em importantes decisões para orientar o administrador público:

> É irregular, em licitações de obras e serviços de engenharia que prevejam o uso de recursos da União, a adoção de custos unitários de referência com valores superiores aos correspondentes no Sinapi ou no Sicro, mesmo que obtidos a partir de composições de outros sistemas oficiais de custos, sem a devida justificativa técnica (arts. 3º, 4º e 8º, parágrafo único, do Decreto nº 7.983/2013) (Acórdão nº 1003/2023-TCU-Plenário) (Auditoria, Relator Ministro Antonio Anastasia).
>
> Para fins do exercício do poder sancionatório do TCU, pode ser tipificada como erro grosseiro (art. 28 do Decreto-Lei nº 4.657/1942 – Lindb) a elaboração do orçamento estimado da licitação sem o dimensionamento adequado dos quantitativos e com base em pesquisa de mercado exclusivamente junto a potenciais fornecedores, sem considerar contratações similares realizadas pela Administração Pública, propiciando a ocorrência de substancial sobrepreço no orçamento do certame (Acórdão nº 3569/2023-TCU-Segunda Câmara (Representação, Relator Ministro-Substituto Marcos Bemquerer).
>
> As empresas que oferecem propostas com valores acima dos praticados pelo mercado, tirando proveito de orçamentos superestimados elaborados pelos órgãos públicos contratantes, contribuem para o superfaturamento dos serviços, sujeitando-se à responsabilização solidária pelo dano evidenciado (Acórdão nº 8497/2022-TCU-Segunda Câmara (Tomada de Contas Especial, Relator Ministro-Substituto Marcos Bemquerer)
>
> As pesquisas de preços para aquisição de bens e contratação de serviços em geral devem ser baseadas em uma "cesta de preços", devendo-se dar preferência para preços praticados no âmbito da Administração Pública, oriundos de outros certames. A pesquisa de preços feita exclusivamente junto a fornecedores deve ser utilizada em último caso, na ausência de preços obtidos em contratações públicas anteriores ou cestas de preços referenciais (Instrução Normativa Seges-ME 73/2020) (Acórdão nº 1875/2021-TCU-Plenário (Representação, Relator Ministro Raimundo Carreiro).
>
> É recomendável que a pesquisa de preços para a elaboração do orçamento estimativo da licitação não se restrinja a cotações realizadas junto a potenciais fornecedores, adotando-se, ainda, outras fontes como parâmetro, como contratações similares realizadas por outros órgãos ou entidades públicas, mídias e sítios eletrônicos especializados, portais oficiais de referenciamento de custos. Representação formulada por sociedade empresária apontar indícios de conluio em licitações realizadas no âmbito da Secretaria Executiva da Casa Civil da Presidência da República, da Secretaria de Direitos Humanos da Presidência da República e da Universidade Federal da Integração Latino-Americana. O relator, alinhado à análise da unidade técnica, concluiu pela improcedência da Representação tendo em vista que os questionamentos levantados pela representante não teriam se confirmado. Contudo, considerando a significativa redução observada nos valores contratados em relação aos valores estimados, "o que, por um lado, denotaria grande economia de recursos para a Administração Pública, mas, por outro, poderia indicar uma estimativa irreal ou mesmo uma contratação por quantia inexequível", determinou o relator a realização de diligência junto aos órgãos envolvidos a fim de obter justificativas para as estimativas realizadas. Ao analisar as informações apresentadas, observou o relator que a diferença acentuada entre o valor estimado e o contratado é uma questão recorrente na Administração Pública. Destacou a inadequação e a inconsistência das pesquisas de preços examinadas, que "não refletem a realidade praticada no mercado, sendo, pois, inadequadas para delimitar as licitações". Constatou ainda que, em muitos casos, a diferença entre a menor e a maior cotação se mostrou

desarrazoada, e que, nas pesquisas realizadas pela Administração Pública, as empresas "tendem a apresentar propostas de preços com valores muito acima daqueles praticados no mercado, retirando desse instrumento a confiabilidade necessária". Por fim, considerando a necessidade de aperfeiçoamento do processo de pesquisa de preços das contratações públicas, propôs o relator recomendar aos agentes públicos a observância do disposto no art. 2º da IN 5/2014 SLTI/MP, que "dispõe sobre os procedimentos administrativos básicos para a realização de pesquisa de preços", em conjunto com "ações efetivas de treinamento em formação e estimativa de preços" O Tribunal, nos termos propostos pelo relator, julgou a Representação improcedente e expediu recomendação à Secretaria de Logística e Tecnologia da Informação do Ministério do Planejamento Orçamento e Gestão, ao Conselho Nacional de Justiça, ao Conselho Nacional do Ministério Público, à Câmara dos Deputados, ao Senado Federal e ao Tribunal de Contas da União para que: a) "orientem os órgãos, entidades e secretarias administrativas que lhe estão vinculados ou subordinados sobre as cautelas a serem adotadas no planejamento de contratações (…), de modo a não restringir a pesquisa de preços às cotações realizadas junto a potenciais fornecedores, adotando também outros parâmetros, conforme previsto no art. 2º da IN SLTI/MP 5/2014, c/c o art. 15, inciso V, da Lei 8.666/1993"; e b) "promovam ações de treinamento e capacitação em formação e estimativa de preços, a partir de pesquisas feitas com fornecedores, em mídia e sítios especializados, em contratações similares de outros entes públicos e nos portais oficiais de referenciamento de custos, como forma de aperfeiçoar as diretrizes estabelecidas na IN 5/2014 da SLTI/MP e no 'Caderno de Logística – Pesquisa de Preços', publicado pelo Ministério do Planejamento, Orçamento e Gestão no Portal 'Comprasgovernamentais.gov.br'" (Acórdão nº 2.816/2014-Plenário, TC 000.258/2014-8, relator Ministro José Múcio Monteiro, 22.10.2014).

Na fixação dos valores de referência da licitação, além de pesquisas de mercado, devem ser contemplados os preços praticados por outros órgãos e entidades da Administração Pública, nos termos do art. 15, inciso V e §1º, da Lei 8.666/93.Representação apresentada por membro do Ministério Público junto ao TCU questionara possíveis irregularidades em pregão eletrônico para registro de preços lançado pela Universidade Federal de Juiz de Fora (UFJF), destinado à contratação de empresa especializada na prestação de serviços de produção de materiais gráficos e de conversão de conteúdo para leitura em meio digital. Entre as questões tratadas nos autos, a unidade técnica apontara a "ausência de ampla pesquisa de preços de mercado que retratasse de maneira fidedigna o valor de mercado dos bens e serviços licitados". O relator concordou que o valor estimado pela UFJF apresentava discrepância em relação ao da oferta vencedora (R$38 milhões para o lote 1 e R$11 milhões para o lote 2, diante da estimativa de R$64 milhões e R$22 milhões, respectivamente), mas não lhe pareceu possível afirmar, apenas com base no apontamento da unidade técnica, "que houve irregularidade no processo de levantamento de preços, mesmo porque, como se tem observado em processos semelhantes nesta Corte de Contas, não são raras as licitações em que diferenças desta ordem são observadas". Acreditou, além disso, que os potenciais lances mais vantajosos apresentados por empresas desclassificadas não deveriam ser usados como referencial de preço, uma vez que a maioria delas não manifestou intenção de recorrer da decisão que as excluiu do certame, "circunstância que fragiliza a integridade de suas propostas. Deste modo, não seria prudente utilizá-las como parâmetro para questionar os valores da contratação". O relator aduziu que os "atos de desclassificação e recusa de propostas potencialmente mais vantajosas, foram todos plenamente justificados, não se identificando vício nos motivos determinantes dos sobreditos atos", considerando importante "ressaltar, mais uma vez, que as empresas com propostas mais vantajosas não recorreram contra suas desclassificações". Destacou, por fim, como pertinência dos preços levantados no caso concreto, a existência de pregão eletrônico realizado pela Fundação Universidade de Brasília para a contratação dos mesmos serviços, "que, numa comparação entre as atas, obteve preços semelhantes ao pregão ora impugnado". Dessa forma, e considerando que não havia comprovação de que a UFJF houvesse efetuado o levantamento de preços em outros órgãos ou entidades públicas, o Tribunal, acolhendo os argumentos do relator, julgou suficiente para elucidar o ponto em questão dar ciência à universidade "acerca da necessidade de que as pesquisas de mercado, além de consultas junto a fornecedores, devem contemplar (...) preços contratados por outros órgãos ou entidades da Administração Pública", quando da fixação dos valores de referência, nos termos do art. 15, inciso V e §1º, da Lei 8.666/93 (Acórdão nº 694/2014-Plenário, TC nº 021.404/2013-5, relator Ministro Valmir Campelo, 26.03.2014).

A apresentação de cotações junto ao mercado é a forma preferencial de se justificar o preço em contratações sem licitação, podendo ser utilizados outros meios, caso aquela forma não seja possível ou não seja a mais adequada. Pedido de reexame interposto pelo Banco do Brasil questionara determinação endereçada à instituição financeira para que, ao contratar a Cobra Tecnologia S/A, com fulcro no art. 24, XXIII, da Lei 8.666/93, demonstrasse a compatibilidade dos preços a serem pagos com aqueles praticados no mercado, mediante o colhimento de, no mínimo, três cotações de preços de empresas do ramo. O relator destacou que o Estatuto das Licitações, apesar de exigir justificativa de preço em processo de dispensa, não fixou o modo como isso deveria ocorrer. Alertou que a despeito de "as cotações junto ao mercado sejam uma forma direta e objetiva de justificar os preços nas contratações sem licitação, poderá haver casos em que a adoção desse procedimento não seja possível ou não seja a mais adequada." Nesses casos, salientou que é possível a justificativa circunstanciada pelo interessado, consoante precedentes do TCU. Diante disso, e acolhendo sugestão do Ministro Raimundo Carreiro, o Tribunal deu provimento ao recurso para alterar a redação do subitem questionado para os seguintes termos: "o preço a ser pago deve ser compatível com aquele praticado no mercado, situação essa a ser comprovada pelo Banco do Brasil S/A mediante a juntada da documentação pertinente nos respectivos processos de dispensa, incluindo, no mínimo, três cotações de preços de empresas do ramo, pesquisa de preços praticados no âmbito de outros órgãos e entidades da Administração Pública ou justificativa circunstanciada caso não seja viável obter esse número de cotações, bem como fazendo constar do respectivo processo a documentação comprobatória pertinente aos levantamentos e estudos que fundamentaram o preço estimado" (Acórdão nº 522/2014-Plenário, TC 007.049/2004-6, relator Ministro Benjamin Zymler, 12.03.2014).

Na elaboração de orçamentos destinados às licitações, deve a administração desconsiderar, para fins de elaboração do mapa de cotações, as informações relativas a empresas cujos preços revelem-se evidentemente fora da média de mercado, de modo a evitar distorções no custo médio apurado e, consequentemente, no valor máximo a ser aceito para cada item licitado. Auditoria destinada a avaliar a conformidade das licitações e dos contratos celebrados pelo Cerimonial do Ministério das Relações Exteriores apontara possível sobrepreço na contratação, mediante pregão eletrônico, de serviços de buffet. Dentre os fatores incidentes para a conformação de sobrepreço, fora verificada a inclusão, na planilha de cotação, de preços, fornecidos por uma determinada sociedade empresária, significativamente diferentes dos apresentados pelas demais pesquisadas . Nesse ponto, anotou o relator que o fato "provocou significativa elevação dos preços médios e, por conseguinte, do valor máximo que veio a ser admitido pelo MRE no Pregão 3/2009". Exemplificando, destacou que, no lote de maior relevância econômica, cuja média apurada fora de R$215,00 por convidado, a média cairia para R$201,50 caso fosse excluída a cotação exorbitante. Em termos globais, a inclusão da empresa implicou na elevação em 16% no valor orçado. Nessas condições, concluiu o relator que "a inclusão da empresa no mapa de cotação elevou indevidamente a média e afetou negativamente a competição, ao permitir que os licitantes cotassem preços maiores que aqueles praticados por eles mesmos". Assim, o Plenário, acolhendo a proposta do relator, determinou ao Cerimonial do Ministério das Relações Exteriores, dentre outras medidas, que nas futuras licitações da espécie "deixe de considerar, para fins de elaboração do mapa de cotações, as informações relativas a empresas cujos preços revelem-se evidentemente fora da média de mercado (...) de modo a evitar distorções no custo médio apurado e, consequentemente, no valor máximo a ser aceito para cada item licitado" (Acórdão nº 2.943/2013-Plenário, TC 023.919/2012-4, relator Ministro Benjamin Zymler, 30.10.2013).

O orçamento estimativo é anexo obrigatório do instrumento convocatório, devendo ser submetido à publicidade, como regra geral. Contudo, a lei possibilita que a Administração Pública exerça prerrogativa discricionária de adotar a técnica de orçamento sigiloso. Nos termos do disposto no art. 24, desde que justificado, o orçamento estimado da contratação poderá ter caráter sigiloso, sem prejuízo da divulgação do detalhamento dos quantitativos e das demais informações necessárias para a elaboração das propostas".

Por intermédio do orçamento sigiloso, a Administração Pública se valerá da assimetria de informações para potencialmente – ao menos em tese – obter propostas mais vantajosas por parte dos licitantes. A racionalidade do orçamento estimativo é a de presumir que os licitantes, como desconhecem o orçamento-base elaborado pela Administração, têm o ônus processual de elaborar suas propostas (com detalhamento em custos unitários) fundados em sua específica realidade fático-material.[53]

Confira-se precedentes do Tribunal de Contas da União acerca de orçamento sigiloso:

> No âmbito do RDC, a violação do sigilo do orçamento base da licitação por um dos licitantes motiva a desclassificação da sua proposta, podendo a licitação prosseguir caso não haja indícios de que os demais licitantes tenham tido acesso ao orçamento sigiloso (Acórdão nº 10572/2017-TCU-Primeira Câmara, Pedido de Reexame, Relator Ministro Benjamin Zymler). Nas licitações realizadas pelas empresas estatais, ainda que o valor estimado da contratação seja sigiloso, qualquer modificação no orçamento estimativo que envolva o detalhamento dos quantitativos e as demais informações necessárias para a elaboração das propostas deve ser objeto de divulgação nos mesmos termos e prazos dos atos e procedimentos originais, ensejando a reabertura do prazo para apresentação das propostas, nos termos do art. 39, parágrafo único, da Lei 13.303/2016 (Acórdão nº 3059/2016-TCU-Plenário (Representação, Relator Ministro Benjamin Zymler).

---

[53] Não é incomum que, quando divulgado o orçamento estimativo como parte integrante do instrumento convocatório os licitantes não se desincumbam do ônus de elaborar seus próprios e particulares orçamentos, e apenas operem na disputa licitatória formulando propostas de desconto sobre o valor do orçamento-base da Administração, elevando os riscos de inviabilidade de execução contratual adequada.

4.7.2.5 Elaboração do edital de licitação

O instrumento convocatório é o ato administrativo normativo que deve conter todas as informações necessárias à elaboração das propostas pelos licitantes, as regras concernentes à participação e à disputa pública e as regras relativas ao complexo de deveres e direitos relacionados com a realização do objeto da contratação. Deve, como visto, ser precedido de completo e suficiente planejamento, com a antecipação de todas as circunstâncias contingenciais com as quais pode se deparar o órgão julgador (agente de contratação, comissão de contratação ou pregoeiro). Demanda, pois, maturação e qualificação técnica para que seja elaborado sob o primado da eficiência e da eficácia. A propósito, o órgão decisório (agente ou comissão de contratação ou pregoeiro) da licitação deve ter no instrumento convocatório uma ferramenta útil e completa para a resolução dos conflitos de interesses no curso do processo da licitação. O instrumento convocatório é documento fundamental do processo da licitação e da contratação pública, pois reúne todas as informações necessárias tanto para o processamento da disputa pública como para a execução do objeto da contratação – não se olvide que a Lei nº 14.133/21 consagrou um princípio expresso para atestar a sua relevância, o princípio da vinculação ao instrumento convocatório. Tal implica considerar que todas as decisões administrativas da fase externa do certame licitatório deverão ser adotadas com fundamento nas regras nele estabelecidas.

Todas as definições administrativas na fase interna da licitação serão contempladas no instrumento convocatório. O conteúdo mínimo do instrumento convocatório deverá contemplar as regras indispensáveis para a plena satisfação da necessidade contratual, as regras da disputa licitatória e a suficiente e adequada previsão de regras relativas à gestão e execução contratual.

4.7.2.6 Elaboração de minuta de contrato, quando necessária, que constará obrigatoriamente como anexo do edital de licitação

Um dos elementos integrantes do instrumento convocatório (anexo obrigatório dele) é a minuta do futuro contrato a ser celebrado. O contrato administrativo é o principal instrumento (juntamente com o instrumento convocatório) para a excelência do controle (gestão e fiscalização) da execução contratual. Trata-se de verdadeiro roteiro material que referenciará os agentes públicos envolvidos no controle da execução, daí a importância da precisão de sua elaboração. Todos os aspectos relevantes da contratação devem ser previstos no contrato. Assim, os agentes públicos designados para a elaboração da minuta do contrato devem realizar uma análise racional e tecnicamente consistente, com juízo de previsibilidade objetiva, para fazer constar do instrumento todas as obrigações reputadas indispensáveis à satisfação da necessidade pública. Trata-se, sob certo ângulo, de verdadeiro juízo de antecipação de situações de fato e de direito que potencialmente podem se verificar no curso da licitação ou ao longo do prazo de execução. Inúmeros e por vezes graves problemas enfrentados no curso da licitação ou da execução de um contrato administrativo decorrem da falta de previsibilidade objetiva daquilo que poderia ter sido previsto pelos responsáveis pela configuração do instrumento convocatório e do contrato – daí a relevância de um planejamento e maturação da estrutura material e jurídica deles.

Compete, pois, aos agentes públicos, juízo de previsibilidade objetiva e de antecipação de situações materiais e jurídicas para transformar em regras contratuais toda e qualquer situação fático-jurídica que puder ser objeto de regramento prévio, evitando que conflitos de interesses ou questões complexas tenham que ser resolvidas casuisticamente e de forma aleatória quando se evidenciarem no curso da execução do contrato. O conteúdo mínimo referencial do contrato administrativo está previsto no artigo 92 da Lei nº 14.133/21, que dispõe sobre as suas cláusulas necessárias.

4.7.2.7 O regime de fornecimento de bens, de prestação de serviços ou de execução de obras e serviços de engenharia, observados os potenciais de economia de escala

A expressão regime de execução, em sentido amplo, pode ser interpretada como forma pela qual será cumprido o encargo contratual e forma pela qual será apurado e realizado o dever de pagamento. A escolha do regime de execução é uma das definições do planejamento que pode influenciar na execução contratual. Em certa medida, o regime de execução relaciona-se com a forma pela qual se dará a contratação em relação aos pagamentos devidos pela execução do contrato – vale dizer: como será aferido o valor devido ao contratado em relação ao conjunto de obrigações que constitui o encargo contratual. A definição do regime de execução, informa Renato Geraldo Mendes, "gira em torno da definição de como o particular vai fixar o valor da sua remuneração, de acordo com o encargo total do empreendimento ou com base em unidades específicas de medida em razão do encargo que irá executar".[54]

No que diz com contratos de compra de bens, o regime de execução é o modo pelo qual se dará o fornecimento. Implica definição sobre entrega integral, parcelada, condições de transporte, locais de entrega, condições de embalagem, entre outros.

No que diz com obras, serviços de engenharia ou serviços, a Lei nº 14.133/21 prevê os seguintes (art. 46):

I – empreitada por preço unitário;
II – empreitada por preço global;
III – empreitada integral;
IV – contratação por tarefa;
V – contratação integrada;
VI – contratação semi-integrada;
VII – fornecimento e prestação de serviço associado.

Empreitada por preço unitário é aquela em que se contrata certo objeto por preço certo de unidades determinadas. Este regime tem aplicação sempre que os quantitativos a serem executados não puderem ser definidos com boa margem de precisão, ou não puderem ser previamente identificados. São exemplos de contratações pelo regime

---

[54] *Op. cit.*, p. 200.

de empreitada por preço unitário: perfuração de poço artesiano, terraplenagem de terrenos, entre outros. O pagamento ao contratado é feito com base nas unidades de serviços efetivamente executadas, por preços unitários previamente definidos na planilha orçamentária e no contrato celebrado. A imprecisão de quantitativos, natural em certas espécies contratuais, traz como consequência a necessidade de um controle da execução contratual mais efetivo, detalhado e completo, uma vez que somente poderão ser pagos quantitativos de fato executados. O contratado recebe apenas por quantidades executadas, pelo preço unitário contratualmente definido. Registre-se precedentes do Tribunal de Contas da União sobre este regime de execução:

> A empreitada por preço global deve ser adotada quando for possível definir previamente no projeto, com boa margem de precisão, as quantidades dos serviços a serem executados; enquanto a empreitada por preço unitário deve ser preferida para objetos que, por sua natureza, não permitam a precisa indicação dos quantitativos orçamentários (Acórdão nº 1978/2013-TCU-Plenário).
> 20.A precisão da medição dos quantitativos é muito mais crítica no regime de empreitada por preço unitário do que em contratos a preços globais, visto que as quantidades medidas no campo devem ser exatas, pois corresponderão, de fato, às quantidades a serem pagas. Portanto, as equipes de medição do proprietário devem ser mais cuidadosas e precisas em seus trabalhos, porque as quantidades medidas definirão o valor real do projeto.
> 21.O valor final do contrato sob o regime de empreitada por preço unitário pode oscilar para mais ou para menos, em relação ao originalmente contratado, em função da precisão das estimativas de quantitativos dos serviços.
> 22.Entende-se que na empreitada por preço unitário, pequenas variações de quantitativos de alguns serviços, para mais ou para menos, não demandam a formalização de um aditivo, desde que o valor final executado fique inferior ao valor contratado originalmente. Em que pese haver alguns precedentes do Tribunal contrários a tal entendimento, por exemplo, os Acórdãos Plenários 282/2008 e 1655/2010, considera-se que o pagamento dos serviços com pequenas discrepâncias em relação aos quantitativos originalmente estimados não infringe o art. 60 da Lei 8.666/93 e não pode ser caracterizado como contrato verbal. Afinal, há um contrato previamente formalizando o ajuste e, na empreitada por preço unitário, os quantitativos presentes na planilha orçamentária poderão variar para mais ou para menos, pois apenas os preços unitários foram ajustados entre as partes (Acórdão nº 1977/2013-TCU-Plenário)

Empreitada por preço global é regime de execução de obras ou de serviços por preço certo e total. Esse regime é indicado quando os quantitativos dos serviços a serem executados puderem ser definidos com boa margem de precisão. A possibilidade de definição, com boa margem de precisão dos quantitativos a serem contratados exige definição também precisa de todos os elementos de uma outra ou de um serviço, com margens mínimas de imprecisão. Por isso, pressupõe uma definição minuciosa de todos os componentes da obra, de modo que seus custos possam ser estimados com uma margem mínima de incerteza. São exemplos de contratação pelo regime de empreitada por preço global: construção de um prédio com definição completa em projeto básico; ou contratação de serviços de limpeza de certo e definido prédio. No caso de empreitada por preço global, a remuneração da contratada é feita após a execução de cada etapa, previamente definida no cronograma físico-financeiro. As medições de campo das quantidades realizadas devem ser precisas apenas o suficiente para definir o percentual executado do projeto. Essa particularidade facilita a fiscalização da obra, já que esse critério de medição não envolve necessariamente o levantamento preciso dos quantitativos dos serviços executados.[55]

Sobre o regime de empreitada por preço global assim tem se posicionado o Tribunal de Contas da União:

> 12. O artigo 47 da Lei 8.666/1993 exige que, nas contratações por preço global, a Administração disponibilize, junto com o edital, todos os elementos e informações necessários para que os licitantes possam elaborar suas propostas de preços com total e completo conhecimento do objeto licitado. Em outras palavras, deve haver projeto básico com alto grau de detalhamento, com o objetivo de minimizar os riscos a serem absorvidos pela contratada durante a execução contratual, o que resulta, por conseguinte, em menores preços ofertados pelos licitantes. A contratada poderá arcar com eventuais erros ou omissões na quantificação dos serviços, situação em que, em regra, não teria direito a aditivos contratuais de quantidades em caso de quantitativos subestimados por erro que pudesse ter sido detectado durante o processo licitatório.
>
> 13. Na empreitada por preço global, a remuneração da contratada é feita após a execução de cada etapa, previamente definida no cronograma físico-financeiro. As medições de campo das quantidades realizadas devem ser precisas apenas o suficiente para definir o percentual executado do projeto. Essa particularidade facilita a fiscalização da obra, já que esse critério de medição não envolve necessariamente o levantamento preciso dos quantitativos dos serviços executados.
>
> 14. Além disso, cabe ao fiscal assegurar a execução da obra em absoluta conformidade com o projeto e as especificações técnicas. Nesse sentido, não podem ser admitidos pagamentos por serviços executados em desconformidade com o estipulado, ensejando superfaturamento por serviços não executados ou por qualidade deficiente. (Acórdão nº 1977/2013-TCU-Plenário).
>
> É legítima a contratação conjunta de serviços terceirizados, sob gestão integrada da empresa contratada, no regime de empreitada por preço global e com enfoque no controle qualitativo ou de resultado, devendo a Administração, na fase de planejamento da contratação, estabelecer a composição dos custos unitários de mão de obra, material, insumos e equipamentos, bem como realizar preciso levantamento de quantitativos, em conformidade com o art. 7º, §2º, inciso II, c/c o art. 40, §2º, inciso II, da Lei 8.666/1993, o art. 9º, §2º, do Decreto 5.450/2005 e a Instrução Normativa Seges/MPDG 5/2017 (Acórdão nº 2443/2018-TCU-Plenário, Tomada de Contas Especial, Relator Ministro Walton Alencar Rodrigues).
>
> A definição do critério de aceitabilidade dos preços unitários e global nos editais para a contratação de obras, com a fixação de preços máximos para ambos, é obrigação e não faculdade do gestor (Súmula TCU 259), ainda que se trate de empreitada por preço global. Essa obrigação tem por objetivo mitigar a ocorrência dos riscos associados tanto ao "jogo de cronograma" quanto ao "jogo de planilha" (Acórdão nº 1695/2018-TCU-Plenário, Tomada de Contas Especial, Relator Ministro Vital do Rêgo).
>
> Em contratos executados mediante o regime de empreitada por preço global, excepcionalmente podem ser ajustados termos aditivos nos casos em que, por erro da Administração, houver subestimativas ou superestimativas relevantes nos quantitativos do orçamento-base da

---

[55] Tribunal de Contas da União. Acórdão nº 1977/12.

licitação, desde que observados os critérios definidos no Acórdão 1977/2013-TCU-Plenário (Acórdão nº 291/2016-TCU-Plenário, Auditoria, Relatora Ministra Ana Arraes).

No contrato por regime de empreitada por preço global, a ausência de pessoal por motivo de férias ou saúde não pode ensejar glosa parcial, como contrato em regime de preço unitário fosse, especialmente se não há qualquer prejuízo ao serviço. Em situações da espécie, o máximo que se admite é a aplicação de multa contratual. Acórdão 2636/2014-TCU-Plenário, TC Processo 017.005/2008-8, relator Ministro Aroldo Cedraz, 8/10/2014

O regime de empreitada por preço global é compatível com a realização de medições mensais, para o pagamento de serviços executados O TCU, mediante representação, examinou possíveis irregularidades na Concorrência nº 172/2010, levada à efeito pelo Serviço Social da Indústria – Departamento Regional no Espírito Santo – (Sesi/DR-ES) e destinada à contratação de empresa para construção do Centro Integrado do Sesi/Senai na cidade de Anchieta/ES. Dentre tais irregularidades, constou a previsão da realização de medições mensais dos serviços executados, o que seria, aparentemente, incompatível com o regime de empreitada por preço global, implicitamente adotado no certame, para o qual as medições deveriam ser efetuadas por eventos, no entender da unidade instrutiva. Para o relator, todavia, não haveria incompatibilidade entre tal regime e a feitura de medições, conforme jurisprudência do próprio TCU. Segundo ele, "as medições – que podem até ser mensais – são necessárias para verificar o andamento das etapas previstas da obra ou do serviço e evitar que haja pagamentos antecipados ou indevidos". No caso concreto, em que sequer teria havido a elaboração de cronograma das obras, teria sido necessário "definir, prévia e objetivamente, as etapas previstas para execução da obra, mediante a apresentação de memorial descritivo ou cronograma físico-financeiro detalhado", o que, de fato, não ocorrera. Contudo, apesar de considerar regular o uso de medições combinado com o regime de empreitada por preço global, em razão de diversas outras irregularidades, entendeu ser a providência mais adequada determinar ao Sesi/DR-ES a adoção das providências com vistas à anulação da Concorrência nº 172/2010, apresentando voto nesse sentido, no que contou com a anuência do Plenário. Precedentes citados: Acórdãos nºs os 1998/2008 e 81/2010 e Decisão 535/2000, todos do Plenário (Acórdão nº 534/2011-Plenário).

Empreitada integral é regime de execução destinado à contratação de empreendimento em sua integralidade, compreendida a totalidade das etapas de obras, serviços e instalações necessárias, sob inteira responsabilidade do contratado até sua entrega ao contratante em condições de entrada em operação, com características adequadas às finalidades para as quais foi contratado e atendidos os requisitos técnicos e legais para sua utilização com segurança estrutural e operacional. Deve ser utilizado apenas para contratação de objetos dotados de complexa especificidade, hipótese na qual, em razão dos riscos envolvidos, a necessidade pública não pode ser satisfeita mediante somatória de diversas contrações autônomas e independentes realizadas com contratados diversos. Sobre o regime de empreitada integral, alguns precedentes do Tribunal de Contas da União:

O regime de empreitada integral previsto no art. 6º, inciso VIII, alínea e, da Lei 8.666/1993 deve ser considerado na condução de projetos de vulto e complexos, em que a perfeita integração entre obras, equipamentos e instalações se mostre essencial para o pleno funcionamento do empreendimento, a exemplo de obras em hidrelétricas. A adoção desse regime em obra pública fora dessas circunstâncias pode ferir o princípio do parcelamento, ao incluir no escopo a ser executado por empresa de construção civil itens que poderiam ser objeto de contratação à parte, como equipamentos e mobiliário (Acórdão nº 711/2016-TCU-Plenário). Em contratação sob o regime de empreitada integral, a celebração de aditivo contratual somente é admitida sob condições especiais, decorrentes de fatos imprevisíveis. Eventuais imprecisões no projeto básico não são motivo para correção por meio de aditivo, porquanto constituem riscos que se inserem na álea contratual ordinária, os quais são assumidos pelo contratado (Acórdão nº 1194/2018-TCU-Plenário).

O regime de tarefa serve para contratação de mão de obra para pequenos trabalhos por preço certo, com ou sem fornecimento de materiais, como troca de fechaduras, troca de vidros, entre outros.

A contratação semi-integrada é regime de contratação de obras e serviços de engenharia em que o contratado é responsável por elaborar e desenvolver o projeto executivo, executar obras e serviços de engenharia, fornecer bens ou prestar serviços especiais e realizar montagem, teste, pré-operação e as demais operações necessárias e suficientes para a entrega final do objeto. Neste regime de execução, a definição da solução técnica de obra ou de serviço de engenharia constitui encargo da Administração contratante e será materializada em um projeto básico. Com base no projeto básico da obra ou serviço de engenharia o contratado se obriga a elaborar o projeto executivo respectivo. Projeto executivo é, por definição legal, o conjunto de elementos necessários e suficientes à execução completa da obra, com o detalhamento das soluções previstas no projeto básico, a identificação de serviços, de materiais e de equipamentos a serem incorporados à obra, bem como suas especificações técnicas, de acordo com as normas técnicas pertinentes. É regime de execução que somente pode ser utilizado para licitar obras e serviços de engenharia dotados de complexidade, cujo objeto envolva montagem, testes, pré-operações e operações para a satisfação da necessidade pública.

O regime de contratação integrada é aquele destinado para a contratação de obras e serviços de engenharia em que o contratado é responsável por elaborar e desenvolver os projetos básico e executivo, executar obras e serviços de engenharia, fornecer bens ou prestar serviços especiais e realizar montagem, teste, pré-operação e as demais operações necessárias e suficientes para a entrega final do objeto. Atente-se para que, neste regime de execução, a definição da solução técnica para atender a necessidade pública é feita pelo contratado, que se encarrega da elaboração do projeto básico da obra ou do serviço de engenharia. À toda vista trata-se de técnica contratual destinada à prospecção do mercado, possibilitando que os agentes econômicos apresentem soluções técnicas inovadoras ou desconhecidas da Administração. Este regime de execução somente tem cabimento para (i) contratar obras ou serviços de engenharia dotados de grande complexidade e especificidade, (ii) quando faltar capacidade técnica para a Administração definir a solução contratual mais ajustada à necessidade pública, e (iii) quando potencialmente existir no mercado mais de uma solução que possa satisfazer esta necessidade. A premissa central é a de que os licitantes têm condições de encontrar as soluções mais eficientes, eficazes e econômicas para a Administração Pública. Sobre o tema, já decidiu o Tribunal de Contas da União:

A opção pelo regime de contratação integrada com base na possibilidade de execução com diferentes metodologias, art. 9º, inciso II, da Lei 12.462/2011, (i) se restringe às situações em que as características do objeto permitam que haja real competição entre as licitantes para a concepção de metodologias e tecnologias distintas, que levem a soluções capazes de serem aproveitadas vantajosamente pelo Poder Público, no que refere a competitividade, prazo, preço e qualidade, em relação a outros regimes de execução, especialmente a empreitada por preço global; e (ii) deve estar fundamentada em análise comparativa com contratações já concluídas ou outros dados disponíveis, procedendo-se à quantificação, inclusive monetária, das vantagens e desvantagens da utilização do regime de contratação integrada, sendo vedadas justificativas genéricas, aplicáveis a qualquer empreendimento, e sendo necessária a justificativa circunstanciada no caso de impossibilidade de valoração desses parâmetros. (Acórdão nº 2725/2016-TCU-Plenário)

É contrária à Lei 12.462/2011 a utilização da contratação integrada fundamentada na possibilidade de execução do objeto com diferentes metodologias, nos termos do seu art. 9º, inciso II, quando essa variação metodológica for irrelevante ou sequer ponderada pela Administração no processo de escolha do contratado. Acórdão 2075/2018-TCU-Plenário.

É lícita a realização de licitação, pelo regime de contratação integrada do RDC, para execução de obras e serviços de engenharia com solução construtiva previamente definida, passível de ser executada com metodologias distintas (art. 9º, inciso II, da Lei 12.462/2011) (Acórdão nº 1910/2018-TCU-Plenário).

Na contratação integrada do RDC, eventuais ganhos ou encargos oriundos das soluções adotadas pelo contratado na elaboração do projeto básico devem ser auferidos ou suportados única e exclusivamente pelo particular, independentemente da existência de uma matriz de riscos disciplinando a contratação. Eventuais omissões ou indefinições no anteprojeto, em regra, não ensejam a celebração de termos de aditamento contratual, pois anteprojeto não é projeto básico (Acórdão nº 2591/2017-TCU-Plenário).

Na contratação integrada regida pela Lei 12.462/2011 (RDC), o risco inerente ao desenvolvimento do projeto básico é inteiramente alocado ao particular, não havendo permissão legal para assinatura de aditivos por conta de eventuais imprecisões ou omissões do anteprojeto (Acórdão nº 831/2023-TCU-Plenário).

É contrária à Lei 12.462/2011 a utilização da contratação integrada fundamentada na possibilidade de execução do objeto com diferentes metodologias, nos termos do seu art. 9º, inciso II, quando essa variação metodológica for irrelevante ou sequer ponderada pela Administração no processo de escolha do contratado (Acórdão nº 2075/2018-TCU-Plenário).

A opção pelo regime de contratação integrada com base na possibilidade de execução com diferentes metodologias (art. 9º, inciso II, da Lei 12.462/2011) deve ser fundamentada em estudos objetivos que a justifiquem técnica e economicamente e considerem a expectativa de vantagens quanto a competitividade, prazo, preço e qualidade em relação a outros regimes de execução, especialmente a empreitada por preço global, e, entre outros aspectos e quando possível, considerem a prática internacional para o mesmo tipo de obra, sendo vedadas justificativas genéricas, aplicáveis a qualquer empreendimento (Acórdão nº 1388/2016-TCU-Plenário).

No regime de contratação integrada, os contratados deverão elaborar o projeto básico com lastro nas informações constantes de anteprojeto de engenharia.

O anteprojeto de engenharia é constituído por um conjunto de informações, elementos técnicos e documentos que servirão para a definição posterior da melhor e mais adequada solução técnica, inclusive sob a premissa da avaliação da viabilidade técnica, econômica, social, financeira, orçamentária e ambiental.

Trata-se, assim, de providência que antecede a elaboração do projeto básico.

No sistema da Lei nº 14.133/21 é clara outra função para o anteprojeto de engenharia. A de servir de referência para a elaboração do projeto básico, por parte do contratado, quando o regime de execução escolhido para o contrato for o de contratação integrada.

Nos termos do disposto no art. 46, §2º, "a Administração é dispensada da elaboração de projeto básico nos casos de contratação integrada, hipótese em que deverá ser elaborado anteprojeto de acordo com metodologia definida em ato do órgão competente".

Uma referência importante para a aferição do conceito e do conteúdo do anteprojeto de engenharia é a norma técnica nº IBR 006/2016, editada pelo IBRAOP – Instituto Brasileiro de Obras Públicas.

Segundo referida norma, anteprojeto de engenharia é "a representação técnica da opção aprovada em estudos anteriores, para subsidiar a elaboração do Projeto Básico, apresentado em desenhos em número, escala e detalhes suficientes para a compreensão da obra planejada, contemplando especificações técnicas, memorial descritivo e orçamento estimativo, e deve ser elaborado como parte da sequência lógica das etapas que compõem o desenvolvimento de uma obra, precedido obrigatoriamente de estudos preliminares, programa de necessidades e estudo de viabilidade".

Nos termos, também da norma, o conteúdo do anteprojeto de engenharia deve ser o seguinte:

> O anteprojeto de engenharia e seus correspondentes estudos preliminares devem conter as condições de contorno, as informações e os requisitos técnicos destinados a possibilitar a caracterização do objeto contratual e a visão global do empreendimento, incluindo, no que couber: a) programa de necessidades;
> b) nível de serviço desejado;
> c) identificação e titularidade de terrenos;
> d) condições de solidez, segurança, durabilidade e prazo de entrega da obra;
> e) levantamentos preliminares que embasaram a concepção adotada, tais como geológicos, geotécnicos, hidrológicos, batimétricos, topográficos, sociais, ambientais e cadastrais, conforme o caso;
> f) desenhos preliminares da concepção da obra;
> g) parâmetros de adequação ao interesse público, à economia na utilização, à facilidade na execução, aos impactos ambientais e à acessibilidade;
> h) previsão de utilização de produtos, equipamentos e serviços que, comprovadamente, reduzam o consumo de energia e de recursos naturais;
> i) projetos anteriores, caso existam e sejam de interesse para demonstrar a solução pretendida;
> j) diagnóstico ambiental da área de influência do projeto, incluindo a avaliação do passivo ambiental, o estudo dos impactos ao meio ambiente e as prováveis medidas mitigadoras ou compensatórias, conforme o caso; k) avaliação de impactos de vizinhança, quando exigida pela legislação aplicável;
> l) proteção do patrimônio cultural, histórico, arqueológico e imaterial, inclusive por meio da avaliação do impacto direto ou indireto causado pelas obras contratadas, quando exigida pelas legislações aplicáveis;

m) memorial descritivo da obra, indicando os componentes construtivos e os materiais de construção a serem empregados, de forma a estabelecer padrões mínimos para a contratação;
n) estudo de tráfego, no caso de vias terrestres; e
o) compatibilidade com o Plano Diretor e com o Plano de Saneamento Básico, no caso de obras de saneamento básico.

As soluções técnicas, tais como definição de materiais e equipamentos a serem empregados, dimensionamento de estruturas e componentes da obra e metodologias executivas, são elementos obrigatórios do anteprojeto quando assim definidos no instrumento convocatório, constituindo-se em obrigações de meio. Em caso contrário, podem ser estabelecidas posteriormente à licitação, no projeto básico.

As especificações técnicas atinentes às características finais do produto, tais como dimensões, acabamentos, qualidade e desempenho, por se constituírem em obrigações de resultado (finalísticas) devem estar previamente definidas no edital, o qual também deverá explicitar quais dessas características poderão ser alteradas quando da elaboração do projeto básico.

É indispensável, pois, a elaboração de anteprojeto de engenharia com nível de precisão adequado para subsidiar a elaboração do projeto básico no caso de contratação integrada.

Regime de fornecimento com fornecimento e prestação de serviço associado é o regime de contratação em que, além do fornecimento do objeto, o contratado responsabiliza-se por sua operação, manutenção ou ambas, por tempo determinado. Este regime envolve obrigações de dupla dimensão por parte do contratado. Uma obrigação de dar – fornecer certo e determinado objeto –, e uma obrigação de fazer — prestar serviços de operação e/ou de manutenção. Embora a designação legal da obrigação de dar faça pela expressão "fornecimento", levando à *prima facie* à interpretação de que teria aplicação apenas no caso de contratações destinadas à compra de objeto, este regime pode ser utilizado para a contratação de obras. Tal se conclui pela interpretação sistemática entre a norma contida no art. 6º, XXXIV (que contempla o conceito do regime de contratação) e aquela contida no art. 113, que faz alusão expressa à sua utilização para contratação de obra ("o contrato firmado sob o regime de fornecimento e prestação de serviço associado terá sua vigência máxima definida pela soma do prazo relativo ao fornecimento inicial ou à entrega da obra"). O serviço associado pode ser tanto de operação – condutas necessárias para utilização do objeto para a finalidade que deu causa à contratação –, como de manutenção – condutas necessárias para o cuidado com vistas à conservação e preservação do objeto, visando ao seu bom funcionamento.

4.7.2.8 A modalidade de licitação, o critério de julgamento, o modo de disputa e a adequação e eficiência da forma de combinação desses parâmetros, para os fins de seleção da proposta apta a gerar o resultado de contratação mais vantajoso para a Administração Pública, considerado todo o ciclo de vida do objeto

Como tratado no capítulo 3, modalidade de licitação é o instrumento jurídico que será utilizado para veicular uma disputa licitatória. A Lei prevê as modalidades de pregão, concorrência, leilão, concurso e diálogo competitivo. A escolha da modalidade de licitação se dá em razão da natureza do objeto contratual ou da natureza da relação contratual.

Em relação à natureza do objeto, a Administração pode se valer das modalidades de pregão, concorrência, concurso ou diálogo competitivo.

Pregão é modalidade para licitar a contratação de bens e serviços comuns. Bens e serviços comuns são aqueles cujos padrões de desempenho e qualidade podem ser objetivamente definidos pelo edital, por meio de especificações usuais de mercado (art. 6º, XIII). Não se confundem com objetos simples. Bens ou serviços complexos podem ser considerados comuns. A concorrência, por seu turno, é modalidade para licitar a contratação de bens ou serviços especiais, obras de engenharia ou serviços especiais de engenharia. A Lei define bens ou serviços especiais como aqueles que, por sua alta heterogeneidade ou complexidade, não podem ser descritos como comuns (art. 6º, XIV) – objetos dotados de elevada complexidade, ou que possam ser realizados de modo diverso pelos agentes econômicos que operam no mercado em que se insere. A distinção ente objetos comuns e objetos especiais, para fins de escolha de modalidade licitatória, é de competência e atribuição do setor técnico do órgão ou entidade pública.[56]

Conquanto exista distinção normativa entre pregão e concorrência, é preciso observar que se tratam de modalidades licitatórias idênticas, quando o critério de julgamento for o de menor preço. Explica-se. Nos termos da Lei nº 14.133/21, tanto o pregão como a concorrência devem estrita observância à mesma sequência de fases procedimentais. Dispõe a Lei que "a concorrência e o pregão seguem o rito procedimental comum a que se refere o art. 17:

> Art. 17. O processo de licitação observará as seguintes fases, em sequência:
> I – preparatória;
> II – de divulgação do edital de licitação;
> III – de apresentação de propostas e lances, quando for o caso;
> IV – de julgamento;
> V – de habilitação;
> VI – recursal;
> VII – de homologação.

Além de seguirem rito procedimental idêntico, tanto a licitação veiculada por pregão como aquela veiculada por concorrência adotará obrigatoriamente o modo de disputa aberto, o modo de disputa fechado ou o modo combinado. Modo de disputa é uma sistemática que diz respeito à forma e oportunidade de apresentação de propostas de preço na licitação.

---

[56] Registre-se a posição do Tribunal de Contas do Mato Grosso a este respeito:
Licitação. Pregão. Serviços comuns de engenharia. Pavimentação asfáltica em TSD. Atestado técnico.
1. A depender do caso concreto, o serviço de pavimentação asfáltica em TSD pode ser licitado por meio de pregão, desde que não caracterize complexidade a demandar elaboração de projetos e realização de estudos específicos, enquadrando--se na contratação de "serviço comum de engenharia".
2. Para adotar o pregão como procedimento licitatório de serviços de engenharia, a Administração deve determinar ao setor de engenharia, ou engenheiro responsável pelo projeto, a emissão de atestado técnico ou parecer que constate ser o objeto da licitação pode ser qualificado como "serviço comum de engenharia", nos moldes do Decreto Federal 10.024/2019.
(Representação de Natureza Externa. Relator: Conselheiro Sérgio Ricardo. Acórdão nº 81/2023-Plenário Virtual. Julgado em 17.02.2023. Publicado no DOC/TCE-MT em 02.03.2023. Processo nº 36.854-7/2018).

Pelo modo aberto, os licitantes apresentarão suas propostas por meio de lances públicos e sucessivos, crescentes ou decrescentes; pelo modo fechado, as propostas formuladas pelos licitantes permanecerão em sigilo até a data e hora designadas para sua divulgação. Pelo modo combinado, o mesmo certame adotará os modos fechado e aberto ou vice e versa. Para fins didáticos e melhor compreensão, por analogia, entenda-se que o modo aberto equivale à sistemática do pregão de que trata (tratava) a Lei nº 10.520/02 – disputa licitatória com fase de lances formulados pelos licitantes. E o modo fechado equivale à sistemática da concorrência de que trata (tratava) a Lei nº 8.666/93 – com oportunidade única para formulação de proposta de preço pelos licitantes.

Ocorre que há norma legal (art. 56, §1º) determinando que "a utilização isolada do modo de disputa fechado será vedada quando adotados os critérios de julgamento de menor preço ou de maior desconto". Ou seja, quando o critério de julgamento for o de menor preço ou maior desconto, obrigatoriamente a licitação – pregão ou concorrência – terão etapa de lances. A sistemática legal leva à inelutável conclusão no sentido de que pregão e concorrência, quando o critério de julgamento for o de menor preço ou maior desconto, não tem nenhuma diferença sob o aspecto material – são modalidades de licitação idênticas. Outra conclusão evidente é que a vedação contida no art. 29, parágrafo único da Lei não tem nenhum sentido lógico-jurídico: "o pregão não se aplica às contratações de serviços técnicos especializados de natureza predominantemente intelectual e de obras e serviços de engenharia" (exceto no caso de serviços comuns de engenharia). Esta vedação legal somente tem algum sentido no caso de licitações veiculadas com adoção do critério de julgamento de melhor técnica ou técnica e preço.

4.7.2.9 Motivação circunstanciada das condições do edital, tais como justificativa de exigências de qualificação técnica, mediante indicação das parcelas de maior relevância técnica ou valor significativo do objeto, e de qualificação econômico-financeira, justificativa dos critérios de pontuação e julgamento das propostas técnicas, nas licitações com julgamento por melhor técnica ou técnica e preço, e justificativa das regras pertinentes à participação de empresas em consórcio

Esta é uma das principais diretrizes da etapa preparatória da contratação pública. A motivação tem lugar de destaque na Lei nº 14.133/21. É princípio insculpido no art. 5º, e é regra que determina requisito de validade para atos praticados no processo.

Apresentar expressa e taxativamente as razões de fato e de direito que levaram à prolação da decisão administrativa no processo licitatório constitui um dos deveres basilares do administrador. Mais, além de dever, a motivação constitui requisito de legitimidade e de validade do ato decisório. Logo, qualquer decisão proferida na fase interna da licitação que não seja precedida da suficiente e consistente motivação padecerá de vício de ilegitimidade – invalidável, portanto. A este respeito, Celso Antonio Bandeira de Mello afirma taxativamente que "atos administrativos praticados sem a tempestiva e suficiente motivação são ilegítimos e invalidáveis(...)".[57] O princípio da motivação, além de

---

[57] *Op. cit.*, p. 101.

princípio autônomo dentro do sistema jurídico-administrativo, tem função instrumental à efetivação de outros princípios administrativo-constitucionais. Como bem posto pelo mestre Romeu Felipe Bacellar Filho, "a motivação dos atos processuais, instrumento efetivador do princípio da publicidade da Administração, garante o cumprimento dos outros princípios constitucionais: legalidade, impessoalidade, moralidade e eficiência".[58] O princípio, segundo Celso Antonio Bandeira de Mello, "implica para a Administração o dever de justificar seus atos, apontando-lhes os fundamentos de direito e de fato, assim como a correlação lógica entre os eventos e situações que deu por existentes e a providência tomada".[59]

Ao realizar uma opção administrativa (decisão), o administrador toma em consideração aspectos de ordem fática, jurídica e político-institucional que devem ser dados a conhecer formalmente[60] no processo. Tal imposição, decorrente da aplicação do princípio, além de fornecer instrumental efetivo para a realização de outros princípios, como acima dito, constitui mecanismo de preservação da história (memória) administrativa. Propiciatório, portanto, de referencial teórico para orientar futuras condutas, e de garantia do próprio administrador, que se liberta de ilações destituídas de fundamento acerca dos motivos que levaram à prolação daquela decisão, e não de outra diversa. A motivação pode inclusive conter, além das razões de fato e de direito que levaram à decisão administrativa concreta, considerações sobre as opções técnico-jurídicas que se apresentaram ao administrador e foram descartadas, demonstrando inclusive que a opção feita, em contraste com as que se puseram à escolha, era a melhor em face do princípio da eficiência administrativa.

A síntese empírica do princípio da motivação pode ser expressa como a manifestação do administrador que se orienta para responder a um "por quê?". Se a resposta a esta questão – por que foi proferida esta decisão, e não outra? – contiver substância e conteúdo técnico-jurídico aptos a promover o convencimento de quem esteja a analisar, e mesmo julgar, a decisão administrativa – no sentido de que a opção realizada foi a melhor e mais adequada à luz dos demais princípios administrativo-constitucionais – estará atendido o requisito jurídico da motivação.

A motivação é elementar em matéria de controle, interno e externo. Explica-se. Todo exame de controle leva em conta a motivação das condutas examinadas. A insuficiência ou a inexistência de motivação pode implicar graves consequências no plano do controle, uma vez que restará impossibilitado juízo de adequação e conformidade entre a conduta praticada e objeto dele, e as finalidades ou causas pelas quais foi praticada.

A Lei nº 9784/99 (Lei de Processo Administrativo Federal), igualmente, constitui os agentes públicos no dever de motivar seus atos e decisões: "os atos administrativos deverão ser motivados, com indicação dos fatos e dos fundamentos jurídicos, quando: I – neguem, limitem ou afetem direitos ou interesses; II – imponham ou agravem deveres, encargos ou sanções; III – decidam processos administrativos de concurso ou

---

[58] *Op. cit.*, p. 212.
[59] *Op. cit.*, p. 100.
[60] O princípio da formalidade que integra o regime jurídico-administrativo – e está circunstancialmente expresso no parágrafo único do artigo 4º da Lei nº 8.666/93, que ressalta caracterizar o procedimento licitatório ato administrativo formal – impõe o registro expresso de todas razões de fato e de direito que servem de substrato da decisão adotada.

seleção pública; IV – dispensem ou declarem a inexigibilidade de processo licitatório; V – decidam recursos administrativos; VI – decorram de reexame de ofício; VII – deixem de aplicar jurisprudência firmada sobre a questão ou discrepem de pareceres, laudos, propostas e relatórios oficiais; VIII – importem anulação, revogação, suspensão ou convalidação de ato administrativo. A motivação, diz a Lei, deve ser explícita, clara e congruente, podendo consistir em declaração de concordância com fundamentos de anteriores pareceres, informações, decisões ou propostas, que, neste caso, serão parte integrante do ato (art. 50). Deixar de motivar, ou apresentar motivação insuficiente para os atos ou decisões praticados no processo da contratação caracteriza erro grosseiro, passível de responsabilização pessoal.

4.7.2.10 Análise dos riscos que possam comprometer o sucesso da licitação e a boa execução contratual – dever de gestão de riscos

A Lei nº 14.133/21 incorpora taxativamente a gestão de riscos ao processo da contratação pública. A norma ABNT NBR ISO 31000:2009 especifica que "organizações de todos os tipos e tamanhos enfrentam influências e fatores internos e externos que tornam incerto se e quando elas atingirão seus objetivos. O efeito que essa incerteza tem sobre os objetivos da organização é chamado risco. Todas as atividades de uma organização envolvem risco. As organizações gerenciam o risco, identificando-o, analisando-o e, em seguida, avaliando se o risco deve ser modificado pelo tratamento a fim de atender seus critérios de risco(...)".[61] Risco é, pois, o efeito da incerteza nos objetivos de uma organização, pública ou privada. Incerteza, diz a norma referida, "é o estado, mesmo que parcial, da deficiência das informações relacionadas a um evento, sua compreensão, seu conhecimento, sua consequência ou sua probabilidade,[62] ou, em outros termos, é a "possibilidade de ocorrência de um evento que venha a ter impacto no cumprimento dos objetivos. O risco é medido em termos de impacto e de probabilidade".[63] As *Guidelines for Succesful Public-Private Partnerships* estabelecidas pela Comissão Europeia definem risco como "qualquer fator, evento ou influência que ameace a conclusão bem sucedida de um projeto, em termos de prazo, custo ou qualidade".[64] No plano das contratações, o risco implica em qualquer acontecimento ou intercorrência que possa produzir efeitos negativos na execução do contrato, impedindo que os resultados pretendidos pela Administração Pública sejam plenamente alcançados, tanto no que diz respeito ao planejamento da contratação como no plano da licitação ou no plano da execução do contrato. De fato, toda a atividade humana ou conduta humana implica riscos. Não seria diferente no tocante à atividade licitatória e contratual do Poder Público.

Há, contudo, riscos que são permitidos, ou socialmente tolerados, sendo mesmo alguns inevitáveis. Porém, há riscos que não são permitidos, e pois, são socialmente reprováveis e não aceitos. Tal se dá também no plano da gestão pública.

---

[61] Texto contido na introdução da norma.
[62] ABNT NBR ISO 31000:2009, 2.1.
[63] Instrução Normativa Conjunta MP/CGU nº 01/16.
[64] P. 50. No original: "*A risk is defined as any factor, event or influence that threatens the successful completion of a project in terms of time, cost or quality*".

É fundamental compreender que a Lei determina, mais do que a instituição de processos de gestão de riscos, a adoção da racionalidade de gestão de riscos. Tal significa que é preciso incorporar esta racionalidade – reflexão valorativa envolvendo os riscos a que está sujeito o processo no cotidiano das condutas licitatórias e contratuais – na rotina contratual e licitatória da organização pública. É o que recomenda o Tribunal de Contas da União ao especificar os princípios da gestão de riscos no âmbito do próprio Tribunal:

– Fomentar a inovação e a ação empreendedora responsáveis Ao realizar algo que nunca foi feito antes ou que implique riscos, identificar, avaliar e tratar esses riscos aumenta a chance de sucesso. Mesmo que a iniciativa não tenha sucesso por algum motivo, estará documentado que o gestor tinha consciência dos riscos e adotou as providências necessárias para mitigá-los, o que demonstra uma gestão responsável.
– Considerar riscos e, também, oportunidades A oportunidade é também chamada de risco positivo, pois constitui a possibilidade de um evento afetar positivamente os objetivos. A boa gestão de riscos deve, também, considerar as oportunidades, pois o gestor precisa estar preparado para aproveitá-las.
– Aplicar-se a qualquer tipo de atividade ou projeto A gestão de riscos pode ser aplicada a qualquer ação organizacional que tenha um objetivo claro ou da qual resulte um produto ou serviço definido.
– Aplicar-se de forma contínua e integrada aos processos de trabalho Gerir riscos não pode ser uma atividade esporádica e descasada do dia a dia do trabalho. Deve ser uma atitude permanente, parte integrante do processo decisório, desde que apresente relação custo-benefício favorável.
– Ser implantada por meio de ciclos de revisão e melhoria contínua A implantação da gestão de riscos deve ser um processo gradual e progressivo, com revisões periódicas, a partir de mudanças organizacionais e/ou no ambiente externo e dos resultados das avaliações do funcionamento do sistema de gestão de riscos.
– Considerar a importância dos fatores humanos e culturais A percepção sobre os riscos e seus impactos no alcance dos objetivos depende das características das pessoas responsáveis pela gestão desses riscos e da cultura de determinado órgão ou área da instituição em que esses riscos são avaliados. Nesse sentido, uma boa gestão de riscos deve considerar a influência dos fatores humanos e da cultura organizacional na identificação, na avaliação e no tratamento dos riscos. O sucesso ou fracasso da gestão de riscos depende da cultura organizacional.
– Ser dirigida, apoiada e monitorada pela alta administração A alta administração tem a responsabilidade de conduzir o processo de implantação, de manter o sistema funcionando com eficiência e economicidade, de gerenciar os riscos-chave e liderar pelo exemplo, demonstrando efetivo compromisso com a gestão de riscos.[65]

Gerenciamento de riscos é o "processo para identificar, avaliar, administrar e controlar potenciais eventos ou situações, para fornecer razoável certeza quanto ao alcance dos objetivos da organização".[66]

O processo de gerenciamento de riscos envolve a adoção das seguintes etapas:

---

[65] BRASIL. Tribunal de Contas da União. *Manual de Gestão de Riscos do TCU* – Um passo para a eficiência. 2. ed. Brasília: TCU, Secretaria de Planejamento, Governança e Gestão (Seplan), 2020. p. 17.
[66] Instrução Normativa Conjunta MP/CGU nº 01/16.

I – identificação dos principais riscos que possam comprometer a efetividade da etapa preparatória da contratação, da etapa de seleção do fornecedor ou prestador e da etapa de gestão e execução contratual, ou que impeçam o alcance dos resultados que atendam às necessidades da contratação;
II – avaliação dos riscos identificados, consistindo da mensuração da probabilidade de ocorrência e do impacto de cada risco;
III – tratamento dos riscos considerados inaceitáveis por meio da definição das ações para reduzir a probabilidade de ocorrência dos eventos ou suas consequências;
IV – para os riscos que persistirem inaceitáveis após o tratamento, definição das ações de contingência para o caso de os eventos correspondentes aos riscos se concretizarem; e
V – definição dos responsáveis pelas ações de tratamento dos riscos e das ações de contingência.

Identificar, avaliar, tratar e estabelecer medidas de contingência no caso de concretização de eventos correspondentes aos riscos identificados que podem comprometer o resultado da licitação ou da execução contratual constitui uma medida indispensável de governança dos contratos.

Os riscos identificados serão objeto de avaliação, sob as perspectivas de impacto e de probabilidade. Em outros termos, os níveis de risco serão especificados a partir de análise reflexiva e ponderada da potencialidade de impacto e da potencialidade de probabilidade. A título de exemplo, a escala de impacto pode operar com a classificação de impacto insignificante, pequeno, moderado, grande e devastador. E a escala de probabilidade pode operar com a classificação de muito baixa, baixa, possível, alta ou muito elevada. O quadro abaixo é representativo de modelo de critério de avaliação dos riscos a que estão sujeitas as contratações.

Quadro 1

IMPACTO						
	DEVASTADOR	RISCO MODERADO	RISCO ALTO	RISCO CRÍTICO	RISCO CRÍTICO	RISCO CRÍTICO
	GRANDE	RISCO MODERADO	RISCO ALTO	RISCO ALTO	RISCO CRÍTICO	RISCO CRÍTICO
	MODERADO	RISCO PEQUENO	RISCO MODERADO	RISCO ALTO	RISCO ALTO	RISCO CRÍTICO
	PEQUENO	RISCO PEQUENO	RISCO MODERADO	RISCO MODERADO	RISCO ALTO	RISCO ALTO
	INSIGNIFICANTE	RISCO PEQUENO	RISCO PEQUENO	RISCO PEQUENO	RISCO MODERADO	RISCO MODERADO
		MUITO BAIXA	BAIXA	POSSÍVEL	ALTA	MUITO ALTA
		PROBABILIDADE				

Fonte: Guia de Elaboração de Matriz de Riscos – Ministério do Planejamento.[67]

---

[67] Disponível em: https://www.gov.br/transportes/pt-br/centrais-de-conteudo/170609-matriz-de-riscos-v1-1-pdf. Acesso em: 09 out. 2023.

A avaliação dos riscos, a partir das premissas de impacto e probabilidade, permite orientar a Administração acerca de necessidades de tratamento, como aceitação, mitigação, prevenção ou distribuição deles entre as partes contratantes.

As informações geradas pelo processo de gerenciamento de riscos serão incorporadas e materializadas em documento denominado mapa de riscos. Mapa de riscos é, assim, documento formal destinado ao registro de todos os riscos identificados no processo de gestão, bem como ao registro do produto de sua análise crítica, classificando-os de acordo com o seu impacto (efeitos decorrentes da efetivação do risco) e sua probabilidade (chance efetiva de efetivação do risco identificado), bem como das medidas de tratamento que se mostrarem as mais eficientes e eficazes para prevenir ou mitigar prejuízos para a execução do contrato e para a satisfação do interesse público que é causa fim da licitação, do processo de contratação direta e do específico contrato administrativo.

Com todos os riscos a que está sujeito o processo da contratação expressados no mapa de riscos, a Administração Pública definirá condutas e procedimentos destinados ao seu tratamento ou adotará medidas de contingenciamento. O mapa contendo as informações relevantes sobre os riscos que podem impactar o processo da contratação (em qualquer de suas etapas) conterá informações que subsidiarão, quando for o caso, a matriz de riscos contratuais.

Nos termos do disposto no art. 6º, XXVII da Lei nº 14.133/21, matriz de riscos é

> cláusula contratual definidora de riscos e de responsabilidades entre as partes e caracterizadora do equilíbrio econômico-financeiro inicial do contrato, em termos de ônus financeiro decorrente de eventos supervenientes à contratação, contendo, no mínimo, as seguintes informações:
> a) listagem de possíveis eventos supervenientes à assinatura do contrato que possam causar impacto em seu equilíbrio econômico-financeiro e previsão de eventual necessidade de prolação de termo aditivo por ocasião de sua ocorrência;
> b) no caso de obrigações de resultado, estabelecimento das frações do objeto com relação às quais haverá liberdade para os contratados inovarem em soluções metodológicas ou tecnológicas, em termos de modificação das soluções previamente delineadas no anteprojeto ou no projeto básico;
> c) no caso de obrigações de meio, estabelecimento preciso das frações do objeto com relação às quais não haverá liberdade para os contratados inovarem em soluções metodológicas ou tecnológicas, devendo haver obrigação de aderência entre a execução e a solução predefinida no anteprojeto ou no projeto básico, consideradas as características do regime de execução no caso de obras e serviços de engenharia;

As questões relevantes acerca de matriz de riscos contratuais serão tratadas adiante.

4.7.2.11 A motivação sobre o momento da divulgação do orçamento da licitação – definição sobre sigilo do orçamento estimativo

A elaboração de orçamento estimativo da futura contratação é conduta indispensável para a legitimidade do processo da contratação. É vedada a realização de licitação ou de contratação direta sem a elaboração prévia de orçamento que reflita o custo potencial de mercado da execução do contrato. Como determina a regra contida no art. 23 da

Lei nº 14.133/21, "o valor previamente estimado da contratação deverá ser compatível com os valores praticados pelo mercado". Pela sistemática instituída por Lei o valor do orçamento estimativo pode ser divulgado para os potenciais interessados em participar da licitação respectiva, que, com base nele, formularão suas propostas de preço no certame, ou pode ser deliberado o sigilo do orçamento estimativo, medida autorizada pela norma contida no art. 24: "desde que justificado, o orçamento estimado da contratação poderá ter caráter sigiloso, sem prejuízo da divulgação do detalhamento dos quantitativos e das demais informações necessárias para a elaboração das propostas". Sob duas dimensões pode ser analisada a questão do sigilo do orçamento:

(i) dimensão de mérito: compete à autoridade competente decidir sobre sigilo do orçamento, mediante decisão fundamentada (expondo as razões pelas quais infere que manter o sigilo do orçamento estimativo poderá resultar vantagem para a Administração). A lógica do orçamento sigiloso orienta-se a fomentar a elaboração de orçamentos próprios e independentes pelas empresas potencialmente interessadas em participar da licitação. Tal procedimento tende a diminuir o risco da contratação. Não é incomum que, quando divulgado o orçamento estimativo por intermédio do instrumento convocatório, os licitantes deixem de elaborar os próprios orçamentos de serviços e obras, limitando-se a ofertar proposta de preço a partir do valor estimado da licitação (adota-se o valor estimado da contratação como referência, aplica-se um percentual de desconto aleatório e distribui-se o resultado da operação aritmética em planilha de custos unitários), sem a consideração de particularidades econômico-financeiras próprias. Esta conduta destituída de fundamento material, econômico e financeiro pode gerar riscos para a execução contratual (por força de proposta contratada que não tem sustentabilidade em razão das condições materiais e econômicas da empresa proponente);

(ii) dimensão procedimental: A decisão sobre sigilo do orçamento estimativo se dará na etapa preparatória, antes de sua elaboração. Adotado o sigilo do orçamento, sua elaboração deve ser realizada em processo administrativo apartado (diferido) daquele destinado aos demais atos de configuração da licitação e do contrato. A Lei estabelece que as informações relativas ao orçamento estimativo poderão constar de anexo classificado, se a Administração optar por preservar o seu sigilo até a conclusão da licitação (art. 18, §1º, VI). O orçamento estimativo, mesmo no caso de sigilo, será elaborado de acordo com os parâmetros previstos no art. 23 da Lei. Independentemente do sigilo que se dará ao orçamento, devem ser divulgadas todas as informações necessárias e suficientes para que os licitantes possam elaborar suas propostas de modo preciso, como o detalhamento dos quantitativos que se pretende contratar. O sigilo do orçamento alcança os órgãos de controle interno e externo (art. 24, I). A disputa licitatória ocorrerá sem que os licitantes tenham conhecimento do valor do orçamento estimativo, demandando preparo técnico específico e especial dos agentes encarregados da condução do processo licitatório para operar com esta sistemática. O instrumento convocatório deve prever as regras indispensáveis para o processamento da licitação com sigilo do orçamento, de modo a conferir segurança jurídica para os licitantes e para os agentes públicos, em especial aquela apontando o momento no qual será divulgado. A Lei faz referência a que o sigilo será mantido até a "conclusão da licitação". A rigor, a conclusão da licitação ocorre com a homologação do certame. Cabe, entretanto, uma interpretação voltada à eficiência do processo da licitação, para admitir que o valor do orçamento estimativo pode ser revelado logo após o encerramento da etapa de negociação – que ocorre imediatamente após a fase de disputa de propostas. O instrumento convocatório, em homenagem à celeridade (princípio expresso no art. 5º) e à eficiência, pode prever a prerrogativa, pelos agentes responsáveis pela condução do processo (pregoeiro, agente de contratação ou comissão de contratação) de revelar o valor do orçamento estimativo para melhor conduzir a etapa de negociação.

4.7.3 Estudo técnico preliminar

A etapa preparatória da contratação destina-se à adoção de providências, de condutas e coleta de informações necessárias para a eficiente configuração da licitação e da relação contratual que será potencialmente celebrada.

Um conjunto de providências e informações necessárias nesta etapa está previsto no art. 18, §1º da Lei, que trata do conteúdo e dos elementos do estudo técnico preliminar.

Estudo técnico preliminar é documento constitutivo da primeira etapa do planejamento de uma contratação que caracteriza o interesse público envolvido e a sua melhor solução e dá base ao anteprojeto, ao termo de referência ou ao projeto básico a serem elaborados caso se conclua pela viabilidade da contratação (art. 6º, XX). A adequada compreensão da natureza jurídica e da finalidade do estudo técnico preliminar guarda relação com a estrutura da etapa preparatória da contratação. Em apertada síntese, a etapa preparatória destina-se fundamentalmente a identificar de modo preciso a necessidade pública – nas suas múltiplas dimensões –, definir a solução técnica ou comercial que melhor atenda esta necessidade na perspectiva de custo x benefício, definir o conjunto de obrigações que deverão ser cumpridas pelas partes – principais e acessórias –, e o valor estimado do futuro contrato. O estudo técnico preliminar presta-se a produzir reflexão valorativa a respeito da primeira das etapas do processo, qual seja, a identificação precisa da necessidade administrativa. A partir das definições e conclusões da etapa de estudos preliminares, serão configuradas e concebidas as demais etapas do processo.

Em hipótese alguma o estudo técnico preliminar pode ser reputado de conduta ou providência de caráter burocrático – na sua acepção negativa. É etapa de relevância substancial para a excelência e eficiência da contratação. A etapa de estudos técnicos preliminares tem uma dimensão material e uma dimensão formal. A dimensão material consiste no conjunto de providências, coleta de informações, análises e pesquisas que devem ser realizadas pela Administração. A dimensão formal consiste na elaboração de um documento denominado estudo técnico preliminar, que materializa as informações relevantes sobre aspectos preliminares da configuração da contratação.

a) dimensão material do estudo técnico preliminar: em sua dimensão material, o estudo técnico preliminar destina-se a evidenciar o problema a ser resolvido e a sua melhor solução, de modo a permitir a avaliação da viabilidade técnica e econômica da contratação. É verdadeiro estudo de viabilidade da contratação almejada. No curso dos estudos técnicos preliminares se poderá concluir pela inviabilidade técnica, econômica, orçamentária, ambiental, social, ou jurídica da contratação que se pretende, previamente à inversão de recursos financeiros e humanos em condutas administrativas e elaboração de documentos que seriam descartados, caso se desse esta conclusão pela inviabilidade apenas ao final da etapa preparatória. São providências, entre outras, do estudo técnico preliminar:

a.1 – descrição da necessidade da contratação, considerando o problema a ser resolvido sob a perspectiva do interesse público:
A pessoa ou equipe encarregada do estudo técnico preliminar deverá identificar, com precisão, em suas dimensões qualitativa e quantitativa, o problema que demanda solução pela via da contratação de terceiros. É providência de relevância substancial. Defeitos nesta descrição podem comprometer todo o processo da contratação, afinal, se tal problema não for precisamente identificado e descrito, nenhuma solução contratual poderá satisfazer a necessidade pública. Fundamental é não confundir o problema a ser resolvido, de que trata a Lei, com a solução mais adequada para tal problema;

a.2 – demonstração da previsão da contratação no plano de contratações anual, sempre que elaborado, de modo a indicar o seu alinhamento com o planejamento da Administração: o plano de contratações anual é instrumento de gestão administrativa que contempla todas as contratações que serão realizadas em um exercício, elaborado no exercício anterior. As contratações administrativas devem ser realizadas de acordo com as previsões contidas no plano de contratações anual. Contratações que não estejam previstas no PCA devem ser justificadas e autorizadas pela autoridade competente;

a.3 – requisitos da contratação; em juízo preliminar, deve-se definir os elementos estruturais da contratação, aqueles que sejam necessários e suficientes para orientar a escolha da solução contratual mais vantajosa. Devem ser elencados os critérios e práticas de sustentabilidade para configurar uma contratação ESG (*envionmental, social and governance*) ou sustentável; sugestão sobre contratação de pessoa física ou jurídica; padrões mínimos de qualidade e desempenho necessários; capacidade técnica e capacidade econômico-financeira a ser exigida dos licitantes; obrigações principais e obrigações acessórias a serem exigidas (cumprimento de leis, práticas de sustentabilidade), direitos das partes, garantias contratuais, entre outras definições;

a.4 – estimativas das quantidades para a contratação, acompanhadas das memórias de cálculo e dos documentos que lhes dão suporte, que considerem interdependências com outras contratações, de modo a possibilitar economia de escala: definição precisa da dimensão quantitativa da necessidade, avaliando em concreto as quantidades necessárias para a satisfação do problema a ser resolvido;

a.5 – levantamento de mercado, que consiste na análise das alternativas possíveis, e justificativa técnica e econômica da escolha do tipo de solução a contratar: configurar corretamente uma contratação pública exige dos agentes públicos o suficiente conhecimento do mercado específico em que se insere o objeto da contratação. A depender da necessidade pública, podem estar disponíveis no mercado inúmeras soluções aptas à sua satisfação. Uma avaliação incorreta ou insuficiente das soluções disponíveis no mercado pode levar à escolha daquela que não seja a mais vantajosa. O mercado deve ser avaliado em termos de qualidade, prazos, condições de pagamento, sustentabilidade, entre outros fatores. Para análise de alternativas disponíveis podem ser realizadas reuniões com fornecedores ou prestadores, pesquisas, consultas e audiências públicas. Podem ser consideradas, por exemplo, contratações similares feitas por outros órgãos e entidades públicas, bem como por organizações privadas, no contexto nacional ou internacional, com o objetivo de identificar a existência de novas metodologias, tecnologias ou inovações que melhor atendam às necessidades da Administração;

a.6 – estimativa do valor da contratação, acompanhada dos preços unitários referenciais, das memórias de cálculo e dos documentos que lhe dão suporte, que poderão constar de anexo classificado, se a Administração optar por preservar o seu sigilo até a conclusão da licitação: o orçamento estimativo será elaborado de acordo com os parâmetros do art. 23. Contudo, nesta etapa, a Administração pode ainda não contar com todas as informações indispensáveis para a elaboração de um orçamento de alta precisão, detalhado em planilhas analíticas de custos unitários – o que somente será possível após a conclusão do termo de referência ou do projeto básico. O nível de precisão do orçamento na etapa de estudo preliminar será suficiente para uma conclusão de viabilidade econômica e orçamentária da contratação, como um orçamento expedito ou paramétrico;

a.7 – descrição da solução como um todo, inclusive das exigências relacionadas à manutenção e à assistência técnica, quando for o caso: a solução a ser contratada deve atender plenamente às múltiplas dimensões da necessidade. A contratação de soluções parciais ou incompletas podem gerar graves prejuízos para o erário. Por exemplo, uma contratação de bens que não preveja a solução para o descarte e destinação final de resíduos sólidos;

a.8 – justificativas para o parcelamento ou não da contratação: a regra é de parcelamento obrigatório do objeto, desde que o objeto seja divisível, para ampliar a competitividade na licitação. Deve ser avaliada a possibilidade de parcelamento do objeto, de acordo com as regras previstas no art. 40 da Lei. Serão apontadas nesta etapa, as justificativas para não parcelar ou para os critérios de parcelamento definidos;

a.9 – demonstrativo dos resultados pretendidos em termos de economicidade e de melhor aproveitamento dos recursos humanos, materiais e financeiros disponíveis: uma diretriz normativa relevante é a busca pelo resultado mais eficiente da contratação. Podem ser fixados resultados de natureza ambiental, social, econômica, técnica ou jurídica. É preciso apontar qual a pretensão efetiva da Administração com a execução do contrato, e quais os meios para satisfazê-la com mais eficiência;

a.10 – providências a serem adotadas pela Administração previamente à celebração do contrato, inclusive quanto à capacitação de servidores ou de empregados para fiscalização e gestão contratual: a depender da natureza do contrato pode ser necessária a adoção de providências preliminares ao recebimento do objeto, como espaço físico, instalações elétricas, reformas e adaptações de prédios, entre outras, inclusive capacitação de agentes públicos para a gestão e fiscalização da execução contratual. Trata-se de avaliar criticamente a situação concreta e efetiva do órgão ou entidade para concluir acerca de aptidão para receber o objeto do contrato e dar a ele a destinação devida;

a.11 – contratações correlatas e/ou interdependentes: deve ser avaliada a necessidade ou a existência de outras contratações cujo objeto seja similar ou correspondente àquele que se pretende contratar; ou ainda a necessidade de realização de outras contratações que devam ser contratadas simultânea ou conjuntamente para garantir a eficiência e a eficácia da contratação pretendida. Por exemplo, quando da configuração da aquisição de bens, planejar a contratação conjunta da reforma do almoxarifado;

a.12 – descrição de possíveis impactos ambientais e respectivas medidas mitigadoras, incluídos requisitos de baixo consumo de energia e de outros recursos, bem como logística reversa para desfazimento e reciclagem de bens e refugos, quando aplicável: deve ser realizada a gestão dos riscos ambientais do futuro contrato, com a identificação, avaliação e seu tratamento. Devem ser avaliadas todas as soluções ambientais necessárias para cumprir objetivos de sustentabilidade legalmente determinados;

a.13 – posicionamento conclusivo sobre a adequação da contratação para o atendimento da necessidade a que se destina: realizadas todas as análises e estudos prévios, o agente público encarregado do estudo técnico preliminar emitirá ato formal expresso atestando a viabilidade ou inviabilidade da contratação, a partir dos parâmetros legalmente instituídos.

b) dimensão formal do estudo técnico preliminar: as informações obtidas no estudo de viabilidade realizado serão objeto de um documento formal. Não há forma legalmente prevista para o documento. Pode ser em forma de texto ou de tabela. Sugere-se a reprodução do texto de cada inciso do §1º do art. 18 da Lei, seguida das considerações, informações e conclusões produzidas na análise de viabilidade. Para os itens que não guardarem relação com a contratação, a inserção da expressão "não se aplica". Esta formalização revela que as condutas administrativas exigidas por Lei para a etapa de análise de viabilidade contratual foram cumpridas.

4.7.4 Definição dos requisitos de habilitação

Os requisitos de habilitação são aqueles fixados pela lei e pela Administração Pública contratante e representam as condições mínimas que as pessoas físicas ou jurídicas devem apresentar para ter suas propostas avaliadas e eventualmente contratadas se forem as mais vantajosas. Nos termos do disposto no art. 62 da Lei nº 14.133/21, "habilitação é a fase da licitação em que se verifica o conjunto de informações e documentos necessários e suficientes para demonstrar a capacidade do licitante de realizar o objeto da licitação, dividindo-se em: I – jurídica; II – técnica; III – fiscal, social e trabalhista; IV – econômico-financeira". O conceito legal de habilitação não é preciso. Há requisitos de habilitação exigidos por lei que não guardam nenhuma relação com a execução ou com os riscos de execução contratual. Tais são os de habilitação jurídica e de regularidade fiscal, trabalhista e social. Estes requisitos de habilitação serão exigidos – em regra – em todos os processos de contratação. Os requisitos de capacidade técnica ou de capacidade econômico-financeira serão exigidos a depender dos riscos envolvidos na execução do contrato.

Trata-se de condições subjetivas – das pessoas físicas ou jurídicas – que aqueles interessados em contratar com o Poder Público devem deter. Os licitantes que não lograrem provar essas condições mínimas serão reputados inabilitados e não poderão ter suas propostas analisadas e consideradas no processo da disputa pública (licitação).

Tão relevante na fase na etapa preparatória da licitação quanto à definição do que se pretende contratar é a decisão acerca de quem deve ser admitido a competir pelo direito de licitar e de contratar com o Poder Público. As cautelas administrativas que produzem uma adequada e legítima decisão sobre o objeto do certame e sobre os requisitos mínimos de qualidade esperados devem – para que restem assegurados os objetivos do processo, em especial, o de assegurar a seleção da proposta apta a produzir o resultado contratual mais vantajoso – ser adotadas em igual intensidade quando da decisão sobre os critérios ou requisitos de participação dos particulares na licitação.

A decisão administrativa sobre os critérios ou requisitos discriminatórios da participação de particulares no certame importa igualmente ponderação axiológica e está sujeita a limites precisos deduzidos do sistema normativo administrativo-constitucional. Decidir sobre limites à participação na licitação implica superar outro conflito valorativo entre o ideal administrativo tocante à execução do objeto e o direito isonômico dos particulares de participar da licitação e de contratar com a Administração Pública. A superação legítima desse conflito produz decisão administrativa válida que autoriza a fixação de requisitos discriminatórios necessários e indispensáveis ao atendimento eficiente da necessidade administrativa.

O princípio constitucional da isonomia confere aos particulares igual direito de travar relações negociais com o Estado e de desfrutar dos benefícios e das garantias da condição de contratado da Administração Pública. A decisão administrativa na fase interna da licitação concernente à fixação de limites ao exercício desse direito impõe discriminação que somente será tolerável, sem quebra da isonomia, se houver correlação lógica entre o fator erigido em critério de *discrímen* e a discriminação decidida em função dele.[68]

De outro lado, a fixação de requisitos de discriminação à participação no certame licitatório é dever que se impõe ao Administrador, pois não se há de supor, por evidente e lógico, que a totalidade dos particulares detém capacidade jurídica e técnica para satisfazer qualquer demanda ou necessidade pública.

Esse limite, prefacialmente, afirma a importância da precisa e adequada definição e delimitação do objeto do certame. A indefinição ou delimitação inadequada do objeto da licitação dificulta e pode inviabilizar a correta eleição dos aludidos requisitos ou critérios. Assim, o exercício desse dever de estabelecer critérios técnico-jurídicos para a escolha de particular apto a ser contratado pela Administração Pública mediante processo licitatório parte do objeto da licitação.[69] Desse modo, o aspecto nuclear limitador da discrição decisória administrativa quanto aos requisitos a serem exigidos dos particulares para que sejam reputados habilitados a licitar e a contratar com o Poder Público é a relação jurídico-material direta e estreita entre o requisito ou critério discriminatório fixado e o objeto da licitação. Conclui-se, nesse sentido, que a medida de validade de qualquer requisito discriminatório e limitador do direito de participar do certame ou de contratar com o Estado é o objeto da licitação, pois é a partir dele que serão definidas e

---

[68] BANDEIRA DE MELLO, Celso Antônio. *Conteúdo jurídico do princípio da igualdade*. 3. ed. São Paulo: Malheiros, 1998. p. 37. Sustenta ainda o autor que "tem-se que investigar, de um lado, aquilo que é adotado como critério discriminatório; de outro lado, cumpre verificar se há justificativa racional, isto é, fundamento lógico, para à vista do traço desigualador acolhido, atribuir o específico tratamento jurídico construído em função da desigualdade proclamada. Finalmente, impende analisar se a correlação ou fundamento racional abstratamente existente é, *in concreto*, afinado com os valores prestigiados no sistema normativo constitucional" (p. 21).

[69] Trata-se aqui da discriminação realizada pelo administrador público, sendo certo que existem discriminações taxativamente estabelecidas na lei e que se aplicam indistintamente em todos os processos licitatórios a que Marçal Justen Filho denomina de condições genéricas do direito de licitar: "são genéricas aquelas exigidas no texto da lei para toda e qualquer licitação, independentemente das circunstâncias de uma situação concreta" (*Op. cit.*, p. 299).

eleitas as qualidades e características técnico-jurídicas que deverão apresentar aqueles particulares que tenham interesse legítimo de estabelecer vínculo contratual destinado à realização parceira do interesse público. Como bem pondera Marçal Justen Filho, "cabe à Administração Pública, na fase interna da licitação, deliberar acerca da extensão e do conteúdo dos requisitos que serão exigidos daqueles que pretendam formular propostas. A discricionariedade na fixação das condições específicas está delimitada pela natureza e extensão do objeto a ser contratado".[70]

O particular que satisfaz os requisitos estabelecidos pela lei ou pela Administração para participar da licitação – e caso sagrado vencedor do certame para com ela contratar – é reputado idôneo. Como informa Adilson de Abreu Dallari, a idoneidade é atributo ou característica do licitante, e não da proposta:

> Antes de qualquer cogitação em torno da proposta, cumpre saber e aquele que a formula é idôneo, isto é, se possui capacidade jurídica para contratar (não basta possuir personalidade jurídica, é preciso ter capacidade jurídica, o que é um plus em relação à personalidade e a pressupõe), capacidade técnica para poder executar a prestação objeto do futuro contrato e, finalmente, capacidade financeira para arcar com os ônus (custos e responsabilidades) inerentes à execução, pois é inconcebível o pagamento antecipado por parte da Administração.[71]

A decisão administrativa na fase interna da licitação em relação à qualidade técnico-jurídica dos particulares licitantes tem por finalidade instituir requisitos discriminatórios que possibilitem aferir (i) a sua aptidão jurídica para, legítima e validamente, adquirir direitos e contrair obrigações; (ii) a existência das condições técnicas suficientes para a realização satisfatória do objeto; e (iii) a existência das condições econômico-financeiras suficientes para suportar os encargos da execução do objeto sem intervenção da Administração. A validade dessa decisão está condicionada à demonstração inequívoca[72] (motivação) de que as exigências têm relação direta com o objeto; que não afrontam dispositivo legal expresso; que são imprescindíveis à atuação do particular quando da execução contratual; e que são razoáveis e proporcionais à medida da necessidade pública a ser satisfeita pela contratação.

A Lei nº 14.133/21 estabelece, pode-se dizer, algumas regras gerais sobre habilitação: **a) poderá ser exigida dos licitantes a declaração de que atendem aos requisitos de habilitação, e o declarante responderá pela veracidade das informações prestadas, na forma da lei:** esta declaração tem relevância destacada no regime jurídico da Lei. Como regra geral, a habilitação dos licitantes será realizada após a etapa competitiva de disputa entre propostas de preço, em tese somente propostas ofertadas por licitantes que detenham condições de habilitação. Contudo, esta prova somente será feita após a participação na etapa de análise de propostas. A declaração tem conteúdo vinculante e opera efeitos importantes no plano da responsabilidade. Caso inverídica a declaração, pode ser caracterizada conduta infracional dolosa, com a correspondente sanção agravada (art. 63, I);

---

[70] *Op. cit.*, p. 299.
[71] *Op. cit.*, p. 110.
[72] Lembrando que essa análise diz respeito às exigências e condições específicas de cada licitação, e não àquelas estabelecidas genericamente por determinação legal.

b) será exigida a apresentação dos documentos de habilitação apenas pelo licitante vencedor, exceto quando a fase de habilitação anteceder a de julgamento: de acordo com o roteiro sequencial de fases previsto no art. 17, a etapa de habilitação, como regra, deve suceder a etapa de julgamento das propostas. Encerrada a etapa competitiva, o órgão decisório da licitação – agente de contratação, pregoeiro ou comissão de contratação – convocará aquele melhor classificado para dele aferir o cumprimento dos requisitos de habilitação. Somente deste será avaliada a habilitação. Defende-se que, em situações excepcionais, devidamente justificadas, pode haver exigência de prova de habilitação dos demais licitantes. Por exemplo: há situações em que a documentação de habilitação técnica ou econômico-financeira demanda análise acurada, por setor técnico específico, justificando, em homenagem à celeridade, que sejam convocados, além do licitante vencedor, outros, pela ordem de classificação, a comprovar a habilitação imediatamente;

c) serão exigidos os documentos relativos à regularidade fiscal, em qualquer caso, somente em momento posterior ao julgamento das propostas, e apenas do licitante mais bem classificado: qualquer seja o roteiro procedimental da licitação – com habilitação antes ou depois da etapa de exame de propostas – a prova de regularidade fiscal somente pode ser exigida do licitante mais bem classificado;

d) será exigida do licitante declaração de que cumpre as exigências de reserva de cargos para pessoa com deficiência e para reabilitado da Previdência Social, previstas em lei e em outras normas específicas: a Lei nº 8213/91 determina que "a empresa com 100 (cem) ou mais empregados está obrigada a preencher de 2% (dois por cento) a 5% (cinco por cento) dos seus cargos com beneficiários reabilitados ou pessoas portadoras de deficiência, habilitadas, na seguinte proporção: I – até 200 empregados, 2%; II – de 201 a 500 empregados, 3%; III – de 501 a 1.000 empregados, 4%; IV – de 1.001 empregados em diante, 5%. (art. 93). A exigência de reserva legal deve estar sendo cumprida quando da participação na licitação. Não se trata de declaração compromissória, portanto;

e) constará do edital de licitação cláusula que exija dos licitantes, sob pena de desclassificação, declaração de que suas propostas econômicas compreendem a integralidade dos custos para atendimento dos direitos trabalhistas assegurados na Constituição Federal, nas leis trabalhistas, nas normas infralegais, nas convenções coletivas de trabalho e nos termos de ajustamento de conduta vigentes na data de entrega das propostas: esta declaração presta-se a diminuir os riscos da responsabilização subsidiária por encargos trabalhistas do contratado, no caso de contratos de prestação de serviços com dedicação exclusiva de mão de obra. Reduzir, não eliminar, por óbvio, uma vez que, mesmo em face de declaração oferecida, há o risco futuro. Trata-se de manifestação que constitui situação agravante no caso de infração futura desta natureza – descumprir obrigação de natureza trabalhista.

4.7.4.1 Habilitação jurídica

Pode-se distribuir os denominados requisitos de habilitação em duas espécies distintas. Os requisitos de habilitação que devem ser exigidos em todos os processos licitatórios – inclusive destinados à contratação direta –, e os que somente podem ser exigidos se assim o objeto da contratação demandar. No primeiro grupo, encontram-se os requisitos de habilitação jurídica e regularidade fiscal, trabalhista e social. Estes requisitos não guardam qualquer relação com o objeto da contratação e não produzem nenhuma influência direta e imediata na execução do contrato. Ao provar a habilitação jurídica, o licitante demonstra que tem existência jurídica e capacidade jurídica plena – na acepção do Direito Civil, aptidão para adquirir direitos e contrair obrigações de forma válida e legítima. Nos termos da Lei nº 14.133/21, "a habilitação jurídica visa a demonstrar a capacidade de o licitante exercer direitos e assumir obrigações, e a documentação a ser apresentada por ele limita-se à comprovação de existência jurídica da pessoa e, quando cabível, de autorização para o exercício da atividade a ser contratada" (art. 66). Pessoa física ou jurídica que não detenha habilitação jurídica, *contrario sensu*, não pode celebrar contratos ou realizar negócios jurídicos de forma válida. A habilitação jurídica pode ser comprovada pelos seguintes documentos, entre outros: I – cédula de identidade; II – registro comercial, no caso de empresa individual; III – ato constitutivo, estatuto ou contrato social em vigor, devidamente registrado, em se tratando de sociedades comerciais, e, no caso de sociedades por ações, acompanhado de documentos de eleição de seus administradores; IV – inscrição do ato constitutivo, no caso de sociedades civis, acompanhada de prova de diretoria em exercício; V – decreto de autorização, em se tratando de empresa ou sociedade estrangeira em funcionamento no País, e ato de registro ou autorização para funcionamento expedido pelo órgão competente, quando a atividade assim o exigir. Questão controvertida sobre habilitação jurídica diz respeito ao objeto social da pessoa jurídica licitante, que deve ser compatível com o objeto da licitação. Afirmar que tem que ser compatível não significa afirmar que deva ser idêntico. É preciso apenas que exista uma relação justificável – quando não legalmente exigível, entre o objeto do futuro contrato e o objeto social da licitante. Para o Tribunal de Contas da União basta que exista compatibilidade material e jurídica entre o objeto da licitação e o objeto social da empresa licitante: "não são considerados válidos para fins de habilitação atestados de prestação de serviços incompatíveis com as atividades econômicas previstas no contrato social do licitante. Os atestados devem não apenas demonstrar uma situação de fato, mas, necessariamente, uma situação fática que tenha ocorrido em conformidade com a lei e com o contrato social" (Acórdão nº 2939/2021-TCU-Plenário).

4.7.4.2 Regularidade fiscal, trabalhista e social

Detém regularidade fiscal a pessoa física ou jurídica que cumpre suas obrigações fisco-tributárias e, portanto, não tem qualquer restrição fiscal. A prova da regularidade fiscal se faz com os documentos previstos no artigo 68 da Lei Geral de Licitações, que são: I – a inscrição no Cadastro de Pessoas Físicas (CPF) ou no Cadastro Nacional da Pessoa Jurídica (CNPJ); II – a inscrição no cadastro de contribuintes estadual e/ou municipal, se houver, relativo ao domicílio ou sede do licitante, pertinente ao seu ramo de atividade e compatível com o objeto contratual; III – a regularidade perante a Fazenda federal, estadual e/ou municipal do domicílio ou sede do licitante, ou outra equivalente, na forma da lei; IV – a regularidade relativa à Seguridade Social e ao FGTS, que demonstre cumprimento dos encargos sociais instituídos por lei; V – a regularidade perante a Justiça do Trabalho; VI – o cumprimento do disposto no inciso XXXIII do art. 7º da Constituição Federal.

A regularidade fiscal perante a Fazenda Pública estadual ou municipal não é exigível em todas as licitações, mas apenas em relação ao domicílio ou sede do licitante, pertinente ao seu ramo de atividade e compatível com o objeto contratual. Se o licitante não é contribuinte de tributo estadual ou municipal, não é exigível a prova correspondente de regularidade fiscal. A este propósito, precedente do Tribunal de Contas da União: "o art. 29 da Lei 8.666/1993 não exige prova da regularidade fiscal perante a fazenda municipal quando a licitação é realizada por órgão federal e com recursos da União" (Acórdão nº 2185/2020-TCU-Plenário).

No caso de empresas que tenham matriz e filial, a regularidade a ser exigida será a do estabelecimento que participa do certame licitatório, como já decidiu o Tribunal de Contas da União, com fulcro em precedentes judiciais:

> (...) concordar com a decisão administrativa que indeferiu o recurso, ressaltou o relator que a conjugação do disposto no art. 29, II e III, da Lei nº 8.666/93, com o que prescreve o §1º do art. 75 do Código Civil Brasileiro, e, ainda, com o estabelecido no art. 127, II, do Código Tributário Nacional (Lei nº 5.172/66), permite concluir que a comprovação da regularidade fiscal refere-se ao efetivo estabelecimento que participa do processo licitatório, no caso a filial da empresa Termoeste. Para corroborar o seu entendimento, registrou, por fim, em seu voto, que a jurisprudência do Superior Tribunal de Justiça é firme no sentido de que "O domicílio tributário das pessoas jurídicas de direito privado, em relação aos atos ou fatos que dão origem à obrigação, é o de cada estabelecimento - artigo 127, II, do Código Tributário Nacional" (REsp 900604, 16/04/2007). O Plenário, por unanimidade, acolheu o voto do relator (Acórdão nº 69/2010-Plenário, TC nº 026.755/2008-7, rel. Min. Raimundo Carreiro, 27.01.2010).

Sobre a questão relacionada à regularidade fiscal de matriz ou filial, já se posicionou também o TCU no sentido de que "não é irregular a previsão, no edital, de que a comprovação da regularidade fiscal de filiais ou de subcontratadas seja ônus da empresa contratada, no decurso da execução contratual, e não exigida da licitante na fase de habilitação" (Acórdão nº 1678/2021-TCU-Plenário).

Em suma, no caso de participação de filial na licitação, os documentos de habilitação jurídica e regularidade fiscal deverão estar em nome da filial, exceto aqueles que, pela própria natureza, somente possam ser emitidos em nome da matriz. E o contrato deverá ser executado pela entidade empresarial que participou da licitação, como já decidiu o Superior Tribunal de Justiça:

> ADMINISTRATIVO. LICITAÇÃO. HABILITAÇÃO SOMENTE DA MATRIZ. REALIZAÇÃO DO CONTRATO POR FILIAL. IMPOSSIBILIDADE. DESCUMPRIMENTO DO CONTRATO. SANÇÕES. PROPORCIONALIDADE. ADMINISTRAÇÃO X ADMINISTRAÇÃO PÚBLICA. DISTINÇÃO. AUSÊNCIA.
> 1. Cuida-se, na origem, de mandado de segurança impetrado pela Petrobrás Distribuidora S/A contra ato do Presidente do Tribunal de Contas do Estado de São Paulo, o qual, após rescindir o contrato celebrado entre as partes, para a aquisição de 140.000 litros de gasolina comum, com fornecimento parcelado em doze meses, aplicou sanções de pagamento de multa, no valor de R$72.600,00 e de impedimento de licitar e contratar com o Tribunal de Contas do Estado de São Paulo, pelo prazo de um ano.

2. Inicialmente, cabe destacar que é incontroverso nos autos que a Petrobrás Distribuidora S/A, que participara da licitação com documentação da matriz, ao arrepio do que exigia o contrato, forneceu combustível por meio de sua filial sediada no Estado de São Paulo, a quem era devedora do ICMS.

3. Por sua vez, o artigo 87 da Lei nº 8.666/93 prevê expressamente entre as sanções para o descumpridor do acordo a multa, a suspensão temporária de participação em licitação e o impedimento de contratar com a Administração, por prazo não superior a 2 (dois) anos.

4. Na mesma linha, fixa o art. 7º da Lei nº 10.520/2002.

5. Ademais, o §2º do artigo 87 da Lei de Licitação permite a aplicação conjunta das citadas sanções, desde que facultada a defesa prévia do interessado, no respectivo processo no prazo de cinco dias úteis.

6. Da mesma forma, o Item 12.2 do edital referente ao contrato em questão estabelece a aplicação das sanções estipuladas nas Leis nº 10.520/02 e nº 8.666/93, bem como na Resolução nº 5/93 do Tribunal de Contas do Estado de São Paulo ao inadimplente.

7. Já o mencionado contrato dispunha na Cláusula Oitava sobre a possibilidade de aplicação ao contratado, diante da inexecução total ou parcial do ajuste, de qualquer das sanções previstas na Lei de Licitações, a juízo fundamentado da prefeitura, de acordo com a gravidade da infração.

8. Nesse contexto, não obstante as diversas advertências efetuadas pelo Tribunal de Contas no sentido de que não poderia a recorrente cometer as irregularidades que motivaram as sanções, esta não cuidou para que a unidade responsável pela execução do contrato apresentasse previamente a documentação que atestasse a observância das normas da licitação e das cláusulas contratadas, de modo que não há que se falar em desproporcionalidade da pena aplicada, sobretudo diante da comprovação das condutas imputadas à recorrente, o que autoriza a aplicação da multa e da sanção de impedimento de contratar com a Administração pelo prazo de um ano, tudo para bem melhor atender ao interese público.

9. Note-se, ainda, que esta Corte já apontou pela insuficiência da comprovação da regularidade fiscal da matriz e pela necessidade de a filial comprovar tal regularidade se a esta incumbir o cumprimento do objeto da licitação. Precedente.

10. Por fim, não é demais destacar que neste Tribunal já se pontuou a ausência de distinção entre os termos Administração e Administração Pública, razão pela qual a sanção de impedimento de contratar estende-se a qualquer órgão ou entidade daquela. Precedentes.

11. Recurso ordinário não provido. RMS 32628 / SP.

ADMINISTRATIVO. RECURSO ESPECIAL. LICITAÇÃO. CONCORRÊNCIA PÚBLICA. EXIGÊNCIA EDITALÍCIA DE REGULARIDADE FISCAL DA FILIAL DA EMPRESA PERANTE A FAZENDA PÚBLICA MUNICIPAL. SUPOSTA OFENSA AO ART. 29, III, DA LEI 8.666/93. NÃO-OCORRÊNCIA. DOUTRINA. PRECEDENTE. DESPROVIMENTO.

1. A recorrente impetrou mandado de segurança contra ato do Diretor da Divisão de Preparo de Licitações da Prefeitura Municipal do Rio de Janeiro/RJ, pleiteando, em síntese, afastar exigência prevista no edital de licitação ? Concorrência Pública 01/2002, destinada à aquisição de cimento asfáltico de petróleo ? concernente à regularidade fiscal imobiliária da filial perante a municipalidade, sob o argumento de que a Lei 8.666/93 somente exige a respectiva certidão do domicílio ou sede da empresa.

2. A exigência editalícia relativa à comprovação de regularidade fiscal da filial perante a Fazenda Pública Municipal responsável pela licitação, independentemente da situação fiscal da matriz situada em município diverso, é razoável e encontra respaldo na interpretação teleológica do art. 29, III, da Lei 8.666/93.

3. "Constatado que a filial da empresa ora interessada é que cumprirá o objeto do certame licitatório, é de se exigir a comprovação de sua regularidade fiscal, não bastando somente a da matriz, o que inviabiliza sua contratação pelo Estado. Entendimento do artigo 29, incisos II e III, da Lei de Licitações, uma vez que a questão nele disposta é de natureza fiscal" (REsp nº 900.604/RN, 1ª Turma, Rel. Min. Francisco Falcão, DJ de 16.04.2007).
4. Isentar a recorrente de comprovar sua regularidade fiscal perante o município que promove a licitação viola o princípio da isonomia (Lei 8.666/93, art. 3º), pois estar-se-ia privilegiando os licitantes irregulares em detrimento dos concorrentes regulares.
5. Recurso especial desprovido (REsp nº 809262/RJ).

Ponto de destaque é o da participação de empresas em recuperação judicial nas licitações. As empresas em recuperação judicial podem participar de processos licitatórios e disputar contratos públicos. Para tanto, devem comprovar sua viabilidade econômico-financeira, inclusive pela apresentação de plano de recuperação judicial homologado[73] pelo Juízo onde tramita o processo de recuperação respectivo. De acordo com o Tribunal de Contas da União, "admite-se a participação, em licitações, de empresas em recuperação judicial, desde que amparadas em certidão emitida pela instância judicial competente afirmando que a interessada está apta econômica e financeiramente a participar de procedimento licitatório" (Acórdão nº 1201/2020-TCU-Plenário).

Neste caso, estão dispensadas de prova de regularidade fiscal, como já decidiu o Superior Tribunal de Justiça:

PROCESSO CIVIL. AGRAVO INTERNO. EMPRESA EM RECUPERAÇÃO JUDICIAL. DISPENSADA APRESENTAÇÃO DE CERTIDÃO NEGATIVA DE DÉBITO. VIABILIZAÇÃO DE PROCEDIMENTOS QUE AUXILIEM NESTA FASE.
1. Trata-se de controvérsia em torno da participação de empresa em recuperação judicial em procedimento licitatório e a nova Lei de Recuperação Judicial (Lei nº 11.101/2005).
2. O STJ vem entendendo ser inexigível, pelo menos por enquanto, qualquer demonstração de regularidade fiscal para as empresas em recuperação judicial, seja para continuar no exercício de sua atividade (já dispensado pela norma), seja para contratar ou continuar executando contrato com o Poder Público. Nos feitos que contam como parte pessoas jurídicas em processo de recuperação judicial, a jurisprudência do STJ tem-se orientado no sentido de se viabilizarem procedimentos aptos a auxiliar a empresa nessa fase.
Precedentes: AgRg no AREsp 709.719/RJ, Rel. Ministro Herman Benjamin, Segunda Turma, DJe 12.2.2016; REsp 1.173.735/RN, Rel. Ministro Luis Felipe Salomão, Quarta Turma, DJe 9.5.2014; AgRg na MC 23.499/RS, Rel. Ministro Humberto Martins, Rel. p/ Acórdão Ministro Mauro Campbell Marques, Segunda Turma, DJe 19.12.2014. AgInt nos EDcl no Resp 1940775 / SP.
3. Levando-se a uma interpretação sistemática de ambas as legislações - Lei 8.666/1993 e 11.101/2005 -, pode-se concluir que, preservando o interesse da coletividade com ações no sentido de avaliar se a empresa em recuperação tem condições de suportar os custos da execução do contrato e também resguardando a função social da empresa, é possível conciliar os dois entendimentos.

---

[73] A propósito, decidiu o TCU: A certidão negativa de recuperação judicial é exigível por força do art. 31, inciso II, da Lei nº 8.666/93, porém a apresentação de certidão positiva não implica a imediata inabilitação da licitante, cabendo ao pregoeiro ou à comissão de licitação diligenciar no sentido de aferir se a empresa já teve seu plano de recuperação concedido ou homologado judicialmente (Lei nº 11.101/2005) (Acórdão nº 2265/2020-TCU-Plenário).

4. Agravo Interno não provido. AgInt nos EDcl no REsp 1940775 / SP.
PROCESSUAL CIVIL E ADMINISTRATIVO. EMPRESA EM RECUPERAÇÃO JUDICIAL. LICITAÇÃO. PARTICIPAÇÃO. POSSIBILIDADE. CERTIDÃO NEGATIVA DE DÉBITOS FISCAIS. APRESENTAÇÃO. DESNECESSIDADE.
1. O Plenário do STJ decidiu que "aos recursos interpostos com fundamento no CPC/1973 (relativos a decisões publicadas até 17 de março de 2016) devem ser exigidos os requisitos de admissibilidade na forma nele prevista, com as interpretações dadas até então pela jurisprudência do Superior Tribunal de Justiça" (Enunciado Administrativo nº 2).
2. De acordo com o art. 52, II, da Lei nº 11.101/2005, o juiz deferirá o processamento da recuperação judicial e, no mesmo ato, determinará a dispensa da apresentação de certidões negativas para que o devedor exerça suas atividades, exceto para contratação com o Poder Público ou para recebimento de benefícios ou incentivos fiscais ou creditícios, observando o disposto no art. 69 da mesma Lei.
3. O Tribunal de origem, mediante o prestígio ao princípio da preservação da empresa em recuperação judicial (art. 47 da Lei nº 11.101/2005), autorizou a agravada a participar de procedimento licitatório, independentemente da apresentação de certidão negativa de regularidade fiscal, em razão do fato de estar submetida ao regime da recuperação judicial, observados os demais requisitos estabelecidos no edital, entendendo que "parece ser inexigível qualquer demonstração de regularidade fiscal para as empresas em recuperação judicial, seja para continuar no exercício de sua atividade, seja para contratar ou continuar executando contrato com o Poder Público".
4. A Corte Especial do STJ firmou a compreensão de que o art. 47 da referida lei serve como um norte a guiar a operacionalidade da recuperação judicial, sempre com vistas ao desígnio do instituto, que é "viabilizar a superação da situação de crise econômico-financeira do devedor, a fim de permitir a manutenção da fonte produtora, do emprego dos trabalhadores e dos interesses dos credores, promovendo, assim, a preservação da empresa, sua função social e o estímulo à atividade econômica" (REsp nº 1.187.404/MT, Rel. Ministro LUIS FELIPE SALOMÃO, CORTE ESPECIAL, julgado em 19.06.2013, DJe 21/08/2013).
5. A Segunda Seção desta Corte Superior, em uma exegese teleológica da nova Lei de Falências, tem reconhecido a desnecessidade de "apresentação de certidão negativa de débito tributário como pressuposto para o deferimento da recuperação judicial" (AgInt no AREsp nº 1185380/SC, Rel. Ministro RICARDO VILLAS BÔAS CUEVA, TERCEIRA TURMA, julgado em 26.06.2018, DJe 29.06.2018, e AgInt no AREsp 958.025/RS, Rel. Ministro LUIS FELIPE SALOMÃO, QUARTA TURMA, julgado em 01.12.2016, DJe 09.12.2016).
6. Este Tribunal "vem entendendo ser inexigível, pelo menos por enquanto, qualquer demonstração de regularidade fiscal para as empresas em recuperação judicial, seja para continuar no exercício de sua atividade (já dispensado pela norma), seja para contratar ou continuar executando contrato com o Poder Público" (AgRg no AREsp nº 709.719/RJ, Rel. Ministro HERMAN BENJAMIN, SEGUNDA TURMA, julgado em 13.10.2015, DJe 12.02.2016).
7. A inexigibilidade de apresentação de certidões negativas de débitos tributários pelas sociedades empresárias em recuperação judicial, para fins de contratar ou continuar executando contrato com a administração pública, abrange, por óbvio, participar de procedimentos licitatórios, caso dos autos.
8. Ao examinar o tema sob outro prisma, a Primeira Turma do STJ, mediante a ponderação equilibrada dos princípios encartados nas Leis nº 8.666/1993 e 11.101/2005, entendeu possível relativizar a exigência de apresentação de certidão negativa de recuperação judicial, a fim de possibilitar à empresa em recuperação judicial participar de certame licitatório, desde que

demonstrada, na fase de habilitação, a sua viabilidade econômica (AREsp nº 309.867/ES, Rel. Ministro GURGEL DE FARIA, PRIMEIRA TURMA, julgado em 26.06.2018, DJe 08.08.2018). 9. Agravo conhecido para negar provimento ao recurso especial (AREsp nº 978453/RJ).

Há uma forte diretriz legal para redução de formalidades inúteis no processo licitatório, com inegáveis ganhos de eficiência e de celeridade. A prova de regularidade fiscal pode ser feita diretamente, no curso do processo licitatório, pelo órgão decisório do certame – agente de contratação, comissão de contratação ou pregoeiro – por consulta a sítios eletrônicos disponíveis (art. 68, §1º) . Por exemplo: caso o licitante não tenha entregado certidão negativa destinada à prova de regularidade fiscal, não será inabilitado se o órgão decisório da licitação puder obter a informação diretamente em sítios eletrônicos oficiais (INSS, Caixa Econômica Federal etc). O licitante que deixa de entregar documentos de regularidade fiscal o fará por sua conta e risco. Diante da impossibilidade de consulta oportuna em sítios eletrônicos oficiais, seja qual for a causa, a Administração não é obrigada a suspender a sessão de julgamento para a produção de prova postergada de regularidade fiscal – embora possa fazê-lo se entender ser medida de interesse público, como para aproveitar proposta muito vantajosa. A previsão expressa, no instrumento convocatório de todas as regras de habilitação, confere segurança jurídica, principalmente pelo já referido fenômeno da institucionalização das decisões – a existência de regra editalícia evita decisões pessoais, inclusive responsabilizáveis neste plano da pessoalidade.

A prova de regularidade fiscal e trabalhista se fará por intermédio da apresentação de certidões negativas de débito – devendo ser aceitas as certidões positivas com efeitos negativos.

Por seu turno, está em situação de regularidade trabalhista a pessoa física ou jurídica que não tem débitos inadimplidos perante a justiça do trabalho.

Sobre o tema, algumas decisões do Tribunal de Contas da União:

SÚMULA Nº 283
Para fim de habilitação, a Administração Pública não deve exigir dos licitantes a apresentação de certidão de quitação de obrigações fiscais, e sim prova de sua regularidade.
A prova de regularidade fiscal perante a Fazenda Nacional é efetuada mediante apresentação das certidões disciplinadas pelo Decreto 6.106/07, restando tacitamente revogadas as disposições do Decreto 84.701/80, que instituiu o Certificado de Regularidade Jurídico-Fiscal (CRJF).
Representação relativa a concorrência pública conduzida pela Companhia Docas do Estado de São Paulo (Codesp), destinada à implantação do Sistema de Gerenciamento de Informações do Tráfego de Embarcações no Porto de Santos, questionara, dentre outros aspectos, a vedação à utilização do Certificado de Regularidade Jurídico-Fiscal (CRJF) para comprovar a regularidade fiscal. Em juízo de mérito, a relatora registrou que "a norma instituidora do CRJF (Decreto 84.701/1980) havia estabelecido que esse certificado, destinado a comprovar a capacidade jurídica e a regularidade fiscal, poderia ser expedido por qualquer órgão ou entidade da administração federal, direta e indireta, ou fundação criada, instituída ou mantida pela União (art. 2º). A validade do certificado havia sido fixada em doze meses a partir da data de expedição (art. 3º)". Anotou, contudo, que, atualmente, a matéria é disciplinada pelo Decreto 6.106/07, que atribui competência à Secretaria da Receita Federal do Brasil e à Procuradoria-Geral da Fazenda Nacional para a emissão de

certidões de prova de regularidade fiscal perante a Fazenda Nacional, com validade de cento e oitenta dias. Dessa forma, "o decreto que hoje disciplina a prova de regularidade fiscal é incompatível com as disposições do Decreto 84.701/1980, já que o novo normativo concentrou a competência para emissão da certidão nos órgãos centrais detentores da informação e reduziu o prazo de validade, aprimoramentos tornados possíveis pela evolução tecnológica, que permite consultas online, atualizadas". Nesse contexto, concluiu a relatora que "o Decreto 84.701/1980, embora não tenha sido objeto de revogação expressa, encontra-se tacitamente revogado, e a contestação do representante sobre a não aceitação do CRJF como prova de regularidade fiscal é improcedente". O Tribunal, quanto ao ponto, considerou a Representação improcedente. (Acórdão nº 3432/2013-Plenário, TC 024.567/2013-2, relatora Ministra Ana Arraes, 4.12.2013)

Para fins de habilitação jurídica, faz-se necessária a compatibilidade entre o objeto do certame e as atividades previstas no contrato social das empresas licitantes. Para habilitação técnica, os atestados apresentados devem não apenas demonstrar uma situação de fato, mas, necessariamente, uma situação fática que tenha ocorrido em conformidade com a lei e com o contrato social.

Representação formulada por sociedade empresária apontara possíveis irregularidades em pregão eletrônico para registro de preços promovido pelo Instituto Nacional da Propriedade Industrial (Inpi), destinado à contratação de serviços especializados para digitalização do acervo documental da entidade, entre outros. A controvérsia principal residiu na habilitação da vencedora do certame, que apresentara atestados de capacidade técnica com incoerência entre as datas de realização dos serviços mencionados nos documentos e a data em que a empresa registrou em seu contrato social o exercício de atividades correspondentes aos serviços licitados. O relator destacou que a Lei das Licitações exige o contrato social, devidamente registrado, entre os documentos necessários para evidenciar a habilitação jurídica dos licitantes, visando "justamente à comprovação de que a licitante tem a atividade comercial compatível com o objeto licitado". Aos olhos do relator, o "objeto social da empresa delineado no contrato social devidamente registrado comprova não apenas o exercício da atividade empresarial requerida na licitação, mas também que a empresa o faz de forma regular. E nesse ponto ressalto que a Administração deve sempre prestigiar a legalidade. Não basta que a licitante detenha a capacidade comercial de fato, faz-se necessário que ela esteja em conformidade com a lei". Nesse aspecto, assinalou que o Código Civil obriga o registro dos atos constitutivos da sociedade empresarial, com seus fins ou objeto, e, como decorrência lógica, "se a empresa decidir mudar de atividade empresarial, possui o dever legal de promover a alteração de seu objeto social e do respectivo registro antes de iniciar a prática dessas novas atividades". Dessa forma, "ao exercer atividades em desconformidade com seu objeto social, devidamente registrado, a empresa também está agindo de forma contrária à lei, expondo a riscos todos os atores que com ela se relacionam", em decorrência da possibilidade "de contratação de quem não é do ramo" e "de a empresa vir a se eximir da responsabilidade pelos atos praticados por seu gerente". Voltando a atenção ao caso concreto, o relator reconheceu que, à época da contratação, a empresa já havia alterado o seu contrato social para incluir as atividades pertinentes ao certame. Contudo, os atestados apresentados no pregão diziam respeito à execução de serviços em época anterior à sobredita alteração, motivo pelo qual refletiam uma situação fática em desconformidade com a lei e com o contrato social. Portanto, não poderiam "ser considerados válidos para fins de comprovação perante a Administração". Assim, tendo em vista que o pregoeiro já havia sido alertado da ocorrência, mas considerando também a lacuna jurisprudencial sobre o assunto, o relator entendeu que não seria o caso de promover a audiência do agente público por ter acolhido os atestados irregulares. O Tribunal, seguindo a proposta do relator, julgou procedente a Representação e determinou à entidade o cancelamento da ata de registro de preço e que se abstivesse de prorrogar o contrato celebrado com a empresa ganhadora da licitação (Acórdão nº 642/2014-Plenário, TC nº 015.048/2013-6, relator Ministro Substituto Augusto Sherman Cavalcanti, 19.03.2014).

O prazo para aprovação do balanço patrimonial e demais demonstrações contábeis para fins de cumprimento do art. 31 da Lei 8.666/93 é o estabelecido no art. 1.078 do Código Civil, portanto, até o quarto mês seguinte ao término do exercício social (30 de abril). Desse modo, ocorrendo a sessão de abertura de propostas em data posterior a esse limite, torna-se exigível, para fins de qualificação econômico-financeira, a apresentação dos documentos contábeis referentes ao exercício imediatamente anterior.

Representação relativa a pregão eletrônico promovido pela Gerência Executiva do INSS em Piracicaba/SP, destinado à contratação de empresa para execução de serviços de manutenção predial, questionara a inabilitação indevida da representante por ter apresentado o balanço patrimonial e demais demonstrações contábeis relativamente ao exercício de 2012, enquanto a unidade entendera que deveriam ter sido apresentados os documentos referentes ao exercício de 2013. Argumenta a representante que o art. 5º da Instrução Normativa da Receita Federal 1.420/13 estabelece que "a ECD (Escrituração Contábil Digital) será transmitida até o último dia útil do mês de junho do ano seguinte ao que se refira a escrituração". Assim, entende que a citada IN "exigiria que o INSS, em maio de 2014, ainda aceitasse como 'válido' o balanço e as demonstrações relativas a 2012, uma vez que não teria se encerrado o prazo estabelecido no art. 5º da referida norma, que é 30 de junho". Sobre o assunto, observou o relator que "o art. 31, inciso I, da Lei 8.666/93, reproduzido no edital, reza que o balanço e as demonstrações contábeis a serem apresentados devem ser relativos ao último exercício social, já exigíveis e apresentados na forma da lei". Acrescentou que "o art. 1078 do Código Civil estabelece que a assembleia dos sócios deve realizar-se ao menos uma vez por ano, nos quatro meses seguintes ao do término do exercício social, com diversos objetivos, entre eles o de 'tomar as contas dos administradores e deliberar sobre o balanço patrimonial e de resultado econômico'". Diante desse panorama normativo, refutou as alegações da representante, ressaltando que o prazo para a aprovação do balanço patrimonial e os demais demonstrativos contábeis é em até quatro meses (30 de abril), conforme o disposto no Código Civil. Assim, considerando que a sessão para abertura das propostas ocorrera no dia 20/5/2014, concluiu o relator que "já era exigível nessa data a apresentação dos citados documentos referentes ao exercício de 2013". Em relação à IN 1.420/13, invocada pela representante, esclareceu o relator que "uma instrução normativa não tem o condão de alterar esse prazo, disciplinado em lei ordinária. O que a IN faz é estabelecer um prazo para transmissão da escrituração contábil digital, para os fins operacionais a que ela se destina". O Plenário, à vista dos argumentos do relator, considerou improcedente a Representação e indeferiu o pedido de cautelar formulado pela representante (Acórdão nº 1.999/2014-Plenário, TC 015.817/2014-8, relator Ministro Aroldo Cedraz, 30.07.2014).

Registre-se que a Portaria nº 358/14, do Ministério da Fazenda, trata de emissão de certidão conjunta, referente a todos os tributos federais e dívida ativa da União, orientada a ser um facilitador para a prova da regularidade fiscal para com órgãos e entidades públicos federais, com a seguinte redação:

Art. 1º A prova de regularidade fiscal perante a Fazenda Nacional será efetuada mediante apresentação de certidão expedida conjuntamente pela Secretaria da Receita Federal do

Brasil – RFB e pela Procuradoria-Geral da Fazenda Nacional – PGFN, referente a todos os tributos federais e à Dívida Ativa da União – DAU por elas administrados.

Parágrafo único: A certidão a que se refere o caput não obsta a emissão de certidão com finalidade determinada, quando exigida por lei, relativa aos tributos federais e à Dívida Ativa da União.

A exigência de prova de regularidade fiscal e regularidade trabalhista denotam preocupação do legislador com a isonomia entre os licitantes, a partir da perspectiva de que aquele que pretender firmar contratos com o Poder Público deve ter conduta ilibada no que diz com o cumprimento de obrigações trabalhistas e fisco-tributárias – obrigações que devem ser cumpridas por todos. Além disso, busca-se a isonomia na medida em que o licitante que não cumpre tais obrigações goza de uma ilegítima desoneração de custos que podem lhe propiciar também ilegítima posição de vantagem quando da formulação de suas propostas comerciais, em comparação com licitantes que honram com essas obrigações e, assim, de consequência, em tese, apresentarão propostas de maior valor.

4.7.4.3 Habilitação técnica

Integrantes da segunda espécie de requisitos de habilitação, encontram-se os de capacidade técnica e capacidade econômico-financeira. Diversamente do que ocorre em relação aos requisitos de habilitação jurídica e regularidade fiscal e trabalhista, os requisitos de capacidade técnica e de capacidade econômico-financeira são relevantes e mesmo podem ser determinantes para o sucesso ou para a excelência da execução contratual. São requisitos que se exigem para diminuir os riscos da execução contratual.

Há determinados objetos contratuais que para serem bem executados demandam experiência prévia e prova de que o pretenso contratado conseguirá realizá-lo sem risco para a execução do contrato ou para o patrimônio público e segurança das pessoas. Quando, a depender do objeto da licitação, a Administração Pública, fundada em razões de ordem técnica, aferir que é necessária uma experiência anterior mínima, deverá estabelecer os denominados requisitos de capacidade técnica, que podem ser da pessoa jurídica (operacional) ou das pessoas físicas que se envolverão na execução do contrato (profissional).

A capacidade técnica divide-se em capacidade técnica genérica, quando exigida por lei – detém capacidade técnica genérica o profissional ou pessoa jurídica que está habilitado legalmente para exercer algumas profissões; e capacidade técnica específica – aquela que o licitante deve demonstrar para provar que tem experiência e condições técnica de executar o objeto contratual em concreto.

A capacidade técnica genérica detém aquele que possui formação técnica e registro em órgão controlador do exercício de profissões (OAB, CREA, CAU, por exemplo). Assim, a prova de capacidade técnica inclui o registro na entidade profissional competente, quando for o caso. A prova desta capacidade somente é necessária quando exigida a inscrição na entidade profissional competente para o exercício profissional no mercado.

A capacidade técnica específica é exigida para comprovação de aptidão para a execução do contrato. Esta capacidade técnica específica, que pode ser exigida dos licitantes no processo licitatório ou de contratação direta, pode ser profissional ou operacional. Capacidade técnica profissional é aquela de titularidade do profissional encarregado da execução contratual, e a capacidade técnica operacional é de titularidade da pessoa jurídica que vai executar o contrato.

Sobre o tema, a Lei nº 14.133/21 contém regras específicas e particulares. A documentação relativa à qualificação técnico-profissional e técnico-operacional será restrita a (art. 67). São instrumentos para a prova de habilitação técnica nas contratações públicas:

a) apresentação de profissional, devidamente registrado no conselho profissional competente, quando for o caso, detentor de atestado de responsabilidade técnica por execução de obra ou serviço de características semelhantes, para fins de contratação: o exercício regular de algumas profissões é condicionado ao seu registro e inscrição em conselho profissional. Os Conselhos Profissionais são entidades autárquicas, sob regime jurídico especial, que exercem a regulamentação e o controle de certas atividades profissionais. Quando a atividade profissional envolvida na execução do contrato for regulamentada e controlada por Conselho Profissional, é necessária exigência do registro de que trata a Lei, como as de engenharia (CREA), arquitetura (CAU) ou advocacia (OAB). A atividade profissional desenvolvida por engenheiro ou arquiteto será objeto de anotação de responsabilidade técnica (junto ao CREA) ou registro de responsabilidade técnica (junto ao CAU). A anotação de responsabilidade técnica pelos CREA é regulamentada pela Lei nº 5.194/66 (entre outras) e por Resoluções emanadas pelo Conselho Profissional, dentre as quais se destaca a Resolução CONFEA nº 1137/23, ou outra que venha a substituí-la, que preceitua que a anotação de responsabilidade técnica – ART – é o instrumento que define, para os efeitos legais, os responsáveis técnicos pela execução de obras ou prestação de serviços relativos às profissões abrangidas pelo Sistema Confea/Crea (art. 1º) e que todo contrato escrito ou verbal para execução de obras ou prestação de serviços relativos às profissões abrangidas pelo Sistema Confea/Crea fica sujeito ao registro da ART no Crea em cuja circunscrição for exercida a respectiva atividade (art. 2º).

A Resolução CONFEA nº 1137/23 tem as seguintes disposições, relevantes para esta análise:

– É facultado ao profissional requerer o registro de atestado fornecido por pessoa física ou jurídica de direito público ou privado contratante, com o objetivo de instruir o processo de emissão de CAT e de fazer prova de aptidão para desempenho de atividade pertinente e compatível em características, quantidades e prazos (art. 58);

– O atestado é a declaração fornecida pelo contratante da obra ou serviço, pessoa física ou jurídica de direito público ou privado, que atesta a execução de obra ou a prestação de serviço e identifica seus elementos quantitativos e qualitativos, o local e o período de execução, os responsáveis técnicos envolvidos, as atividades técnicas executadas e a empresa contratada (art. 58, parágrafo único);

– A Certidão de Acervo Técnico-Profissional – CAT é o instrumento que certifica, para os efeitos legais, que consta dos assentamentos do Crea a anotação da responsabilidade técnica pelas atividades consignadas no acervo técnico do profissional (art. 57);

Esta Resolução CONFEA nº 1137/23 inova, criando a figura da Certidão de Acervo Operacional – CAO, que é o instrumento que certifica, para os efeitos legais, que consta dos assentamentos do(s) Creas, o registro das anotações de responsabilidade técnica (ART) registradas em nome de pessoa jurídica (art. 53). Esta certidão revela e atesta a capacidade técnica operacional – da pessoa jurídica, vinculada à anotação de responsabilidade técnica responsável pela execução de certa obra ou serviço de engenharia.

No âmbito da arquitetura e urbanismo, a regulamentação do exercício da profissão se dá por intermédio da Lei nº 12.378/10, que disciplina: "para uso do título de arquiteto e urbanista e para o exercício das atividades profissionais privativas correspondentes, é obrigatório o registro do profissional no CAU do Estado ou do Distrito Federal", e que "o registro habilita o profissional a atuar em todo o território nacional" (art. 5º). O acervo técnico constitui propriedade do profissional arquiteto e urbanista e é composto por todas as atividades por ele desenvolvidas, resguardando-se a legislação do Direito Autoral (art. 12); e, para fins de comprovação de autoria ou de participação e de formação de acervo técnico, o arquiteto e urbanista deverá registrar seus projetos e demais trabalhos técnicos ou de criação no CAU do ente da Federação onde atue (ART. 13). Toda realização de trabalho de competência privativa ou de atuação compartilhadas com outras profissões regulamentadas será objeto de Registro de Responsabilidade Técnica – RRT (art. 45). A qualificação técnica de sociedade com atuação nos campos da arquitetura e do urbanismo será demonstrada por meio dos acervos técnicos dos arquitetos e urbanistas comprovadamente a ela vinculados.

Confira-se a posição do Tribunal de Contas da União sobre o tema:

> É ilegal exigir das empresas do ramo da indústria de mobiliário registro nos conselhos regionais de engenharia e agronomia. A atividade básica desenvolvida pela empresa é o fator determinante para a obrigatoriedade do seu registro no respectivo conselho de fiscalização profissional, conforme o disposto no art. 1º da Lei 6.839/80 (Acórdão nº 447/2014-TCU-Plenário).
>
> A exigência de registro ou inscrição na entidade profissional competente, prevista no art. 30, inciso I, da Lei 8.666/1993, deve se limitar ao conselho que fiscalize a atividade básica ou o serviço preponderante da licitação (Acórdão nº 5383/2016-TCU-Segunda Câmara).
>
> Em licitação realizada por empresa estatal, é irregular a exigência de comprovação de registro em dois conselhos de fiscalização de exercício profissional, como critério de habilitação, uma vez que a exigência de registro ou inscrição na entidade profissional competente, para fins de comprovação de qualificação técnica, deve se limitar ao conselho que fiscalize a atividade básica ou o serviço preponderante da licitação (art. 1º da Lei 6.839/1980 c/c o art. 58, inciso II, da Lei 13.303/2016) (Acórdão nº 2615/2021-TCU-Plenário).
>
> A exigência de registro na entidade de fiscalização profissional competente do local da execução dos serviços deve ocorrer no momento da celebração do contrato, não na fase de qualificação técnica, a fim de se evitar que a participação no certame fique restrita aos já inscritos na localidade e que haja imposição de ônus desnecessário aos interessados (art. 37, inciso XXI, da Constituição Federal, c/c Súmula TCU 272). (Acórdão nº 505/2021-TCU-Plenário).
>
> É ilegal a exigência de prova de quitação com o Crea para fins de habilitação, pois art. 30, inciso I, da Lei 8.666/1993 exige apenas o registro na entidade. O disposto no art. 69 da Lei 5.194/1966, que regulamenta o exercício dos profissionais de engenharia, não pode prevalecer diante do art. 37, inciso XXI, da Constituição Federal, nem da própria Lei 8.666/1993 (norma geral) (Acórdão nº 2472/2019-TCU-Primeira Câmara).

No caso da atividade profissional não ser submetida a controle de conselho profissional, a exigência de registro será ilegal. Nesta hipótese, será suficiente a apresentação de atestado ou declaração emitida por pessoa física, por pessoa jurídica de direito público, por pessoa jurídica de direito privado, ou por entes despersonalizados, como os condomínios, espólio ou fundos regularmente constituídos;

b) certidões ou atestados, regularmente emitidos pelo conselho profissional competente, quando for o caso, que demonstrem capacidade operacional na execução de serviços similares de complexidade tecnológica e operacional equivalente ou superior, bem como documentos comprobatórios emitidos na forma do §3º do art. 88 desta Lei: capacidade operacional é aquela de titularidade de pessoa jurídica. A prova de capacidade técnica operacional se faz por intermédio de atestados ou declarações de capacidade técnica, emitidos por pessoa física, pessoa jurídica de direito público ou pessoa jurídica de direito privado. Até mesmo entes despersonalizados podem emitir atestado de capacidade técnica, como os condomínios residenciais, o espólio ou os fundos regularmente constituídos (como já dito). A capacidade técnica – profissional ou operacional – exigida não precisa ser idêntica ao objeto do futuro contrato público, basta que seja similar ou semelhante. Cabe ao setor técnico definir o que significa, para os fins da contratação, esta capacidade similar – em quais aspectos do objeto contratual deve haver equivalência da capacidade técnica do profissional ou da empresa licitante. Um dos documentos de habilitação que podem ser exigidos é o certificado ou declaração de excelência no desempenho de execução contratual prévia junto ao órgão ou entidade promotor da contratação. A avaliação de desempenho contratual é uma exigência da Lei nº 14.133/21, ao dispor que "atuação do contratado no cumprimento de obrigações assumidas será avaliada pelo contratante, que emitirá documento comprobatório da avaliação realizada, com menção ao seu desempenho na execução contratual, baseado em indicadores objetivamente definidos e aferidos, e a eventuais penalidades aplicadas, o que constará do registro cadastral em que a inscrição for realizada" (art. 87, §3º). A norma do art. 87, §3º, referida no rol de instrumentos legais para a prova da capacidade técnica operacional no processo da contratação, preceitua que "a atuação do contratado no cumprimento de obrigações assumidas será avaliada pelo contratante, que emitirá documento comprobatório da avaliação realizada, com menção ao seu desempenho na execução contratual, baseado em indicadores objetivamente definidos e aferidos, e a eventuais penalidades aplicadas, o que constará do registro cadastral em que a inscrição for realizada". A anotação do cumprimento de obrigações pelo contratado será condicionada à implantação e à regulamentação do cadastro de atesto de cumprimento de obrigações, apto à realização do registro de forma objetiva, em atendimento aos princípios da impessoalidade, da igualdade, da isonomia, da publicidade e da transparência, de modo a possibilitar a implementação de medidas de incentivo aos licitantes que possuírem ótimo desempenho anotado em seu registro cadastral (art. 88, §4º).

Portanto:

– deve ser instituído sistema de avaliação de desempenho contratual por todos os órgãos e entidades contratantes;

– este sistema deve ser objeto de regulamentação por norma específica e interna;

– o sistema de avaliação de desempenho contratual será formatado por critérios, métricas e indicadores objetivos;
– deverá haver a fixação de notas ou conceitos para os requisitos da execução avaliados;
– os contratados que não lograrem atingir o conceito ou pontuação mínimo para tanto não terão direito ao certificado de desempenho contratual prévio;
– deve haver previsão de exercício de contraditório e ampla defesa em relação a conceito ou nota atribuído a título de avaliação de desempenho contratual;
– o certificado de desempenho contratual prévio pode ser exigido como requisito de habilitação técnico-profissional.

O Tribunal de Contas da União já reputou legítima[74] esta exigência e critério de habilitação técnica:

> É possível, para fins de qualificação técnica em licitações realizadas por empresas públicas e sociedades de economia mista, a utilização de indicadores de avaliação de desempenho de licitantes na execução de contratos anteriores com a entidade promotora do certame, desde que prevista no instrumento convocatório e restrita às parcelas do objeto técnica ou economicamente relevantes (art. 58 da Lei nº 13.303/2016 – Lei das Estatais) (Acórdão nº 1312/2023-TCU-Plenário).

A regulamentação desta possibilidade de exigir prova de suficiência de desempenho anterior como requisito de habilitação deverá prever o modo e prazo para reabilitação da empresa que teve avaliação insuficiente, uma vez que não poderá restar perpetuamente afastada das licitações e contratações do órgão avaliador;

c) indicação do pessoal técnico, das instalações e do aparelhamento adequados e disponíveis para a realização do objeto da licitação, bem como da qualificação de cada membro da equipe técnica que se responsabilizará pelos trabalhos: é ilegal a exigência de propriedade de equipamentos e materiais para fins de habilitação. Basta a declaração de disponibilidade futura para fins de execução do contrato, como já decidiu o Tribunal de Contas da União: "em licitação que tem como objeto obra de pavimentação, é irregular a inclusão de cláusula no edital exigindo, na fase de habilitação, que a empresa licitante possua usina de asfalto instalada ou comprove vínculo compromissário contratual com terceiro detentor de usina, especialmente quando fixado limite máximo de distância para sua instalação, por restringir o caráter competitivo do certame e contrariar o art. 30, §§5º e 6º, da Lei nº 8.666/1993" (Acórdão nº 1278/2023-TCU-Plenário). Os profissionais indicados pelo licitante deverão participar da obra ou serviço objeto da licitação, e será admitida a sua substituição por profissionais de experiência equivalente ou superior, desde que aprovada pela Administração (art. 87, §6º);

d) prova do atendimento de requisitos previstos em lei especial, quando for o caso: há leis específicas que podem conter exigências para o exercício de atividades econômicas e profissionais que devem ser observadas. Por exemplo: Lei nº 12.305/10 (Lei da Política Nacional de Resíduos Sólidos – que prevê a necessidade de plano de gestão de resíduos sólidos e logística reversa, entre outros requisitos); e Lei nº 4.150/65 (que dispõe que

---

[74] A decisão foi proferida com fundamento na Lei nº 13.303/16, que sequer tem, como há na Lei nº 14.133/21 previsão expressa desta possibilidade.

"nos serviços públicos concedidos pelo Govêrno Federal, assim como nos de natureza estadual e municipal por êle subvencionados ou executados em regime de convênio, nas obras e serviços executados, dirigidos ou fiscalizados por quaisquer repartições federais ou órgãos paraestatais, em tôdas as compras de materiais por êles feitas, bem como nos respectivos editais de concorrência, contratos ajustes e pedidos de preços será obrigatória a exigência e aplicação dos requisitos mínimos de qualidade, utilidade, resistência e segurança usualmente chamados 'normas técnicas' e elaboradas pela Associação Brasileira de Normas Técnicas, nesta lei mencionada pela sua sigla 'ABNT')";

e) registro ou inscrição na entidade profissional competente, quando for o caso: como antes referido;

f) declaração de que o licitante tomou conhecimento de todas as informações e das condições locais para o cumprimento das obrigações objeto da licitação: esta declaração implica reconhecimento das condições de execução e tem relevância no plano da responsabilidade. A alegação posterior de que não tinha ciência de aspecto ou circunstância da execução contratual não exime de responsabilidade o contratado. Esta declaração deve suprir a vistoria técnica, como regra geral, uma vez que a Lei prevê que "quando a avaliação prévia do local de execução for imprescindível para o conhecimento pleno das condições e peculiaridades do objeto a ser contratado, o edital de licitação poderá prever, sob pena de inabilitação, a necessidade de o licitante atestar que conhece o local e as condições de realização da obra ou serviço, assegurado a ele o direito de realização de vistoria prévia". O licitante tem o direito subjetivo público de vistoria prévia no local da execução contratual, mas não é obrigado a tanto. O instrumento convocatório da licitação deve prever o direito e as condições para a realização de vistoria prévia, que ser deve-se ser feita individualmente, com cada um dos licitantes, em data e horário previamente estabelecidos, inviabilizando conhecimento prévio acerca do universo de concorrentes. A declaração do licitante de que conhece as condições locais para a execução do objeto e entrega da obra supre a necessidade de vistoria técnica. A posição do Tribunal de Contas da União sobre vistoria técnica como requisito de habilitação:

> A vistoria ao local da prestação dos serviços somente deve ser exigida quando imprescindível, devendo, mesmo nesses casos, o edital prever a possibilidade de substituição do atestado de visita técnica por declaração do responsável técnico da licitante de que possui pleno conhecimento do objeto, das condições e das peculiaridades inerentes à natureza dos trabalhos (Acórdão nº 1737/2021-TCU-Plenário).
>
> A exigência de visita técnica antes da licitação é admitida, desde que atendidos os seguintes requisitos: (i) demonstração da imprescindibilidade da visita; (ii) não imposição de que a visita seja realizada pelo engenheiro responsável pela obra; e (iii) não seja estabelecido prazo exíguo para os licitantes vistoriarem os diversos locais onde os serviços serão executados. (Acórdão nº 2826/2014-TCU-Plenário).
>
> A visita técnica coletiva ao local de execução dos serviços contraria os princípios da moralidade e da probidade administrativa, pois permite ao gestor público ter prévio conhecimento das licitantes, bem como às próprias empresas terem ciência do universo de concorrentes, criando condições favoráveis à prática de conluio (Acórdão nº 2672/2016-TCU-Plenário).
>
> Nos casos em que a Administração considerar necessária a realização de visita técnica por parte dos licitantes, são irregulares, em regra, as seguintes situações: (i) ausência de previsão no edital de substituição da visita por declaração de pleno conhecimento do objeto;

(ii) exigência de que a vistoria seja realizada pelo responsável técnico pela execução da obra; (iii) obrigatoriedade de agendamento da visita ou de assinatura em lista de presença (Acórdão 2361/2018-TCU-Plenário).

Em que pesem a previsão legal e os precedentes do Tribunal de Contas da União, defende-se que, excepcionalmente, a depender dos riscos envolvidos e da complexidade da execução, pode ser, justificadamente, exigida a vistoria técnica do local da execução, sem substituição por declaração do licitante;

g) a exigência de atestados será restrita às parcelas de maior relevância ou valor significativo do objeto da licitação, assim consideradas as que tenham valor individual igual ou superior a 4% (quatro por cento) do valor total estimado da contratação: a definição sobre qual parcela do objeto da licitação tem maior relevância ou valor significativo é de natureza técnica e deverá ser apontada, com justificativa adequada e suficiente, pela área técnica do órgão ou entidade. A Lei fixa um critério para a identificação de tais parcelas vinculado ao valor econômico delas. O critério não é suficiente e em certos casos será inadequado. Por exemplo: suponha-se uma obra em que o valor da etapa de fundação não seja superior a 4% do valor total estimado da contratação – não será reputada parcela relevante; e que o revestimento dos pisos tenha valor superior a este limite legal. À toda vista, a parte relativa à fundação tem mais relevância técnica do que a parte de revestimento do piso. Independentemente do valor da parcela do objeto da contratação, se for relevante tecnicamente, comportará exigência, justificada, de prova de capacidade técnica. Para o Tribunal de Contas da União, "a habilitação técnico-operacional só pode ser exigida de licitantes para demonstração da capacidade de execução de parcelas do objeto a ser contratado que sejam, cumulativamente, de maior relevância e de maior valor" (Acórdão nº 2992/2011-TCU-Plenário);

h) será admitida a exigência de atestados com quantidades mínimas de até 50% (cinquenta por cento) das parcelas de que trata o referido parágrafo, vedadas limitações de tempo e de locais específicos relativas aos atestados: segundo o Tribunal de Contas da União, "a exigência de comprovação da execução de quantitativos mínimos em obras ou serviços com características semelhantes, para fins de atestar a capacidade técnico-operacional, deve guardar proporção com a dimensão e a complexidade do objeto e recair, simultaneamente, sobre as parcelas de maior relevância e valor significativo. Como regra, os quantitativos mínimos exigidos não devem ultrapassar 50% do previsto no orçamento base, salvo em condições especiais e devidamente justificadas no processo de licitação" (Acórdão nº 244/2015-TCU-Plenário). Antes da entrada em vigência da regra expressa da Lei, o TCU admitia superação deste limite – pelo Tribunal determinado – quantitativo dos atestados, desde que de modo justificado. A vedação à limitação de tempo relativa aos atestados pode dizer respeito (i) ao período do tempo, lapso temporal, em que houve a prestação contratual – por exemplo, execução contratual por período mínimo de certo número de anos; ou (ii) à época em que foi executado o contrato base para o atestado.

No que diz com tempo de execução do contrato-base do atestado, a própria Lei contempla exceção a esta vedação ao dispor que "em se tratando de serviços contínuos, o edital poderá exigir certidão ou atestado que demonstre que o licitante tenha executado serviços similares ao objeto da licitação, em períodos sucessivos ou não, por um prazo mínimo, que não poderá ser superior a 3 (três) anos" (art. 67, §5º).

No que tange à limitação de tempo relativa à época em que foi prestada a execução contratual base do atestado, a depender do objeto da contratação, a limitação temporal será indispensável, como já decidiu o Tribunal de Contas da União: "em licitação promovida por empresa estatal, pode o instrumento convocatório estabelecer limitação temporal de atestados para comprovação de qualificação técnica (art. 58, inciso II, da Lei nº 13.303/16), desde que essa exigência esteja devidamente motivada e não restrinja o caráter competitivo do certame (Acórdão nº 1378/2023-TCU-Plenário). É certo que este precedente foi dado com fundamento na Lei das Estatais, que não tem previsão expressa de vedação a limite de tempo para os atestados. Contudo, a racionalidade contida na decisão tem lógica e pode ser aplicada pela Administração em geral. Um certo atestado de capacidade técnica pode ser relativo à execução contratual com adoção de solução técnica já superada, o que justificaria a limitação de tempo de atestado;

i) será admitida a exigência da relação dos compromissos assumidos pelo licitante que importem em diminuição da disponibilidade do pessoal técnico a ser alocado na execução do contrato: a capacidade técnica do licitante pode estar comprometida por outros compromissos e execuções contratuais assumidos anteriormente. Esta exigência destina-se a propiciar a avaliação dos riscos de execução contratual derivados deste potencial compartilhamento de capacidade técnica. O instrumento convocatório deve conter esta previsão, acompanhada dos critérios objetivos que serão utilizados para a avaliação da capacidade técnica em contraste com os riscos de execução envolvidos;

j) o edital poderá prever, para aspectos técnicos específicos, que a qualificação técnica seja demonstrada por meio de atestados relativos a potencial subcontratado, limitado a 25% (vinte e cinco por cento) do objeto a ser licitado, hipótese em que mais de um licitante poderá apresentar atestado relativo ao mesmo potencial subcontratado: a Administração poderá autorizar a subcontratação de partes da obra, do serviço ou do fornecimento até o limite autorizado pelo instrumento convocatório. A subcontratação não é direito do contratado, assim, o instrumento convocatório ou regulamento específico poderão vedar, restringir ou estabelecer condições para a subcontratação. Caso autorizada, poderá ser exigida a indicação prévia do potencial subcontratado e a documentação que comprove a capacidade técnica do subcontratado, que será avaliada e juntada aos autos do processo correspondente. Caso exigida, na licitação, a indicação do subcontratado potencial, poderá haver a exigência de prova de sua capacidade técnica, relativa à parte da execução que será objeto da subcontratação, limitada a exigência a 25% (vinte e cinco por cento) do objeto a ser licitado. A subcontratação admitida por Lei é parcial. É vedada a subcontratação total do objeto. Precedentes do Tribunal de Contas da União sobre o tema:

> A subcontratação total do objeto, em que se evidencia a mera colocação de interposto entre a administração pública contratante e a empresa efetivamente executora (subcontratada), é irregularidade ensejadora de débito, o qual corresponde à diferença entre os pagamentos recebidos pela empresa contratada e os valores por ela pagos na subcontratação integral (Acórdão nº 5472/2022-TCU-Segunda Câmara).

Em contratação sob o regime de empreitada integral, admite-se a previsão de subcontratação de parte relevante do objeto licitado quando, de antemão, a Administração sabe que existem poucas empresas no mercado aptas à sua execução, devendo, em tais situações, se exigir a comprovação de capacidade técnica, relativamente a essa parte do objeto, apenas da empresa que vier a ser subcontratada. Acórdão 2021/2020-TCU-Plenário.

A subcontratação do objeto é admitida apenas parcialmente, desde que motivada sob a ótica do interesse público e com os seus limites devidamente fixados pelo contratante, não podendo a atuação do contratado transformar-se em mera intermediação ou administração de contrato. (Acórdão nº 14193/2018-TCU-Primeira Câmara).

O tema da subcontratação pode ter contornos complexos. Há práticas usuais de mercado, que implicam que parte da execução contrato seja efetivada por terceiro, as quais não são sequer levadas em conta pela Administração. Por exemplo: num contrato de obra pública, por vezes a concretagem das lajes e a própria construção das lajes é designada para terceiro, sem qualquer autorização ou formalização pelo contratante público. Em concreto, é preciso avaliar quais espécies de transferência de execução contratual para terceiro podem se incluir naquela que exige autorização expressa, sob pena de cometimento de infração, pois, a rigor, qualquer parcela da execução contratual que seja transferida para terceiro caracteriza uma subcontratação. Pode-se defender que as parcelas de execução de obra ou serviço de engenharia que sejam acessórias e não demandem transferência de responsabilidade técnica não caracterizam a subcontratação que tem que ser autorizada pela Administração. Cabe ao setor técnico aferir em concreto quais sejam tais parcelas. Não parece correto defender que as parcelas que constituem subempreitada não caracterizam a subcontratação. Em que pese haver uma distinção conceitual entre o instituto da subcontratação e o instituto da subempreitada. A revogada Resolução CONFEA nº 1025 previa que "a subcontratação ou a subempreitada de parte ou da totalidade da obra ou do serviço obriga ao registro de ART(...)" (art. 30), denotando que se tratam de institutos diversos. Pode-se defender, assim, que contratos de subempreitada são aqueles pelos quais o empreiteiro (contratado da Administração) transfere parcelas de atividade material para execução por terceiro, e também a responsabilidade técnica por elas – ainda que se mantenha corresponsável.

Sobre capacidade técnica, outras posições importantes do Tribunal de Contas da União:

Serviços de vigilância eletrônica devem ser contratados junto a empresas que estejam registradas em Conselho Regional de Engenharia e Arquitetura e possuam profissional qualificado em seu corpo técnico (engenheiro), detentor de atestados técnicos compatíveis com o serviço a ser executado (Anexo VI-A, subitem 9.1, da IN-Seges/MP 5/2017) (Acórdão nº 1418/2023 Plenário).

SÚMULA Nº 263

Para a comprovação da capacidade técnico-operacional das licitantes, e desde que limitada, simultaneamente, às parcelas de maior relevância e valor significativo do objeto a ser contratado, é legal a exigência de comprovação da execução de quantitativos mínimos em obras ou serviços com características semelhantes, devendo essa exigência guardar proporção com a dimensão e a complexidade do objeto a ser executado.

É ilegal o estabelecimento de número mínimo de atestados de capacidade técnica, a não ser que a especificidade do objeto o recomende, situação em que os motivos de fato e de direito deverão estar devidamente explicitados no processo da licitação.

Representação com pedido de medida cautelar, apontou supostas irregularidades na condução do Pregão Presencial 02/2011, promovido pelo Conselho Regional de Técnicos em Radiologia da 5ª Região, em São Paulo, com o objetivo de viabilizar a contratação de empresa para fornecimento de mão de obra (dois auxiliares de serviços gerais). A unidade técnica, ao debruçar-se sobre a representação, questionou a seguinte exigência, contida no edital do certame, "III – QUALIFICAÇÃO TÉCNICA: Apresentar, no mínimo, 02 (dois) atestados de capacidade técnica, emitidos por órgão da administração pública ou por empresa privada, para os quais a proponente tenha fornecido mão de obra terceirizada semelhantes ao objeto desta licitação, devendo estar expressos nos atestados o nome e o cargo da pessoa signatária". O relator do feito, em linha de consonância com a unidade técnica, registrou que tal exigência "não encontra respaldo legal, havendo jurisprudência assentada a respeito". Transcreveu, em seguida, trechos de recente julgado do Plenário, Acórdão nº 1.948/2011, em que o Tribunal enfrentou situação similar: "(...)a exigência de mais de um atestado de capacidade técnica (mínimo dois), fornecidos por empresas diferentes, restringe a competitividade do certame, violando o art. 37, XXI, da Constituição Federal de 1988, o qual estabelece que, nos processos de licitação pública, somente serão admitidas as exigências de qualificação técnica e econômica indispensáveis à garantia do cumprimento das obrigações que serão contratadas. 11. Sobre o assunto, o Ministro-Substituto Augusto Sherman Cavalcanti, no Voto condutor do Acórdão nº 1.937/2003 – Plenário trouxe à baila considerações pertinentes, conforme transcrevo a seguir: Nesse contexto, o estabelecimento de uma quantidade mínima e/ou certa de atestados fere o preceito constitucional da isonomia porque desiguala injustamente concorrentes que apresentam as mesmas condições de qualificação técnica. Como dizer que um licitante detentor de um atestado de aptidão é menos capaz do que o licitante que dispõe de dois?". A despeito de concluir pela ilicitude dessa exigência e também pela existência outras falhas no certame, anotou que delas não resultou restrição ao caráter competitivo da licitação. Acrescentou que o valor obtido, ao final dos lances, representou redução de 24,4% em relação ao valor orçado. O Plenário, então, decidiu determinar ao Conselho Regional de Técnicos em Radiologia – 5ª Região que: "9.2.1.1. com fulcro nos arts. 37, inciso XXI, da Constituição Federal c/c o art. 3º da Lei nº 8.666/1993, abstenha-se de estabelecer número mínimo de atestados de capacidade técnica, a não ser que a especificidade do objeto o recomende, situação em que os motivos de fato e de direito deverão estar devidamente explicitados no processo administrativo da licitação, consoante jurisprudência deste TCU, a exemplo dos Acórdãos nºs 3.157/2004 – 1ª Câmara, 124/2002, 1.341/2006, 2.143/2007, 1.557/2009 e 534/2011, todos do Plenário;" (Acórdão nº 3170/2011-Plenário, TC- nº 028.274/2011-3, rel. Min. Marcos Bemquerer Costa, 30.11.2011).

É ilegal exigir das empresas do ramo da indústria de mobiliário registro nos conselhos regionais de engenharia e agronomia. A atividade básica desenvolvida pela empresa é o fator determinante para a obrigatoriedade do seu registro no respectivo conselho de fiscalização profissional, conforme o disposto no art. 1º da Lei 6.839/80.

Representação oferecida por sociedade empresária apontara possíveis irregularidades em pregão eletrônico realizado pela Universidade Federal do Espírito Santo (UFES) com vistas à contratação de empresa especializada na prestação de serviços de produção e instalação de mobiliário. Os atos relativos ao referido pregão foram examinados pelo Pleno do Tribunal, após esclarecimentos prestados pela UFES, mediante o Acórdão 681/2013-Plenário, pelo qual fora assinado prazo de dez dias para que a entidade adotasse as providências destinadas à anulação do certame. Na oportunidade, fora promovida a oitiva do Confea para que se manifestasse "acerca dos argumentos lançados na presente representação atinentes à ilegalidade do art. 1º, item 16, da Resolução CONFEA nº 417/1998" (inclusão das empresas do ramo da Indústria de Mobiliário entre as obrigadas ao registro nos conselhos regionais de engenharia e agronomia), objeto de apreciação na deliberação aqui examinada. Verificado que a UFES promovera a anulação do pregão, o relator examinou a específica oitiva do Confea, alinhando-se às conclusões da unidade instrutiva no sentido de que "o poder regulamentar conferido ao CONFEA pelo art. 27, letra 'f', da Lei 5.194/66, foi extrapolado com a edição da Resolução 417/98 no que pertine, em especial ao caso ora tratado, de inclusão das empresas do ramo da Indústria de Mobiliário entre as obrigadas ao registro nos conselhos regionais de engenharia e agronomia", vez que não restou demonstrada "a necessidade de conhecimentos técnicos de engenharia na fabricação de móveis, a justificar a exigência de acompanhamento por engenheiro legalmente habilitado". Nesse sentido, concluiu o relator estar configurada afronta ao art. 1º da Lei 6.839/80, "o qual dispõe que a atividade básica desenvolvida pela empresa é o fator determinante para a obrigatoriedade do seu registro no respectivo conselho de fiscalização profissional". Nesse passo, considerando a competência constitucional para sustar atos normativos do Poder Executivo que exorbitem do poder regulamentar, o Tribunal, acolhendo a proposta do relator, decidiu submeter a matéria ao escrutínio do Congresso Nacional (Acórdão nº 447/2014-Plenário, TC nº 045.072/2012-4, relator Ministro José Jorge, 26.02.2014).

Em síntese, pode-se deduzir as seguintes afirmações acerca da prova de capacidade técnica, de acordo, inclusive, com orientações do Tribunal de Contas da União:
a) é vedado exigir propriedade de equipamentos ou veículos como requisito de capacidade técnica. A Administração Pública pode exigir compromisso formal escrito de que os veículos e equipamentos estarão disponíveis para a execução contratual. É evidente que essa regra geral comporta exceções. Pode-se supor, em tese, situação concreta que demande prova de que o licitante tem a propriedade ou a disposição imediata de certo bem, sob pena de risco grave para a execução contratual;
b) é possível a somatória de quantitativos integrantes de atestados de capacidade técnica diversos. Por exemplo, para provar o quantitativo de 1000, o licitante pode apresentar dois atestados comprovando cada um o quantitativo de 500, desde que tecnicamente tal somatória seja aceitável (executar duas vezes de 500 seja o mesmo que executar uma vez de 1000);
c) o registro dos atestados na entidade profissional competente (CREA, CRA, OAB etc.) somente é possível se de fato a atividade objeto da contratação estiver sujeita à regulação e fiscalização de uma delas;
d) não pode haver limitação de tempo ou local na exigência de atestado de capacidade técnica, salvo no caso de superação da tecnologia envolvida na execução à época;
e) para não onerar os licitantes, não é possível exigir que os profissionais técnicos indicados para a execução contratual na proposta façam parte do quadro permanente da pessoa jurídica, podendo apenas ser indicados nela com o compromisso de serem alocados quando da execução.

4.7.4.4 Habilitação econômico-financeira

As exigências relativas à demonstração de capacidade econômico-financeira destinam-se à comprovação e aferição das condições econômico-financeiras do licitante para arcar com os custos e encargos decorrentes da execução do objeto da licitação. Os pagamentos das despesas públicas somente podem ser feitos pela Administração após a sua regular liquidação, que, nos termos da Lei nº 4.320/64, "consiste na verificação do direito adquirido pelo credor tendo por base os títulos e documentos comprobatórios do respectivo crédito" (art. 2º). Competirá ao contratado, então, realizar todas as despesas necessárias à execução contratual para tão-somente após o recebimento do objeto do contrato pela Administração fazer jus à sua contrapartida remuneratória.

A análise fundada na razoabilidade e na proporcionalidade leva a concluir, primeiramente, que toda e qualquer exigência voltada a essa aferição guarda relação direta com o objeto da futura contratação. Desta feita, quanto mais complexo e oneroso o objeto, mais cautelas deverão ser adotadas na escolha do futuro contratado. A relação é efetivamente de proporcionalidade direta. Essa razão proporcional fundada em critérios objetivos demanda indispensável a exigência tocante à demonstração de qualificação econômico-financeira suficiente para honrar a execução do objeto da licitação.

A análise dos balanços no âmbito da ciência da contabilidade pode ter objetivos diversos: concessão de crédito financeiro de curto prazo (capital de giro), ou concessão de crédito financeiro de longo prazo (aquisição de máquinas e equipamentos ou ampliação do parque produtivo etc.), análise para efeitos de investimentos acionário, ou ainda, aprovação de um cadastro para o cliente etc. Cada objetivo requer uma condução diferente dos indicadores que devem ser utilizados e combinados. O trato dos índices com fito na contratação administrativa igualmente demanda manuseio peculiar dos instrumentos contábeis. A complexidade administrativa reside em fixar com precisão esses instrumentos de aferição da capacidade econômico-financeira de executar o objeto da licitação, sem frustrar o seu caráter competitivo, incorrendo em vício do certame.

De qualquer forma, indagar e exigir a comprovação da capacidade econômico--financeira do licitante constitui um dever do administrador, quando cabível. Não se trata de faculdade ou de opção administrativa. Cada contratação deve corresponder à satisfação de uma necessidade pública objetiva, assim, não há que se cogitar de contratação desnecessária, e a satisfação dessa necessidade depende, também, da saúde financeira da empresa contratada. Ainda que se possa sugerir que as demonstrações financeiras não podem garantir a estabilidade e sobrevivência financeira de uma empresa, sujeita a circunstâncias sazonais que escapam a qualquer previsão, é obrigação do administrador adotar medidas de cautela mínimas que possam reduzir o risco de inexecução contratual decorrente de incapacidade econômico-financeira, contemporânea à licitação ou superveniente.

É evidente que não há domínio pleno sobre os fatores econômicos e materiais que podem levar uma pessoa física ou jurídica à situação de não conseguir honrar os compromissos assumidos, ou mesmo à situação de insolvência ou falência. Contudo, a lei prevê mecanismos orientados à prova de que tal risco não se mostra evidente ou na iminência de se transformar em um resultado economicamente danoso para o contratado e para a Administração Pública contratante. Nos termos do disposto no art. 69 da Lei nº

14.133/21, "a habilitação econômico-financeira visa a demonstrar a aptidão econômica do licitante para cumprir as obrigações decorrentes do futuro contrato, devendo ser comprovada de forma objetiva, por coeficientes e índices econômicos previstos no edital, devidamente justificados no processo licitatório, e será restrita à apresentação da seguinte documentação: I – balanço patrimonial, demonstração de resultado de exercício e demais demonstrações contábeis dos 2 (dois) últimos exercícios sociais; II – certidão negativa de feitos sobre falência expedida pelo distribuidor da sede do licitante".

A questão relativa ao balanço patrimonial e às demonstrações contábeis reveste-se de maior complexidade, sendo certo que conterão informações que, para ter utilidade e servir objetivamente ao propósito de sua exigência, demandarão análise interpretativa. Os índices contábeis de que trata a Lei têm caráter instrumental à análise dos balanços e demonstrações financeiras das empresas.

Taras Savytzki, a esse respeito, esclarece:

> A simples leitura do balanço nos dá uma idéia geral da composição patrimonial da empresa. Todavia, quando se deseja conhecer o estado econômico, financeiro e reditual, as modificações ocorridas e suas causas e, ainda, as projeções que possam ser feitas, torna-se necessária a análise do balanço. A análise consiste no exame isolado das contas, na comparação de grupos de contas entre si ou em relação ao todo. Essas comparações podem ser feitas por números absolutos, números-índices, percentagens e quocientes. Os mais usados, porque permitem melhor interpretação, são as percentagens e os quocientes.[75]

A finalidade da análise do balanço e das demonstrações financeiras é obter informações suficientes para inferir tanto a situação atual da empresa (análise tópica) como sua tendência econômico-financeira. Essa tendência constitui instrumento relevante para a constatação da exequibilidade do objeto e não pode ser desconsiderada pela Administração, especialmente no tocante aos contratos de longa duração. Dessa feita, um dos critérios legais de aferição dessa qualificação e comprovação da boa situação financeira da empresa é a análise do balanço patrimonial e demonstrações contábeis do último exercício social – ou, dos dois últimos, como autoriza a Lei –, que será feita de forma objetiva, por meio do cálculo de índices contábeis previstos no edital e devidamente justificados no processo administrativo da licitação, vedada a exigência de índices e valores não usualmente adotados para a avaliação de situação econômico-financeira suficiente para o cumprimento das obrigações decorrentes da licitação (art. 69, §5º). Os índices a serem adotados devem ser os usualmente utilizados para a análise de balanços e demonstrações financeiras no mercado. Não há que se inovar ou pretender utilizar índice inovador ou de utilização restrita a determinado segmento. A praxe e as normas que regem a contabilidade empresarial oferecem inúmeros índices usuais e cotidianos dos quais pode se valer a Administração, não sendo justificável a adoção de índices de utilização restrita, até mesmo em homenagem aos princípios da eficiência e da competitividade.

Por outro lado, os índices escolhidos para a aferição da situação financeira das licitantes devem ser justificados no processo administrativo, como, aliás, todas as decisões

---

[75] SAVYTZKI, Taras. *Manual de análise de balanços*. Curitiba: Sigma, 1985. p. 61.

adotadas na fase interna. Não é suficiente a assertiva de que o índice é usualmente aceito. É necessária a demonstração de que tal índice, em face do objeto que se pretende contratar, é adequado metodologicamente e presta-se aos fins pretendidos pela Administração.

Logo, em suma, compete ao administrador nessa etapa:
(a) aferir a necessidade de calcular índices para a análise dos balanços e demonstrações financeiras;
(b) escolher índices usualmente aceitos em contabilidade empresarial;
(c) justificar a necessidade da análise de índices e os índices eleitos para tal finalidade.

Como dito, a interpretação ou análise do balanço patrimonial ou das demonstrações contábeis tem como instrumento eleito pela Lei os índices contábeis. A análise de demonstrações contábeis mediante uso de índices financeiros e econômicos, embora não sendo a única técnica admitida pela Ciência da Contabilidade,[76] revela-se adequada aos propósitos da Lei de Licitações. Via de regra, as demonstrações contábeis a serem analisadas são a do balanço patrimonial, a demonstração do resultado do exercício, a demonstração de lucros ou prejuízos acumulados, a demonstração de origens e aplicações de recursos, a demonstração dos fluxos de caixa e a demonstração do valor adicionado. Adotada a técnica de análise pela utilização de índices, tem-se à disposição, para o fim de instrumentalizar a análise da boa situação financeira das empresas, alguns índices bastante utilizados, como os índices de liquidez, índices de endividamento, índices de atividade e índices de rentabilidade. Desse rol, por expressa disposição legal, estão automaticamente excluídos os índices de rentabilidade ou de lucratividade.

Como aponta José Carlos Marion, o índice de liquidez corrente (ILC) mostra a capacidade de pagamento da empresa em curto prazo, por meio da fórmula ativo circulante/passivo circulante.[77]

O índice de liquidez seca (LS) representa a possibilidade (ou não), em caso de total paralisação das vendas, de pagamento integral das dívidas com o disponível e com o valor correspondente às duplicatas a receber. Esse índice se deduz pela fórmula LS = (ativo circulante − estoque)/passivo circulante.

O índice de liquidez geral (ILG) demonstra a capacidade de pagamento da empresa em longo prazo, considerando-se tudo o que ela converterá em dinheiro (em curto e longo prazos), relacionando-se com tudo o que já assumiu como dívida (em curto e longo prazos). Esse índice é produto do seguinte cálculo: (ativo circulante + realizável a longo prazo) / (passivo circulante + exigível a longo prazo).[78]

Os índices de endividamento, por seu turno, informam o nível de endividamento das empresas e se os recursos utilizados são provenientes de terceiros ou dos proprietários, bem como se os recursos de terceiros têm seu vencimento em maior parte em curto prazo (circulante) ou em longo prazo (exigível a longo prazo).[79]

---

[76] Segundo José Carlos Marion (MARION, José Carlos. *Análise das Demonstrações Contábeis*. 2. ed. São Paulo: Atlas, 2002. p. 24), existem outras técnicas de análise das demonstrações contábeis, como as análises horizontal e vertical; a análise da taxa de retorno sobre investimentos (margem de lucro x giro do ativo); e a análise das demonstrações de origens e aplicações de recursos (DOAR), dos fluxos de caixa (DFC) e da demonstração de valor agregado (DVA).

[77] *Ibid.*, p. 60-68.

[78] MARION, José Carlos, Op. cit., p. 89.

[79] *Ibid.*, p. 104.

Além de retratar a situação econômico-financeira da empresa em um certo e determinado momento, a análise dos balanços e as demonstrações financeiras tem por finalidade indicar a sua tendência econômico-financeira. Constituem dois momentos diversos e com implicações jurídico-financeiras diversas à situação da licitante contemporânea à licitação, e as perspectivas futuras dela. Quando considerado um contrato administrativo de média e longa duração, a tendência econômico-financeira da licitante pode ser tão importante quanto à situação econômico-financeira atual, e uma tendência negativa que aponte para uma situação falimentar ou de inadimplência que possa impor risco à execução do contrato reputado fundamental à satisfação do interesse público pode ser suscitada pela Administração para inabilitar um determinado licitante – desde que mediante decisão suficientemente motivada.

Competirá, então, a escolha de índices que possam demonstrar a situação da empresa no instante da licitação, bem como, em determinados casos, a tendência econômico-financeira dela. Casos haverá em que mais de um índice deverá ser utilizado para a obtenção dos elementos informativos necessários. Mas, por vezes, será necessário indagar quais os índices setoriais relativos ao segmento do mercado de atuação do licitante. É que índices satisfatórios para um determinado setor podem não o ser para outro, o que implica cautela, também, nesse pormenor, para que os índices eleitos tenham realmente um sentido jurídico e alguma utilidade material.

O microempreendedor individual não está isento de apresentação de balanço para fins de qualificação econômico-financeira na licitação, ainda que dispensado de tal por norma expressa no art. 1.179, §2º do Código Civil Brasileiro. A regra prevista na Lei civil destina-se ao fomento da atividade econômica pela facilitação de escriturações e registros contábeis do microempreendedor. A finalidade de exigência de balanço no processo da contratação pública é a diminuição dos riscos de execução contratual e, pois, a proteção do interesse público, daí a legitimidade da exigência, como já decidiu o Tribunal de Contas da União: "para participação em licitação regida pela Lei 8.666/1993, o microempreendedor individual (MEI) deve apresentar, quando exigido para fins de qualificação econômico-financeira, o balanço patrimonial e as demonstrações contábeis do último exercício social (art. 31, inciso I, da Lei 8.666/1993), ainda que dispensado da elaboração do referido balanço pelo Código Civil (art. 1.179, §2º, da Lei 10.406/2002)" (Acórdão nº 133/2022-TCU-Plenário).

Para prova de habilitação econômico-financeira, pode ser exigida a apresentação de balanço patrimonial, repita-se, demonstração de resultado de exercício e demais demonstrações contábeis dos 2 (dois) últimos exercícios sociais. Este é o primeiro ponto de destaque. A exigência pode ser relativa aos dois últimos exercícios sociais. O Código Civil Brasileiro prevê que "a assembléia dos sócios deve realizar-se ao menos uma vez por ano, nos quatro meses seguintes à ao término do exercício social, com o objetivo de tomar as contas dos administradores e deliberar sobre o balanço patrimonial e o de resultado econômico" (art. 1078). Tal significa que as empresas deverão ter o balanço aprovado até final de abril do exercício. Evidente que a norma legal – pelo princípio da hierarquia de normas – prevalece sobre qualquer outra norma de natureza infralegal, como aquelas eventualmente editadas para prestação de informações ou escrituração digital junto aos agentes ou órgãos públicos dotados de prerrogativa de controle.

Será exigível em licitação a apresentação do balanço do exercício anterior, aprovado e registrado, a partir de 01 de maio do exercício em que se realiza o certame. Relevante que esta exigência seja expressa no instrumento convocatório, como já decidiu o Tribunal de Contas da União: "se não houver cláusula no edital que especifique o exercício a que devam se referir, o balanço patrimonial e demais demonstrações contábeis do exercício imediatamente anterior somente podem ser exigidos se a convocação da licitante para apresentação da documentação referente à qualificação econômico-financeira (art. 31 da Lei 8.666/1993) ocorrer após a data limite definida nas normas da Secretaria da Receita Federal para a apresentação da Escrituração Contábil Digital (ECD) no Sistema Público de Escrituração Digital (Sped)" (Acórdão nº 2293/2018-TCU-Plenário).

Outros precedentes relevantes do Tribunal de Contas da União acerca do tema:

A parcela do capital social integralizada com precatórios, cuja execução está suspensa por decisão judicial, não serve à comprovação de qualificação econômico-financeira em licitação (capital mínimo), porquanto incerta a sua liquidez e o recebimento dos seus valores.

Embargos de Declaração apontaram omissão em decisão que manteve julgamento pela improcedência de representação contra a inabilitação do consórcio embargante em certame promovido pelo Ministério da Integração Nacional. A licitação destinara-se à contratação de serviços para a execução, entre outras, de obras civis da primeira etapa de implantação do Projeto de Integração do Rio São Francisco. A inabilitação do consórcio decorrera da não comprovação do capital social mínimo exigido no edital, quando desconsiderada a parcela do capital social de uma das consorciadas integralizada com valores de acervo técnico e de precatórios. O relator, ao tempo em que acatou a alegação de omissão na decisão guerreada, refuta o ponto central do argumento recursal não apreciado, qual seja, a tese de que, no caso concreto, os precatórios deveriam ser enquadrados como capital integralizável. Registra que o acórdão originário "não declara a impossibilidade de capitalização dos precatórios", para concluir que "sob a ótica da Lei de Licitações e Contratos, em especial no tocante às exigências de qualificação econômico-financeira, os créditos utilizados na integralização de capital social da(...), com execução suspensa por decisão judicial, a exemplo do presente caso, não servem à comprovação da disponibilidade financeira da licitante para executar o objeto do contrato". Para o relator, a existência de ação judicial rescisória, com medida liminar suspensiva do pagamento dos precatórios, elemento fático a comprometer a certeza de seu recebimento, influenciou, decisivamente, a avaliação da comissão licitante e a convicção do TCU ao apreciar o caso concreto. Sanada a omissão, conclui o relator pelo acolhimento parcial dos embargos, ante a existência de omissão, negando-lhes, contudo, efeitos modificativos (Acórdão nº 1243/2013-Plenário, TC 007.817/2008-9, relator Ministro José Múcio Monteiro, 22.05.2013).

Planejamento da contratação. Licitação. Obra. É obrigatória a fundamentação em estudos ou levantamentos específicos que demonstre a necessidade e adequação da adoção dos índices de liquidez mínimo e de grau de endividamento máximo. Procedência parcial.

6. O segundo ponto questionado refere-se à exigência, para qualificação econômico-financeira, de índice de liquidez mínimo de 2,0 e de grau de endividamento máximo de 0,30, contrariando a IN 5/1995 do Ministro de Estado da Administração Federal e Reforma do Estado (MARE) e a jurisprudência do TCU (Acórdãos nºs 2.299/2011-Plenário e 170/2007-Plenário) e de tribunais do poder Judiciário.

7. As justificativas apresentadas pelos responsáveis, em síntese, apegaram-se ao fato de que a Lei de Licitação não fixa esse índice, deixando a critério da administração sua adaptação

a cada caso concreto, nos termos do art. 31, §1º, da Lei 8.666/1993. Argumentaram que se buscou dar segurança à contratação, uma vez que estavam diante de uma contratação de serviços com obrigações futuras, sendo importante mitigar seus riscos. Ressaltaram que o objetivo da contratação foi alcançado: deu-se a escolha do melhor preço, cujo valor contratado foi abaixo do orçado pela Funasa. Afirmaram que não se pretendeu frustrar o caráter competitivo do certame, não havendo que se falar em sua limitação, pois houve mais de uma proposta válida e foi escolhido o melhor preço. Arguiram, ainda, que a IN/MARE não obriga os municípios e que o TCE/MT entende abusivo índices superiores a 2,0, assim como o acórdão 2.028/2006-TCU-Plenário. Finalizaram afirmando que esses índices são usualmente utilizados pelo município, quando estão envolvidas obras de grande complexidade e vulto financeiro e, sobretudo, quando estão englobados recursos federais.
10. Os índices exigidos discrepam, também, dos previstos na Instrução Normativa 5/1995, que estabelece como requisito para comprovação da boa situação financeira da empresa índices de liquidez geral, solvência geral e liquidez corrente superiores a 1,0, sequer prevendo exigência de grau de endividamento. Embora assista razão aos responsáveis quando afirmam que tal IN não se aplica aos municípios, não se pode desconsiderar os valores ali indicados, que servem perfeitamente de parâmetro de comparação para os índices adotados pelo município.
11. O fato de a lei não fixar o limite do índice a ser adotado não afasta a responsabilidade do gestor por sua definição, que não pode ser aleatória, nem depender de simples "palpite" do administrador público.
12. A obrigação de realizar pesquisa e apurar o índice usual de mercado, como foi feito pela Secex/MT, era da administração municipal. A partir desse levantamento, o município estaria apto a fixar um índice que atendesse à segurança da contratação, sem afetar a competitividade do certame. Essa preocupação não restou demonstrada nestes autos. As defesas se limitaram a arguir genericamente que buscaram resguardar o erário, mas não comprovaram que fizeram levantamento de dados ou estudos que, de fato, dessem a segurança necessária para fixação dos índices ora questionados. Ou seja, não atenderam ao dispositivo legal acima referenciado e, portanto, ao interesse público.
13. Este Tribunal já enfrentou essa questão e deliberou no sentido da obrigatoriedade de fundamentação em estudos/levantamentos específicos que demonstre a necessidade e adequação da adoção desses índices, principalmente, quando os adotados não sejam os usuais, como no caso ora examinado (Acórdãos do Plenário nºs 2.495/2010, 170/2007 e 291/2007) (AC nº 0932-13/13-P).

Representação. Planejamento da contratação. Licitação. É irregular a exigência de índices contábeis diversos dos usuais, sem a devida fundamentação em estudo aprofundado e específico que demonstre sua necessidade e adequação com relação ao objeto da licitação. Alerta.
5. A oitiva de Furnas foi realizada por meio do Ofício (...), solicitando-se manifestação em relação às seguintes questões:
– estabelecimento, no instrumento convocatório, como critérios de qualificação econômico-financeira, dos índices grau de endividamento (GE) e garantia de capital de terceiros (CGT), prescritos pela exigência constante do item 2.1.4, alínea 'c', do edital, sem as devidas justificativas no processo administrativo da licitação que deu início ao certame licitatório, conforme disposto no §5º do art. 31 da Lei nº 8.666/1993.
24. Conforme já demonstrado na instrução inicial nos itens 3.2.1 a 3.2.18 (fls. 76-79), o TCU tem reiterados entendimentos no sentido de que a exigência de índices contábeis diversos dos usuais deve ser justificada por estudos aprofundados, além de que tal exigência deve ser pertinente ao cumprimento das obrigações resultantes da licitação,

5. A unidade técnica constatou que o certame organizado por Furnas apresentou impropriedades referentes à exigência de: (...) (iii) índices contábeis diversos dos usuais, sem a devida fundamentação em estudo aprofundado e específico que demonstre sua necessidade e adequação com relação ao objeto da licitação, em desacordo com o §5º do art. 31 da Lei nº 8.666/1993 e com os Acórdãos nºs 170/2007-TCU-Plenário e 291/2007-TCU-Plenário. 6. Em razão disso, a 9ª Secex propõe que a estatal seja alertada sobre tais falhas. 7. Acolho esta proposta da unidade técnica, pelos fundamentos transcritos no relatório precedente.
9.2. alertar a Furnas Centrais Elétricas S.A. no sentido de que:
9.2.3. a exigência de índices contábeis diversos dos usuais, sem a devida fundamentação em estudo aprofundado e específico que demonstre sua necessidade e adequação com relação ao objeto da licitação, afronta o §5º do art. 31 da Lei nº 8.666/1993, bem como os Acórdãos nºs 170/2007-TCU-Plenário e 291/2007-TCU-Plenário; (AC nº 2495-35/10-P).

Pode haver a exigência de capital mínimo ou de patrimônio líquido mínimo para garantia de contratos de compras para entrega futura e na execução de obras e serviços, até 10% (dez por cento) do valor estimado da contratação. Deve haver preferência, como requisito eficiente de garantia, pela exigência de patrimônio líquido mínimo, e lugar do capital social mínimo. O capital social é o valor econômico invertido para a constituição de uma sociedade empresária. O capital da sociedade, expresso em moeda corrente, pode compreender qualquer espécie de bens, suscetíveis de avaliação pecuniária, e tem algumas funções, como o de delimitar a responsabilidade dos sócios junto aos credores. É informação de baixa relevância para demonstração de capacidade econômico-financeira em processos de contratação pública. O patrimônio líquido é formado pela diferença entre o ativo e o passivo de uma sociedade. Parece claro que o patrimônio líquido mínimo de uma empresa é informação mais adequada do que seu capital social, para fins de avaliação sobre capacidade econômico financeira.

Repita-se que, enquanto os requisitos de habilitação jurídica e regularidade fiscal e trabalhista pouco representam ou influem na execução do futuro contrato, os requisitos de capacidade técnica ou de capacidade econômico-financeira podem ser determinantes para o sucesso da contratação. Registre-se, por fim, que os requisitos de habilitação técnica e econômico-financeira devem ser obrigatoriamente justificados no processo da contratação, com base em critérios técnicos precisos e vinculados ao objeto do contrato.

4.8 Particularidades da etapa preparatória da contratação de compras

Compra é a aquisição remunerada de bens para fornecimento de uma só vez ou parceladamente (art. 6º, X). O contrato de compra envolve uma obrigação de dar coisa certa, caso em que a individualização do objeto se dá ao ser contraída e sabe-se, precisamente, qual é o objeto da prestação. Não é necessário que o objeto seja determinado desde o início, bastando que haja a indicação dos elementos necessários à sua determinação no momento em que deve ser cumprida (compras por encomenda).[80] A contratação de compra pode se dar pela forma de fornecimento com entrega imediata, fornecimento com entrega parcelada ou fornecimento contínuo:

---

[80] GOMES, Orlando. *Obrigações*. 17. ed. São Paulo: Forense, 2009. p. 43.

a) fornecimento com entrega imediata: a entrega imediata caracteriza-se quando o instrumento convocatório e o instrumento contratual (contrato ou equivalente) estipulam que deva ser feita no prazo máximo de até 30 dias. O termo inicial da contagem deste prazo é a data do recebimento, pelo contratado, da solicitação de fornecimento (por intermédio do ato e formas previstas em regulamentação interna ou no próprio contrato). O prazo máximo de entrega deve estar expresso no contrato ou documento de solicitação de entrega. O descumprimento deste prazo caracteriza a mora do contratado e pode implicar responsabilização administrativa. A entrega do objeto da compra, se admitido pela Administração, pode ser feita em partes, desde que a totalidade dela (da entrega) ocorra em prazo inferior ao máximo fixado. Esta entrega fracionada do objeto da compra, dentro do prazo máximo de 30 dias, não lhe retira a natureza de entrega imediata;

b) fornecimento com entrega parcelada: quando a entrega dos bens adquiridos for convencionada para ocorrer em partes, ao longo de um certo período de vigência contratual. A contratação de compra com entrega parcelada pode, ou não, ser destinada a atender uma necessidade permanente. Neste ponto, difere a contratação de compra com entrega parcelada e a contratação de fornecimento contínuo. Não se confunde este instituto, tampouco, com o instituto do parcelamento do objeto. Neste caso de parcelamento do objeto, ocorre o fracionamento de objeto divisível para realizar contratações autônomas e independentes de cada uma das parcelas (licitação por itens ou lotes). O fornecimento com entrega parcelada será objeto de um cronograma físico-financeiro, disciplinando os prazos de entrega e o fluxo financeiro dos pagamentos. Os contratos de fornecimento com entrega imediata ou parcelada são contratos de escopo, para todos os efeitos legais;

c) fornecimento contínuo: envolvem relações contratuais destinadas a compras realizadas pela Administração Pública para a manutenção da atividade administrativa, decorrentes de necessidades permanentes ou prolongadas. Conjugam uma obrigação de dar a uma necessidade administrativa que seja permanente ou prolongada. Estes contratos são de prazo, e podem ter duração plurianual e possibilidade de prorrogação decenal (por até dez anos).

O planejamento das compras deverá considerar a expectativa de consumo anual (art. 40). Tal significa que, para as compras futuras, deverão ser considerados os volumes contratados em exercícios anteriores (informação elementar para a elaboração do plano de contratações anual. Esta previsibilidade objetiva de consumo de exercício subsequente com base em consumo de exercícios financeiros antecedentes é da maior relevância e, entre outros, presta-se a (i) evitar o fracionamento ilegal de despesa para fins de contratação direta por valor (art. 75, I e II); e (ii) evitar situação de emergência que demande contratação direta, por urgência de atendimento de necessidade administrativa – que será reputada irregular, pois causada por falha de planejamento (art. 75, VIII e §6º).

Para a contratação de compras deve ser observado o seguinte:

a) condições de aquisição e pagamento semelhantes às do setor privado: o mercado privado de atuação dos agentes econômicos é uma fonte de inspiração para definições do processo da contratação pública. Mercado é um conjunto de fornecedores que se relacionam de modo sistêmico, com um conjunto de potenciais compradores, mediantes regras próprias internas e específicas. Há dever jurídico de conhecer profundamente o mercado em que se insere o objeto da futura contratação, seja em termos de preço, seja em termos de outras condições, como forma de pagamento, prazos de entrega, qualidade à disposição etc. Ao apontar como requisito que as compras públicas se deem em condições semelhantes à do setor privado, a Lei não está, nem poderia, a impor a eficiência privada nos processos de aquisição pela Administração. Eficiência pública e eficiência privada são noções jurídicas bastante distintas. A eficiência privada, em apertada síntese, se obterá pela conjugação de uma compra com a qualidade desejada, pelo menor preço. A eficiência pública conjuga mais um elemento nesta formulação: a função social da contratação pública. À Administração Pública não basta, como garantia de eficiência, conjugar preço e qualidade, mas também obter como resultado contratual a satisfação de outros valores, como isonomia, desenvolvimento nacional sustentável, fomento das microempresas e empresas de pequeno porte, entre outros. Desta forma, uma aquisição pública pode se dar a preço superior ao que seria obtido por uma empresa privada, sem que se cogite de menor eficiência. O mercado é uma referência que deve ser observada, como já deliberou o Tribunal de Contas da União:

> Para fins do exercício do poder sancionatório do TCU, pode ser tipificada como erro grosseiro (art. 28 do Decreto-lei 4.657/1942 – Lindb) a elaboração do orçamento estimado da licitação sem o dimensionamento adequado dos quantitativos e com base em pesquisa de mercado exclusivamente junto a potenciais fornecedores, sem considerar contratações similares realizadas pela Administração Pública, propiciando a ocorrência de substancial sobrepreço no orçamento do certame (Acórdão nº 3569/2023-TCU-Segunda Câmara).
>
> A aquisição de bens por preços superiores aos previstos no plano de trabalho do convênio, por si só, não representa superfaturamento. Para que se configure dano ao erário, é necessária a demonstração de que os valores pagos são superiores aos preços de mercado (Acórdão nº 2085/2023-TCU-Segunda Câmara).
>
> As empresas que oferecem propostas com valores acima dos praticados pelo mercado, tirando proveito de orçamentos superestimados elaborados pelos órgãos públicos contratantes, contribuem para o superfaturamento dos serviços, sujeitando-se à responsabilização solidária pelo dano evidenciado (Acórdão nº 8497/2022-TCU-Segunda Câmara).
>
> Não pode ser considerado negócio jurídico perfeito e protegido pelo princípio da segurança jurídica (art. 24 do Decreto-lei 4.657/1942 – Lindb) o contrato administrativo celebrado com preço superior ao de mercado, pois não há como conceber que o particular possa ser beneficiário de direito subjetivo ao superfaturamento. Acórdão 1142/2022-TCU-Plenário
>
> O parâmetro para a avaliação da conformidade dos preços ofertados são os valores de mercado, e não as propostas apresentadas por outros licitantes (Acórdão nº 1093/2021-TCU-Plenário). Todas contratações, inclusive as realizadas por meio de adesões a atas de registro de preço, devem ser precedidas de ampla pesquisa de mercado, visando caracterizar sua vantajosidade sob os aspectos técnicos, econômicos e temporais, sem prejuízo de outras etapas do planejamento (Acórdão nº 1793/2011-Plenário).

b) processamento por meio de sistema de registro de preços, quando pertinente: sistema de registro de preços é eficiente meio de gestão de contratações públicas. É o conjunto de procedimentos para realização, mediante contratação direta ou licitação nas modalidades pregão ou concorrência, de registro formal de preços relativos à prestação de serviços, às obras e à aquisição e locação de bens para contratações futuras. No sistema de registro de preços, ao invés de haver a contratação de bens imediatamente após a seleção do fornecedor – por licitação ou contratação direta –, há convocação para assinatura de uma ata de registro de preços (documento vinculativo e obrigacional, com característica de compromisso para futura contratação, no qual são registrados o objeto, os preços, os fornecedores, os órgãos participantes e as condições a serem praticadas). A ata de registro de preços poderá gerar múltiplas e eventuais contratações autônomas e independentes. O registro de preços tem cabimento quando (i) pelas características do objeto houver necessidade de contratações permanentes ou frequentes; (ii) for conveniente a aquisição de bens com previsão de entregas parceladas ou contratação de serviços remunerados por unidade de medida, como quantidade de horas de serviço, postos de trabalho ou em regime de tarefa; (iii) for conveniente para atendimento a mais de um órgão ou a mais de uma entidade, inclusive nas compras centralizadas; (iv) for atender a execução descentralizada de programa ou projeto federal, por meio de compra nacional; ou (vi) pela natureza do objeto, não for possível definir previamente o quantitativo a ser demandado pela Administração. Pelo sistema de registro de preços o licitante que teve o preço registrado se obriga ao fornecimento, mas a Administração Pública não se obriga a contratar. A posição do Tribunal de Contas sobre registro de preços:

> A ata de registro de preços caracteriza-se como um negócio jurídico em que são acordados entre as partes, Administração e licitante, apenas o objeto licitado e os respectivos preços ofertados. A formalização da ata gera apenas uma expectativa de direito ao signatário, não lhe conferindo nenhum direito subjetivo à contratação. Acórdão 1285/2015-Plenário.
> É inadequada a utilização do sistema de registro de preços quando: (i) as peculiaridades do objeto a ser executado e sua localização indiquem que só será possível uma única contratação ou (ii) quando não for possível a contratação de itens isolados em decorrência da indivisibilidade das partes que compõem o objeto, a exemplo de serviços de realização de eventos (Acórdão nº 1712/2015-Plenário).
> A utilização do Sistema de Registro de Preços é adequada em situações em que a demanda é incerta, seja em relação a sua ocorrência, seja no que concerne à quantidade de bens a ser demandada (Acórdão nº 2197/2015-Plenário).
> É admissível a contratação, mediante registro de preços, de serviços de reforma de pouca relevância material e que consistam em atividades simples, típicas de intervenções isoladas, que possam ser objetivamente definidas conforme especificações usuais no mercado, e possuam natureza padronizável e pouco complexa (Acórdão nº 3419/2013-Plenário).
> Na licitação para registro de preços, a indicação da dotação orçamentária é exigível apenas antes da assinatura do contrato (Acórdão nº 8946/2012-Segunda Câmara).
> A utilização do sistema de registro de preços para contratação imediata de serviços continuados e específicos, com quantitativos certos e determinados, sem que haja parcelamento de entregas do objeto, viola o art. 3º do Decreto 7.892/2013 (Acórdão nº 1604/2017-TCU-Plenário).

c) determinação de unidades e quantidades a serem adquiridas em função de consumo e utilização prováveis, cuja estimativa será obtida, sempre que possível, mediante adequadas técnicas quantitativas, admitido o fornecimento contínuo: devem ser estimados com precisão os quantitativos a serem contratados. Os contratos para fornecimento com entrega imediata e entrega parcelada serão objeto de quantitativo definido no contrato. Os contratos de fornecimento contínuo podem ser celebrados com previsão de estimativa de consumo;

d) condições de guarda e armazenamento que não permitam a deterioração do material: há dever jurídico de zelo pelo patrimônio público. Os objetos das compras integram o patrimônio público e passam a constituir bens públicos móveis. Alguns se enquadram na categoria de material permanente (como mesas, cadeiras e consumidores), outros na categoria de material de consumo (gêneros alimentícios, material de expediente, entre outros). No caso de fornecimentos derivados de registro de preços, a preocupação com a guarda é menor, uma vez que muitas vezes o consumo se dará imediatamente após a entrega do objeto. No caso de fornecimento com entrega imediata e parcelada, a depender da natureza do objeto, cabe à alta administração implementar sistema de gestão de bens adquiridos, consoante sua peculiar natureza (depósitos, almoxarifados, sistemas de distribuição, controle de consumo, prazos de validade, prazos de garantia técnica, entre outros).

4.8.1 Princípios aplicáveis às compras

4.8.1.1 Princípio da padronização

Padronizar significa uniformizar de acordo com um modelo padrão (standard). A padronização, quando cabível, enseja consideráveis ganhos de eficiência e celeridade. A padronização não é uma faculdade, senão um dever jurídico, que, se não cumprido, pode levar à responsabilização por perdas ou prejuízos decorrentes de sua inexistência. A padronização, nos termos da Lei, pode ser de documentos e de objetos:

a) padronização de documentos: com vistas à eficiência e celeridade, devem ser objetos de padronização diversos documentos integrativos do processo da contratação, como: requisição ou documento de origem da demanda, estudo técnico preliminar, termo de referência, projeto básico, projeto executivo, instrumento convocatório, instrumento de contrato, ata de registro de preços, ordem de fornecimento, ordem de serviço, termos aditivos, entre outros. A padronização pressupõe a elaboração de modelos padronizados que serão concebidos com o auxílio do órgão de controle interno e do órgão de assessoramento jurídico. Este dever jurídico de padronizar documentos está previsto: (i) no art. 19, IV: "os órgãos da Administração com competências regulamentares relativas às atividades de administração de materiais, de obras e serviços e de licitações e contratos deverão: IV – instituir, com auxílio dos órgãos de assessoramento jurídico e de controle interno, modelos de minutas de editais, de termos de referência, de contratos padronizados e de outros documentos, admitida a adoção das minutas do Poder Executivo federal por todos os entes federativos"; e no
(ii) art. 25. §1º: "sempre que o objeto permitir, a Administração adotará minutas padronizadas de edital e de contrato com cláusulas uniformes". Os modelos padronizados serão aprovados pela assessoria jurídica e pela autoridade responsável pela contratação. A não utilização dos modelos de minutas padronizadas deverá ser justificada por escrito e anexada ao respectivo processo licitatório (art. 19, §2º).

Estes modelos padronizados devem ser inseridos em catálogo eletrônico de padronização – embora a Lei aluda a este catálogo para inserção de informações sobre padronização objetiva – para acesso e utilização amplos no âmbito da Administração;
b) padronização de objetos: a padronização objetiva se dá para uniformizar solução técnica (por exemplo: padronização de sistemas operacionais de computadores, padronização de mobiliário, padronização de máquinas ou veículos). Para a padronização objetiva, devem ser considerados aspectos estéticos, técnicos ou de desempenho – a avaliação destes aspectos compete às respectivas áreas técnicas. Em outros termos, uma avaliação técnica e administrativa sobre quais as perspectivas ou funcionalidades de determinado objeto são substancialmente relevantes e devem ser levadas em contas para decidir sobre padronizar. Basicamente, a Administração deve identificar uma necessidade pública, a melhor solução para seu atendimento e aferir mediante análise técnica e econômica sobre a vantagem de tornar tal solução a única a ser adotada para todas as situações de necessidade similares. Definir objeto padrão exige processo administrativo prévio. Deve ser instaurado o processo administrativo formal, por ato da autoridade competente, específica e expressamente destinado à formalização pretendida. O processo será conduzido por comissão processante integrada por agentes públicos do setor administrativo e das áreas afins com o objeto a ser padronizado. A comissão elaborará um parecer técnico sobre o produto, consideradas especificações técnicas e estéticas, desempenho, análise de contratações anteriores, custo e condições de manutenção e garantia. O relatório da comissão será submetido à aprovação do órgão de assessoramento jurídico, que emitirá manifestação formal no exercício de controle prévio de juridicidade – a depender dos fluxos processuais definidos em regras próprias poderá haver manifestação do órgão de controle interno. O processo, devida e suficientemente instruído, com a motivação suficiente, será encaminhado para apreciação da autoridade competente, que, a juízo discricionário, emitirá decisão, fundamentada, de adoção do padrão sugerido. O processo de padronização exige garantias de contraditório e ampla defesa, uma vez que, adotado um padrão, aqueles agentes econômicos que não o fornecem restarão afastados da possibilidade de contratação com o órgão ou entidade que o adotou. Deve haver divulgação em sítio eletrônico oficial (i) da intenção de padronização, para exercício, por potenciais interessados, do direito de defesa; e (ii) de extrato ou síntese da justificativa e descrição sucinta do padrão definido, para fins de recurso. Da decisão de padronização cabe recurso administrativo, ou pedido de reconsideração, conforme o caso;
c) processo de adesão à padronização: a Lei cria o sistema de adesão a processo de padronização: "é permitida a padronização com base em processo de outro órgão ou entidade de nível federativo igual ou superior ao do órgão adquirente, devendo o ato que decidir pela adesão a outra padronização ser devidamente motivado, com indicação da necessidade da Administração e dos riscos decorrentes dessa decisão, e divulgado em sítio eletrônico oficial" (art. 43, §1º). Para esta adesão:
(i) deve ser instaurado processo administrativo no âmbito do órgão ou entidade aderente;
(ii) devem ser adotadas as condutas e cautelas de planejamento, em especial o estudo técnico preliminar, o termo de referência e a avaliação dos riscos envolvidos – processo de gestão de riscos – para a adesão;

(iii) com base nos elementos e informações colhidos na etapa preparatória da adesão, será emitido juízo sobre oportunidade, juridicidade, conveniência e de adequação do objeto já padronizado por outro órgão ou entidade para a satisfação de necessidade específica do órgão aderente;

(iv) formado o juízo sobre vantagem de adesão, será avaliado o processo de padronização realizado pelo órgão de interesse;

(v) comprovado o cumprimento, pelo órgão padronizador original, dos requisitos e formalidades exigidos para a padronização, a autoridade competente no âmbito do órgão ou entidade aderente emitirá decisão – incorporando na sua motivação os elementos fáticos e jurídicos do processo de padronização a que se adere – de adesão ao processo de padronização eleito e será tida ela como se originalmente tivesse sido por ele (aderente) realizada. As licitações subsequentes terão como objeto este objeto padronizado.

4.8.1.2 Princípio do parcelamento

O princípio do parcelamento exige que todo objeto divisível, seja fracionado em tantas partes quanto possível, sem prejuízo de funcionalidade técnica ou de viabilidade econômico-financeira, de modo a assegurar a mais ampla potencialidade de competição pelo contrato público. O parcelamento do objeto pode ser lícito ou ilícito:

a) parcelamento lícito: parcelamento lícito é aquele realizado para ampliar a competitividade no certame licitatório. Todo objeto divisível, sem perda de sua funcionalidade essencial, deve ser parcelado, para que as partes sejam licitadas em processos licitatórios distintos e autônomos. A premissa é de que, quanto menor a dimensão quantitativa do objeto da licitação, maior será o número de potenciais interessados e capacitados para disputar o contrato. A depender da dimensão do objeto da contratação, se restringirá o universo concorrencial – muitas empresas podem não deter condições técnicas ou econômico-financeiras para executar um contrato de dimensões muito amplas e o teriam em relação a contratos de menor dimensão. Sobre a obrigatoriedade do parcelamento, a posição do Tribunal de Contas da União:

> Incumbe ao gestor demonstrar que a ausência de parcelamento do objeto da licitação não restringe indevidamente a competitividade do certame, bem como promove ganhos para a Administração Pública. O postulado que veda a restrição da competitividade (art. 3º, §1º, inciso I, da Lei 8.666/1993) não é um fim em si mesmo, devendo ser observado igualmente o princípio constitucional da eficiência administrativa (art. 37, caput, da Constituição Federal) e, ainda, o ganho de escala nas contratações consolidadas (art. 23, §1º, in fine, da Lei 8.666/1993) (Acórdão nº 2529/2021-TCU-Plenário).
>
> O parcelamento do objeto deve ser adotado apenas na contratação de serviços de maior especialização técnica, uma vez que, como regra, ele não propicia ampliação de competitividade na contratação de serviços de menor especialização (Acórdão nº 10049/2018-TCU-Segunda Câmara).
>
> O risco de eventuais problemas na integração de serviços contratados separadamente, por si só, não pode servir de fundamento para contrariar-se a regra legal de priorizar-se o parcelamento do objeto (art. 23, §1º, da Lei 8.666/1993 e Súmula TCU 247) . A integração

pretendida deve ser buscada mediante especificação adequada no edital ou no termo de referência (Acórdão nº 1972/2018-TCU-Plenário).

Ofende ao princípio do parcelamento do objeto a inclusão da construção de prédio no âmbito da contratação de parceria público-privada destinada à prestação de serviços de manutenção e conservação de sistema viário (Acórdão nº 1988/2016-TCU-Plenário).

A licitação conjunta de equipamentos e dos respectivos serviços de instalação, por ser exceção à regra geral do parcelamento, exige do órgão contratante a demonstração, por meio de estudos preliminares, de que a segregação da compra traria prejuízos aos fins pretendidos e de que a aquisição conjunta seria efetivamente a mais adequada em termos técnicos e econômicos (Acórdão nº 1134/2017-TCU-Segunda Câmara).

Não há obrigação legal de parcelamento do objeto da licitação exclusivamente para permitir a participação de microempresas e empresas de pequeno porte. O parcelamento do objeto deve visar precipuamente o interesse da Administração (Acórdão nº 1238/2016-TCU-Plenário).

b) parcelamento ilícito: parcelamento lícito se faz para ampliar a competitividade e assegurar a isonomia – diante da vedação a condições contratuais que limitem de modo injustificado o universo de competidores na licitação. O parcelamento ilícito é aquele que se faz para que as partes do todo necessário para satisfazer uma necessidade pública sejam contratadas sem licitação, em razão do valor. A Lei nº 14.133/21 prevê a possibilidade jurídica de contratação direta, por licitação dispensável, quando o objeto contratual tiver valores inferiores a (i) R$114.416, 65, no caso de obras e serviços de engenharia ou de serviços de manutenção de veículos automotores; e (ii) R$57.208,30, no caso de outros serviços e compras.[81] Por exemplo: suponha-se que um órgão público necessita comprar R$100.000,00 em computadores. Não poderá, de modo lícito e regular, parcelar esta aquisição para realizar duas contratações sem licitação, no valor de R$50.000,00 cada uma. Poderá, de modo lícito, realizar este mesmo parcelamento para realizar duas aquisições distintas, de valor R$50.000,00 cada uma delas, mediante licitação na modalidade de pregão. A Lei contempla uma regra destinada a disciplinar os limites para parcelamento de objeto no caso de contratação direta por valor. Para fins de enquadramento correto na hipótese de contratação direta por valor, deve ser apurado o somatório de (i) todas as despesas realizadas, ou a serem realizadas, no mesmo exercício financeiro – período de 01 de janeiro a 31 de dezembro; (ii) todas as despesas realizadas, ou a serem realizadas, pela mesma unidade gestora – por unidade gestora se tem admitido duas interpretações. Pela primeira, unidade gestora será a administrativa, com maior amplitude de possibilidade de utilização dos limites legais para contratação direta. Pela segunda, unidade gestora será a financeira, com mais limitação de gastos sem licitação, pois unidade gestora financeira tem equivalência com a figura jurídica do ordenador de despesas. Prefere-se a segunda interpretação, por mais restritiva; e (iii) todas as despesas realizadas, ou a realizar, com objetos de mesma natureza, entendidos como tais aqueles relativos a contratações no mesmo ramo de atividade (art. 75, §1º). No âmbito da Administração Pública Federal direta, autárquica e fundacional, sobre este tema, prevalece, até que outra venha a substitui-la, a disciplina normativa foi

---

[81] Art. 182. O Poder Executivo federal atualizará, a cada dia 1º de janeiro, pelo Índice Nacional de Preços ao Consumidor Amplo Especial (IPCA-E) ou por índice que venha a substituí-lo, os valores fixados por esta Lei, os quais serão divulgados no PNCP.

editada a Instrução Normativa nº 67/2021: "considera-se ramo de atividade a linha de fornecimento registrada pelo fornecedor quando do seu cadastramento no Sistema de Cadastramento Unificado de Fornecedores (Sicaf), vinculada: I – à classe de materiais, utilizando o Padrão Descritivo de Materiais (PDM) do Sistema de Catalogação de Material do Governo federal; ou II – à descrição dos serviços ou das obras, constante do Sistema de Catalogação de Serviços ou de Obras do Governo federal". A Lei utiliza expressões dotadas de sensível indeterminação para estabelecer os limites de contratação direta por valor. As expressões "despesa de mesma natureza" e "mesmo ramo de atividade" comportam diversas interpretações. Em homenagem ao princípio da segurança jurídica, compete à alta administração editar regulamentação específica, destinada a uniformizar condutas, estabilizar relações e conferir boa margem de previsibilidade por intermédio da institucionalização das decisões.

Na aplicação do princípio do parcelamento, diz a Lei, deverão ser considerados (i) a viabilidade da divisão do objeto em lotes; (ii) o aproveitamento das peculiaridades do mercado local, com vistas à economicidade, sempre que possível, desde que atendidos os parâmetros de qualidade; e (iii) o dever de buscar a ampliação da competição e de evitar a concentração de mercado (art. 40, §2º).

4.8.1.3 Desnecessidade de parcelamento do objeto contratual

O parcelamento não será necessário quando:

a) a economia de escala, a redução de custos de gestão de contratos ou a maior vantagem na contratação recomendar a compra do item do mesmo fornecedor:

Entende-se por economias de escala, associadas a um bem em particular, a redução do custo médio de longo prazo (de produção e de distribuição), à medida em que se eleva o nível de produção. É basicamente uma relação entre os custos médios e o nível ou volume de produção, entendidos os dois últimos como escala ou tamanho da produção.[82]

A preservação da economia de escala deve ser observada nas contratações, como recomenda o Tribunal de Contas da União:

> Incumbe ao gestor demonstrar que a ausência de parcelamento do objeto da licitação não restringe indevidamente a competitividade do certame, bem como promove ganhos para a Administração Pública. O postulado que veda a restrição da competitividade (art. 3º, §1º, inciso I, da Lei 8.666/1993) não é um fim em si mesmo, devendo ser observado igualmente o princípio constitucional da eficiência administrativa (art. 37, caput, da Constituição Federal) e, ainda, o ganho de escala nas contratações consolidadas (art. 23, §1º, in fine, da Lei 8.666/1993) (Acórdão nº 2529/2021-TCU-Plenário).

O parcelamento do objeto escapa à discricionariedade administrativa sob circunstâncias em que se faça impositivo. Sua não adoção, nessa situação, configura patente ilegalidade. O parcelamento, além de disposição legal, é regra ética, de bom-senso e de boa administração,

---

[82] GOMES, Jesiel de Marco. Economia de escala: uma revisão sobre as teorias tradicional e moderna dos custos e sua adequação ao mundo real. *Revista Análise Econômica*, Faculdade de Ciências Econômicas – UFRGS, n. 17, p. 60, 1992. Disponível em: https://seer.ufrgs.br/index.php/AnaliseEconomica/article/view/10407/6097. Acesso em: 26 ago. 2023.

de modo a se promover o melhor aproveitamento dos recursos disponíveis no mercado, sem perda da economia de escala (Acórdão nº 2593/2013-TCU-Plenário).

A falta de parcelamento de objeto que consiste em instalação de sistemas de ar condicionado em seis unidades de ente do "Sistema S", situadas em municípios distintos, sugere restrição ao universo de pretensos licitantes e justifica o acompanhamento pelo Tribunal da concorrência anunciada, a fim de que se verifique se tal opção está baseada em estudos prévios que denotem a complexidade do objeto ou que atestem perda de escala resultante de parcelamento (Acórdão nº432/2012-TCU-Plenário).

Os ganhos em competitividade, para fins de parcelamento, devem ser sopesados com aqueles ganhos econômicos derivados da economia de escala – fundamentalmente, "quanto mais da mesma coisa, mais barato fica". Trata-se de avaliação econômico-financeira de atribuição da área técnica do órgão ou entidade pública. Diante de injustificável perda de ganhos de escala, a Lei autoriza deixar de parcelar ou modular o parcelamento do objeto. Parcelar o objeto pode, e no mais das vezes isto ocorre, significar a celebração de maior número de contratos (considere-se que mesmo quando adotado o parcelamento do objeto, há possibilidade de adjudicação de todos ou alguns itens ou lotes por mesmo licitante). O custo de gestão será sempre proporcional ao número de contratos a controlar – considerados para esta análise os custos financeiros diretos e indiretos (custos de remuneração de agentes públicos, por exemplo), custos administrativos, custos ambientais, entre tantos. Há evidente risco de controle no caso de parcelamento (risco de ineficiência de controle da execução contratual). É autorizada a avaliação custo/risco x benefícios do parcelamento. Com a devida justificativa técnica e financeira, o parcelamento não ser realizado sob o argumento de custos de gestão e riscos envolvidos;

b) o objeto a ser contratado configurar sistema único e integrado e houver a possibilidade de risco ao conjunto do objeto pretendido: toda decisão relevante no processo da contratação pública deve ser precedida de processo de gestão de riscos. Assim se dá com a decisão de parcelamento. Para esta análise, pode-se operar com o conceito de unidade funcional. Unidade funcional é a aptidão de um certo objeto de servir, de modo eficiente, para os fins a que se destina. O parcelamento não deve ser realizado quando o produto dele retirar do objeto a característica de uma unidade funcional. Por exemplo: suponha-se um automóvel. O veículo pode ser parcelado em suas partes componentes, mas assim feito, deixa de ter a função principal para a qual foi concebido e existe. Sistemas integrados são objetos com determinada funcionalidade obtida pela conjugação ou reunião de dois ou mais elementos constitutivos. Certos sistemas integrados podem não admitir, sem perda sensível de eficiência, uma composição que seja derivada da reunião de diversos objetos, licitados isoladamente, e oriundos de fornecedores distintos. Trata-se de avalição de natureza eminentemente técnica, de competência da área técnica em que se insere o objeto, que produzirá manifestação expressa e por escrito, com a devida justificativa para não adotar o seu parcelamento;

c) o processo de padronização ou de escolha de marca levar a fornecedor exclusivo: esta razão para não realizar o parcelamento é de natureza lógica e material. Se o fornecedor é exclusivo, desaparece o motivo legal para realizar o parcelamento, que é a ampliação da competitividade.

4.8.2 Indicação de marca

Marca é um símbolo (letra, figura etc.) pelo qual, apenas com a visualização, são identificados produtos, serviços ou empresas, produzindo nos sujeitos uma percepção imediata acerca de sua qualidade, eficiência, compromisso de sustentabilidade, entre outros. Como regra geral, a descrição de objeto contratual pela indicação de uma marca é vedada. A vedação justifica-se na medida em que coexistem no mercado produtos de marcas conhecidas e de reconhecida qualidade, com outras, pouco conhecidas, mas que podem ter a qualidade necessária e aceitável para o atendimento da precípua necessidade pública. A preterição de objetos de marcas pouco conhecidas, mas com qualidade aceitável, implicaria discriminação ilegítima no processo da contratação. Contudo, pode ser indicada a marca ou modelo:

a) para fins de padronização: como visto, produto do processo de padronização será a eleição de um certo objeto contratual que, eventualmente, pode ser de uma marca específica – nem sempre o será, pois, eventualmente, o padrão eleito como solução técnica possa ser encontrado no mercado sob marcas diversas. Neste caso de a padronização envolver uma certa e determinada marca, deverá ser indicada expressamente no instrumento convocatório da licitação;

b) em decorrência da necessidade de manter a compatibilidade com plataformas e padrões já adotados pela Administração: pode ter havido a uniformização de soluções técnicas, sem que tenha sido precedida de processo de padronização. Pode ser indicada a marca do objeto pretendido mediante justificativa técnica. Uma peça de reposição para equipamento de certa marca deverá, por vezes, ser de marca idêntica, pena de perda de garantia técnica, por exemplo;

c) quando determinada marca ou modelo comercializados por mais de um fornecedor forem os únicos capazes de atender às necessidades do contratante: qualquer que seja o fundamento – técnico, estético ou outro – se o objeto de uma certa marca for o único que atende plenamente a necessidade administrativa, poderá haver sua indicação expressa no instrumento convocatório;

d) quando a descrição do objeto a ser licitado puder ser mais bem compreendida pela identificação de determinada marca ou determinado modelo aptos a servir apenas como referência: pode haver indicação de marca quando puder servir de referência. Deve ser indicada a marca, seguida das expressões "ou similar", "ou semelhante". A Administração apontará no instrumento convocatório as características do objeto da marca indicada que são relevantes para atender à necessidade pública, e os critérios para aferição destas características nos objetos ofertados pelos licitantes – testes, laudos, exames, vistorias, amostras. A posição do Tribunal de Contas da União sobre indicação de marca na licitação:

> Em licitações para aquisição de equipamentos, havendo no mercado diversos modelos que atendam às necessidades da Administração, deve o órgão licitante identificar um conjunto representativo desses modelos antes de elaborar as especificações técnicas e a cotação de preços, de modo a evitar o direcionamento do certame para marca ou modelo específicos e a caracterizar a realização de ampla pesquisa de mercado (Acórdão nº 214/2020-TCU-Plenário).

A indicação ou a preferência por marca só é admissível se restar comprovado que a escolha é a mais vantajosa e a única que atende às necessidades da Administração. A licitação não tem por objetivo, necessariamente, a escolha do produto ou do serviço de melhor qualidade disponibilizado no mercado (Acórdão nº 559/2017-TCU-Plenário).

Nesse passo, prosseguiu, para mitigar o risco de direcionamento da licitação, "é indispensável que o órgão licitante, caso realize a indicação de marca específica no edital, observe a impessoalidade e, logo, esteja amparada em razões de ordem técnica, motivada e documentada, demonstrando que somente a adoção daquela marca específica pode satisfazer o interesse da Administração". Por fim, tendo em vista que o DLOG/MS não apresentar fundamentação técnica, laudo ou estudo que comprovasse a necessidade de exigir as tecnologias indicadas no edital, inferiu o relator que "o órgão realizou indicação expressa de marca específica, sem, todavia, ter sido apresentada a correspondente justificativa técnica, o que não pode ser convalidado por esta Corte". Nesses termos, acolheu o Tribunal a proposta da relatoria, para considerar procedente a Representação, assinando prazo para que o DLOG/MS "adote as providências necessárias no sentido de, exclusivamente em relação ao item 17 do pregão eletrônico SRP 12/2015, anular o procedimento licitatório, a ata de registro de preço e eventuais contratos, em razão de cláusula restritiva ao caráter competitivo do certame, evidenciada pela indicação de marcas específicas sem a correspondente justificativa técnica, contrariando os arts. 3º, caput e §1º, 7º, §5º, 15, §7º, inciso I, e 25, inciso I, da Lei 8.666/1993, o Enunciado 270 da Súmula de Jurisprudência do TCU e a jurisprudência do TCU"

A indicação de marca no edital deve estar amparada em razões de ordem técnica, de forma motivada e documentada, que demonstrem ser aquela marca específica a única capaz de satisfazer o interesse público (Acórdão nº 2829/2015-TCU-Plenário).

A prova de qualidade de produto apresentado pelos proponentes como similar ao das marcas eventualmente indicadas no edital será admitida por:
(i) comprovação de que o produto está de acordo com as normas técnicas determinadas pelos órgãos oficiais competentes, pela Associação Brasileira de Normas Técnicas (ABNT) ou por outra entidade credenciada pelo Inmetro;
(ii) declaração de atendimento satisfatório emitida por outro órgão ou entidade de nível federativo equivalente ou superior que tenha adquirido o produto; ou
(iii) certificação, certificado, laudo laboratorial ou documento similar que possibilite a aferição da qualidade e da conformidade do produto ou do processo de fabricação, inclusive sob o aspecto ambiental, emitido por instituição oficial competente ou por entidade credenciada (art. 42).

4.8.3 Exigência de amostra, prova de conceito e carta de solidariedade

Para assegurar a qualidade quando da contratação de bens, a Administração poderá:
a) exigir amostra ou prova de conceito do bem (art. 41, I): amostra é modelo ou exemplar daquilo que se pretende potencialmente contratar. Prova de conceito é avaliação destinada a aferir a efetiva funcionalidade de uma solução técnica, muito utilizada no plano das contratações de soluções de tecnologia de informação. A exigência deve estar devidamente justificada e prevista no instrumento convocatório, que conterá os requisitos da amostra ou da prova de conceito, e a indicação dos meios para avaliar o cumprimento dos requisitos exigidos. Posição do Tribunal de Contas:

Na hipótese de a certificação de qualidade ou o laudo exigido para o fornecimento do produto estar em desconformidade com a amostra apresentada pelo licitante, cabe ao pregoeiro diligenciar para que seja apresentado o documento correto, em vez de proceder à desclassificação da proposta, sobretudo quando há considerável diferença de preços entre esta e a dos licitantes subsequentes. Nesse caso, não há alteração na substância da proposta, pois o novo laudo apenas atesta condição preexistente do produto ofertado, que já se encontrava intrínseca na amostra (Acórdão nº 1445/2022-TCU-Plenário).

A apresentação de amostra não é procedimento obrigatório nas licitações, mas, uma vez prevista no instrumento convocatório, não se deve outorgar ao gestor a faculdade de dispensá-la, sob pena de violação dos princípios da isonomia e da impessoalidade (art. 3º, caput e §1º, inciso I, da Lei 8.666/1993) (Acórdão nº 1948/2019-TCU-Plenário).

Em pregão, o instrumento convocatório pode prever a exigência de amostras com a finalidade de verificação do atendimento aos requisitos de qualidade previstos no edital (Acórdão nº 1667/2017-TCU-Plenário).

A exigência de que a licitante utilize ferramenta de robotização durante a realização de prova de conceito em processo de contratação de fábrica de software é impertinente à prestação do objeto pretendido, além de implicar à licitante despesa desnecessária e anterior à celebração do contrato, infringindo o princípio constitucional da isonomia, o art. 3º, caput e §1º, inciso I, da Lei 8.666/1993, e o art. 37, inciso XXI, da Constituição Federal (Acórdão nº 339/2019-TCU-Plenário).

Provas de conceito não devem ser utilizadas na fase interna da licitação (planejamento da contratação), uma vez que não se prestam a escolher solução de TI e a elaborar requisitos técnicos, mas a avaliar, na fase externa, se a ferramenta ofertada no certame atende às especificações técnicas definidas no projeto básico ou no termo de referência (Acórdão nº 2059/2017-TCU-Plenário).

A exigência de amostra ou prova de conceito só pode ser feita para o licitante provisoriamente vencedor da licitação, quando realizada na fase de julgamento das propostas ou de lances (art. 41, parágrafo único);

b) vedar a contratação de marca ou produto, quando, mediante processo administrativo, restar comprovado que produtos adquiridos e utilizados anteriormente pela Administração não atendem a requisitos indispensáveis ao pleno adimplemento da obrigação contratual (art. 41, II): a Administração não é obrigada a adquirir produtos de notória baixa qualidade. O desempenho anterior de um produto, de certa e determinada marca, é fator relevante para orientar as contratações futuras. No caso de indícios ou de materialidade consumada de qualidade insuficiente de um produto adquirido, poderá ser vedada a contratação dela e, por consequência, vedada a aceitação da marca no processo licitatório. Para tanto, é preciso instauração de processo administrativo, com garantias de contraditório e ampla defesa. Comprovada a inadequação do objeto da marca em questão, por decisão motivada, a autoridade competente produzirá decisão vedando sua contratação. Pode também, pelo mesmo sistema procedimental e pelas mesmas razões, ser vedado um produto, não apenas uma marca. Por exemplo: vedar a compra de domissanitários que contenham um certo e indicado componente químico. Esta técnica de vedação à contratação de marcas ou de produtos pode se prestar para cumprimento dos princípios ambientais da precaução. O dever de assegurar a sustentabilidade, em especial na sua dimensão ambiental, quando das contratações públicas, exige precaução.

"Precaução é cuidado. O princípio está ligado aos conceitos de afastamento do perigo e segurança das gerações futuras, como também de sustentabilidade ambiental das atividades humanas".[83] Fundada em análises e justificativas de natureza técnica e ambiental, em respeito ao princípio da precaução, pode ser vedada uma marca ou um produto, ainda que não exista certeza científica absoluta dos riscos para o meio ambiente, vida ou saúde humanas. Esta vedação tem lastro em precedentes do Supremo Tribunal Federal: "o princípio da precaução é um critério de gestão de risco a ser aplicado sempre que existirem incertezas científicas sobre a possibilidade de um produto, evento ou serviço desequilibrar o meio ambiente ou atingir a saúde dos cidadãos, o que exige que o estado analise os riscos, avalie os custos das medidas de prevenção e, ao final, execute as ações necessárias, as quais serão decorrentes de decisões universais, não discriminatórias, motivadas, coerentes e proporcionais" (RE nº 627.189);

c) solicitar, motivadamente, carta de solidariedade emitida pelo fabricante, que assegure a execução do contrato, no caso de licitante revendedor ou distribuidor: carta de solidariedade é manifestação expressa e formal do fabricante de garantia de execução contratual. A questão central não versa sobre assunção de obrigação solidária, por parte do fabricante. Nas obrigações solidárias há pluralidade de devedores, respondendo cada um, integralmente, pelo assumido. A solidariedade pode decorrer de lei ou da vontade da parte. O fabricante pode exercer livremente sua vontade direcionada à solidariedade de cumprimento de obrigação. Esta manifestação, contudo, tem outras nuances jurídicas relevantes. Pela manifestação de solidariedade o fabricante assume o compromisso de entrega do produto em lugar do contratado. Cumprida a obrigação, é preciso efetivar o pagamento, que não pode ocorrer em favor do fabricante solidário. É que o fabricante solidário não é parte na relação contratual, nem foi emitida a nota de empenho em seu favor e nome. A solução juridicamente correta seria a previsão contratual, e na carta de solidariedade, de anuência do fabricante para que o pagamento seja feito ao contratado, e posteriormente destinado ao fabricante, sob pena de sanção severa. Outra solução juridicamente possível é a de abertura de conta vinculada, em nome do contratado, a ser movimentada com autorização e para a finalidade expressamente determinada pela Administração de transferência do crédito devido para o fabricante que cumpriu fielmente a obrigação solidária de entrega. Outra questão controvertida diz respeito à limitação à competitividade. Exigir carta de solidariedade do fabricante em relação à obrigação principal assumida pelo contratado pode restringir substancialmente o número de potenciais licitantes aptos a obter tal manifestação. A exigência deve ser excepcional e estar devidamente motivada. A posição do Tribunal de Contas da União sobre exigência de carta de solidariedade:

> A exigência de carta de solidariedade do fabricante, ainda que para fins de assinatura do contrato, por configurar restrição à competitividade, somente é admitida em casos excepcionais, quando for necessária à execução do objeto contratual, situação que deve ser adequadamente justificada nos autos do processo licitatório (Acórdão nº 3018/2020-TCU-Plenário).

---

[83] DERANI, Cristiane. Direito Ambiental Econômico. São Paulo: Saraiva, 2009. p. 152.

4.9 Particularidades da etapa preparatória da contratação de gestão para ocupação de imóveis públicos – contratação de facilities

A Lei nº 14.011/20 prevê que "a administração pública poderá celebrar contrato de gestão para ocupação de imóveis públicos, nos termos da Lei nº 8.666, de 21 de junho de 1993" (art. 7º). Esta norma foi recepcionada e harmoniza com a Lei nº 14.133/21, por força da regra do art. 189: aplica-se esta Lei às hipóteses previstas na legislação que façam referência expressa à Lei nº 8.666, de 21 de junho de 1993, à Lei nº 10.520, de 17 de julho de 2002, e aos arts. 1º a 47-A da Lei nº 12.462, de 04 de agosto de 2011. Onde há, na Lei nº 14.011/20, referência à Lei nº 8.666/93, deve ser substituída pela referência à Lei nº 14.133/21.

O contrato de gestão para ocupação de imóveis públicos tem por objeto a prestação (em um único contrato) de serviços de gerenciamento e manutenção de imóvel, incluído o fornecimento dos equipamentos, materiais e outros serviços necessários ao uso do imóvel pela Administração Pública, por escopo ou continuados (art. 7º, §1º). Esta espécie contratual, que conjuga, mediante agrupamento de objetos, serviços de natureza diversa, necessários para a excelência de gestão, manutenção, conservação e funcionalidade de bem imóvel público, já foi reconhecida como legítima pelo Tribunal de Contas da União:

> Assegurado o atendimento aos princípios que regem as licitações e os contratos públicos, a contratação de serviços de conservação e manutenção de infraestrutura predial, com a inclusão de serviços variados, na modelagem conhecida como contratação de facilities, não configura, por si só, afronta à Lei de Licitações, quando prévia e formalmente motivada, de modo a evidenciar, de forma clara e inequívoca, os benefícios potenciais advindos dessa modelagem, com destaque para a quantificação das vantagens econômicas e financeiras e dos ganhos advindos da economia de escala (Acórdão nº 929/2017-TCU-Plenário).
>
> É legítima a contratação conjunta de serviços terceirizados, sob gestão integrada da empresa contratada, no regime de empreitada por preço global e com enfoque no controle qualitativo ou de resultado, devendo a Administração, na fase de planejamento da contratação, estabelecer a composição dos custos unitários de mão de obra, material, insumos e equipamentos, bem como realizar preciso levantamento de quantitativos, em conformidade com o art. 7º, §2º, inciso II, c/c o art. 40, §2º, inciso II, da Lei 8.666/1993, o art. 9º, §2º, do Decreto 5.450/2005 e a Instrução Normativa Seges/MPDG 5/2017. (Acórdão nº 2443/2018-TCU-Plenário).

A reunião ou agrupamento, em contrato único, de diversos serviços técnicos para configuração de contrato de gestão para ocupação de imóveis públicos não configura burla ao princípio do parcelamento. O princípio do parcelamento, que preconiza a defesa do valor jurídico competitividade, por juízo de ponderação axiológica, cede espaço para os valores jurídicos de eficiência e economicidade – por implícita disposição legal. Esta maleabilidade estrutural dos princípios possibilita a convivência harmônica de valores aparentemente antagônicos ou conflitantes no sistema jurídico, para, no caso concreto, com lastro em Lei, deduzir a solução mais vantajosa para o interesse público.

Ao prolatar o Acórdão nº 929/17, o Tribunal de Contas da União apontou diversas vantagens do modelo, que podem servir de referência para as justificativas administrativas em situações similares:

4. A Caixa defendeu a regularidade do procedimento, argumentando, em síntese, que: (i) a Súmula-TCU 247 abre exceção para os casos em haja prejuízo para o conjunto ou complexo ou a perda de economia de escala; (ii) a contratação, nos moldes pretendidos, propiciará a existência de sinergia entre os diversos serviços prestados em um mesmo ambiente e facilitará eventual identificação de responsabilidades por serviços realizados de forma equivocada; (iii) haverá ganho na gestão dos contratos, em decorrência de sua redução numérica; (iv) serão eliminadas sobreposições de funções e ociosidades de equipes; (v) existe complementariedade/conexão entre as diversas atividades e objetos; (vi) o novo modelo de gestão, denominado gestão de facilities, representa uma tendência na vanguarda da administração de grandes empresas; (vii) a implantação de contratação de facilities, no biênio 2016/2017, em diversos pontos do território nacional, propiciará uma economia anual estimada em R$ 10 milhões; (viii) a GILOG/GO já efetuou uma contratação na modalidade facilities, para o Edifício Sede de Goiânia, que resultou em ampla competição (18 empresas credenciadas e 11 propostas apresentadas) e em uma redução de valor da ordem de 5,6% em relação ao somatório dos contratos até então vigentes, cujos serviços foram abrangidos pela nova contratação, sem considerar, ademais, a inflação do período; (ix) o menor lance válido para a contratação ora questionada foi 2,61% abaixo da soma dos contratos vigentes para os diversos serviços por ela abrangidos, sem contar a inflação do período e as respectivas atualizações salariais; (x) o modelo de contratação de facilities foi implementado na Caixa, inicialmente, por meio de um piloto realizado no Edifício José de Alencar, localizado em Brasília, com uma economia de 26% em relação aos serviços até então contratados; (xi) o Edifício José de Alencar apresenta um custo anual por área total (R$/m2) de R$ 13,55, bastante inferior aos dos Edifícios Matriz II e Matriz III, de R$ 22,53 e R$ 23,36, respectivamente; (xii) por último, houve a opção de fixar o prazo inicial do contrato em 24 meses, para diluição dos custos fixos da contratada, com o consequente ganho de economicidade.

44. A vantajosidade da contratação pretendida me parece suficientemente demonstrada, de forma que possibilita a aplicação da exceção prevista à adjudicação por itens, constante da Súmula-TCU 247. A fase de lances do certame revelou a existência de proposta que se situa 2,6% abaixo do somatório dos contratos hoje existentes e que cujos serviços seriam albergados pela nova contratação. Embora o percentual seja pequeno, há que se considerar que se refere aos valores históricos das contratações, sem as atualizações dos valores de mercado incidentes sobre as respectivas folhas de pagamento e materiais. De forma comparativa, destaco que a experiência da Caixa demonstrou que o custo mensal por área total (R$/m2) de um edifício, em Brasília, com serviços contratados pelo modelo de Facilites, é de R$ 13,55, bastante inferior ao de dois outros utilizados para comparação, que ostentam custos mensais superiores a R$ 22,00.

O agrupamento de serviços em mesmo contrato deverá observar (i) a sistemática operacional de mercado dos agentes econômicos; e (ii) a eventual necessidade de capacitação técnica específica e genérica dos agentes econômicos. Explica-se, eventualmente, um agente econômico pode ter como objetivo social exclusivo o de serviços de engenharia, assim não poderá ser contratado para atividades de limpeza, asseio e conservação e vice-versa. E outra sorte podem haver condições e requisitos legais para o exercício de algumas atividades profissionais, que são exclusivas ou privativas de categorias determinadas (como de engenharia e arquitetura, por exemplo) – o que deve ser tomado em conta para a configuração do contrato de *facilities*.

A Lei não delimita de modo exaustivo o conteúdo e objeto de um contrato para gestão para ocupação de imóvel público. Pode ser objeto desta contratação uma ampla gama de atividades, desde limpeza, asseio e conservação, até atividades de manutenção predial. O contrato de *facilities* é excelente ferramenta de gestão, exatamente por conta desta possibilidade de agrupamento de atividades de natureza diversa em contrato único.

Exemplificativamente, alguns modelos de agrupamento realizados pela Administração Pública: (i) serviços de limpeza, asseio, conservação e manutenção predial; (ii) gestão e operação das instalações prediais através de manutenção por desempenho nas instalações elétricas, hidráulicas, cabeamento lógico, reparos civis, sistema de áudio e vídeo; (iii) gestão e operação das instalações prediais; (iv) a coordenação e a execução de serviços de: manutenção predial; climatização; elevadores; conservação e limpeza; serviços gerais de apoio; chaveiro; transporte; vigilância; bombeiros civis (brigada); gerenciamento ambiental e de resíduos; incluindo todo o fornecimento de mão de obra especializada, EPI´s, EPC´s, todos os insumos, equipamentos, ferramentas, peças de reposição e/ou quaisquer outros elementos e/ou materiais necessários ao pleno e adequado funcionamento contínuo das atividades; ou (v) planejamento, gerenciamento, controle, execução, operação predial, gestão de ativos e engenharia de manutenção, juntamente com a disponibilização de Sistema Informatizado Integrado de Gestão para Manutenção e Operação de *Facilities*. Contempla, também, e sob as macro bases da solução descrita acima, a coordenação e a execução de serviços de: manutenção predial; climatização; elevadores; conservação e limpeza; serviços gerais de apoio; chaveiro; transporte; vigilância; bombeiros civis (brigada); gerenciamento ambiental e de resíduos, incluindo todo o fornecimento de mão de obra especializada, EPI´s, EPC´s, todos os insumos, equipamentos, ferramentas, peças de reposição e/ou quaisquer outros elementos e/ou materiais necessários ao pleno e adequado funcionamento contínuo das atividades do complexo edilício.

A decisão pela modelagem de contratação de *facilities* deve ser suficientemente motivada. O modelo contratual tem inúmeras complexidades materiais e jurídicas. A primeira delas é a redução da potencial competitividade. A contratação de *facilities* não viola a competitividade ou o princípio do parcelamento, como dito. Porém, produz potencial redução de competitividade. Ao agrupar objetos diversos em uma única contratação, o universo de competidores se reduz e pode ser reduzido significativamente. A redução da competição pode gerar riscos de (i) integridade, pois a concentração de mercado concorrencial pode induzir a práticas ilícitas por parte dos licitantes, como a formação de cartel; (ii) economicidade, pois a ampliação da competitividade enseja maior disputa – ao menos em tese – de preços; e (iii) eficiência, pois o agrupamento pode gerar perdas de eficiência, ao invés de ganhos, especialmente no que diz com a gestão e fiscalização do contrato.

O modelo de gestão do contrato, definido na etapa preparatória da licitação, será bastante sofisticado e exigirá atenção para as inúmeras particularidades do agrupamento de serviços, que demandará controle multidisciplinar, direcionado e proporcional aos riscos sensíveis da execução contratual: riscos trabalhistas, riscos de projeto básico, riscos técnicos, riscos jurídicos, entre outros, que deverão ser objeto do adequado processo de gestão de riscos, mapa de riscos e matriz de alocação ou distribuição dos riscos entre contratante e contratado.

O agrupamento de atividades econômicas implicará submissão a regimes jurídicos diversos, que devem ser identificados e expressamente considerados para a configuração do contrato.

O contrato de *facilities* pode ter por objeto serviços comuns, serviços comuns de engenharia e obras de engenharia. Caso tenha por objeto apenas serviços comuns, de engenharia ou não, poderá ser precedido de licitação na modalidade de pregão. Caso haja previsão contratual de execução de obras de engenharia, será licitado pela modalidade de concorrência – uma vez que a Lei nº 14.133/21 veda a licitação de obras por pregão.

4.9.1 Regime de execução de obras nos contratos de facilities

A contratação de *facilities* pode incluir a realização de obras para adequação do imóvel, inclusive a elaboração dos projetos básico e executivo (art. 7º, §2º, I.). As obras autorizadas pela Lei são para adequação do imóvel. Não é permitida a contratação de *facilities* que contemple a construção de prédio (novo objeto) em imóvel de titularidade pública. Para tanto, a Administração poderá realizar integralmente a definição da solução técnica de engenharia em nível de projeto básico e projeto executivo ou elaborar estudos técnicos preliminares e anteprojeto de engenharia, transferindo o encargo de elaborar o projeto básico (contendo a solução final para atender às necessidades de obras de adequação do prédio) e o projeto executivo da obra.

Os requisitos de habilitação serão fixados tendo em vista os riscos envolvidos na execução contratual e a complexidade do objeto – agrupamento de serviços e atividades econômicas distintas.

O anteprojeto de engenharia conterá as informações mínimas e indispensáveis para a compreensão, pelos licitantes, da efetiva necessidade administrativa de adequação do imóvel, inclusive sob o aspecto de sustentabilidade ambiental – como propósitos de reuso de água de chuva, melhor aproveitamento de iluminação e ventilação naturais, entre outros.

As obras realizadas pelo contratado reverterão ao patrimônio público, assim como todos os bens que forem alocados na prestação dos serviços (art. 7º, §4º). Esta exigência legal parte da premissa de que, como os contratos de *facilities* são realizados por longo prazo (até 20 anos), ao longo do prazo contratual haverá a amortização de todos os investimentos feitos em obras e fornecimentos de bens pelo contratado. A lei cria espécie jurídica de bens reversíveis, sob pena de enriquecimento sem causa do contratado.

Fundamental é a previsão legal suficiente deste regime de reversibilidade de bens, para dispor, inclusive, sobre eventual inviabilidade econômica de reversão, por conta da eventual inservibilidade superveniente dos bens ajustados à execução do contrato.

4.10 Definição dos encargos contratuais – Direitos e deveres das partes contra

É imposição legal que "os contratos deverão estabelecer com clareza e precisão as condições para sua execução, expressas em cláusulas que definam os direitos, as obrigações e as responsabilidades das partes, em conformidade com os termos do edital de licitação e os da proposta vencedora ou com os termos do ato que autorizou a contratação direta e os da respectiva proposta" (art. 89, §2º da Lei nº 14.133/21).

Toda a execução contratual pressupõe um conjunto de obrigações a cargo do particular contratado. Essas obrigações objetivam a satisfação da necessidade pública que se pretende atender com a contratação. Pode-se distinguir as obrigações contratuais em duas espécies: a obrigação principal e as obrigações acessórias. A obrigação principal constitui o núcleo e o fundamento da contratação – a razão efetiva pela qual se contrata –, sendo, de fato, o objeto da contratação (o que será realizado para satisfazer a necessidade pública), por exemplo, realizar uma obra. As obrigações acessórias, por seu turno, são os deveres jurídicos ou materiais que devem compulsoriamente ser realizados ou cumpridos pelo contratado, embora não sejam necessariamente parte constitutiva da obrigação principal (como realizar a gestão adequada dos resíduos sólidos, pagar os tributos etc.). O conjunto de obrigações (principal e acessórias) constitui o encargo contratual. Como preceituado por Renato Geraldo Mendes, "o encargo é caracterizado por um conjunto de obrigações, do qual a mais importante é o objeto (obrigação principal)".[84]

Nessa etapa, é preciso realizar juízo de previsibilidade objetiva para, a partir do objeto específico pretendido com a contratação, delinear e identificar todas as obrigações que deverão ser atendidas pelo contratado para integral satisfação do desiderato público, bem como todos os direitos que assistirão ao contratado.

As obrigações que constituirão o encargo contratual não dizem respeito somente ao que direta e imediatamente se relacionar com o objeto principal e específico do contrato. É preciso, a depender da complexidade e da natureza do objeto, amplo e completo trabalho de pesquisa para levantar elementos técnicos, identificar todas as normas jurídicas que se aplicam ao caso concreto, levantamento dos efeitos e impactos que a execução contratual pode produzir no entorno ou em relação ao meio ambiente, encargos de natureza trabalhista e de outras ordens. É preciso antecipar em minúcias todas as circunstâncias contingenciais que podem afetar a adequada e integral execução do contrato e transformá-las em deveres jurídicos a serem cumpridos pelo contratado.

4.11 Definição das garantias contratuais

Todo o sistema jurídico-contratual administrativo é voltado para a consecução do interesse público, o que, de resto, implica admitir que se objetiva também evitar ou prevenir prejuízos para a Administração Pública e para o erário. No tocante à satisfação do interesse público e à prevenção dos prejuízos, a lei prevê inúmeros instrumentos que compulsoriamente devem ser utilizados pelo administrador, como a definição precisa do objeto do contrato, o estabelecimento de requisitos adequados de habilitação técnica e econômico-financeira e a fixação de encargos contratuais ajustados à necessidade pública. Entretanto, todas as cautelas administrativas na fase de planejamento podem não ser suficientes para evitar integralmente os riscos da contratação pública. Assim, pode haver a estipulação de garantias contratuais, de modo não a prevenir riscos e prejuízos, mas

---

[84] *Op. cit.*, p. 133.

a diminuir os impactos deles. Pode-se dizer que as garantias contratuais constituem o instituto legalmente estabelecido com o objetivo de minorar ou diminuir o prejuízo decorrente de inexecução contratual, cometimento de atos ilícitos ou mesmo danos produzidos a terceiros por parte do particular contratado. Quando se opera no plano da execução das garantias, não se opera no plano da prevenção, mas da diminuição ou compensação, ainda que parcial, dos prejuízos sofridos ou a sofrer pela Administração Pública contratante.

A Lei nº 14.133/21 prevê três modalidades de garantias contratuais no art. 96, quais sejam: I – caução em dinheiro ou em títulos da dívida pública emitidos sob a forma escritural, mediante registro em sistema centralizado de liquidação e de custódia autorizado pelo Banco Central do Brasil, e avaliados por seus valores econômicos, conforme definido pelo Ministério da Economia; II – seguro-garantia; e III – fiança bancária emitida por banco ou instituição financeira devidamente autorizada a operar no País pelo Banco Central do Brasil.

A escolha da modalidade de garantia, como regra, cabe ao contratado. Contudo, a Lei designa que nas contratações de obras e serviços de engenharia de grande vulto, poderá ser exigida a prestação de garantia, na modalidade seguro-garantia, com cláusula de retomada (art. 99). A garantia pode ser exigida em valor de até 5% (cinco por cento) do valor inicial do contrato, autorizada a majoração desse percentual para até 10% (dez por cento), desde que justificada mediante análise da complexidade técnica e dos riscos envolvidos.

A exigência de garantia é vinculada à necessidade concreta de mitigação de riscos e deve ser devidamente motivada no processo da contratação. Como produz ônus para os licitantes e contratados, o que de resto restringe a competição, não pode ser validamente exigida se assim não indicar a necessidade concreta.

> Precedentes do Tribunal de Contas da União sobre garantia de execução contratual: É irregular a aceitação de cartas de fiança fidejussória, de natureza não bancária, como garantia de contrato administrativo, uma vez que não correspondem ao instrumento de fiança bancária (art. 56, §1º, inciso III, da Lei 8.666/1993 e art. 96, §1º, inciso III, da Lei 14.133/2021), emitida por banco ou instituição financeira autorizada a operar pelo Banco Central do Brasil. Acórdão 597/2023-TCU-Plenário.
> A exigência de prestação de garantia antes da data de apresentação dos documentos de habilitação não encontra amparo na Lei 8.666/93, pois, além de constituir fator restritivo à competitividade, permite o conhecimento antecipado das empresas que efetivamente participarão do certame, com possível dano à ampla concorrência. Acórdão 6193/2015-TCU-Primeira Câmara.

Além da garantia de execução contratual, é autorizada a exigência de garantia de proposta. Tal garantia presta-se a diminuir o risco – em razão da possibilidade de perda da garantia – de que os licitantes desistam de suas propostas apresentadas, causando gravames para o processo licitatório. Para tanto, a Lei preceitua que "poderá ser exigida, no momento da apresentação da proposta, a comprovação do recolhimento de quantia a título de garantia de proposta, como requisito de pré-habilitação. Esta garantia tem o limite máximo de 1% (um por cento) do valor estimado para a contratação. Caso o licitante venha a ser afastado do certame (inabilitado ou desclassificado), a garantia deve ser devolvida no prazo máximo de dez dias. Aquele que não assina o contrato, quando convocado, ou não apresenta documentos para a contratação, perderá em favor da Administração o valor integral da garantia (art. 58).

Esta garantia de proposta poderá ser prestada nas modalidades de caução em dinheiro ou títulos da dívida pública, seguro-garantia ou fiança bancária. Sobre garantia de proposta, já entendeu o Tribunal de Contas da União que "para fim de qualificação econômico-financeira, é vedada a exigência cumulativa de capital social mínimo e garantia de proposta, prevista no art. 31, inciso III, da Lei nº 8.666/1993 – garantia de participação" (Acórdão nº 710/2018-TCU-Plenário).

4.12 Contratações públicas sustentáveis: inserindo requisitos de sustentabilidade no processo da contratação pública ou contratações públicas ESG (*environmental, social and governance*)

Outra definição importante na formação do contrato administrativo é respeitante à incorporação de requisitos de sustentabilidade, em especial de natureza ambiental, na formatação da contratação. Contratação pública sustentável é aquela que leva em conta e incorpora elementos, aspectos e requisitos de sustentabilidade (ambiental, econômica e social) em todas as fases do processo de contratação, desde as definições da fase interna, passando pela fase de execução contratual, até o recebimento definitivo do objeto, tudo de acordo com normas fixadas no edital da licitação e no contrato administrativo.

A incorporação de elementos, condições e requisitos de sustentabilidade nas regras da disputa licitatória pressupõe a superação de um paradigma tradicionalmente incutido e preservado no âmbito das licitações: o de que as exigências de qualidade ou de capacidade do licitante não podem exceder o estritamente necessário em relação ao específico objeto da licitação. Durante muito tempo, interpretou-se literalmente a lei de licitações no sentido de que qualquer exigência que fosse irrelevante ou impertinente para o específico objeto do contrato seria ilegal. Assim, à guisa de exemplo, se considerado tão somente o específico objeto do contrato, não haveria justificativa legal para a aquisição de papel reciclado, pois, para o específico objetivo de registrar por impressão textos e documentos, o fato de ser o papel reciclado seria irrelevante – reciclado ou não, a finalidade específica do uso do papel seria atingida igualmente.

A incorporação de requisitos e elementos de sustentabilidade na descrição do objeto transcende tal lógica exatamente porque parte da premissa de que uma contratação pública busca também a obtenção de outros valores constitucionais, além da economicidade – a melhor qualidade pelo menor preço.

Aliás, esta é a fórmula da eficiência privada, a que conjuga melhor qualidade e menor preço. Eficiência administrativa é uma noção mais ampla, que conjuga e agrega outros valores além de qualidade e preço. A eficiência administrativa da contratação pressupõe a melhor qualidade, pelo melhor preço, desde que cumpridos os valores e princípios constitucionais que são designados ao Estado.

Daí que a melhor contratação não será necessariamente a de menor preço e de maior qualidade, mas aquela que, além desses elementos, incorpore os valores constitucionais obrigatórios para a Administração Pública.

Entre tais valores constitucionais de persecução obrigatória por parte do Estado, como dito, está a preservação e a conservação do meio ambiente.

Para a excelência na configuração de uma contratação pública sustentável, pode-se utilizar ainda como referência a Instrução Normativa nº 01/10 da SLTI/MPLOG e a Resolução nº 103 do Conselho Superior da Justiça do Trabalho. Essas normas contêm valiosos dispositivos que podem auxiliar o administrador público na formação do contrato administrativo sustentável.

Impõe-se o registro, também, de que inserir requisitos de sustentabilidade, em especial de natureza ambiental, nas contratações públicas, é um dever do Administrador que deriva diretamente da Constituição de 1988. A Carta Constitucional determina no art. 225 que "todos têm direito ao meio ambiente ecologicamente equilibrado, bem de uso comum do povo e essencial à sadia qualidade de vida, impondo-se ao Poder Público e à coletividade o dever de defendê-lo e preservá-lo para as presentes e futuras gerações".

O Tribunal de Contas da União já admitiu e recomendou a inserção de requisitos de sustentabilidade no processo da contratação pública:

> 1.5.1.1. no âmbito da administração pública federal, direta, autárquica e fundacional, tanto em face do disposto no art. 3º da Lei 8.666/93, quanto da IN/MPOG 1, de 19/1/2010, *as especificações para a aquisição de bens, contratação de serviços e obras, deverão conter critérios de sustentabilidade ambiental*, atentando-se para os processos de extração ou fabricação, utilização e descarte dos produtos e matérias-primas que deram origem aos bens ou serviços a serem contratados (Acórdão nº 2380/2012);
> 9.2.4. estabelecimento de exigências de habilitação técnica, descritas nos subitens 10.7.1.1 a 10.7.1.5, 10.7.1.9 e 10.1.7.10 do edital, sem comprovação da pertinência e imprescindibilidade das exigências em relação ao objeto licitado, em afronta ao art. 3º, §1º, I, art. 27 e art. 30 da Lei 8.666/1993, *e inexistência de definição de parâmetros objetivos que permitissem a avaliação do cumprimento ou não dos critérios de sustentabilidade inseridos no edital* (Acórdão nº 122/2012 – Plenário);
> 1.7. Recomendar ao Núcleo Estadual do Ministério da Saúde no Estado do Maranhão que:
> 1.7.1. institua e mantenha rotinas que permitam a inserção nos editais licitatórios de critérios de sustentabilidade da IN SLTI nº 1/2010 e Portaria nº 2/2010 da SLTI/MPOG;
> 1.7.2. capacite membros da equipe de licitação da UJ de forma a permitir a aderência dos editais de licitação à IN SLTI nº 1/2010 e Portaria nº 2/2010 da SLTI/MPOG (Acórdão nº 4529/2012 – Primeira Câmara);

A defesa do meio ambiente figura como princípio da ordem econômica estabelecido no art. 170 da Constituição de 1988, que preceitua que "a ordem econômica, fundada na valorização do trabalho humano e na livre iniciativa, tem por fim assegurar a todos existência digna, conforme os ditames da justiça social, observados os seguintes princípios: VI – defesa do meio ambiente, inclusive mediante tratamento diferenciado conforme o impacto ambiental dos produtos e serviços e de seus processos de elaboração e prestação". Além de constituir princípio da ordem econômica, a defesa do meio ambiente é instituída constitucionalmente como regra prevista no artigo 225: "todos têm direito ao meio ambiente ecologicamente equilibrado, bem de uso comum do povo e essencial à sadia qualidade de vida, impondo-se ao Poder Público e à coletividade o dever de defendê-lo e preservá-lo para as presentes e futuras gerações". Esses são os deveres impostos ao Estado em relação ao meio ambiente.

Assim, por interpretação sistemática, é inegável que, para a persecução e obtenção desse objetivo constitucional, a Administração Pública deverá se valer de todo e qualquer instrumento de gestão legítimo.

Nesse contexto constitucional que impõe ao Estado deveres em relação ao meio ambiente, a noção de sustentabilidade e a noção de desenvolvimento sustentável, fruto de intensa e profunda reflexão estabelecida em caráter mundial, com o propósito de contribuir para com a criação de meios de manter a vida humana digna na Terra, devem obrigatoriamente permear as condutas e políticas públicas.

Assim, o administrador público, no exercício da função administrativa, tem o dever de incorporar técnicas, recursos, meios e elementos capazes de conformar a conduta pública à noção de sustentabilidade e de desenvolvimento sustentável.

As contratações públicas sustentáveis constituem, portanto, uma das vertentes de gestão ambiental, uma das condutas públicas relevantes para incentivar o desenvolvimento sustentável. Como anteriormente dito, a finalidade de um contrato administrativo é a satisfação de uma necessidade pública. O contrato administrativo tem, pois, caráter instrumental para a obtenção de um resultado de interesse público somente atingível mediante utilização consensual de bens, serviços, obras ou de recursos humanos fornecidos ou realizados por terceiros particulares.

A caracterização do objeto da contratação tem, nesse sentido, vínculo estreito e indissociável com a necessidade pública a ser atendida. No âmbito das contratações públicas sustentáveis, o agente público terá o dever de operar o conceito de necessidade ambiental.

A necessidade ambiental é formada tomando-se em consideração a necessidade específica da Administração Pública e a ela agregando um ou mais determinados valores ambientais. Os valores ambientais a serem incorporados na noção de necessidade ambiental são deduzidos a partir de duas considerações fundamentais: (i) aspectos ambientais relacionados à atuação orgânico-funcional administrativa – objetivos de ordem ambiental a serem atingidos pelo órgão público; e (ii) aspectos derivados das implicações ambientais da execução contratual.

No âmbito das definições da configuração da contratação – planejamento –, compete à Administração Pública definir os objetivos que pretende atingir no que tange à dimensão ambiental. Primeiramente, é preciso adotar metodologia específica inserida em um plano de gestão ambiental[85] com o fito de definir as ações administrativas voltadas à incorporação de estratégias ambientalmente sustentáveis. O plano de gestão

---

[85] No âmbito federal, há determinação expressa no artigo 16 do Decreto nº 7.746/12 no sentido da elaboração do denominado Plano de Gestão Logística Sustentável: "Art. 16. A administração pública federal direta, autárquica e fundacional e as empresas estatais dependentes deverão elaborar e implementar Planos de Gestão de Logística Sustentável, no prazo estipulado pela Secretaria de Logística e Tecnologia da Informação, prevendo, no mínimo: I – atualização do inventário de bens e materiais do órgão e identificação de similares de menor impacto ambiental para substituição; II – práticas de sustentabilidade e de racionalização do uso de materiais e serviços; III – responsabilidades, metodologia de implementação e avaliação do plano; e IV – ações de divulgação, conscientização e capacitação".

ambiental tem por finalidade a identificação dos impactos causados pela organização pública no meio ambiente para definir ações e estratégias, objetivando a eliminação ou a redução dos danos ambientais.

Tais ações e estratégias podem ter como um eficaz instrumento a incorporação de requisitos de sustentabilidade ambiental nas definições relacionadas às contratações administrativas.

Assim, uma vez definidos os objetivos de ordem ambiental a serem perseguidos pela organização pública,[86] deverão ser identificados aqueles que podem ser alcançados por intermédio da contratação pública.

No que tange especificamente ao planejamento da contratação pública, é imperioso identificar com precisão técnica quais as implicações ambientais da execução contratual. As informações relativas aos impactos e objetivos de ordem ambiental da organização e às implicações ambientais da execução contratual são constitutivas da denominada necessidade ambiental, a ser incorporada no planejamento da contratação, em especial para ser considerada quando da definição das características técnicas do objeto e dos requisitos subjetivos relacionados à capacidade técnica mínima a ser demonstrada pelos licitantes.

Definida tecnicamente a necessidade ambiental, ter-se-á o fator de discriminação legítimo para incorporar exigências de ordem ambiental na descrição do objeto e na fixação de requisitos de capacidade técnica ambiental.

A exigência de prova de capacidade técnica ambiental demanda primeiramente a devida e adequada caracterização da dimensão ambiental da obrigação.

É possível a designação de servidor da área técnico-ambiental para integrar a equipe de planejamento da contratação. Pode-se cogitar também, a depender da complexidade técnica, da celebração de termos de cooperação técnica com instituições públicas ou privadas, ou mesmo a contratação de serviços técnicos especializados, de modo a apurar com precisão e adequação referidos impactos ambientais a serem produzidos quando da execução do contrato.

Como expressado por Marçal Justen Filho, a qualificação técnica "consiste no domínio de conhecimentos e habilidades teóricas e práticas para a execução do objeto a ser contratado".[87] No que tange às contratações sustentáveis, tais habilidades teóricas e práticas serão relacionadas às implicações ambientais da execução contratual, ainda que não integrem o que se convencionou denominar de objeto específico.

Tome-se, por exemplo, a construção de uma ponte em área de preservação ambiental ou ambientalmente frágil. O objeto específico – construção da ponte – demandará capacitação técnica específica. Contudo, haverá implicações ambientais relevantes derivadas da execução: gestão ambientalmente adequada dos resíduos sólidos, gestão adequada dos efluentes líquidos (saneantes domissanitários) utilizados, gestão de produtos potencialmente lesivos ao ambiente, que demandam também capacidade técnica.

---

[86] Por exemplo, substituir cabeamento existente por cabos de maior eficiência energética, lâmpadas incandescentes por fluorescentes, construir um prédio sustentável, entre outras tantas providências possíveis.
[87] JUSTEN FILHO, Marçal. *Comentários à Lei de Licitações e Contratos Administrativos*. 15. ed. São Paulo: Dialética, 2012. p. 490.

Mesmo em relação a contratações de natureza menos complexa, como as aquisições, podem ter implicações ambientais significativas. Por exemplo, a aquisição de milhares de cartuchos de tinta para impressoras produzirá a necessidade de mecanismos de logística reversa.

A partir da dimensão ambiental da obrigação principal, qualquer seja a natureza dela, deve a Administração Pública prever requisitos de capacidade técnica ambiental em relação às parcelas de maior relevância e valor significativo. Para tanto, poderá exigir requisitos de capacidade técnica ambiental operacional.

A capacidade técnica ambiental operacional é relacionada à experiência da empresa no trato das implicações ambientais identificadas pela organização pública e previstas no edital. Essa capacidade poderá ou não ter relação direta com o objeto específico da contratação, mas deverá ter relação direta com a necessidade ambiental caracterizada no processo da configuração da contratação.

Pode-se cogitar, nesse sentido, da exigência de plano de gestão ambiental (metodologia de execução especificamente relacionada às implicações ambientais da contratação), política de logística reversa de insumos potencialmente lesivos ao ambiente, plano de gestão de resíduos sólidos e líquidos, equipamentos específicos, ou prova de experiência anterior no trato das implicações ambientais da contratação.

A capacidade técnica ambiental profissional é relacionada ao pessoal técnico especializado considerado essencial para a adequada satisfação da necessidade ambiental. A empresa licitante deverá provar que terá à disposição quando da execução contratual um profissional tecnicamente capacitado, detentor de atestados de capacidade técnica necessária para atuação adequada no que tange à dimensão ambiental da obrigação principal.

No âmbito da Administração Pública federal, foram editadas duas importantes normas a balizar as denominadas contratações públicas sustentáveis, que podem servir de referência importante para o Administrador, inclusive para aquele que não está sujeito a elas.

Primeiramente, refira-se ao Decreto Federal nº 7746/12, que estabelece critérios, práticas e diretrizes para a promoção do desenvolvimento nacional sustentável nas contratações realizadas pela Administração Pública federal. Referida norma disciplina que a Administração Pública federal direta, autárquica e fundacional e as empresas estatais dependentes poderão adquirir bens e contratar serviços e obras considerando critérios e práticas de sustentabilidade objetivamente definidos no instrumento convocatório, desde que a adoção de critérios e práticas de sustentabilidade seja justificada nos autos e preserve o caráter competitivo do certame.

Os requisitos de sustentabilidade que podem ser inseridos no instrumento convocatório, de acordo com dito decreto, deverão ainda se ajustar às diretrizes de sustentabilidade seguintes (art. 4º): I – menor impacto sobre recursos naturais como flora, fauna, ar, solo e água; II – preferência para materiais, tecnologias e matérias-primas de origem local; III – maior eficiência na utilização de recursos naturais, como água e energia; IV – maior geração de empregos, preferencialmente com mão de obra local; V – maior vida útil e menor custo de manutenção do bem e da obra; VI – uso de inovações que reduzam a pressão sobre recursos naturais; e VII – origem ambientalmente regular dos recursos naturais utilizados nos bens, serviços e obras.

Pela sistemática da norma federal, pode ser exigido no instrumento convocatório para a aquisição de bens que estes sejam constituídos por material reciclado, atóxico ou biodegradável, entre outros critérios de sustentabilidade.

A Lei nº 14.133/21, neste aspecto, confere instrumentos jurídicos eficientes para a consecução do objeto de tornar as contratações públicas ajustadas à noção ESG – environmental, social and *governance*.

Produto da "Who Cares Wins 2005 Conference Report: Investing for Long-Term Value" – realizada em parceria da ONU com o Banco Mundial –, surge a formulação "ESG – environmental, social and governance":

> ESG é uma sigla em inglês que significa environmental, social and governance, e corresponde às práticas ambientais, sociais e de governança de uma organização. O termo foi cunhado em 2004 em uma publicação do Pacto Global em parceria com o Banco Mundial, chamada Who Cares Wins. Surgiu de uma provocação do secretário-geral da ONU Kofi Annan a 50 CEOs de grandes instituições financeiras, sobre como integrar fatores sociais, ambientais e de governança no mercado de capitais. Na mesma época, a UNEP-FI lançou o relatório Freshfield, que mostrava a importância da integração de fatores ESG para avaliação financeira. Já em 2006, do PRI (Princípios do Investimento Responsável), que hoje possui mais de 3 mil signatários, com ativos sob gestão que ultrapassam USD 100 trilhões – em 2019, o PRI cresceu em torno de 20%.
> O entendimento e a aplicabilidade de critérios ESG pelas empresas brasileiras é, cada vez mais, uma realidade. Atuar de acordo com padrões ESG amplia a competitividade do setor empresarial, seja no mercado interno ou no exterior. No mundo atual, no qual as empresas são acompanhadas de perto pelos seus diversos stakeholders, ESG é a indicação de solidez, custos mais baixos, melhor reputação e maior resiliência em meio às incertezas e vulnerabilidades.
> Segundo o Climate Change and Sustainability Services, da Ernest Young, as informações ESG são essenciais hoje para a tomada de decisões dos investidores. E os critérios ESG estão totalmente relacionados aos ODS, realidade nas discussões no mercado de capitais. Os 17 Objetivos de Desenvolvimento Sustentável reúnem os grandes desafios e vulnerabilidades da sociedade como um todo. Com isso, apontam os principais itens a serem acompanhados de perto. Além disso, sinalizam as grandes oportunidades ao se relacionarem diretamente com as necessidades.[88]

O propósito desta formulação conceitual foi o engajamento de entidades públicas e privadas em ações programáticas e materiais relacionadas com boas práticas em relação ao meio ambiente, à governança (*compliance*) e valores sociais.

Nada muito novo em comparação com a tradicional fórmula da sustentabilidade. Contudo, desde então, as ações ESG vêm ganhando significativo espaço e exigência no mundo corporativo.

Sob esta específica roupagem conceitual, trata-se de algo relativamente novo no plano da Administração Pública. Especialmente no plano das contratações públicas.

---

[88] Disponível em: https://www.pactoglobal.org.br/pg/esg. Acesso em: 03 set. 2023.

Mas a formulação é relevante juridicamente e tem plena adequação com o regime jurídico específico dos contratos públicos, em especial com as disposições da Lei nº 14.133/21. São referências da Lei para a adoção do modelo ESG no plano das contratações públicas:

a) desenvolvimento nacional sustentável como objetivo e como princípio da contratação: como já dito, um dos objetivos do processo da contratação pública é o uso dos recursos públicos nas relações contratuais para fomentar boas práticas de sustentabilidade nas suas múltiplas dimensões; ademais, a lei impõe as decisões administrativas ao princípio do desenvolvimento nacional sustentável (art. 5º e art. 11);

b) determinação para que a solução contratual envolva a consideração do ciclo de vida de produto e serviço: sobre consideração do ciclo de vida no processo da contratação já se discorreu antes (art. 11);

c) menor preço vinculado ao menor dispêndio: a Lei determina que o critério de julgamento pelo menor preço deverá considerar os custos indiretos, relacionados com as despesas de manutenção, utilização, reposição, depreciação e impacto ambiental do objeto licitado, entre outros fatores vinculados ao seu ciclo de vida, poderão ser considerados para a definição do menor dispêndio, sempre que objetivamente mensuráveis (art. 34, §1º);

d) possibilidade de exigência de certificações de natureza ambiental: para a prova de qualidade de produto podem ser exigidos certificação, certificado, laudo laboratorial ou documento similar que possibilite a aferição da qualidade e da conformidade do produto ou do processo de fabricação, inclusive sob o aspecto ambiental, emitido por instituição oficial competente ou por entidade credenciada (art. 42, III);

e) obras sustentáveis: as licitações de obras e serviços de engenharia devem respeitar, especialmente, as normas relativas a: I – disposição final ambientalmente adequada dos resíduos sólidos gerados pelas obras contratadas; II – mitigação por condicionantes e compensação ambiental, que serão definidas no procedimento de licenciamento ambiental; III – utilização de produtos, de equipamentos e de serviços que, comprovadamente, favoreçam a redução do consumo de energia e de recursos naturais;
IV – avaliação de impacto de vizinhança, na forma da legislação urbanística; V – proteção do patrimônio histórico, cultural, arqueológico e imaterial, inclusive por meio da avaliação do impacto direto ou indireto causado pelas obras contratadas; VI – acessibilidade para pessoas com deficiência ou com mobilidade reduzida (art. 45);

f) remuneração variável: pode haver definição contratual de pagamento de remuneração variável, vinculada ao desempenho do contratado, com base em metas, padrões de qualidade, critérios de sustentabilidade ambiental e prazos de entrega definidos no edital de licitação e no contrato (art. 114);

g) avaliação dos impactos ambientais da contratação como requisito de planejamento: na etapa de elaboração do estudo técnico preliminar é obrigatória a avaliação e descrição de possíveis impactos ambientais e respectivas medidas mitigadoras (art. 18, §1º, XII);

h) exigências de natureza sustentável: soluções que impliquem baixo consumo de energia e de outros recursos, bem como logística reversa para desfazimento e reciclagem de bens e refugos (art. 18, §1º, XII);

i) conteúdo de projeto básico: avaliação de viabilidade técnica e adequado tratamento do impacto ambiental do empreendimento e estudos socioambientais para a escolha da solução contratual mais adequada e sustentável (art. 6º, XXV);

j) margens de preferência: como já tratado, no processo de licitação, poderá ser estabelecida margem de preferência para bens reciclados, recicláveis ou biodegradáveis (art. 26).

Com supedâneo na Lei e na Constituição pode-se afirmar que a fixação de critérios ou requisitos de sustentabilidade ambiental, como especificação técnica do objeto, requisitos de habilitação técnica ou como obrigação da contratada, desde que motivada, não frustra o caráter competitivo da licitação.

Práticas e requisitos de sustentabilidade já utilizados nas contratações públicas, entre outras:

a) exigir que os bens a serem adquiridos sejam constituídos, no todo ou em parte, por material reciclado, atóxico, biodegradável, conforme ABNT NBR – 15448-1 e 15448-2;
b) exigir que sejam observados os requisitos ambientais para a obtenção de certificação do instituto nacional de metrologia, normalização e qualidade industrial – INMETRO como produtos sustentáveis ou de menor impacto ambiental em relação aos seus similares;
c) exigir que os bens a serem adquiridos devam ser, preferencialmente, acondicionados em embalagem individual adequada, com o menor volume possível, que utilize materiais recicláveis, de forma a garantir a máxima proteção durante o transporte e o armazenamento;
d) exigir que os bens a serem adquiridos não contenham substâncias perigosas em concentração acima da recomendada na diretiva RoHS (*Restriction of Certain Hazardous Substances*), tais como mercúrio (Hg), chumbo (Pb), cromo hexavalente (Cr(VI)), cádmio (Cd), bifenil-polibromados (PBBs), éteres difenil-polibromados (PBDEs);
e) exigir a indicação de profissional habilitado para manejo de agrotóxicos;
f) exigir plano de logística reversa dos contratados;
g) exigir certificações ou prova de eficiência energética de equipamentos;
h) exigir utilização de equipamentos que produzam níveis adequados de ruídos;
i) adquirir produtos alimentícios de agricultores familiares;
j) adotar projetos, obras e serviços de engenharia sustentáveis;
k) adotar soluções com menor geração de resíduos sólidos e líquidos;
l) adotar soluções que reduzam a emissão de gases de efeito estufa e de outros poluentes;
m) adotar soluções que produzam maior eficiência na utilização de recursos naturais como água e energia;
n) adotar soluções que produzam menor impacto sobre recursos naturais como flora, fauna, ar, solo e água;

O tratamento diferenciado e favorecido para as microempresas e empresas de pequeno porte e políticas contratuais de fomento das pequenas empresas também se insere no plano das contratações sustentáveis.

Assiste ao Estado, prioritariamente, o dever jurídico-constitucional em face do desenvolvimento sustentável. Para tanto, a contratação pública mostra-se como um instrumento eficiente e eficaz de fomento. Ao lado dos poderes de comando e controle (poder de polícia), as contratações públicas que incorporam requisitos de sustentabilidade podem formar e formatar os mercados, incentivando boas práticas no que diz com a sustentabilidade ambiental. É o que usualmente se denomina de utilização do poder de compra (já se disse que o Estado consome, aproximadamente, de 10% a 15% do PIB anualmente com contratações públicas) do Estado para o fomento de determinadas condutas, nesse caso, condutas voltadas para a conservação e para a preservação do meio ambiente.

Elementar é que a Administração Pública se valha dos princípios da precaução e da prevenção. No universo das contratações públicas o princípio da prevenção demanda que soluções de reconhecido risco ao meio ambiente, vida e saúde humanas não podem ser contratadas; por seu turno, o princípio da precaução exige que não se contratem soluções que possam, ainda que não efetivamente comprovadas, produzir risco para estes valores tutelados juridicamente. O Supremo Tribunal Federal apontou que a violação de tais princípios, pelo administrador público, caracteriza erro grosseiro, passível de responsabilização pessoal:

> Direito administrativo. Ações Diretas de Inconstitucionalidade. Responsabilidade civil e administrativa de Agentes Públicos. Atos relacionados à pandemia de COVID-19. Medida Provisória nº 966/2020. Deferimento parcial da cautelar. 1. Ações diretas de inconstitucionalidade que questionam a limitação da responsabilidade civil e administrativa dos agentes públicos às hipóteses de "erro grosseiro" e de "dolo", com base no art. 28 da Lei de Introdução às Normas do Direito Brasileiro e na Medida Provisória nº 966/2020. Alegação de violação aos arts. 37, §§4º, 5º e 6º da Constituição, ao princípio republicano e ao princípio da probidade e da eficiência administrativa. Exame, em sede cautelar, limitado à MP 966/2020, em relação à qual, efetivamente, se configura o perigo na demora, diante do contexto da pandemia. 2. Decisões administrativas relacionadas à proteção à vida, à saúde e ao meio ambiente devem observar standards, normas e critérios científicos e técnicos, tal como estabelecidos por organizações e entidades internacional e nacionalmente reconhecidas. Precedentes: ADI 4066, Rel. Min. Rosa Weber, j. 24.08.2017; e RE 627189, Rel. Min. Dias Toffoli, j. 08.06.2016. No mesmo sentido, a Lei nº 13.979/2020 (art. 3º, §1º), que dispôs sobre as medidas para o enfrentamento da pandemia de COVID-19, norma já aprovada pelo Congresso Nacional, previu que as medidas de combate à pandemia devem ser determinadas "com base em evidências científicas e em análises sobre as informações estratégicas em saúde". 3. Tais decisões administrativas sujeitam-se, ainda, aos princípios constitucionais da precaução e da prevenção, que impõem juízo de proporcionalidade e a não adoção, a priori, de medidas ou protocolos a respeito dos quais haja dúvida sobre impactos adversos a tais bens jurídicos. Nesse sentido: ADI 5592, Rel. p/ acórdão Min. Edson Fachin, j. 11.02.2019; RE 627189, Rel. Min. Dias Toffoli, j. 08.06.2016. 4. Cautelar parcialmente deferida, para conferir interpretação conforme a Constituição ao art. 2º da MP 966/2020, no sentido de estabelecer que, na caracterização de erro grosseiro, leva-se em consideração a observância, pelas autoridades: (i) de standards, normas e critérios científicos e técnicos, tal como estabelecidos por organizações e entidades internacional e nacionalmente reconhecidas; bem como (ii) dos princípios constitucionais da precaução e da prevenção. 5. Confere-se, igualmente, interpretação conforme a Constituição ao art. 1º da MP 966/2020, para explicitar que, para os fins de tal dispositivo, a autoridade a quem compete decidir deve exigir que a opinião técnica trate expressamente: (i) das normas e critérios científicos e técnicos aplicáveis à matéria, tal como estabelecidos por organizações e entidades internacional e nacionalmente reconhecidas; e (ii) da observância dos princípios

constitucionais da precaução e da prevenção. 6. Teses: "1. Configura erro grosseiro o ato administrativo que ensejar violação ao direito à vida, à saúde, ao meio ambiente equilibrado ou impactos adversos à economia, por inobservância: (i) de normas e critérios científicos e técnicos; ou (ii) dos princípios constitucionais da precaução e da prevenção. 2. A autoridade a quem compete decidir deve exigir que as opiniões técnicas em que baseará sua decisão tratem expressamente: (i) das normas e critérios científicos e técnicos aplicáveis à matéria, tal como estabelecidos por organizações e entidades internacional e nacionalmente reconhecidas; e (ii) da observância dos princípios constitucionais da precaução e da prevenção, sob pena de se tornarem corresponsáveis por eventuais violações a direitos" (ADI nº 6421 MC).

4.13 Regras para participação de microempresas e empresas de pequeno porte

As pequenas empresas têm relevância indiscutível para o desenvolvimento econômico do País. Segundo dados estatísticos, são responsáveis por aproximadamente 27% do produto interno bruto (PIB), constituem 99% das empresas formalizadas e respondem por 52% dos empregos com carteira assinada no setor privado (16,1 milhões).[89] São fonte relevante de geração de empregos, arrecadação tributária e desenvolvimento local ou regional. Atenta para a importância da criação e sustentabilidade das pequenas empresas, a Constituição Federal lhes confere tratamento diferenciado, ora como princípio da ordem econômica (art. 170, IX), ora como regra fundamental (art. 179).[90] Para dar concretude aos comandos constitucionais foi editada a Lei Complementar nº 123, que dispõe sobre o Estatuto da Microempresa e Empresa de Pequeno Porte.

A lei complementar ingressa no ordenamento jurídico com o propósito específico, expresso e declarado de determinar o tratamento diferenciado e favorecido a ser dispensado às microempresas e empresas de pequeno porte, especificamente em relação (I) à apuração e recolhimento de impostos e contribuições da União, dos Estados, do Distrito Federal e dos Municípios, mediante rime jurídico único de arrecadação, inclusive obrigações acessórias; (II) ao cumprimento de obrigações trabalhistas e previdenciárias, inclusive obrigações acessórias; (III) ao acesso a crédito e ao mercado, inclusive quanto à preferência nas aquisições de bens e serviços pelos Poderes Públicos, à tecnologia, ao associativismo e às regras de inclusão. Trata a lei de um conjunto de medidas orientadas a instituir uma condição jurídica privilegiada para as microempresas e empresas de pequeno porte.

Tem direito ao tratamento diferenciado legalmente previsto, em primeiro lugar, as microempresas, as empresas de pequeno porte e o microempreendedor individual. Para os efeitos da Lei Complementar, consideram-se microempresas ou empresas de

---

[89] Disponível em: https://sebrae.com.br/sites/PortalSebrae/artigos/pequenos-negocios-a-base-da-economia-do-nosso-pais,85e97325a3937810VgnVCM1000001b00320aRCRD. Acesso em: 03 set. 2023.
[90] Art. 170. A ordem econômica, fundada na valorização do trabalho humano e na livre iniciativa, tem por fim assegurar a todos existência digna, conforme os ditames da justiça social, observados os seguintes princípios: IX – tratamento favorecido para as empresas de pequeno porte constituídas sob as leis brasileiras e que tenham sua sede e administração no País.
Art. 179. A União, os Estados, o Distrito Federal e os Municípios dispensarão às microempresas e às empresas de pequeno porte, assim definidas em lei, tratamento jurídico diferenciado, visando a incentivá-las pela simplificação de suas obrigações administrativas, tributárias, previdenciárias e creditícias, ou pela eliminação ou redução destas por meio de lei.

pequeno porte, a sociedade empresária, a sociedade simples, a empresa individual de responsabilidade limitada e o empresário a que se refere o art. 966 da Lei nº 10.406, de 10 de janeiro de 2002 (Código Civil), devidamente registrados no Registro de Empresas Mercantis ou no Registro Civil de Pessoas Jurídicas, conforme o caso, desde que: I – no caso da microempresa, aufira, em cada ano-calendário, receita bruta igual ou inferior a R$360.000,00 (trezentos e sessenta mil reais); e II – no caso de empresa de pequeno porte, aufira, em cada ano-calendário, receita bruta superior a R$360.000,00 (trezentos e sessenta mil reais) e igual ou inferior a R$4.800.000,00 (quatro milhões e oitocentos mil reais). Microempreendedor individual é aquele que tenha auferido receita bruta, no ano-calendário anterior, de até R$81.000,00 (oitenta e um mil reais). Além destes agentes econômicos, têm direito ao tratamento diferenciado previsto no Estatuto da Microempresa as sociedades cooperativas (consoante previsto na Lei nº 11.488/07, art. 34); e o produtor rural pessoa física e ao agricultor familiar conceituado na Lei no 11.326, de 24 de julho de 2006, com situação regular na Previdência Social e no Município, desde que tenham auferido receita bruta anual até o limite para enquadramento como empresa de pequeno porte de que trata o inciso II do *caput* do art. 3º da dita Lei.

4.13.1 Prova da condição de microempresa ou empresa de pequeno porte

A prova de que a empresa aderiu ao Simples nacional constitui prova da condição de ME ou EPP, uma vez que somente estas categorias de empresas podem gozar do regime tributário simplificado instituído pela lei. O reverso não corresponde necessariamente à realidade, vale dizer, o fato de não ter aderido ao programa de tributação simplificada (Simples) não retira da empresa a possibilidade de receber o tratamento diferenciado e favorecido no que tange às contratações públicas. Sobre este tema, o Tribunal de Contas da União já se posicionou na mesma linha de entendimento:

> O fato de a empresa estar excluída do regime de tributação do Simples Nacional por realizar cessão ou locação de mão de obra (art. 17, inciso XII, da Lei Complementar 123/2006) não implica o seu impedimento para participar de certames licitatórios auferindo os benefícios da referida lei complementar, pois o que confere a condição de micro ou empresa de pequeno porte é a receita bruta obtida em cada ano calendário, e não o regime de tributação. Representação formulada por sociedade empresária apontar supostas irregularidades ocorridas em pregão eletrônico conduzido pela Agência Nacional de Vigilância Sanitária (Anvisa), para contratação de empresa para prestação de serviços contínuos de limpeza, conservação e higienização de bens móveis e imóveis. Dentre as irregularidades noticiadas ao Tribunal, a representante arguira que "a licitante vencedora não poderia ter participado do certame por ser optante do Simples Nacional, pois, segundo o art. 17, inciso XII, da Lei Complementar 123/2006, não poderá recolher impostos e contribuições na forma do Simples Nacional a microempresa ou a empresa de pequeno porte que realize cessão ou locação de mão de obra". Ao instruir o feito, a unidade técnica ressaltou que "o impeditivo constante do art. 17, inciso XII, da Lei Complementar 123/2006, não implica dizer que a empresa não possa participar de certames obtendo os benefícios da Lei. Assim, seria possível que uma prestadora de serviços de mão de obra, em que pese não poder aderir aos Simples Nacional, seja enquadrada como pequena empresa ou microempresa, desde que atendidos os requisitos legais". O relator, em concordância com a unidade técnica, anotou que, nos

termos do art. 3º, incisos I e II, da Lei Complementar 123/2006, "o que confere a condição de micro ou empresa de pequeno porte é a receita bruta obtida em cada ano-calendário, e não o regime de tributação". No caso concreto, considerando que a empresa vencedora do certame, embora optante do Simples Nacional, apresentou planilha de custos em desacordo com o referido regime, o relator, ao acolher sugestão da unidade instrutiva, propôs encaminhar cópia da deliberação à Secretaria da Receita Federal para a adoção das providências cabíveis em relação à situação cadastral da empresa no regime tributário do Simples Nacional. O Plenário acolheu o voto da relatoria (Acórdão nº 1100/2014-Plenário, TC 006.706/2014-2 – Rel. Min. Benjamin Zymler, 30.04.2014).

A adesão ao Simples Nacional não se faz necessária para que empresas sejam classificadas como EPP ou ME e tampouco é imprescindível para que sejam beneficiadas pela Lei Complementar 123/06. Pedidos de Reexame interpostos por sociedade empresária e pela Secretaria Executiva do Comitê Gestor do Simples Nacional questionaram deliberação do TCU mediante a qual a primeira recorrente fora declarada inidônea para participar de licitações na Administração Pública Federal pelo período de seis meses, em virtude de fraude à licitação, e fez determinações à segunda. O órgão questionou determinação dirigida ao Comitê Gestor de Tributação das Microempresas e Empresas de Pequeno Porte (CGSN) para que estudasse "formas de aprimorar os procedimentos de fiscalização do cumprimento das obrigações principais e acessórias relativas ao Simples Nacional, a fim de verificar a ocorrência das hipóteses previstas no art. 29 da Lei Complementar nº 123/2006". A recorrente pontuou que "a competência do CGSN está restrita à fiscalização do simples nacional, não interferindo diretamente no enquadramento das empresas licitantes como microempresa (ME) ou empresa de pequeno porte (EPP)". Analisando o mérito desse recurso, o relator reconheceu que "a determinação exarada por este colendo Tribunal relaciona-se ao aprimoramento de procedimentos de fiscalização do cumprimento das obrigações principais e acessórias relativas ao simples nacional, assunto este não contemplado pela representação" apreciada pelo acórdão recorrido. Nesse mister, aduziu, "a adesão ao Simples Nacional não se faz necessária para que as empresas sejam classificadas como EPP ou ME e tampouco é imprescindível para que as empresas sejam beneficiadas pela Lei Complementar 123/2006". Tal entendimento, prosseguiu, coaduna-se com "a recente alteração promovida pela Lei Complementar 147, de 7 de agosto de 2014, mediante a qual foi incluído o artigo 3-B na Lei Complementar 123/2006, em que é expresso que os dispositivos da Lei Complementar 123/2006 são aplicáveis 'a todas as microempresas e empresas de pequeno porte, assim definidas pelos incisos I e II do caput e §4º do art. 3º, ainda que não enquadradas no regime tributário do Simples Nacional'". Nesse sentido, o Plenário do TCU, acolhendo a proposta do relator, ao tempo em que negou provimento ao recurso da sociedade empresária, proveu parcialmente o Pedido de Reexame interposto pela Secretaria Executiva do Comitê Gestor do Simples Nacional, alterando a redação da determinação questionada, de modo a harmonizá-la com as disposições da Lei Complementar 123/06 (Acórdão nº 330/2015-Plenário, TC 028.839/2012- 9 – Rel. Min. Vital do Rêgo – 04.03.2015).

O Decreto nº 8538/2015 preceitua que deverá ser exigida do licitante a ser beneficiado a declaração, sob as penas da lei, de que cumpre os requisitos legais para a qualificação como microempresa ou empresa de pequeno porte, microempreendedor individual, produtor rural pessoa física, agricultor familiar ou sociedade cooperativa, o que o tornará apto a usufruir do tratamento favorecido estabelecido nos art. 42 ao art. 49 da Lei Complementar nº 123, de 2006. A declaração formal de enquadramento como beneficiário do tratamento diferenciado constitui prova idônea do direito. A declaração falsa constitui infração grave, passível de sanção de declaração de inidoneidade, como já decidiu o Tribunal de Contas da União: "a mera participação de licitante como microempresa ou empresa de pequeno porte, ou ainda como cooperativa (art. 34 da Lei nº 11.488/2007), amparada por declaração com conteúdo falso de enquadramento nas condições da LC nº 123/2006, configura fraude à licitação e enseja a aplicação da penalidade do art. 46 da Lei nº 8.443/1992, não sendo necessário, para a configuração do ilícito, que a autora da fraude obtenha a vantagem esperada" (Acórdão nº 61/2019-TCU-Plenário).

4.13.2 Tratamento diferenciado e favorecido

O tratamento diferenciado e favorecido para as pequenas empresas consiste no direito de provar a regularidade fiscal e trabalhista apenas para fins de assinatura do contrato, e no direito de preferência no caso de empate ficto.

a) direito de prova postergada de regularidade fiscal e trabalhista: as empresas licitantes não enquadradas como ME ou EPP devem provar a regularidade fiscal na etapa de habilitação. Aquelas enquadradas, somente deverão realizar tal prova para fins de assinatura do contrato. Este benefício tem significado mais relevante quando a etapa de habilitação ocorre no início do processo licitatório. Como a Lei nº 14.133/21 disciplina que, como regra, a etapa de habilitação se dá após a etapa de julgamento das propostas, e que, a prova de regularidade fiscal, em qualquer situação, somente será exigida do licitante que restar classificado em primeiro lugar no certame, este benefício da Lei Complementar nº 123 acaba por perder a relevância que tinha no regime licitatório da Lei nº 8.666/93. Consoante sequência procedimental prevista no art. 17 da Lei nº 14.133/21, encerrada a etapa de julgamento das propostas, o licitante classificado em primeiro lugar – declarado vencedor da etapa competitiva – será convocado para apresentar os documentos de habilitação. Nesta oportunidade, os beneficiários do tratamento diferenciado deverão apresentar os documentos de habilitação jurídica, de habilitação técnica e de habilitação econômico-financeira, como previsto no instrumento convocatório. Se dispuserem de todos os documentos probatórios de regularidade fiscal e trabalhista, também os apresentarão. No entanto, se nesta oportunidade tiverem ainda situação de irregularidade fiscal ou trabalhista, lhes será concedido o prazo de cinco dias, prorrogável por igual período, a critério da Administração Pública, para regularização da documentação, para pagamento ou parcelamento do débito e para emissão de eventuais certidões negativas ou positivas com efeito de certidão negativa. Feita a comprovação, será declarado vencedor do certame. Não comprovada a regularidade fiscal ou trabalhista, será inabilitado;

b) direito de preferência em caso de empate ficto: Pela regra, em caso de empate na competição, será assegurada a preferência para a contratação das microempresas e empresas de pequeno porte. Para efetivar esta preferência, a lei cria uma ficção jurídica adotando um conceito legal de empate, diverso do seu conceito jurídico. Juridicamente, a situação de empate resta caracterizada quando ocorre a apresentação de propostas efetivamente idênticas, como dito. A lei amplia esta noção, para reputar de empate a situação de fato na qual as propostas de preço das microempresas e empresas de pequeno porte sejam iguais ou até 10% (dez por cento) superiores à proposta mais bem classificada (art. 44, §1º). Para o caso do pregão (presencial ou eletrônico), a lei estabelece tratamento diferente. Primeiramente, para dizer que a situação de empate se verificará quando as propostas apresentadas por microempresas ou empresas de pequeno porte sejam iguais ou até 5% superiores à proposta mais bem classificada (art. 44, §2º), diminuindo o universo dos beneficiários do tratamento favorecido. A sistemática da Lei Complementar nº 123 tem plena aplicabilidade nas licitações veiculadas sob o regime da Lei nº 14.133/21. Fato relevante é que nos termos da Lei Geral de Licitações a concorrência e o pregão, quando o critério de julgamento for o de menor preço, tem rito procedimental idêntico, o que não altera o critério para definição de empate entabulado pelo Estatuto da Microempresa. Pelo sistema legal, encerra-se a etapa competitiva e identifica-se eventual situação de empate ficto entre o licitante primeiro colocado – caso não seja enquadrado como ME ou EPP – e titulares do direito de preferência. Aquele titular do direito de desempate tem faculdade de apresentar nova e derradeira proposta de preço, inferior ao classificado provisoriamente em primeiro lugar. Se assim fizer, assumirá a melhor classificação e dele serão analisados os documentos de habilitação. Caso não haja nenhum licitante na condição de empate ficto, será avaliada a habilitação daquele originalmente classificado em primeiro lugar. A sistemática legal preconiza que: I – a microempresa ou empresa de pequeno porte mais bem classificada poderá apresentar proposta de preço inferior àquela considerada vencedora do certame, situação em que será adjudicado em seu favor o objeto licitado; II – não ocorrendo a contratação da microempresa ou empresa de pequeno porte, na forma do inciso I do *caput* deste artigo, serão convocadas as remanescentes que porventura se enquadrem na hipótese dos §§1º e 2º do art. 44 da Lei Complementar, na ordem classificatória, para o exercício do mesmo direito; III – no caso de equivalência dos valores apresentados pelas microempresas e empresas de pequeno porte que se encontrem nos intervalos estabelecidos nos §§1º e 2º do art. 44 da Lei Complementar, será realizado sorteio entre elas para que se identifique aquela que primeiro poderá apresentar melhor oferta. Na hipótese da não contratação nos termos previstos no *caput* deste artigo, o objeto licitado será adjudicado em favor da proposta originalmente vencedora do certame.

4.13.3 Tratamento diferenciado e simplificado

O tratamento diferenciado e simplificado para ME e EPP nos processos de contratação pública compreende: licitação exclusiva, cota reservada, subcontratação compulsória e contratação prioritária.

a) licitação exclusiva: quando o objeto da contratação tiver valor inferior a R$80.000,00, a licitação deverá ter a participação exclusiva de microempresas e de empresas de pequeno porte. Não é preciso parcelar o objeto da contratação apenas para garantir a exclusividade de participação de pequenas empresas, como já decidiu o Tribunal de Contas da União: "não há obrigação legal de parcelamento do objeto da licitação exclusivamente para permitir a participação de microempresas e empresas de pequeno porte. O parcelamento do objeto deve visar precipuamente o interesse da Administração" (Acórdão nº 1238/16). O objeto será parcelado de acordo com as regras legalmente definidas. No caso de licitação para registro de preços, já entendeu o Tribunal de Contas da União que "as licitações processadas por meio do sistema de registro de preços, cujo valor estimado seja igual ou inferior a R$80.000,00, podem ser destinadas à contratação exclusiva de Microempresas e Empresas de Pequeno Porte, competindo ao órgão que gerencia a ata de registro de preços autorizar a adesão à referida ata, desde que cumpridas as condições estabelecidas no art. 8º do Decreto nº 3.931/2001, e respeitado, no somatório de todas as contratações, aí incluídas tanto as realizadas pelos patrocinadores da ata quanto as promovidas pelos aderentes, o limite máximo de R$80.000,00 em cada item da licitação" (Acórdão nº 2957/2011). Questão controvertida é sobre a possibilidade de realização de licitação para participação exclusiva de ME ou EP. O Tribunal de Contas do Estado do Paraná editou o Prejulgado nº 27 deliberando juridicamente possível a realização de licitação exclusiva para participação de ME ou EPP sediada em determinado local ou região:

> É possível, mediante expressa previsão em lei local ou no instrumento convocatório, realizar licitações exclusiva à microempresas e empresas de pequeno porte, sediadas em determinado local ou região, em virtude da peculiaridade do objeto a ser licitado ou para implementação dos objetivos propostos no art. 47, Lei Complementar nº 123/2006, desde que, devidamente justificado; ii) Na ausência de legislação suplementar local que discipline o conteúdo do art. 48, §3º da LC nº 123/2006, deve ser aplicado o limite de preferência definido pela Legislação Federal às Microempresas e Empresas de Pequeno Porte sediadas local ou regionalmente, desde que dentro do preço máximo previsto no edital; iii)Conforme o disposto no art. 48, inciso I da Lei Complementar nº 123/2006, é obrigatória a realização de licitação exclusiva à participação de microempresas e empresas de pequeno porte sempre que os itens ou lotes submetidos à competição tenham valor adstrito ao limite legal de R$ 80.000,00(oitenta mil reais). Para bens de natureza divisível, cujo valor ultrapasse o limite de R$ 80.000,00 (oitenta mil reais), a Administração deve reservar uma cota de 25% (vinte e cinco por cento) para disputa apenas entre as pequenas e microempresas. Com relação aos serviços de duração continuada, o teto deve ser considerado para o calendário financeiro anual; iv) A aplicação dos instrumentos de fomento dos incisos I e III do art. 48 da Lei Complementar nº 123/2006 é obrigatória à Administração Pública, somente podendo ser afastada nas hipóteses retratadas no art. 49 do mesmo diploma legislativo, exigindo-se, em qualquer caso, motivação específica e contextualizada quanto à sua incidência.

Neste sentido, já se defendeu anteriormente:

> A conjugação hermenêutica das duas normas pode levar a concluir que está autorizada a licitação exclusiva para a participação de ME e EPP sediada local ou regionalmente. Explica-se: como o tratamento diferenciado e simplificado (no qual se inclui a licitação exclusiva) objetiva o desenvolvimento econômico e social municipal e regional e como a lei exige que, para a aplicação dele, existam no mínimo 3 ME e EPP sediadas local ou regionalmente, o sentido da norma seria o de efetivamente favorecer as empresas locais e regionais por força de licitações exclusivas para a participação delas. Parece ser este o sentido da norma. Para tanto, deve haver consistente motivação orientada a demonstrar que a licitação exclusiva para a participação de ME e EPP sediadas local ou regionalmente se prestará efetivamente para contribuir com o desenvolvimento municipal ou regional, ou constituir instrumento para a ampliação da eficiência das políticas públicas, ou ainda, de incentivo à inovação tecnológica. Logo, desde que, fundamentadamente, amparada em planejamento público consistente que contemple algum dos valores jurídicos tutelados

pela norma do artigo 47, poderá haver licitação exclusiva para a participação de ME e EPP sediadas local ou regionalmente.[91]

b) cota reservada de até 25% de objeto divisível: a Administração deverá estabelecer, em certames para aquisição de bens de natureza divisível, cota de até 25% (vinte e cinco por cento) do objeto para a contratação de microempresas e empresas de pequeno porte. A cota reservada aplica-se no caso de licitação para compra, uma vez que a Lei trata de "aquisição de bens de natureza divisível", não se aplicando, portanto, às licitações destinadas à contratação de obras ou de serviços. Não se trata de uma faculdade administrativa, mas de um dever este de reservar cota de até 25% do objeto para aquisição de bens de ME ou EP. Perceba-se que a Lei não indica que a cota será de 25% do objeto, mas de até 25%. Cabe à Administração, em juízo discricionário, definir a parcela que será reservada à disputa entre ME ou EP. Para implementação da disputa com cota reservada: 1. O edital deve conter previsão de adoção do regime de cotas reservadas e prever minuciosamente as normas que balizarão o certame; 2. As licitantes ME e EPP podem disputar a cota reservada (disputa a elas restrita) e a cota principal (o remanescente do objeto, excluído o percentual que constituiu a cota reservada); 3. Os licitantes não enquadrados como ME ou EPP inicialmente somente disputarão a cota principal; 4. As licitantes ME ou EPP devem apresentar, portanto, duas propostas de preço, uma para a cota reservada e uma para a cota principal. Estas propostas de preço podem ser diferentes. 5. Se licitantes diferentes forem vencedores da disputa pela cota principal e pela cota reservada, haverá adjudicação e contratação independente, inclusive com preços diferenciados. 6. Se não houver ofertante ME ou EPP para adjudicação da cota reservada, poderá ser adjudicada ao licitante não enquadrado, pelo valor proposto para a cota principal. 7. Se uma ME ou EPP sagrar-se vencedora da disputa pela cota principal e pela cota reservada, simultaneamente, a contratação da parcela correspondente à cota reservada deverá se dar pelo valor correspondente à proposta ofertada para a cota principal, se for menor. Prática comum e alternativa tem sido a de dividir a licitação em lotes ou itens e reservar um deles – a título de cota reservada – para disputa entre ME e EP. Não há vedação legal a esta prática. O instrumento convocatório deve prever expressamente que o lote ou item reservado para ME ou EPP não trata de licitação exclusiva – que tem limite de valor –, mas de cota reservada – que não tem limite de valor;

c) subcontratação compulsória de ME ou EPP: A relação de subcontratação é relação jurídica que se estabelece entre subcontratante e subcontratado, sem a intervenção da Administração Pública (ressalvada a edição de atos normativos destinados a estabelecer os limites da subcontratação no edital, bem como a edição de atos ou a prática de condutas administrativas destinadas a assegurar a melhor execução do objeto do contrato). Existem convenções contratuais estabelecidas entre subcontratante e subcontratado que não dizem respeito ao Poder Público (princípio da autonomia contratual), desde que não ensejem risco para o objeto do contrato e não violem disposições do instrumento convocatório (e da lei, por óbvio). A responsabilidade pela execução do contrato é integral

---

[91] SANTOS, José Anacleto Abduch. *Licitações e o estatuto da microempresa e empresa de pequeno porte*. 2. ed. Curitiba: Juruá, 2015. p. 132.

do contratante. A lei estabelece a possibilidade de se exigir no edital a subcontratação de ME e de EPP no caso de contratação de obras ou de serviços. Como instrumento de favorecimento às ME e EPP, portanto, fica excluída expressamente a subcontração no que diz respeito à aquisição de bens. A possibilidade de subcontratação deve estar prevista no edital, bem como a forma e oportunidade em que pode ocorrer. O edital da licitação igualmente deverá estabelecer a parcela do objeto contratado que admite subcontratação. Entende-se que a parcela do objeto para a qual foi exigida prova de capacidade técnica ou econômico-financeira não pode ser objeto de subcontração, ou, em sendo, deverá a ME e EPP subcontratada provar que a detém, na forma do edital. A definição sobre o percentual do objeto suscetível de subcontratação é de competência da Administração Pública. O percentual da execução destinado à subcontratação de ME e de EPP não pode ensejar violação do princípio licitatório e tampouco pode haver a subcontratação da totalidade da execução contratual;

d) contratação prioritária de ME ou EPP sediada local ou regionalmente em licitação exclusiva: a Lei Complementar nº 123 prevê que, em licitação para participação exclusiva de ME ou EPP, a Administração pode estabelecer a prioridade de contratação para as microempresas e empresas de pequeno porte sediadas local ou regionalmente, até o limite de 10% (dez por cento) do melhor preço válido. Tem-se, então, que terão preferência na contratação regida por instrumento convocatório que contenha tal previsão, ME e EPP sediadas local ou regionalmente. Nesta situação, a ME ou EPP que tiver apresentado proposta de preço até 10% (dez por cento) superior à primeira colocada provisoriamente, se esta não for já uma ME ou EPP local ou regional, terá direito de preferência, ou, nos termos da lei, prioridade na contratação. São requisitos para que tal benefício seja conferido que (i) a ME ou EPP deve ser sediada local ou regionalmente. A lei não esclarece o que se deve entender por "sediada local ou regionalmente", razão pela qual inúmeras interpretações mostram-se possíveis. A discussão sobre o que seja "local" ou "regional" é familiar ao direito público e às contratações públicas. O fim pretendido pela norma é o favorecimento de ME e EPP sediadas em determinados locais ou regiões – objetivando o norte hermenêutico instalado pela norma contida no art. 47. O conjunto de medidas que constituem o tratamento diferenciado e simplificado previsto no art. 48 tem por alvo fomentar "a promoção do desenvolvimento econômico e social no âmbito municipal e regional, a ampliação da eficiência das políticas públicas e o incentivo à inovação tecnológica". Assim, deve-se, por interpretação sistemática, entender que a expressão "local", utilizada no §3º do art. 48 da lei, deve ser compreendida como Município. O primeiro conjunto de destinatários do benefício são as ME e EPP sediadas em um determinado Município. Deve-se entender por "sediadas regionalmente" as ME e EPP sediadas na região – espaço geográfico – eleita pelo órgão promotor da licitação como destinatária da ação de fomento por intermédio da contratação pública. Caberá então, a cada Administração Pública indicar, no edital da licitação ou em norma legal ou infralegal as regiões nas quais pretende que a contratação seja instrumento da promoção do desenvolvimento social e econômico. Nesta linha de interpretação, os Municípios e órgãos ou entidades municipais podem realizar licitações com tal margem de preferência para ME e EPP neles sediadas. Os Estados (por seus órgãos e entidades) podem realizar licitações com o privilégio para fomentar ME e EPP situadas regionalmente ou localmente. E a União (por seus órgãos e entidades) pode igualmente estabelecer nos editais de licitação ou em normas infralegais o âmbito de aplicação da referida margem de preferência. A região de abrangência ou local deve ser fixada no edital ou em norma infralegal, sempre de forma fundamentada, indicando as razões de fato e de direito para que sejam privilegiadas ME e EPP sediadas na circunscrição eleita para aplicação do benefício – é preciso, em homenagem ao principio da motivação, apresentar os argumentos objetivos pelos quais se demonstrará que a adoção do benefício poderá, e em que medida, contribuir para o desenvolvimento econômico e social no âmbito municipal e regional, a ampliação da eficiência das políticas públicas e o incentivo à inovação tecnológica. A título de ilustração, há regulamentos expedidos ou em vias de serem expedidos, que tratam da matéria da seguinte forma, expressamente indicado o que se entende por localidade ou região: I – âmbito local/municipal: limites geográficos do Município onde será executado o objeto da contratação; II – âmbito regional: o limite geográfico do Estado, a área territorial abrangida pela competência do órgão ou entidade contratante; (ii) Trata-se de opção discricionária da Administração Pública, porém, vinculada à orientação teleológica da lei complementar e da Constituição. As contratações públicas, pelo volume de recursos que movimentam (em torno de 10% a 15% do PIB) todos os anos, constituem um importante fator de fomento da economia. O segmento da economia eleito pela lei para ser fomentado é o local ou regional, bem como ampliação de políticas públicas e incentivo à inovação tecnológica. A utilização deste instrumento de fomento ainda não alcançou todo o seu potencial, e as Administrações Públicas ainda são bastante conservadoras – por vezes refratárias – em relação às denominadas contratações públicas sustentáveis. No que diz com a prioridade de contratação de ME ou EPP sediada local ou regionalmente, parece inegável o potencial de fomento que a regra produz. É preciso que as Administrações Públicas realizem estudos consistentes e tecnicamente fundados para identificar e elencar os segmentos da economia local e regional que demandam ou podem ser objeto da prioridade de contratação de que trata a lei. Estes estudos técnicos fundamentarão o planejamento estratégico administrativo, que poderá ser implementado por intermédio da prioridade da contratação de ME ou EPP sediadas na localidade ou na região eleita para as ações de fomento social ou econômico por meio das contratações públicas. Defende-se que as Administrações Públicas, com fundamento na Constituição e na legislação vigente devem promover e ampliar as ações de planejamento em harmonia com o planejamento estratégico institucional, sempre com vistas a nelas incluir os tratamentos favorecidos e simplificado para as ME e EP. Deve-se então concluir que, embora a norma não determine taxativamente que a Administração Pública deva sempre prever a prioridade de contratação com margem de preferência, constitui um dever jurídico incluir no planejamento com vistas ao desenvolvimento econômico ou social, local ou regional, tal benefício para as ME e EPP; (iii) o preço ofertado pela ME ou EPP na licitação deve ser até 10% superior ao primeiro colocado, independentemente de ter sido proposto por ME ou EPP não sediada local ou regionalmente. Nas utilizações com utilização deste beneficio, restará prejudicado o direito de preferência em caso de empate ficto para as ME e EPP sediadas local ou regionalmente (no espaço territorial delimitado para a aplicação do benefício). Parece evidente. Quando do exercício do direito de preferência em caso de empate ficto, as

ME e EPP podem cobrir a proposta de preço ofertada pelo primeiro colocado na classificação provisória do certame (se este não for ME e EPP). Para que tenha direito de ser contratada, é preciso que a pequena empresa reduza o seu preço a valor inferior àquele originalmente vencedor da disputa. No caso da prioridade de contratação de ME e EPP sediadas local ou regionalmente, não haverá redução de preço por parte delas: serão declaradas vencedoras e contratadas pelo preço por elas proposto. Tal implica afirmar que a Administração Pública poderá pagar preço até 10% superior ao originalmente classificado em primeiro lugar. A prioridade de contratação de ME e EPP sediadas local ou regionalmente aplica-se, inclusive, em face de outras ME e EPP que tenham ofertado o melhor preço originalmente, se não forem sediadas no local ou região eleito pela Administração Pública para aplicação do benefício; (iii) a prioridade de contratação deve ter previsão no instrumento convocatório ou em norma específica. Os benefícios para as ME e EPP previstos na Lei Complementar 123 são autoaplicáveis e não dependem de regulamentação ou de norma própria dos demais entes da federação para serem concedidos. Alguns benefícios podem ser deduzidos diretamente da lei, como é o caso do direito de preferência em caso de empate ficto, independentemente, inclusive, de previsão no instrumento convocatório, como antes também já tratado. A prioridade de contratação de ME ou EPP sediada local ou regionalmente, contudo, deve ter previsão no edital. O instrumento convocatório deverá conter, no mínimo: (a) o local ou região de abrangência da prioridade de contratação; (b) a justificativa para a aplicação da prioridade de contratação, indicando inclusive os resultados e benefícios para a localidade e região objetivados com a implementação desta política pública; (c) o roteiro procedimental para a concessão da prioridade de contratação, de modo a orientar os agentes processantes e julgadores; (d) indicação expressa de que se trata de licitação com prioridade de contratação. Registre-se que o Decreto nº 8538/15 exige que a ME ou EPP sediada local ou regionalmente, caso se situe na margem de contratação prioritária, deverá apresentar proposta de preço inferior àquele originalmente classificado em primeiro lugar para ser contratada. Nos termos de dito decreto, estará na condição de contratação prioritária a ME ou EPP sediadas local ou regionalmente que tenham apresentado propostas de preço iguais ou até 10% (dez por cento) superiores ao menor preço; a microempresa ou a empresa de pequeno porte sediada local ou regionalmente melhor classificada poderá apresentar proposta de preço inferior àquela considerada vencedora da licitação, situação em que será adjudicado o objeto em seu favor; na hipótese da não contratação da microempresa ou da empresa de pequeno porte sediada local ou regionalmente com base, serão convocadas as remanescentes que porventura se enquadrem na situação favorecida, na ordem classificatória, para o exercício do mesmo direito; no caso de equivalência dos valores apresentados pelas microempresas e empresas de pequeno porte sediadas local ou regionalmente, será realizado sorteio entre elas para que se identifique aquela que primeiro poderá apresentar melhor oferta.

4.13.4 Regime de tratamento diferenciado para ME e EPP previsto na Lei nº 14.133/21

Até a edição da Lei nº 14.133/21, a definição do universo de beneficiários deste tratamento favorecido se dava em razão do faturamento bruto anual estipulado no art.

3º da Lei Complementar nº 123. Ou seja, o faturamento bruto anual pretérito definia o direito de participação em licitações com o tratamento favorecido.

A Lei nº 14.133/21 altera este critério, para definir que o fator relevante para definir acerca do direito ao tratamento favorecido nas licitações deixa de ser apenas o faturamento bruto anual pretérito, mas o faturamento bruto que potencialmente será gerado pela execução contratual futura.

A Lei, como não poderia deixar de fazer, reitera o direito ao tratamento diferenciado e favorecido e ao tratamento diferenciado e simplificado determinado pela Lei Complementar 123. Contudo, opera relevante alteração no que diz respeito ao direito de participação nesta condição favorecida.

Primeiramente, é fundamental registrar que, em que pese a Lei nº 14.133/21 ter natureza ordinária. Como regra constitucional geral, lei ordinária não pode produzir alterações em lei complementar. Contudo, a Lei Complementar nº 123 contém autorização expressa, no art. 86, para que leis ordinárias possam produzir alterações ao seu texto: "as matérias tratadas nesta Lei Complementar que não sejam reservadas constitucionalmente a lei complementar poderão ser objeto de alteração por lei ordinária".

As normas contidas na Lei nº 14.133/21 versando sobre tratamento diferenciado para os favorecidos são legítimas e não desbordam dos limites da Constituição.

Nos termos do disposto na Lei nº 14.133/21, as ME e EPP (assim como os demais favorecidos) podem participar de qualquer licitação, contudo, não terão direito ao tratamento diferenciado previsto na Lei Complementar nº 123:

a) no caso de licitação para aquisição de bens ou contratação de serviços em geral, ao item cujo valor estimado for superior à receita bruta máxima admitida para fins de enquadramento como empresa de pequeno porte: os limites para enquadramento como empresa de pequeno porte estão previstos no art. 3º da LC nº 123. Caso o valor estimado do futuro contrato seja superior a este valor fixado para enquadramento como empresa de pequeno porte, a pequena empresa poderá participar da licitação, mas não poderá auferir do tratamento diferenciado;

b) no caso de contratação de obras e serviços de engenharia, às licitações cujo valor estimado for superior à receita bruta máxima admitida para fins de enquadramento como empresa de pequeno porte: o valor estimado do futuro contrato também é fator delimitante da participação com tratamento diferenciado no caso de licitação para contratação de obras e serviços de engenharia.

Além destas cláusulas de barreira para participação com direito ao tratamento diferenciado, a Lei prevê também que a somatória de valor de contratos já celebrados com a Administração Pública deve ser considerada para aferição acerca de direito de participação com tratamento diferenciado nas licitações. Caso o licitante já tenha celebrado contratos com a Administração Pública cujo valor total seja superior ao limite para enquadramento como empresa de pequeno porte, poderá participar de qualquer licitação, mas não terá direito de participação com tratamento diferenciado. Para a comprovação desta situação material, deve ser exigida uma declaração dos licitantes de que contratos já celebrados não ultrapassam este limite.

Por exemplo:

a) se o valor estimado da licitação – futuro contrato – for de até R$4.800.000,00,[92] as pequenas empresas podem participar da licitação, com direito ao tratamento diferenciado e favorecido e/ou diferenciado e simplificado;

b) se o valor estimado da licitação – futuro contrato – for superior a R$4.800,000,00, as pequenas empresas podem participar da licitação, mas sem direito ao tratamento diferenciado de que trata a LC nº 123;

c) se o valor estimado da licitação – futuro contrato – for inferior a R$4.8000,000,00 e o licitante tiver celebrado (em vigência) contratos com a Administração, cuja somatória (valor dos contratos já celebrados, mais o valor do futuro contrato que se pretende disputar) não ultrapasse o valor limite para o enquadramento como empresa de pequeno porte, poderá participar da licitação, auferindo o tratamento diferenciado da LC nº 123;

d) se o valor estimado da licitação – futuro contrato – for inferior a R$4.8000,000,00 e o licitante tiver celebrado (em vigência) contratos com a Administração, cuja somatória (valor dos contratos já celebrados, mais o valor do futuro contrato que se pretende disputar) ultrapasse o valor limite para o enquadramento como empresa de pequeno porte, poderá participar da licitação, mas não terá direito ao tratamento diferenciado da LC nº 123;

Nas contratações com prazo de vigência superior a 1 (um) ano, será considerado o valor anual do contrato para aplicação dos limites previstos nos §§1º e 2º do art. 4º da Lei Geral de Licitações.

4.14 Instrumento convocatório da licitação

Instrumento convocatório é o ato administrativo normativo, editado pela autoridade competente, que contempla todos os requisitos e regras necessários para a realização da disputa pública ou processo licitatório em sentido estrito, bem como regras e orientações para a elaboração, celebração e execução do contrato. São parte integrante do instrumento convocatório o termo de referência ou projeto básico, a depender do objeto da licitação, e as minutas de contrato, ata, outras reputadas relevantes.

A Lei nº 14.133/21 não prevê um conteúdo mínimo para o instrumento convocatório. Pode-se utilizar, como uma referência apenas, o conteúdo previsto para o edital no art. 40 da Lei nº 8.666/93, que deve ser adaptado ao regime da Lei nº 14.133/21 e ao caso concreto em exame:

> I – objeto da licitação, em descrição sucinta e clara;
> II – prazo e condições para assinatura do contrato ou retirada dos instrumentos, como previsto no art. 64 desta Lei, para execução do contrato e para entrega do objeto da licitação;
> III – sanções para o caso de inadimplemento;
> IV – local onde poderá ser examinado e adquirido o projeto básico;
> V – se há projeto executivo disponível na data da publicação do edital de licitação e o local onde possa ser examinado e adquirido;
> VI – condições para participação na licitação, em conformidade com os arts. 27 a 31 desta Lei, e forma de apresentação das propostas;

---

[92] Valor limite para enquadramento como empresa de pequeno porte em 2023.

VII – critério para julgamento, com disposições claras e parâmetros objetivos;

VIII – locais, horários e códigos de acesso dos meios de comunicação à distância em que serão fornecidos elementos, informações e esclarecimentos relativos à licitação e às condições para atendimento das obrigações necessárias ao cumprimento de seu objeto;

IX - condições equivalentes de pagamento entre empresas brasileiras e estrangeiras, no caso de licitações internacionais;

X - o critério de aceitabilidade dos preços unitário e global, conforme o caso, permitida a fixação de preços máximos e vedados a fixação de preços mínimos, critérios estatísticos ou faixas de variação em relação a preços de referência, ressalvado o disposto nos parágrafos 1º e 2º do art. 48;

XI – critério de reajuste, que deverá retratar a variação efetiva do custo de produção, admitida a adoção de índices específicos ou setoriais, desde a data prevista para apresentação da proposta, ou do orçamento a que essa proposta se referir, até a data do adimplemento de cada parcela;

XII – limites para pagamento de instalação e mobilização para execução de obras ou serviços que serão obrigatoriamente previstos em separado das demais parcelas, etapas ou tarefas;

XIII – condições de pagamento, prevendo:

a) prazo de pagamento não superior a trinta dias, contado a partir da data final do período de adimplemento de cada parcela;

b) cronograma de desembolso máximo por período, em conformidade com a disponibilidade de recursos financeiros;

c) critério de atualização financeira dos valores a serem pagos, desde a data final do período de adimplemento de cada parcela até a data do efetivo pagamento;

d) compensações financeiras e penalizações, por eventuais atrasos, e descontos, por eventuais antecipações de pagamentos;

e) exigência de seguros, quando for o caso;

XIV – instruções e normas para os recursos previstos nesta Lei;

XV – condições de recebimento do objeto da licitação;

XVI – outras indicações específicas ou peculiares da licitação.

De acordo com a Lei nº 14.133/21 pode, e a depender da previsão legal, deve ser conteúdo do instrumento convocatório, entre outros possíveis:

a) vedação à participação em licitações ou contratações prevista no art. 14, IV;

b) quando for o caso, o edital deverá estabelecer para o consórcio acréscimo de 10% (dez por cento) a 30% (trinta por cento) sobre o valor exigido de licitante individual para a habilitação econômico-financeira, salvo justificação (art. 15, §1º);

c) desde que haja justificativa técnica aprovada pela autoridade competente, o edital de licitação poderá estabelecer limite máximo para o número de empresas consorciadas (art. 15, §4º);

d) regime de inversão de fases da licitação, quando for o caso (art. 17, §3º);

e) matriz de alocação de riscos entre o contratante e o contratado, hipótese em que o cálculo do valor estimado da contratação poderá considerar taxa de risco compatível com o objeto da licitação e com os riscos atribuídos ao contratado, de acordo com metodologia predefinida pelo ente federativo (art. 22);

f) preço estimado ou máximo aceitável quando o critério de julgamento da licitação for o de maior desconto (art. 24, parágrafo único);

g) o objeto da licitação e as regras relativas à convocação, ao julgamento, à habilitação, aos recursos e às penalidades da licitação, à fiscalização e à gestão do contrato, à entrega do objeto e às condições de pagamento (art. 25);

h) conforme demonstrado em estudo técnico preliminar, desde que não sejam causados prejuízos à competitividade do processo licitatório e à eficiência do respectivo contrato, prever a utilização de mão de obra, materiais, tecnologias e matérias-primas existentes no local da execução, conservação e operação do bem, serviço ou obra (art. 25, §2º);

i) nas contratações de obras, serviços e fornecimentos de grande vulto, deverá prever a obrigatoriedade de implantação de programa de integridade pelo licitante vencedor, no prazo de 6 (seis) meses, contado da celebração do contrato, conforme regulamento que disporá sobre as medidas a serem adotadas, a forma de comprovação e as penalidades pelo seu descumprimento (art. 25, §4º);

j) poderá prever a responsabilidade do contratado pela obtenção do licenciamento ambiental; ou realização da desapropriação autorizada pelo poder público (art. 25, §5º);

k) independentemente do prazo de duração do contrato, será obrigatória a previsão de índice de reajustamento de preço, com data-base vinculada à data do orçamento estimado e com a possibilidade de ser estabelecido mais de um índice específico ou setorial, em conformidade com a realidade de mercado dos respectivos insumos (art. 25, §7º);

l) poderá exigir que percentual mínimo da mão de obra responsável pela execução do objeto da contratação seja constituído por mulheres vítimas de violência doméstica ou – oriundos ou egressos do sistema prisional (art. 25, §9º);

m) exigir amostra ou prova de conceito do bem no procedimento de pré-qualificação permanente, na fase de julgamento das propostas ou de lances, ou no período de vigência do contrato ou da ata de registro de preços (art. 41, II);

n) exigir certificação de qualidade do produto por instituição credenciada pelo Conselho Nacional de Metrologia, Normalização e Qualidade Industrial (art. 42, §1º);

o) requisitos para oferecer protótipo do objeto pretendido e exigir, na fase de julgamento das propostas, amostras do licitante provisoriamente vencedor, para atender a diligência ou, após o julgamento, como condição para firmar contrato (art. 42, §2º);

p) regramento da contratação integrada e semi-integrada (art. 46, §§3º e 4º);

q) na licitação de serviços de manutenção e assistência técnica, o edital deverá definir o local de realização dos serviços, admitida a exigência de deslocamento de técnico ao local da repartição ou a exigência de que o contratado tenha unidade de prestação de serviços em distância compatível com as necessidades da Administração (art. 37, §2º);

r) prever que durante a vigência do contrato é vedado ao contratado contratar cônjuge, companheiro ou parente em linha reta, colateral ou por afinidade, até o terceiro grau, de dirigente do órgão ou entidade contratante ou de agente público que desempenhe função na licitação ou atue na fiscalização ou na gestão do contrato (art. 48, parágrafo único);

s) nas licitações de âmbito internacional, ajustar-se às diretrizes da política monetária e do comércio exterior e atender às exigências dos órgãos competentes (art. 52);

t) requisitos e procedimentos para o saneamento de vícios de documentos de habilitação e de propostas (art. 59);

u) cláusula que exija dos licitantes, sob pena de desclassificação, declaração de que suas propostas econômicas compreendem a integralidade dos custos para atendimento dos direitos trabalhistas assegurados na Constituição Federal, nas leis trabalhistas, nas normas infralegais, nas convenções coletivas de trabalho e nos termos de ajustamento de conduta vigentes na data de entrega das propostas (art. 63, §1º);

v) prever a possibilidade de substituição da vistoria por declaração formal assinada pelo responsável técnico do licitante acerca do conhecimento pleno das condições e peculiaridades da contratação (art. 63, §3º);

x) condições de habilitação;

y) regras para o registro de preços (art. 82);

z) regras e condições de garantia (art. 96);

a.a) regras de duração dos contratos (art. 105);

a.b) regras de subcontratação (art. 122);

a.c) prever que os ensaios, os testes e as demais provas para aferição da boa execução do objeto do contrato exigidos por normas técnicas oficiais correrão por conta do contratado (art. 140, §4º);

a.d) prever a possibilidade de pagamento de verbas trabalhistas em conta vinculada (art. 142);

a.d) regras de antecipação de pagamento (145, §1º);

a.e) regime das multas (art. 156, §3º);

Questão controvertida versa sobre a competência para elaborar e a competência para assinar o instrumento convocatório. A Lei não prevê tais competências, que devem ser deduzidas do sistema jurídico. A Lei nº 14.133/21 prevê expressamente o princípio da vinculação ao instrumento convocatório ou vinculação ao edital (art. 5º). O princípio da vinculação ao instrumento convocatório ou edital preceitua que:

(i) a Administração Pública deve consolidar as regras de regência do processo da contratação pública em um único documento denominado edital da licitação ou instrumento convocatório; e

(ii) ao editar esta regra, estará imediatamente submetida a ela, devendo assegurar o seu integral cumprimento pelos licitantes e contratados, que a ela também devem respeito.

Conclusão direta e imediata, decorrente do princípio da vinculação ao instrumento convocatório, e das regras expressas previstas na legislação de regência das licitações é que o edital do certame tem natureza jurídica de ato administrativo normativo, destinado a regular as relações jurídicas vocacionadas à contratação pública. O conteúdo normativo do instrumento convocatório é evidente, e está consubstanciado pelas regras da disputa licitatória, regras relativas à formação e execução do contrato, pela previsão dos tipos infracionais específicos e pelas sanções correspondentes para o cometimento de infração, pelas regras de conduta dos agentes públicos, pela exigência de cumprimento de outras normas que guardem relação com a licitação ou com o futuro contrato, e pelas regras de conduta exigíveis de licitantes e contratados.

A norma contida no art. 25 da Lei nº 14.133/21 reforça a tese de que o instrumento convocatório tem natureza jurídica de ato administrativo normativo, composto por regras: "o edital deverá conter o objeto da licitação e as regras relativas à convocação, ao julgamento, à habilitação, aos recursos e às penalidades da licitação, à fiscalização e à gestão do contrato, à entrega do objeto e às condições de pagamento". Trata-se de instrumento destinado à regulação de uma certa, determinada e específica relação jurídica licitatória e contratual, o que, contudo, não lhe retira a natureza jurídica de ato administrativo normativo. Por fim, sabe-se que uma norma jurídica evidencia-se por conter preceito e sanção. O instrumento convocatório contém preceitos e sanções para o descumprimento de seus preceitos – características, portanto, de uma norma jurídica, que é de competência de autoridade pública. Autoridade, nos termos do disposto no art. 6º, VI da Lei nº 14.133/21 é o "agente público dotado de poder de decisão". Neste caso específico relacionado à competência para editar o instrumento convocatório, é o agente público dotado de poder a adotar as decisões necessárias para a administração e para a gestão administrativa, financeira e orçamentária da organização pública dentre as quais a decisão sobre o conteúdo do instrumento convocatório.

Edição do instrumento convocatório não se confunde com elaboração material do documento. No processo do planejamento da contratação pública, diversos agentes públicos podem contribuir para a definição do conteúdo do edital e dos seus anexos, elaborando materialmente o documento e redigindo suas cláusulas. Contudo, a competência para a sua edição – ou assinatura – à falta de disposição legal e expressa, deve ser deduzida do sistema jurídico.

Conquanto não esteja tal competência expressamente fixada na Lei nº 14.133/21, é de se reputar que tal competência pertence à autoridade responsável pelo órgão ou entidade pública. É que a autoridade legalmente responsável pelo órgão ou entidade detém, em caráter geral, a competência para editar normas destinadas à gestão ordinária da organização pública. No exercício desta competência genérica, editará o instrumento convocatório das licitações. O instrumento convocatório é um ato administrativo normativo, que deve ser assinado pela autoridade responsável pela contratação, ou pelo órgão ou entidade pública. Este ato normativo pode ser delegado, na forma de lei. A competência originária para editar o instrumento convocatório é da autoridade responsável pelo órgão ou entidade pública, no plano do Poder Executivo, o Chefe de Poder e os Ministros ou Secretários de Estado ou de Municípios. Contudo, os ordenadores de despesas, secundários ou derivados, também detém competência para editar o instrumento convocatório, pois se inserem na noção de autoridade estabelecida no art. 6º, VI, da Lei nº 14.133/21. Como disposto no §1º do art. 80 do Decreto-Lei nº 200/67, "ordenador de despesas é toda e qualquer autoridade de cujos atos resultarem emissão de empenho, autorização de pagamento, suprimento ou dispêndio de recursos da União ou pela qual esta responda". O ordenador de despesas pode ser originário ou secundário (derivado). Ordenadores de despesas originários são os Chefes de Poder, e aqueles para os quais a Lei atribua esta função (por exemplo, os Ministros de Estado ou os Secretários de Estado ou de Municípios no âmbito do Poder Executivo). Os ordenadores de despesas secundários ou derivados também detém competência para emissão de empenho, autorização de pagamento ou dispêndio de recursos do órgão ou entidade a que estão vinculados. Perceba-se que, tanto o ordenador de despesas originário como o ordenador de despesas secundário são autoridades que praticam atos de gestão, e, de acordo com sua competência, são autoridades responsáveis na estrita acepção legal. Os ordenadores de despesa secundários podem, de fato, ser responsáveis pela realização de despesas decorrentes de contratações públicas. Nesta medida, podem ser reputados, para alguns fins jurídicos, "autoridade responsável". Defende-se, então, que os ordenadores de despesas secundários ou derivados, por também enfeixarem poderes decisórios, podem editar instrumentos convocatórios. Não se trata, aqui, exatamente, de delegação de poderes recebida do ordenador de despesas originário, mas de competência originária, decorrente de sua parcela de poder decisório no âmbito das contratações públicas. Nesta medida, os ordenadores de despesas secundários ou derivados, em razão de sua qualidade de autoridade responsável pela gestão orçamentária e financeira do órgão ou entidade pública, compartilham com o ordenador de despesas originário a competência para a edição do instrumento convocatório.

É certo que o pregoeiro, o agente de contratação ou presidente de comissão de contratação detém parcela de poder decisório. Contudo, esta parcela de poder decisório circunscreve-se às decisões necessárias no curso do processo da licitação e no cumprimento de ordem hierárquica emanada por autoridade superior e contida no instrumento convocatório. Não se trata, neste caso, de poder de gestão ou decisão sobre os rumos administrativos, financeiros ou orçamentários do órgão ou entidade. É poder de decisão que se limita à execução das normas contidas no instrumento convocatório, no curso do certame.

Esta parcela específica de poder decisório se dá em cumprimento das normas editadas pela autoridade responsável pelo órgão ou entidade no plano das contratações (ordenadores de despesa originários e ordenadores de despesas secundários ou derivados). Ou seja, esta parcela limitada de poder decisório no processo da licitação, que é conferida para o pregoeiro, agente de contratação ou presidente de comissão, não os transmuda em autoridade responsável, para o fim de lhes atribuir competência para editar (assinar) instrumento convocatório.

4.15 Publicidade do instrumento convocatório

O princípio constitucional da publicidade é fio condutor – entre outros – do processo da contratação pública. O instrumento convocatório deve ser tornado público.

Esta publicidade tem funções multidimensionais:
a) cumprir requisito legal para validade e legitimidade do processo da contratação: a publicação do instrumento convocatório é requisito de validade da licitação. A falta de publicidade ou a publicidade irregular do edital contaminam de vício insanável o processo;
b) prestar informações relevantes para a elaboração das propostas: as propostas – técnica e de preço – serão elaboradas com fundamento nas informações divulgadas pelo instrumento convocatório;
c) ampliar o universo potencial de competidores: a publicação do instrumento convocatório é elemento de fomento de participação de agentes econômicos nos processos de contratação pública;
d) base para o controle da contratação: a publicação do instrumento convocatório inaugura a fase de seleção de prestador ou fornecedor (fase externa da licitação) e amplia as bases jurídico-materiais de controle externo e interno do processo.

A publicação do instrumento convocatório se dará, necessariamente, por quatro vias:
a) Publicação no Portal Nacional de Contratações Públicas: parte-se da premissa de que as normas de publicidade do instrumento convocatório previstas na Lei nº 14.133/21

têm natureza jurídica de normas gerais. Assim, obrigam indistintamente os órgãos e entidades públicas da União, dos Estados, dos Municípios e do Distrito Federal. A obrigatoriedade de publicação do instrumento convocatório no PNCP está prevista no art. 54 da Lei: "a publicidade do edital de licitação será realizada mediante divulgação e manutenção do inteiro teor do ato convocatório e de seus anexos no Portal Nacional de Contratações Públicas (PNCP)". Esta publicação será de inteiro teor, inclusive com os anexos que integram o edital do certame licitatório;

b) Publicação no sitio eletrônico do órgão ou entidade: consoante regra do art. 25, §3º, "todos os elementos do edital, incluídos minuta de contrato, termos de referência, anteprojeto, projetos e outros anexos, deverão ser divulgados em sítio eletrônico oficial na mesma data de divulgação do edital, sem necessidade de registro ou de identificação para acesso". Atente-se para que há uma regra no art. 54, §2º que pode induzir ao erro. Esta regra preceitua que "é facultada a divulgação adicional e a manutenção do inteiro teor do edital e de seus anexos em sítio eletrônico oficial do ente federativo do órgão ou entidade responsável pela licitação ou, no caso de consórcio público, do ente de maior nível entre eles, admitida, ainda, a divulgação direta a interessados devidamente cadastrados para esse fim". Em outros termos, uma regra legal afirma ser facultativa a divulgação do edital em sítio eletrônico, outra regra afirma ser obrigatória. A par da confusão legal, deve-se entender como obrigatória a divulgação do instrumento convocatório, na íntegra, no sítio eletrônico do órgão ou entidade – interpretação fundada na perspectiva dos riscos envolvidos;

c) Publicação em diário oficial do ente federativo ao qual pertence o órgão promotor do certame: esta publicação será apenas de extrato ou resumo do edital, contendo, no mínimo, informações como: objeto, datas relevantes, local onde pode ser obtida a íntegra do documento, informações básicas sobre a licitação – presencial ou eletrônica, número do processo licitatório, valor do orçamento estimativo (se não for sigiloso) e fonte orçamentária de custeio da despesa.

d) Publicação em jornal diário de grande circulação: não há conceito ou referência legal para o que significa "grande circulação". Trata-se de conceito jurídico indeterminado que demanda determinação em caso concreto. Circulação é o alcance produzido pela publicação em relação ao público alvo. O que importa é certificar, em concreto, que as informações veiculadas pelo jornal têm potencialidade de atingir um número significativo de potenciais interessados em participar no certame. A amplitude da divulgação também é indicativo de grande circulação. Explica-se, no âmbito do Município, que um certo jornal pode atingir a quase totalidade da população, contudo, esta ampla divulgação municipal não caracteriza grande circulação para fins de publicidade da licitação. Podem ser utilizados para a divulgação os jornais veiculados apenas pela via eletrônica, desde que a veiculação possa ser caracterizada como "grande circulação". A título de exemplo situado em zona de certeza positiva, um jornal que tenha circulação nacional é de grande circulação. Indispensável a suficiente motivação da escolha do veículo, com apontamento expresso das razões pelas quais foi reputado como sendo de grande circulação.

Como garantia de publicidade e transparência, o Tribunal de Contas da União exige que as publicações do edital em sítios eletrônicos ocorram com inserção de documentos em formato editável: "a inserção, no Portal de Compras do Governo Federal, de documento de licitação em formato não editável, que não permite a pesquisa de conteúdo nos arquivos, infringe, além do princípio da transparência, a regra estabelecida no art. 8º, §3º, inciso III, da Lei 12.527/2011 (Lei de Acesso à Informação)" (Acórdão nº 328/2023-TCU-Plenári).

Os prazos mínimos para apresentação de propostas e lances, contados a partir da data de divulgação do edital de licitação, são de (art. 55):

I – para aquisição de bens:
a) 8 (oito) dias úteis, quando adotados os critérios de julgamento de menor preço ou de maior desconto;
b) 15 (quinze) dias úteis, nas hipóteses não abrangidas pela alínea "a" deste inciso;
II – no caso de serviços e obras:
a) 10 (dez) dias úteis, quando adotados os critérios de julgamento de menor preço ou de maior desconto, no caso de serviços comuns e de obras e serviços comuns de engenharia;
b) 25 (vinte e cinco) dias úteis, quando adotados os critérios de julgamento de menor preço ou de maior desconto, no caso de serviços especiais e de obras e serviços especiais de engenharia;
c) 60 (sessenta) dias úteis, quando o regime de execução for de contratação integrada;
d) 35 (trinta e cinco) dias úteis, quando o regime de execução for o de contratação semi-integrada ou nas hipóteses não abrangidas pelas alíneas "a", "b" e "c" deste inciso;
III – para licitação em que se adote o critério de julgamento de maior lance, 15 (quinze) dias úteis;
IV – para licitação em que se adote o critério de julgamento de técnica e preço ou de melhor técnica ou conteúdo artístico, 35 (trinta e cinco) dias úteis.

Os prazos legalmente determinados são mínimos. A depender do objeto do contrato, dos riscos envolvidos na contratação, ou de exigências que devem ser atendidas pelos licitantes, o prazo de publicidade deverá ser ampliado e ajustado à situação concreta. Por exemplo: suponha-se que o instrumento convocatório exige, como requisito de habilitação, a apresentação de um certo documento, que, para ser expedido, demanda prazo mínimo de 30 dias. O prazo de publicidade do instrumento convocatório não pode ser, por óbvio, menor do que 30 dias, independentemente do objeto contratual.

Não são vedadas alterações do instrumento convocatório após a sua publicação. Contudo, a depender da natureza da alteração, produzirá efeito jurídico diverso:
a) alterações do instrumento convocatório que sejam relevantes para a elaboração das propostas: existem alterações de conteúdo ou regras do edital que interferem na elaboração das propostas dos licitantes, como: alteração de qualitativa ou quantitativa do objeto; requisitos de habilitação; modos de fornecimento, encargos contratuais, entre outras. Quando a alteração do instrumento convocatório tiver esta natureza, deverá haver a republicação, com reabertura de todos os prazos processuais.
b) alterações do instrumento convocatório que não sejam relevantes para a elaboração das propostas: por outro lado, existem alterações necessárias do instrumento convocatório que são irrelevantes para que os licitantes elaborem suas propostas, como: mudança de endereço para realização do certame; mudança de dotação orçamentária; correção

de erros formais, entre outros. Quando a alteração do instrumento convocatório tiver esta natureza, não é necessário republicar o instrumento convocatório nem republicar.

Sobre este tema de alteração do instrumento convocatório, a regra legal é "eventuais modificações no edital implicarão nova divulgação na mesma forma de sua divulgação inicial, além do cumprimento dos mesmos prazos dos atos e procedimentos originais, exceto quando a alteração não comprometer a formulação das propostas" (art. 55, §1º).

4.16 Regime jurídico da alocação dos riscos – matriz de riscos – taxa de riscos

Antes já se tratou do dever de gerenciamento de riscos. Então se disse que o processo de gestão de riscos produzirá informações relevantes para a elaboração de mapa de riscos. O processo de gestão de riscos envolve as etapas de identificação dos riscos a que está sujeito o processo da contratação; a avaliação dos riscos, nas perspectivas de impacto e probabilidade; o tratamento dos riscos e, definição de medidas de contingência para os riscos que, mesmo após o tratamento, permaneçam inaceitáveis.

A avaliação dos riscos se dá nas perspectivas de impacto e probabilidade. Aferir a probabilidade significa estimar, de acordo com as informações disponíveis, e, em juízo de previsibilidade objetiva, qual é a chance de ocorrência do evento de risco que pode impactar um, alguns ou todos os processos de contratação do órgão ou entidade pública.

Aferir o impacto significa estimar, de acordo com as informações disponíveis, e, em juízo de previsibilidade objetiva, bem como sempre que possível com amparo em estudos e análises feitos pelo setor técnico competente, quais os efeitos concretos e qual a intensidade do gravame para o processo da contratação, para o interesse público ou para valores juridicamente tutelados (como o patrimônio público, o erário, vida humana, saúde humana, segurança, entre outros). Após identificados e avaliados os riscos, a etapa seguinte do processo de gestão é o tratamento. Tratamento significa eleição do procedimento ou conduta administrativa a ser adotada em face dos riscos, de acordo com sua relevância, ou a definição das respostas mais eficientes, legítimas e econômicas para os riscos identificados e avaliados, bem como analisar a viabilidade da implementação das respostas eleitas como possíveis.

As medidas de tratamento ou resposta aos riscos são evitar (interromper a atividade de risco); transferir (compartilhar riscos com terceiros, como o contratado ou uma seguradora); mitigar (implementar ações ou processos para evitar que os prejuízos inerentes ao risco se concretizem ou para reduzir as consequências do evento de risco quando materializado); e aceita (deixar de adotar ações porque, em análise de relação custo x benefícios, os custos se evidenciam superiores aos riscos).

Uma das medidas de tratamento dos riscos é a sua transferência. Esta transferência pode ocorrer pelo instituto da alocação dos riscos. Alocação de riscos é, assim, instituto pelo qual a Administração, após identificação e avaliação dos riscos a que se sujeita o processo da contratação – de uma ou de todas – decide que a medida que mais se ajusta ao interesse público é transferir os riscos ou compartilhar os riscos com o contratado.

Há previsão expressa para utilização deste instituto jurídico. A Lei nº 14.133/21 prevê que "o edital poderá contemplar matriz de alocação de riscos entre o contratante e o contratado, hipótese em que o cálculo do valor estimado da contratação poderá considerar taxa de risco compatível com o objeto da licitação e com os riscos atribuídos ao contratado, de acordo com metodologia predefinida pelo ente federativo" (art. 22). O instrumento para a alocação de riscos para o contratado é a matriz de riscos.

Taxa de riscos é percentual que incide sobre o valor do contrato, produzindo um montante destinado a formar uma reserva financeira de contingência. É instituto de natureza jurídico-econômica que deve ser objeto de regulamentação pelos entes federados. Basicamente consiste na definição de um valor que será reservado para arcar com os custos de riscos transferidos para o contratado. Por exemplo: suponha-se, em contrato de obra pública, o risco de deslizamento de terra em um determinado local. O produto da aplicação da taxa de risco será utilizado para arcar com os custos de ações preventivas ou mitigadoras dos efeitos do deslizamento. Defende-se que este valor produto da taxa de risco seja depositado em conta vinculada, a ser movimentada em caso de ocorrência e efetivação do risco. Caso não efetivado o risco, tal valor reverterá para o contratante público, pena de enriquecimento sem causa do contratado. O valor da reserva de contingência, caso não efetivado o evento de risco, pode reverter para execução do contrato, com redução proporcional de pagamento originalmente devido para o contratado. A taxa de risco deve ser prevista expressamente no instrumento convocatório e no instrumento do contrato, que conterá, de modo pormenorizado, as condições e os limites para utilização desta verba de contingência.

A matriz de riscos, como já visto, é cláusula contratual definidora de riscos e de responsabilidades entre as partes e caracterizadora do equilíbrio econômico-financeiro inicial do contrato, em termos de ônus financeiro decorrente de eventos supervenientes à contratação, contendo, no mínimo, as seguintes informações:

a) listagem de possíveis eventos supervenientes à assinatura do contrato que possam causar impacto em seu equilíbrio econômico-financeiro e previsão de eventual necessidade de prolação de termo aditivo por ocasião de sua ocorrência: os possíveis eventos que podem gerar impacto no equilíbrio econômico financeiro do contrato serão aqueles identificados e materializados no mapa de riscos. O mapa de riscos deve ser um instrumento dinâmico que admite alterações ao longo da etapa preparatória da contratação e também ao longo da execução do contrato – na perspectiva de que haverá riscos que serão identificados somente no curso dela;

b) no caso de obrigações de resultado, estabelecimento das frações do objeto com relação às quais haverá liberdade para os contratados inovarem em soluções metodológicas ou tecnológicas, em termos de modificação das soluções previamente delineadas no anteprojeto ou no projeto básico: obrigações de resultado são aquelas que, assumidas, demandam que o contratado execute a solução técnica definida em contrato. Um dos objetivos da contratação é o incentivo à inovação (art. 11, IV). Ao longo da execução do contrato podem ser desenvolvidas pelo contratado, ou por outros agentes econômicos em atuação no mercado, soluções inovadoras que, se implementadas na execução do contrato, produzirão ganhos de eficiência e de economicidade. É desejável que tal ocorra. Para tanto, é preciso previsão no instrumento convocatório e no instrumento do contrato para os limites e requisitos para estas modificações de execução destinadas à inovação. As modificações realizadas deverão ser refletidas e podem ensejar modificação consensual da matriz de riscos;

c) no caso de obrigações de meio, estabelecimento preciso das frações do objeto com relação às quais não haverá liberdade para os contratados inovarem em soluções metodológicas ou tecnológicas, devendo haver obrigação de aderência entre a execução e a solução predefinida no anteprojeto ou no projeto básico, consideradas as características do regime de execução no caso de obras e serviços de engenharia: obrigações de meio são aquelas em que um resultado é almejado, mas pode não ser atingido. Obrigação de meio típica é aquela assumida quando da contratação de serviços de advogado – o resultado ganho de causa é esperado, mas não depende necessariamente da conduta do profissional. O que se espera no caso das obrigações de meio é que o contratado adote todas as condutas profissionais com zelo e eficiência máximos. O contrato deve definir, também no caso de obrigações de meio, as parcelas da execução que admitem alteração para incorporação de soluções inovadoras.

Por intermédio da matriz, serão definidas, de modo expresso, as responsabilidades e riscos assumidos pelas contratantes. A este respeito, pondera Fernando Vernalha Guimarães que "quanto maior o detalhamento da matriz de riscos, menores serão os espaços gerados para interpretações diversas e divergentes sobre a responsabilidade das partes acerca dos riscos que poderão interferir na execução do contrato".[93]

A matriz de riscos deverá promover a alocação eficiente dos riscos de cada contrato e estabelecer a responsabilidade que caiba a cada parte contratante, bem como os mecanismos que afastem a ocorrência do sinistro e mitiguem os seus efeitos lesivos, caso ocorram durante a execução contratual.

A construção da matriz de riscos opera com os seguintes elementos, e pode ser materializada em texto ou tabela:

a) Indicação do risco:[94] com definição da situação material que pode acontecer e produzir prejuízos para o processo da contratação. Por exemplo: roubo ou furto no local da obra; greve; serviços não atenderem a qualidade contratada;

b) Indicação da causa: identificar e inserir no documento a causa potencial ou efetiva do evento que pode produzir prejuízos no processo da contratação. Por exemplo: no caso de roubo ou furto no local da obra, segurança patrimonial insuficiente; no caso de greve, porque é direito assegurado aos trabalhadores; e no caso de desatendimento da qualidade exigida no contrato, falta de qualidade de execução;

c) Indicação da consequência: indicação do resultado lesivo ou prejudicial decorrente do risco materializado. Por exemplo: no caso de roubo ou furto no local da obra, prejuízos, atrasos de trabalho, dever de indenizar; no caso de greve, paralisação ou atraso de execução do contrato; no caso de desatendimento da qualidade dos serviços exigida no contrato, retrabalho, atrasos, superfaturamento.

Com tais informações, serão tratados os riscos. Eleita a transferência, será realizada a alocação desses, com definição na matriz daqueles que serão suportados pelo contratado. Nesta hipótese, as condutas para prevenir o risco ou para mitigar os seus efeitos serão adotadas e custeadas pelo contratado. Há princípio geral que deve ser observado na

---

[93] GUIMARÃES, Fernando Vernalha. O equilíbrio econômico-financeiro nas concessões e ppps: formação e metodologia para recomposição. *In*: MOREIRA, Egon Bockmann (Coord.). *Tratado do Equilíbrio Econômico-Financeiro*. Belo Horizonte: Editora Fórum, 2019. p. 101.

[94] O que de ruim pode acontecer e produzir problemas no processo da contratação.

alocação dos riscos, que recomenda que o risco seja alocado ou posto na conta da parte que tem melhores condições de administrá-lo ou controlá-lo. Administrar ou controlar o risco implica possibilidade de interferir para evitar o evento de risco, de adotar resposta eficiente e célere ao risco materializado, e capacidade para arcar com os custos e efeitos do evento de risco materializado. A diretriz legal é, neste sentido, "o contrato poderá identificar os riscos contratuais previstos e presumíveis e prever matriz de alocação de riscos, alocando-os entre contratante e contratado, mediante indicação daqueles a serem assumidos pelo setor público ou pelo setor privado ou daqueles a serem compartilhados; e a alocação de riscos considerará, em compatibilidade com as obrigações e os encargos atribuídos às partes no contrato, a natureza do risco, o beneficiário das prestações a que se vincula e a capacidade de cada setor para melhor gerenciá-lo" (art. 103). São exemplos de riscos que podem afetar o processo da contratação: riscos de projeto, riscos geográficos, riscos hidrológicos, riscos econômicos, riscos financeiros, riscos de demanda, riscos trabalhistas, entre outros.

A Lei contém algumas diretrizes relevantes no que diz respeito à alocação de riscos, ao dispor que o contrato deverá refletir a alocação realizada pela matriz de riscos, especialmente quanto:

a) às hipóteses de alteração para o restabelecimento da equação econômico-financeira do contrato nos casos em que o sinistro seja considerado na matriz de riscos como causa de desequilíbrio não suportada pela parte que pretenda o restabelecimento: o desequilíbrio econômico-financeiro do contrato oriundo de risco que não esteja alocado na conta do contratado deve ser objeto de recomposição pela via da revisão. O detalhamento das hipóteses de revisão, bem como do processo para sua efetivação, evita controvérsias entre as partes;

b) à possibilidade de resolução quando o sinistro majorar excessivamente ou impedir a continuidade da execução contratual: a depender do risco materializado – ocorrência lesiva de valor jurídico legal ou contratualmente tutelado – a continuidade do contrato fica inviabilizada. Os riscos insuportáveis podem ser causa de extinção do contrato. Deve haver previsão contratual expressa acerca desta hipótese de extinção contratual;

c) à contratação de seguros obrigatórios previamente definidos no contrato, integrado o custo de contratação ao preço ofertado: não se trata de seguro-garantia. Pode-se referir a duas espécies de seguro complementar àquele de garantia contratual, quando adotado: os seguros obrigatórios e os seguros facultativos. São obrigatórios os seguros determinados por Lei ou pela Constituição, como o seguro contra acidente de trabalho, a cargo do empregador, sem excluir a indenização a que este está obrigado, quando incorrer em dolo ou culpa, como previsto no art. 7º, inciso XXVIII da Constituição Federal. Os seguros facultativos não são impostos por Lei, mas podem ser realizados como medida de tratamento de riscos. Exemplo de seguro facultativo é aquele que indeniza danos produzidos por enchentes. Cabe à Administração identificar os seguros obrigatórios que se impõe em uma certa relação contratual ou atividade econômica e exigir a sua contratação no instrumento convocatório e no instrumento do contrato. Acerca de riscos cobertos por seguro, a Lei refere-se que os riscos que tenham cobertura oferecida por seguradoras serão preferencialmente transferidos ao contratado (art. 103, §2º).

A alocação dos riscos para o contratado produz aumento de custo de execução contratual. Tais custos devem ser quantificados (precificados) para a estimativa do valor do contrato. A transferência de certo risco para o contratado tem um custo potencial que se tornará efetivo diante da ocorrência ou sinistro. A lógica econômico-financeira desta transferência é basicamente para admitir que a Administração transferirá recursos monetários para o contratado, a título de risco precificado, e a este caberá a administração dele – do risco. Caso não ocorra o sinistro correspondente ao risco, não serão utilizados os valores pagos pela Administração a título desta precificação do risco, gerando um alargamento da rubrica de lucros do contratado. Esta possibilidade é concreta, mas da natureza própria do instituto da alocação do risco. Uma alternativa para esta situação de fato é a utilização da taxa de risco – antes abordada – para formação de uma reserva econômica de contingência destinada a arcar apenas com riscos efetivamente materializados ou com custos destinados a evitar os riscos potenciais alocados na conta do contratado.

A matriz de riscos define ou estabelece a equação econômico-financeira – e o equilíbrio econômico-financeiro inicial do contrato – em relação a eventos supervenientes e deverá ser observada na solução de eventuais pleitos das partes. Em outros termos, somente haverá desequilíbrio econômico-financeiro do contrato quando da ocorrência de fatos ou eventos que não estejam alocados na matriz como de responsabilidade do contratado, pois sempre que atendidas as condições do contrato e da matriz de alocação de riscos, será considerado mantido o equilíbrio econômico-financeiro, renunciando as partes aos pedidos de restabelecimento do equilíbrio relacionados aos riscos assumidos, exceto no que se refere às alterações unilaterais determinadas pela Administração; e ao aumento ou à redução, por legislação superveniente, dos tributos diretamente pagos pelo contratado em decorrência do contrato (art. 103, §5º). Esta regra tem sentido lógico-jurídico apenas no caso de previsão, na matriz, de que os riscos decorrentes de fatos imprevisíveis, ou ainda que previsíveis, com consequências incalculáveis são de responsabilidade do contratante público. A ocorrência de fatos imprevisíveis ou previsíveis com consequências incalculáveis que podem abalar a economia do contrato pode exigir a revisão, como alternativa eficiente e econômica à extinção do contrato.

A construção eficiente da alocação dos riscos contratuais exige acurado exercício de previsibilidade objetiva – antecipação e representação objetiva dos riscos que podem comprometer ou inviabilizar a execução do contrato. Somente é exigível a antecipação de riscos objetivamente previsíveis. E, no plano do risco, há incontáveis possibilidades impossíveis de serem antecipadas ou de terem efeitos completamente dimensionados e antecipados. Estes fatores de risco, imprevisíveis ou previsíveis com consequências incalculáveis, devem ser alocados na conta do contratante público.

A cláusula de matriz de riscos é obrigatória nas contratações realizadas pelos regimes de contratação integrada ou contratação semi-integrada. Em relação às demais hipóteses ou regimes de contratação, é obrigatório o processo de gerenciamento de riscos e a elaboração do mapa de riscos, conclusão inelutável a partir das regras legalmente instituídas. Há, assim, faculdade de realizar a alocação de riscos em matriz – cláusula contratual e obrigatoriedade de realizar a gestão e mapa de riscos – ainda que os riscos identificados não venham a ser objeto de alocação – exegese feita a partir das regras do art. 11, parágrafo único e art. 18, X da Lei nº 14.133/21.

4.17 Conteúdo e formalização da relação contratual

O conteúdo do contrato administrativo é basicamente definido pela própria Administração Pública quando do planejamento dele. Sob certo aspecto, o contrato administrativo tem certa similaridade – sem que possa ser assim categorizado – com os contratos de adesão, nos quais a autonomia contratual é bastante limitada ou mesmo inexistente pela parte aderente. O instrumento convocatório e a minuta do contrato, que de regra lhe é anexo obrigatório, de plano apresentam praticamente todas as cláusulas e condições a que se submeterá o contratado. Na maioria das contratações públicas, o exercício da autonomia contratual por parte do contratado particular limita-se ao preço proposto e às características da solução técnica proposta. Evidente que essa regra, a depender do objeto da contratação, pode comportar variação, para que se acolha como conteúdo do contrato aspectos significativos de ordem técnica ou comercial que tenham sido contemplados na proposta vencedora do certame licitatório. Contudo, a margem de contribuição do particular para definir o conteúdo da relação contratual é bastante limitada na maior parte das contratações com o Poder Público.

Em suma, o conteúdo do contrato administrativo será produto das condições necessárias para atender plenamente à necessidade administrativa, verificadas quando da fase de planejamento, acrescidas de elementos ofertados pelo contratado quando da apresentação de sua proposta no certame licitatório.

Encerrada a licitação, a Administração Pública realiza juízo final e derradeiro acerca da necessidade da contratação. Se contratação houver, dar-se-á com aquele licitante que restou classificado em primeiro lugar, e a quem foi adjudicado o objeto, sob pena de nulidade.

Definido o conteúdo final do contrato administrativo e deliberada a contratação, o licitante vencedor do certame é convocado para assinar o contrato ou instrumento equivalente – formalização da relação jurídico-contratual. Como preceitua Edgar Guimarães:

> A formalização pode ser conceituada como a materialização do contrato que se dará mediante a elaboração de certo instrumento. A Lei nº 8.666/93, ao regular a formalização dos contratos administrativos em seu artigo 60, determina que os contratos e seus aditamentos devem ser lavrados nas repartições interessadas, salvo os relativos a direitos reais sobre imóveis, que se formalizam em cartório de notas. Cabe, portanto, à própria entidade contratante a obrigação de adotar esta providência relativa à formalização da avença.[95]

Com efeito, formalizar a contratação significa realizá-la de acordo com certas normas ou padrões estabelecidos em lei.

Concluída a etapa de seleção do fornecedor ou prestador – licitação ou contratação direta – diz a Lei, a Administração convocará regularmente o licitante vencedor para

---

[95] GUIMARÃES, Edgar; NIEHBUR, Joel de Menezes. *Registro de Preços*: aspectos práticos e jurídicos. 2. ed. Belo Horizonte: Editora Fórum, 2013. p. 156.

assinar o termo de contrato ou para aceitar ou retirar o instrumento equivalente, dentro do prazo e nas condições estabelecidas no edital de licitação, sob pena de decair o direito à contratação, sem prejuízo das sanções previstas nesta Lei (art. 90). Aquele que recusa assinatura do contrato comete infração grave, punida na forma prevista na Lei.

Caso o licitante convocado recuse assinatura do contrato, é facultada a convocação dos licitantes remanescentes da licitação, pela ordem de classificação, para celebrar o contrato, em lugar daquele originalmente selecionado para tal. Na hipótese de nenhum dos licitantes aceitar a contratação nas mesmas condições propostas pelo licitante pelo primeiro convocado, é estabelecida por lei uma sequência procedimental:[96]

a) devem ser convocados os licitantes remanescentes, pela ordem de classificação, para consulta sobre interesse de celebrar o contrato por preço superior ao ofertado pelo primeiro convocado, e inferior ao preço do segundo colocado;

b) diante da recusa de todos os licitantes remanescentes em celebrar o contrato por preço superior ao primeiro classificado, porém inferior ao segundo preço classificado, podem ser consultados novamente todos os remanescentes da licitação para averiguar o interesse de celebrar o contrato, pela ordem de classificação, agora pelo preço proposto por cada um no processo licitatório.

A forma dos contratos será escrita, como regra (art. 91), sendo que "é nulo e de nenhum efeito o contrato verbal com a Administração, salvo o de pequenas compras ou o de prestação de serviços de pronto pagamento, assim entendidos aqueles de valor não superior a R$11.441,66". Embora não haja previsão expressa neste sentido, esta contratação verbal de que trata a Lei é veiculada pelo regime de adiantamento.

Regime de adiantamento, nos termos do disposto no art. 68 da Lei nº 4.320/64, "é aplicável aos casos de despesas expressamente definidos em lei e consiste na entrega de numerário a servidor, sempre precedida de empenho na dotação própria para o fim de realizar despesas, que não possam subordinar-se ao processo normal de aplicação".[97]

No caso de contratações públicas, a noção de processo normal de aplicação está prevista no art. 37, XXI da Constituição Federal, que determina que "ressalvados os casos especificados na legislação, as obras, serviços, compras e alienações serão contratados mediante processo de licitação pública". A contratação pública atende o processo normal de aplicação quando é precedida de licitação ou de processo de contratação direta.

---

[96] Art. 90. A Administração convocará regularmente o licitante vencedor para assinar o termo de contrato ou para aceitar ou retirar o instrumento equivalente, dentro do prazo e nas condições estabelecidas no edital de licitação, sob pena de decair o direito à contratação, sem prejuízo das sanções previstas nesta Lei.
§1º O prazo de convocação poderá ser prorrogado 1 (uma) vez, por igual período, mediante solicitação da parte durante seu transcurso, devidamente justificada, e desde que o motivo apresentado seja aceito pela Administração.
§2º Será facultado à Administração, quando o convocado não assinar o termo de contrato ou não aceitar ou não retirar o instrumento equivalente no prazo e nas condições estabelecidas, convocar os licitantes remanescentes, na ordem de classificação, para a celebração do contrato nas condições propostas pelo licitante vencedor.
§3º Decorrido o prazo de validade da proposta indicado no edital sem convocação para a contratação, ficarão os licitantes liberados dos compromissos assumidos.
§4º Na hipótese de nenhum dos licitantes aceitar a contratação nos termos do §2º deste artigo, a Administração, observados o valor estimado e sua eventual atualização nos termos do edital, poderá:
I – convocar os licitantes remanescentes para negociação, na ordem de classificação, com vistas à obtenção de preço melhor, mesmo que acima do preço do adjudicatário;
II – adjudicar e celebrar o contrato nas condições ofertadas pelos licitantes remanescentes, atendida a ordem classificatória, quando frustrada a negociação de melhor condição.

[97] No âmbito da Administração Pública Federal, tal regime identifica-se com o denominado "suprimento de fundos".

Porém, há situações nas quais não é possível realizar licitação ou processo de contratação direta prévias à celebração de um contrato. Isto porque existem situações em que não é possível antecipar quem será contratado (elemento subjetivo) e/ou o que será contratado (elemento objetivo). Nestas situações específicas, tem cabimento o regime de adiantamento ou de suprimento de fundos. São dedutíveis da Lei, assim, hipóteses de contratação precedida de licitação, hipóteses de contratação precedida de processo de contratação direta (dispensa ou inexigibilidade); e hipóteses de contratação verbal. Sob o ângulo da Lei nº 4.320/64, por seu turno, e na perspectiva contratual, existem apenas dois regimes de despesas: (i) o regime normal de aplicação; e (ii) o regime de adiantamento.

Logo, a interpretação sistemática da norma contida no art. 95, §2º da Lei nº 14.133/21 leva à conclusão de que o valor nela consignado somente pode ser gasto sob o regime de adiantamento ou de suprimento de fundos.

Afora as hipóteses de contratações realizadas pelo regime de adiantamento, todas as demais contratações devem ser formalizadas por escrito, sob pena de nulidade.

A formalização por escrito não implica necessariamente a realização de um instrumento de contrato. A Lei dispõe que instrumento de contrato é obrigatório, salvo nas seguintes hipóteses, em que a Administração poderá substituí-lo por outro instrumento hábil, como carta-contrato, nota de empenho de despesa, autorização de compra ou ordem de execução de serviço: I – dispensa de licitação em razão de valor; II – compras com entrega imediata e integral dos bens adquiridos e dos quais não resultem obrigações futuras, inclusive quanto à assistência técnica, independentemente de seu valor (art. 95).

É preciso cautela para decidir pela substituição do instrumento de contrato por outro instrumento hábil, nos termos da lei. O instrumento de contrato – documento formal, com amplo conteúdo e definições precisas de encargos contratuais – além de mero instrumento de formalização da relação contratual, é excelente ferramenta de gestão e de fiscalização da execução contratual. O instrumento de contrato configura com adequação e suficiência é elemento para a redução dos riscos envolvidos na execução do contrato, especialmente no que tange à indefinição sobre o concreto e completo encargo a ser cumprido. Os valores para dispensa de licitação são substancialmente elevados na Lei, de modo que se pode ter contratos celebrados diretamente que podem implicar severos riscos de execução, se não formalizados por instrumento de contrato.

Formalizada a relação contratual, deve ser dada a ela a devida publicidade. Não é exigida por Lei a publicação do extrato ou resumo dos contratos em diário oficial ou em jornal diário de grande circulação, como para a publicidade dos instrumentos convocatórios.

Sobre a publicidade dos contratos:

a) Deve ser publicado o contrato, na íntegra, no Portal Nacional de Contratações Públicas (PNCP), como condição de sua eficácia, ou seja, o contrato não pode ter a execução iniciada antes desta publicação. Esta publicação deve acontecer até 20 (vinte) dias úteis após a assinatura, ou ato equivalente, no caso de licitação; e até 10 (dez) dias úteis, no caso de contratação direta (art. 94);

b) Deve ser publicado o contrato, na íntegra, no sítio eletrônico oficial do órgão ou entidade contratante (art. 91);

c) Os contratos celebrados em caso de urgência, que não possam aguardar a publicação para ter sua execução material iniciada, terão eficácia a partir de sua assinatura e deverão ser publicados nos prazos previstos na Lei, sob pena de nulidade (art. 94, §1º);

d) No caso de obras, a Administração divulgará em sítio eletrônico oficial, em até 25 (vinte e cinco) dias úteis após a assinatura do contrato, os quantitativos e os preços unitários e totais que contratar e, em até 45 (quarenta e cinco) dias úteis após a conclusão do contrato, os quantitativos executados e os preços praticados (art. 94, §3º).

CAPÍTULO 5

FUNDAMENTOS JURÍDICOS DO CONTRATO ADMINISTRATIVO

5.1 Aspectos elementares da relação contratual administrativa

A Administração Pública, para o cumprimento de seus desideratos legais e constitucionais, inclusive no que tange ao exercício das funções estatais típicas (executiva, jurisdicional e legislativa), demanda celebrar contratos com particulares, para deles obter o fornecimento de bens, a realização de obras ou a prestação de serviços, entre tantos outros objetos que podem ser contratados. O contrato celebrado pela Administração Pública nesta condição, com prerrogativas públicas e voltado à satisfação do interesse público,[98] é um contrato administrativo, efetivo instrumento de administração consensual.

Sobre esse aspecto, Miguel Angel Berçaiz faz importante análise da natureza instrumental de colaboração dos contratos administrativos em substituição a mecanismos de força e coação utilizados originalmente para que o Estado pudesse obter os bens e serviços necessários à sua atuação:

> Dissemos acima que o Estado contemporâneo procura primeiramente obter os serviços e as coisas com as quais satisfaz suas próprias necessidades e as necessidades da coletividade por meio de ações e prestações dos particulares que voluntariamente concordam com sua execução. Porém, nem sempre foi assim. Ao contrário, durante muitíssimo tempo o Estado satisfez suas necessidades mediante procedimentos de força e coação. Com o progresso das ideias, a coação e a força cederam seu lugar à colaboração espontânea e voluntária dos particulares.[99]

---

[98] Respeitosamente, refuta-se a distinção tradicional no Direito Público entre interesse público primário e interesse público secundário concebida originalmente por Renato Alessi. Tal distinção em nada contribui para o estudo e a análise dos fenômenos jurídicos relacionados ao Estado em geral e à Administração Pública em especial. Ao reverso, somente produz confusão e dissenso, na medida em que obriga o intérprete de uma conduta estatal à ponderação axiológica orientada a aferir se, no caso concreto, certa ação pública se prestaria ao interesse público primário ou secundário. Ora, ou há interesse público a justificar a conduta do Estado ou não há. Há que se cogitar apenas e tão somente de interesse público a legitimar a ação estatal. O interesse público é uno. Ou existe e serve de sustentáculo e fundamento de legitimidade de qualquer conduta estatal, ou inexiste, o que faz desaparecer o fundamento de legitimidade da ação do Estado. O que se deve defender é que a conduta estatal somente é legítima se busca satisfazer direta ou indiretamente um determinado interesse público.

[99] *Teoria general del contrato administrativo*. 2. ed. Buenos Aires: Depalma, 1980, BERÇAITZ, Miguel Angel. *Teoria general del contrato administrativo*. 2. ed. Buenos Aires: Ediciones Depalma, 1980. p. 145.

Os contratos administrativos têm natureza funcional e instrumental. Vale dizer, têm uma função e servem como instrumentos para bem possibilitar o Estado de exercer sua competência legal e constitucional. Têm natureza funcional por força de constituir um meio para possibilitar a administração consensual, aquela realizada com a participação voluntária dos particulares. Têm natureza instrumental por constituir um instrumento fundamental para a realização dos misteres que a lei e a Constituição lhes designam. Pode-se mesmo afirmar que inexistiria a possibilidade do exercício pleno das funções estatais caso inexistisse o instituto da relação contratual administrativa. Insta considerar, pois, que o contrato administrativo não se presta apenas e não se define apenas a partir de seu resultado específico. Um contrato administrativo não serve para comprar combustível para abastecer veículos ou para contratar serviços para a limpeza dos prédios públicos. Sua natureza instrumental leva a crer que o objetivo jurídico-contratual transcende seu objeto específico para que se conclua que o contrato administrativo presta-se a garantir a segurança pública, a prestação de serviços de educação, a prestação jurisdicional e todas as outras funções típicas exercidas pelos Poderes da República. É, então, verdadeiro instrumento para que o Estado possa satisfazer suas necessidades e, com efeito, prosseguir a satisfação das necessidades da coletividade.

Constitui ele, então, um meio apto, eficiente e eficaz para a implementação das políticas públicas "que compreendem as ações e programas para dar efetividade aos comandos gerais impostos pela ordem jurídica que necessitam da ação estatal. Portanto, são ações levadas a cabo pela Administração Pública que se encaixam nesta definição".[100]

Ana Paula de Barcellos, acerca da noção de políticas públicas, aduz que

> A expressão políticas públicas pode designar, de forma geral, a coordenação dos meios à disposição do Estado, harmonizando as atividades estatais e privadas para a realização de objetivos socialmente relevantes e politicamente determinados. Nesse sentido, trata-se de conceito bastante abrangente, que envolve não apenas a prestação de serviços ou o desenvolvimento de atividades executivas diretamente pelo Estado, como também sua atuação normativa, reguladora e de fomento, nas mais diversas áreas.[101]

Jessé Torres Pereira Jr. e Marinês Dotti, nesse sentido, chegam a afirmar que o próprio dever de licitar é por si só uma política pública, ao reputar que

> a norma constitucional que estabelece o dever de licitar traduz política pública na medida em que pressupõe ser a competição seletiva isonômica aquela que habilita a Administração Pública, consultado o mercado, à identificação da proposta mais vantajosa à prestação de serviços, à execução de obras, à compra ou alienação de bens. A competição reduz o risco da formação de cartéis e superiormente atende aos princípios nomeados na cabeça do artigo 37 da CF/88. Também significa política que prefere a execução indireta, por terceiros, à direta, pelo próprio Estado, acreditando no potencial racionalizador dessa opção, seja por não dispor a Administração dos recursos necessários e suficientes para a execução com seus

---

[100] FONTE, Felipe de Melo. Políticas Públicas e Direitos Fundamentais. São Paulo: Saraiva, 2013. p. 45.
[101] PEREIRA JUNIOR, Jessé Torres; DOTTI, Marinês. *Políticas públicas nas licitações e contratações administrativas*. Belo Horizonte: Fórum, 2009. p. 27 *apud* BARCELLOS, Ana Paula de. Constitucionalização das políticas públicas em matéria de direitos fundamentais: o controle político-social e o controle jurídico no espaço democrático. *Revista de Direito do Estado*, v. 1, n. 3, p. 17, jul./set. 2006.

próprios meios, ou por considerar que os recursos de que disponha não seriam adequados, vale dizer, opção estratégica pela contratação de empresas no mercado.[102]

Também nesse sentido Miguel Assis Raimundo:
A contratação pública sempre serviu, desde a sua origem, à obtenção de fins que hoje imputamos ao conceito genérico de políticas públicas (...)
(...) Na verdade, a contratação pública não consegue fugir a uma das suas características genéticas, que influenciam todo o seu regime jurídico: quando uma entidade adjudicante contrata, procede a uma redistribuição de riqueza, ou para utilizar conceitos econômicos, cria externalidades (positivas). A contratação pública é instrumento para implementação de políticas através de financiamento (cheque book policies); ou seja, por natureza, a contratação pública representa uma forma de intervenção na vida econômica e social da comunidade. Isso pode acontecer mesmo nos contratos públicos que não implicam o pagamento de um preço pela entidade adjudicante e mesmo naqueles casos que nem sequer são concebidos como contratos (como a atribuição de licenças escassas), pois também esses casos abrem oportunidades de ganho e nessa medida permitem, igualmente, uma afectação particular de riqueza. Sendo criadas essas externalidades, pode perguntar-se se não constituirá um dever inerente ao exercício do poder público o direcionamento das mesmas face a objetivos válidos.[103]

Em conclusão, tem-se que diante de tais conceitos operacionais de políticas públicas revela-se a natureza funcional e instrumental do contrato administrativo – como meio apto para obter do mercado o necessário para implementar e executar políticas públicas –, o que faz dele um verdadeiro mecanismo de gestão administrativa. Essa acepção do contrato administrativo é um norte hermenêutico ou um vetor importante de interpretação. As falhas na execução contratual, ou o impedimento – seja qual for a causa – da continuidade da execução do contrato não implicam somente repercussão jurídica no plano jurídico-contratual, mas operam efeitos para inclusive abalar a estrutura fundante de uma determinada política pública. Falhas, defeitos ou sustação da execução de um contrato administrativo podem operar efeitos diretos e imediatos no tocante a direitos e garantias fundamentais dos cidadãos – tome-se, por exemplo, a interrupção de serviços de saúde, educação, ou segurança pública decorrentes de falhas ou impedimentos na execução do contrato administrativo. Essa referência é central, inclusive para os órgãos de controle quando de juízos jurídico-valorativos acerca de qualquer intercorrência ou contingência na vida do contrato (modificações de execução, rescisões, aplicação de sanções etc.).

5.2 Conceito de contrato administrativo

"Um conceito serve na terminologia jurídica para indicar o sentido, a significação, a interpretação que se tem a respeito das coisas, dos fatos e das palavras".[104] É funda-

---
[102] *Op. cit.*, p. 31.
[103] RAIMUNDO, Miguel Assis. *A formação dos contratos públicos*: uma concorrência ajustada ao interesse público. Lisboa: aafdl, 2013. p. 394.
[104] SILVA, De Plácido e. *Vocabulário Jurídico*. 28. ed. São Paulo: Forense, 2009. p. 327.

mental operar os temas relevantes acerca das contratações públicas a partir de um conceito operacional de contrato administrativo, com vistas a conferir ao operador um referencial objetivo para localização do fenômeno jurídico-contratual administrativo e perfeita identificação do regime jurídico aplicável em cada uma das situações concretas envolvendo negócios jurídicos bilaterais celebrados com a participação do Poder Público. Nessa linha, salienta Silvio Rodrigues:

> Dentro da teoria dos negócios jurídicos, é tradicional a distinção entre os atos unilaterais e os bilaterais. Aqueles se aperfeiçoam pela manifestação da vontade de uma das partes, enquanto estes dependem da coincidência de dois ou mais consentimentos. Os negócios bilaterais, isto é, os que decorrem de acordo de mais de uma vontade, são os contratos. Portanto, o contrato representa uma espécie do gênero negócio jurídico. A diferença específica dentre ambos consiste na circunstância de o aperfeiçoamento do contrato depender da conjunção da vontade de duas ou mais partes.[105]

Inicie-se a análise pelo conceito de contrato. Trata-se o contrato de direito privado de um acordo de vontades para o fim de adquirir, resguardar, modificar ou extinguir direitos.[106]

O contrato é uma operação jurídica bem determinada, cujos elementos essenciais são quatro, a saber: acordo de vontades, acordo bilateral de vontades, propósito de criar uma situação jurídica e a situação jurídica criada é individual, e não geral.[107]

Contrato administrativo é uma espécie do gênero contrato, e nessa condição é também um acordo de vontades orientado à criação, modificação e extinção de direitos.

Celso Antônio Bandeira de Mello pontua que

> Tradicionalmente entende-se por contrato a relação jurídica formada por um acordo de vontades, em que as partes obrigam-se reciprocamente a prestações concebidas como contrapostas e de tal sorte que nenhum dos contratantes pode unilateralmente alterar ou extinguir o que resulta da avença. Daí o dizer-se que o contrato é uma forma de composição pacífica de interesses e que faz lei entre as partes.[108]

Um contrato administrativo, antes de mais nada, é uma espécie do gênero contrato, e nessa condição é também um acordo de vontades orientado à criação, modificação e extinção de direitos, porém com contornos jurídicos diferidos em relação aos contratos de direito privado. Num sentido amplíssimo, pode-se deduzir que um contrato público seria "toda forma de utilização do instituto contratual ao nível do direito público".[109]

A doutrina nacional é pródiga nas definições de contrato administrativo. Para Celso Antônio Bandeira de Mello, trata-se de "um tipo de avença travada entre a Administração

---

[105] RODRIGUES, Sílvio. *Direito Civil*: dos contratos e das declarações unilaterais da vontade. 30. ed. São Paulo: Saraiva, 2004. v. 3. p. 9.
[106] RODRIGUES, Silvio, *op. cit.*, p. 10.
[107] JÈZE, Gaston. *Principios generales del Derecho Administrativo*: teoría general de los contratos de la Administración. Buenos Aires: Depalma, 1949. v. 3. p. 3.
[108] BANDEIRA DE MELLO, Celso Antônio. *Curso de Direito Administrativo*. 31. ed. São Paulo: Malheiros, 2014. p. 627.
[109] RAIMUNDO, Miguel Assis. *A formação dos contratos públicos*: uma concorrência ajustada ao interesse público. Lisboa: aafdl, 2013. p. 38.

Pública e terceiros, na qual, por força de lei, de cláusulas pactuadas ou do tipo de objeto, a permanência do vínculo e as condições preestabelecidas assujeitam-se a cambiáveis imposições de interesse público, ressalvados os interesses patrimoniais do contratante privado".[110] Diogenes Gasparini, por seu ângulo, conceitua-o como "o ato plurilateral ajustado pela Administração Pública ou por quem lhe faça as vezes com certo particular, cuja vigência e condições de execução a cargo do particular podem ser instabilizadas pela Administração Pública, ressalvados os interesses patrimoniais do contratante particular".[111] José dos Santos Carvalho Filho conceitua-o como "ajuste firmado entre a Administração Pública e um particular, regulado basicamente pelo direito público, e tendo por objeto uma atividade que, de alguma forma, traduza interesse público".[112]

Marcelo Caetano elenca três características para que um contrato seja reputado administrativo: a) uma das partes é uma pessoa coletiva de direito público; b) o contrato tem por objeto prestações relativas ao cumprimento de atribuições dessa pessoa coletiva; c) o contrato associa duradoura e especialmente, mediante retribuição, outra pessoa ao cumprimento dessas atribuições da pessoa coletiva de direito público.[113]

Pode-se conceituar contrato administrativo como sendo o ajuste formal precedido de licitação ou de processo de contratação direta, destinado à criação, modificação ou extinção de direitos, celebrado pelo Estado (União, Estados, Distrito Federal ou Municípios), por intermédio de qualquer dos poderes ou de entidades da administração indireta, no exercício da função administrativa, que objetiva a satisfação de uma necessidade pública ou de um interesse público, predominantemente submetido ao regime jurídico administrativo, em razão do qual se atribuem ao Poder Público certas prerrogativas públicas exorbitantes.

Três parecem ser os elementos estruturais e constitutivos de um contrato administrativo. O primeiro, de natureza subjetiva, é a participação do Estado em um dos polos da relação jurídico-contratual (deve-se reputar Estado em seu sentido lato, para abarcar os órgãos e entidades públicas, inclusive integrantes da administração indireta, e os poderes da República – vale dizer, todos os órgãos e entidades públicos dotados de capacidade jurídico-contratual). O segundo tem natureza objetivo-material: a finalidade para a qual se celebra a avença deve ser direcionada à satisfação de uma necessidade pública ou de um interesse público. O terceiro tem natureza jurídica: a submissão ao regime jurídico de direito público que enseja a possibilidade de se valer de prerrogativas jurídicas exorbitantes, no exercício de potestade pública.

Interessante a posição adotada por Juan Carlos Cassagne, ao versar dos elementos que caracterizam um contrato administrativo:

> Desse modo, os contratos serão administrativos em razão de seu objeto ou fim, quando seu conteúdo disser respeito ao exercício da função administrativa materialmente considerada(...) Por seu turno, o fim público relevante e assumido pelo direito objetivo é o que determina

---

[110] Op. cit., p. 634.
[111] GASPARINI, Diogenes. *Direito Administrativo*. 13. ed. São Paulo: Saraiva, 2008. p. 696.
[112] CARVALHO FILHO, José dos Santos. *Manual de Direito Administrativo*. 28. ed. São Paulo: Atlas, 2015. p. 177.
[113] CAETANO, Marcelo. Manual de Direito Administrativo. Coimbra: Almedina, 1991. v. I. p. 587.

o vínculo de um objeto ou bem à função administrativa, ainda que a contratação pública não persiga uma finalidade pública imediata.[114]

Para referido autor, a causa fim de interesse público incorpora-se como elemento essencial do contrato e funciona durante toda a sua execução exercendo uma influência decisiva no campo da interpretação e sobre tudo que concerne à modificação de suas cláusulas. A distinção fundamental entre os contratos de direito público e os contratos de direito privado situa-se no fato de que nos primeiros há um relevante interesse público em questão, que o submete a um regime jurídico especial, típico do direito público (regime exorbitante).[115]

Há contratos, contudo, que embora contenham os elementos estruturais que caracterizam no plano geral um contrato administrativo não podem ser assim reputados. Tais contratos são os designados "contratos da administração", aqueles que, embora contenham o elemento subjetivo (uma das partes é o Estado – *lato sensu*), o elemento objetivo-material (causa fim de interesse público), não apresentam o elemento jurídico e por essa razão não se submetem, predominantemente, ao regime jurídico de direito público. São os denominados contratos de direito privado firmados pela Administração Pública. Trata-se de contratos que somente podem ser celebrados com submissão predominante ao regime jurídico de direito privado por força de normas que regem o mercado específico no qual se insere a atividade econômica que o contrato objetiva pactuar. Tal se dá porque "é evidente que, quando a Administração firma contratos regulados pelo direito privado, situa-se no mesmo plano jurídico da outra parte, não lhe sendo atribuída como regra, nenhuma vantagem especial que refuja às linhas do sistema contratual comum".[116]

O Superior Tribunal de Justiça adota tal distinção para reputar que nem todos os contratos celebrados pela Administração Pública são de fato contratos administrativos:

> **ADMINISTRATIVO.** MANDADO DE SEGURANÇA. **CONTRATO.** PRESTAÇÃO DE SERVIÇOS BANCÁRIOS. DISTINÇÃO ENTRE **CONTRATOS ADMINISTRATIVOS** E **CONTRATOS** DE DIREITO PRIVADO DA ADMINISTRAÇÃO. RESCISÃO. INTERESSE PÚBLICO. CLÁUSULA EXPRESSA. PROCESSO **ADMINISTRATIVO** PRÉVIO. AUSÊNCIA DE OBRIGATORIEDADE.
> 1. Cinge-se a controvérsia a definir se o recorrente possui o direito líquido e certo de impedir a rescisão unilateral, sem prévio processo **administrativo,** pelo Município de avença celebrada para a prestação de serviços bancários aos servidores da Administração Pública municipal e a ela própria.
> 2. O móvel invocado pelo ente público – a maior rentabilidade proporcionada pelo **contrato** com outra instituição financeira – é elemento de extrema relevância à análise de questão

---

[114] CASSAGNE, Juan Carlos. *El contrato administrativo*. Buenos Aires: Abeledo Perrot, 1999. p. 22. No original: "*De ese modo, los contratos resultan administrativos en razón de su objeto o fin, cuando su contenido pertenezca a la función administrativa materialmente considerada (…) A su vez, el fin público relevante y asumido por el derecho objetivo es el que determina la pertinencia de un determinado objeto o bien a la función administrativa, aunque la contratación no persiga una finalidad pública inmediata*".

[115] *Op. cit.*, p. 26

[116] CARVALHO FILHO, José dos Santos, *op. cit.*, p. 176.

fundamental para o deslinde da presente controvérsia e consiste em definir a natureza jurídica do negócio firmado entre o Município de Petrópolis e o Banco Bradesco S/A.
3. O objeto da relação jurídica sob análise revela, em primeiro lugar, que, ao contrário do denominado pelas partes, não se está diante de convênio, mas de verdadeiro **contrato**. O pacto firmado entre recorrente e recorrido não tem como finalidade a realização de objetivos de interesse comum, traço fundamental à configuração de convênio. Está claro que o Banco visava à ampliação de sua clientela e do volume de recursos financeiros depositados em agência a ele
pertencente. Por sua vez, buscava o Município se valer de serviços bancários para movimentar recursos e efetuar pagamentos aos servidores.
4. A hipótese não se enquadra como típico **contrato administrativo** e mais se aproxima do que a doutrina classifica como **contrato** de direito privado da Administração.
5. No presente caso, o objeto do **contrato** não consiste em prestação de serviço público, tampouco traduz diretamente uma utilidade pública fruível pelos administrados. O traço de verticalidade e a posição do ente público como detentor do jus imperium se fazem menos presentes nesse tipo de **contrato** de Direito Privado da Administração, embora lhe seja natural a incidência de algumas normas derrogadoras do direito comum, que se manifestam pelas denominadas **cláusulas exorbitantes**.
6. Considerando-se que se trata de **contrato** predominantemente de Direito Privado, deve prevalecer, em princípio, a vontade manifestada no momento da celebração, em que se consignou que o Município "poderá rescindir unilateralmente, a qualquer tempo, quando houver interesse público e conveniência da Administração Pública" (fl. 56).
7. O instrumento contratual não faz menção à necessidade de instaurar processo **administrativo** prévio à rescisão, de modo que se mostra perfeitamente cabível a extinção na forma estipulada no art. 473 do CC, sobretudo pela natureza do objeto: "A resilição unilateral, nos casos em que a lei expressa ou implicitamente o permita, opera mediante denúncia notificada à outra parte".
8. Mesmo em hipóteses que versavam sobre **contratos administrativos,** o STJ concluiu que inexiste direito líquido e certo do particular em impedir que o Poder Público proceda à rescisão unilateral, com base nos arts. 78, XII, e 79, I, da Lei 8.666/1993 (REsp 1.223.306/PR, Rel. p/ Acórdão Ministro Cesar Asfor Rocha, Segunda Turma, Dje 2.12.2011; RMS 27.759/SP, Rel. Ministro Humberto Martins, Segunda Turma, DJe 24.9.2010; RMS 20.264/RO, Rel. Ministro Luiz Fux, Primeira Turma, DJ 1.3.2007, p. 226).
9. Portanto, não se pode impedir que a Administração Pública promova a rescisão unilateral de **contrato** de Direito Privado da Administração, com base em juízo de conveniência e oportunidade nele autorizado por cláusula expressa.
10. Recurso Ordinário não provido (RMS nº 32263/RJ).

Registre-se que, conquanto determinados contratos celebrados pelo Poder Público se subsumam predominantemente ao regime jurídico de direito privado, não é correto afirmar que não há interesse público envolvido na contratação. A Administração Pública somente está autorizada a celebrar um contrato com particulares se a relação jurídico-contratual se fundar no interesse público, independentemente do regime jurídico a que se subordinará.

5.3 Regime jurídico aplicável aos contratos administrativos

Um dos traços marcantes que caracteriza o contrato administrativo é o regime jurídico ao qual estão submetidos. Regime jurídico é o conjunto de normas – regras, princípios ou valores que se aplicam e regem uma determinada relação jurídico-material. Aludir a um regime jurídico implica referir quais princípios ou regras se aplicam para solucionar casos concretos ou para direcionar e orientar uma certa relação jurídica. Pode-se mencionar, regra geral, dois grandes regimes jurídicos estruturais. O regime de direito privado – aplicável prioritariamente às relações jurídico-materiais entre particulares –, e o regime de direito público ou regime jurídico administrativo – aplicável prioritariamente às relações jurídico-materiais envolvendo o Estado ou a Administração Pública (órgãos ou entidades públicos, seja a qual Poder pertençam).

Tais regimes jurídicos – de direito público e de direito privado – não são absolutos e herméticos, daí se dizer que se aplicam prioritariamente em uma ou outra relação jurídica, mas não com exclusividade absoluta.

A relação jurídico-contratual administrativa rege-se, prioritariamente, pelo denominado regime jurídico administrativo, que se estrutura, entre outros, nos princípios da supremacia do interesse público sobre o interesse privado na indisponibilidade do interesse público pelo Administrador. A este respeito, Celso Antônio Bandeira de Mello,[117] com propriedade, afirma que "todo o sistema de Direito Administrativo, a nosso ver, se constrói sobre os mencionados princípios da supremacia do interesse público sobre o particular e indisponibilidade do interesse público pela Administração".

No que diz com o princípio da supremacia do interesse público sobre o interesse particular, o autor apresenta as consequências que dele decorrem: "a) posição privilegiada do órgão encarregado de zelar pelo interesse público e de exprimi-lo, nas relações com os particulares; b) posição de supremacia do órgão nas mesmas relações; c) restrições ou sujeições especiais no desempenho da atividade de natureza pública".[118] A partir de ditas consequências, são conferidos benefícios para a Administração Pública pela ordem jurídica para que bem possa realizar os fins públicos que lhe foram designados (como a presunção de legalidade e de veracidade dos atos administrativos); uma posição verticalizada nas relações entre a Administração e particulares, ao contrário da horizontalidade típica das relações travadas entre particulares – o poder público encontra-se em posição de autoridade e de comando em relação aos particulares; e possibilidade de execução atos jurídicos ou materiais de ofício – sem intervenção do Poder Judiciário.[119] Essa sujeição ao interesse público traduz-se, assim, na prática, "em o contraente particular se comprometer a acatar, como se fora a própria Administração, as leis, regulamentos e actos administrativos que durante a execução do contrato exprimam as exigências do interesse público servido, quanto ao objeto nele estipulado".[120]

No que tange ao princípio da indisponibilidade do interesse público pela Administração, Celso Antônio Bandeira de Mello afirma que "a indisponibilidade

---

[117] BANDEIRA DE MELLO, Celso Antônio. *Curso de Direito Administrativo*. 31. ed. São Paulo: Malheiros, 2014. p. 57.
[118] *Op. cit.*, p. 70.
[119] *Op. cit.*, p. 71-73.
[120] CAETANO, Marcelo, op. cit., p. 589.

dos interesses públicos significa que sendo interesses qualificados como próprios da coletividade – internos ao setor público –, não se encontram à livre disposição de quem quer que seja, por inapropriáveis. O próprio órgão que os representa não tem disponibilidade sobre eles, no sentido que lhe incumbe apenas curá-los – o que é também um dever – na estrita conformidade do que predispuser a *intentio legis*",[121] assim, portanto "na administração os bens e os interesses não se acham entregues à livre disposição da vontade do administrador. Antes, para este, coloca-se a obrigação, o dever de curá-los nos termos da finalidade a que estão adstritos. É a ordem legal que dispõe sobre ela".[122]

Referidos princípios, nucleares e estruturais do regime jurídico administrativo (conquanto não sejam os únicos que o integram e constituem), produzem repercussão também nuclear e estruturante no que diz com os contratos administrativos.

Há determinadas características fundamentais dos contratos de direito privado que diferem essencialmente das características que apresenta o contrato administrativo. Maria Helena Diniz apresenta cinco delas, na forma de princípios, que no seu entender, são traços distintivos marcantes do contrato privado: 1) *o da autonomia da vontade*, no qual se funda a liberdade contratual. As partes podem estipular como bem lhes convier a defesa de seus interesses. Há liberdade de criação no contrato privado. Essa liberdade envolve a faculdade de contratar ou não; a escolha do outro contraente; e a fixação dos termos do contrato (o conteúdo dos contrato pertence à determinação das partes); 2) *o do consensualismo*, pelo qual o simples acordo de vontades é suficiente para gerar contrato válido; 3) *o da obrigatoriedade da convenção*, pelo qual as estipulações feitas no contrato devem ser integral e fielmente cumpridas. É a norma contida no brocardo *pacta sunt servanda*. Fora das hipóteses de caso fortuito ou de força maior, o contrato de direito privado é intangível e imutável. Admite-se ainda – por força do dirigismo contratual – a atenuação desse princípio em face da teoria da imprevisão, cuja expressão mais frequente é a cláusula *rebus sic stantibus* e dá poder de revisão dos contratos; 4) *o da relatividade dos efeitos do negócio jurídico contratual*, uma vez que o contrato vincula exclusivamente as partes contratantes; e, por fim, 5) *o da boa-fé*, que impõe a colaboração entre as partes, impedindo que uma dificulte a ação da outra pelo uso de artifícios ou de ardis.[123]

Se referidos princípios ou características são fundamentais à segurança das relações jurídicas nos negócios entre particulares, quando um dos contraentes é o Poder Público – o que adjetiva a relação jurídica –, outros princípios de direito público deverão ser considerados – o que implica que, para a adequada compreensão da relação jurídica estabelecida e correta interpretação do contrato firmado, alguns princípios típicos e tão caros ao direito privado deverão ter a aplicação atenuada e mesmo afastada,[124] para que haja, então, a predominância de princípios que regem exclusivamente as relações entre o particular e a Administração.

Assim, tem-se mesmo que um dos traços marcantes do regime jurídico-administrativo é que ele impõe a aplicação do princípio da supremacia do interesse público sobre o

---

[121] Op. cit., p. 76.
[122] *Op. cit.*, p. 77.
[123] DINIZ, Maria Helena. *Curso de Direito Civil Brasileiro*. 3. ed. São Paulo: Saraiva, 1986. p. 27.
[124] Para citar um exemplo, o princípio da obrigatoriedade da convenção (*pacta sunt servanda*) não pode ser invocado pelo particular em caso de alteração unilateral ou de rescisão unilateral do contrato.

privado – verdadeiro axioma reconhecível no moderno direito público – exatamente para que, quando confrontados interesses da coletividade com o interesse de particulares, a Administração, no exercício de "dever-poder", opte pela satisfação do interesse público.[125] George Péquignot, com propriedade, argumenta em relação à diferença fundamental entre o contrato administrativo e o contrato de direito privado que "o contrato administrativo não é mais esse instrumento irrevogavelmente estável e imutável que ele era em direito privado: o direito reconhecido à Administração acarreta por via de conseqüência a mutabilidade de todo contrato".[126] Ou ainda, conforme Jean Rivero, "o regime dos contratos administrativos afasta-se pois do direito comum dos contratos, tanto pelas prerrogativas que consagra em benefício da Administração, como pelas sujeições que lhe impõe, encontrando apenas umas e outras o seu princípio no interesse geral".[127] É, portanto, exatamente porque o interesse a ser tutelado no contrato administrativo transcende o interesse meramente particular que o ordenamento jurídico estabelece certas prerrogativas para a Administração contratante que se diz derivadas do regime jurídico administrativo.

A Lei nº 14.133/21 aponta o regime jurídico dos contratos administrativos ao dispor que serão regidos pelas suas cláusulas e pelos preceitos de direito público, e a eles serão aplicados, supletivamente, os princípios da teoria geral dos contratos e as disposições de direito privado (art. 89). Esta regra legal orienta a solução de conflitos de interesses ou a solução de questões derivadas da execução do contrato. Em presença de uma controvérsia contratual, a solução será buscada, primeiramente, nas disposições do próprio contrato. As disposições contratuais (cláusulas) têm, por força de lei e da natureza intrínseca da relação contratual, poder normativo de relevância para o fim de orientar a execução. Por evidente que as cláusulas contratuais deverão ser ajustadas às disposições legais e constitucionais aplicáveis.

Caso inexistente previsão contratual destinada a regular determinada situação controversa, serão aplicadas normas que regem a Administração Pública. Insuficientes tais normas para a solução pretendida, supletivamente serão aplicadas princípios da teoria geral dos contratos e as disposições de direito privado.

5.4 As denominadas cláusulas exorbitantes: concretização das prerrogativas públicas na formação e na gestão dos contratos administrativos

Deve-se reconhecer que a expressão "cláusulas exorbitantes", tão familiares à doutrina clássica do Direito Administrativo vem, ao longo do tempo, sendo objeto de avaliação reflexiva e crítica, sob diversos ângulos, inclusive sob os aspectos de precisão científica e, mesmo, de utilidade. Entre outros autores, destaque-se a posição externada por Maria João Estorninho acerca do tema

> O declínio do critério da cláusula exorbitante foi devido, por um lado, às dificuldades que não cessaram de colocar-se na própria definição de cláusula exorbitante e, por certo – até

---

[125] BANDEIRA DE MELLO, Celso Antônio. *Op. cit.*, p. 27.
[126] PÉQUIGNOT, Georges. Théorie générale du contrat administratif. Paris: Éditions A. Pédone, 1945. p. 345.
[127] RIVERO, Jean. *Direito Administrativo*. Coimbra: Almedina, 1981. p. 138.

como consequência dessas dificuldades -, à tendência para substituir a perspectiva inicial de cariz subjectivista pela de um fundamento objetivo.[128]

Não se tomará em conta, neste texto, tal polêmica acerca da existência ou não de ditas "cláusulas exorbitantes" como traço determinante para a caracterização de um contrato como Administrativo.

Importa considerar, é o que se defende, que, entre as prerrogativas de interesse público que são conferidas à Administração Pública em decorrência do regime jurídico administrativo e, pois, da supremacia do interesse público sobre o interesse particular e da indisponibilidade do interesse público pela Administração, estão aquelas contidas nestas usualmente denominadas "cláusulas exorbitantes". A designação "cláusula exorbitante" remonta do Direito Francês, que concebeu a expressão para referenciar condições contratuais (cláusulas) que "exorbitariam", extrapolariam ou iriam para além de condições contratuais que poderiam ser aceitas nas relações contratuais entre particulares, marcadas pela obrigatoriedade das convenções e pela consensualidade. A expressão "cláusulas exorbitantes" para designar prerrogativas exorbitantes ou privilégios que exorbitam do direito civil titularizadas pela Administração Pública na relação contratual com particulares é tradicional e de muito utilizada também no Brasil. Assim, não há qualquer problema metodológico ou científico em manter a referência às prerrogativas públicas nos contratos administrativos como sendo previstas ou estabelecidas por "cláusulas exorbitantes". Trata-se de expressão que, ao ser utilizada, remete o intérprete a um juízo mental e psicológico valorativo imediato e automático, relacionando-a às prerrogativas público-contratuais.

Diante da importância das prerrogativas da Administração na relação contratual, Miguel Angel Berçaitz chega a ponderar que é a própria "existência de cláusulas especiais inseridas nos contratos administrativos, exorbitantes do direito privado, que atesta um regime jurídico especial de direito público".[129] Embora admita que a determinação da cláusula exorbitante seja complexa e difícil, podem ser consideradas como tal " aquelas representativas do caráter de poder público com que a Administração intervém nos contratos administrativos, colocando-se em uma posição de superioridade jurídica, ou investindo o contratado particular em relação a terceiros, de prerrogativas que são próprias do poder público".[130]

Assim, enquanto uma relação jurídico-contratual privada é marcada pela horizontalidade, a relação contratual administrativa é marcada pela verticalidade, cabendo à pessoa jurídica pública certos privilégios que efetivamente a colocam em posição de superioridade perante o contratado privado. Esses privilégios ou prerrogativas implicam uma modificação sensível da estrutura normal e ordinária dos contratos de direito privado. Em uma relação contratual privada prevalece a obrigatoriedade das convenções (pacta sunt servanda) e a consensualidade. Tais características são bastante atenuadas ou mesmo podem deixar de existir em um contrato administrativo. O Poder

---

[128] ESTORNINHO, Maria João. *Requiem pelo Contrato Administrativo*. Livraria Almedina: Coimbra, 2003. p. 94.
[129] BERÇAITZ, *op. cit.*, p. 206.
[130] BERÇAITZ, *op. cit.*, p. 209.

Judiciário de muito acolhe a tese de que os contratos administrativos são marcados pela existência das cláusulas exorbitantes, como já deliberou o Superior Tribunal de Justiça:

> **ADMINISTRATIVO. CONTRATO** DE PRESTAÇÃO DE SERVIÇOS. RESCISÃO. INDENIZAÇÃO.
> 1. Distinguem-se os **contratos administrativos** dos **contratos** de direito privado pela existência de **cláusulas** ditas **exorbitantes,** decorrentes da participação da administração na relação jurídica
> bilateral, que detém supremacia de poder para fixar as condições iniciais do ajuste, por meio de edital de licitação, utilizando normas de direito privado, no âmbito do direito público.
> 2. Os **contratos administrativos** regem-se não só pelas suas **cláusulas,** mas, também, pelos preceitos de direito público, aplicando-se-lhes supletivamente as normas de direito privado.
> 3. A Administração Pública tem a possibilidade, por meio das **cláusulas** chamadas **exorbitantes,** que são impostas pelo Poder Público, de rescindir unilateralmente o **contrato**.
> 4. O Decreto-Lei nº 2.300/86 é expresso ao determinar que a Administração Pública, mesmo nos casos de rescisão do **contrato** por interesse do serviço público, deve ressarcir os prejuízos comprovados, sofridos pelo contratado.
> 5. Recurso especial provido em parte (STJ – REsp nº 737741/RJ).

Essas prerrogativas exorbitantes estão previstas expressamente no artigo 104 da Lei nº 14.133/21:

> Art. 104. O regime jurídico dos contratos instituído por esta Lei confere à Administração, em relação a eles, as prerrogativas de:
> I – modificá-los, unilateralmente, para melhor adequação às finalidades de interesse público, respeitados os direitos do contratado;
> II – extingui-los, unilateralmente, nos casos especificados nesta Lei;
> III – fiscalizar sua execução;
> IV – aplicar sanções motivadas pela inexecução total ou parcial do ajuste;
> V – ocupar provisoriamente bens móveis e imóveis e utilizar pessoal e serviços vinculados ao objeto do contrato nas hipóteses de:
> a) risco à prestação de serviços essenciais;
> b) necessidade de acautelar apuração administrativa de faltas contratuais pelo contratado, inclusive após extinção do contrato.
> §1º As cláusulas econômico-financeiras e monetárias dos contratos não poderão ser alteradas sem prévia concordância do contratado.
> §2º Na hipótese prevista no inciso I do caput deste artigo, as cláusulas econômico-financeiras do contrato deverão ser revistas para que se mantenha o equilíbrio contratual.

As prerrogativas estabelecidas por esse regime derrogatório do direito comum reservam à Administração, na perspectiva de superioridade em face do particular, a possibilidade de instabilizar o vínculo contratual, sempre com vistas à consecução de um resultado de interesse público. Assim, a legitimidade da utilização de referidas prerrogativas públicas está vinculada a sua utilização no estrito interesse público. Caso se evidencie que qualquer das prerrogativas públicas previstas na lei está sendo ou foi utilizada para propósitos outros que não a satisfação de uma necessidade ou interesse público, se estará diante de uma conduta viciada por desvio de finalidade ou desvio de poder. Como bem posto por Celso Antônio Bandeira de Mello, "ocorre desvio de poder, e, portanto, invalidade, quando o agente se serve de um ato para satisfazer finalidade alheia à natureza do ato utilizado. Pode-se dizer que ocorre desvio de poder quando um agente exerce uma competência que possuía (em abstrato) para alcançar uma finalidade diversa daquela em função da qual lhe foi atribuída a competência exercida".[131] Assim, viciado de nulidade o ato ou a conduta administrativa que, a propósito de exercer qualquer das prerrogativas exorbitantes contidas no artigo 104 da Lei nº 14.133/21, o faz para finalidade outra que não a satisfação concreta e efetiva de uma necessidade ou interesse público.

Esse "feixe de prerrogativas" tem função pública, como assim também admite Pedro Gonçalves que, embora tratando dos contratos de concessão de serviços públicos, assim se posiciona:

> O reconhecimento de um feixe de "prerrogativas", de "potestas imperii", à Administração concedente (responsável pelo do serviço público 'sic') não constitui assim a mera profecção necessária de uma supremacia natural da Administração sobre os particulares (que o contrato deva reflectir), representando, em vez disso, uma exigência colocada ao serviço de finalidades de interesse público: por um lado, evitar que a estabilidade do contrato se transforme num obstáculo à dinâmica exigida pelo serviço público e, por outro lado, prevenir eventuais desvios que a gestão privada do serviço possa causar.[132]

A existência de prerrogativas para a Administração Pública justifica-se, pois, pela natureza da sua atuação. Elas conferem ao ente público uma situação jurídica de superioridade em face dos particulares partícipes da relação contratual e instituem para o ente estatal um dever-poder em razão do qual não há discricionariedade quanto à oportunidade de utilização das prerrogativas. Constatada a hipótese de necessidade de sua utilização para assegurar a adequada prestação do serviço por parte do contratado, a Administração estará obrigada a se valer de sua condição privilegiada – e exercer o dever-poder de atuação – para readequar a execução do contrato ao interesse público. De outro lado, não há exercício possível das referidas prerrogativas se não estiver devidamente evidenciada a necessidade fundada igualmente no interesse público.

5.4.1 Prerrogativas exorbitantes em espécie

5.4.1.1 Modificação unilateral para melhor adequação às finalidades de interesse público, respeitados os direitos do contratado

No dizer de Celso Antônio Bandeira de Mello, "constitui um direito da Administração, ressalvadas a identidade do objeto da avença e a garantia dos interesses patrimoniais da outra parte instabilizar o vínculo, seja alterando unilateralmente o que fora pactuado, seja extinguindo unilateralmente o vínculo".[133] Há quem, a exemplo de Jean Rivero, entenda, ainda, que esta instabilização gera também o direito de dirigir e controlar as operações

---
[131] *Op. cit.*, p. 410.
[132] GONÇALVES, Pedro. *A concessão de serviços públicos*. Coimbra: Almedina, 1997. p. 239.
[133] *Op. cit.*, p. 378.

de execução do contrato.[134] São, pois, de duas ordens fundamentais as prerrogativas do Poder Público que concorrem para a instabilização do vínculo contratual: (i) a de alterá-lo unilateralmente e de (ii) extingui-lo unilateralmente.

A natureza jurídica da prerrogativa de modificação unilateral do contrato conferida à Administração é de dever-poder.[135] Para Marcelo Caetano, o fundamento do poder de ordenar unilateralmente as modificações no contrato "é o de que a Administração serve ao interesse público e não pode exonerar-se do dever de procurar sempre os melhores processos técnicos e os meios materiais e jurídicos de realizá-lo".[136]

Como dito, a aplicação da noção de supremacia do interesse público a uma relação contratual em que uma das partes seja a Administração tem como efeito imediato atribuir ao ente público uma posição de superioridade em relação ao contratante particular e assegura prerrogativas que desequilibram o contrato. A par de ser a modificação unilateral do contrato administrativo uma prerrogativa, é, igualmente, um dever da Administração intervir no contrato e introduzir as modificações necessárias e adequadas à consecução do interesse público. Esse dever-poder de modificação unilateral do contrato é exercitável em atenção a uma expressa previsão legal da situação de fato que autoriza a modificação, ou mediante juízo de conveniência e oportunidade da autoridade administrativa.

Ao tratar do tema sob o prisma específico dos contratos de concessão de serviços públicos, em racionalidade aplicável aos contratos administrativos em geral, Miguel Reale ensina que "a concessão de serviços públicos não pode ser regida pelos critérios paritários que governam os contratos sinalagmáticos da ordem privada, dada a preeminência do interesse público, e por ser o poder regulamentar inerente à Administração, que dele não se priva, nem se despoja no ato da aceitação das cláusulas contratuais destinadas a disciplinar as relações entre o concedente e o concessionário".[137] Gastón Jéze chegou a afirmar que "seria absurdo que a Administração continuasse fazendo funcionar durante anos um serviço público inútil, ou mantivesse uma organização que se revelou inadequada, ou recebesse prestações que se revelaram inúteis para o serviço público".[138] O mestre francês, além de afirmar o dever-poder da Administração de modificar unilateralmente as condições contratuais, afirma ser irrenunciável este poder: "a administração não pode renunciar, direta ou indiretamente, a seu poder de modificação. Esta renúncia seria nula de pleno direito".[139]

A Administração Pública contratante, mais do que um direito, tem o dever inafastável de realizar toda e qualquer modificação nas condições originais do contrato, quando necessárias para ajustar a execução ou o resultado pretendido ao real, concreto,

---

[134] RIVERO, op. cit., p. 144.
[135] Fernando Vernalha Guimarães (op. cit., p. 107) destaca que o "poder" de alteração contratual é, antes de tudo, "manifestação da função pública. Esta consideração, embora muito difundida, parece importante de ser previamente firmada porquanto ilumina o sentido das competências públicas. Enquanto função, os poderes públicos estão afetados ao atingimento de interesses alheios aos de quem imediatamente os manipulam(…) são poderes que instrumentam a busca, pela Administração Pública, de um interesse de outrem, da coletividade".
[136] CAETANO, Marcelo. Manual de Direito Administrativo. Coimbra: Almedina, 1991. v. I. p. 623.
[137] REALE, Miguel. Direito Administrativo: estudos e pareceres. Rio de Janeiro: Forense, 1969. p. 47.
[138] JÈZE, Gaston. Principios generales del Derecho Administrativo: teoría general de los contratos de la administración. Buenos Aires: Depalma, 1950. v. 4. p. 233.
[139] JÈZE, op. cit., p. 237, v. 4.

atual e efetivo interesse público. Determina a lei que serão assegurados os direitos do contratado em caso de modificação unilateral do contrato determinada pelo Poder Público contratante. Assim, todo e qualquer prejuízo que venha a suportar o contratado particular em vista da alteração unilateral promovida deverá ser objeto de integral reparação. Notadamente se pode referir, ao direito que detém o contratado à integralidade da equação econômico-financeira do contrato, como adiante se demonstrará de forma mais detalhada. Assim, refuta-se a tese de que existiriam cláusulas imunes à prerrogativa de modificação unilateral. A alteração unilateral pode, no interesse público, atingir inclusive as denominadas cláusulas econômicas. O que deve ser sempre garantido ao contratado, que constitui seu direito inclusive por força de disposição constitucional expressa (art. 37), é o equilíbrio econômico-financeiro, vale dizer, a equação econômico-financeira do contrato, estabelecida quando da aceitação da proposta no processo da licitação ou da contratação direta.

5.4.1.2 Extingui-los, unilateralmente, nos casos especificados na Lei;

A extinção unilateral, motivada apenas pela vontade da Administração Pública contratante, e, portanto, passível de ser imposta pelo Poder Público, pode ocorrer nas hipóteses previstas nos incisos I a XII e XVII do artigo 137, que são:

> Art. 137. Constituirão motivos para extinção do contrato, a qual deverá ser formalmente motivada nos autos do processo, assegurados o contraditório e a ampla defesa, as seguintes situações:
> I – não cumprimento ou cumprimento irregular de normas editalícias ou de cláusulas contratuais, de especificações, de projetos ou de prazos;
> II – desatendimento das determinações regulares emitidas pela autoridade designada para acompanhar e fiscalizar sua execução ou por autoridade superior;
> III – alteração social ou modificação da finalidade ou da estrutura da empresa que restrinja sua capacidade de concluir o contrato;
> IV – decretação de falência ou de insolvência civil, dissolução da sociedade ou falecimento do contratado;
> V – caso fortuito ou força maior, regularmente comprovados, impeditivos da execução do contrato;
> VI – atraso na obtenção da licença ambiental, ou impossibilidade de obtê-la, ou alteração substancial do anteprojeto que dela resultar, ainda que obtida no prazo previsto;
> VII – atraso na liberação das áreas sujeitas a desapropriação, a desocupação ou a servidão administrativa, ou impossibilidade de liberação dessas áreas;
> VIII – razões de interesse público, justificadas pela autoridade máxima do órgão ou da entidade contratante;
> IX – não cumprimento das obrigações relativas à reserva de cargos prevista em lei, bem como em outras normas específicas, para pessoa com deficiência, para reabilitado da Previdência Social ou para aprendiz.

Quaisquer das hipóteses de fato previstas na lei autorizam a extinção do vínculo contratual pelo instituto da extinção unilateral, asseguradas ao contratado as garantias do contraditório e da ampla defesa no curso do devido processo legal. As hipóteses de extinção em espécie serão objeto de análise posterior.

5.4.1.3 Fiscalizar a execução contratual

Como adiante melhor se tratará, a fiscalização da execução contratual é etapa necessária do processo de liquidação da despesa pública. Integra o rol de condutas públicas orientadas ao controle da execução contratual. A rigor, não se poderia qualificar a fiscalização da execução contratual como um privilégio ou como uma prerrogativa pública exorbitante. Também nos contratos celebrados entre particulares há interesse e direitos recíprocos ao acompanhamento da execução do contrato. Não se trata, portanto, de conduta que se possa atribuir apenas e tão somente às relações contratuais de natureza pública. O que de fato ocorre é que a fiscalização da execução contratual aparece na relação contratual pública mais como um dever inafastável para aferir a concretude da satisfação do interesse público almejado com o contrato do que como um privilégio para a Administração. A mera existência de cláusulas e condições no contrato determinando obrigações para o contratado consubstanciadas na facilitação do trabalho de controle da execução do contrato pela Administração Pública não transmuda a natureza jurídica da fiscalização de dever para privilégio ou prerrogativa.

Quando muito se poderia cogitar que tal prerrogativa evidencia-se no direito que detém a Administração Pública de exercer o poder de polícia administrativa e exigir do contratado a apresentação de documentos e provas materiais da boa e satisfatória execução do contrato. Contudo, mesmo tal aspecto poderia ser livremente convencionado pelas partes em uma relação jurídica contratual de natureza privada.

De qualquer sorte, pode-se definir tal prerrogativa – pois assim é designada pela lei – como o dever-poder que detém a Administração Pública de exercer atividade de polícia, controle e supervisão administrativa no âmbito da relação contratual, de modo a aferir com eficiência e com eficácia a qualidade da execução contratual, conferindo se o que foi ou está sendo executado tem compatibilidade objetiva com o que foi contratado para atender a necessidade pública.

5.4.1.4 Aplicar sanções motivadas pela inexecução total ou parcial do ajuste ou pelo cometimento de infração à norma jurídica

A prerrogativa de aplicar sanções em razão da inexecução total ou parcial do ajuste ou por infração a norma jurídica mostra-se como verdadeira prerrogativa de ordem pública. Evidente que nos contratos privados também há possibilidade de aplicação de sanção. O Código Civil Brasileiro prevê expressamente a denominada cláusula penal nos artigos 408 a 416. Segundo informa Orlando Gomes, "a cláusula penal, também chamada pena convencional, é o pacto acessório pelo qual as partes de um contrato fixam de antemão, o valor das perdas e danos que por acaso se verifiquem em consequência da inexecução culposa da obrigação".[140] Embora destinada à prefixação de perdas e danos, pode ser entendida como sanção em um lato sentido. Pode-se referir também à denominada multa penitencial, ou mesmo à multa moratória, usualmente fixadas nos contratos de direito privado. Enfim, as partes contratantes particulares podem deliberar livremente, nos limites da lei, penalidades para o descumprimento

---

[140] GOMES, Orlando. *Obrigações*. 17. ed. São Paulo: Forense, 2009. p. 189.

de obrigação contratual. Assim, a aplicação de sanções não seria por si só também uma prerrogativa exorbitante da Administração Pública.

A característica exorbitante pode residir na natureza da sanção, quando esta versar sobre uma pena que somente pode ser aplicada pelo Poder Público, como é o caso das sanções de impedimento de licitar e contratar ou de declaração de inidoneidade para licitar ou contratar (art. 156, III e IV). Ou pode residir na forma de aplicação da pena. A sanção administrativa é dotada de autoexecutoriedade. Assim, enquanto os particulares, quando de sanção aplicada por inexecução contratual, se inadimplido o pagamento voluntário de multas ou outras sanções de natureza diversa, devem se valer do Poder Judiciário para cobrar sua efetivação, o Poder Público contratante faz valer os efeitos das sanções imediata e automaticamente, sem a necessidade de ordem ou determinação judicial. Esta parece ser a verdadeira índole exorbitante da prerrogativa de aplicação de sanções por inexecução contratual ou pelo cometimento de infrações administrativo-contratuais.

5.4.1.5 Ocupar provisoriamente bens móveis e imóveis e utilizar pessoal e serviços vinculados ao objeto do contrato nas hipóteses de: a) risco à prestação de serviços essenciais; b) necessidade de acautelar apuração administrativa de faltas contratuais pelo contratado, inclusive após extinção do contrato

Ocupação temporária é uma forma de intervenção do Estado na propriedade privada pela qual, no exercício da função administrativa, utiliza compulsória e provisoriamente um bem, móvel ou imóvel, de particular, com vistas ao atingimento de uma finalidade de interesse público.

A ocupação temporária de que trata a Lei não se confunde com a prerrogativa constitucional da norma contida no art. 5º, XXV, que prevê que "no caso de iminente perigo público, a autoridade competente poderá usar de propriedade particular, assegurada ao proprietário indenização ulterior, se houver dano".

Na hipótese versada na Constituição, situação de perigo público autoriza o uso de propriedade particular pelo Estado. Na hipótese versada na Lei, o substrato fático é o interesse público, consubstanciado no risco à prestação de serviços essenciais ou necessidade de preservação de provas de infrações cometidas pelo contratado.

É uma necessidade pública, então, o substrato fático que legitima a denominada ocupação temporária ou provisória. Na hipótese prevista no art. 104, V, da Lei nº 14.133/21, esta ocupação provisória dirige-se a bens de titularidade do contratado e vinculados à execução do contrato firmado. A ocupação pode se dar em relação a bens móveis e bens imóveis.

A expressão "serviços essenciais" tem dupla dimensão. Pode ser considerada na acepção estrita de "serviços públicos" ou na acepção ampla de "atividades administrativas". Seja para assegurar a prestação de serviços públicos – em sua acepção estrita de atividade econômica prestacional de natureza pública (por exemplo, a ocupação temporária de equipamentos destinados à conclusão de tubulação destinada à prestação de serviços de fornecimento de água) –; seja para assegurar a regular atividade administrativa essencial (por exemplo, a ocupação de computadores destinados à prestação de serviços estruturantes de tecnologia de informação) a regra tem aplicação.

Importante registrar a existência de outras normas que autorizam também a ocupação temporária de bens de contratados, como a Lei nº 8.987/95. Contudo, a Lei Geral de Concessões versa, neste aspecto, sobre situações fático-jurídica diversa daquelas tratadas na Lei Geral de Licitações. Registre-se, outrossim, que a Lei nº 14.133/21 tem norma expressa determinando sua aplicação subsidiária às contratações regidas pela Lei nº 8.987/95.[141]

Podem ser objeto de ocupação temporária todos os bens necessários à prevenção de provas de infração legal ou contratual cometida pelo contratado. Por exemplo, em hipótese de uso de equipamentos ou maquinários que estejam em desacordo com a Lei ou com norma técnica, pode haver a sua ocupação e retenção para preservação da prova. Esta ocupação pode ocorrer mesmo após a extinção do contrato.

A ocupação temporária deve ser objeto do devido processo legal, com garantias de contraditório e ampla defesa, e objeto de decisão formal pela autoridade competente.

Entretanto, tal não significa afirmar que não possa haver a ocupação temporária com natureza cautelar, antes mesmo da instauração do processo administrativo competente. É de se supor que possam haver situações materiais em que a tomada ou a manutenção da posse do bem por parte da Administração Pública não possa aguardar o tempo do processo administrativo, sob pena de perecimento ou gravame para o interesse público.

5.5 Direitos do contratado em face do exercício de prerrogativas de alteração unilateral do contrato

As alterações contratuais unilaterais não podem atingir as cláusulas econômico-financeiras e monetárias (art. 104, §1º). As alterações contratuais unilaterais podem ser realizadas para modificar o objeto contratual, critérios de execução do contrato ou elementos do encargo contratual. Cláusulas econômicas e financeiras dizem respeito ao preço e demais elementos econômico-financeiros contratados. São exemplos de cláusulas monetárias o padrão de moeda contratado ou de reajuste ou repactuação contratual.

Registre-se que não é vedado que alterações contratuais produzam impacto na equação econômico-financeira do contrato – normalmente produzem. Neste caso, as cláusulas econômico-financeiras do contrato deverão ser revistas (revisão contratual) para que se mantenha o equilíbrio contratual (art. 104, §2º).

---

[141] Art. 186. Aplicam-se as disposições desta Lei subsidiariamente à Lei nº 8.987, de 13 de fevereiro de 1995, à Lei nº 11.079, de 30 de dezembro de 2004, e à Lei nº 12.232, de 29 de abril de 2010.

CAPÍTULO 6

DA DURAÇÃO DOS CONTRATOS ADMINISTRATIVOS

6.1 Prazo de vigência e prazo de execução

Prazo de vigência do contrato é o lapso temporal dentro do qual as partes devem honrar o cumprimento dos encargos reciprocamente assumidos quando da celebração. Esse prazo é definido pela Administração Pública na fase de planejamento da licitação e da contratação, pois é atribuição do Poder Público definir qual o prazo necessário para a satisfação do interesse público pela via contratual.

Os contratos privados, celebrados entre particulares e submetidos ao regime jurídico de direito privado terão a vigência que as partes pactuarem. A duração do contrato não está subordinada a nenhum outro fator que não a vontade das partes contratantes, salvo hipótese de previsão legal expressa em contrário – fruto de manifestação estatal de dirigismo contratual. Não há limitações preestabelecidas, em regra, e nenhuma vedação à fixação de vigência indeterminada. Os contratos privados, então, terão a duração necessária livremente convencionada pelas partes.

A doutrina usa distinguir os contratos de direito privado, quanto ao tempo de sua execução, em contratos de execução imediata e contratos de execução continuada. A esse propósito, veja-se a definição de Maria Helena Diniz:

> Os contratos de execução imediata são os que se esgotam num só instante, mediante uma única prestação, como por ex., a compra e venda de uma coisa à vista, a troca, etc.
> Os contratos de execução continuada são os que se protraem no tempo, caracterizando-se pela prática ou abstenção de atos reiterados, solvendo-se num espaço mais ou menos longo de tempo.[142]

No plano das relações contratuais administrativas, no que diz com o prazo do contrato, pode-se referir que a distinção evidencia-se nas categorias de contrato de escopo e contratos de prazo.

A este propósito, Marçal Justen Filho utiliza as expressões "contratos de escopo" e "contratos de duração", esclarecendo que:

---

[142] DINIZ, Maria Helena. *Curso de Direito Civil Brasileiro*: teoria das obrigações contratuais e extracontratuais. 29. ed. São Paulo: Saraiva, 2013. p. 115.

> Alude-se a contrato de escopo para indicar avença que impõe ao contratado executar um objeto dotado de individualidade, cuja execução satisfaz o interesse do credor e implica exaurimento do vínculo contratual.
> Já os contratos de duração se caracterizam pela fixação de um período de tempo para o devedor executar uma prestação, cujo conteúdo se renova seguidamente.[143]

Pode-se conceituar contratos de escopo como aqueles que, uma vez executados, fazem desaparecer a necessidade que deu causa ao contrato (por exemplo: há necessidade de instalação para funcionamento de uma atividade pública, define-se que esta necessidade será atendida mediante construção de um prédio que, uma vez construído, ensejará extinção da necessidade. Já os contratos de prazo são aqueles que, uma vez executados, não fazem desaparecer a necessidade que lhes deu causa, uma vez que é permanente (por exemplo: determinado espaço público está sujo e carece de limpeza, define-se que a satisfação desta necessidade – limpar o espaço – será feita pela contratação de serviços terceirizados de limpeza, por um certo e determinado prazo. Executada a prestação contratual por tal prazo, ainda permanecerá a necessidade de limpeza, que é permanente).

Essa distinção conceitual será fundamental para o estudo do prazo de vigência e do prazo de execução dos contratos administrativos que, por força do regime jurídico a que estão submetidos, em razão da causa de interesse público que é o seu móvel e do manejo de recursos públicos que lhes é imanente, são submetidos a um regime jurídico bastante rigoroso no que diz com a vigência.

6.2 Parâmetros para a definição do prazo de vigência do contrato administrativo

A definição do prazo de vigência do contrato administrativo deve ocorrer tomando-se em conta três específicos elementos: jurídico, técnico e econômico-financeiro.

6.2.1 Elemento jurídico para definição do prazo de vigência contratual

O elemento jurídico é o primeiro a ser considerado para a definição do prazo de vigência do contrato. A Lei nº 14.133/21 contém uma norma geral e algumas normas específicas no que tange à duração dos contratos administrativos. A norma geral está prevista no *caput* do artigo 105, que preconiza que "a duração dos contratos regidos por esta Lei será a prevista em edital, e deverão ser observadas, no momento da contratação e a cada exercício financeiro, a disponibilidade de créditos orçamentários, bem como a previsão no plano plurianual, quando ultrapassar 1 (um) exercício financeiro".

A Lei estabelece uma prerrogativa discricionária, vinculada a princípios e critérios técnico-jurídico para a Administração contratante. A definição do prazo do contrato será aquela necessária para a satisfação da necessidade pública e prevista no instrumento

---

[143] JUSTEN FILHO, Marçal. *Comentários à Lei de Licitações e Contratações Administrativas*. São Paulo: Revista dos Tribunais, 2021. p. 1294.

convocatório – em outros termos, a duração do contrato será aquela necessária e fixada no edital da licitação.

Esta definição de prazo deverá atender à disponibilidade de créditos orçamentários. A norma limita-se a dar vazão ao princípio da legalidade administrativa e a uma norma constitucional expressa. A Constituição Federal preceitua no artigo 167 que "são vedados: I – o início de programas ou projetos não incluídos na lei orçamentária anual; e, II – a realização de despesas ou a assunção de obrigações diretas que excedam os créditos orçamentários ou adicionais". Vale dizer, somente pode haver a realização de despesas oriundas de execução contratual se houver previsão de crédito orçamentário que lhe dê cobertura.

Os créditos orçamentários são previstos expressamente nas leis de orçamento anuais e constituem verdadeira autorização para realizar as despesas (gastar dinheiro). A lei de orçamento anual, que contém os créditos orçamentários (e correspondentes dotações orçamentárias), tem vigência entre 01 de janeiro e 31 de dezembro.

Com referência ao exercício financeiro, a Lei contempla duas regras:

a) contratos com duração inferior ao exercício financeiro: para o caso de contratos que tenham duração inferior àquela do exercício financeiro, deve haver a indicação expressa do crédito orçamentário pelo qual vai correr a despesa contratual. Esta condição é de baixa complexidade. Os créditos orçamentários estão contidos na Lei de Orçamento Anual, cabendo à Administração tão somente nela identificar e apontar aqueles que suportarão a despesa contratual, de acordo com a respectiva categoria de despesa;

b) contratos com duração superior ao exercício financeiro – a questão da previsão no plano plurianual – PPA: questão mais complexa diz respeito a contratos que terão duração superior ao exercício financeiro. A Lei de Orçamento Anual não contempla receita e despesas de exercícios futuros, mas apenas do corrente exercício. E, muitas necessidades administrativas somente podem ser atendidas mediante celebração de contratos com duração que supera o exercício financeiro, seja em razão do prazo original, seja em razão da possibilidade de prorrogações de prazo. Desta feita se terá previsão orçamentária em Lei para as despesas do exercício, mas não se terá para cobertura de despesas futuras.

Há duas condições legalmente estabelecidas (art. 105) para a celebração de contratos que terão prazo superior ao exercício financeiro: (i) comprovação de disponibilidade futura de créditos orçamentários para atender à despesa; e (ii) comprovação de previsão da despesa no plano plurianual.

A disponibilidade futura de créditos orçamentários demanda avaliação de potencialidade e de probabilidade de previsão futura, na Lei de Orçamento dos exercícios subsequentes de créditos para cobrir as despesas do contrato. A lógica é singela. Créditos orçamentários relativos a despesas permanentes e indispensáveis da Administração, com certa margem de segurança, serão contemplados nas leis orçamentárias futuras, em juízo de previsibilidade objetiva e com fundamento nas contratações anteriormente realizadas.

Questão complexa decorre da exigência de que exista previsão da despesa no plano plurianual como condição para celebrar contratos com vigência superior ao exercício financeiro. "O plano plurianual é o documento legal que planeja, de forma prospectiva, os gastos, os investimentos governamentais a médio e longo prazo".[144] Trata-se de lei ordinária editada nos termos do artigo 165, §1º, da Constituição Federal, para viger por quatro anos: "a lei que instituir o plano plurianual estabelecerá, de forma regionalizada, as diretrizes, objetivos e metas da administração pública federal para as despesas de capital e outras delas decorrentes e para as relativas aos programas de duração continuada". Marco Antonio Hatem Beneton, acerca dos dispositivos constitucionais que tratam do PPA, esclarece:

> Os dispositivos dizem, na prática, o seguinte: os planos de desenvolvimento são leis ordinárias; essas leis vigoram durante um período (quatro anos); esses planos são vetores que indicam em que se dará o investimento (despesas de capital); o que se pretende alcançar e em que quantidade; o que será preciso para mantê-los em atividade e quais serão os programas de duração continuada, ou seja, que passam de um para outro exercício financeiro (...)
> De outra parte, ficou assentado que a lei do PPA inicia o ciclo orçamentário. Nesse ciclo, o PPA deve estabelecer diretrizes, estratégias, objetivos e programas de ação governamental e, no que tange às metas, o PPA deve estar voltado à quantificação física e à obtenção de resultados compatíveis com a dinâmica do planejamento, sendo estimativos os valores que projeta, não sendo limitadores das despesas futuras. O PPA serve ainda, de base de orientação par a elaboração do projeto de LDO e, indiretamente, do projeto de lei orçamentária. O PPA é a fonte de orientação da LDO e da LOA. Estas leis são intermediárias do PPA.[145]

O plano plurianual contempla autorização legislativa para as ações estatais de médio e longo prazo, que não podem ser iniciadas e concluídas em um único exercício orçamentário, para as quais seria insuficiente, sob o prisma do princípio da legalidade, a previsão em norma de vigência anual como é a lei de orçamento. Trata-se o PPA de verdadeiro compromisso estatal, de cunho programático, com relação a programas, projetos ou atividades que integram um determinado plano de ação estatal.

Enquanto o PPA é instrumento de planejamento de médio e de longo prazo, a lei de diretrizes orçamentárias e a lei de orçamento anual constituem, entre outras funções, instrumentos de planejamento de curto prazo – um determinado exercício orçamentário e financeiro. A lei de diretrizes orçamentárias, diz o artigo 165, §2º, da Constituição Federal, "compreenderá as metas e prioridades da administração pública federal, incluindo as despesas de capital para o exercício financeiro subseqüente, orientará a elaboração da lei orçamentária anual, disporá sobre as alterações na legislação tributária e estabelecerá a política de aplicação das agências financeiras oficiais de fomento". No plano do planejamento administrativo, a LDO opera com metas e prioridades para o exercício subsequente àquele em que foi editada. Por seu turno, a lei de orçamento anual é, essencialmente, instrumento de planejamento elaborado a partir de disposições normativas contidas no PPA e na LDO e, nesse sentido, contempla os programas, projetos e atividades que devem ser executados no exercício subsequente ao que foi editado.

---

[144] BENETON, Marco Antônio Hatem. *Plano plurianual, os contratos administrativos e a teoria do diálogo das fontes*: orçamentos públicos e Direito Financeiro. São Paulo: Revista dos Tribunais, 2011. p. 605.

[145] *Op. cit.*, p. 606.

Há, pois, indissociável e umbilical vínculo jurídico entre o PPA, a LDO e a LOA. A preocupação do legislador foi a de garantir que não ocorram contratações públicas sem um consistente planejamento orçamentário e financeiro.

Evidente que toda e qualquer administração, pública ou privada, está sujeita a fatores supervenientes e alheios à vontade do administrador que, alterando a realidade empírica ou os contextos e conjunturas socioeconômicos, podem inviabilizar o mais consistente dos planejamentos. Porém, a inclusão de determinado programa, projeto ou atividade no PPA reduz os riscos inerentes aos fatores que estão à disposição e sob certo controle da Administração Pública, conferindo certa margem de segurança em relação às futuras ações estatais e ao seu custeio.

Esse vínculo de pertinência lógica entre os instrumentos orçamentários e a concreta necessidade de ajuste e adequação da realidade de certas contratações e a realidade orçamentária foi objeto de consideração pelo legislador para autorizar que contratos cuja execução demande prazo superior àquele de vigência dos créditos orçamentários pudessem ser celebrados sem solução ou ruptura de continuidade, o que poderia produzir lesões irreparáveis ao interesse público.

Pode-se afirmar, inclusive, que a Administração Pública seria inviável sem a outorga para celebração de determinados contratos cuja duração não pudesse extrapolar a vigência do crédito orçamentário.

Com efeito, não se pode deixar de admitir que há inúmeros objetos que demandam ser contratados com particulares, de obras a serviços, que são indispensáveis à satisfação das necessidades públicas e cuja execução se protrai necessariamente no tempo, a demandar tempo de conclusão que supera, por vezes em muito, a autorização legislativa contida na lei de orçamento anual. Não seria lógico, tampouco razoável, que inexistisse autorização legislativa para a contratação de certos objetos pelo prazo necessário e suficiente para a sua execução – obras públicas, por exemplo – e que somente pudessem ser contratos por um prazo legalmente determinado, desvinculado e descolado do mundo dos fatos e da realidade do mercado em que se inserem.

Uma referência relevante para aferir se um objeto contratual é compatível com o plano plurianual é a norma contida no art. 16, §1º, II da Lei Complementar nº 101 que indica como compatível com ele (PPA) a "despesa que se conforme com as diretrizes, objetivos, prioridades e metas previstos nesses instrumentos e não infrinja qualquer de suas disposições". Compatibilidade com o PPA, aponta a Lei, não equivale a previsão expressa, mas apenas conformidade, em sentido amplo.

Portanto, todo programa, projeto ou atividade que estiver contemplado no PPA pode ser objeto de contratos cuja vigência extrapole a vigência do crédito orçamentário. Tais contratos invariavelmente serão contratos de execução imediata, ou, como também se usa denominar, contratos de escopo. O prazo contratual, nessa hipótese, será o prazo necessário para a execução integral do escopo ou objeto necessário à satisfação do interesse público.

Entretanto, é de se considerar que o PPA não contempla, nem lhe compete, todas as potenciais despesas de natureza contratual que a Administração Pública pode demandar. Cite-se, como exemplos, as despesas com contratações de serviços instrumentais, acessórios ou complementares (limpeza, vigilância, entre outros).

Eventualmente, se poderá relacionar a contratação de um serviço desta natureza, como instrumental, acessório ou complementar a algum programa previsto expressamente no plano plurianual. Mas certamente não haverá tal correlação direta entre todos os objetos contratuais necessários para atender demandas públicas e o conteúdo do plano plurianual.

Em avaliação reflexiva sob o prisma do diálogo das fontes, ou mediante ajustada interpretação sistemática, é de se concluir que:

(i) Na hipótese de necessidade de celebração de contrato por prazo superior ao exercício financeiro, a Administração deve indicar os créditos orçamentários relativos ao exercício corrente.[146]

(ii) Deve ser analisado o PPA a que se sujeita o órgão ou entidade e verificada a possível relação entre a despesa que se pretende contratar e algum programa ou projeto nele previsto. Caso existente tal relação, deve haver a indicação do programa no processo da contratação a subsidiar a fixação do prazo plurianual;

(iii) A inexistência de previsão da despesa do futuro contrato, expressamente, no PPA, não impede a fixação de duração da relação contratual por prazo superior ao do exercício financeiro;

(iv) em atenção ao diálogo das fontes, deve-se interpretar a norma prevista no art. 105 da Lei nº 14.133/21, no que diz com a necessidade de previsão da despesa contratual no PPA, que será devida a indicação, desde que exista a previsão de dita despesa no plano. Assim deve ser. Não é defensável que a Administração seja privada de contratações plurianuais essenciais, como de serviços complementares, acessórios ou instrumentais, sob o argumento de que não estão previstos no plano plurianual.

Sob outro prisma, é possível defender que todas as contratações com duração superior ao exercício financeiro são necessárias e indispensáveis (do contrário não poderiam ser realizadas!) para o funcionamento eficiente da Administração, e, pois, para, em sentido amplo, cumprir os programas e projetos fixados no plano plurianual.

Interpretação que não se pode adotar, pena de inviabilização da Administração Pública, é no sentido de que, se não puder ser realizada uma relação, direta ou indireta,

---

[146] Confira-se:
Acórdão TCU AC nº 0752-24/03-P:
"9.1. determinar à Companhia Docas do Rio de Janeiro – CDRJ que:
9.1.3 inclua em seus contratos administrativos cláusula necessária que mencione o crédito pelo qual correrá a despesa, com a indicação da classificação funcional programática, conforme disposto no art. 55, §1º da Lei nº 8.666/93;
9.1.4 limite a duração de seus contratos administrativos ao respectivo exercício orçamentário, atendendo ao estatuído no art. 57, 'caput', da Lei 8.666/93;"
Acórdão TCU Nº AC-0367-09/07-P:
"11. Quanto às falhas relacionadas nas alíneas a a c do item 2 retro, (falta de data no instrumento; estabelecimento de vigência de 24 meses, em desacordo com o art. 57 da Lei nº 8.666/1993 caput; ausência de indicação da fonte de recursos orçamentários e de especificação das condições de pagamento) compreende que se revestem de natureza formal, razão pela qual cabe apenas determinação no sentido de preveni-las em outras oportunidades. ACORDAM os Ministros do Tribunal de Contas da União, reunidos em..
9.4. determinar, com base no art. 43, inciso I, da Lei nº 8.443/1992, ao Instituto Goiano de Defesa Agropecuária – Igap que, nos próximos procedimentos licitatórios envolvendo recursos federais, cumpra os ditames da Lei nº 8.666/1993, notadamente quanto:
9.4.1. ao estabelecimento de duração dos contratos adstrita à vigência dos respectivos créditos orçamentários (art. 57, caput);
9.4.2. à indicação da fonte de recursos orçamentários e à especificação das condições de pagamento, (arts. 14 e 40, inciso XIV, respectivamente);"

da despesa contratual plurianual com o plano plurianual, restaria inviabilizada a contratação.

6.2.2 Elemento técnico para definição do prazo de vigência contratual

A definição do prazo de vigência contratual pode ter que atender também a critérios técnicos. É preciso aferir qual o período de tempo necessário para que o contratado satisfaça a necessidade administrativa, ou qual o período de tempo no qual a Administração pretende seja prestado o serviço. Essa definição depende da natureza do contrato.

Em se tratando de contrato de execução imediata, ou contratos por escopo, nos quais há um objeto certo e definido que ao ser realizado esgota a necessidade pública, a definição da vigência do contrato tem estreito e direto vínculo com o prazo necessário para a execução integral do escopo ou objetivo principal, central ou primário, que constitui o especial fim para o qual se dará a contratação. Nesse caso, pode-se referir a uma potencial e objetiva distinção entre prazo de vigência e prazo de execução.

Prazo de execução é aquele estabelecido pela Administração Pública dentro do qual o contratado deverá realizar integralmente o especial fim para o qual se deu a contratação ou o seu objeto central e principal. Pode ou não haver coincidência entre o prazo de vigência e o prazo de execução do escopo, a depender de análises administrativas objetivas que podem indicar num ou noutro sentido.

Nessa espécie de contratos, os contratos de execução imediata ou de escopo, a Administração Pública estabelece o prazo de vigência em razão da duração necessária para o cumprimento do escopo contratual (prazo de execução).

O elemento técnico é central: a natureza técnica do objeto, os projetos e especificações técnicas serão determinantes para identificar o prazo adequado de execução a ser fixado no edital e no contrato. Assim, características técnicas do objeto constituem parâmetro inafastável para a definição do prazo de execução e do prazo de vigência do contrato.

No caso dos denominados contratos de execução continuada ou contratos por prazo, o elemento técnico não é significativo para a definição do prazo de vigência contratual. Nos contratos de execução continuada ou por prazo, embora, por evidente, haja um objeto contratual específico, diversamente do que ocorre no caso dos contratos de execução imediata, esse objeto dirige-se a atender uma necessidade permanente da Administração Pública. A execução contratual nos contratos de execução continuada não faz desaparecer a necessidade, que remanesce mesmo após a expiração do prazo contratual. Vê-se que, nessa hipótese, se as características técnicas do objeto da contratação são relevantes para o atendimento satisfatório da necessidade administrativa, não o são para a definição do prazo de vigência do contrato.

O Tribunal de Contas da União exarou interessante acórdão sobre vigência de contrato administrativo de escopo. Para a Corte de Contas, um contrato de execução imediata ou de escopo somente expira quando o produto da contratação tiver sido integral e satisfatoriamente realizado e recebido pela Administração:

> *Nos contratos por escopo, inexistindo motivos para sua rescisão ou anulação, a extinção do ajuste somente se opera com a conclusão do objeto e o seu recebimento pela Administração, diferentemente*

dos ajustes por tempo determinado, nos quais o prazo constitui elemento essencial e imprescindível para a consecução ou a eficácia do objeto avençado.

Tomada de Contas Especial originada da conversão de autos de Representação apurou dano ao erário na retomada das obras de construção de rodovia vicinal no município de Maranguape/CE, de responsabilidade do Departamento Nacional de Obras Contra as Secas (Dnocs). Segundo o relator, "a irregularidade principal foi o reinício das obras em 21.08.2007 (paralisadas em 23.04.2002), com a utilização do projeto original de 2001, apesar de se ter conhecimento das significativas alterações ocorridas na região em virtude da construção de um açude e de uma agrovila. Essa inadequação gerou o rompimento de bueiros e outras passagens de água da rodovia". Realizado o contraditório, o relator consignou que tanto a unidade instrutiva quanto o Ministério Público junto ao TCU acreditavam ser possível a retomada da avença "por se tratar de contrato por escopo, cuja extinção ocorreria apenas com a conclusão do objeto". Nessa linha reproduziu o relator excertos de duas deliberações do Plenário, dentre as quais o Acórdão 5466/2011-Segunda Câmara, no qual é reproduzido trechos do voto condutor da Decisão 732/1999-Plenário, com o seguinte teor: "No entanto, ao meu ver, inexistindo motivos para sua rescisão ou anulação, a extinção de contrato pelo término de seu prazo somente se opera nos ajustes celebrados por tempo determinado, nos quais o prazo constitui elemento essencial e imprescindível para a consecução ou eficácia do objeto avençado, o que não é o caso do contrato firmado pelo DER/MG, no qual a execução prévia é o seu objetivo principal. Dessa forma, não havendo motivos para a cessação prévia do ajuste, a extinção do contrato firmado com o DER/MG operar-se-ia apenas com a conclusão de seu objeto e recebimento pela Administração, o que ainda não ocorreu". Constatando a inexistência nos autos de notícias sobre a rescisão do ajuste, concluiu o relator que, para o caso em exame, "a reativação do contrato pode ser aceita como legítima, com o consequente acolhimento das alegações de defesa dos responsáveis, tendo em vista a natureza do seu objeto e o fato de que, conforme as informações disponíveis, a suspensão da execução não foi causada pela contratada". Considerou, contudo, "indevida a utilização do projeto original, ignorando as alterações físicas consideráveis ocorridas na região antes da retomada das obras". Nesses termos, considerando a ausência de elementos suficientes para a quantificação do dano, o Plenário, acompanhando o voto do relator, julgou irregulares as contas dos responsáveis, aplicando-lhes a multa capitulada no art. 58, inciso III, da Lei 8.443/92 (Acórdão nº 1674/2014-Plenário, TC nº 033.123/2010-1, relator Ministro José Múcio Monteiro, 25.06.2014).

Nos termos da decisão supracitada, o término do prazo estabelecido no contrato somente produz a extinção dos contratos de execução continuada ou por prazo. Nos contratos por escopo ou de execução imediata, o término do prazo fixado no termo contratual não implica a extinção da avença, que somente ocorrerá quando da conclusão do objeto específico.

Esta solução manifestada pelo Tribunal de Contas da União foi contemplada expressamente pela Lei nº 14.133/21: "na contratação que prever a conclusão de escopo predefinido, o prazo de vigência será automaticamente prorrogado quando seu objeto não for concluído no período firmado no contrato" (art. 111).

Embora se deva convir que essa interpretação e a solução legal possam ser bastante úteis para a revigoração de contratos de escopo cujo prazo espirou sem conclusão de objeto, não parece juridicamente a mais acertada.

Mesmo em contratos de execução imediata ou por escopo, o término do prazo nele fixado produz a extinção da avença, pena de, sob entendimento diferente, admitir-se a possibilidade de contratos de execução imediata com prazo indeterminado. Pela lógica sustentada pelo Tribunal de Contas da União no referido acórdão, e adotada na Lei, terminado o prazo de vigência sem conclusão do escopo, o contrato torna-se por prazo indeterminado, podendo ter a vigência necessária à conclusão do escopo.

O mais adequado seria admitir que, expirado o prazo de vigência contratual, expira a própria relação contratual. Reputa-se que, caso não concluído o escopo do contrato, o contrato foi extinto sem que o objeto tenha sido regular e corretamente executado, com as consequências advindas dessa situação jurídica.

De toda sorte, nesta hipótese, deveria a Administração (i) apurar a responsabilidade pela inexecução do objeto contratual no período de vigência do contrato; (ii) indagar acerca do interesse na conclusão do escopo do contrato; (iii) celebrar nova contratação destinada à conclusão da parte remanescente da execução contratual, precedida ou não de licitação, conforme o caso autorizar. Contudo, não foi esta a opção legislativa.

6.2.3 Elemento econômico-financeiro e orçamentário para a definição do prazo de vigência

Além do ajuste à lei e às características técnicas do objeto, o elemento econômico-financeiro e orçamentário é decisivo para a correta fixação do prazo de vigência do contrato. É preciso que a duração do contrato amolde-se à capacidade econômico-financeira e orçamentária da organização pública.

Seja no tocante aos contratos de execução imediata, seja no tocante aos contratos de execução continuada, as reservas e disponibilidades econômicas, financeiras e orçamentárias influem diretamente na definição do prazo de vigência do contrato.

Por exemplo: caso o orçamento do órgão ou entidade contenha dotação orçamentária suficiente para arcar com apenas 6 (seis) meses de execução contratual, a duração do contrato não pode ser superior a tal prazo, por óbvio.

6.3 Configuração de contratos plurianuais – contratos de prestação de serviços contínuos e contratos de fornecimentos contínuos

A Lei nº 14.133/21 é sensível a particularidades das necessidades administrativas a serem supridas pela via contratual. Existem certos contratos, envolvendo objetos específicos, que não podem ser celebrados para viger no restrito período da vigência do crédito orçamentário, sob pena de grave prejuízo ao interesse público. Esses contratos, devido à sua peculiar natureza e essencialidade, podem ser celebrados por prazo superior ao exercício financeiro.

6.3.1 Contratos plurianuais

A Administração Pública pode celebrar contratos com duração de até 5 (cinco anos), denominados contratos plurianuais, no caso de objeto envolvendo serviços contínuos ou fornecimentos contínuos.[147]

Há autorização legal, assim, para que a duração contratual seja originalmente fixada em até 5 (anos). Esta disposição destina-se a possibilitar o ajuste do prazo contratual às particularidades e peculiaridades do mercado em que se insere o objeto do futuro contrato, e, eventualmente, possibilitar a ampliação da competitividade.

Com efeito, se considerados os investimentos privados necessários à execução de certos contratos públicos, a definição do prazo inicial em apenas 12 meses (por exemplo) pode tornar sem atrativos a participação na disputa licitatória ou em processo de contratação direta. Certos investimentos, pela magnitude, demandam certa previsibilidade de prazos contratuais mais amplos para que possa haver a devida amortização ao longo do tempo. Trata-se, assim, de uma disposição legal que possibilita maior maleabilidade no que diz respeito com a fixação do prazo inicial de vigência contratual, que pode originariamente superar o exercício financeiro.

Podem ter vigência plurianual diversas espécies de relação contratual, por hipótese, os contratos de prestação de serviços contínuos, os contratos de fornecimentos contínuos, os contratos de aluguel de equipamentos e os contratos para utilização de programas de informática (art. 106, §2º). Por evidente, certos contratos de escopo, em razão de sua peculiar natureza, poderão ter vigência superior ao exercício financeiro e serão, assim, plurianuais.

6.3.2 Contratos de prestação de serviços a serem executados de forma contínua

Contratos de prestação de serviços, diz-se, são aqueles que conjugam uma obrigação de fazer e uma necessidade permanente. Para Orlando Gomes, obrigação é "um vínculo jurídico em virtude do qual uma pessoa fica adstrita a satisfazer uma prestação em proveito da outra".[148]

Todo serviço é caracterizado por constituir uma obrigação com peculiar natureza de fazer. Obrigação de fazer é o vínculo jurídico pelo qual alguém, por força de lei, de contrato ou por ato de vontade própria, com natureza prestacional, deve executar materialmente, em favor de outrem (ou de si próprio, como no caso de certas obrigações de consciência de índole moral), determinada função, missão ou tarefa suscetível de avaliação econômica ou não, normalmente caracterizada como um serviço.

---

[147] Art. 106. A Administração poderá celebrar contratos com prazo de até 5 (cinco) anos nas hipóteses de serviços e fornecimentos contínuos, observadas as seguintes diretrizes:
I - a autoridade competente do órgão ou entidade contratante deverá atestar a maior vantagem econômica vislumbrada em razão da contratação plurianual;
II - a Administração deverá atestar, no início da contratação e de cada exercício, a existência de créditos orçamentários vinculados à contratação e a vantagem em sua manutenção;
III - a Administração terá a opção de extinguir o contrato, sem ônus, quando não dispuser de créditos orçamentários para sua continuidade ou quando entender que o contrato não mais lhe oferece vantagem.

[148] GOMES, Orlando. *Obrigações*. 17. ed. São Paulo: Forense, 2009. p. 15.

É toda a atividade material, de cunho prestacional, pela qual o devedor se obriga a realizar algo no mundo dos fatos, produzindo ou não coisa nova, modificando ou não coisa já existente. Roxana Cardoso Brasileiro Borges aponta o conceito e as características de uma obrigação de fazer:

> A obrigação de fazer (obligatio faciendi) é uma obrigação negocial que tem por objeto uma prestação positiva, assim como a obrigação de dar, ou seja a prestação objeto da obrigação consiste numa conduta comissiva do devedor. Mas, ao contrário da obrigação de dar, em que o devedor deve prestar coisa, na obrigação de fazer há prestação de fato: a conduta devida é uma atividade, um fazer, não simplesmente entregar coisa já existente. Excetuando-se a conduta de meramente dar, o restante das condutas comissivas é fazer. Senão, tudo seria fazer, pois sempre se exige uma conduta humana.[149]

Para Caio Mário da Silva Pereira, a obrigação de fazer se "concretiza genericamente em um ato do devedor(...) e muito frequentemente a *obligatio faciendi* reduz-se a uma prestação de trabalho".[150]

Nem sempre a distinção entre uma obrigação de dar e uma obrigação de fazer é simples, conquanto seja fundamental. Isso porque, como bem expressado por Roxana Cardoso Brasileira Borges, "há situações, contudo, em que a prestação objeto da obrigação de fazer envolve não apenas o simples fazer, mas, também, em algum momento, acaba exigindo do devedor uma ação de dar. Há casos em que, para dar a coisa, o devedor a tem que fazer ou nela fazer algo e casos em que, para cumprir o fazer, ele tem que dar alguma coisa ou entregar a coisa feita. São hipóteses de prestações mistas, em que dar e fazer são indispensáveis para o cumprimento da obrigação".[151]

Um critério doutrinariamente sustentado para proceder à distinção é o da preponderância ou da predominância. De acordo com esse critério, para aferir se está-se diante de uma obrigação de fazer ou de uma obrigação de dar, é preciso constatar qual é a essência fundamental do adimplemento da obrigação. Se a essência, o principal a ser cumprido for uma atividade (fato), ainda que haja a obrigação de dar algo (coisa), está-se diante de uma obrigação de fazer. Do contrário, se a essência, o principal a ser cumprido for a entrega de algo (coisa), está-se diante de uma obrigação de dar.

Outro aspecto relevante para fins de distinção é o objeto principal da relação obrigacional. Independentemente de haver, para a satisfação integral da obrigação, o encargo de dar ou entregar algo pronto, se o objeto principal pactuado (o núcleo essencial – o que de fato atenderá à necessidade administrativa) for uma atividade (fato), ter-se-á uma obrigação de fazer. Pode-se ainda fazer alusão à obrigação principal e obrigação acessória. Se o conteúdo material nuclear do objeto da contratação for a realização de uma atividade (fato), esta será a obrigação principal, que, para ser integral e satisfatoriamente cumprida, pode demandar a entrega de algo pronto, realizado pelo devedor principal ou por terceiro (coisa), que constitui uma obrigação acessória.

---

[149] BORGES, Roxana Cardoso Brasileiro. Obrigações de fazer e de não fazer. *In*: LOTUFO, Renan; NANNI, Giovanni Ettore (Coord.). *Obrigações*. São Paulo: Atlas, 2011. p. 121.

[150] PEREIRA, Caio Mário. *Instituições de Direito Civil*: teoria geral das obrigações. 20. ed. Rio de Janeiro: Forense, 2003. v. II. p. 58.

[151] *Op. cit.*, p. 121.

Enfim, serviços podem ser definidos como as atividades materiais ou intelectuais (com cunho de obrigação de fazer) orientadas à satisfação de uma necessidade objetivamente aferível, própria ou de terceiro.

Essas atividades materiais ou intelectuais (serviços) que constituem as obrigações de fazer contratadas pela Administração Pública podem ser necessárias para atender necessidades tópicas e específicas, circunstanciais e transitórias. Realizada a atividade material ou intelectual que caracteriza o serviço, a necessidade desaparece, ou pelo menos desaparece no que diz com os seus traços originais.

Quando a necessidade pública é integralmente satisfeita com a realização da atividade, material ou intelectual, e plenamente satisfeito o interesse público almejado quando da contratação, tem-se um contrato de prestação de serviços de execução imediata ou de escopo. A título de exemplo, pode-se referir a um serviço de limpeza após a conclusão de uma obra; à elaboração de um parecer técnico ou jurídico; ou ao conserto de um equipamento de informática.

Há outras situações nas quais as atividades materiais ou intelectuais que particularizam certos serviços revestem-se de inevitabilidade no que tange à satisfação daquilo que é premente para a Administração Pública. São atividades cuja ausência ou interrupção, portanto, quando não desenvolvidas de forma duradoura, frequente ou constante, ocasionam o atendimento precário ou insuficiente das necessidades públicas (podendo até mesmo produzir a paralisação do funcionamento regular de órgão ou entidade pública), com repercussão possível em diversas dimensões do interesse público, inclusive na prestação de serviços públicos essenciais. Tais situações caracterizam a denominada necessidade permanente da Administração Pública.

Necessidade permanente é o outro vetor do serviço contínuo também no entendimento do Tribunal de Contas da União, "o caráter contínuo de um serviço é determinado por sua essencialidade para assegurar a integridade do patrimônio público de forma rotineira e permanente ou para manter o funcionamento das atividades finalísticas do ente administrativo, de modo que sua interrupção possa comprometer a prestação de um serviço público ou o cumprimento da missão institucional".[152]

Se a necessidade pública, com caráter duradouro e frequente, para ser satisfeita a contento, exigir uma prestação com natureza de obrigação de fazer, estar-se-á diante de um contrato de prestação de serviços contínuos, que pode ser objeto de contratações plurianuais.

Registre-se que a Lei nº 14.133/21 conceitua serviço como "atividade ou conjunto de atividades destinadas a obter determinada utilidade, intelectual ou material, de interesse da Administração" (art. 6º, XI) e serviços contínuos como serviços contratados pela Administração Pública para a manutenção da atividade administrativa, decorrentes de necessidades permanentes ou prolongadas" (art. 6º, XV).

Por definição legal, assim, os serviços contínuos não abarcam somente necessidades permanentes (que não se exaurem), mas também necessidades prolongadas (de longa duração, embora exauríveis em algum momento).

---

[152] Acórdão TCU nº 132/08 – Plenário.

Conceito interessante de serviços contínuos que pode auxiliar na dedução desta espécie contratual para fins de fixação de duração do respectivo contrato é aquele previsto na Instrução Normativa nº 05/2017 da Secretaria de Gestão do Ministério do Planejamento, Desenvolvimento e Gestão: "os serviços prestados de forma contínua são aqueles que, pela sua essencialidade, visam atender à necessidade pública de forma permanente e contínua, por mais de um exercício financeiro, assegurando a integridade do patrimônio público ou o funcionamento das atividades finalísticas do órgão ou entidade, de modo que sua interrupção possa comprometer a prestação de um serviço público ou o cumprimento da missão institucional" (art. 15).

Sobre os contratos de prestação de serviços:
(i) envolvem atividades usuais, comuns e rotineiras que são indispensáveis ao bom funcionamento da Administração Pública;
(ii) a caracterização de um serviço como contínuo nem sempre é uma atribuição fácil de ser cumprida. Nessa categoria de atividades situam-se, por exemplo, os serviços com dedicação exclusiva de mão de obra, como de vigilância, manutenção predial e de veículos, ou de limpeza, que serão tratados quando da análise particularizada de certas espécies de contratação pública.

Pelo entendimento do Tribunal de Contas da União, a caracterização de um serviço como contínuo é deduzida do caso concreto e das particularidades e especificidades das funções exercidas por cada um dos órgãos e entidades públicos. Assim, um determinado serviço pode ser considerado de natureza contínua para um certo órgão ou entidade, e não o ser para outro:

> *Representação. Contrato. Serviços contínuos. Duração. A definição como serviço de caráter contínuo deverá ser efetivada a partir da análise de cada caso concreto e de acordo com características e necessidades da instituição contratante.*
>
> A natureza do serviço, sob o aspecto da execução de forma continuada ou não, questão abordada no inciso II, do art. 57, da Lei nº 8.666/1993, não pode ser definida de forma genérica, e sim vinculada às características e necessidades do órgão ou entidade contratante.
> 24. Enfim, outra falta apontada pela unidade técnica consistiria na possibilidade de o contrato ser sucessivamente prorrogado até o limite de sessenta meses, com fundamento no art. 57, inciso II, da Lei nº 8.666, de 21 de junho de 1993, em desacordo com determinação efetivada ao Confea por este Tribunal mediante Acórdão 1386/2005 – Plenário, ante o entendimento de que a prestação de serviços de publicidade não tem natureza contínua.
> 25. Quanto a este aspecto, ressalto posicionamento já adotado pelo Plenário do TCU no sentido de que a natureza de um serviço, se executado de forma contínua ou não, não pode ser definida de forma genérica, e sim vinculada às características e às necessidades do órgão ou entidade contratante. Isso se aplica às ações de publicidade: a sua definição como serviço de caráter contínuo deverá ser efetivada a partir da análise de cada caso concreto. Nesse enfoque, cito os Acórdãos 35/2000 – Plenário e 132/2008 – 2ª Câmara.
> 26. Ao analisar o objeto da licitação, com foco no edital e em seus anexos, em especial no Anexo 1 (fls. 32/56, Anexo 1), e, a partir da percepção da natureza da entidade, com funções, dentre outras, de normatização, de controle, e de julgamento em última instância administrativa de petições envolvendo o exercício das profissões regulamentadas vinculadas ao Sistema Confea/Crea, integradas por mais de 800.000 profissionais registrados, 200.000 empresas da área tecnológica e 27 Conselhos Regionais, e do detalhamento dos serviços

de publicidade e mídia que são desenvolvidas ao longo do ano, verifico que tais ações se revestem do caráter de continuidade para o Confea.

27. Ressalto que na ocasião em que foi prolatada a referida determinação não foi efetivada análise específica acerca da necessidade daqueles serviços para aquela entidade, se de forma permanente ou esporádica. A análise realizada naquele caso concreto foi pontual e abrangeu a questão das prorrogações contratuais então realizadas à revelia das prescrições editalícias. (AC nº 4614-39/08-2)

Recurso de Reconsideração. Contrato. O caráter contínuo de um serviço é determinado por sua essencialidade para assegurar a integridade do patrimônio público de forma rotineira e permanente ou para manter o funcionamento das atividades finalísticas do ente administrativo, de modo que sua interrupção possa comprometer a prestação de um serviço público ou o cumprimento da missão institucional.

24. Alega a Transpetro que não existe legislação a ela aplicável que vede a prorrogação de contratos de serviços de qualquer natureza.

25. Mais uma vez, trata-se da questão da sujeição da empresa à Lei 8666/1993, matéria já exaustivamente examinada e que não merece ser novamente debatida.

26. Ocorre, porém, que a determinação criticada faz expressa menção, como exemplo de contrato de serviço que não possui natureza continuada, ao fornecimento de passagens aéreas.

27. Ao examinar este ponto, a unidade técnica baseou-se nos acórdãos da 2ª Câmara 87/2000 e 206/2002, em que se considerou que o serviço acima mencionado não teria características de continuidade.

28. Sem pretender reabrir a discussão das conclusões obtidas naqueles casos concretos, chamo a atenção para o fato de que a natureza contínua de um serviço não pode ser definida de forma genérica. Deve-se, isso sim, atentar para as peculiaridades de cada situação examinada.

29. Na realidade, o que caracteriza o caráter contínuo de um determinado serviço é sua essencialidade para assegurar a integridade do patrimônio público de forma rotineira e permanente ou para manter o funcionamento das atividades finalísticas do ente administrativo, de modo que sua interrupção possa comprometer a prestação de um serviço público ou o cumprimento da missão institucional.

30. Nesse sentido, pode-se entender, por exemplo, que o fornecimento de passagens aéreas é serviço contínuo para o TCU, já que sua suspensão acarretaria a interrupção das atividades de fiscalização ínsitas ao cumprimento da missão desta Corte.

31. Na mesma linha de raciocínio, pode-se também considerar que o mesmo serviço tem natureza contínua para uma instituição federal de ensino superior, já que as bancas de exame de teses de mestrado e de doutorado exigem a participação de professores de outras instituições e, assim, a impossibilidade de fornecimento de passagens aéreas poderia inviabilizar a própria pós-graduação a cargo daquelas entidades.

32. O mesmo não ocorreria, no entanto, com um órgão judicial cujos integrantes não tivessem necessidade de deslocar-se freqüentemente por avião para oferecerem a prestação jurisdicional. Em tal situação, o serviço em foco não seria contínuo, já que não seria essencial à permanência da atividade finalística.

33. De igual modo, um serviço de vigilância permanente de instalações deve ser considerado contínuo, posto que sua cessação colocaria em risco a integridade daquele patrimônio.

34. Isso não ocorre, entretanto, com um serviço de vigilância contratado para um evento específico, de duração determinada, que, por seu caráter eventual, não pode ser considerado contínuo (AC nº 0132-02/08-2).

Representação. Pregão Eletrônico. Prestação de serviços especializados de prevenção e de combate a incêndio e a pânico, de treinamento da brigada voluntária, com disponibilização dos materiais de primeiros socorros, por meio de BPC – bombeiro profissional civil. Contratação pelo prazo de 24 (vinte e quatro meses). Considerações sobre prazo de vigência do contrato. Serviços de natureza contínua. Justificativa. Adequação.

2. No mérito, entendo que os esclarecimentos trazidos a lume pelo responsável são suficientes para afastar as supostas irregularidades aventadas pela representante, razão pela qual acolho a análise efetuada pela unidade técnica, sem prejuízo de tecer algumas considerações adicionais.

3. O art. 57, inciso II, da Lei nº 8.666/1993 dispõe o seguinte:

Art. 57. A duração dos contratos regidos por esta Lei ficará adstrita à vigência dos respectivos créditos orçamentários, exceto quanto aos relativos:

II – à prestação de serviços a serem executados de forma contínua, que poderão ter a sua duração prorrogada por iguais e sucessivos períodos com vistas à obtenção de preços e condições mais vantajosas para a administração, limitada a sessenta meses;

4. Quanto aos serviços de natureza continuada, trago à colação excerto do relatório que precedeu o Acórdão nº 1.382/2003-TCU-1ª Câmara, de relatoria do eminente Ministro-Substituto Augusto Sherman Cavalcanti, que assim discorreu sobre a questão:

"12. A definição de serviços de execução continuada é encontrada na IN/MARE nº 18/97 como sendo 'aqueles serviços auxiliares, necessários à Administração para o desempenho de suas atribuições, cuja interrupção possa comprometer a continuidade de suas atividades e cuja contratação deva estender-se por mais de um exercício financeiro.'

13. Percebe-se que a IN/MARE nº 18/97 não relacionou quais seriam os serviços de execução continuada. Sobre essa questão, numa análise que serviu de fundamento para o Acórdão nº 551/2002 – 2.ª Câmara, esta Secretaria de Recursos teceu algumas considerações afirmando que a lei não elenca quais seriam os serviços continuados e que a sua definição só é encontrada nos compêndios doutrinários. Mesmo assim, esses autores somente oferecem os exemplos clássicos de serviços contínuos como limpeza, vigilância e alimentação. Essa instrução buscou arrimo na doutrina de Jessé Torres (in 'Comentários à Lei de Licitações e Contratações da Administração Pública', Ed. Renovar, 1994, págs. 349/351), onde o autor afirma que a prestação de serviços de execução contínua é aquela cuja falta paralisa ou retarda o serviço de sorte a comprometer a correspondente função estatal ou paraestatal.

14. O Exmo. Sr. Ministro Relator, Bento Bugarin, em seu relatório para a Decisão nº 148/1996 – Plenário, Ata nº 13/1996, afirmou que os serviços de execução contínua tratam, 'de modo geral, de serviços de prestação inadiável, cuja interrupção poderá colocar em risco o próprio interesse público, face aos reflexos negativos que dela poderão advir para a normalidade da prestação de serviços a cargo do Estado', não elaborando nenhum rol de serviços que se enquadrariam nessa definição. No mesmo sentido, o Ministro Humberto Souto relatou para o Acórdão nº 201/2000 – 1ª Câmara.

15. Um rol de serviços contínuos nos é apresentado em outras deliberações desta Corte, adotando-se, em alguns casos, posicionamentos da doutrina pátria.

16. O Exmo. Sr. Ministro Relator Marcos Vilaça, em seu relatório para a Decisão nº 466/1999 – Plenário, trás o entendimento do jurista Carlos Pinto Coelho Motta sobre o assunto: 'serviços contínuos são aqueles que não podem ser interrompidos; fazem-se sucessivamente, sem solução de continuidade, até sem exaurimento ou conclusão do objetivo. A exemplo, teríamos: limpeza, conservação, manutenção, vigilância, segurança, transporte de valores, carga ou passageiros.' ('Eficácia nas Licitações e Contratos', 7.ed.,1998). O Exmo. Sr. Ministro Walton Alencar utilizou-se da mesma doutrina em seu relatório para o Acórdão nº 128/1999 – Plenário.

17. No relatório para a Decisão nº 1098/2001 – Plenário, o Ministro Adylson Motta afirma que: 'De natureza continuada são os serviços que não podem ser interrompidos, por

imprescindíveis ao funcionamento da entidade pública que deles se vale. Enquadram-se nessa categoria os serviços de limpeza e de vigilância, o fornecimento de água e de energia elétrica, a manutenção de elevadores.'

18. Constata-se, portanto, a inexistência de rol taxativo para serviços continuados visto que cada doutrinador faz sua própria relação exemplificativa, a partir da inteligência dos dispositivos legais e regulamentares. Alguns doutrinadores incluem serviços não constantes do Decreto nº 2.271/97, dando à relação deste diploma também um caráter exemplificativo. A jurisprudência desta Corte adota esse mesmo posicionamento, entendendo que a definição de um serviço como continuado depende de suas características específicas."

8. Temos, portanto, que a fixação do prazo contratual em 24 meses guardou plena consonância com a legislação aplicável e com o entendimento deste Tribunal, não incorrendo a Caixa em qualquer irregularidade. (AC nº 0490-07/12-P)

Tomada de Contas Simplificada. Contrato. Somente contratos cujos objetos correspondam a obrigações de fazer e a necessidades permanentes se coadunam com o conceito de natureza contínua. Contas irregulares. Multa.

2. O Sr. [gestor], à época, Coordenador Geral de Serviços Gerais do Mapa, foi chamado em audiência para apresentar razões de justificativa quanto a irregularidades na execução do Contrato 22101/022/2001.

11. (…), os serviços objeto do contrato 22101/022/2001 – manutenção, fornecimento, instalação, recuperação e remanejamento de divisórias, armários, balcões, lambris e estações de trabalho – não se coadunam com o conceito de natureza contínua. Dessa forma, o presente caso concreto refoge ao que preconiza o art. 57, inciso II, da Lei 8.666/1993, v.g. entendimento firmado por essa Corte no julgamento do Acórdão 2.682/2005, que aponta apenas tratarem de serviços contínuos "contratos cujos objetos correspondam a obrigações de fazer e a necessidades permanentes".

12. Cabe destacar que o parecer DJC/CJAG/CJ 345, de 15.03.2001, emitido pela Consultoria Jurídica do Mapa, ao analisar as minutas de edital de concorrência e de contrato para o ajuste em tela, alertou que tais serviços não poderiam ser definidos como de natureza contínua, razão pela qual propôs que as referidas minutas fossem retificadas de forma a retirar a possibilidade de prorrogação inicialmente prevista.

9.2. rejeitar as razões de justificativa apresentadas pelo Sr. [gestor];

9.3. julgar irregulares as contas do Sr. [gestor] com fundamento nos arts. 1º, inciso I, e 16, inciso III, alínea b, da Lei 8.443/92, c/c os arts. 1º, inciso I, e 209, inciso II, do Regimento Interno/TCU, e aplicar-lhe a multa prevista no art. 58, inciso I, c/c art. 19, parágrafo único, da Lei 8.443/92, no valor de R$10.000,00 (…) (AC nº 6528-34/13-1).

Para a definição acerca da natureza dos serviços a serem contratados, se contínuos ou não, é fundamental que a Administração Pública leve em conta (i) as particularidades do caso concreto e da necessidade efetiva da organização pública; (ii) a essencialidade do serviço para garantir a integridade do patrimônio público ou para garantir o efetivo e eficaz cumprimento das missões institucionais do órgão ou entidade.

6.3.3 Contratos de fornecimentos a serem executados de forma contínua

Contratos de fornecimento são basicamente os contratos que envolvem relação de compra e venda. Contrato de compra e venda é aquele em que "uma pessoa (vendedor) se obriga a transferir para outra (comprador) o domínio de uma coisa corpórea ou incorpórea, mediante pagamento de certo preço em dinheiro ou valor fiduciário correspondente".¹⁵³ A relação contratual de compra e venda é marcada por uma obrigação de prestação de coisa. A prestação de coisa, no dizer de Orlando Gomes, "consiste na entrega de um bem, seja para lhe transferir a propriedade, seja para lhe ceder a posse, seja para restitui-la. O contrato de compra e venda origina para o vendedor a obrigação de transmitir o domínio da coisa vendida, que cumpre, entregando-a ao comprador pela forma da tradição".¹⁵⁴

As obrigações de dar, núcleo dos contratos de compra e venda, evidenciam-se pela entrega de certo bem mediante contraprestação pecuniária ou preço avençado. Esta é a referência necessária para que a Administração proceda à distinção entre contratos de prestação de serviços e contratos de fornecimento.

A Administração Pública pode celebrar contratos de fornecimento com natureza instantânea e contratos de fornecimento com natureza contínua, marcados respectivamente por implicarem prestações instantâneas e prestações contínuas. Na acepção de Orlando Gomes, "dizem-se instantâneas as prestações que se realizam de uma só vez, em determinado momento, como a entrega de uma coisa" e contínuas "as prestações cuja execução compreende uma série de atos ou abstenções", "salientando-se as que se caracterizam pela prática de atos reiterados, periódicos ou não".¹⁵⁵

Os contratos marcados por prestação contínua também são denominados de contratos de trato sucessivo, e os contratos marcados por prestação instantânea, de contratos de execução imediata.

A Lei designa contratos de fornecimento contínuo como de "compras realizadas pela Administração Pública para a manutenção da atividade administrativa, decorrentes de necessidades permanentes ou prolongadas" (art. 6º, XV). O conceito é idêntico ao de serviços contínuos, portanto, aplicam-se os comentários antes feitos acerca do elemento necessidades permanentes ou prolongadas.

A partir da vigência da Lei nº 14.133/21 é possível contratar a compra de bens por prazo de até 5 (cinco) anos. O núcleo da obrigação contratual neste caso será a entrega daqueles bens ou insumos necessários para o funcionamento regular, eficiente e eficaz da Administração Pública. São exemplos de bens que podem ser contratados para fornecimento por prazo plurianual: produtos alimentícios, combustíveis, materiais de escritório, domissanitários, entre outros.

6.4 Requisitos para a celebração de contratos plurianuais

A celebração de contratos plurianuais (cujo prazo de vigência é originalmente superior ao exercício financeiro) é condicionada à observância de três requisitos: I – a autoridade competente do órgão ou entidade contratante deverá atestar a maior vantagem econômica vislumbrada em razão da contratação plurianual; II – a Administração deverá atestar, no início da contratação e de cada exercício, a existência de créditos orçamentários vinculados à contratação e a vantagem em sua manutenção; III – a Administração terá a opção de extinguir o contrato, sem ônus, quando não dispuser

---

¹⁵³ SILVA PEREIRA, Caio Mario da. *Instituições de Direito Civil*. 4. ed. Rio de Janeiro: Forense, 1978. v. 3. p. 147.
¹⁵⁴ GOMES, Orlando. *Obrigações*. 17. ed. São Paulo: Forense, 2009. p. 46.
¹⁵⁵ *Op. cit.*, p. 50.

de créditos orçamentários para sua continuidade ou quando entender que o contrato não mais lhe oferece vantagem.

6.4.1 Atestar a maior vantagem econômica vislumbrada em razão da contratação plurianual

Para tanto, é preciso avaliar, de modo reflexivo, as características do mercado específico em que se insere o objeto da contratação. A depender do modo operacional empírico dos agentes que atuam em certo segmento econômico haverá vantagens econômicas na adoção do modelo plurianual. Contratos celebrados por prazos maiores podem ensejar mais vantagens em termos de preço e de condições. É elementar que sejam realizadas condutas destinadas à avaliação do mercado, para que se evidenciem vantagens e desvantagens decorrentes de fixação de prazos contratuais maiores.

Para além da aferição de vantagens econômicas decorrentes de contratações plurianuais, é preciso avaliar, no plano do risco, ao menos dois aspectos.

Por primeiro, considerar que há uma potencial relação direta de proporcionalidade entre prazo de contrato e risco de execução contratual. Quanto maior a duração do contrato, maiores os riscos de execução envolvidos na relação jurídico-material, como: risco de perda de capacidade econômico-financeira, risco de perda de capacidade técnica, risco de descumprimento de obrigações essenciais, como aquelas que podem resultar em responsabilidade solidária ou subsidiária da Administração contratante.

Em segundo lugar, é preciso considerar o risco de extinção contratual. Quando a relação contratual é fixada por prazos menores, caso a execução do contrato não seja ou esteja satisfatória, a Administração pode optar por não renovar a contratação. Deixar de renovar o contrato não demanda processo administrativo prévio, nem garantias de contraditório e de ampla defesa. Já, no caso de um contrato plurianual, caso no curso da vigência se entenda necessária a extinção do vínculo, será necessária a instauração de prévio processo administrativo, com garantias de contraditório e de ampla defesa, com os riscos de discussão judicial e consequências que lhes são inerentes.

6.4.2 Aferir, no início da contratação e de cada exercício, a existência de créditos orçamentários vinculados à contratação e a vantagem em sua manutenção

Não é juridicamente possível a realização de despesa pública sem a existência de crédito orçamentário que lhe dê cobertura. Antes da celebração do contrato é fundamental, portanto, a indicação dos créditos orçamentários pelos quais correrá a despesa contratual. No início de cada exercício financeiro – na suposição de que já se terá, no início do exercício, a lei de orçamento anual em vigência – é preciso registrar, por apostilamento, o crédito orçamentário designado pela Lei para suportar as despesas contratuais.

É preciso, também, uma avaliação, a cada início de exercício financeiro – o exercício financeiro tem início em 01 de janeiro de cada ano –, da vantagem em manter vigente o contrato. Esta aferição é obrigatória. A vantagem de manutenção deve ser verificada em relação a:

(i) preço contratado. Variações efetivas de mercado podem ter, ao longo do tempo, tornado o preço contratado incompatível com o mercado em que se insere o objeto do contrato. Nos termos da Lei, é vedada a contratação e manutenção de contratos que não estejam alinhados com os preços de mercado. Esta avaliação demanda utilização dos parâmetros – ao menos alguns – de formação de preço de referência elencados no art. 23 da Lei nº 14.133/21. O fundamental é que a Administração se valha de critérios seguros a garantir contraprestação pecuniária em valores compatíveis com o mercado; (ii) condições contratadas. Esta avaliação acerca da vantagem de manutenção do contrato plurianual deve envolver outras condições contratadas, além do preço. Deve, por exemplo, ser avaliada a adequação da solução técnica objeto do contrato, para certificar que o objeto do contrato ainda é aquele que melhor atende a necessidade administrativa; e (iii) desempenho contratual. É preciso instituir um processo racional e objetivo de avaliação periódica de desempenho contratual, por parte do contratado. Atente-se que, a este propósito, a Lei fixa que "a atuação do contratado no cumprimento de obrigações assumidas será avaliada pelo contratante, que emitirá documento comprobatório da avaliação realizada, com menção ao seu desempenho na execução contratual, baseado em indicadores objetivamente definidos e aferidos, e a eventuais penalidades aplicadas, o que constará do registro cadastral em que a inscrição for realizada" (art. 87, §3º). No caso de desempenho contratual insatisfatório, surge o dever de adotar providências para o saneamento da execução ou para a extinção do contrato.

6.4.3 Previsão contratual de prerrogativa pública de extinguir o contrato, sem ônus, quando não dispuser de créditos orçamentários para sua continuidade ou quando entender que o contrato não mais lhe oferece vantagem

Os contratos plurianuais devem conter cláusula expressa consignando a prerrogativa de extinguir o contrato, a qualquer tempo, caso deixem de existir créditos orçamentários para dar cobertura à despesa ou interesse público na continuidade do contrato. A Administração tem a prerrogativa exorbitante de extinção unilateral do contrato, a qualquer tempo. Tal prerrogativa independe de previsão contratual, pois decorre da norma contida no art. 104, II da Lei nº 14.133/21. Esta faculdade mostra-se bastante relevante no caso de contratações plurianuais, uma vez que o tempo do contrato é diretamente proporcional aos riscos que pode correr a Administração contratante. Diante de constatação de que não existem mais créditos orçamentários para o custeio da despesa contratual, ou da constatação de que o contrato não é mais vantajoso para a Administração, deve ser exercida a prerrogativa de extinção da avença, de modo consensual ou unilateral.

A previsão legal de que o contrato pode ser extinto sem ônus deve ser objeto de interpretação sistemática com a norma do art. 138, §2º, que preceitua que, quando a extinção decorrer de culpa exclusiva da Administração, o contratado será ressarcido pelos prejuízos regularmente comprovados que houver sofrido e terá direito a pagamentos devidos pela execução do contrato até a data de extinção e pagamento de custos da desmobilização. São indenizáveis também as despesas com materiais adquiridos para a execução do contrato extinto antecipadamente. Esta interpretação objetiva, também, evitar o enriquecimento sem causa da Administração.

Determina a Lei que esta extinção antecipada de contratos plurianuais "ocorrerá apenas na próxima data de aniversário do contrato e não poderá ocorrer em prazo inferior a 2 (dois) meses, contado da referida data" (art. 105, §1º). Esta regra é de cumprimento juridicamente impossível. A Lei prevê duas situações fático-jurídicas que autorizam a extinção antecipada do contrato plurianual: (i) inexistência superveniente de créditos orçamentários; e (ii) inexistência superveniente de interesse público na continuidade da execução contratual.

Pela sistemática normativa, ainda que verificada alguma das situações justificadoras da extinção antecipada do contrato, tal somente pode ocorrer na próxima data do aniversário do contrato, e não poderá ocorrer em prazo inferior a dois meses desta data. Avalie-se uma situação concreta. Suponha-se que o contrato foi celebrado em 01 de fevereiro de um exercício e que se evidencie uma das situações que autorizam (exigem) a extinção do contrato plurianual, por suposto, em outubro do mesmo exercício. O contrato somente poderá ser extinto a partir de maio do exercício subsequente (o aniversário do contrato ocorrerá em fevereiro do exercício subsequente, e o contrato não pode ser extinto antes de dois meses desta data). Atente-se para que, nesta hipótese, a Administração Pública estaria obrigada a manter por seis meses a execução de um contrato (i) para o qual não tem créditos orçamentários para lhe dar cobertura, ou (ii) que não interessa mais e não é mais vantajoso.

A regra padece de vício de inconstitucionalidade e não deve ser atendida. Há vedação constitucional expressa de realização de despesas ou a assunção de obrigações diretas que excedam os créditos orçamentários ou adicionais (art. 167, II). Por outro ângulo, a manutenção de execução de contrato que não atende mais o interesse público e não é mais vantajoso viola o princípio da eficiência de que trata o art. 37 da Constituição Federal. Assim, se o fundamento da extinção antecipada do contrato plurianual for a inexistência superveniente de créditos orçamentários ou se o contrato deixar de ser vantajoso, é evidente que a relação contratual deve ser extinta imediatamente.

6.5 Regime jurídico da prorrogação ou da renovação contratual – possibilidade de vigência decenal

Tem-se conhecimento da polêmica versando sobre a expressão "prorrogação" contida na lei. Para alguns autores, como Marçal Justen Filho,[156] não se poderia confundir "prorrogação contratual" com "renovação contratual", que operariam efeitos diversos.

Com efeito, é possível estabelecer uma distinção entre os institutos da prorrogação e da renovação.

Prorrogação é instituto que opera efeitos em relação aos contratos de escopo. Trata de concessão de prazo adicional para que o contratado conclua materialmente a obrigação não concluída no prazo fixado originalmente no contrato.

---

[156] *Op. cit.*, p. 57.

Renovação é instituto que opera efeitos em relação aos contratos de prazo. Trata de repetição autorizada por lei de um mesmo contrato já em execução.

Para os fins desta análise, adotar-se-á também a expressão "prorrogação" no sentido de concessão de prazo adicional, seja para conclusão de escopo contratual – nos contratos de execução imediata –, seja para dilação no tempo de uma mesma execução contratual – nos contratos de execução continuada ou de prazo.

Prorrogação de um contrato administrativo é a conduta jurídica derivada da manifestação das partes contratantes expressa, formal e objetivamente voltada à dilação ou acréscimo de prazo para a execução contratual.

A dilação do prazo de execução pode se dar tanto em face de contratos de escopo – contratos de escopo são os de execução imediata –, quanto em face dos denominados contratos por prazo. A diferença é que no que tange aos contratos de execução imediata ou de escopo, o prazo adicional será definido em razão do prazo necessário para a conclusão do objeto específico da contratação, como o prazo para conclusão de obra ou para a conclusão de um programa de informática determinado. Já no que diz com os contratos de execução continuada ou por prazo, o prazo adicional será aquele convencionado pelas partes, nos limites fixados na lei, para a continuidade da execução de um objeto contratual que corresponde a uma necessidade que não se esgota ou finda com a realização dela (da execução contratual), como os serviços de limpeza, de vigilância ou de manutenção predial.

Os contratos por prazo ou de execução continuada, para concluir, são fundamentalmente os contratos de prestação de serviços contínuos ou de fornecimentos contínuos.

Para que haja a possibilidade de prorrogação contratual é preciso que o objeto do contrato se subsuma à noção jurídica de "serviços contínuos" ou de "fornecimentos contínuos", o que, repita-se, não é tarefa das mais simples.

Uma das questões recorrentes diz respeito à necessidade ou não, de, quando da prorrogação contratual, se respeitar o mesmo prazo da contratação original. Sobre tal aspecto, é preciso lembrar que o elemento nuclear dos contratos administrativos, a balizar todos os aspectos de sua gestão, é o interesse público. O norte hermenêutico para as definições acerca dos prazos de prorrogação deve ser esse. Assim, imagine-se um contrato originalmente pactuado para viger por 12 meses. Se a Administração Pública, fundada em seu planejamento e na sua efetiva necessidade, concluir que o prazo adicional necessário é de apenas 6 meses, deverá prorrogá-lo por tal prazo. Esta é também a orientação do Tribunal de Contas da União:

> *Pedidos de reexame. Contratos. Duração. Na prorrogação de contrato de serviços de natureza continuada, não fica a instituição pública obrigada a respeitar o mesmo prazo da contratação original. Negado provimento.*
> 7. Outra questão que merece comentário diz respeito à celebração do Primeiro Termo Aditivo ao Contrato nº (...), prorrogando sua vigência por 24 meses (item 107 do Relatório).
> 9. (...) a tese defendida por esta Corte de Contas e pela doutrina reinante sobre a matéria é que, na renovação, não fica a entidade obrigada a respeitar o mesmo prazo da contratação original. Pois, mesmo que o texto da norma aluda a "iguais períodos" a leitura muito restrita da norma traria um engessamento para o administrador, o que não era o objetivo

do legislador. Se é possível prorrogar por 60 meses, não seria razoável subordinar a administração ao dever de estabelecer períodos idênticos para vigência, seguindo o prazo inicialmente avençado no contrato. Então, nesse aspecto, não haveria qualquer irregularidade na prorrogação por mais 24 meses do contrato inicialmente avençado, com prazo de 36 meses. (AC nº 0551-44/02-2)

Auditoria. Contratos. Duração. Na prorrogação de contrato de serviços de natureza continuada, não fica a instituição pública obrigada a respeitar o mesmo prazo da contratação original.

23. A terceira questão objeto de audiência refere-se à vinculação de prazo de vigência de contrato ao dispêndio total da quantidade de serviço, no segundo termo aditivo ao Contrato CP 1999.0059.23, permitindo prorrogação, por meio do quinto aditivo, antes de decorrido o prazo de 12 meses, previsto na avença original. O contrato original foi firmado por 12 meses, prevista a prorrogação por iguais períodos até o limite de 60 meses.

24. A cláusula objeto de questionamento está redigida da seguinte forma: "O prazo de vigência do presente Termo Aditivo terá início em 02.02.2001 e término em 01.02.2002 ou dispêndio total da quantidade de serviço, o que ocorrer primeiro".

26. De toda sorte, havia previsão contratual para vigência de até sessenta meses e legal para alteração do contrato, com acréscimo de seu valor, no percentual de 25%, o que serviria para justificar a dita prorrogação.

27. Ademais, importa ressaltar que os prazos contratuais devem ser fixados com observância da conveniência da Administração. E, como salientado por Marçal Justen Filho, na obra já citada, p. 474, "É obrigatório respeitar, na renovação, o mesmo prazo da contratação original? A reposta é negativa, mesmo que o texto legal aluda a 'iguais'. Seria um contra-senso impor a obrigatoriedade de renovação por período idêntico. Se é possível prorrogar até sessenta meses, não seria razoável subordinar a Administração ao dever de estabelecer períodos idênticos para vigência. Isso não significa autorizar o desvio de poder. Não se admitirá que a Administração fixe períodos diminutos para a renovação, ameaçando o contratado que não for 'simpático".

28. Pelas razões de justificativa apresentadas, verifica-se que o procedimento decorreu de necessidade da DATAPREV, observado que a vigência total do contrato limitou-se a 60 meses e o acréscimo de valor decorrente do quinto aditivo não superou 25%. Nesse sentido, merecem ser acolhidas (AC nº 0838-23/04-P).

Os prazos de prorrogação contratual devem ser entabulados e ajustados àqueles necessários para o cumprimento fiel do desiderato público almejado quando da contratação original.

A Lei nº 14.133/21 estabelece que "os contratos de serviços e fornecimentos contínuos poderão ser prorrogados sucessivamente, respeitada a vigência máxima decenal, desde que haja previsão em edital e que a autoridade competente ateste que as condições e os preços permanecem vantajosos para a Administração, permitida a negociação com o contratado ou a extinção contratual sem ônus para qualquer das partes".

Os contratos de fornecimentos contínuos e de serviços contínuos, portanto, podem ser celebrados por prazo original de até 5 (cinco) anos e prorrogados por até 10 (dez) anos – a vigência máxima, incluídos o prazo original e os prazos de prorrogação será de 10 anos.

6.5.1 Primeiro requisito para a prorrogação de contratos de fornecimentos contínuos e de serviços contínuos – previsão no instrumento convocatório

O primeiro requisito para a prorrogação contratual é previsão no instrumento convocatório. A previsão de possibilidade de prorrogação contratual no edital sinaliza para o mercado concorrencial que existirá a potencial possibilidade de que o contrato celebrado seja prorrogado.

A prorrogação de vigência dos contratos realizados por prazo demanda previsão no instrumento convocatório e no contrato para ser realizada. A indicação expressa da possibilidade de prorrogação dos contratos celebrados por prazo (serviços contínuos) é um importante fator para orientar os licitantes particulares na formação de suas propostas. A maior ou menor vantagem das propostas que disputarão o certame pode ter relação direta com a possibilidade ou não de prorrogação dos prazos contratuais. Essa também é a orientação do Tribunal de Contas da União:

> 10. Agora no que se refere à previsão da prorrogação no ato convocatório, resta esclarecer que, de fato, a prorrogabilidade do inciso II [do art. 57 da Lei 8.666/93] depende de explícita autorização no ato convocatório. Sendo omisso o Edital, não poderá a entidade promover a prorrogação. O doutrinador Marçal Justem Filho, na sua obra 'Comentários à Lei de Licitações e Contratos Administrativos', 8. ed, p. 57, tece comentários a respeito da matéria, defendendo não ser possível que se instaure a licitação sem explícita previsão da possibilidade da prorrogação, visto que os eventuais interessados deverão ter plena ciência dessa possibilidade a fim de apresentarem suas propostas que, evidente, poderão ser mais vantajosas em função da possibilidade de se obter um prazo mais alongado de fornecimento. Assim, em razão de não haver previsão editalícia e, conseqüentemente, contratual quanto à prorrogação em questão, entendo que deve ser mantida a irregularidade (AC nº 0551-44/02-2). ACORDAM os Ministros do Tribunal de Contas da União, reunidos em Sessão Plenária, ante as razões expostas pelo Relator, em:
> 9.2. determinar à Prefeitura Municipal de Salvador que, nos futuros procedimentos licitatórios para concessão de serviços públicos em que haja repasse de recursos públicos federais:
> 9.2.18. não estabeleça no contrato o direito da contratada à prorrogação do prazo da concessão, caso tal faculdade não esteja contemplada nas respectivas etapas precedentes do certame licitatório (pré-qualificação e qualificação) (AC nº 2065-45/06-P);
> *Auditoria de conformidade realizada no Instituto Nacional de Pesquisas da Amazônia 'INPA. Prorrogação de contrato sem previsão no termo de dispensa ou no contrato.*
> 4. A prorrogação do Contrato nº 17/2003, mediante dois termos aditivos (item 2.1), foi considerada irregular pois tal possibilidade não constava do termo de dispensa ou do contrato. Todavia, ao analisar o caso, constato que a prorrogação tem amparo legal.
> 4.1. O objeto do contrato, no essencial, envolve (...), serviços de natureza contínua cuja prorrogação está facultada no art. 57, inciso II, da Lei nº 8.666/1993.
> 4.2 Ademais, o projeto a que se refere o contrato estava contemplado no Plano Plurianual 2004/2007, situação que também autorizaria a administração a prorrogá-lo, nos termos do art. 57, inciso I, da já citada Lei.
> Na espécie, pode-se constatar, então, que ocorreu falta de caráter formal, consistente na ausência de previsão de tal possibilidade no termo de dispensa ou no contrato, mesmo

porque tal procedimento não provocou prejuízos ao INPA, uma vez que nada foi indicado quanto a esse aspecto, nem a terceiros.

9.1. acolher as razões de justificativas apresentadas pelos [Responsáveis] (AC nº 0219-02/09-2). *Prestação de Contas de 2005 da Fundação Universidade Federal de Mato Grosso do Sul – FUFMS. Irregularidades verificadas nos Contratos nº 78/2001 (5º e 6º Termos Aditivos), 79/2001 (7º Termo Aditivo) e 80/2001 (7º e 9º Termos Aditivos), firmados com a FAPEC, tendo em vista a prorrogação da vigência contratual de serviços de natureza continuada sem previsão no instrumento de contrato. Inexistência de prejuízos à entidade e a terceiros. Falhas que se revestem de natureza formal. Razões parcialmente acolhidas. Determinação.*

ACORDAM os Ministros do Tribunal de Contas da União, reunidos em sessão da 2ª Câmara, diante das razões expostas pelo relator, em: (…)

9.10. alertar à FUFMS que: (…)

9.10.3. faça constar, em futuras contratações de serviços de natureza continuada, cláusula com previsão de possibilidade de prorrogação da vigência contratual, mediante termo aditivo, por iguais e sucessivos períodos, até o limite máximo de 60 (sessenta) meses de duração, e desde que sejam mantidos os preços e condições mais vantajosos para a Administração, nos termos do art. 57, inc. II, da Lei 8.666/1993;

14. (…) Inicia o responsável suas razões ressaltando que este Tribunal, por meio do Acórdão nº 1.520/2006 – Plenário, havia prorrogado até 31/12/2010 o prazo para encerramento da terceirização irregular de postos de trabalho na Administração Pública Federal, confirmando decisões anteriores expedidas por essa Corte de Contas, a exemplo dos Acórdãos 276/2002 – Plenário e 1.571/2003 – Plenário.

14.5. Assevera que as prorrogações iniciais de vigência contratual receberam parecer favorável da Procuradoria Jurídica da entidade e, especificamente às prorrogações contratuais ora questionadas, formalizadas por intermédio dos 5º e 6º Termos Aditivos (Contratos nº 78/2001), 7º Termo Aditivo (Contrato 79/2001) e 7º e 9º Termos Aditivos (Contrato 80/2001), alega que se fundamentaram no §4º do art. 57 da Lei 8.666/93 e observaram o prazo fixado por este Tribunal no multicitado Acórdão nº 1.520/2006 – Plenário.

14.6. Ante o exposto, entende o responsável que a UFMS '(…) idealizou projetos institucionais com prazos determinados, fundamentados no Art. 1º da Lei 8.958/94, para serem executados por uma de suas fundações (FAPEC), tudo como preceitua a lei. Se variáveis alheias a sua vontade a obrigaram prorrogar os respectivos projetos institucionais, tais prorrogações obedeceram à Legalidade (Art. 57, inciso II, da Lei 8.666/93; §4º do Art. 57 da Lei 8.666/93; e Acórdão 1520/2006)'.

15. (…) Preliminarmente a adentrar o mérito das razões de justificativa do responsável, cumpre ressaltar que os únicos atos de gestão questionados nesses autos são aqueles efetivados no exercício das presentes contas (2006) e se referem às prorrogações efetivadas por meio dos aditamentos informados no item 14.5 supra.

15.1. Consoante já esmiuçado no decorrer dessa instrução, mais precisamente nos itens 7.9 a 7.15, os Contratos 78/2001, 79/2001 e 80/2001, todos firmados com a FAPEC, nada mais eram do que contratações de serviços de natureza continuada travestidos de projetos relacionados ao desenvolvimento institucional da UFMS, o que a permitiu contratar a fundação de apoio, sem licitação, com esteio no art. 1º da Lei 8.958/94.

15.2. Portanto, admitindo que tais contratos tinham por objeto a execução de serviços de natureza continuada, aplicam-se a eles as disposições previstas no inc. II e no §4º do art. 57 da Lei 8.666/93, que estabelecem a possibilidade de a Administração prorrogá-los por iguais e sucessivos períodos, com vistas à obtenção de preços e condições mais vantajosas, limitada a 60 (sessenta) meses, podendo, ainda, serem prorrogados por mais 12 (doze) meses, em

caráter excepcional e mediante autorização da autoridade superior, sendo que o se questiona na presente audiência foi o fato de a UFMS ter prorrogado a vigência dos contratos em questão sem que tal possibilidade estivesse prevista nos respectivos instrumentos.
15.3. Com efeito, apesar de a UFMS afirmar que o item 7.1 dos ajustes possibilitava a alteração dos termos contratuais, a qualquer tempo, mediante mútuo consentimento das partes, o fato é que a cláusula 8ª dos contratos não estabeleceu a possibilidade de prorrogação de vigência contratual. Veja-se:
CLÁUSULA OITAVA – DA VIGÊNCIA
8.1 – O presente Contrato entrará em vigor a partir da data de sua assinatura, pelo período de 02 (dois) anos' (Contrato nº 78/2001 – fl. 2119 – Volume 12).
15.4. Frise-se que os demais ajustes – Contratos 79/2001 e 80/2001 – da mesma forma que o ocorrido no Contrato nº 78/2001, nada estipulavam acerca da possibilidade de prorrogação de vigência contratual, como se observa às fls. 2223 (Volume 12) e 2491 (Volume 13), respectivamente.
15.5. Nessas condições, considerando entendimentos manifestados por este Tribunal, consoante se observa, por exemplo, nos Acórdãos 3.564/2006 – 1ª Câmara (item 9.2.4) e 31/2008 – 1ª Câmara (item 1.3.2.3), que dão conta da necessidade de existência de cláusula contratual com previsão expressa de possibilidade de prorrogação da vigência, consideram-se irregulares as prorrogações verificadas.
15.6. Por outro lado, há de se admitir que tais falhas se revestem de natureza formal, uma vez que a possibilidade de prorrogação de vigência de contratos de prestação de serviços de natureza continuada decorre expressamente da lei (art. 57, inc. II, da Lei 8.666/93). Nesse sentido já decidiu este Tribunal, consoante se observa nos excertos seguintes, extraídos do Voto condutor do Acórdão nº 219/2009 – 2ª Câmara, proferido pelo Relator, Auditor André Luís de Carvalho (grifou-se):
(...) 3. Após detida análise dos documentos que compõem os autos e das alegações de defesa apresentadas, peço licença para divergir desse posicionamento.
4. A prorrogação do Contrato nº 17/2003, mediante dois termos aditivos (item 2.1), foi considerada irregular pois tal possibilidade não constava do termo de dispensa ou do contrato. Todavia, ao analisar o caso, constato que a prorrogação tem amparo legal.
4.1. O objeto do contrato, no essencial, envolve o 'suporte, apoio logístico e atendimento da demanda das pesquisas de campo, assim compreendidas todas as atividades de manutenção e operação contínua dos sítios experimentais' e 'operação e manutenção do Sistema de Operações de Dados – LBA/DIS', serviços de natureza contínua cuja prorrogação está facultada no art. 57, inciso II, da Lei nº 8.666/1993.
4.2 Ademais, o projeto a que se refere o contrato estava contemplado no Plano Plurianual 2004/2007, situação que também autorizaria a administração a prorrogá-lo, nos termos do art. 57, inciso I, da já citada Lei.
5. Na espécie, pode-se constatar, então, que ocorreu falta de caráter formal, consistente na ausência de previsão de tal possibilidade no termo de dispensa ou no contrato, mesmo porque tal procedimento não provocou prejuízos ao INPA, uma vez que nada foi indicado quanto a esse aspecto, nem a terceiros (...)'.
15.7. Dessarte, mesmo considerando que as razões de justificativa apresentadas pelo responsável não são suficientes para elidir por completo a ocorrência observada, entende-se que podem ser parcialmente acolhidas, uma vez que a falha se reveste de natureza formal, podendo ser saneada mediante expedição de alerta à entidade, para que faça constar, em futuras contratações de serviços de natureza continuada, cláusula com previsão de possibilidade de prorrogação da vigência contratual, mediante termo aditivo, por iguais e

sucessivos períodos, até o limite máximo de 60 (sessenta) meses de duração, e desde que sejam mantidos os preços e condições mais vantajosos para a Administração, nos termos do art. 57, inc. II, da Lei 8.666/93 (AC nº 3351-17/11-2).

Sob outro prisma, tem-se que a falta de previsão da possibilidade de prorrogação contratual no instrumento convocatório produz insegurança jurídica, ainda que se argumente que não existe direito subjetivo público à prorrogação dos contratos firmados com a Administração Pública. E, a Administração Pública tem o dever de garantir segurança jurídica – entre outras razões, porque se trata de princípio expresso a balizar as contratações públicas (art. 5º).

Os contratos de execução imediata (por escopo) poderão ter o prazo de execução prorrogado, independentemente de previsão no instrumento convocatório. Explica-se: a prorrogação dos prazos de execução em contrato celebrado por escopo destina-se a conceder prazo suplementar para que se conclua a execução, interrompida ou suspensa por fator atribuível ou não às partes contratantes. Muitas das situações que levam ao atraso ou à paralisação da execução do contrato sequer poderiam ter sido previstas pelos contratantes, autorizando a prorrogação independentemente de previsão no instrumento convocatório ou no contrato. Ademais, considere-se a regra do art. art. 111: "na contratação que previr a conclusão de escopo predefinido, o prazo de vigência será automaticamente prorrogado quando seu objeto não for concluído no período firmado no contrato".

6.5.2 Segundo requisito para a prorrogação de contratos de fornecimentos contínuos e de serviços contínuos – preços e condições vantajosos

O segundo requisito para a prorrogação de contratos de prestação de serviços contínuos e de fornecimentos contínuos é assegurar que o contrato em execução ainda é vantajoso em termos de preços e demais condições contratadas.

Ao longo do tempo, o preço contratado pode se descolar daqueles praticados no mercado em que se insere o objeto contratual. De outra sorte, as condições – prazo, solução técnica, métodos e metodologias de execução, qualidade, entre outras – contratuais também devem ser aquelas que melhor atenderão os interesses administrativos.

6.6 Algumas interpretações feitas pelo Tribunal de Contas da União acerca dos contratos de prestação de serviços contínuos

O Tribunal de Contas da União já se posicionou acerca de algumas espécies de contratação para delimitar a possibilidade de prorrogação, sob argumento de que seu objeto é contínuo.

6.6.1 Aquisição de combustíveis

Tomada de contas. Contrato. Serviço de natureza continuada. Prorrogação. A aquisição de combustível refere-se à material de consumo, não podendo ser caracterizado o seu fornecimento como serviço de execução continuada, estando fora da hipótese da prorrogação prevista no inciso II do art. 57 da Lei nº 8.666/93. Alerta à instituição.

9.7. alertar à CEPLAC/SUPOR/AFLO que:

9.7.5. não permita a prorrogação dos contratos para aquisição de combustível, que é material de consumo, não podendo ser caracterizado o seu fornecimento como serviço de execução continuada, estando fora da hipótese de incidência do inciso II do art. 57 da Lei nº 8.666/93 (AC nº 1920-09/11-1);

Prestação de Contas. Contrato. A duração de contratos de aquisição de combustíveis deve se ater à vigência dos respectivos créditos orçamentários, uma vez que se trata de fornecimento e não de serviços de duração continuada. Ciência à instituição contratante.

5. As ressalvas consignadas no certificado [emitido pela CGU] foram as seguintes:

3.2.2.1. Realização de contrato para aquisição de combustível, no valor de R$67.506,03, com vigência superior à dos respectivos créditos orçamentários.

[RELATÓRIO – Transcrição da instrução da unidade técnica]

7.6. DESCRIÇÃO: Realização de contrato para aquisição de combustível, no valor de R$67.506,33, com vigência superior a dos respectivos créditos orçamentários (subitem 3.2.2.1 do Relatório de Auditoria – fls. 267-268);

Aponta-se que, no que concerne à contratação de fornecimento de combustível, é entendimento desta Corte não se tratar de serviço de prestação continuada, como se observar nas deliberações: Acórdãos nºs 4620/2010 – Segunda Câmara (subitem 9.8.4) e 409/2009-Primeira Câmara (subitem 9.5.4). Nesse prisma, a duração dos contratos na aquisição de combustíveis deve se ater à vigência dos respectivos créditos orçamentários, como dispõe o caput do art. 57 da Lei nº 8.666/93. Tendo em vista o entendimento equivocado da entidade, com prorrogação indevida de contrato, entende-se cabível a ciência pertinente.

ACORDAM os Ministros do Tribunal de Contas da União, (…), em:

9.4. dar ciência à Superintendência do Instituto Nacional de Colonização e Reforma Agrária no Estado do Rio Grande do Sul [de] que:

9.4.4. a contratação de fornecimento de combustível não se caracteriza como serviço de prestação continuada para fins do disposto no art. 57, II, da Lei 8.666/1993, conforme reiteradas deliberações desta Corte de Contas, a exemplo dos Acórdãos nº 4620/2010 – Segunda Câmara (subitem 9.8.4) e 409/2009 – Primeira Câmara (subitem 9.5.4), (subitem 3.2.2.1 do Relatório de Auditoria da CGU/RS) (AC nº 0775-04/12-1).

6.6.2 Fornecimento de material de informática

Representação. Responsabilidade. Contratos de fornecimento de material de informática não caracterizam prestação de serviços, sendo irregular a inclusão de cláusulas que permitam prorrogações. Procedência parcial. Multa. Determinação.

Relaciono, a seguir, irregularidades que considero justificar a aplicação de multa ao gestor:

a) contratação da empresa [*omissis*] como prestadora de serviço de recarga de cartuchos e não como fornecedora de bens, em desacordo com o art. 57 da Lei 8.666/1993;

9.1. conhecer da presente representação, para, no mérito, considerá-la parcialmente procedente;

9.2. com fulcro no art. 250, §2º, do Regimento Interno, rejeitar parcialmente as razões de justificativa apresentadas pelo Sr. [*omissis*], aplicando-lhe a multa prevista no art. 58, incisos II, da Lei nº 8.443/92, no valor de R$8.000,00 (oito mil reais) (…);

9.5. determinar à Superintendência do Ibama em Goiás – Ibama/GO, que adote as medidas abaixo relacionadas, dando conhecimento dos respectivos resultados a este Tribunal, no prazo de 60 (sessenta) dias:

9.5.3 abstenha-se de prorrogar o Contrato 11/2009, firmado com a empresa [omissis], decorrente do Pregão Eletrônico nº 06/2009, tendo em vista que o seu objeto não diz respeito à prestação de serviços de terceiros e sim à aquisição de material de consumo, em obediência à classificação prevista no Manual de Despesa Nacional (Portaria Conjunta STN/SOF nº 3/2008) e ao disposto no art. 57, caput, da Lei 8.666/9. (AC nº 0458-06/11-P)

Relatório de auditoria. ELETROBRÁS. Contratações nas áreas de publicidade, propaganda e informática.

Examina-se, nesta oportunidade, as audiências regularmente promovidas por força do Acórdão 217/2006 – Plenário em que se apreciou auditoria realizada nas Centrais Elétricas Brasileiras S/A – ELETROBRÁS objetivando verificar a regularidade das contratações realizadas, de 2002 a 2005, nas áreas de publicidade, propaganda e informática, (...)

7.3. prorrogação do prazo de vigência divergente do estabelecido contratualmente

7.3.1. Restou demonstrado na análise empreendida pela Unidade Técnica que a prorrogação de um único contrato, por períodos de seis meses, contrariando cláusula contratual que previa aditamentos por 12 meses, se deu dentro da vigência da avença sem que houvesse prejuízo à sua execução.

7.3.2. Sobre a matéria alegam os responsáveis in verbis: "seria inadmissível firmar uma prorrogação com prazo superior àquele que atende às reais necessidades da administração, apenas para satisfazer o texto literal da lei".

7.3.3. Em razão de tais medidas terem sido adotadas em benefício da Administração, acolho as razões de justificativa apresentadas pelos responsáveis (AC nº 3018-53/09-P).

6.6.3 Fornecimento de passagens aéreas

Prestação de Contas. Contrato. Serviços contínuos. Para o fim de duração do contrato, a eventual atribuição de natureza contínua para o fornecimento de passagens aéreas deve ser avaliada a partir da real necessidade do órgão de que esses serviços sejam necessários ao desempenho de suas atividades negociais. Determinação.

9.13. determinar à Nuclebras Equipamentos Pesados S/A – Nuclep que:

9.13.3. abstenha-se de prorrogar contratos de fornecimento de passagens aéreas como se de serviços continuados fossem, utilizando-se, equivocadamente, do inciso II do art. 57 da Lei nº 8.666, de 1993, em conformidade com a jurisprudência recorrente deste Tribunal;

27. A natureza contínua do fornecimento de passagens aéreas deve ser avaliada a partir da real necessidade do órgão de que esses serviços sejam necessários ao desempenho de suas atividades negociais. No caso, a Nuclep se localiza no Rio de Janeiro e seus principais clientes também. Portanto, a realização de licitação anual para a contratação do serviço não representa empecilho ao estabelecimento e desenvolvimento de suas relações comerciais e transacionais.

28. Assim, entende-se que a irregularidade não se encontra na modalidade adotada, mas na previsão de prorrogação do contrato por até 60 meses, tendo em vista o fornecimento de passagens aéreas, no caso da empresa, não se configurar como de natureza contínua, e não se enquadrar na hipótese prevista no inciso II do art. 57 da Lei nº 8.666/93, consoante pacífica jurisprudência desta Corte de Contas (Acórdão nº 87/2000 – 2ª Câmara, Decisão n 2/2002 – 2ª Câmara, Acórdão nº 1136/2002 – Plenário – TCU, Acórdão nº 1386/2005 – Plenário, Acórdão nº 1895/2005 – Plenário). (AC nº 4742-31/09-2)

Prestação de Contas. Contrato. Responsabilidade. Os contratos firmados com as agências de turismo para fornecimento de passagens caracterizam compra e não prestação de serviços contínuos, portanto não são passíveis de prorrogação.

4. Os demais responsáveis foram chamados aos autos pelas seguintes ocorrências:
4.1. audiência do Sr. [omissis], então chefe da Divisão Administrativa:
4.1.4. pela prorrogação do Contrato nº CRT/MT/0002/2004, referente a fornecimento de passagens, sem que os serviços contratados fossem caracterizados como de natureza contínua, conforme os casos estabelecidos no inciso II do art. 57 da Lei nº 8.666, de 1993, além de: (…) e iii) não observar que a execução contratual ultrapassou o limite previsto no art. 65, §§1º e 2º, da Lei nº 8.666, de 1993;
6.1.5. RAZÕES DE JUSTIFICATIVAS (fls. 694/695 do volume 3 do principal).
6.1.5.1. O gestor justificou que, à época dos fatos, havia entendimentos nos setores da unidade, inclusive no jurídico, de que esses contratos poderiam ser prorrogados.
6.1.5.2. Informou que, ao ter conhecimento de que os contratos relativos a fornecimento de passagens não eram considerados de natureza contínua, esses passaram a ser anuais.
6.1.5.3. Argumentou que o termo aditivo foi firmado 'em virtude de que naquele momento era mais vantajoso para a administração'. Ressaltou que, 'com certeza', os documentos de regularidade fiscal foram anexados aos autos, pois os pagamentos só eram efetuados quando as empresas estavam com a situação de 'regularidade fiscais em dias'.
6.1.5.4. Por fim, justificou que 'quanto, a execução contratual, seguimos orientação técnica e jurídica, e logo após recomendação da CGU, passamos a observar o referido contrato e demais contratos com olhos de lupa em homenagem a principio da supremacia do interesse público sobre o particular'.
9.4. rejeitar parcialmente as razões de justificativa apresentadas pelos Srs. [omissis];
9.5. julgar irregulares as contas dos Srs. [omissis], com fundamento no art. 16, inciso III, alínea "b", e 19, parágrafo único, da Lei nº 8.443, de 1992;
9.6. aplicar aos Srs. [omissis], individualmente, a multa prevista no art. 58, incisos I e II, da Lei nº 8.443, de 1992, no valor de R$5.000,00 (cinco mil reais), fixando-lhes o prazo de 15 (quinze) dias, a contar da notificação, para que comprovem, perante o Tribunal, o recolhimento da dívida aos cofres do Tesouro Nacional, atualizada monetariamente, na forma da legislação em vigor (AC nº 6780-30/11-2);

6.7 Particularidades dos contratos de locação de equipamentos

Incluem-se nessa categoria de contratos todos os relativos à locação de bens móveis. Excluem-se as locações de imóveis, que se regem por normas próprias de direito privado. Podem ser objeto de locação, à guisa de exemplo, máquinas, fotocopiadoras, computadores, impressoras, tratores, veículos automotores em geral, entre outros.

As locações de equipamentos têm sido uma opção de gestão administrativa cada vez mais frequente na Administração Pública brasileira, como alternativa às aquisições. Não há orientação legal expressa que determine que um determinado bem ou categoria de bens deva ser objeto de compra, ao revés de locação – trata-se de opção que se fará no exercício da função administrativa discricionária.

Em que pese não haver consenso sobre quais espécies de equipamentos devem ser objeto de locação e quais aquelas que deveriam ser objeto de aquisição, o vetor hermenêutico decisivo para aferir a legitimidade da opção administrativa são, entre outros, os princípios da economicidade e da eficiência.

O gestor público deverá, no âmbito de cada organização pública, proceder estudos e análises técnicas aprimoradas para aferir, no caso concreto, a solução que melhor atenderá o interesse público objetivado com a utilização dos equipamentos.

A opção pela locação pode ser adotada a partir de uma necessidade transitória (como locar um trator para realizar uma limpeza ou terraplenagem eventual, com uso de mão de obra própria – servidores públicos), ou de uma necessidade permanente – como veículos automotores para o transporte de pessoal.

No que tange às necessidades transitórias e eventuais, parece inegável que, na maior parte dos casos, a locação mostra-se mais eficiente e econômica do que a aquisição. A incorporação do equipamento ao acervo de material permanente da Administração implica custos de manutenção, conservação e guarda e aqueles decorrentes do desgaste pelo uso e da obsolescência tecnológica.

A polêmica pode ser instaurada, primordialmente, quanto à opção pela locação de equipamentos destinados a atender necessidades permanentes da Administração. Nesse caso, não há consenso entre doutrinadores e órgãos de controle interno e externo sobre qual a solução, em regra, mais favorável sob o ângulo da economicidade e da eficiência. Se, de um ângulo, a locação implica que não haverá incorporação dos bens locados ao patrimônio público, de outro ângulo, deve-se admitir que os problemas relacionados à manutenção, conservação e atualização tecnológica são minorados. É preciso que, pois, diante da situação jurídico-administrativa concreta, a Administração Pública tome em consideração as dimensões jurídica, técnica e econômico-financeira para a tomada de decisão.

Outro aspecto digno de nota é que é usual prática de mercado a locação de equipamentos ser contratada com fornecimento de mão de obra. Nessa situação, a definição sobre a natureza da contratação se dá pelo critério da preponderância ou predominância: se a locação prepondera sobre a mão de obra, tem-se um contrato de locação de equipamentos. Do contrário, se a prestação dos serviços prepondera sobre a locação de equipamentos, tem-se um contrato de prestação de serviços com fornecimento de equipamentos.

6.8 Particularidades dos contratos de utilização de programas de informática

As contratações envolvendo equipamentos, programas e serviços de informática ou de informação constituem uma peculiar categoria de contratação pública. Como bem observa Vanali Teles:

> Nos dias atuais, contratos administrativos relativos à informática e TI já podem ser realizados em várias modalidades, tipos, feições e características, para o atendimento de várias situações particularizadas, que vão decorrendo da utilização cada vez mais intensa da tecnologia da informação no modus operandi da Administração Pública. Referem-se desde a contratação de infra-estrutura de rede, de licença, desenvolvimento e customização de software, transferência de tecnologia, sistemas e soluções integradas, até a manutenção e outros, sendo que os tipos mais comuns podem ser subdivididos, para fins meramente didáticos, em 5 (cinco) categorias, ou seja: contratos de hardware, de software, de sistemas

ou soluções integradas, de infra-estrutura e de migração de sistemas, sem prejuízo das definições que lhes são atribuídas pela natureza da contratação, a saber, de aquisições (compras), serviços e terceirização.[157]

No que tange aos contratos envolvendo equipamentos ou programas de informática, tratam-se de contratos de utilização de programas de informática (contratos de *software*) e de locação de equipamentos de informática (contratos de *hardware*). Os contratos de utilização de programas de informática, tais quais aqueles de locação de equipamentos, podem ser plurianuais e prorrogados por até 10 anos. Uma das particularidades dessa espécie de contratação que deve ser observada pela Administração Pública é o seu peculiar regime jurídico, inclusive no que diz respeito à propriedade intelectual do programa de computador.

A lei de regência da utilização de programa de computador é a Lei nº 9.609/98, que dispõe:

> Art. 1º Programa de computador é a expressão de um conjunto organizado de instruções em linguagem natural ou codificada, contida em suporte físico de qualquer natureza, de emprego necessário em máquinas automáticas de tratamento da informação, dispositivos, instrumentos ou equipamentos periféricos, baseados em técnica digital ou análoga, para fazê-los funcionar de modo e para fins determinados.
> Art. 2º O regime de proteção à propriedade intelectual de programa de computador é o conferido às obras literárias pela legislação de direitos autorais e conexos vigentes no País, observado o disposto nesta Lei.

Nos termos de referida lei, a utilização dos programas de informática se dá mediante contrato de licença.

Os contratos de licença de uso de programa de informática de que trata a Lei são os contratos de licença de uso de programas padrão – já comercializados prontos para uso –, que ocorrem sem a necessária transferência da propriedade intelectual. Quanto aos denominados programas por encomenda –, concebidos de acordo com a necessidade do usuário, a contratação de uso pode, em regime de mercado privado, ocorrer com ou sem cessão de direitos patrimoniais.

Contudo, quando ocorre a contratação de confecção de programa de informática sob encomenda, deve a Administração Pública atentar para o resguardo de seus direitos patrimoniais, ajustando a contratação aos seus peculiares interesses de manutenção da titularidade de domínio do programa concebido e às imposições normativas nesse sentido. Rememore-se que a norma contida no artigo 93 da Lei Geral de Licitações determina que "nas contratações de projetos ou de serviços técnicos especializados, inclusive daqueles que contemplem o desenvolvimento de programas e aplicações de internet para computadores, máquinas, equipamentos e dispositivos de tratamento e de comunicação da informação (software) – e a respectiva documentação técnica associada –, o autor deverá ceder todos os direitos patrimoniais a eles relativos para a

---

[157] TELES, Vanali. *Licitações e contratos de TI*. Brasília: Thesaurus, 2009. p. 222.

Administração Pública, hipótese em que poderão ser livremente utilizados e alterados por ela em outras ocasiões, sem necessidade de nova autorização de seu autor".

Sobre a contratação de utilização de software, o Tribunal de Contas da União tem precedentes:

> Representação. Processo de Desenvolvimento de Software. Ciclo de vida. Norma NBR ISO/IEC 12.207] [ACÓRDÃO] 9.4 recomendar, com fulcro no art. 250, inciso III do Regimento Interno do TCU, à Agência Nacional de Transportes Terrestres – ANTT, em atenção ao art. 6º, inciso IX, da Lei nº 8.666/93 e art. 8º, inciso I, do Decreto 3.555/2000, defina formalmente o processo de desenvolvimento de software aderente à norma NBR ISSO/IEC 12.207 – Processos do Ciclo de Vida do Software, previamente à contratação de serviços de desenvolvimento ou manutenção de software, vinculando o contrato com o processo de desenvolvimento; [VOTO] Com relação à obrigatoriedade da definição de um Plano de Desenvolvimento de Software, conforme previsto pelo Acórdão nº 953/2009-Plenário, entendo ser recomendável que tal definição seja feita de forma aderente à norma NBR ISO/IEC 12.207. Entretanto, o arcabouço legal aplicável às contratações de TI não vincula a adoção da Norma Técnica, razão pela qual proponho recomendar, ao invés de determinar à ANTT tal procedimento, em futuras licitações (AC nº 2272-40/09-P).
>
> Relatório de auditoria. ELETROBRÁS. 8.2. previsão de atualização de licenças em pregão para contratação de licenças na área de informática sem justificativa; (…) 8.2.3. Quanto aos aspectos técnicos, alegam os responsáveis que a inclusão no objeto contratual da atualização das licenças é resultado da adequação aos novos moldes de comercialização impostos pela Microsoft, o que representou economia para a empresa. Entretanto, não apresentou qualquer documento que demonstre essa conclusão, tais como: o planejamento das necessidades de informática, orçamentos da Microsoft, propostas, comparações financeiras entre a contratação com ou sem a previsão de atualização das licenças, estudos, pareceres técnicos, entre outros, que poderiam justificar a opção adotada pela Eletrobrás. 8.2.4. Também não há nos autos outros documentos referentes ao planejamento das necessidades de informática, como a atualização das licenças durante a vigência do contrato, nos termos do entendimento exarado no Voto que precedeu o Acórdão 1.521/2003 – Plenário: "59. Resta evidente que o ponto fundamental para a Administração é o planejamento minucioso das suas necessidades de informática. Fundamental para garantir tanto a legalidade da contratação no tipo Select quanto a ampliação da competitividade do certame além dos LARs Microsoft. Esse planejamento deverá também definir e justificar, de forma bastante clara, as funcionalidades a serem atendidas, a opção de marca, se houver, e a necessidade, ou não, de atualização das licenças de software. A possibilidade de contratação nas modalidades Select e Government Subscription, que, em princípio, oferece os menores custos, exigem planejamento para período de três anos. 60.O resultado do planejamento deverá, então, ser incorporado a projeto básico, nos termos da Lei 8.666/93, que integrará o edital de licitação e o contrato. 61.A justificativa circunstanciada da necessidade de atualização das licenças de software é de capital relevância, uma vez que, caso se confirme essa necessidade, restringe-se a competitividade do certame apenas aos LARs, pois nesse caso, considerando as modalidades de contratação disponibilizadas pela Microsoft, apenas os contratos Select e Government Subscription permitem esta atualização ao longo de sua vigência. Outro ponto negativo é que tal necessidade torna a contratação mais onerosa para a Administração. Note-se que no Select, diferentemente do Government Subscription, a atualização do software é opcional. 62.Ainda, penso que, na maioria das aplicações da Administração Pública, não há a necessidade de atualização freqüente de versões de software. Tomando como exemplo a

experiência deste Tribunal – que certamente não é diferente de grande parte da Administração Pública –, vejo que ele, já por alguns anos, utiliza o pacote Office 97, muito embora outras versões desse programa tenham sido disponibilizadas pela Microsoft. Não obstante, a versão utilizada pelo Tribunal, de seis anos atrás, vem atendendo perfeitamente a maioria de nossas necessidades, até aqui. 63.Ademais, o requisito de um rigoroso planejamento das necessidades de produtos de informática por parte da Administração não é uma novidade que se tenta impor ao administrador, já que mesmo para a contratação Select, com seu objeto impreciso na forma como vinha sendo realizada, havia níveis de consumo a serem atingidos anualmente, sob pena de se perder o nível de desconto ofertado. Isso certamente já impunha ao administrador um razoável planejamento de suas necessidades. Ressalte-se ainda que, para fazer frente a qualquer eventual imprecisão em seu planejamento, como já se disse, o administrador dispõe de uma margem de 25% para mais ou para menos, além da permissão da Lei para a redução consensual em mais de 25%." 8.2.5. Diante da ausência dessa justificativa e pelas razões expedidas no item 8.1, concluo pela rejeição das justificativas apresentadas dos [responsáveis] aplicando-lhes multa. [ACÓRDÃO] 9.1. aplicar aos responsáveis abaixo arrolados a multa prevista no art. 58, inciso II, da Lei 8.443/92, no valor de R$2.000,00 (dois mil reais): (...) 9.1.2.[omissis] em razão de previsão de atualização de licenças, sem justificativas, no edital do Pregão 2/2004, que resultou no Contrato ECE Nº 31/2004 (AC nº 3018-53/09-P);

Nos termos da Lei, aplica-se aos contratos de utilização de *software* o regime jurídico relativo à duração e prorrogação de contratos de fornecimentos contínuos ou de prestação de serviços contínuos (art. 106, §2º).

6.9 Prorrogação do prazo de execução no caso de contratos de escopo

Como antes visto, os contratos, no que tange à vigência, podem ser classificados em contratos de execução imediata (de escopo) ou contratos de execução continuada (de prazo). A fixação do prazo de execução quando da contratação por escopo será determinada fundamentalmente em razão do prazo necessário para a integral e completa realização do objeto do contrato (escopo). O prazo de execução do objeto contratual será desde logo fixado no termo de contrato ou instrumento equivalente, e, como decorrência do princípio da obrigatoriedade (*pacta sunt servanda*) das convenções e do disposto no artigo 115 da Lei nº 14.133/21, deve ser rigorosamente cumprido.

A definição do prazo de execução de um contrato de escopo (execução imediata) é de atribuição da Administração Pública contratante, que o fixará de acordo com elementos e critérios técnicos – e eventualmente econômico-financeiros ou orçamentários – levantados na fase de planejamento da licitação e da contratação.

Com isso, quer-se deixar claro que a decisão acerca do prazo de execução contratual jamais será discricionária, mas, antes, vinculada a critérios técnicos relacionados ao mercado específico da contratação: obra, serviços de engenharia ou não ou aquisições.

Os fatores que influenciam na definição do prazo de contratação são:
1. **Critérios técnicos**: são aqueles determinados em função da técnica envolvida na contratação, pelo profissional ou profissionais, setor técnico ou setores técnicos direta ou indiretamente correlatos com os encargos contratuais – obrigação principal e obrigações secundárias que constituem o encargo contratual e que serão determinantes

para a definição do prazo necessário à execução integral do encargo contratual. Cada objeto contratual, a depender do segmento técnico ou de mercado específico no qual está inserido, demandará um prazo mínimo de execução, que assegure a integridade e a segurança do objeto, de pessoas ou do patrimônio público. Esse prazo mínimo de execução vinculado à área técnica e ao mercado específico no qual está inserido não pode deixar de ser considerado pela Administração Pública – não será legítima a previsão de um prazo de execução inferior ao mínimo efetiva e concretamente necessário para a correta, segura e adequada execução do objeto, de acordo com a técnica e o mercado específicos em consideração. Registre-se que a execução contratual em prazo inferior ao mínimo tecnicamente aceitável – se houver – pode eventualmente ser realizada com sério comprometimento da qualidade do serviço ou obra;

2. **Aspectos administrativos**: a execução das obras e dos serviços deve programar-se, sempre, em sua totalidade, previstos seus custos atual e final e considerados os prazos de sua execução. Tal implica no necessário e correto planejamento da contratação, envolvendo todos os aspectos técnicos, jurídicos, financeiros e administrativos, de modo a evitar paralisações ou interrupções indevidas e ilegítimas da execução do contrato. A definição do prazo contratual pode envolver aspectos ligados às peculiaridades e particularidades de cada organização pública, da necessidade administrativa e da finalidade objetivada com a execução contratual. Assim, à guisa de ilustração, pode-se suscitar de hipótese concreta na qual haja maior ou menor urgência na execução ou na qual a maior celeridade de execução implique aumento da capacidade técnica necessária ou aumento do seu custo. A necessidade pública e a finalidade a ser atingida pela execução do objeto do contrato podem influir decisivamente para a fixação do seu prazo, respeitado sempre o prazo mínimo tecnicamente aceitável;

3. **Aspectos econômico-financeiros ou orçamentários**: pode haver a necessidade de ajuste do prazo de execução contratual – definição do cronograma físico-financeiro da obra ou serviço – a partir da capacidade econômico-financeira ou orçamentária da organização pública. Não é juridicamente correto – salvo no caso de licitação para o registro de preços – a licitação de obra ou serviço sem a correspondente previsão de recursos orçamentários. A Administração Pública irá avaliar primeiramente se há previsão de recursos orçamentários para a licitação da obra ou do serviço. Contudo, ainda que exista previsão de recursos orçamentários, pode ocorrer que, diante de situação concreta, se conheça de antemão entraves futuros para as correspondentes liberações financeiras destinadas ao pagamento das etapas da execução contratual. Se for esse o caso, deverá haver a sincronia entre o prazo de execução do contrato – etapas do cronograma físico-financeiro – e as efetivas condições econômico-financeiras do órgão ou entidade pública contratante;

4. **Delimitação legítima do mercado concorrencial**: Como dito, a fixação do prazo de execução de contratos de escopo não é livre por parte da Administração Pública, mas, antes, vinculada aos fatores técnico, administrativo, econômico-financeiro ou orçamentário. Registre-se ainda que o prazo de execução contratual determinado na fase de planejamento da contratação é um fator, igualmente, de delimitação do mercado concorrencial público. Explica-se: quanto menor o prazo de execução (ou, eventualmente, a depender do mercado específico em que se insere o objeto, quanto maior), menor será

o número, em tese, de potenciais interessados capazes tecnicamente de cumpri-lo. Assim, deve haver estudo sólido e consistente na fase de planejamento para estipular o prazo necessário de execução contratual (eventualmente superior ao mínimo tecnicamente aceitável) de modo a ampliar a competitividade. A fixação de prazo muito exíguo de execução (ainda que cumprido o requisito do prazo mínimo tecnicamente aceitável) pode ensejar violação juridicamente insustentável da competitividade.

Ainda que definido com precisão técnica e jurídica o prazo de execução do contrato de escopo, estará sujeito a riscos de diversas ordens e naturezas que podem causar atrasos e descumprimento.

A inviabilidade de cumprimento do prazo de execução original pode decorrer de causas atribuíveis ao contratante público, de causas atribuíveis ao contratado e de causas decorrentes de fatos de terceiro ou de fatores imprevistos e imprevisíveis, alheios à vontade das partes. Evidenciada qualquer causa que possa inviabilizar o cumprimento do prazo contratado, é fundamental que a Administração adote as providências necessárias à celebração de termo aditivo de prorrogação contratual, antes da expiração da vigência do contrato.

6.9.1 Causas de descumprimento do prazo de contrato de escopo atribuíveis à Administração Pública

O descumprimento do prazo de execução pode ser decorrente de conduta, comissiva ou omissiva, da Administração. Trata-se do denominado fato da administração, que se evidencia quando ocorre o descumprimento de obrigação contratual por parte do contratante público. Algumas situações fático-jurídicas que podem implicar descumprimento de prazo contratual por força de conduta da Administração:

6.9.1.1 Alteração do projeto ou especificações pela Administração

A alteração do objeto da contratação, nos limites da lei, pode demandar a concessão de prazo suplementar para o contratado. A alteração pode ser imposta pela Administração (alteração unilateral) ou fruto de consenso entre as partes (alteração consensual). Não pode haver, em qualquer das hipóteses, alteração que supere os limites percentuais estabelecidos na lei, a integridade do objeto ou a capacidade técnica ou econômico-financeira do contratado. Também não haverá possibilidade de alteração de projeto ou de especificações técnicas se dela resultar objeto que circunscreveria a contratação em outro mercado concorrencial, diverso daquele instalado por força das características da contratação original. Neste caso, não haverá mora do contratado, razão pela qual não se cogita da imposição de sanção por inadimplência dos prazos fixados na avença.

O Tribunal de Contas da União reputou irregular a prorrogação de execução contratual quando o contrato estiver eivado de vício grave decorrente de alteração irregular:

> *Representação. Licitação. A alteração da área originalmente prevista, em razão da não obtenção do licenciamento ambiental, afronta aos princípios da isonomia, ampla competitividade, julgamento*

objetivo e vinculação ao instrumento convocatório. Inconveniência da anulação do contrato. Impossibilidade de prorrogação.

9.6 confirmar os efeitos da medida cautelar exarada nestes autos por meio do Acórdão 3.037/2010-Plenário e determinar à Codesp que:

9.6.2. não prorrogue a vigência do contrato PRES/028/1998, tendo em vista a grave ilegalidade que recai sobre essa avença, consubstanciada na substituição da área originalmente prevista sem observância ao devido procedimento licitatório, em afronta aos princípios da isonomia entre os licitantes, da ampla competitividade, do julgamento objetivo e da vinculação ao instrumento convocatório e aos arts. 1º, §2º, e 4º, inciso I, da Lei 8.630/1993, 2º e 3º da Lei 8.666/1993 e 14 da Lei 8.987/1995;

16. Outrossim, por comungar os mesmos pensamentos dos administrativistas citados pela Secex/SP (fls. 448/9, vol. 10) em defesa da tese de que a alteração unilateral de contratos encontra limite na necessidade de não descaracterização do objeto, entendo pertinente lançar mão mais uma vez das lições de Marçal Justen Filho. Eis o que argumenta esse autor ao discorrer sobre o art. 58 do Estatuto de Licitações, mais precisamente sobre a extensão das modificações unilaterais de contratos por parte da Administração:

"Ademais, há limites à faculdade de impor unilateralmente modificação no contrato. O tema está disciplinado no art. 65, I, a cujos comentários se remete. O art. 58 não autoriza a Administração a desnaturar a contratação nem a lhe dar configurações substancialmente distintas daquelas adotadas no ato convocatório. As mudanças deverão ser qualitativamente limitadas.

O limite às alterações tanto se impõe pelo princípio da vinculação do contrato ao ato convocatório como pela tutela ao interesse do particular contratado." (in Comentários à Lei de Licitações e Contratos Administrativos, 10. ed, São Paulo, Editora Dialética, 2004, p. 500).

17. Esse mesmo autor é citado em diversas deliberações deste Tribunal de Contas (Acórdãos 1.203/2010, 197/2010, 554/2005, 635/2004 e 1.428/2003, todos de Plenário) por defender que, "Como princípio geral, não se admite que a modificação do contrato, ainda que por mútuo acordo entre as partes, importe alteração radical ou acarrete frustração aos princípios da obrigatoriedade da licitação e da isonomia." (opus citatum, p. 525).

18. Esses ensinamentos doutrinários, juntamente com aqueles registrados pela Secex/SP às fls. 448/9 do vol. 10, caminham em sentido contrário à linha argumentativa de defesa adotada pela Codesp e pela Agência Nacional de Transportes Aquaviários – Antaq, para quem as alterações empreendidas pelo quinto termo aditivo ao contrato PRES/028/1998 encontrariam amparo legal nos arts. 58, inciso I, e 65, inciso I, da Lei 8.666/1993, dada a superveniência das causas impeditivas à execução da aludida avença em seus moldes originais.19. Por conseguinte, ratifica-se a conclusão de que o termo aditivo em comento, sob o manto da alteração unilateral, transmudou substancialmente o objeto pactuado.

26. Entretanto, não obstante a ausência de respaldo legal para a alteração de área levada a termo no contrato PRES/028/1998, julgo desarrazoado e inoportuno, a exemplo do que pensam a Secex/SP e a Sefid-1, determinar a anulação do referido ajuste, haja vista o grande lapso temporal decorrido desde a alteração de áreas em comento, ao que se somam a magnitude dos investimentos até agora realizados e o fato de o terminal encontrar-se em plena operação, gerando receitas para a Codesp e atendendo demanda relevante (AC nº 1972-29/12-P).

Assim, para adequação da execução contratual ao interesse público, podem ser realizadas alterações contratuais quantitativas ou qualitativas que podem inviabilizar o cumprimento do prazo de execução contratado.

6.9.1.2 Interrupção da execução do contrato ou diminuição do ritmo de trabalho por ordem e no interesse da Administração

Trata esta hipótese de ajuste da execução contratual à superveniente modificação da necessidade da Administração contratante. Com efeito, deve-se admitir que o interesse da Administração Pública pode ser alterado, por razões que estão ou não estão sob o controle da contratante. Uma das situações comuns no que tange à interrupção ou diminuição do ritmo dos trabalhos de execução diz com a modificação da disponibilidade financeira ou orçamentária do órgão ou entidade pública. Redução da arrecadação tributária ou falta de repasse de recursos de transferências voluntárias podem ser, entre outras, a causa de dita interrupção ou diminuição do ritmo de trabalho.

6.9.1.3 Omissão ou atraso de providências a cargo da Administração, inclusive quanto aos pagamentos previstos de que resulte, diretamente, impedimento ou retardamento na execução do contrato

O atraso de execução contratual e, pois, descumprimento do prazo original, pode decorrer de fato da Administração. Conduta da Administração Pública contratante, comissiva ou omissiva, pode ser causa da turbação na execução contratual, fazendo com que os prazos não possam ser honrados. Não é incomum que a Administração Pública assuma encargos contratuais necessários à execução da parte que cabe ao contratado, além do evidente dever de pagamento pela parte executada e recebida. Quando a Administração Pública deixa de honrar com a parte que lhe cabe na execução contratual, gera direito subjetivo público ao contratado de ter os prazos de execução prorrogados – além, evidentemente, daquele à recomposição da equação econômico-financeira violada, se for o caso. O impedimento ou retardamento da execução do contrato deve ter vínculo absoluto e direto de causalidade com a conduta da Administração contratante. Caso evidenciada a conduta comissiva ou omissiva do órgão ou entidade pública que justifique a prorrogação dos prazos contratuais, deve ser instaurado processo administrativo para apuração de responsabilidade e, se for o caso, aplicação de sanção ao agente público que agiu em detrimento ou se omitiu em relação a dever jurídico a cargo da Administração Pública.

6.9.2 Causas de descumprimento do prazo de contrato de escopo atribuíveis ao contratado

Pode-se supor, no que tange aos contratos de escopo, diversas situações de fato ou jurídicas, decorrentes de condutas comissivas ou omissivas do contratado, que levam ao retardamento ou atraso de execução do contrato, inviabilizando o cumprimento do prazo inicialmente fixado.

A inexecução total ou parcial do contrato, no que tange ao prazo, não induz à imediata rescisão ou realização de nova contratação para atender o saldo remanescente de execução. Em homenagem aos princípios da supremacia do interesse público, da eficiência e da economicidade, haverá situações concretas em que, mesmo diante da falta de norma expressa contemplando tal possibilidade, deva a Administração Pública conceder prazo suplementar para a retomada ou conclusão do objeto contratado, mesmo que a causa da paralisação ou retardo da sua execução seja atribuível integralmente ao contratado – casos de culpa ou dolo.

É preciso, em casos tais, que a Administração identifique com precisão qual a solução administrativa que melhor atende (i) à necessidade administrativa; (ii) ao interesse público; e (iii) à eficiência e à economicidade.

Contudo, a prorrogação de prazos quando houver mora do contratado (na acepção técnica) não pode ensejar benefícios ou vantagem indevida. Para tanto, é imperioso que seja instaurado o devido processo administrativo para a aferição da responsabilidade e do grau de culpabilidade do contratado, e aplicada a sanção proporcionalmente adequada, como já decidiu o Tribunal de Contas da União:

> *Representação. Obras de reforma de aeroporto. Prorrogação de prazo para execução do objeto, com aumento considerável dos custos dos serviços de "administração da obra" e "operação e manutenção do canteiro". Necessidade de avaliação meritória acerca dos motivos que ensejaram o atraso. Mora ocorrida por culpa da contratada: aplicação de penalidade e impossibilidade de ressarcimento dos custos aumentados pelo atraso.*
>
> 7. Sobre o pagamento irregular decorrente de sucessivas dilações de prazo para a construção, o assunto merece ponderações. A questão é recorrente nos contratos para execução de obras públicas.
>
> 8. Em uma visão geral, constatada a impossibilidade de término da obra no tempo avençado, deve-se proceder, obrigatoriamente, uma avaliação objetiva das razões do atraso. Existem, por lógica, três situações possíveis: a mora ocorreu por razões alheias a qualquer das partes; por culpa da contratada; ou por atos e omissões da própria Administração.
>
> 9. No último caso – o da concorrência do órgão contratante –, o aditivo é devido, como também eventuais consequências pecuniárias decorrentes do atraso, como os gastos com administração local e manutenção do canteiro. Eventual apuração de responsabilidades dos gestores é cabível, principalmente quando a dilação for consequência de negligência, imperícia ou imprudência dos gestores. Igualmente, se a dilação for advinda de fatos imprevisíveis, ou previsíveis de consequências incalculáveis, sob a luz da teoria da imprevisão, a alteração do contrato faz-se devida.
>
> 10. Outro caso são os atrasos ocorridos unicamente em decorrência da incapacidade da contratada em cumprir o prazo ajustado. Mesmo quando a má avaliação provenha do projeto – e isso é recorrente –, se não existir modificação do cenário inicialmente pactuado, a empresa não faz jus à revisão do valor contratado; e nem, imediatamente, à dilação do prazo. O fato não encontra enquadramento nos ditames do art. 65 da Lei 8.666/93. Não houve situação imprevista ou agressão às das condições primeiramente avençadas que motivem a recomposição do equilíbrio econômico-financeiro do contrato.
>
> 11. Ademais, aquele prazo inicialmente previsto era exigência uniforme a todas as licitantes, que estimaram equipamentos e mão de obra para formarem seus preços. O relaxamento desta obrigação, portanto, é altamente anti-isonômica.
>
> 12. Nessas situações, portanto, a Administração poderia, sim, recompor o prazo; mas não sem antes aplicar as multas contratuais pelo adimplemento das obrigações avençadas. E jamais recomporia o valor do empreendimento em razão dos custos aumentados com administração e canteiro.
>
> 13. Eis que a narrativa da equipe de fiscalização registrou que os prazos foram concedidos sem qualquer avaliação meritória acerca dos motivos que ensejaram o atraso. Em resposta aos apontamentos iniciais da auditoria, a Infraero limitou-se a redarguir, genericamente,

que ocorrera pela necessidade de adequações nos projetos executivos (elaborados pela empresa projetista [omissis]) e, também, pelas dificuldades operacionais em liberação de áreas do TPS para execução dos serviços. A motivação é pobre para justificar mais de onze meses de atraso (contra seis previstos). Há de se motivar, para cada dia, os motivos e as responsabilidades da demora (AC nº 3443-51/12-P).

A Lei nº 14.133/21, a este propósito, fixa o tratamento jurídico a ser dado quando, por causa atribuível ao contratado, o objeto do contratado de escopo não for concluído no prazo determinado. Neste caso, (i) o contratado será constituído em mora, aplicáveis a ele as respectivas sanções administrativas; e (ii) a Administração poderá optar pela extinção do contrato e, nesse caso, adotará as medidas admitidas em lei para a continuidade da execução contratual.

6.9.3 Causas de descumprimento do prazo de contrato de escopo alheias e estranhas à vontade ou conduta das partes contratantes

Qualquer circunstância de fato, alheia à vontade das partes, que produza alteração nas condições de execução do contrato pode autorizar a prorrogação dos prazos. O elementar é que a causa seja absolutamente independente de qualquer conduta, comissiva ou omissiva, que possa ser atribuída às partes. A participação, ainda que por omissão, de qualquer das partes no fato ou evento que ensejou o atraso ou retardamento da execução contratual não afasta desde logo a possibilidade jurídica de prorrogação contratual. O dispositivo em exame versa sobre hipótese causa de prorrogação que não pode ensejar responsabilidade, e, portanto, não sujeita a sanção. Se houver participação, ativa ou por omissão, ainda que mínima, a contribuir para a causa de atraso na execução do contrato, ainda assim poderá, para preservação do interesse público, haver a prorrogação dos prazos contratuais, mas deverá ser apurada e sancionada a conduta passível de responsabilidade.

Conduta de terceiro pode ser causa de descumprimento de prazo contratual.

Qualquer execução contratual demanda – sem que se cogite de subcontratação – de conduta de terceiros para ser efetiva e adequadamente realizada. Há inúmeras situações que podem ser colacionadas como justificativa para a aplicação da norma, como atrasos na entrega de produtos ou interrupção de fornecimento ou de fabricação de insumos, entre tantos outros. O contratado deverá, neste caso, apresentar de forma documentada e motivada as razões para a inexecução dos prazos contratuais, com a prova de que tal se deveu a conduta de terceiro. A culpa do contratado, ainda que mínima – casos de negligência ou imprudência, por hipótese –, excluem ou diminuem a força da excludente de responsabilidade. Não se aplica a norma quando a conduta do terceiro era previsível ou quando o contratado poderia ter adotado condutas acautelatórias (mudança de fornecedor, por exemplo) sem grande esforço ou dispêndio financeiro.

6.10 Hipótese de prorrogação automática do prazo de vigência de contrato de escopo

No plano ideal, a Administração deve realizar o devido e suficiente processo de gerenciamento de riscos de execução contratual.

Na etapa preparatória da contratação, é fundamental e elementar que seja realizada a gestão dos riscos, com a identificação de todos os riscos que podem comprometer a execução do contrato. Tais riscos devem ser posicionados em mapa de riscos. Um dos riscos a que está sujeita a contratação é o risco de descumprimento dos prazos contratuais. Este risco deve ser, ao longo da execução, monitorado, para que, com antecedência eficaz, seja identificada a possibilidade de que o prazo originalmente fixado não possa ser cumprido pelo contratado – seja qual for a causa, desde que previsível.

O processo adequado de acompanhamento da execução do contrato, e de gestão de riscos de execução, possibilitará que, caso necessária, a prorrogação da vigência contratual seja realizada por termo aditivo ao contrato, antes de expirada a vigência original.

Contudo, é bastante comum que tal não se efetive, e que se constate a inviabilidade de cumprimento do prazo contratado às vésperas da expiração da vigência do contrato. Sensível a esta situação de fato, a Lei nº 14.133/21 introduziu no sistema jurídico uma regra expressa, determinando que "na contratação que prever a conclusão de escopo predefinido, o prazo de vigência será automaticamente prorrogado quando seu objeto não for concluído no período firmado no contrato (art.111)". Esta regra tem alinhamento com o entendimento já esposado pelo Tribunal de Contas da União, e antes objeto de comentário.

Caso o objeto de contrato de escopo não seja concluído no prazo original de vigência contratual, esta será automaticamente prorrogada. Esta prorrogação automática de que trata a Lei tem o condão de estender o prazo do contrato independentemente de qualquer providência ou decisão administrativa prévias. Entretanto, parece fundamental a formalização desta prorrogação automática para registro processual. Tal formalização pode ocorrer mediante apostilamento nos autos ou caso a dilação de prazo também envolva alterações contratuais, termo aditivo.

Como antes visto, a prorrogação de contrato de escopo se dá para que prazo adicional seja concedido, a fim de que seja concluído o objeto contratado que não o foi no prazo originalmente fixado. A prorrogação automática de contrato de escopo se dará independentemente da causa pela qual o prazo original não foi atendido. Seja por causa atribuível ao contratado, seja por causa atribuível ao contratante público, caso o contrato de escopo não seja concluído no prazo avençado, se prorrogará automaticamente.

Haverá, no entanto, consequências jurídicas distintas desta prorrogação automática, a depender da causa do descumprimento do prazo originalmente contratado.

Se a prorrogação automática for decorrente de causa atribuível ao contratado, como visto, incorrerá em mora e se sujeitará à sanção de multa moratória – se outra mais severa não tiver cabimento –, e, eventualmente, ao ressarcimento de prejuízos causados para a Administração.

Caso tal prorrogação automática se dever à conduta atribuível ao contratante público, será devida, caso desequilibrada a economia do contrato, a recomposição pela via da revisão.

6.11 Limites e pressupostos objetivos para as prorrogações contratuais

A prorrogação dos prazos contratuais, para ser efetivada legitimamente e nos termos da lei, deverá atender a determinados pressupostos e submeter-se a determinados limites dedutíveis do sistema jurídico-constitucional, quando não de norma legal expressa. São eles:

a) Interesse da Administração (não há direito à prorrogação)

O interesse almejado pela prorrogação contratual deve ser o interesse público consubstanciado na plena e adequada satisfação da necessidade pública almejada quando da configuração do contrato. Esta é a única razão de fato para que se realize a prorrogação. Portanto, não existe direito à prorrogação por parte da pessoa jurídica ou pessoa física contratada. A critério exclusivo da Administração Pública – fundada no interesse público –, poderá ou não haver prorrogação.

Trata-se, pois, de decisão discricionária subordinada aos princípios que regem a Administração Pública, em especial os da eficiência e da economicidade.

Tal assertiva implica concluir que, conquanto não haja obrigatoriedade de prorrogação de vigência ou de prazo de execução do objeto do contrato, será ela devida e necessária quando se mostrar a forma mais econômica, vantajosa e eficiente de satisfazer a necessidade pública.

Parece evidente. Quando da cogitação de prorrogação de prazo, seja de execução (nos contratos de escopo), seja de vigência (nos contratos de prazo), a necessidade pública já está sendo satisfeita ou atendida pela execução contratual que se cogita prorrogar. Já se disse que a licitação não pode constituir um fim que se esgota nele próprio. Toda licitação envolve custos administrativos e de pessoal, e, ainda, pode resultar em uma contratação (em tese) menos vantajosa do que aquela que está em execução. Dessa sorte, é de rigor que a Administração Pública contratante diligencie de forma criteriosa e tecnicamente precisa para verificar acerca do efetivo interesse na prorrogação contratual. Trata-se de decisão unilateral e discricionária do Poder Público para cuja formação de vontade não necessita qualquer participação da contratada particular. Constatado tal interesse, deve realizar as condutas formais necessárias ao ajuste e consultar o contratado a propósito de seu próprio interesse na prorrogação da vigência do contrato.

Afirma-se que inexiste direito subjetivo do contratado à prorrogação. A previsão expressa no instrumento convocatório da possibilidade de prorrogação não gera mais do que mera expectativa de direito do contratado, não há, pois, mesmo diante de regra expressa no edital, direito subjetivo público à prorrogação. Os fatores determinantes para a prorrogação são o interesse público e a possibilidade jurídica, técnica, econômico-financeira e material. Nos termos do que preceitua o Tribunal de Contas da União:

> 21. (...) é prerrogativa da Administração a decisão acerca da prorrogação de contratos, mas, ressalte-se, nas hipóteses de regularidade completa de procedimentos. E, diga-se,

sempre de acordo com a conveniência da Administração, tratando-se de decisão unilateral e discricionária. Ao contratado só resta a expectativa da prorrogação, não lhe sendo assegurado, ainda que o edital mencione tal possibilidade, a certeza de prorrogação (AC nº 2078-27/07-2).

b) A prorrogação da vigência do contrato deve ser vantajosa para a Administração Pública

Além do interesse público na prorrogação, é forçoso que seja ela vantajosa para a contratante pública. A vantagem de que se cuida transcende o aspecto econômico-financeiro, embora seja ele fundamental. Sob esse prisma, é preciso diligenciar para constatar se o preço e as demais condições contratuais na oportunidade da prorrogação ainda se mostram compatíveis com o mercado, e, portanto, ainda se mostram proveitosos, coletando informações e dados que possam demonstrar que a prorrogação constitui alternativa melhor do que uma nova contratação.

É de fundamental relevância aferir no mercado as atuais características do objeto da contratação, seja no que tange ao preço, seja no que tange à técnica envolvida ou à qualidade dele.

No que diz respeito à técnica envolvida ou à qualidade, é preciso atestar que não há obsolescência, vale dizer, que não há no mercado produto ou serviço mais evoluído, avançado ou de melhor qualidade que possa suplantar aquele que foi contratado, ou seja, atestar que, diante da necessidade que precisa ser satisfeita, o objeto contratado, por suas características e especificidades, remanesce como a melhor solução técnica.

Para cumprir essa missão é preciso envolvimento dos setores técnico e administrativo da organização pública, atuando em sinergia concreta e produzindo, quando for o caso, toda a documentação que subsidiará a decisão por parte da autoridade competente.

Quanto ao preço, à economicidade da prorrogação em face de uma nova contratação, por igual forma, é preciso aferir do mercado as condições de preço atuais e contemporâneas ao ato de prorrogar.

Os órgãos de controle sempre recomendaram uma ampla e tecnicamente adequada pesquisa de mercado para a constatação e atestação da vantajosidade econômica da prorrogação contratual.

Não obstante, o Tribunal de Contas da União exarou o Acórdão nº 1214/13, pelo qual se manifestou no sentido de deliberar que para a prorrogação de contratos de prestação de serviços contínuos rotineiros e sem complexidade, como os de vigilância, limpeza, ou conservação, a apuração da vantagem não demanda pesquisa de preços em mercado:[158]

> *Representação. Contrato. Serviços continuados (terceirização). Constatação da baixa eficiência e efetividade das pesquisas de mercado para subsidiarem as prorrogações dos contratos. A vantajosidade econômica para a prorrogação dos contratos de serviço continuada estará assegurada, dispensando a realização de pesquisa de mercado, quando atendidos requisitos de reajuste salarial, de índices de preços de insumos e de limites de preço para contratação. Recomendação à Secretaria de Logística e Tecnologia da Informação do Ministério do Planejamento que incorpore o entendimento à IN/MP 2/2008. Recomendação.*

---

[158] Essa decisão do Tribunal de Contas da União foi incorporada na IN nº 02/08, por intermédio da IN nº 06/13 da SLTI do MPLOG.

9.1 recomendar à Secretaria de Logística e Tecnologia da Informação do Ministério do Planejamento que incorpore os seguintes aspectos à IN/MP 2/2008:

9.1.17 a vantajosidade econômica para a prorrogação dos contratos de serviço continuada estará assegurada, dispensando a realização de pesquisa de mercado, quando:

9.1.17.1 houver previsão contratual de que os reajustes dos itens envolvendo a folha de salários serão efetuados com base em convenção, acordo coletivo de trabalho ou em decorrência da lei;

9.1.17.2 houver previsão contratual de que os reajustes dos itens envolvendo insumos (exceto quanto a obrigações decorrentes de acordo ou convenção coletiva de trabalho e de Lei) e materiais serão efetuados com base em índices oficiais, previamente definidos no contrato, que guardem a maior correlação possível com o segmento econômico em que estejam inseridos tais insumos ou materiais;

9.1.17.3 no caso de serviços continuados de limpeza, conservação, higienização e de vigilância, os valores de contratação ao longo do tempo e a cada prorrogação forem inferiores aos limites estabelecidos em ato normativo da Secretaria de Logística e Tecnologia da Informação do Ministério do Planejamento, Orçamento e Gestão – SLTI/MP. Se os valores forem superiores aos fixados pela SLTI/MP, caberá negociação objetivando a redução dos preços de modo a viabilizar economicamente as prorrogações de contrato;

- técnicas de orçamentação

29. O grupo de estudos argumenta que os itens que compõem o custo dos serviços de natureza continuada – remuneração, encargos sociais, insumos e LDI – variam, em grande medida, segundo parâmetros bem definidos, de forma que a realização de nova pesquisa de mercado, no caso de eventual prorrogação contratual, medida custosa e burocrática, segundo o grupo, não se revelaria necessária. A prática tem revelado poucos benefícios advindos dessa pesquisa, que não tem retratado verdadeiramente o mercado, uma vez que ela tem normalmente levado a preços superiores aos obtidos na licitação.

30. Para demonstrar a dificuldade e o custo administrativo envolvido nesse tipo de pesquisa, o grupo apresenta o exemplo de uma licitação do Tribunal de Contas da União para contratação de serviços de manutenção predial, que envolveu a pesquisa de mercado de cerca de 200 insumos e 800 materiais. Assevera o grupo de estudos que a relação custo x benefício desse tipo de pesquisa de mercado revela-se bastante desfavorável ao erário. Também a comparação dos valores de insumos e materiais com contratos firmados por outros órgãos da administração pública não se mostra simples, dadas as peculiaridades inerentes a cada contrato. Quanto a esses itens, defende o grupo que podem ser utilizados índices específicos para avaliar a adequação dos preços propostos pelas empresas por ocasião da prorrogação.

31. Diante disso, o grupo propõe que se entenda desnecessária a realização de pesquisa junto ao mercado e a outros órgãos/entidades da Administração Pública para a prorrogação de contratos de natureza continuada, desde que as seguintes condições estejam presentes, assegurando a vantajosidade da prorrogação:

"a) houver previsão contratual de que as repactuações de preços envolvendo a folha de salários serão efetuadas somente com base em convenção, acordo coletivo de trabalho ou em decorrência de lei;

b) houver previsão contratual de que as repactuações de preços envolvendo insumos (exceto quanto a obrigações decorrentes de acordo ou convenção coletiva de trabalho e de Lei), quando houver, serão efetuadas com base em índices setoriais oficiais, previamente definidos no contrato, correlacionados a cada insumo ou grupo de insumos a serem utilizados, ou, na falta de índices setoriais oficiais específicos, por outro índice oficial que guarde maior correlação com o segmento econômico em que estejam inseridos os insumos ou, ainda, na falta de qualquer índice setorial, servirá como base o Índice Nacional de Preços ao Consumidor Amplo – IPCA/IBGE;

c) houver previsão contratual de que as repactuações envolvendo materiais, serão efetuadas com base em índices setoriais oficiais, previamente definidos, correlacionados aos materiais a serem utilizados, ou, na falta de índice setorial oficial específico, por outro índice oficial que guarde maior correlação com o segmento econômico em que estejam inseridos os materiais ou, ainda, na falta de qualquer índice setorial, servirá como base o Índice Nacional de Preços ao Consumidor Amplo – IPCA/IBGE.

d) nos casos dos serviços continuados de limpeza, conservação, higienização e de vigilância, a vantajosidade econômica da contratação para a Administração, observado o disposto nos itens a até c, somente estará garantida se os valores de contratação ao longo do tempo e a cada prorrogação forem inferiores aos limites estabelecidos em ato normativo da Secretaria de Logística e Tecnologia da Informação do Ministério do Planejamento, Orçamento e Gestão – SLTI/MP.

d.1) quando os valores resultantes da aplicação do disposto no item d forem superiores aos preços fixados pela SLTI/MP para os serviços de limpeza, conservação, higienização e de vigilância, caberá negociação objetivando a redução dos preços de modo a viabilizar economicamente as prorrogações de contrato."

32. Entendo que o relatório produzido pelo grupo de estudos, a partir da vivência prática dos agentes que o compuseram, logrou demonstrar a baixa eficiência e efetividade das pesquisas de mercado para subsidiarem as prorrogações de contrato de natureza continuada. Evidenciou-se o alto custo administrativo para a realização desse tipo de pesquisa, aliado aos benefícios limitados dela resultantes. Endosso, portanto, a proposta do grupo, ressaltando que não se está a propor que a prorrogação seja feita "às cegas", uma vez que estão sendo estabelecidas diversas condicionantes para dispensar a realização da pesquisa, condicionantes mencionadas no item acima, com o objetivo de garantir que os itens que compõem os custos dos serviços estão sendo reajustados segundo parâmetros coerentes e bem definidos (AC nº 1214-17/13-P).

É preciso ponderar que o precedente estabelecido pela Corte de Contas tem aplicação delimitada às contratações de prestação de serviços terceirizados comuns, rotineiros e de baixa complexidade, como de vigilância, limpeza, conservação e higienização. Nessa categoria de contratos não se inserem apenas aqueles cujo objeto é rotineiro, comum e de baixa complexidade técnica. Deve-se tomar em conta que nela também se inserem serviços contínuos específicos e complexos, com particularidades tais que não se pode imediatamente reputar que a mera previsão de reajustes contratuais com base nos critérios definidos no Acórdão nº 1214/13 seja suficiente para que, com precisão, se possa estimar que a sua prorrogação presume-se vantajosa, dispensando maiores investigações do mercado específico no qual se insere a contratação. Atente-se, ainda, para outros precedentes, de relevo para o tema das prorrogações, produzidos pelo Tribunal de Contas da União:

Representação. Contrato administrativo. Previamente à renovação contratual, se de interesse da administração, deve ser realizada, com a antecedência necessária, pesquisa de preços, demonstrando a economicidade da renovação em comparação com a realização de novo certame. Determinação

9.3. previamente à próxima renovação contratual, se de interesse da administração, (contrato 49/2007, firmado em 09.10.2007 com a [omissis].) determinar à Imprensa Nacional que proceda, com a antecedência necessária, à:

9.3.1 pesquisa de preços, demonstrando a economicidade da renovação na hipótese da realização de novo certame, bem como a vantagem da licitação global dos serviços de manutenção predial dos serviços eventuais e de jardinagem, frente à licitação por itens, em conformidade com os arts. 57 e 23, §1º da Lei 8.666/93, respectivamente;

8.2 Embora um só contrato possa apresentar redução de custos em relação ao posto de preposto, a primeiro plano a licitação de serviços de manutenção predial, em conjunto com serviços de jardinagem, não parece ser a melhor solução para atendimento das necessidades da Imprensa Nacional. Além das dimensões consideráveis de uma e de outra área, e da existência de empresas especializadas no ramo de jardinagem, as exigências de capacidade técnica e os critérios de reajuste com base no Índice Nacional de Custo da Construção Civil demonstram-se inadequados aos serviços de manutenção das áreas verdes.

8.4 Dessa forma, ajustando as propostas da Unidade Técnica combinadas com as ponderações do Controle Interno, entendo apropriado que a Imprensa Nacional, por ocasião da próxima renovação contratual, que proceda à demonstração, nos autos do processo licitatório, de que a continuidade do contrato 49/2007 afigura-se vantajosa para o erário, nos termos do art. 57, da Lei 8.666/93, considerando a facilidade de execução de novo certame na modalidade de Pregão. (AC nº 1029-07/09-2)

Representação. Contrato. Ao decidir sobre a vantagem da prorrogação de contratos (art. 57, inciso II, da Lei 8.666/93) relativos a serviços continuados de engenharia, a Administração deve considerar os descontos contidos nos preços contratados e os efetivamente praticados pelo mercado em relação ao referencial de preços utilizado, a exemplo do Sicro.

20. Neste ponto, a Secex/SC teceu considerações sobre a metodologia adotada pelo Dnit, que consistia, basicamente, na análise global da vantajosidade da prorrogação, mediante a comparação entre o montante dos custos das quantidades atuais do contrato (diga-se acumuladas desde o início da vigência) com os preços praticados na licitação e reajustados para a data da prorrogação, em contrapartida com o Sicro (peça 46, p. 8; peça 47, p. 7-8; peça 48, p. 7-8).

23. Em conclusão, a Secex/SC enfatiza a ausência de inventários mais apurados do estado das rodovias e critica a metodologia adotada pelo Dnit, nos casos indicados, nos quais verificava a vantajosidade de se prorrogar os termos em andamento, ao invés de realizar nova licitação, tomando como base, apenas, os preços do Sicro, sem haver confronto entre os descontos pactuados no contrato com os então praticados pelo mercado.

24. A unidade técnica apresenta, como proposta de encaminhamento, a providência objeto do subitem 9.2 do Relatório antecedente, no sentido de se recomendar ao Departamento Nacional de Infraestrutura de Transportes – Dnit que desenvolva estudos para incluir, na sistemática de decisão da vantajosidade da prorrogação de contratos de serviços continuados como conservação e manutenção rodoviária, parâmetros que considerem o desconto original da licitação e os descontos efetivamente praticados pelo mercado no momento da renovação, não devendo se basear tal decisão, única e exclusivamente na comparação do custo atualizado das quantidades atuais do contrato, diga-se acumuladas desde o início da sua vigência, com o custo dos mesmos serviços no Sicro, conforme sistemática adotada pela Superintendência Regional do Dnit em Santa Catarina, nos contratos já encerrados do Edital de Licitação 31/2002-16 (UT-16-009/2003-00, BR – 470/SC – km 139,6 ao km 303,7, lote 2 e UT-16-010/2003-00, BR – 470/SC – km 303,7 ao km 358,9, lote 3).

25. Diante da importância da ponderação acerca da dinâmica dos descontos praticados no mercado em relação ao Sicro, para se garantir a efetiva vantajosidade da solução adotada, considero mais apropriado encaminhar a providência indicada sob a forma de determinação, cujo cumprimento deverá ser acompanhado pela SecobRodov.

9.2. determinar:

9.2.1. ao Departamento Nacional de Infraestrutura de Transportes – Dnit que desenvolva estudos para incluir, na sistemática de decisão da vantajosidade da prorrogação de contratos de serviços continuados como conservação e manutenção rodoviária, comparações entre o percentual de desconto embutido nos preços contratados e os descontos médios que estão sendo efetivamente praticados pelo mercado no momento da renovação do ajuste, de tal forma que a análise dessa vantajosidade não se restrinja apenas a verificações de compatibilidade entre os custos unitários pactuados e os previstos no Sicro; (AC nº 3302-47/14-P)

Representação. Licitação. A realização de pesquisa de preços de mercado de forma indireta, por meio de corretora, sem a devida documentação das propostas no processo administrativo correspondente, contraria o disposto nos arts. 3º e 57, inciso II, da Lei 8.666/93.

4.25 No caso das repactuações dos anos 2004/5 e 2008, foram feitas, na oportunidade da decisão sobre as respectivas solicitações de reequilíbrio financeiro do contrato, pesquisas de preços para verificar a compatibilidade dos preços aos valores de mercado, conforme preceitua o art. 57, inciso II c/c art. 43, inciso IV, da 8.666/93. Além disso, na repactuação de 2008 foi apresentado demonstrativo analítico da variação dos itens de custos da apólice que fundamentou a solicitação de reequilíbrio financeiro. Basta dizer que, apenas no ano de 2004/5 a seguradora não juntou ao seu expediente de renovação uma planilha contendo de forma detalhada os itens justificadores da recomposição contratual pleiteada, como fez posteriormente em 2008.

2. Aponta a representante, em síntese, as seguintes ocorrências:

c) prática de valores de seguro superiores aos do mercado;

5. Ante a percuciente e minudente análise das questões aqui tratadas, manifesto-me de acordo com a proposta de encaminhamento formulada pela unidade técnica, com pequenos ajustes de redação, cujas pertinentes ponderações incorporo às minhas razões de decidir.

9.2.3. a prorrogação ou renovação de contratos de prestação de serviços executados de forma contínua, sem a devida demonstração, nos autos do respectivo processo administrativo, de que tal medida assegura a obtenção de condições e preços mais vantajosos para administração, evidenciado com pesquisa de mercado para serviços similares, contraria o disposto nos arts. 3º e 57, inciso II, da Lei nº 8.666/93;

9.2.4. a realização de pesquisa de preços de mercado de forma indireta, por meio de corretora, sem a devida documentação das propostas no processo administrativo correspondente, contraria o disposto nos arts. 3º e 57, inciso II, da Lei nº 8.666/93 (AC nº 0600-10/15-P);

c) Necessidade de previsão no instrumento convocatório para prorrogação de contratos por prazo

Como antes dito, somente será possível a prorrogação de contratos de prazo se houver previsão expressa no instrumento convocatório, por exigência de Lei.

d) O limite para contratação direta por valor deve levar em conta todo o prazo contratual, contadas as virtuais prorrogações

Nos casos de contratação direta em razão do valor, a possibilidade de prorrogação é vinculada aos limites para licitação dispensável legalmente estabelecidos.

É dispensável a licitação para contratação que envolva valores inferiores a R$114.416,65 no caso de obras e serviços de engenharia ou de serviços de manutenção de veículos automotores; e para contratação que envolva valores inferiores a R$57.208,33 no caso de outros serviços e compras. Caso a contratação tenha sido precedida de contratação direta dentro destes limites, eventual prorrogação contratual somente pode ocorrer se a somatória dos valores contratados (valor do contrato original mais o valor decorrente das prorrogações) não ultrapassá-los.

Por exemplo, um contrato de prestação de serviços de limpeza celebrado sob o fundamento de licitação dispensável, no valor de R$57.208,00 não comporta nenhuma prorrogação de prazo. Isso porque, qualquer seja o prazo de prorrogação, ensejará um valor total de contratação superior ao limite legalmente estabelecido para utilização dessa hipótese de contratação direta, o que constitui irregularidade grave e passível de responsabilização.

Confira-se a posição do Tribunal de Contas da União, em decisão proferida em situação diversa, contudo com racionalidade aplicável a esta análise:

> *Representação. CREA/MA. Prorrogação de contrato sem autorização legal.*
> 9.5. determinar ao Conselho Regional de Engenharia, Arquitetura e Agronomia do Estado do Maranhão que:
> 9.5.4. abstenha-se de prorrogar contratos que não se enquadrem no art. 57 da Lei nº 8.666/1993, ou cujo valor ultrapasse o limite estabelecido para a modalidade de licitação realizada (AC nº 0409-03/09-1);

e) A prorrogação contratual demanda existência de recursos orçamentários

Como já dito, somente pode haver licitação se houver previsão de recursos orçamentários para atender à respectiva despesa.

f) A excelência da execução do contrato em vigor

Para que haja autorização jurídica para a prorrogação contratual, a execução em curso deve estar se dando em padrão de excelência. Todos os encargos contratuais devem estar sendo cumpridos nos termos da avença, não restando qualquer dúvida sobre a capacidade técnica do contratado ou sobre a qualidade do objeto em execução.

O histórico da execução contratual é de extrema relevância para justificar a prorrogação da vigência do contrato.

Não está autorizada a prorrogação contratual quando o contratado tem histórico de descumprimento total ou parcial de encargos que lhe competiam. Atrasos na execução, irregularidades de natureza técnica, retrabalho, desorganização, entre outras falhas possíveis de serem apontadas devem ser tomadas em conta quando da decisão sobre a prorrogação.

Para que tal análise técnico-jurídica seja possível, é imprescindível que a Administração Pública conte com um eficiente e eficaz sistema de acompanhamento e fiscalização da execução do contrato. Por seu turno, o agente público designado para a fiscalização deve, sob pena de responsabilidade, dar cumprimento à norma do art. 117, §1º, da Lei nº 14.133/21, que prescreve que "o fiscal do contrato anotará em registro próprio todas as ocorrências relacionadas à execução do contrato, determinando o que for necessário para a regularização das faltas ou dos defeitos observados". O registro formal das ocorrências verificadas pelo fiscal da execução do contrato tem múltiplas finalidades, entre elas, o de formalizar o histórico empírico das intercorrências e acontecimentos técnicos ou não, capazes de influenciar de modo resolutivo a decisão sobre prorrogar.

Atestar a regularidade e satisfatoriedade da execução do contrato como requisito para a prorrogação não constitui uma faculdade do administrador público, senão um dever. A ausência de manifestação atestando a regularidade e satisfatoriedade da execução contratual vicia o processo da prorrogação e induz à responsabilidade por omissão.

g) A concessão de prazo suplementar para execução do escopo contratual não pode violar a isonomia ou o princípio licitatório

O prazo de execução contratual nos casos de contratos por escopo é um elemento de maior relevância para delimitar o mercado concorrencial e amoldar os contornos jurídicos de incidência do princípio da isonomia.

Conforme o prazo estabelecido no instrumento convocatório do certame, poderão acorrer diferentes licitantes particulares, a depender de suas particulares condições técnicas para atender o prazo de realização do escopo contratual.

Se o prazo de execução for elemento definidor do mercado concorrencial quando da licitação, deverá haver rigor extremo na concessão de prazo suplementar para a conclusão do objeto, pena de violação do princípio licitatório e do princípio da isonomia.

h) Somente pode haver a prorrogação de contrato em vigor

A prorrogação de prazo contratual demanda que haja vigência contratual passível de ser prorrogada. Uma vez exaurido o prazo de vigência do contrato, não há que se cogitar de prorrogação dele. Prazo de vigência é aquele estabelecido pela Administração Pública, fixado no edital e aceito pelo licitante vencedor da licitação dentro do qual os encargos contratuais devem ser reciprocamente cumpridos. Por contrato em vigência deve-se entender aquele cujo prazo convencionado pelas partes e expressado no instrumento de contrato ou documento equivalente ainda não expirou, consoante entendimento também do Tribunal de Contas da União:

> 1.5.1. à 21ª Superintendência de Polícia Rodoviária Federal que:
> 1.5.1.4. nas prorrogações contratuais promova a assinatura dos respectivos termos de aditamento até o término da vigência contratual, uma vez que, transposta a data final de sua vigência, o contrato é considerado extinto, não sendo juridicamente cabível a prorrogação ou a continuidade de sua execução, observadas as disposições contidas no art. 57 da Lei nº 8.666/1993 (AC nº 4502-25/10-1);
> Pedido de reexame. Relatório de auditoria. Celebração de aditivos quando o contrato encontrava-se extinto. Aditivos contratuais com efeito retroativo. Celebração de contratos com efeito retroativo. Alegações recursais suficientes a ensejar a reforma do acórdão combatido. Provimento
> 2. A celebração de aditivos contratuais quando o prazo contratual já se encontrava extinto, com atribuição de efeitos retroativos, ainda que amparada em um dos motivos previstos no art. 57, §1º, da Lei 8.666/1993, constitui negligência administrativa, por se poder considerar o contrato original formalmente extinto, consoante jurisprudência desta Corte; no entanto, se a prática não é generalizada, ocorrendo em alguns poucos contratos, de baixo valor e

para os quais foram oferecidas as devidas justificativas, sem que o fato tenha acarretado qualquer consequência, a ocorrência poderá ser considerada de caráter meramente formal.
8. A principal tese jurídica da defesa é que o aditamento de prazo não é necessário nos chamados contratos de escopo, em que o objeto é a aquisição de um determinado bem ou benfeitoria, a exemplo de uma obra, (...). Não abono tal tese, que no recurso vem chancelada pela doutrina de Joel de Menezes Niebuhr, não só porque contradiz a remansosa jurisprudência desta Corte, mas também porque é contrária à Lei 8.666/1993, cuja disciplina acerca do assunto, estabelecida no art. 57, veda a duração indeterminada do contrato administrativo e permite a prorrogação apenas nos acasos ali relacionados. É dizer: considera-se extinto o contrato que atingiu o termo final do prazo de duração nele fixado. Daí a necessidade de prorrogá-lo, por um dos motivos previstos em lei, ainda durante sua vigência.
9. Porém, não se pode deixar de admitir que, de fato, para os contratos visando obra certa, essas exigências legais têm apenas o objetivo de evitar a prorrogação indefinida ou abusiva dos contratos, sem responsabilização de alguma das partes. Na disciplina da Lei 8.666/1993, o contrato administrativo há de produzir efeitos a partir de sua celebração, vedada, entre outras práticas, a de suspender prazos de execução sob alegação de falta de recursos sem qualquer responsabilização dos agentes administrativos.
10. No caso em comento, essa preocupação da lei no sentido da imediata execução do contrato sem solução de continuidade, não está presente. As partes estiveram sempre comprometidas com o a execução do objeto. O episódio poderia ser atribuído à mera negligência administrativa na gestão de contratos se realmente ocorresse de forma generalizada em todos os ajustes. Esse não é o caso em pauta, sem dúvida. Segundo entendo, além do acréscimo de serviços, concorreu para o atraso dos dois aditamentos o próprio processo de negociação e aprovação dos instrumentos. Em ambos os casos, as advertências foram geradas pelos controles internos da entidade e isso deve servir para o aprimoramento dos procedimentos futuros.
9.1. (...), conhecer dos pedidos de reexame dos senhores [omissis] para, no mérito, dar-lhes provimento, (...) (AC nº 3131-46/10-P).
Acompanhamento. Contrato administrativo. No caso de prorrogação de contrato administrativo, deve ser observada a vigência do ajuste originário, evitando-se a assinatura extemporânea de aditivo. Determinação
3.11.1. (...) o Contrato nº 15/2002, celebrado com a [empresa *omissis*] para a execução da quarta etapa da obra do prédio anexo ao TRE/MA tinha vigência inicial de 06/01/2003 até 06/04/2003. Em 1º/04/2003, a empresa encaminhou ofício à Administração do Órgão, solicitando a sua prorrogação por mais 90 dias, alegando indefinições técnicas por parte do contratante, demora no pagamento de medições e a dificuldades de dar andamento à obra devido ao período chuvoso. Aparentemente não houve manifestação da administração do TRE/MA sobre este pedido pois, em 05/06/2003, a empresa entrou com outro pedido de prorrogação, desta feita de 160 dias, alegando os mesmos motivos anteriores e mais inexistência de fiscalização. O Diretor-Geral encaminhou o pleito ao escrutínio da Presidência, propondo a prorrogação retroativamente a 06/04/2003, a qual autorizou a medida. Portanto, desde 07/04/2003 até a data da assinatura do termo aditivo, as obras transcorreram de forma irregular, sem a devida cobertura contratual, fato posteriormente sanado com a firmatura desse documento.
9.2. determinar ao Tribunal Regional Eleitoral do Maranhão – TRE/MA que:
9.2.9. observe os prazos de vigência dos contratos, evitando celebrar termos de prorrogação com data retroativa (AC nº 1746-31/09-P);

Auditoria. Contrato. Termo aditivo de prazo de contrato deve ser firmado antes do fim da vigência do contrato original, devendo constar dos documentos as efetivas datas de assinaturas. Determinação.
[Fiscobras ' fiscalização de obra rodoviária]
Constatou-se a celebração de aditivo ao Contrato TT-256/2006 em data posterior à sua vigência (18.11.2007). Em resposta à diligência promovida pela Secex/MG, o Diretor-Geral do Dnit encaminhou memorando do Coordenador-Geral de Construção Rodoviária, por meio do qual é informado que todos os procedimentos levados a efeito foram anteriores ao fim da vigência do referido contrato, inclusive a própria firmatura do ajuste.
Para comprovar tal assertiva, faz presente aos autos cópia do aditivo com data diferente da que constava do processo, isto é, 16.11.2007 ao invés de 26.11.2007. Alega o Sr. Coordenador-Geral que provavelmente a via postada para a publicação deveria estar sem a data de assinatura, a qual provavelmente foi colocada em data ulterior.
A meu ver, o resultado da diligência suscita dúvidas se o aditivo foi, de fato, celebrado após a vigência do contrato, porquanto o termo foi aprovado pela Diretoria Colegiada em 13.11.2007 e encaminhado para assinatura do Diretor-Geral em 14.11.2007.
Nesse sentido, afigura-se-me admissível a hipótese de que a via encaminhada para publicação não estava datada. Ademais, supondo a firmatura do ajuste após a vigência, há que se ponderar que o lapso de tempo foi pequeno.
Sendo assim, considerando que os fatos evidenciados apontam para a caracterização de falha de natureza formal, não acolho a proposta de audiência formulada pela unidade. Parece-me mais apropriado, nesta oportunidade, o encaminhamento de determinação saneadora à entidade.
9.1. nos termos do art. 43, inciso I, da Lei nº 8.443/1992, determinar ao Departamento Nacional de Infra-Estrutura de Transportes – Dnit que:
9.1.1. passe a registrar, em todas as vias dos instrumentos contratuais, as efetivas datas de assinaturas dos termos;
9.1.2. não celebre termo aditivo após a vigência do contrato original, circunstância que pode caracterizar infringência aos arts. 2º e 3º da Lei nº 8.666/1993; (AC nº 1866-35/08-P)
Relatório de Auditoria. Contrato. A retomada de contrato cujo prazo de vigência encontra-se expirado configura recontratação sem licitação, o que infringe os arts. 2º e 3º da Lei 8.666/93 e a Constituição Federal, art. 37, inciso XXI. Determinação. Ciência ao órgão.
A medida corretiva proposta para sanear os indícios de irregularidade grave foi a anulação da Concorrência 002/1997 e do decorrente Contrato 001/1999 (item 9.1.1 do Acórdão nº 1727/2010-TCU-Plenário).
Com objetivo de verificar as medidas adotadas, foi encaminhado à SEMAR/PI o Ofício de Requisição 01-273-2014 solicitando informações atualizadas sobre a situação dos convênios relacionados à obra e do Contrato 001/1999, tendo aquele órgão estadual prestado os seguintes esclarecimentos:
"a) A Concorrência 002/1997 e o Contrato 001/1999, assinados com a Construtora (...) não se encontram anulados;
b) As obras não serão executadas por meio do Contrato 001/1999, pois o mesmo não está vigente;
c) O Contrato 001/1999 não será mantido, pois o mesmo também não tem mais vigência;
d) Relativamente às fontes pleiteadas para continuidade das obras da Avenida Marginal Leste, informamos que não temos ainda indicação específica de uma Fonte de Recursos".
Observa-se que, apesar do Contrato 001/1999 não estar anulado, as obras não poderão ser executadas por meio do referido instrumento, tendo em vista a expiração da vigência

contratual, sob pena de se configurar recontratação sem licitação, o que infringe a Lei 8.666/1993, art. 2º e 3º, e a Constituição Federal/88, art. 37, inciso XXI.

Nesse sentido, Hely Lopes Meirelles em seu livro Licitação e Contrato Administrativo, 2010, Malheiros Editores, 15. ed, p. 314 explica o seguinte:

"A expiração do prazo de vigência, sem prorrogação, opera de pleno direito a extinção do ajuste, exigindo novo contrato para continuação das obras, serviços ou compras anteriormente contratados. O contrato extinto não se prorroga, nem se renova: é refeito e formalizado em novo instrumento, inteiramente desvinculado do anterior" (sublinhados acrescidos).

Cita-se ainda trecho do Acórdão 1.335/2009-TCU-Plenário, com entendimento deste Tribunal sobre a impossibilidade de execução de serviços por meio de contratos com vigência expirada:

"9.9. determinar à Infraero que:

9.9.5. não realize serviços sem a devida cobertura contratual e não celebre contratos e aditivos com prazos de vigência retroativos, evitando situações irregulares semelhantes às dos Contratos 029-ST/2004/0001, firmado com a empresa [omissis 1], e 030-ST/2004/0001, com a [omissis 2]".

Adicionalmente, destaca-se a informação retirada da resposta apresentada pela Semar/PI, na qual se mencionou que as obras remanescentes não serão executadas por meio do Contrato 001/1999 e que o contrato não será mantido.

Solicitaram-se informações também ao Ministério da Integração Nacional (MI) e ao Ministério do Meio Ambiente (MMA), por meio dos Ofícios de Requisição 03-273/2014 e 02-273/2014, respectivamente.

O MMA informou que não houve alterações nas prestações de contas dos convênios, ou seja, a prestação de contas do Convênio 17/2001 foi aprovada e, para o convênio 145/2001, foi instaurada uma Tomada de Contas Especial (TCE). Já o MI ratificou a aprovação física do convênio emitida anteriormente e informou que está aguardando a deliberação conclusiva deste Tribunal sobre a matéria.

Ante o exposto, apesar de o Contrato 001/1999 não ter sido formalmente rescindido, entende-se que deixou de existir risco de dano ao erário, tendo em vista que se encontra extinto o prazo de vigência contratual, o que implica necessariamente na realização de nova licitação e consequente assinatura de novo contrato para a execução do remanescente das obras, sendo possível, portanto, alterar a classificação do presente achado de IG-P para IG-C, sem prejuízo de continuidade à Tomada de Contas Especial instaurada por meio do TC 009.046/2012-7 para apurar o montante do débito e ressarcir o erário do dano já ocasionado.

15. Com relação ao assunto, a SecobEnerg sugere que, diante da expiração da vigência do Contrato 01/99-SEMAR e da impossibilidade jurídica de sua prorrogação, consoante a jurisprudência desta Corte de Contas, seja alterada a classificação do presente achado de IG-P para IG-C, sem prejuízo de continuidade à tomada de contas especial para apurar o montante do débito e ressarcir o erário do dano já ocasionado.

16. Em complemento, propõe que seja dada ciência à Semar que a retomada do Contrato 01/99-SEMAR, cujo prazo de vigência encontra-se expirado, configura recontratação sem licitação, o que infringe a Lei 8.666/1993, art. 2º e 3º, e a Constituição Federal/88, art. 37, inciso XXI.

17. Diante do contexto fático analisado e das razões expostas pela SecobEnerg, cuja análise incorporo como razão de decidir, acato a proposta supramencionada. Todavia, julgo escorreito adotar medida processual adicional, visando prevenir os efeitos de eventual prorrogação da vigência do Contrato 01/99-SEMAR, inclusive por força de medida judicial.

18. Nesse passo, diante da similitude do presente caso com o apreciado por este Tribunal no Acórdão 2.929/2013-Plenário (Barragem do Rio Arraias), entendo adequado que seja

determinado ao Ministério do Meio Ambiente, órgão responsável pelo programa de trabalho pertinente ao presente objeto, conforme o Anexo VI da LOA/2014, que se abstenha de repassar recursos federais para o custeio do Contrato 01/99-SEMAR, mediante a celebração de novos convênios ou instrumentos congêneres, sem que, previamente, seja comprovado perante o órgão, o cumprimento da medida corretiva especificada no subitem 9.1.1 do Acórdão 1.727/2010-Plenário.

9.1 determinar à SecobInfraurbana/Siob que, em relação às obras da Av. Marginal Leste e de controle de enchentes do Rio Poty, no município de Teresina/PI, reclassifique, no sistema Fiscalis, o achado 3.1.1 (Sobrepreço), referente ao Contrato 001/1999-Semar, de IG-P para IG-C, em função da expiração do prazo de vigência do citado contrato aliada à instauração de tomada de contas especial por parte deste Tribunal (TC 009.046/2012-7) para apurar o montante do débito e ressarcir o erário do dano já ocasionado;

9.4 dar ciência à Secretaria de Meio Ambiente e Recursos Hídricos do Estado do Piauí que a retomada do Contrato 001/1999, cujo prazo de vigência encontra-se expirado, configura recontratação sem licitação, o que infringe a Lei 8.666/1993, art. 2º e 3º, e a Constituição Federal/88, art. 37, inciso XXI (AC nº 1936-27/14-P);

Lembre-se a regra contida no art. 111 da Lei nº 14.133/21, que determina que "na contratação que previr a conclusão de escopo predefinido, o prazo de vigência será automaticamente prorrogado quando seu objeto não for concluído no período firmado no contrato". Como se percebe, mesmo neste caso, não se trata de prorrogação após encerrada a vigência contratual.

6.12 Celebração de contratos com vigência de 10 (dez) anos

A Lei possibilita a celebração de contratos com vigência inicial e original de até dez anos. A depender da natureza e complexidade do objeto, ou de particularidades e especificidades do mercado em que se insere o objeto contratual, pode ser definido o prazo do contrato em até dez anos.

Podem ter duração de até 10 anos contratos que envolvam os seguintes objetos:[159]
1. bens ou serviços produzidos ou prestados no País que envolvam, cumulativamente, alta complexidade tecnológica e defesa nacional;
2. materiais de uso das Forças Armadas, com exceção de materiais de uso pessoal e administrativo, quando houver necessidade de manter a padronização requerida pela estrutura de apoio logístico dos meios navais, aéreos e terrestres, mediante autorização por ato do comandante da força militar;
3. para contratação com vistas ao cumprimento do disposto nos arts. 3º, 3º-A, 4º, 5º e 20 da Lei nº 10.973, de 02 de dezembro de 2004, observados os princípios gerais de contratação constantes da referida Lei;
4. para contratação que possa acarretar comprometimento da segurança nacional, nos casos estabelecidos pelo Ministro de Estado da Defesa, mediante demanda dos comandos das Forças Armadas ou dos demais ministérios;

---

[159] Art. 108. A Administração poderá celebrar contratos com prazo de até 10 (dez) anos nas hipóteses previstas nas alíneas "f" e "g" do inciso IV e nos incisos V, VI, XII e XVI do caput do art. 75 desta Lei.

5. para contratação em que houver transferência de tecnologia de produtos estratégicos para o Sistema Único de Saúde (SUS), conforme elencados em ato da direção nacional do SUS, inclusive por ocasião da aquisição desses produtos durante as etapas de absorção tecnológica, e em valores compatíveis com aqueles definidos no instrumento firmado para a transferência de tecnologia;

6. para aquisição, por pessoa jurídica de direito público interno, de insumos estratégicos para a saúde produzidos por fundação que, regimental ou estatutariamente, tenha por finalidade apoiar órgão da Administração Pública direta, sua autarquia ou fundação em projetos de ensino, pesquisa, extensão, desenvolvimento institucional, científico e tecnológico e de estímulo à inovação, inclusive na gestão administrativa e financeira necessária à execução desses projetos, ou em parcerias que envolvam transferência de tecnologia de produtos estratégicos para o SUS, nos termos do inciso XII do *caput* deste artigo, e que tenha sido criada para esse fim específico em data anterior à entrada em vigor desta Lei, desde que o preço contratado seja compatível com o praticado no mercado.

6.13 Definição do prazo inicial dos contratos plurianuais com duração de até 10 anos

À toda vista a norma trata de contratação plurianual. Assim, tem aplicação para esta espécie de contratação plurianual o regime jurídico previsto no art. 106. Devem ser, portanto, observadas as seguintes diretrizes normativas para a celebração de contratos com prazo de até dez anos: I – a autoridade competente do órgão ou entidade contratante deverá atestar a maior vantagem econômica vislumbrada em razão da contratação plurianual; II – a Administração deverá atestar, no início da contratação e de cada exercício, a existência de créditos orçamentários vinculados à contratação e a vantagem em sua manutenção; III – a Administração terá a opção de extinguir o contrato, sem ônus, quando não dispuser de créditos orçamentários para sua continuidade ou quando entender que o contrato não mais lhe oferece vantagem.

Tem aplicação os apontamentos antes feitos acerca das contratações plurianuais. Mas merece destaque a importância do adequado processo de gestão de riscos e de controle periódico das execuções contratuais de longo prazo. Os riscos de execução contratual (desatualização da solução técnica contratada, perda da capacidade técnica ou econômico-financeira do contratado, sobrepreço, entre outros) são diretamente proporcionais ao prazo do contrato. É fundamental a elaboração precisa de mapa de riscos – e sua respectiva matriz de riscos –, que deverá ser constantemente atualizada. Por igual razão, é fundamental a instituição de um processo racional, eficiente e eficaz de controle da execução contratual.

A fixação do prazo, neste caso, é prerrogativa discricionária da Administração contratante. Contudo, embora possível a fixação de prazo inicial de 10 anos, deve haver avaliação critica, fundada em princípios que regem a Administração, sobre a efetiva conveniência e efetivo interesse público na fixação inicial de prazo tão longo para as atividades econômicas objeto do futuro contrato.

6.14 Contratos com vigência indeterminada

É juridicamente possível a celebração de contratos com vigência indeterminada em relações contratuais envolvendo serviços públicos oferecidos em regime de monopólio (art. 109). A norma versa sobre situação na qual a Administração Pública demanda fruir serviços públicos. Serviços públicos são atividade econômica[160] destinada a satisfazer necessidades públicas, assim definidos por disposição legal ou constitucional. Tendo em vista que são, na essência, atividade econômica, defende-se que a relação entre o usuário e o prestador, no caso dos denominados serviços *uti singuli*, que são remunerados mediante tarifa, tem natureza contratual, embora se reconheça que o tema é bastante complexo e polêmico.

São exemplos de serviços que podem ser contratados com prazo indeterminado: fornecimento de água tratada, fornecimento de energia elétrica, o serviço postal, entre outros.

A respeito da possibilidade de contratação por prazo indeterminado de serviço postal, registre-se que são prestados com exclusividade pela Empresa Brasileira de Correios e Telégrafos (ECT). A possibilidade de contratação desta empresa para esta contratação por prazo indeterminado somente pode ocorrer em relação ao serviço postal. Explica-se. Como bem definido pelo Supremo Tribunal Federal ao decidir a Ação de Descumprimento de Preceito Fundamental (ADPF) nº 46, os Correios exercem atividade de prestação de serviço público (serviço postal), mas também exploram atividade econômica em sentido estrito, quando operam como agente econômico no segmento de transporte de coisas, que não sejam correspondência. Esta atividade de transporte de coisas em geral é livre para a iniciativa privada, e não é exercida com exclusividade pela empresa estatal.

Interessante observar que a doutrina vem admitindo que determinados contratos devem atender às peculiaridades do mercado em que se inserem:

> Mas a regra deve ser interpretada em termos. Existem hipóteses em que é impossível estabelecer um prazo de vigência determinado e específico. Assim se passa em hipóteses nas quais a contratação envolve uma atividade que não comporta delimitação temporal. Não se trata da simples dificuldade de prever o período de tempo necessário à execução do objeto. Configura-se a impossibilidade dessa estimativa. Um exemplo marcante se relaciona com a prestação de serviços de advocatícios. A contratação de um advogado para a defesa dos interesses da Administração em processo judicial não comporta a delimitação de um prazo de vigência, eis que a contratação será acessória relativamente a um evento que se desenvolverá ao longo do tempo, sem cabimento de delimitação estimativa prévia.[161]

É mesmo de se sustentar que em certos casos a celebração de contrato por prazo indeterminado é incontornável. Assim, é possível defender a celebração de contratos com prazo de vigência indeterminado, desde que:

(i) essa seja uma condição imposta pelo específico mercado em que se insere a contratação;

---

[160] O tema é polêmico, havendo quem sustente que serviços públicos não constituem, a rigor, atividade econômica.
[161] JUSTEN FILHO, Marçal, *op. cit.*, p. 947.

(ii) no caso de contratos por escopo, a plena e integral execução do objeto contratual esteja vinculada a uma condição – nos termos do disposto no artigo 121 do Código Civil Brasileiro, considera-se condição a cláusula que, derivando exclusivamente da vontade das partes, subordina o efeito do negócio jurídico a evento futuro e incerto; E (iii) no caso de contratos por escopo, a remuneração do contratado seja vinculada ao resultado que constitui o objeto da contratação.

Levando em consideração exatamente o mercado específico no qual se insere a contratação, a Advocacia-Geral da União exarou a Orientação Normativa nº 36, com o seguinte teor:

> A administração pode estabelecer a vigência por prazo indeterminado nos contratos em que seja usuária de serviços públicos essenciais de energia elétrica, água e esgoto, serviços postais monopolizados pela ECT (empresa brasileira de correios e telégrafos) e ajustes firmados com a imprensa nacional, desde que no processo da contratação estejam explicitados os motivos que justificam a adoção do prazo indeterminado e comprovadas, a cada exercício financeiro, a estimativa de consumo e a existência de previsão de recursos orçamentários.

A Administração poderá estabelecer a vigência por prazo indeterminado nos contratos em que seja usuária de serviço público oferecido em regime de monopólio, desde que comprovada, a cada exercício financeiro, a existência de créditos orçamentários vinculados à contratação.

6.15 Definição de prazo de contratos de receita e de eficiência

Sob certo aspecto os contratos podem ser classificados em contratos de receita e contratos de despesa.

Contratos de despesa são aqueles em que a Administração realiza dispêndios ou gastos para obter um proveito decorrente da execução do contrato. Contratos de receita são aqueles nos quais a execução do contrato produz ganhos econômicos para a Administração Pública. A maioria dos contratos celebrados pela Administração é de contratos de despesa. Contudo, há situações nas quais a contratação produz e deve produzir arrecadação financeira.

Os contratos de receita podem ser de prestação imediata ou de prestação contínua.

Os contratos de receita de prestação imediata são os de venda de bens públicos, móveis ou imóveis. Já os contratos de receita de prestação contínua são, usualmente, aqueles por intermédio dos quais se transfere o uso temporário e transitório de bens públicos para particulares.

O instrumento para transferência do uso de bens públicos para particulares é – usualmente – o contrato de concessão de bens públicos, embora tal transferência possa ocorrer pela via da permissão ou da autorização de uso, ambas com possibilidade de fixação de contraprestação pecuniária.

Estes contratos de receita podem ter prazo de (i) até 10 (dez) anos, nos contratos sem investimento; e (ii) até 35 (trinta e cinco) anos, nos contratos com investimento, assim considerados aqueles que impliquem a elaboração de benfeitorias permanentes, realizadas exclusivamente a expensas do contratado, que serão revertidas ao patrimônio da Administração Pública ao término do contrato.

Os contratos de receita não dependem, por evidente, de previsão orçamentária, eis que não estarão vinculados a qualquer crédito orçamentário.

6.15.1 Definição do prazo de contratos de receita sem investimentos

Os contratos de receita sem investimentos são aqueles em que a Administração transfere transitória e temporariamente o uso de bem público para particulares lhe darem destinação de interesse econômico. Esta transferência pode se dar apenas no interesse do particular ou pode envolver a satisfação de algum interesse público.

Como exemplo de transferência de bem público para particular envolvendo apenas interesse privado, está a concessão de uso de bem imóvel dominical para a instalação de um empreendimento privado. Exemplo de transferência de bem público para particular envolvendo também a satisfação de um interesse público é a concessão de uso de espaço em prédio público para a instalação de equipamentos e serviços de fotocópia.

Os investimentos de que trata a Lei para o fim de classificação normativa são aqueles decorrentes de benfeitorias permanentes. Benfeitorias são melhoramentos realizados no bem principal de modo a lhe agregar valor de determinada natureza. Benfeitorias permanentes são aquelas que aderem de modo não transitório ao imóvel.

Logo, nem todas as despesas realizadas pelo contratado serão consideradas investimentos para fins de fixação do prazo do contrato. Não serão, à guisa de exemplo, considerados investimentos com benfeitorias permanentes as despesas com aquisição e instalação de equipamentos e máquinas, mobiliário e congêneres.

Os contratos de receita sem investimentos podem, ao menos em tese, envolver a concessão de uso de bens móveis e de bens imóveis. Pode-se cogitar, por exemplo, de concessão de uso remunerada de equipamentos e maquinários para uso remunerado de particulares.

6.15.2 Definição do prazo de contrato de receita com investimentos

Os contratos de receita com investimentos são aqueles em que a Administração transfere transitória e temporariamente o uso de bem público para particulares lhe darem destinação de interesse econômico, com a realização de benfeitorias permanentes.

Benfeitorias permanentes são aquelas que se incorporam definitivamente no imóvel, não admitindo retirada sem prejuízos materiais para o conjunto do espaço físico.

Os contratos de receita com investimentos terão sempre por objeto bens públicos imóveis, uma vez que são marcados pela necessária realização de benfeitorias permanentes.

A fixação de longos prazos de vigência para os contratos de receita tem dupla função: (i) ampliar a atratividade do bem para exploração econômica privada e do negócio jurídico; e (ii) possibilitar a amortização dos investimentos feitos pelo contratado.

O elemento fático jurídico a autorizar a celebração de contratos de receita com prazo de até 35 anos é a efetiva realização de investimentos, por parte do contratado, com benfeitorias permanentes. A Lei não determina a fixação de uma relação entre a duração do contrato e o período de tempo necessário para a amortização dos investimentos feitos. Logo, este fator não precisa ser levado em consideração para a definição do prazo contratual.

Com efeito, o fator relevante para a definição de prazo de contrato de receita não é de natureza econômica, mas de natureza administrativa.

Os contratos de receita – ao menos aqueles em que o núcleo da contratação seja a transferência temporária do uso de bem público – têm por consequência a inviabilidade de uso do patrimônio pela Administração. Desta feita, um dos fatores relevantes para a definição do prazo contratual, é o interesse público em usar e fruir dos bens. Em outros termos, por quanto tempo a Administração supõe poder deixar de usar e fruir o patrimônio objeto do contrato sem prejuízo para o interesse público.

Os investimentos em benfeitorias permanentes devem, necessariamente, ser realizados pelo contratado. Tal não significa que a Administração não possa realizar benfeitorias permanentes em seu patrimônio previamente à concessão de uso. O que é vedada é a realização de investimentos com benfeitorias permanentes destinados a possibilitar a exploração econômica do patrimônio público pelo contratado.

A Administração Pública pode realizar investimentos com benfeitorias úteis ou necessárias, que se destinem à conservação do bem, ou mesmo a ampliar a atratividade como elemento de negócios, remunerando-se posteriormente e recuperando os investimentos feitos com a percepção da receita advinda do contrato.

6.15.3 Reversão das benfeitorias permanentes ao patrimônio público

Ao final do prazo contratual as benfeitorias permanentes realizadas pelo contratado reverterão para o patrimônio público. Esta regra parte da premissa de que ao longo da execução do contrato e da exploração econômica do bem público, o contratado terá amortizado e recuperados os investimentos feitos.

Não caberá ao contratado, salvo em face de prova inequívoca de ampliação do patrimônio público e de inexistência de efetiva amortização dos investimentos feitos pelo contratado – como no caso da extinção antecipada do contrato. Contudo, a presunção opera em favor da Administração Pública – ao final do prazo contratual, se presumem amortizados todos os investimentos feitos no imóvel pelo contratado.

6.15.4 Prorrogação e extinção antecipada dos contratos de receita

Os contratos de receita podem ser prorrogados, desde que o prazo total de vigência (vigência original acrescida do prazo de prorrogação) dos contratos não ultrapasse 10 anos para aqueles sem investimentos, e 35 anos para aqueles com investimentos. Podem ser celebrados por prazos menores do que o limite legal, e prorrogados até alcançar dito limite.

Os contratos de receita submetem-se ao regime jurídico geral de extinção dos contratos. É admitida, assim, a extinção unilateral do contrato a qualquer tempo, garantida para o contratado a indenização pelos prejuízos efetivamente apurados por conta da extinção antecipada. A indenização deve cobrir os danos emergentes (investimentos feitos para o uso e exploração da atividade econômica implicada no negócio), mas não alcançará lucros cessantes.

6.16 Duração de contratos regidos por lei especial

A lei preceitua que os prazos contratuais nela previstos não excluem nem revogam os prazos contratuais previstos em lei especial. Lei especial deve prevalecer sobre lei geral. Este o princípio geral de direito a ser considerado.

Sempre que o objeto contratual for disciplinado por lei especial, o regime de duração contratual será aquele previsto nesta norma especial. São exemplos de lei especial em relação a duração de contratos: regime da Lei nº 8.987/95 (contratos de concessão de serviços públicos); regime da Lei nº 11.079/04 (contratos de concessão administrativa ou concessão patrocinada).

Compete à Administração contratante aferir, no caso concreto, a existência de lei especial destinada a regular o específico objeto da contratação.

6.17 Duração de contratos sob regime de fornecimento e prestação de serviço associado

O regime de fornecimento e prestação de serviço associado é o regime de contratação em que, além do fornecimento do objeto, o contratado responsabiliza-se por sua operação, manutenção ou ambas, por tempo determinado.

Por força deste regime de contratação, o contratado assume uma obrigação de dar, cumulada com uma obrigação de fazer na mesma relação contratual. São exemplos de contratação por este regime: compra de certo maquinário com encargo de manutenção ou assistência técnica; compra de equipamento médico de complexidade técnica com encargo de serviços de operação técnica. A lei dispõe que "o contrato firmado sob o regime de fornecimento e prestação de serviço associado terá sua vigência máxima definida pela soma do prazo relativo ao fornecimento inicial ou à entrega da obra com o prazo relativo ao serviço de operação e manutenção, este limitado a 5 (cinco) anos contados da data de recebimento do objeto inicial, autorizada a prorrogação".

A síntese do regime jurídico de duração desta espécie contratual é (i) podem ser celebrados por até 5 anos (plurianuais), e (ii) podem ser objeto de prorrogação decenal – por até dez anos.

6.18 Duração dos contratos de operação continuada de sistemas estruturantes de tecnologia de informação

Sob o regime da Lei nº 14.133/21 a Administração Pública tem prerrogativa discricionária de fixação de longos prazos de execução de contratos de prestação continuada, de modo a – ao menos em tese – garantir mais eficiência e eficácia administrativas.

Um dos contratos contemplados com a possibilidade de duração larga é o que tem por objeto a operação continuada de sistemas estruturantes de tecnologia de informação (TI).

Solução de Tecnologia da Informação é o conjunto de bens e serviços de Tecnologia da Informação e automação que se integram para o alcance dos resultados pretendidos com a contratação. Sistemas estruturantes são os mecanismos de suporte (auxiliares) às atividades desempenhadas pelos órgãos setoriais (unidades responsáveis em cada órgão ou entidade), sob a coordenação e supervisão de um órgão central.[162] Parte dos processos executados nesses sistemas estão centralizados em sistemas de informação (sistemas estruturantes) – ou seja, em plataformas tecnológicas (*softwares*) – gerenciados pelos órgãos centrais. São sistemas de informação desenvolvidos e mantidos para operacionalizar e sustentar as atividades de pessoal, orçamento, estatística, administração financeira, contabilidade e auditoria, bem como serviços gerais, além de outras atividades auxiliares comuns a todos os órgãos da Administração que, a critério do Poder Executivo, necessitem de coordenação central.[163]

São exemplos de sistemas estruturantes de tecnologia de informação no âmbito da Administração Pública Federal: (i) Sistema de Serviços Gerais – SISG, que organiza as atividades de administração de edifícios públicos e imóveis residenciais, bens, serviços, transporte, comunicações administrativas e documentação; (ii) Sistema de Administração Financeira Federal – SIAFI, que organiza as atividades de programação financeira da União, de administração de direitos e haveres, garantias e obrigações de responsabilidade do Tesouro Nacional e de orientação técnico-normativa sobre a execução orçamentária e financeira; e (iii) o Sistema de Cadastro de Fornecedores – SICAF, que se destina ao cadastramento de fornecedores para acesso às contratações realizadas pelos órgãos públicos.

Estes contratos podem ter duração de até 15 anos. É admitida a prorrogação, desde que o prazo máximo (prazo inicial mais os prazos de prorrogação) não supere o limite legal.

6.19 Duração dos contratos de gestão para ocupação de imóveis públicos – contrato de *facilities*

Como antes dito, o contrato de gestão para ocupação de imóveis públicos consiste na prestação, em um único contrato, de serviços de gerenciamento e manutenção de imóvel, incluído o fornecimento dos equipamentos, materiais e outros serviços necessários ao uso do imóvel pela Administração Pública, por escopo ou continuados. São as denominadas contratações de *facilities*. Esta espécie contratual pode ter duração de até 20 anos, quando incluir investimentos iniciais relacionados à realização de obras e o fornecimento de bens. A norma não faz qualquer apontamento quanto ao critério de fixação deste prazo de duração de até 20 anos, apenas indica o fato gerador da hipótese de duração. Assim, compete à Administração Pública, em juízo discricionário, definir, com atenção aos riscos envolvidos na contratação, e com atenção à razoabilidade, proporcionalidade e eficiência, qual o prazo que melhor atenderá o interesse público. O prazo de vigência contratual deve ser justificado no processo. Por fornecimento de bens se compreendem os materiais e insumos necessários à execução das atividades de gestão.

Sobre a definição de prazo para os contratos de *facilities*, o Tribunal de Contas da União já deliberou que deve ser devida e suficientemente motivada:

---

[162] Disponível em: https://www.gov.br/economia/pt-br/assuntos/sistemas-estruturadores. Acesso em: 06 set. 2023.
[163] INSTRUÇÃO NORMATIVA SGD/ME Nº 94, DE 23 DE DEZEMBRO DE 2022 da Secretaria Especial de Desburocratização, Gestão e Governo Digital do Ministério da Economia; art. 2º, XXXI.

47. Mudando o foco das discussões, concordo com a Secex/GO quanto à inexistência de suficiente fundamentação para o prazo inicial da contratação, fixado pela Caixa em vinte e quatro meses. Associo-me à jurisprudência predominante nesta Corte, no sentido de que o prazo de vigência de contratos de serviços contínuos deve ser estabelecido considerando-se as circunstâncias, de forma objetiva, fazendo-se registrar no processo próprio o modo como interferem na decisão e quais suas consequências. Tal registro é especialmente importante quando se fizer necessário prazo inicial superior aos doze meses entendidos como regra pelo TCU. Há necessidade de se demonstrar o benefício decorrente do prazo estabelecido (Acórdão nº 3320/2013-TCU-Segunda Câmara) (Acórdão nº 929/2017).

CAPÍTULO 7

ALTERAÇÃO DOS CONTRATOS ADMINISTRATIVOS

7.1 Noções fundamentais acerca do regime jurídico das alterações contratuais

O contrato administrativo tem caráter instrumental. Por intermédio da relação contratual administrativa, a Administração Pública – manifestação executiva do Estado – realiza os misteres que recebe da Lei e da Constituição. Voltado a atender uma determinada necessidade pública, o contrato administrativo é planejado, configurado, disputado e celebrado com pessoas físicas ou jurídicas de direito privado (normalmente).

A perfeita e adequada concepção do contrato, delineadora dos contornos técnicos e jurídicos reputados indispensáveis para a concretização do interesse público almejado deveria levar à sua fiel execução, tal como originalmente concebido – a premissa é a de que o planejamento das condições e termos contratuais serão levados a efeito de forma a que o resultado final contratado seja aquilo que melhor se ajustará ao interesse público. Consequência dessa constatação preliminar, é que, como regra geral, os contratos administrativos são celebrados para serem cumpridos fielmente pelas partes contratantes, o que de resto é uma das características dos contratos em geral (*pacta sunt servanda, contractus lex inter partes*). Porém, não tem eles a rigidez imutável dos contratos de direito privado.[164]

Não parece desmedido defender que a alteração contratual deveria constituir exceção, a ser adotada nos exíguos casos em que fatores supervenientes, modificadores da necessidade pública objetivamente considerada, ou nos casos em que qualquer outro fator impeditivo da execução contratual pelos termos originalmente definidos demandasse modificações de cunho objetivo ou jurídico no pacto avençado.

A regra geral é a de que a contratação pública seja concebida e planejada com o fito de que o resultado final da execução satisfaça integralmente a necessidade administrativa objetivada. Para que seja cumprido tal desiderato, a Administração Pública deverá adotar, na fase preparatória da contratação, todas as cautelas para antever ou prever as intercorrências que possam repercutir na execução contratual – antecipando causas e

---

[164] BERÇAITZ, Miguel Angel. *Teoria general del contrato administrativo*. 2. ed. Buenos Aires: Ediciones Depalma, 1980. p. 347.

consequências e minimizando, ou evitando, a necessidade de modificações contratuais futuras.

Este juízo de previsibilidade objetiva é indispensável e insere-se no plano do dever jurídico de governança dos contratos estabelecido pela norma contida no art. 11, parágrafo único da Lei nº 14.133/21. Defende-se, assim, que caracteriza defeito de organização – na acepção técnica da expressão – a necessidade de alterações contratuais decorrente de falhas de planejamento ou de má gestão da etapa preparatória da relação contratual.

Nesta linha, tem-se que o primeiro e fundamental aspecto relacionado ao tema das alterações contratuais é o de que compete aos agentes públicos encarregados do planejamento do contrato a adoção do máximo cuidado objetivo para diminuir, ou mesmo evitar, os riscos de alterações contratuais.

Um planejamento adequado, proporcional e suficiente do futuro contrato certamente implica redução significativa – senão eliminação – deste risco de alterações.

Importante considerar que, no plano do regime jurídico definido pela Lei nº 14.133/21, a necessidade contratual administrativa deve estar suficientemente identificada e definida, em sua dupla dimensão – dimensão qualitativa e dimensão quantitativa. Esta definição se dá, ao menos como regra, na etapa de elaboração do estudo técnico preliminar. A observância cautelosa das providências estabelecidas em sede de estudo técnico preliminar, especialmente daquelas contidas no art. 18, §1º da Lei nº 14.133/21, são elementares e indispensáveis para a correta e suficiente definição do também correto e suficiente encargo contratual.

Definida de modo correto a necessidade contratual administrativa, a etapa subsequente é a descrição do objeto contratual, de fato a solução técnica mais adequada para a satisfação do interesse público.

Como já antes visto, o objeto do contrato deve ser definido de modo suficiente, preciso e claro. Esta definição estará contida em (i) um projeto básico, no caso de contratação de obras ou de serviços de engenharia; ou em (ii) um termo de referência, no caso de contratação de compras ou de serviços (também de locações).

Uma das tarefas mais relevantes da etapa de planejamento da contratação é a identificação e descrição do objeto da contratação, a partir da necessidade específica a ser atendida pela via da relação contratual.[165]

A Lei nº 14.133/21 estabelece expressamente que o documento destinado a contemplar o objeto da contratação, no caso de obras e serviços de engenharia, é o

---

[165] O Tribunal de Contas da União já pacificou o entendimento acerca da importância e da necessidade da realização do projeto básico: Acórdão nº 888/2005 Primeira Câmara – Defina de forma precisa os elementos necessários e suficientes que caracterizem a prestação de serviço ou a execução da obra pretendida quando da elaboração dos projetos básicos e termos de referência das licitações, conforme regulamenta o art. 6º, inciso IX, e art. 40, §2º, da Lei nº 8.666/1993 e o art. 8º, inciso II, do Decreto nº 3.555/2000. Acórdão nº 771/2005 Segunda Câmara – Abstenha-se de licitar obra ou serviço sem a prévia aprovação de projeto básico, que defina as características, referências e demais elementos necessários à perfeita compreensão, pelos interessados, dos trabalhos a realizar, em atendimento às exigências do art. 7º, §2º, inciso I, da Lei nº 8.666/1993. – Acórdão nº 717/2005 Plenário – Licite a contratação de obras e serviços observando as exigências do art. 7º da Lei nº 8.666/1993, descrevendo, no projeto básico, adequadamente o objeto deles: inciso IX do art. 6º da mesma lei, e a contratação das compras com as exigências do art. 14 daquela lei, descrevendo, também, adequadamente o objeto delas.

projeto básico. E aquele destinado à definição do objeto no caso de compras e serviços será um termo de referência.[166]

Por mais diligência e capacidade técnica que tenham sido empenhadas na elaboração dos termos de referência, projetos básicos e projetos complementares, sempre haverá – e quase sempre há – riscos de imprecisões e imperfeições, além de ocorrências durante a execução contratual que demonstrem a inadequação de alguma especificação contida no planejamento original.

As especificações e definições técnicas ou mesmo quantitativos de materiais e insumos previstos no planejamento original – repita-se, mesmo diante da mais diligente das administrações – podem, no curso da execução contratual, se mostrar inadequadas ou insuficientes, sob qualquer aspecto, sem que isso possa caracterizar de plano uma irregularidade ou ilegalidade. A precisão absoluta dos documentos de planejamento é muito difícil, senão impossível, mesmo no que tange a definições envolvendo aspectos técnicos que estão sob o controle da Administração.[167]

Há ainda inúmeros outros fatores que podem determinar a imprecisão dos termos de referência ou projetos básicos, que estão fora do controle da Administração, decorrentes de fatos supervenientes, desconhecidos ou impossíveis de serem previstos quando da elaboração do planejamento do contrato futuro. Nem sempre, portanto, ter-se-á projeto básico ou outro documento que consolide o planejamento da licitação e da contratação contemplando a previsão de todas as características e especificidades necessárias e totalmente adequadas à satisfação do interesse público representado no objeto do contrato. Nesses casos em que a configuração original do contrato não é a que melhor atenderá ao interesse público concreto, o sistema normativo põe à disposição da Administração Pública a prerrogativa exorbitante de alteração contratual.

Além de constituir um direito da Administração Pública, a alteração contratual é um dever que deve ser cumprido em face de efetiva necessidade de adequações e ajustes no objeto original, como bem preceitua Joel de Menezes Niebuhr:

> As demandas decorrentes do interesse público não são estáveis; elas, ao contrário, são alteradas a toda hora, na medida em que os fatos e as interações socioeconômicas evoluem. No estágio atual do capitalismo, as demandas e as ofertas de mercado mudam diuturnamente em razão da acentuada globalização caracterizada por avanços tecnológicos e operações em cadeia de produção. Nesse mesmo passo, as relações sociais ganham complexidade e, também, efemeridade, pelo que a Administração precisa dispor de instrumentos para se adaptar às novas realidades que se apresentam. E o fato é que tudo isso repercute nos

---

[166] Nos termos da Lei, termo de referência é o "documento necessário para a contratação de bens e serviços, que deve conter a definição do objeto, incluídos sua natureza e os quantitativos (art. 6º, XXIII), e o projeto básico é o "conjunto de elementos necessários e suficientes, com nível de precisão adequado para definir e dimensionar a obra ou o serviço, ou o complexo de obras ou de serviços objeto da licitação" (art. 6º, XXV).

[167] Registre-se que já estão em utilização no mercado privado e em algumas organizações públicas certos programas de informática ou sistemas de informação destinados a reduzir as imprecisões de projetos de obras de engenharia, como o denominado "modelo de informação da construção" ou *Building Information Model (BIM)* – "BIM é um modelo de organização de informação que permite representar, de forma consistente e coordenada, toda a informação relativa a um edifício. As plataformas de projeto desenvolvidas sobre BIM, como o Autodesk Revit, representam uma revolução relativamente aos sistemas de CAD mais convencionais, quer pela drástica diminuição do risco de ocorrência de erros de projeto, quer pelos elevados níveis de produtividade alcançados e pela qualidade da informação gerada" Disponível em: http://micrografico.micrograf.pt/mic_37/3710.pdf. Acesso em: 06 set. 2023.

contratos administrativos. Ora, se as demandas de interesse público sofrem alterações, os contratos administrativos, que são instrumentos para atendê-los, também devem sofrer. Por isso e que eles podem ser alterados, erguendo-se o princípio da mutabilidade dos contratos administrativos.[168]

No mesmo sentido, Marçal Justen Filho avalia que "a modificação contratual é institucionalizada e não caracteriza rompimento dos princípios aplicáveis. É o reflexo da superposição dos interesses fundamentais, que traduzem a necessidade de o Estado promover os direitos fundamentais por meio de atuação ativa",[169] afirmando que "a alteração se legitima juridicamente como um meio de melhor realizar os interesses coletivos".[170]

Se, pois, de um lado há o dever jurídico expressado em lei de realizar o planejamento adequado da contratação, descrevendo o objeto de forma completa, abrangendo todos os fatores que podem influenciar na execução, de outro ângulo, deve-se admitir a concreta e real dificuldade de antecipação em termo de referência ou projeto básico, com nível e grau de certeza absoluta, de todos os fatores técnicos e econômicos envolvidos na contratação. O planejamento da contratação sofre influência e limites das mais variadas ordens: econômicos, técnicos, sociais, de mercado, dentre tantos outros possíveis de serem elencados que podem levar à imprecisão.

Podem, assim, ocorrer situações em que, mesmo diante do mais acurado e preciso planejamento, que tenha contemplado com exatidão o programa de necessidades e os estudos preliminares antecedendo a elaboração dos termos de referência, projetos básico e executivo (quando é o caso), ainda assim, no curso da execução contratual se mostrem imperiosas determinadas modificações para que possa se dar o pleno atendimento e satisfação do interesse público. Nessa hipótese, evidencia-se o princípio da mutabilidade dos contratos administrativos a autorizar as alterações contratuais que sejam indispensáveis à plena realização do desiderato público e plena satisfação da necessidade administrativa.

Neste sentido de argumentação, resta mesmo claro que promover alterações no contrato não é uma faculdade (opção) do Administrador Público, senão de um dever-poder. Rememore-se que a celebração de um contrato administrativo é, em regra, precedida de processo licitatório. Inúmeras etapas são ultrapassadas e condutas administrativas são realizadas até que seja firmado o contrato. Tal implica concluir que há considerável dispêndio de recursos públicos até que um licitante seja selecionado e a execução do contrato tenha início. A alternativa (se não considerada a possibilidade de alteração) a uma execução que não pode continuar sendo realizada nos termos originalmente acertados – porque inadequada –, por óbvio, é o desfazimento do contrato pela via da rescisão. Contudo, a extinção contratual implica que nova licitação deva ser realizada, precedida de novo processo de planejamento e de realização de novos projetos completos, com todos os custos humanos, sociais e econômicos envolvidos nisso.

---

[168] Op. cit., p. 860.
[169] JUSTEN FILHO, Marçal. Comentários à Lei de Licitações e Contratos Administrativos. 16. ed. São Paulo: Thomson Reuters; Revista dos Tribunais, 2014. p. 1003.
[170] Op. cit., p. 1003.

Considerados todos os custos (sociais, econômicos, jurídicos, ambientais e administrativos) envolvidos na rescisão contratual seguida de uma nova contratação, a alteração contratual para promover os ajustes que seriam em tese realizados quando da nova contratação atende e se direciona à efetivação do princípio da eficiência administrativa e da economicidade. Se assim o é, quando for jurídica e tecnicamente possível uma alteração contratual ao revés da extinção do contrato, modificá-lo para adequações à realidade empírico-administrativa não é uma faculdade da Administração, mas um dever jurídico, em homenagem ao regime principiológico constitucional, sob pena, inclusive, de responsabilidade do gestor público.

O planejamento adequado da contratação pode, indubitavelmente, evitar a maior parte das alterações contratuais. Ocorre que o salutar planejamento adequado da contratação não integra ainda, infelizmente, a rotina das administrações públicas. O que se percebe na prática é que número significativo de termos aditivos objetivando a alteração contratual poderiam facilmente ser evitados diante de uma preocupação maior com a estruturação do contrato. Ainda que suficientemente planejado o contrato, reitere-se, deve-se admitir que a realidade empírica pode levar à imprescindibilidade de modificações na execução contratual, de modo a que os ajustes da avença reconduzam o pacto à situação técnico-jurídica instrumental para a plena realização dos objetivos preliminarmente determinados para ele e a satisfação do desiderato público cobiçado pelo Poder Público.

Como preceitua Miguel Angel Berçaitz,

> O interesse público que constitui em princípio a causa dos contratos administrativos, não se satisfaz se os pressupostos de fato que estavam presentes ao celebrá-lo se modificam de tal forma que as ações ou prestações pactuadas se tornam desatualizadas, inoperantes ou contraproducentes para a satisfação deste interesse.[171]

Trata-se, a alteração contratual, pois, de instrumento imprescindível para a excelência da administração contratual, a ponto de o Tribunal de Contas da União já ter reputado ilegal a inserção nos editais de licitação de cláusula que impeça a formalização de termos aditivos aos contratos para alteração quantitativa ou qualitativa das soluções de projetos.[172] As alterações contratuais, seja de que natureza forem, são por vezes indispensáveis para a fiel e correta consecução do interesse público almejado.

Ocorre que elas (as alterações contratuais) têm sido ao longo dos anos desvirtuadas, e tido caráter instrumental para o cometimento de fraudes e crimes contra a Administração Pública. Os "famigerados" aditivos contratuais constituem no imaginário da coletividade laica e jurídica mecanismos muitas vezes a serviço da corrupção e de desvios de dinheiro público. Daí que os órgãos de controle têm atuado cada vez mais rigorosamente na repressão ao abuso na utilização desses mecanismos, que, se legitimamente utilizados, são indispensáveis para a Administração Pública contratual.

---

[171] *Op. cit.*, p. 347.
[172] Acórdão nº 3.260/2011: "9.1. determinar ao Dnit que: 9.1.1. se abstenha de incluir nos editais das licitações para obras de manutenção rodoviária objeto do programa CREMA 2ª etapa, sob pena da nulidade do certame licitatório: a) cláusulas que impeçam a formalização de termos aditivos aos contratos para alteração quantitativa ou qualitativa das soluções de projeto".

O principal instrumento normativo a reger as alterações contratuais é a Lei nº 14.133/21, especialmente no artigo 124, com a seguinte redação:

> Art. 124. Os contratos regidos por esta Lei poderão ser alterados, com as devidas justificativas, nos seguintes casos:
> I – unilateralmente pela Administração:
> a) quando houver modificação do projeto ou das especificações, para melhor adequação técnica a seus objetivos;
> b) quando for necessária a modificação do valor contratual em decorrência de acréscimo ou diminuição quantitativa de seu objeto, nos limites permitidos por esta Lei;
> II – por acordo entre as partes:
> a) quando conveniente a substituição da garantia de execução;
> b) quando necessária a modificação do regime de execução da obra ou do serviço, bem como do modo de fornecimento, em face de verificação técnica da inaplicabilidade dos termos contratuais originários;
> c) quando necessária a modificação da forma de pagamento por imposição de circunstâncias supervenientes, mantido o valor inicial atualizado e vedada a antecipação do pagamento em relação ao cronograma financeiro fixado sem a correspondente contraprestação de fornecimento de bens ou execução de obra ou serviço;
> d) para restabelecer o equilíbrio econômico-financeiro inicial do contrato em caso de força maior, caso fortuito ou fato do príncipe ou em decorrência de fatos imprevisíveis ou previsíveis de consequências incalculáveis, que inviabilizem a execução do contrato tal como pactuado, respeitada, em qualquer caso, a repartição objetiva de risco estabelecida no contrato.

As alterações contratuais devem ser formalizadas por termo aditivo ao contrato e precedidas de consistente motivação e análise pela assessoria jurídica do órgão ou entidade contratante, como adiante se observará de forma mais completa.

Como regra, deveriam ter origem em fato superveniente. Com efeito, as variações das condições de fato, que tornam as condições originais do contrato insuficientes para atingir o interesse público visado pelo contrato são a mais relevante razão para as alterações contratuais. Durante muito tempo, a doutrina e os órgãos de controle (aqui incluído o Poder Judiciário) manifestaram entendimento no sentido de que as alterações contratuais somente se legitimavam se fundadas em um fato superveniente. A premissa era a de que o contrato deveria ser suficiente e satisfatoriamente planejado e configurado, de modo que seriam vedadas alterações contratuais que não se justificassem em fato superveniente.

Ao longo do tempo, contudo, constatou-se a inviabilidade, e mesmo a impossibilidade, de admitir como única razão fundante para as alterações contratuais os fatos supervenientes, e doutrina e jurisprudência passaram a admitir que, em certos casos específicos, mais atenderia o interesse público a modificação das condições originais da contratação, ainda que necessidade dela decorresse de falha de planejamento – e não de fato superveniente. Essa solução é, com certeza, a que melhor atende o interesse público e o regime principiológico constitucional (eficiência e economicidade principalmente), pelo fato de que, repita-se, por mais esforço técnico e jurídico que empenhe a Administração Pública no planejamento da contratação, é compreensível que esse esforço não seja suficiente para abarcar todas as peculiaridades e particularidades necessárias à formação de um contrato apto a viger nas condições originais até o final da execução contratual.[173]

Atualmente, os órgãos de controle já admitem a inviabilidade de interpretação no sentido de que as alterações contratuais somente podem ocorrer em razão de um fato superveniente, passando a admitir que sejam realizadas também para corrigir erros de planejamento, como adiante se observará.

Do texto legal, pode-se inferir a classificação das alterações contratuais em quatro categorias ou espécies: (i) alterações unilaterais; (ii) alterações consensuais; (iii) alterações quantitativas, e (iv) alterações qualitativas.

7.2 Espécies de alterações contratuais

As alterações contratuais podem ser distinguidas, quanto à vontade das partes, em alterações unilaterais ou consensuais. Quanto à sua natureza, em alterações objetivas e alterações subjetivas, e quanto ao seu conteúdo, em alterações quantitativas e alterações qualitativas.

7.2.1 Quanto à vontade das partes: alterações unilaterais e alterações consensuais

Sob o enfoque subjetivo, as alterações contratuais podem ser unilaterais ou consensuais. As alterações unilaterais são promovidas pela Administração Pública contratante, sem a conjugação da vontade do contratado particular para a modificação da estrutura contratual original. Quando de uma modificação unilateral, o Poder Público se vale de prerrogativa exorbitante que constitui um dos traços jurídicos mais relevantes dos contratos administrativos, a denominada *potesta variandi*, ou poder de introduzir modificações contratuais independentemente da anuência do particular contratado.

Trata-se de manifestação que expressa pela forma mais emblemática a desigualdade jurídica entre as partes.

Sob o aspecto objetivo, as alterações contratuais unilaterais podem ser realizadas para a modificação do projeto ou das especificações, para melhor adequação técnica aos seus objetivos; ou, quando necessária a modificação do valor contratual em decorrência de acréscimo ou diminuição quantitativa de seu objeto, nos limites permitidos por essa lei.

A alteração unilateral, quando demandada nos limites da lei, deve ser suportada pelo contratado, vale dizer, não está à disposição dele declinar ou rejeitar uma modificação imposta pela Administração Pública (desde que, nos limites da lei, repita-se). Porém, evidente que tem aplicação para os atos administrativos que redundarem em alteração unilateral o regime jurídico das nulidades. Será inválida a imposição unilateral e, pois, contra ela poderá se insurgir o contratado quando contiver vício em algum dos elementos constitutivos do ato administrativo: competência, objeto, forma, motivo e

---

[173] Grosso modo, pode-se afirmar que mesmo as contratações que se realizam em caráter particular, no âmbito doméstico e de baixa complexidade, raramente são executadas sem que haja a necessidade de ajustes e adaptações, mesmo quando aparentemente bem planejadas.

finalidade. Operada de forma juridicamente válida e legítima, nos limites legais, não assiste ao contratado o direito de oposição.

O que não significa que a Administração Pública não tenha o dever de aferir em concreto sobre as condições e conveniência efetivas em implementar a modificação. Para tanto, é preciso considerar especialmente se o resultado da modificação unilateral produzirá impacto suportável pelo contratado no que diz com a capacidade técnica e com a capacidade econômico-financeira, como adiante se abordará.

As alterações consensuais, por seu turno, serão implementadas (i) quando conveniente a substituição da garantia de execução; (ii) quando necessária a modificação do regime de execução da obra ou serviço, bem como do modo de fornecimento, em face de verificação técnica da inaplicabilidade dos termos contratuais originários; (iii) quando necessária a modificação da forma de pagamento, por imposição de circunstâncias supervenientes, mantido o valor inicial atualizado, vedada a antecipação do pagamento, com relação ao cronograma financeiro fixado, sem a correspondente contraprestação de fornecimento de bens ou execução de obra ou serviço; (iv) para restabelecer a relação que as partes pactuaram inicialmente entre os encargos do contratado e a retribuição da administração para a justa remuneração da obra, serviço ou fornecimento, objetivando a manutenção do equilíbrio econômico-financeiro inicial do contrato, na hipótese de sobrevirem fatos imprevisíveis, ou previsíveis, porém, de consequências incalculáveis, retardadores ou impeditivos da execução do ajustado, ou, ainda, em caso de força maior, caso fortuito ou fato do príncipe, configurando álea econômica extraordinária e extracontratual.

Alterações consensuais são fruto de novo acordo de vontades expressado pelas partes contratantes, sempre com vistas a adaptar a execução contratual a uma nova e contemporânea situação fático-jurídica.

A expressa previsão de hipóteses de alteração contratual por acordo entre as partes não impede que haja alteração consensual nos casos previstos no art. 124, I. Se houver necessidade de modificação do projeto ou das especificações, para melhor adequação técnica aos seus objetivos; ou quando necessária a modificação do valor contratual em decorrência de acréscimo ou diminuição quantitativa de seu objeto, é sempre juridicamente possível que tal se dê em acordo entre as partes. O sentido da norma é o de autorizar a alteração unilateral em casos específicos, o que não implica concluir que não possa haver acordo e consenso para o ajuste do contrato no tocante a esses aspectos.

7.2.2 Quanto ao conteúdo: alterações objetivas quantitativas e alterações objetivas qualitativas

Os contratos administrativos podem ser alterados quantitativamente e qualitativamente. Alterações quantitativas são aquelas que produzem modificação de quantia, volume, dimensão, escala, área, extensão, capacidade, medida ou porção. As alterações qualitativas, por seu turno, produzem modificação nas características, particularidades, peculiaridades, propriedades, atributos, especificações materiais ou técnicas.

Embora nitidamente distintas, as alterações quantitativas e as qualitativas não raro são objeto de confusão pelos operadores da Administração Pública, como já reconhecido por Joel de Menezes Niebuhr:

> Há enorme confusão em relação a tais aspectos, sobremodo porque a Administração não atenta a respeito das diversas naturezas jurídicas dos seus contratos, dispensando o mesmo tratamento a contratos de aquisição, serviço e obra. Vem-se grifando a palavra objeto porque a compreensão dela é central para a distinção entre alteração qualitativa e alteração quantitativa. Ora, se o contrato é de aquisição, o objeto do contrato é aquilo que está sendo adquirido. Assim, se alterada a quantidade do que está sendo adquirido, a alteração, evidentemente, é quantitativa. Por outro lado, se o contato é de obra, o objeto do contrato é a obra específica, um prédio que está sendo construído ou reformado, por exemplo. Na mesma linha de raciocínio, se alterada a quantidade do prédio (contratar dois prédios em vez de um só) ou aumentar o seu tamanho ou dimensão, a alteração é quantitativa. Por outro lado, se alterada a especificação do prédio e, portanto, itens na planilha, sem aumentar a quantidade de prédios ou a área dele, a alteração é qualitativa e não quantitativa. Se alterada a especificação do prédio, com certeza algum item da planilha será alterado, de certa forma algum item será acrescido ou suprimido. Porém, este item não representa o objeto do contrato, não é o objeto do contrato que está sendo acrescido ou suprimido, por efeito do que a alteração não é quantitativa, insista-se, é qualitativa.[174]

A confusão é por vezes justificável, e invariavelmente gira em torno do que seja efetivamente o objeto da contratação. A expressão "objeto" figura na lei como sendo aquilo – a efetiva solução técnica – que a Administração Pública pretende pela via da execução contratual e destina-se a satisfazer a necessidade pública. Assim, num certo sentido, quantidade, extensão, volume, peso ou tamanho de algo que constitui o objeto da contratação também constitui o próprio "objeto". Por exemplo: se o contrato prevê a construção de 1.000 m² de obra de engenharia, o objeto deste contrato é a construção de 1.000 m² de obra de engenharia. Se houver a alteração contratual para acrescentar mais 100 m² de obra de engenharia à quantidade original, a alteração é, com efeito, quantitativa, uma vez que o objeto foi alterado de 1.000 m² para 1.100 m². Houve a alteração de objeto, apenas que tal alteração foi de índole quantitativa – mas o objeto não é mais o mesmo, ainda que as características e especificações técnicas não tenham sofrido variação (1.000 m² não são o mesmo que 1.100 m² – sequer se pode afirmar que a funcionalidade básica de uma obra de 1.000 m² é a mesma de uma obra de 1.100 m² – eis que não terão a mesma serventia). Com isso se quer dizer que o elemento quantitativo e o elemento qualitativo, ambos, constituem e integram o objeto do contrato.

Não parece correto afirmar que quando de uma alteração quantitativa não ocorra alteração do objeto. O objeto é alterado sempre que houver a modificação das condições originais dele, qualitativa ou quantitativa. A diferença é, repita-se, em relação à natureza da alteração.

O importante é identificar qual é a natureza intrínseca do objeto (obrigação principal), as características que o definem e identificam como algo concreto no mundo material e que lhe são inerentes e peculiares.

---

[174] NIEBUHR, Joel de Menezes. *Licitação pública e contrato administrativo*. 3. ed. Belo Horizonte: Fórum, 2013. p. 864.

Sobre o tema, Renato Geraldo Mendes preceitua que a necessidade pública pode demandar uma solução contratada, e que a "solução, em sentido amplo, expressa-se na ideia de um encargo que alguém deverá cumprir como condição para que a necessidade possa ser satisfeita. O encargo é caracterizado por um conjunto de obrigações, do qual a mais importante é o objeto (obrigação principal)".[175]

Nesse sentido, quando de uma alteração quantitativa (acrescer metragem quadrada em uma obra, por exemplo), não há variação do objeto no que diz com a sua natureza intrínseca – o que a coisa contratada é, do que é constituída (embora haja variação do objeto da contratação) –, aumenta-se ou diminui-se volume, peso, extensão, etc., sem que se altere o aspecto intrínseco que lhe confere a identidade própria – no caso, ser uma determinada e específica obra de engenharia.

Quando de uma alteração qualitativa, a variação atinge a própria natureza intrínseca (o que a coisa contratada é) do objeto – suas características, funções inerentes e próprias, especificações técnicas que lhe são naturais. Uma alteração qualitativa, sob análise empírica, pode, inclusive, atingir a identidade própria do objeto, para transfigurá-lo em coisa absolutamente diversa (o que é absolutamente vedado pelo nosso ordenamento jurídico, mas materialmente possível).

A distinção entre alteração quantitativa e qualitativa, assimiladas as premissas fundamentais, é bastante simples. Se houver aumento ou diminuição de quantia, volume, dimensão, peso, extensão ou tamanho do objeto específico que constitui o núcleo da obrigação principal, com manutenção de suas especificações técnicas e funcionalidade originais, está-se diante de uma alteração de objeto quantitativa – o que foi objeto do contrato permanece inalterado na sua natureza intrínseca, apenas há modificação de objeto no que diz com o volume, dimensão, peso etc. do que foi contratado.

Se, do contrário, dimensões, quantias, peso, extensão etc. permanecem inalterados e a variação se der no que tange à natureza intrínseca do objeto – aquilo que lhe confere a identidade própria (características, especificações técnicas etc.) –, tem-se uma alteração qualitativa.

7.2.3 Quanto aos sujeitos: alterações subjetivas

No plano das modificações das condições contratuais há possibilidade de ocorrência de alterações de índole subjetiva, vale dizer, alteração das partes contratantes. Trata-se de alterações mais raras, que não fazem parte do cotidiano da Administração Pública, embora possíveis.

Pode-se, a princípio, cogitar de modificação subjetiva da parte contratante pública. Especificamente, tem-se as hipóteses de extinção ou de fusão de órgãos ou entidades públicas, por força de lei. Refira-se, por exemplo, ao caso de extinção de uma autarquia, com assimilação de seus direitos e obrigações por parte de outra pessoa jurídica, quiçá a própria entidade federada (União, Estados, Distrito Federal ou Municípios). Não há, a rigor, extinção de pleno direito do contrato administrativo tão somente pelo desparecimento da entidade pública originalmente contratante. Pode, assim, sem

---

[175] MENDES. Renato Geraldo. *O processo de contratação pública*: fases, etapas e atos. Curitiba: Zênite. 2012. p. 133.

maiores problemas, ocorrer sub-rogação em direitos e obrigações por parte da entidade pública sucessora.

Pode haver ainda modificação subjetiva da parte contratada por transformação, fusão, cisão ou incorporação.

O tema tem gerado polêmica no âmbito das contratações públicas. A questão que se posta é: a alteração na composição societária, ou mesmo extinção da sociedade original e substituição por outra deve ensejar necessária e imediata extinção do contrato administrativo?

Não se olvide que – passando ao largo da discussão sobre ser ou não o contrato administrativo um contrato com natureza *intuitu personae*, de importância meramente acadêmica e de poucos efeitos práticos – o fator jurídico relevante é o princípio licitatório. Por força de disposição constitucional, salvo exceções legais, ninguém pode ser contratado pelo Estado sem prévia realização de processo licitatório. De outro ângulo, o Estado não pode contratar quem não tenha sido habilitado e se sagrado vencedor em disputa pública (repita-se, salvo exceções legalmente previstas).

Contudo, o sistema jurídico admite modificações societárias que podem produzir relevantes repercussões no plano das contratações públicas.

As modificações societárias mais relevantes são: transformação, incorporação, fusão e cisão da sociedade. Essas espécies de modificações societárias são regidas pelo Código Civil Brasileiro (art. 1.113 a 1.122) e pela Lei nº 6.404/74.[176]

No dizer de Márcia Carla Pereira Ribeiro e Marcelo Bertoldi, "transformação é a operação pela qual uma sociedade passa de uma espécie para outra, sem que isso signifique a extinção da sociedade anterior e criação de uma nova".[177]

Uma modificação subjetiva dessa natureza não produzirá, em regra, qualquer influência no contrato administrativo celebrado. Com a transformação, remanescem os mesmos sócios e a mesma estrutura material da empresa. Não há impacto ou repercussão aferível no que diz com a capacidade técnica ou com a capacidade econômico financeira, portanto, "nesse movimento, a sociedade, como pessoa jurídica, titular de direitos e obrigações, permanece inalterada, modificando-se, tão somente sua estrutura jurídica, que deixa de seguir determinadas normas relacionadas com o âmbito de responsabilidade de seus sócios, forma de sua administração, de captação de recursos, de admissão e demissão de sócios, de destinação de lucros, de demonstração de seus resultados etc.".[178]

Incorporação "é a operação de concentração societária em que uma ou mais sociedades são absorvidas por outra, que as sucede em todos os direitos e assume todas as suas obrigações, mediante a chamada sucessão universal".[179]

---

[176] Já entendeu o Superior Tribunal de Justiça que "as disposições sobre incorporações, fusão e cisão previstas no CC não se aplicam às sociedades anônimas. As disposições da LSA sobre essa matéria aplicam-se por analogia às demais sociedades naquilo em que o CC for omisso" (RIBEIRO, Márcia Carla Pereira; BERTOLDI, Marcelo. Jornada I STJ 70. In: NERY JR., Nelson; NERY, Rosa Maria de Andrade. Código Civil comentado. 4. ed. São Paulo: Revista dos Tribunais, 2006. p. 686.

[177] BERTOLDI, Marcelo M.; RIBEIRO, Márcia Carla Pereira. *Curso avançado de Direito Comercial*. 6. ed. São Paulo: Revista dos Tribunais, 2011. p. 341.

[178] BERTOLDI, Marcelo M.; RIBEIRO, Márcia Carla Pereira, *op. cit.*, p. 341.

[179] BERTOLDI, Marcelo M.; RIBEIRO, Márcia Carla Pereira. *op. cit.*, p. 342.

O artigo 1.116 do Código Civil Brasileiro dispõe que "na incorporação, uma ou várias sociedades são absorvidas por outra, que lhes sucede em todos os direitos e obrigações, devendo todas aprová-la, na forma estabelecida para os respectivos tipos".

Nessa hipótese, caso haja a incorporação da pessoa jurídica contratada pela Administração Pública por outra pessoa jurídica, a princípio, essa operação contratual não necessita operar efeitos diretos e imediatos na relação contratual, para determinar a sua extinção, diante da disposição expressa do Código Civil Brasileiro que prevê que a incorporadora sucede as empresas que são absorvidas em todos os direitos e obrigações.

A pessoa jurídica incorporadora, com autorização legal, sub-roga-se em direitos e obrigações da pessoa jurídica incorporada, e essa prerrogativa legal pode ser aproveitada pela Administração Pública para manter a execução contratual.

Dois óbices, contudo, podem ser apontados para que haja o aproveitamento pela pessoa jurídica incorporadora de contrato administrativo celebrado pela pessoa jurídica incorporada. O primeiro diz com a manutenção dos requisitos de habilitação por parte da pessoa jurídica incorporadora. Se a incorporação havida reduzir ou eliminar a capacidade técnica ou capacidade econômico financeira demandada no instrumento convocatório, a relação contratual deverá ser extinta. Por igual fundamento, a pessoa jurídica incorporadora deverá, para se sub-rogar em direitos e obrigações derivados da relação público-contratual, provar regularidade fiscal e regularidade trabalhista.

O segundo aspecto limitador da mantença do contrato com a pessoa jurídica incorporadora é a exigência de que não esteja ela cumprindo sanção administrativa que a impeça de participar de licitações ou de contratar com o poder público. Na hipótese de que sanção administrativa aplicada à empresa incorporada tenha seus efeitos estendidos para alcançar a empresa incorporadora, deverá haver a extinção contratual.

Fusão de empresas "se apresenta como uma operação de concentração de empresas, na qual duas ou mais sociedades se unem, resultando dessa união uma nova sociedade que, diante da extinção de todas as sociedades envolvidas, as sucederá em todos os direitos e obrigações".[180] Nos expressos termos do artigo 1.119 do Código Civil Brasileiro, a fusão "determina a extinção das sociedades que se unem, para formar sociedade nova, que a elas sucederá nos direitos e obrigações".

Ocorre a cisão "com a transferência de parcela ou do total do patrimônio da companhia para uma ou mais sociedades já existentes ou constituídas para esse fim".[181] É, no dizer de Ricardo Negrão, "o processo pelo qual a companhia transfere parcelas de seu patrimônio para uma ou mais sociedades, constituídas para esse fim ou já existentes".[182] A cisão poderá ser total ou parcial. Será parcial quando ocorrer a versão de apenas parte do patrimônio da sociedade cindida, com a consequente redução de seu capital social na proporção do patrimônio transferido. Será total, o entanto, se o patrimônio da sociedade cindida for transferido para outras sociedades, acarretando sua extinção, nos termos do art. 219, II, da Lei nº 6.404/76".[183]

---

[180] BERTOLDI, Marcelo M.; RIBEIRO, Márcia Carla Pereira, *op. cit.*, p. 342.
[181] BERTOLDI, Marcelo M.; RIBEIRO, Márcia Carla Pereira, *op. cit.*, p. 343.
[182] NEGRÃO, Ricardo. *Manual de Direito Comercial e de Empresa*. 5. ed. São Paulo: Saraiva, 2007. p. 455.
[183] BERTOLDI, Marcelo M.; RIBEIRO, Marcia Carla Pereira, *op. cit.*, p. 343.

Na fusão, há sucessão universal com a extinção das sociedades envolvidas na operação e a criação de uma nova pessoa jurídica, que se sub-roga em todos os direitos e obrigações originalmente de titularidade das pessoas jurídicas que se fundiram. A fusão de pessoas jurídicas, quer parecer, não precisa também operar efeitos diretos e imediatos na relação jurídico-contratual pública, resolvendo-se a partir do exame concreto das condições subjetivas para a manutenção do contrato administrativo (requisitos de habilitação e inexistência de sanção administrativa em cumprimento que impeça a contratação).

Já no caso da cisão, a questão é um pouco mais complexa. Como visto, no caso da cisão parcial, há transferência de patrimônio da empresa cindida com consequente redução de capital social. A cisão parcial não opera modificação subjetivo/societária na pessoa jurídica cindida. Há mera transferência patrimonial com redução de capital social. A cisão parcial pode influir decisivamente na capacidade econômico-financeira ou na capacidade técnica da cindida, tornando-as incompatíveis com as exigências da contratação original, caso em que o contrato administrativo deverá ser rescindido.

A cisão total importa extinção da companhia cindida e distribuição de seu patrimônio entre outras pessoas jurídicas. Ressaltam Marcelo Bertoldi e Márcia Carla Pereira Ribeiro que "em se tratando de cisão com versão de parcela de patrimônio em sociedade já existente, a operação obedecerá às disposições próprias da incorporação (LSA, art. 227).[184] Logo, nessa hipótese de cisão total, aplica-se a lógica expendida quando do trato das incorporações.

O Tribunal de Contas da União tem o seguinte precedente relacionado ao tema

> A transferência parcial de patrimônio e profissionais decorrente de reestruturação societária de empresas pode implicar a transferência efetiva de qualificação técnica e operacional entre elas, sendo admissível, se confirmada essa hipótese, a utilização pelas empresas incorporadoras, para fins de habilitação em licitações públicas, de atestados de qualificação técnica de titularidade das incorporadas, atinentes ao acervo técnico transferido.
> Representação formulada por licitante classificada em primeiro lugar no Pregão Eletrônico 28/2012, promovido pelo Ministério da Justiça para a "aquisição de Equipamentos de Proteção Individual e Controle de Distúrbios Civis", apontou possível irregularidade na sua inabilitação. O fundamento da inabilitação fora a apresentação de atestados de capacidade técnica de pessoas jurídicas distintas, embora sócias da empresa inabilitada. Alegou a representante que "deteria a qualificação necessária para executar o objeto, visto ter havido a tempestiva transferência, em seu favor, da capacidade técnica operacional exigida na licitação, o que se deu por meio de reestruturação empresarial". Em despacho, o relator determinou a suspensão cautelar do certame até decisão definitiva do Tribunal sobre a matéria, medida endossada pelo Plenário do TCU. Realizadas as oitivas regimentais e analisada a documentação acostada, o relator constatou a efetiva transferência da capacidade operacional e tecnológica das empresas originalmente titulares dos atestados apresentados para a empresa classificada em primeiro lugar no pregão. Destacou em seu voto que "a transferência de qualificação técnica pode se dar quando ocorre transferência parcial de patrimônio e profissionais (Acórdão nº 1.108/2003, 2.071/2006, 634/2007, 2.603/2007 e 2.641/2010, todos do Plenário)", ressaltando que "a transferência de capacidade operacional,

---

[184] *Op. cit.*, p. 343.

como as ocorridas no caso sob exame, não afrontam a legislação vigente e são habitualmente realizadas no meio empresarial, especialmente entre empresas fortemente vinculadas, que apresentam sócios comuns". Demonstrada a ilicitude da inabilitação, a representação foi considerada procedente, com expedição de determinação ao Ministério da Justiça para que adotasse providências destinadas à anulação do ato e autorização para o prosseguimento do certame (Acórdão nº 1233/2013-Plenário, TC 006.360/2013-0, relator Ministro José Jorge, 22.05.2013).

A Lei nº 14.133/21 contém importante delimitação do tema. A norma prevista no seu art. 137, III, fixa que as alterações societárias somente serão causa para a extinção do contrato se restringirem a capacidade de concluir o contrato.

O núcleo da questão está na relação entre a alteração de composição ou formação societária e a capacidade do contratado de executar fielmente as obrigações contratadas.

A Lei fixa um elemento empírico para a formação de decisão administrativa em caso de fusão, incorporação ou cisão de empresas contratadas no curso da execução de um contrato. Este elemento empírico deve ser avaliado no caso concreto. Havendo comprovação de que a alteração social produzida pode impactar negativamente na execução do contrato, poderá haver a extinção motivada dele. Em sentido oposto, se a alteração societária não produzir efeitos e for irrelevante no plano da execução do contrato, não estará autorizada a extinção dele.

A cada caso concreto, assim, deverá ser produzida uma avaliação reflexiva e crítica acerca dos riscos envolvidos na alteração societária realizada.

Nos termos da Lei, assim, a mera existência de fusão, incorporação ou cisão de empresas não constitui fundamento jurídico-material para a extinção da relação contratual.

Em termos objetivos, a capacidade de concluir o contrato de que trata a lei envolve (i) perda de capacidade material efetiva; (ii) perda de capacidade técnica ou de capacidade econômico-financeira; ou (iii) efeitos de sanção administrativa que implique vedação à permanência na relação jurídico-contratual.

7.3 Limites para as alterações quantitativas e alterações qualitativas

Nas contratações entre particulares, nas quais a consensualidade – traço delas – é determinante, podem haver modificações contratuais nos termos em que as partes contratantes deliberarem, evidentemente que dentro de certas margens legais, como a manutenção da licitude do objeto, ou a vedação à onerosidade excessiva em face de uma das partes.

Conquanto necessárias, e por vezes indispensáveis, as alterações contratuais não podem ser realizadas ao livre talante da Administração Pública, ao reverso, sujeitam-se a limites rigorosos impostos pelo ordenamento jurídico-constitucional. São dedutíveis da lei e da Constituição de 1988 limites expressos para as modificações das condições originalmente pactuadas.

7.3.1 Primeiro limite às alterações contratuais: integridade e identidade do objeto – Princípio licitatório

O primeiro limite para as alterações contratuais diz com a manutenção da integridade e identidade do objeto licitado e, por decorrência, do princípio licitatório.

O princípio licitatório está expresso no artigo 37, XXI, da Constituição Federal.[185] Dele decorre que todos os contratos celebrados pela Administração Pública devem ser precedidos de licitação – esse é o conteúdo jurídico do princípio licitatório. Afora os casos legalmente autorizados para contratação direta, tudo o que demandar contratação pública deve se submeter ao devido processo de licitação. Vale dizer: quando a Administração Pública identifica que uma determinada necessidade pública para ser satisfeita demanda utilização de bens, serviços ou obras a serem realizadas por terceiros particulares, pela via do contrato, descreve o objeto da contratação e o põe em disputa pública, salvo nos casos previstos em lei como de contratação direta, sem licitação.

O objeto da contratação é a solução definida como necessária e suficiente para o atingimento do interesse público eleito pela Administração Pública como atingível pela execução do contrato.

A alteração contratual não pode modificar a natureza intrínseca desse objeto, vale dizer, as características e especificações que lhe conferem identidade própria. A descrição do objeto inserida no contrato lhe confere delineamento próprio, específico e peculiar.

Pedro Nuno Rodrigues, a partir do direito comunitário europeu, acerca dos limites para as alterações contratuais, pondera que

> Numa análise semântica, o limite imposto é convergente: não estando prevista no contrato (em conformidade com as peças do procedimento), a alteração introduzida no conteúdo do contrato não pode ser essencial ou substancial, ao ponto de descaracterizar o respectivo objecto ou núcleo de prestações essenciais – na perspectiva do TJCE, ao ponto de ser susceptível de demonstrar a vontade das partes de renegociar os termos essenciais do contrato.[186]

Segue o autor, em esclarecedora diretriz para orientar a alteração contratual legítima:

> Na falta de previsão contratual, está vedada à autoridade adjudicante a introdução de uma alteração cujo conteúdo ser reconduza a características substancialmente diferentes das do conteúdo obrigacional preexistente, em termos que, em consequência, seja susceptível de "demonstrar a vontade das partes em renegociar os termos essenciais do contrato", ou, noutra perspectiva, em termos que a estipulação alterada, "se tivesse figurado no anúncio de concurso, teria permitido aos proponentes apresentarem uma proposta substancialmente diferente".[187]

---

[185] "Art. 37, XXI Ressalvados os casos especificados na legislação, as obras, serviços, compras e alienações serão contratados mediante processo de licitação pública que assegure igualdade de condições a todos os concorrentes, com cláusulas que estabeleçam obrigações de pagamento, mantidas as condições efetivas da proposta, nos termos da lei, o qual somente permitirá as exigências de qualificação técnica e econômica indispensáveis à garantia do cumprimento das obrigações".

[186] RODRIGUES, Pedro Nunes. *A modificação objectiva do contrato de empreitada de obras públicas*. Lisboa: Universidade Católica Editora, 2012. 2012, p. 20.

[187] *Op. cit.*, p. 21.

Em jogo dois elementos basilares para a aferição da legitimidade da modificação contratual no que diz com o objeto e com o princípio licitatório: (i) a modificação não deve promover variações cujo resultado leve o objeto a características substancialmente diferentes daquele originalmente pactuado; (ii) o núcleo de prestações contratuais essenciais, igualmente, não pode sofrer variação substancial ou essencialmente diferente daquelas originalmente pactuadas.

Evidente que a solução proposta reconduz inevitavelmente a uma análise lastreada em conceitos jurídicos indeterminados: o que de fato se pode considerar como uma característica essencial ou substancialmente diversa daquela originalmente pactuada? Característica essencial ou substancialmente diversa é aquela que, adicionada ou suprimida, faz variar a natureza intrínseca do objeto ou da prestação contratual, transmudando-os (objeto ou prestação contratual) em coisa essencial e substancialmente diferente. Reconheça-se que, não obstante o esforço para construir um roteiro seguro a orientar as alterações contratuais, a aferição sobre se uma característica introduzida ou retirada da execução contratual é essencial ou substancialmente diferente da originalmente prevista somente pode ser deduzida do caso concreto.

Assim, uma alteração contratual que transforme o objeto licitado e contratado em outro, com características, especificações, prazos e condições diversas pode ensejar um novo objeto contratado, absolutamente diverso daquele licitado.[188]

Se tal for o caso, a alteração contratual não pode ser realizada, pena de violação do princípio licitatório – contratar um determinado objeto, sem que a hipótese se enquadre nos estritos casos de contratação direta (por licitação inexigível, por licitação dispensável ou por licitação dispensada).

O Tribunal de Contas da União, nesse sentido, expressou o seguinte entendimento pelo Acórdão nº 521/11:

> *Representação. Obra de construção de ponte. Inépcia do projeto básico. Valor total aplicado: R$194.178.122,84. Realização de aditamentos contratuais que extrapolaram os limites previstos no art. 65, §1º, da Lei nº 8.666/93. Responsabilização dos gestores. Multa.*

---

[188] Confira-se ainda o Acórdão TCU nº 705/08:
"*[Recursos de reconsideração interpostos contra o Acórdão mediante o qual este Tribunal pronunciou-se pela irregularidade das contas dos recorrentes, em decorrência de irregularidades detectadas no relatório de auditoria realizada no INSS, abrangendo o período 1997 a 2002]*
3. Quanto ao mérito, acolho a conclusão do parecer da Serur, ratificado pelo Ministério Público, porquanto restou demonstrada a impertinência das peças recursais ora examinadas.
4. Ressalto, destarte, alguns aspectos mais relevantes no exame da presente questão, quais sejam: os atos dos recorrentes afrontaram a legislação atinente aos procedimentos de licitação e contratos; (...)
53. A recorrente não foi condenada por ter causado dano ao erário nem por ter causado a violação do limite de 25% para aditivos contratuais, mas sim por ilegalidade representada pelo acréscimo a posteriori, por meio de aditivos, de itens que não haviam sido incluídos na licitação que precedera a celebração do contrato. Isso equivale à contratação direta desses itens, o que representa grave ilegalidade, pela violação de princípio inscrito na Constituição (art. 37, inciso XXI), suficiente, por si só, para justificar a condenação imposta.
54. É evidente que quiosques, balcões, etc., não são o mesmo que armários. Logo, a inclusão daqueles no objeto do contrato, efetuada pelo 1º T. A., representa clara alteração do objeto contratado, como expresso no subitem 8.3.1.b, acima. A interpretação de que seja o objeto de contratos públicos deve ser restritiva, justamente para evitar burlas ao princípio cardinal da licitação. Não pode haver acréscimo de itens não licitados ao objeto desses contratos, ainda que o objetivo da contratação seja preservado ou que os itens acrescidos sejam semelhantes ou sucedâneos dos licitados. O objeto da licitação, definido em termos estritos, deve ser mantido".

19. Nas fundações, como se viu, houve a mudança radical de estacas metálicas cravadas no leito do rio para a de estacas escavadas, com total alteração de quantitativos, preços, método de medição e técnicas executivas. Tais alterações levam a um aumento de cerca de 65% sobre o valor inicial do grupo de Infraestrutura do Tramo Estaiado, que envolve as fundações da obra. Alteração dessa magnitude não pode ser justificada pela genérica explicação de que "não se dispunha de todas essas informações na ocasião do projeto básico", como alega a SIN/RN [Secretaria de Infraestrutura do Governo do Estado do Rio Grande do Norte], referindo-se "às condicionantes geológicas-geotécnicas do local" só descobertas na fase de execução. Com efeito, de acordo com o art. 6º, inciso IX, da Lei 8.666/1993, o projeto básico deve conter "nível de precisão adequado (...) que possibilite a avaliação do custo da obra e a definição dos métodos e do prazo de execução". Nada disso foi alcançado, revelando a inépcia dessa peça essencial à licitação.

20. Acresce que o grupo de infraestrutura, com todas as alterações profundas nele efetuadas e as incertezas sobre o perfil do subsolo costumeiramente alegadas para justificá-las, não foi o principal responsável pela extrapolação do limite de 25%. Todos os demais grupos, em que as incertezas são praticamente inexistentes, contribuíram de maneira significativa para o descumprimento do limite legal, e alguns, bem mais do que o de infraestrutura, em termos absolutos e relativos. A mesoestrutura do trecho corrente, por exemplo, teve aumento relativo de cerca de 88%.

21. Outro aspecto não menos relevante é que a maior parte do aumento de valor adveio da introdução de serviços novos na planilha original, as quais, nos termos do art. 65, §3º, da Lei 8.666/1993, são fixados mediante acordo entre as partes contratantes. Ou seja, as alterações baseadas nesse dispositivo, de natureza claramente excepcional, foi a regra. E no estabelecimento dos preços para os novos itens, o grau de aproveitamento das composições de preços apresentadas pela contratada foi também muito baixo, a julgar pelo que se verificou nos novos serviços de lavagem e retirada, em que os preços foram definidos mediante pesquisa feita junto a determinadas empresas, fato que será discutido no tópico seguinte. Parece ter havido a intenção deliberada de fazer o projeto básico sem qualquer rigor, deixando para a contratada a tarefa de executar o verdadeiro projeto da obra. O projeto básico foi, por assim dizer, uma peça fictícia, destinada unicamente a permitir o início da licitação da obra.

23. Torna-se manifesta, dessa forma, a inépcia do projeto básico que deu origem à licitação, razão pela qual alinho-me ao entendimento manifestado pela Secex/RN no sentido de que as justificativas apresentadas pelos responsáveis para a extrapolação do limite de 25% não podem ser acolhidas, tendo a ocorrência gravidade suficiente para o apenamento com a multa prevista no art. 58 da Lei 8.443/1992.

44. (...), é patente que houve excessivo açodamento na condução do processo por parte da SIN/RN, que descurou de sua obrigação de prover o empreendimento com um projeto básico suficientemente capaz de balizar toda a execução do contrato. Tal falha levou à ilegal celebração de aditivo de valor extrapolando o limite legal de 25%. Além do mais, as modificações alcançaram grande parte da planilha original licitada e não se restringiram à definição a posteriori, pelas autoridades portuárias, do gabarito da ponte. Tais modificações deram origem aos inúmeros questionamentos levantados contra a condução do empreendimento tratados neste processo. Tais razões me levam a considerar a extrapolação do limite legal grave descumprimento da lei de licitações e contratos, justificando o apenamento do gestor responsável pelo aditamento. Lembro que a SIN/RN poderia, por exemplo, licitar, em separado, a execução do novo projeto de fundações, ao invés de realizar procedimento informal de pesquisa sem previsão legal.

[ACÓRDÃO]

9.2. rejeitar as razões de justificativa apresentadas pelos Srs. [omissis], ex-Secretário de Infra-Estrutura do Estado do Rio Grande do Norte, e [omissis], ex-Secretário Adjunto, e aplicar, individualmente, aos referidos responsáveis, com base no art. 58, inciso II, da Lei 8.443/1992, multa no valor de R$15.000,00 (quinze mil reais), pela autorização de licitação baseada em projeto básico defeituoso, sem prévia manifestação da Capitania dos Portos, ocasionando o irregular aditamento do Contrato 72/2004 acima do limite de 25% do valor inicial, (...);

9.4. determinar à Secretaria de Infraestrutura do Estado do Rio Grande do Norte que, em futuras contratações custeadas com recursos federais:

9.4.5. atente para a necessidade de observar estritamente o limite legal de 25% previsto no art. 65, §1º, da Lei 8.666/1993, observando que o aditamento dos contratos para a refeitura parcial ou integral do projeto inicial não tem amparo na lei de licitações e contratos;

Se a alteração produz um objeto essencialmente diferente daquele que foi contratado, não pode ser realizada, como defende também Joel de Menezes Niebuhr:

> De todo modo, ainda que alterações contratuais sejam permitidas, elas são sempre limitadas. A mutabilidade do objeto do contrato é princípio que serve a possibilitar a adequação dele às novas demandas de interesse público. O ponto-chave reside na palavra adequação. A alteração presta-se a promover adequações, não a transformar o objeto do contrato noutro, com funcionalidade diferente. Portanto, ainda que se possa alterar o objeto do contrato, deve-se preservar a sua identidade. A alteração do objeto do contrato não pode tocar à funcionalidade básica dele. Noutras palavras, a finalidade da contratação ou a demanda a ser atendida por ela devem ser as mesmas, não podem ser o foco de alteração. A alteração adapta dado objeto, não o transforma em coisa diferente.[189]

Caio Tácito igualmente alerta para a necessidade de preservação do objeto da licitação quando das alterações contratuais:

> A prerrogativa da Administração Pública não é, em suma, a denegação do vínculo contratual de tal forma que elimine o conteúdo bilateral, que lhe é inerente. A incidência do poder de alterar unilateralmente o contrato administrativo não ocorre sobre as cláusulas essenciais ou os pressupostos básicos de formação do nexo contratual, afetando-lhe a essência ou a substância. Não é dado ao administrador substituir um contrato por outro, guardando-lhe apenas a aparência exterior ou a mera terminologia. A noção de mutabilidade do contrato administrativo é compatível com o sinalagma que caracteriza tal espécie bilateral de relação jurídica porque se reputa uma cláusula implícita e, portanto, consentida pelas partes. Não é possível, contudo, dilatar sua incidência de tal forma que não apenas modifique a obrigação do cocontratante mas se torne contraditória com a presunção de seu consentimento na medida em que é atingida a própria natureza do objeto do contrato.[190]

Fernando Vernalha Guimarães, sobre o tema, assim se manifesta:

> tal princípio não se erigiu tão-somente a resguardar um direito subjetivo do co-contratante, que – desvirtuada a essência do objeto do contrato em razão do exercício do ius variandi –

---

[189] Op. cit., p. 862.
[190] TÁCITO, Caio. Temas de Direito Público: estudos e pareceres. Rio de Janeiro: Renovar, 1997. v. 1. p. 620.

teria que arcar de novo objeto contratual (mesmo que assegurada a recomposição da equação econômico-financeira contratual), mas se impôs visando a preservar a isonomia inerente ao procedimento licitatório(...)
(...) Em verdade, o que se verifica é que a alteração unilateral que implicar a desnaturação do objeto do contrato está a ofender o princípio da licitação pública, donde o "novo objeto" resultante estaria sendo contratado sem submeter-se ao procedimento de licitação. Bem por isso, esta norma alcança qualquer modificação contratual, seja unilateralmente imposta pela Administração, seja aquela acordada pelos contratantes(...)
(...) Daí porque a continuidade objetiva do vínculo trata-se de pressuposto necessário a configurar uma alteração contratual. Aquela afere-se pela compatibilidade nuclear entre as modificações introduzidas e o objeto originário. Inexistindo continuidade do vínculo, haverá "nova contratação", impossível, pois, de veicular-se pela via do ius variandi.[191]

Insta salientar também a posição de Hely Lopes Meireles:

Insistimos, todavia, em que só existirá inovação do objeto quando a alteração pretendida afetá-lo em sua essência, aferida apenas por sua descrição, sucinta e clara, no instrumento convocatório(...)
(...) ou no instrumento contratual, com seus elementos característicos(...)
(...) sem se cogitar das especificações e demais elementos técnicos fornecidos para a sua execução em plena conformidade com o requerido pela Administração. Assim, se o objeto, tanto na licitação quanto no contrato, for a construção de um edifício, será ilegítima a sua modificação para a construção de uma ponte (inovação do objeto). Tal não ocorrerá, porém, se a alteração visar apenas a adaptações do projeto original, tendo em vista uma nova destinação para o edifício (modificação de cláusulas de serviço), ou se, de um conjunto, suprimir um ou mais edifícios (redução do objeto).[192]

No que tange ao princípio da isonomia, assim ponderam Egon Bockman Moreira e Fernando Vernalha Guimarães:

assegura a distribuição isonômica de oportunidades e tratamento, com o mesmo respeito a todos os cidadãos. Em sede de licitações, importa o dever ativo da instalação de certames públicos que incentivem o acesso do maior número de interessados. A livre competição deve permitir a participação de pessoas potencialmente iguais sob os ângulos formal-material, operacional, técnico e econômico – a serem distinguidas objetivamente a partir das exigências de habilitação e das propostas apresentadas.[193]

Assim posto, conclui-se que uma alteração contratual não pode inserir características substancialmente diferentes daquelas originalmente previstas para produzir no objeto a inserção ou subtração de elementos materiais que o desfigurem, sempre sob o parâmetro das definições originais que foram objeto da licitação.

---

[191] GUIMARÃES, Fernando Vernalha. *Alteração unilateral do contrato administrativo*. São Paulo: Malheiros, 2003. p. 252.
[192] MEIRELLES, Hely Lopes. Contrato Administrativo: características: alteração. In: MEIRELLES, Hely Lopes. Estudos e pareceres de Direito Público. São Paulo: RT, 1992. v. 3. p. 479.
[193] MOREIRA, Egon Bockman; GUIMARÃES, Fernando Vernalha. *Licitação pública*. São Paulo: Malheiros, 2012. p. 74.

Sobre tal aspecto, a Lei nº 14.133/21 tem expressa previsão de que "as alterações unilaterais a que se refere o inciso I do caput do art. 124 desta Lei não poderão transfigurar o objeto da contratação". A vedação legal implica que não podem ser realizadas alterações contratuais que ensejem a transformação do objeto contratual em coisa substancialmente diferente daquela contratada, de modo a afetar a sua natureza intrínseca.

Atente-se para que a Lei específica que as alterações "unilaterais" não poderão transfigurar o objeto da contratação. A interpretação literal desta norma deve ser afastada. Parece evidente, de acordo com o princípio licitatório, que também não são autorizadas alterações consensuais que impliquem transfiguração do objeto. Em outros termos, seja no caso de alterações unilaterais, seja no caso de alterações consensuais, é vedada a transfiguração do objeto do contrato.

Sob outro ângulo, o objeto licitado circunscreve o universo de participantes potenciais na disputa pelo contrato, pelo que tem-se a segunda limitação às alterações contratuais: o mercado concorrencial.

7.3.2 Segundo limite às alterações contratuais: mercado concorrencial original

O mercado das contratações públicas movimenta anualmente aproximadamente 10 a 15% do PIB. Trata-se de um mercado promissor e importante para a economia nacional em geral e, em especial, para as empresas privadas que atuam nos diversos segmentos econômicos demandados pelo Estado quando de suas contratações.

Ao contratar particulares, o Estado está a realizar atividade econômica – toda aquela direcionada à produção e circulação de bens e serviços suscetíveis de avaliação econômica. Conclusão inelutável é de que essa atividade econômica submete-se aos princípios que regem a ordem econômica previstos no artigo 170 da Constituição Federal. Dentre todos os princípios aplicáveis, ressalta-se, no tópico em análise, o princípio da livre concorrência.

Livre concorrência, no dizer de André Ramos Tavares, "é a abertura jurídica concedida aos particulares para competirem entre si, em segmento lícito, objetivando o êxito econômico pelas leis de mercado e a contribuição para o desenvolvimento nacional e a justiça social".[194] É a disputa justa, leal, honesta e de boa-fé, no âmbito de um determinado mercado específico, de modo que nenhum dos competidores reste alijado de uma disputa por uma determinada atuação econômica, salvo por justa e legítima causa.

O mercado específico de que se trata nessa oportunidade é o mercado concorrencial público, que tem por objetivo a disputa pela participação nos negócios com o Estado. Da mesma forma que é vedada a exigência de requisitos de qualidade de objeto (objetivos) ou requisitos de habilitação (subjetivos) que limitem ou restrinjam indevida e injustificadamente a concorrência inicial, na fase da licitação, é vedado promover alterações contratuais que indevida ou injustificadamente introduzam ou retirem caracteres do objeto ou das prestações que constituem o encargo que possam, em tese, remeter a um mercado concorrencial inicial diverso.

---

[194] TAVARES, André Ramos. *Direito constitucional econômico*. 3. ed. São Paulo: Método, 2011. p. 256.

Explica-se. A variação do conteúdo contratado – objeto principal ou obrigações secundárias ou acessórias que integram o encargo – pode produzir um resultado que, se originalmente previsto e estabelecido na licitação, circunscreveria o universo de licitantes de forma diversa. Com efeito, não raro uma alteração contratual produz tamanha variação nas condições originais do contrato, que se pode afirmar que, se previstas as novas condições contratuais na formulação original da licitação, o universo de competidores seria outro – imagine-se, por exemplo, uma alteração contratual que transformasse a obrigação de pavimentação asfáltica em pavimentação com concreto. É de se supor que empresas que atuam no segmento de pavimentação asfáltica não sejam as mesmas que dominam a técnica da pavimentação com concreto. Trata-se de empresas que atuam em mercado concorrencial diverso. Uma alteração dessa natureza pode ter alijado do certame original empresas que se dedicam à pavimentação com concreto, mas não atuam no segmento de pavimentação asfáltica.

Não se tolera como legítima, portanto, a alteração contratual que introduz ou retira elementos do objeto ou das obrigações contratuais e reconduz o contrato a características substancialmente diversas daquelas originalmente pactuadas que remetem ou possam remeter a um mercado concorrencial também diferente do originalmente estabelecido na licitação – ainda que não tenha havido a transfiguração do objeto.

Se potenciais interessados em contratar com o Estado não participaram do certame original por não atenderem certos requisitos ou não atuarem no segmento de mercado delimitado pelo objeto e pelas obrigações contratualmente previstas e se a alteração contratual pretendida implicar modificações de objeto ou quaisquer das obrigações pactuadas de modo a circunscrevê-lo em um mercado concorrencial mais amplo ou absolutamente diferente do originalmente estabelecido, a alteração não pode ser realizada.

Merece registro ainda o fato de que a violação da concorrência constitui infração à ordem econômica prevista no artigo 36 da Lei nº 12.529/11:

> Art. 36. Constituem infração da ordem econômica, independentemente de culpa, os atos sob qualquer forma manifestados, que tenham por objeto ou possam produzir os seguintes efeitos, ainda que não sejam alcançados:
> I – limitar, falsear ou de qualquer forma prejudicar a livre concorrência ou a livre iniciativa;

Uma alteração contratual ilegítima que, ao introduzir ou retirar elementos do objeto ou das obrigações contratuais que constituem o encargo, remete a um resultado com características substancialmente diferentes das originalmente estabelecidas, modificando o mercado concorrencial original, pode, em tese, caracterizar infração à ordem econômica, com a responsabilização dela decorrente.

7.3.3 Terceiro limite às alterações contratuais: percentuais estabelecidos em lei para acréscimos e supressões

O artigo 125 da Lei nº 14.133/21 contempla norma expressa determinando limites percentuais objetivos para acréscimos e supressões contratuais:

Nas alterações unilaterais a que se refere o inciso I do caput do art. 124 desta Lei, o contratado será obrigado a aceitar, nas mesmas condições contratuais, acréscimos ou supressões de até 25% (vinte e cinco por cento) do valor inicial atualizado do contrato que se fizerem nas obras, nos serviços ou nas compras, e, no caso de reforma de edifício ou de equipamento, o limite para os acréscimos será de 50% (cinquenta por cento).

Aspecto de elevada complexidade é a previsão legal de que "nas alterações unilaterais" o contratado é obrigado a aceitar acréscimos e supressões do valor inicial do contrato. Não há nenhum dispositivo legal prevendo limite de valor para as alterações consensuais. À toda vista, na sua expressão literal, a Lei excluiu destes limites percentuais as alterações consensuais.[195]

Desta feita, por disposição legal expressa, tem-se que os limites percentuais em relação ao valor do contrato não se aplicam para as alterações consensuais. Tal não significa concluir que as alterações contratuais consensuais podem ser realizadas sem limite algum.

É necessária uma interpretação sistemática da norma contida no art. 126 da Lei nº 14.133/21, a qual prevê que "as alterações unilaterais a que se refere o inciso I do caput do art. 124 desta Lei não poderão transfigurar o objeto da contratação". A interpretação literal desta regra poderia implicar conclusão de que apenas as alterações unilaterais não podem transfigurar o objeto da contratação e que as alterações consensuais o poderiam. Esta interpretação literal não se coaduna com o disposto no art. 37, XXI da Constituição Federal, que contempla o princípio licitatório. É de se concluir, assim, que as alterações consensuais também não podem transfigurar o objeto do contrato.

Nesta linha de análise, infere-se que as alterações consensuais têm como limite o objeto contratual. Nesta espécie de alteração também não pode haver transfiguração do objeto do contrato – em que pese a Lei não fixar limites de valor para tais alterações.

Em suma, nos termos literais da Lei, no caso de alterações unilaterais pode haver alteração contratual, desde que não seja ultrapassado o limite de 25% do valor inicial atualizado do contrato, para acréscimos ou supressões em obras, serviços ou compras. No caso de reforma de edifício ou equipamento, o limite percentual é de 50% para os acréscimos. De partida, tem-se que as supressões em caso de reforma de edifício ou equipamento serão aceitas no percentual máximo de 25%.[196]

---

[195] Atente-se para que, no regime da Lei nº 8.666/93, a norma equivalente previa que "o contratado" é obrigado a aceitar acréscimos e supressões nos limites percentuais estabelecidos. A nova lei trata do tema apontando que "nas alterações unilaterais" o contratado é obrigado a suportá-los.

[196] Consulte-se o Acórdão TCU nº 2.482/08: "[Tomada de Contas Especial. Contrato 024/2001, celebrado entre o Instituto Nacional do Câncer – Inca e a empresa [omissis], visando à reforma e ampliação do Hospital do Câncer, Hospital Luiza Gomes de Lemos e Coordenação de Administração Geral –COAGE, unidades médicas e administrativas que integram o conjunto de prédios que compõem o Inca, na cidade do Rio de Janeiro. Modificação do objeto contratual e aumento do valor contratado além do limite permitido pela Lei 8.666/93. Multa.
I) imprecisão do projeto básico, o qual não contemplou o conjunto de elementos necessários e suficientes para caracterizar a obra ou serviço, impossibilitando a avaliação do custo da obra e seu prazo de execução, consoante o art. 6º, IX c/c art. 7º, §2º, II, ambos da Lei 8.666/93;
II) desvio de objeto, caracterizado pela transfiguração dos serviços originalmente licitados e contratados, de reforma destinada à instalação de equipamentos, para construção de edificações para a instalação dos mesmos (lei 8.666/93, art. 66);
III) contratação, por intermédio de termos aditivos, de serviços de construção e ampliação (diferentes de reforma), não previstos no contrato inicial, que ultrapassam o limite de 25% estabelecido nos §§1º e 2º do art. 65 da Lei 8.666/93;

Os limites percentuais de que trata a lei incidem sobre o valor inicial do contrato atualizado. A atualização versada na norma é produto dos instrumentos de recomposição do equilíbrio econômico-financeiro do contrato. Reputa-se valor inicial atualizado do contrato tanto o valor original, como o valor produto dos reajustes, das repactuações e das revisões havidos ao longo da vigência contratual.

À guisa de exemplo: tome-se um contrato de obra pública cujo valor original seja de R$1.000.000,00. Esse contrato pode sofrer acréscimos ou supressões em até 25% deste valor. Pode ser acrescido até o valor de R$1.250.000,00 ou suprimido até o valor de R$750.000,00. Imagine-se que esse contrato, em razão de fato superveniente, imprevisível, por força da teoria da imprevisão e do disposto no artigo 124, II, "d", da Lei nº 14.133/21, tenha sido revisado para o valor de R$2.000.000,00. Esse contrato admite, se não tiver havido nenhum acréscimo ou supressão anterior, elevação até R$2.500.000,00 e supressão até valor de R$1.500.000,00, conquanto o valor original fosse de R$1.000.000,00.

Confira-se precedente do Tribunal de Contas da União a respeito:

18. No tocante à primeira ocorrência [inobservância do limite previsto na Lei Geral de Licitações para reajustes contratuais], tem-se que no caput do art. 65 da Lei nº 8.666/1993 está autorizada a alteração dos contratos administrativos, desde que precedidas das devidas justificativas. Mais adiante, no §1º, estão fixados os limites de até 25%, para acréscimos ou supressões nas obras, serviços ou compras; e até 50%, para reforma de edifício ou de equipamento (só acréscimo para última hipótese). Já o §2º proíbe ultrapassar os limites do parágrafo anterior (25% ou 50%, conforme o caso), ressalvada apenas a possibilidade de supressão que resulte de acordo entre os contratantes.
19. É de se destacar que o art. 65 da mencionada Lei veda expressamente que se extrapolem os limites nele determinados. Também é firme a jurisprudência do TCU no sentido de que tanto as alterações contratuais quantitativas quanto as unilaterais qualitativas estão condicionadas aos percentuais especificados nos §§1º e 2º do art. 65 da Lei de Licitações e Contratos, nos termos da Decisão nº 215/1999 – Plenário, verbis: 'tanto as alterações contratuais quantitativas – que modificam a dimensão do objeto – quanto as unilaterais qualitativas – que mantêm intangível o objeto, em natureza e em dimensão, estão sujeitas aos limites preestabelecidos nos §§1º e 2º do art. 65 da Lei nº 8.666/1993, em face do respeito aos direitos do contratado, prescrito no art. 58, I, da mesma Lei, do princípio da proporcionalidade e da necessidade de esses limites serem obrigatoriamente fixados em lei;'
20. Por outro lado, excepcionalmente, é admitido que as alterações contratuais qualitativas possam ir além de tais limites, desde que observadas as condições estabelecidas na já

(…) verifico que as alterações significativas ao projeto original, ao qual chegou a ser acrescentada a construção de um prédio para abrigar a radioterapia, a um custo de R$ 1.742.195,23, não podem ser consideradas simples ajustes ao projeto básico. Ao contrário, a meu ver essas alterações demonstram claramente a existência de falha no planejamento das obras/serviços, previamente à licitação, o que implicou a celebração de termos aditivos que modificaram o objeto contratual e aumentaram o valor contratado além do limite permitido pela Lei 8.666/93, uma vez que os limites de acréscimo contratual para ampliações e construções são limitados a 25% do valor do contrato. Diante desses fatos, registrados nos ítens I, II e III, acima, que as justificativas dos responsáveis não lograram sanear, considero caber a apenação dos ex-gestores.
9.3. com fundamento nos arts. 1º, inciso I, 16, inciso III, alínea b, 19, caput, e 23, inciso III, da Lei 8.443/1992, julgar irregulares as contas dos Srs. [omissis], na condição de Diretor e Diretor substituto do Instituto Nacional do Câncer, respectivamente, e aplicar-lhes, individualmente, a multa prevista no art. 58, I, da Lei 8.443/92, no valor de R$ 3.000,00 (…)";

citada Decisão nº 215/1999 – Plenário, proferida em sede de Consulta. No entanto, essas condições não se aplicam ao caso concreto, uma vez que as alterações contratuais que ora se examinam não decorreram de fatos supervenientes que implicassem dificuldades não previstas, tampouco de situações imprevisíveis.

21. Consoante registra a unidade técnica, ficou caracterizada a violação do limite de alteração contratual previsto no art. 65, §1º, da Lei nº 8.666/1993, haja vista que, considerando como parâmetro o valor original da contratação, ocorreram acréscimos de 57,14% e 100% em 2002 e 2003, respectivamente. Como se vê, a irregularidade reveste-se de gravidade suficiente para ensejar aplicação de multa à responsável, por inobservância dos limites de acréscimos contratuais previstos na Lei nº 8.666/1993 (Acórdão nº 1.887/07).

Dignos de nota são alguns entendimentos do Tribunal de Contas da União sobre a aplicação dos limites percentuais.

7.3.3.1 O percentual de acréscimo deve incidir sobre o valor inicial do contrato, descontado o valor de eventual supressão anteriormente havida

De acordo com alguns precedentes do Tribunal de Contas da União adotados após a edição do Acórdão nº 2.206/06:

> 6. Verifico que a alteração do valor inicial do contrato em virtude do expurgo do serviço em duplicidade tem relevância para as possíveis alterações contratuais futuras, que, dessa forma, estarão limitadas a 21% do valor inicial corrigido. Entendo que a tese por trás desse procedimento, a de que o limite de 25% previsto no art. 65, §1º, da Lei 8.666/1993 previsto para as alterações contratuais aplica-se sobre o valor inicial livre das supressões de serviços efetuadas, merece todo o prestígio por parte desta Corte de Contas.
> 7. Com efeito, em primeiro lugar, a tese tem inteira procedência lógica, uma vez que as supressões de serviços têm o valor de trazer o objeto do contrato às suas reais dimensão física e expressão monetária, parecendo-me evidente que a norma limitadora não poderia ter em mente o objeto indevidamente inflado com serviços tidos como desnecessários. Nota-se, em segundo lugar, que, não raro, as supressões têm sido processadas com o visível intuito de abrir espaço para a inclusão de outros serviços, o que não deixa de ser uma forma de burlar a legislação. Tanto é verdade que somente assim poder-se-ia encontrar alguma racionalidade em certas exclusões observadas em outras obras, como, por exemplo, a de um viaduto, ou da parte de iluminação de travessias urbanas e outros elementos de evidente utilidade para os empreendimentos objetivados.

Pela lógica esposada pelo TCU, a supressão de objeto ou encargo contratual reconduz o contrato àquilo que é efetivamente o necessário para atender à necessidade administrativa. Ao produzir a supressão contratual, a Administração Pública reconhece que o contrato estava sob certo aspecto superdimensionado, e a supressão, além de adaptação do contrato ao interesse público efetivo, tem o condão de conferir à contratação sua real e efetiva dimensão.

Registre-se que há precedente do Tribunal de Contas da União admitindo o restabelecimento total ou parcial de quantitativo contratual suprimido por força de restrições ou limitações orçamentárias:

O restabelecimento total ou parcial de quantitativo de item anteriormente suprimido por aditivo contratual amparado no art. 65, §§1º e 2º, da Lei 8.666/1993, em razão de restrições orçamentárias, desde que observadas as mesmas condições e preços iniciais pactuados, não configura a compensação vedada pela jurisprudência do TCU, consubstanciada nos Acórdão 1536/2016-TCU-Plenário e 2.554/2017-Plenário, visto que o objeto licitado fica inalterado, sendo possível, portanto, além do restabelecimento, novos acréscimos sobre o valor original do contrato, observados os limites estabelecidos no art. 65, §1º, da Lei 8.666/1993 (Acórdão 66/2021-TCU-Plenário).

Suprimido o valor do contrato em decorrência de restrições ou limitações de natureza orçamentária, uma vez restabelecidos os créditos orçamentários originais, o valor do contrato pode também ser recomposto ao seu valor originário, e esta operação de supressão seguida de um acréscimo posterior não se enquadra na noção de compensação vedada pela Corte de Contas.

7.3.3.2 São vedadas compensações entre acréscimos e supressões

Para o Tribunal de Contas da União, o conjunto de reduções e o conjunto de acréscimos devem ser sempre calculados sobre o valor original do contrato, aplicando-se a cada um desses conjuntos, individualmente e sem nenhum tipo de compensação entre eles, os limites de alteração estabelecidos no dispositivo legal.

É o que se observa nas decisões reiteradas da Corte de Contas:

As reduções ou supressões de quantitativos decorrentes de alteração contratual devem ser consideradas de forma isolada, ou seja, o conjunto de reduções e o conjunto de acréscimos devem ser sempre calculados sobre o valor original do contrato, aplicando-se a cada um desses conjuntos, individualmente e sem nenhum tipo de compensação entre eles, os limites de alteração estabelecidos no art. 65, §1º, da Lei 8.666/1993 (Acórdão 3266/2022-TCU-Primeira Câmara)

Auditoria de obra. Contrato. Para fins de alteração contratual, o conjunto de reduções e o conjunto de acréscimos devem ser sempre calculados sobre o valor original do contrato, aplicando-se a cada um desses conjuntos, individualmente e sem nenhum tipo de compensação entre eles, os limites de alteração estabelecidos na Lei 8.666/93. Ciência à instituição contratante.

7. Até a execução dos trabalhos, haviam sido formalizadas, pela assinatura de termo aditivo ao Contrato 4/2011 – Serhmact, somente as alterações referentes à Etapa 1 do projeto executivo, que totalizavam R$9.975.702,13, valor que corresponde a 2,88% do valor do contrato. No entanto, avaliando de forma isolada acréscimos e supressões, à luz da Lei de Licitações e da jurisprudência desta Corte de Contas, a Unidade Técnica constatou acréscimos que totalizavam R$55.568.730,09 (16,04% do contrato inicial) e supressões em um montante de R$45.593.027,96 (13,16% do contrato inicial)

8. De fato, considerando a elevada quantidade de modificações executadas, existe o risco de se atingir o limite de 25% para alterações no objeto inicial do contrato, estabelecido no art. 65, inciso II, §1º, da Lei 8.666/1993. Recordo, por pertinente, que, para efeito de observância do limite legal, "o conjunto de reduções e o conjunto de acréscimos devem ser sempre calculados sobre o valor original do contrato, aplicando-se a cada um desses conjuntos, individualmente e sem nenhum tipo de compensação entre eles, os limites de

alteração estabelecidos no dispositivo legal", consoante deliberações recentes desta Corte, a exemplo dos Acórdãos Plenários 749/2010, 591/2011, 1599/2010, 2819/2011 e 2530/2011.

9. A unidade técnica vislumbrou ainda o risco de uma eventual descaracterização do objeto inicialmente licitado, por meio de alterações substanciais nas soluções técnicas preconizadas no projeto básico. Nesse caso, há o risco de execução de uma obra substantivamente diferente daquela que foi licitada e contratada, o que acabaria por ferir o princípio da isonomia entre os licitantes, além de comprometer a obtenção do melhor preço pela Administração, como exigido pelo art. 3º da Lei 8.666/1993.

10. Em face dessa constatação, uma vez que ainda não foram materializados acréscimos ou supressões acima dos limites legais e que as alterações até então realizadas nos projetos não desconfiguraram significativamente o empreendimento, a SecobHidroferrovia propôs dar ciência à Serhmact/PB acerca do risco de se ultrapassarem os limites de aditamento estabelecidos pela Lei 8.666/1993, a fim de que a transfiguração do objeto não se materialize. Dada as circunstâncias desse achado, acredito que o encaminhamento sugerido é adequado.

9.1. dar ciência à Secretaria de Estado dos Recursos Hídricos, do Meio Ambiente e da Ciência e Tecnologia do Estado da Paraíba (Serhmact/PB) acerca do risco de se ultrapassarem os limites de aditamento estabelecidos no art. 65, inciso II, §1º, da Lei 8.666/1993 no âmbito do Contrato 4/2011, considerando a vedação da compensação entre acréscimos e supressões de serviços, a fim de que não se promova a transfiguração do objeto inicialmente licitado, consoante jurisprudência desta Corte, consubstanciada, por exemplo, nos Acórdãos do Plenário 749/2010, 1.599/2010, 2.819/2011 e 2.530/2011 (Acórdão nº 1.915/2013);

Auditoria. Contrato. Os limites previstos no art. 65, §§1º e 2º, da Lei 8.666/1993, devem ser calculados tomando-se como base o valor inicial do contrato, livre das supressões de itens nele previstas. Determinação.

2. Em suma, as falhas constatadas nesta auditoria podem ser assim apresentadas:

2.4 não observância ao entendimento exposto pelo TCU nos Acórdãos 2.206/2006, 1.606/2008, 872/2008 e 749/2010, todos do Plenário, no sentido de que os limites previstos nos §§1º e 2º, do art. 65, da Lei nº 8.666, de 1993, devem ser calculados tomando-se como base o valor inicial do contrato, livre das supressões de itens nele previstas, uma vez que, reintegrando-se as supressões no cálculo do percentual aditivado ao Contrato (...), atingiu-se o percentual de 50,38%, extrapolando o limite fixado no referido dispositivo legal.

10. De outra sorte, devem ser rejeitados os argumentos quanto ao item 2.4 acima, pois não procede a afirmativa de que houve aplicação retroativa de entendimento do TCU, uma vez que já vem de longa data (v. g.: Acórdãos nº 2.206/2006, 1.606/2008 e 872/2008, todos do Plenário do TCU), bem anterior à assinatura do Contrato (...), a posição do TCU no sentido de que os limites previstos no art. 65, §§1º e 2º, da Lei nº 8.666, de 1993, devem ser calculados tomando-se como base o valor inicial do contrato, livre das supressões de itens nele previstas.

11. Todavia, conforme destacado pela unidade técnica, essa falha não deve resultar em multa ao responsável, já que o Acórdão (...), posterior à assinatura do Contrato (...), indicou que o cumprimento do referido entendimento deve ser exigido dos contratos celebrados a partir da publicação do Acórdão 749/2010, alterado pelo Acórdão 591/2011, ambos do Plenário.

9.8. determinar ao Departamento Nacional de Infraestrutura de Transportes que:

9.8.2. celebre termo de aditamento contratual sempre que houver necessidade de corrigir ou de alterar a especificação, o projeto e o orçamento de serviços originalmente contratados, conforme previsto no art. 65 da Lei nº 8.666 [de 1993], e na jurisprudência consolidada do TCU (Acórdão nº 2.989/2013).

Quando das alterações contratuais devem ser realizadas duas contabilizações diferentes e autônomas: um cálculo para as supressões, e um cálculo para os acréscimos.

Para ilustrar a situação jurídica reputada irregular pelo Tribunal de Contas da União, imagine-se um contrato de valor R$1.000.000,00. Esse contrato pode ser acrescido até o valor de R$1.250.000,00 (25% sobre o valor inicial). Uma vez acrescido no percentual limite legalmente autorizado, não pode haver novo acréscimo, ainda que tenha posteriormente havido uma supressão – se, no exemplo, o valor de R$1.250.000,00 sofrer redução de 10% sobre o valor original, passando a R$1.100.000,00, não poderá ele receber novo acréscimo, eis que esgotado o potencial de acréscimos já na primeira alteração contratual.

7.3.3.3 Os limites devem ser observados também em contratos cujo valor seja estimativo

Uma das tarefas que cumprem à Administração Pública na fase interna da contratação é a aferição e indicação do valor dela. O valor do contrato apura-se pela realização de orçamentos de referência e deve abranger o custo total necessário para a execução dele. Contudo, há situações em que é possível precisar qual seja o objeto específico da contratação, sem que seja possível precisar os quantitativos que serão necessários ao longo da execução contratual. É o caso dos denominados contratos de valor estimado. Na impossibilidade de prever com precisão o quantitativo a ser demandado na vigência contratual, torna-se impossível prever, com precisão, qual o valor efetivo do futuro contrato, levando a Administração a estimá-lo, por aproximação, com base em estudos elaborados a partir do consumo ou utilização histórica do bem ou serviço.

Mesmo nesses casos de contratos com valor estimativo, os limites percentuais para acréscimos e supressões devem ser respeitados. A base de cálculo sobre a qual incidirão os percentuais-limite de que trata a lei será o valor estimativo inicial do contrato:

> [Acréscimo do valor do contrato superior aos 25% permitidos por lei]
> [PROPOSTA DE DELIBERAÇÃO]
> 38. A utilização do empenho por estimativa, segundo alegado pelo responsável, não permite desrespeitar o art. 65, §1º, da Lei nº 8.666/1993. O empenho, consoante estabelecido no art. 58 da Lei nº 4.320/1964, é o ato emanado de autoridade competente que cria para o Estado obrigação de pagamento pendente ou não de implemento de condição. De forma mais didática, o empenho constitui uma reserva orçamentária que o Estado faz em nome de algum credor.
> 39. O empenho por estimativa é utilizado nos casos em que a administração não pode determinar o montante exato da despesa. No caso sob apreciação, a utilização dessa modalidade de empenho afigura-se correta, pois, no início do exercício, somente existia a previsão do montante a ser gasto [com prestação de serviços de fornecimento de passagens aéreas em trechos regionais, nacionais ou internacionais].
> 40. A utilização do empenho por estimativa não se traduz em carta branca para o gestor extrapolar o limite de 25% previsto no art. 65, §1º, da Lei de Licitações. Ademais, Convém acrescentar que o empenho não se confunde com o contrato. A permissão dada nesse dispositivo refere-se à fase do contrato, ou seja, é um freio para o administrador não aditar

contratos indiscriminadamente. Conclui-se, então, que, independentemente da modalidade de empenho utilizada, deve a administração respeitar o mencionado limite.

41. No caso em tela, verifico a ocorrência de inadequado planejamento por parte dos gestores do TRE/RR acerca do quantitativo de passagens aéreas que deveriam ser utilizadas durante o exercício. A errônea previsão não pode servir de motivo para o órgão transgredir os normativos legais. Nem mesmo a alegação no sentido de que, naquele momento, seria mais viável fazer a prorrogação, pois os preços praticados eram compatíveis ao do mercado, pode socorrer o gestor. A questão do preço não deve ser a única a balizar a conduta da administração (Acórdão nº 412/2008).

7.3.3.4 Limites para alterações qualitativas

Como dito, as alterações contratuais podem ser qualitativas ou quantitativas. Não há consenso em doutrina sobre serem aplicáveis os limites percentuais sobre o valor do contrato (art. 125) quando das alterações qualitativas. Majoritariamente, entretanto, a doutrina tem entendido que as alterações qualitativas não se submetem aos limites percentuais objetivos previstos na aludida norma.

O fundamento desta orientação doutrinária é que, ao fixar os limites percentuais, a Lei expressamente remete tal limitação às hipótese normativa tratada no inciso I do *caput* do art. 124. E este dispositivo normativo, por seu turno, trata apenas de alterações quantitativas. Nesta linha de interpretação literal, não seriam submetidas a estes limites as alterações qualitativas.

Com efeito, no plano normativo, os limites percentuais objetivamente estabelecidos pelo art. 125 da Lei nº 14.133/21 não incidem quando de alterações qualitativas, o que não significa admitir que tais alterações não têm quaisquer limites.

Os limites para as alterações qualitativas são: (i) a alteração não pode ensejar mudança na identidade ou natureza intrínseca do objeto, transmudando-o para coisa com características substancialmente diferentes das originalmente avençadas; (ii) a alteração qualitativa não pode inserir o contrato alterado em mercado concorrencial diverso daquele no qual originalmente se travou a disputa licitatória; (iii) a alteração não pode resultar em contratação que exceda a capacidade técnica ou econômico-financeira do contratado.

Em que pese a posição doutrinária dominante sobre inaplicabilidade dos limites percentuais estabelecidos em Lei no caso de alterações contratuais qualitativas, ao analisar os limites estabelecidos no art. 65, §§1º e 2º, da Lei nº 8.666/93 (matéria versada no art. 125 da Lei nº 14.133/21), o Tribunal de Contas da União vem esposando orientação diversa desde 1999, quando da edição da conhecida Decisão nº 215/99, de seguinte teor:

> 8.1. com fundamento no art. 1º, inciso XVII, §2º da Lei nº 8.443/92, e no art. 216, inciso II, do Regimento Interno deste Tribunal, responder à Consulta formulada pelo ex-Ministro de Estado de Estado do Meio Ambiente, dos Recursos Hídricos e da Amazônia Legal, Gustavo Krause Gonçalves Sobrinho, nos seguintes termos:
> a) tanto as alterações contratuais quantitativas – que modificam a dimensão do objeto – quanto as unilaterais qualitativas – que mantêm intangível o objeto, em natureza e em dimensão, estão sujeitas aos limites preestabelecidos nos §§1º e 2º do art. 65 da Lei nº 8.666/93, em face

do respeito aos direitos do contratado, prescrito no art. 58, I, da mesma Lei, do princípio da proporcionalidade e da necessidade de esses limites serem obrigatoriamente fixados em lei; b) nas hipóteses de alterações contratuais consensuais, qualitativas e excepcionalíssimas de contratos de obras e serviços, é facultado à Administração ultrapassar os limites aludidos no item anterior, observados os princípios da finalidade, da razoabilidade e da proporcionalidade, além dos direitos patrimoniais do contratante privado, desde que satisfeitos cumulativamente os seguintes pressupostos:

I – não acarretar para a Administração encargos contratuais superiores aos oriundos de uma eventual rescisão contratual por razões de interesse público, acrescidos aos custos da elaboração de um novo procedimento licitatório;

II – não possibilitar a inexecução contratual, à vista do nível de capacidade técnica e econômico-financeira do contratado;

III – decorrer de fatos supervenientes que impliquem em dificuldades não previstas ou imprevisíveis por ocasião da contratação inicial;

IV – não ocasionar a transfiguração do objeto originalmente contratado em outro de natureza e propósito diversos;

V – ser necessárias à completa execução do objeto original do contrato, à otimização do cronograma de execução e à antecipação dos benefícios sociais e econômicos decorrentes;

VI – demonstrar-se – na motivação do ato que autorizar o aditamento contratual que extrapole os limites legais mencionados na alínea "a", supra – que as conseqüências da outra alternativa (a rescisão contratual, seguida de nova licitação e contratação) importam sacrifício insuportável ao interesse público primário (interesse coletivo) a ser atendido pela obra ou serviço, ou seja gravíssimas a esse interesse; inclusive quanto à sua urgência e emergência;

O Tribunal de Contas da União estabeleceu verdadeiro roteiro para as alterações qualitativas que excedam os limites objetivos estabelecidos no art. 65, §§1º e 2º, da Lei Geral de Licitações e no seu correspondente art. 125 da Lei nº 14.133/21.

Este precedente estabelecido pela Decisão nº 215/99 tem sido reiterado pela Corte de Contas:

> A extrapolação excepcionalíssima dos limites estabelecidos no art. 65, §§1º e 2º, da Lei 8.666/1993 para alterações consensuais qualitativas de contratos de obras e serviços somente é possível se satisfeitas cumulativamente as seguintes exigências estabelecidas na Decisão 215/1999-Plenário: a) não acarretar para a Administração encargos contratuais superiores àqueles oriundos de uma eventual rescisão contratual por razões de interesse público, acrescidos aos custos da elaboração de um novo procedimento licitatório; b) não possibilitar a inexecução contratual, à vista do nível de capacidade técnica e econômico-financeira do contratado; c) decorrer de fatos supervenientes que impliquem dificuldades não previstas ou imprevisíveis por ocasião da contratação inicial; d) não ocasionar a transfiguração do objeto originalmente contratado em outro de natureza e propósito diversos; e) ser necessária para a completa execução do objeto original do contrato, para a otimização do cronograma de execução e para a antecipação dos benefícios sociais e econômicos decorrentes; f) restar demonstrado, na motivação do ato de alteração do contrato, que as consequências da rescisão contratual, seguida de nova licitação e contratação, importariam sacrifício insuportável ao interesse público a ser atendido pela obra ou serviço, inclusive quanto à sua urgência e emergência.[197]

---

[197] Acórdão nº 781/2021-TCU-Plenário (Auditoria, Relator Ministro Walton Alencar Rodrigues).

Pode-se não concordar com a Corte de Contas em relação ao mérito das decisões – deliberar sobre a aplicabilidade de ditos limites percentuais em relação às alterações qualitativas, mas deve-se reconhecer que ao menos foi determinado um parâmetro objetivo para orientar o administrador público.

As normas interpretam-se para resolver casos concretos a partir das características de abstração e generalidade da lei. Com isso, pretende-se dizer que há sentido – ao menos lógico – nesta interpretação extensiva dos limites fixados em lei para as alterações quantitativas para que alcancem as alterações qualitativas. O fundamento empírico é o de evitar violação aos princípios da razoabilidade e da proporcionalidade por intermédio de alterações qualitativas promovidas sem justificativa técnica ou jurídica.

Certamente esse foi o propósito do Tribunal de Contas da União ao editar a Decisão nº 215/99 – o de evitar abusos e desvios quando da alteração qualitativa dos contratos. Nesse sentido, a orientação (quase regra!) pode cumprir tal propósito.

O fato é que, sob o prisma material, empírico, é salutar que haja um parâmetro objetivo para delinear e delimitar as alterações contratuais qualitativas, retirando-as do plano da subjetividade administrativa.

7.3.4 Quarto limite às alterações contratuais: capacidade técnica e econômico-financeira do contratado

Os requisitos de capacidade técnica e de capacidade econômico-financeira exigidos na fase de habilitação no processo licitatório, que devem ser mantidos pelo contratado até o final de execução contratual,[198] são aferidos em relação ao objeto original pactuado e ao conjunto de obrigações que integram o encargo contratual.

Não se pode desprezar que, nos limites percentuais fixados em lei, o contratado é obrigado a suportar acréscimos e supressões, não podendo se insurgir contra tal prerrogativa unilateral da Administração Pública.

É preciso ressaltar, entretanto, que o objetivo finalístico da administração contratante é ver realizada e satisfeita a causa de interesse público que deu origem ao contrato.

O fundamental é que a alteração contratual, aditiva ou supressiva, não constitua risco para o interesse público, e, em especial, não constitua risco para algum dos valores fundamentais expressados na Constituição Federal, como a segurança pública, a saúde pública, a ordem pública, a educação, a dignidade da pessoa humana, o patrimônio público, entre tantos outros.

O juízo de mutabilidade do contrato deve perpassar sobre a capacidade técnica ou econômico-financeira de o contratado honrar com a execução contratual sem risco ao interesse público. Para tanto, deverá a Administração Pública proceder estudos técnicos e econômico-financeiros aprofundados e suficientes para demonstrar, motivadamente, que a modificação contratual não extrapola a capacidade técnica ou econômico-financeira exigida quando da fase de habilitação na licitação.

---

[198] Lei nº 14.133/21; art. 92: São necessárias em todo contrato cláusulas que estabeleçam: XVI - a obrigação do contratado de manter, durante toda execução do contrato, em compatibilidade com as obrigações por ele assumidas, todas as condições exigidas para a habilitação na licitação, ou para a qualificação, na contratação direta.

7.4 Definição de preço unitário dos itens acrescidos quando de alterações contratuais

As alterações contratuais podem produzir acréscimos ou supressões ao valor do contrato, nos termos da Lei. Estas alterações de valor, por óbvio, produzem acréscimos ou supressões nos elementos materiais que integram a execução contratual. Em outros termos, acréscimos ou supressões de valor – normalmente – implicam acréscimos ou supressões de insumos, materiais, serviços, entre outros elementos materiais necessários para a execução.

Questão relevante é relativa à definição do preço que a Administração Pública está autorizada a pagar por estes quantitativos adicionais.

Neste aspecto, devem ser considerados duas espécies de preços: (i) os preços de itens que já têm previsão no contrato – quando de acréscimo de quantidade de serviços, materiais, insumos ou bens que já estão previstos no contrato e para os quais já foi definido um preço contratado; e (ii) os preços de itens novos – que não tem ainda previsão de preço contratado.

7.4.1 Definição de preço unitário no caso de acréscimo de itens que já têm previsão contratual

A alteração contratual pode implicar acréscimo de itens que já estão previstos em quantitativo original no contrato. A Lei não tem disposição expressa e específica para tal situação. Cabe ao intérprete a solução mais adequada entre, ao menos, duas possíveis.

A primeira solução é de menor complexidade. O preço a ser pago ao contratado pelos itens acrescidos ao contrato será aquele originalmente fixado no contrato. Esta solução, contudo, pode produzir resultados econômico-financeiros indesejados e mesmo ilegais.

Já visto que o preço global de um contrato é produto da somatória dos custos dos elementos que integram o encargo contratual – quando a relação contratual ensejar somatória de custos, por evidente. Tal se dará fundamentalmente em relação a contratos de obras, serviços de engenharia ou serviços de outra natureza (se o contrato é para fornecimento de um veículo, sem obrigações adicionais, não se cogitará de somatória de custos para definir o preço contratado).

Em licitação na qual a adjudicação ocorreu pelo preço global, o preço ofertado pelo licitante vencedor encontra-se abaixo do valor do orçamento estimativo realizado pela Administração. Contudo, a composição dos custos unitários integrantes da proposta vencedora – que somados resultam no preço global ofertado – pode incluir elementos que estejam com sobrepreço. Este sobrepreço, para fins da licitação, é irrelevante (uma vez que o preço proposto se estabeleceu abaixo do orçamento estimativo do certame. Contudo, um acréscimo deste elemento que está maculado pelo sobrepreço, quando de uma alteração contratual, pode gerar um desequilíbrio econômico-financeiro com relevância jurídica. Esta é, por assim dizer, a base para a realização do denominado "jogo de planilhas" – situação na qual, quando da alteração contratual, se acrescem elementos com sobrepreço e se suprimem elementos com preço muito baixo.

Daí a necessidade de ponderação sobre uma segunda solução. Nesta hipótese, quando das alterações contratuais, não se leva em conta o preço já estabelecido no contrato para o elemento que será acrescido. Mas se produz uma avaliação reflexiva, com lastro no mercado específico em que se insere o objeto da contratação, para definição do preço dos itens que serão acrescidos.

A metodologia para esta definição de preços, em fase do risco de jogo de planilhas ou do risco de pagamento de preço superior àquele praticado no mercado quando do acréscimo contratual, é sugerida pelo Tribunal de Contas da União (no que foi denominado "método do balanço"): quando das alterações contratuais, mesmo no caso de acréscimo de elementos que já tem preço contratado, a Administração deve produzir uma avaliação do preço atual do item que se pretende acrescer:

> (...) estando o preço global no limite aceitável, dado pelo orçamento da licitação, os sobrepreços existentes, devido à falta de critérios de aceitabilidade de preços unitários, apenas causam prejuízos quando se acrescentam quantitativos aos itens de serviço correspondentes, porque, até esse momento, como disse antes, o valor contratado representava o equilíbrio entre preços altos e baixos, apesar do vício de origem. Na hora em que acrescentam quantitativos em itens com sobrepreço, perde-se o equilíbrio que o preço global reproduzia.[199]

O preço a ser pago pelo elemento acrescido não pode ser superior àquele praticado no mercado em que se insere o objeto da alteração.

Perceba-se que, nesta situação fática, a referência da Administração será o mercado em que se insere o objeto. É preciso assim, neste caso, aferir o preço de mercado atual e corrente para o item que será acrescido.

Não há previsão legal de parâmetros para aferir o preço atual de mercado do item que se pretende acrescer. Desta feita, a depender da complexidade do objeto da alteração, pode ser importante a adoção dos parâmetros de formação de preço de referência estabelecidos no art. 23 da Lei nº 14.133/21. Tal não é, no entanto, mandatório – uma vez que não há exigência legal expressa desta conduta. No caso de objetos menos complexos e, a depender do tempo de vigência do contrato, providências simplificadas – em homenagem aos princípios da eficiência, celeridade, proporcionalidade e economicidade –, como consulta direta a fornecedores. O fundamental é que se produza a avaliação reflexiva dos preços de mercado para evitar que o preço dos itens acrescidos seja maculado pelo sobrepreço.

7.4.2 Definição de preço unitário no caso de acréscimo de itens novos que não estavam previstos originalmente no contrato

A definição de preço unitário para itens que serão acrescidos ao contrato e não estão previstos nele tem expressa previsão legal. A norma contida no art. 127 da Lei nº 14.133/21 tem a seguinte previsão: "se o contrato não contemplar preços unitários para obras ou serviços cujo aditamento se fizer necessário, esses serão fixados por meio da aplicação da relação geral entre os valores da proposta e o do orçamento-base da Administração sobre os preços referenciais ou de mercado vigentes na data do aditamento, respeitados os limites estabelecidos no art. 125 desta Lei".

---

[199] Acórdão nº 1.684/2003, rel. Min. Marcos Vilaça.

A norma reforça os limites de valor para as alterações contratuais, que serão aqueles previstos no art. 125.

A metodologia para a definição de preços unitários prevista na Lei diz respeito a contratos de "obras ou serviços" – cujo custo global é produto da somatória de custos unitários de seus elementos constitutivos.

O método legal contempla duas etapas procedimentais:

(i) na data da alteração contratual a Administração identificará o preço unitário atual e corrente de mercado do elemento que será acrescido. Esta identificação pode ser realizada por intermédio dos parâmetros fixados no art. 23 da Lei – podem ser utilizados todos ou apenas alguns (para o caso de alteração de contratos de obras ou serviços de engenharia, sob o prisma da sistemática legal, a referência será as tabelas de preços referenciais, como aquelas do Sistema de Custos Referenciais de Obras (Sicro), para serviços e obras de infraestrutura de transportes, ou do Sistema Nacional de Pesquisa de Custos e Índices de Construção Civil (Sinapi);

(ii) identificado o preço referencial de mercado do item que se pretende acrescer, sobre este preço será aplicado o mesmo percentual de desconto ofertado pelo contratado no processo da licitação, que é exatamente produto relação geral entre os valores da proposta e o do orçamento-base da Administração. Por exemplo: o item que se pretende acrescer tem preço referencial de mercado de R$1.000,00. No processo licitatório, o orçamento-base da Administração era de R$1.000.000,00, e o objeto foi adjudicado pelo preço de R$900.000,00. A relação entre o valor do orçamento-base e o valor da proposta ofertada pelo contratado foi de 10%. Este será o percentual de desconto que incidirá sobre o preço de referência de mercado apurado para o item que se pretende acrescer. Logo, a Administração contratante pagará pelo item o preço de R$900,00.

A sistemática legal contempla o denominado "método do desconto", de muito recomendado pelo Tribunal de Contas da União quando das alterações contratuais:

Confira-se a posição do Tribunal de Contas da União sobre o tema:

> Alterações contratuais, mesmo com efeito financeiro nulo, desacompanhadas de justificativas técnicas e jurídicas das composições de preços novos e da demonstração da manutenção do desconto advindo da licitação caracterizam infração ao art. 65 da Lei 8.666/1993 e ao art. 3º, c/c arts. 14 e 15, do Decreto 7.983/2013 e podem sujeitar os responsáveis a pena de multa.[200]

Fundamental é que quando das alterações contratuais, os preços pactuados restem compatíveis com os preços praticados no mercado, e que seja mantido o desconto original entre o valor global contratado e o valor estimado pela Administração Pública.

7.5 Particularidades das alterações de contratos de obras, serviços de engenharia e de prestação de serviços, contínuos ou não: evitando o "jogo de planilhas"

O custo global de referência, no caso de contratação de obras ou serviços de engenharia, é o valor resultante do somatório dos custos totais de referência de todos

---
[200] Acórdão nº 2203/2017-TCU-Plenário, Auditoria, Relator Ministro Vital do Rêgo.

os serviços necessários à plena execução da obra ou serviço de engenharia. Já o preço global de referência é o valor do custo global de referência acrescido do percentual correspondente ao BDI.

Como antes visto, o limite percentual para as alterações contratuais incide sobre o valor inicial atualizado do contrato – preço global de referência atualizado. O valor global do contrato, estimado ou efetivo, é um dado da maior relevância para diversas definições jurídicas no processo da contratação pública. É a partir dele, por exemplo, que se afere a existência de recursos orçamentários para licitar e contratar, se definem parâmetros para identificar a preço inexequível ou preço excessivo, ou, se definem as cautelas necessárias de planejamento com o fito de redução de riscos, entre outras funções legalmente previstas.

O valor do contrato, inicialmente, é estimado pela Administração Pública, a partir de estudos e diligências na fase preparatória da contratação, quando da realização do orçamento estimativo, quando da disputa licitatória obtêm-se preços propostos pelos licitantes. Um deles será eleito como o mais vantajoso, nos termos do instrumento convocatório e contratado. O valor global estimado na orçamentação pública torna-se valor contratado. Tanto o valor global estimado da contratação como o valor contratado ofertado pelo licitante vencedor do certame licitatório são (ou podem ser, a depender do objeto da contratação), repita-se, compostos por custos unitários, detalhados em planilhas analíticas.

Nos contratos de fornecimento ou de aquisição de bens, a composição dos custos unitários, se houver, não tem muita relevância quando das alterações para acrescer ou suprimir objeto ou alterar quaisquer das obrigações que integram o encargo contratual.

Porém, no que tange aos contratos de obras, serviços de engenharia e de prestação de serviços, contínuos ou não, a composição dos custos unitários pode ser determinante e relevante para a identificação dos direitos efetivos a que fazem jus os contratantes, ou para evitar a fraude contra a Administração Pública, especialmente quando o regime de contratação é o de empreitada por preço global – a demandar cautela redobrada pelo Poder Público contratante.

Esse regime, por definição legal, é de contratação do objeto pretendido pela Administração Pública, por preço certo e total. O contratado oferta no processo licitatório um preço para realizar um conjunto de obrigações, que constituem o encargo contratual. Esse preço proposto é, na maioria das vezes, produzido a partir dos elementos e definições que constam do projeto básico ou do termo de referência.

A partir das informações oferecidas pela Administração Pública, os licitantes modulam suas propostas, diferenciadas na medida em que se diferenciam as características técnicas e condições econômico-materiais de cada pessoa física ou jurídica que disputa o contrato.

Quando de uma alteração contratual promovida em contratos cujo regime de execução é o de empreitada por preço global (evidente que também no regime de empreitada integral também, embora de utilização mais rara) podem haver graves distorções econômicas, voluntárias ou involuntárias, em prejuízo do erário. Essas distorções decorrem de previsão de custos unitários de bens, insumos ou serviços que não correspondem à realidade de mercado, figurando nas planilhas de composição de custos com valores ora muito elevados, ora muito reduzidos.

Tais distorções, mesmo involuntárias, podem produzir desequilíbrio econômico-financeiro em prol do contratado ou em desfavor dele, ambas hipóteses ilegítimas sob a ótica constitucional (em face do princípio da boa-fé contratual objetiva, as partes contratantes não devem atuar em prejuízo uma em relação à outra).

Se voluntária a distorção econômico-financeira, o que normalmente acontece em desfavor da Administração Pública, além da ilegitimidade que lhe é inerente, há um agravante: a conduta dolosa do particular pode estar a caracterizar o que usualmente se denomina de "jogo de planilhas". Neste caso, quando da elaboração de sua proposta, o licitante proponente superestima o valor de determinados bens, insumos ou serviços – na expectativa de que sejam acrescidos quando da execução contratual – e subestima o valor de outros bens, insumos ou serviços – na expectativa de que sejam suprimidos em parte ou totalmente quando da execução contratual.

A mera fixação de preços ou custos unitários em desacordo com a realidade de mercado, no regime de empreitada por preço global, não gera por si só prejuízo ao erário. Lembre-se de que o preço contratado sob tal regime foi o mais vantajoso quando da licitação. O preço global vencedor da licitação, independentemente da composição de custos unitários (contendo eventualmente preços de insumos superestimados ou subestimados), foi reputado o mais vantajoso. O risco para o interesse público surge quando da necessidade de alteração contratual que objetive suprimir determinados itens da planilha de custos e acrescer outros.[201]

Quando da alteração contratual, o jogo de planilhas opera da seguinte forma: são suprimidos os itens da planilha de custos unitários que estão subavaliados e acrescidos itens que estão com sobrepreço. O preço global pode ou não sofrer alteração, mas haverá desequilíbrio da equação econômico-financeira original, aumentando ilegitimamente o lucro da contratada e causando prejuízo ao erário, uma vez que a Administração Pública pagará valor superior ao de mercado por determinados bens, serviços ou insumos. O tema será melhor analisado no capítulo destinado às particularidades dos contratos de obras e de serviços de engenharia.

Um dos critérios legais destinados a evitar o jogo de planilhas está previsto no art. 128: nas contratações de obras e serviços de engenharia, a diferença percentual entre o valor global do contrato e o preço global de referência não poderá ser reduzida em favor do contratado em decorrência de aditamentos que modifiquem a planilha orçamentária.

---

[201] Rememore-se que acima foi citada decisão do Tribunal de Contas da União que deliberou pela ilegitimidade da inclusão de serviços ou insumos não previstos na configuração original do contrato.

7.6 Incomunicabilidade jurídico-material entre os limites percentuais para alterações contratuais e as formas de recomposição do equilíbrio econômico-financeiro

Uma das dúvidas recorrentes quando das alterações contratuais é sobre se os limites percentuais previstos no art. 125 da Lei nº 14.133/21 teriam aplicação quando da recomposição do equilíbrio econômico-financeiro do contrato.

Como antes visto, as partes contratantes têm direito líquido e certo, de fundo constitucional, à manutenção das condições originais de sua proposta ao longo de toda a vigência do contrato.

Os instrumentos para a recomposição econômico-financeira são o reajuste, a repactuação, a revisão ou a correção monetária, cada qual aplicável em determinada situação fático-jurídica específica, na forma da lei.

A lei é taxativa nesse sentido: os limites percentuais serão aplicados tão somente quando das alterações contratuais, inaplicáveis, portanto, quando de reajustes, repactuações, revisões ou correção monetária. Esses institutos jurídicos prestam-se a manter as condições econômico-financeiras originais da proposta contratada, em favor do contratado ou da Administração Pública contratante.

Já se apontou anteriormente a noção de valor inicial atualizado do contrato para fins de aplicação dos percentuais de limite para as alterações contratuais e se disse que esse valor inicial atualizado é o originalmente pactuado, revisado, reajustado ou repactuado.

Não haveria sentido lógico-jurídico em impor os limites legalmente instituídos para as alterações contratuais como limites para a realização de revisão, repactuação ou reajuste dos contratos. Nestes casos também há limites materiais, que não se confundem com aqueles previstos no art. 125 da Lei nº 14.133/21.

No primeiro caso, há limites percentuais para acréscimos ou supressões de valor do contrato. No segundo caso, há limites materiais para a realização do reajustamento ou da revisão do contrato, mas não há limites atrelados ao valor do contrato. No caso do reajuste, o limite é o índice geral ou setorial estabelecido no contrato. Quando das repactuações, o limite é a variação efetiva do custo dos insumos e da mão de obra no interregno de 12 meses. Já as revisões têm limite material na efetiva repercussão econômica na relação contratual oriunda de fato superveniente, imprevisível ou previsível com consequências incalculáveis, do fato do príncipe, do fato da administração, do caso fortuito ou da força maior.

Assim, pode-se afirmar que não se aplicam os limites percentuais previstos no art. 125 da Lei nº 14.133/21 quando das revisões, reajustes ou repactuações do contrato. Afirmar diversamente implicaria violação expressa da norma contida no artigo 37, XXI, da Constituição Federal.

7.7 Incomunicabilidade jurídico-material entre os efeitos econômicos das alterações contratuais e o fundamento da contratação direta em razão do valor do objeto

Nos termos da Lei n º 14.133/21, há autorização legal para a contratação direta em razão do valor do objeto contratual. A mudança de valor da contratação decorrente de acréscimos que importem aumento de valor não repercute retroativamente para aferir a legitimidade da contratação direta em razão do valor.

Podem ser contratados sem licitação (a) obras e serviços de engenharia ou manutenção de veículos automotores por valores inferiores a R$114.441, e (b) compras e serviços por valores inferiores a R$57.208,31.

A questão que se posta é: se quando de uma alteração contratual para realizar acréscimos o valor dela resultante somado ao valor original do contrato produzir resultado que supere o valor limite para a contratação direta em razão do valor estar-se-á diante de uma irregularidade? Por exemplo, imagine-se que houve a contratação direta, em razão do valor, de um serviço de engenharia pelo preço total de R$114.000,00, e que tenha havido a necessidade de acrescer esse contrato em 20% do valor inicial, passando o valor do contrato para R$136.800,00. Esse valor, se inicialmente considerado para aferir sobre a possibilidade jurídica da contratação direta, levaria à conclusão inelutável no sentido da impossibilidade dela. A superação superveniente do valor limite para contratação direta por força de uma alteração contratual não opera efeitos retroativos para deslegitimar a escolha administrativa original pela contratação direta.

Nesta situação, não se estará diante de uma violação de disposição ou limite legal para contratação direta. O contrato original atendeu à necessidade contemporânea à contratação, que se supunha integralmente satisfeita. Caso se verifique uma alteração da necessidade pública original, a alteração poderá ser realizada.

Lembre-se que a prerrogativa de alteração contratual, consensual ou unilateral, presta-se única e exclusivamente a atender o interesse público almejado pela contratação. Caso seja indispensável, como dito, a Administração contratante deverá realizar a alteração contratual que repute necessária para reconduzir o contrato à plena satisfação da necessidade público-contratual.

Essa é também a posição de Joel de Menezes Niebuhr:

> Com efeito, a própria possibilidade de alteração contratual pressupõe que tenha havido alguma mudança na realidade em comparação com a época de elaboração do edital. O fato é que o interesse público é mutável, e, em face disso, permite-se que o contrato seja ajustado à nova feição ou aos novos reclames da Administração. Então, de todo modo, todas as alterações contratuais devem ser justificadas em algo novo, não existente na fase interna da licitação.
>
> Dessa forma, como a alteração contratual pressupõe algo imprevisível, não se pode exigir dos agentes administrativos que a projetasse para definir a respectiva modalidade de licitação pública. Não se pode exigir a previsão do imprevisível.[202]

---

[202] *Op. cit.*, p. 890.

A rigor, ainda que se reconheça que as alterações contratuais podem ocorrer não somente quando de fatos supervenientes mas também para correções a ajustes do planejamento, o valor estimado da contratação original não pode, e não precisa contemplar, por óbvio, o valor de potenciais, eventuais e futuras alterações do contrato. Não há qualquer irregularidade, salvo em razão de conduta dolosa, na superação dos limites para a escolha da modalidade ou para a contratação direta em razão do valor quando das alterações contratuais.

7.8 Direitos do contratado em caso de supressão de obras, bens ou serviços

A Lei nº 14.133/21 prevê que, quando das alterações contratuais para supressão de obras, bens ou serviços, caso o contratado já houver adquirido os materiais e os colocado no local dos trabalhos, estes deverão ser pagos pela Administração pelos custos de aquisição regularmente comprovados e monetariamente reajustados, podendo caber indenização por outros danos eventualmente decorrentes da supressão, desde que regularmente comprovados (art. 129).

Para que haja direito de indenização:

(i) O contratado já deve ter adquirido os materiais que se destinariam à execução do contrato: deve haver prova efetiva da aquisição e dos preços pagos, bem como de que não é possível o desfazimento da compra feita – pois há situações ordinárias de mercado nas quais é comum a devolução de bens adquiridos. A prova de aquisição e de preço deve ser idônea, como notas fiscais e recibos;

(ii) Os preços pagos pelo contratado devem ser atualizados. O índice de atualização destes preços, quando for o caso, será aquele contratualmente previsto;

(iii) Conquanto condicione o direito de indenização a bens que tenham sido "colocados" no local dos trabalhos, esta disposição legal carece interpretação sistemática. O núcleo da norma é o de garantir a manutenção do equilíbrio econômico-financeiro do contrato, de índole constitucional. Nesta medida, o direito de indenização de que trata a lei não pode ser condicionado à localização geográfica dos bens adquiridos e necessários para a execução do contrato. Tais bens podem ter sido adquiridos e estarem posicionados em depósitos específicos de titularidade do contratado, em locais diversos daqueles em que seriam utilizados para a execução do contrato. O fundamental é que exista a prova de que efetivamente teriam utilidade material para os fins previstos contratualmente.

Além dos materiais adquiridos para a futura execução contratual, a Lei designa que outros prejuízos podem ser objeto de indenização.

Tais prejuízos podem ter natureza material ou jurídica. São exemplos de providências destinadas à execução contratual que não se inserem na noção de aquisição de bens: (i) despesas com obtenção de licenças, autorizações, licenciamentos e cumprimento de obrigações decorrentes do poder de polícia estatal; (ii) despesas com elaboração de projetos, estudos ou avaliações técnicas; ou (iii) despesas decorrentes do cumprimento de obrigações trabalhistas e previdenciárias relativas ao pessoal alocado na execução do contrato.

O pagamento da indenização deverá ser precedido de regular processo administrativo, no qual sejam asseguradas as garantias do contraditório e da ampla defesa e efetivamente apurado o dano indenizável.

7.9 Vedação a alterações contratuais no caso de adoção dos regimes de execução por contratação semi-integrada ou contratação integrada[203]

Usualmente e como regra geral, a fase preparatória da contratação contempla a definição precisa da solução técnica que será o objeto da contratação. No caso de contratação de obras ou de serviços de engenharia, esta solução técnica será definida no projeto básico, e, pormenorizada, no que tange à totalidade do encargo contratual, no projeto executivo (e, quando for o caso, em outros projetos complementares que se façam necessários).

A Lei nº 14.133/21 passa a prever possibilidade de adoção de dois regimes de execução para contratar obras ou serviços de engenharia que, se adotados, produzem exceção a esta regra geral.

O primeiro deles é o regime de contratação semi-integrada. Por intermédio deste regime de execução, o contratado, além das obrigações principal e acessórias condizentes com o objeto específico do contrato de obras ou de serviços de engenharia, assume a obrigação de elaborar o projeto executivo. Este é o conceito legal de contratação semi-integrada: "regime de contratação de obras e serviços de engenharia em que o contratado é responsável por elaborar e desenvolver o projeto executivo, executar obras e serviços de engenharia, fornecer bens ou prestar serviços especiais e realizar montagem, teste, pré-operação e as demais operações necessárias e suficientes para a entrega final do objeto".[204]

O segundo regime de execução a ser considerado para esta análise é o de contratação integrada. Nesta espécie normativa, compete ao contratado também a elaboração do projeto básico da obra ou do serviço de engenharia: "regime de contratação de obras e serviços de engenharia em que o contratado é responsável por elaborar e desenvolver os projetos básico e executivo, executar obras e serviços de engenharia, fornecer bens ou prestar serviços especiais e realizar montagem, teste, pré-operação e as demais operações necessárias e suficientes para a entrega final do objeto".[205]

Um dos aspectos nucleares e de relevância jurídica envolvidos nestes específicos regimes de execução diz respeito à distribuição dos riscos de execução contratual.

---

[203] Art. 133. Nas hipóteses em que for adotada a contratação integrada ou semi-integrada, é vedada a alteração dos valores contratuais, exceto nos seguintes casos:
I – para restabelecimento do equilíbrio econômico-financeiro decorrente de caso fortuito ou força maior;
II – por necessidade de alteração do projeto ou das especificações para melhor adequação técnica aos objetivos da contratação, a pedido da Administração, desde que não decorrente de erros ou omissões por parte do contratado, observados os limites estabelecidos no art. 125 desta Lei;
III – por necessidade de alteração do projeto nas contratações semi-integradas, nos termos do §5º do art. 46 desta Lei;
IV – por ocorrência de evento superveniente alocado na matriz de riscos como de responsabilidade da Administração.

[204] Art. 6º, XXXIII.

[205] Art. 6º, XXXII.

Atribuir ao contratado a elaboração dos projetos básico e executivo resulta transferência dos riscos de projeto. Assim, defeitos, insuficiências, imprecisões ou erros de projeto básico ou de projeto executivo devem ter os custos suportados pelo contratado, razão pela qual a Lei nº 14.133/21 contém previsão expressa no sentido de vedar as alterações contratuais que produzam alteração de valor em favor do contratado. Logo, caso necessárias alterações contratuais para corrigir defeito de projeto básico ou de projeto executivo, os custos destas alterações deverão ser suportados exclusivamente pelo contratado. Estes custos podem envolver a solução técnica específica, modelos ou metodologia executiva, insumos, materiais ou serviços.

Esta já era a orientação do Tribunal de Contas da União, ao preceituar que "na contratação integrada regida pela Lei nº 12.462/2011 (RDC), o risco inerente ao desenvolvimento do projeto básico é inteiramente alocado ao particular, não havendo permissão legal para assinatura de aditivos por conta de eventuais imprecisões ou omissões do anteprojeto.[206]

São exceções a esta vedação as situações em que o risco não decorreu de causa atribuível ao contratado, como:

(i) caso fortuito ou força maior: situações que se enquadrem nesta categoria são imprevisíveis, ou, ainda que previsíveis, podem ter consequências incalculáveis. A execução contratual desviada de seu curso ordinário em razão de situações que configurem caso fortuito ou força maior pode ter tal curso restabelecido mediante alterações contratuais que, além de poderem ser realizadas, podem ensejar o direito de revisão contratual em favor do contratado. São exemplos desta hipótese normativa: supervalorização cambial que resulte aumento expressivo dos insumos utilizados na execução do contrato; variação imprevista do custo da mão de obra alocada na execução; ou situações derivadas de alterações climáticas extraordinárias;

(ii) atendimento de solicitações da Administração contratante: no curso da execução contratual pode ocorrer a modificação eventual de necessidade administrativa que demande modificação dos projetos elaborados pelo contratado. Nesta hipótese, serão admitidas as alterações contratuais que se fizerem necessárias, desde que tais não decorram de erros ou omissões nos projetos elaborados pelo contratado. São exemplos desta hipótese normativa: aumento superveniente de demanda de utilização de uma ponte; substituição de metodologia de perfuração de túnel por outra mais atual e inovadora, inexistente à época da elaboração dos projetos originais;

(iii) Alteração de projeto básico na contratação semi-integrada: mediante prévia autorização da Administração, o projeto básico poderá ser alterado, desde que demonstrada a superioridade das inovações propostas pelo contratado em termos de redução de custos, de aumento da qualidade, de redução do prazo de execução ou de facilidade de manutenção ou operação, assumindo o contratado a responsabilidade integral pelos riscos associados à alteração do projeto básico. Importante atentar para que neste caso o projeto básico original – por força na natureza da conformação normativa do regime de contratação semi-integrada – foi elaborado pela Administração, competindo ao contratado, como regra, elaborar o projeto executivo para a execução da integral

---

[206] Acórdão nº 831/2023-TCU-Plenário, Acompanhamento, Relator Ministro Benjamin Zymler.

e completa da solução técnica definida administrativamente. Contudo, no curso da execução contratual o contratado pode identificar e apontar soluções técnicas diferentes daquelas definidas no projeto básico (elaborado, repita-se, pela Administração). Tal pode decorrer da familiaridade do contratado com as particularidades e inovações pertinentes ao seu mercado específico de atuação, que podem contribuir para ampliar a eficiência, a eficácia ou a economicidade administrativas. A causa da alteração será justificada porque é de interesse público. São exemplos desta hipótese normativa: substituição de execução por intermédio de mão de obra, por execução automatizada; adoção de sistema de informática que possibilite a redução dos prazos de execução; adoção de certa modificação de solução técnica que elimine a necessidade de manutenções preventivas futuras dos equipamentos;

(iv) necessidade de alteração decorrente de evento alocado na matriz de riscos como de responsabilidade da Administração: matriz de riscos é "cláusula contratual definidora de riscos e responsabilidades entre as partes e caracterizadora do equilíbrio econômico-financeiro inicial do contrato, em termos de ônus financeiro decorrente de eventos supervenientes à contratação".[207] A matriz de riscos produz a distribuição dos riscos a que está sujeita a execução do contrato entre as partes. A cada parte competirá arcar com os riscos inerentes à parcela de risco que lhe foi designada pela matriz de riscos. Caso exista a necessidade de alteração contratual envolvendo qualquer risco alocado na conta da Administração, esta alteração poderá ocorrer. São exemplos desta hipótese normativa: defeitos de projeto básico no caso da contratação semi-integrada; ou limitações orçamentárias para cobrir as despesas decorrentes da execução do contrato.

7.10 Responsabilidade por alterações contratuais decorrentes de falhas de projeto

Como visto, um dos deveres jurídico-materiais mais elementares da Administração, quando de uma contratação pública, é o de planejar corretamente o futuro contrato. Conquanto evidente e dedutível da Lei este dever jurídico, é de se considerar possível que os projetos elaborados na etapa preparatória contenham defeitos e erros.

Se os erros e defeitos de projeto forem a causa de alterações contratuais, há previsão legal expressa de que deverá ser apurada a responsabilidade do responsável técnico por esta elaboração defeituosa.[208]

---

[207] Lei nº 14.133/21, art. 6º, X – matriz de riscos: cláusula contratual definidora de riscos e responsabilidades entre as partes e caracterizadora do equilíbrio econômico-financeiro inicial do contrato, em termos de ônus financeiro decorrente de eventos supervenientes à contratação, contendo, no mínimo, as seguintes informações:
a) listagem de possíveis eventos supervenientes à assinatura do contrato, impactantes no equilíbrio econômico-financeiro da avença, e previsão de eventual necessidade de prolação de termo aditivo quando de sua ocorrência;
b) estabelecimento preciso das frações do objeto em que haverá liberdade das contratadas para inovar em soluções metodológicas ou tecnológicas, em obrigações de resultado, em termos de modificação das soluções previamente delineadas no anteprojeto ou no projeto básico da licitação;
c) estabelecimento preciso das frações do objeto em que não haverá liberdade das contratadas para inovar em soluções metodológicas ou tecnológicas, em obrigações de meio, devendo haver obrigação de identidade entre a execução e a solução pré-definida no anteprojeto ou no projeto básico da licitação.

[208] Art. 124, º 1º Se forem decorrentes de falhas de projeto, as alterações de contratos de obras e serviços de engenharia ensejarão apuração de responsabilidade do responsável técnico e adoção das providências necessárias para o ressarcimento dos danos causados à Administração.

Aspectos jurídicos relevantes acerca da norma:

(i) Deve ser instaurado o devido processo legal para a investigação acerca da causa efetiva da alteração contratual. Há situações materiais nas quais é possível imediatamente e com grau de certeza constatar que a alteração contratual não decorreu de erro ou defeito de projeto. Esta situação é irrelevante juridicamente para o fim da responsabilização de que trata a Lei;

(ii) No caso de indícios suficientes de que a alteração contratual decorreu de falhas de projeto, deve ser instaurado o competente processo administrativo para apuração da responsabilidade de que trata a Lei. Este processo destina-se à apuração de responsabilidade, e não, inicialmente, à aplicação de sanção – responsabilização efetiva;

(iii) O processo administrativo deverá ser instaurado e processado nos termos de norma específica (se existente) destinada à apuração de responsabilidade de agente público – quando o autor do projeto detiver esta condição;

(iv) A apuração de responsabilidade deverá ser realizada também no caso de o responsável técnico pelo projeto não ser agente público – caso de contratação de prestação de serviços terceirizados de elaboração de projetos;

(v) O devido processo legal assegurará o contraditório e a ampla defesa;

(vi) O responsável pelo projeto defeituoso responderá nos termos do disposto no art. 28 do Decreto-Lei nº 4.657/42;[209]

(v) A responsabilização pessoal do agente público responsável pela elaboração do projeto será por dolo ou por erro grosseiro. Considera-se erro grosseiro aquele manifesto, evidente e inescusável praticado com culpa grave, caracterizado por ação ou omissão com elevado grau de negligência, imprudência ou imperícia. De outra sorte, não será configurado dolo ou erro grosseiro do agente público se não restar comprovada, nos autos do processo de responsabilização, situação ou circunstância fática capaz de caracterizar o dolo ou o erro grosseiro;

(vi) O mero nexo de causalidade entre a conduta e o resultado danoso não implica responsabilização, exceto se comprovado o dolo ou o erro grosseiro do agente público. São exemplos de erro grosseiro na elaboração de projeto básico: prever fundação do tipo estaca broca para utilização em solo arenoso ou com condições comprometidas pelo lençol freático; não prever coeficientes de segurança para estruturas e fundações; ou deixar de considerar condição topográfica relevante;

(vii) Serão apurados, no processo administrativo, os prejuízos causados para a Administração decorrentes da alteração contratual que poderia ter sido evitada se não tivesse havido a conduta irregular do agente público.

Evidenciado o dolo ou o erro grosseiro, a responsabilização pode se dar no plano criminal (caso a conduta seja tipificada como infração penal e dolosa), no plano civil (reparação de prejuízos); no plano da improbidade administrativa (caso a conduta seja tipificada como ato de improbidade e produzida com dolo específico) ou no plano

---

[209] Art. 5º Na aplicação desta Lei, serão observados os princípios da legalidade, da impessoalidade, da moralidade, da publicidade, da eficiência, do interesse público, da probidade administrativa, da igualdade, do planejamento, da transparência, da eficácia, da segregação de funções, da motivação, da vinculação ao edital, do julgamento objetivo, da segurança jurídica, da razoabilidade, da competitividade, da proporcionalidade, da celeridade, da economicidade e do desenvolvimento nacional sustentável, assim como as disposições do Decreto-Lei nº 4.657, de 04 de setembro de 1942 (Lei de Introdução às Normas do Direito Brasileiro).

administrativo (perante a própria Administração ou perante órgãos de controle, como Tribunal de Contas, por exemplo).

Registre-se que uma mesma conduta infracional e produzida com dolo ou erro grosseiro pode resultar responsabilização no plano penal, civil ou administrativo, em decorrência da independência das instâncias.

No que tange à responsabilização pela reparação de prejuízos causados ao erário, importante destacar a posição externada pelo Tribunal de Contas da União:

> A regra prevista no art. 28 do Decreto-lei 4.657/1942 (Lindb), que estabelece que o agente público só responderá pessoalmente por suas decisões ou opiniões técnicas em caso de dolo ou erro grosseiro, não se aplica à responsabilidade financeira por dano ao erário. O dever de indenizar prejuízos aos cofres públicos permanece sujeito à comprovação de dolo ou culpa, sem qualquer gradação, tendo em vista o tratamento constitucional dado à matéria (art. 37, §6º, da Constituição Federal).[210]

Esta posição externada pelo Tribunal de Contas da União é absolutamente questionável. O fundamento para retirar do âmbito da responsabilidade civil de reparação de prejuízos ao erário a norma prevista no art. 28 da Lei de Introdução às Normas do Direito Brasileiro é o tratamento constitucional estabelecido para situações de exercício de direito de regresso por parte da Administração Pública no caso de condenação a indenizar por danos produzidos por agente público, que nesta condição, produzirem a terceiros (art. 37, §6º). De fato, nos termos da Constituição, para exercer o direito de regresso a Administração Pública não está condicionada à prova de erro grosseiro (culpa grave) do agente público. Mas esta hipótese normativa constitucional tem aplicação restrita aos casos de exercício de direito de regresso, em decorrência de indenização paga por conduta lesiva produzida por agente público nesta condição. De qualquer sorte, no plano da jurisdição do Tribunal de Contas da União, não tem aplicação a regra prevista no art. 28 do Decreto-Lei nº 4657/42 – especialmente na parte que determina que a responsabilização pessoal do agente público só pode ocorrer por erro grosseiro – para fins de ressarcimento de prejuízos causados ao erário.

A Lei preceitua dever jurídico de apuração. E o dever jurídico quando não cumprido, sem que existam justificativas efetivas para tal, caracteriza omissão própria, também passível de responsabilização pessoal.

7.11 A formalização das alterações contratuais

7.11.1 Celebração de termo aditivo é condição para execução material das alterações contratuais pretendidas

Não é incomum que, no curso de execução contratual, de modo imposto unilateralmente, ou mediante consenso entre as partes, sejam realizadas execuções contratuais materiais diversas daquelas que foram originalmente pactuadas, sem a prévia formalização de termo aditivo ao contrato. Qualquer execução material sem a previsão expressa em contrato escrito caracteriza relação contratual verbal. E toda

---

[210] Acórdão nº 11289/2021-TCU-Primeira Câmara (Recurso de Reconsideração, Relator Ministro Vital do Rêgo).

contratação verbal com a Administração Pública é nula, nos termos do disposto no art. 95, §2º, salvo aqueles celebrados pelo regime de adiantamento ou suprimento de fundos.

O Tribunal de Contas da União entende, também, que o pagamento de qualquer despesa sem cobertura contratual caracteriza o contrato verbal, o que é vedado pelo ordenamento jurídico, como antes dito:

> *Auditoria. Contrato. Obra pública. Despesas sem cobertura contratual, caracterizando contratação verbal. O argumento de que a dinâmica de uma obra pública exige uma tomada de decisões ágil, incompatível com a ritualística para a celebração dos termos aditivos é inaceitável, diante do que estabelecem normas regentes da matéria. Notificação à entidade de que a reincidência na irregularidade pode sujeitar os responsáveis à aplicação de penalidades pelo Tribunal.*
>
> 5. Nesta fiscalização, no âmbito do Fiscobras 2012, com a obra já em execução, o relatório de auditoria apontou os seguintes indícios de irregularidade:
> a) ausência de termo aditivo formalizando alterações das condições inicialmente pactuadas. Modificou-se a solução de projeto da estrutura do estacionamento e do tapume sem a respectiva formalização do aditamento. Os serviços executados verbalmente somam quase 13% do valor da obra;
> 6. Em relação ao primeiro tópico, identificou-se a execução de serviços sem a cobertura contratual, o que denota contrato verbal com a Administração, em afronta ao art. 60 da Lei de Licitações.
> 7. Na ocorrência desse tipo de artifício – ilegal, diga-se – costuma-se contra-argumentar que a dinâmica de uma obra pública (ainda mais desta complexidade) exige uma tomada de decisões ágil, incompatível com a ritualística para a celebração dos termos aditivos.
> 8. Esse tipo de argumento, entretanto, afora a mácula a valores caros à Administração, embute toda sorte de riscos, que vão desde o desvio de objeto; serviços executados com preços acima do mercado; qualidade deficiente (pela eventual incapacidade técnica da empresa executora); malversação de recursos; e nulidade da intervenção. A lei, todavia, possui dispositivos próprios para lidar com emergências.
> 9. O cumprimento das formalidades anteriores às alterações contratuais é que possibilita a ampla fiscalização do contrato administrativo, em todos os seus níveis. O termo aditivo, como requisito de validade, precisa atravessar todas as suas fases, até atingir a sua eficácia, desde a solicitação e fundamentação, verificação de disponibilidade orçamentária, até o exame de legalidade (pelo jurídico), atravessando o juízo de conveniência e oportunidade em todos os planos de controle do órgão; do fiscal do contrato, ao ordenador de despesas.
> 10. No caso concreto, a Infraero "convalidou" a impropriedade por meio da celebração do 1º Termo Aditivo ao contrato. A unidade técnica propõe, desta forma, considerar a irregularidade como esclarecida. Não foi proposta qualquer audiência dos responsáveis.
> 11. Embora concorde que a conduta, no caso concreto, esteja atenuada pela ausência de prejuízo ao erário, bem como pela clara disposição da Infraero em, prontamente, corrigir todo e qualquer desacerto identificado pelo TCU (o 1º Termo Aditivo reduziu em mais R$27 milhões o valor da obra), avalio que a postura de aguardar o órgão de controle realizar seus achados para, só então corrigi-los, seja um tanto cômoda. No caso em discussão, até a quarta medição, mais de 25% dos serviços pagos estavam sem cobertura contratual.
> 12. Nesses termos e sopesando o histórico das fiscalizações já empreendidas, avalio que se deva notificar a Infraero que a repetição das irregularidades identificadas por este Tribunal na reforma e ampliação do Terminal de Passageiros TPS-1 do Aeroporto de Manaus-AM poderá ensejar a apenação dos gestores, nos termos do art. 58, inciso II, da Lei 8.443/92.

9.2. notificar a Infraero, com base no art. 179, §6º, do Regimento Interno do TCU, que a reincidência no cometimento das irregularidades apuradas nos itens 3.1 e 3.2 do relatório de auditoria, acostado à peça 32 deste processo, pode ensejar a apenação dos responsáveis, nos termos do art. 58, inciso II, da Lei 8.666/93 (AC nº 1227-19/12-P);

A Corte de Contas tem sido rigorosa no que diz com as execuções contratuais derivadas de alteração sem a prévia realização do termo aditivo, inclusive para atribuir a responsabilidade ao fiscal da execução, por negligência no dever de comunicar as alterações necessárias para a autoridade competente, de modo a possibilitar as formalizações legalmente exigidas antes de qualquer execução contratual diversa do originalmente pactuado:

O fiscal do contrato tem o dever de conhecer os limites e as regras para alterações contratuais definidos na Lei de Licitações, e, por conseguinte, a obrigação de notificar seus superiores sobre a necessidade de realizar o devido aditivo contratual, evitando a atestação da execução de itens não previstos no ajuste, sob pena de ser-lhe aplicada a multa do art. 58, inciso II, da Lei 8.443/92.
Em Auditoria realizada nas obras de construção da Residência para Idosos e reforma da Casa de Transição, em Niterói (RJ), custeadas mediante contrato de repasse com recursos do Departamento Penitenciário Nacional (Depen), foram apontados indícios de irregularidades na conduta do fiscal do contrato destinado à execução das obras. Realizada a audiência do responsável, o relator considerou não elidida a irregularidade relativa ao "pagamento por serviços não previstos no Contrato (...) sem o necessário aditivo contratual, em dissonância com o disposto no art. 60 da Lei 8.666/1993". Para o relator, embora a falha seja observada frequentemente na execução dos contratos de repasse relacionados a obras em estabelecimentos penitenciários, "o caso em tela denota uma alteração de objeto tão expressiva em relação ao que foi licitado, que não poderia ter sido admitida pelo fiscal do contrato". Acrescentou que, no caso em exame, 61,3% do valor total acumulado dos boletins de medição equivaleram a itens não previstos no contrato, sendo evidente a responsabilidade do fiscal, o qual teria atestado os boletins sem autorização superior para a execução dos novos itens. Ademais, "a inclusão desses itens deu-se por meio de uma espécie de re-ratificação do contrato feita diretamente nos boletins de medição, sem a formalização do necessário termo aditivo". Nesse sentido, destacou o relator que "o senso de diligência exigível a um engenheiro fiscal de contrato, aqui considerado sob o conceito de homo medius, impor-lhe-ia o dever de conhecimento dos limites e regras para alterações contratuais definidos no Estatuto de Licitações, e, por conseguinte, a obrigação de notificar seus superiores sobre a necessidade de realizar o necessário aditivo contratual, em respeito à exigência estabelecida no caput do art. 60 da Lei 8.666/93". Ainda sobre a conduta do fiscal, ressaltou que a gravidade do procedimento adotado, de apenas anotar a alteração diretamente nos boletins de medição, "foi ampliada em virtude da elevada proporção das modificações em relação ao total das medições (mais de 60%)". Por fim, reforçou que o art. 67 da Lei 8.666/93 impõe ao fiscal do contrato "o dever de notificar seus superiores sobre eventuais ocorrências que extrapolem sua alçada decisória". Diante do exposto pelo relator, o Tribunal decidiu, no ponto, rejeitar as justificativas apresentadas pelo responsável, aplicando-lhe a multa prevista no inciso II do art. 58 da Lei 8.443/92 (Acórdão nº 43/2015-Plenário, TC 017.261/2011-2, relator Ministro Raimundo Carreiro, 21.01.2015).

De qualquer sorte, qualquer que seja a designação jurídica possa ser concebida para o fenômeno material realizar a alteração contratual antes da formalização pela via do termo aditivo, de fato tem-se uma execução contratual sem cobertura contratual, o que constitui uma irregularidade.

Essa irregularidade pode ser sanável ou insanável, o que pode ser bastante significativo no plano da responsabilidade (civil, penal ou administrativo-funcional) dos envolvidos na modificação material sem prévia celebração de termo aditivo.

Será sanável se forem demonstradas as razões de fato, com lastro técnico consistente, em motivação suficiente de que a modificação da execução contratual não poderia aguardar a formalização dos termos aditivos sem prejuízo para o interesse público contratualmente aferido (prejuízo para o objeto do contrato) ou extracontratualmente aferido (prejuízo para a coletividade em geral, para o patrimônio público ou para um determinado serviço público). Nessa hipótese, o descumprimento de requisitos formais prévios à modificação da execução contratual tem justificativa e não deve ser objeto de responsabilidade.

Será insanável se não houver justificativa técnica ou jurídica para a efetivação material das alterações na execução do contrato, portanto, e ficar demonstrado que a não elaboração prévia de termo aditivo decorreu de conduta culposa ou dolosa dos agentes públicos que as autorizaram.

Esta prática, além de ilegal, pode produzir consequências graves no plano do equilíbrio econômico-financeiro do contrato. Não raro tais alterações contratuais são executadas, sem cobertura contratual, e sem qualquer registro formal suficiente para a devida comprovação de contraprestação pecuniária em favor do contratado, levando esta discussão para o plano do Poder Judiciário, por meio de ações judiciais que implicam riscos imprevisíveis para a Administração Pública.

O correto é que, como regra, toda a execução material seja prevista de modo antecipado, devida e suficientemente em termo de contrato – ou documento equivalente, nos termos da Lei.

Neste sentido, a Lei nº 14.133/21 contém previsão expressa de que "a formalização do termo aditivo é condição para a execução, pelo contratado, das prestações determinadas pela Administração no curso da execução do contrato" (art. 130).

É vedada, como regra, a execução material de contrato de modo diferente daquele contratado, sem prévia celebração de termo aditivo. Desta feita, identificada a necessidade de execução material diferente daquela contratualmente prevista, é necessária adoção imediata das providências destinadas à formalização do competente termo aditivo.

O descumprimento desta regra implica conduta omissiva própria, passível de responsabilização pessoal, a título de dolo ou de erro grosseiro, nos termos do disposto no art. 28 do Decreto-Lei nº 4.657/42.[211]

Não há como negar, entretanto, a natureza peculiar e específica de certas espécies contratuais. Tome-se, por exemplo, os contratos de obras. Toda obra é revestida de alguma complexidade técnica. Ao longo da execução, dada a sua dinamicidade, o contrato de obras normalmente carece de adaptações materiais que alteram a configuração original,

---

[211] Art. 28. O agente público responderá pessoalmente por suas decisões ou opiniões técnicas em caso de dolo ou erro grosseiro.

em maior ou menor grau. Não é razoável, nem proporcional, que a cada necessidade superveniente de adaptação, por menor que seja sua intensidade ou expressão, seja suspensa a execução contratual até a formalização de termos aditivos sucessivos. Estas particularidades e especificidades têm que ser avaliadas, crítica e reflexivamente, por parte dos órgãos de controle, para admitir soluções indispensáveis, ainda que não se ajustem em absoluto, ao modelo normativo exigido de conduta.

7.11.2 Formalização da alteração contratual em casos de urgência – direito de postergação da celebração de termo aditivo

Como regra, tem-se que a efetivação das alterações contratuais somente pode ocorrer materialmente após o processamento e lavratura do correspondente termo aditivo. Contudo, não raro, situações urgentes demandam a alteração da execução contratual antes mesmo da realização e formalização do necessário termo aditivo.

Se não decorrente de dolo ou culpa das partes contratantes, é perfeitamente compreensível e admissível que determinadas modificações da execução do contrato não possam aguardar a formalização do termo aditivo para serem implementadas.

Não poderia, nessa hipótese, prevalecer a forma sobre a necessidade material. Não teria qualquer sentido lógico ou jurídico que se deixasse perecer ou prejudicar o interesse público, produzindo danos materiais e patrimoniais à Administração contratante, ou à coletividade, apenas por força de um requisito formal da contratação.

Diante de necessidade de preservação da integridade do objeto do contrato, do patrimônio público, da segurança e da saúde das pessoas ou da continuidade de um serviço público é perfeitamente tolerável, admissível e até desejável que primeiramente se atenda a necessidade premente alterando ou autorizando alteração na execução do contrato para preservar valores jurídico-materiais mais elevados do que o cumprimento de formalidade legal.

Não passou despercebida do legislador a realidade empírica da Administração Pública. A formalização de termos aditivos, especialmente em relação a contratos de objeto mais complexo, pode demandar largo espaço de tempo, a depender das condutas administrativas que devam ser adotadas (elaboração de projetos, estudos de viabilidade, orçamentos, pesquisas de mercado, avaliações técnicas e jurídicas, entre outras). E, certamente haverá casos em que a alteração da execução material do contrato deverá ser realizada imediatamente, sob pena de gravame insuportável ao interesse público (tome-se por exemplo hipótese em que, se não forem reforçadas imediatamente as fundações de um prédio ou ponte, por força de situação geográfica ou hidrológica emergente, se perderá toda a obra já construída).

Para afastar os riscos do tempo do processo administrativo de formalização de termo aditivo, a Lei autoriza, nos casos, que sejam realizadas efetivamente as execuções materiais necessárias e postergada a obrigação de formalização.

Nesta hipótese, dá-se uma autorização legal para a formalização posterior do termo aditivo, ao que, impropriamente, a lei denomina de "antecipação dos seus efeitos". De fato, nada se antecipa, apenas é postergado o dever jurídico de formalização da alteração da avença original.

Esta formalização deve ocorrer no prazo máximo de um mês. O termo inicial da contagem deste prazo será a data em que se formalizou a identificação de necessidade de modificação da execução contratual. Esta identificação será fruto de conduta administrativa (pelo requisitante, pelo fiscal da execução, pela autoridade responsável pela contratação), ou de conduta do contratado, que no curso da execução verifica a necessidade da alteração. Fundamental é que haja, para fins de controle interno e externo, o registro formal desta data em que se identificou a necessidade da alteração de execução contratual. Este registro será objeto de apostilamento.

O descumprimento deste prazo de um mês poderá ensejar a responsabilização pessoal dos agentes que deram causa ao atraso ou à infração, no caso de conduta dolosa ou maculada por erro grosseiro.

Evidentemente que, diante de justificativa, demonstrando de modo suficiente a inexistência de conduta irregular atribuível aos agentes públicos envolvidos no processo de formalização do termo aditivo, fica descartada a possibilidade jurídica de responsabilização pessoal. Em outros termos, o descumprimento do prazo legal para formalização de termo aditivo em caso de execução material realizada previamente sob o argumento de urgência somente não constituirá infração se (i) estiver devidamente justificado; e (ii) não decorrer de conduta dolosa ou em erro grosseiro de agentes públicos (má-gestão, desídia, negligência grave).

Por fim, e por evidente, a urgência deverá ser expressamente apontada, em suas dimensões jurídica e material, no processo da contratação, como elemento posterior de controle interno ou externo de legalidade. A situação de urgência que legitima a execução material sem formalização prévia de termo aditivo há de ser real, efetiva, atual e concreta. Se for decorrente de má-gestão, desídia ou falha de planejamento, desaparecerá sua legitimidade e poderá haver a responsabilização, reitere-se, dos agentes públicos a título de dolo ou de erro grosseiro.

7.12 Formalização das alterações contratuais – requisitos para configuração do termo aditivo

A formalização das alterações contratuais deve ocorrer por termo aditivo ao contrato, adotando-se o seguinte roteiro procedimental:

a) identificação da necessidade de produzir a alteração. Essa identificação pode ser feita pelo fiscal da execução contratual, pelo gestor do contrato, pelo agente ou órgão requisitante da contratação, ou mesmo por parte do contratado – ao identificar, por exemplo, a necessidade de ajuste ou adaptação do contrato por força de aspecto técnico aferido quando da regular e normal execução;

b) devem ser realizados estudos e análises preliminares pelo setor técnico ou agente público competente para comprovar a necessidade dos ajustes ou adaptações reputados indispensáveis – esses estudos e exames serão sucintos, apenas para confirmar fatos, que serão objeto de aprofundamento técnico no curso do processo da alteração;

c) comunicação à autoridade responsável pela contratação da pretensão ou necessidade de promover a alteração contratual;

d) determinação para a instauração de processo administrativo destinado à alteração contratual;

e) descrição no processo administrativo dos acréscimos ou supressões indispensáveis à excelência da execução contratual, com consistente fundamentação técnica;

f) ajustes no projeto básico, projeto executivo, termo de referência e outros documentos que formalizaram o planejamento da contratação originalmente;

g) realização do orçamento estimativo, contemplando os preços unitários e global, da alteração;

h) aferição acerca da existência e indicação no processo da fonte orçamentária de custeio da alteração pretendida;

i) negociação com a contratada sobre os termos das alterações pretendidas, para a definição sobre ser a alteração consensual ou unilateral;

j) elaboração da minuta do termo aditivo ao contrato original;

k) submissão do processo de alteração contratual à assessoria jurídica do órgão ou entidade para cumprimento do dever previsto no artigo 53, §4º, da Lei nº 14.133/21;[212]

l) assinatura do termo aditivo ou edição do ato de alteração unilateral;

m) publicação do extrato do termo aditivo ou do ato de alteração unilateral, nos termos da lei.

---

[212] Art. 53. Ao final da fase preparatória, o processo licitatório seguirá para o órgão de assessoramento jurídico da Administração, que realizará controle prévio de legalidade mediante análise jurídica da contratação.
§4º Na forma deste artigo, o órgão de assessoramento jurídico da Administração também realizará controle prévio de legalidade de contratações diretas, acordos, termos de cooperação, convênios, ajustes, adesões a atas de registro de preços, outros instrumentos congêneres e de seus termos aditivos.

CAPÍTULO 8

O CONTROLE INTERNO DA EXECUÇÃO CONTRATUAL

8.1 Dever de controle interno

Controle interno da execução contratual é o pleno exercício do dever-poder da Administração Pública de valer-se da prerrogativa de direção, supervisão, gerência e de conferir de forma racional e organizada se todos os encargos contratuais estão sendo cumpridos ou foram cumpridos pelo contratado, a depender do momento em que a aferição ocorre. No plano das relações público-contratuais, trata-se de uma das mais importantes atribuições do Poder Público – e dos agentes públicos designados para tal. A falta ou insuficiência de controle pode ser a causa de resultados desastrosos no que tange ao interesse público que o contrato objetivava atender.

A Lei nº 14.133/21 tem substancial tratativa do tema do controle das contratações públicas, que foi eleito pelo legislador como um dos deveres/poderes mais relevantes da alta administração e dos agentes públicos.

Este dever jurídico de controle é determinado, incialmente, na norma contida no art. 11, parágrafo primeiro, que preceitua que "a alta administração do órgão ou entidade é responsável pela governança das contratações e deve implementar processos e estruturas, inclusive de gestão de riscos e controles internos, para avaliar, direcionar e monitorar os processos licitatórios e os respectivos contratos, com o intuito de alcançar os objetivos estabelecidos no caput deste artigo, promover um ambiente íntegro e confiável, assegurar o alinhamento das contratações ao planejamento estratégico e às leis orçamentárias e promover eficiência, efetividade e eficácia em suas contratações". Sobre o tema da governança dos contratos, já se tratou em capítulo específico. Governança dos contratos é conjunto de mecanismos de liderança, estratégia e controle postos em prática para avaliar, direcionar e monitorar a atuação da gestão das contratações públicas, visando agregar valor ao negócio do órgão ou entidade e contribuir para o alcance de seus objetivos, com riscos aceitáveis.[213] O controle integra o núcleo essencial da noção de governança. A alta administração é responsável pelo controle das contratações e pela implementação de processos e estruturas de controle interno.

---

[213] Portaria SEGES /ME nº 8.678/2021, art. 2º, III.

8.2 Dever de controle e de implementar processos e estruturas de controle interno

O dever de controle tem núcleo normativo essencial. É o dever de exercer atividades de fiscalização, orientação e correção dos atos praticados no processo da contratação pelos agentes públicos. Trata-se de dever jurídico, que, se não exercido com legitimidade, eficiência, legalidade, proporcionalidade e economicidade pode resultar a caracterização de omissão própria. A omissão própria é tipificada pela inação daquele que tem, por força de norma jurídica mandatória, que realizar uma certa conduta e não o faz.

Este dever tem duas dimensões. A de controlar e a de instituir processos e estruturas de controle.

Em sentido lato, todo agente público que titulariza funções essenciais no processo da contratação tem dever de controle. A depender da natureza do cargo ou função que titulariza, pode exercer o autocontrole ou autotutela, que é "a fiscalização exercida pelo próprio agente, responsável pelo ato ou pela atividade, sobre sua atuação".[214] Aquele que detém competência para a prática de um determinado ato tem a prerrogativa de avaliar o ato praticado, e, conforme o caso, desfazer o ato, por intermédio de anulação ou de revogação. Anulação é o desfazimento do ato por força de vício de legalidade. Revogação é o desfazimento do ato por força de ser ele inoportuno ou inconveniente – o ato não é mais de interesse público. Este dever de controlar se extrai também dos estatutos que regem os servidores públicos, como a Lei nº 8.112/90, quando determina como dever "levar as irregularidades de que tiver ciência em razão do cargo ao conhecimento da autoridade superior ou, quando houver suspeita de envolvimento desta, ao conhecimento de outra autoridade competente para apuração".

A par do dever de controlar, a alta administração tem o dever de implementar processos e estruturas de controle interno. Implementar processos significa criar sistemáticas racionais e organizada destinadas ao controle interno. Esta criação envolve a edição de normas internas, estabelecendo o regime jurídico das ações de controle interno do órgão ou entidade. Implementar estruturas significa criar os meios materiais para que os processos e sistemas de controle interno possam funcionar. A criação de órgãos ou setores internos, destinação dos recursos materiais (computadores, equipamentos etc.) e dos recursos humanos para atuar e aplicar as regras de controle interno (que serão designados pelos critérios previstos no art. 7º) é implementação de estruturas. Evidente que, se defeitos do processo de contratação pública produzirem prejuízos para o erário, e, se tais defeitos forem decorrentes da inexistência ou insuficiência destas estruturas e processos, os integrantes da alta administração do órgão ou entidade pública poderão, senão deverão, ser responsabilizados pessoalmente, eis que tal conduta pode caracterizar omissão dolosa ou culposa. Acerca da responsabilidade pela omissão de implementar estruturas para o controle da execução contratual, confira-se precedente do Tribunal de Contas da União:

> O fiscal do contrato não pode ser responsabilizado caso não lhe sejam oferecidas condições apropriadas para o desempenho de suas atribuições. Na interpretação das normas de

---

[214] MEDAUAR, Odete. *Controle da Administração Pública*. São Paulo: Revista dos Tribunais, 2012. p. 52.

gestão pública, deverão ser considerados os obstáculos e as dificuldades reais do gestor e as exigências das políticas públicas a seu cargo (art. 22, caput, do Decreto-Lei nº 4.657/1942 – Lei de Introdução às Normas do Direito Brasileiro) (Acórdão nº 2973/2019-TCU-Segunda Câmara).

8.3 Auditoria interna e controle interno no plano da Lei nº 14.133/21

Auditoria interna e controle interno são órgãos e instâncias de controle do processo da contratação pública que têm natureza e atribuições diversas.

Controle interno é aquele que o órgão ou entidade pública exerce sobre sua própria atuação. O dever de controle interno é de natureza constitucional. A Constituição de 1988 estabelece o seu conteúdo:

> Art. 74. Os Poderes Legislativo, Executivo e Judiciário manterão, de forma integrada, sistema de controle interno com a finalidade de:
> I – avaliar o cumprimento das metas previstas no plano plurianual, a execução dos programas de governo e dos orçamentos da União;
> II – comprovar a legalidade e avaliar os resultados, quanto à eficácia e eficiência, da gestão orçamentária, financeira e patrimonial nos órgãos e entidades da administração federal, bem como da aplicação de recursos públicos por entidades de direito privado;
> III – exercer o controle das operações de crédito, avais e garantias, bem como dos direitos e haveres da União;
> IV – apoiar o controle externo no exercício de sua missão institucional.

Compete, assim, ao sistema de controle interno (i) avaliar as relações jurídico-contratuais necessárias para o cumprimento das metas previstas no plano plurianual e para a execução dos programas de atribuição do órgão ou entidade pública; (ii) comprovar a legalidade e avaliar os resultados, quanto à eficácia e eficiência, da gestão orçamentária, financeira e patrimonial nos órgãos e entidades, relacionados à gestão dos contratos públicos; IV – apoiar o controle externo no exercício de sua missão institucional de controle das contratações públicas.

A propósito de controle interno, confira-se a posição externada pelo Tribunal de Contas da União, por intermédio do Acórdão nº 1.171/17:

> Os riscos são medidos em termos de impacto e probabilidade. Há riscos que são muito improváveis de se materializarem. No entanto, caso venham a ocorrer, causarão muito impacto na organização. Outros riscos podem ter uma quase certeza de materialização e, mesmo assim, exercerem nenhum ou quase nenhum impacto na organização.
> De acordo com o seu apetite ao risco, a organização pode definir qual o nível de risco aceitável ao seu negócio. A partir daí, poderá identificar quais são os riscos relevantes para sua atividade e conseguirá classificar os riscos com base no impacto e probabilidade de cada um deles.
> O nível de apetite ao risco vai determinar como a organização se comportará em relação aos riscos identificados e classificados. Uma organização com alto apetite ao risco, pode decidir tratar apenas dos riscos com alta probabilidade de ocorrência e alto impacto, por exemplo.

Já uma organização com menor apetite ao risco pode escolher gerenciar, adicionalmente, riscos com níveis de probabilidade e de impacto mais baixo.

Seja como for, após a organização ter definido o seu apetite ao risco, identificado os riscos relevantes para o seu negócio e ter classificado estes riscos em termos de probabilidade e impacto, é certo que ela deve assumir algumas posturas para reduzir as chances de esses riscos prejudicarem o atingimento dos objetivos da organização.

Os mecanismos que visam gerenciar os riscos, para torná-los mais palatáveis e minimizar seu impacto na organização são denominados "controles" ou "controles internos".

Segundo o IIA,[215] "controle" pode ser definido como:

> Qualquer ação tomada pela administração, conselho ou outras partes para gerenciar os riscos e aumentar a probabilidade de que os objetivos e metas estabelecidos serão alcançados. A administração planeja, organiza e dirige a execução de ações suficientes para prover razoável certeza de que os objetivos e metas serão alcançados.
> Portanto, os controles são estruturas fundamentais para permitirem que a organização alcance seus objetivos. Bons controles internos permitem que a organização reduza os riscos a níveis aceitáveis e, portanto, viabilizam o atingimento dos objetivos organizacionais.
> No entanto, para que haja bons controles internos é necessário que esses controles sejam bem desenhados. No entanto, ter apenas um bom desenho de controles não é suficiente. Para que o controle interno seja capaz de mitigar o risco a um nível aceitável, o controle interno desenhado deve ser eficaz e funcionar adequadamente.

A Instrução Normativa STN nº 16/1991, do Departamento de Tesouro Nacional, conceitua controle interno como sendo:

> O conjunto de atividades, planos, métodos e procedimentos interligados utilizado com vistas a assegurar que o objetivo dos órgãos e entidades da administração pública sejam alcançados, de forma confiável e concreta, evidenciando eventuais desvios ao longo da gestão, até a consecução dos objetivos fixados pelo Poder Público.

A IN TCU nº 63/2010, que estabelece normas de organização e de apresentação dos relatórios de gestão que constituirão os processos de contas da Administração Pública Federal, define controles internos como sendo o "conjunto de atividades, planos, métodos, indicadores e procedimentos interligados, utilizado com vistas a assegurar a conformidade dos atos de gestão e a concorrer para que os objetivos e metas estabelecidos para as unidades jurisdicionadas sejam alcançados".

Já o Tribunal de Contas da União, por meio das suas Normas de Auditoria (NAT), define controle interno como:

> Processo efetuado pela administração e por todo o corpo funcional, integrado ao processo de gestão em todas as áreas e todos os níveis de órgãos e entidades públicos, estruturado para enfrentar riscos e fornecer razoável segurança de que, na consecução da missão, dos objetivos e das metas institucionais, os princípios constitucionais da administração pública serão obedecidos e os seguintes objetivos gerais de controle serão atendidos:

---

[215] The Institute of Internal Auditors.

Por seu turno, a Instrução Normativa Conjunta CGU-MP nº 01/2016 define controles internos como:

> Art. 2º (...)
> V – controles internos da gestão: conjunto de regras, procedimentos, diretrizes, protocolos, rotinas de sistemas informatizados, conferências e trâmites de documentos e informações, entre outros, operacionalizados de forma integrada pela direção e pelo corpo de servidores das organizações, destinados a enfrentar os riscos e fornecer segurança razoável de que, na consecução da missão da entidade, os seguintes objetivos gerais serão alcançados (...).

Auditoria interna, segundo disposto na Resolução nº 309/20 do Conselho Nacional de Justiça é "atividade independente e objetiva que presta serviços de avaliação (assurance) e de consultoria, que tem como objetivo adicionar valor e melhorar as operações de uma organização. A auditoria deve auxiliar a organização no alcance dos objetivos estratégicos, adotando uma abordagem sistemática e disciplinada para a avaliação e melhoria da eficácia dos processos de gerenciamento de riscos, de controle e de governança corporativa. Nos termos de dita regra:

> Art. 23 A atividade de auditoria interna governamental tem como objetivo aumentar e proteger o valor organizacional das instituições públicas, fornecendo avaliação, assessoria e aconselhamento baseados em risco, e compreende as atividades de planejamento, execução, comunicação dos resultados e monitoramento dos trabalhos.
> Parágrafo único. A unidade de auditoria interna deve realizar exames para avaliar a adequação e a eficácia da governança, da gestão, do gerenciamento de riscos e comprovar a integridade e adequação dos controles internos administrativos, quanto aos aspectos de eficiência, eficácia e economicidade da gestão orçamentária, financeira, patrimonial, operacional, contábil e finalística.

Para o Tribunal de Contas da União, auditoria é "o exame independente e objetivo de uma situação ou condição, em confronto com um critério ou padrão preestabelecido, para que se possa opinar ou comentar a respeito para um destinatário predeterminado".[216]

Auditoria interna e controle interno não se confundem. A Lei nº 14.133/21 não tem referência expressa a um órgão de auditoria interna.

A única referência normativa da Lei nº 14.133/ à auditoria versa sobre "normas de auditoria" e está contida no art. 171, II: na fiscalização de controle será observada a adoção de procedimentos objetivos e imparciais e elaboração de relatórios tecnicamente fundamentados, baseados exclusivamente nas evidências obtidas e organizados de acordo com as normas de auditoria do respectivo órgão de controle, de modo a evitar que interesses pessoais e interpretações tendenciosas interfiram na apresentação e no tratamento dos fatos levantados. Atente-se para que a Lei nº 14.133/21 não determina que os processos de contratação sejam submetidos a uma avaliação de controle por uma unidade de auditoria interna. Tal pode decorrer de outras normas e dependerá da particular estruturação jurídica, administrativa e material adotada pelos diversos

---

[216] BRASIL. Tribunal de Contas da União. *Auditoria Governamental*. Programa de aprimoramento profissional em Auditoria – Proaudi, p. 24. Disponível em: file:///C:/Users/User/Downloads/2543457.PDF. Acesso em: 08 set. 2023.

órgãos e entidades públicas. Há múltiplos tratamentos para o sistema interno de controle de órgãos e entidades. Alguns têm implantada auditoria interna e órgão de controle interno; outros contam apenas com órgão de controle interno; e outros tantos apenas com órgão de auditoria interna, realizando também ações de controle interno. Como exemplo, cite-se a estruturação da auditoria interna preconizada pelo Conselho Nacional de Justiça, por intermédio da antes citada Resolução nº 309/20 ao dispor que compete à auditoria interna – auditoria de gestão – também o controle da execução dos contratos de órgãos integrantes do Poder Judiciário: com o objetivo de emitir opinião com vistas a certificar a regularidade das contas, verificar a execução de contratos, convênios, acordos ou ajustes, bem como aspectos de governança, riscos e probidade na aplicação dos recursos públicos e na guarda ou administração de valores e outros bens do tribunal ou conselho ou a eles confiados.[217]

8.4 Dever de orientação por parte do órgão de controle interno

A Lei nº 14.133/21 determina para os agentes que integram o controle interno o dever e a atribuição de orientação. Esta é a função mais relevante do controle interno e do sistema de controle das contratações públicas, essencial manifestação de controle preventivo. E, claro, o controle preventivo é o mais ajustado sob o prisma da eficiência, da legitimidade e da economicidade, pois detecta – ou pode detectar vícios de processo antes que resultados lesivos sejam derivados deles. O controle de natureza preventiva é imposto de modo expresso e taxativo pela Lei, ao preceituar que "as contratações públicas deverão submeter-se a práticas contínuas e permanentes de gestão de riscos e de controle preventivo, inclusive mediante adoção de recursos de tecnologia da informação" (art. 169); e que "quando constatarem simples impropriedade formal, adotarão medidas para o seu saneamento e para a mitigação de riscos de sua nova ocorrência, preferencialmente com o aperfeiçoamento dos controles preventivos" (art. 169, I).

A lei designa para os agentes integrantes do órgão de controle interno a emissão de manifestações facultativas, sempre que provocados, para o exercício desta competência e atribuição de orientação. Esta manifestação de controle interno se diz facultativa, porque é de solicitação facultativa, porém, quando houver a provocação, é obrigatória a manifestação pelo agente de controle. A norma contida no art. 8ª, §3º da Lei prevê a obrigatoriedade de edição de regulamento interno do órgão ou entidade com regras relativas à atuação do agente de contratação e da equipe de apoio, ao funcionamento da comissão de contratação e à atuação de fiscais e gestores de contratos, no qual deverá ser prevista a possibilidade de eles contarem com o apoio dos órgãos de assessoramento jurídico e de controle interno para o desempenho das funções essenciais ao processo da contratação pública. Esta atribuição de orientação está igualmente prevista regra do art. 117, §3º da Lei nestes termos: "o fiscal do contrato será auxiliado pelos órgãos de assessoramento jurídico e de controle interno da Administração, que deverão dirimir dúvidas e subsidiá-lo com informações relevantes para prevenir riscos na execução contratual". Os processos institucionais de controle interno determinados por lei deverão

---

[217] Art. 25, IV.

contemplar as regras para formulação de consultas e manifestações do órgão de controle interno, objetivando fluxos processuais eficientes, eficazes e céleres.

8.5 Dever de orientação e vedação à prática de atos que caracterizem cogestão

Uma das objeções à produção de manifestações de orientação por parte dos agentes de controle interno é a alegação de que esta orientação pode caracterizar ato de cogestão e inviabilizar a atividade de controle.

Não se pode confundir, eis que tem natureza jurídica diversa, ato de orientação com ato de cogestão. Orientação consiste em subsidiar com informações relevantes, a partir da análise de situação jurídica submetida ao controle, em tese, ou em concreto, de modo que a posterior prática de certo ato ou conduta pelo agente público competente seja escoimada de vícios que podem comprometer a lisura do processo da contratação. A legalidade, legitimidade, eficiência e economicidade da contratação pública é de interesse público e de interesse comum da Administração e de seus agentes de controle, este é o núcleo do dever de orientação.

Cogestão é a prática conjunta ou participativa de produção de ato ou conduta administrativa. Existe cogestão quando um determinado resultado deriva, no plano causal, da sucessão de condutas administrativas. Aquele que orienta, não participa da cadeia causal de produção do ato, eis que não pratica ato ou conduta, apenas subsidia com informações.

Acerca do tema, o Conselho Nacional de Justiça editou a Resolução nº 308/20, que pode constituir referencial hermenêutico, atemporal, para o deslinde de controvérsias e delimitação entre dever de orientação e condutas de cogestão. Preceitua dita norma que "em função de suas atribuições precípuas, é vedado às unidades de auditoria interna exercer atividades típicas de gestão, não sendo permitida sua participação no curso regular dos processos administrativos ou a realização de práticas que configurem atos de gestão", contudo, tal "não impede os integrantes da unidade de auditoria de participarem de reuniões com a administração e nem mesmo de responderem a consultas formuladas no caso de dúvidas pertinentes à atuação concreta dos órgãos da administração. Responder consultas, inclusive sobre questões concretas e participar de reuniões destinadas à orientação de agentes públicos não equivale à prática de atos típicos de gestão.

8.6 Controle da execução contratual: gestão e fiscalização do contrato

O objeto do controle determinado em Lei é o metaprocesso da contratação, assim, o controle se exercerá em relação a todas as condutas inerentes a ele: as integrantes da fase preparatória, da fase de seleção do prestador ou fornecedor e da fase de execução contratual. O objeto principal desta análise são as normas e instrumentos jurídicos previstos em Lei para o controle da execução contratual.

Importante referência para a análise do sistema normativo de controle de execução contratual é o que dispõe o artigo 115 da Lei nº 14.133/21, que contempla a tradicional característica jurídico-contratual da obrigatoriedade das convenções: "o contrato deverá ser executado fielmente pelas partes, de acordo com as cláusulas avençadas e as normas desta Lei, e cada parte responderá pelas consequências de sua inexecução total ou parcial.".

A norma impõe às partes o comando de realizar tudo a que voluntariamente se obrigaram quando da celebração do pacto. Nenhuma das partes pode se furtar sem justa causa, pena de sanção, ao cumprimento exato e firme dos deveres contratuais.

A obrigatoriedade das convenções opera em favor de todas as partes contratantes, públicas e particulares. Por óbvio, então, que os particulares contratados têm direito equivalente ao da Administração contratante de exigir que todo o convencionado seja cumprido, nos termos pactuados. Para o contratado particular, o controle do cumprimento das obrigações que assistem ao Poder Público é uma faculdade – o particular contratado pode ou não exercer o direito de controlar e exigir o cumprimento de obrigações contratuais a cargo do órgão ou entidade pública.

A aferição sobre o cumprimento exato e firme dos deveres contratuais é um dever-poder de exercício obrigatório por parte da Administração. Tal significa que não pode ela deixar de controlar a execução contratual e, mais, não pode ela deixar de controlar com eficiência e eficácia.

O controle da execução contratual é uma das prerrogativas exorbitantes da Administração contratante, prescrição taxativa do artigo 104, III, da Lei nº 14.133/21 e imperativo normativo contido no art. 117, que determina que "A execução do contrato deverá ser acompanhada e fiscalizada por 1 (um) ou mais fiscais do contrato, representantes da Administração especialmente designados conforme requisitos estabelecidos no art. 7º desta Lei, ou pelos respectivos substitutos, permitida a contratação de terceiros para assisti-los e subsidiá-los com informações pertinentes a essa atribuição".

A premissa elementar é de que inexiste qualquer margem de juízo discricionário ou faculdade – opção – quanto ao controle da execução do contrato por parte do órgão ou entidade pública: é um dever inafastável e incontornável que, se descumprido ou cumprido de forma insuficiente, deve implicar a responsabilização. Essa também é a orientação de Edgar Guimarães:

> Ao focalizar as atenções para a natureza jurídica do controle exercido sobre a função administrativa, não estamos frente à uma faculdade atribuída pelo ordenamento jurídico, mas sim diante de um dever, que uma vez não exercitado poderá ensejar responsabilização do agente público.[218]

Embora detentor dessa qualidade de dever jurídico inafastável determinado pelo regime jurídico-constitucional, o controle da execução contratual ainda não atingiu, ao menos em grande parte da Administração Pública nacional, os patamares necessários para dele obter plenos resultados no que tange à preservação da legalidade, da legitimidade e da economicidade quando da execução dos contratos.

A inexistência de sistemas de controle interno ou a insuficiência e precariedade dos controles existentes é origem e causa de imensurável prejuízo para o erário e para

---

[218] GUIMARÃES, Edgar. *Controle das licitações públicas*. São Paulo: Dialética, 2002. p. 29.

o interesse público. A contrário senso, a existência de sistema eficaz de controle induz inelutavelmente à eficiência, legitimidade e economicidade.

8.7 Natureza jurídica do controle da execução contratual: controle interno, liquidação da despesa e instrumental como referência para aplicação de sanções e análise do histórico de desempenho

O controle da execução contratual é conduta inerente ao controle interno da Administração em sentido amplo.[219] "Interno é o controle exercido por órgãos da própria Administração, isto é, integrantes do aparelho do Poder Executivo".[220] Para alguns denominado de autotutela, o controle interno é objeto da Súmula nº 473 do Supremo Tribunal Federal, importante referência para o exercício do controle interno:

> A administração pode anular seus próprios atos, quando eivados de vícios que os tornam ilegais, porque deles não se originam direitos; ou revogá-los, por motivo de conveniência ou oportunidade, respeitados os direitos adquiridos, e ressalvada, em todos os casos, a apreciação judicial.

No que diz com a fiscalização da execução do contrato a Lei nº 14.133/21, como dito, faz referência ao que usualmente se denomina "prerrogativa de fiscalização". Parece mais adequado referir a uma prerrogativa de controle da execução do contrato, mais ampla e abrangente do que a fiscalização. O controle da execução do contrato é prerrogativa exorbitante que abarca inúmeras particularidades, dentre elas o poder de direção sobre o contratado particular. Sobre esse poder de direção, Marcelo Caetano explicita que

> Nos contratos de trabalho e nos que tenham por objeto a realização de obras públicas vai-se mesmo mais longe: a Administração não se limita a acompanhar as prestações, a verificar se estão conformes com as normas que as regulam e com o objeto do contrato, a aplicar sanções quando assim não sucede, pois exerce o poder de direção sobre a outra parte, à qual dá ordens e instruções sobre o modo de cumprir as obrigações assumidas. Há nestes casos uma subordinação do contraente particular à entidade pública, dentro do âmbito do contrato e de acordo com as regras disciplinadoras da execução deste.

É mesmo dedutível do sistema jurídico um poder de direção da execução contratual, integrante do complexo conjunto de ações de controle. Certo que os termos do contrato deveriam ser suficientes para, como um roteiro completo, orientar a sua execução. Contudo, sabe-se que, especialmente no caso de objetos mais complexos, é praticamente impossível a previsão de todos os eventos e situações técnicas de modo que em inúmeras ocasiões poderá haver lacunas que, se não colmatadas podem gerar prejuízos graves

---

[219] Sabe-se que o controle interno em sentido estrito é exercido por agentes públicos – auditores ou controladores internos – especialmente designados para o controle das condutas públicas, e não de particulares como atribuição principal. Contudo, quer parecer que a fiscalização da execução contratual, embora se dê sobre objeto diverso – conduta de particular – pode-se inserir na categoria de controle interno em sentido amplo.

[220] BANDEIRA DE MELLO, Celso Antônio. *Curso de Direito Administrativo*. 31. ed. São Paulo: Malheiros, 2014. p. 954.

ao interesse público. É sempre possível supor que haverá mais de uma maneira de executar uma mesma etapa ou obrigação contratual, cada qual com suas vantagens e desvantagens.

O controle da execução, para além de mera conduta de acompanhamento e aferição sobre a compatibilidade do que foi ou está sendo executado com o que foi pactuado, pressupõe conduta proativa de orientação e de direção para que o objeto seja executado nos estritos termos do que é necessário para atender integralmente o interesse público.

Maria João Estorninho, ao discorrer sobre o poder de direção da Administração Pública no controle da execução contratual, pondera que

> O fundamento do poder de direção reside também no papel de "guardiã do interesse público" que a Administração assume, mesmo quando celebra um contrato. Por mais explícitas e minuciosas que sejam as previsões contratuais ao particular coloca-se sempre a opção entre vários caminhos possíveis para cumprir uma determinada cláusula. Tem-se entendido que à Administração deve caber a faculdade de orientar a actuação do seu co-contratante, indicando qual o melhor caminho a seguir. Esta preocupação constante da doutrina, em ligar o exercício do poder de direção às tarefas de prossecução do interesse público da Administração, justifica-se, a meu ver, ela necessidade que os autores sentiram de legitimar aquela que lhes parecia ser mais uma prerrogativa do poder público, exorbitante em relação ao Direito Contratual Privado.[221]

O controle da execução contratual tem, pois, natureza jurídica de dever-poder da Administração contratante, que inclui o poder de direção.

Por outro ângulo, o controle da execução contratual integra uma das etapas da realização da despesa pública: a liquidação.

Dispõe o artigo 62 da Lei nº 4.320/64 que "o pagamento da despesa só será efetuado quando ordenado após sua regular liquidação".

Como preceitua Sergio Assoni Filho, "por trás da autorização de realização da despesa pública existe todo um processo de índole administrativa que é sequencial e multifásico, assim estabelecido: a) 1ª fase: empenho da despesa (com a respectiva nota de empenho, ressalvada sua dispensa prevista na própria legislação referente ao tema; b) 2ª fase: liquidação da despesa; c) 3ª fase: emissão da ordem de pagamento da despesa; d) 4ª fase: pagamento da despesa".[222]

Indica referido autor que

> A liquidação é a segunda fase do processo de realização da despesa pública, que diz respeito à apuração do valor exato a ser pago pelo Estado-administração, como antes mencionado, em virtude do comprometimento por ele assumido, pois é imprescindível que haja a compensação financeira pelo serviço que lhe foi prestado ou pelo bem que lhe foi fornecido. A verificação do montante devido ao fornecedor do bem ou ao prestador do serviço surge da necessidade de se dimensionar a contraprestação que incumbe ao Poder Público saldar, desde que constatado o implemento de uma condição: a concreta prestação do serviço ou

---

[221] ESTORNINHO, Maria João. *Requiem pelo Contrato Administrativo*. Coimbra: Almedina, 2003. p. 126.
[222] ASSONI FILHO, Sérgio. *Orçamentos públicos*: a Lei 4320/1964 comentada. São Paulo: Revista dos Tribunais, 2008. p. 188.

o efetivo fornecimento do bem, tanto nos moldes da avença que deu causa ao nascimento da relação obrigacional quanto em conformidade com o que dispõe a legislação vigente. Assim sendo, durante a fase de liquidação da despesa, há uma espécie de inspeção dos títulos e documentos que instruem todo o processo de sua realização, com o escopo de atestar se houve a observância dos recíprocos direitos e deveres que permeiam a relação contratual firmada entre a Administração Pública e seus fornecedores, podendo estes serem qualificados como credores daquela, na qualidade de legítimos destinatários do valor apurado, apenas se adimplirem na prática, suas obrigações.[223]

Confira-se a posição do Tribunal de Contas da União a respeito.

Pedido de reexame. Contrato. O registro da fiscalização é ato vinculado, fundamental para procedimentos de liquidação e pagamento dos serviços. É controle fundamental que a administração exerce sobre o contratado, o qual propicia aos gestores informações sobre o cumprimento do cronograma das obras e a conformidade da quantidade e qualidade contratadas e executadas. Provimento negado.
No entanto, na auditoria realizada no Programa Emergencial de Trafegabilidade e Segurança nas Estradas – Petse, no Estado do Paraná, nas obras da BR-476, entre o km 277,9 e o km 364,2, foi verificada a ausência de diário de obras; as empresas é que definiam os serviços realizados; não havia registro de serviços anteriores executados sobre o pavimento e não houve fiscalização da usina de asfalto.
O art. 67 determina que a execução do contrato deve ser acompanhada e fiscalizada por Representante da Administração que anotará, em registro próprio, todas as ocorrências pertinentes, mantendo os superiores devidamente informados.
O descumprimento do dispositivo, com a deficiente fiscalização da execução contratual, implicou a não correspondência dos serviços previstos com as necessidades dos respectivos trechos. Os serviços apresentados como executados eram "não apenas invariavelmente de custo superior ao efetivamente executado, como seus quantitativos estavam superdimensionados, conforme medições efetuadas pela equipe em uma amostra de um quilômetro de um trecho particularmente crítico da estrada.' (extraído do relatório de auditoria)
O registro da fiscalização, na forma prescrita em lei, não é ato discricionário. É elemento essencial que autoriza as ações subseqüentes e informa os procedimentos de liquidação e pagamento dos serviços. É controle fundamental que a administração exerce sobre o contratado. Propiciará aos gestores informações sobre o cumprimento do cronograma das obras e a conformidade da quantidade e qualidade contratadas e executadas.
Não há nenhuma inovação na exigência do acompanhamento da execução contratual. Inicialmente previsto no art. 57 do Decreto-lei 2.300/1986, revogado pela Lei 8.666/1993, que manteve a exigência em seu art. 67, esse registro é condição essencial à liquidação da despesa, para verificação do direito do credor, conforme dispõe o art. 63, §2º, inciso III, da Lei 4.320/1964. A falta desse registro, desse acompanhamento pari passu, propicia efetivamente possibilidade de lesão ao erário.
Essa a motivação da multa, cujo simbólico valor, de R$2.000,00, é proporcional à gravidade da infração cometida e representa pouco mais do que o valor mínimo fixado no art. 268, inciso I, do Regimento Interno.
9.1. conhecer do pedido de reexame e negar-lhe provimento (AC nº 0226-07/09-P);
Pedido de Reexame. Contrato. É passível de multa o responsável por fiscalização de obras que não cumpra as atribuições previstas no art. 67 da Lei 8.666/1993, uma vez que é formalidade essencial o

---
[223] Op. cit., p. 189.

registro de todas as ocorrências pertinentes à execução da obra como condição à liquidação da despesa, para verificação do direito do credor, conforme dispõe o art. 63, §2º, III, da Lei 4.320/1964. Negativa de provimento. Manutenção da multa.

1. É passível de multa responsável por fiscalização de obras que não cumpra as atribuições previstas no parágrafo único do art. 67 da Lei 8.666/1993.

2. É formalidade essencial o registro de todas as ocorrências pertinentes à execução da obra, mantendo os superiores devidamente informados, pelo representante da Administração, possibilitando o acompanhamento e fiscalização de todas as suas etapas e impedindo o superdimensionamento dos quantitativos e custos.

O recorrente alega que a ausência das ações estabelecidas no art. 67 da Lei 8.666/1993 não significaria, necessariamente, possibilidade de lesão ao interesse público, bem como o acompanhamento, por vezes informal, nem sempre seria o estritamente previsto no texto legal. As demandas operacionais o obrigavam a optar entre fiscalizar ou preencher formulários. No entanto, na auditoria realizada (...) foram verificadas as seguintes ocorrências: ausência de diário de obras; definição dos serviços realizados pelas próprias contratadas; inexistência de registro dos serviços anteriormente executados sobre o pavimento; e falta de fiscalização da usina de asfalto.

O art. 67 determina que a execução do contrato deve ser acompanhada e fiscalizada por representante da Administração, que anotará, em registro próprio, todas as ocorrências pertinentes, mantendo os superiores devidamente informados.

O descumprimento do dispositivo, com a deficiente fiscalização da execução contratual, implicou a não correspondência dos serviços previstos com as necessidades dos respectivos trechos. Os "serviços apresentados como executados eram não apenas invariavelmente de custo superior ao efetivamente executado, como seus quantitativos estavam superdimensionados, conforme medições efetuadas pela equipe em uma amostra de um quilômetro de um trecho particularmente crítico da estrada" (Acórdão nº 1.448/2006-Plenário, relatório).

O registro da fiscalização, na forma prescrita em lei, não é ato discricionário. É elemento essencial que autoriza as ações subsequentes e informa os procedimentos de liquidação e pagamento dos serviços. É controle fundamental que a administração exerce sobre o contratado. Propiciará aos gestores informações sobre o cumprimento do cronograma das obras e a conformidade da quantidade e qualidade contratadas e executadas. E, nesses termos, manifesta-se toda a doutrina e jurisprudência.

Não há nenhuma inovação na exigência do acompanhamento da execução contratual. Inicialmente previsto no art. 57 do Decreto-lei 2.300/1986, revogado pela Lei 8.666/1993, que manteve a exigência em seu art. 67, esse registro é condição essencial à liquidação da despesa, para verificação do direito do credor, conforme dispõe o art. 63, §2º, III, da Lei 4.320/1964. A falta desse registro, desse acompanhamento pari passu, propicia efetiva possibilidade de lesão ao erário.

9.1. conhecer do pedido de reexame para, no mérito, negar-lhe provimento (AC nº 0767-15/09-P);

O controle da execução contratual tem ainda natureza instrumental, como referência para a aplicação de sanções e para a análise do histórico de desempenho contratual da empresa contratada.

A dosimetria ou quantificação da pena a que faz jus o contratado em caso de infração contratual é uma das mais complexas definições no plano sancionatório. Uma sanção muito grave em relação à pouca gravidade da conduta pode ensejar a nulidade da pena, por vício de proporcionalidade. O controle periódico e adequado da execução do contrato, com o registro formal das ocorrências relevantes pode produzir a prova necessária para justificar as sanções aplicadas.

Igualmente, o controle periódico da execução do contrato é referência fundamental para análise do desempenho histórico da contratada. O desempenho na execução do contrato é um dos fatores que deve ser tomado em conta para autorizar as prorrogações de vigência dos contratos. Somente pode haver prorrogação de vigência do contrato se a execução atual for plenamente satisfatória. E o grau de excelência do desempenho somente pode objetivamente ser comprovado mediante controle adequado e registro formal das ocorrências.

Há ainda uma tendência instaurada pelo Regime Diferenciado de Contratações de avaliar e considerar o desempenho dos contratados para dois propósitos distintos. Primeiramente, prevê a Lei nº 12.462/10 a possibilidade de estabelecer remuneração variável conforme o desempenho do contratado. Nos termos do artigo 10 de dita lei, "na contratação das obras e serviços, inclusive de engenharia, poderá ser estabelecida remuneração variável vinculada ao desempenho da contratada, com base em metas, padrões de qualidade, critérios de sustentabilidade ambiental e prazo de entrega definidos no instrumento convocatório e no contrato".

Ainda, o desempenho contratual prévio pode ser utilizado como critério de desempate no processo licitatório, desde que exista sistema de avaliação instituído (art. 25, II).

O controle da execução contratual, em suma, tem natureza jurídica de dever-poder integrante do conjunto de atribuições inerentes ao controle interno em sentido amplo e constitui etapa nuclear e fundamental da realização da despesa pública (a liquidação), bem como tem natureza instrumental para o fim de dosimetria das sanções e aferição do desempenho histórico com vistas à prorrogação da vigência do contrato.

8.8 Protagonistas do controle interno da execução contratual

O controle da execução contratual é atribuição multidisciplinar e sistemática, vale dizer, deve envolver diversos setores administrativos e agentes públicos para que se dê em harmonia e consonância com os princípios que regem a Administração Pública.

A autoridade responsável pela contratação, os setores administrativo, técnico e jurídico, os gestores e os fiscais designados atuarão de forma racional, organizada e sistêmica para alcançar o desiderato do controle. Para tanto, recebem deveres e poderes da lei. Esses deveres e poderes inserem-se na denominada competência administrativa. A referência primeira para a atribuição do controle é a regra da competência.

Bem pondera Celso Antônio Bandeira de Mello que "a competência pode ser conceituada como o círculo compreensivo de um plexo de deveres públicos a serem satisfeitos mediante o exercício de correlatos e demarcados poderes instrumentais, legalmente conferidos para a satisfação de interesses públicos".[224] O agente público competente, então, é "o que recebe da lei o devido dever-poder para o desempenho de

---
[224] Op. cit., p. 148.

suas funções".[225] A delimitação da competência é o fator elementar para a análise das funções essenciais de controle da execução do contrato.

A competência é o conjunto de deveres, responsabilidades, encargos, direitos e deveres determinados pela lei ou pela Constituição para um agente público, órgão ou entidade pública que deverá exercê-los com probidade, eficácia, moralidade, economicidade e eficiência. O controle da execução contratual é atribuição que se exerce no cumprimento de competência administrativa. Pode ser ela titularizada por um órgão ou entidade ou por um agente público. Esta atribuição de controle, como antes visto, é multipessoal, multisetorial e multidimensional. Contudo, o controle em específico das obrigações principais e das obrigações acessórias assumidas pelo contratado, bem como do cumprimento dos objetivos atribuídos por Lei para a contratação pública será exercido em concreto pelos agentes que titularizarem as funções essenciais de gestor e de fiscal da contratação.

Para os fins propostos nesta análise se tratará do controle da execução contratual como atribuição no exercício de competência legal outorgada a quatro protagonistas distintos: a autoridade responsável pela contratação, o órgão de controle interno, o gestor e o fiscal.

8.8.1 Autoridade responsável pela contratação

A autoridade responsável pela contratação é a "autoridade competente" a quem inúmeras vezes faz referência a Lei Geral de Licitações. Essa autoridade será aquela a quem a lei atribuir tal competência. Autoridade, nos termos da Lei, é o agente público dotado de poder de decisão (art. 6º, VI). Num amplo sentido, a autoridade responsável pela contratação será sempre a autoridade máxima do órgão ou entidade pública, aquela pessoa física que detém a competência de representação e, pois, a capacidade jurídica para assumir e contrair direitos e obrigações em nome da pessoa jurídica de direito público ou de direito privado, Poder ou mesmo órgão ou entidade despersonalizado, quando for o caso.

Casos há, entretanto, que a lei autoriza que a responsabilidade pela contratação seja compartilhada entre a autoridade máxima do órgão ou entidade e com outras autoridades hierarquicamente inferiores. Esse compartilhamento de competência ou de responsabilidade pode ser deduzido diretamente da lei ou decorrer de delegação de poderes. Nem sempre, portanto, a autoridade máxima do órgão ou entidade pública será a responsável direta pela contratação. Tal seria o caso do Poder Executivo, que tem no Presidente, Governador ou Prefeito a autoridade máxima e celebra contratos em nome da pessoa jurídica de direito público por intermédio dos ministros e secretários de Estado ou dos Municípios.

À autoridade responsável pela contratação cumprem as decisões de instaurar a licitação, homologar o certame, autorizar e assinar o contrato, a supervisão e direção da relação contratual, autorizar e celebrar alterações na execução do contrato, autorizar e celebrar termos aditivos objetivando a revisão do contrato, autorizar reajustes e repactuações, rescindir o contrato e aplicar sanções. Esse conjunto de atribuições –

---
[225] *Op. cit.*, p. 63.

competência – somente pode ser delegado em face de disposição normativa expressa que assim autorize, pena de ilegalidade do ato praticado por quem não a detenha.

Esse agente público enfeixa, portanto, tanto o controle da execução contratual propriamente dita – conduta do particular contratado – como o controle da atuação dos agentes públicos e setores administrativos e técnicos que atuam na fiscalização e na gestão do contrato. No que tange ao controle da execução dos contratos, a ela compete, entre outras:

a) designar os agentes para funções de controle de acordo com os critérios previstos no art. 7º da Lei nº 14.133/21;
b) implementar processos e estruturas de controle interno (art. 11, parágrafo único);
c) em caso de obras e serviços de engenharia, aprovar etapa de execução de etapas anteriores para fins de execução das etapas posteriores (art. 46, §6º);
d) pronunciar a nulidade do processo licitatório, indicando expressamente os atos com vícios insanáveis, tornando sem efeito todos os subsequentes que deles dependam e dar ensejo à apuração de responsabilidade de quem lhes tenha dado causa (art. 71, º 1º);
e) autorizar processo de contratação direta (art. 72, VIII);
f) exigir garantia de execução nas contratações de obras, serviços e fornecimentos (art. 96);
g) atestar a vantagem econômica de celebração de contratos plurianuais (art. 106, I);
h) atestar que as condições e os preços permanecem vantajosos para a Administração para fins de prorrogação decenal dos contratos de prestação e de fornecimentos contínuos (art. 107);
i) emitir autorização fundamentada para a extinção unilateral dos contratos (art. 138, §1º);
j) alterar, justificadamente, a ordem cronológica de pagamentos devidos aos contratados (art. 141, §1º);
k) declarar a nulidade de contrato (art. 148, §2º);
l) aplicar sanções pelo cometimento de infração legal ou contratual (art. 156);
m) desconsiderar a personalidade jurídica para fins de atribuição de efeitos de sanção (art. 160);
n) reabilitar licitante ou contratado (art. 163);
o) decidir recursos (art. 165, §2º);

8.8.2 Órgão de controle interno

O controle interno da Administração, como acima já dito, integra a noção ampla de sistema de controle interno de que trata a Constituição Federal no artigo 74.[226] Como preceitua Rodrigo Pironti Aguirre de Castro:

> O controle interno, por sua vez, é parte integrante do sistema de controle interno, tem pois, atuação técnica limitada ante a gama de procedimentos possíveis dentro desse sistema. Constitui, pois, uma responsabilidade do administrador da coisa pública e deriva do dever-poder que a Administração detém de rever seus próprios atos e a conduta de seus agentes.Reflete a especialização do controle administrativo ou executivo, donde o poder de fiscalização é exercido pela própria Administração Pública sobre seus atos, decorrente do poder de autotutela administrativa, conforme reconhece o Poder Judiciário quando

---

[226] "Art. 74. Os Poderes Legislativo, Executivo e Judiciário manterão, de forma integrada, sistema de controle interno com a finalidade de:

preconiza na Súmula 473 do Supremo Tribunal Federal verbis: "A administração Pública pode anular os seus próprios atos, quando eivados de vícios que o tornem ilegais, porque deles não se originam direitos, ou revogá-los por motivo de conveniência e oportunidade, respeitados os direitos adquiridos e ressalvada, em todos os casos, a apreciação judicial".[227]

Para o autor referido, pode-se "resumir a noção de controle interno como sendo um conjunto de métodos, processos e recursos empregados pela própria estrutura interna de produção do ato, com vistas a impedir o erro, a fraude, a ineficiência para realizar com plenitude a legalidade almejada da atuação administrativa".[228]

O órgão de controle interno tem atribuições relevantíssimas no processo de controle da execução contratual. Pode-se dizer que sua atuação seria metaforicamente de análise "do ciclo de vida" ou do "berço ao túmulo"[229] do processo da contratação pública orientada à prevenção e à correção de desvios que possam afetar ou prejudicar o interesse público, tornando ilegal, ilegítima ou antieconômica a ação administrativa orientada à satisfação da necessidade pública pela via contratual. A participação do órgão (agente público ou setor designado) deve ser proativa, não apenas de acompanhamento para controle de irregularidades, mas decisivamente para exercer também a função de orientação, para sugerir, aconselhar e propor a conduta administrativa que melhor se ajuste à lei e aos interesses públicos almejados pelo órgão ou entidade.

Cabe ao controle interno garantir a execução das normas e produzir ações repressivas direcionadas a desfazer atos ilegítimos, ilegais ou antieconômicos. Contudo, é fundamental que o controle interno atue de forma eficaz e eficiente no sentido da prevenção. A prevenção da conduta irregular, ilegítima ou antieconômica deve ser o propósito primeiro da ação de controle interno, o que deve fazer por meio de ações didáticas de orientação, em caráter de colaboração com as demais unidades administrativas.

Parcela relevante e fundamental da conduta do controle interno é a de inspeção, vigilância, supervisão e monitoramento da execução contratual, objetivando identificar e corrigir desvios antes que se convertam em resultados lesivos, materiais ou jurídicos, para a Administração Pública. Essa ação proativa se dará pela atuação em regime de mútua e intensa colaboração com o gestor e com o fiscal da execução contratual, de modo a produzir efetivos e concretos resultados em prol da excelência da contratação.

O órgão de controle interno exercerá a sua competência em caráter prévio, concomitante ou posterior às condutas administrativas a ele submetidas. Compete ao controle interno, dentre outras atribuições, no que diz com o controle da execução

---

I – avaliar o cumprimento das metas previstas no plano plurianual, a execução dos programas de governo e dos orçamentos da União;
II – comprovar a legalidade e avaliar os resultados, quanto à eficácia e eficiência, da gestão orçamentária, financeira e patrimonial nos órgãos e entidades da administração federal, bem como da aplicação de recursos públicos por entidades de direito privado;
III – exercer o controle das operações de crédito, avais e garantias, bem como dos direitos e haveres da União;
IV – apoiar o controle externo no exercício de sua missão institucional".

[227] CASTRO, Rodrigo Pironti Aguirre de. *Sistema de controle interno*: uma perspectiva do modelo de gestão pública gerencial. Belo Horizonte: Fórum, 2007. p. 154.
[228] *Op. cit.*, p. 155.
[229] Expressão familiar à sustentabilidade no que diz com o ciclo de vida dos produtos e serviços – análise dos efeitos desde a produção/extração até a destinação final pós-consumo.

contratual: (i) supervisão de todos os atos administrativos editados; (ii) aferir se o fiscal designado detém as condições pessoais e técnicas para bem exercer a função; (iii) aferir se o órgão ou entidade conta com sistema eficaz de gestão e de controle de execução contratual; (iv) informar periodicamente os agentes públicos designados para as posições jurídicas de gestão e de fiscalização acerca do entendimento dos Tribunais de Contas; (v) aferir acerca da legalidade e da legitimidade dos atos e decisões praticados no planejamento – fase interna – da licitação; (vi) aferir a regularidade e legitimidade da disputa licitatória; (vii) acompanhamento e orientação técnica na fase de execução do contrato; (viii) aferição da legalidade e da legitimidade do recebimento definitivo do objeto; (ix) receber denúncias e representações relativas a irregularidades na execução contratual ou na conduta de agentes públicos com ela envolvidos; (x) comunicar, na forma do artigo 74 da Constituição Federal, à autoridade superior e ao Tribunal de Contas qualquer irregularidade de que tenha conhecimento, pena de responsabilidade solidária.

8.8.3 Gestor do contrato

Ato de gestão é ato de gerenciamento, supervisão, coordenação, comando ou direção. Gestor do contrato é, pois, o agente público que recebe da lei a competência para tais funções. O gestor é responsável pela administração da relação jurídico-contratual.

A Lei nº 14.133/21 tem apenas uma referência expressa à figura jurídica do gestor de contrato, ao determinar que a Administração deverá editar regulamentos internos dispondo sobre as suas atribuições (art. 8º, §3º). Neste citado dispositivo legal, faz a Lei referência à figura do fiscal de contrato. Assim, por dedução lógico-jurídica, tem-se que convivem no ordenamento jurídico as duas figuras jurídicas, de fiscal de contrato e de gestor de contrato, com competências e atribuições distintas.

É certo e inconteste que cabe à autoridade competente a promoção de atos decisórios no curso da relação jurídico-contratual. Os atos de gestão que contenham cunho decisório ou sejam praticados no exercício de representação legal são da competência da autoridade responsável pela contratação, como os referidos atos de celebração do contrato, termos aditivos, rescisão ou aplicação de sanções.

Não se pode confundir, contudo, atos de representação legal ou de cunho decisório, com atos de supervisão ou de gerenciamento, que nem sempre implicarão decisão ou representação legal. Aqueles são de titularidade exclusiva (salvo casos de delegação legalmente autorizados) da autoridade competente. Já as atribuições de gestão operacional ou administrativa da execução contratual que não implicarem exercício de representação legal ou conteúdo decisório podem ser exercidas por agentes públicos ou setores administrativos designados para tal, sem que se possa cogitar de invasão de competência estrita da autoridade competente ou superior do órgão ou entidade pública.

A referência a gestor do contrato pode ser feita, então, apenas para indicar agente público ou setor administrativo a quem compete a supervisão ou o gerenciamento da execução contratual, sem a prática de atos que são de atribuição da autoridade competente de que trata a lei.

O gestor de contrato é o administrador da relação contratual, com atuação durante toda a vigência do contrato, e competência para a prática de atos decisórios necessários para assegurar o eficiente, eficaz e econômico fluxo processual, desde o início da execução até a extinção contratual. A Instrução Normativa nº 05/17, expedida pela Secretaria de Gestão do Ministério do Planejamento apresenta um conceito atemporal de gestão de contratos como sendo "a coordenação das atividades relacionadas à fiscalização técnica, administrativa, setorial e pelo público usuário, bem como dos atos preparatórios à instrução processual e ao encaminhamento da documentação pertinente ao setor de contratos para formalização dos procedimentos quanto aos aspectos que envolvam a prorrogação, alteração, reequilíbrio, pagamento, eventual aplicação de sanções, extinção dos contratos, dentre outros".

Devido às suas particulares naturezas jurídica e material, é preciso segregação de funções entre gestão de contrato e fiscalização do contrato, assim, para estas duas atribuições, simultaneamente em relação ao mesmo contrato, não pode ser designado o mesmo agente público.

O controle da execução contratual envolve aspectos jurídicos, técnicos e administrativos relativos ao conjunto dos encargos contratualmente fixados. Tome-se, por exemplo, um contrato de obra pública. O objeto principal que constitui a substância e o núcleo essencial do contrato é a realização da obra. Essa, porém, não é a única obrigação do contratado. A ele cabe também cumprir os prazos, realizar os pagamentos devidos aos seus empregados, respeitar a legislação, prestar as informações e fornecer os documentos que lhe forem solicitados, manter as condições de habilitação demonstradas na licitação, entre outras obrigações. Controlar todas as dimensões que constituem o encargo contratual pode ser tarefa bastante complexa a demandar atuação pública de ordem multidisciplinar – diversos setores e agentes públicos podem ser demandados a contribuir para com o adequado controle da execução do contrato.

Deve-se admitir que a gestão do contrato implica também a condução e gerenciamento do próprio processo de controle e dos agentes públicos e setores técnicos e administrativos nele envolvidos.

Ao gestor do contrato compete também a supervisão da atuação dos servidores designados para a fiscalização (do objeto específico e das obrigações acessórias), conforme já decidiu o Tribunal de Contas da União:

> *As boas práticas administrativas impõem que as atividades de fiscalização e de supervisão de contrato devem ser realizadas por agentes administrativos distintos (princípio da segregação das funções), o que favorece o controle e a segurança do procedimento de liquidação de despesa.*
> Pedidos de Reexame interpostos por gestores da Superintendência Regional do Departamento Nacional de Infraestrutura de Transportes no Estado do Paraná (Dnit/MT) requereram a reforma de deliberação do TCU pela qual os responsáveis foram condenados ao pagamento de multa em razão, dentre outras irregularidades, da "emissão fraudulenta dos Boletins de Desempenho Parciais, a partir da inclusão de dados falsos no Sistema de Acompanhamento de Contratos (SIAC)". Ao analisar o ponto, o relator, reiterando o exame realizado pelo relator a quo, consignou que houve "irregularidades nos procedimentos de aprovação das medições, no tocante à identificação dos verdadeiros responsáveis pela fiscalização dos contratos e à segregação de funções no que tange a essa atividade". Destacou que a fiscalização empreendida pelo Dnit nos contratos envolvidos "não cumpriu os normativos internos do próprio órgão nem as portarias de designação de fiscalização". Nesse sentido, ressaltou o relator que quem atestou a execução dos serviços não foi o fiscal designado pelo órgão, mas o

Chefe do Serviço de Engenharia, "que, além de não comparecer a campo para verificar a real execução das obras, deixou de exercer o trabalho de supervisão do fiscal, conforme impõe o Regimento Interno e o princípio da segregação de funções". Em relação a alegação dos recorrentes de que "a superintendência do DNIT participou apenas da fase de liquidação, sendo as demais fases da despesa (empenho e pagamento) realizadas por outras áreas", ressaltou o relator que a segregação das etapas de liquidação e pagamento "não elimina a necessidade, inclusive por imposição regimental, de separação das atividades de fiscalização e atesto dos serviços realizados e, em seguida, de supervisão dos trabalhos anteriores". Por fim, concluiu pela improcedência das alegações recursais quanto ao ponto, consignando que "as boas práticas administrativas, impõem que as atividades de fiscalização, descritas na Norma Dnit 097/2007 – PRO, e de supervisão, conforme o Regimento Interno do Dnit, devem necessariamente ser realizadas por agentes administrativos distintos, o que favorece o controle e, portanto, a segurança do procedimento de liquidação de despesa". Seguindo o voto da relatoria, o Plenário do Tribunal manteve a sanção imposta aos recorrentes (Acórdão nº 2.296/2014-Plenário, TC nº 001.359/2009-2, relator Ministro Benjamin Zymler, 3.9.2014).

Pode-se definir gestão do contrato como a conduta administrativa de controle e direção, gerenciamento e supervisão dos agentes públicos e setores administrativos designados para acompanhar a execução, e dos particulares contratados destinada a conferir se o conjunto das obrigações contratuais recíprocas estão sendo ou foram cumpridas, bem como de orientação quanto à forma de realização de tais prestações.

Cabem ao gestor do contrato as seguintes atribuições, dentre outras: (i) controlar, dirigir e supervisionar as ações dos agentes públicos e setores designados para a fiscalização contratual; (ii) editar normas e manuais para orientar agentes públicos e particulares contratados quanto aos procedimentos ajustados à excelência da execução; (iii) receber, sistematizar e armazenar (arquivar) todas as informações relevantes e pertinentes à execução contratual; (iv) sistematizar e arquivar as informações produzidas pela fiscalização no tocante ao desempenho do contratado; (v) exercer o controle do cumprimento de todas as obrigações contratuais; (vi) controlar o prazo de execução e o prazo de vigência do contrato; (vii) produzir manifestações acerca das alterações contratuais, revisões, reajustes e repactuações, contribuindo para a tomada de decisão por parte da autoridade competente.

Como não há previsão legal da figura do "gestor" do contrato, pode-se defender que sua existência, com essa designação, na estrutura administrativa não é compulsória.

Procede tal conclusão. O que determina a lei é que haja a designação pela Administração Pública de um representante para acompanhar e fiscalizar a execução do contrato, e não a designação de um gerente ou supervisor da relação contratual.

Porém, as atribuições de gerência, direção ou supervisão transcendem em muito as de fiscalização e de acompanhamento, o que leva a concluir que, se não houver a designação de um gestor do contrato, assumirá essa posição jurídica a autoridade responsável pela contratação, não parecendo, contudo, correto afirmar que o gestor do contrato será sempre e necessariamente essa autoridade pública.

8.8.3.1 Atribuições, em espécie, do gestor do contrato

Gestor do contrato tem atribuições de administração ou de gerência do contrato. É fundamental que o órgão ou entidade pública disponha de norma específica disciplinando as atribuições de gestão do contrato, como determina a Lei (art. 8º, §3º).

Da experiência cotidiana com gestão de contratos observa-se que as atribuições de gestor de contrato, dentre outras, podem ser referidas como:

a) colher e registrar as informações relevantes acerca dos contratos celebrados pela organização pública, como: vigência, prorrogações, alterações contratuais, limites para alterações, ocorrências de execução, entre outras, para fundamentar decisões administrativas;
b) elaborar e implementar plano de gestão dos contratos;
c) adotar sistemas informatizados de controle da execução contratual, se possível;
d) avaliar a possibilidade jurídica e os requisitos para: alterações contratuais, renovações e prorrogações contratuais, apuração de responsabilidade pelo cometimento de infrações, solução de controvérsias entre as partes contratantes;
e) produzir o acompanhamento eficaz e eficiente dos prazos de execução e de vigência contratual, de modo a evitar contratações de urgência para substituir execução contratual extinta;
f) avaliar a possibilidade jurídica e os requisitos para a recomposição do equilíbrio econômico-financeiro do contrato por intermédio de revisões, reajustes ou repactuação;
g) supervisionar e orientar a atuação dos agentes públicos encarregados da fiscalização em concreto da execução contratual;
h) avaliar a oportunidade ou necessidade de extinção dos contratos, sob o prisma do interesse público;
i) coordenar, comandar e acompanhar a execução do contrato agindo de forma proativa e preventiva;
j) zelar pelo cumprimento das normas regência e das disposições contratuais expressas;
k) exigir, mediante notificação formal, a obrigação do contratado de reparar, corrigir, remover, reconstruir ou substituir, a suas expensas, no total ou em parte, o objeto do contrato em que se verificarem vícios, defeitos ou incorreções resultantes de sua execução ou de materiais nela empregados.
l) emitir ordens de fornecimento ou de serviço, quando for o caso;
m) coordenar o gerenciamento dos riscos de execução contratual, com as atualizações de mapa a depender da modificação da realidade empírica;
m) avaliar causas que podem produzir inexecução parcial ou total do contrato, inclusive no que tange a atrasos.

8.8.4 Fiscal do contrato

Os fiscais da execução contratual são servidores expressamente designados para aferir o cumprimento da obrigação principal ou de obrigação acessória determinadas na avença. Enquanto o gestor do contrato enfeixa competências mais amplas (para, por exemplo, abarcar o poder de direção), o fiscal tem atribuições de ordem mais específica e operacional. Cabe a ele verificar, diuturnamente, se o objeto da contratação está sendo ou foi executado satisfatoriamente, nos termos do contrato firmado.

A lei determina (art. 117 da Lei nº 14.133/21) que "a execução do contrato deverá ser acompanhada e fiscalizada por 1 (um) ou mais fiscais do contrato, representantes da Administração especialmente designados conforme requisitos estabelecidos no art. 7º desta Lei, ou pelos respectivos substitutos". Independentemente do objeto contratado, qualquer execução contratual demanda controle. O que pode variar é a intensidade e a forma dele. Mesmo os contratos que objetivam a aquisição de bens, com pronta entrega, podem conter obrigações acessórias que demandam controle de qualidade da prestação, como controle de processo produtivo, cumprimento de normas ambientais no transporte ou disposição final dos resíduos gerados pela contratação – destinação final de embalagens ou envoltórios para proteção no transporte.

O controle de tais obrigações acessórias transcende o controle sobre a execução do objeto específico da contratação, mas não pode ser descurado pela Administração.

A depender de determinados objetos, certas obrigações acessórias, se descumpridas, podem produzir lesão mais grave ao interesse público do que o próprio descumprimento da obrigação principal – o transporte inadequado de produtos perigosos ou tóxicos, as ações de destinação final dos resíduos sólidos ou líquidos gerados pelo cumprimento da obrigação principal, ou mesmo, as ações de logística reversa ilegais ou inadequadas.

Assim, pode-se afirmar que a fiscalização da execução que compete ao servidor designado na forma da lei não compreende apenas o objeto específico que constitui o núcleo essencial do contrato, mas deve incidir também sobre obrigações acessórias e instrumentais. Mesmo nos casos de aquisições com pronta entrega do objeto, não deve a ação pública se resumir ao controle de qualidade do estrito objeto, mas a todos os aspectos e dimensões da contratação – todos elementos do encargo.

Fiscalização da execução contratual, em conceituação atemporal, é "o acompanhamento com o objetivo de avaliar a execução do objeto nos moldes contratados e, se for o caso, aferir se a quantidade, qualidade, tempo e modo da prestação dos serviços estão compatíveis com os indicadores de níveis mínimos de desempenho estipulados no ato convocatório, para efeito de pagamento conforme o resultado".[230]

A práxis administrativa levou à concepção pela distinção de algumas categorias específicas de fiscalização:[231]

> II – Fiscalização Técnica: é o acompanhamento com o objetivo de avaliar a execução do objeto nos moldes contratados e, se for o caso, aferir se a quantidade, qualidade, tempo e modo da prestação dos serviços estão compatíveis com os indicadores de níveis mínimos de desempenho estipulados no ato convocatório, para efeito de pagamento conforme o resultado, podendo ser auxiliado pela fiscalização de que trata o inciso V deste artigo;
> III – Fiscalização Administrativa: é o acompanhamento dos aspectos administrativos da execução dos serviços nos contratos com regime de dedicação exclusiva de mão de obra quanto às obrigações previdenciárias, fiscais e trabalhistas, bem como quanto às providências tempestivas nos casos de inadimplemento;

---

[230] IN nº 05/17, art. 40, I.
[231] IN nº 05/17, art. 40, II, III, IV, V,

IV – Fiscalização Setorial: é o acompanhamento da execução do contrato nos aspectos técnicos ou administrativos, quando a prestação dos serviços ocorrer concomitantemente em setores distintos ou em unidades desconcentradas de um mesmo órgão ou entidade; e
V – Fiscalização pelo Público Usuário: é o acompanhamento da execução contratual por pesquisa de satisfação junto ao usuário, com o objetivo de aferir os resultados da prestação dos serviços, os recursos materiais e os procedimentos utilizados pela contratada, quando for o caso, ou outro fator determinante para a avaliação dos aspectos qualitativos do objeto.

Não há previsão legal para espécies de fiscalização de execução contratual. Relevante é considerar que um contrato administrativo é composto, como antes já dito, de um conjunto de obrigações, principais e acessórias. A depender do objeto, uma obrigação acessória pode ter mais relevância e valor significativo do que uma obrigação principal, como se dá nas relações contratuais que envolvem dedicação exclusiva de mão de obra – a comprovação do cumprimento de obrigações de natureza trabalhista, por força do risco de responsabilização subsidiária tem mais relevância do que a obrigação de limpeza, por exemplo.

A depender da natureza das obrigações e dos riscos envolvidos na execução do contrato pode-se cogitar de fiscalização ambiental, tributária, de integridade, entre outras.

O fiscal do contrato informará a seus superiores, em tempo hábil para a adoção das medidas convenientes, a situação que demandar decisão ou providência que ultrapasse sua competência (art. 117, §2º). Este dever é elementar para a adoção, em tempo oportuno, de condutas administrativas que exigem atuação de autoridade à qual está subordinado o agente encarregado da fiscalização. Dentre as situações que exigem comunicação à autoridade superior é a de necessidade de produção de alteração na execução contratual, que demanda termo aditivo prévio como condição de eficácia e de execução material – do objeto pretendido com a alteração. A comunicação oportuna de ocorrências relevantes é indispensável para a oportuna instauração de processo de apuração de responsabilidade pelo cometimento de infrações. A omissão de informar pode resultar na prescrição da pretensão punitiva, nos termos do art. 158, §4º da Lei.

Para o fiel desempenho de suas atividades o fiscal do contrato tem a faculdade de solicitar o assessoramento dos órgãos de assessoramento jurídico e de controle interno da Administração, que deverão dirimir dúvidas e subsidiá-lo com informações relevantes para prevenir riscos na execução contratual. Esta solicitação deve ser formal. Quando provocados pelo fiscal de contrato, é obrigatória a manifestação, no âmbito de cada respectiva competência, pelos órgãos de assessoramento jurídico e de controle interno.

8.8.4.1 Da designação do fiscal

A cada contratação corresponderá um servidor especialmente designado para fiscalizá-la. A designação se dará pela forma e requisitos previstos no art. 7º da Lei nº 14.133/21. Deve, então, ser exarado um ato administrativo, geral ou específico, indicando e qualificando o servidor público a quem competirá a fiscalização. Enquanto o gestor do contrato tem atribuição de gerência, direção e supervisão, o fiscal tem atribuições técnico-operacionais mais específicas e tópicas.

É fundamental, para pleno exercício do poder hierárquico e apuração de responsabilidade que, para cada contrato firmado seja designado um servidor para fiscalizá-lo. Não há vedação legal para que tal designação recaia sobre uma comissão (dois ou mais servidores). Em alguns casos, de acordo com a complexidade do objeto ou da contratação, é mesmo recomendável.

Em regra, qualquer servidor público pode ser designado para acompanhar e fiscalizar a execução de contrato. Contudo, há particularidades que devem ser respeitadas, a depender da natureza da contratação.

O primeiro limite para a designação de um servidor para fiscalizar a execução contratual decorre da lei. A fiscalização de certos objetos é de atribuição específica de determinada categoria profissional. Tome-se, por exemplo, o caso de obras e serviços de engenharia. A Lei nº 5.194/66 reserva aos engenheiros, arquitetos e engenheiros agrônomos determinadas atividades e atribuições, entre elas, a fiscalização de obras ou de serviços técnicos:[232]

> Art. 7º As atividades e atribuições profissionais do engenheiro, do arquiteto e do engenheiro-agrônomo consistem em:
> e) fiscalização de obras e serviços técnicos;
> f) direção de obras e serviços técnicos;
> g) execução de obras e serviços técnicos;

Somente pode ser designado para fiscalizar e acompanhar obras e serviços de engenharia um servidor público que tenha formação técnica e esteja habilitado para o exercício da profissão, na forma da lei (com inscrição no CREA, por exemplo). Como no caso da lei que rege as profissões de engenheiro, arquiteto e engenheiro agrônomo, há diversas outras atividades e atribuições profissionais que são privativas de determinado segmento técnico-profissional. Cabe à Administração Pública identificar qual o segmento técnico deve ser envolvido na fiscalização e aferir se tal segmento é de atuação privativa de uma determinada categoria profissional, pena de designar alguém para acompanhar e fiscalizar a execução do contrato que atuará no exercício irregular de profissão, o que pode, em tese, inclusive ser tipificado como contravenção penal.[233]

O segundo limite é a regra da competência. Como regra, o servidor a ser designado para a fiscalização na forma da lei será titular de cargo público ou de emprego público. Competência, já se viu antes, é o conjunto de atribuições, encargos, deveres e poderes que a lei ou a Constituição nomeiam para alguém, seja uma pessoa jurídica, seja uma pessoa física, ou mesmo órgão ou entidade pública despersonalizada.

O representante da Administração, para acompanhar e fiscalizar a execução do contrato, será, invariavelmente, uma pessoa titular de cargo ou de emprego público.

"Cargos são as mais simples e indivisíveis unidades de competência a serem expressadas por um agente (...)" enquanto "empregos públicos são núcleos de

---

[232] Ver também Resolução nº 218 do CONFEA, que relaciona as atividades inerentes aos profissionais da área de engenharia.
[233] Decreto-Lei nº 3.688/41: "Art. 47. Exercer profissão ou atividade econômica ou anunciar que a exerce, sem preencher as condições a que por lei está subordinado o seu exercício".

encargos de trabalho permanentes a serem preenchidos por agentes contratados para desempenhá-los, sob relação trabalhista".[234]

Ambos, cargos e empregos públicos, enfeixam atribuições, deveres e poderes (competência). Vale dizer que o servidor público ou o empregado público (expressão reservada para os titulares de emprego no âmbito da Administração indireta, à exceção das autarquias) é titular de direitos e obrigações inerentes à posição jurídica na qual se insere na organização pública. Entre tais direitos está o de não ser submetido a atribuição ou função que não esteja prevista no rol daquelas inerentes ao cargo ou emprego público que titulariza. A atuação do servidor ou empregado público fora do espectro de atribuições de seu cargo ou emprego caracteriza o desvio de função.

Em razão do princípio da legalidade administrativa, o agente público somente pode realizar aquilo expressamente autorizado em lei. Tal se dá com as atribuições de cargo público ou de emprego público (embora se reconheça que nesses casos trata-se também de atribuição prevista em contrato de trabalho). Se o agente público atua ou é designado para atuar no desempenho de atribuição não prevista no rol de deveres do seu cargo ou emprego público, atuará ilegalmente – em desvio de função.[235]

O agente público somente pode ser designado para acompanhamento e fiscalização de execução de contrato quando tal designação não implicar o desvio de função. Para aferir se há potencialidade de desvio de função, é preciso contrastar as atribuições do cargo ou do emprego público (previstas em lei ou no contrato de trabalho) com referidas tarefas de acompanhamento e de fiscalização. Se houver compatibilidade, a designação será legítima e regular. Do contrário, não pode ser feita, a não ser em caráter transitório ou emergencial.

O terceiro limite para a designação de agente público para a função de acompanhamento e de fiscalização contratual é a capacitação técnica específica.

Há determinados objetos contratuais extremamente complexos, que envolvem certa e específica técnica, e não estão legalmente designados para uma categoria profissional, como os serviços de informática ou de tecnologia de informação e alguns serviços de consultoria, entre outros. Embora não submetidos à regulação de nenhuma entidade profissional e nem privativos de uma categoria profissional, são complexos e demandam elevada capacidade técnica do agente a quem for designado o controle e a fiscalização.

Nesses casos, é fundamental que o agente público a ser designado para a função de fiscalização detenha a capacitação técnica específica e suficiente para bem exercer sua missão.

O fiscal deve ser orientado e capacitado para o regular exercício da função, e, especialmente, deve ter pleno conhecimento do instrumento convocatório, dos termos do contrato e de seus anexos, como o termo de referência e o projeto básico.

O quarto limite é de ordem mais subjetiva, mas não menos importante. O agente público que for designado para o acompanhamento e para a fiscalização travará inúmeras e por vezes complexas e difíceis relações intersubjetivas.

---

[234] BANDEIRA DE MELLO, Celso Antônio, *op. cit.*, p. 260-261.
[235] No plano federal, a Lei nº 8.112/90 dispõe no artigo 117 que "ao servidor é proibido: XVII – cometer a outro servidor atribuições estranhas ao cargo que ocupa, exceto em situações de emergência e transitórias".

É preciso, então, que o agente público, para bem exercer a função de fiscalização, seja portador de importantes características pessoais, como facilidade de comunicação e ao menos certa capacidade de liderança, entre outras. Sequer se cogita de indicar que o agente público deva ser portador de características como probidade ou honestidade, uma vez que tais atributos são premissa obrigatória para titularizar cargo ou emprego público.

8.9 Responsabilidade da autoridade competente, do gestor e do fiscal por vícios na execução contratual

O controle da execução contratual é um dever-poder da Administração Pública. No plano da Administração Pública, os deveres legalmente impostos são de cumprimento obrigatório, logo, não há faculdade de controlar ou não a execução dos contratos celebrados pelo Poder Público. A falta de controle pode tornar a licitação e todas as cautelas havidas quando do seu planejamento sem sentido jurídico. Todo o almejado quando da configuração do contrato e as cautelas na escolha do contratado pode se perder, e, em consequência, o próprio interesse público pode sofrer prejuízo quando não se dá à execução do contrato a devida e adequada atenção material e jurídica por intermédio do acompanhamento e da fiscalização.

Descurar do dever de controlar a execução contratual é uma das mais graves infrações que pode cometer o administrador público, eis que caracteriza descumprimento de dever legal.

Visto que há, de fato, quatro potenciais protagonistas no âmbito do controle da execução do contrato: a autoridade responsável pela contratação, o órgão de controle interno, o gestor e o fiscal do contrato, cada qual enfeixa deveres ínsitos à sua competência legal que devem ser exercidos com eficiência e eficácia.

A primeira infração que podem cometer tais agentes públicos diz respeito à omissão em exercer a prerrogativa de controle da execução judicial. Os agentes públicos que detêm tal prerrogativa têm obrigação legal de exercê-la. Se não a exerce, ou a exerce de forma irregular, causando prejuízo ao patrimônio público e ao interesse público, por isso responderá. Pode responder por conduta comissiva (ação) ou por conduta omissiva (omissão).

Responderá por dolo o agente público que intencionalmente deixar de exercer o controle que lhe foi designado por lei ou por ordem hierárquica, objetivando ou não causar prejuízo para a Administração Pública. Trata-se de infração de mera conduta, não demandando ocorrência de resultado lesivo para que se evidencie.

Pode ainda o agente público que deixa de realizar ou determinar o controle da execução contratual, quando obrigado a tal, responder por culpa. O tipo culposo caracteriza-se pelo "desatendimento ao cuidado objetivo exigido do autor da infração",[236] que se manifesta pelas espécies de negligência, imprudência ou imperícia.

Negligência "é a displicência no agir, a falta de precaução, a indiferença do agente, que, podendo adotar as cautelas necessárias, não o faz. É imprevisão passiva, o desleixo,

---

[236] TAVARES, Juarez. *Direito Penal da negligência*. São Paulo: Revista dos Tribunais, 1895. p. 134.

a inação. É não fazer o que deveria ser feito antes da ação descuidade".[237] Imprudência "é a prática de uma conduta arriscada ou perigosa e tem caráter comissivo. É a imprevisão ativa. Conduta imprudente é aquela que se caracteriza pela intempestividade, precipitação, insensatez ou imoderação do agente",[238] enquanto a imperícia "é a falta de capacidade, de aptidão, despreparo ou insuficiência de conhecimentos técnicos para o exercício de arte, profissão ou ofício".[239]

Se o dano ao interesse público foi produzido por conduta omissiva do agente, poderá responder por omissão própria, como regra geral. A omissão própria consiste numa desobediência a uma norma mandamental, norma esta que determina a prática de uma conduta que não é realizada. Há, portanto, a omissão de um dever de agir imposto normativamente, quando possível cumpri-lo sem risco pessoal.[240]

Por dolo ou culpa, ação ou omissão, se evidenciada a culpabilidade, poderão responder os agentes públicos por vícios e irregularidades no controle da execução contratual.

8.10 Atribuições e elementos do controle da execução contratual

O controle da execução contratual abrange a conferência e aferição de regularidade de diversos aspectos da relação jurídico-contratual. Evidentemente que o objeto específico, que constitui a substância e essência do contrato, é o aspecto mais relevante. É ele, o objeto específico, que atenderá a necessidade administrativa – uma obra, um bem, um serviço, entre tantos outros objetos passíveis de contratação com particulares. Para além do objeto específico, que constitui a obrigação principal da avença, há, como tantas vezes já dito, obrigações acessórias ou secundárias que não guardam relação direta com o objeto específico, mas devem ser realizadas e cumpridas com zelo, integridade e diligência.

8.10.1 Controle dos elementos jurídicos da execução contratual

Os elementos jurídicos do controle da execução contratual dizem com a aferição do cumprimento das leis e normas de regência da execução propriamente dita e da relação jurídico-contratual. Consiste na constatação sobre se o contratado (e a Administração Pública, por que não?) cumpre todas as normas relacionadas à realização do objeto. Essas normas podem ou não estar expressas em cláusulas do contrato, dizerem ou não respeito imediato ao objeto específico ou a obrigações e encargos acessórios. Tome-se, por exemplo, uma obra de engenharia. Há leis e normas técnicas que dizem respeito à própria obra, mas também há leis e normas que com ela se relacionam de forma mediata, como a Lei da Política Nacional de Resíduos Sólidos ou a Lei da Política Nacional do Meio Ambiente. Na fase de planejamento da contratação, ou mesmo antes do início das atividades de controle dela, a Administração deverá proceder ao levantamento de todas as normas que incidem direta ou indiretamente na execução do contrato, para, ao longo de sua vigência, aferir o cumprimento delas.

---

[237] BITENCOURT, Cezar Roberto. *Tratado de Direito Penal*. Parte 1. 16. ed. São Paulo: Saraiva, 2011. p. 337.
[238] BITENCOURT, Cezar Roberto, *op. cit.*, p. 337.
[239] BITENCOURT, Cezar Roberto, *op. cit.*, p. 338.
[240] BITENCOURT, Cezar Roberto, *op. cit.*, p. 280.

Outro elemento jurídico de controle compulsório é sobre a manutenção das condições de regularidade fiscal e trabalhista e habilitação jurídica. A Lei nº 13.133/21 impõe que o contratado deve manter as condições originais de habilitação até o final da vigência do contrato. Periodicamente, tal controle deve ser realizado.

8.10.2 Controle dos elementos econômico-financeiros e orçamentários

O controle inclui a constatação periódica sobre a capacidade econômico-financeira do contratado. Certos objetos contratuais demandam prova de rigorosa capacidade econômico-financeira, demonstrada na fase de licitação, que deve ser mantida íntegra ao longo da vigência do contrato. É preciso que periodicamente afira-se a integridade dos índices contábeis, patrimônio líquido mínimo e capital social mínimo para que se certifique que ainda compatíveis com aqueles exigidos na disputa do contrato.

Igualmente, o controle deve se dar em relação à adequação das despesas contratuais ao plano de execução orçamentária legalmente previsto, especialmente no que diz com as prorrogações, alterações contratuais e recomposição do equilíbrio econômico-financeiro, que somente poderão ocorrer se e quando lastreadas no correspondente crédito orçamentário.

8.10.3 Controle dos elementos técnicos da execução contratual: obrigação principal

Compete ao controle se certificar periodicamente de que o contratado não perdeu a capacidade técnica profissional ou a capacidade técnica operacional ao longo da execução. Fatos jurídicos de diversas ordens podem levar o contratado à diminuição ou mesmo à perda total da capacidade técnica. O controle periódico detecta viés de desconformidade que pode justificar intervenção na execução antes de produzido qualquer dano ao patrimônio ou interesse público ou à coletividade em geral. Inúmeros objetos contratuais envolvem técnicas complexas e execuções de elevado risco. A conduta proativa do controle pode minimizar ou afastar o prejuízo decorrente de falhas de execução por perda ou diminuição da capacidade técnica do contratado.

Além do controle formal sobre a existência e manutenção dos requisitos de capacidade técnica exigidos no instrumento convocatório ou no processo de contratação direta, é preciso controle material sobre a execução propriamente dita no que tange aos elementos e fatores técnicos.

É o controle que se dá sobre o objeto específico que constitui a substância e a essência da contratação. É a constatação sobre se a execução do objeto específico está ocorrendo com a qualidade técnica prevista no contrato e na legislação específica, quando for o caso. Nesse caso, trata-se de conferir se a obrigação principal assumida pelo contratado está sendo realizada de forma ajustada aos parâmetros e exigências técnicas e com a qualidade proposta e registrada no contrato celebrado.

O controle dos elementos técnicos da execução (objeto específico) foi atribuído pela Instrução Normativa nº 02/08 da Secretaria de Logística e Tecnologia da Informação do Ministério do Planejamento, Orçamento e Gestão ao denominado "fiscal técnico do contrato" (art. 31, II).

8.10.4 Controle dos elementos administrativo-tributários da execução: obrigações acessórias

Como anteriormente dito, toda relação contratual administrativa, no que concerne às obrigações, é composta por obrigações principais e obrigações acessórias ou secundárias. As obrigações principais são as que integram e constituem o objeto específico da contratação (construir uma estrada, reformar uma sala, limpar um prédio). As obrigações acessórias ou secundárias são também relevantes, mas não constituem o objeto específico do contrato (pagar os impostos incidentes sobre a atividade desenvolvida, pagar salários e encargos sociais, dar destinação final adequada aos resíduos sólidos). Essas obrigações acessórias estão expressamente previstas contratualmente (ao menos deveriam estar) e devem constituir objeto do controle periódico.

8.10.5 Registro formal das ocorrências e sistemas de controle e de avaliação de desempenho

Para que se cumpra o dever básico de fiscalização e de acompanhamento da execução contratual, a Administração deve designar um representante para tal missão, e esse representante deverá, além de cumprir a função de aferir a compatibilidade entre o que foi contratado e o que foi executado, registrar as ocorrências em livro-diário.

Esse mínimo legal, porém, pode ser insuficiente para que se obtenha o real propósito da lei, que é garantir ao máximo a preservação do interesse público.

Esse máximo de excelência somente é possível de ser obtido mediante criação de sistemas apropriados de controle da execução contratual, no qual a designação de um fiscal e o registro diário são uma parte apenas do conjunto de ações e estratégias administrativas.

Assim, ao representante da Administração designado para acompanhar e fiscalizar a realização do objeto contratual compete, além das atividades de conferência e aferição de compatibilidade estrita entre o que foi contratado e o que foi executado, o registro diário e periódico das ocorrências relevantes, como já decidiu o Tribunal de Contas da União:

> *Pedido de Reexame. Contrato. Os registros de fiscal de obra pública não podem ser tomados como prova única de fiscalização contratual inadequada, sem outras evidências de baixa qualidade na prestação de serviços. Insubsistência de multa.*
> 9. Inicio o exame de mérito do presente recurso com as irregularidades atribuídas aos quatro fiscais da obra, que foram apenados com multa (...). Sobre eles pesam duas ocorrências: a de não terem fornecido os diários de obras de todas as frentes de serviço – só foram fornecidos os de dois loteamentos; e a de efetuarem apenas registros genéricos nesses diários e, mesmo assim, de forma espaçada no tempo.
> 10. Em sua defesa, alegam, em suma, que todos os livros terminaram por ser entregues à equipe, embora com atraso devido à sobrecarga de trabalho; que os registros não são genéricos, mas sucintos; e que nenhum dano resultou da possível falha, pois a empreiteira costuma acatar os consertos solicitados verbalmente pelos fiscais. Declaram, ainda que pretendem realizar a atividade de forma mais rigorosa.
> 12. Verifico (...) que os registros lançados nos diários de obra noticiam o andamento dos serviços, com informações sobre o tipo e a localização das atividades desenvolvidas, bem

como as paralisações devidas às condições climáticas. Há o registro de solicitações feitas à construtora, como a que consta à fl. 234: "Solicito à [construtora] para tomar cuidado com a (ilegível), pois é uma escavação profunda e o local tem muita criança". De modo geral, as informações contidas nos diários não demonstram terem sido forjadas, revelando, ao contrário, que o fiscal esteve presente no local dos serviços.

13. O art. 67, §1º, da Lei 8.666/1993, ao prever que o fiscal "anotará em registro próprio todas as ocorrências relacionadas com a execução do contrato, determinando o que for necessário à regularização das faltas ou defeitos observados", está a lhe conferir, antes que uma obrigação, uma faculdade tendente a vencer as eventuais recalcitrâncias da contratada em relação à qualidade dos serviços. Se não há tal resistência da contratada, os registros naturalmente tendem a assumir uma forma mais burocrática. Não podem, por isso, ser tomados como prova única de fiscalização inadequada, sem outras evidências de baixa qualidade dos serviços. No caso, tais evidências não existem.

14. Diante de situações análogas, esta Corte tem preferido adotar a via das determinações corretivas como alternativa para situações análogas, a exemplo da deliberação mencionada pela equipe de auditoria em seu relatório (Acórdão 1.931/2006-Plenário). Nessa mesma senda, defendo que este e. Plenário acolha as alegações recursais produzidas pelos fiscais, tornando insubsistente a multa aplicada aos fiscais da obra e aos dirigentes da Semopi também responsabilizados pela irregularidade em comento.

9.1. (...) conhecer dos pedidos de reexame interpostos pelos recorrentes (...) para, no mérito, dar-lhes provimento parcial, de forma a:

9.1.1. tornar insubsistentes os itens 9.2 e 9.3 do Acórdão 497/2010-Plenário, bem como seus respectivos subitens (AC nº 1731-31/09-P);

Trata-se de imposição normativa: "o fiscal do contrato anotará em registro próprio todas as ocorrências relacionadas à execução do contrato, determinando o que for necessário para a regularização das faltas ou dos defeitos observados" (art. 117, §1º). Este registro diário de ocorrências não é mera formalidade burocrática, destituído de relevância jurídica. Ao reverso:

a) é fundamental para a instituição e manutenção de informação destinadas à avaliação de desempenho contratual de que trata a norma do art. 87, §3º da Lei;

b) é fonte de informações para identificar situações agravantes ou atenuantes no plano da apuração de responsabilidade e aplicação de sanções;

c) possibilita uma análise sistêmica da execução do contrato, essencial para o correto gerenciamento de riscos e prevenção de novas ocorrências similares ou de mesma natureza;

d) é instrumento de gerenciamento da execução contratual.

Perceba-se que há omissão legislativa sobre estrutura e organização dos sistemas de controle da execução contratual. Isto confere ampla margem de liberdade discricionária para as Administrações conceberem, formalizarem e operarem sistemas próprios e específicos para exercer o dever de controle da execução do contrato.

Um dos instrumentos importantes nesse sistema administrativo é a criação de normas internas (resoluções, portarias e congêneres) e de manuais de procedimento. É fundamental que cada agente público designado para a função do controle contratual detenha pleno conhecimento de quais as responsabilidades e atribuições lhe cabem. É elementar não somente para a excelência do controle, mas também para a definição de responsabilidade em caso de prejuízo ou falhas na execução que o fiscal do contrato detenha todas as informações necessárias e conheça profundamente a dimensão e o alcance de seus deveres, direitos e atribuições, como vem entendendo o Tribunal de Contas da União:

> ACORDAM os Ministros do Tribunal de Contas da União, reunidos em Sessão do Plenário, diante das razões expostas pelo Relator, em:
> 9.1 recomendar ao Hospital Universitário Alcides Carneiro que:
> 9.1.1 promova cursos de capacitação para os servidores que atuam na área de licitações e contratos;
> 9.1.2 adote mecanismos que permitam aferir o desempenho do setor de suprimentos e aquisições, a exemplo de percentual de contratações diretas em relação ao total de licitações e consumo de combustível por km rodado;
> 9.1.3 implemente ações objetivando suprir suas necessidades de pessoal administrativo, bem como estabeleça normas internas que definam as atribuições, competências e responsabilidades dos setores, cargos efetivos e comissionados existentes;
> 9.1.4 estabeleça normas e manuais internos para os trabalhos do setor de licitações e contratos;
> 9.1.5 estabeleça rotina de revisão e supervisão sistemáticas da operacionalização dos procedimentos licitatórios (AC nº 1159-16/13-P);

É importante que a organização pública institua sistemas racionais e organizados de controle de execução contratual. Pode-se conceber que, em virtude do elevado número de contratos em execução, seja criado um setor de gestão de contratos composto de equipes de fiscalização, cada qual integrada, por sua vez, por um número certo de agentes públicos investidos na função fiscalizatória e submetidos a um conjunto harmônico de regras internas e rotinas administrativas expressas em manuais de procedimento, uniformizando condutas e interpretações de modo a tornar mais eficiente e eficaz o processo de controle, como tem orientado o Tribunal de Contas da União:

> Auditoria. Contrato administrativo. Devem ser formalizados processos para acompanhamento da execução dos contratos, os quais devem reunir a documentação física e financeira necessária, bem como devem ser incluídas no Sistema Contábil, ou em outro sistema gerencial, informações sobre o contrato e/ou projeto ao qual está vinculado, a fim de aperfeiçoar sua gestão e atender ao princípio da eficiência. Determinação.
> 2. Conforme consta do Relatório precedente, a fiscalização em exame permitiu identificar:
> 2.6. ausência de formalização de processos de acompanhamento da execução dos contratos.
> 21. Finalmente, no que concerne à formalização de processos de execução dos contratos, foi constatado que não há registro sistematizado dos fatos ocorridos após o pedido de compras, visto que o atesto da execução é efetuado pela área demandante, e as informações sobre notas fiscais, empresas contratadas e valores pagos são registrados no sistema de contabilidade, às vezes de forma consolidada, dificultando a conferência da documentação.
> 22. Vale notar que a reunião, em um corpo único, dos instrumentos contratuais e do registro dos atos relevantes a sua execução é uma medida que contribui não só para a atuação do controle externo, mas, principalmente, para a governança das entidades, fornecendo ao agente encarregado da execução os elementos de que necessita para se desincumbir adequadamente de suas funções.

9.1. determinar aos Conselhos Nacionais do Serviço Social do Transporte e do Serviço Nacional de Aprendizagem do Transporte que, em futuros procedimentos licitatórios, abstenham-se de:
9.2.3. formalize processos de execução dos contratos, reunindo a documentação física e financeira, bem como inclua no Sistema Contábil ou em outro sistema gerencial informações sobre o contrato e/ou projeto ao qual está vinculado, a fim de aperfeiçoar sua gestão e atender ao princípio da eficiência; (AC nº 2.605-38/12-P)

Auditoria. Contrato administrativo. Devem ser formalizados processos para acompanhamento da execução dos contratos, os quais devem reunir a documentação física e financeira necessária, bem como devem ser incluídas no Sistema Contábil, ou em outro sistema gerencial, informações sobre o contrato e/ou projeto ao qual está vinculado, a fim de aperfeiçoar sua gestão e atender ao princípio da eficiência. Determinação.

2. Conforme consta do Relatório precedente, a fiscalização em exame permitiu identificar:
2.6. ausência de formalização de processos de acompanhamento da execução dos contratos.
21. Finalmente, no que concerne à formalização de processos de execução dos contratos, foi constatado que não há registro sistematizado dos fatos ocorridos após o pedido de compras, visto que o atesto da execução é efetuado pela área demandante, e as informações sobre notas fiscais, empresas contratadas e valores pagos são registrados no sistema de contabilidade, às vezes de forma consolidada, dificultando a conferência da documentação.
22. Vale notar que a reunião, em um corpo único, dos instrumentos contratuais e do registro dos atos relevantes a sua execução é uma medida que contribui não só para a atuação do controle externo, mas, principalmente, para a governança das entidades, fornecendo ao agente encarregado da execução os elementos de que necessita para se desincumbir adequadamente de suas funções.
9.1. determinar aos Conselhos Nacionais do Serviço Social do Transporte e do Serviço Nacional de Aprendizagem do Transporte que, em futuros procedimentos licitatórios, abstenham-se de:
9.2.3. formalize processos de execução dos contratos, reunindo a documentação física e financeira, bem como inclua no Sistema Contábil ou em outro sistema gerencial informações sobre o contrato e/ou projeto ao qual está vinculado, a fim de aperfeiçoar sua gestão e atender ao princípio da eficiência (AC nº 2.605-38/12-P);

A dimensão e a complexidade do sistema de controle dependerá da estrutura administrativa e do número de contratos que usualmente a Administração celebra. Estruturas administrativas menores, como a de pequenos e médios Municípios, ou pequenas empresas estatais ou autarquias que celebrem uns poucos contratos e tenham em execução um número reduzido de contratos simultaneamente, podem exercer o controle satisfatoriamente pela indicação de representante designado (fiscal) tão somente. Já organizações públicas maiores, que celebram contratos administrativos mais complexos (envolvendo número elevado de empregados terceirizados, por exemplo) carecem de sistemática de controle proporcionalmente mais complexa e aperfeiçoada, devendo contar até mesmo com setor de gestão de contratos, aparelhado e integrado por profissionais de diversas áreas do conhecimento (engenharia, contabilidade, direito etc.) para exercer o controle de forma sistêmica, racional e organizada.

Cada Administração Pública identificará sua necessidade e constituirá mecanismos de controle da execução contratual adequado a ela, sob pena de risco de grave lesão ao interesse público e de responsabilização por omissão.

8.11 Contratação de prestação de serviços de auxílio e apoio à fiscalização

A atribuição do controle da execução contratual é inafastável e deve ser exercida com zelo e proficiência. Nem sempre, contudo, a Administração dispõe de pessoal especializado ou minimamente capacitado para exercer esse controle. Ou, em determinados períodos, há acréscimo substancial de contratações celebradas, tornando os sistemas de controle ineficientes. Seja em caso de falta de capacidade técnica, seja em caso de falta de recursos humanos para realizar com eficiência o controle da execução contratual, a lei expressamente autoriza que, a critério da Administração, ocorra a contratação de terceiros para auxiliar no controle e na fiscalização da execução do contrato.

Ao tempo em que a Lei nº 14.133/21 determina, no artigo 117, que "a execução do contrato deverá ser acompanhada e fiscalizada por 1 (um) ou mais fiscais do contrato, representantes da Administração especialmente designados" e que é "permitida a contratação de terceiros para assisti-los e subsidiá-los com informações pertinentes a essa atribuição". É uma hipótese de "terceirização" de atribuições.

Como regra geral, a Administração Pública deve manter um vínculo permanente com as pessoas físicas que atuam em seu nome. Tal vínculo permanente pode se estabelecer pelo regime estatutário – cargo público –, ou pelo regime contratual/trabalhista – emprego público, sempre precedido de concurso público de provas ou de provas e títulos (art. 37, II, da Constituição Federal). Há, porém, situações nas quais a legislação autoriza que pessoas físicas prestem serviços para o Estado sem que se forme o vínculo de permanência – estatutário ou trabalhista – com o Poder Público. Isso ocorre quando há a contratação de prestação de serviços. Entre tantos serviços que podem ser objeto de contratação está o de apoio ou auxílio à fiscalização e controle da execução do contrato.

O controle da execução contratual que engloba a fiscalização do objeto específico e do cumprimento das obrigações acessórias não pode ser objeto de transferência para a iniciativa privada pela via contratual, eis que se trata de atividade típica de Estado do Poder Público. O que pode ser realizado é a contratação de serviços de apoio e auxílio para subsidiar de informações o órgão ou entidade pública competente para o controle contratual.

Trata-se de contratação de atividade material, instrumental e acessória ao controle. Essa contratação de apoio e auxílio à fiscalização deve ser precedida de licitação – como regra geral –, mas pode ser objeto de contratação direta, a depender da subsunção do caso concreto a alguma das situações expressas do artigo 75 ou situação prevista no artigo 74, ambos da Lei nº 14.133/21.

Contrata-se, na hipótese, pessoa física ou jurídica para, no âmbito de sua qualificação técnica, prestar serviços de apoio e auxílio na fiscalização da execução do contrato. Não há nem pode haver a outorga de poderes públicos para a empresa contratada ou para as pessoas físicas que nela trabalharem.

O apoio e auxílio à fiscalização pode contemplar atividades materiais como: medições, registros fotográficos, avaliações, exames técnicos, análise de documentos, seja de que natureza forem, acompanhamento pessoal de fases de execução, emissão de relatórios e laudos, entre outros atos de natureza técnica, sempre com vistas a contribuir para com o controle da execução do contrato.

A pessoa física ou jurídica contratada para a prestação de apoio e auxílio ao controle informará à Administração Pública, pela forma e modo previstos no contrato, tudo o que de relevante entender para bem cumprir seu mister. Com base nas informações (laudos, relatórios, estudos, declarações etc.), a Administração contratante exercerá a prerrogativa indelegável de fiscalização, contrastando as informações recebidas com os termos do contrato firmado, para concluir sobre a satisfatoriedade da execução do contrato e deliberar sobre a aceitação ou rejeição dela (a parte executada do contrato).

Pode-se, então, concluir, em síntese, que: (i) somente pode haver a contratação do apoio ou auxílio à fiscalização (controle) da execução do contrato; (ii) a fiscalização, na qualidade de função típica do Poder Público, não pode ser objeto de transferência ou delegação para particulares; (iii) o apoio ou auxílio à fiscalização consiste tão somente no registro material e formal das ocorrências relevantes, atestando e demonstrando como se deu a execução do contrato, produzindo os correspondentes relatórios, laudos, registros fotográficos e demais documentos que possam auxiliar na tomada de decisões pelo Poder Público.

Embora a lei faça menção expressa à contratação de terceiros para assistir e subsidiar de informações a Administração Pública contratante, parece evidente que tal apoio pode ser obtido por outras formas jurídicas. Uma das vias possíveis é a da atuação em regime de colaboração pela via do convênio a ser celebrado com outros órgãos ou entidades públicos (por exemplo, com instituições de ensino superior).

Não é correta a celebração de convênio, parceria (nos termos da Lei nº 13.019/14) ou congênere com entidade privada, ainda que sem fins lucrativos, objetivando obter esse apoio ou auxílio, diante da inegável natureza contratual da relação que se estabeleceria.

Remanesce para a Administração Pública, e para os agentes públicos designados para o controle, todos os deveres e encargos a ele inerentes em caso de contratação de terceiro para o apoio e auxílio à fiscalização. Isso significa que também remanesce para a Administração e para os agentes públicos a responsabilidade por falhas e irregularidades no controle da execução do contrato. A contratação do apoio e auxílio à fiscalização com terceiros não exime ou diminui a responsabilidade pela excelência da execução contratual pela qual cabe ao controle zelar.

Porém, é evidente que deve operar nessa relação jurídica com intensidade o princípio da confiança no plano da responsabilidade.

Gunter Jakobs, a propósito, preceitua que o princípio da confiança

> Consiste em que existem casos em que a confiança deve existir, ao ser vinculado ao caráter responsável do outro, de maneira plenamente contrafática. E isso pode er o caso no âmbito de uma proibição de regresso que – como acontece no modelo aqui defendido – inclua também casos dolosos. Stratenwerth, ao argumentar que, se "na vida social entram em contato os comportamentos de várias pessoas (...) por regra geral cada um dos participantes deve poder confiar que os demais se comportem cuidadosamente, posto que eles também estão submetidos às exigências do ordenamento jurídico".[241]

---

[241] JAKOBS, Gunter. *Fundamentos do Direito Penal*. 2. ed. São Paulo: Revista dos Tribunais, 2012. p. 122.

Como refere Fabio Guarani,

> Basicamente, o princípio da confiança orienta-se pela ideia de que, numa atividade compartilhada, o campo de organização e cuidados de um agente e a execução de seu papel social delimita-se pelo campo de organização e cuidados incumbidos a cada um doa demais intervenientes. Parte-se do pressuposto de que todos são autorresponsáveis numa sociedade regida por normas. Desta delimitação mútua surge a confiança – mesmo entre pessoas reciprocamente anônimas – de cada agente de que o outro interveniente na atividade comum manterá adequadamente o seu campo de organização e observará os correlatos cuidados. Por consequência, surge entre os agentes um princípio de confiança: o universo de cuidados de A cinge-se à sua esfera de atividades. Não é preciso que A cuide de checar se B cumpre suas atividades observando cuidados inerentes à sua esfera organizacional.[242]

Sabe-se que a existência de dever de controle e de fiscalização são fatores que atenuam ou tornam inaplicável o princípio da confiança, mas é ele determinante para aferir ou indagar acerca da responsabilidade da Administração Pública ou do agente público designado para a fiscalização da execução contratual quando ocorrer a contratação de terceiro para o apoio ou auxílio. A base do princípio é a divisão ou partilha de atribuições no plano da gestão do contrato. A contratação de terceiro para o sobredito apoio à fiscalização ocorre por falta de recursos humanos ou falta ou insuficiência de capacidade técnica do órgão ou entidade pública contratante. Assim, parece claro que, ao transferir, para o contratado, parcela das realizações materiais que seriam de atribuição pública originalmente, eis que integrantes das ações de controle, opera uma relação de confiança que produzirá os respectivos e correspondentes efeitos jurídicos no plano da responsabilidade.

Na hipótese da contratação de terceiros para o apoio às atividades de fiscalização, a Lei fixa que:

a) a empresa ou o profissional contratado assumirá responsabilidade civil objetiva pela veracidade e pela precisão das informações prestadas, firmará termo de compromisso de confidencialidade e não poderá exercer atribuição própria e exclusiva de fiscal de contrato art. 117, §4º, I: a responsabilidade civil objetiva significa que o contratado responderá pelos prejuízos causados para a Administração Pública ou para terceiros, ainda que não tenha atuado com dolo ou culpa. A responsabilidade objetiva evidencia-se apenas pela ocorrência de uma ação ou omissão, um resultado lesivo e uma relação de causalidade entre a conduta e o resultado. Por exemplo: suponha-se o caso em que uma empresa contratada para o apoio à fiscalização realize a medição de uma obra, de modo tecnicamente correto, e sem intenção fraudulenta, mas ainda assim a medição se revele incorreta e a Administração Pública realize pagamento por execução material que não foi efetivada – caracterizando o superfaturamento. Independentemente de a conduta do contratado não estar contaminada por dolo ou por culpa, será responsabilizado. O termo de compromisso de confidencialidade será necessário quando o terceiro tiver acesso a informações que não possam ser divulgadas, por conta dos riscos envolvidos nesta

---

[242] GUARANI, Fabio. Princípio da confiança no Direito Penal como argumento em favor de órgãos empresariais em posição de comando e compliance: relações e possibilidades. In: DAVID, Décio Franco. Compliance e Direito Penal. São Paulo: Atlas, 2015. p. 81.

divulgação. As informações coletadas na execução desta atividade de apoio não podem ser revelados pelo contratado. Esta contratação destina-se a atividades instrumentais, acessórias e complementares, como: medições, registros fotográficos, elaboração de laudos técnicos e memoriais descritivos. Com fundamentos nestas informações, o fiscal de contrato exercerá as atribuições de sua competência.

b) a contratação de terceiros não eximirá de responsabilidade o fiscal do contrato, nos limites das informações recebidas do terceiro contratado: a responsabilização do fiscal do contrato se dará no plano da responsabilidade subjetiva. Para que haja a responsabilização é preciso que o fiscal tenha agido com dolo – intenção de produzir a conduta lesiva ao interesse público –, ou com violação do dever de cuidado objetivo, que se materializa pela negligência, pela imprudência ou pela imperícia. O fiscal não responderá pelas informações e condutas praticadas pelo contratado para o apoio à fiscalização, salvo no caso de ditas informações estarem maculadas por vícios ou erros facilmente identificáveis. Do contrário, não se exige que o fiscal confira e refaça todas as condutas do contratado para o apoio – o que tornaria a contratação um sem sentido lógico e jurídico, pois se instado a refazer todo o trabalho do contratado, ficaria esvaziado o objeto e a necessidade da contratação de apoio, por óbvio.

8.12 Recebimento do objeto do contrato

O contratado se obrigou ao cumprimento fiel de todas as obrigações contratuais. Recebimento é o ato formal pelo qual a Administração Pública recepciona a prestação, admite que o contratado executou as obrigações que lhe cabiam no pacto e as reputa adimplidas. O recebimento, nos termos da lei, pode ser provisório ou definitivo. Deve atender aos princípios que regem a Administração Pública, inclusive o da imparcialidade, o que fez com que o Tribunal de Contas da União reputasse irregular o recebimento feito por parentes de fornecedor de bens:

> *Tomada Contas Especial. Município de Carnaubais/RN, enfocando recursos repassados àquela municipalidade nos exercícios de 2001 a 2004, no âmbito do Programa Nacional de Alimentação Escolar.*
> 9.2. determinar à prefeitura municipal de Carnaubais que:
> 9.2.2. abstenha-se de designar parentes de fornecedores da Prefeitura Municipal de Carnaubais/RN para as funções de requisição, recebimento, guarda, controle e distribuição dos produtos adquiridos;
> 6. (…) o questionamento mais importante reside mesmo no parentesco da dona da empresa. A Secex/RN reconhece o direito de a firma participar das licitações da prefeitura, em respeito aos princípios constitucionais da livre-concorrência e da livre-iniciativa. Apenas não aceita que o esposo da proprietária, como secretário municipal da educação, tenha sido o responsável pelo aceite, recebimento e distribuição das mercadorias adquiridas. Haveria aí ofensa a outro princípio constitucional, desta feita o da moralidade administrativa.
> 11. (…) Nada obstante, consoante alvitrado pela unidade técnica, resta a pecha da imoralidade na conduta do ex-Secretário de Educação por ter adquirido e atestado o recebimento de materiais escolares fornecidos por empresa pertencente à sua esposa. A fim de se evitar que fatos dessa natureza voltem a ocorrer, considero adequada a proposta apresentada pela Secex no sentido de determinar à Prefeitura Municipal de Carnaubais/RN que se abstenha

designar parentes de fornecedores como responsável pela requisição, recebimento, guarda, controle e distribuição de bens adquiridos pela municipalidade (AC nº 3.538-38/08-1).

O recebimento provisório é o ato pelo qual a Administração Pública recepciona e aceita provisoriamente o objeto contratado com a finalidade de realizar ações de controle final. Na fase de recebimento provisório, o contratado entrega materialmente para a Administração o objeto que reputa satisfatoriamente concluído – no seu entender –, que o aceita. Há a transferência da posse, com todas as consequências jurídicas inerentes a essa transferência, para que os agentes públicos designados para tal possam realizar a conduta de aferição da compatibilidade entre o que foi executado e o que foi contratado. Trata-se de uma fase na qual serão realizados os exames, contrastes, testes e avaliações técnicas para que se possa concluir acerca da efetividade e da eficiência da contratação. Para o Tribunal de Contas da União, o recebimento provisório é um direito do contratado e um dever da Administração, pelo qual se transfere a posse da coisa contratada ou o resultado do serviço:

> *A aceitação provisória da obra é tanto um direito do contratado – que, por meio dela, transfere a posse do bem ou do resultado do serviço – quanto um dever da Administração Pública – que assegura o controle sobre o desempenho das obras recebidas e sobre a conformidade do objeto com as especificações técnicas, legais e contratuais.*
> Em Auditoria realizada na Secretaria Especial de Portos da Presidência da República (SEP/PR), visando avaliar a qualidade das obras de reconstrução dos berços 1 e 2 do Porto de Itajaí/SC, foram enfatizados os procedimentos adotados pela Administração quanto ao controle sobre o desempenho das obras contratadas e recebidas, de modo a garantir o direito de acionar os responsáveis em caso de vícios construtivos, tendo em vista o período quinquenal de garantia das obras, constante do art. 618 do Código Civil. No trabalho fora identificado que "a emissão do termo de recebimento definitivo não foi precedida da aceitação provisória consoante determina a Lei 8.666/1993, em seu art. 73, inciso I, alínea a". Sobre o assunto, anotou o relator que, nos termos da Lei 8.666/93, o recebimento da obra é dividido em dois estágios: "O primeiro, provisório, é feito pelo responsável pelo acompanhamento e fiscalização, em até quinze dias da comunicação escrita da conclusão da obra pelo contratado da obra; já o segundo, por servidor ou comissão designada pela autoridade competente, após o decurso do prazo de observação ou de vistoria que comprove a adequação do objeto aos termos contratuais". Cuidou o legislador de resguardar o recebimento da obra "pela vontade do fiscal do contrato combinada com a do servidor ou da comissão designada pela autoridade competente". Nesse sentido, "a aceitação provisória das obras é também um direito do contratado, que, por meio dela, transfere a posse do bem ou do resultado do serviço, mas, por outro lado, assegura o controle da Administração Pública sobre o desempenho das obras recebidas, dando-lhe condições para que examine o objeto e verifique se foram executadas em conformidade com as especificações técnicas, legais e contratuais". Em epílogo, após discorrer sobre o acompanhamento das obras posteriormente ao recebimento e suas implicações no tocante à responsabilização do gestor, registrou o relator que "a complexidade do caso concreto deveria ter conduzido a SEP/PR a ter maior zelo no recebimento desta obra, todavia, como apontado no relatório precedente, não foi evidenciada má fé dos gestores ou prejuízo ao erário ou a terceiros, motivo pelo qual entendo suficiente o envio de cópia do relatório precedente à unidade jurisdicionada para ciência". O Tribunal, ao apreciar a matéria, adotou as medidas preconizadas pelo relator

(Acórdão nº 2.696/2013-Plenário, TC nº 018.841/2013-9, relator Ministro-Substituto Marcos Bemquerer Costa, 02.10.2013).

O objeto deve estar devidamente concluído, sem pendências ou inexecuções evidentes e aparentes, para que ocorra o recebimento provisório, como já entendeu o Tribunal de Contas da União:

> Relatório de Auditoria. Obra e serviço de engenharia. O recebimento provisório de obras não legitima a entrega provisória de obra inconclusa, mas visa a resguardar a Administração em caso de aparecimento de vícios ocultos. Determinação.
> 9.1. determinar, (...), ao Ministério do Planejamento, Orçamento e Gestão e ao Conselho Nacional de Justiça, com prazo de sessenta dias para apresentação da documentação comprobatória das providências adotadas, que orientem os órgãos/entidades nas respectivas esferas de competência, que, ao contratarem a execução de obras públicas:
> 9.1.4. abstenham-se de realizar o recebimento provisório de obras com pendências a serem solucionadas pela construtora, uma vez que o instituto do recebimento provisório, previsto no art. 73, inc. I, da Lei nº 8.666/93, não legitima a entrega provisória de uma obra inconclusa, mas visa resguardar a Administração no caso de aparecimento de vícios ocultos, surgidos após o recebimento provisório;
> Adoto, como parte integrante deste relatório, a instrução produzida no âmbito da SecobEdif, vazada nos seguintes termos:
> Além dos problemas de qualidade, o aeroporto de Guarulhos e a UFABC foram objeto de recebimento provisório pela Administração sem que as obras estivessem satisfatoriamente concluídas, ou seja, com existência de diversas pendências a serem solucionadas pelas construtoras. (...)
> Por fim, para evitar o recebimento de obra com serviços falhos ou incompletos (...), cabe determinar ao MPOG que instrua os órgãos e entidades integrantes da Administração Pública Federal a se absterem de:
> a) receber provisoriamente qualquer parcela de obra sob sua responsabilidade com pendências a serem solucionadas pela construtora (AC nº 0853-12/13-P);

Concluídos os exames, aferições e testes necessários, a Administração Pública, reputando que o objeto do contrato foi integral e satisfatoriamente executado, realiza o recebimento definitivo. Recebimento definitivo é o ato de controle final da execução do objeto específico por parte da Administração contratante. É o ato pelo qual a Administração Pública, formal e expressamente, declara que o objeto específico da contratação foi integral e satisfatoriamente executado pelo contratado.

O recebimento do objeto é etapa inerente à liquidação da despesa, de que trata o art. 62 da Lei nº 4.320/42:

> Art. 62 A liquidação da despesa consiste na verificação do direito adquirido pelo credor tendo por base os títulos e documentos comprobatórios do respectivo crédito.
> §1º Essa verificação tem por fim apurar:
> I – a origem e o objeto do que se deve pagar;
> II – a importância exata a pagar;
> III – a quem se deve pagar a importância, para extinguir a obrigação.
> §2º A liquidação da despesa por fornecimentos feitos ou serviços prestados terá por base:

I – o contrato, ajuste ou acôrdo respectivo;
II – a nota de empenho;
III – os comprovantes da entrega de material ou da prestação efetiva do serviço.

Trata-se de etapa estrutural para a validação do processo da contratação pública, sem a qual não será autorizado, nem válido, qualquer pagamento. Por tal razão, é dever jurídico rejeitar parcial ou integralmente aquilo que não tiver sido entregue com a qualidade e condições estabelecidas no contrato. A este propósito, a Lei indica que "o objeto do contrato poderá ser rejeitado, no todo ou em parte, quando estiver em desacordo com o contrato" (art. 140, §1º).

A Lei nº 14.133/21 determina que as regras de recebimento deverão ser contempladas na etapa preparatória da contratação, consoante disposto no art. 18, III (a fase preparatória do processo licitatório é caracterizada pelo planejamento e deve compatibilizar-se com o plano de contratações anual de que trata o inciso VII do *caput* do art. 12 desta Lei, sempre que elaborado, e com as leis orçamentárias, bem como abordar todas as considerações técnicas, mercadológicas e de gestão que podem interferir na contratação, compreendidos: III – a definição das condições de execução e pagamento, das garantias exigidas e ofertadas e das condições de recebimento); no art. 40, §1º, II (o termo de referência deverá conter os elementos previstos no inciso XXIII do *caput* do art. 6º desta Lei, além das seguintes informações: II – indicação dos locais de entrega dos produtos e das regras para recebimentos provisório e definitivo, quando for o caso); e no art. 92, VII (são necessárias em todo contrato cláusulas que estabeleçam: os prazos de início das etapas de execução, conclusão, entrega, observação e recebimento definitivo, quando for o caso).

O recebimento é etapa essencial e indispensável para a liquidação da despesa e para o pagamento. Pagamento sem que tenha havido o recebimento do objeto do contrato – o que somente pode ocorrer diante de execução completa e adequada – caracteriza superfaturamento, por produzir dano ao patrimônio da Administração (art. 6º, LVII).

O recebimento, provisório ou definitivo (art. 140, §2º, da Lei nº 14.133/21), não exclui a responsabilidade civil pela solidez e segurança da obra ou do serviço, nem ético-profissional pela perfeita execução do contrato, dentro dos limites estabelecidos pela lei ou pelo contrato. Esse preceito normativo objetiva garantir a Administração Pública contra vícios e defeitos que não possam ser identificados imediatamente por meio de exames e testes ordinários e tecnicamente adequados, mas insuficientes para cobrir todos os aspectos das características e desempenho do objeto recebido (vícios ocultos). A aferição da qualidade e do desempenho de alguns objetos contratados somente pode ser completamente realizada quando da sua utilização. Certos objetos somente apresentarão defeitos e falhas quando do uso diário e rotineiro por parte da Administração Pública. Em relação a eles, remanesce a responsabilidade do contratado mesmo após o recebimento definitivo por parte da Administração contratante.

Aplicam-se em favor da Administração Pública as normas previstas no Código Civil Brasileiro acerca dos denominados vícios ocultos. Dispõe o Código Civil que a coisa recebida em virtude de contrato comutativo pode ser enjeitada por vícios ou defeitos ocultos que a tornem imprópria ao uso a que é destinada, ou lhe diminuam o valor (art.

441), e que a responsabilidade do alienante subsiste ainda que a coisa pereça em poder do alienatário, se perecer por vício oculto, já existente ao tempo da tradição (art. 444).

Verificado o vício oculto na execução contratual, será instado o contratado a responder pela falha de execução, independentemente de ter havido o recebimento definitivo do objeto.

Em se tratando de obra, o recebimento definitivo pela Administração não eximirá o contratado, pelo prazo mínimo de 5 (cinco) anos, admitida a previsão de prazo de garantia superior no edital e no contrato, da responsabilidade objetiva pela solidez e pela segurança dos materiais e dos serviços executados e pela funcionalidade da construção, da reforma, da recuperação ou da ampliação do bem imóvel, e, em caso de vício, defeito ou incorreção identificados, o contratado ficará responsável pela reparação, pela correção, pela reconstrução ou pela substituição necessárias (art. 140, §6º). Este prazo legal pode ser dilatado. Atente-se para que neste caso, a responsabilidade do contratado é objetiva. Tal significa que responderá pela solidez e segurança independentemente de culpa. No prazo fixado por lei, se a obra apresentar defeitos, o contratado deverá reparar ou corrigir, mesmo que não tenha agido com dolo ou culpa (falta de cumprimento do dever objetivo de cuidado nas vertentes de negligência, imprudência ou imperícia). Esta responsabilidade não se esgota com a extinção da vigência do contrato. Em outros termos, mesmo extinta a vigência contratual, permanecerá íntegra a responsabilidade pela solidez e segurança da obra. O prazo de cinco anos previsto na Lei pode ser ampliado por decisão discricionária administrativa. Caso se entenda que o prazo legal não é suficiente para garantir a Administração pela integridade material da obra, outro prazo poderá, e mesmo, deverá, ser previsto no instrumento convocatório e no contrato. Inexistente previsão deste prazo superior no edital e no contrato, não poderá ser ampliado.

Quando o objeto contratado versar sobre obras e serviços, o recebimento provisório será feito pelo responsável por seu acompanhamento e fiscalização, mediante termo detalhado, quando verificado o cumprimento das exigências de caráter técnico (art. 140, I, "a"); e o recebimento definitivo se dará por servidor ou comissão designada pela autoridade competente, mediante termo detalhado que comprove o atendimento das exigências contratuais (art. 140, I, "b").

Na etapa de recebimento provisório de obras e serviços, inclusive de engenharia, será conferido o cumprimento de exigências técnicas, diz a Lei. Não há nenhum óbice a que a Administração realize avaliações de cumprimento mais abrangentes, para alcançar outros aspectos e exigências contratuais de natureza diversa das técnicas, por exemplo, de natureza tributária ou trabalhista. Trata-se de uma decisão que se insere no plano da discricionariedade administrativa. O recebimento provisório será formalizado por termo detalhado. Por termo detalhado se deve entender documento escrito, assinado pelo agente ou agentes responsáveis pelo recebimento, indicando os aspectos – técnicos, jurídicos, administrativos, tributários etc. – que foram objeto de análise administrativa e com registro de ocorrências e informações relevantes (positivas ou negativas). A formalização do recebimento definitivo se dará por termo detalhado. Para o recebimento definitivo, e para que seja elaborado o termo detalhado de que trata a Lei, a Administração deverá definir previamente quais as exigências contratuais e legais deveriam ter sido cumpridas para um contraste com a execução efetiva realizada.

Ao aludir a termo detalhado, a Lei está a exigir uma demonstração pormenorizada e circunstanciada de todos os aspectos relevantes da execução do contrato.

No caso de compras ou de locação de equipamentos, o objeto será recebido provisoriamente, de forma sumária, pelo responsável por seu acompanhamento e fiscalização, com verificação posterior da conformidade do material com as exigências contratuais; e definitivamente, por servidor ou comissão designada pela autoridade competente, mediante termo detalhado que comprove o atendimento das exigências contratuais (art. 140, II, "a" e "b"). Forma sumária de recebimento provisório não equivale a recebimento sem nenhuma formalização. O recebimento implica, também, assumir a responsabilidade pela guarda da coisa – quando for o caso. Logo, este recebimento sumário se dará por forma escrita, mediante termo de recebimento simplificado ou outra forma que registre, de modo inequívoco que o contratado entregou, e a Administração recebeu (inclusive para fins de identificação de mora). A análise administrativa para este recebimento provisório pode ser perfunctória e sem profundidade do objeto executado. Recebido provisoriamente o objeto, será minuciosamente analisado, para só após da certeza administrativa formada sobre a integralidade do cumprimento das obrigações contratuais e legais, seja lavrado termo detalhado de recebimento definitivo. As cautelas e formalidades de recebimento serão proporcionais à complexidade e valor do objeto. Podem ser criados sistemas e formas de recebimento que propiciem eficiência e celeridade. O fundamental é que seja efetivado o registro formal da transferência da guarda do objeto do contrato para a Administração Pública e de que foram adotadas as medidas de cautela exigíveis – com razoabilidade e proporcionalidade – para evitar superfaturamento decorrente do recebimento de objeto quando não foram cumpridas integralmente as exigências de Lei e do contrato.

O mero "atestado" em nota fiscal pode não ser instrumento suficiente para o devido recebimento do objeto, como já decidiu o Tribunal de Contas da União:

> Na aquisição de medicamentos, a existência de nota fiscal, ainda que atestada, desacompanhada de outras evidências de recebimento dos produtos, é insuficiente para comprovar a regular aplicação dos recursos públicos envolvidos, cabendo a responsabilização solidária da empresa fornecedora caso tenha emitido a nota fiscal sem a indicação dos lotes dos medicamentos (Resolução Anvisa – RDC nº 430/2020) (Acórdão nº 6415/2023-TCU-Primeira Câmara).

Como já deliberou o Tribunal de Contas da União, o recebimento de objeto sem que tenha havido a efetiva conclusão caracteriza má-fé passível de sanção:

> *Tomada de Contas Especial. Obra e serviço de engenharia. Execução parcial da obra, sem atingir sua funcionalidade. A assinatura de Termo de Aceitação da Obra e de declaração de conclusão sem que esta estivesse efetivamente terminada configura má-fé dos responsáveis. Contas irregulares. Débito e multa.*
> 9.1. com fundamento nos arts. 1º, inciso I, 16, inciso III, alínea "c", da Lei nº 8.443/1992, c/c os arts. 19 e 23, inciso III, alínea "a", da mesma Lei, julgar irregulares as contas do Sr. [gestor], condenando-o ao pagamento das quantias abaixo discriminadas (…):
> 6. No tocante ao mérito, restou claro nos autos que a finalidade do ajuste firmado com o Município não foi atingida, tendo sido desperdiçados os valores efetivamente aplicados na obra, já que o que foi parcialmente construído não trouxe benefício algum à população.

7. Nesses termos, devem ser julgadas irregulares as contas do ex-Prefeito, condenando-o em débito pelo valor total repassado ao Município, mediante o Convênio nº 2.434/1999.
8. Também neste processo foi promovida a audiência do ex-Prefeito e do Sr. [fiscal da obra], ex-Secretário de Obras do Município, pela elaboração e inserção na prestação de contas de declaração atestando a aceitação da obra concluída conforme o plano de trabalho.
9. Consoante destacado pela unidade técnica, o Sr. [gestor], embora não tenha apresentado nenhum argumento específico sobre tal fato, ao longo de sua defesa admite que a obra foi executada parcialmente, ficando comprovada a ausência de boa fé por parte do responsável. Nesse sentido, afigura-se-me pertinente a aplicação ao responsável da multa prevista no art. 57 da Lei nº 8.443/1992.
10. Já o Sr. [fiscal da obra], em suas razões de justificativa, confirma que assinou o Termo de Aceitação da Obra sem que esta estivesse concluída, ante a alegação do então Prefeito de que era necessário antecipar a prestação de contas do convênio, para evitar a devolução dos recursos, que em maior parte já teriam sido devidamente aplicados. Ressaltou, ainda, que a inadimplência do Município resultaria no bloqueio de repasse de recursos federais.
11. Na mesma linha da unidade técnica, entendo que o fato de a obra estar em andamento não era uma garantia de que ela seria concluída – como não o foi, não podendo ser aceita a emissão de declaração falsa com vistas a impedir o bloqueio de recursos ao Município. Fica comprovada, assim, a ausência de boa fé na conduta do responsável (AC nº 0716-03/12-2).

A designação do agente público para o recebimento deve ser formal, em ato específico, como já determinou o Tribunal de Contas da União:

Tomada de Contas Especial. Obra e serviço de engenharia. É considerado inválido o termo de recebimento de obra assinado por agente não qualificado ou designado pela autoridade competente, nos termos do art. 73 da Lei nº 8.666/93. Contas irregulares, débito e multa considerando, também outras irregularidades.
39. O termo de recebimento da obra foi considerado sem validade, haja vista que o representante do município não possui habilitação para tal procedimento. O Parecer Financeiro nº 39/2001 evidenciou ausência do Termo de Recebimento Definitivo da Obra emitido pelo responsável técnico que acompanhou a execução da obra, no caso o Engº [omissis], designado para tal pelo então Prefeito, conforme fl.241. No entanto, quem assinou o termo foi o Secretário de obras. Não consta nos autos nenhum documento que dê poderes ao Secretário de Obras para tal, na forma contida no bojo do art. 73 da Lei nº 8.666/93 que diz que, executado o contrato, o seu objeto será recebido, em se tratando de obras e serviços, definitivamente, por servidor ou comissão designada pela autoridade competente, mediante termo circunstanciado, assinado pelas partes, após o decurso do prazo de observação, ou vistoria que comprove a adequação do objeto aos termos contratuais, observado o disposto no art. 69 da mesma Lei. Assim, rejeitam-se as alegações de defesa.
Cuidam os autos de Tomada de Contas Especial, instaurada pela Fundação Nacional de Saúde – FUNASA, contra a Sr. [gestor], ex-Prefeito Municipal de Carmópolis/SE, em decorrência de irregularidades verificadas na aplicação dos recursos repassados ao referido Município, por força do Convênio nº 1059/1997, cujo objeto era a ampliação do sistema de abastecimento de água.
2. Como se vê do relatório precedente, após os exames devidos, o responsável foi citado para apresentar alegações de defesa e/ou recolher aos cofres da Funasa os valores transferidos (R$65.610,79, R$65.610,77 e R$131.221,54, a contar respectivamente de 28/4, 17/9 e 17/9/1998), em vista das seguintes ocorrências:

a.5) o termo de recebimento da obra foi considerado sem validade, haja vista que o representante do município não possui habilitação para tal procedimento;

4. Com relação às ocorrências não justificadas, entendo oportuno comentar a questão do termo de recebimento definitivo da obra, que foi considerado inválido tanto pela entidade concedente quanto por esta Corte. Ele foi considerado inválido porque, de acordo com o art. 73 da Lei 8.666/93, executado o contrato, o seu objeto será recebido, no caso de obras e serviços, definitivamente, por servidor ou comissão designada pela autoridade competente, mediante termo circunstanciado, assinado pelas partes, após o decurso do prazo de observação, ou vistoria que comprove a adequação do objeto aos termos contratuais.

5. No caso dos presentes autos, verifica-se que o ex-Prefeito designou um engenheiro para acompanhar a execução dos serviços, profissional que deveria ter sido designado para receber o objeto ou para fazer parte da comissão de recebimento ou, ainda, os documentos por ele produzidos, durante a execução dos serviços, deveriam ter sido utilizados pelo Secretário de Obras do Município para fundamentar sua declaração de recebimento, situação que não foi possível verificar com os elementos constantes dos autos (AC nº 1.723-20/08-2).

As regras e prazos para o recebimento provisório e recebimento definitivo devem ser definidas em regulamento interno, no instrumento convocatório e no contrato. É fundamental que tais prazos sejam definidos previamente, em homenagem ao princípio da segurança jurídica e para caracterizar a mora da Administração no que tange ao dever de pagamento.

A depender da complexidade do objeto e dos riscos envolvidos na execução contratual, pode haver a previsão de que o recebimento, provisório ou definitivo, seja condicionado a exames, ensaios ou testes – inclusive por intermédio de entidades públicas ou privadas tecnicamente habilitadas para esta avaliação – destinados a comprovar requisitos de qualidade e conformidade com normas técnicas. Os custos desta avaliação técnica poderão correr por conta do contratado, desde que exista previsão expressa no instrumento convocatório e no contrato (art. 140, §4º).

Em se tratando de projeto de obra, o recebimento definitivo pela Administração não eximirá o projetista ou o consultor da responsabilidade objetiva por todos os danos causados por falha de projeto (art. 140, §5º).

8.13 Retenção ou glosa do pagamento devido ao contratado: limites e possibilidades

Como regra geral, o contratado executa o objeto da contratação ou parte dele e recebe da Administração Pública o valor previsto no contrato como contraprestação pecuniária à execução. Com o cumprimento satisfatório da obrigação de dar ou de fazer assumida pelo particular contratado, ocorre o adimplemento dela. A obrigação principal da Administração contratante é o pagamento, que é forma de adimplemento de obrigação pecuniária. Recebido definitivamente o objeto ou parte dele, atestada a qualidade da execução, tem-se (salvo exceção) por adimplida a obrigação contratual. Deve a Administração cumprir a sua parte na avença e realizar o pagamento.

Segundo Orlando Gomes, o pagamento, para ser devido, pressupõe (i) um vínculo obrigacional; (ii) a satisfação exata da prestação. Referencia o autor que

O vínculo obrigacional pode provir de negócio jurídico ou determinação da lei. Pouco importa sua origem. Desde que válido, deve ser desatado pelo cumprimento da prestação. Todo pagamento supõe uma dívida. Ao poder do credor de exigi-la corresponde a necessidade jurídica de satisfazê-lo por parte do devedor. A satisfação está sujeita a regras comuns a todas as obrigações. Tais são: 1ª o devedor só se desobriga se satisfizer rigorosamente a prestação; 2º o devedor não pode exigir do credor que receba por partes uma dívida que deve ser paga por inteiro; 3º a prestação deve ser satisfeita ao destinatário da obrigação pelo modo devido, pontualmente, no lugar determinado. A satisfação da prestação devida é indispensável ao cumprimento exato da obrigação. Se consiste em dar coisa certa, há de entregar precisamente esta coisa, e não outra. Nas obrigações de fazer, está adstrito a prestar o serviço ou praticar o ato a que estritamente se obrigou. E assim por diante.[243]

O pagamento por parte da Administração Pública pressupõe que o contratado tenha adimplido integral e satisfatoriamente as obrigações a que se sujeitou quando da contratação. Detectado inadimplemento contratual, total ou parcial, desaparece o direito ao pagamento integral do valor devido pelo contratante e com ele desaparece o dever de pagamento por parte da Administração Pública.

Não tendo o contratado executado a parte que lhe cabia na avença, a Administração Pública deve reter o pagamento convencionado.

Nos termos da lei, pode haver a retenção de créditos devidos ao contratado:
a) no caso de extinção determinada por ato unilateral da Administração até o limite dos prejuízos causados à Administração Pública e das multas aplicadas (art. 130, IV);
b) para assegurar o cumprimento de obrigações trabalhistas pelo contratado nas contratações de serviços contínuos com regime de dedicação exclusiva de mão de obra, como forma de garantia em razão da responsabilidade subsidiária por encargos trabalhistas do contratado – Enunciado nº 331 do TST[244] (art. 121, II e IV).

O Superior Tribunal de Justiça e o Tribunal de Contas da União já têm posição firmada sobre o tema, deliberando que a retenção de pagamento em caso de inadimplemento de obrigações fiscais quando o objeto da contratação foi devidamente executado caracteriza enriquecimento ilícito:

---

[243] GOMES, Orlando. *Obrigações*. 17. ed. São Paulo: Forense, 2009. p. 112.
[244] Enunciado nº 331: "I – A contratação de trabalhadores por empresa interposta é ilegal, formando-se o vínculo diretamente com o tomador dos serviços, salvo no caso de trabalho temporário (Lei no 6.019, de 03.01.1974).
II – A contratação irregular de trabalhador, mediante empresa interposta, não gera vínculo de emprego com os órgãos da administração pública direta, indireta ou fundacional (art. 37, II, da CF/1988).
III – Não forma vínculo de emprego com o tomador a contratação de serviços de vigilância (Lei no 7.102, de 20.06.1983) e de conservação e limpeza, bem como a de serviços especializados ligados à atividade-meio do tomador, desde que inexistente a pessoalidade e a subordinação direta.
IV – O inadimplemento das obrigações trabalhistas, por parte do empregador, implica a responsabilidade subsidiária do tomador de serviços quanto àquelas obrigações, desde que haja participado da relação processual e conste também do título executivo judicial.
V – Os entes integrantes da administração pública direta e indireta respondem subsidiariamente, nas mesmas condições do item IV, caso evidenciada a sua conduta culposa no cumprimento das obrigações da Lei nº 8.666/93, especialmente na fiscalização do cumprimento das obrigações contratuais e legais da prestadora de serviço como empregadora. A aludida responsabilidade não decorre de mero inadimplemento das obrigações trabalhistas assumidas pela empresa regularmente contratada.
VI – A responsabilidade subsidiária do tomador de serviços abrange todas as verbas decorrentes da condenação".

Nos contratos de execução continuada ou parcelada, o inadimplemento das obrigações fiscais da contratada, incluindo a seguridade social, enseja, além das penalidades legais, a rescisão do contrato e a execução das garantias para ressarcimento de valores e indenizações devidos à Administração, sendo vedada a retenção de pagamento por serviço já executado, ou fornecimento já entregue, sob pena de enriquecimento sem causa da Administração.

Representação formulada por sociedade empresária apontara possíveis irregularidades em pregão eletrônico conduzido pelo Conselho Federal de Enfermagem (Cofen), destinado ao fornecimento de serviço de sistema eletrônico eleitoral via Internet, dentre elas a possibilidade consignada no edital de retenção de pagamentos por serviços executados em face da não comprovação da regularidade fiscal e social. Realizadas as oitivas regimentais, o Cofen procedeu a diversas alterações no edital, de modo a adequá-lo aos requisitos legais. No que respeita à hipótese de retenção de pagamentos, a entidade argumentou que "a jurisprudência dessa Corte é no sentido da obrigatoriedade da exigência da documentação relativa à regularidade para com o FGTS, a Fazenda Federal e a Seguridade Social". Sobre o assunto, relembrou o relator que o Plenário do TCU, em resposta a consulta formulada pelo Ministério da Saúde (Acórdão 964/2012), reafirmou a obrigatoriedade de que a Administração Pública Federal exija, nos editais e contratos de execução continuada ou parcelada, durante toda a vigência contratual, a comprovação da regularidade fiscal e social, sob pena de rescisão do contrato e execução de garantias, além das penalidades já previstas em lei. Entendeu, contudo, que "Verificada a irregular situação fiscal da contratada, incluindo a seguridade social, é vedada a retenção de pagamento por serviço já executado, ou fornecimento já entregue, sob pena de enriquecimento sem causa da Administração". Assim, consignou o relator que, embora obrigatória a exigência da documentação indicada, "tal obrigatoriedade não fundamenta a retenção de pagamento, mas sim a rescisão contratual e eventual execução de garantia". Considerando que o pregão já havia sido homologado e que não houve prejuízos à competitividade do certame, o Plenário julgou parcialmente procedente a Representação, determinando ao Cofen que "observe o entendimento constante do Acórdão 964/2012 – Plenário na eventualidade da não comprovação da regularidade fiscal e trabalhista por parte da empresa contratada em decorrência do Pregão Eletrônico 21/2014" (Acórdão nº 2.079/2014-Plenário, TC 013.367/2014-5, relator Ministro-Substituto Augusto Sherman Cavalcanti, 6.8.2014).

ADMINISTRATIVO E PROCESSUAL CIVIL. AGRAVO REGIMENTAL NO AGRAVO EM RECURSO ESPECIAL. CONTRATO ADMINISTRATIVO. DESCUMPRIMENTO DA OBRIGAÇÃO DE MANTER A REGULARIDADE FISCAL. RETENÇÃO DO PAGAMENTO DAS FATURAS PELOS SERVIÇOS JÁ PRESTADOS. IMPOSSIBILIDADE.

1. O entendimento dominante desta Corte é no sentido de que, apesar da exigência de regularidade fiscal para a contratação com a Administração Pública, não é possível a retenção de pagamento de serviços já executados em razão do não cumprimento da referida exigência, sob pena de enriquecimento ilícito da Administração e violação do princípio da legalidade, haja vista que tal providência não se encontra abarcada pelo artigo 87 da Lei 8.666/93.

2. Agravo regimental não provido (Superior Tribunal de Justiça – AgRg no AREsp nº 275744/BA).

O Tribunal de Contas da União e o Superior Tribunal de Justiça determinaram que é ilegal a retenção de pagamento em caso de irregularidade fiscal. Contudo, a inadimplência em relação ao pagamento de verbas trabalhistas ou previdenciárias diretamente vinculadas ao contrato em execução não apenas redunda em irregularidade fiscal, mas importa inadimplemento de obrigação contratual expressa. Assim, quando há inadimplência em relação ao cumprimento de obrigações previdenciárias ou trabalhistas diretamente respeitantes ao contrato em execução, pode haver a retenção do pagamento como forma de garantia de cumprimento das obrigações e de afastar os efeitos da responsabilidade subsidiária por encargos trabalhistas e a responsabilidade solidária por encargos previdenciários originalmente de atribuição do contratado no especial caso dos contratos com dedicação exclusiva de mão de obra. Essa também é a posição externada por Joel de Menezes Niebuhr, para quem "a situação de irregularidade fiscal ou previdenciária não autoriza a retenção de pagamento devido pelos serviços executados", mas o "pagamento não é devido se o contratado descumpre suas obrigações trabalhistas e previdenciárias em relação aos empregados que ficam dedicados exclusivamente à Administração".[245]

8.14 Pagamento antecipado

Como regra geral, somente pode ocorrer o pagamento após a verificação do adimplemento das obrigações do contratado, logo, em regra, é vedado o pagamento antecipado. É o que preceitua a norma do art. 145 da Lei nº 14.133/21: "não será permitido pagamento antecipado, parcial ou total, relativo a parcelas contratuais vinculadas ao fornecimento de bens, à execução de obras ou à prestação de serviços". Em casos excepcionais, contudo, pode haver previsão no edital de que o pagamento se dará antes do adimplemento pelo contratado. A antecipação pode ser realizada por exigência do mercado específico do objeto contratado, ou por excepcional vantagem a ser auferida pela Administração, desde que sejam prestadas garantias que assegurem o pleno cumprimento do objeto, como previsto na Lei: "a antecipação de pagamento somente será permitida se propiciar sensível economia de recursos ou se representar condição indispensável para a obtenção do bem ou para a prestação do serviço, hipótese que deverá ser previamente justificada no processo licitatório e expressamente prevista no edital de licitação ou instrumento formal de contratação direta" (art. 145, §1º). São duas as hipóteses legais para pagamento antecipado:

a) sensível economia de recursos: o pagamento antecipado, em regime de mercado, pode ensejar direito a desconto ou redução de preço. A economia deve ser sensível, ou seja, significativa. Pequenos e irrelevantes reduções ou descontos de preço não autorizam a antecipação de pagamento. Não há parâmetro legal para definir o montante de vantagem econômica que caracteriza "sensível" economia de recursos, que deverá ser objeto de avaliação em cada caso concreto;

b) condição indispensável para obtenção do bem ou prestação do serviço: as relações contratuais-administrativas ocorrem, normalmente, em regime de mercado. O mercado específico em que se insere o objeto do contrato tem regras e práticas usuais e consolidadas. Se o pagamento antecipado for uma exigência incontornável do fornecedor ou prestador poderá ser realizado – desde que seja esta contratação a única forma de atender o interesse público[246] (por exemplo: se houverem à disposição dois fornecedores, de capacidade

---

[245] Op. cit., p. 821-824.
[246] No período de emergência de saúde pública de importância internacional decorrente do coronavírus responsável pela pandemia, foi comum a exigência de pagamento antecipado para a aquisição de produtos na área de saúde.

técnica equivalente e de objetos similares, aquele que exigir o pagamento antecipado será preterido em relação ao que não o fizer). Os objetos ofertados em ambiente de compras eletrônico – *emarket place* digital – em geral só podem ser adquiridos mediante pagamento antecipado. Caso um objeto necessário para a Administração só possa ser adquirido em mercados eletrônicos, com pagamento antecipado, será legítima esta antecipação. Atente-se para que, no caso de produtos que somente se encontram à disposição em *emarket places*, sequer há possibilidade de exigência de regularidade fiscal e trabalhista por parte do contratado. A ampliação do comércio eletrônico e digital traz complexidades e perplexidades, com repercussões jurídicas que têm que ser enfrentadas pela Administração – já antecipando que, é claro, se a compra eletrônica for a única forma de atender o interesse público, poderá ser realizado o pagamento antecipado, e não se constituirá irregularidade prescindir de prova de regularidade fiscal ou trabalhista.

A possibilidade de pagamento antecipado deve ser prevista no instrumento convocatório e no edital. No caso de contratação direta também pode haver o pagamento antecipado. Caso efetivado o pagamento antecipado, deve ser exigida garantia adicional como condição. Não é uma faculdade, mas uma obrigatoriedade esta exigência (art. 145, §2º).

Esta garantia adicional de que trata a Lei não está sujeita aos limites previstos no art. 98: "nas contratações de obras, serviços e fornecimentos, a garantia poderá ser de até 5% (cinco por cento) do valor inicial do contrato, autorizada a majoração desse percentual para até 10% (dez por cento), desde que justificada mediante análise da complexidade técnica e dos riscos envolvidos". No caso de pagamento antecipado, pena de inutilidade dela, a garantia será exigida pelo valor do pagamento feito. Por exemplo: no caso de pagamento de R$1.000.000,00 antecipado, a garantia exigida será de R$1.000.000,00.

Esta garantia será feita pelas modalidades de I – caução em dinheiro ou em títulos da dívida pública emitidos sob a forma escritural, mediante registro em sistema centralizado de liquidação e de custódia autorizado pelo Banco Central do Brasil, e avaliados por seus valores econômicos, conforme definido pelo Ministério da Economia; II – seguro-garantia; ou III – fiança bancária emitida por banco ou instituição financeira devidamente autorizada a operar no País pelo Banco Central do Brasil.

Descumprida a execução contratual no prazo, o valor antecipado deve ser devolvido, sob pena de execução da garantia e aplicação de sanção legal e contratualmente prevista.

Precedentes do Tribunal de Contas sobre pagamento antecipado:

> A falta de exigência específica e suficiente, na forma de seguros ou garantias, para autorização de antecipações de pagamento previstas contratualmente afronta o disposto no art. 38 do Decreto 93.872/1986; nos arts. 40, inciso XIV, alínea d, e 65, inciso II, alínea c, da Lei 8.666/1993; e nos arts. 31, §1º, inciso II, alínea d, e 81, inciso V, da Lei 13.303/2016 (Lei das Estatais) (Acórdão nº 1302/2023-TCU-Plenário).
>
> Para fins de responsabilização perante o TCU, caracteriza erro grosseiro (art. 28 do Decreto-lei 4.657/1942 - Lindb) a realização de pagamento antecipado sem justificativa do interesse público na sua adoção, sem previsão no edital de licitação e sem as devidas garantias que assegurem o pleno cumprimento do objeto pactuado (Acórdão nº 9209/2022-TCU-Primeira Câmara).

São requisitos para a realização de pagamentos antecipados: i) previsão no ato convocatório; ii) existência, no processo licitatório, de estudo fundamentado comprovando a real necessidade e economicidade da medida; e iii) estabelecimento de garantias específicas e suficientes que resguardem a Administração dos riscos inerentes à operação (Acórdão nº 2856/2019-TCU-Primeira Câmara).

Permitir que produtos adquiridos e pagos fiquem em poder do fornecedor caracteriza pagamento antecipado, vedado pelos arts.62 e63 da Lei 4.320/64, mesmo diante da existência de documento de autorização para posterior recebimento do material do fornecedor (Acórdão nº 358/2015-TCU-Plenário).

Art. 62. O pagamento da despesa só será efetuado quando ordenado após sua regular liquidação. Art. 63. A liquidação da despesa consiste na verificação do direito adquirido pelo credor tendo por base os títulos e documentos comprobatórios do respectivo crédito. §1º Essa verificação tem por fim apurar: I – a origem e o objeto do que se deve pagar; II – a importância exata a pagar; III – a quem se deve pagar a importância, para extinguir a obrigação. §2º A liquidação da despesa por fornecimentos feitos ou serviços prestados terá por base: I – o contrato, ajuste ou acôrdo respectivo; II – a nota de empenho; III – os comprovantes da entrega de material ou da prestação efetiva do serviço (Acórdão nº 358/2015-TCU-Plenário).

A antecipação de pagamentos só pode ocorrer se tiver sido prevista no edital e no respectivo contrato e se forem prestadas garantias que assegurem o pleno cumprimento do objeto.

Recurso de Reconsideração interposto por gestor da Secretaria Especial de Aquicultura e Pesca (Seap) pediu a reforma do Acórdão 3.863/2012 – 1ª Câmara, por meio da qual o Tribunal havia julgado irregulares suas contas e aplicado a ele multa do art. 58 da Lei nº 8.443/92, em razão de pagamentos antecipados em contratos que tinham por objeto o fornecimento, montagem e colocação em funcionamento de fábricas de gelo. O recorrente alegou fundamentalmente que não há, na legislação, vedação de pagamento antecipado de despesas e que não houve dano ao erário. O relator, ao examinar as razões deduzidas pelo recorrente, reiterou os fundamentos que justificaram sua apenação. Lembrou que a Lei nº 8.666/93 (art. 40, inciso XIV, alínea 'd') e o Decreto nº 93.872/86 admitem o pagamento antecipado, "desde que previsto no edital de licitação ou nos instrumentos formais de adjudicação direta e mediante as indispensáveis cautelas ou garantias". Transcreveu, então, o comando contido no art. 38 do citado Decreto: "Art. 38. Não será permitido o pagamento antecipado de fornecimento de materiais, execução de obra, ou prestação de serviço, inclusive de utilidade pública, admitindo-se, todavia, mediante as indispensáveis cautelas ou garantias, o pagamento de parcela contratual na vigência do respectivo contrato, convênio, acordo ou ajuste, segundo a forma de pagamento nele estabelecida, prevista no edital de licitação ou nos instrumentos formais de adjudicação direta." Acrescentou que "a jurisprudência do TCU também é firme no sentido de admitir o pagamento antecipado apenas em condições excepcionais, contratualmente previstas, sendo necessárias ainda garantias que assegurem o pleno cumprimento do objeto". No caso sob exame, porém, a decisão de efetuar pagamento antecipado foi tomada no curso da execução do contrato, "sem qualquer previsão no edital, tampouco no contrato, e ainda sem apresentação de garantias reais pelas empresas contratadas". Considerou, por esses motivos, configurado o desrespeito às condições necessárias ao pagamento antecipado, explicitadas na decisão recorrida. Acrescentou que diversos julgados do Tribunal consideram o pagamento antecipado como irregularidade suficientemente grave para justificar a aplicação de multa a responsáveis, havendo ou não dano ao erário. O Tribunal, então, ao acolher proposta do relator, decidiu conhecer o recurso do responsável e negar provimento a esse recurso.

Precedentes mencionados: Acórdãos 109/2002, do Plenário; 51/2002, 193/2002 e 696/2003, da 1ª Câmara; 1146/2003 e 918/2005, da 2ª Câmara (Acórdão nº 1.614/2013-Plenário, TC nº 015.127/2009-0, relator Ministro Walton Alencar Rodrigues, 26.03.2013).

8.15 Nulidade da licitação e do contrato e subsistência da obrigação de pagamento

A obrigação de pagamento subsiste à anulação do contrato. O fundamento central da obrigação de pagar tudo o que foi efetivamente executado pelo contratado é o princípio que veda o enriquecimento sem causa. A Lei nº 14.133/21 expressamente dispõe que a "nulidade não exonerará a Administração do dever de indenizar o contratado pelo que houver executado até a data em que for declarada ou tornada eficaz, bem como por outros prejuízos regularmente comprovados, desde que não lhe seja imputável, e será promovida a responsabilização de quem lhe tenha dado causa" (art. 149). "Enriquecimento sem causa, enriquecimento ilícito ou locupletamento ilícito é o acréscimo de bens que se verifica no patrimônio de um sujeito, em detrimento de outrem, sem que para isso tenha um fundamento jurídico".[247] Não pode a Administração Pública, ou o contratado, enriquecerem sem que exista lastro jurídico a justificar tal enriquecimento. Tal é também a disposição expressa do Código Civil Brasileiro:

> Art. 884. Aquele que, sem justa causa, se enriquecer à custa de outrem, será obrigado a restituir o indevidamente auferido, feita a atualização dos valores monetários.
> Parágrafo único. Se o enriquecimento tiver por objeto coisa determinada, quem a recebeu é obrigado a restituí-la, e, se a coisa não mais subsistir, a restituição se fará pelo valor do bem na época em que foi exigido.
> Art. 885. A restituição é devida, não só quando não tenha havido causa que justifique o enriquecimento, mas também se esta deixou de existir.
> Art. 886. Não caberá a restituição por enriquecimento, se a lei conferir ao lesado outros meios para se ressarcir do prejuízo sofrido.

O contratado, diante da cláusula geral civil que veda o enriquecimento sem causa, então, na hipótese de anulação da relação contratual, tem direito de receber pelas parcelas adimplidas da execução, a título de indenização, e não como contraprestação pela execução do contrato. De outra sorte, é dever do administrador apurar a responsabilidade pela nulidade encontrada, mediante o devido processo legal, como tem entendido o Tribunal de Contas da União:

> *Consulta. Contrato. Despesas sem cobertura contratual. A Administração tem o dever de indenizar o contratado por serviço que este houver executado e por outros prejuízos regularmente comprovados, até a data de declaração da nulidade do correspondente contrato, promovendo-se a responsabilidade de quem lhe deu causa. Resposta ao consulente.*
> 8.1. conhecer da presente consulta, por preencher os requisitos regimentais de admissibilidade, para responder à consulente que:

---
[247] FRANÇA, R. Limongi. *Enriquecimento sem Causa*. Enciclopédia Saraiva de Direito. São Paulo: Saraiva, 1987. p. 46.

8.1.1. a realização e o pagamento de despesas na Administração Pública devem ser efetuados de acordo com o que determinam as Leis nºs. 4.320/64 e 8.666/93, à vista dos respectivos créditos orçamentários;

8.1.2. a Administração tem o dever de indenizar o contratado por serviço que este houver executado e por outros prejuízos regularmente comprovados, até a data de declaração da nulidade do correspondente contrato, promovendo-se a responsabilidade de quem lhe deu causa (DC nº 0321-30/95-P).

Outro interessante acórdão do Tribunal de Contas da União ressalta que mesmo diante de documentação falsa persiste o dever de ressarcir pelo efetivamente executado:

Tomada de contas especial. Contrato. Fiscalização. O fato de a nota fiscal ser falsa não significa, por si só, que as mercadorias dela constantes não tenham sido efetivamente entregues. Ademais, o conteúdo do atesto, que em geral é feito no próprio documento fiscal, independe da autenticidade do documento em que é aposta a declaração de recebimento por parte do agente público. Tal declaração possui presunção de veracidade juris tantum, no entanto não há nos autos elementos que possam infirmá-la. Contas regulares. Quitação.

28. Quanto aos demais responsáveis que atestaram o recebimento de medicamentos por meio da nota fiscal falsa, ante a ausência de outros elementos que pudessem demonstrar que os medicamentos não foram efetivamente entregues, entendo que a responsabilidade desses agentes deve ser afastada, pelas razões que apresento a seguir.

29. Até a manifestação da empresa que supostamente teria emitido a nota fiscal, não recaía sobre o documento qualquer suspeição quanto a sua autenticidade, mesmo tendo sido o documento apreciado pela auditoria do Denasus e de forma preliminar pela unidade técnica.

30. Não me parece adequado exigir conduta diversa desses responsáveis quanto à idoneidade do documento fiscal, quando somente com a manifestação da suposta empresa emissora do documento se verificou a sua falsidade.

31. Dessa forma, não havendo elementos nos autos capazes de demonstrar perfídia por parte desses responsáveis, com a demonstração inequívoca de que os medicamentos, de fato, não foram recebidos na CAF, não há como lhes imputar débito em razão da falsidade do documento fiscal nos quais esses responsáveis atestaram o recebimento da mercadoria.

32. Como ressaltou a unidade técnica, o fato de a nota fiscal ser falsa não significa, por si só, que as mercadorias dela constantes não tenham sido efetivamente entregues. Nesse contexto, as mercadorias da nota fiscal falsa se revestem, quanto a seu destino, das mesmas incertezas das demais mercadorias das outras notas fiscais. Incertezas que, dado o contexto de falhas nos controles de entrada e saída de medicamentos, levaram a unidade técnica e o representante do parquet a se manifestarem pelo afastamento dos débitos relacionados a esses documentos fiscais.

33. Ademais, o conteúdo do atesto, que em geral é feito no próprio documento fiscal, independe da autenticidade do documento em que é aposta a declaração de recebimento por parte do agente público. Tal declaração possui presunção de veracidade juris tantum, no entanto não há nos autos elementos que possam infirmá-la. Mesmo diante do contexto apresentado pelo representante do Ministério Público, de nota fiscal inidônea, de não identificação dos lotes de medicamentos no documento fiscal e de falhas nos controles de entrada e saída dos produtos, não é possível afirmar que a mercadoria não foi entregue.

34. Ressalto que esse contexto apresentado pelo Ministério Público, relativo à não identificação do lote dos medicamentos e de falhas nos controles de entrada e saída dos produtos, é observado em outras notas fiscais para as quais o parquet propõe o afastamento do débito.

35. Assim, ante a ausência de elementos que apontem vício no atesto aposto na nota fiscal falsa ou que possam evidenciar que a mercadoria nela constante não foi entregue, entendo que o débito deve ser afastado.

36. Por outro lado, a fraude em documento fiscal verificada nos autos requer comunicação aos órgãos competentes para adoção das medidas que entenderem pertinentes.

9.2. (…), julgar regulares as contas de (…), dando-lhes quitação plena;

9.3. (…), julgar regulares com ressalvas as contas de (…), dando-lhes quitação (AC nº 8.644-44/13-1);

A vedação ao enriquecimento sem causa é bastante cara e tradicional no direito brasileiro e deve ser observada pela Administração contratante ao longo de toda a vida do contrato.

8.16 Dever de pagamento e ordem cronológica

Uma das relevantes inovações produzidas no sistema jurídico pela Lei nº 14.133 de 01 de abril de 2021 são as regras relativas ao dever de pagamento em ordem cronológica de exigibilidade:

Art. 141. No dever de pagamento pela Administração, será observada a ordem cronológica para cada fonte diferenciada de recursos, subdividida nas seguintes categorias de contratos:
I – fornecimento de bens;
II – locações;
III – prestação de serviços;
IV – realização de obras.
§1º A ordem cronológica referida no caput deste artigo poderá ser alterada, mediante prévia justificativa da autoridade competente e posterior comunicação ao órgão de controle interno da Administração e ao tribunal de contas competente, exclusivamente nas seguintes situações:
I – grave perturbação da ordem, situação de emergência ou calamidade pública;
II – pagamento a microempresa, empresa de pequeno porte, agricultor familiar, produtor rural pessoa física, microempreendedor individual e sociedade cooperativa, desde que demonstrado o risco de descontinuidade do cumprimento do objeto do contrato;
III – pagamento de serviços necessários ao funcionamento dos sistemas estruturantes, desde que demonstrado o risco de descontinuidade do cumprimento do objeto do contrato;
IV – pagamento de direitos oriundos de contratos em caso de falência, recuperação judicial ou dissolução da empresa contratada;
V – pagamento de contrato cujo objeto seja imprescindível para assegurar a integridade do patrimônio público ou para manter o funcionamento das atividades finalísticas do órgão ou entidade, quando demonstrado o risco de descontinuidade da prestação de serviço público de relevância ou o cumprimento da missão institucional.
§2º A inobservância imotivada da ordem cronológica referida no caput deste artigo ensejará a apuração de responsabilidade do agente responsável, cabendo aos órgãos de controle a sua fiscalização.
§3º O órgão ou entidade deverá disponibilizar, mensalmente, em seção específica de acesso à informação em seu sítio na internet, a ordem cronológica de seus pagamentos, bem como as justificativas que fundamentarem a eventual alteração dessa ordem.

As normas legais acerca do dever de pagamento por parte da Administração Pública levam às seguintes ponderações de cunho jurídico/material:

8.16.1 Dever de pagamento

A norma consagra o dever jurídico de pagamento pela execução contratual efetivamente realizada. O núcleo da norma revela que, em tendo havido a correta e integral execução contratual, é devido o pagamento. Este é o entendimento pacificado pelo Superior Tribunal de Justiça, inclusive ("na hipótese dos autos, verifico que o acórdão recorrido adotou entendimento pacificado nesta Corte no sentido de que, apesar da exigência de regularidade fiscal para a contratação com a Administração Pública, não é possível a retenção de pagamento de serviços já executados em razão do não cumprimento da referida exigência, sob pena de enriquecimento ilícito da Administração e violação do princípio da legalidade, haja vista que tal providência não se encontra abarcada pelo artigo 87 da Lei nº 8.666/93 – AgRg no AREsp nº 67265/DF").

É evidente que podem ser realizadas retenções de pagamento devido para garantia de multas e de reparação de prejuízos causados e decorrentes da execução do contrato. Esta possibilidade legal está consagrada na Lei Geral de Licitações:

> Art. 139. A extinção determinada por ato unilateral da Administração poderá acarretar, sem prejuízo das sanções previstas nesta Lei, as seguintes consequências:
> IV – retenção dos créditos decorrentes do contrato até o limite dos prejuízos causados à Administração Pública e das multas aplicadas.
> Art. 156. Serão aplicadas ao responsável pelas infrações administrativas previstas nesta Lei as seguintes sanções:
> §8º Se a multa aplicada e as indenizações cabíveis forem superiores ao valor de pagamento eventualmente devido pela Administração ao contratado, além da perda desse valor, a diferença será descontada da garantia prestada ou será cobrada judicialmente.

Pode também haver retenção de pagamento devido a título de garantia de recolhimento de contribuições previdenciárias ou cumprimento de encargos trabalhistas relativos ao pessoal alocado na execução de contratos de prestação de serviços com dedicação exclusiva de mão de obra, como já decidiu o Tribunal de Contas da União por intermédio do acórdão nº 1214/13.

8.16.2 Formação e constituição do dever de pagamento

O dever de pagamento é derivado de um processo de constituição legalmente previsto.

A Lei nº 14.133/21 não prevê taxativamente o prazo para pagamento devido ao contratado pela execução do contrato. Há previsão de que a fase preparatória da contratação deverá contemplar avaliação sobre "a definição das condições de execução e pagamento" (art. 18, III); de que "o edital deverá conter regras relativas à entrega do objeto e às condições de pagamento (art. 25); e que "são cláusulas necessárias dos contratos as que estabeleçam o preço e as condições de pagamento, os critérios, e os critérios de atualização monetária entre a data do adimplemento das obrigações e a do efetivo pagamento" (art. 92). Atente-se que a Lei faz referência, para apontar o termo inicial da mora administrativa em relação ao pagamento, à "data do adimplemento das obrigações".

É preciso buscar na interpretação sistêmica da Lei Geral de Licitações o adequado momento processual em que surge e se constitui o dever de pagamento. Tal avaliação sistêmica demanda, em princípio, considerar as normas previstas na Lei nº 4.320/64, em especial na parte que trata do processo de realização de despesa pública.

Com efeito, dita Lei preceitua que:

> Art. 62. O pagamento da despesa só será efetuado quando ordenado após sua regular liquidação.
> Art. 63. A liquidação da despesa consiste na verificação do direito adquirido pelo credor tendo por base os títulos e documentos comprobatórios do respectivo crédito.
> §1º Essa verificação tem por fim apurar:
> I – a origem e o objeto do que se deve pagar;
> II – a importância exata a pagar;
> III – a quem se deve pagar a importância, para extinguir a obrigação.
> §2º A liquidação da despesa por fornecimentos feitos ou serviços prestados terá por base:
> I – o contrato, ajuste ou acordo respectivo;
> II – a nota de empenho;
> III – os comprovantes da entrega de material ou da prestação efetiva do serviço.
> Art. 64. A ordem de pagamento é o despacho exarado por autoridade competente, determinando que a despesa seja paga.
> Parágrafo único. A ordem de pagamento só poderá ser exarada em documentos processados pelos serviços de contabilidade.

O primeiro aspecto relevante das regras relativas à realização da despesa é que o dever de pagamento somente surge ou se constitui após a liquidação da despesa. Antes desta liquidação, nos termos da Lei, não é juridicamente possível o pagamento.

Por seu turno, a liquidação da despesa consiste na verificação e comprovação de que todas as obrigações contratuais, principal e acessórias, foram devida e corretamente cumpridas.

Em apertada síntese, pode-se afirmar que o processo de liquidação de despesa relativa a uma contratação pública, entre outros aspectos de ordem administrativa, financeira e contábil, se perfaz por intermédio da gestão e fiscalização da execução contratual e pelos recebimentos provisório e definitivo do objeto contratado.

No que tange aos aspectos inerentes às obrigações contratuais, é o ato de recebimento definitivo que encerra a etapa da liquidação (ressalvadas as condutas eventuais antes apontadas de cunho administrativo, contábil, financeiro e orçamentário relacionadas ao contrato celebrado) – afinal, registre-se que além das obrigações materiais do contratado, para que sejam reputadas cumpridas as obrigações contratadas eventualmente pode ter havido exigência de produção e entrega de documentos, como faturas, notas fiscais, certidões entre outras, a título de obrigações acessórias que devem ser cumpridas pelo contratado como condição para a formação e constituição do dever de pagamento.

Assim, antes do recebimento definitivo do objeto e cumprimento de todas as obrigações assumidas pelo contratado não há dever de pagamento.

Neste aspecto, há que se distinguir os institutos do recebimento provisório e do recebimento definitivo. Por intermédio do recebimento provisório, o contratado, na percepção subjetiva de ter cumprido satisfatoriamente a sua parte de obrigações contratuais, entrega o objeto e transfere sua guarda para a Administração Pública (a depender do caso). A Administração Pública contratante recebe-o, provisoriamente, mediante juízo perfunctório de aceitabilidade, sem uma avaliação completa e exaustiva da qualidade do objeto contratado e entregue.

O recebimento definitivo é a etapa do processo da liquidação da despesa na qual a Administração Pública realiza um exame completo e exaustivo de controle final, para aferir se o objeto executado está em plena e adequada consonância com os termos do contrato celebrado, em todos os seus aspectos: qualidade, prazo, condições, cumprimento de obrigações acessórias, entre outros.

A Lei nº 14.133/21 não fixa prazo para o recebimento definitivo. Este prazo será o necessário, à luz dos princípios da celeridade, da razoabilidade e da proporcionalidade, para o exercício deste controle final de execução contratual.

Nesta medida, o dever de pagamento de que trata o art. 141 da Lei nº 14.133/21 surge e se constitui apenas após o recebimento definitivo do objeto contratado.

Esta conclusão tem amparo também na regra prevista no art. 11, II da Lei Geral de Licitações, que fixa que um dos objetivos do processo da contratação é o de evitar o superfaturamento (que, nos termos do disposto no art. 6º da dita Lei, é dano provocado ao patrimônio da Administração Pública).

Explica-se: sem o recebimento definitivo do objeto contratual a Administração Pública não formou a certeza no que tange ao fiel cumprimento das obrigações contratadas. Qualquer pagamento realizado antes do recebimento definitivo do objeto contratual se dará sob o risco de haver pagamento de parcela de contrato não executada ou de parcela mal executada.

Pode-se afirmar, assim, que o pagamento somente será exigível (i) após o cumprimento das formalidades administrativas legalmente previstas e relativas ao processo de liquidação de despesa; e (ii) após o cumprimento das obrigações acessórias por parte do contratado, como entrega de documentos legal e contratualmente exigidos.

8.16.3 Aspectos jurídicos relevantes sobre ordem cronológica de pagamento

A previsão normativa de que o pagamento deve ocorrer de acordo com uma ordem cronológica já constava da Lei nº 8.666/93:

> Art. 5º Todos os valores, preços e custos utilizados nas licitações terão como expressão monetária a moeda corrente nacional, ressalvado o disposto no art. 42 desta Lei, devendo cada unidade da Administração, no pagamento das obrigações relativas ao fornecimento de bens, locações, realização de obras e prestação de serviços, obedecer, para cada fonte diferenciada de recursos, a estrita ordem cronológica das datas de suas exigibilidades, salvo quando presentes relevantes razões de interesse público e mediante prévia justificativa da autoridade competente, devidamente publicada.

Pelo marco legal da Lei nº 8.666/93, a ordem cronológica era estabelecida em razão da data da exigibilidade. A Lei nº 14.133/21 é omissa no que tange a este marco definidor de uma ordem cronológica, o que não impede concluir, por conta da interpretação sistemática antes apontada, que será definida de acordo com a data da constituição do dever de pagamento, no que juridicamente converge com a noção de exigibilidade de pagamento prevista no regime anterior.

Nos termos da Lei, será observada a ordem cronológica para cada fonte diferenciada de recursos, subdividida nas seguintes categorias de contratos: I – fornecimento de bens; II – locações; III – prestação de serviços; IV – realização de obras.

O dever de observância da ordem cronológica de pagamento não é absoluto.

A ordem cronológica legalmente definida poderá ser alterada, mediante prévia justificativa da autoridade competente e posterior comunicação ao órgão de controle interno da Administração e ao tribunal de contas competente, exclusivamente nas seguintes situações:

I – grave perturbação da ordem, situação de emergência ou calamidade pública;
II – pagamento a microempresa, empresa de pequeno porte, agricultor familiar, produtor rural pessoa física, microempreendedor individual e sociedade cooperativa, desde que demonstrado o risco de descontinuidade do cumprimento do objeto do contrato;
III – pagamento de serviços necessários ao funcionamento dos sistemas estruturantes, desde que demonstrado o risco de descontinuidade do cumprimento do objeto do contrato;
IV – pagamento de direitos oriundos de contratos em caso de falência, recuperação judicial ou dissolução da empresa contratada;
V – pagamento de contrato cujo objeto seja imprescindível para assegurar a integridade do patrimônio público ou para manter o funcionamento das atividades finalísticas do órgão ou entidade, quando demonstrado o risco de descontinuidade da prestação de serviço público de relevância ou o cumprimento da missão institucional.

Fundamental e indispensável é que, no caso de subversão da ordem cronológica, seja realizada a devida e circunstanciada justificativa por parte da autoridade responsável pela sua observação.

É importante destacar que a ordem cronológica de pagamento de um determinado exercício financeiro precede aquela de exercício financeiro subsequente, observadas as normas de direito orçamentário aplicáveis – uma vez que a fonte orçamentária de custeio neste caso será diversa (empenhos ordinários do exercício e empenhos incluídos na rubrica de restos a pagar).

8.16.4 Ordem cronológica e unidades gestoras financeiras

É impensável concluir que a ordem cronológica de que trata a Lei tenha aplicação ao conjunto de contratações de um determinado ente público. Parece evidente que tal ordem cronológica tenha que ser observada no plano de atuação de uma certa e determinada unidade gestora financeira, dotada de prerrogativas de ordenação de despesas.

Em outros termos, a observação da ordem cronológica de pagamentos se dará em face de cada unidade gestora financeira, ainda que integrantes de uma mesma organização pública. Por exemplo: no plano municipal, cada secretaria ou órgão gestor financeiro terão uma ordem cronológica de pagamentos devidos por contratos que tenham celebrado.

8.16.5 Responsabilidade pela violação da ordem cronológica de pagamento

A Lei preceitua que "a inobservância imotivada da ordem cronológica referida no caput deste artigo ensejará a apuração de responsabilidade do agente responsável, cabendo aos órgãos de controle a sua fiscalização" (art. 141, §2º).

É assim, nos termos da Lei, imune de responsabilização, a inobservância motivada ou justificada da ordem cronológica de pagamento. Esta motivação deve ser explícita, clara e congruente, expondo com objetividade e suficiência as razões de fato e de direito que autorizam a violação da ordem. A falta de motivação ou motivação insuficiente viciam o ato e podem ensejar a responsabilização pessoal do gestor. E, lembre-se, as razões de fato que autorizam a modificação da ordem cronológica de pagamento estão antecipadamente estabelecidas na Lei.

A responsabilização pode se dar no plano das responsabilidades civil, penal, administrativa ou de improbidade administrativa, de acordo com a qualidade e gravidade da conduta praticada. Por exemplo, se a violação da ordem cronológica se der para obter enriquecimento ilícito do agente público (mediante recebimento de propina) restará tipificado o crime de corrupção passiva e o ato de improbidade por enriquecimento ilícito). Caso a violação da ordem cronológica produza prejuízos materiais para terceiros, que vierem a ser cobrados da Administração Pública, o agente que lhe deu causa pode responder civilmente a reparar os danos produzidos ao Poder Público, como outro exemplo.

Tem aplicação neste caso, por expressa previsão normativa contida no art. 5º da Lei nº 14.133/21, a regra prevista no artigo 28 do Decreto-Lei nº 4.657/42, que preceitua que o agente público só responde pessoalmente por suas condutas em caso de dolo ou erro grosseiro (culpa grave).

No plano criminal, o Código Penal Brasileiro estabelece que a violação da ordem cronológica de pagamento pode tipificar crime em licitações e contratos administrativos:

> Art. 337-H. Admitir, possibilitar ou dar causa a qualquer modificação ou vantagem, inclusive prorrogação contratual, em favor do contratado, durante a execução dos contratos celebrados com a Administração Pública, sem autorização em lei, no edital da licitação ou nos respectivos instrumentos contratuais, ou, ainda, pagar fatura com preterição da ordem cronológica de sua exigibilidade;

O tipo penal somente se evidencia por conduta dolosa, registre-se.

8.16.6 Controle da ordem cronológica de pagamentos

É importante destacar que a Lei nº 14.133/21 atribui à alta administração a responsabilidade pela governança das contratações, que deve implementar processos e estruturas, inclusive de gestão de riscos e controles internos, para avaliar, direcionar e monitorar os processos licitatórios e os respectivos contratos (art. 11, parágrafo único).

Nesta medida, compete à alta administração, no exercício da governança dos contratos, editar normas e instituir sistemas de controle para a fiel observância da ordem cronológica dos pagamentos devidos.

Não parece correto afirmar que a alta administração deverá controlar, em concreto e caso a caso, a ordem cronológica de pagamentos, eis que se trata de conduta administrativa da alçada de agentes administrativos a ela subordinados, que atuarão sob sua supervisão.

O dever de governança da alta administração é de liderança, estratégia e controle, para avaliar, monitorar e direcionar as condutas dos agentes que atuam em concreto na formalização dos processos de realização de despesas.

A alta administração, com poderes e prerrogativas de ordenação de despesas e de autorização de pagamentos procederá de acordo com informações e documentos fornecidos por agentes que lhe sejam subordinados, e atuará sob o manto do princípio da confiança.

Embora trate de matéria diversa, há precedente do Tribunal de Contas da União apontando a inexistência de responsabilidade de gestor que pratica ato com base em informações produzidas por agentes que lhe sejam subordinados, quando envolver fatos, erros ou ilegalidades de difícil detecção:

> Não é cabível imputar débito a gestor que homologou processo de compra em que o superfaturamento das aquisições era de difícil percepção ao homem médio. Se a pesquisa de preço foi elaborada pelo setor competente do órgão contratante, não há por que responsabilizar o gestor, a menos que haja algum elemento no processo que indique que ele tinha condições de questionar a pesquisa realizada (Acórdão nº 378/2023-TCU-Plenário (Recurso de Reconsideração, Relator Ministro Aroldo Cedraz).

Adotadas, pela alta administração, as ações de governança necessárias para orientar os agentes públicos acerca da necessidade de observação da ordem cronológica de pagamentos legalmente prevista, ressalvados os casos de dolo ou culpa grave por conduta própria voltada ao descumprimento da regra, tem-se por inexistente o nexo causal necessário para a imputação objetiva voltada à sua responsabilização pessoal por quebra desta ordem por conduta de subordinado seu.

O fundamental no que tange à responsabilidade da alta administração em relação à observância da ordem cronológica de pagamento é aferir se eventual violação desta ordem decorre de conduta dolosa ou maculada por culpa grave – em outros termos, por grave violação do dever de cuidado objetivo.

A competência direta para o controle da ordem cronológica de pagamentos é do agente público ou do setor administrativo que tenha atribuição de certificar o recebimento definitivo do objeto contratual e produzir as condutas administrativas, financeiras, orçamentárias e contábeis necessárias e prévias ao pagamento.

8.16.7 O papel da assessoria jurídica e do controle interno pela observância da ordem cronológica de pagamento

O controle da observância da ordem cronológica de pagamento insere-se no plano do sistema de controle administrativo instituído pelo modelo de governança dos contratos imposto pela Lei.

Cada órgão ou entidade deverá implementar estruturas e processos de controle de seus pagamentos. Com tal proposito de controle, as assessorias jurídicas têm o dever de orientação, fornecendo subsídios e informações que possam auxiliar na efetivação do comando normativo.

A Lei conferiu atuação de destaque ao controle interno, ao determinar que a fiscalização e o controle da ordem cronológica de pagamento competem a esta área de atuação administrativa. Assim, resta evidenciada esta atribuição específica que foi dada para as controladorias, órgãos de controle interno, auditorias internas e outros órgãos de controle interno, seja qual for a sua designação formal.

8.16.8 Violação da ordem cronológica de pagamentos sob o enfoque dos princípios da razoabilidade e da proporcionalidade

Ao determinar uma ordem cronológica de pagamentos a Lei tem propósitos múltiplos de interesse público.

Por primeiro, assegurar efetividade aos princípios da impessoalidade e da isonomia. Todos os contratados devem ser tratados por iguais medidas e receber igual tratamento em situações também similares. A impessoalidade demanda que a decisão de pagamento não deve ser pessoal, do gestor, mas derivar de critérios objetivos, sem a mácula de preferências pessoais do administrador público.

Por segundo, de fundo, o que se pretende evitar são favorecimentos ou preterições indevidas e injustificadas.

É preciso considerar, assim, que no plano concreto, há órgãos e entidades públicas que manejam simultaneamente inúmeros (por vezes centenas) de processos de contratação pública em fase de liquidação e de pagamento. Tal significa que podem ocorrer certos entraves burocráticos ordinários, naturais e normais no plano da regular gestão de recursos destinados aos pagamentos devidos e decorrentes de relações jurídico-contratuais.

Nesta medida, em homenagem aos princípios da proporcionalidade e da razoabilidade, não haverá violação ilegal da ordem cronológica de pagamento quando referida ordem não for estritamente observada, por breves espaços de tempo e por força de particularidades de gestão operacional.

8.16.9 Conclusões acerca da ordem cronológica de pagamento

a) A Lei nº 14.133/21 expressamente consiga o dever de pagamento derivado de relações jurídico-contratuais;
b) Os pagamentos devidos pela Administração Pública devem ocorrer em ordem cronológica de exigibilidade, que será observada em relação a quatro espécies contratuais: fornecimento de bens; locações; prestação de serviços e realização de obras;

c) O dever de pagamento não afasta o direito de sua retenção, por parte da Administração Pública, na forma de Lei;

d) A exigibilidade de pagamento somente se evidencia após o cumprimento, por parte do contratado, de todas as obrigações (principal e acessórias) que constituem o encargo contratual e cumprimento de requisitos de natureza formal exigidos por Lei e que constituem a efetiva liquidação da despesa;

e) A ordem cronológica de que trata a Lei será observada relativamente a cada unidade gestora financeira do órgão ou entidade pública;

f) O descumprimento da ordem cronológica de pagamento pode gerar a responsabilização pessoal (nas instâncias penal, civil, de improbidade administrativa ou administrativa) do agente público, em caso de conduta dolosa ou maculada por erro grosseiro;

g) Compete à alta administração, no exercício da governança dos contratos, editar normas e instituir sistemas de controle para a fiel observância da ordem cronológica dos pagamentos devidos, não lhe assistindo, como regra, responsabilidade direta de controle de tal ordem em concreto;

h) A competência originária e direta para o controle da ordem cronológica de pagamentos é do agente público ou do setor administrativo que tenha atribuição de certificar o recebimento definitivo do objeto contratual e produzir as condutas administrativas, financeiras, orçamentárias e contábeis necessárias e prévias ao pagamento;

i) A assessoria jurídica do órgão ou entidade pública tem o dever de orientação acerca de questões relacionadas à ordem cronológica de pagamentos;

j) A Lei conferiu especial destaque ao controle interno, ao determinar que a fiscalização e o controle da ordem cronológica de pagamento competem a esta área de atuação administrativa. Assim, resta evidenciada esta atribuição específica que foi dada para as controladorias, órgãos de controle interno, auditorias internas e outros órgãos de controle interno, seja qual for a sua designação formal;

k) Em homenagem aos princípios da proporcionalidade e da razoabilidade, não haverá violação ilegal da ordem cronológica de pagamento quando referida ordem não for estritamente observada, por breves espaços de tempo e por força de particularidades de gestão operacional.

8.17 *Compliance* de contratações públicas – o modelo das linhas de defesa

Em que pese não haver referência expressa à expressão *compliance*, a alusão a linhas de defesa, formulação típica do instituto, leva à conclusão de que a Lei nº 14.133/21 incorpora ao sistema de controle das contratações públicas o modelo das linhas, metodologia inerente ao instituto do *compliance*. Ora, tem-se em conta que "a lei é a vontade transformada em palavras, uma força constante e vivaz, objetivada e independente do seu prolator; procura-se o sentido imanente no texto, e não o que o elaborador teve em mira".[248] Ademais, é preciso retirar do texto da Lei um sentido útil, "que torne viável o seu objetivo, ao invés do que os reduza à inutilidade",[249] "pois não

---

[248] MAXIMILIANO, Carlos. *Hermenêutica e aplicação do Direito*. 14. ed. Rio de Janeiro: Forense, 1994. p. 28.
[249] MAXIMILIANO, Carlos, *op. cit.*, p. 249.

se presumem na lei palavras inúteis".²⁵⁰ Admitir que a expressão "linhas de defesa" remete ao instituto do *compliance* é conferir à norma um sentido imanente lógico e útil.

Este modelo é referido na lei como das "três linhas de defesa", e pode ser assim designado, pois foi esta a escolha do legislador, conquanto a organização não governamental que concebeu a designação – *Institute of Internal Auditors* (IIA) – tenha retirado da expressão a palavra "defesa", preferindo a expressão "modelo das linhas".

Sem muita relevância para esta análise é a origem da expressão. Há referências de que teria surgido como metodologia para mitigação de riscos e garantia de segurança dos sistemas financeiros nacionais e internacionais. O fato é que desde a remota origem, os sistemas de *compliance* tem por função e finalidade garantir que a atuação dos agentes e organizações se mantenham nos limites da juridicidade, da ética e dos riscos aceitáveis, na perspectiva destes parâmetros.

Como trata Carlos Fernando dos Santos Lima,

> O compliance (do verbo to comply), ou conformidade diante de regras, cumprimento de regras, ganha expressão pragmática através da adoção de programas empresariais internos de cumprimento de legislação, destinados: a) a prevenir eventos ilícitos (não só penais) no ambiente empresarial; b) evitar consequências que, embora não proibidas em lei, impactem negativamente na imagem da empresa; c) criar uma cultura interna de respeito às várias normativas tangentes às atividades empresárias principais e secundárias.²⁵¹

Um programa de *compliance* no setor público objetiva fomentar e garantir que haverá por parte dos agentes o cumprimento de normas internas e externas e leis em geral, bem como gestão adequada de riscos, para evitar o cometimento de atos ilícitos ou lesivos a valores juridicamente tutelados, para alcançar os resultados objetivados na Lei e na Constituição, e postos como de atribuição de órgão, entidade ou agente público.

Um sistema ou programa de *compliance* aplicado ao processo da contratação objetiva ser instrumento útil ao atingimento dos objetivos – específicos e especiais – com legalidade, legitimidade, ética, sustentabilidade e riscos aceitáveis.

Os sistemas de *compliance* são gênero multidimensional (*compliance* de integridade, compliance ambiental, compliance trabalhista etc). Já se superou de muito a noção de que se prestam apenas a reprimir ou prevenir atos de corrupção – embora ainda se prestem. Neste sentido, a norma ABNT NBR ISO 37001:2017 aponta que "a organização deve estabelecer, documentar, implementar, manter e, de forma contínua, analisar criticamente e, onde necessário, melhorar o sistema de gestão antissuborno, incluindo os processos necessários e as suas interações, de acordo com os requisitos deste Documento. O sistema de gestão antissuborno deve conter medidas concebidas para identificar e avaliar o risco, bem como prevenir, detectar e responder ao suborno" (4.4). Aliás, esta norma – da ABNT – dedica-se quase integralmente ao *compliance* na sua dimensão antissuborno.

A referência da Lei nº 14.133/21 ao sistema de linhas – de defesa – de modo implícito, determina a implementação da racionalidade do *compliance* no processo da contratação, na espécie de *compliance* de contratações públicas.

---

²⁵⁰ MAXIMILIANO, Carlos, *op. cit.*, p 250.
²⁵¹ LIMA, Carlos Fernando dos Santos. O Sistema Nacional de Lavagem de Dinheiro. *In*: DE CARLI, Carla Veríssimo (Org.). *Lavagem de dinheiro*: prevenção e controle penal. Porto Alegre: Verbo Jurídico, 2011. p. 53.

Compliance de contratações públicas é sistema integrado pela edição de normas, capacitação e formação de agentes, e implementação de estrutura material destinada ao fomento de boas práticas de integridade e de observação de normas éticas, legais, infralegais e constitucionais, para conduzir as ações administrativas sob eficiente gerenciamento dos riscos envolvidos, seja de que natureza forem, de modo que os objetivos específico e especiais sejam cumpridos com duração razoável do processo. Trata-se de processo racional, sistema e metódico, voltado para a conformidade com normas jurídicas e éticas, controle, preferencialmente preventivo e orientativo –, e gerenciamento de riscos para assegurar integridade, legitimidade, sustentabilidade, juridicidade e eficiência para as contratações públicas.

Nesta medida, o sistema de *compliance* de contratações públicas tem como finalidade, também, a repressão e prevenção de atos de corrupção, mas não se restringe ou limita a este objetivo. Pode-se dizer que o *compliance* de contratações públicas, em certo sentido, é constituído por *compliance* de integridade, *compliance* ambiental, *compliance* trabalhista, entre outros, na perspectiva de que concentra e aglutina deveres de conformidade e gestão de riscos de natureza multidimensional.

8.17.1 O modelo das linhas de defesa

O modelo das três linhas de defesa[252] – hoje modelo das linhas – foi concebido pelo Instituto Internacional de Auditores (The Institute of Internal Auditors – IIA) como metodologia para implementar e aplicar a racionalidade do compliance nas organizações. Sobre o tema:

> As organizações são empreendimentos humanos, operando em um mundo cada vez mais incerto, complexo, interconectado e volátil. Geralmente, elas têm vários stakeholders com interesses diversos, mutáveis e, às vezes, concorrentes. Os stakeholders confiam a supervisão organizacional a um órgão de governança, que, por sua vez, delega recursos e autoridade à gestão para tomar as ações apropriadas, incluindo o gerenciamento de riscos. Por esses e outros motivos, as organizações precisam de estruturas e processos eficazes para permitir o atingimento dos objetivos, ao mesmo tempo em que apoiam uma forte governança e gerenciamento de riscos. Como o órgão de governança recebe relatórios da gestão sobre atividades, resultados e previsões, o órgão de governança e a gestão confiam na auditoria interna para prestar avaliação objetiva e independente e aconselhar sobre todos os assuntos, além de promover e facilitar a inovação e a melhoria. O órgão de governança é responsável, em última instância, pela governança, que é alcançada por meio das ações e comportamentos do órgão de governança, bem como da gestão e da auditoria interna.
> O Modelo de Três Linhas ajuda as organizações a identificar estruturas e processos que melhor auxiliam no atingimento dos objetivos e facilitam uma forte governança e gerenciamento de riscos. O modelo é aplicável a todas as organizações e é otimizado por:
> • Adotar uma abordagem baseada em princípios e adaptar o modelo para atender aos objetivos e circunstâncias organizacionais.

---

[252] Modelo das Três Linhas do IIA 2020 – Uma atualização do modelo das três linhas de defesa. Disponível em: https://iiabrasil.org.br/korbilload/upl/editorHTML/uploadDireto/20200758glob-th-editorHTML-00000013-20082020141130.pdf. Acesso em: 30 set. 2023.

- Focar na contribuição que o gerenciamento de riscos oferece para atingir objetivos e criar valor, bem como questões de "defesa" e proteção de valor.
- Compreender claramente os papéis e responsabilidades representados no modelo e os relacionamentos entre eles.
- Implantar medidas para garantir que as atividades e os objetivos estejam alinhados com os interesses priorizados dos stakeholders.

Os papéis das linhas, segundo o IIA:

A responsabilidade da gestão de atingir os objetivos organizacionais compreende os papéis da primeira e segunda linhas. Os papéis de primeira linha estão mais diretamente alinhados com a entrega de produtos e/ou serviços aos clientes da organização, incluindo funções de apoio2. Os papéis de segunda linha fornecem assistência no gerenciamento de riscos. Os papéis de primeira e segunda linha podem ser combinados ou separados. Alguns papéis de segunda linha podem ser atribuídos a especialistas, para fornecer conhecimentos complementares, apoio, monitoramento e questionamento àqueles com papéis de primeira linha. Os papéis de segunda linha podem se concentrar em objetivos específicos do gerenciamento de riscos, como: conformidade com leis, regulamentos e comportamento ético aceitável; controle interno; segurança da informação e tecnologia; sustentabilidade; e avaliação da qualidade. Como alternativa, os papéis de segunda linha podem abranger uma responsabilidade mais ampla pelo gerenciamento de riscos, como o gerenciamento de riscos corporativos (enterprise risk management – ERM). No entanto, a responsabilidade pelo gerenciamento de riscos segue fazendo parte dos papéis de primeira linha e dentro do escopo da gestão.

A auditoria interna presta avaliação e assessoria independentes e objetivas sobre a adequação e eficácia da governança e do gerenciamento de riscos. Isso é feito através da aplicação competente de processos sistemáticos e disciplinados, expertise e conhecimentos. Ela reporta suas descobertas à gestão e ao órgão de governança para promover e facilitar a melhoria contínua. Ao fazê-lo, pode considerar a avaliação de outros prestadores internos e externos. A independência da auditoria interna em relação a responsabilidades da gestão é fundamental para sua objetividade, autoridade e credibilidade. É estabelecida por meio de: prestação de contas ao órgão de governança; acesso irrestrito a pessoas, recursos e dados necessários para concluir seu trabalho; e liberdade de viés ou interferência no planejamento e prestação de serviços de auditoria.

Esta expressão "linhas de defesa" nunca pareceu adequada e correta.[253] De fato, os integrantes de ditas linhas não têm atribuição de defesa, mas de conduta proativa destinada às funções de *compliance*. De qualquer sorte, a análise dos papéis das linhas, de acordo com o Institute of Internal Auditors, revela que o modelo, para ser aplicado pela Administração Pública contratual, carece de adaptações, especialmente por força da composição legalmente instituída para as linhas: I – primeira linha de defesa, integrada

---

[253] O próprio IIA reconhece isto: Os termos "primeira linha", "segunda linha" e "terceira linha" do modelo original são mantidos para familiaridade. No entanto, as "linhas" não pretendem denotar elementos estruturais, mas uma diferenciação útil de papéis. Logicamente, os papéis do corpo administrativo também constituem uma "linha", mas essa convenção não foi adotada para evitar confusão. A numeração (primeira, segunda, terceira) não deve ser considerada como significando operações sequenciais. Em vez disso, todos os papéis operam simultaneamente. MODELO DAS TRÊS LINHAS DO IIA 2020. Disponível em: https://iiabrasil.org.br/korbilload/upl/editorHTML/uploadDireto/20200758glob-th-editorHTML-00000013-20072020131817.pdf. Acesso em: 10 set. 2023.

por servidores e empregados públicos, agentes de licitação e autoridades que atuam na estrutura de governança do órgão ou entidade; II – segunda linha de defesa, integrada pelas unidades de assessoramento jurídico e de controle interno do próprio órgão ou entidade; e III – terceira linha de defesa, integrada pelo órgão central de controle interno da Administração e pelo tribunal de contas.

Na modelagem do sistema de três linhas (de defesa) do IIA os papéis dos agentes de primeira e segunda linha não são bem delimitados, podendo até ser comuns a estas linhas. Há, mesmo, uma certa confusão de papéis, o que sob certo aspecto, acaba por descaracterizar a própria existência de "linhas".

Pelo modelo da Lei nº 14.133/21, a composição das linhas é bem definida e está atrelada à noção jurídico-administrativa de competência. Cada uma das linhas legalmente referida é, de fato e de direito, um núcleo de competências administrativas distintas, com atribuições distintas, embora atuantes em regime de colaboração integrativa necessária por força do regime jurídico que lhes é peculiar e impositivo:

a) Primeira linha: formada pelos agentes públicos que exercem quaisquer das funções essenciais no processo da contratação e agentes que atuam na estrutura de governança do órgão ou entidade. São elas, entre outras, as funções inerentes à etapa preparatória; funções inerentes à etapa de seleção de prestador ou fornecedor – agente de contratação, pregoeiro, integrantes de comissão de contratação e equipe de apoio; e funções inerentes à etapa de gestão e execução contratual – fiscal de contrato, gestor de contrato e agentes responsáveis pelo recebimento definitivo e recebimento provisório. Os agentes que atuam na estrutura de governança podem ser os *compliance officers* ou qualquer que tenha atribuições de implementação de programas de governança ou integridade, quando for o caso. Parece que aludir à existência de uma linha tem dimensão transcendental. Explica-se. A existência de linha de defesa induz à inelutável conclusão no sentido de que aos agentes que a integram, competem atribuições que transcendem aquelas típicas e relacionadas ao processo da contratação – por exemplo, ao agente de contratações compete conduzir o processo da licitação na modalidade de concorrência. Fosse esta a conclusão, sentido algum haveria em designar a existência de linha de defesa de controle. Esta competência derivada da linha em que está posicionado o agente é suplementar àquela inerente à sua função essencial no processo. Assim, compete a estes agentes o dever jurídico – pena de omissão –, de zelar e fomentar boas práticas de *compliance* de contratações públicas, controlando para que as ações de todos os envolvidos no processo se circunscrevam nos limites da juridicidade, da integridade, ética, da sustentabilidade e dos riscos aceitáveis, apurados em regular processo de gestão de riscos. Os integrantes da primeira linha terão ação colaborativa e integrativa com os integrantes das demais linhas;

b) Segunda linha: formada pelas unidades de assessoramento jurídico e de controle interno. Estas unidades exercem respectivamente o controle de juridicidade e controle quanto à eficácia e eficiência da gestão orçamentária, financeira e patrimonial nos órgãos e entidades da administração, bem como da aplicação de recursos públicos por entidades de direito privado, dentre outras funções legalmente destinadas;

c) Terceira linha: Formada pelo órgão central de controle interno e pelos Tribunais de Contas. A terceira linha é designada para o controle interno "exterior" à composição administrativa do órgão ou entidade, e para o controle externo. Não há qualquer inconstitucionalidade nesta designação, em especial, do Tribunal de Contas como parte do sistema de *compliance* de contratações públicas. A definição desta competência para os Tribunais de Contas não lhe retira a condição de órgão de controle externo, tampouco implica atuação em regime de cogestão, mas regime de aproximação e integração para exercício de controle prévio e concomitante, prevenindo condutas lesivas ao interesse público e ao erário por força de atuação proativa em caráter de orientação.

8.17.2 Implementação de programa de *compliance* de contratações públicas

Não pretendeu o legislador, com a regra prevista no art. 169, reafirmar e reiterar meras condutas de controle interno de competência dos agentes públicos. O conteúdo axiológico ou valorativo da norma é inovador e transcendental em relação às tradicionais atividades de controle já existentes administrativamente. Há um dever jurídico de implementação deste modelo de i de contratações públicas, independentemente de já existir no órgão ou entidade pública, sistema de *compliance* aplicado.

Para a implementação do *compliance* de contratações públicas à Administração é necessário:

a) comprometimento da alta administração: a alta administração do órgão ou entidade pública tem o dever jurídico de criar e manter o ambiente administrativo apto para ações de *compliance* de contratações públicas, definindo conceitos, editando regulamentações e implementando os fluxos processuais e competências necessárias. É o que determina a norma do art. 169, §1º: "na forma de regulamento, a implementação das práticas a que se refere o caput deste artigo será de responsabilidade da alta administração do órgão ou entidade e levará em consideração os custos e os benefícios decorrentes de sua implementação, optando-se pelas medidas que promovam relações íntegras e confiáveis, com segurança jurídica para todos os envolvidos, e que produzam o resultado mais vantajoso para a Administração, com eficiência, eficácia e efetividade nas contratações públicas". Há, então, dever de editar regulamentação criando o modelo de *compliance* de contratações públicas, com definição de processos, competências e designação de recursos humanos, financeiros e materiais para sua implementação. Para implementar o programa de *compliance* de contratações públicas é elementar a compreensão mínima acerca do conteúdo jurídico, material e valorativo das ações desta espécie de *compliance*. Cabe à alta administração fomentar a racionalidade do *compliance* de contratações públicas. Um representante da alta administração deve ser encarregado de representação e fomento da harmonização de condutas dos agentes integrantes das linhas;

b) formação e capacitação dos agentes: a implantação de *compliance* de contratações públicas exige formação e capacitação específicas. Não se trata apenas de preparação técnica para o exercício das funções essenciais do processo da contratação, mas de junção de conhecimentos, habilidades e aptidões para compreender a dimensão sistêmica do *compliance* de contratações. Os agentes integrantes das linhas deverão atuar na percepção de que, além dos objetivos específicos da contratação, atuarão para (i) prevenir e reprimir atos de corrupção; (ii) fomentar a sustentabilidade em suas múltiplas dimensões; (iii) conhecer e aplicar todas as normas que, direta ou indiretamente, submetem o processo da contratação; (iv) identificar e compartilhar informações relevantes com os integrantes das linhas e com outros setores; (v) identificar, avaliar e dar tratamento a todos os riscos a que está sujeita a contratação; (vi) identificar vícios e nulidades no processo, adotando medidas de saneamento sempre que possível; (vii) adotar condutas proativas destinadas a evitar novas ocorrências de irregularidades ou ilegalidades verificadas; (viii) fomentar e disseminar conhecimentos e boas práticas de contratação pública; (ix) subsidiar a alta administração com informações relevantes para a constante busca e manutenção da integridade, economicidade, sustentabilidade e juridicidade das contratações públicas;

c) processo constante de gerenciamento dos riscos: a racionalidade de *compliance* de contratações públicas exige permanente processo de gestão de riscos. Cabe às linhas a identificação permanente – eis que os riscos são dinâmicos e mutáveis – dos riscos a que estão sujeitas as contratações do órgão ou entidade, sua avaliação e tratamento, com adoção de medidas de contingência para os riscos que permanecerem inaceitáveis mesmo após o tratamento;

d) elaboração de código de conduta e integridade: tradicionalmente se exige, para a correta implementação de programa de *compliance*, a edição de código de conduta e integridade. Em específico, o *compliance* de contratações públicas exige um código de conduta e integridade também específico para tratar de todos os temas relevantes acerca do processo da contratação. A título de exemplo, pode-se referir como condutas recomendadas para inclusão no código de conduta e integridade de contratações públicas:

d.1 condutas aceitas: (i) Trabalhar com fornecedores e parceiros de negócio idôneos; (ii) adotar práticas éticas e legais na seleção, negociação e administração de todas as atividades comerciais, sem privilégios, favorecimentos ou discriminação de qualquer natureza, independentemente do volume de negócios; (iii) todos os agentes envolvidos no processo da contratação devem respeitar as condições contratuais e comerciais e salvaguardar o sigilo das informações estabelecidas entre as partes; (iv) todos os fornecedores e parceiros de negócio devem pautar seu comportamento pelos princípios expressos no código; (v) o relacionamento com terceiros particulares deve ocorrer com a maior formalização possível, documentando reuniões (atas) e conversas sempre que possível; (vi) devem ser agendadas reuniões oficiais; (vii) trabalhar preferencialmente com fornecedores e prestadores que adotem práticas de sustentabilidade ambiental na atividade que exercem; (viii) inserir requisitos de sustentabilidade ambiental nos processos de contratação destinados a contratar fornecedores ou prestadores. **d.2 condutas não aceitas:** (i) obter vantagem pessoal mediante influência de sua posição na Administração; (ii) influenciar ou determinar a contratação de pessoa, física ou jurídica, com a qual agentes públicos ou pessoas de seu relacionamento familiar ou pessoal tenham interesse ou participação, direta ou indireta; (iii) receber dinheiro ou qualquer espécie de benefício ou vantagem para favorecer qualquer pessoa nos relacionamentos com os contratados; (iv) fazer declaração falsa sobre medição ou avaliação em obras públicas ou qualquer outro serviço, ou sobre quantidade, peso, medida, qualidade ou característica de mercadorias ou bens fornecidos para a Administração; (v) manter com os contratados vínculos comerciais e pessoais que possam influenciar e comprometer a isenção; (vi) tolerar qualquer forma de trabalho degradante ou condições de trabalho perigosas para a saúde, além de abusos físicos e psicológicos;

e) canal de denúncias e garantia de não represálias: o programa de *compliance* de contratação pública conterá canal de denúncias de irregularidades e garantias de que o denunciante não sofrerá represálias de qualquer natureza.

A implementação do *compliance* de contratações públicas se dará com respeito absoluto às competências legal e constitucionalmente determinadas para os órgãos de controle interno e de controle externo.

Os agentes públicos integrantes das linhas deverão:

a) quando constatarem simples impropriedade formal, adotarão medidas para o seu saneamento e para a mitigação de riscos de sua nova ocorrência, preferencialmente com o aperfeiçoamento dos controles preventivos e com a capacitação dos agentes públicos responsáveis: a lei contém uma diretriz de saneamento de vícios do processo da contratação e aproveitamento de atos e contratos realizados. Somente pode ocorrer a desclassificação ou a inabilitação dos licitantes por vícios insanáveis (art. 59); o desatendimento de exigências meramente formais que não comprometam a aferição da qualificação do licitante ou a compreensão do conteúdo de sua proposta não importará seu afastamento da licitação ou a invalidação do processo (art. 12, III); a declaração de nulidade de licitação ou de contrato somente poderá ocorrer se não for possível o saneamento do vício encontrado, e dependerá de comprovação de que foram efetivamente adotadas medidas, pelo titular do órgão ou entidade, para o saneamento dos indícios de irregularidades apontados (art. 147). Os integrantes das linhas deverão atuar para identificar vícios de processo ou de contrato, e, encontrando-os, produzir sempre que possível, o saneamento;

b) quando constatarem irregularidade que configure dano à Administração, sem prejuízo das medidas previstas no inciso I deste §3º, adotarão as providências necessárias para a apuração das infrações administrativas, observadas a segregação de funções e a necessidade de individualização das condutas, bem como remeterão ao Ministério Público competente cópias dos documentos cabíveis para a apuração dos ilícitos de sua competência: os agentes integrantes das linhas têm o dever jurídico de comunicar a autoridade superior toda irregularidade de processo licitatório ou de execução contratual de que tiverem ciência, inclusive pela via da denúncia anônima, como já decidiu o Superior Tribunal de Justiça:

> ADMINISTRATIVO. MANDADO DE SEGURANÇA. PROCESSO ADMINISTRATIVO DISCIPLINAR. POLICIAL RODOVIÁRIO FEDERAL. DEMISSÃO. PAD INSTAURADO POR DENUNCIANTE IDENTIFICADO. RESPONSABILIDADE PESSOAL PELA INFRAÇÃO DISCIPLINAR. ATO DE IMPROBIDADE E CRIME CONTRA A ADMINISTRAÇÃO. ALTERAÇÃO DA CAPITULAÇÃO LEGAL. POSSIBILIDADE. ALEGAÇÃO DE SUSPEIÇÃO DE MEMBRO DA COMISSÃO PROCESSANTE. VÍCIO NÃO DEMONSTRADO. REGULARIDADE DO PROCEDIMENTO. ORDEM DENEGADA.
>
> 1. Segundo a jurisprudência do STJ, mesmo a denúncia anônima autoriza a instauração, de ofício, de procedimento administrativo disciplinar para apurar a plausibilidade de seu conteúdo. Assim, com mais razão, deve a Administração levar a sério a queixa formulada por cidadão que se apresenta e se identifica à autoridade competente, relatando os fatos que presenciou e que, em tese, sugerem a prática de ilícito administrativo e crime, cometidos por agente público no exercício da função.

2. Ciente de irregularidade no serviço público, a instauração do procedimento apuratório não é faculdade, mas um dever imposto à Administração Pública, consoante prevê o art. 143 da Lei nº 8.112/1990. Precedentes.

3. A combinada exegese dos artigos 121 e 124 da Lei 8.112/1990, diploma que regula a relação da União com os seus servidores, autoriza a conclusão de que o servidor público responde administrativamente pelos seus próprios atos ilícitos, omissivos ou comissivos. Por outras palavras, assume o agente as consequências do que ilegalmente faz, ou do que, irregularmente, deixa de fazer no exercício da função. Daí porque, diante da notícia de falta disciplinar, cabe à Administração apurar a conduta objetiva do seu agente, sem perquirir o ânimo do denunciante. Se a denúncia for infundada, há meios próprios para responsabilizar, inclusive criminalmente, quem deu causa ao apuratório.

4. Não se declara a nulidade do procedimento disciplinar sem a demonstração de efetivo prejuízo à defesa. Precedentes.

5. Em processo disciplinar, o servidor acusado se defende dos fatos, e não da capitulação legal. Assim, posterior modificação do enquadramento legal da conduta ilícita não afeta, só por isso, a validade do procedimento disciplinar.

6. Por força de expressa previsão em lei (art. 125 da Lei nº 8.112/1990), "as sanções civis, penais e administrativas poderão cumular-se, sendo independentes entre si". Não há, assim, amparo legal para a tese de que a decisão administrativa deve aguardar o trânsito em julgado da decisão criminal acerca dos mesmos fatos.

7. Como ensinado pelo saudoso professor CELSO AGRÍCOLA BARBI, "o conceito de direito líquido e certo é tipicamente processual, pois atende ao modo de ser de um direito subjetivo no processo: a circunstância de um determinado direito subjetivo realmente existir não lhe dá a caracterização de liquidez e certeza; esta só lhe é atribuída se os fatos em que se fundar puderem ser provados de forma incontestável, certa, no processo. E isto normalmente só se dá quando a prova for documental, pois esta é adequada a uma demonstração imediata e segura dos fatos" (Do mandado de segurança.

11. ed. Rio de Janeiro: Forense, 2008, p. 56-57). Logo, a simples alegação de suspeição de integrante da comissão disciplinar, se desacompanhada de prova documental robusta e convincente, não justifica a concessão da ordem.

8. Em suma, na espécie, não logrou o ex-policial rodoviário federal demonstrar a existência de direito líquido e certo violado por ato ilegal ou abusivo praticado pela Autoridade impetrada. De outra parte, a regularidade do procedimento administrativo disciplinar, nos aspectos em que questionados pelo Autor, recomenda a rejeição dos pleitos formulados na petição inicial.

9. Ordem denegada (MS nº 25375/DF).

Para fins de apuração de responsabilidade, devem ser individualizadas as condutas, na perspectiva de que ninguém pode ser responsabilizado pela conduta de outrem. Esta individualização de conduta, na etapa de instauração de processo, não precisa sempre ser pormenorizada, como já decidiu o Supremo Tribunal Federal, mas suficiente para concluir por algum grau de participação no cometimento de infração:

DIREITO PROCESSUAL PENAL. HABEAS CORPUS. INÉPCIA DA DENÚNCIA. CRIME CONTRA A ORDEM TRIBUTÁRIA. FALTA DE INDIVIDUALIZAÇÃO DE CONDUTA. CRIME SOCIETÁRIO. ART. 41, CP. DENEGAÇÃO. 1. Duas são as teses apresentadas na inicial do habeas corpus: a) inépcia da denúncia por falta de individualização da conduta do paciente; b) falta de justa causa. Registro, no entanto, que a argumentação desenvolvida pelos impetrantes culmina por cuidar das duas questões de modo englobado. 2. Há justa causa para a deflagração e prosseguimento da ação penal contra o paciente, não se tratando de denúncia inepta, seja formal ou materialmente. 3. A denúncia apresenta um conjunto de fatos conhecidos e provados que, tendo relação com a efetiva supressão do valor do crédito tributário, autoriza, por indução, concluir-se pela existência de relação de causalidade material entre tal redução e a conduta dos denunciados, entre eles o paciente. 4. Não há violação ao devido processo legal ou à ampla defesa, porquanto é clara a narrativa quanto à existência de supressão do tributo no período assinalado através do modus operandi consistente na falta de escrituração das operações econômicas representadas pelas notas fiscais no Livro de Registro de Saídas. Tal imputação – relacionada à efetiva supressão de tributo pela sociedade empresária, sob responsabilidade dos denunciados – deve ser objeto de reação pela defesa do paciente, logicamente representada pelos fatos efetivamente descritos na denúncia. 5. A jurisprudência desta Corte tem considerado que, em sede de crime societário, não se exige a individualização pormenorizada de condutas, mesmo porque normalmente a comunhão de desígnios e vontades quanto à divisão de tarefas e atos executórios para a prática do crime somente é conhecida pelos próprios sócios, e não por terceiros, como exatamente ocorre no caso em tela. 6. A conduta do paciente foi suficientemente individualizada, ao menos para o fim de se concluir no sentido do juízo positivo de admissibilidade da imputação feita na denúncia. 7. Habeas corpus denegado (HC nº 94773).

Os integrantes das linhas, quando da identificação de infrações cometidas no processo da contratação pública, encaminharão cópias de documentos ao Ministério Público para atuação no âmbito de sua competência, sem prejuízo do disposto no art. 74, §1º da Constituição Federal: os responsáveis pelo controle interno, ao tomarem conhecimento de qualquer irregularidade ou ilegalidade, dela darão ciência ao Tribunal de Contas da União, sob pena de responsabilidade solidária.

CAPÍTULO 9

O EQUILÍBRIO ECONÔMICO-FINANCEIRO DOS CONTRATOS ADMINISTRATIVOS E AS FORMAS DE RECOMPOSIÇÃO QUANDO VIOLADO

9.1 Equilíbrio econômico financeiro do contrato

Um dos princípios mais relevantes a serem observados em uma relação contratual administrativa é o do equilíbrio econômico-financeiro do contrato. Pode-se dizer, inclusive, que esse princípio garante a própria continuidade da relação contratual, de modo que a sua inobservância pode tornar materialmente impossível o cumprimento das obrigações assumidas pelas partes contratantes. Neste capítulo, pretende-se uma ampla abordagem sobre os aspectos fundamentais deste instituto jurídico.

O caráter sinalagmático e comutativo[254] de que se revestem os contratos administrativos em geral pressupõe a existência de obrigações recíprocas, circunscritas dentro do âmbito da relação contratual administrativa. Essas obrigações assumidas pelas partes contratantes guardam uma proporcionalidade originária em razão da qual é fixada a remuneração ou contraprestação a que fará jus o particular no decurso da execução contratual.

Raul Enrique Granillo Ocampo assevera que o próprio conceito de contrato parte de uma ideia de equilíbrio que deve presidir a conjugação de interesses contrapostos, uma vez que cada um dos contratantes espera obter uma vantagem em troca de uma prestação em favor do outro.[255] A essa conjugação de interesses corresponde uma conjugação de obrigações. A obrigação que cabe ao particular no contrato administrativo é a de realizar integralmente os encargos contratuais, ao passo que ao ente público contratante a obrigação principal consistirá em remunerar o contratado. Há, pois, uma definição original quantitativa das obrigações que competirão ao particular, à qual

---

[254] Segundo MARQUES NETO et al. A correlação monetária e econômica nos contratos administrativos e a nova lei. In: GARCIA, Maria (Coord.). Estudos sobre a lei de licitações e contratos. Rio de Janeiro: Forense Universitária, 1995. p. 187, "em virtude da própria característica dos contratos, qual seja, a existência de obrigações recíprocas (comutatividade), a transação não pode se tornar mais onerosa para uma das partes, mesmo em se tratando de contratos administrativos".

[255] OCAMPO, Raúl Enrique Granillo. Distribución de los riesgos en la contratación administrativa. Buenos Aires: Astrea de Alfredo y Ricardo Depalma, 1990. p. 3.

corresponderá igualmente uma contraprestação remuneratória original por parte do ente público contratante. Essa relação original existente entre a quantidade de obrigações assumidas pelo contratado e a quantidade de remuneração a que fará jus denomina-se equação econômico-financeira do contrato administrativo.

A equação econômico-financeira do contrato deve ser mantida incólume no curso da relação contratual.

No dizer de Maria Sylvia Zanella Di Pietro, equilíbrio econômico-financeiro é "a relação que se estabelece, no momento da celebração do contrato, entre o encargo assumido pelo contratado e a contraprestação assegurada pela Administração".[256] A existência de uma relação de equivalência é o ponto comum entre essa definição e aquela apresentada por Celso Antônio Bandeira de Mello, para quem "equilíbrio econômico-financeiro (ou equação econômico-financeira) é a relação de igualdade formada, de um lado, pelas obrigações assumidas pelo contratante no momento do ajuste e, de outro lado, pela compensação econômica que lhe corresponderá";[257] e constitui, segundo Diogenes Gasparini, um dever-poder da Administração Pública: "é dever na medida em que se reconhece ao contratado particular o direito de ver, durante a vigência do ajuste ao qual empresta a sua colaboração, preservada a equação econômico-financeiro. É poder nos exatos termos em que se sabe ser a Administração Pública contratante a única detentora da competência para restaurar o equilíbrio da mencionada relação encargo-remuneração, desbalanceada por certo evento".[258] Note-se que em sua definição de equilíbrio econômico-financeiro, Diogenes Gasparini salienta o direito que dela decorre em favor do contratado particular, no que se assemelha à posição de Michel Waline, quando sustenta ser o equilíbrio financeiro do contrato "um 'direito fundamental' de quantos pactuam com o Estado".[259]

A expressão equilíbrio econômico-financeiro, para Marçal Justen Filho, "indica uma espécie de 'relação' entre encargos e retribuições geradas para as partes. Significa que os encargos correspondem (eqüivalem, são iguais) às retribuições. A expressão equilíbrio esclarece que o conjunto de encargos é a contrapartida do conjunto de retribuições, de molde a caracterizar uma equação".[260] A ideia de equação financeira do contrato consiste em entender o contrato administrativo como formando um complexo de interesses aos quais as partes se condicionam, de modo que sob certas condições sempre que houver rompimento do equilíbrio inicialmente estabelecido, em detrimento do particular contratante, surge o direito a que esse equilíbrio seja restabelecido pela Administração sob a forma de uma compensação pecuniária.[261]

Georges Péquignot faz uma representação matemática dessa equação, afirmando que o equilíbrio do contrato de direito privado é estático, do tipo $a = b$, na qual a equivale à obrigação assumida e b equivale à remuneração pactuada. Já o contrato administrativo constitui uma proporção do tipo $a/b = a'/b'$. A prestação e remuneração a e b assumidas

---

[256] Di Pietro, Maria Sylvia Zanella. Direito Administrativo. 23ª ed. São Paulo: Editora Atlas, 2010, p. 276.
[257] *Op. cit.*, p. 655.
[258] GASPARINI, Diogenes. Reequilíbrio econômico financeiro do contrato. *Boletim de Licitações e Contratos*, São Paulo, n. 7, p. 406, jul. 2001.
[259] WALINE, Marcel. *Droit Administratif*. 8. ed. Paris, 1959. p. 574.
[260] JUSTEN FILHO, Marçal. *Concessões de serviços públicos*. São Paulo: Dialética, 1997. p. 145.
[261] LAUBADÈRE et al., op. cit., p. 690.

contratualmente pela parte em um contrato de direito privado deverão permanecer inalteradas no curso da relação contratual, ao passo que no contrato administrativo, se a Administração substitui uma obrigação a' pela obrigação original, a remuneração original b deverá ser substituída pela remuneração b', visando manter o equilíbrio do contrato.[262] Note-se que a noção de equilíbrio econômico-financeiro tem repercussão contratual bastante abrangente.

Em relação ao marco inaugural da equação econômico-financeira, Celso Antônio Bandeira de Mello aponta ser anterior ao momento em que é travado o liame contratual. Entende que se estabelece a equação quando da proclamação da aceitação, no certame licitatório, da proposta mais vantajosa para a Administração. É nesse momento que "determinada contrapartida financeira é reputada idônea para remunerar os encargos estabelecidos na conformidade dos termos do edital (ou convite)".[263]

Pode-se dizer que se forma a equação econômico-financeira do contrato administrativo com a aceitação da proposta de preço do licitante no processo licitatório.

A consagração do princípio do equilíbrio econômico-financeiro nas relações jurídicas contratuais atende a duas finalidades distintas, que convergem em razão da condição de parceiro que detém o particular contratante na prossecução do interesse público. Do ponto de vista do particular, assegura a obtenção do resultado econômico-financeiro projetado quando da elaboração da proposta no procedimento licitatório que antecedeu a contratação. Do ponto de vista da Administração e da coletividade, contribui para o exercício da função de realização do interesse público e para a continuidade do serviço e das atividades da Administração Pública.

O princípio do equilíbrio econômico-financeiro conjuga os interesses público e privado na relação contratual. A corroborar com essa afirmação, pode-se referir Hely Lopes Meirelles, para quem "o contrato administrativo, por parte da Administração, destina-se ao atendimento das necessidades públicas, mas, por parte do particular contratante objetiva um lucro, através da remuneração consubstanciada nas cláusulas econômicas e financeiras".[264]

A dinâmica do princípio do equilíbrio econômico-financeiro do contrato consiste, pois, em conferir substrato jurídico suficiente para a tutela desses interesses aparentemente díspares, que, no entanto, guardam convergência no objetivo de atingir o interesse público, ainda que por parte do particular contratado esse objetivo seja prosseguido em caráter apenas mediato. É noção abrangente que alcança não apenas a remuneração prevista contratualmente, mas também outros elementos contratuais de repercussão econômica, como o prazo e a periodicidade estimados para pagamento, de sorte que qualquer modificação que gere repercussão econômico-financeira deve ser considerada para fins de análise de modificação da equação originalmente estabelecida no contrato.

---

[262] *Op. cit.*, p. 451.
[263] BANDEIRA DE MELLO, Celso Antônio. O equilíbrio econômico nos contratos administrativos. In: *Perspectivas do Direito Público*: estudos em homenagem a Seabra Fagundes. Belo Horizonte: Del Rey, 1995. p. 122.
[264] MEIRELLES, Hely Lopes. *Licitação e contrato administrativo*. 12. ed. São Paulo: Malheiros, 1999. p. 182. Sobre o interesse do particular na relação contratual administrativa, Carlos Henrique Magalhães Marques emitiu parecer (Equilíbrio econômico-financeiro do contrato e encargos sociais. *Revista de Direito Público*, São Paulo, n. 1, p. 103-109, abr./jun. 1989.) no sentido de que "o princípio do equilíbrio econômico-financeiro do contrato está ineludivelmente associado ao conceito de preço justo, o qual, por sua vez, não pode estar dissociado da noção de lucro".

Com muita propriedade, Hector Jorge Escola afirma que o interesse público que deve matizar os contratos administrativos não tem o condão de afastar o direito de exigir a manutenção da equação econômico-financeira do contrato, quando esta se vê alterada por causas imputáveis à Administração Pública, ou por causas não imputáveis à Administração Pública, externas ao contrato, que, porém, alteram sua economia geral, não devendo o contratante particular sofrer os efeitos de uma álea anormal, que o prive do lucro razoável, dentro de uma equivalência honesta entre os direitos e obrigações de cada uma das partes.[265]

Cumpre ressaltar, para a adequada localização do princípio do equilíbrio econômico-financeiro no sistema jurídico brasileiro, alguns aspectos de ordem legal e constitucional. A Constituição Federal, ao estabelecer no artigo 37, XXI, que nas contratações de obras, serviços, compras e alienações realizadas pela Administração Pública deverão ser "mantidas as condições efetivas da proposta", consagra expressamente o princípio do equilíbrio econômico-financeiro. Esse assento constitucional reveste-se de curial importância na medida em que vincula toda a elaboração legislativa subsequente, a interpretação de textos legais e cláusulas contratuais e a própria manifestação jurisdicional tendente à solução de conflitos relacionados à execução dos contratos administrativos.

Consoante entende Carlos Ari Sundfeld, ao consagrar a garantia da intangibilidade da equação econômico-financeira, "nossa Lei Maior reconheceu que o contratado é um colaborador da Administração, sendo seu concurso imprescindível à realização do interesse público".[266] Efeito disso é que serão inválidas todas as estipulações, contratuais ou legais, destinadas a afastar o direito à reconstrução da equação econômico-financeira. Não depende, igualmente, a recomposição da equação de autorização legislativa. Logo, independentemente de ter havido estipulação expressa no contrato, assiste direito às partes à recomposição do equilíbrio financeiro maculado. A despeito de estar assegurado o equilíbrio econômico-financeiro pela Constituição Federal, no âmbito infraconstitucional, a Lei nº 14.133/21, expressamente, refere a preservação da equação econômico-financeira originalmente pactuada. Conclui-se que há direito constitucionalmente assegurado à equação econômico-financeira originalmente estabelecida, que deve se manter equilibrada até o final da execução contratual.

9.2 Hipóteses de desequilíbrio econômico-financeiro do contrato administrativo

Apresentadas algumas noções fundamentais sobre o princípio do equilíbrio econômico-financeiro do contrato administrativo, cumpre a abordagem das situações de fato que se verificam no curso da relação contratual que podem gerar desequilíbrio na equação econômico-financeira originalmente estabelecida quando da aceitação da proposta de preço do licitante no processo licitatório.

A norma ABNT NBR ISO 31000:2009 especifica que "organizações de todos os tipos e tamanhos enfrentam influências e fatores internos e externos que tornam incerto se e

---

[265] ESCOLA, Héctor Jorge. *El interés público como fundamento del derecho administrativo*. Buenos Aires: Depalma, 1989. p. 177.
[266] SUNDFELD, Carlos Ari. *Licitações e contratos administrativos*. 2. ed. São Paulo: Malheiros, 1995. p. 239.

quando elas atingirão seus objetivos. O efeito que essa incerteza tem sobre os objetivos da organização é chamado risco. Todas as atividades de uma organização envolvem risco. As organizações gerenciam o risco, identificando-o, analisando-o e, em seguida, avaliando se o risco deve ser modificado pelo tratamento a fim de atender seus critérios de risco (...)".[267]

No plano dos contratos, risco é, pois, o efeito da incerteza no processo da contratação. Implica, assim, dentre outras consequências, a possibilidade de ocorrência de um evento que venha a ter impacto na equação econômico-financeira do contrato.

Toda execução contratual está sujeita a riscos de diversas ordens e naturezas. Há os riscos de natureza administrativa, quais sejam, aqueles decorrentes da possibilidade de alterações contratuais; os decorrentes de fato da administração ou aqueles decorrentes do denominado fato do príncipe. Há também riscos de natureza econômica, como a flutuação inflacionária, o aumento dos custos de produtos, de insumos ou de mão de obra, a variação cambial, dentre outros. Há, ainda, riscos decorrentes de fatos imprevisíveis, ou ainda que previsíveis, tenham consequências incalculáveis, produzidos por conduta de terceiros, caso fortuito ou força maior.

Uma das hipóteses de desequilíbrio econômico-financeiro do contrato administrativo, com alteração da relação entre encargos e remuneração originalmente pactuada, verifica-se por força de intercorrências inerentes à própria vida empresarial. Essas situações que provocam desequilíbrio do contrato são relativas ao âmbito do que a doutrina denomina álea empresarial ordinária, ou seja, "as variações de preço que se tornaram comuns e previsíveis na economia moderna e que afetam quotidianamente o contrato administrativo".[268] O particular, quando se propõe a desenvolver uma atividade com o fito de auferir vantagem econômica ou lucro, submete-se a situações de risco impostas pelo mercado. São riscos que alcançam qualquer atividade e qualquer tipo de negócio, "que todo empresário corre, como resultado da própria flutuação do mercado",[269] ou, no dizer de Gastón Jèze, "é a circunstância desfavorável as partes razoavelmente deveriam ter previsto nas suas previsões objetivas".[270] O contratado assume, portanto, em face da Administração, o dever de assimilar, de suportar as variações de ordem econômico-financeira naturais e previsíveis impostas pelo mercado e pela própria natureza da atividade a que se propôs desenvolver. Esse dever decorre, entre outros, do princípio da boa-fé, que na conformação da relação contratual exige uma conduta leal e honesta. São fundamentais, então, para o sadio desenvolvimento da relação contratual administrativa, valores como a lealdade e a honestidade. Esses valores deverão, para que reste observado o princípio da boa-fé, ser observados pelo contratado quando da elaboração de sua proposta no curso do procedimento licitatório, pois quanto mais criteriosa for a avaliação dos riscos do negócio em contraposição às reais condições da empresa em assumir a execução do contrato, menor será a possibilidade de inviabilização da execução contratual por força das variações econômicas naturalmente impostas pelo mercado.

---

[267] Texto contido na introdução da norma.
[268] SUNDFELD, Carlos Ari. *Licitações e contratos administrativos*. 2. ed. São Paulo: Malheiros, 1995. p. 237.
[269] DI PIETRO, *Direito Administrativo, op. cit.*, p. 255.
[270] JÈZE, *op. cit.*, p. 43, v. 5.

Apenas os eventos decorrentes de fatores extraordinários legitimam a recomposição da equação econômico-financeira, porque os efeitos da álea empresarial ordinária não impõem a necessidade de alteração contratual destinada a readaptar o contrato a circunstâncias novas, em razão de serem, como o próprio nome denuncia, ordinárias, ou seja, habituais, comuns, normais, e, como tais, previsíveis. Por serem previsíveis, aqueles que se comprometem a desenvolver determinada atividade sujeita aos efeitos de tais áleas já inserem nos seus preços uma determinada margem destinada a neutralizar os efeitos dessas sujeições.

Podem, igualmente, integrar a noção de álea empresarial ordinária e correr por conta e risco do contratado os erros cometidos quando da elaboração de sua proposta no procedimento licitatório. De fato, por força do princípio da isonomia, do princípio licitatório e do princípio da vinculação ao instrumento convocatório, bem como da proposta formulada na licitação, o prejuízo resultante de um erro na formulação da proposta deve, em princípio, ser absorvido pela estrutura financeira do contratado. A eventual impossibilidade de cumprimento das obrigações contratuais por força do erro demandaria a rescisão do contrato e a realização de novo certame licitatório com vistas a uma nova contratação, sujeitando-se o inadimplente às penalidades legal e contratualmente previstas. Nesse sentido, pondera Raul Enrique Granillo Ocampo: "depois da abertura da proposta, e principalmente depois de adjudicada a obra, o erro deve ser assumido pela parte que o cometeu (...) O prejuízo decorrente de erro unilateral do contratado somente poderá ser atenuado ou compartilhado se a Administração tinha, ou deveria ter, ciência dele antes de aceitar a proposta".[271]

Não há responsabilidade administrativa em recompor o equilíbrio contratual maculado por evento do âmbito da álea empresarial ordinária. Em suma, todo e qualquer desequilíbrio da equação econômico-financeira do contrato decorrente de situação empresarial normal e previsível – inerente à própria atividade que constitui o objeto social da empresa e que integra o núcleo das responsabilidades ordinárias de qualquer administrador de empresa privada – deverá ser absorvido e assimilado pela estrutura contábil e financeira do contratado, sem que lhe assista direito de pleitear a reparação desse prejuízo pelo Poder Público.

Consequência disso é que desassiste direito à Administração de arcar com o ônus da recomposição do equilíbrio econômico-financeiro violado por força de evento da álea empresarial ordinária. Violará o princípio da legalidade e o princípio da moralidade a conduta administrativa que se destine a transferir para a Administração Pública o ônus econômico-financeiro que deveria ser integralmente suportado pelo contratado como um de seus encargos naturais e ordinários na relação contratual. Estar-se-ia, nessa hipótese, dando aplicação invertida ao princípio da partilha das cargas públicas, para distribuir indevidamente uma carga que competiria com exclusividade a um determinado particular. O referido princípio garante que um prejuízo auferido por um particular, em decorrência de uma conduta estatal direcionada à satisfação de um interesse público, seja partilhado entre a coletividade beneficiária da atuação, o que ocorre pela fixação de uma indenização. No caso da utilização de recursos públicos para compensar o

---

[271] OCAMPO, *op. cit.*, p. 206.

dano decorrente de evento da álea ordinária, que constitui risco próprio do negócio ou atividade empresarial, a coletividade estará a arcar com um prejuízo exclusivo do contratado, previsível e, em tese, previsto quando da formulação da proposta no certame licitatório. Se o contratado foi imprevidente e desconsiderou a possibilidade de tal risco, não lhe assiste o direito de partilhar o prejuízo com grupo social mediante indenização por parte do Poder Público. O administrador que autorizar essa partilha estará agindo em desvio de finalidade e poderá ser responsabilizado pessoalmente por essa conduta.

9.2.1 Desequilíbrio econômico-financeiro em decorrência de evento da álea administrativa

Analisado o desequilíbrio econômico-financeiro do contrato em virtude de evento ordinário inerente à própria atividade empresarial, passa-se ao estudo das hipóteses de desequilíbrio oriundas da denominada álea administrativa, ou seja, de eventos causados por uma conduta, comissiva ou omissiva, da Administração. Os eventos integrantes da denominada álea administrativa são de três ordens: alteração contratual, consensual ou unilateral, fato da administração e fato do príncipe.

Uma das situações que podem gerar desequilíbrio econômico-financeiro no contrato ocorre quando a Administração Pública, no uso de uma das suas prerrogativas na relação jurídico-administrativa promove modificação unilateral do contrato com vistas à prossecução do interesse público. Trata-se, como já dito, o exercício dessa prerrogativa de uma regra de ordem pública, irrenunciável contratualmente pelo poder concedente, especialmente em relação a contratos de longa duração.

Quando a Administração insere modificação de forma unilateral no contrato administrativo, tem lugar a aplicação da regra geral, bem definida por Georges Péquignot, de que a "Administração pode, em nome do interesse público, modificar certas prestações. No entanto, automaticamente outras prestações, aquelas relativas à remuneração do particular contratado, modificam-se para restabelecer o equilíbrio. O contrato administrativo é, portanto, um sistema que tende constantemente ao equilíbrio".[272]

As alterações contratuais, produzindo acréscimos ou supressões, constituem pois, um fator de desequilíbrio da equação econômico-financeira.

9.2.2 Desequilíbrio econômico-financeiro em decorrência de fato da administração

Fato da administração[273] "compreende qualquer conduta ou comportamento da Administração que, como parte contratual, torne impossível a execução do contrato ou provoque seu desequilíbrio econômico".[274] Para Hely Lopes Meirelles, considera-se

---

[272] PÉQUIGNOT, *op. cit.*, p. 450.
[273] Diogenes Gasparini conceitua fato da administração como sendo "todo o ato ou fato, comissivo ou omissivo, do contratante que dificulta ou impede a execução do contrato" (GASPARINI, Diogenes. *Direito Administrativo*. 13. ed. São Paulo: Saraiva, 2008. p. 265).
[274] DI PIETRO, Maria Sylvia Zanella, *op. cit.*, p. 280.

"fato da administração toda ação ou omissão do Poder Público que, incidindo direta e especificamente sobre o contrato, retarda, agrava ou impede sua execução".[275]

A Administração quando realiza modificação unilateral do contrato o faz com o objetivo precípuo de promover a melhora ou a adequação da execução contratual ao interesse público. É nesse sentido que está autorizada sua conduta pelo regime principiológico constitucional, de modo que tal conduta não configura infração contratual. Ao reverso, o fato da Administração constitui infração aos deveres impostos contratualmente ao contratante. São hipóteses de ação ou de omissão violadora de dever contratual que provocam violação do equilíbrio do contrato administrativo, como não disponibilizar ao contratado o local da obra ou do serviço, não realizar desapropriações necessárias à execução, não expedir as competentes ordens de serviço, praticar qualquer ato impeditivo dos trabalhos a cargo do contratado, deixar de realizar os pagamentos devidos ao contratado, o retardo na entrega de documentos necessários ao cumprimento do contrato; a entrega tardia ou insuficiente, pela Administração, de materiais previstos contratualmente; entrega tardia dos terrenos necessários para a execução de uma obra, entre outras.

Para ser invocado como justificativa para a recomposição do equilíbrio contratual o fato da administração deve ter relação direta e estreita com a relação contratual e constituir causa absoluta impediente de o contratado cumprir suas obrigações contratuais nos prazos fixados.

O fato da Administração tem por agente o próprio contratante, com repercussão direta e imediata no contrato.

Digno de nota é que o fato da Administração, embora configure infração contratual por parte do contratante, não autoriza o descumprimento das obrigações contratualmente assumidas por parte do contratado. Não poderá ele, portanto, em princípio, invocar a *exceptio non adimpleti contractus*. Como ensina Maria Sylvia Zanella Di Pietro, "no direito administrativo o particular não pode interromper a execução do contrato, em decorrência dos princípios da continuidade do serviço público e da supremacia do interesse público sobre o particular".[276]

9.2.3 Desequilíbrio econômico-financeiro em decorrência de fato do príncipe

Enquanto o fato da Administração tem como características fundamentais a sua repercussão de forma direta e imediata na relação contratual e ter como agente o ente contratante que descumpre dever jurídico, o fato do príncipe apresenta como característica fundamental ter repercussão direta no contrato, porém, motivada pela ação genérica do Poder Público, na qualidade de contratante ou não, que, embora sem pretender atingir a relação contratual, provoca nela modificações que desequilibram a equação financeira pactuada na origem. É, como leciona Diogenes Gasparini, "toda determinação estatal, positiva ou negativa, geral e imprevisível, que onera extraordinariamente ou que impede a execução do contrato e obriga a Administração Pública a compensar integralmente

---

[275] MEIRELLES, Hely Lopes. *Licitação e contrato administrativo*. 12. ed. São Paulo: Malheiros, 1999.p. 225.
[276] DI PIETRO, *Direito Administrativo, op. cit.*, p. 254.

os prejuízos suportados pelo contratante particular".²⁷⁷ Em sua definição clássica, Hely Lopes Meirelles define-o como sendo "toda determinação estatal, geral, imprevista e imprevisível, positiva ou negativa, que onera substancialmente a execução do contrato administrativo (...) o que caracteriza o fato do príncipe é a generalidade e a coercitividade da medida prejudicial ao contrato, além de sua surpresa e imprevisibilidade, com agravo efetivo para o contratado".²⁷⁸

A oneração decorrente de fato do príncipe tem origem, pois, na atuação ordinária e regulamentar do Poder Público, no exercício de suas prerrogativas e competências legal e constitucionalmente previstas em relação aos diversos âmbitos da coletividade que lhe cabe administrar ou gerir. A medida que gera agravo contratual pode, nessa linha, ter origem, inclusive, no exercício das funções legislativa e jurisdicional. Basta que derive de atuação regular e genérica do Estado que produza reflexos de ordem econômica suficientes para desestabilizar a relação contratual. Gaspar Ariño Ortiz elenca quatro pressupostos para que tenha aplicação a teoria: "deve tratar-se de um ato de autoridade com eficácia bastante para ser imposto na execução do contrato; deve ser imprevisto e posterior à adjudicação; o dano causado pelo ato de autoridade deve ser um dano certo e especial".²⁷⁹

O fato do príncipe, quando produzido por outra pessoa pública, diversa do contratante, ou mesmo quando produzido pelo mesmo ente contratante, porém não nessa condição (de contratante), portanto, exterior às partes contratantes – como suspensão de certas importações, regulamentação de preços, restrição ao emprego de certos produtos, aumento de impostos etc. –, gera direito ao restabelecimento do equilíbrio financeiro do contrato exatamente porque o "fundamento da teoria está em que a Administração não pode causar dano ou prejuízo aos administrados, e muito menos aos seus contratados (...) a indenização resulta de uma responsabilidade objetiva da Administração – responsabilidade sem culpa – de natureza extracontratual, com base na repartição dos encargos públicos, pois seria incivil que apenas um ou alguns cidadãos suportassem dano em seu patrimônio, resultante de medida adotada em benefício da coletividade".²⁸⁰

Como o fato do príncipe pressupõe atuação legítima da Administração na perseguição do interesse coletivo, e como o ato praticado significa proveito para o conjunto do corpo social, quem tem que suportar as repercussões financeiras do ato sobre o contrato "é o dono do serviço (...) O contraente público não responde por ter culpa: mas sim por ser ele quem representa os beneficiários dos encargos impostos ao património de um só ou de alguns. Não seria justo, nem legal, lançar sobre a economia de uma única empresa o peso correspondente a benefícios em proveito de todos, apenas pelo facto dela se ter prestado a colaborar com a Administração".²⁸¹ Aplica-se, nesse caso,

---

[277] GASPARINI, Direito Administrativo, op. cit.,, p. 265. José Cretella Jr. observa que "é toda e qualquer providência da iniciativa dos podêres (sic) públicos que torna mais onerosa a situação das partes que contratam com o Estado" (CRETELLA JR., José. Tratado de Direito Administrativo. Rio de Janeiro: Forense, 1967. v. 3. p. 58).

[278] MEIRELLES, op. cit., p. 224.

[279] ORTIZ, Gaspar Ariño. Teoría del equivalente económico en los contratos administrativos. Madrid: Escuela Nacional de Administración Pública, 1968. p. 500.

[280] MEIRELLES, p. 224.

[281] CAETANO, op. cit., p. 622.

o princípio da partilha das cargas públicas, tal como ocorre, por exemplo, em relação à desapropriação e à indenização devida ao particular em virtude de dano praticado pela Administração no exercício de ato lícito – caso de responsabilidade extracontratual do Estado. Parte-se da premissa de que, se alguém foi prejudicado em virtude da conduta estatal lícita que aproveita a coletividade, esta deve suportar a partilha da carga imposta ao lesado. É medida de justiça não tolerar que apenas um particular suporte um prejuízo que aproveita toda a sociedade, ou ao menos um grupo determinado.

9.2.4 Desequilíbrio econômico-financeiro em decorrência de evento da álea econômica – ordinária ou extraordinária

Além de eventos decorrentes e inerentes à própria atividade empresarial e de situações jurídicas provocadas por conduta administrativa, comissiva ou omissiva, poderão ocorrer, no curso da relação contratual administrativa, eventos externos ao contrato e alheios à vontade das partes, de ordem econômica e passíveis de causarem transtorno à equação econômico-financeira. São os denominados eventos da álea econômica.

Pode-se realizar uma distinção entre eventos da álea econômica ordinária e eventos da álea econômica extraordinária.

Os eventos da álea econômica ordinária produzem desequilíbrio da economia do contrato em razão do fenômeno da variação inflacionária.

Inflação, no dizer de Enrique Sánchez Gambino, "é um aumento do nível de preços, ou uma situação em que com a mesma quantidade de dinheiro cada vez pode comprar-se menos coisas".[282]

A inflação produz desequilíbrio na equação econômico-financeira. Não se trata de evento imprevisível ou previsível com consequências incalculáveis. Ao contrário. A inflação é absolutamente previsível, calculada e possível de ser, inclusive, antecipada, como demonstram diversos estudos e indicadores econômicos. Trata-se, então, a variação normal dos preços de evento ínsito à álea econômica ordinária.

A outra categoria de eventos da denominada álea econômica é daqueles que decorrem de fatos imprevisíveis ou previsíveis com consequências incalculáveis, fundamentalmente albergados pela teoria da imprevisão.

A teoria da imprevisão tem origem na denominada cláusula *rebus sic stantibus*. Segundo Renato José de Moraes, a gênese da noção *rebus sic stantibus* remonta a Aristóteles e à noção de sinalagma e da igualdade de distribuição de cargas, por ele difundida em sua obra.[283] Embora não haja referência expressa à cláusula *rebus sic stantibus* em textos da época, foi no direito romano que se originou, de forma sistematizada, a noção de que os pactos ou contratos poderiam estar sujeitos a interferências provocadas por eventos alheios à vontade dos contratantes, de modo que obrigações originalmente assumidas poderiam ter o adimplemento prejudicado ou impedido por alterações verificadas no seio da estrutura social. Foi, de fato, no período da Idade Média, pelo trabalho atribuível

---

[282] GAMBINO, Enrique Sanchez. La indexación en los contratos administrativos provinciales. *In*: GAMBINO, Enrique Sanchez. *Contratos Administrativos*: régimen de pago y actualización, 1988. t. 1. p. 201.
[283] MORAES, Renato José de. *Cláusula* rebus sic stantibus. São Paulo: Saraiva, 2001. p. 270.

aos pós-glosadores, que surge aprimorada, além da noção *rebus sic stantibus*, a utilização dessa expressão nos trabalhos jurídicos que se dedicaram à análise do cumprimento das obrigações. Entretanto, a modificação do eixo do direito contratual da vontade para o sinalagma ocorre a partir das concepções voluntaristas do século XVII e seguintes. É na noção de sinalagma funcional que se encaixa a cláusula *rebus*, que tem por função "manter a igualdade entre as prestações no decorrer do tempo, especialmente naqueles casos em que fatos supervenientes modificaram as circunstâncias sobre as quais se fundamentou a manifestação ou declaração de vontade". A noção restrita atualmente difundida da cláusula *rebus sic stantibus* dispõe que "os contratos de execução periódica, continuada ou simplesmente diferida, podem ser, ou revisados, com o reajustamento das prestações, ou simplesmente resolvidos, devido à ocorrência de um fato superveniente, imprevisível para as partes, que desequilibrou a relação contratual de maneira grave".[284]

A aplicação da noção *rebus sic stantibus* no Direito Administrativo surge pela primeira vez de forma expressa na célebre decisão "Gaz de Bordeaux", de 30 de março de 1916, do Conselho de Estado Francês. Em virtude do substancial aumento do preço do carvão (de 35 francos a tonelada, em janeiro de 1915, para 117 francos, em março de 1916) por força dos transtornos impostos pela Primeira Guerra Mundial ao transporte marítimo e terrestre, o Conselho de Estado decidiu em favor da Compagnie Générale D'éclairage de Bordeaux pelo aumento do preço do gás fixado no contrato de concessão e pela fixação de uma indenização pelas perdas hauridas da alta do preço da matéria-prima de sua atividade.[285] A partir dessa decisão passa a ser difundida, com base na noção *rebus sic stantibus*, especialmente em relação ao Direito Administrativo, a teoria da imprevisão. Bénoit ressalta que a decisão criou, paralelamente à concepção de morte contratual, típica da teoria da força maior, uma teoria de vida contratual, e que uma de suas características específicas foi a de não abranger a totalidade da perda ou dano contratual provocado pela alta da matéria-prima (diferença entre o lucro previsto contratualmente e aquele efetivamente obtido após o revés econômico), mas tão somente consistiu ela em uma simples ajuda destinada a um período difícil gerado por circunstâncias econômicas.[286] Interessante registrar que Miguel Angel Berçaitz nota que essa orientação surge depois de um século de prevalência da ideia de imutabilidade das obrigações pactuadas em contrato, da ideia de que cada parte deveria suportar a álea implícita nas prestações que assumiu contratualmente.[287] Evento imprevisível, na acepção técnica e para o fim de aplicação da teoria da imprevisão é aquele que ultrapassa todas as possibilidades de cálculo que as partes poderiam ter feito, e excede qualquer limite de previsibilidade exigível quando da formalização da contratação. A teoria da imprevisão terá lugar para fundamentar a recomposição do equilíbrio, segundo Francis Paul Bénoit, quando "circunstâncias excepcionais, imprevisíveis no momento da conclusão do contrato, e estranhas às partes contratantes, são a causa de uma subversão profunda da economia financeira do contrato conduzindo o co-contratante à prestação inadequada".[288] A esse

---

[284] MORAES, *op. cit.*, p. 29.
[285] LONG, M. et al. *Les grands arrêts de la jurisprudence administrative*. 11. ed. Paris: Dalloz, 1996. p. 176.
[286] BÉNOIT, Francis Paul. *Le Droit Administratif français*. Paris: Dalloz, 1968. p. 627.
[287] *Op. cit.*, p. 447.
[288] *Op. cit.*, p. 626.

propósito, Miguel Angel Berçaitz argumenta que "quando a utilidade calculada ao celebrar-se o contrato não se produz em razão de circunstâncias totalmente alheias ao contratado e à Administração, proveniente de fatos extraordinários que tornam excessivamente mais oneroso o cumprimento das obrigações a cargo do primeiro, este tem direito ao reajuste das tarifas ou do preço pactuado, ou ao pagamento de uma indenização que cubra o prejuízo que exceder a álea ordinária e previsível em todo o convênio de trato sucessivo".[289]

No curso da execução contratual, pois, poderão advir eventos independentes da vontade dos contratantes, anormais e imprevisíveis, que, mesmo sem tornar impossível a execução, aumentam as cargas obrigacionais do contratante particular, alterando profundamente a economia do contrato. Essa situação extraordinária não exime o contratado de honrar a execução contratual, mas, em compensação, a Administração deverá ajudá-lo a suportar essa carga adicional.[290]

A justificativa da aplicação da teoria da imprevisão repousa integralmente nas noções de interesse público – na medida em que compete ao ente contratante zelar para a adequada continuidade do serviço[291] e satisfação integral da necessidade pública almejada com a execução do contrato, de sorte que, se a natureza da participação do contratado é de parceiro ou colaborador, estaria violado o princípio da boa-fé se fosse este obrigado a suportar sozinho toda a álea econômica extraordinária que provocasse desequilíbrio financeiro no contrato –, a justificar a partilha das cargas excepcionais impostas a ele no curso da execução contratual.

São três os requisitos materiais necessários para que possa ter aplicação a teoria da imprevisão. Por primeiro, o evento danoso deverá ser absolutamente independente da vontade das partes, especialmente da Administração (se houver conduta da Administração, fica patente o fato do príncipe). Em segundo lugar, o evento deve ser de natureza tal que sua ocorrência não poderia, em hipótese alguma, ser prevista pelos contratantes.[292] Por fim, o dano ao equilíbrio financeiro do contrato deve ser de

---

[289] BERÇAITZ, op. cit., p. 446.

[290] LAUBADÈRE et al., op. cit., p. 699.

[291] "Com a teoria da imprevisão somente se pretende assegurar a continuidade dos serviços que se interromperiam sem essa solução" (BIELSA, Rafael. Régimen de los servicios públicos. Estudios de Derecho Público. Buenos Aires: Depalma, 1950. v. 1. p. 563).

[292] Em relação à previsibilidade do evento, constata-se que a ascendente inflação já foi descartada como justificativa para recomposição de preços contratuais, como assim decidiu o Tribunal Regional da 5ª Região na AC nº 502.257, da 2ª Turma, Rel. Juiz José Delgado (embora, ressalte-se que a doutrina e mesmo outros tribunais admitem a existência de mecanismos para a recomposição da equação financeira violada por força da inflação, porém não sob o manto da teoria da imprevisão):
"Direito Administrativo. Teoria da Imprevisão. Não ocorrência dos seus pressupostos.
1 – Não se aplica a teoria da imprevisão em contrato administrativo de empreitada de obra pública sem que se demonstre a existência do fato ou acontecimento extraordinário ou imprevisível, com capacidade de alterar o equilíbrio financeiro do ajuste celebrado entre as partes.
2 – A simples alteração de preço de material, acontecimento normal no Brasil, em face do processo inflacionário sempre ascendente que está implantado no seu sistema econômico e financeiro, não constitui motivo ensejador para se aplicar a teoria da imprevisão ou os efeitos da cláusula 'rebus sic stantibus',
3 – De acordo com a doutrina de Messineo, a teoria da imprevisão requer o concurso a extraordinariedade e da imprevisibilidade. E o acontecimento extraordinário e imprevisível há de resultar na onerosidade da prestação e dificultar extremamente o cumprimento da obrigação, sacrificando o devedor com sua execução, o que lhe facultaria promover a resolução do contrato.
4 – Não pode se abrigar no seio da teoria da imprevisão a empresa que não demonstra ter enfrentado nenhuma dificuldade na execução do contrato, por se pressupor que o preço fixado no negócio jurídico cobriu todos os aspectos financeiros do ajuste, inclusive o lucro a ser obtido".

tal monta que supere todas as expectativas de perda previstas quando da celebração. Pode-se citar como inserida no âmbito da imprevisão a alta de preços de matéria-prima ou a variação cambial em patamar extraordinário.[293]

A teoria da imprevisão tem aplicação nos contratos administrativos nos casos de ocorrência de evento excepcional, que não poderia integrar as previsões das partes que venham a provocar oneração excessiva na execução do contrato, uma perda ou déficit real. A modificação deve ser de monta elevada, pois as modificações de mínima importância integram a álea ordinária empresarial, devendo ser suportadas pelo contratado.

9.2.5 Desequilíbrio econômico-financeiro em decorrência de força maior, caso fortuito e sujeições imprevistas

As teorias relativas ao desequilíbrio financeiro do contrato administrativo por conta de força maior, caso fortuito e sujeições imprevistas orbitam a noção de impossibilidade econômica ou material com repercussão econômica, absoluta e definitiva de adimplemento da obrigação contratual consoante originalmente pactuada, ou de impossibilidade temporária ou parcial, econômica ou material com repercussão econômica, decorrente de gravame na execução do contrato alheio à vontade das partes.

Para Marcelo Caetano, força maior é o "facto imprevisível e estranho à vontade dos contraentes que impossibilita absolutamente de cumprir as obrigações contratuais",[294] exonerando de responsabilidade o contraente que por causa dele torne-se inadimplente. Este autor inclui no conceito de força maior todos os eventos imprevisíveis e estranhos à vontade das partes que impossibilitem a execução contratual, inseridos nele os eventos da natureza, como tremores de terra, inundações, ciclones etc. e eventos humanos, como greves, guerra, rebeliões etc. Já Hely Lopes Meirelles faz a distinção entre força maior e caso fortuito, para dizer que ambos, por sua imprevisibilidade e inevitabilidade, criam para o contratado impossibilidade intransponível de regular execução do contrato, sendo, porém, que a primeira decorreria de evento humano e o segundo, de evento da natureza.[295] José Roberto Dromi engloba na sua definição de força maior todos os eventos, com origem na natureza (inundações, secas, tempestades, ventos etc.) ou em fato humano (revolução, guerra, greves etc.), que sejam imprevisíveis, inevitáveis, atuais e inimputáveis a qualquer dos contratantes, com alcance geral ou particular, que gerem impossibilidade de execução do contrato, operando, portanto, como eximentes ou liberadores de responsabilidade.

Além da força maior ou caso fortuito, Maria Sylvia Zanella Di Pietro menciona os fatos ou sujeições imprevistas, que seriam "fatos de ordem material, que podiam já existir no momento da celebração do contrato, mas que eram desconhecidos pelos contratantes,

---

[293] Pela doutrina do Conselho de Estado Francês, para que se possa invocar a teoria da imprevisão, deverão estar presentes na relação contratual os seguintes requisitos: deve tratar-se de uma relação contratual administrativa em curso de execução; deve haver a ocorrência de um acontecimento excepcional, absolutamente imprevisível e alheio à vontade das partes e que provoque alteração na economia do contrato; o acontecimento excepcional deve impor carga excessivamente onerosa para a execução do contrato, que exceda, pois, a álea ordinária e previsível; o concessionário não deve ter suspendido a execução do contrato; deve tratar-se de situação anormal, temporária e não definitiva. (BERÇAITZ, *op. cit.*, p. 452).

[294] CAETANO, *op. cit.*, p. 623.

[295] MEIRELLES, *op. cit.*, p. 226.

é o caso de empreiteiro de obra pública que no curso da execução do contrato esbarra em terreno de natureza imprevista que onera ou torna impossível a execução do contrato".[296] Celso Antônio Bandeira de Mello, por seu turno, conceitua sujeição imprevista como sendo "dificuldades naturais insuspeitadas que se antepõem à realização da obra ou serviço".[297] As sujeições imprevistas, em que pese poderem justificar a modificação do contrato, se forem determinantes de agravamento insuperável para sua execução, não constituem evento ou acontecimento. É a mera constatação de uma realidade natural desconhecida pelas partes quando da contratação, ou, "dificuldades de ordem material com caráter absolutamente anormal e imprevisível".[298] Tais circunstâncias que produzem desequilíbrio econômico-financeiro no contrato administrativo também se resolvem pela aplicação da teoria da imprevisão.

9.3 Formas de recomposição do equilíbrio econômico-financeiro do contrato administrativo

Como visto, diversas são as hipóteses de intercorrências aptas a provocar desarranjo ou desequilíbrio na equação financeira do contrato administrativo. Sejam elas oriundas de conduta administrativa ou não, sob a perspectiva de preservação do interesse público que deve, em regra, estar subjacente em toda a execução de contrato público, caberá à Administração o dever-poder de readequar a economia do contrato à nova realidade, transitória ou definitiva, de modo a preservar tanto o interesse da coletividade na execução do contrato como o direito do particular contratado. Celso Antônio Bandeira de Mello pondera que

> a parte pública não possui real interesse em desequilibrar ou manter desequilibrada a equânime composição estabelecida no ajuste. Todo propósito de extrair do contrato vantagens desmesuradas para o contratante governamental, deixando que venham a pesar ônus demasiado às costas do outro contratante, com desconhecimento daquilo que poderia estar sendo razoavelmente buscado no acordo de vontades, significará privilegiar interesses secundários ao invés de interesses primários.[299]

Lúcia Valle Figueiredo sintetiza a questão ao afirmar que "alterada a equação econômico-financeira do contrato, não tergiversam, doutrina e jurisprudência, no sentido de que ou a Administração deve recompô-la, ou o contratado poderá pedir rescisão".[300] A respeito do direito do particular contratado, deve-se ter presente que, sempre na perspectiva da boa-fé, esse direito tem importantes reflexos de ordem social na medida em que a atividade empresarial tem também função social indiscutível, manifestada pela geração de empregos e pela geração de tributos, diretos e indiretos, que contribuem para com o incremento da economia regional e nacional.

---

[296] *Op. cit.*, p. 285.
[297] *Op. cit.*, p. 451.
[298] LAUBADÈRE *et al., op. cit.*, p. 693.
[299] BANDEIRA DE MELLO, *op. cit.*, p. 126.
[300] FIGUEIREDO, Lúcia Valle. *Extinção dos contratos administrativos*. São Paulo: Revista dos Tribunais, 1986. p. 97.

Considerados os eventos que podem provocar modificação na economia do contrato, conclui-se que duas são as consequências que podem deles advir, gerando igualmente duas possibilidades de ordem econômica. Tais eventos poderão provocar: (i) o agravamento da situação contratual do particular – há, embora com sacrifícios econômicos de grande monta, a possibilidade de manter a execução do contrato; ou (ii) a impossibilidade absoluta de execução do contrato.

Nas situações de impossibilidade absoluta de execução do contrato, especificamente nas hipóteses de caso fortuito e de força maior insuperáveis, a doutrina é assente, como visto, no sentido de que haverá a desoneração do contratado em relação às suas obrigações contratuais. Assistirá ao contratado, em caso de força maior ou de caso fortuito insuperável, o direito de interromper a execução contratual, sem que possa a Administração aplicar-lhe qualquer sanção, e o de receber indenização correspondente à parte do serviço que já tenha aproveitado à Administração. Qualquer indenização, além desse montante, acarretaria benefício indevido, que inclusive poderia vir a caracterizar uma espécie de aplicação invertida do princípio da igualdade diante das cargas públicas. Vale dizer: ao tempo em que não é justo atribuir com exclusividade ao contratado a carga extraordinária numa relação contratual que aproveita a toda a coletividade, também não será justo impor à coletividade uma carga extraordinária indevidamente, que deveria ser suportada, ao menos em parte, pelo contratado. Assim, evidenciado o desequilíbrio econômico-financeiro do contrato, cumpre haver a sua recomposição pelas formas legalmente previstas, que são: o reajuste em sentido estrito, o reajuste por repactuação e a revisão.

9.3.1 Recomposição da equação econômico-financeira por reajuste

A possibilidade de readequação da equação financeira em decorrência de eventos econômicos previsíveis que podem transtornar a relação financeira originalmente pactuada não é exceção à concepção universal da recomposição da equação econômico-financeira. Como antes visto, no tocante à álea econômica, pode haver desarranjo da equação econômico-financeira por força de eventos integrantes da álea econômica ordinária e da álea econômica extraordinária.

Essa concepção da possibilidade de readequação da equação financeira em face de fatos ou eventos econômicos previsíveis e ordinários tem sua lógica adstrita principalmente a comunidades que convivem com o fenômeno da inflação e teve origem fundamentalmente para fazer frente aos seus efeitos no plano da execução contratual. São três as hipóteses aceitas – com variações – pela doutrina para ajuste do contrato em face do fenômeno econômico da inflação: o reajuste de preços, a atualização financeira e a correção monetária, e surgem no cenário da relação contratual para assegurar a execução dos contratos, que poderia restar inviabilizada se o rompimento da equação financeira fosse enfrentado pelo instituto da revisão, dependente de ampla e permanente atividade probatória e investigatória da causa e dos efeitos efetivos do desequilíbrio econômico-financeiro.

Reajuste de preços, atualização financeira ou correção monetária são, então, institutos direta ou indiretamente ligados ao fenômeno da inflação. Acerca do impacto da inflação sobre os contratos administrativos, Arnoldo Wald afirma que à equação econômico-financeira que deve ser mantida na sua integralidade mas tão somente nos contratos administrativos – e nos privados dirigidos ou evolutivos que lhe são equiparados – e nas dívidas de valor. Cabe ao jurista, que deve submeter a economia à ética, encontrar as soluções adequadas, a fim de evitar injustiças e iniqüidades, que se multiplicaram em virtude da inflação, pois a mesma "mantém as aparências e destrói as realidades.[301]

Esses institutos do reajuste, da correção monetária ou da atualização monetária constituem modalidade de indexação, o que significa que estariam inclusos na regra automática de que "os valores pecuniários adotados são apenas nominais, devendo ser revistos, de modo automático, na medida e na proporção da desvalorização da moeda. A variação dos valores nominais obedece à variação dos índices adotados".[302] No caso de reajuste, o que se pretende é assegurar o valor aquisitivo da moeda. Parte-se do princípio de que a mera ocorrência da inflação faz desequilibrar a equação econômico-financeira do contrato, que será readequada pela utilização de um dos três institutos, cada qual relacionado a uma específica hipótese concreta, o que se fará pela aplicação automática dos índices de inflação convencionados ou estabelecidos em lei.

O reajuste de preço importa reequilíbrio da equação econômico-financeira do contrato em função dos efeitos da variação inflacionária na composição de preço proposto pelo licitante e acatada no processo licitatório. É o ajuste automático do valor dos pagamentos à variação do preço dos insumos no mercado.

Não se confundem os institutos do reajuste e os da correção ou atualização monetária. Aquele se presta a compensar os efeitos da variação inflacionária na contraprestação pecuniária devida ao contratado. Estes se prestam a compensar o contratado por atrasos de pagamento. A correção monetária é, então, devida desde a data fixada para pagamento até que este se efetive em concreto. Para Marçal Justen Filho, o reajuste de preços tem sentido para cobrir variações inflacionárias verificadas no período compreendido entre a data da apresentação da proposta e a data da execução da prestação.[303]

Já Alice Maria Gonzalez Borges[304] sustenta que a correção monetária se presta-se para corrigir, pela indexação por índices genéricos, as prestações pagas em atraso pela Administração; a atualização financeira ocorre pela aplicação ao valor das prestações devidas de índices genéricos da variação do poder aquisitivo da moeda; e o reajuste de preços verifica-se quando da adequação das prestações devidas pela Administração à variação do custo da produção e dos índices setoriais aplicáveis aos insumos utilizados em cada contrato. Importante destacar que por intermédio do reajuste ou da correção monetária ocorre a variação numérica expressiva de um mesmo valor (poder de compra da moeda) que persiste inalterado e apenas é expresso por números diferentes.

---

[301] WALD, Arnold. *Equilíbrio econômico e financeiro no Direito Brasileiro*: estudos em homenagem ao Professor Caio Tácito. Rio de Janeiro: Renovar, 1997. p. 96 e 97.
[302] JUSTEN FILHO, *op. cit.*, p. 151.
[303] JUSTEN FILHO, *op. cit.*, p. 152.
[304] BORGES, Alice Maria Gonzalez. O equilíbrio econômico-financeiro nos contratos administrativos. *Boletim de Licitações e Contratos Administrativos*, São Paulo, n. 7, p. 388, jul. 2000. Para essa autora, correção monetária, atualização financeira e reajuste de preços são institutos que se prestam a garantir o equilíbrio financeiro do contrato, ao passo que o equilíbrio econômico é preservado pela revisão das próprias condições originárias do contrato, pela recomposição dos preços.

O objetivo do reajuste ou da correção monetária é garantir que o prestador – credor do pagamento – receba o mesmo valor inicialmente atribuído à prestação.[305] Assim posto, a correção monetária diferencia-se completamente do reajuste contratual com base em índices setoriais de preço. Enquanto pela aplicação da correção monetária pretende-se manter íntegro o valor devido pela modificação dos números que o representam (pretende a imutabilidade do valor da prestação), o reajuste de preços pressupõe que as prestações futuras não poderão ser feitas ao mesmo custo da época do travamento do contrato e que, portanto, o pagamento inicialmente estipulado terá que sofrer alterações, a fim de manter a relação de equilíbrio original: à mutabilidade do valor da prestação corresponde à necessidade de variar o preço que deve acobertá-la.[306]

Carlos Ari Sundfeld, no mesmo sentido, pondera que em face da instabilidade econômica, o sistema jurídico conta com dois mecanismos de proteção da relação econômico-financeira contratual: as cláusulas de reajustamento, destinadas a compensar a variação do custo da produção, que pode ser medido com índices setoriais ou específicos, adequados a cada espécie contratual, e as cláusulas de atualização, que se destinam a corrigir monetariamente a prestação, desde a data final do período de adimplemento de cada parcela da obrigação contratual até a do efetivo pagamento.[307]

Deve o reajuste de preços ser ponderado sempre à luz da noção de álea ordinária e normal de qualquer empreendimento ou atividade empresarial e dos princípios da razoabilidade e da proporcionalidade, pois é certo que fora do âmbito do contrato administrativo haverão atividades empresariais que não admitirão o reajuste dos preços sempre que se verificar o aumento do preço dos insumos ou da mão de obra, em decorrência das flutuações naturais do mercado e do princípio da livre concorrência.

A aferição do montante de variação do custo dos insumos e do reajuste de preços a ser autorizado contratualmente pode ser expressa, como aponta Fernando Fernández-Figueroa Guerrero, mediante fórmulas polinômicas, aprovadas regularmente pelo governo, e que consistem no cálculo antecipado da proporção em que os elementos básicos que integram a obra influem na determinação do seu custo.[308]

No direito pátrio não há dissonância em relação ao fato de que o reajuste de preços é admitido em contratos administrativos de qualquer natureza, uma vez que o seu verdadeiro sentido nada mais é do que preservar a incolumidade das condições econômicas e financeiras convencionadas originalmente, de modo que não assista ao contratado ganhar menos ou mais do que o contrato assegura. Assim, as cláusulas de reajuste de preços são inseridas no contrato para antecipar a defesa contra alterações de ordem econômica que poderiam inviabilizar ou tornar mais onerosa a sua execução, daí existirem e terem larga aplicação os índices oficiais produzidos pelo Governo, que apresentam de forma padronizada os percentuais de variação de custos, com o

---

[305] BANDEIRA DE MELLO, Celso Antônio. Contrato administrativo: direito ao equilíbrio econômico-financeiro – reajustes contratuais e os Planos Cruzado e Bresser. *Revista de Direito Público*, São Paulo, n. 90, abr./jun. 1989.
[306] BANDEIRA DE MELLO, *op. cit.*, p. 105.
[307] SUNDFELD, *op. cit.*, p. 246.
[308] GUERRERO, Fernando Fernández-Figueroa. *La revisión de precios de los contratos de las administraciones públicas*: especial referencia al ámbito local. Estudios sobre la contratación en las Administraciones Públicas. Granada: Comares, 1996. p. 248.

objetivo de oferecer referência para a adoção no próprio contrato do pressuposto *rebus sic stantibus*, de modo a evitar a aplicação da teoria da imprevisão.[309]

Hely Lopes Meirelles afirma que o reajuste de preços é uma conduta contratual autorizada por lei para corrigir os efeitos danosos da inflação, que não é decorrência de imprevisão das partes, sendo, ao contrário, previsão de uma realidade existente, que pode alterar a conjuntura econômica de forma a agravar demasiadamente a execução contratual. Para o autor, o reajustamento pode consistir em um percentual fixo para cada período de tempo decorrido ou em uma escala móvel indexada a um fator variável, como a elevação do custo de vida, o preço do material e outros mais que poderiam justificar a correção, sendo a previsão contratual de reajuste de preços não excludente ou impeditiva da revisão do contrato ou da recomposição extraordinária de preços nos casos de modificação unilateral promovida pela Administração, ou da ocorrência de fatos novos e excepcionais que agravem extraordinariamente os encargos do contratado. Ressalta, por fim, que modernamente há a adoção de tarifas indexadas ou a indexação de preços nos contratos de longa duração para que se obtenha o reajustamento automático em função da alteração de fatores nucleares ou elementos que influem nos custos de produção ou operação dos serviços. Esses elementos constituem os parâmetros de variação dos preços ou tarifas e são aceitáveis desde que previstos em cláusula contratual expressa.[310] Acerca do reajuste de preços, Dora Maria de Oliveira Ramos assevera, em primeiro lugar, que não se confundem, em hipótese alguma, com revisão de preços, que é invocada nos casos de eventos supervenientes, de natureza imprevisível e imprevista que onera em excesso a obrigação de uma das partes e ocorrerá na exata proporção do desequilíbrio contratual verificado. Por segundo, a autora defende que o reajuste de preços – que representa a definição de uma cláusula móvel de preços, pactuada entre as partes, de forma a refletir a variação do custo de produção do bem, mediante a aplicação de um índice previamente fixado – somente terá aplicação se prevista expressamente no contrato.[311]

Os institutos de proteção da economia do contrato contra os efeitos da inflação têm como característica atenderem a eventos de ordem econômica previsíveis. Quando expressamente previstos no contrato, constituem mecanismos que têm o condão de prevenir efeitos danosos à equação econômico-financeira decorrentes da corrosão inflacionária, gerando de modo automático a harmonização das disposições relativas ao preço do serviço à realidade econômica do mercado. A importância desses mecanismos é diretamente proporcional ao grau de estabilidade monetária: quanto menor a expectativa de corrosão do valor da moeda, menor será a importância de instrumentos destinados à atualização, reajuste ou correção monetária na relação contratual.

Outro fator determinante a ser considerado é o de que a possibilidade de adequação do contrato às variações monetárias pode ser condição de continuidade de prestação de um serviço público. Em uma economia estável, com a verificação de baixos índices

---

[309] BANDEIRA DE MELLO, *op. cit.*, p. 472 e 473.
[310] MEIRELLES, 12. ed., *op. cit.*, p. 183-185.
[311] RAMOS, Dora Maria de Oliveira. Revisão de preços: impossibilidade de previsão no instrumento convocatório para prevenir expectativa de inflação. *In*: *Temas polêmicos sobre licitações e contratos*. 4. ed. São Paulo: Malheiros, 2000. p. 178 e 179.

de variação monetária, a repercussão da corrosão da moeda no contrato administrativo pode vir a ser expressiva apenas após o decurso de um longo prazo. Entretanto, em caso de aceleração do processo inflacionário, a inexistência de instrumentos de readequação econômico-financeira, ou mesmo a demora em proceder à readequação, pode significar a impossibilidade material de prestação do serviço concedido e possibilidade de lesão irreparável ao interesse público.

O reajuste dos contratos pode ocorrer por intermédio de:[312]

a) reajustamento em sentido estrito: forma de manutenção do equilíbrio econômico-financeiro de contrato consistente na aplicação do índice de correção monetária previsto no contrato, que deve retratar a variação efetiva do custo de produção, admitida a adoção de índices específicos ou setoriais (art. 6º, LVIII);

b) repactuação: forma de manutenção do equilíbrio econômico-financeiro de contrato utilizada para serviços contínuos com regime de dedicação exclusiva de mão de obra ou predominância de mão de obra, por meio da análise da variação dos custos contratuais, devendo estar prevista no edital com data vinculada à apresentação das propostas, para os custos decorrentes do mercado, e com data vinculada ao acordo, à convenção coletiva ou ao dissídio coletivo ao qual o orçamento esteja vinculado, para os custos decorrentes da mão de obra (art. 6º, LIX).

9.3.1.1 Do reajustamento em sentido estrito

Reajustamento em sentido estrito é a forma de recomposição do equilíbrio econômico-financeiro do contrato abalado pela variação inflacionária. As disposições sobre o preço e as condições de pagamento, os critérios, a data-base e a periodicidade do reajustamento de preços e os critérios de atualização monetária entre a data do adimplemento das obrigações e a do efetivo pagamento devem estar objetiva e suficientemente previstas no contrato (art. 92). O instrumento do contrato deve conter o conjunto de direitos e o conjunto de obrigações das partes contratantes, de modo suficiente para conferir segurança jurídica, delimitar o campo da responsabilidade das partes. Imprevisões ou previsões contratuais deficientes são fato gerador de controvérsias e conflitos que produzem riscos para a Administração. É dever jurídico do administrador fazer prever no contrato as soluções jurídicas para situações que possam ser antecipadas em juízo de previsibilidade objetiva, tais como: termo inicial da contagem da periodicidade mínima para o reajustamento, índices de reajuste, base de cálculo para aplicação dos índices, entre outros.

9.3.1.1.1 Periodicidade mínima para o reajustamento em sentido estrito

A Lei nº 10.192/01 contém disciplina jurídica para o reajustamento dos contratos em geral e para os contratos celebrados com a Administração Pública em especial. Prevê que somente pode haver reajuste de preços nos contratos de prazo de duração igual ou superior a um ano, determinando a norma a nulidade de estipulação de reajuste ou correção monetária com periodicidade inferior:

---

[312] Nos termos da Lei nº 14.133/21.

Art. 2º É admitida estipulação de correção monetária ou de reajuste por índices de preços gerais, setoriais ou que reflitam a variação dos custos de produção ou dos insumos utilizados nos contratos de prazo de duração igual ou superior a um ano.
§1º É nula de pleno direito qualquer estipulação de reajuste ou correção monetária de periodicidade inferior a um ano.
§2º Em caso de revisão contratual, o termo inicial do período de correção monetária ou reajuste, ou de nova revisão, será a data em que a anterior revisão tiver ocorrido.
§3º Ressalvado o disposto no §7º do art. 28 da Lei nº 9.069, de 29 de junho de 1995, e no parágrafo seguinte, são nulos de pleno direito quaisquer expedientes que, na apuração do índice de reajuste, produzam efeitos financeiros equivalentes aos de reajuste de periodicidade inferior à anual.

A Lei prevê que "os contratos em que seja parte órgão ou entidade da Administração Pública direta ou indireta da União, dos Estados, do Distrito Federal e dos Municípios, serão reajustados ou corrigidos monetariamente de acordo com as disposições desta Lei, e, no que com ela não conflitarem, da Lei nº 8.666, de 21 de junho de 1993" (art. 3º). Ocorre que a Lei nº 14.133/21, por igual, contém normas versando sobre o reajustamento de preços nos contratos administrativos. Tem aplicação, pois, o princípio jurídico que estabelece que a lei especial derroga a lei geral. A Lei nº 10.192/01, é lei geral – trata do reajustamento dos contratos em geral –, e a Lei nº 14.133/21 é lei especial – trata somente do reajustamento dos preços em contratos celebrados com a Administração Pública. A edição da Lei nº 14.133/21 não tornou inaplicável a Lei nº 10.192/01 para os contratos celebrados com a Administração. As disposições desta lei geral serão aplicadas, no que não conflitarem com aquelas previstas na Lei nº 14.133/21 – conclusão inelutável de acordo com a regra de transição prevista no art. 189 da Lei Geral de Licitações: "aplica-se esta Lei às hipóteses previstas na legislação que façam referência expressa à Lei nº 8.666, de 21 de junho de 1993, à Lei nº 10.520, de 17 de julho de 2002, e aos arts. 1º a 47-A da Lei nº 12.462, de 4 de agosto de 2011".

Não conflitam com a Lei nº 14.133/21 as seguintes regras da Lei nº 10.102/01:
a) As estipulações de pagamento de obrigações pecuniárias exequíveis no território nacional deverão ser feitas em Real, pelo seu valor nominal (art. 1º);
b) é vedada estipulação de pagamento expressa em, ou vinculada a ouro ou moeda estrangeira, ressalvadas as hipóteses previstas em lei ou na regulamentação editada pelo Banco Central do Brasil (art. 1º, parágrafo único, I);
c) É nula de pleno direito qualquer estipulação de reajuste ou correção monetária de periodicidade inferior a um ano (art. 2º, §1º);
d) Ressalvado o disposto no §7º do art. 28 da Lei nº 9.069, de 29 de junho de 1995, e no parágrafo seguinte, são nulos de pleno direito quaisquer expedientes que, na apuração do índice de reajuste, produzam efeitos financeiros equivalentes aos de reajuste de periodicidade inferior à anual (art. 2º, §3º);
e) No acordo ou convenção e no dissídio, coletivos, é vedada a estipulação ou fixação de cláusula de reajuste ou correção salarial automática vinculada a índice de preços (art. 13);
f) Nas revisões salariais na data-base anual, serão deduzidas as antecipações concedidas no período anterior à revisão (art. 13, §1º);

g) Qualquer concessão de aumento salarial a título de produtividade deverá estar amparada em indicadores objetivos (art. 13, §2º).

Também não conflitam com a Lei nº 14.133/21 as disposições da Lei nº 10.192/21 que tratam de termo inicial da periodicidade e termo inicial para o reajustamento em sentido estrito. Assim prevê a Lei nº 10.192/01:

> Art. 3º Os contratos em que seja parte órgão ou entidade da Administração Pública direta ou indireta da União, dos Estados, do Distrito Federal e dos Municípios, serão reajustados ou corrigidos monetariamente de acordo com as disposições desta Lei, e, no que com ela não conflitarem, da Lei no 8.666, de 21 de junho de 1993.
> §1o A periodicidade anual nos contratos de que trata o caput deste artigo será contada a partir da data limite para apresentação da proposta ou do orçamento a que essa se referir.

A Lei nº 14.133/21 tem tratativa própria e especial sobre esta matéria, ao dispor que "independentemente do prazo de duração do contrato, será obrigatória a previsão no edital de índice de reajustamento de preço, com data-base vinculada à data do orçamento estimado e com a possibilidade de ser estabelecido mais de um índice específico ou setorial, em conformidade com a realidade de mercado dos respectivos insumos" (art. 25, §7º).

Tem-se, então que:
(i) pelo disposto na Lei nº 14.133/21 a data-base da periodicidade para o reajustamento em sentido estrito será a data do orçamento estimativo da contratação; e
(ii) pelo disposto na Lei nº 10.192/01, a data base para o reajustamento em sentido estrito será data limite para apresentação da proposta ou do orçamento a que essa se referir.

Como já dito, podem ser aplicadas para as contratações realizadas com base na Lei nº 14.133/21 as normas da Lei nº 10.192/01 que não conflitarem com ela. À toda vista, a norma contida no art. 3º, §1º da Lei nº 10.192/01 não conflita com aquela contida no art. 25, §7º da Lei nº 14.133/21, eis que são normas complementares, e não antagônicas. Nessa medida, podem ser utilizadas, a juízo discricionário da Administração, como data-base para fins de contagem do prazo de periodicidade mínimo de 12 meses para o reajustamento de preço contratado:
(i) a data do orçamento estimado da licitação;
(ii) a data limite para a apresentação da proposta na licitação; e
(iii) a data do orçamento a que a proposta se referir – caso interpretado que este orçamento é aquele realizado pelos próprios licitantes para elaborar sua proposta.

É escolha inserida no plano da discricionariedade administrativa eleger, a cada contratação, a data base para a contagem da periodicidade do reajustamento em sentido estrito, com lastro, entre outras, nas seguintes ponderações:
(i) data base vinculada à data do orçamento estimado da contratação: esta escolha tem complexidades e particularidades. A regra caracteriza uma cláusula geral. Há clareza em relação ao elemento material da definição, o orçamento estimado. Contudo, há indefinição e imprecisão normativa a respeito de qual seria a data do orçamento para fins de fixação do termo inicial da contagem da periodicidade para o reajustamento. A expressão "data do orçamento" é multifacetada, e pode fazer referência à data em que o orçamento foi elaborado, a data em que foi concluído, a data em que foi assinado,

ou à data em que foi publicado como anexo do instrumento convocatório. Entre estas plúrimas datas pode haver interregno de dias ou até de meses. Em observância do princípio expresso da segurança jurídica (art. 5º), norma regulamentar ou previsão no instrumento convocatório deve apontar expressamente o que se deve entender por "data do orçamento estimado". Importante perceber que, independentemente da data de publicação do instrumento convocatório ou de assinatura do contrato, o termo inicial da periodicidade para o reajustamento inicial é a data do orçamento estimado. Eleito este termo inicial, é preciso considerar que, a depender do lapso temporal decorrido desde a data do orçamento estimado, em tese, mesmo antes da contratação, ou mesmo da licitação, já existirá potencial direito de reajustamento – porque já efetivada a periodicidade mínima legalmente instituída;

(ii) data-base vinculada à data limite para a apresentação da proposta: eleita esta opção, é irrelevante a data do orçamento estimado feito pela Administração. O edital definirá a data limite – prazo máximo para apresentação das propostas na licitação – e esta será o termo inicial da contagem da periodicidade para o reajustamento em sentido estrito.

(iii) data-base vinculada à data do orçamento a que a proposta do licitante se referir: a norma comporta duas interpretações. Primeira: o orçamento a que se refere a Lei é o orçamento estimativo elaborado pela Administração. Cada licitação exige a existência de orçamento estimado prévio. Extreme de dúvidas seria a referência legal a orçamento estimado para fins de licitação. Esta interpretação torna equivalente a norma esta regra do art. 3º, §1º da Lei nº 10.192/01 àquela do art. 25, §7º da Lei nº 14.133/21 (neste aspecto da periodicidade para reajustamento), uma vez que ambas estão a tratar de orçamento estimado realizado pela Administração. Segunda: o orçamento a que se refere a Lei é o orçamento realizado pelos licitantes para elaborar as propostas apresentadas na licitação – de apuração e aferição complexas, uma vez que a depender do objeto da contratação, uma proposta pode ser fundada em inúmeros orçamentos distintos (insumos, materiais, serviços etc.).

Qualquer seja a opção eleita para definir o termo inicial da periodicidade de reajustamento em sentido estrito, para fins de segurança jurídica, é indispensável, senão obrigatório, que haja a previsão expressa desta opção no instrumento convocatório e no instrumento do contrato, para que se evite controvérsias e conflitos no curso da execução contratual.

O Tribunal de Contas da União, registre-se, entendeu irregular a previsão de que a data de assinatura do contrato é termo inicial da contagem de periodicidade de reajustamento em sentido estrito: "é irregular reajuste contratual com prazo contado da assinatura do contrato, pois o marco a partir do qual se computa período de tempo para aplicação de índices de reajustamento é: i) a data da apresentação da proposta ou a do orçamento a que a proposta se referir, de acordo com o previsto no edital (art. 40, inciso XI, da Lei 8.666/93); ou então ii) a data do orçamento estimado (art. 25, §7º, da Lei 14.133/21 – nova Lei de Licitações e Contratos Administrativos) – Acórdão nº 1587/2023-Plenário.

O instrumento convocatório e o instrumento de contrato podem prever, a critério da Administração, mais de um índice específico ou setorial, em conformidade com a realidade de mercado dos respectivos insumos. A depender do mercado em que se insere objeto contratual, justificadamente, pode haver a previsão de que um ou alguns dos insumos, materiais ou serviços serão reajustados com base em um índice de medição da variação inflacionária, e outros com base em índices diversos, embora a data-base do reajuste seja a mesma. Por exemplo, em contrato de fornecimento contínuo, o reajuste do feijão ser feito com base na variação do IGP-M, e o do óleo de soja com base no IPC-A.

Há recomendação do Tribunal de Contas da União para o reajuste de contratos de obras públicas é de que não seja utilizado apenas um índice de reajustamento:

> No reajuste de contratos de execução de obras públicas, devem ser utilizados índices específicos para itens contratuais relevantes que não guardam correlação direta com índices gerais (art. 40, inciso XI, da Lei nº 8.666/1993 e art. 2º, §1º, do Decreto 1.054/1994). Acórdão 1413/2023 Plenário.

No que diz respeito à periodicidade mínima para o reajustamento em sentido estrito, será sempre anual. Porém, com fundamento em normas diversas, a depender da natureza da contratação:

a) reajustamento em sentido estrito de preços nos contratos de serviços contínuos que não envolvam dedicação exclusiva de mão de obra: tem aplicação a regra contida no art. 25, §8º, I: "nas licitações de serviços contínuos, observado o interregno mínimo de 1 (um) ano, o critério de reajustamento será por: I – reajustamento em sentido estrito, quando não houver regime de dedicação exclusiva de mão de obra ou predominância de mão de obra, mediante previsão de índices específicos ou setoriais;

b) reajustamento em sentido estrito de preços nos contratos de fornecimentos contínuos: não há previsão na Lei nº 14.133/21 de periodicidade mínima – tal qual feito para os preços em contratos de serviços contínuos – para o reajustamento em sentido estrito. Aplica-se a regra geral prevista no art. 2º, §1º da Lei nº 10.192/01: "é nula de pleno direito qualquer estipulação de reajuste ou correção monetária de periodicidade inferior a um ano";

c) reajustamento em sentido estrito de preços nos contratos de escopo: a Lei nº 14.133/21 não prevê periodicidade para o reajustamento em sentido estrito de preços nos contratos de escopo. Deve ser aplicada aquela regra prevista no art. 2º, §1º da Lei nº 10.192/21.

Independentemente do prazo de duração do contrato, será obrigatória a previsão no instrumento convocatório e no instrumento de contrato – quando houver – cláusula dispondo sobre o reajustamento de preço – periodicidade, índice e termo inicial da periodicidade. A periodicidade mínima para o reajustamento em sentido estrito é de um ano, mas podem ser celebrados, o que é bastante comum, contratos por prazo inferior a um ano. Ainda assim deve haver a previsão de reajustamento. Primeiramente, porque a periodicidade para o reajuste não guarda – embora até possa guardar – relação com a duração do contrato, uma vez que o termo inicial para a contagem desta periodicidade não é a data da assinatura do contrato, mas se verifica em momento anterior. Natural assim que o transcurso de um ano para fins de reajustamento ocorra antes mesmo de transcurso de um ano de duração do contrato. De outra sorte, não é incomum que a duração de um contrato celebrado incialmente por prazo inferior a um ano seja prorrogado e ultrapasse este prazo. A falta de previsão de cláusula de reajustamento e suas condições pode levar a conflitos e controvérsias contratuais evitáveis. A omissão em prever cláusula de reajustamento em sentido estrito caracteriza erro grosseiro, passível de responsabilização pessoal.

Relevantíssimo destacar, assim, que o termo inicial do cômputo dos doze meses (anualidade) para a aplicação do reajuste em sentido estrito não é a data da assinatura do contrato. Tal implica reconhecer que pode haver reajuste até mesmo antes da assinatura dele. Assim, supondo-se que em um determinado caso haja atraso ou demora na conclusão do processo da licitação, poderá haver reajuste antes da assinatura do contrato, ou logo em seguida da assinatura. Sobre o tema já se manifestou o Tribunal de Contas da União:

> O estabelecimento do critério de reajuste de preços, tanto no edital quanto no contrato, não constitui discricionariedade conferida ao gestor, mas sim verdadeira imposição, ante o disposto nos arts. 40, inciso XI, e 55, inciso III, da Lei nº 8.666/1993, ainda que a vigência contratual prevista não supere doze meses. Entretanto, eventual ausência de cláusula de reajuste de preços não constitui impedimento ao reequilíbrio econômico-financeiro do contrato, sob pena de ofensa à garantia inserta no art. 37, inciso XXI, da Constituição Federal, bem como de enriquecimento ilícito do erário e consequente violação ao princípio da boa-fé objetiva.
>
> Em processo de tomada de contas especial instaurado para apurar irregularidades no âmbito do Convênio 3.846/2001, celebrado entre a Fundação Nacional de Saúde e o Município de Juazeiro/BA, com vistas à execução de sistema de abastecimento de água naquela localidade, a Segunda Câmara do TCU, por meio do Acórdão 3225/2017, decidiu julgar irregulares as contas do ex-prefeito e da construtora contratada para a realização da obra, condená-los em débito e aplicar-lhes multa. Ao examinar recursos de reconsideração interpostos pelos responsáveis contra o mencionado acórdão, a unidade técnica constatou a existência de correlação entre os cheques dispostos nos extratos bancários e os pagamentos feitos à contratada, atestada por meio de medições e notas fiscais e confirmada em vistoria da concedente. Em seu voto, o relator ressaltou que, "apenas em virtude dessa constatação, é possível dizer que houve erro de julgamento na condenação solidária dos responsáveis ao ressarcimento da diferença entre o volume financeiro transferido ao município e o valor correspondente ao percentual de execução declarado em vistorias da Funasa (77,38%)". Reforçou também que "o plano de trabalho previa repasse integral dos recursos em dezembro de 2001; porém, as transferências se deram em três parcelas (a primeira em outubro de 2002 e a última em abril de 2004) e o contrato foi assinado em maio de 2003. Por conta disso, a vigência do convênio - que inicialmente iria até novembro de 2002 - se estendeu até junho de 2005". Nesse contexto, para o relator, "a contratada não deu causa aos atrasos. Muito pelo contrário, aceitou as condições ofertadas pela primeira colocada no certame exatamente porque essa declinara da assinatura do instrumento contratual em função da demora no repasse dos recursos. Não deve, pois, responder, por débito a título de recebimento de valores relativos a reajustamento contratual". De acordo com o relator, o ex-prefeito também deveria ter sua responsabilidade afastada "quanto ao valor pago a maior em virtude dos reajustes contratuais", em razão de não haver nenhuma evidência de que tenha, na condição de representante do convenente e signatário do ajuste, contribuído para o atraso nos repasses dos recursos da União. E arrematou: "Por certo, não seria a ausência de previsão de reajuste de preços, no edital e no contrato, impeditivo à manutenção do equilíbrio econômico-financeiro dos contratos (art. 37, inciso XXI), sob pena de ofensa à garantia constitucional inserta no art. 37, inciso XXI da Carta Maior. Ademais, a execução

do contrato, com a recusa no reajustamento dos preços oferecidos à época da proposta, configuraria enriquecimento ilícito do erário e violaria o princípio da boa-fé objetiva, cuja presença no âmbito do direito público é também primordial". Na sequência, deixou assente que "todo esse imbróglio nasceu de falha da Administração, não atribuível ao particular contratado com o poder público, ao ter a Funasa deixado de incluir, no edital, cláusula de reajuste contratual quando, inicialmente, previu a execução da obra em prazo inferior a um ano. Essa situação aparentemente ocorreu como forma de assegurar atendimento à periodicidade anual estabelecida na Lei 10.192/2001 - que dispôs sobre o Plano Real - para fins de reajuste de preços dos contratos. Contudo, essa omissão dos gestores públicos - a meu ver escusável diante da falta de uniformização da questão, até mesmo internamente, e das circunstâncias da época - não deixa de conflitar com o entendimento atual perfilhado nesta Corte a respeito da obrigatoriedade de previsão de cláusula de reajuste, independentemente do prazo inicialmente estipulado de execução da avença". Tal entendimento foi assim sintetizado pelo relator: "o estabelecimento dos critérios de reajuste dos preços, tanto no edital quanto no instrumento contratual, não constitui discricionariedade conferida ao gestor, mas sim verdadeira imposição, ante o disposto nos artigos 40, inciso XI, e 55, inciso III, da Lei 8.666/93. Assim, a sua ausência constitui irregularidade, tendo, inclusive, este Tribunal se manifestado acerca da matéria, por meio do Acórdão 2804/2010-Plenário, no qual julgou ilegal a ausência de cláusula neste sentido, por violar os dispositivos legais acima reproduzidos. Até em contratos com prazo de duração inferior a doze meses, o TCU determina que conste no edital cláusula que estabeleça o critério de reajustamento de preço (Acórdão 73/2010-Plenário, Acórdão 597/2008-Plenário e Acórdão 2715/2008-Plenário, entre outros)". Acolhendo o voto do relator, o colegiado decidiu dar provimento aos recursos, tornando sem efeito o acórdão recorrido (Acórdão nº 7184/2018 Segunda Câmara, Recurso de Reconsideração, Relator Ministro Augusto Nardes).

Quando o prazo ocorre, o transcurso da periodicidade mínima para o reajuste em sentido estrito antes da assinatura do contrato o ano, o Tribunal de Contas da União sugere que o contrato seja assinado pelo valor original, e ato contínuo seja realizado termo aditivo para a concessão do reajuste:

12. A segunda questão foi acerca do procedimento a ser adotado pela Administração no caso de decurso de prazo superior a um ano entre a data da apresentação da proposta vencedora da licitação e a assinatura do respectivo instrumento contratual.
9.1. conhecer da presente consulta e responder aos quesitos apresentados da seguinte forma:
9.1.2. na hipótese de vir a ocorrer o decurso de prazo superior a um ano entre a data da apresentação da proposta vencedora da licitação e a assinatura do respectivo instrumento contratual, o procedimento de reajustamento aplicável, em face do disposto no art. 28, §1º, da Lei 9.069/95 c/c os arts. 2º e 3º da Lei 10.192/2001, consiste em firmar o contrato com os valores originais da proposta e, antes do início da execução contratual, celebrar termo aditivo reajustando os preços de acordo com a variação do índice previsto no edital relativa ao período de somente um ano, contado a partir da data da apresentação das propostas ou da data do orçamento a que ela se referir, devendo os demais reajustes ser efetuados quando se completarem períodos múltiplos de um ano, contados sempre desse marco inicial, sendo necessário que estejam devidamente caracterizados tanto o interesse público na contratação quanto a presença de condições legais para a contratação, em especial: haver autorização orçamentária (incisos II, III e IV do §2º do art. 7º da Lei 8.666/93); tratar-se da proposta mais vantajosa para a Administração (art. 3º da Lei 8.666/93); preços ofertados

compatíveis com os de mercado (art. 43, IV, da Lei 8.666/93); manutenção das condições exigidas para habilitação (art. 55, XIII, da Lei 8.666/93); interesse do licitante vencedor, manifestado formalmente, em continuar vinculado à proposta (art. 64, §3º, da Lei 8.666/93) (AC nº 0474-14/05-P);

Não parece necessário tal proceder. A Lei nº 14.133/21 não exige termo aditivo para a formalização do reajustamento em sentido estrito, apenas seu registro por apostilamento. No caso de superação do prazo de periodicidade mínima para o reajuste em sentido estrito antes da assinatura do contrato, pode ser realizado o reajuste do preço proposto e firmado o contrato já com a previsão do preço reajustado, com registro no processo administrativo.

O Tribunal de Contas da União determina o estrito cumprimento da periodicidade mínima de um ano para o reajustamento em sentido estrito:

> concessão de reequilíbrio econômico-financeiro em prazo inferior a um ano, sem a comprovação de ocorrência das condições previstas em lei, afronta o disposto no art. 65, inciso II, alínea d, da Lei 8.666/93, c/c o art. 2º, §1º, da Lei 10.192/01, e implica responsabilização dos gestores envolvidos.
> Representação formulada por equipe de auditoria apontara possíveis irregularidades na gestão de recursos federais repassados ao município de Porto Ferreira/SP, no âmbito do Programa Nacional de Alimentação Escolar (Pnae). A Representação originou-se de informações fornecidas pelo Ministério Público do Estado de São Paulo dando conta de ilegalidades em licitações, contratações e execuções contratuais relativas ao fornecimento de insumos escolares ou de merenda escolar em diversos municípios daquele estado. No município em tela, o contrato inquinado destinava-se a fornecimento de gêneros alimentícios, prestação de serviços de preparo de merenda, limpeza de refeitórios e outros afins. Além de fraude no procedimento licitatório, decorrente de conluio entre licitantes, com o envolvimento de agentes públicos, constatara-se também, na execução contratual, a majoração indevida do item "gêneros alimentícios", a título de reequilíbrio econômico-financeiro. Sobre este ponto, a unidade técnica, ao examinar as justificativas apresentadas pelos responsáveis, ressaltou que variação de preços de produtos agropecuários na entressafra era fato esperado, não se caracterizando, portanto, como imprevisível ou de consequências incalculáveis a justificar o reequilíbrio: "como a atividade da empresa é o fornecimento de refeições, deve conhecer bem o mercado em que atua e as variações sazonais dos preços dos insumos, cujo impacto deve incorporar nas propostas apresentadas nas licitações, considerando seu custo anualizado". Além do mais, destacou que as planilhas apresentadas pela contratada não apresentavam dados coerentes a demonstrar a alegada variação de custos. Ao analisar o feito, o relator, em consonância com a unidade instrutiva, considerou comprovada a ocorrência de conluio na licitação e de irregularidade na repactuação do contrato a título de reequilíbrio econômico-financeiro "em prazo inferior a um ano, sem a ocorrência das condições prevista em Lei, em desacordo com o art. 65, inciso II, alínea "d", da Lei 8.666/1993, c/c o §1º do art. 2º da Lei 10.192/2001 e com as cláusulas 10.1 do edital e 7.1 da referida avença". Considerou, ainda, dispensada a instauração de tomada de contas especial, visto que o débito não atingiria o valor mínimo (R$75.000,00) estipulado no art. 6º, inciso I, da IN/TCU 71/12. Seguindo a proposta do relator quanto ao ponto, o Plenário do Tribunal rejeitou as razões de justificativa dos responsáveis (prefeito, secretário de finanças e parecerista do setor de licitações) pela repactuação irregular, aplicando-lhes a multa prevista no art. 58, inciso II, da

Lei 8.443/92, além de dar ciência à prefeitura sobre a irregularidade verificada (Acórdão nº 1.729/2014-Plenário, TC nº 015.391/2012-4, relator Ministro Raimundo Carreiro, 02.07.2014).

Em suma, reajustamento em sentido estrito é forma de recomposição do equilíbrio econômico-financeiro do contrato administrativo, com base em índices de medição oficiais – gerais (por exemplo, o INPC ou o IPCA) ou setoriais (por exemplo, o custo unitário básico da construção civil – CUB ou o índice nacional da construção civil – INCC) –, violado pela variação inflacionária, enquanto que a correção monetária é a compensação financeira prevista em contrato para os atrasos de pagamento por parte da Administração Pública.

9.3.1.2 Previsão do reajustamento em sentido estrito no instrumento convocatório

O instrumento convocatório deve conter disposição expressa de reajuste, bem como o índice que será contratualmente adotado para tal recomposição do equilíbrio econômico-financeiro, como antes também dito. O art. 92, V da Lei nº 14.133/21 dispõe ser necessária a cláusula do edital que indique "o preço e as condições de pagamento, os critérios, a data-base e a periodicidade do reajustamento de preços e os critérios de atualização monetária entre a data do adimplemento das obrigações e a do efetivo pagamento".

Há divergência doutrinária no que diz com a possibilidade de reajuste quando o instrumento convocatório não dispuser expressamente acerca dele. Visto antes que o equilíbrio econômico-financeiro do contrato administrativo é um direito fundado no art. 37, XXI, da Constituição de 1988, é de se concluir que o reajuste contratual é um direito do contratado. Por segundo, como também antes posto, a preservação do equilíbrio econômico-financeiro é também de interesse público e da Administração Pública, na medida em que, desequilibrada a equação econômico-financeira, pode restar em risco de prejuízo a qualidade da execução contratual.

A definição do reajuste (periodicidade e índice) no instrumento convocatório é um dever jurídico da Administração Pública contratante, consoante já deliberou o Tribunal de Contas da União:

> *Prestação de Contas da Universidade Federal de Juiz de Fora, do exercício de 2005. Determinação sobre cláusulas em editais e em contratos que estabeleçam regras de repactuação.*
> 9.3. determinar à Universidade Federal de Juiz de Fora que:
> 9.3.6. faça constar dos editais de licitações e respectivos contratos, especialmente nos casos de serviços continuados, cláusulas que estabeleçam os critérios, data-base e periodicidade do reajustamento de preços, indicando expressamente no referido instrumento o índice de reajuste contratual a ser adotado, nos termos dos incisos XI do art. 40 e III do art. 55 da Lei nº 8.666/1993 (AC nº 3040-34/08-1)
> *Prestação de Contas Simplificada. Índices de reajuste contratual.*
> 1.7. Determinar à Administração Regional do Sesc na Bahia que:
> 1.7.4. observe a necessidade de que os índices de reajuste contratuais devem ser estipulados no edital e no contrato, conforme dispõe o art. 40, inciso XI, da Lei 8.666/1993 (AC nº 5069-44/08-1).

A questão que se posta é: descumprido o dever jurídico da Administração Pública de fazer prever a possibilidade e índice de reajuste no instrumento convocatório, seria possível deduzir apenas da Constituição Federal o direito à recomposição da equação econômico-financeira sob tal argumento?

Quer parecer que, em que pese a disposição constitucional que assegura a manutenção das condições originais das propostas (art. 37, XXI), se não houver previsão no instrumento convocatório, o reajuste contratual não pode ser concedido sem violação da livre concorrência. Numa disputa licitatória na qual o instrumento convocatório não fez previsão da possibilidade de reajuste, o universo concorrencial (os licitantes particulares que atendem à convocação para disputar o contrato administrativo) foi delineado e determinado a partir dessa premissa: a de que não haverá reajuste futuro dos valores contratados. Esse parece ser o aspecto relevante para o deslinde da questão. Claro que há um direito constitucional abstrato e em tese à recomposição da equação econômico-financeira do contrato. Porém, tal direito é de natureza disponível, e, pois, renunciável. Sob o prisma da formação e delimitação do universo concorrencial (universo de competidores), quando o instrumento convocatório não faz referência expressa à possibilidade de reajuste (e seus índices), deve-se supor que os licitantes que acorrerem à disputa o farão sob essa premissa e, ou incorporarão sobrepreço à sua proposta, para cobrir eventuais defasagens inflacionárias; assimilarão a possibilidade de arcar com o desequilíbrio econômico-financeiro oriundo da inflação; ou, em terceiro, deixarão de participar do certame. Nessa terceira categoria de potenciais interessados reside o problema de isonomia em contraste com o universo concorrencial efetivo e concreto. Na hipótese de o instrumento convocatório não conter previsão expressa de reajuste, é de se presumir que potenciais interessados na disputa pública deixaram de participar e de disputar o contrato por força da inexistência de previsão de reajuste no instrumento convocatório. Essa presunção objetivamente necessária de delimitação do universo concorrencial a partir da omissão do instrumento convocatório afasta a possibilidade de autorizar o reajuste posterior, pena de violação do princípio licitatório e do princípio da isonomia.

Outro aspecto de ordem material diz respeito a qual seria o índice de reajuste a ser adotado diante da omissão do instrumento convocatório. Se concebida como possível a possibilidade de reajuste sem previsão dele no instrumento convocatório, antes da sua concessão seria necessária uma alteração contratual para prever mediante termo aditivo tanto a possibilidade de reajustamento como sob qual índice ele se dará – o que, convenhamos, não se coaduna com o regime jurídico administrativo.

9.3.2 Recomposição da equação econômico-financeira por reajustamento por repactuação

Repactuação é forma de manutenção do equilíbrio econômico-financeiro de contrato utilizada para serviços contínuos com regime de dedicação exclusiva de mão de obra ou predominância de mão de obra, por meio da análise da variação dos custos contratuais, devendo estar prevista no edital com data vinculada à apresentação das propostas, para os custos decorrentes do mercado, e com data vinculada ao acordo, à convenção coletiva ou ao dissídio coletivo ao qual o orçamento esteja vinculado, para os custos decorrentes da mão de obra (art. 6º LIX).

Serviços contínuos com regime de dedicação exclusiva de mão de obra: aqueles cujo modelo de execução contratual exige, entre outros requisitos, que: a) os empregados do contratado fiquem à disposição nas dependências do contratante para a prestação dos serviços; b) o contratado não compartilhe os recursos humanos e materiais disponíveis de uma contratação para execução simultânea de outros contratos; c) o contratado possibilite a fiscalização pelo contratante quanto à distribuição, controle e supervisão dos recursos humanos alocados aos seus contratos (art. 6º, XVI).

Nos contratos de prestação de serviços com dedicação exclusiva de mão de obra, o reajustamento com base em índices setoriais ou gerais de variação inflacionária não se mostra o mais adequado. Nesta espécie de contratação, o custo da mão de obra é um fator de significativa relevância. Ademais, os insumos utilizados para a execução contratual são, por vezes, muito distintos daqueles produtos e insumos que compõem a plêiade de fatores que são utilizados para o cálculo dos índices que medem a variação inflacionária, o que pode gerar distorções quando da recomposição da equação econômico-financeira.

Por conta de suas características jurídicas e materiais, a Lei nº 14.133/21 prevê que o reajustamento de contratos de prestação de serviços que envolvam dedicação exclusiva de mão de obra será por repactuação. É o que se infere da regra prevista no art. 25, §8º, II: "nas licitações de serviços contínuos, observado o interregno mínimo de 1 (um) ano, o critério de reajustamento será por repactuação, quando houver regime de dedicação exclusiva de mão de obra ou predominância de mão de obra, mediante demonstração analítica da variação dos custos" (por equívoco do legislador, regra idêntica está prevista no art. 92, §4º, II).

Repactuação é espécie do gênero reajustamento contratual. No caso da repactuação, há reajustamento da parcela relativa aos insumos necessários para a execução contratual e outro reajustamento relativo à parcela de mão de obra alocada na prestação dos serviços. A repactuação opera com duas bases fáticas de natureza distinta: a variação do custo dos insumos utilizados na execução do contrato; e a variação do custo da mão de obra. Logo, pode-se cogitar não de repactuação do contrato administrativo de prestação de serviços contínuos, mas de "repactuações". No mínimo haverá duas operações diferentes de repactuação em uma única relação contratual administrativa, sendo certo que pode haver mais de duas.

Em capítulo especifico trata-se de particularidades dos contratos de prestação de serviços com dedicação exclusiva de mão de obra, mas se antecipa que:
a) não pode haver reajustamento por repactuação com periodicidade inferior a um ano, tal qual se dá com os contratos que não envolvem prestação de serviços com dedicação exclusiva de mão de obra;
b) O termo inicial da periodicidade mínima para o reajustamento por repactuação é (i) a data da apresentação da proposta, para custos decorrentes do mercado: tais são os custos de materiais, equipamentos, uniformes, domissanitários, entre outros necessários para a execução contratual; e (ii) data do acordo, da convenção coletiva ou do dissídio coletivo ao qual a proposta esteja vinculada, para os custos de mão de obra (art. 135);

c) A repactuação deverá observar o interregno mínimo de 1 (um) ano, contado da data da apresentação da proposta ou da data da última repactuação (art. 135, §3º);

d) a repactuação poderá ser dividida em tantas parcelas quantas forem necessárias, observado o princípio da anualidade do reajuste de preços da contratação, podendo ser realizada em momentos distintos para discutir a variação de custos que tenham sua anualidade resultante em datas diferenciadas, como os decorrentes de mão de obra e os decorrentes dos insumos necessários à execução dos serviços (art. 135, §4º). Haverá no mínimo duas repactuações relativas ao mesmo contrato de prestação de serviços, uma relativa à variação de custos de mão de obra, e outra relativa à variação de custos de insumos e materiais;

e) quando a contratação envolver mais de uma categoria profissional, a repactuação poderá ser dividida em tantos quantos forem os acordos, convenções ou dissídios coletivos de trabalho das categorias envolvidas na contratação (art. 135, §5º). Podem haver múltiplas repactuações no mesmo contrato, contudo somente haverá uma tendo por fato gerador a variação dos custos dos insumos e materiais. As múltiplas parcelas em que pode ser dividida a repactuação somente diz respeito às relativas ao custo de mão de obra. Isto porque cada categoria profissional está vinculada a um sindicato, e pode ser regida – no que diz respeito a relações de trabalho – por convenção, acordo ou dissídio coletivo de trabalho. Se a prestação de serviços envolver a participação de múltiplas categorias profissionais, submetidas a acordo, convenção ou dissídio coletivo de trabalho diversos, aprovados e homologados na forma da lei também em datas diversas, a cada data-base vinculada a certo acordo, convenção ou dissídio corresponderá uma repactuação autônoma e independente. Tome-se, à guisa de exemplo, uma contratação de prestação de serviços complexa, envolvendo serviços de limpeza e de transportes (motorista). Num mesmo vínculo contratual haverá a coexistência de duas categorias profissionais diferentes. Haverá, nesse caso, um cálculo de repactuação dos insumos, um cálculo de repactuação de mão de obra de serventes e outro de mão de obra de motoristas, uma vez que a Lei preconiza que a repactuação poderá ser dividida em tantas parcelas quanto forem necessárias em respeito ao princípio da anualidade do reajuste dos preços da contratação, podendo ser realizada em momentos distintos para discutir a variação de custos que tenham sua anualidade resultante em datas diferenciadas, tais como os custos decorrentes da mão de obra e os custos decorrentes dos insumos necessários à execução do serviço.

O Tribunal de Contas da União recomenda que o instrumento convocatório e o contrato administrativo contenham disposição expressa sobre a periodicidade e os critérios para as repactuações:

> *Representação. Contrato. Prestação de serviços contínuos. É recomendável que os editais de licitação e/ou minutas de contrato referentes à prestação de serviços executados de forma contínua deixem clara a data de referência que servirá para a contagem do interregno de 1 (um) ano para a primeira repactuação, data esta que, em regra, será a data base da categoria envolvida.*
> 34. (…) o normativo que trata expressamente da repactuação contratual (…) é o Decreto nº 2.271/97, que dispõe sobre a contratação de serviços pela Administração Pública Federal direta, autárquica e fundacional. Senão vejamos:
> Decreto nº 2.271/97

Art. 5º Os contratos de que trata este Decreto, que tenham por objeto a prestação de serviços executados de forma contínua poderão, desde que previsto no edital, admitir repactuação visando a adequação aos novos preços de mercado, observados o interregno mínimo de um ano e a demonstração analítica da variação dos componentes dos custos do contrato, devidamente justificada.'

35. Ao prever o instituto da repactuação, o artigo 5º do Decreto nº 2.271/97 regulamenta os citados artigos 40, inciso XI, e 55, inciso III, da Lei nº 8.666/93, nos casos de contratos que tenham por objeto a prestação de serviços executados de forma contínua, quando expressamente prevista essa espécie de reajuste no edital.

36. Como visto, o normativo que estabelece interregno mínimo de um ano para concessão de repactuação é o artigo 5º do mencionado Decreto. Mas é a IN MARE nº 18/97, que, ao disciplinar a contratação de serviços a serem executados de forma indireta e contínua, define serviços continuados como 'aqueles serviços auxiliares, necessários à Administração para o desempenho de suas atribuições, cuja interrupção possa comprometer a continuidade de suas atividades e cuja contratação deva estender-se por mais de um exercício financeiro'.

37. Acrescente-se, ainda, que também é a IN MARE nº 18/97 que determina, em seu item 7, que o interregno de um ano começa a correr da data da proposta, da data do orçamento a que a proposta se referir ou da data da última repactuação (...).

9.5. recomendar à (...) (SAAD/MT) que, em seus editais de licitação e/ou minutas de contrato referentes à prestação de serviços executados de forma contínua, deixe claro a data de referência que servirá para a contagem do interregno de 1 (um) ano para a primeira repactuação, data esta que, em regra, será a data base da categoria envolvida (AC nº 1827-34/08-P);

Prestação de Contas. Contrato. Nos editais de licitação e em contratos que tenham por objeto a prestação de serviços executados de forma contínua deve ser claramente estabelecida a previsão de repactuação visando à adequação aos novos preços de mercado, observados o interregno mínimo de um ano, contado a partir da data limite para apresentação da proposta ou do orçamento a que esta se referir, considerando, nessa última hipótese, como data do orçamento, a data do acordo, convenção, dissídio coletivo de trabalho ou equivalente que estipular o salário vigente à época da apresentação da proposta e a necessidade da demonstração analítica da variação dos componentes dos custos do contrato, devidamente justificada.

19. (...), devem ser julgadas regulares com ressalva as contas dos Srs. (...), e regulares com quitação plena as contas dos demais responsáveis, sem prejuízo das determinações mencionadas neste Voto e daquelas sugeridas pela Secex/ES, as quais acolho em sua maioria e com pequenos ajustes de forma.

9.3. determinar ao Serviço Social da Indústria – Departamento Regional no Estado do Espírito Santo – Sesi/ES que:

9.3.1. estabeleça de forma clara, a partir dos editais de licitação e em contratos que tenham por objeto a prestação de serviços executados de forma contínua, a previsão de repactuação visando à adequação aos novos preços de mercado, observados: a) o interregno mínimo de um ano, contado a partir da data limite para apresentação da proposta ou do orçamento a que esta se referir, considerando, nessa última hipótese, como data do orçamento, a data do acordo, convenção, dissídio coletivo de trabalho ou equivalente que estipular o salário vigente à época da apresentação da proposta, e; b) a necessidade da demonstração analítica da variação dos componentes dos custos do contrato, devidamente justificada, nos termos do art. 3º da Lei nº 10.192, de 14.02.2001, do art. 5º do Decreto nº 2.271, de 07/07/1997, e do item 7, da IN/MARE nº 18, de 22/12/1997;

9.3.2. atente, por ocasião das repactuações de contratos administrativos destinados à prestação de serviços de natureza contínua, considerado o estabelecido na IN/MARE nº 18/1997, para que os reajustes salariais concedidos às categorias de trabalhadores diretamente relacionadas à prestação do serviço em questão, em decorrência de acordo, convenção ou dissídio coletivo ou equivalente, incidam apenas sobre a parcela dos custos ligados diretamente à mão-de-obra e não sobre todo o valor contratual;

9.3.3. abstenha-se de incluir nos instrumentos contratuais disposições que permitam a incidência de reajustes utilizando índices gerais de preços, setoriais ou que reflitam a variação de custos, ante a vedação expressa constante dos artigos 4º e 5º do Decreto nº 2.271/1997;

9.3.4. observe as orientações de caráter normativo expedidas por este Tribunal, por ocasião da prolação do Acórdão nº 1.563/2004-Plenário, com relação à existência de problemas administrativos no processamento das solicitações de reequilíbrio econômico-financeiro dos contratos de prestação de serviços de natureza contínua em decorrência do incremento dos custos de mão-de-obra ocasionados pela data-base de cada categoria, ante o disposto no entendimento firmado pela Decisão 458/1995 – Plenário (AC nº 2225-24/08-1);

Consoante disposto na Lei, os preços dos contratos para serviços contínuos com regime de dedicação exclusiva de mão de obra ou com predominância de mão de obra serão repactuados para manutenção do equilíbrio econômico-financeiro, mediante demonstração analítica da variação dos custos contratuais (art. 135). Em que pese esta tratativa legal, defende-se que o reajustamento dos preços de insumos e materiais pode ser realizado mediante aplicação de índice setorial ou geral previsto no instrumento convocatório e no contrato, em interpretação sistemática da regra com fundamento no princípio da eficiência. A parcela de preço contratado composta por múltiplos insumos pode tornar inviável o reajustamento a partir da variação efetiva de custo de cada um deles – que deve ser comprovada pelo contratado.

9.3.2.1 Formalização do reajustamento por repactuação

Diversamente, repita-se, do que ocorre no caso do reajuste contratual com base em índices gerais e setoriais, que se dá automaticamente apenas pelo decurso de prazo, a repactuação demanda os seguintes requisitos:

1. A repactuação não pode ser concedida de ofício pela Administração contratante, mas apenas por provocação: "a repactuação será precedida de solicitação do contratado, acompanhada de demonstração analítica da variação dos custos, por meio de apresentação da planilha de custos e formação de preços, ou do novo acordo, convenção ou sentença normativa que fundamenta a repactuação" (art. 135, §6º). Esta solicitação formal será dirigida para a autoridade responsável pela contratação e instruída com os documentos necessários para a prova de variação efetiva de custos de mão de obra e de insumos ou apenas da variação efetiva de custos de mão de obra, no caso de o instrumento contratual prever que a variação de custos de materiais e insumos se dará por aplicação de índice de variação inflacionária previsto no edital e no contrato;

2. Decurso da periodicidade estabelecida em lei: o interregno mínimo de 1 (um) ano para a primeira repactuação será contado a partir (i) da data limite para apresentação das propostas constante do instrumento convocatório, em relação aos custos com a execução do serviço decorrentes do mercado, tais como o custo dos materiais e equipamentos

necessários à execução do serviço; ou (ii) da data do acordo, convenção ou dissídio coletivo de trabalho ou equivalente, vigente à época da apresentação da proposta, quando a variação dos custos for decorrente da mão de obra e estiver vinculada às datas-base destes instrumentos. Nas repactuações subsequentes à primeira, a anualidade será contada a partir da data do fato gerador que deu ensejo à última repactuação;

3. Demonstração analítica da variação do custo dos insumos: o contratado deve produzir a prova cabal da variação efetiva do custo dos insumos que se pretende repactuar. Serão considerados os insumos de maior relevância e valor significativo para a execução contratual para a decomposição em planilhas analíticas e detalhadas de modo a referenciar a Administração Pública;

4. Prova de variação do custo da mão de obra: o contratado apresentará os acordos ou convenções coletivas de trabalho relativas a cada uma das categorias profissionais que pretende incluir na repactuação para aferição da variação do custo da mão de obra;

5. Atestação pela Administração contratante: A Administração Pública contratante procederá à conferência das informações prestadas pelo contratado a título de justificar a repactuação e atestará a regularidade do pedido, deferindo a repactuação pretendida.

A repactuação opera efeitos também em favor da Administração Pública, caso haja redução do custo de insumos ou da mão de obra. Assim também entende o Tribunal de Contas da União:

> *Levantamento de Auditoria. Obra e Serviço de Engenharia. Contrato. A Administração deve repactuar o contrato quando verificado sobrepreço, eliminando-se os valores apurados de forma a ajustar as planilhas de quantitativos e preços unitários. Deve também descontar, nos pagamentos futuros a serem efetuados à contratada, valores eventualmente pagos em desconformidade com os preços de referência. Determinação.*
>
> 2. Assim, com base nas constatações da auditoria e na planilha elaborada pela própria administração para subsidiar um ajuste de contas com a contratada (...), foi confirmado o sobrepreço global, nos três lotes contratados, de R$6.198.700,52, valor que deverá ser abatido dos montantes pactuados mediante renegociação.
>
> 3. Com a presente decisão acerca do mérito da questão do sobrepreço, a medida cautelar adotada pelo acórdão 2.213/2009 – Plenário cessa seus efeitos. Cabe, pois, como sugere a [unidade técnica do TCU], determinar à Secretaria de Infraestrutura e Obras do DF que promova o desconto, nos próximos pagamentos, dos valores indevidos que já tenham eventualmente sido pagos.
>
> 4. Uma vez que contribui para assegurar a efetiva adoção das medidas corretivas acima indicadas, também é pertinente a sugestão da unidade técnica de ser determinada à Caixa Econômica Federal que não libere recursos do contrato de repasse ao amparo do qual foram celebrados os ajustes em exame. Faço apenas a pequena ressalva de que a sustação de liberação aventada deve estender-se somente até a repactuação dos contratos firmados com a [empresa], eis que prolongá-la até completo desconto dos valores indevidos eventualmente pagos, como sugere a unidade técnica, pode constituir gravame excessivo à continuidade do empreendimento, posto que esse desconto poderá ser parcelado ao longo da execução dos contratos.
>
> 5. São igualmente adequadas as propostas da Secex/6 de alertar o Congresso Nacional acerca da possibilidade de continuação da execução física, orçamentária e financeira dos contratos em questão, eis as medidas acima descritas são suficientes para resguardar o erário

de possíveis prejuízos, e de monitorar o cumprimento das determinações desta Corte, a fim de garantir sua efetividade.

9.1. determinar à Secretaria de Obras do Governo do Distrito Federal, (...), que:

9.1.1. no prazo de 15 (quinze) dias, após oitiva, repactue os contratos (...) para construção de 1.290 unidades habitacionais na Vila Estrutural/DF, de forma a ajustar as planilhas de quantitativos e preços unitários de acordo com os valores contidos na planilha "Encontro de Contas", elaborada pela Novacap (...), e nas planilhas "Administração da Obra" (...), e, assim, eliminar os sobrepreços apurados de, respectivamente, (...), no total de R$6.198.700,52 (seis milhões, cento e noventa e oito mil, setecentos reais e cinquenta e dois centavos);

9.1.2. se ainda não o fez, desconte, nos próximos pagamentos a serem efetuados à empresa (...) em função dos contratos acima enumerados, valores eventualmente pagos em desconformidade com as planilhas mencionadas no item 9.1.1 desta deliberação (AC nº 1392-21/10-P);

Verificada variação de custos em favor da Administração Pública, deve tal variação ser compensada quando da repactuação do contrato.

9.3.3 Instrumento para a formalização do reajuste contratual

O reajuste contratual não enseja termo aditivo. Pode, então, ser formalizado por apostilamento. Esta é a dicção legal contida no art. 136, I da Lei nº 14.133/21, que preceitua que "registros que não caracterizam alteração do contrato podem ser realizados por simples apostila, dispensada a celebração de termo aditivo, como nas seguintes situações: I – variação do valor contratual para fazer face ao reajuste ou à repactuação de preços previstos no próprio contrato". Apostilamento é o registro formal, por escrito, no corpo do próprio processo da contratação pública.

9.4 Recomposição da equação econômico-financeira por revisão

Revisão é a forma de recomposição da equação econômico-financeira violada por: alteração contratual, fato do príncipe, fato da administração e fenômenos ínsitos à álea econômica extraordinária, caso fortuito, força maior ou sujeições imprevistas, sempre em decorrência de fatos imprevisíveis ou previsíveis com consequências incalculáveis. A revisão contratual tem por fundamento a Constituição Federal (art. 37, XXI), e as normas contidas na Lei nº 14.133/21:

Art. 104. O regime jurídico dos contratos instituído por esta Lei confere à Administração, em relação a eles, as prerrogativas de:

I – modificá-los, unilateralmente, para melhor adequação às finalidades de interesse público, respeitados os direitos do contratado;

§1º As cláusulas econômico-financeiras e monetárias dos contratos não poderão ser alteradas sem prévia concordância do contratado.

§2º Na hipótese prevista no inciso I do **caput** deste artigo, as cláusulas econômico-financeiras do contrato deverão ser revistas para que se mantenha o equilíbrio contratual.

Art. 124. Os contratos regidos por esta Lei poderão ser alterados, com as devidas justificativas, nos seguintes casos:

I – unilateralmente pela Administração:

a) quando houver modificação do projeto ou das especificações, para melhor adequação técnica a seus objetivos;
b) quando for necessária a modificação do valor contratual em decorrência de acréscimo ou diminuição quantitativa de seu objeto, nos limites permitidos por esta Lei;
II – por acordo entre as partes:
d) para restabelecer o equilíbrio econômico-financeiro inicial do contrato em caso de força maior, caso fortuito ou fato do príncipe ou em decorrência de fatos imprevisíveis ou previsíveis de consequências incalculáveis, que inviabilizem a execução do contrato tal como pactuado, respeitada, em qualquer caso, a repartição objetiva de risco estabelecida no contrato.

O elemento imprevisibilidade é nuclear para delinear as hipóteses legítimas de revisão contratual, seja qual for a natureza do fato gerador dela. Se previsível o fato ou evento gerador do desequilíbrio, afasta-se o direito à revisão, uma vez que o contratado deveria ter sido diligente e formulado sua proposta de acordo com os efeitos certos que referidos fatos ou eventos produziriam posteriormente na equação econômico-financeira original. Ao deixar de considerar fatores previsíveis que comprovadamente poderiam influir na economia do contrato, o contratado – por dolo ou culpa na modalidade de negligência – deve arcar com o resultado danoso da conduta. Este o entendimento do Tribunal de Contas da União a respeito:

> Não há óbice à concessão de reequilíbrio econômico-financeiro visando à revisão (ou recomposição) de preços de itens isolados, com fundamento no art. 65, inciso II, alínea "d", da Lei 8.666/1993, desde que estejam presentes a imprevisibilidade ou a previsibilidade de efeitos incalculáveis e o impacto acentuado na relação contratual (teoria da imprevisão) ; e que haja análise demonstrativa acerca do comportamento dos demais insumos relevantes que possam impactar o valor do contrato (Acórdão nº 1604/2015-TCU-Plenário).
> O mero descolamento do índice de reajuste contratual dos preços efetivamente praticados no mercado não é suficiente, por si só, para a concessão de reequilíbrio econômico-financeiro fundado no art. 65, inciso II, alínea d, da Lei 8.666/1993, devendo estar presentes a imprevisibilidade ou a previsibilidade de efeitos incalculáveis e o impacto acentuado na relação contratual (teoria da imprevisão). Acórdão 4072/2020-TCU-Plenário.
> Cabe ao gestor, ao aplicar o reequilíbrio econômico-financeiro por meio da recomposição, fazer constar do processo análise que demonstre, inequivocamente, os seus pressupostos, de acordo com a teoria da imprevisão, juntamente com análise global dos custos da avença, incluindo todos os insumos relevantes e não somente aqueles sobre os quais tenha havido a incidência da elevação da moeda estrangeira, de forma que reste comprovado que as alterações nos custos estejam acarretando o retardamento ou a inexecução do ajustado na avença, além da comprovação de que, para cada item de serviço ou insumo, a contratada contraiu a correspondente obrigação em moeda estrangeira, no exterior, mas recebeu o respectivo pagamento em moeda nacional, no Brasil, tendo sofrido, assim, o efetivo impacto da imprevisível ou inevitável álea econômica pela referida variação cambial (Acórdão nº 1431/2017-TCU-Plenário).
> Notas fiscais de fornecedores da contratada são insuficientes, por si sós, para caracterizar qualquer uma das hipóteses legais para o reequilíbrio econômico-financeiro do contrato (fatos imprevisíveis ou previsíveis, mas de consequências incalculáveis, retardadores ou impeditivos da execução ou, ainda, caso de força maior, caso fortuito ou fato de príncipe),

que deve estar demonstrada por meio da quantificação dos efeitos que extrapolaram as condições normais de execução e prejudicaram o equilíbrio global do contrato (Acórdão nº 7249/2016-TCU-Segunda Câmara).

9.4.1 Periodicidade da revisão

A revisão funda-se no conceito operacional de "imprevisão". Diante dessa noção estruturante e fundante do direito à revisão, não se aplicam a ela as normas previstas na Lei nº 10.192/01 e Lei nº 14.133/21 que determinam a periodicidade mínima de um ano para os reajustes contratuais. Revisão e reajuste são instrumentos jurídicos inconfundíveis e que operam para corrigir desvios na equação econômico-financeira de forma autônoma e distinta.

A revisão contratual pode ocorrer a qualquer tempo, desde que fundada em base de cálculo ou fato gerador distinto daquele em que eventualmente se fundou um reajuste anteriormente. O que não pode em hipótese alguma ocorrer é a revisão contratual por mais de uma vez em relação à mesma base ou suporte fático. Diante de base fática diversa, não há limite temporal para a revisão do contrato. Não há que se cogitar de periodicidade mínima para as revisões contratuais, mas da efetiva e concreta ocorrência do fato gerador que a legitima e autoriza, qual seja, uma situação de fato que produza desequilíbrio na equação econômico-financeira que não seja passível de recomposição pela via do reajuste ou da repactuação. Há uma análise prejudicial a ser realizada antes da realização de revisões contratuais. Diante de um desequilíbrio econômico-financeiro (que exceda os limites da álea ordinária empresarial), a Administração Pública deve ponderar se o caso não é de reajuste ou de repactuação. Se assim não for, será caso de revisão.

9.4.2 O fato gerador da revisão

O fato gerador da revisão contratual é (a) o evento (fato) de natureza administrativa: alteração unilateral, fato do príncipe ou fato da administração; ou (b) o evento (fato) de natureza econômica: eventos externos e alheios à vontade das partes, no âmbito da economia em geral ou de um determinado segmento econômico em especial, que tornam mais onerosa a execução do contrato; ou ainda (c) eventos inseridos na categoria dos casos fortuitos, força maior ou sujeições imprevistas, que também tornam mais onerosa a execução contratual, produzindo desequilíbrio na equação econômico-financeira. Os fatos que servirão de substrato para a revisão devem ser imprevisíveis, ou, se previsíveis, produzir consequências que não podiam ser antecipadas ou calculadas pelas partes contratantes, na forma da lei.

As hipóteses de fato passíveis de fundamentar a revisão não precisam estar previstas no instrumento convocatório ou no contrato. Pode haver revisão contratual independentemente de previsão no instrumento convocatório ou no contrato, como já decidiu o Tribunal de Contas da União:

> É desnecessária a definição, no edital, das hipóteses de caso fortuito e força maior impeditivas da execução contratual. A configuração dessas situações deve ser demonstrada em cada

caso concreto, podendo os eventuais prejudicados se socorrer de todos os elementos de prova cabíveis para demonstrar a materialidade e o prejuízo advindo dessas ocorrências. Ainda na Representação concernente ao pregão eletrônico conduzido pela Diretoria Regional de São Paulo Metropolitana da Empresa Brasileira de Correios e Telégrafos – DR/SPM/ECT, a representante levantara questionamento acerca da necessidade de definição, no edital, das hipóteses de caso fortuito e força maior impeditivas da execução do contrato. Sobre a questão, o relator anotou que "o caráter aberto das normas jurídicas e das previsões editalícias é justificável, na maioria das vezes, pela impossibilidade de se prever todas as situações fáticas sobre as quais devam incidir as hipóteses normativas. Nesse sentido, a configuração das situações de caso fortuito e força maior deve ser demonstrada em cada situação concreta, podendo os eventuais prejudicados se socorrer de todos os elementos de prova cabíveis para demonstrar a materialidade e o prejuízo advindo das situações fortuitas e de força maior. Desse modo, a despeito da alegação de insegurança jurídica ou do temor da representante quanto à suposta interpretação restritiva dos institutos pela ECT, compreendo não ser razoável partir da premissa de que a entidade irá desprezar a jurisprudência e o entendimento doutrinário acerca da teoria da imprevisão". O Tribunal, acolhendo proposta do relator, julgou improcedente a representação em relação a esse ponto (Acórdão nº 2.055/2013-Plenário, TC nº 015.746/2013-5, relator Ministro Benjamin Zymler, 07.08.2013).

Não há fundamento legítimo para a revisão quando o desequilíbrio econômico-financeiro for produto, repita-se, de evento ínsito à álea normal empresarial. Tampouco pode haver revisão, repita-se, quando o desequilíbrio econômico-financeiro for decorrente de situação de fato que deveria ter sido prevista pelo contratado quando da elaboração de sua proposta. É dever jurídico inafastável dos licitantes elaborar suas propostas comerciais e de preço com diligência, boa-fé e capacidade técnica. Dela deve constar a previsão de todos os custos e despesas que ordinária e normalmente poderiam ser previstos (avaliação deve ser feita sob o critério da previsibilidade objetiva, tão familiar ao Direito Penal). Tudo aquilo que poderia ter sido previsto por uma pessoa normal, dotada de senso ordinário de razoabilidade e ciente das informações disponíveis e acessíveis no mercado sem maiores dificuldades ou complexidades deveria ter sido objeto da composição econômico-financeira da proposta. Se o contratado, ao elaborar sua proposta, atuou com negligência ou com desídia, deixando de prever ou de nela incluir uma certa despesa ou majoração de despesa previsível objetivamente, não pode ser beneficiado com a revisão contratual.

Para que haja direito à revisão, no entender do Tribunal de Contas da União, o desequilíbrio econômico-financeiro do contrato não pode ser constatado a partir da variação de preço de apenas um serviço ou insumo integrante da planilha de custos, mas resultar de um exame global da variação de preços de todos os itens envolvidos na execução do contrato:

> O desequilíbrio econômico-financeiro do contrato não pode ser constatado a partir da variação de preços de apenas um serviço ou insumo, devendo, ao contrário, resultar de um exame global da variação de preços de todos os itens da avença.
> Recurso de Revisão interposto pelo Ministério Público junto ao TCU pretendeu a reanálise das contas do exercício de 1999 do Superior Tribunal Militar – STM, em face de irregularidades

ocorridas no mesmo exercício e apuradas em sede de tomada de contas especial. A irregularidade consistira na antecipação de recursos a empresa contratada para a edificação de obra pública, sem a contraprestação dos serviços, resultando em prejuízo ao erário. No contraditório, a contratada alegou, para justificar a ausência de contraprestação, desequilíbrio econômico-financeiro do contrato em face da variação de preços evidenciada nas esquadrias de alumínio. Analisando o feito, a relatora destacou que "eventual desequilíbrio econômico-financeiro não pode ser constatado a partir da variação de preços de apenas um serviço ou insumo" e que "a avaliação da equidade do contrato deve ser resultado de um exame global da avença, haja vista que outros itens podem ter passado por diminuições de preço". No juízo da relatora, ainda que restasse comprovado o desequilíbrio contratual não haveria razão para a descontinuidade da contraprestação dos serviços: "a solução legalmente possível para a suposta falta de equidade seria a repactuação da avença, e não a inexecução de atividades que já haviam sido pagas". Nesse passo, concluiu pela não comprovação do desequilíbrio, especialmente em face das repactuações ocorridas. Em decorrência, o Plenário acolheu a proposta da relatora no sentido de que as contas de um responsável fossem julgadas irregulares, com a imputação de débito solidário com a empresa contratada, e as contas dos demais responsáveis julgadas regulares com ressalvas (Acórdão nº 1.466/2013-Plenário, TC nº 006.010/2000-4, relatora Ministra Ana Arraes, 12.06.2013).

Na ótica da Corte de Contas, a variação de custos que enseja a revisão deve ser observada no mercado. Não cabe revisão para adequar o valor da contratação ao valor de outros contratos celebrados com a Administração Pública – em análise comparativa:

> É juridicamente inadmissível a revisão de preços sob o argumento de compatibilizá-los aos praticados em outros contratos da entidade contratante, já que a adoção de preços diferentes em contratos distintos não implica ruptura do equilíbrio econômico-financeiro da proposta vencedora da licitação.
> Recursos de Reconsideração interpostos por gestores da Petrobrás e por sociedade empresária questionaram deliberação do TCU pela qual as contas especiais dos responsáveis foram julgadas irregulares com condenação em débito dos gestores, solidariamente com a empresa contratada, e aplicação de multas individuais aos recorrentes. A condenação originou-se de irregularidade na formalização de termo aditivo ao contrato firmado para a prestação de serviços de preparação para instalação, manutenção industrial, projeto básico e de detalhamento, nas plataformas P-19, P-32, P-37 e outras localizadas na Bacia de Campos/RJ. O débito apurado decorreu de modificação dos preços originalmente pactuados, aumentando-se o valor de um dos itens e reduzindo-se o dos outros 32 itens contratados, com expressivo incremento quantitativo posterior do item majorado. Ao analisar o mérito do recurso, o relator consignou que a modificação contratual "não atende aos requisitos que justificam o reequilíbrio econômico-financeiro do contrato (fato superveniente; imprevisível, ou previsível, mas de consequências incalculáveis; alheio à vontade das partes; ou que provoque grande desequilíbrio ao contrato)". Ademais, registrou, "mesmo no regulamento interno da Petrobras, não existe previsão de prorrogação contratual para adequação aos preços de mercado de serviços que vêm sendo prestados, até porque modificação dessa natureza é contraditória aos princípios que fundamentam a realização de licitação". Salientou que, não por acaso, o relator a quo "assentou a inadmissibilidade jurídica da revisão de preços fundada no argumento de compatibilizá-los aos praticados em outros contratos da companhia, já que a adoção de preços diferentes em contratos distintos não implica ruptura do equilíbrio econômico-financeiro da proposta vencedora da licitação". Em

conclusão, considerando as atenuantes relacionadas no voto, o relator propôs, e o Plenário referendou, o provimento parcial do recurso, excluindo-se do acórdão recorrido as multas aplicadas e concedendo-se novo e improrrogável prazo para que os responsáveis promovam o recolhimento do débito apurado aos cofres da Petrobrás (Acórdão nº 3.011/2014 Plenário, TC nº 005.991/2003-1, relator Ministro José Múcio Monteiro, 05.11.2014).

Ainda sob a ótica do Tribunal de Contas da União, registre-se que a mera variação de preços no mercado não dá ensejo à revisão, sendo, então, certo que as variações normais e rotineiras de preços devem ser fundamento do reajuste, quando for o caso:

> A variação cambial, em regime de câmbio flutuante, não pode ser considerada suficiente para, isoladamente, embasar a necessidade de reequilíbrio econômico-financeiro do contrato com fulcro no art. 65, inciso II, alínea d, da Lei 8.666/1993. Para que a variação do câmbio possa justificar o pagamento de valores à contratada a título de recomposição do equilíbrio econômico-financeiro, faz-se necessário que ela seja imprevisível ou de consequências incalculáveis (Acórdão nº 1148/2022-TCU-Plenário).
>
> A mera variação de preços de mercado, decorrente, por exemplo, de variações cambiais, não é suficiente para determinar a realização de reequilíbrio econômico-financeiro do contrato, sendo essencial a presença de uma das hipóteses previstas no art. 65, inciso II, alínea d, da Lei 8.666/1993. Diferença entre os preços contratuais reajustados e os de mercado é situação previsível, já que dificilmente os índices contratuais refletem perfeitamente a evolução do mercado (Acórdão nº 18379/2021-TCU-Segunda Câmara).
>
> O mero descolamento do índice de reajuste contratual dos preços efetivamente praticados no mercado não é suficiente, por si só, para a concessão de reequilíbrio econômico-financeiro fundado no art. 65, inciso II, alínea d, da Lei 8.666/1993, devendo estar presentes a imprevisibilidade ou a previsibilidade de efeitos incalculáveis e o impacto acentuado na relação contratual (teoria da imprevisão).
>
> Em auditoria realizada na Secretaria de Infraestrutura Hídrica do extinto Ministério da Integração Nacional, atual Ministério do Desenvolvimento Regional, e na extinta Secretaria de Estado da Infraestrutura, dos Recursos Hídricos, do Meio Ambiente e da Ciência e Tecnologia da Paraíba, atual Secretaria de Estado da Infraestrutura, dos Recursos Hídricos e do Meio Ambiente da Paraíba, no âmbito do Fiscobras 2017, com o propósito de fiscalizar as obras de construção do Canal Adutor Vertente Litorânea, no estado da Paraíba, a unidade técnica responsável apontou, entre outras ocorrências, sobrepreço decorrente de preços reajustados em patamar superior aos preços de mercado. Conforme o relatório de fiscalização, "os preços dos serviços reajustados pelos índices contratuais não refletiram a efetiva variação dos custos de alguns insumos, especialmente do concreto e do aço, o que poderia resultar em desequilíbrio econômico-financeiro em desfavor da União". Por sua vez, o relator considerou necessária uma avaliação mais detida do sobrepreço inicialmente apurado, assim como ajustes na análise (análise global considerando sobrepreços e subpreços, apropriação dos reajustes já efetuados com amparo na sua data-base). Após colher a manifestação preliminar do gestor e analisar as repercussões de maneira global, a unidade técnica considerou que remanesceria sobrepreço de R$ 24.510.486,85, representando 4,70% do valor atualizado de referência do contrato. O relator discordou da conclusão de que restara "comprovada a ocorrência de desequilíbrio econômico ou financeiro elevado no contrato, impondo onerosidade excessiva a uma das partes". Asseverou que o mero descolamento do índice de reajuste contratual dos preços efetivamente praticados no mercado não seria suficiente, por si só, para ensejar a repactuação contratual, sendo imprescindível a ocorrência

de fatos imprevisíveis, ou previsíveis, porém de consequências incalculáveis, retardadores ou impeditivos da execução do ajustado, ou, ainda, de caso de força maior, caso fortuito ou fato do príncipe, a configurar álea econômica extraordinária e extracontratual, nos termos do art. 65, inciso II, alínea "d", da Lei 8.666/1993. Ressaltou, ainda, que o TCU já delineara os contornos a serem observados para a aplicação da teoria da imprevisão em contratos administrativos, entre os quais se incluem a ocorrência de onerosidade excessiva (ou o impacto acentuado na relação contratual) retardadora ou impeditiva da execução do ajuste e a prova robusta (complexa e detalhada). O relator reiterou que o desequilíbrio econômico-financeiro apontado pela unidade instrutora, da ordem de 4,70% (junho/2016), aparentava situar-se nas variações ordinárias da flutuação de preços. Ponderou ainda que - diferentemente de situações em que o sobrepreço é caracterizado mediante parâmetros objetivos, como quando se utilizam sistemas referenciais de preço determinados por lei, em que não há percentuais toleráveis de sobrepreço - não há um critério objetivo para caracterizar desequilíbrio acentuado no contrato. Assim, frisou o relator que "repactuações contratuais decorrentes de desequilíbrio econômico-financeiro derivado de fórmulas de reajustes contratuais com base na teoria da imprevisão devem ser feitas com muita cautela, apenas quando indubitavelmente restar demonstrada onerosidade excessiva a uma das partes". Concluiu, então, que "exigir a repactuação geral dos preços diante de pequenas variações dos índices em relação aos preços de mercado seria, em última análise, o mesmo que inviabilizar a utilização de índices, expressamente previstos no art. 40, inciso XI, da Lei 8.666/1993". Finalmente, considerou que o achado "sobrepreço decorrente de preços reajustados superiores aos preços atuais de mercado nos Lote 2 e 3" deveria ser desconstituído, por ausência do pressuposto para reequilíbrio econômico-financeiro no caso do Lote 2 e por perda de objeto no caso do Lote 3, visto que o respectivo contrato fora encerrado. O Colegiado anuiu à proposta, dando ciência do acórdão à Secretaria de Estado da Infraestrutura, dos Recursos Hídricos e do Meio Ambiente da Paraíba (Acórdão nº 4072/2020 Plenário, Auditoria, Relator Ministro Bruno Dantas).

A mera variação de preços de mercado não é suficiente para determinar a realização de reequilíbrio econômico-financeiro do contrato, sendo essencial a presença de uma das hipóteses previstas no art. 65, inciso II, alínea "d", da Lei 8.666/93. Diferenças entre os preços contratuais reajustados e os de mercado é situação previsível, já que dificilmente os índices contratuais refletem perfeitamente a evolução do mercado.

Tomada de Contas Especial apurou pagamentos realizados indevidamente à construtora contratada, no âmbito de contrato firmado pela Companhia de Desenvolvimento dos Vales do São Francisco e do Parnaíba (Codevasf) para a execução das obras civis de infraestrutura de irrigação do Projeto Salitre – Etapa I, em Juazeiro/BA. Dentre os pagamentos impugnados, destaca-se o relativo ao 5º termo aditivo ao contrato, por meio do qual fora realizado reequilíbrio econômico-financeiro do ajuste com base em alegada variação dos preços de mercado. A Codevasf argumentou, fundamentalmente, que a celebração do aditivo baseou-se em estudo comparativo entre os preços unitários contratuais e os preços de mercado dois anos após a contratação, considerando pesquisa de mercado do custo dos insumos e mantendo-se o desconto ofertado pela contratada à época da licitação. O relator, ao apreciar as justificativas apresentadas, registrou que "a adoção de tal sistemática motivou um incremento de 4,86% ao valor contratual até então não executado (...), que foi incorporado adicionalmente aos percentuais de reajustamento contratualmente previstos". Observou, a esse respeito, que "a mera variação de preços, para mais ou para menos, não é suficiente para determinar a realização de reequilíbrio econômico-financeiro do contrato, sendo essencial a presença de uma das hipóteses previstas no art. 65, inciso II, alínea "d", da Lei 8.666/1993, a saber: fatos imprevisíveis, ou previsíveis porém de consequências incalculáveis, retardadores ou impeditivos da execução do ajustado, ou, ainda, em caso de força maior, caso fortuito ou fato do príncipe, configurando álea econômica extraordinária e extracontratual." Destacou ainda que a ocorrência de pequenas variações entre os preços contratuais reajustados e os preços de mercado é situação previsível, "já que dificilmente os índices contratuais refletem perfeitamente a variação de preços do mercado". Por fim, ressaltou que "caso a metodologia adotada pela Codevasf fosse considerada adequada, o art. 40, inciso XI, da Lei 8.666/1993 restaria inócuo, já que qualquer variação de preço seria capaz de ensejar a obrigatoriedade da realização de reequilíbrio econômico-financeiro, o que substituiria o reajustamento dos contratos". O Tribunal, seguindo o voto do relator, decidiu, em relação ao ponto, condenar em débito a construtora solidariamente com os gestores responsáveis (Acórdão nº 3024/2013-Plenário, TC nº 019.710/2004-2, relator Ministro Benjamin Zymler, 13.11.2013).

Em conclusão, anote-se que o Tribunal de Contas da União apresenta relevante síntese acerca dos instrumentos destinados à recomposição da equação econômico-financeira (reajuste e repactuação) do contrato administrativo:

Representação. Contrato. Reequilíbrio econômico é o reestabelecimento da relação contratual inicialmente ajustada pelas partes, por conta da ocorrência de álea extraordinária, superveniente ao originalmente contratado. O reajuste de preços é a reposição da perda do poder aquisitivo da moeda por meio do emprego de índices de preços prefixados no contrato administrativo. A repactuação, referente a contratos de serviços contínuos, ocorre a partir da variação dos componentes dos custos do contrato, devendo ser demonstrada analiticamente, de acordo com a Planilha de Custos e Formação de Preços. Determinações.
25. A Lei nº 8.666/93 prevê que o valor pactuado inicialmente entre as partes pode sofrer três espécies de alterações: reajuste (artigo 40, inciso XI), atualização financeira em decorrência de atraso no pagamento (artigo 40, inciso XIV, alínea 'c') e reequilíbrio econômico-financeiro (artigo 65, inciso II, alínea 'd').
26. O reajuste de preços, conforme previsto pelo artigo 40, inciso XI, da Lei nº 8.666/93, tem como idéia central a reposição da perda do poder aquisitivo da moeda por meio do emprego de índices de preços prefixados no contrato administrativo.
27. O reequilíbrio econômico-financeiro stricto sensu, por sua vez, trata do reestabelecimento da relação contratual inicialmente ajustada pelas partes, desde que a altere por álea extraordinária superveniente ao originalmente contratado. Instituto previsto no artigo 65, inciso II, alínea 'd', da Lei nº 8.666/93, é concedido ao contratado pela Administração, desde que se verifique a ocorrência das hipóteses específicas de sua admissibilidade apontadas pela lei.
28. Especificamente para os contratos administrativos de serviços contínuos na esfera federal, o Decreto nº 2.271/97 e a Instrução Normativa MARE nº 18, de 1997, apresentam a repactuação de preços como mecanismo para manter a relação econômico-financeira do contrato.
31. (...) Consoante se mencionará de forma mais detalhada adiante, a repactuação de preços tem como requisitos, para a sua concessão, a necessidade de previsão contratual e interregno temporal mínimo (artigo 5º, caput, do Decreto nº 2.271/97 e item 7 da IN MARE 18/97), requisitos estes também presentes no reajuste de preços (artigo 55, inciso III, da Lei nº 8.666/93 e artigo 3º, §1º, da Lei nº 10.192/01). Ambos os institutos se destinam a recompor

o desequilíbrio causado pelo aumento dos custos de execução do contrato causado pela inflação.

32. Consoante destacado no Voto condutor do Acórdão nº 1.309-TCU-1ª Câmara, 'a diferença fundamental entre os dois institutos é que, enquanto no reajuste há correção automática do desequilíbrio, com base em índices de preços previamente estipulados no edital, na repactuação a variação dos componentes dos custos do contrato deve ser demonstrada analiticamente, de acordo com a Planilha de Custos e Formação de Preços, e o contrato é corrigido na exata proporção do desequilíbrio que a parte interessada lograr comprovar. Outra distinção importante é que, diferentemente do que ocorre com o reajuste, a repactuação é aplicável exclusivamente naqueles contratos cujo objeto é a prestação de serviços executados de forma contínua'.

33. Diante do exposto, o instituto da repactuação contratual, entendido como espécie de reajuste, encontra seu fundamento legal nos artigos 40, inciso XI, e 55, inciso III, da Lei nº 8.666/93 (…).

35. Ao prever o instituto da repactuação, o artigo 5º do Decreto nº 2.271/97 regulamenta os citados artigos 40, inciso XI, e 55, inciso III, da Lei nº 8.666/93, nos casos de contratos que tenham por objeto a prestação de serviços executados de forma contínua, quando expressamente prevista essa espécie de reajuste no edital.

9.2. (…) determinar à Subsecretaria de Assuntos Administrativos do Ministério dos Transportes (SAAD/MT) que (…):

9.2.7. compare as planilhas de custos e formação de preços fornecidas pela contratada no momento da apresentação da proposta e do requerimento de repactuação, com vistas a verificar se ocorreu ou não a efetiva repercussão dos eventos majoradores nos custos do pactuado originalmente;

9.2.8. envide esforços no sentido de, sem prejudicar a adequada relação econômico-financeira do contrato, reduzir custos para a atividade administrativa, certificando-se de que os preços ' caso aprovada a repactuação ' encontram-se de acordo com os valores de mercado de modo a verificar se a contratação continua vantajosa para a Administração (AC nº 1827-34/08-P);

9.4.3 A revisão contratual a favor da Administração Pública

O princípio constitucional do equilíbrio econômico-financeiro também opera em benefício da Administração Pública. A Constituição da República, ao determinar a manutenção das condições efetivas da proposta (art. 37, XXI) impõe que deverá ser mantida até o final da execução contratual a integridade da equação econômico-financeira. Desequilibrada a equação econômico-financeira, deverá ser objeto de recomposição, pois, como antes dito, o contrato administrativo tende ao equilíbrio. Acontece que o desequilíbrio econômico-financeiro pode ocorrer tanto em prejuízo como em benefício do contratado. Ambas as situações são vedadas pela disposição constitucional. Assim, diante de evento econômico, imprevisto e imprevisível pelas partes contratantes que produza desequilíbrio econômico-financeiro para aumentar sem justa causa a remuneração do contratado, em especial a parcela correspondente ao lucro esperado da contratação, deve haver a recomposição pela via da revisão.

A revisão contratual deve, então, operar também em favor da Administração Pública. Saliente-se que, em homenagem ao princípio da indisponibilidade do interesse público pelo Administrador, pode-se afirmar, inclusive, que há dever jurídico de revisar o contrato administrativo (sob pena de responsabilidade por omissão por dano ao erário) sempre que o desequilíbrio produzir situação contratual econômico-financeira que resulte em aumento injustificado de ganhos por parte do contratado, como já decidiu o Tribunal de Contas da União:

> Os órgãos e entidades da Administração Pública devem promover revisão ou repactuação, conforme o caso, dos contratos de serviços prestados mediante dedicação exclusiva de mão de obra com jornada em regime de 12x36 horas, tendo em vista as alerações trazidas pelo art. 59-A do Decreto-lei 5.452/1943 (CLT), incluído pela Lei 13.467/2017 (reforma trabalhista), por não serem mais devidos o pagamento em dobro pelo trabalho realizado em feriados e o adicional noturno nas prorrogações de trabalho noturno, salvo se previstos em acordo, convenção coletiva ou contrato individual de trabalho (Acórdão nº 712/2019-TCU-Plenário).
> A Administração, com fundamento no art. 65, inciso II, alínea d, e §5º, da Lei 8.666/1993, deve promover a revisão de contrato que preveja o pagamento de horas in itinere (destinado a remunerar o tempo despendido pelo empregado de casa até o local de trabalho e o seu retorno), com a consequente glosa dos valores indevidamente pagos a esse título, uma vez que referida despesa não é mais cabível com a entrada em vigor da Lei 13.467/2017 (reforma trabalhista), a qual alterou o art. 58, §2º, da CLT (Acórdão nº 2131/2018-TCU-Plenário).

Tal entendimento, por exemplo, restou expressado no Acórdão nº 2.859/13 do TCU,[313] pelo qual registrou que deveria haver a revisão dos preços contratados em razão da desoneração da folha de pagamento produzida pela edição da Lei nº 12.546/11, o que potencialmente produziu o aumento sem causa jurídica justa dos lucros auferidos pelos contratados, afirmando textualmente que "a desoneração não ocorre para aumentar lucro, mas sim para diminuir o preço dos produtos e serviços. Assim, caso não se reduza a remuneração, o lucro, no contrato administrativo, acaba se elevando":

> Os órgãos e as entidades da Administração Pública Federal devem adotar as medidas necessárias à revisão dos contratos de prestação de serviços ainda vigentes, firmados com empresas beneficiadas pela desoneração da folha de pagamento propiciada pelo art. 7º da Lei 12.546/2011 e pelo art. 2º do Decreto 7.828/2012, atentando para os efeitos retroativos às datas de início da desoneração mencionadas na legislação, bem como à obtenção, na via administrativa, do ressarcimento dos valores pagos a maior em relação aos contratos de prestação de serviços já encerrados, celebrados com empresas beneficiadas pela aludida desoneração (Acórdão nº 671/2018-TCU-Plenário).
> Os contratos de prestação de serviços celebrados com empresas beneficiadas pela Lei 12.546/11 devem considerar, em seus orçamentos, a desoneração da folha de pagamento decorrente da mudança da base de cálculo para a contribuição previdenciária instituída pela lei, sendo passível de ressarcimento a fixação de preços que a desconsidere.
> Representação formulada por unidade especializada do TCU apontara possível irregularidade em diversos contratos no âmbito da Administração Pública Federal, decorrente da não revisão dos preços praticados por empresas beneficiadas pelo Plano Brasil Maior, que estabeleceu a desoneração da folha de pagamento para alguns setores da economia (mudança da base de cálculo para a contribuição previdenciária), nos termos do art. 7º da Lei 12.546/11 e do art. 2º do Decreto 7.828/12. Analisando o feito, o relator consignou que "a desoneração da folha de

---

[313] Acórdão parcialmente suspenso por despacho do Relator Ministro Raimundo Carreiro no Processo TC nº 013.515/2013-6.

pagamento para alguns setores da economia, mediante a mudança da base de cálculo para a contribuição previdenciária, deve refletir no valor dos encargos sociais estabelecidos para o custo da mão de obra nos contratos administrativos firmados. Nesse sentido, apontou a necessidade de "revisão dos termos das avenças para que seja considerado o impacto das medidas desoneradoras" e de adoção de "providências para que se obtenha o ressarcimento dos valores pagos a maior em relação aos contratos de prestação de serviços já encerrados". Relembrou, com esteio no §5º do art. 65 da Lei de Licitações, que "as partes têm assegurado o equilíbrio econômico-financeiro, que pode ser traduzido no fato de que os encargos do contratado devem estar equilibrados com a remuneração devida pela Administração Pública". E que, dada a natureza distinta do pacto que o particular faz com a Administração, as margens de lucro estão nele explicitadas, refletidas no orçamento detalhado em planilhas que devem expressar todos os custos unitários. A propósito, pontuou o relator que "a desoneração não ocorre para aumentar lucro, mas sim para diminuir o preço dos produtos e serviços. Assim, caso não se reduza a remuneração, o lucro, no contrato administrativo, acaba se elevando". Configurada a existência de supedâneo legal e econômico para a renegociação sugerida, o Plenário, acolhendo a proposta do relator, considerou procedente a representação e expediu determinações aos órgãos competentes para que adotem medidas necessárias (i) à revisão dos contratos de prestação de serviços celebrados com empresas beneficiadas pela Lei 12.546/11, ainda vigentes, mediante alteração das planilhas de custo, e (ii) ao ressarcimento administrativo dos valores pagos a maior em relação aos contratos de prestação de serviços já encerrados (Acórdão nº 2.859/2013-Plenário, TC nº 013.515/2013-6, relator Ministro José Múcio Monteiro, 23.10.2013).

A racionalidade jurídica expendida na decisão citada tem aplicação para qualquer espécie de modificação econômico-financeira que indevidamente produza aumento de lucros sem justa causa em benefício ilegítimo do contratado. Nesses casos, deverá a Administração Pública produzir a revisão contratual em seu favor e restabelecer o equilíbrio econômico-financeiro do contrato na forma preconizada pela Constituição Federal.

9.4.4 A formalização da revisão do contrato administrativo

Diversamente do que ocorre com o reajuste contratual (e com a repactuação), que podem ser formalizados por apostilamento, a revisão demanda formalização por meio de termo aditivo.

Como regra, a revisão contratual depende de prévia e fundamentada manifestação do contratado. Porém, não se pode olvidar a possibilidade de revisão contratual promovida de ofício pela Administração Pública. Como antes tratado, a manutenção do equilíbrio econômico-financeiro do contrato administrativo é matéria de interesse público, e não apenas de interesse do contratado. O desequilíbrio econômico-financeiro pode comprometer significativamente a execução contratual, e com ela, a satisfação do interesse público envolvido – o que se torna mais grave quando a execução do contrato for necessária à prestação de um serviço público.

Pode-se, então, cogitar de revisão contratual promovida de ofício pela Administração Pública em casos excepcionais nos quais o desequilíbrio da equação econômico-financeira possa gerar potenciais prejuízos para o interesse público. A revisão em favor da Administração Pública será sempre de ofício, por óbvio.

Afora situações excepcionais de revisão de ofício, deverá ela ser precedida de requerimento por parte do contratado. O requerimento conterá a demonstração das razões de fato e de direito pelas quais o interessado entende devida a recomposição da equação econômico-financeira. A fundamentação do pedido deve ser suficiente e consistente, acompanhada de documentos (notas fiscais, relatórios, comprovantes de preços etc.) que demonstrem variação efetiva do custo dos insumos e da mão de obra envolvidos na contratação (demonstração analítica). Não é suficiente para a revisão a mera alegação de elevação de custos, por exemplo, fundada em índices de variação inflacionária, que, como visto, são base fática para o reajuste.

A decisão sobre a revisão deve ser precedida sempre de parecer pela assessoria jurídica do órgão ou entidade e de parecer técnico, quando for o caso.

Deferida a revisão, nos termos requeridos ou em termos definidos pela Administração, com fundamento nos elementos integrantes do processo, será lavrado termo aditivo ao contrato administrativo, somente após o que poderá operar seus efeitos financeiros concretos.

9.5 Prazo para a solicitação de recomposição do equilíbrio econômico-financeiro do contrato – a questão da preclusão lógica

Para o fim da análise do tema neste texto, compreende-se o reequilíbrio econômico financeiro do contrato como gênero do qual são espécies o reajustamento em sentido estrito, o reajustamento por repactuação e a revisão. Esta afirmação é relevante para a análise da norma contida no art. 131, parágrafo único, da Lei nº 14.133/21 no seguinte sentido: "a extinção do contrato não configurará óbice para o reconhecimento do desequilíbrio econômico-financeiro, hipótese em que será concedida indenização por meio de termo indenizatório", mas "o pedido de restabelecimento do equilíbrio econômico-financeiro deverá ser formulado durante a vigência do contrato e antes de eventual prorrogação".

Para os fins da regra, restabelecimento do equilíbrio econômico-financeiro pode se dar por reajustamento ou por revisão.

A norma versa sobre preclusão lógica, concebida por evolução jurisprudencial no âmbito do Tribunal de Contas da União, que determinou um termo final para a realização das repactuações dos contratos administrativos, para além do qual opera a denominada preclusão lógica. Para a Corte de Contas, quando o contratado anui com uma prorrogação contratual, sem requerer a repactuação do contrato para o ajuste dos custos de insumos e de mão de obra, perde o direito à recomposição do equilíbrio econômico-financeiro:

> *Ocorre preclusão lógica do direito à repactuação de preços decorrente de majorações salariais da categoria profissional quando a contratada firma termo aditivo de prorrogação contratual sem suscitar os novos valores pactuados no acordo coletivo, ratificando os preços até então acordados.*
> Em Prestação de Contas do Instituto Federal de Educação, Ciência e Tecnologia de Mato Grosso (IFMT), relativa ao exercício de 2009, foram identificadas possíveis irregularidades em repactuações de contrato de prestação de serviços continuados. Em síntese, apontou a unidade técnica o não cumprimento do interregno mínimo de um ano para eventual

repactuação, na forma da legislação incidente e do Acórdão 1563/2004- Plenário, e a ocorrência de pagamentos com efeitos financeiros retroativos. Analisando o feito, após a realização do contraditório, o relator apontou que o instituto da repactuação de contratos de serviços continuados encontra-se disciplinado pela Instrução Normativa-SLTI/MP 2, de 30 de abril de 2008, pela qual (i) é admitida a repactuação dos preços de serviços continuados contratados com prazo de vigência igual ou superior a doze meses, desde que observado o interregno mínimo de um ano (art. 37); e (ii) nas repactuações subsequentes à primeira, a anualidade será contada a partir da data da última repactuação ocorrida (art. 39). No caso concreto, o relator destacou que o contrato fora assinado em 1/12/2004 e a modificação impugnada, introduzida pelo Termo Aditivo 02/2009, firmado em 2/4/2009. Nesse interregno, houve a celebração, em 1/12/2008, de termo aditivo que se limitou a prorrogar a duração do contrato de 1/1/2009 a 30/11/2009, mantendo intactos os preços contratuais até então vigentes. Nesse sentido, anotou o relator, *"uma vez que não ocorreu qualquer repactuação no intervalo entre 2/4/2008 e 2/4/2009, ou seja, um ano antes do Termo Aditivo nº 02/2009, concluo que não houve infração ao art. 39 da Instrução Normativa-SLTI/MP 2/2008"*. No mesmo sentido, não houve violação ao Acórdão 1563/2004-Plenário, que predica prazo mínimo de um ano para repactuações de contratos de serviços de natureza continuada, subsequentes à primeira repactuação, a contar da data da última repactuação. Sobre o assunto, destacou o relator entendimento adotado pelo pleno do TCU na prolação dos Acórdãos 1827/2008 e 1828/2008, com o seguinte teor: *"A partir da data em que passou a viger as majorações salariais da categoria profissional que deu ensejo à revisão, a contratada passou deter o direito à repactuação de preços. Todavia, ao firmar o termo aditivo de prorrogação contratual sem suscitar os novos valores pactuados no acordo coletivo, ratificando os preços até então acordados, a contratada deixou de exercer o seu direito à repactuação pretérita, dando azo à ocorrência de preclusão lógica"*. Observando que a convenção coletiva de trabalho que deu ensejo à repactuação questionada fora assinada em 18/12/2008, concluiu o relator que *"não houve, no presente caso concreto, preclusão do direito de solicitar a revisão dos preços contratuais, de forma que também não ocorreu, na espécie, violação à referida jurisprudência do TCU"*. O Plenário do TCU, em consonância com a proposição do relator, acolheu, no ponto, as justificativas apresentadas pelos responsáveis, para, dentre outros comandos, julgar regulares com ressalvas as contas do Diretor Geral do IFMT e regulares as contas dos demais responsáveis arrolados (Acórdão nº 1601/2014-Plenário, TC nº 020.970/2010-2, relator Ministro Benjamin Zymler, 18.06.2014).
Representação. Contrato. A partir da data em que passou a viger as majorações salariais da categoria profissional que deu ensejo à revisão, a contratada passou deter o direito à repactuação de preços. Todavia, ao firmar o termo aditivo de prorrogação contratual sem suscitar os novos valores pactuados no acordo coletivo, ratificando os preços até então acordados, a contratada deixou de exercer o seu direito à repactuação pretérita, dando motivo à ocorrência de preclusão lógica de tal possibilidade. Recomendação.
5. A partir da data em que passou a viger as majorações salariais da categoria profissional que deu ensejo à revisão, a contratada passou deter o direito à repactuação de preços. Todavia, ao firmar o termo aditivo de prorrogação contratual sem suscitar os novos valores pactuados no acordo coletivo, ratificando os preços até então acordados, a contratada deixou de exercer o seu direito à repactuação pretérita, dando azo à ocorrência de preclusão lógica.
60. Ao aceitar as condições estabelecidas no termo aditivo sem suscitar os novos valores pactuados no acordo coletivo, a empresa [omissis] deixou de exercer o seu direito à repactuação pretérita. Em outros termos, a despeito do prévio conhecimento da majoração salarial decorrente do acordo coletivo ocorrido em maio de 2005, a empresa contratada agiu de forma oposta e firmou novo contrato com a Administração por meio do qual ratificou os

preços até então acordados e comprometeu-se a dar continuidade à execução dos serviços por mais 12 (doze) meses.

61. Por conseguinte, considero que a solicitação de repactuação contratual feita pela empresa [omissis] em 10/4/2007, com efeitos retroativos a 1/5/2005, encontra óbice no instituto da preclusão lógica. Com efeito, há a preclusão lógica quando se pretende praticar ato incompatível com outro anteriormente praticado. In casu, a incompatibilidade residiria no pedido de repactuação de preços que, em momento anterior, receberam a anuência da contratada. A aceitação dos preços propostos pela Administração quando da assinatura da prorrogação contratual envolve uma preclusão lógica de não mais questioná-los com base na majoração salarial decorrente do acordo coletivo ocorrido em maio de 2005.

84. Repito, conforme já explicitado, considero ser a repactuação contratual um direito que decorre de lei (artigos 40, inciso XI, e 55, inciso III, da Lei nº 8.666/93), com fundamento em mandamento constitucional (artigo 37, inciso XXI), e que confere ao contratado a possibilidade de adequar os preços do contrato administrativo de serviços contínuos aos novos preços de mercado (...).

86. (...) o direito de repactuar surgirá quando ocorrer um aumento dos custos do contratado, devendo a repactuação ser pleiteada até a data da prorrogação contratual subseqüente.

87. Se o contratado não pleitear de forma tempestiva a repactuação e, por via de conseqüência, prorrogar o contrato sem realizá-la ou, ao menos, prevê-la expressamente, entendo que ocorrerá a preclusão do seu direito a repactuar.

9.4. recomendar à Subsecretaria de Assuntos Administrativos do Ministério dos Transportes (SAAD/MT) que, em seus editais de licitação e/ou minutas de contrato referentes à prestação de serviços executados de forma contínua, deixe claro o prazo dentro do qual poderá o contratado exercer, perante a Administração, seu direito à repactuação contratual, qual seja, da data da homologação da convenção ou acordo coletivo que fixar o novo salário normativo da categoria profissional abrangida pelo contrato administrativo a ser repactuado até a data da prorrogação contratual subseqüente, sendo que se não o fizer de forma tempestiva e, por via de conseqüência, prorrogar o contrato sem pleitear a respectiva repactuação, ocorrerá a preclusão do seu direito a repactuar (AC nº 1827-34/08-P);

O Tribunal de Justiça do Estado do Paraná fixou precedente reconhecendo a preclusão lógica do reajuste quando foi celebrado termo aditivo de prorrogação sem que tenha sido ele contemplado, entendendo que se trata de direito disponível do contratado, de que pode dispor quando das prorrogações contratuais:

EMENTA 1) DIREITO ADMINISTRATIVO E PROCESSUAL CIVIL. CONTRATO ADMINISTRATIVO. RENÚNCIA EXPRESSA DO REAJUSTE NOS TERMOS ADITIVOS DE PRORROGAÇÃO DO PRAZO CELEBRADOS. ANUÊNCIA LIVRE E CONSCIENTE DA EMPRESA. RENÚNCIA A DIREITO DISPONÍVEL. POSSIBILIDADE. PRECLUSÃO LÓGICA. PROIBIÇÃO DO VENIRE CONTRA FACTUM PROPRIUM. a) Observa-se dos autos que a Autora-Apelante sagrou-se vencedora da Concorrência Pública nº 018/2006, realizada pelo MUNICÍPIO DE ARAUCÁRIA, e, pois, as partes celebraram o Contrato de Prestação de Serviços nº 079/2007, em 07/02/2007, cujo objeto era a prestação de serviço de coleta regular e transporte de resíduos sólidos domiciliares urbanos e rurais, bem como da rede municipal de saúde, vegetais e entulhos, e também para capina mecanizada de vias e logradouros, limpeza mecanizada de bocas de lobo e desobstrução mecanizada e hidrojateamento de galerias, serviços auxiliares de limpeza padronizada e operação de transbordo. b) Observa-se, ainda, que as partes celebraram 09 (nove) Aditivos ao Contrato de Prestação de Serviço, cujo objeto consistiu apenas na prorrogação do prazo de execução e de vigência do Contrato, excetuado o objeto do Primeiro Aditivo que, além da prorrogação, também consistiu na concessão de reajuste de 7,75% (sete vírgula setenta e cinco por cento). c) Nota-se, outrossim, que o Instrumento Convocatório – cumprindo a determinação legal do artigo 40, inciso XI, da Lei Federal nº 8.666/1993 – constava a previsão de cláusula de reajuste, conforme item 18.2 ("os preços unitários propostos sofrerão reajustes nos termos da legislação vigente e de acordo com a variação do IGP-M (...)"– mov. 1.5 dos autos originários). d) Todavia, verifica-se que nos Termos Aditivos celebrados, a Autora, ora Apelante, concordou expressamente com a cláusula de renúncia ao reajuste. Ou seja, em todos os Termos Aditivos celebrados constava a cláusula de renúncia, bem como não constava ressalva da Autora-Apelante sobre sua não concordância com referida cláusula. e) A renúncia consiste em abandono voluntário do direito, que, no caso, trata-se de direito patrimonial (disponível), manifestada de livre vontade e sem vício de consentimento (ausente comprovação ao menos), sendo certo, ainda, que a renúncia expressa é um ato inequívoco e indene de dúvidas. f) E, pois, é certo que a Autora-Apelante concordou com as prorrogações, sem direito ao reajuste dos preços, visto que renunciou expressamente nos Termos Aditivos, e, consequentemente, teve ciência de que os preços, excetuando o reajuste de 7,75% (sete vírgula setenta e cinco por cento), cuja concessão deu-se no Primeiro Aditivo ao Contrato, seriam não-reajustáveis durante a prorrogação do prazo de execução dos serviços. g) Por outro lado, caso a Autora-Apelante realmente tivesse se sentido prejudicada pela celebração dos Termos Aditivos sem reajuste, teria provocado a Administração ou o Poder Judiciário – na época dos fatos (2009 até 2012) – para contestar a cláusula de renúncia, não simplesmente celebrando 09 (nove) aditivos, com renúncia expressa ao reajuste, e seguido regularmente a execução dos serviços, o que evidencia também a preclusão lógica ao reajuste, em atenção à proibição ao "venire contra factum proprium", que rege as relações contratuais. 2) DIREITO ADMINISTRATIVO E PROCESSUAL CIVIL. CONTRATO ADMINISTRATIVO. ALEGAÇÃO DE QUEBRA DE EQUILÍBRIO ECONÔMICO-FINANCEIRO EM RAZÃO DA ELEVAÇÃO DOS PREÇOS DOS INSUMOS, EQUIPAMENTOS E MÃO DE OBRA, BEM COMO NA ALTERAÇÃO DO LOCAL DE DESTINAÇÃO DOS RESÍDUOS. INOCORRÊNCIA. AUSÊNCIA DE DEMONSTRAÇÃO DE CIRCUNSTÂNCIA IMPREVISÍVEL OU PREVISÍVEL DE CONSEQUÊNCIAS INCALCULÁVEIS. a) O reequilíbrio econômico-financeiro serve para recompor as perdas oriundas de fatos, ou imprevisíveis ou previsíveis, mas de consequências incalculáveis, conforme disposto no artigo 65, da Lei Federal nº 8.666/1993. b) É sabido que o reequilíbrio deve considerar fatos imprevisíveis ou previsíveis, porém de consequências incalculáveis, retardadores ou impeditivos da execução do ajustado. Ou seja, necessário à Contratada comprovar a superveniência dos fatos imprevisíveis ou previsíveis, porém de consequências incalculáveis, bem como a dimensão gerada e a repercussão sobre a execução do Contrato. c) No que se refere à elevação dos preços dos insumos, equipamentos e mão de obra utilizados na execução dos serviços, havia a necessidade de comprovar a variação extraordinária no preço dos insumos, equipamentos e mão de obra, ou seja, a elevação de seu preço além da expectativa inflacionária e dos índices de reposição inflacionária, bem como que referida variação não estava compreendida dentro da álea ordinária de responsabilidade da Contratada, e, ainda, o reflexo da variação na estrutura de custos do Contrato. d) É certo, ainda, que comprovação da variação no preço de insumos, equipamentos e mão de obra não deve ser fundamentada em indicações subjetivas da Contratada (como notas fiscais, planilhas de cálculos unilaterais etc), mas em indicação objetiva de variação de preços, como pesquisas de mercado de institutos com credibilidade etc, bem como que a Contratada deveria ter apresentado a composição de custos oferecida com a proposta da

Licitação. e) Todavia, no caso, além de ausente comprovação por meio objetivo do aumento extraordinário alegado, também "não foi disponibilizada a contabilidade de custos para analisar se os custos apropriados para o certame licitatório: (i) estavam equilibrados e se desequilibraram com o tempo; (ii) estavam desequilibrados a favor do requerente e se equilibraram com o tempo ou (iii) estavam desequilibrados em desfavor do requerente e o desequilíbrio aumentou com o tempo" (Laudo de Perícia). f) Por outro lado, no que se refere a alteração da destinação final dos resíduos, o Senhor Perito Judicial, afirmou que: "No edital de concorrência, estava previsto a entrega dos resíduos no aterro do Cachimba ou outro local a ser determinado pelo contratante, como não sabemos a composição dos custos do requerente por ocasião da sua proposta para o certame licitatório não temos condições de informar qual o impacto nos custos da mudança de local de entrega dos resíduos" (Laudo de Perícia). g) Nessa ordem, não se verifica a comprovação dos custos previstos na proposta apresentada pela Autora-Apelante, bem como não constam dos autos comprovação de variação extraordinária e muito menos que referida variação teve reflexo na execução do Contrato. h) Não fosse isso, é sabido que o acréscimo dos salários dos trabalhadores em razão das alterações decorrentes de convenção coletiva não podem ser consideradas como áleas extraordinárias, porque se tratam de variações previsíveis (aumento dos salários em decorrência das convenções coletivas) na relação existente entre a empresa e os seus empregados. 3) APELO A QUE SE NEGA PROVIMENTO (Processo nº 0004735-58.2015.8.16.0025. Publicação em 18.11.2022).

Desta feita, caso efetivada a extinção do contrato, ou sua prorrogação, sem que tenha havido solicitação formal de recomposição do equilíbrio econômico-financeiro na sua vigência, opera a preclusão e a possibilidade de reajustamento ou de revisão contratual. Registre-se que, por evidente, pode-se defender que o instituto de que trata a regra do art. 131, parágrafo único, não seja a preclusão, mas a decadência, que fulmina o próprio direito – discussão que parece produzir efeitos apenas no plano teórico, salvo melhor juízo.

CAPÍTULO 10

EXTINÇÃO DOS CONTRATOS ADMINISTRATIVOS

10.1 Extinção dos contratos

Já antes exposto que o contrato administrativo é formado e celebrado para cumprir integralmente os efeitos para os quais foi concebido. Assim, a forma normal e natural de extinção do contrato administrativo é a realização de seu escopo ou o decurso do prazo fixado para sua vigência. Extinção é o instituto pelo qual se efetiva o encerramento da relação contratual. A expressão "extinção" adotada pela Lei nº 14.133/21 é genérica e abrange os fenômenos jurídicos da resolução, da resilição e do distrato previstos no Código Civil Brasileiro, bem como outras causas de extinção do vínculo contratual que a lei civil trata de forma independente e autônoma, como é o caso da morte de um dos contratantes ou do desaparecimento de pessoa jurídica. A resolução liga-se ao inadimplemento contratual, caso em que se terá resolução por inexecução voluntária ou involuntária do contrato, por onerosidade excessiva etc.; já a resilição é o modo de extinção do ajuste por vontade de um ou dos dois contratantes, por razões que variam ao sabor de seus interesses, podendo ser, portanto, unilateral ou bilateral.[314]

Sob certo aspecto, a Lei nº 14.133/21 deu tratamento simplificado para a conformação jurídica da extinção do vínculo contratual, reunindo fenômenos jurídicos que o Código Civil Brasileiro trata como distintos ou como espécies do gênero extinção.

Destaque-se, inicialmente, que os casos de extinção devem constar expressamente do termo de contrato, como cláusula necessária, nos termos do disposto no art. 92, XIX.

A Lei Geral de Licitações prevê quatro formas de extinção contratual: unilateral, consensual (amigável), por decisão arbitral ou por decisão judicial. A extinção unilateral é o desfazimento do vínculo contratual por vontade e iniciativa exclusiva do Poder Público contratante. A extinção consensual é o desfazimento do vínculo por iniciativa conjunta de todas as partes contratantes, já a extinção judicial é a forma de desfazimento do vínculo contratual por determinação do Poder Judiciário, provocado pelo contratado particular em caso de inadimplemento por parte da Administração Pública contratante, e a extinção por decisão arbitral é aquela decorrente de cláusula compromissória ou compromisso arbitral.

---

[314] DINIZ, Maria Helena. *Curso de Direito Civil*: teoria das obrigações contratuais e extracontratuais. 29. ed. São Paulo: Saraiva, 2013. p. 161.

10.2 Causas de extinção do contrato

São causas de extinção unilateral do contrato aquelas situações de que trata o art. 137. A relação dos motivos para a extinção dos contratos não é exaustiva. Na ocorrência de outro motivo, não arrolado em Lei, reputado relevante pela Administração para justificar o encerramento da avença, poderá ser invocado, motivadamente.

Motivos de extinção do contrato expressos na Lei:

10.2.1 Não cumprimento ou cumprimento irregular de normas editalícias ou de cláusulas contratuais, de especificações, de projetos ou de prazos;

Extinção contratual não é uma sanção. Conquanto não seja a extinção uma forma de sanção, inclusive porque não está arrolada como tal em nenhuma norma jurídica, a lei estabelece diversas hipóteses nas quais a extinção é uma consequência pelo descumprimento integral ou parcial de obrigações por parte do contratado, operando efeitos similares ao de uma sanção. O inciso I trata de hipótese em que o contratado deixa de dar integral cumprimento a qualquer das condições contratualmente estabelecidas. O descumprimento pode ser de obrigação relacionada direta e imediatamente com o objeto principal e específico da contratação ou de qualquer das obrigações acessórias ou secundárias que integram e compõem o encargo contratual.

O descumprimento contratual que enseja a rescisão deve ser de significativa monta, pena de violação do princípio da proporcionalidade. Ademais, a própria Lei nº 14.133/21 determina no artigo 119 que "O contratado será obrigado a reparar, corrigir, remover, reconstruir ou substituir, a suas expensas, no total ou em parte, o objeto do contrato em que se verificarem vícios, defeitos ou incorreções resultantes de sua execução ou de materiais nela empregados". Essa disposição normativa leva à necessária interpretação sistemática para concluir que, sempre que possível, o contrato deve ser aproveitado ao máximo, e a extinção por inexecução deve ser adotada após esgotada a possibilidade de correção ou ajuste da execução contratual. É evidente que manter a execução do contrato ao revés de extingui-lo imediatamente no caso de inexecução integral de qualquer obrigação não afasta o dever-poder de aplicar a correspondente sanção por inadimplemento a que fará jus o contratado.

10.2.2 Desatendimento das determinações regulares emitidas pela autoridade designada para acompanhar e fiscalizar sua execução ou por autoridade superior

Ao longo da execução contratual, a Administração Pública exercerá o dever-poder de controle de sua execução. Ínsito ao controle é o exercício do poder de direção e de supervisão, vale dizer, de produzir orientações e comandos para o contratado no que tange a particularidades da execução, com vistas a conformá-la ao que foi efetivamente licitado e contratado. Ao contratado cabe cumprir as determinações produzidas pela Administração, desde que não sejam ilegais ou arbitrárias. As determinações e solicitações legítimas produzidas pela Administração Pública contratante devem ser cumpridas com zelo e diligência. No caso de descumprimento de tais diretrizes, configura-se inadimplemento contratual, passível de sanção e, no caso de reiteração injustificada do desatendimento, rescisão contratual. Para que possa ocorrer a rescisão com base nesse fundamento legal, é preciso o registro formal do desatendimento reiterado de ordens e determinações administrativas. É evidente que o contratado não é obrigado a dar cumprimento a ordens e determinações manifestamente ilegais. Uma ordem pode não ser manifestamente ilegal, é a de aparente legalidade, em face da crença de licitude que tem um funcionário público subalterno ao obedecer ao mandamento de superior hierárquico, colocado nessa posição em razão de possuir maiores conhecimentos técnicos ou por encontrar-se há mais tempo no serviço público.

10.2.3 Alteração social ou modificação da finalidade ou da estrutura da empresa que restrinja sua capacidade de concluir o contrato

Tem aplicação nessa hipótese a racionalidade desenvolvida quando da análise dos casos de fusão, cisão ou incorporação. Desde que a alteração social ou modificação da finalidade ou estrutura da empresa não prejudique a execução do contrato, não ensejará a rescisão. Qualquer alteração ou modificação não poderá impactar de forma significativa na qualificação técnica ou econômico-financeira da pessoa jurídica. Mantidos os requisitos mínimos de habilitação exigidos e provados na licitação, a Administração Pública poderá emitir juízo fundamentado de que não haverá prejuízo para a execução contratual e manter o contrato. Sobre modificações societárias e seus efeitos jurídicos na relação contratual já se tratou no capítulo endereçado às alterações contratais de natureza subjetiva.

10.2.4 Decretação de falência ou de insolvência civil, dissolução da sociedade ou falecimento do contratado

A falência ou a insolvência civil retiram do contratado a possibilidade de gerir os próprios negócios, daí a impossibilidade absoluta de continuidade da execução contratual. Nesse caso, desaparece do mundo jurídico a pessoa do contratado, o que inviabiliza a continuidade da execução contratual.

10.2.5 Caso fortuito ou força maior, regularmente comprovados, impeditivos da execução do contrato

Caso fortuito e força maior são tradicionalmente causas excludentes da responsabilidade contratual ou extracontratual. Evento humano ou da natureza com as características jurídicas de caso fortuito ou de força maior, que torne impossível a execução contratual nos termos originalmente pactuados, podem eximir as partes dos compromissos e obrigações contratuais. Nesse caso, autorizada a extinção contratual.

10.2.6 Atraso na obtenção da licença ambiental, ou impossibilidade de obtê-la, ou alteração substancial do anteprojeto que dela resultar, ainda que obtida no prazo previsto

Existem atividades econômicas, e, por conseguintes, objetos contratuais que, para serem executados, exigem licenciamento ambiental prévio, nos termos do disposto na Lei nº 6.938/88 e da Resolução CONAMA nº 2371997 – ou outras normas que venham a substitui-las. A depender da complexidade do objeto da atividade econômica ou do contrato, ou dos riscos ambientais envolvidos no processo, a análise para fins de licenciamento ambiental pelos órgãos competentes pode perdurar por largo tempo – lembre-se que, a depender da atividade ou do objeto contratual, a situação pode estar submetida à competência comum de mais de um órgão de controle ambiental.

10.2.7 Atraso na liberação das áreas sujeitas à desapropriação, à desocupação ou à servidão administrativa, ou impossibilidade de liberação dessas áreas

A execução do contrato pode depender de concretização de condutas preliminares indispensáveis. A inviabilidade de utilização do espaço físico necessário para a execução do contrato é motivo para o desfazimento do contrato, independentemente da parte que lhe deu causa. Ressalvados os direitos de ressarcimento por prejuízos na forma da Lei.

10.2.8 Razões de interesse público, justificadas pela autoridade máxima do órgão ou da entidade contratante

Não cabe como justificativa para a extinção contratual a invocação genérica e abstrata de interesse público. É preciso que a Administração contratante indique de forma motivada qual interesse público está a respaldar a rescisão e de que forma impacta ele na execução contratual. Os motivos técnicos, sociais, jurídicos ou materiais devem ser expressamente arrolados, eventualmente acompanhados de parecer técnico ou jurídico que comprove que a continuidade da execução contratual não pode persistir sem danos ao interesse público. As razões de interesse público devem ter alta relevância e serem expressas pala autoridade máxima da esfera administrativa a que está subordinado o contratante. Essa autoridade é a autoridade máxima do órgão ou entidade pública contratante.

10.2.9 Não cumprimento das obrigações relativas à reserva de cargos prevista em lei, bem como em outras normas específicas, para pessoa com deficiência, para reabilitado da Previdência Social ou para aprendiz

A Lei nº 8213/91 determina que "a empresa com 100 (cem) ou mais empregados está obrigada a preencher de 2% (dois por cento) a 5% (cinco por cento) dos seus cargos com beneficiários reabilitados ou pessoas portadoras de deficiência, habilitadas, na seguinte proporção: I – até 200 empregados, 2%; II – de 201 a 500 empregados, 3%; III – de 501 a 1.000 empregados, 4%; IV – de 1.001 empregados em diante, 5%. (art. 93). A exigência de reserva legal deve estar sendo cumprida quando da participação na licitação e deve ser cumprida durante a execução do contrato. Outras normas podem estabelecer reserva de vagas, para implementação de ações afirmativas estatais.

10.2.10 Motivos não previstos expressamente em lei que podem justificar a extinção do contrato

10.2.10.1 A paralisação da obra, do serviço ou do fornecimento, sem justa causa e prévia comunicação à Administração

A execução contratual não pode sofrer paralisação sem justa causa. Justa causa é aquela que afasta a responsabilidade do contratado, ou seja, evidencia que a paralisação da execução não se deveu a nenhuma causa que possa ser atribuída a ele. Cabe ao contratado o dever jurídico de, diante de qualquer intercorrência material ou jurídica que enseje a paralisação da execução, comunicar o fato à Administração contratante que, ponderando os argumentos expostos pelo contratado, decidirá sobre existência de justa causa para a paralisação. Se a conclusão for no sentido de que inexiste justa causa, pode haver a rescisão contratual.

10.2.10.2 Subcontratação total ou parcial do seu objeto, a associação do contratado com outrem, a cessão ou transferência, total ou parcial, bem como a fusão, cisão ou incorporação não admitidas no edital e no contrato

A norma versa sobre institutos jurídicos bem distintos. Pela subcontratação, o contratado contrata com outrem parte da execução contratual a que se obrigou originalmente. Pela cessão o contratado transfere, integral ou parcialmente, o próprio contrato (não somente a execução dele). O cessionário se sub-roga em direitos e obrigações e passa a responder diretamente perante a Administração pela execução da parcela cedida do contrato. A transferência integral do objeto contratado para terceiro, seja por subcontratação ou por cessão, em regra, é vedada por força do princípio licitatório, pois implicaria a assunção do contrato por alguém que não participou e não se sagrou vencedor de processo licitatório. Essa é a posição do Tribunal de Contas da União, consoante se observou quando da análise das alterações subjetivas dos contratos administrativos. Problema mais complexo posta-se em relação aos casos de fusão, cisão ou incorporação.[315] Essas situações jurídicas são normais e regulares no mercado. Não há vedação legal para que as empresas se fundam, operem cisão ou incorporação. É inevitável que se produza uma análise de caso concreto para concluir sobre a viabilidade da continuidade da contratação administrativa em caso de fusão, cisão ou incorporação de empresas. O Tribunal de Contas da União, pelo Acórdão nº 1.108/03, passou a entender que é possível a continuidade dos contratos celebrados com empresas que tenham sofrido fusão, incorporação ou cisão desde que sejam cumpridos os seguintes requisitos, cumulativamente: a) previsão dessa possibilidade no edital e no contrato;

---

[315] *Vide* comentários realizados no item 3.1.3.

b) sejam observados pela nova empresa os requisitos de habilitação estabelecidos no art. 27 da Lei nº 8.666/93, originalmente previstos na licitação; c) sejam mantidas as condições estabelecidas no contrato original. No referido acórdão, a Corte de Contas parte da definição legal de fusão, cisão e incorporação para concluir pela viabilidade de manutenção dos contratos administrativos quando se evidenciarem:

> 5. Antes de passarmos ao exame da questão suscitada, convém consignar que os fenômenos jurídicos da fusão, cisão ou incorporação são próprios do direito societário, sendo disciplinados pela Lei 6.404, de 15 de dezembro de 1976, alterada pela Lei 10.303 de 31 de outubro de 2001.
> 6. A fusão consiste na operação pela qual "se unem duas ou mais sociedades para formar sociedade nova, que lhes sucederá em todos os direitos e obrigações"(art. 228 da Lei 6404/76).
> 7. A cisão significa "a operação pela qual a companhia transfere parcelas do seu patrimônio para uma ou mais sociedades constituídas para esse fim ou já existentes, extinguindo-se a companhia cindida, se houver versão de todo o seu patrimônio, ou dividindo-se o seu capital, se parcial a versão"(art. 229 da Lei 6.404/76)
> 8. A incorporação refere-se à operação "pela qual uma ou mais sociedades são absorvidas por outra, que lhes sucede em todos os direitos e obrigações" (art. 229 da Lei nº 6.404/76).

Destaque-se a posição externada pelo ministro revisor quando da prolação do aludido Acórdão nº 1.108/03:

> Não parece haver amparo jurídico para a interferência da Administração Pública na gerência de empresas que celebram contratos com a União. Restrição absoluta de as empresas realizarem fusão, cisão ou incorporação, somente pela existência de contrato administrativo ter o condão de tolher nesse nível a liberdade de as sociedades mercantis escolherem seus próprios caminhos de autoconformação.
> Parece desproporcionado imaginar que um contrato administrativo de pequena monta possa impedir que empresa de elevado porte possa escolher o modelo societário mais conveniente para fazer frente à evolução do mercado. Isso seria retirar da empresa condições de competitividade em mercados extremamente acirrados.

Para o Tribunal de Contas da União, portanto, é possível a modificação subjetiva de contrato administrativo em caso de fusão, cisão ou incorporação de empresas, desde que atendidos os requisitos previstos no Acórdão nº 1.108/03. Registre-se que não há obrigatoriedade de manter os contratos firmados em caso de cisão, fusão ou incorporação de empresas. Compete à Administração Pública o juízo acerca da vantajosidade de manter o contrato em execução ou optar pela rescisão contratual.

10.2.10.3 Cometimento reiterado de faltas na sua execução

O cometimento repetido de falhas na execução do contrato pode justificar a rescisão contratual. Por vezes, o controle da execução contratual identifica falhas que se repetem e que podem ao final comprometer a qualidade da execução contratual. Tais falhas são de registro obrigatório. O registro formal das ocorrências – dever-poder do controle da execução contratual – estabelecerá o histórico do desempenho do contratado na execução do contrato, e, com base nesse histórico, a Administração poderá deliberar pela rescisão contratual, ao identificar que a reiteração de falhas pode comprometer o resultado final pretendido com a execução do contrato.

10.3 Extinção unilateral

A extinção unilateral decorre de exercício de prerrogativa exorbitante da Administração contratante. Será determinada por ato unilateral e escrito da Administração. A Lei prevê que não tem cabimento a extinção unilateral quando a causa do encerramento for descumprimento decorrente de sua própria conduta (art. 138, I). Esta regra deve ser objeto de interpretação sistemática para que possa ter algum sentido lógico-jurídico. Pela norma, haveria uma vedação à edição de ato unilateral, determinando a extinção quando a Administração tivesse, previamente, descumprido obrigação que lhe competia. O descumprimento de conduta própria que impede a extinção unilateral só pode ser reputado como descumprimento de alguma conduta prevista contratualmente. Ocorre que podem existir situações nas quais o descumprimento contratual por parte da Administração Pública decorre da perda superveniente do interesse na contratação. Nesta linha, é de se interpretar que, se a continuidade da execução contratual não atende mais o interesse público que lhe foi a causa de contratar, poderá haver a extinção unilateral, ainda que decorrente de descumprimento de conduta que cabia à Administração. Em certos casos, ademais, haverá impeditivo de natureza constitucional para a continuidade do contrato: suponha-se o caso em que a própria Administração contratante produza modificação orçamentária, eliminando o crédito orçamentário destinado ao custeio do contrato. A conduta é produzida pela Administração, e deve gerar, obrigatoriamente, a extinção do contrato, pois nos termos da Constituição Federal, é vedada a realização de despesas ou a assunção de obrigações diretas que excedam os créditos orçamentários ou adicionais (art. 167, II). A extinção unilateral somente será legítima e válida se produzida para atender necessidade de interesse público, do contrário, será viciada por desvio de finalidade.

10.4 Extinção consensual

Extinção consensual é o desfazimento do vínculo contratual por acordo de vontades entre a Administração Pública e o contratado. Somente pode ser realizada quando não tiver havido inexecução contratual por parte do contratado que enseje a extinção unilateral. A verificação em concreto da ocorrência de alguma das situações de fato previstas no rol do artigo 137 que caracterizam inexecução por conduta atribuível ao contratado, e que constitui causa para a extinção unilateral é um dever da Administração, e requisito que deve ser ultrapassado antes de se optar pela extinção consensual ou bilateral. Assim, se o caso concreto for de extinção unilateral, especialmente daquela unilateral motivada por inexecução contratual pelo contratado, não pode a Administração deixar de extinguir o vínculo sob tal argumento e optar pela via amigável, hipoteticamente menos formal e de mais fácil operacionalização. Ou seja, só tem cabimento a extinção amigável quando houver conveniência para a Administração, que não se configura apenas pela inexecução por parte do contratado. Já deliberou nesse sentido o Tribunal de Contas da União:

A rescisão amigável do contrato sem a devida comprovação de conveniência para a Administração e de que não restaram configurados os motivos para a rescisão unilateral do ajuste configura irregularidade, por afrontar o disposto no art. 79, inciso II, da Lei 8.666/1993. Ainda no âmbito da Auditoria realizada nas obras de construção de trechos rodoviários na BR-156/AP, o relator analisou as razões de fato e de direito que motivaram a rescisão do Contrato 45/2010, firmado com a empresa Egesa Engenharia S/A, primeira colocada da Concorrência Pública 6/2010-CEL-SETRAP. A rescisão amigável da avença foi solicitada pela empresa contratada, que alegou a inviabilidade de executar o objeto contratual no prazo originalmente pactuado pelas partes, tendo em vista as dificuldades para a obtenção do licenciamento ambiental e a incidência de período chuvoso na região das obras. O relator anotou, inicialmente, que "a rescisão contratual pela própria Administração poderá ocorrer de duas formas, conforme o art. 79 da Lei 8.666/1993: por ato unilateral da Administração (inciso I) e por comum acordo entre as partes, também denominada de amigável (inciso II)". Em relação aos motivos legais para a rescisão unilateral, previstos no art. 78 da aludida Lei, registrou que "os incisos I a XI referem-se a situações de inadimplemento contratual por parte do particular, enquanto o inciso XII diz respeito à extinção da avença por razões de interesse público". Lembrou que essa última hipótese (inciso XII) decorre de "nítida manifestação do princípio da supremacia do interesse público sobre o privado, a exigir o desfazimento do ajuste, independentemente da anuência do contratado". Anotou, ainda, que "a entidade contratante não possui a liberdade discricionária de deixar de promover a rescisão unilateral do ajuste caso seja configurado o inadimplemento do particular (…), só existe campo para a rescisão amigável de um contrato administrativo quando houver conveniência para a Administração e não ocorrer nenhuma das hipóteses previstas para a rescisão unilateral da avença" – grifou-se. Ao se reportar ao caso concreto, observou que a rescisão do contrato "não se fundamentou em documentos que demonstrassem a efetiva ocorrência das circunstâncias de fato indicadas pela empresa Egesa Engenharia S/A". Acrescentou que a empresa não demonstrou "que não havia incidido em quaisquer das condutas configuradoras do inadimplemento contratual", que justificariam a rescisão unilateral do contrato pela Administração. Constatou ainda, que a Setrap/AP não adotou as providências com vistas a verificar "se havia razões para a aplicação de sanções administrativas ou mesmo para a rescisão unilateral do ajuste com fulcro no art. 79, inciso I, da Lei 8.666/1993". Ressaltou que "a única maneira de não cumprir o contrato sem incorrer em sanções administrativas seria nas hipóteses excepcionais de inadimplência da própria Administração, previstas no art. 78, incisos XIII a XVI da Lei 8.666/1993, o que não ocorreu no presente caso concreto". Observou, ainda, que não teria havido conveniência para a Administração em implementar a referida rescisão. Destacou que "o interesse da entidade pública contratante é a plena execução do ajuste (…) não sendo possível extrair a presença de interesse público em um pedido de rescisão contratual, ainda mais quando desacompanhado da demonstração das circunstâncias de fato impeditivas de sua execução". Ao avaliar o contexto atual das obras e dos contratos, ponderou também que a correção da ilegalidade (anulação do contrato celebrado com a segunda colocada, apuração e pagamento de indenização a essa empresa e chamamento da primeira colocada para retomar a obra) imporia grave prejuízo ao interesse público. Anotou, ainda, que a verificação da ocorrência das hipóteses de rescisão unilateral, antes da rescisão amigável de um contrato, não é de fácil percepção por um administrador médio, razão pela qual deixou de propor a audiência de responsáveis. O Tribunal, então, decidiu apenas dar ciência à Setrap/AP de que "a rescisão amigável do Contrato 45/2010-SETRAP sem a devida comprovação de conveniência para a Administração e de que não houve os motivos para a rescisão unilateral do ajuste constitui irregularidade, o que afronta o art. 79, inciso II, da Lei 8.666/1993" (Acórdão nº 740/2013-Plenário, TC nº 016.087/2012-7, relator Ministro Benjamin Zymler, 03.04.2013).

Será o caso de extinção consensual nas hipóteses de caso fortuito, força maior, inadimplência contratual por parte da Administração Pública ou relevante interesse público.

10.5 Extinção judicial

O contratado não detém prerrogativa de extinção unilateral do contrato. Quando lhe aprouver ou interessar o desfazimento do contrato, se valerá da extinção judicial, extinção consensual (quando cabível) ou dos meios alternativos de resolução de controvérsias – sobre os quais se tratará no próximo capítulo.

Não sendo possível ou aceita pelo contratante público a extinção consensual, poderá o contratado se valer da via judicial, mediante adoção de instrumentos processuais que sejam aplicáveis. Os casos de extinção judicial provocada pelo contratado particular serão aqueles em que se evidencie o descumprimento do contrato por parte da Administração Pública, ou qualquer outro motivo arrolado em Lei. Em especial, o contratado terá direito à extinção do contrato nas seguintes hipóteses (art. 137, §2º):

10.5.1 A supressão, por parte da Administração, de obras, serviços ou compras, acarretando modificação do valor inicial do contrato além do limite permitido pelo art. 125 da Lei

O contratado é obrigado a aceitar acréscimos e supressões contratuais. Trata-se de prerrogativa contratual exorbitante da Administração Pública. Esta obrigação está limitada pela Lei. A Lei nº 14.133/21 impõe limites expressos para a modificação contratual. Nenhuma alteração contratual, seja para acrescer, seja para suprimir valor, pode ser feita validamente fora dos limites legais. A supressão consensual de obras, serviços ou compras não se sujeita aos limites percentuais previstos no art. 125, mas não pode ser imposta ao contratado para além destes limites.

10.5.2 Suspensão de execução do contrato, por ordem escrita da Administração, por prazo superior a 3 (três) meses;

Sem justa causa não pode haver a suspensão da execução contratual determinada pela Administração contratante. São casos de justa causa a calamidade pública, grave perturbação da ordem interna ou guerra. Não estando em tela tais causas justificadoras, a Administração Pública não pode determinar a suspensão da execução contratual por prazo indeterminado ou superior à capacidade da contratada de suportar a paralisação. O contratado não pode ser obrigado a suportar as despesas decorrentes da manutenção do contrato sem que lhe seja assegurado prosseguir com a sua execução. Interrompida a execução do contrato por razão alheia à sua vontade, lhe assistirá o direito de demandar a extinção judicial, se não for possível a extinção consensual. O contratado, nessa hipótese, deve receber a contraprestação pecuniária contratualmente fixada e correspondente à parte executada do contrato, bem como deve ser indenizado pelos prejuízos sofridos em razão da suspensão superior ao prazo legalmente estipulado, devidamente apurados no curso de devido processo legal.

10.5.3 Repetidas suspensões que totalizem 90 (noventa) dias úteis, independentemente do pagamento obrigatório de indenização pelas sucessivas e contratualmente imprevistas desmobilizações e mobilizações e outras previstas

É faculdade do contratado, diante de suspensões reiteradas de execução contratual determinadas pela Administração Pública, provocar a extinção do contrato.

10.5.4 Atraso superior a 2 (dois) meses, contado da emissão da nota fiscal, dos pagamentos ou de parcelas de pagamentos devidos pela Administração por despesas de obras, serviços ou fornecimentos

A norma demanda interpretação sistêmica e conforme à Constituição Federal. O dever de pagamento, constituinte da mora ou de direito de extinção do contrato, não surge com a emissão da nota fiscal, que é produto de ato unilateral do contratado. Só existe direito de extinção do contrato quando houver atraso de pagamento superior a dois meses, contado da data em que surge o dever de pagamento – tratado em tópico específico.

10.6 Opção pela extinção contratual e o devido processo administrativo como condição para o desfazimento do contrato

A extinção contratual, notadamente a extinção unilateral, demanda prévio processo administrativo, no qual sejam asseguradas as garantias constitucionais do contraditório e da ampla defesa.

A decisão pela instauração de processo administrativo objetivando a extinção contratual deve levar em conta diversos aspectos, técnicos e jurídicos. Embora a Lei nº 14.133/21 contenha disposições expressas sobre os casos que autorizam a extinção do contrato, trata-se, inegavelmente, de medida extrema, que subverte a ordem natural da vida do contrato administrativo. Não se defende que se deva manter a execução do contrato a qualquer preço ou custo, mas que a análise sobre a extinção deve se dar sob os primados da razoabilidade, da proporcionalidade, da eficiência e da economicidade.

A legitimidade da decisão pela extinção contratual demanda primeiramente a existência de um sistema efetivo e eficaz de controle da execução contratual, especialmente no que diz com a fiscalização concreta do cumprimento das obrigações contratuais por parte do contratado. Esse sistema de controle da execução fornecerá os elementos jurídicos e materiais consistentes para amparar e subsidiar a decisão pela extinção. As aferições produzidas pelo controle da execução serão importantes também para municiar a Administração Pública dos elementos técnico-materiais que podem levar a soluções alternativas à extinção, como a alteração contratual ou mesmo a revisão do contrato, ajustando e conformando as prestações obrigacionais ao interesse público concreto, na forma e nos limites autorizados pela lei.

Produzido o juízo discricionário elementar acerca da necessidade de extinção, diante de uma das causas legais previstas na lei, cabe à Administração instaurar o devido processo administrativo, que é obrigatório como conduta prévia à rescisão, como entende o Tribunal de Contas da União:

> *Fiscobras. Relatório de Auditória. Implantação do Sistema de Trens Urbanos de Recife ' PE.*
> c) Irregularidade (...) – rescisão unilateral do Contrato (...), com aplicação de sanção à contratada, sem lhe assegurar o direito ao contraditório e à ampla defesa, nos termos do inciso LV do art. 5º da CF e do parágrafo único do art. 78 da Lei nº 8.666/93: como a irregularidade já havia sido parcialmente sanada pela CBTU, que acolheu recurso da empresa e reviu sua posição quanto à aplicação da sanção, nossa proposta foi no sentido de se fazer uma determinação à CBTU para que, nos casos de rescisão contratual, assegure ao contratado o contraditório e a ampla defesa, em cumprimento ao LV do art. 5º da CF e ao parágrafo único do art. 78 da Lei nº 8.666/93;
> 9.4. determinar à Companhia Brasileira de Trens Urbanos – CBTU que:
> 9.4.6. nos casos de rescisão contratual, assegure ao contratado o contraditório e a ampla defesa, em cumprimento ao inciso LV do art. 5º da CF e ao parágrafo único do art. 78 da Lei nº 8.666/93 (AC nº 1317-31/06-P);

O processo destinado à extinção contratual atenderá, no mínimo, às seguintes fases:
1. Apuração da infração ou causa da extinção: o processo administrativo preferencialmente deve ser instaurado em autos apartados daqueles que constituem o processo da contratação administrativa. Embora não haja previsão legal expressa, é conveniente que o processamento seja conduzido por comissão de processo administrativo, especialmente nos casos em que a causa para a rescisão seja o inadimplemento contratual por parte do contratado – o que faz equivaler a rescisão;
2. Ato de intimação da intenção de extinguir (enquadramento legal, fatos, imputação, motivos, obrigações violadas): o ato formal de intimação da decisão de rescindir o contrato é da maior relevância, eis que delimita e dá os contornos jurídicos do processo administrativo. É fundamental que a Administração indique expressamente as razões de fato e de direito pelas quais pretende a extinção do vínculo contratual, para possibilitar o contraditório e a ampla defesa;
3. Pode haver suspensão da execução contratual: em caso de relevante interesse público e para preservar a integridade do patrimônio público ou a segurança de pessoas, a Administração pode determinar a suspensão da execução do contrato;
4. Ciência expressa da intimação: a Administração deve providenciar a ciência expressa e inequívoca da intimação do contratado. Qualquer meio juridicamente validado para a intimação pode ser utilizado. O relevante é que reste inequívoco que a intimação foi entregue e recebida. A intimação conterá todos os elementos necessários para a produção da defesa, inclusive indicação de local onde podem ser obtidos documentos e cópias;
5. Prazo para defesa/manifestação – provas: deve ser concedido prazo para a produção de defesa e para a indicação das provas por parte do contratado;
6. Fase instrutória: recebida a defesa, cabe à Administração facultar a produção efetiva de todas as provas requeridas pelo contratado, inclusive testemunhal. Encerrada a fase instrutória, o servidor designado ou a comissão processante emitirá relatório

fundamentado e conclusivo, apontando a existência ou não de causa para a rescisão do contrato na forma da lei. Pode, nessa fase, ser ouvida a se manifestar a assessoria jurídica do órgão ou entidade, que emitirá parecer facultativo sobre a regularidade do processo;

7. Decisão: com base nos elementos produzidos no processo administrativo, a autoridade responsável pela contratação decidirá pela manutenção da execução contratual ou pela extinção. A decisão deve ser suficientemente fundamentada, sob pena de nulidade;

8. Comunicação da decisão: o contratado será devida e expressamente comunicado da decisão administrativa;

9. Prazo para recurso: com a comunicação da decisão administrativa de extinção, será concedido o prazo para recurso;

10. Decisão motivada: o recurso será decidido motivadamente pela autoridade competente. Caso dirigido para a mesma autoridade que decidiu pela rescisão, o recurso terá contornos jurídicos de pedido de reconsideração;

11. Intimação da decisão: o contratado recorrente deve ser intimado formalmente da decisão recursal;

12. Encerramento da discussão administrativa: com o julgamento do recurso administrativo opera a coisa julgada administrativa e a efetiva extinção contratual, podendo a Administração Pública assumir imediatamente o objeto do contrato.

10.7 Consequências da extinção contratual

A primeira e inafastável consequência da extinção unilateral do contrato é o exercício do dever-poder de aplicação de sanção administrativa, quando a causa de extinção do vínculo for a inexecução contratual por parte do contratado. Não há espaço discricionário para deliberar sobre a aplicação de sanção quando a extinção contratual se der por causa atribuível exclusivamente ao contratado. Ressalvada a hipótese de celebração de termo de ajustamento de conduta, como se tratará adiante.

Nos termos do disposto no art. 139 da Lei nº 14.133/21, a extinção unilateral do contrato administrativo acarreta:

A extinção determinada por ato unilateral da Administração poderá acarretar, sem prejuízo das sanções previstas nesta Lei, as seguintes consequências:

> I – assunção imediata do objeto do contrato, no estado e local em que se encontrar, por ato próprio da Administração;
> II – ocupação e utilização do local, das instalações, dos equipamentos, do material e do pessoal empregados na execução do contrato e necessários à sua continuidade;
> III – execução da garantia contratual para:
> a) ressarcimento da Administração Pública por prejuízos decorrentes da não execução;
> b) pagamento de verbas trabalhistas, fundiárias e previdenciárias, quando cabível;
> c) pagamento das multas devidas à Administração Pública;
> d) exigência da assunção da execução e da conclusão do objeto do contrato pela seguradora, quando cabível;
> IV – retenção dos créditos decorrentes do contrato até o limite dos prejuízos causados à Administração Pública e das multas aplicadas.

A segunda consequência da extinção contratual é a assunção imediata do objeto do contrato pela Administração contratante. O objeto da execução contratual, que até então estava sob a guarda do contratado, terá a posse transferida para a Administração. A tomada de posse do objeto da contratação induz a outra consequência lógica, que é a responsabilidade pela guarda da coisa e a responsabilidade pelo destino final dela. Caberá à Administração, ao assumir o objeto, proceder a estudos e análises para aferir o grau de aproveitamento daquilo que foi executado, identificar soluções e alternativas para a conclusão do objeto – inclusive pela consideração da possibilidade de convocação de remanescente da licitação, consoante autoriza a norma do art. 90, §7º: "será facultada à Administração a convocação dos demais licitantes classificados para a contratação de remanescente de obra, de serviço ou de fornecimento em consequência de rescisão contratual".

A terceira consequência é a autorização legal para ocupar provisoriamente instalações, equipamentos, pessoal e material de titularidade do contratado para assegurar a continuidade de serviços públicos essenciais, na forma do previsto no artigo 104, V, da Lei nº 14.133/21. Essa prerrogativa exorbitante somente pode ser utilizada nos estritos limites do necessário para garantia de continuidade de ditos serviços, e apenas pelo prazo necessário à adoção de solução definitiva para o problema que se pretende resolver – nova contratação ou reconfiguração da forma pela qual serão prestados os ditos serviços essenciais. Não pode constituir uma solução definitiva, mas provisória e transitória, pela ilegitimidade da conduta. Os prejuízos causados pela ocupação provisória devem ser apurados e indenizados.

A quarta consequência é a execução da garantia contratual para ressarcimento de prejuízos causados pelo contratado. Para tanto, é preciso instaurar processo administrativo direcionado a levantar e apurar todos os danos – dano emergente e lucro cessante – provocados pelo contratado até a data da rescisão do vínculo contratual. Os danos passíveis de ressarcimento serão também aqueles produzidos em relação a terceiros não integrantes da relação jurídico-contratual. Apurado o valor dos prejuízos, cabe à Administração contratante executar a garantia contratual, na forma da lei, para dar a eles cobertura.

Por fim, pode a Administração reter os créditos a que faz jus o contratado na data da extinção contratual para dar cobertura a prejuízos sofridos e pagamento de multas.

CAPÍTULO 11

MEIOS ALTERNATIVOS DE RESOLUÇÃO DE CONTROVÉRSIAS

11.1 Resolução de controvérsias por meios alternativos

A relação jurídico-contratual é bastante complexa e implica conjunto de direitos e obrigações recíprocas de titularidade das partes contratantes. Os interesses contratuais são, muitas vezes, convergentes e harmônicos. Razões de fato ou de direito podem, contudo, gerar conflitos de interesses ou controvérsias, envolvendo divergência de interpretação de normas legais ou normas contratuais, ou relacionadas ao alcance e delimitação de direitos materiais de titularidade ou de suposta titularidade das partes.

A solução destas controvérsias ou divergências relacionadas à execução do contrato pode se dar por autocomposição – acordo espontâneo entre as partes. Quando não há possibilidade de autocomposição, a lide contratual pode ser submetida à avaliação jurisdicional ou pode ser submetida a meios alternativos de resolução de controvérsias – alternativos em relação à via do Poder Judiciário. São denominadas, pois, forma alternativas de solução de controvérsias contratuais porque as partes podem obter a resolução da situação conflituosa sem necessidade de recorrer à intervenção do Poder Judiciário.

A Lei nº 14.133/21 contempla autorização legal para a utilização destas vias alternativas, quais sejam, a conciliação, a mediação, o comitê de resolução de disputas e a arbitragem.

De muito utilizadas no âmbito das relações contratuais privadas, as formas alternativas de resolução de controvérsias – conquanto não constituam novidade – não são usuais no âmbito das relações contratuais com a Administração Pública.

A previsão expressa delas como via de solução de conflitos contratuais na Administração Pública é elemento de fomento da prática, que pode conferir mais celeridade para o deslinde de conflitos e segurança jurídica para as partes contratantes e para os potenciais interessados em contratar com o Estado – em seu lato sentido.

Sob o ângulo do objeto das soluções alternativas de controvérsias contratuais, a Lei nº 14.133/21, taxativamente, autoriza sua utilização quando os conflitos versarem sobre direitos patrimoniais disponíveis, como as questões relacionadas ao restabelecimento do equilíbrio econômico-financeiro do contrato, ao inadimplemento de obrigações contratuais por quaisquer das partes e ao cálculo de indenizações.

11.2 Da mediação

A mediação como instrumento de resolução de controvérsias com a Administração Pública está autorizada legalmente desde 2015, com a edição da Lei nº 13.140/15 – desde então já é possível a mediação como solução de controvérsias em relações contratuais administrativas. Esta Lei versa sobre mediação como meio de solução de controvérsias entre particulares e sobre a autocomposição de conflitos no âmbito da Administração Pública e tem aplicação subsidiária em relação às disposições sobre a matéria contidas na Lei nº 14.133/21. Considera-se mediação a atividade técnica exercida por terceiro imparcial sem poder decisório que, escolhido ou aceito pelas partes, as auxilia e estimula a identificar ou desenvolver soluções consensuais para a controvérsia (art. 1º, parágrafo único).

Consoante previsão da Lei nº 13.140/15, podem ser objeto de mediação direitos contratuais disponíveis e também os indisponíveis, desde que admitam transação. A norma que autoriza a mediação deve ser interpretada à luz do princípio da indisponibilidade do interesse público pelo Administrador. Por força deste princípio, tem-se que o administrador público deve zelar e cuidar para que sempre prevaleça e reste protegido o interesse público. O uso de meios alternativos de resolução de conflitos não viola tal preceito, uma vez que a solução de conflitos contratuais é de interesse público. O que se deve indagar é se, em dado caso concreto, as concessões administrativas feitas para a composição mediada extrapolam os limites do interesse público. São exemplos de direitos contratuais disponíveis: reconfiguração de prazos contratuais, adequação de projetos ou soluções técnicas, adequação de obrigações recíprocas que não violem o dever de licitar, entre outras. São exemplos de direitos indisponíveis não passíveis de transação: a titularidade de bens públicos, móveis ou imóveis; direito de controle da execução contratual; direito de exercício de poder de polícia, entre outros de similar natureza. São exemplo de direitos indisponíveis que não comportam transação: controle e exercício de poder de polícia, prerrogativa de fiscalização da execução contratual, vida e saúde humanas, dignidade da pessoa humana, entre outros.

A Lei nº 14.133/21 é mais restritiva em contraste com a Lei nº 13.140/15 sobre limites para a transação:
a) a Lei nº 13.140/15 fixa que pode ser objeto de mediação o conflito que verse sobre direitos disponíveis ou sobre direitos indisponíveis que admitam transação (art. 3º);
b) a Lei nº 14.133/21 fixa que somente os conflitos que envolvam direitos patrimoniais disponíveis admitem transação (art. 151, parágrafo único).

A Lei Geral de Licitações, neste ponto, tem prevalência sobre a Lei nº 13.140/15, porque é lei especial sobre o tema. Conclui-se que as controvérsias contratuais envolvendo direitos indisponíveis, ainda que admitam transação, não podem ser submetidas à mediação.

As lacunas e omissões da Lei nº 14.133/21 serão supridas pela aplicação subsidiária das normas da Lei nº 13.140/15.

Mediação é solução alternativa de conflitos pela qual as partes, assistidas por um mediador, podem chegar a uma transação destinada a por fim ao conflito ou controvérsia. A mediação pode versar sobre todo o conflito ou apenas sobre parte dele. Será designado um mediador, pelo Tribunal a que o processo judicial (se houver) estiver submetido, ou será escolhido pelas partes. O mediador não tem poder decisório, mas de fomento à autocomposição pelas partes. A mediação poderá ser judicial – vinculada a processo judicial em tramitação –, ou extrajudicial – desvinculada de qualquer processo judicial prévio em que a controvérsia contratual esteja em questão.

O mediador designado conduzirá o processo de mediação buscando o entendimento entre as partes e a facilitação da resolução do conflito. O processo de mediação se dará em reuniões designadas pelo mediador. Durante o curso da mediação, se instaurada com a existência de processo judicial em que se discute a controvérsia objeto dela, podem ser, a pedido das partes, suspensos os prazos judiciais, e interrompidos os prazos prescricionais. O termo final de mediação constitui, caso haja acordo, título executivo extrajudicial, e quando homologado judicialmente, constituirá título executivo judicial.

Tal significa que, se descumpridos os termos da transação havida, a parte interessada deverá ingressar em juízo para obter a satisfação de sua pretensão negociada.

Na hipótese de mediação extrajudicial, as partes contratantes devem se valer da atuação de profissionais especializados, ou de centros ou câmaras de mediação, que são entidades públicas ou privadas habilitadas para atuar com métodos alternativos de solução consensual de conflitos.

No que diz respeito às fases ou etapas do processo de mediação, a título de modelo a Ordem dos Advogados do Brasil, seção do Paraná, por intermédio da Comissão de Mediação, editou manual de mediação contemplando um roteiro procedimental:[316]

> Abertura ou início;
> A abertura ou início é o momento em que se esclarece aos mediados e aos seus eventuais advogados as regras e o procedimento da mediação.
> Os mediadores se apresentam, estabelecendo desde logo o ambiente seguro e confiável, por meio da criação de uma relação com os envolvidos ou rapport e, se os participantes concordarem, firmam o compromisso de participação do procedimento, por escrito ou verbalmente, com especial atenção ao respeito mútuo e ao diálogo construtivo.
> São renovadas as vantagens da mediação, seja em virtude do pleno empoderamento das partes, seja na oportunidade de alcançarem, com maior rapidez e menor desgaste emocional, a solução conjunta do conflito.
> Também é neste momento em que se esclarece o papel do mediador, como um facilitador do diálogo entre as partes e, quando for o caso, a importância do papel do advogado na tomada de uma decisão consciente e informada, bem como, na construção de um possível termo de acordo.
> Ao final desta etapa, devem ser reforçadas as informações quanto à natureza informal do procedimento, ao tempo previsto para a duração de cada sessão, ao dever de sigilo de todos os presentes, inclusive de que não há produção de provas no decorrer dos debates, e a aplicabilidade de técnicas de mediação, dentre elas, a possibilidade de realização de sessões individuais com cada parte ou caucus.
> Mapeamento do conflito;
> Este é o momento em que se reúnem as informações já disponíveis, compreende-se e é contextualizado o conflito pelas diferentes perspectivas presentes.

---

[316] Disponível em: https://www.oabpr.org.br/wp-content/uploads/2023/02/manual-de-mediacao-1.pdf. Acesso em: 12 set. 2023.

É quando se alinham e nivelam as expectativas implícitas e explícitas em discussão para, na medida do possível, identificar-se as questões (posições) das partes, os reais interesses que sustentam os antagonismos e os sentimentos envolvidos no conflito.

Validação dos interesses e necessidades;

Com base no resumo de todo o levantamento realizado, o mediador recontextualizará e validará com as partes os seus interesses e as necessidades envolvidas no conflito. No propósito de promover reflexões sobre as expectativas de cada um dos envolvidos, direta ou indiretamente, naquele conflito, passa-se ao planejamento de hipóteses e alternativas de uma solução.

Geração de soluções criativas;

Esse é o momento em que as partes, auxiliadas pelo mediador, por meio da utilização de técnicas e ferramentas específicas, apresentam as hipóteses de solução criativa para o conflito. Busca-se a mudança de percepção, de comportamento, separando-se as pessoas do problema, sempre com foco nos interesses de fato, de modo a apaziguar os sentimentos que se desdobram. Nenhuma sugestão deve ser descartada neste momento.

Quanto mais opções, maiores serão as chances de acordo.

Filtro das opções e propostas;

O mediador neste momento deve atuar como pacificador do conflito, trabalhando com cada uma das hipóteses propostas pelas partes e seus eventuais advogados, e filtrando a viabilidade de cada uma das sugestões, atento ao equilíbrio razoável de um consequente acordo.

Registro das soluções.

É o instante final da sessão de mediação, em que o mediador deve exaltar os êxitos alcançados com o procedimento e os avanços obtidos pelas partes durante a audiência, independente de terem chegado ou não a um acordo, enfatizando, sempre, a cultura da pacificação social. Aqui são organizados os encaminhamentos e as orientações finais e, quando existente, é o momento de ser redigido o termo de acordo.

Outro modelo contemplando as etapas ou fases de processo de mediação é aquele integrante do manual editado pela Ordem dos Advogados do Mato Grosso, por intermédio da Comissão Especial de Conciliação, Mediação e Arbitragem:[317]

- Pré-mediação: fase preparatória, na qual o mediador (ou outra pessoa capacitada para tanto) explica o procedimento, seus objetivos, limites e regras, escuta as partes com o intuito de analisar sua adequação ao caso e é firmado o contrato de mediação, estabelecendo-se as condições.
- Abertura: o mediador prepara um ambiente favorável à comunicação produtiva e à instauração de uma relação de confiança, se apresenta e apresenta as partes caso não se conheçam, esclarece dúvidas e legitima sua função como condutor do procedimento.
- Investigação do conflito: o mediador procura mapear a situação e a relação entre as pessoas. Aprofunda a análise do caso a partir de informações referentes aos mediandos e ao conflito (queixas manifestadas ou não, interesses, duração, expectativas, viabilidade de solução, etc.) e define o problema principal e os secundários.

---

[317] Disponível em: https://www.oabmt.org.br/admin2/Arquivos/Documentos/201804/PDF39652.pdf. Acesso em: 12 set. 2023.

- Agenda: o mediador organiza a agenda conforme as prioridades em termos de importância e urgência. Regula o tempo de cada sessão e a quantidade de encontros necessários. É especialmente importante quando o conflito envolve mais de um problema.
- Restabelecimento da comunicação: o mediador procura restabelecer a comunicação produtiva entre os mediandos, com o fim de tornar o diálogo possível e de construir uma relação pautada na colaboração.
- Levantamento de alternativas: o mediador orienta o diálogo sobre as possibilidades de solução, a partir da conotação positiva, da compreensão das narrativas e do reenquadramento da situação.
- Negociação e escolha de opções: o mediador promove a negociação e agiliza a escolha das alternativas levantadas na etapa anterior, que é feita pelos próprios mediandos, a partir da aproximação dos interesses comuns e acomodação dos interesses divergentes, sem qualquer opinião ou sugestão do mediador.
- Fechamento: conclusão do procedimento e confecção do acordo.

Ainda que se possa sustentar que a solução de conflitos pela mediação independe de previsão contratual, bastando a voluntariedade das partes, a previsão contratual é relevante e deve ser adotada como regra. O contrato deve indicar, no mínimo: I – prazo mínimo e máximo para a realização da primeira reunião de mediação, contado a partir da data de recebimento do convite; II – local da primeira reunião de mediação; III – critérios de escolha do mediador ou equipe de mediação; IV – penalidade em caso de não comparecimento da parte convidada à primeira reunião de mediação; e V – demais disposições reputadas relevantes para a instauração e processamento da mediação.

A mediação judicial contempla requisitos legais e formais notáveis. Na mediação judicial, os mediadores não estarão sujeitos à prévia aceitação das partes, que deverão ser assistidas por advogados ou defensores públicos, como regra.

11.3 Da arbitragem

Arbitragem é meio alternativo de resolução de controvérsias regulado pela Lei nº 9.307/96. Na mediação, como visto, a negociação e transação são fomentadas e estimuladas por um mediador. As partes não se obrigam a transacionar ou a permanecer no processo de mediação. Trata-se de negociação intermediada por profissional devidamente habilitado. Por intermédio da arbitragem, as partes interessadas podem submeter a solução de seus litígios ao juízo arbitral mediante convenção de arbitragem. Convenção de arbitragem é gênero do qual são espécies a cláusula compromissória e o compromisso arbitral. A cláusula compromissória é a convenção através da qual as partes em um contrato comprometem-se a submeter à arbitragem os litígios que possam vir a surgir, relativamente a tal contrato. Trata-se de disposição que versa sobre controvérsias potenciais, que podem ou não se materializar e efetivar. É compromisso de submeter à arbitragem litígios eventuais e futuros. O compromisso arbitral é a convenção através da qual as partes submetem um litígio à arbitragem de uma ou mais pessoas, podendo ser judicial ou extrajudicial. Trata-se de determinação das partes de submeter um atual e concreto litígio à arbitragem.

De muito se admite a arbitragem para a solução de controvérsias envolvendo a Administração Pública, como assentou o Superior Tribunal de Justiça:

CONFLITO DE COMPETÊNCIA. ARBITRAGEM OU JURISDIÇÃO ESTATAL. CLÁUSULA COMPROMISSÓRIA. ART. 58 DO ESTATUTO SOCIAL DA PETROBRAS. SUBMISSÃO DA UNIÃO A PROCEDIMENTO ARBITRAL. IMPOSSIBILIDADE. DISCUSSÃO ACERCA DA PRÓPRIA CONDIÇÃO DE EXISTÊNCIA DA CLÁUSULA AO ENTE PÚBLICO. COMPETÊNCIA EXCLUSIVA DA JURISDIÇÃO ESTATAL. INEXISTÊNCIA DE AUTORIZAÇÃO LEGAL OU ESTATUTÁRIA. PLEITO INDENIZATÓRIO COM FUNDAMENTO NA DESVALORIZAÇÃO DAS AÇÕES POR IMPACTOS NEGATIVOS DA OPERAÇÃO "LAVA JATO". PRETENSÃO QUE TRANSCENDE AO OBJETO SOCIETÁRIO.

1.No atual estágio legislativo, não restam dúvidas acerca da possibilidade da adoção da arbitragem pela Administração Pública, direta e indireta, bem como da arbitrabilidade nas relações societárias, a teor das alterações promovidas pelas Leis nº 13.129/2015 e 10.303/2001.

2. A referida exegese, contudo, não autoriza a utilização e a extensão do procedimento arbitral à União na condição de acionista controladora da Petrobrás, seja em razão da ausência de lei autorizativa ou estatutária (arbitrabilidade subjetiva), seja em razão do conteúdo do pleito indenizatório que subjaz o presente conflito de competência na hipótese, o qual transcende o objeto indicado na cláusula compromissória em análise (arbitrabilidade objetiva).

3. Nos exatos termos da cláusula compromissória prevista no art. 58 do Estatuto da Petrobras, a adoção da arbitragem está restrita "às disputas ou controvérsias que envolvam a Companhia, seus acionistas, os administradores e conselheiros fiscais, tendo por objeto a aplicação das disposições contidas na Lei nº 6.404, de 1976, neste Estatuto Social".

4. Em tal contexto, considerando a discussão prévia acerca da própria existência da cláusula compromissória em relação ao ente público - circunstância em que se evidencia inaplicável a regra da "competência-competência" - sobressai a competência exclusiva do Juízo estatal para o processamento e o julgamento de ações indenizatórias movidas por investidores acionistas da Petrobrás em face da União e da Companhia.

5. Conflito de competência conhecido para declarar a competência do Juízo Federal suscitado (CC nº 151130 / SP).

Como antes visto, também a arbitragem só pode versar sobre direitos patrimoniais disponíveis, como as questões relacionadas ao restabelecimento do equilíbrio econômico-financeiro do contrato, ao inadimplemento de obrigações contratuais por quaisquer das partes e ao cálculo de indenizações.

Para a instalação da arbitragem, as partes podem eleger e nomear um ou mais árbitros, sempre em número ímpar, podendo nomear, também, os respectivos suplentes. A arbitragem é instituída quando ocorre a aceitação da nomeação pelo árbitro. O rito processual da arbitragem será definido pelas partes na convenção arbitral. Cumprido o processo arbitral, sob os princípios do contraditório, da igualdade das partes, da imparcialidade do árbitro e de seu livre convencimento, e concluída a instrução probatória, será proferida uma sentença arbitral em documento escrito. Proferida a sentença arbitral, dá-se por finda a arbitragem, devendo o árbitro, ou o presidente do tribunal arbitral, enviar cópia da decisão às partes, por via postal ou por outro meio qualquer de comunicação, mediante comprovação de recebimento, ou, ainda, entregando-a diretamente às partes, mediante recibo. A sentença arbitral produz, entre as partes e seus sucessores, os mesmos efeitos da sentença proferida pelos órgãos do Poder Judiciário e, sendo condenatória, constitui título executivo.

11.4 Do comitê de resolução de disputas

Comitê de resolução de disputas é órgão colegiado, destinado a fomentar a solução de controvérsias, neste exame, relacionadas à execução de contratos públicos. Em formatação tradicional é um instrumento destinado à prevenção e resolução de conflitos por parte de um comitê de especialistas eleito pelas partes contratantes para acompanhar a execução do contrato, prevenir e resolver conflitos de interesses no curso desta execução contratual. Como aponta Arnoldo Wald, "os dispute boards (DB) são painéis, comitês ou conselhos para a solução de litígios cujos membros são nomeados por ocasião da celebração do contrato e que acompanham a sua execução até o fim, podendo, conforme o caso, fazer recomendações (no caso dos Dispute Review Boards –DRB) ou tomar decisões (Dispute Adjudication Boards – DAB) ou até tendo ambas as funções (Combined Dispute Boards – CDB), conforme o caso, e dependendo dos poderes que lhes forem outorgados pelas partes".[318] O comitê de resolução de disputas poderá ter natureza revisora, adjudicativa ou híbrida, conforme competência designada pelo contrato ou por ato normativo específico. Não há previsão expressa em lei disciplinando a composição, as atribuições e competências do comitê de resolução de disputas. Há, assim, margem de ampla discricionariedade administrativa para formatar seus comitês. Estas competências tradicionalmente determinadas para o comitê de resolução de disputas podem ser distribuídas da seguinte forma: (i) ao comitê por revisão é conferido o poder de emitir recomendações não vinculantes às partes em litígio; (ii) ao comitê por adjudicação é conferido o poder de emitir decisões contratualmente vinculantes às partes em litígio; e (iii) ao comitê híbrido poderá tanto recomendar quanto decidir sobre os conflitos, cabendo à parte requerente estabelecer a sua competência revisora ou adjudicativa. O comitê de resolução de disputas, na forma preconizada em normas específicas ou no contrato, será provocado a atuar, diante de caso concreto de controvérsia contratual.

Neste contexto estrutural, o comitê por revisão ou o comitê híbrido tem uma função relevante de orientação e de institucionalizar decisões relativas a controvérsias contratuais. Tome-se, por exemplo, uma necessária manifestação acerca de controvertida revisão contratual. Em havendo dúvidas sobre direito de revisão contratual, a questão pode ser submetida ao comitê por revisão, que produzirá a orientação que fundamentará a solução administrativa e a decisão impessoal e institucional.

Uma das vantagens inegáveis do comitê de resolução de disputas é a possibilidade de ser constituído por profissionais especialistas no tema das contratações públicas, suas especificidades e particularidades, o que pode gerar, ao menos potencialmente, soluções tecnicamente mais adequadas.

O contrato e normas internas deverão dispor sobre a implementação dos comitês de resolução de disputas no âmbito de cada Administração.

---

[318] WALD, WALD, Arnoldo. Dispute Resolution Boards: evolução recente. *Revista de Arbitragem e Mediação*, v. 8, n. 30, p. 139-151, jul./set. 2011.

CAPÍTULO 12

SANÇÕES POR INEXECUÇÃO CONTRATUAL OU PELO COMETIMENTO DE INFRAÇÕES LEGAIS OU CONTRATUAIS

Por inadimplemento contratual ou por infração a norma jurídica e o contratado está sujeito a sofrer sanções impostas pelo Poder Público contratante.

12.1 Considerações preliminares: estrutura jurídica da infração contratual e princípios aplicáveis ao processo administrativo sancionatório

A inadimplência contratual ou o cometimento de condutas ilegais por parte do contratado pode caracterizar uma infração administrativo-contratual pela qual responderá e em razão da qual lhe pode ser aplicada uma sanção. Pode-se, então, referir que o contratado está sujeito a uma sanção quando descumpre obrigação contratual e quando descumpre norma jurídica – pelo cometimento de uma infração administrativa. Se a infração à norma jurídica se produz no curso e em relação à execução contratual, ou se há infração a disposição contratual expressa, tem-se uma infração administrativo-contratual.

A inexecução contratual pode ou não caracterizar uma infração administrativa. Quando a inexecução contratual, por exemplo, se dever a caso fortuito, força maior, ou a causa não atribuível ao contratado, pode-se estar diante de uma inexecução contratual que enseja rescisão, mas não caracteriza uma infração administrativa passível de sanção. Para que a inexecução contratual seja passível de sanção é preciso que ela se subsuma à noção de infração administrativa.

Pode-se operar no plano da definição de infração administrativa com o conceito analítico de crime. Portanto, pode-se conceituar infração administrativa também como um fato típico, antijurídico e culpável. Não é preciso reinventar a roda e conceber um novo conceito para infração administrativa, já que o conceito analítico de crime, de muito estudado pelo Direito Penal, presta-se integralmente à função de identificar e caracterizar uma infração administrativa. Infração administrativa é, pois, toda a conduta, comissiva ou omissiva, que se ajusta a um fato previsto em lei ou em contrato como típico, ilícita (contrária ao direito) e culpável (passível de ser objeto de sanção).

Para que ocorra uma infração administrativa, fundada no descumprimento de norma jurídica ou de cláusula contratual, é preciso que o contratado realize um fato típico. Tipo "é um modelo abstrato que descreve um comportamento proibido".[319] Há fato típico quando o agente realiza o que não poderia realizar ou deixa de realizar o que deveria ter feito. Essa noção aplica-se à relação jurídico-contratual. Quando o contratado pratica uma conduta ilegal, pratica um fato típico em razão da lei. Quando realiza conduta vedada ou deixa de realizar conduta preconizada no contrato administrativo, pratica um fato típico em razão do contrato. A conduta do contratado, para ser objeto de sanção, deve ser típica, o que implica dizer que deve haver tipicidade na conduta. Tipicidade é o ajuste ou conformação da conduta praticada ou omitida a uma descrição legal ou contratual que a torna desconforme ao direito. Para que haja tipicidade, "há uma operação intelectual de conexão entre a infinita variedade de fatos possíveis da vida real e o modelo típico descrito na lei. Essa operação, que consiste em analisar se determinada conduta apresenta os requisitos que a lei exige, para qualificá-la como infração penal, chama-se juízo de tipicidade".[320] Esta noção própria do Direito Penal é plenamente aplicável ao regime sancionatório administrativo, bastando que se inclua no conceito de tipicidade a conformação da conduta não somente ao tipo legal, mas também ao tipo contratual – conduta expressamente prevista no contrato como obrigatória ou vedada para o contratado.

Antijurídica é a conduta desconforme com norma prevista em direito, no plano geral. Para que se configure a infração administrativa sancionável, além de típica, a conduta do contratado deve ser ilícita. Por fim, é preciso que seja ela culpável, vale dizer, é preciso que o contratado seja passível de juridicamente sofrer a sanção.

A aferição sobre a existência de infração também pressupõe que o contratado tenha agido com dolo ou com culpa, seja no que diz com inexecução contratual, seja no que diz com infração à norma jurídica. Tal decorre do princípio da culpabilidade, pelo qual se assegura que "ninguém responderá por um resultado absolutamente imprevisível se não houver agido, pelo menos, com dolo e culpa".[321] Dolo é a intenção de realizar o resultado lesivo ao contrato ou à lei, "a vontade do agente é dirigida à realização do fato típico".[322] Já a conduta diz-se culposa quando o agente "deixa de observar o dever objetivo de cuidado, isto é, a diligência devida".[323] A culpa pode se manifestar nas modalidades de imprudência, negligência ou imperícia. Cezar Roberto Bitencourt aponta que

> Imprudência é a prática de uma conduta arriscada ou perigosa e tem caráter comissivo. É a imprevisão ativa (culpa in faciendo ou in commitendo). Conduta imprudente é aquela que se caracteriza pela intempestividade, precipitação, insensatez ou imoderação do agente(...) Na imprudência há visível falta de atenção, o agir descuidado não observa o dever objetivo da cautela devida que as circunstâncias fáticas exibem. Se o agente for mais atento, poderá prever o resultado, utilizando seus freios inibitórios, e assim não realizar a ação lesiva.

---

[319] BITENCOURT, Cezar Roberto. *Tratado de Direito Penal*. Parte 1. 16. ed. São Paulo: Saraiva, 2011. p. 304.
[320] BITENCOURT, Cezar Roberto, *op. cit.*, p. 305.
[321] BITENCOURT, Cezar Roberto, *op. cit.*, p. 387.
[322] BITENCOURT, Cezar Roberto, *op. cit.*, p. 319.
[323] BITENCOURT, Cezar Roberto, *op. cit.*, p. 332.

(...) Negligência é displicência no agir, a falta de precaução, a indiferença do agente, que, podendo adotar as cautelas necessárias, não o faz. É a imprevisão passiva, o desleixo, a inação (culpa in ommitendo). É não fazer o que deveria ser feito antes da ação descuidada (...)
(...) Imperícia, por outro lado, é a falta de capacidade, de aptidão, despreparo ou insuficiência de conhecimentos técnicos para o exercício de arte, profissão ou ofício.[324]

A estrutura básica de uma infração administrativo-contratual em muito se assemelha à estrutura básica da infração penal: para que se configure é preciso que o contratado tenha, por ação ou omissão, violado norma jurídica, norma prevista no contrato ou deixado de cumprir obrigação contratual que lhe cabia (fato típico, antijurídico e culpável). Deve o contratado ter agido com dolo ou culpa, e nessa condição ter realizado a conduta irregular e violadora de norma jurídica prevista na lei ou no contrato (ilícita). É preciso ainda que a conduta seja culpável. Culpável é a conduta reprovável, e pois, valoração negativa dos motivos que levaram o autor da conduta comissiva ou omissiva,[325] pelo que, "somente se pode dirigir um juízo de culpabilidade ao autor quando este podia conhecer o injusto e adequar o seu proceder de acordo com esse conhecimento".[326] Para que tal ocorra, é preciso capacidade de culpabilidade, consciência da ilicitude e exigibilidade da conduta conforme o direito. A ausência de qualquer desses elementos é suficiente para impedir a aplicação de uma sanção penal.[327]

Tal é a estrutura normativa exigida para que se evidencie uma infração administrativo-contratual, e a aplicação de sanção demanda existência dela, o que será objetivamente aferido pela Administração contratante. Cometida uma infração administrativo-contratual, descumprimento de norma jurídica ou de obrigação contratual, o contratado está sujeito a uma sanção.

Sanção administrativa pode ser definida como punição dotada de autoexecutoriedade, com finalidade repressiva e preventiva, prevista em lei pelo cometimento de fato típico administrativo-contratual, a ser aplicada pelo Estado no exercício da função administrativa após o devido processo legal, no qual sejam asseguradas efetiva e concretamente as garantias do contraditório e da ampla defesa. É a resposta pública diante do cometimento de uma infração administrativo-contratual.

12.2 Princípios que regem a aplicação de sanções por infração administrativo-contratual

A aplicação de uma sanção no plano das relações jurídico-contratuais deve atender a todo o regime principiológico que rege a Administração Pública, como os da legalidade, moralidade e probidade, e, em especial, os seguintes princípios.

---

[324] BITENCOURT, Cezar Roberto, op. cit., p. 338.
[325] BITENCOURT, Cezar Roberto, op. cit., p. 406.
[326] BITENCOURT, Cezar Roberto, op. cit., p. 407.
[327] BITENCOURT, Cezar Roberto, op. cit., p. 387.

12.2.1 Princípio da isonomia

O princípio da isonomia no plano das sanções demanda que todos sejam submetidos a igual tratamento pela Administração Pública, sem discriminação de qualquer natureza. Como dispõe Diogenes Gasparini, "todos devem ser tratados por ela igualmente tanto quando concede benefícios, confere isenções, ou outorga vantagens como quando prescreve sacrifícios, multas, sanções, agravos. Todos os iguais em face da lei também o são perante a Administração Pública. Todos, portanto, têm o direito de receber da Administração Pública o mesmo tratamento, se iguais".[328] No plano do regime sancionatório aplicável, quando de cometimento de infração contratual, esse princípio opera determinando que em uma mesma organização pública, uma mesma infração cometida por duas pessoas diferentes não pode ser apenada com sanção diferente. Por exemplo, uma empresa contratada deixa de pagar o salário de quatro empregados em determinado mês e recebe sanção de multa. Outra empresa comete a mesma infração, deixar de pagar salário de quatro empregados e recebe uma sanção de impedimento de contratar com a Administração Pública. A segunda sanção é flagrantemente violadora da isonomia e, portanto, passível de nulidade.

12.2.2 Princípio da impessoalidade

A decisão sobre aplicação de sanção não deve levar em conta opinião pessoal ou vontade pessoal do administrador. A decisão sancionatória deve ser fundada nos fatos efetivamente ocorridos e no regime jurídico aplicável à infração cometida. No princípio da imparcialidade, "se traduz a ideia de que a Administração tem que tratar a todos os administrados sem discriminações benéficas o detrimentosas".[329] A aplicação de sanção não deve levar em conta aspectos subjetivos da pessoa do contratado – salvo no caso de tais aspectos integrarem, por si sós, a infração. O relevante é ter ou não havido um fato típico, antijurídico e culpável, elementos da infração administrativo-contratual, que será passível da sanção aplicada em acordo com os demais princípios que regem a relação contratual, e não em decorrência de juízo ou entendimento pessoal da autoridade sobre os fatos cometidos pela contratada.

É da tradição do direito brasileiro que os processos administrativos sejam conduzidos por órgão colegiado, o que diminui a possibilidade de erro, confere maior impessoalidade ao resultado da investigação e maior isenção quando da prolação da decisão administrativa.

O princípio da impessoalidade tem especial relevância tanto quando da designação dos membros da comissão como na atuação desta. Lembre-se de que, no dizer de Cármen Lúcia Antunes Rocha,

> O princípio constitucional da impessoalidade administrativa tem como objeto a neutralidade da atividade administrativa, fixando como única diretriz jurídica válida para os comportamentos estatais o interesse público. A impessoalidade no trato da coisa pública garante exatamente

---
[328] GASPARINI, Diogenes. *Direito Administrativo*. 13. ed. São Paulo: Saraiva, 2008. p. 20.
[329] BANDEIRA DE MELLO, Celso Antônio. *Curso de Direito Administrativo*. 31. ed. São Paulo: Malheiros, 2014. p. 117.

esta qualidade da res gerida pelo Estado: a sua condição de ser pública, de todos, patrimônio de todos voltado à concretização do bem de todos e não de grupos ou de algumas pessoas. À generalidade da lei corresponde a impessoalidade da Administração, e é isto o que garante a resistência contra usos e abusos do Poder do Estado por pessoas ou grupos. O princípio da impessoalidade da Administração Pública traduz-se na ausência de marcas pessoais e particulares correspondentes ao administrador, que, em determinado momento, esteja no exercício da atividade administrativa, tornando-a, assim, afeiçoada a seu modelo, pensamento ou vontade.[330]

A impessoalidade deve pautar a escolha dos membros que integrarão a comissão de processo administrativo e a conduta desta e de todos os envolvidos no processo de apuração, certo que o objeto da atuação da comissão e dos agentes envolvidos no processo é a apuração isenta e neutra de todos os fatos, para concluir, de forma imparcial, acerca da responsabilidade.

12.2.3 Princípio da boa-fé

O princípio da boa-fé tem especial relevância nas relações jurídico-administrativas. O seu fundamento está inserido totalmente na ideia de crença e de confiança. Jesus Gonçalez Perez[331] ilustra a relação jurídico-administrativa como uma dialética do senhor e do escravo, afirmando que entre o mundo da Administração e o mundo dos administrados existe um abismo imenso. As relações se dão dentro de um ambiente de desconfiança absoluta. Ressalta, portanto, a necessidade do princípio da boa-fé para humanizar as relações entre administradores e administrados, como instrumento para restabelecer a confiança entre esses dois mundos, que parecem irreconciliáveis. Embora haja aparente exagero no antagonismo ressaltado por Gonzalez Perez, é inegável que a relação jurídica entre a Administração e os particulares deve estar submissa a um núcleo normativo mínimo que fixe parâmetros de lealdade e confiança, de modo a proporcionar uma certa previsibilidade e segurança na relação. Para Juarez Freitas, o princípio estatui "o poder-dever de o administrador público zelar pela estabilidade decorrente de uma relação timbrada de autêntica fidúcia mútua, no plano institucional".[332]

Implica o princípio da boa-fé que as duas partes na relação administrativa, Administração e particulares, obrigam-se a uma conduta reta e fundada na confiança recíproca de que não haverá a intenção de auferir vantagem indevida ou de provocar prejuízo à outra parte, bem como de que toda a conduta será adequada ao regime normativo vigente, de modo a evitar a edição ou a prática de atos que possam vir a ser invalidados. Do ponto de vista da contratação administrativa, significa a confiança por parte do particular, por exemplo, de que a Administração somente realizará as modificações unilaterais indispensáveis à satisfação do interesse público; e por parte da Administração, de que o particular contratado foi leal na elaboração dos termos da proposta no certame licitatório, ou de que qualquer pleito no sentido de exigir a

---

[330] ROCHA, Cármen Lúcia Antunes. *Princípios constitucionais da Administração Pública*. Belo Horizonte: Del Rey, 1994. p. 147.
[331] PEREZ, Jesus Gonzalez. *El principio general de la buena fe en el Derecho Administrativo*. Madrid: Civitas, 1983. p. 58-59.
[332] FREITAS, *op. cit.*, p. 73.

readequação da equação financeira do contrato parte de substrato, jurídico ou fático, honesto e real. Agustín Gordillo assevera que se o administrador, no exercício de uma prerrogativa pública, usa de má-fé, artifícios e artimanhas, por ação ou omissão, inclusive o silêncio, para levar a erro ou engano o particular, esse tipo de conduta "é por certo incompatível com o que deve ser o exercício da função administrativa, e é também ilegítima, ainda que a ação administrativa que se tenha exercido fosse discricionária (...)".[333] Por fim, Bielsa, ao analisar a boa-fé aplicada aos contratos administrativos, para demonstrar a importância do princípio na relação contratual pública, chega a afirmar que "não se olvide que o contrato administrativo é mais um contrato '*buonae fidei*' que '*stricti juris*'. Esta é a tendência hoje dominante".[334] Esse princípio é essencial à relação contratual. O particular contratado, embora almeje finalidade primordialmente privada – a obtenção de lucro – da execução do contrato, dele participa na qualidade, como visto, de parceiro. É interesse também da Administração que a execução do contrato propicie o atendimento dos objetivos do contratado para assegurar a continuidade da execução contratual. De outro lado, implica que o particular tenha a segurança de que as exigências impostas pela Administração serão adequadas ao fim de interesse público que as motivou.

12.2.4 Princípio da moralidade

Hans Kelsen já mencionava que, ao lado das normas jurídicas fixadas para ordenar uma coletividade, convivem normas sociais que regulam a conduta dos homens entre si, que podem ser abrangidas sob a designação de moral.[335] Na órbita do direito privado ou das relações sociais entre particulares, a moral é constituída por um conjunto de normas de proceder ou de conduta, não escritas, que tornam o convívio social mais harmônico. A sanção para o descumprimento das normas morais – desde que, evidentemente, tal descumprimento não implique violação a qualquer preceito de lei *lato sensu* – no âmbito dos particulares é a sanção social, a desaprovação manifestada pela comunidade –, trata-se de sanção pelo descumprimento de uma convenção social.

Max Weber apresenta uma precisa distinção postulando que uma ordem é denominada convenção "quando sua vigência está garantida externamente pela probabilidade de que, dentro de determinado círculo de pessoas, um comportamento discordante tropeçará com a reprovação (relativamente) geral e praticamente sensível". Ao contrário, a ordem será denominada direito, "quando está garantida externamente pela probabilidade da coação (física ou psíquica) exercida por determinado quadro de pessoas cuja função específica consiste em forçar a observação dessa ordem ou castigar a sua violação".[336] A moral privada "encontra no plano da existência do sujeito-agente a sua razão de ser e, mais propriamente, tem sua instância axiológica no plano da existência do sujeito que pratica a ação (...) a medida axiológica da ação é dada, em

---

[333] GORDILLO, Agustín. *Tratado de Derecho Administrativo*. 5. ed. Buenos Aires: Fundación de Derecho Administrativo, 1988. t. 1, p. X-34.
[334] BIELSA, *op. cit.*, p. 566.
[335] KELSEN, Hans. *Teoria pura do direito*. 2. ed. São Paulo: Livraria Martins Fontes Editora, 1987. p. 63.
[336] WEBER, *op. cit.*, p. 21.

última análise, pelo foro do sujeito".[337] Embora a gênese da moral privada e da moral administrativa seja a mesma, a moralidade administrativa tem conformação diversa, como diversas também são as consequências das condutas administrativas que não observarem as suas regras.

Para Diogo de Figueiredo Moreira Neto, haverá vício de moralidade quando o agente público "praticar ato administrativo (ou contrato administrativo ou ato administrativo complexo) fundando-se em motivo: a) inexistente; b) insuficiente; c) inadequado; d) incompatível; e e) desproporcional".[338] Na opinião de Juarez Freitas, o princípio da moralidade "veda condutas eticamente inaceitáveis e transgressoras do senso moral da sociedade, a ponto de não comportarem condescendência".[339] Para o autor, o princípio prega que se deve dar aos outros o mesmo tratamento que se gostaria de receber, identificando-se, nesse pormenor, com o princípio da justiça.[340] Note-se que ao reverso do que ocorre quando da violação à moralidade privada, a violação ou o cometimento de ato contrário à moralidade administrativa conduz a dois resultados jurídicos relevantes: a invalidação do ato e a responsabilização do agente público que o praticou.

12.2.5 Princípio da razoabilidade

A conduta administrativa, ao perseguir o interesse público, não é livre. O argumento de persecução do interesse público não é, por si só, suficiente para endossar e autorizar qualquer atuação administrativa. A conduta deve ser equilibrada e adotada após o devido sopesamento da realidade empírica e da devida subsunção da situação de fato às determinações legais e principiológicas que regem a situação concreta posta ao exame da autoridade pública. A modificação objetivada, e efetivamente realizada pela Administração quando da prática de um ato concreto, quer quando altera uma relação jurídica estabelecida diretamente com o administrado, quer mesmo quando provoca modificação material que apenas mediatamente produzirá reflexos na esfera jurídica dos cidadãos, não está desde logo justificada sob a invocação de que o ato se deu em prol ou na perseguição do interesse público.

A autoridade tem o dever de apresentar a justificativa para a conduta eleita como adequada para certa situação que exigiu uma atuação administrativa, e essa justificativa deve comprovar que a conduta eleita foi razoável em face das circunstâncias fáticas, "porque a lei não faculta a quem exercita a atividade administrativa adotar providências ilógicas ou desarrazoadas", e a validade do uso das prerrogativas e poderes públicos "adscreve-se ao necessário" para alcançar certo escopo normativo.[341]

Um dos requisitos de validade da conduta administrativa é de que seja ela razoável. Para Diogo de Figueiredo Moreira Neto, a análise da razoabilidade da conduta não está adstrita à compatibilização de causa e efeito, pelo que se estabelece uma relação racional,

---

[337] REALE, Miguel. *Filosofia do Direito*. 17. ed. São Paulo: Saraiva, 1996. p. 398.
[338] MOREIRA NETO, *op. cit.*, p. 65.
[339] FREITAS, *op. cit.*, p. 67.
[340] FREITAS, *op. cit.*, p. 68.
[341] BANDEIRA DE MELLO, Celso Antônio. *Discricionariedade e controle judicial*. 2. ed. São Paulo: Malheiros, 1993. p. 96.

mas, de interesses e razões, numa relação razoável. O autor ilustra essa assertiva com o seguinte exemplo: "para se construir uma ponte, usa-se a lógica do racional; para se decidir se se deve ou não construí-la, necessita-se da lógica do razoável. No primeiro caso, trabalha-se com causas e efeitos, e, no segundo, com razões e interesses".[342]

12.2.6 Princípio do devido processo legal

O princípio em evidência neste tópico é o do devido processo legal, pois como salienta Fábio Medina Osório "a base dos princípios (e direitos) fundamentais do Direito Administrativo Sancionador, no sistema brasileiro, reside na cláusula do *due process of law*, expressamente prevista na CF/88",[343] que tem como um dos vetores mais importantes a busca de interdição à arbitrariedade dos poderes públicos.[344]

A cláusula do devido processo legal garante determinados e inafastáveis direitos, destacados por José Celso de Mello Filho:

> a) direito à citação e ao conhecimento do teor da peça acusatória; b) direito a um rápido e público julgamento; c) direito ao arrolamento de testemunhas e à notificação destas para comparecimento perante os tribunais; d) direito ao procedimento contraditório; e) direito de não ser processado, julgado ou condenado por alegada infração às leis ex post facto; f) direito à plena igualdade com a acusação; g) direito de não ser acusado nem condenado com base em provas ilegalmente obtidas ou ilegitimamente produzidas; h) direito à assistência judiciária, inclusive gratuita; i) privilégio contra a auto-incriminação; j) direito de não ser subtraído ao seu juiz natural.[345]

Egon Bockmann Moreira discorre com precisão sobre condutas que não se ajustam à noção do devido processo legal:

> Assim, não será devido o processo (i) sigiloso ou fechado, a não ser quando indispensável para a segurança nacional ou para a proteção do direito à intimidade; (ii) absolutamente informal (não atuado ou encaminhado segundo procedimento e sequencia desconhecidos); (iii) burocratizado (excessivamente formal, revestido de formalidades inúteis); (iv) não participativo (em que o particular não é ouvido e não consegue influenciar ou interagir com a Administração, ainda que não seja no exercício da ampla defesa e contraditório); (v) desobediente a prazos mínimos para a prática dos atos; (vi) violador ou aviltante de garantias constitucionais e legais específicas; (vii) que não represente um 'caminhar para frente' (princípio da preclusão); (viii) que despreze os limites objetivos e subjetivos fixados na peça inicial, seja ela produzida pela Administração ou pelo particular (à semelhança do 'princípio do libelo' ou 'estabilidade da demanda'); (ix) que não busque atingir objetivo público certo, predeterminado e lícito; (x) ineficiente (tanto o que não busca resultado útil quanto que se vale de instrumentos inúteis na busca de resultado útil); (xi) ineficaz

---

[342] MOREIRA NETO, Diogo de Figueiredo. *Curso de Direito Administrativo*. 10. ed. Rio de Janeiro: Forense, 1992. p. 71.
[343] *Op. cit.*, p. 159.
[344] *Op. cit.*, p. 163.
[345] MELLO FILHO, José Celso de. *Constituição Federal Anotada*. São Paulo: Saraiva, 1984, p. 341 apud MOREIRA, Egon Bockmann. *Processo Administrativo*. Princípios constitucionais e a Lei 9.784/99. São Paulo: Malheiros, 2003. p. 198.

(não culmina em um decisão com efeitos concretos ou práticos); (xii) que não preveja ou possibilite revisão dos atos decisórios de primeiro grau; (xiii) que não permita a atuação ativa da defesa técnica, a ser exercitada por advogado e/ou peritos; (xiv) que não tenha início com notificação, clara e precisa, em que se consigne prazo certo para apresentação de defesa; (xv) que não permita a produção de provas; (xvi) que não se fundamente única e exclusivamente em provas lícitas; e (xvii) oneroso (excessivamente custoso aos cofres públicos ou aos particulares).[346]

Não são poucos, ao contrário, são inúmeros os casos de processos administrativos anulados pelo Poder Judiciário pelo cometimento de erros e irregularidades que os tornam imprestáveis juridicamente. Vícios materiais ou formais, ainda que de pequena envergadura, podem pôr a perder meses de trabalho administrativo, e, o que é mais grave, gerar a impunidade pela inviabilidade jurídica das sanções aplicadas.

O processo administrativo é instrumento fundamental e legítimo para a formação da vontade estatal no Estado Democrático e Social de Direito, especialmente em razão da impessoalidade que lhe deve ser imanente. No dizer de Carlos Ari Sundfeld,

> Trata-se de tentativa de impedir que os agentes administrativos, colocados no corpo do Estado para realizar interesses impessoais, desvirtuem sua ação e misturem os atos públicos com seus interesses pessoais ou com sua visão privada. Deseja-se que o agente público seja instrumento de interesses que transcendem a ele e, para viabilizá-lo, imaginou-se trazer da vida judicial este mecanismo: o processo.
>
> O que há de fundamental na ideia de processo é o princípio da impessoalidade. Quer-se despersonalizar quem decide, de forma a transformá-lo em instrumento, em cada caso concreto, de interesses mais elevados, os públicos ou coletivos, impedindo que a decisão política seja contaminada por interesses pessoais.[347]

Por intermédio do processo administrativo é – ou ao menos deveria ser – assegurada ao interessado a participação no rito de formação da vontade administrativa, oportunizando o contraditório e a ampla defesa e qualificando-o pela participação de todas as partes interessadas no resultado.

Ele – o processo administrativo – é, nos termos de Celso Antônio Bandeira de Mello, relevante pelo fato "de ser um meio apto a controlar o 'iter' de formação das decisões estatais, o que passou a ser um recurso extremamente necessário a partir da multiplicação e do aprofundamento das ingerências do Poder Público sobre a sociedade",[348] que o autor define como "uma sucessão itinerária e encadeada de atos administrativos que tendem, todos, a um resultado final e conclusivo".[349]

---

[346] *Op. cit.*, p. 265.
[347] SUNDFELD, Carlos Ari. *Processo Administrativo*: temas polêmicos da Lei nº 9.784/99. O processo administrativo e seu sentido profundo no Brasil. São Paulo: Atlas, 2011. p. 3.
[348] BANDEIRA DE MELLO, Celso Antônio. *Curso de Direito Administrativo*. 27. ed. São Paulo: Malheiros, 2010. p. 494.
[349] BANDEIRA DE MELLO, *op. cit.*, p. 487.

12.2.7 Princípio do juiz natural

Romeu Felipe Bacellar Filho, com propriedade, rememora que o princípio do juiz natural está "afirmado na Constituição de 1988 no art. 5º, incisos XXXVII – não haverá juízo ou tribunal de exceção – e LIII – ninguém será processado nem sentenciado senão pela autoridade competente".

O princípio do juiz natural determina que somente uma autoridade competente poderá aplicar a sanção e que a aplicação da sanção somente será legítima se a autoridade que a aplicar o fizer com absoluta imparcialidade. Imparcialidade e competência integram o conteúdo jurídico do princípio do juiz natural.

Sob o prisma estrito de imparcialidade, pode-se defender que a aplicação de sanção pressuporia fosse ela precedida de processamento por comissão permanente, que, tal qual o órgão judicante, integrante do Poder Judiciário, quedasse inerte, aguardando que lhe fossem distribuídos processos destinados à apuração de irregularidades na contratação pública. As comissões permanentes de processo administrativo parecem melhor representar a ideia fundamental do juiz natural, uma vez que uma comissão designada especificamente para um determinado ato poderia, em tese, ser constituída com propósito de ou absolver, ou punir, o que macularia em concreto o princípio. A Lei nº 14.133/21 prevê que a aplicação das sanções de impedimento de licitar e contratar, e declaração de inidoneidade requererá a instauração de processo de responsabilização, a ser conduzido por comissão composta de 2 (dois) ou mais servidores estáveis – fixando o Juiz Natural.

É importante a disposição de que o processo será conduzido por servidores estáveis. A estabilidade garante que o servidor somente poderá perder o cargo em virtude de sentença judicial transitada em julgado; mediante processo administrativo em que lhe seja assegurada ampla defesa; mediante procedimento de avaliação periódica de desempenho, na forma de lei complementar, assegurada ampla defesa (art. 41, §1º, da Constituição Federal).

O servidor estável, notadamente, é menos sujeito a influências de ordem hierárquica, podendo desenvolver sua atuação com maior independência e autonomia para conferir efetividade ao princípio do devido processo legal. Por intermédio da atuação de servidores estáveis pode-se produzir a decisão mais justa e correta sob a perspectiva constitucional, limitando a capacidade de autoridades, de que ordem hierárquica forem, influenciar e contaminar de parcialidade o resultado da investigação administrativa, seja para beneficiar, seja para prejudicar a pessoa jurídica ou física processada.

12.2.8 Princípio da proporcionalidade

Esse princípio determina que a reação administrativa deve sempre ser equivalente e ajustada à conduta praticada pelo contratado e que "as competências administrativas só podem ser validamente exercidas na extensão e intensidade correspondente ao que seja realmente demandado para cumprimento da finalidade de interesse público a que estão atreladas".[350]

---

[350] BANDEIRA DE MELLO, *Op. cit.*, p. 113.

José Joaquim Gomes Canotilho apresenta a seguinte importante estrutura para o princípio da proporcionalidade:

> Como superconceito, desdobra-se em várias exigências ou princípios que, esquematicamente, poderemos arrumar da seguinte maneira:
> a) princípio de conformidade ou adequação de meios: com esta exigência pretende-se salientar que a medida adoptada para a realização do interesse público deve ser apropriada para a prossecução do fim ou fins a ele subjacentes. Consequentemente, a exigência de conformidade pressupõe a investigação e a prova de eu o acto do poder público é apto e conforme o s fins justificativos da sua adoção. Trata-se, pois, de controlar a relação de adequação medida-fim.
> b) princípio da exigibilidade ou da necessidade: Este requisito, também conhecido como princípio da necessidade ou da menor ingerência possível coloca a tonica na ideia de que o cidadão tem direito à menor desvantagem possível. Assim, exigir-se-ia sempre a prova de que, para a obtenção de determinados fins, não era possível adoptar outro meio menos oneroso para o cidadão.
> c) o princípio da proporcionalidade em sentido estrito: quando se chegar à conclusão da necessidade e adequação do meio para alcançar determinado fim, mesmo neste caso deve perguntar-se se o resultado obtido com a intervenção é proporcional à carga coactiva da mesma. Meios e fins são colocados em equação mediante juízo de ponderação, a fim de avaliar se o meio utilizado é ou não desproporcionado em relação ao fim. Trata-se pois, de uma questão de medida ou desmedida para se alcançar um fim: pesar as desvantagens dos meios em relação às vantagens do fim.[351]

O princípio da proporcionalidade é elementar para a quantificação e intensidade da sanção (dosimetria). Uma sanção desproporcional em relação à gravidade da infração administrativo-contratual será eivada de vício ao princípio da proporcionalidade e passível de anulação.

12.2.9 Princípio da motivação

Consiste no dever inafastável de apresentar expressa e explicitamente as razões de fato e de direito que levaram à prática do ato ou da decisão administrativa. Implica demonstrar formalmente os motivos pelos quais a Administração Pública reputa que o ato praticado é aquele que melhor atenderá o interesse público e a necessidade administrativa objetivamente considerada. "Dito princípio implica para a Administração o dever de justificar seus atos, apontando-lhes os fundamentos de direito e de fato, assim como a correlação lógica entre os eventos e situações que deu por existentes e a providência tomada, nos casos em que este último aclaramento seja necessário para aferir-se a consonância da conduta administrativa com a lei que lhe serviu de arrimo".[352]

O princípio da motivação exsurge adjetivado no que tange à aplicação de sanções por inexecução contratual, em razão da tipicidade diferida peculiar ao regime de sanções aplicável às inexecuções contratual, em especial, e às infrações administrativas, em geral (para alguns atipicidade administrativa).

---

[351] CANOTILHO, José Joaquim Gomes. *Direito Constitucional*. 6. ed. Coimbra: Almedina, 1993. p. 382.
[352] BANDEIRA DE MELLO, *op. cit.*, p. 115.

Com efeito, visto anteriormente que o tipo administrativo é a conduta abstratamente considerada, prevista na lei ou no contrato que, se realizada ou omitida pelo contratado, pode caracterizar uma infração administrativo-contratual. Tipicidade é juízo de adequação, de ajuste ou de conformação da conduta, omissiva ou comissiva, ao tipo administrativo ou fato típico. O regime jurídico administrativo sancionatório convive com tipos expressos, do tipo fechado, e de fácil compreensão (não entregar documentos, por exemplo). Nesses tipos, a descrição da conduta exigida ou vedada é clara e completa. Mas também convive com os denominados tipos abertos, que não têm previsão completa da conduta vedada ou exigida, bem como se valem de cláusulas gerais ou de conceitos jurídicos indeterminados, deixando para o intérprete a busca do sentido da norma de conduta. O juízo de tipicidade é bastante complexo quando se trata dos tipos abertos ou indeterminados. De outra sorte, as leis que versam sobre sanções no processo da contratação pública não trazem uma completa e expressa correlação entre conduta típica e sanção aplicável, deixando ao aplicador a decisão sobre dosimetria (quantidade de sanção a ser aplicada). Quando há correlação imediata entre a conduta típica e a sanção cabível, a motivação do ato sancionatório pode ser mais simples. Basta a indicação da conduta cometida e a demonstração de qual sanção determina a norma jurídica. Quando inexiste tal correlação direta e imediata, a tarefa do aplicador é bastante mais complexa e o zelo para com os princípios basilares de regência deve ser máximo. Esta peculiar condição inerente ao regime jurídico administrativo torna a motivação do ato sancionatório ainda mais relevante. É imperioso e fundamental uma suficiente e adequada justificativa para a sanção eleita e aplicada, sob pena de vício de nulidade.

12.2.10 Princípio da celeridade

O princípio da celeridade está previsto expressamente no art. 5º da Lei nº 14.133/21. Demanda que a duração do processo será a estritamente necessária e justificada em face do cumprimento de deveres jurídicos e de formalidades. Este princípio é corolário do preceito do art. 5º, LXXVIII da Constituição Federal: a todos, no âmbito judicial e administrativo, são assegurados a razoável duração do processo e os meios que garantam a celeridade de sua tramitação. Para garantir efetividade ao princípio, devem ser adotadas medidas administrativas concretas, como comunicações pela via eletrônica, entre outras.

12.2.11 Princípio da segurança jurídica

Com previsão no art. 5º da Lei nº 14.133/21 determina previsibilidade objetiva no curso do processo. Para tanto, é indispensável a edição de regulamentos e normas internas próprias versando sobre o processo de apuração de responsabilidade, com apontamento das competências, atribuições, direitos e garantias das partes, bem como das providências materiais e formais que devem ser adotadas.

12.2.12 Princípio do contraditório

O processo administrativo para apuração de responsabilidade é constituído de conjunto de informações decisivas para a formação do convencimento da autoridade pública. Este conjunto de informações, por seu turno, é constituído por conteúdo ofertado pelas partes na relação processual. Contraditório implica oportunidade de manifestação no processo, sempre que tal se fizer necessário para garantir a igualdade processual entre as partes. A este propósito, já deliberou o Supremo Tribunal Federal que "em consonância com o princípio da igualdade das partes e do contraditório, sempre que for carreado aos autos documento novo, relevante para a decisão, deve ser concedida à parte contrária, contra ou em face da qual produzida a prova, oportunidade de manifestação a respeito".[353]

12.3 Sanções a que estão sujeitos os contratados pelo cometimento de infrações administrativo-contratuais

Pelo regime jurídico previsto na Lei nº 14.133/21, os licitantes e contratados estão sujeitos às seguintes sanções:

> Art. 156. Serão aplicadas ao responsável pelas infrações administrativas previstas nesta Lei as seguintes sanções:
> I – advertência;
> II – multa;
> III – impedimento de licitar e contratar;
> IV – declaração de inidoneidade para licitar ou contratar.

12.3.1 Sanções e previsão no instrumento convocatório

É importante que o instrumento convocatório contenha todas as previsões necessárias ao processamento da licitação, à formação e a execução do contrato administrativo. O instrumento convocatório tem natureza instrumental e operacional no processo da contração pública, funcionando como um verdadeiro roteiro a ser observado pelos agentes públicos e pelos particulares contratados. Deve ser antecedido de suficiente e aprofundado planejamento, de modo a antecipar todos os eventuais problemas e contingências que podem afetar a execução do contrato e fornecer a solução a ser adotada pela Administração (previsibilidade objetiva). Evidente que é impossível, como norma, que o edital preveja todas as situações de fato e jurídicas que podem se evidenciar no curso da execução contratual. Porém, muitas delas são recorrentes e já constam do histórico contratual de cada órgão ou entidade pública.

Como regra geral, tem-se, então, que o instrumento convocatório deve conter previsão expressa das sanções a que estão sujeitos os contratantes em caso de cometimento de infração administrativo-contratual. Não se olvide, porém, que determinadas sanções podem ser aplicadas diretamente da lei, sem que a previsão no instrumento convocatório seja uma condição jurídica. É o caso das sanções de advertência, impedimento de licitar e contratar e declaração de inidoneidade.

Já as sanções de multa, obrigatoriamente, devem estar previstas no instrumento convocatório, porque demandam critérios e parâmetros para a aplicação. Para aplicar sanção de multa deve haver prévia definição do seu valor, fixo ou em percentual, e neste

---

[353] REsp nº 256.164-DF.

caso, é preciso que o instrumento convocatório e o contrato prevejam expressamente a base de cálculo sobre a qual incidirá tal percentual – parâmetros para a fixação da multa.

É cláusula necessária do contrato público a que preveja os direitos e as responsabilidades das partes, as penalidades cabíveis e os valores das multas e suas bases de cálculo (art. 92, IV).

12.3.2 Aplicação de sanções é um dever

A aplicação de sanções é, antes de poder público, um dever inafastável. O artigo 104 da Lei nº 14.133/21 prevê que a aplicação de sanções com caráter de autoexecutoriedade é uma das prerrogativas exorbitantes da Administração contratante. A função da pena é objeto de inúmeras teses e teorias, jurídicas e filosóficas, sabe-se. Numa perspectiva, toda pena tem duas funções específicas, a de prevenção geral e a de prevenção especial. Segundo Juarez Cirino dos Santos, a "execução do programa de prevenção especial ocorre em dois processos simultâneos, pelos quais o Estado espera evitar crimes futuros do condenado",[354] e "a função de prevenção geral atribuída à pena criminal igualmente tem por objetivo evitar crimes futuros mediante uma forma negativa antiga e uma forma positiva pós-moderna".[355] A sanção tem, além do caráter de retribuição pelo cometimento de uma infração, esta dupla função de prevenção: evitar que o punido volte a cometer infrações e evitar que as pessoas cometam infrações, desestimulando práticas infracionais pelo temor da ameaça de sofrer sanção. Além do dever de assegurar tais funções da sanção – que de resto tem efetivamente, ou ao menos pode ter, caráter didático-pedagógico, formando e conformando o mercado –, a aplicação de sanções é uma prerrogativa do tipo dever-poder da Administração Pública, da qual não pode se furtar sem justa causa. Não há faculdade para aplicação de sanção. Identificada uma infração administrativo-contratual, é obrigatório proceder à apuração da responsabilidade em processo administrativo regular, e, constatada a existência de fato típico, antijurídico e culpável atribuível ao contratado, deve obrigatoriamente ser aplicada a sanção. O Tribunal de Contas da União já decidiu que a aplicação de sanções não é decisão discricionária dos gestores.

> Recurso de revisão. Contratos. Responsabilidade. O não cumprimento do contrato enseja aplicação das sanções previstas. Não se trata de decisão discricionária dos gestores. Recurso do MP provido. Contas julgadas irregulares.
> 12. Por fim, passo a abordar a irregularidade que tem o condão de mudar o mérito das contas de 2007 do Sesc/PI, qual seja, a não aplicação, às empresas contratadas, das sanções previstas no contrato 06/2004 e, ainda, a Resolução SESC 1012/2001, bem como "a formalização, posterior à própria rescisão unilateral do contrato, de termo de ajuste, prestação de contas e quitação com a [1] Ltda e [2], reconhecendo uma dívida de R$250.241,93, que, por seu turno, não se mostrou devidamente justificada e detalhada de forma circunstanciada em levantamento técnico que levasse em conta, principalmente, o percentual de execução das obras quando foram abandonadas".

---

[354] SANTOS, Juarez Cirino dos. *Direito Penal*. Parte Geral. 5. ed. Florianópolis: Conceito Editorial, 2012. p. 424.
[355] SANTOS, Juarez Cirino dos. *Direito Penal*. Parte Geral. 5. ed. Florianópolis: Conceito Editorial, 2012. p. 426.

13. Sobre o fato, consta dos autos que a empresa contratada e, posteriormente, a subcontratada não concluíram a obra para qual receberam pagamentos. Para a sua conclusão, inclusive, houve necessidade de contratação de uma terceira construtora. Não havendo o cumprimento total do contrato, as sanções previstas deveriam ter sido aplicadas pela direção do Sesc/PI, o que não foi feito.

14. Ademais, não cabe arguir que a decisão de se aplicar, ou não, as penalidades cabíveis estaria afeta à competência discricionária dos gestores, ao contrário, era sua.

15. Considero, portanto, em conformidade com a Secex/PI e o MP/TCU, que a ocorrência é suficiente para macular as contas do gestor relativas ao exercício de 2007. Como demonstrado, não foram respeitados pelo responsável os dispositivos legais que vinculavam a contratação, a saber: o contrato 06/2004 e a própria Resolução SESC 1012/2001.

9.2. julgar irregulares as contas de (...) então Presidente do Conselho Regional e diretor regional do Sesc/PI, relativas ao exercício de 2007 (AC nº 2.916-42/13-P);

A não instauração de processo administrativo com vistas à aplicação de penalidade ao licitante que deixa de entregar a documentação de habilitação exigida no edital do pregão contraria o art. 7º da Lei 10.520/2002 e o art. 49, inciso II, do Decreto 10.024/2019. Acórdão 2146/2022-TCU-Plenário.

Este dever, contudo, não é absoluto. A sanção tem natureza funcional, vale dizer, presta-se a uma função de natureza pública. Se esta função pode ser cumprida por outras vias, é de se cogitar de não aplicação de sanção, mesmo quando do cometimento, pelo licitante ou contratado, de uma infração – como se dá no caso de celebração de termo de ajustamento de conduta com caráter substitutivo de sanção.

12.4 Tipicidade no processo da contratação pública

Tipicidade é a correlação necessária entre uma conduta, reputada ilícita, e um tipo penal (criminal ou administrativo). É nuclear, e requisito de validade de sanção, que a conduta praticada esteja previamente definida em um tipo penal (criminal ou administrativo). Tal é corolário do princípio da legalidade, insculpido no art. 5º, XXXIX da Constituição Federal: "não há crime sem lei anterior que o defina, nem pena sem prévia cominação legal" (que evidentemente tem aplicação, de forma modulada, ao sistema penal administrativo). Para que exista uma infração, a conduta tem que ser típica, ou seja, tem que coincidir com uma das descrições específicas de delito.[356] É a "correspondência entre o fato praticado pelo agente e a descrição de cada espécie de infração contida na lei penal incriminadora".[357]

Tipicidade é requisito de validade de sanção, como preceitua Celso Antônio Bandeira de Mello,

> A configuração das infrações administrativas, para ser válida, há de ser feita de maneira suficientemente clara, para não deixar dúvida alguma sobre a identidade do comportamento reprovável, a fim de que, de um lado, o administrado possa estar perfeitamente ciente da conduta que terá de evitar ou terá que praticar para livrar-se da incursão em penalizações e, de outro, para que dita incursão, quando ocorrente, seja obviamente reconhecível (...)

---

[356] ROXIN, Claus. Derecho Penal. Parte General. Tomo I. Madrid: Thomson-Civitas, 1997. p. 194.
[357] JESUS, Damásio Evangelista de. *Direito Penal*. 12. ed. São Paulo: Saraiva, 1988. p. 228.

Assim, pressuposto inafastável das sanções implicadas nas infrações administrativas é o de que exista a possibilidade de os sujeitos saberem previamente qual a conduta que não devem adotar para se porem seguramente a salvo da incursão da figura infracional; ou seja, cumpre que tenham ciência perfeita de como evitar o risco da sanção e, ao menos por força disto (se por outra razão não for), abster-se de incidir nos comportamentos profligados pelo Direito.[358]

Trata-se de garantia de segurança jurídica indispensável também no sistema de apuração de responsabilidade por infração cometida em processo de contratação pública. No que tange a licitantes (potenciais ou efetivos) e contratados, é elementar que tenham ciência prévia de condutas caracterizadas como infracionais, inclusive para garantir as funções de prevenção geral e de prevenção especial da pena. À Administração Pública mais interessa que não sejam cometidas infrações, do que punir infrações cometidas. A propósito, registra Francisco Zardo que "a tipificação prévia das infrações e das sanções não funciona exclusivamente como uma garantia em favor dos acusados. Serve também como medida de controle da atuação administrativa, pois permite que os órgãos de fiscalização e os cidadãos verifiquem se a atividade sancionadora da Administração Pública tem sido desencadeada nas hipóteses previstas e se tem apresentado os resultados devidos".[359]

No que tange à Administração Pública contratante, há dever jurídico de tipificação. Na relação licitatória e contratual a Administração detém a exclusividade e a prerrogativa de aplicação de sanções. Daí decorre tal dever jurídico de tipificação – especificação prévia das condutas que se pretende não sejam adotadas pelos particulares em relações negociais.

Pode-se referir a três espécies de tipicidade administrativa: tipicidade legal, tipicidade administrativa em sentido estrito e tipicidade contratual.

Tipicidade legal é relativa aos tipos infracionais previstos expressamente em Lei. Tipicidade administrativa em sentido estrito é aquela relativa a tipos infracionais previstos em atos normativos infralegais, como resoluções, portarias, e no próprio instrumento convocatório da licitação. Tipicidade contratual diz respeito aos tipos infracionais previstos em contrato. Afirmar a existência de tipicidade decorrente de atos infralegais e contratuais revela que a tipicidade administrativa apresenta certa margem de liberdade discricionária no plano licitatório e contratual. Explica-se. Tome-se como exemplo uma previsão contratual que estabeleça um determinado prazo ou condição para cumprimento de uma obrigação. Tal caracteriza um elemento de tipicidade contratual. O contratado tem ciência prévia de que, descumprido o prazo ou a condição, terá cometido uma infração contratual. Perceba-se que o exercício da discricionariedade administrativa encerra-se com a delimitação do prazo e da condição, que passam a constituir elementos típicos do contrato – o descumprimento da regra contratual caracteriza a infração.

---

[358] BANDEIRA DE MELLO, Celso Antônio. *Curso de Direito Administrativo*. 31. ed. São Paulo: Malheiros, 2014. p. 814.
[359] ZARDO, Francisco. *Infrações e sanções em licitações e contratos administrativos*. São Paulo: Revista dos Tribunais, 2014. p. 86.

12.4.1 Tipicidade como modulador de condutas de licitantes e contratados

A existência de normas (Lei, atos normativos administrativos ou contrato) contendo regras de conduta (fatos típicos) desejadas ou vedadas, é fator relevante para a modulação de condutas nos processos de licitação e de contratação pública e vetor para a consecução do interesse público almejado.

A Administração Pública é detentora de universo de informações, inclusive aquelas consequentes e produto do histórico das contratações e das licitações antes realizadas. Estas informações são significativas para a formação de acervo que potencialmente definirá condutas típicas e, portanto, a tipicidade administrativa. Por exemplo: em contratações pretéritas, sem fixação de prazo para tal, o atraso de devolução de termos aditivos de prorrogação contratual assinados pelo contratado causou entraves administrativos. Nos contratos futuros, deve haver a fixação de prazo para tal devolução, sob pena de sanção.

O elenco de condutas típicas será formado, a partir da Lei, com fundamento nas especificidades e particularidades de cada Administração Pública, e de cada relação licitatória ou contratual em espécie. A ausência ou insuficiência de definição de parâmetros objetivos de tipicidade pode produzir consequências danosas no plano das funções de prevenção geral e de prevenção especial da sanção, no plano da apuração de responsabilidade e no plano da sustentabilidade de sanções aplicadas perante os órgãos de controle, em especial perante o Poder Judiciário.

Outro exemplo pode ilustrar a importância da tipificação de condutas em atos normativos infralegais ou no contrato. Tome-se a infração contida no art. 127, X, da Lei nº 14.133/21, "comportar-se de modo inidôneo". A expressão "modo inidôneo" comporta inúmeras interpretações, que podem sofrer influências religiosas, morais, ambientais, regionais, entre outras. Norma pode prever em específico e objetivo, quais condutas serão reputadas inidôneas, em concreto, no processo da contratação.

12.4.2 Infrações licitatórias e contratuais tipificadas na Lei nº 14.133/21

A responsabilidade de licitantes e contratados é de natureza subjetiva. Assim, não responderão apenas por relação de causalidade entre a conduta e o resultado lesivo tipificado. Afirmar que se trata de responsabilidade subjetiva, aquela de licitantes e contratados por cometimento de infração administrativa no processo da contratação, significa que somente se evidenciará a título de dolo (intenção) ou de culpa (falta de cumprimento de dever objetivo de cuidado, nas expressões de negligência, imperícia ou imprudência). A condução do processo de apuração de responsabilidade deverá reputar este fator – o fato de que a responsabilidade em causa é de natureza subjetiva – como fio condutor das condutas administrativas destinadas à apuração dos fatos, e, caso caracterizada a infração, aferir do elemento subjetivo da conduta, de modo a evitar nulidade processual. Cometerão infração os particulares que cometerem, por ação ou omissão, dolosa ou culposa, conduta tipificada na lei como infracional.

A norma contida no art. 155 da Lei estabelece que "o licitante ou o contratado será responsabilizado administrativamente pelas seguintes infrações:

a) dar causa à inexecução parcial do contrato: o contrato contém um conjunto de obrigações, principais e acessórias, a serem cumpridas pelo contratado. Cumprir apenas parcialmente uma das obrigações contratualmente determinadas implica infração;

b) dar causa à inexecução parcial do contrato que cause grave dano à Administração, ao funcionamento dos serviços públicos ou ao interesse coletivo: esta conduta típica é caracterizada pelo agravamento daquela prevista no inciso I. Quando a inexecução parcial do contrato causar grave dano ou prejuízo grave para o funcionamento de serviços públicos ou interesse coletivo, tem configuração esta infração, e não aquela;

c) dar causa à inexecução total do contrato: neste caso a infração evidencia-se quando nenhuma das obrigações contratuais, principais ou acessórias é executada;

d) deixar de entregar a documentação exigida para o certame: o instrumento convocatório contém exigências materiais e formais. Dentre as exigências está a de entregar os documentos, como declarações, certidões, proposta, atestados, entre outros. Trata-se de infração de mera conduta. Não é preciso que a omissão produza resultado lesivo para a Administração;

e) não manter a proposta, salvo em decorrência de fato superveniente devidamente justificado: Trata-se de infração de mera conduta, que não demanda resultado lesivo para a Administração;

f) não celebrar o contrato ou não entregar a documentação exigida para a contratação, quando convocado dentro do prazo de validade de sua proposta: a participação em processo licitatório ou em processo de contratação direta pressupõe a intenção de contratar. Esta presunção tem repercussões administrativas relevantes. Recursos econômicos, materiais e humanos são destinados ao processo de uma determinada contratação. De outra sorte, a recusa de assinatura do contrato – expressa ou implícita – produzirá atraso de satisfação da necessidade que levou ao processo de contratação;

g) ensejar o retardamento da execução ou da entrega do objeto da licitação sem motivo justificado: toda contratação pública é celebrada com vistas ao atendimento de uma necessidade pública. O atraso de execução contratual, à prima facie, já configura lesão ao interesse público. A infração não demanda prova de danos efetivo e concreto, além daquele presumido;

h) apresentar declaração ou documentação falsa exigida para o certame ou prestar declaração falsa durante a licitação ou a execução do contrato: um dos objetivos do processo da contratação previstos no art. 11 da Lei nº 14.133/21 é o de assegurar a isonomia e a justa competição. Os licitantes e contratados tem dever de lealdade, boa-fé e integridade. Alcançar vantagem econômica ou processual por intermédio de declarações ou documentos falsos, além da violação de Lei, viola tais deveres jurídicos. Ao produzir a conduta, licitante ou contratado violam, igualmente, o preceito de livre concorrência que é baliza constitucional para o exercício de atividades econômicas;

i) fraudar a licitação ou praticar ato fraudulento na execução do contrato: fraudar é conduta de falsear ou ocultar a verdade, com a intenção de prejudicar ou enganar. "A fraude sempre se funda na prática de ato lesivo a interesse de terceiros ou da coletividade, ou seja, em ato onde se evidencia a intenção de frustrar-se a pessoa aos deveres obrigacionais ou legais".[360] Trata-se de conduta que implica subsume outras condutas típicas, quando evidenciada a intenção de fraudar;

j) comportar-se de modo inidôneo ou cometer fraude de qualquer natureza: conduta inidônea é "aquela imprópria, inadequada ou contraindicada para que possa cumprir certo objetivo ou resultado esperado"[361]. Trata-se de tipo dotado de elevada subjetividade, que deve ser reduzida no plano concreto mediante edição de normas administrativas infralegais ou contratuais. Este tipo não contempla, por óbvio, fraude de licitação ou ato fraudulento na execução do contrato;

k) praticar atos ilícitos com vistas a frustrar os objetivos da licitação: caracteriza esta infração qualquer ato contrário à lei que objetive impedir a realização dos objetivos da licitação. O tipo trata do objetivo específico – solução para atender à necessidade específica que deu origem ao contrato – e dos objetivos especiais previstos no art. 11 da Lei nº 14.133/21. São eles: I – assegurar a seleção da proposta apta a gerar o resultado de contratação mais vantajoso para a Administração Pública, inclusive no que se refere ao ciclo de vida do objeto; II – assegurar tratamento isonômico entre os licitantes, bem como a justa competição; III – evitar contratações com sobrepreço ou com preços manifestamente inexequíveis e superfaturamento na execução dos contratos; IV – incentivar a inovação e o desenvolvimento nacional sustentável. Exemplo de conduta apta a frustrar o objetivo previsto no art. 11, II, é a entrega de bens sem qualidade ou de qualidade insuficiente em processo de compra – uma vez que o objetivo é o de garantir o resultado mais vantajoso;

l) praticar ato lesivo previsto no art. 5º da Lei nº 12.846, de 1º de agosto de 2013: a Lei nº 12.846/13 é a denominada Lei Anticorrupção. São atos lesivos contra a Administração Pública nacional ou estrangeira tipificados no aludido art. 5º: I – prometer, oferecer ou dar, direta ou indiretamente, vantagem indevida a agente público, ou a terceira pessoa a ele relacionada; II – comprovadamente, financiar, custear, patrocinar ou de qualquer modo subvencionar a prática dos atos ilícitos previstos na Lei; III – comprovadamente, utilizar-se de interposta pessoa física ou jurídica para ocultar ou dissimular seus reais interesses ou a identidade dos beneficiários dos atos praticados; IV – no tocante a licitações e contratos: a) frustrar ou fraudar, mediante ajuste, combinação ou qualquer outro expediente, o caráter competitivo de procedimento licitatório público;
b) impedir, perturbar ou fraudar a realização de qualquer ato de procedimento licitatório público; c) afastar ou procurar afastar licitante, por meio de fraude ou oferecimento de vantagem de qualquer tipo; d) fraudar licitação pública ou contrato dela decorrente; e) criar, de modo fraudulento ou irregular, pessoa jurídica para participar de licitação pública ou celebrar contrato administrativo; f) obter vantagem ou benefício indevido, de modo fraudulento, de modificações ou prorrogações de contratos celebrados com a Administração Pública, sem autorização em lei, no ato convocatório da licitação pública ou nos respectivos instrumentos contratuais; ou g) manipular ou fraudar o equilíbrio econômico-financeiro dos contratos celebrados com a Administração Pública; V – dificultar atividade de investigação ou fiscalização de órgãos, entidades ou agentes públicos, ou intervir em sua atuação, inclusive no âmbito das agências reguladoras e dos órgãos de

---

[360] DE PLÁCIDO E SILVA. Vocabulário Jurídico. 28. ed. São Paulo: Forense, 2009. p. 640.
[361] DE PLÁCIDO E SILVA, *op. cit.*, p. 743.

fiscalização do sistema financeiro nacional. O elenco de condutas tipificadas pela Lei nº 14.133/21 contempla atos relacionados diretamente a licitações e contratos e outros que não o são. Por exemplo, o caso de um contratado que paga propina para agente publico de órgão ambiental para obter licenciamento de operação de atividade objeto do contrato administrativo celebrado com outro órgão. É preciso interpretar esta regra com aquela prevista no art. 159 da Lei, que dispõe que "os atos previstos como infrações administrativas nesta Lei ou em outras leis de licitações e contratos da Administração Pública que também sejam tipificados como atos lesivos na Lei nº 12.846, de 1º de agosto de 2013, serão apurados e julgados conjuntamente, nos mesmos autos, observados o rito procedimental e a autoridade competente definidos na referida Lei".

12.5 Sanções em espécie, relação entre infrações e sanções e dosimetria da pena

A Lei nº 14.133/21 traz alguns critérios legais para a definição da sanção a ser aplicada em relação à infração cometida. Há referência expressa a casos em que terá cabimento a pena de advertência, a pena de impedimento de licitar e contratar e a pena de declaração de inidoneidade para licitar e contratar com a Administração Pública:

12.5.1 Sanção de advertência

É a mais branda das sanções. Deve ser aplicada quando a infração contratual tem pequena gravidade. Não se confunde com orientações, proposições, ordens ou determinações produzidas pelo gestor ou pelo fiscal no exercício de sua competência. Essas condutas inserem-se no âmbito da competência geral de controle da execução contratual no exercício de dever-poder de acompanhar e orientar a execução do contrato. A advertência tem incidência em caso de infração administrativo-contratual de pequena gravidade. Trata-se de importante sanção, que deve ser efetivamente utilizada pela administração contratante. É, a rigor, uma reprimenda ou censura formal por força de uma inexecução contratual, que pode produzir efeitos positivos no que tange à prevenção de novas e mais graves infrações.

Claro que, sob o prisma de efeitos concretos, tem menos relevância, em contraste com as multas ou demais sanções que de fato repercutem na esfera jurídica do contratado com maior intensidade. Mas revelam-se muito significativas para a dosimetria das futuras sanções. Uma infração de pouca gravidade não pode ser punida com sanção grave. Porém, diversas infrações de pequena gravidade autorizam a aplicação de sanção mais gravosa. A pena de advertência tem, então, dupla função. Sancionar a infração de pequeno potencial lesivo e balizar aplicação de sanções por outras infrações de natureza diversa, ou pela reiteração no cometimento de idênticas infrações pelo contratado. A reincidência de conduta infracional de pequena gravidade enseja o direito da Administração de aplicar sanção mais grave a partir da segunda infração reiterada.

Embora seja sanção de pouca repercussão na esfera jurídica do contratado, deve ser precedida do devido processo legal e das garantias do contraditório e da ampla defesa, vale dizer, a aplicação da sanção de advertência também demanda processo administrativo e observância dos princípios fundamentais que regem a Administração

Pública. Em que pese a designação "advertência", trata-se de efetiva sanção, com repercussão na esfera jurídica do licitante ou contratado. Esta sanção também será anotada nos registros específicos, e será objeto de consideração quando de avaliação objetiva de desempenho contratual (como o serão todas as demais sanções aplicadas) para fins de (i) atribuição de nota em licitação pelo critério de julgamento de técnica e preço – art. 37, III; (ii) critérios de desempate – art. 60, II; (iii) emissão de documento comprobatório de avaliação realizada – art. 87, §3º; e (iv) estabelecimento de medidas objetivas de incentivo por ótimo desempenho contratual – art. 87, §4º. É sanção, pois, dotada de efeitos jurídicos relevantes, e não constitui mero "aviso" ou "alerta".

12.5.2 Multa

A multa de que trata o artigo 156, II, da Lei nº 14.133/21 é pena pecuniária derivativa da cláusula penal de que trata o artigo 409 do Código Civil Brasileiro: "a cláusula penal estipulada conjuntamente com a obrigação, ou em ato posterior, pode referir-se à inexecução completa da obrigação, à de alguma cláusula especial ou simplesmente à mora". Nos termos da lei civil, então, há duas espécies de multa derivativa de cláusula penal: a multa moratória e a multa compensatória.

Multa moratória é aquela fixada "para o caso de simples mora ou retardamento culposo da prestação",[362] é, então, pena determinada para o atraso no cumprimento da obrigação contratualmente prevista. Já a multa compensatória incidirá em caso de inadimplemento parcial ou total da obrigação contratada e "segundo o sentido adjetivo, que qualifica a espécie, é a que se institui no contrato, representado a prévia determinação dos prejuízos, que possam advir pela inexecução do contrato, como indenização ou pagamento, que venha contrabalançar o montante dos ditos prejuízos".[363] A multa moratória é penalidade por atraso na execução do objeto contratual e tem cabimento quando o contratado descumpre os prazos de execução.

A multa moratória está prevista no art. 162: "o atraso injustificado na execução do contrato sujeitará o contratado a multa de mora, na forma prevista em edital ou em contrato".

A multa compensatória serve como prefixação contratual de ressarcimento de danos por inexecução contratual e tem cabimento quando o contratado descumpre obrigação contratual, que não verse sobre prazo de execução.

A sanção de multa será aplicada ao responsável por qualquer das infrações administrativas previstas no art. 155 e pode ser cumulada com as sanções de advertência, de impedimento para licitar e contratar e com a pena declaração de inidoneidade.[364]

As multas moratória e compensatória podem ser cumuladas (aplicadas simultaneamente ao contratado infrator) sem que se cogite de *bis in idem*, desde que tenham base fática ou fato gerador diferente. Vale dizer, se o contratado descumpriu prazo de execução, incide em mora, e pode ser punido com multa moratória. Se

---

[362] DINIZ, Maria Helena. *Curso de Direito Civil Brasileiro*: teoria geral das obrigações. 28. ed. São Paulo: Saraiva, 2013. p. 461.
[363] SILVA, De Plácido e. *Vocabulário jurídico*. 28. ed. São Paulo: Forense, 2009. p. 933.
[364] Art. 156, §7º As sanções previstas nos incisos I, III e IV do *caput* deste artigo poderão ser aplicadas cumulativamente com a prevista no inciso II do *caput* deste artigo.

descumpre obrigação outra, que não relativa ao prazo de execução, pode ser punido com multa compensatória.

Esse é o entendimento já pacificado pelo Superior Tribunal de Justiça:

> DIREITO CIVIL. PROCESSUAL CIVIL. RECURSO ESPECIAL. LOCAÇÃO. AÇÃO DE DESPEJO CUMULADA COM COBRANÇA DE ALUGUÉIS. MULTAS COMPENSATÓRIA E MORATÓRIA. FATOS GERADORES DISTINTOS. CUMULAÇÃO. POSSIBILIDADE. PRECEDENTES. RECURSO ESPECIAL CONHECIDO E PROVIDO.
> 1. É firme a jurisprudência do Superior Tribunal de Justiça no sentido de ser *possível a cumulação das multas moratória e compensatória quando tiverem elas origem em fatos geradores diversos,* como ocorrido no caso concreto.
> 2. Recurso especial conhecido e provido. (STJ – REsp nº 832.929/SP – 5ªT)
> DIREITO CIVIL. PROMESSA DE COMPRA E VENDA DE IMÓVEL EM CONSTRUÇÃO. INADIMPLEMENTO PARCIAL. ATRASO NA ENTREGA DO IMÓVEL. MORA. CLÁUSULA PENAL. PERDAS E DANOS. **CUMULAÇÃO.** POSSIBILIDADE.
> 1. A obrigação de indenizar é corolário natural daquele que pratica ato lesivo ao interesse ou direito de outrem. Se a cláusula penal *compensatória* funciona como pre-fixação das perdas e danos, o mesmo não ocorre com a cláusula penal *moratória*, que não compensa nem substitui o inadimplemento, apenas pune a mora.
> 2. Assim, a cominação contratual de uma *multa* para o caso de mora não interfere na responsabilidade civil decorrente do retardo no cumprimento da obrigação que já deflui naturalmente do próprio sistema.
> 3. O promitente comprador, em caso de atraso na entrega do imóvel adquirido pode pleitear, por isso, além da *multa moratória* expressamente estabelecida no contrato, também o cumprimento, mesmo que tardio da obrigação e ainda a indenização correspondente aos lucros cessantes pela não fruição do imóvel durante o período da mora da promitente vendedora.
> 4. Recurso Especial a que se nega provimento (STJ – REsp nº 1355554/RJ).

Outro aspecto nem sempre observado pela Administração Pública quando da elaboração dos contratos administrativos é a norma contida no artigo 416, parágrafo único, do Código Civil Brasileiro, que dispõe que "para exigir a pena convencional, não é necessário que o credor alegue prejuízo" (art. 416, *caput*) e que "ainda que o prejuízo exceda ao previsto na cláusula penal, não pode o credor exigir indenização suplementar se assim não foi convencionado. Se o tiver sido, a pena vale como mínimo da indenização, competindo ao credor provar o prejuízo excedente" (parágrafo único). Tal norma implica que, se no contrato administrativo não houver previsão expressa de que o valor da multa compensatória não exime o contratado de ressarcir integralmente o prejuízo decorrente da inexecução contratual, valendo a sanção apenas como mínimo da indenização, na forma da lei, poderá ele invocar a regra geral do Código Civil para se esquivar da reparação integral do dano.

É evidente que sempre se poderá interpretar que tal norma não tem aplicação nas relações contratuais administrativas, nas quais prevalece a supremacia do interesse público como regra, com aplicação apenas em caráter suplementar de regras de direito privado. Porém, é recomendável que os contratos administrativos expressamente prevejam que a multa compensatória não exime o contratado de ressarcir integralmente os prejuízos que a inexecução contratual produzir, tangenciando, assim, uma interpretação potencialmente danosa para o interesse público.

Outro aspecto de fundamental relevância é a necessidade de expressa previsão no edital e no contrato administrativo da base fática ou fato gerador das multas, da base de cálculo e dos percentuais que incidirão sobre a base de cálculo para determinar o valor delas.

É preciso que o contrato administrativo contenha expressa, objetiva e precisa sistemática para a aplicação correta das multas, indicando os parâmetros para a sua determinação. De outro ângulo, é fundamental que o contrato preveja limites máximos para o valor das multas, especialmente as de natureza moratória. Normal e rotineiramente, as multas moratórias são fixadas a partir de percentual que incide sobre o valor do contrato multiplicado pelo número de dias de mora. Deve haver um limite para a multa moratória, pena de tornar a sanção equivalente ao confisco (há registro de multas moratórias que, sem limite previsto no contrato, atingiram valor quase equivalente ao do objeto da contratação) e violadora do princípio da proporcionalidade.

A competência para a aplicação da sanção de multa, após o devido processo legal, é da autoridade responsável pela contratação, ou daquela a quem for delegada.

A aplicação de multa gera, para a Administração, o direito de retenção de pagamento. É o que prevê a norma do art. 156, §8º da Lei: se a multa aplicada e as indenizações cabíveis forem superiores ao valor de pagamento eventualmente devido pela Administração ao contratado, além da perda desse valor, a diferença será descontada da garantia prestada ou será cobrada judicialmente. Há fixação de ordem de preferência para a cobrança de valor derivado de multa aplicada: (i) será descontado de pagamento devido para a contratada; (ii) se insuficiente o valor devido, será descontada da garantia prestada; (iii) caso insuficientes a garantia prestada, será cobrada judicialmente.

O valor de multa aplicada, se não satisfeito pelo desconto de pagamentos devidos ao punido ou pelo desconto da garantia prestada, será objeto de inscrição em dívida ativa da Fazenda Pública, que, nos termos do disposto art. 2º da Lei nº 6.830/80, compreende a tributária e a não tributária, e abrange atualização monetária, juros e multa de mora e demais encargos previstos em lei ou contrato. Inscrito em dívida ativa, este crédito de natureza não tributária, decorrente de multa aplicada, será objeto de execução fiscal – e não de cobrança judicial –, como base na dita Lei de Execução Fiscal.

O valor da multa, a ser calculado na forma do edital ou do contrato, não poderá ser inferior a 0,5% (cinco décimos por cento) nem superior a 30% (trinta por cento) do valor do contrato licitado ou celebrado com contratação direta. Esta limitação de valor de multa é bastante significativa para evitar sanções pecuniárias que violem o princípio da proporcionalidade – à falta de limites objetivos para o valor da multa, pelo regime da Lei nº 8.666/93 se evidenciaram situações em que o valor da multa aplicada superava o valor do contrato celebrado.

12.5.3 Sanção de impedimento de licitar e contratar

Esta sanção será aplicada pelas infrações administrativas previstas nos incisos II, III, IV, V, VI e VII do *caput* do art. 155, quando não se justificar a imposição de penalidade mais grave. Esta sanção de impedimento pode ter duração de até 3 anos.

Não há gradação legal para a dosimetria. Em exame de caso concreto, a Administração Pública fixará o tempo de impedimento, sempre com fundamento da proporcionalidade e na razoabilidade. A sanção produz efeitos no âmbito da Administração Pública direta e indireta do ente federativo que tiver aplicado a sanção. Por exemplo: se o órgão que aplica a sanção for estadual, nenhum outro integrante da Administração estadual, direta ou indireta, poderá permitir a participação em licitação ou contratar a pessoa punida. Integrantes de outras esferas federativas podem fazê-lo. Este impedimento opera efeitos também em relação a empresas públicas e sociedades de economia mista integrantes da mesma esfera federativa a que pertence o órgão ou entidade que aplicou a sanção. A depender da gravidade da infração, pode ser aplicada diretamente a sanção de declaração de inidoneidade, sem que se cogite de aplicação preliminar da pena de impedimento.

Rememore-se que sob o regime da Lei nº 8.666/93 havia se instalado uma complexa polêmica acerca da extensão dos efeitos da sanção de suspensão temporária de participar de licitações e contratar com a Administração pelo prazo de até dois anos, prevista no art. 87, III.

Haviam duas correntes doutrinárias e jurisprudenciais no que diz com os efeitos da sanção de suspensão temporária de participação em licitação e impedimento de contratar com a Administração, por prazo não superior a 2 (dois) anos. A primeira delas, a partir, inclusive, de precedentes do Superior Tribunal de Justiça, entende que os efeitos dessa sanção operam em relação a toda a Administração Pública, entendida nos termos do artigo 6º, XI, da Lei nº 8.666/93: "a administração direta e indireta da União, dos Estados, do Distrito Federal e dos Municípios, abrangendo inclusive as entidades com personalidade jurídica de direito privado sob controle do poder público e das fundações por ele instituídas ou mantidas". Para essa corrente, aquele que sofre a sanção prevista no artigo 87, III, da Lei nº 8.666/93, fica suspenso temporariamente de participar de licitações e impedido de contratar com toda a Administração Pública nacional, simultaneamente. Punido pelo município de Barracão, no Estado do Paraná, não poderá ser contratado, por exemplo, pelo IBAMA, que é autarquia federal. Para o Superior Tribunal de Justiça, a limitação dos efeitos da "suspensão de participação de licitação" não pode ficar restrita a um único órgão do poder público, pois os efeitos do desvio que o inabilita a contratar se estendem a qualquer órgão da Administração Pública:

> ADMINISTRATIVO – MANDADO DE SEGURANÇA – LICITAÇÃO – SUSPENSÃO TEMPORÁRIA – DISTINÇÃO ENTRE ADMINISTRAÇÃO E ADMINISTRAÇÃO PÚBLICA – INEXISTÊNCIA – IMPOSSIBILIDADE DE PARTICIPAÇÃO DE LICITAÇÃO PÚBLICA – LEGALIDADE – LEI 8.666/93, ART. 87, INC. III.
> – É irrelevante a distinção entre os termos Administração Pública e Administração, por isso que ambas as figuras (suspensão temporária de participar em licitação (inc. III) e declaração de inidoneidade (inc. IV) acarretam ao licitante a não-participação em licitações e contratações futuras.
> – A Administração Pública é una, sendo descentralizadas as suas funções, para melhor atender ao bem comum.
> – A limitação dos efeitos da "suspensão de participação de licitação" não pode ficar restrita a um órgão do poder público, pois os efeitos do desvio de conduta que inabilita o sujeito

para contratar com a Administração se estendem a qualquer órgão da Administração Pública (STJ – Resp nº 151.567 – RJ).
ADMINISTRATIVO. SUSPENSÃO DE PARTICIPAÇÃO EM LICITAÇÕES. MANDADO DE SEGURANÇA. ENTES OU ÓRGÃOS DIVERSOS. EXTENSÃO DA PUNIÇÃO PARA TODA A ADMINISTRAÇÃO.
1. A punição prevista no inciso III do artigo 87 da Lei nº 8.666/93 não produz efeitos somente em relação ao órgão ou ente federado que determinou a punição, mas a toda a Administração Pública, pois, caso contrário, permitir-se-ia que empresa suspensa contratasse novamente durante o período de suspensão, tirando desta a eficácia necessária.
2. Recurso especial provido (STJ – REsp nº 174.274/SP – 2ª T).

Já o Tribunal de Contas da União firmou entendimento em sentido oposto àquele firmado pelo Superior Tribunal de Justiça e deliberou que

O edital da licitação, ao estabelecer vedações à participação no certame, deve ser suficientemente claro no sentido de que a penalidade de suspensão para licitar e contratar, prevista no art. 87, inciso III, da Lei 8.666/93, tem abrangência restrita ao órgão ou entidade que aplicou a sanção.
Representação sobre pregão eletrônico promovido pelo Ministério do Desenvolvimento Social e Combate à Fome (MDS) para contratação de empresa especializada em gestão da informação apontou suposta irregularidade em item do edital que, após alteração na sua redação original, estabelecera a vedação de participação na licitação de "pessoas jurídicas declaradas suspensas de participar de licitações e impedidas de contratar com a Administração, de acordo com a legislação vigente". Segundo a representante, mesmo após a alteração, esse item "ofende a natureza de competitividade do procedimento licitatório, bem como representa estrita desobediência à jurisprudência pacificada do Tribunal de Contas da União, no sentido de que a penalidade de impedimento de contratar se restringe ao órgão ou entidade que aplicou a sanção". Em juízo de mérito, o relator anotou que a nova redação do item questionado não representara ofensa ao caráter competitivo do certame. Acrescentou que a alteração promovida pelo MDS "teve o intuito de seguir a atual jurisprudência desta Corte de Contas, segundo a qual a sanção constante do art. 87, inciso III, da Lei 8.666/1993, é aplicável apenas no âmbito do órgão sancionador, em outras palavras, o vocábulo 'Administração' significa no presente caso o MDS". Contudo, registrou que "mesmo com a nova redação, muito embora esta seja semelhante ao texto legal, ainda há margem para interpretações variadas". Nesse sentido, propôs recomendação ao MDS para que, nos próximos editais, faça constar "expressa referência ao Ministério do Desenvolvimento Social e Combate à Fome, ao invés do vocábulo 'Administração'. Tal recomendação tem o intuito de dar a interpretação adequada ao dispositivo legal, bem como informar ao licitante o alcance da sanção em questão". O Tribunal, acolhendo a tese do relator, considerou a representação parcialmente procedente (Acórdão nº 2.556/2013-Plenário, TC nº 022.990/2013-5, relator Ministro-Substituto Augusto Sherman Cavalcanti, 18.09.2013).
A sanção prevista no art. 87, inciso III, da Lei 8.666/1993 (suspensão temporária de participação em licitação e impedimento de contratar com a Administração) tem aplicação restrita ao órgão ou entidade que a cominou.
Agravo interposto pela Empresa Brasileira de Infraestrutura Aeroportuária (Infraero) contra decisão cautelar que determinara a correção do edital do Pregão Eletrônico 122/ADCO/SRCO/2012 de modo a ajustá-lo ao disposto no art. 87, inciso III, da Lei 8.666/1993, ou seja, para que a penalidade ali prevista alcance apenas as empresas suspensas por aquela estatal, consoante o entendimento do Acórdão 3.243/2012-Plenário. Argumentou a recorrente que:

(i) a jurisprudência do TCU não estaria pacificada nos termos da citada decisão; (ii) diante da dúvida objetiva, seria tecnicamente impróprio falar-se em fummus boni iuris; (iii) a aplicação retroativa do novel entendimento atentaria contra o princípio da segurança jurídica consubstanciado no art. 2º, caput, da Lei 9.784/1999. O relator refutou todos os argumentos, esclarecendo que "o Tribunal pacificou a sua jurisprudência em considerar que a sanção prevista no art. 87, inciso III, da Lei 8.666/1993, que impõe a 'suspensão temporária para participar em licitação e impedimento para contratar com a Administração, por prazo não superior a 2 (dois) anos', tem aplicação restrita ao órgão ou entidade que a aplicou" e restabeleceu "o entendimento já consolidado na sua jurisprudência, no sentido de fazer a distinção nítida entre as sanções previstas nos aludidos incisos III e IV do art. 87 da Lei 8.666/1993, conforme Acórdão 3.243/2012 – TCU – Plenário". O Plenário acompanhou o relator e negou provimento ao Agravo (Acórdão nº 1.017/2013-Plenário, TC nº 046.782/2012-5, relator Ministro Aroldo Cedraz, 24.04.2013).

Esta polêmica está definitivamente superada em face da disposição expressa contida no art. 156, §4º da Lei Geral de Licitações: A sanção prevista no inciso III do *caput* deste artigo impedirá o responsável de licitar ou contratar no âmbito da Administração Pública direta e indireta do ente federativo que tiver aplicado a sanção.

12.5.4 Declaração de inidoneidade

Trata-se da sanção mais grave para o cometimento de infração administrativo-contratual. Enquanto aquele que sofre a sanção prevista no artigo 156, III, da Lei nº 14.133/21 apenas tem certos direitos suspensos temporariamente – de licitar e contratar com o ente federativo ao qual pertence a unidade administrativa que aplicou a sanção, o que é declarado inidôneo, além de ter certos direitos suspensos, é também declarado inapto, incapaz e inadequado para licitar e para contratar com a Administração Pública, o que constitui um inquestionável demérito e significativa desqualificação da pessoa física ou jurídica.

Essa sanção pode ser aplicada indistintamente nos casos de inexecução contratual grave ou de cometimento de atos ilícitos no processo da contratação pública.

A sanção será aplicada ao responsável pelas infrações administrativas previstas nos incisos VIII, IX, X, XI e XII do *caput* do art. 155, bem como pelas infrações administrativas previstas nos incisos II, III, IV, V, VI e VII do *caput* do referido artigo que justifiquem a imposição de penalidade mais grave que a sanção de impedimento de licitar e contratar por até três anos com a Administração.

O sancionado ficará impedido de licitar ou contratar no âmbito da Administração Pública direta e indireta de todos os entes federativos, pelo prazo mínimo de 3 (três) anos e máximo de 6 (seis) anos.

As sanções de impedimento de licitar e contratar com a Administração (art. 156, III) e de declaração de inidoneidade para licitar e contratar com a Administração Pública (art. 156, IV) são independentes e autônomas. Não é necessário, portanto, que a pena de impedimento seja aplicada previamente para que somente então possa ser aplicada a pena de declaração de inidoneidade. Vale dizer, a aplicação de sanção de impedimento não é condição para a aplicação da sanção de declaração de inidoneidade.

Os efeitos da sanção de declaração de inidoneidade operam em relação a toda a Administração Pública nacional, perante qualquer órgão ou entidade da administração direta ou indireta, de qualquer dos entes da federação (União, Estados, Municípios e Distrito Federal).

Questão que tem sido recorrente diz respeito à extensão dos efeitos da declaração de inidoneidade em relação a contratos em execução. Houve tempo em que se chegou a interpretar que se uma pessoa física ou jurídica era declarada inidônea para ser contratada, devia ser reputada inidônea também para se manter contratada, o que levava à conclusão de que deveriam ser rescindidos todos os contratos administrativos por ela firmados e em execução. Posteriormente se concluiu que tal proceder poderia, ao reverso de proteger o interesse público, causar graves prejuízos para a Administração Pública e para a sociedade.

O entendimento hoje uniforme, seja no âmbito do Poder Judiciário, seja no âmbito do Tribunal de Contas da União, é no sentido de que a declaração de inidoneidade opera efeitos ex nunc, ou, para o futuro, não alcançando contratos firmados antes de sua aplicação:

> *A sanção de declaração de inidoneidade, prevista no art. 46 da Lei 8.443/92, produz efeitos ex-nunc, não afetando, automaticamente, contratos em andamento celebrados antes da aplicação da penalidade.* Pedido de Reexame interposto por sociedade empresária requereu a reforma do acórdão que a declarou inidônea para participar de licitação na Administração Pública Federal por seis meses, por ter apresentado declaração inverídica de que atendia às condições para usufruir das vantagens previstas na Lei Complementar 123/06, beneficiando-se indevidamente do tratamento diferenciado destinado a microempresas e empresas de pequeno porte. O relator não conheceu do Pedido de Reexame, em razão de sua intempestividade e da ausência de apresentação de fatos novos. Contudo, teceu considerações acerca do argumento da recorrente de que "a administração pública poderá sofrer as consequências da sanção aplicada à empresa, 'uma vez que poderá haver interrupções no fornecimento de produtos e serviços', considerando que ela tem vários contratos administrativos em andamento". Sobre a questão, destacou o relator que "a jurisprudência do TCU é clara, com base em julgados do Supremo Tribunal Federal, de que a sanção de declaração de inidoneidade produz efeitos ex-nunc, não afetando, automaticamente, contratos em andamento celebrados antes da aplicação da sanção (Acórdãos 3.002/2010, 1.340/2011 e 1.782/2012, todos do Plenário)". O Tribunal, ao acolher o voto do relator, decidiu não conhecer do Pedido de Reexame (Acórdão nº 432/2014-Plenário, TC nº 028.979/2012-5, relator Ministro Aroldo Cedraz, 26.02.2014).
> ADMINISTRATIVO. DECLARAÇÃO DE INIDONEIDADE PARA LICITAR E CONTRATAR COM A ADMINISTRAÇÃO PÚBLICA. EFEITOS EX NUNC DA DECLARAÇÃO DE INIDONEIDADE: SIGNIFICADO. PRECEDENTE DA 1ª SEÇÃO (MS nº 13.964/DF, Dje DE 25.05.2009).
> 1. Segundo precedentes da 1ª Seção, a declaração de inidoneidade "só produz efeito para o futuro (efeito ex nunc), sem interferir nos contratos já existentes e em andamento" (MS 13.101/DF, Min. Eliana Calmon, DJe de 09.12.2008). Afirma-se, com isso, que o efeito da sanção inibe a empresa de "licitar ou contratar com a Administração Pública" (Lei 8.666/93, art. 87), sem, no entanto, acarretar, automaticamente, a rescisão de contratos administrativos já aperfeiçoados juridicamente e em curso de execução, notadamente os celebrados perante outros órgãos administrativos não vinculados à autoridade impetrada ou integrantes de outros entes da Federação (Estados, Distrito Federal e Municípios). Todavia, a ausência do

efeito rescisório automático não compromete nem restringe a faculdade que têm as entidades da Administração Pública de, no âmbito da sua esfera autônoma de atuação, promover medidas administrativas específicas para rescindir os contratos, nos casos autorizados e observadas as formalidades estabelecidas nos artigos 77 a 80 da Lei 8.666/93.

2. No caso, está reconhecido que o ato atacado não operou automaticamente a rescisão dos contratos em curso, firmados pelas impetrantes.

3. Mandado de segurança denegado, prejudicado o agravo regimental. (MS nº 14002/DF)

PROCESSUAL CIVIL – MANDADO DE SEGURANÇA – EMBARGOS DE DECLARAÇÃO – OMISSÃO INEXISTENTE – TEORIA DA ENCAMPAÇÃO – DECLARAÇÃO DE INIDONEIDADE – EFEITOS.

1. O aresto embargado (após intenso debate na Primeira Seção) examinou de forma devida o ato impugnado, adotando o entendimento de que a sanção de inidoneidade deve ser aplicada com efeitos "ex nunc".

2. Aplica-se a Teoria da Encampação quando a autoridade hierarquicamente superior apontada coatora, ao prestar informações, defende o mérito do ato impugnado.

3. A rescisão imediata de todos os contratos firmados entre a embargada e a Administração Pública, em razão de declaração de inidoneidade, pode representar prejuízo maior ao erário e ao interesse público, já que se abrirá o risco de incidir sobre contrato que esteja sendo devidamente cumprido, contrariando, assim, o princípio da proporcionalidade, da eficiência e obrigando gasto de verba pública com realização de novo procedimento licitatório. Interpretação sistemática dos arts. 55, XIII e 78, I, da Lei 8.666/93.

4. Embargos de declaração acolhidos, sem efeitos modificativos, apenas para prestar esclarecimentos (EDcl no MS nº 13101/DF).

ADMINISTRATIVO – LICITAÇÃO – INIDONEIDADE DECRETADA PELA CONTROLADORIA GERAL DA UNIÃO – ATO IMPUGNADO VIA MANDADO DE SEGURANÇA.

1. Empresa que, em processo administrativo regular, teve decretada a sua inidoneidade para licitar e contratar com o Poder Público, com base em fatos concretos.

2. Constitucionalidade da sanção aplicada com respaldo na Lei de Licitações, Lei 8.666/93 (arts. 87e 88).

3. Legalidade do ato administrativo sancionador que observou o devido processo legal, o contraditório e o princípio da proporcionalidade.

4. Inidoneidade que, como sanção, só produz efeito para o futuro (efeito *ex nunc*), sem interferir nos contratos já existentes e em andamento.

5. Segurança denegada (MS nº 13101/DF).

12.6 Processo de apuração de responsabilidade pelo cometimento de infração no processo da contratação pública

Toda sanção administrativa deve ser precedida do devido processo legal, com garantias de contraditório e de ampla defesa. Devido processo legal significa instauração formal de um processo administrativo, cumprimento de regras materiais e formais, de modo que a decisão seja produzida em conformidade com a Constituição Federal.

Cabe destacar a didática posição esposada por Egon Bockmann Moreira sobre condutas que não se ajustam à noção do devido processo legal:

> Assim, não será devido o processo (i) sigiloso ou fechado, a não ser quando indispensável para a segurança nacional ou para a proteção do direito à intimidade; (ii) absolutamente

informal (não atuado ou encaminhado segundo procedimento e sequencia desconhecidos); (iii) burocratizado (excessivamente formal, revestido de formalidades inúteis); (iv) não participativo (em que o particular não é ouvido e não consegue influenciar ou interagir com a Administração, ainda que não seja no exercício da ampla defesa e contraditório); (v) desobediente a prazos mínimos para a prática dos atos; (vi) violador ou aviltante de garantias constitucionais e legais específicas; (vii) que não represente um 'caminhar para frente' (princípio da preclusão); (viii) que despreze os limites objetivos e subjetivos fixados na peça inicial, seja ela produzida pela Administração ou pelo particular (à semelhança do 'princípio do libelo' ou 'estabilidade da demanda'); (ix) que não busque atingir objetivo público certo, predeterminado e lícito; (x) ineficiente (tanto o que não busca resultado útil quanto que se vale de instrumentos inúteis na busca de resultado útil); (xi) ineficaz (não culmina em um decisão com efeitos concretos ou práticos); (xii) que não preveja ou possibilite revisão dos atos decisórios de primeiro grau; (xiii) que não permita a atuação ativa da defesa técnica, a ser exercitada por advogado e/ou peritos; (xiv) que não tenha início com notificação, clara e precisa, em que se consigne prazo certo para apresentação de defesa; (xv) que não permita a produção de provas; (xvi) que não se fundamente única e exclusivamente em provas lícitas; e (xvii) oneroso (excessivamente custoso aos cofres públicos ou aos particulares).[365]

A respeito da dimensão substantiva/material do princípio do devido processo legal e de sua função de controle da razoabilidade dos atos normativos editados pelo Poder Público, cite-se, à guisa de exemplo, o julgado pelo Supremo Tribunal Federal no processo de ADI nº 2667:

> AÇÃO DIRETA DE INCONSTITUCIONALIDADE – LEI DISTRITAL QUE DISPÕE SOBRE A EMISSÃO DE CERTIFICADO DE CONCLUSÃO DO CURSO E QUE AUTORIZA O FORNECIMENTO DE HISTÓRICO ESCOLAR PARA ALUNOS DA TERCEIRA SÉRIE DO ENSINO MÉDIO QUE COMPROVAREM APROVAÇÃO EM VESTIBULAR PARA INGRESSO EM CURSO DE NÍVEL SUPERIOR – LEI DISTRITAL QUE USURPA COMPETÊNCIA LEGISLATIVA OUTORGADA À UNIÃO FEDERAL PELA CONSTITUIÇÃO DA REPÚBLICA – CONSIDERAÇÕES EM TORNO DAS LACUNAS PREENCHÍVEIS – NORMA DESTITUÍDA DO NECESSÁRIO COEFICIENTE DE RAZOABILIDADE – OFENSA AO PRINCÍPIO DA PROPORCIONALIDADE – ATIVIDADE LEGISLATIVA EXERCIDA COM DESVIO DE PODER – PLAUSIBILIDADE JURÍDICA DO PEDIDO – DEFERIMENTO DA MEDIDA CAUTELAR COM EFICÁCIA "EX TUNC". A USURPAÇÃO DA COMPETÊNCIA LEGISLATIVA, QUANDO PRATICADA POR QUALQUER DAS PESSOAS ESTATAIS, QUALIFICA-SE COMO ATO DE TRANSGRESSÃO CONSTITUCIONAL. – A Constituição da República, nas hipóteses de competência concorrente (CF, art. 24), estabeleceu verdadeira situação de condomínio legislativo entre a União Federal, os Estados-membros e o Distrito Federal (RAUL MACHADO HORTA, "Estudos de Direito Constitucional", p. 366, item nº 2, 1995, Del Rey), daí resultando clara repartição vertical de competências normativas entre essas pessoas estatais, cabendo, à União, estabelecer normas gerais (CF, art. 24, §1º), e, aos Estados-membros e ao Distrito Federal, exercer competência suplementar (CF, art. 24, §2º). - A Carta Política, por sua vez, ao instituir um sistema de condomínio legislativo nas matérias taxativamente indicadas no seu art. 24 - dentre as quais avulta, por sua

---

[365] MOREIRA, Egon Bockmann. *Processo Administrativo*. Princípios constitucionais e a Lei 9.784/99. São Paulo: Malheiros, 2003. p. 265.

importância, aquela concernente ao ensino (art. 24, IX) -, deferiu ao Estado-membro e ao Distrito Federal, em "inexistindo lei federal sobre normas gerais", a possibilidade de exercer a competência legislativa plena, desde que "para atender a suas peculiaridades" (art. 24, §3º). - Os Estados-membros e o Distrito Federal não podem, mediante legislação autônoma, agindo ultra vires, transgredir a legislação fundamental ou de princípios que a União Federal fez editar no desempenho legítimo de sua competência constitucional e de cujo exercício deriva o poder de fixar, validamente, diretrizes e bases gerais pertinentes a determinada matéria (educação e ensino, na espécie). – Considerações doutrinárias em torno da questão pertinente às lacunas preenchíveis. TODOS OS ATOS EMANADOS DO PODER PÚBLICO ESTÃO NECESSARIAMENTE SUJEITOS, PARA EFEITO DE SUA VALIDADE MATERIAL, À INDECLINÁVEL OBSERVÂNCIA DE PADRÕES MÍNIMOS DE RAZOABILIDADE. – As normas legais devem observar, no processo de sua formulação, critérios de razoabilidade que guardem estrita consonância com os padrões fundados no princípio da proporcionalidade, pois todos os atos emanados do Poder Público devem ajustar-se à cláusula que consagra, em sua dimensão material, o princípio do "substantive due process of law". Lei Distrital que, no caso, não observa padrões mínimos de razoabilidade. A EXIGÊNCIA DE RAZOABILIDADE QUALIFICA-SE COMO PARÂMETRO DE AFERIÇÃO DA CONSTITUCIONALIDADE MATERIAL DOS ATOS ESTATAIS. – A exigência de razoabilidade – que visa a inibir e a neutralizar eventuais abusos do Poder Público, notadamente no desempenho de suas funções normativas – atua, enquanto categoria fundamental de limitação dos excessos emanados do Estado, como verdadeiro parâmetro de aferição da constitucionalidade material dos atos estatais. APLICABILIDADE DA TEORIA DO DESVIO DE PODER AO PLANO DAS ATIVIDADES NORMATIVAS DO ESTADO. – A teoria do desvio de poder, quando aplicada ao plano das atividades legislativas, permite que se contenham eventuais excessos decorrentes do exercício imoderado e arbitrário da competência institucional outorgada ao Poder Público, pois o Estado não pode, no desempenho de suas atribuições, dar causa à instauração de situações normativas que comprometam e afetem os fins que regem a prática da função de legislar. (…)".

Deve preceder a aplicação de sanção a instauração, processamento e julgamento de processo administrativo formal.

12.7 Dosimetria da sanção

Cabe ao administrador a tarefa da dosimetria da pena, ou de identificar, diante do caso concreto, qual é a sanção justa para punir a infração administrativo-contratual. Há uma certa ampla margem para a definição dos fatos típicos, da tipicidade e dosimetria da sanção (qualidade e quantidade da pena).

Repita-se que é fundamental que se passe a operar duas noções distintas que muito podem contribuir para a justiça, legitimidade e validade das sanções aplicadas pela Administração Pública. A primeira delas é a de "tipicidade infralegal". A tipicidade infralegal implica a edição de atos administrativos normativos (resoluções, portarias etc.), contemplando um sistema legal e constitucionalmente adequado para aplicação de sanções. Cada organização pública, nesse prisma, define em norma os fatos típicos, as infrações administrativo-contratuais mais relevantes e define também quais as sanções a elas correspondentes que serão aplicadas em todos os casos concretos congêneres.

A segunda noção é a de tipicidade contratual. Para os casos específicos, impossíveis de serem antecipados em norma de caráter geral e abstrato, cabe à Administração definir no instrumento convocatório e no contrato os fatos típicos e as infrações administrativo-contratuais, bem como a sanção para cada uma delas correspondente diante de um específico caso concreto – a relação contratual estabelecida. Cada órgão ou entidade pública contratante definirá, a partir de sua efetiva e concreta necessidade e experiência contratual, quais serão as condutas mais graves e as menos graves, distribuindo formalmente as sanções entre elas, a fim de reduzir ou mesmo eliminar a subjetividade quando da dosimetria da pena administrativa.

O Tribunal de Contas da União já sugeriu medida de tipicidade contratual quando da edição do Acórdão nº 1.214/13, determinando que

> 9.1.8 seja fixado em contrato como falta grave, caracterizada como falha em sua execução, o não pagamento do salário, do vale-transporte e do auxílio alimentação no dia fixado, que poderá dar ensejo à rescisão do contrato, sem prejuízo da aplicação de sanção pecuniária e da declaração de impedimento para licitar e contratar com a União, nos termos do art. 7º da Lei 10.520/2002;

Ou quando de análise de casos concretos,

> 14. (...) quanto à inclusão nos contratos de cláusulas que indiquem o objeto, o preço ajustado, o prazo e as penalidades, além de outras previamente estabelecidas no instrumento convocatório, a Secex/MA identificou no decorrer deste monitoramento que todos os contratos averiguados especificavam claramente o objeto e continham cláusulas indicativas do preço ajustado e do prazo de execução. Não continham, todavia, cláusulas relativas às penalidades para situações de descumprimento ou rescisão contratual, motivo pelo qual a Analista instrutora propôs a aplicação de multa ao responsável ouvido em audiência.
> 15. Em relação a ausência que persiste, vejo que o gestor, por intermédio de suas razões de justificativas, foi taxativo no sentido de que aquele Sesi/MA irá incluir tal cláusula em seus contratos.
> 16. Desse modo, ante ao cumprimento parcial da determinação desta Corte de Contas e frente ao compromisso firmado pelo responsável, julgo suficiente exarar determinação para que a entidade informe nas próximas contas as medidas adotadas para o cumprimento da determinação contida no item 20.1.8.3. do Acórdão 3.012/2003.
> 9.1. determinar ao Serviço Social da Indústria – Departamento Regional no Estado do Maranhão (Sesi/MA) que:
> 9.1.3. inclua nos contratos cláusula específica prevendo penalidades para os casos de rescisão e inadimplemento total ou parcial das obrigações contratuais assumidas, consoante determinam os artigos 25 e 31 do Regulamento de Licitações e Contratos do SESI.
> 9.1.5. informe nas próximas contas as medidas adotadas para o cumprimento das medidas determinadas no presente Acórdão, bem como daquela contida no item 20.1.8.3. do Acórdão 3.012/2003-1ª Câmara; (AC nº 0807-09/08-2)
> *Representação. Contrato. É recomendável, nos contratos relativos à prestação de serviços de vigilância armada e desarmada e de segurança patrimonial, o estabelecimento de cláusulas de penalidades a serem aplicadas em decorrência de serviços executados em desconformidade com o que fora contratado, sendo que tais punições devem ser proporcionais ao descumprimento.*

> 9.4. recomendar à Procuradoria da República no Estado de São Paulo que, em observância aos princípios da proporcionalidade e da razoabilidade, estabeleça, nos contratos relativos à prestação de serviços de vigilância armada e desarmada e de segurança patrimonial, cláusulas de penalidades específicas aos serviços executados em desconformidade, prevendo punições proporcionais ao descumprimento; e
> Nesta representação de licitante, discutem-se nos autos razoabilidade e proporcionalidade de multa prevista para prestação inadequada de serviços de vigilância armada e desarmada e de segurança em 26 Procuradorias da República localizadas no Estado de São Paulo.
> 2. Alegou o representante que seria desarrazoado que uma falha na execução dos serviços em uma unidade pudesse acarretar aplicação de multa calculada sobre o equivalente ao valor dos serviços prestados em todas as vinte e seis.
> 5. Ademais, o quantum concernente à multa a ser aplicada ocorre após a oitiva do contratado, ocasião em que são examinadas e sopesadas as falhas e inadimplências questionadas. Esse procedimento tem o condão de concretizar proporcionalidade e razoabilidade da conduta em relação à penalidade a ser aplicada.
> 6. Não se pode perder de vista, ainda, que a multa é instrumento para desencorajar participação de empresas que não tenham condições de assumir os serviços contratados, numa tentativa de afastar concorrentes despreparados.
> 7. Essa postura também é adotada pela área administrativa deste Tribunal. Assim, a multa máxima de 10% sobre o valor adjudicado prevista na minuta do contrato não se mostra excessiva.
> 8. É correta a preocupação da Secex/SP de que o órgão promotor observe os princípios da proporcionalidade e da razoabilidade, mediante estabelecimento, nos contratos de prestação de serviços, de cláusulas de penalidades específicas para serviços executados em desconformidade, com previsão de punições proporcionais ao descumprimento. Assim, é pertinente que se recomende tal prática, como aperfeiçoamento da gestão pública (AC nº 2832-41/12-P).

Este procedimento de formalizar em norma ou no contrato a tipicidade estrita e a dosimetria da pena evita ainda violação do princípio da isonomia (que pode viciar o ato sancionatório) por eventual aplicação de sanção mais grave para um contratado e mais branda para outro, em face de infrações de equivalente gravidade.

Os agentes públicos encarregados de processar, julgar e aplicar a sanção devem ter familiaridade com os princípios que regem a Administração Pública para que se produza a devida justiça administrativa (com efeito, o objeto legítimo do processo administrativo sancionatório será sempre a efetivação da justiça). O regime principiológico de direito público será sempre um referencial seguro para garantir a legitimidade e a validade das sanções aplicadas, como já deliberou o Superior Tribunal de Justiça:

> 2. O art. 87, da Lei nº 8.666/93, não estabelece critérios claros e objetivos acerca das sanções decorrentes do descumprimento do contrato, mas por óbvio existe uma gradação acerca das penalidades previstas nos quatro incisos do dispositivo legal.
> 3. Na contemporaneidade, os valores e princípios constitucionais relacionados à igualdade substancial, justiça social e solidariedade, fundamentam mudanças de paradigmas antigos em matéria de contrato, inclusive no campo do contrato administrativo que, desse modo, sem perder suas características e atributos do período anterior, passa a ser informado pela

noção de boa-fé objetiva, transparência e razoabilidade no campo pré-contratual, durante o contrato e pós-contratual.

4. Assim deve ser analisada a questão referente à possível penalidade aplicada ao contratado pela Administração Pública, e desse modo, o art. 87, da Lei nº 8.666/93, somente pode ser interpretado com base na razoabilidade, adotando, entre outros critérios, a própria gravidade do descumprimento do contrato, a noção de adimplemento substancial, e a proporcionalidade (REsp nº 914.087 – RJ).

Para a dosimetria da sanção, diz a Lei, serão considerados: I – a natureza e a gravidade da infração cometida; II – as peculiaridades do caso concreto; III – as circunstâncias agravantes ou atenuantes; IV – os danos que dela provierem para a Administração Pública; V – a implantação ou o aperfeiçoamento de programa de integridade, conforme normas e orientações dos órgãos de controle. Tratam-se de circunstâncias ou causas que, obrigatoriamente, devem ser levadas em conta para agravar ou para favorecer a situação jurídica daquele que cometeu a infração. É apuração de caso concreto e de realidade empírico-material que deve ser levada a efeito pela Administração Pública.

12.8 Reabilitação de pessoa física ou jurídica punida

Reabilitação é o instituto jurídico pelo qual uma pessoa física ou jurídica recupera direitos suspensos por força de cumprimento de uma sanção, por ter cumprido condições objetivas legalmente fixadas. A Lei nº 14.133/21 prevê este instituto ao preceituar que "é admitida a reabilitação do licitante ou contratado perante a própria autoridade que aplicou a penalidade" (art. 163). O primeiro elemento constitutivo do instituto é a competência para reabilitar, que é de titularidade da própria autoridade que aplicou a sanção. Opera neste pormenor a denominada teoria do órgão. A expressão "própria autoridade que aplicou a sanção", à luz desta teoria, não equivale à pessoa física que o fez, mas é referência adstrita à função pública titularizada por aquele que aplicou a sanção. Por exemplo, se a sanção foi aplicada por Prefeito Municipal, qualquer pessoa que titularize tal cargo pode exercer a prerrogativa de reabilitar, e não apenas a pessoa física que transitoriamente ocupara o cargo e aplicou a sanção.

A reabilitação pode se dar no caso de sanção de impedimento de licitar e contratar, ou no caso de declaração de inidoneidade.

São três os requisitos legais para a reabilitação, que devem ser cumpridos cumulativa e simultaneamente:

a) reparação integral do dano causado à Administração Pública: caso não tenha sido objeto de apuração conjunta no processo que ensejou a aplicação da sanção, deve ser instaurado processo específico destinado a apurar o montante e a natureza dos danos causados para a Administração Pública por força da infração cometida. Estes danos podem ter natureza material ou moral, como já decidiu o Superior Tribunal de Justiça (REsp nº 1.722.423):

> CIVIL E ADMINISTRATIVO. "CASO JORGINA DE FREITAS". LESÕES EXTRAPATRIMONIAIS CAUSADAS POR AGENTES DO ESTADO AO INSS. PREJUÍZOS INSUSCETÍVEIS DE APRECIAÇÃO ECONÔMICA E DE EXTENSÃO INCALCULÁVEL. DANOS EXTRAPATRIMONIAIS. INDENIZAÇÃO. CABIMENTO.

HISTÓRICO DA DEMANDA

1. Trata-se, na origem, de demanda proposta pelo INSS com o fim de obter reparação por danos decorrentes de fraude praticada contra a autarquia no contexto do denominado "caso Jorgina de Freitas", cuja totalidade dos prejuízos, segundo as instâncias ordinárias, superou 20 (vinte) milhões de dólares.

2. Consignou-se no acórdão recorrido: "repetindo a sistemática empregada tantas outras vezes, a advogada requereu fossem preparados novos cálculos; o contador os elaborou, alcançando resultado claramente exagerado; o procurador autárquico anuiu prontamente com o mesmo; e o magistrado, em tempo bastante expedito, homologou as contas e determinou a expedição do alvará de levantamento em favor da advogada, fechando-se assim o ciclo - sendo certo que, via de regra, os segurados não chegavam a receber qualquer parcela do montante desviado, que era partilhado entre os membros da organização criminosa" (fl. 2.370, e-STJ).

3. O Tribunal de origem manteve a condenação à reparação dos danos materiais, mas afastou o "pagamento de uma compensação por danos morais, posto que inviável cogitar-se, diante da própria natureza das atividades desempenhadas pelo INSS, de impacto negativo correspondente a descrédito mercadológico" (fl. 2.392, e-STJ).

RECONHECIMENTO DE DANO MORAL: DISTINÇÃO PRESENTE NO CASO DOS AUTOS

4. Embora haja no STJ diversas decisões em que se reconheceu a impossibilidade da pessoa jurídica de Direito Público ser vítima de dano moral, o exame dos julgados revela que essa orientação não se aplica ao caso dos autos.

5. Por exemplo, no Recurso Especial 1.258.389/PB, da relatoria do Min. Luis Felipe Salomão, o que estava sob julgamento era ação indenizatória ajuizada por município em razão de programas radiofônicos e televisivos locais que faziam críticas ao Poder Executivo. No Recurso Especial 1.505.923/PR, Relator Min. Herman Benjamin, a pretensão indenizatória se voltava contra afirmações de que autarquia federal teria produzido cartilha com informações inverídicas. No Recurso Especial 1.653.783/SP, Relator Min. Mauro Cambpell, discutiu-se o uso indevido de logotipo do Ibama.

6. Diversamente do que se verifica no caso dos autos, nesses precedentes estava em jogo a livre manifestação do pensamento, a liberdade de crítica dos cidadãos ou o uso indevido de bem imaterial do ente público.

DANOS EXTRAPATRIMONIAIS

7. Também não afasta a pretensão reparatória o argumento de que as pessoas que integram o Estado não sofrem "descrédito mercadológico".

8. O direito das pessoas jurídicas à reparação por dano moral não exsurge apenas no caso de prejuízos comerciais, mas também nas hipóteses, mais abrangentes, de ofensa à honra objetiva. Nesse plano, até mesmo entidades sem fins lucrativos podem se atingidas.

Fundamental para fins de reabilitação é que a reparação dos danos compense todos os danos sofridos ela Administração, como: danos ao patrimônio público, perda de oportunidades mais vantajosas de negócios, sobrepreço, superfaturamento, entre outros;

b) pagamento da multa: devem ser satisfeitas, na integralidade, todas as sanções de natureza pecuniária. Caso a cobrança da multa tenha sido objeto de parcelamento – parcelamento de dívida ativa – deve ser quitado. A regularidade fiscal produzida pelo parcelamento de dívidas não opera efeitos para fins de reabilitação;

c) transcurso do prazo mínimo de 1 (um) ano da aplicação da penalidade, no caso de impedimento de licitar e contratar, ou de 3 (três) anos da aplicação da penalidade,

no caso de declaração de inidoneidade: o prazo conta da data em que iniciaram os efeitos das sanções aplicadas;

d) cumprimento das condições de reabilitação definidas no ato punitivo: a decisão de aplicação de sanção poderá, a depender do caso concreto, estabelecer condições objetivas para a reabilitação;

e) análise jurídica prévia, com posicionamento conclusivo quanto ao cumprimento dos requisitos: a análise é de controle prévio de legalidade e não abordará aspectos técnicos ou de mérito. Trata-se de manifestação obrigatória, como requisito de validade da reabilitação;

f) implantação ou aperfeiçoamento de programa de integridade: há condutas infracionais que não são maculadas pela desonestidade, pela má-fé ou pela falta de probidade. Para o caso de infrações cometidas com fraude ou mediante condutas desonestas, a lei determina como condição de reabilitação a implementação ou melhoria de programa de integridade. Programa de integridade[366] consiste, no âmbito de uma pessoa jurídica, no conjunto de mecanismos e procedimentos internos de integridade, auditoria e incentivo à denúncia de irregularidades e na aplicação efetiva de códigos de ética e de conduta, políticas e diretrizes, com objetivo de: I – prevenir, detectar e sanar desvios, fraudes, irregularidades e atos ilícitos praticados contra a Administração Pública, nacional ou estrangeira; e II – fomentar e manter uma cultura de integridade no ambiente organizacional. As infrações que, se cometidas, exigem implantação ou aperfeiçoamento de programa de integridade como condição para a reabilitação são as de (i) apresentar declaração ou documentação falsa exigida para o certame ou prestar declaração falsa durante a licitação ou a execução do contrato (art. 155, VIII) e (ii) praticar ato lesivo previsto no art. 5º da Lei nº 12.846, de 1º de agosto de 2013 (art. 155, XII).

12.9 Desconsideração da personalidade jurídica – a questão da extensão dos efeitos da sanção

Há previsão expressa do instituto da desconsideração da personalidade jurídica: a personalidade jurídica poderá ser desconsiderada sempre que utilizada com abuso do direito para facilitar, encobrir ou dissimular a prática dos atos ilícitos previstos nesta Lei ou para provocar confusão patrimonial, e, nesse caso, todos os efeitos das sanções aplicadas à pessoa jurídica serão estendidos aos seus administradores e sócios com poderes de administração, a pessoa jurídica sucessora ou a empresa do mesmo ramo com relação de coligação ou controle, de fato ou de direito, com o sancionado, observados, em todos os casos, o contraditório, a ampla defesa e a obrigatoriedade de análise jurídica prévia (art. 160). O instituto também tem previsão na norma do art. 14, §1º: "o impedimento de que trata o inciso III do caput deste artigo será também aplicado ao licitante que atue em substituição a outra pessoa, física ou jurídica, com o intuito de burlar a efetividade da sanção a ela aplicada, inclusive a sua controladora, controlada ou coligada, desde que devidamente comprovado o ilícito ou a utilização fraudulenta da personalidade jurídica do licitante"; o impedimento de que trata a Lei

---

[366] Decreto Federal nº 11.129/22.

é o de "pessoa física ou jurídica que se encontre, ao tempo da licitação, impossibilitada de participar da licitação em decorrência de sanção que lhe foi imposta".

Não é incomum que os sócios de uma pessoa jurídica punida com sanção de declaração de inidoneidade, suspensão temporária de licitar e contratar com a Administração, ou de impedimento de licitar e de contratar, objetivando desviar, tangenciar ou evitar os efeitos das sanções (ficar afastado do mercado das contratações públicas), constituam novas pessoas jurídicas, muitas vezes com mesmos sócios e mesmo endereço daquela obstada de participar de licitações e de contratar com o Poder Público por força da sanção sofrida.

Tal conduta é absolutamente irregular, ilegal e imoral. De modo a evitar que os sócios de empresas punidas possam se valer de prerrogativas inexistentes – como a da proteção da pessoa jurídica –, tem-se admitido a desconsideração da personalidade jurídica de empresas punidas, de modo a estender aos sócios os efeitos das sanções – o que, na prática, impede que empresa que tenha no seu quadro social pessoa física que é também sócio e pessoa jurídica em cumprimento de sanção administrativa possa participar de licitações e de contratar com o Estado.

A personalidade jurídica surge a partir da conclusão no sentido de que determinados objetivos humanos não são possíveis de serem alcançados de forma individual, demandando a conjugação de esforços e de vontades, que podem, nos termos da lei, ensejar a criação de uma pessoa autônoma e distinta das pessoas humanas que a constituíram.

A esse respeito, Silvio Salvo Venosa pondera que "o homem sozinho não é capaz de todas as realizações. Isoladamente é pequeno demais para a realização de grandes empreendimentos. Desde cedo percebeu a necessidade de conjugar esforços. Daí decorre a atribuição de capacidade jurídica aos entes abstratos assim constituídos, gerados pela vontade e necessidade do homem".[367]

Não destoa desse pensamento Caio Mário da Silva Pereira, que, com precisão, expressa que "a complexidade da vida civil e a necessidade da conjugação de esforços de vários indivíduos para a consecução de objetivos comuns ou de interesse social, ao mesmo passo que aconselham e estimulam a sua agregação e polarização de suas atividades, sugerem a direito equiparar à própria pessoa humana certos agrupamentos de indivíduos e certas destinações patrimoniais e lhe aconselham atribuir personalidade e capacidade de ação aos entes abstratos assim gerados".[368]

Os entes abstratos de que tratam os autores são as denominadas pessoas jurídicas. Pessoas jurídicas são entes criados pelo direito, dotados de capacidade jurídica, e, pois, de personalidade jurídica própria, autônoma e independente daquela de titularidade de seus integrantes, aptas, portanto, a adquirir direitos e a contrair obrigações em nome próprio, ou, como preceitua Caio Mário da Silva Pereira, "se compõem, ora de um conjunto de pessoas, ora de uma destinação patrimonial, com aptidão para adquirir e exercer direitos e contrair obrigações".[369]

---

[367] VENOSA, Sílvio Sálvio. Direito Civil. Parte Geral. São Paulo: Atlas, 2004. v. 1. p. 253.
[368] PEREIRA, Caio Mário. Instituições de Direito Civil: introdução ao Direito Civil: teoria geral de Direito Civil. Rio de Janeiro: Forense, 2005. v. 1. p. 297.
[369] *Op. cit.*, p. 297.

Gustavo Tepedino, Heloisa Helena Barboza e Maria Celina Bodin Moraes, por seu turno, conceituam pessoa jurídica como "o agrupamento de pessoas dotado pela lei de aptidão para a titularidade de direitos e obrigações na ordem civil, tendo, assim, personalidade jurídica própria, independentemente da de seus membros".[370]

As pessoas jurídicas têm existência distinta daquela dos seus membros, consoante dispunha o Código Civil de 1916, no seu artigo 20.

Na expressão de Caio Mário da Silva Pereira:

> Verifica o direito que, desde os tempos antigos, houve agrupamentos de indivíduos com a finalidade de realizar os seus interesses ou preencher as exigências sociais. O direito sempre encarou estes grupos destacadamente de seus membros, o que significa que a ordem jurídica considera estas entidades como seres dotados de existência própria ou autônoma, inconfundível com a vida das pessoas naturais que os criaram. Diante desta realidade objetivamente perceptível a ordem jurídica atribuiu personalidade jurídica a qualquer agrupamento suscetível de ter uma vontade própria e de defender seus próprios interesses. Destacadamente das pessoas naturais que lhes deram vida própria ou que as compõe, e até em oposição a umas ou outras, o direito permite a estas entidades atuar no campo jurídico, reconhecendo-lhes existência; faculta-lhes adquirir direitos e contrair obrigações; assegura-lhes o exercício dos direitos subjetivos. Realizando os interesses humanos ou as finalidades sociais que se propõem, as pessoas jurídicas procedem, no campo do direito, como seres dotados de ostensiva autonomia. É preciso, então, reconhecer-lhes vontade própria, que se manifesta através das emissões volitivas das pessoas naturais, mas que não se confunde com a vontade individual de cada um, porém e a resultante das de todos.[371]

A pessoa jurídica é uma realidade técnica "não é ficção, e nem equivale objetivamente a uma pessoa física. A pessoa jurídica é uma realidade no mundo jurídico – realidade jurídica: as pessoas jurídicas existem no mundo do direito e existem como seres dotados de vida própria, uma vida real".[372]

A capacidade da pessoa jurídica é diversa da capacidade da pessoa física. Tem aptidão genérica para adquirir direitos e contrair obrigações, porém essa capacidade é limitada e não é tão ampla como a das pessoas naturais. A pessoa jurídica deve ter sua capacidade limitada à orbita de sua atividade própria, ficando-lhe interdito atuar fora do campo de seus fins especializados – princípio da especialização –, esse princípio não é absoluto contudo. Deve sofrer mitigação, uma vez que a pessoa jurídica tem o gozo dos direitos civis que lhe são necessários à realização dos fins justificativos de sua existência.[373]

A pessoa jurídica está legitimada a exercer os atributos da capacidade para a consecução dos fins sociais e estatutários para os quais foi criada. Nos estritos termos desses limites vigora o véu protetor da *societas distat a singulis*, conferindo aos sócios a proteção que impede, e mesmo veda, sejam os atos da sociedade confundidos com os seus próprios atos.

---

[370] TEPEDINO, Gustavo; BARBOZA, Heloisa Helena; MORAES, Maria Celina Bodin. *Código Civil interpretado*: conforme a Constituição da República. São Paulo: Renovar, 2011. v. 1. p. 109.
[371] *Op. cit.*, p. 308.
[372] PEREIRA, *op. cit.*, p. 309.
[373] PEREIRA, *op. cit.*, p. 311.

No plano da responsabilidade, tal distinção opera efeitos concretos e muito significativos. Não se confunde a responsabilidade, qualquer seja a sua natureza, da pessoa jurídica com a responsabilidade das pessoas físicas que a integram e compõem.

Contudo, o manto protetor da pessoa jurídica somente operará efeitos se, e somente se, a conduta dos sócios ou dirigentes da pessoa jurídica se mantiver nos limites da legalidade e da legitimidade.

O que se verifica em concreto é que o véu protetor da pessoa jurídica por vezes é utilizado para ocultar ou proteger o sócio de responsabilidade que lhe deveria ser atribuída por conduta ilícita ou irregular.

Tal fato não passou despercebido de Caio Mário da Silva Pereira, que pondera

> Modernamente, entretanto, o desenvolvimento da sociedade de consumo, a coligação de sociedades mercantis e o controle individual de grupos econômicos tem mostrado a distinção entre a sociedade e seus integrantes, em vez e consagrar regras de justiça social, tem servido de cobertura para a prática de atos ilícitos, de comportamentos fraudulentos, de absolvição de irregularidades, de aproveitamentos injustificáveis, de abusos de direito. Os integrantes da pessoa invocam o princípio da separação, como se se tratasse de um véu protetor. Era preciso criar um instrumento jurídico hábil a ilidir os efeitos daquela cobertura.[374]

A utilização para fins ilícitos da proteção conferida pelo princípio da distinção entre a sociedade e seus integrantes fez surgir um instrumento jurídico orientado a coibir ou a reprimir condutas irregulares. Informa o referido autor que, sentindo os inconvenientes dessa imunidade, o direito norte-americano engendrou a doutrina da *disregard of legal entity*, segundo a qual "se deve desconsiderar a pessoa jurídica quando em prejuízo de terceiros, houver por parte dos órgãos dirigentes a prática de ao ilícito, ou abuso de poder, ou violação de norma estatutária ou, genericamente, infração de disposição legal".[375]

A distinção entre a pessoa jurídica e as pessoas dos sócios é efetiva e produz plenos efeitos jurídicos até que em "determinadas circunstâncias opera-se como que levantando ou perfurando o véu – *lifting or piercing the veil* – para alcançar o sócio, o gerente, o diretor, o administrador, e trazê-lo à realidade objetiva da responsabilidade".[376]

Com a desconsideração da personalidade jurídica, a responsabilidade que era da pessoa jurídica é transferida para a pessoa do sócio, ou, no dizer de Caio Mário da Silva Pereira, "a denominada *disregard doctrine* significa na essência, que em determinada situação fática, a Justiça despreza ou 'desconsidera' a pessoa jurídica, visando a restaurar uma situação em que chama à responsabilidade e impõe punição a uma pessoa física, que seria o autêntico obrigado ou o verdadeiro responsável, em face da lei ou do contrato"[377] de forma solidária.

---

[374] *Op. cit.*, p. 333.
[375] *Op. cit.*, p. 334.
[376] PEREIRA, *op. cit.*, p. 334.
[377] *Op. cit.*, p. 334. Informa ainda o autor que "foi o Código de Proteção e Defesa do Consumidor – Lei nº 8.078/90 – que consagrou definitivamente a disregard doctrine, assentando no artigo 28 o princípio geral, deduzindo os requisitos de aplicação e estabelecendo as consequências, autorizando o juiz a desconsiderar a personalidade jurídica da sociedade na defesa do consumidor, vítima de procedimento do produtor, nas hipóteses a que alude".

A possibilidade de desconsideração da personalidade jurídica não é novidade no ordenamento jurídico brasileiro. Tem previsão expressa, também, no artigo 28 do Código de Proteção e Defesa do Consumidor (Lei nº 8.078/90), que preceitua que "o juiz poderá desconsiderar a personalidade jurídica da sociedade quando, em detrimento do consumidor, houver abuso de direito, excesso de poder, infração da lei, fato ou ato ilícito ou violação dos estatutos ou contrato social. A desconsideração também será efetivada quando houver falência, estado de insolvência, encerramento ou inatividade da pessoa jurídica provocados por má administração".

O Código Civil Brasileiro também a consigna no artigo 50 que "em caso de abuso da personalidade jurídica, caracterizado pelo desvio de finalidade, ou pela confusão patrimonial, pode o juiz decidir, a requerimento da parte, ou do Ministério Público quando lhe couber intervir no processo, que os efeitos de certas e determinadas relações de obrigações sejam estendidos aos bens particulares dos administradores ou sócios da pessoa jurídica".

A desconsideração da personalidade jurídica pode ser efetivada quando a sua utilização se der em abuso de personalidade jurídica, com o fim de evitar a responsabilização do sócio, seja de que natureza for. E a lei civil dispõe sobre o que caracteriza o abuso da personalidade jurídica: desvio de finalidade ou confusão patrimonial. Abuso de personalidade jurídica constitui abuso de direito. O abuso de direito está definido no artigo 187 do Código Civil Brasileiro, que preceitua que "comete ato ilícito o titular de um direito que, ao exercê-lo, excede manifestamente os limites impostos pelo seu fim econômico ou social, pela boa-fé ou pelos bons costumes".

A pessoa jurídica tem existência para perseguir os fins legítimos expressados nos atos constitutivos ou estatutos sociais. A atuação fora dos parâmetros estabelecidos produz o desvio de finalidade: atuação para finalidade diversa daquela para a qual a pessoa jurídica foi criada. O desvio de finalidade ocorre quando a pessoa jurídica atua desbordando dos limites de seu objetivo social, com abuso de direito ou fraude nos negócios ou atos jurídicos. Vale dizer, o denominado véu protetor da personalidade jurídica somente pode ser invocado se a pessoa jurídica não o utilizar para fins ilícitos ou ilegítimos. São exemplos de atuação em desvio de finalidade: encerramento irregular da sociedade, falência fraudulenta, simulação de negócios jurídicos ou sonegação de tributos.

A confusão patrimonial ocorre quando a distinção entre o patrimônio dos sócios e o patrimônio da pessoa jurídica não existe de fato, embora possa ter existência no plano jurídico formal, como a transferência do patrimônio da pessoa jurídica para sócios em simulação sem causa juridicamente idônea.

Parece evidente que, quando uma pessoa física constitui uma outra pessoa jurídica e passa a integrar o corpo societário desta objetivando escapar dos efeitos de sanção administrativa aplicada em regular processo administrativo, está a atuar em desvio de finalidade. A constituição de uma pessoa jurídica e a sua atuação somente são legítimas para o atingimento dos seus fins sociais (objeto social da empresa). Quando a pessoa jurídica atua com objetivo diverso daquele previsto em seu objeto social, atua em desvio de finalidade – o que é mais grave quando tal desvio opera para atingir finalidade ilícita, como a de escapar da aplicação de sanção.

A desconsideração da personalidade jurídica apresenta-se sob duas formulações teóricas, denominadas teoria maior e teoria menor do risco empresarial. A primeira teoria preconiza que poderá ser desconsiderada, no caso concreto, a autonomia patrimonial da pessoa jurídica para combater fraudes e abusos praticados por seus sócios ou administradores. A teoria menor, por sua vez, reputa ser desnecessária a existência de abuso de direito para afastar a personalidade jurídica, sendo suficiente a imposição de prejuízo ao credor.

Como já decidiu o Superior Tribunal de Justiça, nosso sistema jurídico adota como regra a teoria maior da desconsideração da personalidade jurídica:

> AGRAVO INTERNO NOS EMBARGOS DE DECLARAÇÃO NO RECURSO ESPECIAL. DESCONSIDERAÇÃO DA PERSONALIDADE JURÍDICA. INVIABILIDADE. INCIDÊNCIA DO ART. 50 DO CC/2002. APLICAÇÃO DA TEORIA MAIOR DA DESCONSIDERAÇÃO DA PERSONALIDADE JURÍDICA. INEXISTÊNCIA DE COMPROVAÇÃO DO DESVIO DE FINALIDADE OU DE CONFUSÃO PATRIMONIAL. PRECEDENTES. AGRAVO INTERNO DESPROVIDO.
> 1. Nos casos concernentes a relações jurídicas de natureza civil-empresarial, o legislador pátrio, no art. 50 do CC de 2002, adotou a teoria maior da desconsideração, que exige a demonstração da ocorrência de elemento objetivo, relativo a qualquer um dos requisitos previstos na norma, caracterizadores de abuso da personalidade jurídica, como excesso de mandato, demonstração do desvio de finalidade (ato intencional dos sócios em fraudar terceiros com o uso abusivo da personalidade jurídica) ou a demonstração de confusão patrimonial (caracterizada pela inexistência, no campo dos fatos, de separação patrimonial entre o patrimônio da pessoa jurídica e o dos sócios ou, ainda, dos haveres de diversas pessoas jurídicas).
> 2. A mera demonstração de insolvência da pessoa jurídica ou de dissolução irregular da sociedade empresária, sem a devida baixa na junta comercial, por si só, não enseja a desconsideração da personalidade jurídica. Precedentes.
> 3. Agravo interno a que se nega provimento (AgInt nos EDcl no REsp nº 1873983 / SP).
>
> AGRAVO INTERNO NO AGRAVO EM RECURSO ESPECIAL. PERSONALIDADE JURÍDICA. DESCONSIDERAÇÃO. RELAÇÃO DE CONSUMO. TEORIA MENOR. APRECIAÇÃO. AUSÊNCIA. OMISSÃO RELEVANTE. ART. 1.022 DO CPC. VIOLAÇÃO. NÃO PROVIMENTO.
> 1. Nas relações de consumo é possível a aplicação da chamada Teoria Menor da Desconsideração da Personalidade Jurídica, cujos requisitos são menos severos do que aqueles previstos no artigo 50 do Código Civil, que veicula a chamada Teoria Maior.
> 2. Considera-se violado o artigo 1.022 do Código de Processo Civil quando o Tribunal de segundo grau, instado a se manifestar sobre questão relevante ao deslinde da controvérsia por meio dos competentes e oportunos embargos de declaração, deixa de se pronunciar a respeito.
> 3. Quando "a aplicação do direito à espécie pressupõe o exame de matéria de fato, faz-se necessário o retorno dos autos ao Tribunal de origem, para ultimação do procedimento de subsunção das circunstâncias fáticas da causa às normas jurídicas incidentes, na espécie" (EDcl no REsp 1.308.581/PR, Rel. Ministra Assusete Magalhães, Segunda Turma, julgado em 17.03.2016, DJe 29.03.2016).
> 4. Agravo interno a que se nega provimento (AgInt no AREsp nº 2102462 / PR).

A Lei nº 14.133/21 à toda vista também adota a teoria maior da desconsideração da personalidade jurídica que, para ser efetivada, exige prova de abuso do direito para facilitar, encobrir ou dissimular a prática dos atos ilícitos previstos na Lei ou para provocar confusão patrimonial.

A desconsideração da personalidade jurídica pode ser realizada em processo judicial ou em processo administrativo, como determinado pela Lei nº 14.133/21 e já deliberado pelo Superior Tribunal de Justiça:

> ADMINISTRATIVO. RECURSO ORDINÁRIO EM MANDADO DE SEGURANÇA. LICITAÇÃO. SANÇÃO DE INIDONEIDADE PARA LICITAR. EXTENSÃO DE EFEITOS À SOCIEDADE COM O MESMO OBJETO SOCIAL, MESMOS SÓCIOS E MESMO ENDEREÇO. FRAUDE À LEI E ABUSO DE FORMA. DESCONSIDERAÇÃO DA PERSONALIDADE JURÍDICA NA ESFERA ADMINISTRATIVA. POSSIBILIDADE. PRINCÍPIO DA MORALIDADE ADMINISTRATIVA E DA INDISPONIBILIDADE DOS INTERESSES PÚBLICOS. – A constituição de nova sociedade, com o mesmo objeto social, com os mesmos sócios e com o mesmo endereço, em substituição a outra declarada inidônea para licitar com a Administração Pública Estadual, com o objetivo de burlar à aplicação da sanção administrativa, constitui abuso de forma e fraude à Lei de Licitações Lei nº 8.666/93, de modo a possibilitar a aplicação da teoria da desconsideração da personalidade jurídica para estenderem-se os efeitos da sanção administrativa à nova sociedade constituída. – A Administração Pública pode, em observância ao princípio da moralidade administrativa e da indisponibilidade dos interesses públicos tutelados, desconsiderar a personalidade jurídica de sociedade constituída com abuso de forma e fraude à lei, desde que facultado ao administrado o contraditório e a ampla defesa em processo administrativo regular (RMS nº 15166/BA).

O Tribunal de Contas da União, igualmente, admite de muito a desconsideração da personalidade jurídica no âmbito administrativo:

> Aplica-se a desconsideração da personalidade jurídica para estender os efeitos da sanção de inidoneidade (art. 46 da Lei 8.443/92) a outras empresas posteriormente fundadas com o intuito de burlar a proibição de licitar com a Administração Pública, desde que assegurados o contraditório e a ampla defesa a todos interessados. Declaração de inidoneidade das empresas envolvidas (Acórdão nº 1.986/2013 Plenário).
> Conforme entendimento firmado por esta Corte de Contas por meio do Acórdão 2.589/2010 – Plenário, cabe ao Relator decidir monocraticamente ou submeter ao colegiado competente do Tribunal proposta sobre a desconsideração da personalidade jurídica. 4. Referidos elementos apontam, assim, para a emissão de notas fiscais com conteúdo inidôneo, o que caracteriza fraude e uso da personalidade jurídica da empresa, por parte dos seus sócios, com o objetivo de torná-la uma peça instrumental no desvio de recursos públicos. 5. Uma vez configurado o desvio de finalidade previsto no art. 50 do Código Civil, esta Corte de Contas pode aplicar a teoria da desconsideração da personalidade jurídica, para que os sócios da empresa [omissis] sejam pessoalmente citados a apresentarem alegações de defesas sobre as ocorrências apuradas nestas contas especiais. "Art. 50. Em caso de abuso da personalidade jurídica, caracterizado pelo desvio de finalidade, ou pela confusão patrimonial, pode o juiz decidir, a requerimento da parte, ou do Ministério Público quando lhe couber intervir no

processo, que os efeitos de certas e determinadas relações de obrigações sejam estendidos aos bens particulares dos administradores ou sócios da pessoa jurídica (AC nº 2807-41/12-P).

O instituto da desconsideração da personalidade jurídica não alcança sócios cotistas, salvo em caso de participação em práticas irregulares, como decidiu o Tribunal de Contas da União, embora possa alcançar sócio de fato, consoante precedente do Superior Tribunal de Justiça:

> O instituto da desconsideração da personalidade jurídica deve incidir sobre os administradores e sócios que tenham algum poder de decisão na empresa, não alcançando, em regra, os sócios cotistas, exceto nas situações em que fica patente que estes também se valeram de forma abusiva da sociedade empresária para tomar parte nas práticas irregulares (Acórdão nº 1846/2020-TCU-Plenário).
>
> Os efeitos da desconsideração da personalidade jurídica alcançam não apenas os sócios de direito, mas também os sócios ocultos que exerçam de fato a gerência da pessoa jurídica. (Acórdão nº 229/2023-TCU-Plenário).
>
> PROCESSUAL CIVIL. EMBARGOS DE DECLARAÇÃO NO AGRAVO INTERNO NO RECURSO ESPECIAL. SUBMISSÃO À REGRA PREVISTA NO ENUNCIADO ADMINISTRATIVO 03/STJ. AUSÊNCIA DE OMISSÃO, OBSCURIDADE, CONTRADIÇÃO OU ERRO MATERIAL.
>
> 1. O aresto embargado contém fundamentação suficiente para demonstrar que "da leitura da petição do recurso especial, percebe-se que tal fundamento ("o fato é que a desconsideração da personalidade jurídica da empresa já foi reconhecida como cabível por esta egrégia Terceira Turma, que reconheceu haverem seu sócios constituído a pessoa jurídica com a finalidade de praticar ilícitos tributários"), hábil à manutenção do julgado, não restou infirmado pela recorrente, o que atrai o óbice da Súmula 283/STF"; bem como "verifica-se que, para se adotar qualquer conclusão em sentido contrário ao que ficou expressamente consignado no acórdão atacado ?
>
> a empresa, de fato, era conduzida por sócios ocultos, entre eles os agravantes, os quais, através de instrumento público de mandato, detinham o poder de movimentar a única conta bancária de titularidade da empresa executada, em São Paulo, apesar de sediada em Campina Grande/PB e não ter filiais ?, é necessário o reexame de matéria de fato, o que é inviável em sede de recurso especial, tendo em vista o disposto na Súmula 7/STJ".
>
> 2. Não havendo omissão, obscuridade, contradição ou erro material, merecem ser rejeitados os embargos de declaração opostos, sobretudo quando contêm elementos meramente impugnativos.
>
> 3. Embargos de declaração rejeitados. (EDcl no AgInt no REsp nº 1897966 / PB).

A desconsideração da personalidade jurídica poderá ser direta ou indireta. A desconsideração direta da personalidade jurídica implica a aplicação de sanção diretamente aos sócios ou administradores de pessoas jurídicas licitantes ou contratadas – atente-se que, a rigor, a conduta praticada no processo da contratação pode ter sido realizada pela pessoa jurídica, licitante ou contratada que, como titular de direitos e obrigações, não se confunde com a pessoa do sócio. A desconsideração direta da personalidade jurídica funda-se na constatação de que a conduta da pessoa física dos sócios foi avaliada tão significativa e de tamanha relevância negativa que a sanção também deve contra si ser aplicada.

A desconsideração indireta da personalidade jurídica se dará no curso de processo da licitação ou de contratação direta, caso evidenciada ocorrência impeditiva indireta. Constitui ocorrência impeditiva indireta a extensão dos efeitos de sanção que impeça de licitar e contratar a Administração Pública para: I – as pessoas físicas que constituíram a pessoa jurídica, as quais permanecem impedidas de licitar com a Administração Pública enquanto perdurarem as causas da penalidade, independentemente de nova pessoa jurídica que vierem a constituir ou de outra em que figurarem como sócios; II – as pessoas jurídicas que tenham sócios comuns com as pessoas físicas antes referidas.

O Tribunal de Contas da União tem precedentes versando sobre ocorrências impeditivas indiretas:

> O órgão ou a entidade promotora do certame não deve obstar a participação de empresa licitante com fundamento na existência de ocorrências impeditivas indiretas de licitar constantes do Sistema de Cadastramento Unificado de Fornecedores (Sicaf) sem que haja elementos suficientes para evidenciar que a sua constituição teve por objetivo burlar penalidade aplicada a outra sociedade empresarial e sem que seja dada oportunidade à interessada para manifestação prévia (art. 29 da IN-Seges/MPDG 3/2018) (Acórdão nº 534/2020-TCU-Primeira Câmara).
>
> A declaração de inidoneidade para participar de licitação na Administração Pública Federal (art. 46 da Lei 8.443/1992) não pode ser aplicada a sócios e administradores de empresas licitantes, por falta de previsão legal. No entanto, se após consulta ao Sistema de Cadastramento Unificado de Fornecedores (Sicaf), constatar-se que nova sociedade empresária foi constituída com o mesmo objeto, por qualquer um dos sócios ou administradores de empresas declaradas inidôneas (ocorrências impeditivas indiretas), após a aplicação da sanção e no prazo de sua vigência, a Administração deve adotar as providências necessárias à inibição de participação dessa empresa na licitação, assegurando o contraditório e a ampla defesa aos interessados (Acórdão nº 2914/2019-TCU-Plenário).

Defende-se que competência para decidir sobre a desconsideração indireta da personalidade jurídica no âmbito de processo de contratação é da autoridade responsável pela contratação.

Diante de suspeita de ocorrência impeditiva indireta, será suspenso o processo licitatório para investigar se a participação da pessoa jurídica no processo da contratação teve como objetivo fraudar e burlar os efeitos de sanção aplicada a outra empresa com quadro societário comum.

Será notificado o interessado para que apresente manifestação, no exercício do contraditório e da ampla defesa, em prazo fixado no instrumento convocatório. Os agentes públicos responsáveis pela condução da licitação ou processo de contratação direta avaliarão os argumentos de defesa e realizarão as diligências necessárias para a prova dos fatos, como apurar as condições de constituição da pessoa jurídica ou do início da sua relação com os sócios da empresa sancionada; a atividade econômica desenvolvida pelas empresas; a composição do quadro societário e identidade dos dirigentes/administradores; compartilhamento de estrutura física ou de pessoal; dentre outras. O processo administrativo será encaminhado para a assessoria jurídica para manifestação obrigatória, como determina o art. 160 da Lei nº 14.133/21.

Com as informações coletadas pelo órgão responsável pela condução do processo, e com a manifestação conclusiva da assessoria jurídica, o processo será encaminhado para a autoridade competente para decisão. Formado o convencimento acerca da existência de ocorrência impeditiva indireta, será decretada a desconsideração da personalidade jurídica, tendo como consequência o impedimento de participação na licitação ou no processo da contratação direta.

12.10 Detração penal administrativa e compensação de sanções – garantia do *non bis in idem*

Detração é instituto jurídico original de Direito Penal pelo qual no cumprimento de pena privativa de liberdade ou de medida de segurança, deve ser descontado o tempo cumprido de prisão provisória, prisão administrativa, internação em hospital de custódia ou tempo de tratamento em estabelecimento psiquiátrico. O Código Penal Brasileiro determina que "computam-se, na pena privativa de liberdade e na medida de segurança, o tempo de prisão provisória, no Brasil ou no estrangeiro, o de prisão administrativa e o de internação em qualquer dos estabelecimentos referidos no artigo anterior (art. 42). O fundamento desta regra é busca da justiça material quando da aplicação de sanção, eis que "há um princípio clássico de justiça segundo o qual ninguém pode ser punido duas vezes pelo mesmo fato. A detração visa impedir que o Estado abuse de poder-dever de punir, sujeitando o responsável pelo fato punível a uma fração desnecessária da pena sempre que houver a perda da liberdade ou a internação em etapas anteriores à sentença condenatória".[378]

O Superior Tribunal de Justiça reconhece expressamente a aplicação do instituto no âmbito do sistema administrativo sancionatório:

> PROCESSUAL CIVIL. ADMINISTRATIVO. AÇÃO CIVIL PÚBLICA. LEI 8.429/92. SUSPENSÃO DE DIREITOS POLÍTICOS. MULTIPLICIDADE DE CONDENAÇÕES. SOMATÓRIO DAS PENAS. TRÂNSITO EM JULGADO. ART. 20, LEI 8429/92. PRINCÍPIOS CONSTITUCIONAIS. RAZOABILIDADE E PROPORCIONALIDADE. DETRAÇÃO. ART. 11 DA LEI 7.210/84. EMBARGOS DE DECLARAÇÃO. OMISSÃO CONFIGURADA.
> 1. O cumprimento de sanções políticas concomitantes, por atos de improbidade administrativa contemporâneos (art. 20 da Lei 8.429/92), deve observar as disposições encartadas no art. 11 da Lei 7.210/84.
> 2. É que a inexistência de legislação específica acerca da forma de cumprimento das sanções políticas, por atos de improbidade administrativa contemporâneos, deve ser suprida à luz das disposições encartadas no art. 11 da Lei 7.210/84, que instrui a Lei de Execuções Penais, verbis: "Art. 111. Quando houver condenação por mais de um crime, no mesmo processo ou em processos distintos, a determinação do regime de cumprimento será feita pelo resultado da soma ou unificação das penas, observada, quando for o caso, a detração ou remição. Parágrafo único. Sobrevindo condenação no curso da execução, somar-se-á a pena ao restante da que está sendo cumprida, para determinação do regime."
> 3. Embargos de declaração acolhidos, apenas, para esclarecer que cumprimento das sanções políticas, por atos de improbidade administrativa contemporâneos, deve observar

---

[378] DOTTI, René Ariel. *Curso de Direito penal*: parte geral. 8. ed. São Paulo: Revista dos Tribunais, 2021. p. 694.

as disposições encartadas no art. 11 da Lei 7.210/84, mantendo incólume o acórdão de fls. 383/423. (EDcl no REsp nº 993.658/SC, relator Ministro Luiz Fux, Primeira Turma, julgado em 09.03.2010, DJe de 23.03.2010).
PROCESSUAL CIVIL. ADMINISTRATIVO. AÇÃO CIVIL PÚBLICA. LEI 8.429/92. SUSPENSÃO DE DIREITOS POLÍTICOS. MULTIPLICIDADE DE CONDENAÇÕES. SOMATÓRIO DAS PENAS. TRÂNSITO EM JULGADO. ART. 20, LEI 8429/92. PRINCÍPIOS CONSTITUCIONAIS. RAZOABILIDADE E PROPORCIONALIDADE.
1. A concomitância de sanções políticas, por atos de improbidade administrativa contemporâneos, impõe a detração como consectário da razoabilidade do poder sancionatório.
2. A soma das sanções infringe esse critério constitucional, mercê de sua ilogicidade jurídica.
3. Os princípios constitucionais da razoabilidade e da proporcionalidade, corolários do princípio da legalidade, são de observância obrigatória na aplicação das medidas punitivas, como soem sem ser as sanções encartadas na Lei 8429/92, por isso que é da essência do Poder Sancionatório do Estado a obediência aos referido princípios constitucionais.
4. É cediço em doutrina sobre o thema que: "(...) Princípio da proporcionalidade. Este princípio enuncia a idéia - singela, aliás, conquanto freqüentemente desconsiderada - de que as competências administrativas só podem ser validamente exercidas na extensão e intensidade proporcionais ao que realmente seja demandado para cumprimento da finalidade de interesse público a que estão atreladas. Segue-se que os atos cujo conteúdo ultrapassem o necessário para alcançar o objetivo que justifique o uso da competência ficam maculados de ilegitimidade, porquanto desbordam do âmbito da competência; ou seja, superam os limites que naquele caso lhes corresponderiam. Sobremodo quando a Administração restringe situação jurídica dos administrados além do que caberia, por imprimir às medidas tomadas uma intensidade ou extensão supérfluas, prescindendas, ressalta a ilegalidade de sua conduta. É que ninguém deve estar obrigado a suportar constrições em sua liberdade ou propriedade que não sejam indispensáveis à satisfação do interesse público. Logo, o plus, o excesso acaso existente, não milita em benefício de ninguém. Representa, portanto, apenas um agravo inútil aos direitos de cada qual. Percebe-se, então, que as medidas desproporcionais ao resultado legitimamente almejável são, desde logo, condutas ilógicas, incongruentes.(...) grifos nossos " in Curso de Direito Administrativo, Celso Antônio Bandeira de Mello, 25ª ed. Malheiros, 2008, p. 108/112 5. A sanção de suspensão temporária dos direitos políticos, decorrente da procedência de ação civil de improbidade administrativa ajuizada perante o juízo cível estadual ou federal, somente perfectibiliza seus efeitos, para fins de cancelamento da inscrição eleitoral do agente público, após o trânsito em julgado do decisum, mediante instauração de procedimento administrativo-eleitoral na Justiça Eleitoral.
6. Consectariamente, o termo inicial para a contagem da pena de suspensão de direitos políticos, independente do número de condenações, é o trânsito em julgado da decisão, à luz do que dispõe o art. 20 da Lei 8.429/92, verbis: "a perda da função pública e a suspensão dos direitos políticos só se efetivam com o trânsito em julgado da sentença condenatória".
7. A título de argumento obiter dictum, sobreleva notar, o entendimento sedimentado Tribunal Superior Eleitoral no sentido de que "sem o trânsito em julgado de ação penal, de improbidade administrativa ou de ação civil pública, nenhum pré-candidato pode ter seu registro de candidatura recusado pela Justiça Eleitoral".
Precedentes do TSE: REspe 29.028/MG, Rel. Min. Marcelo Ribeiro, publicado em sessão em 26.8.2008 e CTA nº 1.607, Rel. e. Min. Caputo Bastos, DJ de 6.8.2008.
8. Recurso especial desprovido, divergindo-se do voto do e. Ministro Relator (REsp nº 993.658/SC, relator Ministro Francisco Falcão, relator para acórdão Ministro Luiz Fux, Primeira Turma, julgado em 15.10.2009, DJe de 18.12.2009).

Este instituto tem aplicação, no que tange ao regime sancionatório da Lei nº 14.133/21 por infrações cometidas no processo da contratação pública, por implícita previsão legal. Sem referência expressa à detração penal, a Lei indica "para fins de aplicação das sanções previstas nos incisos I, II, III e IV do *caput* do art. 156 desta Lei, o Poder Executivo regulamentará a forma de cômputo e as consequências da soma de diversas sanções aplicadas a uma mesma empresa e derivadas de contratos distintos" (art. 161, parágrafo único). Não há maiores referências ou indicativos na Lei acerca da metodologia destinada à aferição de forma de cômputo e soma de diversas sanções aplicadas a uma mesma empresa e derivada de contratos distintos, mas é possível a fixação de certos parâmetros em sede de regulamentação da Lei. Outro aspecto relevante para a análise da detração penal administrativa é a vedação ao *bis in idem*. Por conta do princípio do *non bis in idem*, uma pessoa não pode ser punida mais de uma vez por conta de uma mesma e idêntica infração – o que, eventualmente, deva ser tomado em conta para fins de detração, embora os institutos não se confundam. Somente se pode cogitar de detração penal administrativa, em sede de sanções administrativas no processo da contratação, quando aplicadas em desfavor da mesma pessoa – física ou jurídica –, pelo cometimento de idêntica infração, por dois ou mais órgãos integrantes da mesma instância administrativa.

A junção destes fatores gera direito de detração penal administrativa. Exemplo de detração penal administrativa em concreto foi objeto do Acórdão nº 977/2023:

> EMENTA
> É cabível realizar a detração do período efetivamente cumprido da sanção de inidoneidade aplicada pela CGU (art. 87, inciso IV, da Lei 8.666/1993) no cumprimento da pena de inidoneidade aplicada pelo TCU (art. 46 da Lei 8.443/1992) em razão dos mesmos fatos, com base no art. 22, §3º, do Decreto-lei 4.657/1942 (Lindb), pois constituem penalidades de igual natureza.
> 41. Ainda em relação à compensação dos prazos entre as penalidades, interessante citar os Acórdão 2092/2021-TCU-Plenário e 1236/2022-TCU-Plenário, ambos de relatoria do Exmo. Ministro Vital do Rêgo, os quais declararam inidôneas, respectivamente, as empresas (…) por cinco anos, desta vez por fraudes no (…). Contudo, ao dar ciência do acórdão para prosseguimento da inscrição das empresas nos cadastros de empresas inidôneas, ponderou, em ambos, que fosse considerada a detração do tempo da penalidade aplicada pela CGU, pois, nos dois casos citados, as sanções desta e do TCU seriam de mesma natureza e relativas ao mesmo fato, "com exceção da inidoneidade para participar de licitações em certames promovidos na esfera estadual e municipal cujos objetos sejam custeados com recursos federais repassados por força de convênios ou instrumentos congêneres".
> Considero importante destacar, no exame deste caso concreto, o precedente que inclusive foi mencionado na instrução, constituído pelo Acórdão 1236/2022-TCU-Plenário, por meio do qual esta Corte, no processo TC Processo 008.365/2020-2, que trata de representação para verificar a ocorrência de fraudes praticadas pela mesma Techint nas licitações do (…) Decidiu reconhecer a possibilidade da detração do tempo da penalidade aplicada à empresa pela CGU, uma vez que as sanções são de mesma natureza e relativas ao mesmo fato:
> 21. Assim, se a mesma sanção for aplicada pelo mesmo fato do mesmo procedimento licitatório, parece razoável considerar a detração do tempo da penalidade aplicada pelo primeiro (CGU ou TCU), com vistas a evitar que a data da decisão da Controladoria ou

desta Corte de Contas resulte no possível acúmulo de tempo da dosimetria, em desfavor da empresa inidônea, ou seja, de uma perspectiva de aplicação de sanções pelo TCU e pela CGU pelo mesmo fato, há o risco de sobreposição de sanções e da influência de fatores aleatórios na extensão da pena, como a data de julgamento pelo Tribunal ou de deliberação pela Controladoria. [Grifei.]

22. Quanto à natureza da sanção, o próprio Voto do Acórdão 2638/2019-TCU-Plenário explicita que a declaração de inidoneidade pela CGU e pelo TCU é sanção de natureza administrativa, ou seja, de mesma natureza:

No que concerne à vedação do bis in idem e ao pedido de detração do tempo da penalidade já cumprida, aplicada pela Controladoria-Geral da União, não é possível acolher as teses de defesa.

Com efeito, a declaração de inidoneidade para licitar aplicada por esta Corte não constitui bis in idem em relação à penalidade imposta pela CGU, pois as sanções em tela, embora de natureza administrativa, possuem fundamentos fáticos e competências distintas.

A penalidade aplicada pela CGU, prevista no art. 87, inciso IV, da Lei 8.666/1993, tem caráter preventivo e busca impedir que o particular participe de licitação ou que firme contrato com a Administração Pública, ante a inexecução parcial ou total do contrato. Já a declaração de inidoneidade de competência do TCU, inserta no art. 46 da Lei 8.443/1992, decorre de fraude à licitação.

Assim, diante da inocorrência desses pressupostos, a pretensão de compensação dos prazos não pode ser acolhida. (grifos nossos).

23. A mesma afirmação foi feita no relatório do Acórdão 560/2012-TCU-Plenário: "13. Nesse sentido, sabe-se que as sanções impostas por este Tribunal são de natureza administrativa, em nada se confundindo com aquelas capituladas na Lei 8.429/92 (...)" (grifo nosso).

24. Diante disso, cabe confirmar se o caso concreto analisado nestes autos resultará na proposta de sanção de mesma natureza e relativa ao mesmo fato da sanção aplicada à Techint pela CGU em dezembro de 2019, apesar das sanções dessas duas instâncias serem provenientes de competências distintas.

25. Portanto, embora os fundamentos legais para as sanções aplicadas por CGU e TCU sejam distintos, entende-se que o art. 22, §3º, da LINDB é aplicável, uma vez que os fatos apurados são os mesmos e as sanções têm mesma natureza (administrativa) e, a rigor, possuem efeito similar (impedimento para participar de licitações promovidas pela Administração Pública Federal) (Acórdão nº 977/2023-TCU-Plenário).

Para o Tribunal de Contas da União, em precedente que constitui parâmetro, se forem aplicadas duas sanções de natureza administrativa, ainda que por órgãos distintos de mesma esfera federativa, por mesma conduta cometida durante a execução de mesmo contrato administrativo, deve ser aplicada a detração penal. No entanto, merece registro outro precedente da Corte de Contas, pelo qual definiu que "a aplicação de sanção pelo Conselho Administrativo de Defesa Econômica (Cade) em decorrência de conduta anticoncorrencial infringente à ordem econômica não impede que o TCU declare a inidoneidade da empresa sancionada para participar de licitações na Administração Pública Federal (art. 46 da Lei nº 8.443/92), quando a mesma conduta caracterizar fraude à licitação. O princípio do non bis in idem não veda a possibilidade de a legislação atribuir mais de uma sanção administrativa a uma mesma conduta" (Acórdão nº 1574/2023 Plenário).

Sobre o tema de efeitos de múltiplas sanções aplicadas a licitante ou contratado, pode-se formular algumas hipóteses:

a) sanções aplicadas pelo mesmo fato, por órgãos públicos integrantes da mesma esfera federativa (precedente do Tribunal de Contas da União): deve haver a compensação de sanções ou detração penal, com desconto da sanção aplicada posteriormente do prazo de sanção já cumprida;

b) sanções aplicadas pelo mesmo fato, por órgãos integrantes de esferas federativas diferentes: embora originadas do mesmo fato, aplicadas no exercício de competências administrativas distintas. Defende-se que as sanções aplicadas devem ser cumpridas integralmente. Por exemplo: suponha-se a aplicação, pelo mesmo fato, de sanção de impedimento de licitar e contratar por dois anos aplicada a contratado pela Administração contratante e outra, por mesma infração, de declaração de inidoneidade aplicada pelo Tribunal de Contas da União por dois anos (art. 46, Lei nº 8.443/92). O sancionado deverá cumprir integralmente as duas sanções. Observe-se que havendo coincidência temporal – equivalência de prazos de sanção, ainda que parcial, não importa detração, mas mero período coincidente de prazo de sanção – sequer se cogita de compensação entre sanções;

c) sanções aplicadas por fatos diferentes: sanções aplicadas por fatos diferentes, ilícitos diferentes, não se submetem ao *non bis in idem*, compensações ou detração penal. Serão cumpridas integralmente. Pode ocorrer a coincidência ou superposição de tempo de pena. Duas sanções por fatos diferentes cometidos no mesmo dia podem gerar duas penas distintas de impedimento de licitar e contratar por igual período, com termo inicial de cumprimento também igual. É preciso sempre avaliar que a reiteração de cometimento de infrações, ainda que de natureza diversa e por fatos diversos, constitui situação agravante de sanção;

f) justaposição temporal de sanções: pode se cogitar de que duas ou mais sanções que produzam efeitos no tempo – impedimento de licitar e contratar ou declaração de inidoneidade – sejam aplicadas, sem violação do *non bis in idem*, em desfavor da mesma pessoa física ou jurídica, e em lapso temporal total ou parcialmente coincidente. Cada qual terá um termo inicial e um termo final, que serão computados de modo independente.

É de se reconhecer que em uma mesma relação contratual não haverá espaço jurídico para detração, uma vez que se uma pessoa – física ou jurídica – for punida mais de uma vez pelo mesmo fato infracional, não há que se falar de detração, mas de vedação ao *bis in idem*. E se for punida por fatos infracionais diversos, não tem cabimento a detração.

12.11 Vedação ao bis in idem e independência das instâncias

O primeiro aspecto relevante e digno de nota é a delimitação do alcance da vedação ao bis in idem. Como informa Priscila Akemi Beltrame:

> A proibição de submissão a novo julgamento (ne bis in idem, contração de nemo bis vexari pro una et eadam causa, ou seja "um homem não deve ser vexado de novo pela mesma causa") traz uma garantia processual penal que se desdobra de diferentes formas nos ordenamentos jurídicos. Sua origem remonta ao Direito Romano, como uma conseqüência inata da res judicata, como garantia de segurança jurídica aos cidadãos de que, uma vez

julgados, não lhe seria imposta nova pena. Seria, assim, um dos efeitos da sentença em função da autoridade da coisa julgada em seu aspecto negativo e seus atributos de imutabilidade e irrevocabilildade para alcançar a estabilidade do quanto decidido. Consagrando-se como princípio fundamental na órbita das garantias processuais penais, seus desdobramentos foram múltiplos, como se nota das diferenças entre o sistema interamericano de direitos humanos, o sistema da common law (double jeopardy) e o criado com o Tribunal Penal Internacional.[379]

Sobre a questão do bis in idem, já se disse antes que:[380]

No que tange à responsabilidade administrativa deve-se destacar inicialmente o princípio da independência das instâncias administrativa, civil e criminal. Este princípio geral de direito insculpido expressamente em diversas normas de natureza infraconstitucional determina que uma mesma conduta pode ensejar responsabilização civil, penal e administrativa, de forma independente e autônoma. Assim, uma conduta praticada por pessoa jurídica pode se subsumir a tipo jurídico previsto no artigo 5º e ensejar as sanções previstas nesta lei, e simultaneamente constituir crime, perpetrado evidentemente por pessoa física que mantenha vínculo jurídico de qualquer natureza com a pessoa jurídica, e ensejar a reparação de eventuais danos. Sobre comunicação de instâncias, cabe breve registro sobre os efeitos produzidos nas esferas civil e administrativa pela sentença penal absolutória. Nestes casos – de sentença penal absolutória em relação ao fato concreto -, preceitua Carlos Roberto Gonçalves, ao analisar o artigo 386 do Código Penal Brasileiro, que
Conforme o fundamento da absolvição, a sentença produzirá ou não efeitos de coisa julgada no cível, isto é, fechará ou não as portas do cível para o pedido de ressarcimento do dano. Toda vez que ela se basear em falta de prova (incs. II, IV e VI), nenhum efeito produzirá no juízo cível. Porque a vítima poderá produzir, no cível, as provas que faltaram no processo-crime.
Também nenhum efeito produzirá no juízo cível a sentença absolutória criminal que reconhecer "não constituir o fato infração penal" (inc. III), porque, embora não constitua ilícito penal, o fato poderá constituir ilícito civil.
Igualmente não produzirá efeitos no juízo cível, deixando abertas as portas deste à vítima, a sentença penal absolutória que se fundar em inexistência de culpa do réu, porque o juízo criminal é mais exigente em matéria de aferição da culpa para a condenação, enquanto no juízo cível a mais leve culpa obriga o agente a indenizar.[381]
Sobre repercussão de decisão proferida pelo juízo penal no âmbito civil, prossegue o autor para apontar que "há casos, entretanto em que ocorre o contrário: a sentença criminal faz coisa julgada no cível, fechando as portas deste ao ressarcimento do dano" e cita as hipóteses de (i) reconhecimento da inexistência material do fato; (ii) afirmação de não ter sido o réu o autor do crime; (iii) reconhecimento de que o ato foi praticado em estado de necessidade,

---

[379] BELTRAME, Priscila Akemi. Proibição de submissão a novo julgamento – regra do ne bis in idem – o sistema interamericano de direitos humanos e o direito comparado. *Revista Brasileira de Ciências Criminais*, v. 80, p. 407, set. 2009.

[380] SANTOS, José Anacleto Abduch; BERTONCINI, Mateus; COSTÓDIO FILHO, Ubirajara. *Comentários à Lei nº 12.846* – Lei Anticorrupção. 2. ed. São Paulo: Thomsom Reuters, 2015. p. 150.

[381] GONÇALVES, Carlos Roberto. *Responsabilidade Civil* – de acordo com o novo Código Civil. São Paulo: Saraiva, 2003. p. 499.

legítima defesa, estrito cumprimento do dever legal ou exercício regular de direito (art. 65 do Código de Processo Penal Brasileiro).[382]

Desta feita, ao deliberar sobre a sanção administrativa com lastro na tipologia prevista na lei, o administrador não necessitará tomar em consideração a existência de processo judicial ou civil destinado à apuração de crime ou de obrigação de reparação de danos, cingindo-se a observar as hipóteses de repercussão de sentença penal no âmbito civil.

Sob outro ângulo, deve-se defender também a independência das instâncias e autonomia federativa, o que significa que cada entidade da federação detém competência e legitimidade para processar e julgar administrativamente pessoa jurídica que tenha praticado conduta tipificada na lei. Neste sentido, se por intermédio de uma única conduta determinada pessoa jurídica produzir lesão a mais de um ente político, órgão ou entidade integrantes de entidades federadas diversas, cada uma delas poderá, de forma autônoma e independente, processar, julgar e aplicar sanção, sem que tal proceder constitua violação ao princípio do "nom bis in idem"(...).

(...) O dispositivo determina a aplicação do princípio da incomunicabilidade das instância,[383] pelo qual, uma mesma conduta pode ensejar responsabilização penal, civil e administrativa, eis que se trata de instâncias diversas. Tratando-se de instâncias diversas, não se cogita de aplicação do princípio do non bis in idem,[384] pelo qual ninguém pode ser processado ou condenado mais de uma vez com fundamento em idêntica razão de fato na mesma instância administrativa. Em se tratando de instâncias independentes, o mesmo fato gerador pode ensejar responsabilidade civil, penal e administrativa. De outra sorte, no interior de mesma instância de responsabilidade restará configurado o bis in idem se a imputação incidir sobre a mesma pessoa (sujeito) pelos mesmos motivos de fato e iguais fundamentos jurídicos (identidade de sujeito, fato e fundamento).

A regra-princípio que veda o *bis in idem* é central para a discussão sobre aplicação de sanções e deve nortear a racionalidade e a hermenêutica voltada ao resultado punitivo mais justo e adequado ao sistema constitucional.

A vedação ao *bis in idem* não tem aplicação no caso de infração apurada e punida em instâncias diversas da responsabilidade. Basicamente, no plano da responsabilidade pode-se operar, basicamente, com quatro instâncias. A instância penal, a instância civil, a instância administrativa e a instância da improbidade administrativa, que são independentes.

A independência das instâncias já foi reconhecida pelo Supremo Tribunal Federal e pelo Superior Tribunal de Justiça:

Sumula nº 18 – STF

---

[382] *Op. cit.*, p. 500.

[383] A Lei nº 8.112/90, que institui o regime jurídico dos servidores públicos da União assim disciplina a questão da incomunicabilidade das instâncias: Art. 125. As sanções civis, penais e administrativas poderão cumular-se, sendo independentes entre si; Art. 126. A responsabilidade administrativa do servidor será afastada no caso de absolvição criminal que negue a existência do fato ou sua autoria. O Código Civil Brasileiro preceitua: Art. 935. A responsabilidade civil é independente da criminal, não se podendo questionar mais sobre a existência do fato, ou sobre quem seja o seu autor, quando estas questões se acharem decididas no juízo criminal. O Código de Processo Penal: Art. 66. Não obstante a sentença absolutória no juízo criminal, a ação civil poderá ser proposta quando não tiver sido, categoricamente, reconhecida a inexistência material do fato. Art. 67. Não impedirão igualmente a propositura da ação civil : I – o despacho de arquivamento do inquérito ou das peças de informação; II – a decisão que julgar extinta a punibilidade; III – a sentença absolutória que decidir que o fato imputado não constitui crime.

[384] Sobre o tema, remete-se aos comentários aos artigos 29 e 30 feitos pelo autor Ubirajara Costódio Filho.

Pela falta residual, não compreendida na absolvição pelo juízo criminal, é admissível a punição administrativa do servidor público.

PENAL E PROCESSO PENAL. AGRAVO REGIMENTAL NO RECURSO ORDINÁRIO EM HABEAS CORPUS. INOVAÇÃO EM AGRAVO REGIMENTAL. IMPOSSIBILIDADE. TRANCAMENTO DA AÇÃO PENAL. EXCEPCIONALIDADE. NÃO OCORRÊNCIA NO PRESENTE CASO. INDEPENDÊNCIA ENTRE AS ESFERAS CIVIL, PENAL E ADMINISTRATIVA. NÃO ENFRENTAMENTO DOS FUNDAMENTOS DA DECISÃO AGRAVADA. ENUNCIADO SUMULAR nº 182/STJ. AGRAVO PARCIALMENTE CONHECIDO E DESPROVIDO.

I – Nos termos da jurisprudência consolidada nesta Corte, cumpre ao agravante impugnar especificamente os fundamentos estabelecidos na decisão agravada.

II – Inicialmente, cumpre asseverar a impossibilidade de inovar em sede de agravo regimental as razões invocadas na inicial, como ocorre no presente caso, em que a defesa invoca suposta prova nova, consistente na absolvição de corréu do agravante, o que obsta o seu conhecimento, ainda mais porque sequer foi objeto de análise pelas instâncias ordinárias, configurando manifesta supressão de instância. Precedentes.

III – Cumpre destacar que o trancamento de investigações policiais, procedimentos investigatórios, ou mesmo da ação penal, constitui medida excepcional, justificada apenas quando comprovadas, de plano, sem necessidade de análise aprofundada de fatos e provas, a atipicidade da conduta, a existência de causas de extinção de punibilidade ou ausência de indícios mínimos de autoria ou de prova de materialidade. A liquidez dos fatos constitui requisito inafastável na apreciação da justa causa, pois o exame aprofundado de provas é inadmissível no âmbito processual do habeas corpus e de seu respectivo recurso ordinário, cujo manejo pressupõe ilegalidade ou abuso de poder flagrantes a ponto de serem demonstrados de plano.

Precedentes.

IV – Da análise do acórdão recorrido, verifica-se que não se trata de procedimento investigatório ao qual falta justa causa, como alegado pela Defesa, pois ainda que tenha havido o arquivamento de procedimento abertos em sede de inquérito civil ou mesmo processo administrativo disciplinar, disso não decorre a impossibilidade de novas investigações na seara penal, diante da consabida independência entre as instâncias civil, administrativa e penal.

V – Nessa perspectiva, a fim de desconstituir as conclusões das instâncias ordinárias, e acolher a tese defensiva de falta de justa causa para prosseguimento do inquérito, seria necessário o amplo revolvimento de matéria fático-probatória, procedimento incompatível com a via estreita do habeas corpus e do respectivo recurso ordinário.

VI – In casu, a Defesa limitou-se a reprisar os argumentos do habeas corpus, o que atrai o Enunciado Sumular nº 182 desta Corte Superior de Justiça, segundo a qual é inviável o agravo regimental que não impugna especificamente os fundamentos da decisão agravada. Agravo regimental parcialmente conhecido e, nessa extensão, desprovido (STJ – AgRg no RHC nº 136151 / SP).

PROCESSUAL CIVIL. ADMINISTRATIVO. AGRAVO INTERNO NO RECURSO ESPECIAL. CÓDIGO DE PROCESSO CIVIL DE 2015. APLICABILIDADE. AÇÃO CIVIL PÚBLICA. IMPROBIDADE ADMINISTRATIVA. FRAUDE A PROCEDIMENTO LICITATÓRIO. FALTA DE PREQUESTIONAMENTO DAS QUESTÕES RELACIONADAS À PRESCRIÇÃO E À NULIDADE DA PERÍCIA. INCIDÊNCIA, POR ANALOGIA, DA SÚMULA nº 282/STF, MESMO A MATÉRIAS DE ORDEM PÚBLICA. ACÓRDÃO QUE CONSIGNA A PRESENÇA DO ELEMENTO SUBJETIVO E A LEGITIMIDADE PASSIVA DO RÉU. REVISÃO.

IMPOSSIBILIDADE NO CASO DOS AUTOS. SÚMULA nº 7/STJ. APLICAÇÃO. DECISÃO DO TRIBUNAL DE CONTAS DO ESTADO DE SANTA CATARINA. VINCULAÇÃO DO PODER JUDICIÁRIO. INEXISTÊNCIA. PRECEDENTES DESTA CORTE. ENQUADRAMENTO DOS FATOS EM DISPOSITIVO DIVERSO DAQUELE APONTADO NA PETIÇÃO INICIAL. POSSIBILIDADE. DETERMINAÇÃO DE RESSARCIMENTO AO ERÁRIO QUANDO CONSTATADO PREJUÍZO PATRIMONIAL NO DECORRER DA INSTRUÇÃO. CONDENAÇÃO EXTRA PETITA. AUSÊNCIA. INCIDÊNCIA DA SÚMULA nº 83/STJ. ARGUMENTOS INSUFICIENTES PARA DESCONSTITUIR A DECISÃO ATACADA. APLICAÇÃO DE MULTA. ART. 1.021, §4º, DO CÓDIGO DE PROCESSO CIVIL DE 2015. DESCABIMENTO.

I – Consoante o decidido pelo Plenário desta Corte na sessão realizada em 09.03.2016, o regime recursal será determinado pela data da publicação do provimento jurisdicional impugnado. In casu, aplica-se o Código de Processo Civil de 2015 ao Agravo Interno, embora o Recurso Especial estivesse sujeito ao Código de Processo Civil de 1973.

II – É entendimento pacífico desta Corte que a ausência de enfrentamento da questão objeto da controvérsia pelo tribunal a quo impede o acesso à instância especial, mesmo no que concerne a matérias de ordem pública, porquanto não preenchido o requisito constitucional do prequestionamento, nos termos da Súmula nº 282 do Supremo Tribunal Federal.

III – No caso, rever o entendimento do Tribunal de origem, que consignou restar comprovado o dolo ou má-fé na conduta do agente, bem como ter ele participado conscientemente da fraude, caracterizando ato ímprobo, demandaria necessário revolvimento de matéria fática, o que é inviável em sede de recurso especial, à luz do óbice contido na Súmula nº 7/STJ.

IV – O Superior Tribunal de Justiça tem reiteradamente afirmado a independência entre as instâncias administrativa, civil e penal, salvo se verificada absolvição criminal por inexistência do fato ou negativa de autoria, razão pela qual o Poder Judiciário, no exame da aplicação da Lei de Improbidade Administrativa, não está vinculado às conclusões dos Tribunais de Contas.

V – Esta Corte tem entendimento consolidado segundo o qual não há ofensa ao princípio da congruência em razão de decisão judicial que enquadra os atos de improbidade em dispositivo diverso do indicado na inicial, ao analisar os fatos nela descritos. Também não há irregularidade na determinação de ressarcimento ao erário, consequência da condenação pelo art. 10 da Lei nº 8.429/92, pois esta Corte não entende a recomposição patrimonial, em improbidade administrativa, como sanção propriamente dita.

VI – O recurso especial, interposto pelas alíneas a e/ou c do inciso III do art. 105 da Constituição da República, não merece prosperar quando o acórdão recorrido encontra-se em sintonia com a jurisprudência desta Corte, a teor da Súmula nº 83/STJ.

VII – Não apresentação de argumentos suficientes para desconstituir a decisão recorrida.

VIII – Em regra, descabe a imposição da multa, prevista no art. 1.021, §4º, do Código de Processo Civil de 2015, em razão do mero improvimento do Agravo Interno em votação unânime, sendo necessária a configuração da manifesta inadmissibilidade ou improcedência do recurso a autorizar sua aplicação, o que não ocorreu no caso.

IX – Agravo Interno improvido (STJ – AgInt no REsp nº 1372775 / SC).

Acerca da vedação ao *bis in idem*, pode-se aduzir que:

a) *non bis in idem* **e instâncias de responsabilidade diversa:** a mesma pessoa, física ou jurídica, não pode sofrer mais de uma sanção pelo cometimento de mesma infração. Esta é a essência e núcleo fundamental do *non bis in idem*. Contudo, a vedação opera apenas no interior de uma certa e determinada instância da responsabilidade. Não há violação ao *non bis in idem* quando uma mesma conduta é tipificada como infração penal, administrativa e civil. Não haverá gravame à Lei ou à Constituição no caso de punição civil, penal e administrativa pelo cometimento de mesma conduta, eis que caracterizam, na hipótese, infrações diferentes. Neste plano, opera o princípio da independência das instâncias;

b) *non bis in idem* **e mesma instância da responsabilidade em relação à sua peculiar natureza:** integram a mesma instância de responsabilidade aquelas que têm mesma natureza: civil, penal, administrativa ou de improbidade administrativa. Uma infração cometida contra a Administração Pública, no curso de processo de contratação, não pode ser punida mais de uma vez, pelo mesmo órgão sancionador, com sanção administrativa. O infrator não pode, por exemplo, ser punido com sanção de impedimento de licitar e contratar, e, posteriormente, pela mesma conduta, ser punido com sanção de declaração de inidoneidade. Mas pode ser punido com sanção de declaração de inidoneidade e com sanção criminal, pela mesma infração;

c) *non bis in idem* **e decisões sancionatórias aplicadas por órgãos ou entidades administrativas integrantes de diversas e autônomas entidades federativas:** não tem aplicação o *non bis in idem* em relação a sanções administrativas aplicadas pela mesma infração, por órgãos administrativos integrantes de esfera federativa diferente. Por exemplo, uma mesma conduta pode tipificar infração ambiental por violar normas municipais, estaduais e federais. O infrator pode ser punido por força de exercício de poder de polícia de órgão público federal, estadual e municipal simultaneamente, cada qual operando de acordo com sua competência legal e constitucional. Claro que, nesta hipótese, se está a tratar de mesma conduta, e infrações diferentes – sob o prisma da norma violada –, porém no âmbito da mesma instância em razão da sua natureza.

12.12 Medida substitutiva de apuração de responsabilidade e de aplicação de sanção – termo de ajustamento de conduta – TAC

Sanção administrativa é espécie do gênero pena ou sanção. Ao longo do tempo inúmeras teorias se dedicaram a apontar a função da pena (pode-se referir, como apontado em doutrina, a teorias absolutas ou retributivas; teorias relativas ou preventivas; teoria mista ou unificadora; teoria da prevenção geral positiva, no mínimo). A esta análise não importa adesão a alguma corrente em específico, com elevado grau de cientificidade, mas tão somente deduzir de ditas teorias, alguns fundamentos importantes para situar o tema.

A sanção tem dimensão funcional, ou seja, presta-se a uma certa função, seja ela retribuir negativamente uma lesão a bens ou valores jurídicos protegidos; resposta do Estado à infração de norma legal; necessidade de restabelecer a vontade geral manifestada por lei; restabelecimento da ordem em sociedade; prevenir a prática de delitos; intimidação para a prática de delitos; intimidar que o sujeito volte a cometer delitos; proteção de bens jurídicos, entre outras. Como instituto de natureza penal, a sanção administrativa igualmente tem função que pode ser deduzida do sistema jurídico, seja qual for a corrente doutrinária que se adote, na premissa de que não há sentido em afirmar que a sanção administrativa não teria função alguma.

Questão fundamental é deduzir se a aplicação de sanção, no plano das relações contratuais da Administração, seria a única forma de atingir uma função (ou funções) de interesse público quando do cometimento de uma infração. Cometida uma infração legal ou contratual no curso de um processo de contratação pública, a consequência ordinária é a apuração da responsabilidade e a aplicação de sanção, caso confirmados os requisitos normativos para tal. A apuração de responsabilidade e a correspondente aplicação de sanção em concreto são o instrumento ordinário para cumprimento de uma função sancionatória (menos a de prevenção geral, por óbvio, já que esta função pressupõe a lógica de que a existência de potencial sanção evita o cometimento de infrações). Para a Administração, entretanto, menos interessa a aplicação de uma sanção do que assegurar a correção e adequação das condutas de licitantes e contratados, o que pode ser obtido por meios alternativos à aplicação da pena administrativa.

12.12.1 Termo de ajustamento de conduta como instrumento substitutivo da função sancionatória

Termo de ajustamento de conduta é instrumento jurídico por intermédio do qual pessoa física ou jurídica que cometeu infração legal ou contratual assume o cumprimento de certas e determinadas condições, objetivando evitar a aplicação da sanção administrativa que seria legalmente devida. Ou seja, ao invés de ter a responsabilidade apurada pelo suposto cometimento de infração, ou de ter contra si aplicada uma sanção pelo cometimento em concreto de infração, é formalizado um compromisso de condutas positivas (fazer) ou negativas (não fazer) em caráter substitutivo da sanção.

A premissa do termo de ajustamento de conduta é a de que aquelas funções da sanção administrativa, embora relevantes, não são a única forma de assegurar e tutelar bens e valores juridicamente protegidos. Tal proteção a bens e valores juridicamente protegidos pode, assim, se dar mediante institutos jurídicos diversos, com resultados mais eficientes, efetivos, econômicos e sustentáveis. Um exemplo esclarece a posição: suponha-se o cometimento de infração por parte de uma pessoa jurídica que enseje a aplicação de sanção de declaração de inidoneidade pelo prazo mínimo de 3 anos. Neste período esta empresa estará impedida de participar de licitações e de contratar com a Administração Pública. Esta sanção pode ensejar a ruína econômica e financeira da empresa, com as consequências nefastas deste impacto negativo, como desemprego, queda de arrecadação tributária ou perdas para a economia em geral. A sanção aplicada, embora tenha cumprido sua função orgânica, teve efeitos colaterais lesivos a outros valores jurídicos também tutelados. Outra situação, a exemplificar. Suponha-se o caso de aplicação de apuração de responsabilidade ou de aplicação de sanção que possa interferir negativamente na execução de um contrato público, por conta do conflito entre as partes que produz. À Administração, em certos casos em que tal seja possível – a depender da gravidade da infração e intensidade de lesão a valor juridicamente tutelado – mais interessa obter o resultado útil e ótimo da execução do contrato, do que punir o contratado em prejuízo dela. A análise de relação custo/benefício social da aplicação da sanção pode revelar que o custo social da sanção administrativa no processo da contratação pode ser maior do que os ganhos efetivos dela – seja no plano material, seja no plano axiológico ou valorativo. A redenção do infrator e ajustamento de sua conduta podem ser medida de proveito útil para a Administração Pública, em substituição da aplicação de sanção, porém com garantia de cumprimento de função de interesse público.

12.12.2 Experiência administrativa na adoção do termo de ajustamento de conduta

A adoção de termo de ajustamento de conduta é experiência que vem se consolidando no sistema jurídico brasileiro. A evolução da racionalidade jurídica no plano do regime sancionatório tem indicado ser esta, em certos casos, uma ótima alternativa à apuração de responsabilidade e aplicação de sanção. Algumas experiências concretas:

a) Poder Judiciário do Estado do Paraná: O Tribunal de Justiça do Estado do Paraná editou o Decreto Judiciário nº 269/2022 prevendo:

> Art. 26. Em se tratando de descumprimento que possa acarretar a penalidade de advertência, de multa ou de impedimento de licitar e contratar, e desde que não aplicável o previsto na subseção I e II desta Seção, como medida alternativa ao prosseguimento ou à instauração do processo pode ser firmado Termo de Ajustamento de Conduta-TAC.
> §1º O ajustamento de conduta requerido pela contratada ou recomendado pela comissão permanente ou servidor ou servidora responsável ou gestor, gestora ou fiscal do contrato, pode ser formalizado antes, quando se tratar de impedimento, ou durante o processo administrativo para apuração de responsabilidade para todas as sanções previstas no caput.
> §2º São requisitos de admissibilidade para celebração de TAC:
> I – demonstração de que os fatos são puníveis com sanção de advertência, multa ou impedimento;
> II – não ter o interessado gozado de benefício de TAC nos últimos dois anos em qualquer contratação com este Tribunal de Justiça;
> III – não possuir o interessado registro vigente de sanção de inidoneidade com a Administração Pública, de sanção de impedimento, ou de multa, não quitada, com a Administração Estadual.
> IV – ausência de indício de crime ou improbidade administrativa.
> §3º A autoridade competente para firmar o Termo de Ajustamento de Conduta é a prevista no Decreto Judiciário nº 711, de 2011, e o acompanhamento do cumprimento deve ser feito pelo gestor ou pela gestora ou fiscal do contrato.

b) Estado do Paraná: O Estado do Paraná editou a Lei nº 20.656/21, que dispõe sobre o Código de Processo Administrativo estadual:

> Art. 202. Como medida alternativa à instauração de Processo Administrativo para apuração de responsabilidade ou aplicação de sanção se já instaurado, poderá ser firmado Termo de Ajustamento de Conduta – TAC com o agente interessado.
> Art. 203. Por meio do TAC, o agente interessado assume a responsabilidade pela irregularidade a que deu causa e compromete-se a ajustar sua conduta e a observar os deveres e proibições previstos na legislação vigente.
> Art. 204. O ajustamento de conduta, recomendado pela Administração ou requerido pelo próprio interessado à autoridade superior do órgão ou entidade, pode ser formalizado antes ou durante a sindicância ou o Processo Administrativo para apuração de responsabilidade.

§1º Em procedimentos em curso, o requerimento de TAC poderá ser feito pelo interessado à autoridade instauradora até quinze dias após o recebimento da notificação de sua condição de indiciado.

§2º O requerimento de celebração de TAC feito pelo interessado poderá ser indeferido com base em juízo de admissibilidade anterior que tenha concluído pelo não cabimento de TAC em relação à irregularidade a ser apurada.

Art. 205. São requisitos de admissibilidade do requerimento ou da recomendação de celebração de TAC:

I – demonstração de que os fatos são puníveis com sanções de advertência, repreensão ou suspensão, em se tratando de agente público, ou advertência, multa ou suspensão temporária de participação em licitação, em se tratando de agentes submetidos à Lei nº 15.608, de 2007;

II – não ter o interessado gozado de benefício de TAC nos últimos dois anos;

III – Não possuir o interessado registro válido de penalidade disciplinar sanção prevista na Lei nº 15.608, de 2007, em seus assentamentos funcionais;

IV – Não se encontrar o agente público em estágio probatório.

c) Lei nº 7.347/85 – Lei de Ação Civil Pública: A Lei de Ação Civil Pública preconiza que os "os órgãos públicos legitimados poderão tomar dos interessados compromisso de ajustamento de sua conduta às exigências legais, mediante cominações, que terá eficácia de título executivo extrajudicial" (art. 5º, §6º).

12.12.3 Processo administrativo e requisitos para a celebração do termo de ajustamento de conduta – TAC

Além daquela eventualmente existente em outro ato normativo, a autorização legal para a adoção do termo de ajustamento de conduta como instrumento alternativo à instauração de processo administrativo ou de aplicação de sanção está contida no art. 151 da Lei nº 14.133/21: "nas contratações regidas por esta Lei, poderão ser utilizados meios alternativos de prevenção e resolução de controvérsias, notadamente a conciliação, a mediação, o comitê de resolução de disputas e a arbitragem". Não é apenas a resolução de conflitos que está autorizada por meios alternativos, mas também a prevenção deles. A Lei, ao se valer da expressão "notadamente" ao relacionar alguns instrumentos para esta resolução alternativa, objetivamente está a listar de modo exemplificativo, e não taxativo. Logo, para a prevenção ou para a solução de controvérsias, além daqueles instrumentos da arbitragem, mediação, conciliação e comitê de resolução de disputas, a Administração pode se valer de outros juridicamente aceitáveis. Em defesa da tese de que existe autorização legal para a utilização do termo de ajustamento de conduta no plano das relações contratuais, perceba-se que um dos instrumentos para solução de controvérsias apontado na lei é a conciliação, que é gênero de espécies de instrumento jurídico, dentre os quais pode se situar o TAC.

Como dito, por intermédio do termo de ajustamento de conduta o interessado assume a responsabilidade pelo cometimento de infração legal ou contratual. Neste ponto opera a primeira vantagem do ajustamento: a desnecessidade de apuração de responsabilidade e eliminação da controvérsia acerca de autoria e materialidade do delito.

O processo destinado ao TAC pode ser instaurado por recomendação da Administração ou a requerimento formal do interessado, dirigido à autoridade competente. A celebração do TAC é condicionada aos requisitos fixados pelo órgão ou entidade pública. Podem ser sugeridos os seguintes requisitos: I – demonstração de que os fatos são puníveis com sanção de advertência, multa ou impedimento; II – não ter o interessado gozado de benefício de TAC nos últimos dois anos em qualquer contratação com a Administração processante; III – não possuir o interessado registro vigente de sanção de declaração de inidoneidade com a Administração Pública, de sanção de impedimento, ou de multa, não quitada, com a Administração; e IV – ausência de indício de crime, conduta tipificada na Lei nº 12.846/13, ou conduta maculada por fraude ou desonestidade. Como não existe previsão na Lei nº 14.133/21 versando sobre os requisitos ou condições para a celebração do termo de ajustamento de conduta, há certa margem de discricionariedade administrativa para esta definição em regulamentação própria e no contrato.

São disposições necessárias do termo de ajustamento de conduta, entre outras cabíveis de acordo com o caso concreto: I – qualificação da pessoa física ou jurídica interessada; II – autoria e materialidade da infração, devidamente reconhecidas pelo interessado; III – objeto e fundamentos de fato e de direito para a sua efetivação – com indicação objetiva e circunstanciada das vantagens administrativas decorrentes da celebração; IV – descrição das obrigações assumidas, compreendendo, de acordo com o caso concreto, dentre outros: a) reparação do dano causado; b) retratação do interessado;

c) implementação ou aperfeiçoamento de programa de integridade; d) cumprimento de metas de desempenho; e) sujeição a controles específicos relativos à conduta irregular praticada; V – o prazo e o modo para o cumprimento das obrigações; VI – a forma de controle do cumprimento das condições fixadas; VII – multa ou outra penalidade a ser aplicada no caso de descumprimento total ou parcial das condições do termo de ajustamento; VIII – manifestação expressa de ciência, por parte do interessado, de que o descumprimento integral ou parcial das obrigações assumidas implicará imediata aplicação das penalidades descritas no termo; IX – os efeitos legais inerentes à celebração do termo de ajustamento; X – previsão expressa de que o descumprimento, total ou parcial, das obrigações contidas no termo de ajustamento implicará, além das sanções por descumprimento do ajustado, aplicação das sanções que se pretendeu substituir ou evitar com sua celebração; XI – previsão expressa de que o termo de ajustamento constitui título executivo extrajudicial.

No caso de descumprimento das obrigações contidas no termo de ajustamento de conduta será aplicada a sanção substituída pela possibilidade de ajustamento de conduta e as demais condutas administrativas suspensas, como de extinção do contrato e reparação de danos, bem como serão aplicadas as sanções por descumprimento das obrigações contidas no ajuste firmado.

Sob o prisma do dever de cuidado objetivo da Administração Pública, o prazo para cumprimento das obrigações e condições contidas no termo de ajustamento de conduta não pode ultrapassar cinco anos – aliás, deve ser, no máximo, de prazo inferior a este prazo, por conta da inexistência de previsão legal de que a celebração de termo de ajustamento de conduta é causa interruptiva do prazo prescricional de que trata o art. 158, §4º da Lei nº 14.133/21. Em outros termos, o decurso do prazo de cumprimento das obrigações previstas no termo de ajustamento de conduta não pode levar à prescrição – o que impediria a aplicação da sanção que teve a eficácia suspensa pela celebração da avença.

12.13 Roteiro prático para a apuração de responsabilidade por infração legal e contratual e para a aplicação de sanções

A seguir, sugestão de roteiro processual para a apuração de responsabilidade e aplicação de sanções:

1 Identificação de suspeita de infração: agente público, representação, denúncia (inclusive anônima)

A identificação da conduta infracional no curso da execução do contrato normalmente é feita pelo fiscal da execução contratual. Contudo, qualquer pessoa, agente público ou não, pode comunicar as irregularidades na execução do contrato. A denúncia anônima também pode fundamentar investigação preliminar que, por seu turno, pode redundar em processo administrativo sancionatório, consoante já deliberou o Superior Tribunal de Justiça:

> *ADMINISTRATIVO.* MANDADO DE SEGURANÇA. ENGENHEIRO DO DNIT. DEMISSÃO POR GERÊNCIA DE SOCIEDADE PRIVADA E IMPROBIDADE ADMINISTRATIVA. *DENÚNCIA ANÔNIMA.* INVESTIGAÇÃO PRELIMINAR. REALIZAÇÃO. NULIDADE. NÃO CONFIGURAÇÃO. PRESCRIÇÃO. OCORRÊNCIA. SEGURANÇA CONCEDIDA.
> 1. Trata-se de mandado de segurança que ataca ato do Ministro de Estado Chefe da Controladoria Geral da União, publicado no DOU de 15/02/2012, consistente na demissão do impetrante do cargo de engenheiro do Departamento Nacional de Infraestrutura de Transportes – DNIT, "pela prática das infrações disciplinares previstas nos artigos 117, inciso X e 132, inciso IV, com os efeitos decorrentes do artigo 136, todos da Lei 8.112, de 11 de dezembro de 1990" (fl. 513-e).
> 2. Alega o impetrante, em síntese, que: (a) é nulo processo administrativo disciplinar instaurado com base em denúncia anônima; (b) a pena de demissão foi aplicada quando já prescrita a pretensão punitiva da Administração; (c) não houve demonstração de que o exercício de gerência de sociedade privada causou danos à Administração Pública ou ao Erário; (d) não está configurada a prática de improbidade administrativa, uma vez que sua evolução patrimonial guarda compatibilidade com os ganhos obtidos com a sociedade privada.
> 3. Não há falar em nulidade se o processo administrativo disciplinar é instaurado somente após a realização de investigação preliminar para averiguar o conteúdo da denúncia anônima. Nesse sentido: STJ –MS 12.385/DF, 3ª Seção, Min. Paulo Gallotti, DJe 05.09.2008; MS 13.348/DF, 3ª Seção, Min. Laurita Vaz, DJe 16.09.2009; MS 15.517/DF,
> 1ª Seção, Min. Benedito Gonçalves, DJe 18.02.2011; STF – RMS 29.198/DF, 2ª T., Min. Cármen Lúcia, DJe 28.11.2012.
> 4. Por outro lado, com razão o impetrante no que concerne à prescrição. É que a Administração tomou ciência dos fatos atribuídos ao servidor em 18/12/2002; todavia, o processo administrativo disciplinar que resultou na pena de demissão só foi instaurado mais de cinco anos depois, em 02.08.2010.
> 5. Conforme o teor de Nota Técnica constante dos autos, houve equívoco administrativo em expediente de 26.01.2004 solicitando a instauração de sindicância investigativa, em que

o nome do denunciado foi grafado de forma incompleta. Por conta disso, o correspondente processo administrativo teve o seu arquivamento proposto pela Comissão de Sindicância, a qual considerou que a denúncia carecia de fundamento por não haver registro de servidor com o nome equivocadamente grafado.

6. Apenas em 2007 a Controladoria-Geral da União determinou nova investigação preliminar em face do impetrante, a qual foi sucedida por sindicância patrimonial (concluída em 2010) e processo administrativo disciplinar (instaurado em 02.08.2010).

7. Ocorre que somente a sindicância instaurada com caráter punitivo tem o condão de interromper o prazo prescricional, e não aquelas meramente investigatórias ou preparatórias de um processo disciplinar. Nesse sentido: MS 13.703/DF, 3ª Seção, Min. Maria Thereza de Assis Moura, DJe 07.04.2010; MS 11.495/DF, 3ª Seção, Min. Haroldo Rodrigues (Desembargador Convocado do TJ/CE), Dje 01.04.2011; MS 13.364/DF, 3ª Seção, Min. Napoleão Nunes Maia Filho, DJe 26.05.2008.

8. Segurança concedida (MS nº 18664/DF).

2 Comunicação para a autoridade competente

Identificada a irregularidade na execução contratual por parte de qualquer agente público – em especial, por evidente, daqueles encarregados do controle da execução –, deve ser comunicada a autoridade competente, notadamente aquela responsável pela contratação. Como dever geral dos servidores públicos federais, a Lei nº 8.112/90 prevê no artigo 116, VI, que devem eles "levar as irregularidades de que tiver ciência em razão do cargo ao conhecimento da autoridade superior ou, quando houver suspeita de envolvimento desta, ao conhecimento de outra autoridade competente para apuração". Todos os estatutos de servidores públicos contêm previsão similar. O servidor público, exerça ou não atribuição de controle da execução contratual, tem tal dever, que se descumprido caracteriza omissão própria,[385] passível de responsabilização.

3 Determinação de instauração de processo e designação da comissão processante, se for o caso

A aplicação de sanções por infração administrativo-contratual demanda processo administrativo prévio, no qual sejam asseguradas as garantias contraditório e ampla defesa. Compete à autoridade responsável pela contratação a instauração de processo administrativo por ato formal. O ato de instauração deve conter a descrição dos fatos, indicação da infração cometida, o dispositivo legal ou a norma contratual violada e o vício da execução contratual cometido pelo contratado, vale dizer, a infração administrativo-contratual imputada.

No que diz respeito ao processamento da apuração de responsabilidade por infração que possam ensejar a aplicação de sanção de impedimento de licitar e de contratar, ou de declaração de inidoneidade, a Lei exige que seja conduzido o processo por comissão composta de 2 (dois) ou mais servidores estáveis (é sempre conveniente que o número de integrantes de comissão processante seja ímpar, para evitar situações de empate nas deliberações).

---

[385] Segundo Cezar Roberto Bitencourt, "os crimes omissivos próprios ou puros, enfatizando, consistem numa desobediência a uma norma mandamental, norma esta que determina a prática de uma conduta, que não é realizada. Há portanto, a omissão de um dever de agir imposto normativamente, quando possível cumpri-lo, sem risco pessoal" (*Op. cit.*, p. 280).

Para a apuração de responsabilidade por infrações que possam ensejar aplicação de sanção de multa e de advertência, não é exigida legalmente que a apuração seja conduzida por comissão. Nesta hipótese, o processo de apuração de responsabilidade pode ser conduzido por agente público formalmente designado. Contudo, serão asseguradas as garantias de contraditório e de ampla defesa no plano do devido processo legal.

4 Notificação do contratado ou licitante, com prova de recebimento, para apresentar defesa

O contratado deve ser formalmente notificado da existência do processo contra si e do direito de produzir a ampla defesa e o contraditório. Deve ser-lhe oferecida cópia integral do processo, ou, ao menos, meios para obtê-la. A notificação deve ter prova inequívoca de recebimento, por qualquer meio juridicamente legítimo. O prazo para apresentação de defesa é de no mínimo cinco dias. Com a defesa, o interessado indicará as provas que pretende produzir. A Lei nº 9.784/99 prevê importante norma acerca da intimação do réu no processo administrativo, que deve ser observada:

> Art. 26. O órgão competente perante o qual tramita o processo administrativo determinará a intimação do interessado para ciência de decisão ou a efetivação de diligências.
> §1º A intimação deverá conter:
> I – identificação do intimado e nome do órgão ou entidade administrativa;
> II – finalidade da intimação;
> III – data, hora e local em que deve comparecer;
> IV – se o intimado deve comparecer pessoalmente, ou fazer-se representar;
> V – informação da continuidade do processo independentemente do seu comparecimento;
> VI – indicação dos fatos e fundamentos legais pertinentes.
> §2º A intimação observará a antecedência mínima de três dias úteis quanto à data de comparecimento.
> §3º A intimação pode ser efetuada por ciência no processo, por via postal com aviso de recebimento, por telegrama ou outro meio que assegure a certeza da ciência do interessado.

5 Instauração de fase instrutória, se for o caso

A requerimento do interessado, ou de ofício, será instaurada a fase instrutória, destinada à produção de todas as provas necessárias à comprovação da infração atribuída ao contratado. Na hipótese de deferimento de pedido de produção de novas provas ou de juntada de provas julgadas indispensáveis pela comissão, o licitante ou o contratado poderá apresentar alegações finais no prazo de 15 (quinze) dias úteis, contado da data da intimação (art. 156, §2º). Podem ser indeferidas, mediante decisão motivada, a produção provas ilícitas, impertinentes, desnecessárias, protelatórias ou intempestivas (art. 156, §3º). É fundamental assegurar o contraditório e a ampla defesa, pena de nulidade processual. A quase totalidade das declarações de nulidade de processos administrativos sancionatórios pelo Poder Judiciário versa sobre violação dos direitos de ampla defesa e de contraditório, pelo que a cautela administrativa deve ser máxima. Poucos dias despendidos para produção de uma prova podem ser compensados pela garantia de sustentabilidade da decisão sancionatória perante os órgãos de controle. O indeferimento de produção de qualquer prova deve ser, repita-se, devida e suficientemente motivado, bem como passível de recurso administrativo.

6 Relatório final da comissão ou de agente designado, se for o caso, com sugestão de sanção ou opinião pela inexistência de infração

O servidor designado para o processamento do feito, ou a comissão processante, após a fase instrutória, emitirão relatório circunstanciado, no qual relatarão os fatos apurados e as infrações administrativo-contratuais evidenciadas. O relatório conterá manifestação conclusiva sobre a materialidade e a autoria da infração, indicando a sanção sugerida como proporcional e adequada, ou, se for o caso, opinando pelo arquivamento do feito, diante de convencimento acerca da inexistência da infração administrativa.

7 Parecer pela assessoria jurídica

O processo, com o relatório final produzido pelo servidor ou pela comissão processante, deve ser objeto de parecer pela assessoria jurídica do órgão ou entidade.

Esta manifestação jurídica é obrigatória, como requisito de validade da sanção de declaração de inidoneidade (art. 156, §6º). Nos demais casos, esta manifestação não tem natureza obrigatória, mas é altamente recomendável. A manifestação jurídica versará primeiramente sobre a regularidade formal e material do processo administrativo. Deve ser aferido o cumprimento de requisitos formais, como citações, notificações, intimações, publicidade dos atos exarados, documentos indispensáveis para instrução processual. Sob o aspecto material: aferição sobre efetividade das garantias do contraditório e da ampla defesa, produção de provas, a proporcionalidade da sanção sugerida pela comissão de processo administrativo e a existência da devida motivação dos atos decisórios. Registre-se que são três os principais focos de atenção – aspectos mais sujeitos a controle pelo Poder Judiciário – por parte do agente público competente para a análise e manifestação jurídica. Primeiramente, aferir sobre a efetividade das garantias do contraditório e da ampla defesa. Em segundo lugar, observância do princípio da motivação, pelo qual devem ser externadas expressamente no curso do processo todas as razões de fato e de direito que ensejaram na decisão. Por fim, análise técnica da dosimetria da sanção. A validade da pena administrativa está também condicionada à proporcionalidade (relação de adequação estrita entre gravidade da sanção e gravidade da conduta).

8 Decisão motivada pela autoridade competente

Com o parecer jurídico sobre o qual já se teceram comentários anteriormente, o processo será encaminhado para a autoridade competente para o julgamento. Destaque-se que a competência para aplicar sanções é requisito de validade da punição. Assim, o órgão ou entidade da Administração tem o dever de zelar para que a decisão final não seja produzida por autoridade incompetente. O julgamento versará pela absolvição da pessoa jurídica, caso o convencimento se dê pela inexistência de infração ou inexistência de autoria. Em caso de convencimento acerca da materialidade (existência de infração) e da autoria, deverá a autoridade decidir pela aplicação de sanção.

A autoridade competente para o julgamento não está adstrita ao relatório final para decidir. Poderá decidir inclusive em direção oposta àquela sugerida pela comissão de processo ou pelo servidor designado, e mesmo pelo parecer jurídico, se concluir, a partir das provas e dos elementos materiais e jurídicos constantes do processo, que a solução esposada pela comissão ou pela assessoria jurídica não é a mais adequada. É posição já firmada que o relatório da comissão tem natureza meramente opinativa, não sendo vinculante para a autoridade julgadora.

A força das provas produzidas nos autos é o elemento balizador da decisão administrativa, a ser ponderada em caráter autônomo e independente da posição externada pela comissão ou pelo servidor designado em seu relatório, dando ensejo ao direito da autoridade competente formar autônoma e soberanamente o seu convencimento decisório.

É evidente que se decidir em orientação diversa daquela esposada no relatório final o fará por sua conta e risco, uma vez que a comissão processante ou o servidor designado, em vista do princípio do juiz natural, teve maior proximidade com as provas e com as partes no processo, e a assessoria jurídica detém a capacidade técnico-jurídica para análise do resultado final. Nada obsta, porém, que a autoridade responsável pela decisão produza julgamento em sentido diverso daquele expressado no relatório final ou no parecer jurídico. Tal decisão, contudo, deverá ser suficientemente motivada.

Preliminarmente à decisão, a autoridade competente exercerá o controle de legalidade do processo administrativo. Para tanto, procederá à análise minuciosa dos requisitos formais e materiais exigidos em lei.

Constatada qualquer irregularidade, deverá anular o processo a partir do ato reputado inválido e determinar sua correção, restituindo o feito à origem, caso em que o julgamento poderá ser convertido em diligência para correção dos vícios e conformação com a lei. A depender do vício de juridicidade encontrado, deverá desconstituir a comissão processante original e designar outra (ou servidor), para conduzir novo processo ou para assumir a responsabilidade pelo processo original a partir dos atos aproveitáveis em face da lei e da Constituição. Atente-se que a comissão processante ou algum de seus membros pode ter agido com dolo ou culpa grave orientado à condenação ou à absolvição, caso em que maculada estaria a moralidade e a imparcialidade ínsita ao juiz natural. Atestada a regularidade do processo administrativo em sede de preliminar, decidirá pela absolvição ou pela aplicação de sanção.

Repita-se que a formação do convencimento da autoridade competente para o julgamento é livre – liberdade relativa, pois vinculada à prova dos autos e aos princípios que regem a Administração Pública –, seja no tocante à absolvição, seja no tocante à aplicação de sanção, inclusive no que tange à gravidade dela.

9 Publicação da decisão

A publicidade exigida pela Lei está prevista no art. 161: os órgãos e entidades dos Poderes Executivo, Legislativo e Judiciário de todos os entes federativos deverão, no prazo máximo 15 (quinze) dias úteis, contado da data de aplicação da sanção, informar e manter atualizados os dados relativos às sanções por eles aplicadas, para fins de publicidade no Cadastro Nacional de Empresas Inidôneas e Suspensas (Ceis) e no Cadastro Nacional de Empresas Punidas (Cnep), instituídos no âmbito do Poder Executivo federal.

10 Fase recursal

Da aplicação das sanções de advertência, multa ou impedimento de licitar ou contratar (previstas nos incisos I, II e III do *caput* do art. 156) caberá recurso no prazo de 15 (quinze) dias úteis, contado da data da intimação (art. 166). Este recurso será dirigido à autoridade que tiver proferido a decisão recorrida que, se não a reconsiderar no prazo de 5 (cinco) dias úteis, encaminhará o recurso com sua motivação à autoridade superior, a qual deverá proferir sua decisão no prazo máximo de 20 (vinte) dias úteis, contado do recebimento dos autos.

Da aplicação da sanção declaração de inidoneidade caberá apenas pedido de reconsideração, que deverá ser apresentado no prazo de 15 (quinze) dias úteis, contado da data da intimação, e decidido no prazo máximo de 20 (vinte) dias úteis, contado do seu recebimento (art. 167). Tanto o recurso como o pedido de reconsideração terão efeito suspensivo do ato ou da decisão recorrida até que sobrevenha decisão final da autoridade competente (art. 168).

Prevê ainda a Lei que a autoridade competente será auxiliada pelo órgão de assessoramento jurídico, que deverá dirimir dúvidas e subsidiá-la com as informações necessárias (art. 168, parágrafo único). Esta manifestação jurídica é obrigatória e constitui requisito de validade processual.

12.14 Prescrição da pretensão punitiva

Prescrição é "a exceção, que alguém tem, contra o que não exerceu, durante certo tempo, que alguma regra jurídica fixa, a sua pretensão ou ação".[386] O fundamento da prescrição é a proteção daquele que, em razão do transcurso do tempo, pode não ter mais a possibilidade de produzir provas em sua defesa, por força de eventual perecimento ou perda. Como pondera Pontes de Miranda, "os prazos prescricionais servem à paz social e à segurança jurídica. Não destroem o direito, que é; não cancelam, não apagam as pretensões; apenas, encobrindo a eficácia da pretensão, atendem à conveniência de que não perdure por demasiado tempo a exigibilidade ou a acionabilidade".[387]

Trata-se de instituto pelo qual, após o decurso de certo prazo fixado em Lei, desaparece a pretensão punitiva estatal e não de ser aplicada a sanção pelo cometimento de certa infração administrativa.

A prescrição da pretensão punitiva no que concerne às infrações previstas na Lei nº 14.133/21 se dará em cinco anos, tendo como termo inicial do cômputo deste prazo prescricional a data da ciência da infração pela Administração. Esta data de ciência não se presume, e deve ser deduzida de prova inequívoca de ciência do cometimento de infração.

O prazo prescricional será:

a) interrompido pela instauração do processo de responsabilização: o ato formal de instauração de processo de responsabilização, com fundamento na Lei nº 14.133/21, interrompe o prazo prescricional. Interrupção do prazo prescricional significa que, ocorrido o fato dela gerador (da interrupção), cessa o decurso do prazo, que será retomado integralmente quando legalmente determinada sua retomada. O processo terá duração razoável e observará o princípio da celeridade. Enquanto não concluído o processo, não haverá reinício do prazo prescricional;

---

[386] MIRANDA, Pontes de. *Tratado de Direito Privado*. Parte Geral. Campinas: Bookseller, 2000. p. 135.
[387] *Op. cit.*, p. 136.

b) suspensa pela celebração de acordo de leniência previsto na Lei nº 12.846, de 1º de agosto de 2013: acordo de leniência é ato administrativo negocial decorrente do exercício do poder sancionador do Estado, que visa à responsabilização de pessoas jurídicas pela prática de atos lesivos contra a Administração Pública nacional ou estrangeira. O acordo de leniência buscará, nos termos da lei: I – o incremento da capacidade investigativa da Administração Pública; II – a potencialização da capacidade estatal de recuperação de ativos; e III – o fomento da cultura de integridade no setor privado.[388] Por intermédio do acordo de leniência, as pessoas jurídicas de quem se apura a responsabilidade podem ter isenção ou atenuação de sanção, sob condição de colaborar com as investigações administrativas dos ilícitos perpetrados. A pessoa que firma o acordo assume o compromisso de entregar informações, documentos e provas destinadas a elucidar fatos e identificar infratores. Terminado o prazo do acordo de leniência, o prazo prescricional volta a correr pelo saldo remanescente;

c) suspensa por decisão judicial que inviabilize a conclusão da apuração administrativa: quando o prazo prescricional é suspenso, cessa a contagem, que quando retomada, o será pelo prazo remanescente – descontados dos cinco anos aquele tempo decorrido antes da suspensão. Esta hipótese é paralisação do processo administrativo por força de decisão judicial provisória concedida em sede de medida liminar ou cautelar.

12.15 Prescrição intercorrente

Prescrição intercorrente é instituto pelo qual a Administração Pública perde o exercício da pretensão punitiva por paralisação injustificada do processo de apuração de responsabilidade. O reconhecimento da ocorrência de prescrição pressupõe a identificação de período de inércia, imputável ao órgão processante, que seja superior ao prazo prescricional assinado em lei. No âmbito da Administração Pública Federal, incide a prescrição no procedimento administrativo paralisado por mais de três anos, pendente de julgamento ou despacho, cujos autos serão arquivados de ofício ou mediante requerimento da parte interessada, sem prejuízo da apuração da responsabilidade funcional decorrente da paralisação, se for o caso (art. 1º, Lei nº 9.873/99). Este prazo de prescrição intercorrente tem aplicação apenas para a Administração Pública Federal, como já decidiu o Superior Tribunal de Justiça:

> ADMINISTRATIVO E PROCESSUAL CIVIL. AGRAVO INTERNO NOS EMBARGOS DE DECLARAÇÃO NO RECURSO ESPECIAL. MULTA ADMINISTRATIVA. PROCON. PRESCRIÇÃO. INAPLICABILIDADE DA LEI 9.873/99 ÀS AÇÕES ADMINISTRATIVAS PUNITIVAS PROPOSTAS POR ESTADOS E MUNICÍPIOS. APLICAÇÃO DO DECRETO 20.910/32. PRESCRIÇÃO ADMINISTRATIVA INTERCORRENTE. AUSÊNCIA DE PREVISÃO LEGAL. AGRAVO INTERNO IMPROVIDO.
> I. Agravo interno aviado contra decisão que julgara recurso interposto contra acórdão publicado na vigência do CPC/2015.
> II. Na origem, trata-se de Ação Anulatória, ajuizada pela parte recorrida em face do Estado do Paraná, objetivando a declaração de nulidade da multa imposta pelo PROCON/PR,

---

[388] Decreto nº 11.129, de 11 de julho de 2022, art. 32.

aplicada em decorrência de reclamação de consumidores. A sentença julgou procedente o pedido, para declarar a inexigibilidade da multa aplicada pelo PROCON/PR, em razão da prescrição intercorrente verificada no processo administrativo. O acórdão do Tribunal de origem manteve a sentença, por diverso fundamento, em face da aplicação do prazo quinquenal da previsão sancionatória previsto no art. 1º do Decreto 20.910/32.

III. Na forma da jurisprudência desta Corte, firmada no julgamento do Recurso Especial 1.115.078/RS, sob a sistemática dos recursos repetitivos, a Lei 9.873/99 - cujo art. 1º, §1º, prevê a prescrição intercorrente – não se aplica às ações administrativas punitivas desenvolvidas por estados e municípios, pois o âmbito espacial da aludida Lei limita-se ao plano federal, nos termos de seu art. 1º.

No ponto, cabe ressaltar que o referido entendimento não se restringe aos procedimentos de apuração de infrações ambientais, na forma da pacífica jurisprudência do STJ (AgInt no REsp 1.608.710/PR, Rel. Ministro FRANCISCO FALCÃO, SEGUNDA TURMA, DJe de 28.08.2017; AgRg no AREsp nº 750.574/PR, Rel. Ministro SÉRGIO KUKINA, PRIMEIRA TURMA, DJe de 13.11.2015).

IV. O art. 1º do Decreto 20.9010/32 regula a prescrição quinquenal, sem nada dispor sobre a prescrição intercorrente. Nesse contexto, diante da impossibilidade de conferir interpretação extensiva ou analógica às regras atinentes à prescrição e da estrita aplicabilidade da Lei 9.873/99 ao âmbito federal, descabida é a fluência da prescrição intercorrente no processo administrativo
estadual de origem, em face da ausência de norma autorizadora.

V. Consoante a pacífica jurisprudência do STJ, "o art. 1º do Decreto 20.910/1932 apenas regula a prescrição quinquenal, não havendo previsão acerca de prescrição intercorrente, apenas prevista na Lei 9.873/1999, que, conforme entendimento do Superior Tribunal de Justiça, não se aplica às ações administrativas punitivas desenvolvidas por Estados e Municípios, em razão da limitação do âmbito espacial da lei ao plano federal" (STJ, REsp nº 1.811.053/PR, Rel. Ministro HERMAN BENJAMIN, SEGUNDA TURMA, DJe de 10.09.2019). No mesmo sentido: STJ, AgInt no REsp nº 1.609.487/PR, Rel. Ministro OG FERNANDES, SEGUNDA TURMA, DJe de 23.02.2017; AgRg no REsp nº 1.513.771/PR, Rel. Ministra REGINA HELENA COSTA, PRIMEIRA TURMA, DJe de 26.04.2016.

VI. Agravo interno improvido
(AgInt nos EDcl no REsp nº 1893478 / PR).

O Tribunal de Justiça do Estado do Paraná, em decisão proferida em sede de Incidente de Resolução de Demandas Repetitivas nº 0018574-55.2020.8.16.0000, uniformizou a matéria relativa à incidência de prescrição intercorrente:

INCIDENTE DE RESOLUÇÃO DE DEMANDAS REPETITIVAS. MULTAS APLICADAS PELO PROCON. CONTROVÉRSIA ACERCA DO DECURSO DE TEMPO ENTRE A INSTAURAÇÃO E A RESOLUÇÃO DO PROCESSO ADMINISTRATIVO. PRESCRIÇÃO INTERCORRENTE. INAPLICABILIDADE DO PRAZO DE PRESCRIÇÃO INTERCORRENTE TRIENAL DA LEI FEDERAL nº 9.783/1999. LIMITAÇÃO EXPRESSA AO ÂMBITO DA ADMINISTRAÇÃO PÚBLICA FEDERAL (ART. 1º, §1º, DA LEI FEDERAL nº 9.783/1999). ENTRETANTO, PRINCÍPIO CONSTITUCIONAL DA DURAÇÃO RAZOÁVEL DO PROCESSO COM FORÇA COGENTE. CLÁUSULA CONSTITUCIONAL EXPRESSA. ART. 5º, INCISO LXXVIII, DA CF. NORMA DE EFICÁCIA IMEDIATA. POSSIBILIDADE DE APLICAÇÃO ANALÓGICA DO INSTITUTO DA PRESCRIÇÃO INTERCORRENTE PREVISTA NA LEGISLAÇÃO INFRACONSTITUCIONAL. TESE JURÍDICA FIRMADA:

É possível a extinção das multas aplicadas pelo PROCON em processos administrativos em razão do decurso de mais de 5 anos entre a paralisação e a conclusão do processo administrativo decorrente da inércia do impulso oficial, em conformidade à legislação infraconstitucional e ao princípio constitucional da duração razoável do processo.

Defende-se que a ocorrência de prescrição intercorrente depende de previsão legal expressa e não se presume. Somente se evidenciará se houver legislação específica no âmbito de cada Estado ou Município da Federação, posição que, como visto, não é unânime.

12.16 Aplicação indevida de sanção e responsabilidade do Estado: a teoria da perda de chance

Nos termos da Constituição Federal, "as pessoas jurídicas de direito público e as de direito privado prestadoras de serviços públicos responderão pelos danos que seus agentes, nessa qualidade, causarem a terceiros, assegurado o direito de regresso contra o responsável nos casos de dolo ou culpa" (art. 37, §6º). A norma constitucional fixa a responsabilidade objetiva para o Estado, por conduta omissiva ou comissiva que produza prejuízo a terceiro. A responsabilidade objetiva pressupõe apenas a ocorrência de uma conduta comissiva ou omissiva, um resultado danoso e o nexo de causalidade entre a conduta e o resultado. Assim, a conduta consubstanciada na aplicação de sanção pode ser passível de responsabilidade.

Se a sanção aplicada for reputada ilegal e ilegítima pelo Poder Judiciário, ou mesmo em sede de autotutela ou de controle interno pela Administração Pública e se tiver ela produzido danos materiais ou jurídicos à pessoa física ou jurídica punida, é de se cogitar a responsabilidade objetiva do Estado e a responsabilidade por dolo ou culpa dos agentes públicos que concorreram para a prática do ato.

Destaque se faça para a denominada "teoria da perda de chance", que vem ganhando força no plano da responsabilidade e da reparação de danos. Por força de dita teoria, ingressa no conceito de dano indenizável todo o prejuízo sofrido por uma pessoa física ou jurídica em razão de oportunidade material que deixou de usufruir em razão de obstáculo jurídico oposto pela Administração Pública. Não é clara a natureza jurídica da perda da chance, se poderia se enquadrar como uma modalidade de dano emergente, ou como modalidade de lucro cessante. Parece tratar-se de vertente de uma componente tradicional do dano indenizável: os lucros cessantes, pois, consoante disposto no artigo 402 do Código Civil Brasileiro, "salvo as exceções expressamente previstas em lei, as perdas e danos devidas ao credor abrangem, além do que ele efetivamente perdeu, o que razoavelmente deixou de lucrar". Vale dizer, pela dicção legal, toda a lucratividade ou benefícios que o prejudicado deixou de auferir em decorrência da conduta lesiva perpetrada por outrem e causadora do dano imediato.[389] São benefícios ou vantagens

---

[389] Registre-se que autores como Rui Cardona Ferreira entendem que "a perda de chance constitui um dano emergente e autônomo, distinto do lucro ou da utilidade que teriam resultado para a lesão da concretização da expectativa frustrada" (FERREIRA, Rui Cardona. *Indemnização do interesse contratual positivo e perda de chance* (em especial na contratação pública). Coimbra: Coimbra Editora, 2011. p. 265).

que o lesado deixou de perceber ou de potencialmente receber no futuro por força da lesão produzida, material ou jurídica.

O contratado punido com sanção de declaração de inidoneidade para licitar e contratar com a Administração Pública, de suspensão temporária para licitar e impedimento para contratar com a Administração Pública, ou de impedimento para licitar e contratar com a União, com os Estados, com os Municípios ou com o Distrito Federal, fica efetivamente afastado do mercado concorrencial das contratações públicas. Fica obstado de realizar negócios com o Estado enquanto perdurarem os efeitos das sanções.

Não há qualquer problema nisso, e nem se pode invocar qualquer direito de reparação de danos se a sanção foi aplicada regularmente, de acordo com o regime principiológico que rege as contratações públicas. Problema surge se a sanção foi ilegalmente aplicada, seja qual for o motivo de fato ou de direito da nulidade (normalmente se dá por vício de proporcionalidade ou falta de garantias do contraditório e ampla defesa), de fato e de direito o contratado punido foi ilegal e indevidamente afastado do mercado concorrencial das contratações públicas.

Assim, "perdeu chances" de concorrer e de disputar a celebração de contratos administrativos para fornecer bens, prestar serviços ou realizar obras para o Poder Público. Essa perda de chance pode repercutir na esfera da responsabilidade do Estado, que será, nesse caso, responsabilidade por ato ilícito. Declarada a nulidade da sanção, o que pode ocorrer por ato administrativo (autotutela ou controle interno da Administração) ou pela via do Poder Judiciário, tem-se evidente e reconhecido o ato ilícito que produziu efeitos na esfera jurídica do contratado. Esses efeitos jurídicos podem ou não significar danos ou prejuízos. Se, porventura, puder haver a prova efetiva de prejuízos ou danos materiais pelo alijamento do mercado concorrencial das contratações públicas, pode operar a teoria da perda da chance.

Rui Cardona Ferreira, ao discorrer sobre o tema a partir do Direito Português, elucida alguns aspectos da teoria da perda da chance:

> As referências à perda de chance na doutrina e na jurisprudência permitem constatar que a expressão não é utilizada num sentido unívoco, nem tem um conteúdo dogmático preciso, comum a todas as aplicações nas diferentes áreas normativas. Grosso modo, supomos que são identificáveis, numa primeira aproximação, cinco sentidos possíveis para a referência à perda de chance, a saber:
> a) Dano correspondente à lesão de um bem ou interesse jurídico que é potenciada ela não intervenção oportuna segundo os padrões de diligência e das leges artis aplicáveis;
> b) Dano correspondente à perda de oportunidade de concretização de negócios alternativos ao negócio cujas negociações tenham frustrado;
> c) Dano correspondente à perda de oportunidade de concretização do negócio para que tendia um determinado processo negocial (ou procedimento adjudicatório público), entendido como lesão de um bem autonomamente tutelável e distinto do interesse na execução do contrato;
> d) Dano correspondente ao interesse contratual positivo ou interesse no cumprimento do contrato a que se referia determinado processo negocial (ou procedimento adjudicatório público), ressarcindo o lesado pela não obtenção das vantagens patrimoniais que previsivelmente resultariam da execução do contrato, ponderadas as circunstâncias concretas do caso;

e) Mais abstractamente, dano correspondente ao não ingresso, no património do lesado, de quantias pecuniárias ou outras vantagens patrimoniais que poderiam, em tese, ter sido alcançadas não fora o ilícito (contratual ou extracontratual) praticado pelo lesante, mas cuja obtenção se encontrava dependente de um elevado grau de aleatoriedade.[390]

Oportunidades negociais no mercado das contratações públicas perdidas pelo contratado punido podem integrar a noção de dano indenizável com fulcro na teoria da perda da chance, ao menos no plano teórico. Claro que o grau de intensidade que a perda da chance afeta as oportunidade negociais é um fator do âmbito da prova e da demonstração empírica, mas, como tese, parece fazer muito sentido a aplicação da teoria no universo das contratações públicas, "pois surge como oportuno o recurso à figura da perda de chance, a ensaiar como possível via de superação das dificuldades criadas pela não verificação do nexo de causalidade, nos moldes em que este aparece habitualmente referido, na doutrina e na jurisprudência".[391]

Problema concreto será o da apuração do dano indenizável. Não se concebe a indenização de danos meramente hipotéticos, abstratos ou supostos, derivados de mera expectativa de direito.

A esse propósito esclarece Rui Cardina Ferreira que

> Assim, para que a perda de chance seja indemnizável, não basta a constatação da prévia existência, numa qualquer medida, da oportunidade ou da possibilidade de obtenção de um evento favorável ou vantagem por parte do lesado, em face do circunstancialismo concretamente existente, que tenham sido destruídas em resultado do facto lesivo ocorrido. Para tal, é ainda necessário que a concretização da chance se apresente com um grau de probabilidade ou verossimilhança razoável e não com carácter meramente hipotético.[392]

A indenização pela perda de chance como concebido pela doutrina francesa demanda o requisito da "certeza do dano", sendo que essa ideia de certeza do dano retira o seu fundamento do próprio bom senso, dado que, de outra forma, "poderia estar-se a enriquecer sem causa, o suposto lesado".[393] O fator determinante é a potencialidade de concretização do benefício supostamente perdido pela atuação ilegal da Administração Pública. Daí a conclusão de parte da doutrina portuguesa no sentido de que "a indemnização pela perda de oportunidades ou pela perda de chances não é uma questão de causalidade adequada, como entende alguma doutrina francesa, mas

---

[390] FERREIRA, Rui Cardona. Indemnização do interesse contratual positivo e perda de chance (em especial na contratação pública). Coimbra: Coimbra Editora, 2011. p. 93. Tratando da questão relacionada à responsabilidade pública por danos aos licitantes e contratantes privados, o autor informa ainda que "a Directiva 92/13/CEE contém, efetivamente, uma disposição especial em matéria de responsabilidade, mas limitada ao interesse contratual negativo, prevendo que a indenização pelos custos incorridos pelo concorrente preterido 'com a preparação de uma proposta ou a participação num procedimento de celebração de um contrato' depende, apenas, da verificação da ilicitude (objectiva) da conduta lesiva adoptada pela Administração de uma 'possibilidade real de lhe ser atribuído o contrato' que tenha sido prejudicada por efeito da referida conduta (cfr. artigo 2º, nº 7)" (p. 20).

[391] FERREIRA, op. cit., p. 93.

[392] Op. cit., p. 115.

[393] FERREIRA, op. cit., p. 138.

sim de determinação concreta do montante da indemnização, em função das vantagens efectivas que o lesado teria se o acto lesivo não tivesse sido praticado".[394]

Concretamente, por exemplo, pode-se reputar indenizável com fulcro na teoria da perda da chance o dano produzido pela rescisão dos contratos firmados com o contratado em virtude de declaração de inidoneidade por órgão ou entidade pública – contratante ou distinto do contratante –, ou mesmo o impedimento de prorrogação dos contratos em vigor. Em tais casos, não se estará a discutir situação hipotética ou abstrata, mas concreta e efetiva se houver a rescisão contratual ou impedimento de prorrogação de contratos vigentes sob o argumento da inidoneidade. Reconhecida a ilegalidade da sanção, parece inquestionável que o contratado terá indenização pelo prejuízo relacionado aos contratos que foram rescindidos ou que deixaram de ser prorrogados. O sujeito passivo da recomposição patrimonial será o órgão ou entidade que aplicou a indevida e ilegal sanção – sob o argumento da responsabilidade objetiva por ato ilícito.

Não se conhece precedentes de aplicação da teoria da perda da chance em relação às contratações públicas, mas há inúmeros precedentes de aplicação dela em face de outras situações jurídicas peculiares:

> DIREITO CIVIL. CÂNCER. TRATAMENTO INADEQUADO. REDUÇÃO DAS POSSIBILIDADES DE CURA. ÓBITO. IMPUTAÇÃO DE CULPA AO MÉDICO. POSSIBILIDADE DE APLICAÇÃO DA TEORIA DA RESPONSABILIDADE CIVIL PELA PERDA DE UMA CHANCE. REDUÇÃO PROPORCIONAL DA INDENIZAÇÃO. RECURSO ESPECIAL PARCIALMENTE PROVIDO.
> 1. O STJ vem enfrentando diversas hipóteses de responsabilidade civil pela perda de uma chance em sua versão tradicional, na qual o agente frustra à vítima uma oportunidade de ganho. Nessas situações, há certeza quanto ao causador do dano e incerteza quanto à respectiva extensão, o que torna aplicável o critério de ponderação característico da referida teoria para a fixação do montante da indenização a ser fixada. Precedentes.
> 2. Nas hipóteses em que se discute erro médico, a incerteza não está no dano experimentado, notadamente nas situações em que a vítima vem a óbito. A incerteza está na participação do médico nesse resultado, à medida que, em princípio, o dano é causado por força da doença, e não pela falha de tratamento.
> 3. Conquanto seja viva a controvérsia, sobretudo no direito francês, acerca da aplicabilidade da teoria da responsabilidade civil pela perda de uma chance nas situações de erro médico, é forçoso reconhecer sua aplicabilidade. Basta, nesse sentido, notar que a chance, em si, pode ser considerado um bem autônomo, cuja violação pode dar lugar à indenização de seu equivalente econômico, a exemplo do que se defende no direito americano. Prescinde-se, assim, da difícil sustentação da teoria da causalidade proporcional.
> 4. Admitida a indenização pela chance perdida, o valor do bem deve ser calculado em uma proporção sobre o prejuízo final experimentado pela vítima. A chance, contudo, jamais pode alcançar o valor do bem perdido. É necessária uma redução proporcional.
> 5. Recurso especial conhecido e provido em parte, para o fim de reduzir a indenização fixada (REsp nº 1254141/PR).
> RECURSO ESPECIAL – AÇÃO DE INDENIZAÇÃO – DANOS MORAIS – ERRO MÉDICO – MORTE DE PACIENTE DECORRENTE DE COMPLICAÇÃO CIRÚRGICA – OBRIGAÇÃO DE MEIO – RESPONSABILIDADE SUBJETIVA DO MÉDICO – ACÓRDÃO RECORRIDO

---

[394] LEITÃO, Alexandra *apud* FERREIRA, op. cit., p. 230.

CONCLUSIVO NO SENTIDO DA AUSÊNCIA DE CULPA E DE NEXO DE CAUSALIDADE – FUNDAMENTO SUFICIENTE PARA AFASTAR A CONDENAÇÃO DO PROFISSIONAL DA SAÚDE – TEORIA DA *PERDA DA CHANCE* – APLICAÇÃO NOS CASOS DE PROBABILIDADE DE DANO REAL, ATUAL E CERTO, INOCORRENTE NO CASO DOS AUTOS, PAUTADO EM MERO JUÍZO DE POSSIBILIDADE – RECURSO ESPECIAL PROVIDO.
I – A relação entre médico e paciente é contratual e encerra, de modo geral (salvo cirurgias plásticas embelezadoras), obrigação de meio, sendo imprescindível para a responsabilização do referido profissional a demonstração de culpa e de nexo de causalidade entre a sua conduta e o dano causado, tratando-se de responsabilidade subjetiva;
II – O Tribunal de origem reconheceu a inexistência de culpa e de nexo de causalidade entre a conduta do médico e a morte da paciente, o que constitui fundamento suficiente para o afastamento da condenação do profissional da saúde;
III – A chamada "teoria da *perda da chance*", de inspiração francesa e citada em matéria de responsabilidade civil, aplica-se aos casos em que o dano seja real, atual e certo, dentro de um juízo de probabilidade, e não de mera possibilidade, porquanto o dano potencial ou incerto, no âmbito da responsabilidade civil, em regra, não é indenizável;
IV – In casu, o v. acórdão recorrido concluiu haver mera possibilidade de o resultado morte ter sido evitado caso a paciente tivesse acompanhamento prévio e contínuo do médico no período pós-operatório, sendo inadmissível, pois, a responsabilização do médico com base na aplicação da "teoria da *perda da chance*";
V – Recurso especial provido (REsp nº 1104665/RS)
PROCESSUAL CIVIL E DIREITO CIVIL. RESPONSABILIDADE DE ADVOGADO PELA PERDA DO PRAZO DE APELAÇÃO. TEORIA DA *PERDA DA CHANCE*. APLICAÇÃO. RECURSO ESPECIAL. ADMISSIBILIDADE. DEFICIÊNCIA NA FUNDAMENTAÇÃO. NECESSIDADE DE REVISÃO DO CONTEXTO FÁTICO-PROBATÓRIO. SÚMULA 7, STJ. APLICAÇÃO.
– A responsabilidade do advogado na condução da defesa processual de seu cliente é de ordem contratual. Embora não responda pelo resultado, o advogado é obrigado a aplicar toda a sua diligência habitual no exercício do mandato.
– Ao perder, de forma negligente, o prazo para a interposição de apelação, recurso cabível na hipótese e desejado pelo mandante, o advogado frusta as chances de êxito de seu cliente. Responde, portanto, pela perda da probabilidade de sucesso no recurso, desde que tal chance seja séria e real. Não se trata, portanto, de reparar a perda de "uma simples esperança subjetiva", nem tampouco de conferir ao lesado a integralidade do que esperava ter caso obtivesse êxito ao usufruir plenamente de sua chance.
– A *perda da chance* se aplica tanto aos danos materiais quanto aos danos morais.
– A hipótese revela, no entanto, que os danos materiais ora pleiteados já tinham sido objeto de ações autônomas e que o dano moral não pode ser majorado por deficiência na fundamentação do recurso especial.
– A pretensão de simples reexame de prova não enseja recurso especial. Aplicação da Súmula 7, STJ.
– Não se conhece do Especial quando a decisão recorrida assenta em mais de um fundamento suficiente e o recurso não abrange todos eles. Súmula 283, STF.
Recurso Especial não conhecido (Resp nº 1079185/MG).

Trata-se de abordagem inovadora, mas que tem sentido lógico-jurídico. Na medida em que ocorrer a perda de uma chance em razão de uma sanção ilegalmente aplicada por órgão ou entidade pública, surge o direito de reparação dos danos que forem apurados. É de crucial importância, pois, o rigor metodológico e jurídico no curso do devido processo legal para a apuração e punição dos contratados infratores, para que se evite ao máximo a responsabilização do Poder Público sob tal argumento.

12.17 Repercussões da Lei Anticorrupção (Lei nº 12.846/13) no plano das sanções por inexecução contratual

A Lei nº 12.486/13, regulamentada pelo Decreto nº 8.420/15, denominada lei anticorrupção, que entrou em vigência a partir de fevereiro de 2014, passou a prever uma nova modalidade de responsabilidade: a responsabilidade da pessoa jurídica por ato lesivo à Administração Pública nacional ou estrangeira e pode constituir um poderoso instrumento para incluir no foco das investigações e punições dos atos de corrupção a parte sem a qual inúmeras condutas ilegais não poderiam materialmente ser praticadas: as empresas corruptoras e corruptas. A nova lei apresenta uma relação de condutas bastante conhecidas daqueles que fraudam a Administração Pública: dar ou oferecer vantagem indevida a servidor público; fraudar licitações ou contratos públicos; manipular contratações públicas; criar pessoa jurídica de modo fraudulento para participar de licitações (de modo a escapar de sanção); entre outras tantas.

Nos termos da lei, constituem atos lesivos à Administração Pública, nacional ou estrangeira, todos aqueles praticados por "sociedades empresárias, sociedades simples, personificadas ou não, independentemente da forma de organização ou modelo societário adotado, bem como a quaisquer fundações, associações de entidades ou pessoas, ou sociedades estrangeiras, que tenham sede, filial ou representação no território brasileiro, constituídas de fato ou de direito, ainda que temporariamente".

Qualquer dessas referidas entidades responderá objetivamente pela prática de atos lesivos contra a Administração Pública, assim reputados aqueles que atentem contra o patrimônio público nacional ou estrangeiro, contra princípios da Administração Pública ou contra os compromissos internacionais assumidos pelo Brasil, assim definidos (art. 5º): I – prometer, oferecer ou dar, direta ou indiretamente, vantagem indevida a agente público, ou a terceira pessoa a ele relacionada; II – comprovadamente, financiar, custear, patrocinar ou de qualquer modo subvencionar a prática dos atos ilícitos previstos nessa lei; III – comprovadamente, utilizar-se de interposta pessoa física ou jurídica para ocultar ou dissimular seus reais interesses ou a identidade dos beneficiários dos atos praticados; IV – no tocante a licitações e contratos: a) frustrar ou fraudar, mediante ajuste, combinação ou qualquer outro expediente, o caráter competitivo de procedimento licitatório público; b) impedir, perturbar ou fraudar a realização de qualquer ato de procedimento licitatório público; c) afastar ou procurar afastar licitante, por meio de fraude ou oferecimento de vantagem de qualquer tipo; d) fraudar licitação pública ou contrato dela decorrente; e) criar, de modo fraudulento ou irregular, pessoa jurídica para participar de licitação pública ou celebrar contrato administrativo; f) obter vantagem ou benefício indevido, de modo fraudulento, de modificações ou prorrogações de contratos celebrados com a Administração Pública, sem autorização em lei, no ato convocatório da licitação pública ou nos respectivos instrumentos contratuais; ou g) manipular ou fraudar o equilíbrio econômico-financeiro dos contratos celebrados com a Administração Pública; V – dificultar atividade de investigação ou fiscalização de órgãos, entidades ou agentes públicos, ou intervir em sua atuação, inclusive no âmbito das agências reguladoras e dos órgãos de fiscalização do sistema financeiro nacional. Assim, no caso de pessoa jurídica realizar conduta típica, vale dizer, realizar qualquer uma das referidas condutas previstas legalmente como ato lesivo à Administração Pública, responderá objetivamente por ela. Tome-se em consideração para os fins dessa breve análise o disposto nos artigos 1º, 2º e 3º da Lei nº 12.486/13, que expressamente dispõem:

> Art. 1º Esta Lei dispõe sobre a responsabilização objetiva administrativa e civil de pessoas jurídicas pela prática de atos contra a administração pública, nacional ou estrangeira.
> Parágrafo único. Aplica-se o disposto nesta Lei às sociedades empresárias e às sociedades simples, personificadas ou não, independentemente da forma de organização ou modelo societário adotado, bem como a quaisquer fundações, associações de entidades ou pessoas, ou sociedades estrangeiras, que tenham sede, filial ou representação no território brasileiro, constituídas de fato ou de direito, ainda que temporariamente.
> Art. 2º As pessoas jurídicas serão responsabilizadas objetivamente, nos âmbitos administrativo e civil, pelos atos lesivos previstos nesta Lei praticados em seu interesse ou benefício, exclusivo ou não.
> Art. 3º A responsabilização da pessoa jurídica não exclui a responsabilidade individual de seus dirigentes ou administradores ou de qualquer pessoa natural, autora, coautora ou partícipe do ato ilícito.
> §1º A pessoa jurídica será responsabilizada independentemente da responsabilização individual das pessoas naturais referidas no caput.
> §2º Os dirigentes ou administradores somente serão responsabilizados por atos ilícitos na medida da sua culpabilidade.

Pode-se deduzir da norma a seguinte estrutura de responsabilidade administrativa e civil pelo cometimento de atos lesivos à Administração Pública:
1. a pessoa jurídica responderá objetivamente;
2. os dirigentes, administradores ou qualquer pessoa natural, autora, coautora ou partícipe do ato ilícito responderão subjetivamente;

No que tange à responsabilidade das pessoas jurídicas, inegável que respondem pelos atos praticados, pois "dotadas de capacidade, agem, emitem declarações de vontade, adquirem direitos e contraem obrigações, como qualquer pessoa natural".[395] A questão controvertida versa sobre os efeitos da natureza objetiva determinada pela lei para a responsabilidade decorrente de atos lesivos à Administração Pública.

Nos termos de Caio Mário da Silva Pereira, "a doutrina objetiva, ao invés de exigir que a responsabilidade civil seja a resultante dos elementos tradicionais (culpa, dano, vínculo de causalidade entre uma e outro) assenta na equação binária cujos pólos são o dano e a autoria do evento danoso. Sem cogitar da imputabilidade ou da antijuridicidade do fato danoso, o que importa para assegurar o ressarcimento é a verificação se ocorreu o evento e se dele emanou o prejuízo".[396]

---

[395] SILVA PEREIRA, Caio Mário. *Instituições de Direito Civil*: teoria geral do Direito Civil. 24. ed. Rio de Janeiro: Forense, 2011. p. 267.
[396] SILVA PEREIRA, Caio Mário. *Responsabilidade civil de acordo com a Constituição de 1988*. 2. ed. Rio de Janeiro: Forense, 1990. p. 287.

Para que se evidencie a responsabilidade objetiva, então, não é preciso prova de dolo (a vontade ou a intenção de realizar a conduta, ou assumir o risco do resultado danoso) ou de culpa em sentido estrito (manifestada pela negligência, pela imprudência ou pela imperícia).

Basta a existência de uma conduta lesiva de algum dos valores jurídicos tutelados pela lei, produzida por dirigente, administrador ou qualquer pessoa natural que atue em nome da pessoa jurídica para que possa ser aplicada uma das sanções legalmente previstas.

Importante ressaltar que a responsabilidade objetiva nesse caso independe de lesão ou prejuízo material para a Administração Pública. O que a lei pretende resguardar, além do patrimônio público material, é o patrimônio jurídico e moral administrativo.

Assim, caso dirigente, administrador, empregado ou qualquer pessoa natural que aja em nome ou em proveito da pessoa jurídica e produza algum dos atos lesivos à Administração Pública tipificados na lei – oferecer propina para agente público, por exemplo –, tal conduta ensejará a possibilidade de a pessoa jurídica vir a sofrer sanção de multa de até 20% do faturamento bruto do último exercício; publicação extraordinária da decisão condenatória de aplicação da multa e de outras sanções aplicadas (artigo 6º); e ou perdimento de bens, direitos e valores; suspensão ou interdição parcial de atividades; dissolução compulsória; proibição de receber incentivos, subsídios, subvenções, doações ou empréstimos por até cinco anos (artigo 19).

Repita-se, pouco importa se o dirigente ou administrador agiu com intenção de produzir o resultado lesivo, ou foi negligente, imperito ou imprudente: basta que tenha havido qualquer conduta típica (prevista na lei como lesiva à Administração Pública).

A responsabilização objetiva da pessoa jurídica não constitui novidade no sistema jurídico. Dentre outras normas, a Constituição determina que a responsabilidade extracontratual do Estado é objetiva (artigo 37, §6º). O Código Civil prevê a responsabilidade objetiva do empregador pelos danos causados por seus empregados (artigo 932), assim como a responsabilidade pela reparação de danos ambientais independentemente de culpa (artigo 14, §1º, da Lei nº 6.938/81).

A lei anticorrupção inaugura, pois, uma nova instância de responsabilidade no plano contratual-administrativo e, em decorrência, um novo conjunto de deveres inafastáveis para o Administrador Público no que tange ao controle da execução contratual. Se no curso da execução contratual forem evidenciadas condutas típicas caracterizadoras de ato lesivo à Administração Pública na forma da lei, deve ser instaurado o devido processo para apuração das faltas e eventual aplicação da sanção administrativa de multa, bem como encaminhamento de informações para os órgãos de controle externo e para o Ministério Público.

Além do que concerne a essa nova instância de responsabilidade a cargo do Poder Público, a lei anticorrupção contém ainda duas normas expressas que produzem efeitos diretos e imediatos no plano das sanções por inexecução ou pelo cometimento de ilícitos quando da execução contratual.

Estranha e injustificadamente, a Lei nº 12.846/13 determina no artigo 17 que "a administração pública poderá também celebrar acordo de leniência com a pessoa jurídica responsável pela prática de ilícitos previstos na Lei nº 8.666, de 21 de junho de 1993, com vistas à isenção ou atenuação das sanções administrativas estabelecidas em seus arts. 86 a 88". Acordo de leniência é o instrumento jurídico pelo qual a pessoa física ou jurídica que colabora para com a apuração e produção de provas de ilícitos administrativos pode ter a sanção atenuada ou até mesmo extinta. Pela dicção legal, a autoridade responsável pela aplicação da sanção administrativa poderá, caso evidenciados os requisitos previstos na lei, celebrar acordo de leniência com o contratado a quem se imputa alguma irregularidade na execução contratual, e, desde que contribua para com as investigações do ilícito, seja pela identificação dos demais envolvidos na infração, quando couber, seja pelo auxílio na obtenção célere de informações e documentos que comprovem o ilícito sob apuração, poderá ficar isento de pena ou ter a pena atenuada.

O legislador, então, estendeu para o regime sancionatório da Lei nº 8.666/93, e pois, para o regime sancionatório da Lei nº 14.133/21 – por força da regra contida no seu art. 189 – o sistema de vantagens e isenções das denominadas "delações premiadas". A utilização de tal prerrogativa pública somente pode ocorrer caso exista efetivo e concreto benefício público, pela real, e não apenas potencial, possibilidade de produção de provas e informações que contribuam para o deslinde de todas as operações fraudulentas e ilícitas perpetradas contra o Poder Público e contra o erário.

Instituiu ainda a lei o dever de os órgãos ou entidades dos Poderes Executivo, Legislativo e Judiciário de todas as esferas de governo informar e manter atualizados, para fins de publicidade, no Cadastro Nacional de Empresas Inidôneas e Suspensas (CEIS), de caráter público, instituído no âmbito do Poder Executivo federal, os dados relativos às sanções por eles aplicadas, nos termos do disposto nos arts. 87 e 88 da Lei nº 8.666, de 21 de junho de 1993 – pela regra do art. 189 da Lei nº 14.133/21 serão obrigatórios os registros de sanções aplicadas com fundamento nesta norma.

Não bastassem as disposições normativas antes referidas, que delineiam a aplicação da Lei Anticorrupção em face dos processos de contratação pública, a Lei nº 14.133/21 expressamente estatui que os atos nela previstos "como infrações administrativas ou em outras leis de licitações e contratos da Administração Pública que também sejam tipificados como atos lesivos na Lei nº 12.846, de 1º de agosto de 2013, serão apurados e julgados conjuntamente, nos mesmos autos, observados o rito procedimental e a autoridade competente" (art. 159).

A efetivação desta regra legal demanda as seguintes condutas e cautelas:
a) avaliar a conduta praticada por licitante ou contratado para aferir sobre sua tipificação, no rol do art. 5º da Lei nº 12.846/13, como ato lesivo contra a Administração Pública Nacional ou estrangeira;
b) com a conclusão pela subsunção da conduta aos tipos relacionados na aludida regra, a apuração de responsabilidade será realizada em conjunto, nos mesmos autos, com a apuração de responsabilidade pelo cometimento de infração tipificada na Lei nº 14.133/21;
c) a mesma conduta, assim, pode ser tipificada como infracional em ambas as Leis;
d) a apuração conjunta desta responsabilidade exige cautela elevada no que diz respeito ao devido processo legal. Isto porque os ritos processuais – o previsto na Lei nº 14.133/21 e aquele previsto na Lei nº 12.846/13 são diferentes;
e) o rito processual previsto na Lei nº 12.846/13 é tratado nos art. Art. 10: O processo administrativo para apuração da responsabilidade de pessoa jurídica será conduzido

por comissão designada pela autoridade instauradora e composta por 2 (dois) ou mais servidores estáveis. O ente público, por meio do seu órgão de representação judicial, ou equivalente, a pedido da comissão, poderá requerer as medidas judiciais necessárias para a investigação e o processamento das infrações, inclusive de busca e apreensão. A comissão poderá, cautelarmente, propor à autoridade instauradora que suspenda os efeitos do ato ou processo objeto da investigação. A comissão deverá concluir o processo no prazo de 180 (cento e oitenta) dias contados da data da publicação do ato que a instituir e, ao final, apresentar relatórios sobre os fatos apurados e eventual responsabilidade da pessoa jurídica, sugerindo de forma motivada as sanções a serem aplicadas. Este prazo poderá ser prorrogado, mediante ato fundamentado da autoridade instauradora. O prazo para defesa é de 30 (trinta) dias para defesa, contados a partir da intimação. Concluído o processo, com o relatório da comissão, será remetido à autoridade instauradora, para julgamento;

f) em que pese a apuração da responsabilidade por conduta tipificado na Lei Anticorrupção deve ser conjunta com aquela destinada à apuração de infração com base na Lei nº 14.133/21, devem ser proferidas decisões distintas, conquanto possam ser proferidas no mesmo ato processual.

CAPÍTULO 13

DA NULIDADE DOS CONTRATOS

13.1 Validade e invalidade do contrato administrativo

O contrato administrativo é produto de um processo no qual são praticados atos e condutas administrativas. Estas condutas serão válidas, se adotadas em conformidade com as leis e com a Constituição, ou serão inválidas, se, ao contrário, produzidas sem adequação e conformidade com as normas que lhes devem dar suporte e fundamento. Produto de sucessão ou conjugação harmônica de atos administrativos, o contrato presume-se válido e legítimo, eis que tal presunção é da essência deles (dos atos administrativos). Trata-se de presunção *juris tantun*, reconhecida pelo Poder Judiciário:

> AGRAVO REGIMENTAL NO HABEAS CORPUS. EXECUÇÃO. FALTA GRAVE. POSSE DE INSTRUMENTO CAPAZ DE OFENDER A INTEGRIDADE FÍSICADE OUTREM - ART. 50, INCISO III, DA LEI 7.210/84. ABSOLVIÇÃO. PRESUNÇÃO DE VERACIDADE DO DEPOIMENTO DOS AGENTES PENITENCIÁRIOS. REVOLVIMENTO FÁTICO-PROBATÓRIO INVIÁVEL. CONSTRANGIMENTO ILEGAL NÃO CONFIGURADO. RECURSO DESPROVIDO.
> 1. Não há falar-se em absolvição da prática de falta grave, uma vez que as Instâncias Ordinárias, em Procedimento Administrativo Disciplinar, assegurado ao reeducando o contraditório e a ampla defesa, inclusive com a participação de defesa técnica, concluíram que o sentenciado encontrava-se na posse de uma arma artesanal 'estoque' - instrumento artesanal pontiagudo, apto a ofender a integridade física de outrem, caracterizando, assim, a infração disciplinar prevista no art. 50, III, da Lei de Execução Penal.
> 2. A prova oral produzida, consistente em declarações coesas dos agentes de segurança penitenciária se mostraram suficientes para a caracterização da falta como grave (...). A Jurisprudência é pacífica no sentido de inexistir fundamento o questionamento, a priori, das declarações de servidores públicos, uma vez que suas palavras se revestem, até prova em contrário, de presunção de veracidade e de legitimidade, que é inerente aos atos administrativos em geral. (HCn° 391170, Rel. Ministro NEFI CORDEIRO, julgado em 1º/8/2017, publicado em 7/8/2017). Na mesma linha de entendimento: HCn° 334732, Rel. Ministra MARIA THEREZA DE ASSIS MOURA, julgado em 17/12/2015, publicado em 1º/2/2016.
> 3. Outrossim, desconstituir o entendimento firmado pelas instâncias originárias demandaria amplo revolvimento da matéria fático-probatória, procedimento incompatível com a via estreita do habeas corpus. Precedentes.
> 4. Agravo desprovido (AgRg no HC n° 821526 / PR)

A presunção de validade e legitimidade do ato e do contrato administrativo não resiste à prova de sua desconformidade com as normas que integram o sistema jurídico (regras e princípios). Assim, é de se reconhecer que se algum dos elementos constitutivos do ato ou do contrato não for válido, como regra o ato ou o contrato devem ser invalidados ou anulados.

Para a validade de um ato ou contrato administrativo é preciso que estejam presentes os pressupostos desta validade.[397] A Lei nº 4.717/64 aponta tais pressupostos, que são (i) a competência para a edição do ato ou do contrato; (ii) a forma prevista em Lei para sua manifestação; (iii) a legalidade do objeto; (iv) a existência dos motivos apontados como causa do ato; e (v) a inexistência de desvio de finalidade:

(i) competência: são as atribuições ou funções designadas pela Constituição, pela Lei ou por ato normativo derivado de lei, a um agente público, a um órgão público, a uma entidade pública ou Poder da República. Somente pratica um ato administrativo ou contratual válido aquele que detém competência para tanto. Por exemplo: nos termos da Lei nº 14.133/21 a autoridade competente para decidir recursos é a autoridade responsável pela contratação ou pelo órgão ou entidade pública;

(ii) forma prevista em lei para a manifestação: forma equivale ao meio exigido por lei para a manifestação do ato. "Se a Lei exige, para formalização de ato jurídico, determinada forma, esta, por constituir elemento complementar do seu suporte fáctico, há de ser atendida, sob pena de invalidade".[398] Por exemplo: para editar as regras da licitação, a Lei exige como meio o instrumento convocatório. Não podem ser veiculadas, por exemplo, por uma portaria ou resolução;

(iii) legalidade do objeto: o objeto ou solução técnica eleitos contratualmente devem estar de acordo com a Constituição e com a Lei. Por exemplo: é ilegal o objeto contratual que contemple a possibilidade de que a empresa contratada para serviços de limpeza deixe de respeitar o piso salarial mínimo de categoria profissional.

(iv) existência dos motivos: motivo do contrato é a razão de fato que deu origem à necessidade administrativa a ser satisfeita com a execução do contrato. Por exemplo: para a validade de uma contratação direta emergencial para evitar riscos em decorrência de alagamentos, é necessário que tenham havido chuvas em excesso e de fato evidenciada tal ocorrência, bem como terem existido riscos concretos. Se alagamento não existiu, ou se não produzir nenhum risco, não existiu o motivo do contrato;

(v) inexistência de desvio de finalidade: finalidade é o resultado legalmente previsto para o ato ou contrato editados. Por exemplo: a contratação direta de advogado apenas para favorecer pessoalmente o profissional, que tem relação de afinidade com a autoridade contratante é maculada por desvio de finalidade, pois qualquer contratação deve ser realizada apenas para satisfazer necessidade pública.

Outra causa de vício de validade do ato ou do contrato são os defeitos de motivação. Motivação é a exposição prévia das razões de fato e de direito que levaram a Administração a praticar o ato. Todo ato e toda a decisão administrativos devem ser motivados. A Lei nº 14.133/21, como antes visto, aponta o princípio da motivação

---

[397] Sem adentrar na polêmica questão sobre se tais fatores constituem elementos, requisitos ou pressupostos do ato.
[398] MELLO, Marcos Bernardes de. *Teoria do fato jurídico*. Plano da validade. 11. ed. São Paulo: Editora Saraiva, 2011. p. 36.

dentre aqueles princípios que regem as contratações públicas. A norma contida no art. 18, IX da Lei determina a "motivação circunstanciada das condições do edital, tais como justificativa de exigências de qualificação técnica, mediante indicação das parcelas de maior relevância técnica ou valor significativo do objeto, e de qualificação econômico-financeira, justificativa dos critérios de pontuação e julgamento das propostas técnicas, nas licitações com julgamento por melhor técnica ou técnica e preço". A falta ou insuficiência de motivação implicam a invalidade do ato ou decisão contratual.

Será inválido o ato ou o contrato que padecerem de defeito invalidante.

13.2 Invalidação e convalidação dos atos produzidos no processo da contratação

O sistema jurídico confere tratamento distinto para os atos que inválidos (nulos) e para aqueles que são invalidáveis (anuláveis).

Como bem trata Marcos Bernardes de Mello,

> Os atos que importam infrações das normas jurídicas a que o direito imputa a sanção de invalidade não tem a mesma natureza nem o mesmo significado. Há deles que afetam a própria ordem pública, porque implicam violação de normas jurídicas cogentes (ato com objeto ilícito ou impossível, por exemplo); outros que prejudicam diretamente as pessoas em seus interesses particulares, privados, mas que pelas suas consequências ilícitas, não podem ser admitidos no mundo jurídico como se fossem perfeitos. Considerando a gravidade da infração e a importância do interesse a resguardar, os sistemas jurídicos impõem sanções de maior ou menor intensidade, punições mais ou menos severas, que refletem o grau de repulsa ao ato.[399]

Esta distinção entre nulidade absoluta e nulidade relativa é nuclear para o deslinde de questões controvertidas envolvendo as relações contratuais. Para os fins desta análise, serão consideradas duas espécies de invalidade de ato ou contrato, a nulidade e a anulabilidade. A invalidade pode ser substancial ou formal. A invalidade substancial revela-se por violação de norma de direito material, que diz respeito à matéria ou conteúdo de que trata o ato. A invalidade formal evidencia-se pela violação de normas jurídicas sobre a forma, como as nulidades processuais.[400]

Os atos, nulos ou anuláveis, podem (por vezes devem) ser invalidados. Invalidar significa eliminar o ato ou a relação contratual do mundo jurídico. Com a invalidação, o ato ou o contrato deixam de existir juridicamente. Com a invalidação, os efeitos do ato ou do contrato também podem ser eliminados de modo *ex tunc* (eliminação de todos os efeitos já produzidos) ou de modo *ex nunc* (com manutenção dos efeitos já produzidos e eliminação da possibilidade de produzirem efeitos).

Questão relevante é relativa à existência, ou não, de dever jurídico de invalidação por parte da Administração Pública. Múltiplos autores defendem a inexistência de um

---

[399] *Op. cit.*, p. 94.
[400] MELLO, Marcos Bernardes de. Teoria do fato jurídico. Plano da validade. 11. ed. São Paulo: Editora Saraiva, 2011. p. 108.

dever jurídico absoluto de invalidação de atos administrativos ou contratos maculados por vício de nulidade. Confira-se as referências sobre o tema feitas por Weida Zancaner:

> Pietro Virga, por sua vez, também entende a invalidação como faculdade. No entanto agrega, como requisito para a competência para invalidar, além da necessidade de o ato a ser invalidado portar vício de legitimidade, a necessidade da existência de um interesse público concreto e específico que justifique a eliminação do ato, já que, para este jurista, não basta o interesse genérico na restauração da legalidade, pois se bastasse, a invalidação passaria a ser ato decorrente de atividade vinculada.
> O posicionamento de Guido Zanobini é acolhido por Miguel Seabra Fagundes, poia para o jurisperito pátrio, a manutenção do ato inválido pode, às vezes, prevalecer sobre sua eliminação, tendo em vista o interesse público.
> Seabra Fagundes assim fundamenta seu posicionamento: "a infringência legal no ato administrativo, se considerada abstratamente, aparecerá sempre como prejudicial ao interesse público. Mas por outro lado, vista em face de algum caso concreto, pode acontecer que a situação resultante do ato embora nascida irregularmente, torne-se útil àquele mesmo interesse. Também as numerosas situações pessoais alcançadas e beneficiadas pelo ato vicioso podem aconselhar a subsistência dos seus efeitos.
> Para esses autores, a invalidação é uma faculdade, e o exercício desta faculdade depende da análise do caso concreto, tendo em vista critérios subjetivos do administrador, o que implica dizer que há discrição em invalidar.
> Pensamos não ser exato o posicionamento destes juristas. Só poderia haver possibilidade de opção discricionária, como pretende parte da doutrina, caso houvesse norma jurídica que concedesse à Administração Pública a possibilidade de agir com discrição.[401]

Há, em doutrina, forte corrente que preconiza e defende, desde muito, a possibilidade de manutenção de atos ou contratos contendo vício de validade. Esta posição não é unânime, registre-se, mas tem defensores. Com efeito, no que diz com os contratos administrativos, é preciso considerar o seu caráter funcional e instrumental. Constitui ele um instrumento para a consecução de finalidades de interesse público. A existência do contrato administrativo é, pode-se dizer, condição para a efetivação dos direitos fundamentais previstos na Constituição Federal. Todo contrato público tem, assim, uma razão de existir fundada no interesse público. Em outra linha, sem que exista um interesse público a lhe dar suporte, não tem legitimidade a contratação. Ora, se o interesse público valida e legitima os contratos celebrados pela Administração, é de se deduzir que o desfazimento do contrato sem que tenha produzido todos os seus esperados e necessários efeitos pode implicar graves prejuízos para o Estado e para a sociedade – para o interesse público. Daí o também interesse público de manutenção da existência da relação jurídico-contratual.

Portanto, o interesse público legítimo é o fator determinante para a avaliação acerca da invalidação do contrato administrativo. Pode-se dizer que os contratos administrativos viciados por nulidade tendem para a validação, quando possível juridicamente.

---

[401] ZANCANER, Weida. *Da convalidação e da invalidação dos atos administrativos*. São Paulo: Revista dos Tribunais, 1990. p. 44.

Uma das formas de manter a existência de um contrato que apresente vício de nulidade é a convalidação.

Convalidação "é o suprimento da invalidade de um ato com efeitos retroativos. Este suprimento pode derivar de um ato da Administração ou de um ato do particular afetado pelo provimento viciado".[402] "A convalidação é um novo ato administrativo, que difere dos demais por produzir efeitos ex tunc, é dizer, retroativos. Não é mera repetição do ato inválido com correção do vício; vai além disto. Por tal motivo, a possibilidade de praticá-lo depende, teoricamente, de dois fatores: a) a possibilidade de se repetir, sem vícios, o ato ilegal, porque assim poderia ter sido praticado à época; e b) da possibilidade deste novo ato retroagir".[403]

Por intermédio da convalidação, a Administração edita um novo ato, dotado de efeitos retroativos, adequado às normas de regência e, portanto, aderente ao Direito, pelo qual corrige o vício de legalidade de que padecia o primeiro ato que se convalida. A possibilidade de convalidação de ato demanda, inevitavelmente, exame de caso concreto, não sendo possível uma formulação que à prima facie possa apontar de modo genérico os atos ou relações jurídicas que possam ser convalidados.

Pelas teorias clássicas, o vício de nulidade contamina e desestabiliza o sistema jurídico. A correção deste elemento desestabilizador pode, como visto – ainda que em apertada síntese – dar-se pela convalidação ou pela anulação.

13.3 Atos e contratos anuláveis e convalidáveis

Sob certo aspecto pode-se defender, como já feito, que pode haver a invalidade de um ato administrativo ou de um contrato administrativo. Por exemplo: o vício de publicidade de contrato não vicia algum ato, senão o próprio contrato.

É importante identificar, em tese, quais as invalidades podem gerar a convalidação e aquelas que não podem ser sanadas, ensejando a nulidade do ato ou do contrato, sem possibilidade de correção. Weida Zancaner[404] sustenta que podem ser convalidados os vícios de competência, forma (formalidade), e procedimento, e que são insanáveis os vícios de motivo, conteúdo e finalidade. Agrega-se a esta lista o vício de motivação.

Será adotada esta distinção para este exame, ainda que se possa eventualmente referir a pontos de discordância, o que não será feito.

São convalidáveis ou passíveis de correção:

a) vícios de competência: esta invalidade evidencia-se pela edição do ato ou prática de conduta por agente público que não detém competência para tanto. A convalidação deste vício exige a prática de outro ato, pela autoridade competente (i) renovando todo o conteúdo do ato, de modo completo e exaustivo; ou (ii) ratificando o ato, e assim, por manifestação expressa – "ratifica-se e convalida-se". Esta ratificação e convalidação por decisão expressa equivale à renovação da prática do ato, absorvendo, para todos os efeitos jurídicos, o conteúdo, o motivo, a motivação e o objeto do ato reputado antes inválido. Exemplos:

---

[402] BANDEIRA DE MELLO, op. Cit., p. 482.
[403] SUNDFELD, Carlos Ari. *Ato Administrativo Inválido*, tese, p. 72 *apud* ZANCANER, Weida, *op. cit.* p. 54.
[404] *Op. Cit.*, p. 64.

(i) suponha-se um contrato assinado por agente público que não detenha competência para tanto. Identificado o vício de competência, a autoridade legalmente investida desta competência poderá ratificar e convalidar o ato, com efeitos retroativos à data da assinatura, sem que seja necessário;

(ii) suponha-se identificado vício de competência em relação à assinatura do instrumento convocatório e ter sido celebrado o contrato mesmo diante deste vício. A edição de um ato de ratificação e de convalidação sana o vício, com efeitos retroativos, sem necessidade de edição e publicação de um novo instrumento convocatório.

b) vícios de forma ou formalização: este vício evidencia-se pela falta de cumprimento de formalidade ou adoção da forma jurídica exigida para a prática do ato. A convalidação se dará, também, ou pela prática de novo ato, ou pela manifestação expressa de ratificação e convalidação do ato antes praticado, ambas com efeitos retroativos.

Exemplos:

(i) suponha-se um contrato celebrado que não tenha sido publicado no Portal Nacional de Contratações Públicas como condição de eficácia, como exige a norma contida no art. 94 da Lei nº 14.133/21 ("a divulgação no Portal Nacional de Contratações Públicas no PNCP é condição indispensável para a eficácia do contrato e de seus aditamentos e deverá ocorrer nos seguintes prazos, contados da data de sua assinatura"). Efetivada a sua publicação a destempo, corrigirá o defeito com efeitos retroativos, tornando eficazes os atos praticados;

(ii) suponha-se que um Secretário Municipal edite uma resolução sobre matéria licitatória ou contratual para a qual a Lei exige a edição de Decreto do Chefe do Poder Executivo. O Secretário Municipal detém competência para editar resoluções,[405] mas a matéria exigia veiculação por ato de outra natureza. Os atos praticados com base na dita resolução podem ser convalidados com a edição de decreto municipal, pelo Chefe do Poder Executivo, ratificando e convalidando as condutas praticadas com base no ato viciado originalmente.

c) vícios de procedimento: procedimento, em rápida análise, seria o ritual interno de um processo. Alguns atos processuais devem adotar ritualística específica determinada por Lei ou por norma infralegal, sob pena de invalidade.

Exemplos:

(i) suponha-se ter sido celebrado um contrato sem que previamente tenha sido homologada a licitação. A autoridade competente, mesmo após a celebração do contrato, se formado seu convencimento pela regularidade do certame licitatório, pode editar o ato de homologação a destempo, corrigindo, com efeitos retroativos, o defeito processual;

(ii) suponha-se que uma licitação esteja em fase de homologação e verifica-se que inexistiu a manifestação jurídica de que trata o art. 53 da Lei nº 14.133/21, no exercício de controle prévio de legalidade. Pode ser exarado o parecer a destempo, que, se opinar pela regularidade do certame, autorizará a homologação e celebração do contrato.[406]

Não são convalidáveis ou passíveis de correção:

---

[405] Neste caso, se poderia sustentar também a existência de vício de competência, por evidente.
[406] Como o tema é polêmico, manifesta-se antecipadamente o respeito a opiniões em contrário. Mas com o registro de que a Lei nº 14.133/21 determina que a invalidação da licitação ou do contrato somente podem ocorrer por vício insanável, o que parece ser o caso.

a) vícios de motivo: motivo é a razão do mundo dos fatos e da vida que levaram à edição do ato ou celebração do contrato. A inexistência de motivo é vício insanável porque não é naturalmente possível retornar no tempo para produzir a situação de fato que não existiu e fundou a prática do ato.

Exemplos:

(i) suponha-se que houve a contratação direta, por inexigibilidade, de profissional para prestação de serviços técnicos especializados, o que exige prova de notória especialização. Quando da contratação o profissional não detinha esta notoriedade de especialização, portanto, não existiu a razão de fato que justificou a contratação direta. Ainda que, em tese, este profissional adquirisse esta notória especialização posteriormente, já no curso da execução do contrato não serviria ela para corrigir o defeito original;

(ii) suponha-se que houve por contratação direta, por dispensa de licitação, em razão de urgência para contratar serviços de vigilância, cujo contrato está em vias de expirar, sem que exista prazo hábil para licitar uma nova contratação – a falta do serviço pode gerar graves riscos para a Administração. Posteriormente se comprova que o contrato anterior tinha vigência suficiente a conferir prazo hábil para a nova licitação, evitando a contratação direta;

b) vícios de motivação: motivação é a exposição dos motivos, de fato e de direito, que levaram à prática do ato. O vício pode ser por motivação inexistente ou por motivação deficiente.

Exemplos:

a) suponha-se um ato de agente de contratação decidindo pela inabilitação de empresa por falta de cumprimento de requisito de habilitação previsto no instrumento convocatório, cuja motivação apenas aponte a regra do edital descumprida, sem apontar expressamente o vício de fato existente – em que termos de fato foi descumprida a regra do edital;

b) suponha-se uma licitação na qual houve o parcelamento do objeto em três lotes, limitando fortemente o universo dos competidores – em razão da dimensão da formação do lote –, com justificativa genérica de que este formato ajusta-se ao mercado. Uma deliberação restritiva da competição exige justificativa muito consistente, fundada em aspectos técnicos.

c) vícios de conteúdo (objeto): vício de objeto ou conteúdo versa sobre a solução em concreto dada para o caso, que deve ser lícita e juridicamente possível.

Exemplos:

(i) suponha-se um contrato administrativo tendo como objeto o desmatamento de uma grande área de preservação ambiental para construção de unidades residenciais em ação e política pública;

(ii) suponha-se uma licitação que tenha por objeto a compra de produtos contendo asbesto, que tem comercialização proibida no País.

d) vícios de finalidade: os atos e contratos administrativos somente podem ser editados ou celebrados para atender uma situação ou necessidade de interesse público. Caso realizados para finalidade diversa, restarão viciados.

Exemplos:

(i) suponha-se uma contratação direta de serviços de consultoria, desnecessários, apenas para retribuir contribuições feitas em favor da autoridade contratante em campanha eleitoral;

(ii) suponha-se a aplicação de uma sanção a um contratado apenas para afirmar a autoridade de um gestor público, que se sentiu ofendido por manifestação legítima do contratado.

13.4 Regime de nulidade contratual da Lei nº 14.133/21 e o instituto da avaliação prévia dos efeitos concretos da invalidação de atos e contratos

No que tange ao regime jurídico da nulidade dos contratos, a Lei nº 14.133/21 tem a seguinte regra:

> Art. 147. Constatada irregularidade no procedimento licitatório ou na execução contratual, caso não seja possível o saneamento, a decisão sobre a suspensão da execução ou sobre a declaração de nulidade do contrato somente será adotada na hipótese em que se revelar medida de interesse público, com avaliação, entre outros, dos seguintes aspectos:
> I – impactos econômicos e financeiros decorrentes do atraso na fruição dos benefícios do objeto do contrato;
> II – riscos sociais, ambientais e à segurança da população local decorrentes do atraso na fruição dos benefícios do objeto do contrato;
> III – motivação social e ambiental do contrato;
> IV – custo da deterioração ou da perda das parcelas executadas;
> V – despesa necessária à preservação das instalações e dos serviços já executados;
> VI – despesa inerente à desmobilização e ao posterior retorno às atividades;
> VII – medidas efetivamente adotadas pelo titular do órgão ou entidade para o saneamento dos indícios de irregularidades apontados;
> VIII – custo total e estágio de execução física e financeira dos contratos, dos convênios, das obras ou das parcelas envolvidas;
> IX – fechamento de postos de trabalho diretos e indiretos em razão da paralisação;
> X – custo para realização de nova licitação ou celebração de novo contrato;
> XI – custo de oportunidade do capital durante o período de paralisação.

Há uma clara, objetiva e taxativa ordem legal para o tratamento das invalidades apuradas no processo licitatório ou no contrato e/ou sua execução. Identificada uma nulidade (em ato ou contrato) (i) serão adotadas condutas administrativas para o saneamento dos vícios; e, caso não seja possível (ii) será feita uma avaliação acerca da conveniência e oportunidade de decretação da nulidade – do ato, processo licitatório ou contrato.

Atente-se para que a regra legal é taxativa: a declaração de nulidade do contrato somente será adotada na hipótese em que se revelar medida de interesse público. A norma tem caráter vinculante, assim, se houver prejuízo para o interesse público, não será decretada a nulidade do contrato.

O primeiro aspecto polêmico diz respeito à extensão dos efeitos da regra legal. A lei faz referência a que a declaração de nulidade "do contrato" somente será adotada se for medida de interesse público.

A nulidade de que trata a Lei pode ser relativa ao processo da licitação, que deu origem ao contrato, ou a vício interno da própria relação contratual e do contrato. Como regra geral, os vícios de processo licitatório identificados antes de sua conclusão e da assinatura do contrato devem ser objeto de avaliação sobre a possibilidade de convalidação ou de decretação de nulidade com a consequente correção. Contudo, caso a invalidação da licitação possa produzir prejuízo intolerável ao interesse público, não será invalidada e ensejará a contratação dela decorrente como efeito ordinário e natural.

Não parece adequado concluir que a Lei nº 14.133/21 inova no sistema jurídico licitatório e contratual, ao dispor que a anulação do contrato somente será realizada se for medida essencial para proteger o interesse público. Como antes dito, há precedentes doutrinários sustentando esta possibilidade, mesmo sem a existência de previsão legal expressa. A inovação é a previsão legal desta prerrogativa da Administração Pública, que confere efetiva segurança jurídica para os agentes públicos pelo que denomina-se institucionalização das decisões.

Ocorre o fenômeno da institucionalização das decisões quando a conduta do agente público é vinculada à disposição normativa. A relevância desta afirmação reside, especialmente, no plano da responsabilidade pessoal dos agentes públicos. A norma contida no art. 28 do Decreto-Lei nº 4.657/42 estabelece que "o agente público responderá pessoalmente por suas decisões ou opiniões técnicas em caso de dolo ou erro grosseiro". Logo, se, em homenagem à proteção do interesse público não for decretada a nulidade de licitação e de contrato dela decorrente, não poderá haver a responsabilização pessoal – uma vez que a decisão não foi pessoal, mas institucional – do agente responsável por ela. Claro que operam neste plano os requisitos de validade do ato produzido – de manter o contrato viciado. Em outros termos, o próprio ato que decide pela manutenção de contrato contaminado por vício de nulidade será objeto de contraste com os requisitos de validade da decisão. Por exemplo: se não for justificada a causa de interesse público, ou se for inexistente (vício de motivo ou de motivação) o ato de manutenção do contrato viciado, por seu turno, padecerá de vício de nulidade.

A decisão pela decretação de nulidade – desfazimento do contrato – será, nos termos da Lei, precedida de processo de avaliação prévia dos efeitos da invalidação do contrato.

A avaliação prévia dos efeitos da declaração de nulidade será realizada em processo administrativo regularmente instaurado. Esta exigência de avaliação prévia dos efeitos concretos da invalidação de licitação e/ou do contrato dela decorrente está também prevista no art. 21 do Decreto-Lei nº 4.657/42 – de cumprimento obrigatório também por força da norma prevista no art. 5º da Lei nº 14.133/21.[407] Esta norma prevista na LINDB trata do consequencialismo jurídico-decisório. De acordo com dita regra legal, "a

---

[407] Art. 5º Na aplicação desta Lei, serão observados os princípios da legalidade, da impessoalidade, da moralidade, da publicidade, da eficiência, do interesse público, da probidade administrativa, da igualdade, do planejamento, da transparência, da eficácia, da segregação de funções, da motivação, da vinculação ao edital, do julgamento objetivo, da segurança jurídica, da razoabilidade, da competitividade, da proporcionalidade, da celeridade, da economicidade e do desenvolvimento nacional sustentável, assim como as disposições do Decreto-Lei nº 4.657, de 4 de setembro de 1942 (Lei de Introdução às Normas do Direito Brasileiro).

decisão que, nas esferas administrativa, controladora ou judicial, decretar a invalidação de ato, contrato, ajuste, processo ou norma administrativa deverá indicar de modo expresso suas consequências jurídicas e administrativas"; e "a decisão deverá, quando for o caso, indicar as condições para que a regularização ocorra de modo proporcional e equânime e sem prejuízo aos interesses gerais, não se podendo impor aos sujeitos atingidos ônus ou perdas que, em função das peculiaridades do caso, sejam anormais ou excessivos". O consequencialismo implica que toda decisão deve ser proferida com juízo de avaliação reflexiva sobre as consequências concretas dela, ponderando-se os valores jurídicos em contraste – valor legalidade restaurada, no caso da invalidação, em contraste com outros valores que, topicamente, devem se sobrepor a ele eventualmente (legalidade restaurada).

O regime de nulidade contratual da Lei nº 14.133/21 e aquele do Decreto-Lei nº 4657/42 já foram objeto de avaliação judicial quando do julgamento do RMS nº 62.150 – de 2021, envolvendo caso concreto de anulação de contrato administrativo:

> A tal desiderato, haverá de se observar as previsões contidas no art. 148 da nova Lei de Licitações e Contratos Administrativos (Lei nº 14.133, de 1º/4/2021), que assim dispõe: "Art. 148. A declaração de nulidade do contrato administrativo requererá análise prévia do interesse público envolvido, na forma do art. 147 desta Lei, e operará retroativamente, impedindo os efeitos jurídicos que o contrato deveria produzir ordinariamente e desconstituindo os já produzidos. §1º Caso não seja possível o retorno à situação fática anterior, a nulidade será resolvida pela indenização por perdas e danos, sem prejuízo da apuração de responsabilidade e aplicação das penalidades cabíveis. §2º Ao declarar a nulidade, a autoridade, com vistas à continuidade da atividade administrativa, poderá decidir que ela só tenha eficácia em momento futuro, suficiente para efetuar nova contratação, por prazo de até 6 (seis) meses, prorrogável uma única vez".

Para a avaliação dos efeitos concretos de ato de invalidação de contrato serão, no mínimo, observados os seguintes aspectos: I – impactos econômicos e financeiros decorrentes do atraso na fruição dos benefícios do objeto do contrato; II – riscos sociais, ambientais e à segurança da população local decorrentes do atraso na fruição dos benefícios do objeto do contrato; III – motivação social e ambiental do contrato; IV – custo da deterioração ou da perda das parcelas executadas; V – despesa necessária à preservação das instalações e dos serviços já executados; VI – despesa inerente à desmobilização e ao posterior retorno às atividades; VII – medidas efetivamente adotadas pelo titular do órgão ou entidade para o saneamento dos indícios de irregularidades apontados; VIII – custo total e estágio de execução física e financeira dos contratos, dos convênios, das obras ou das parcelas envolvidas; IX – fechamento de postos de trabalho diretos e indiretos em razão da paralisação; X – custo para realização de nova licitação ou celebração de novo contrato; XI – custo de oportunidade do capital durante o período de paralisação.

Os aspectos, em sede de avaliação dos efeitos concretos da invalidação, legalmente previstos são exemplificativos. Ou seja, caso identificada outro fundamento de interesse público para manter a continuidade do contrato, será referido expressamente pela Administração.

A decisão pela manutenção da execução de contrato viciado de nulidade será produzida após a conclusão da avaliação dos efeitos concretos dela, e será objeto de motivação circunstanciada, precedida de manifestação do órgão de assessoramento jurídico, que tem, neste caso, natureza obrigatória.

Caso a paralisação ou anulação não se revele medida de interesse público, o poder público deverá optar pela continuidade do contrato e pela solução da irregularidade por meio de indenização por perdas e danos, sem prejuízo da apuração de responsabilidade e da aplicação de penalidades cabíveis, é o que preceitua a norma do art. 147, parágrafo primeiro. A manutenção de licitação ou contrato inválido não se dará sem efeitos concretos no plano da responsabilidade. Decidida a manutenção de licitação ou contrato inválido, será instaurado o devido processo administrativo para apuração da responsabilidade de quem lhe deu causa. Se agente público, poderá ser responsabilizado pessoalmente se a conduta foi dolosa ou maculada por culpa grave – erro grosseiro. Se a nulidade é decorrente de causa atribuível ao contratado, ou licitante, responderá por dolo ou culpa – sem gradação. A responsabilização poderá ser para indenizar perdas e danos causados para o erário.

Se, após a avaliação prévia dos efeitos concretos da invalidação a conclusão for de que deve ser anulada a licitação ou o contrato, operará retroativamente, impedindo os efeitos jurídicos que o contrato deveria produzir ordinariamente e desconstituindo os já produzidos. A invalidação do contrato não exonera a Administração do dever de indenizar o contratado pelo que houver executado até a data em que for declarada ou tornada eficaz, bem como por outros prejuízos regularmente comprovados, desde que não lhe seja imputável, e será promovida a responsabilização de quem lhe tenha dado causa, como antes dito.

Está assentado em precedentes do Superior Tribunal de Justiça e do Tribunal de Contas da União o dever de indenizar pela parte executada do contrato, ainda que nulidade contratual tenha decorrido de má-fé do contratado, para evitar o enriquecimento sem causa da Administração. Observe-se, entretanto, que a indenização deve ser feita em observância do instituto do *disgorgement*, que é o desconto da parcela correspondente aos lucros que seriam devidos para a empresa, quando a invalidação do contrato é decorrente de causa atribuível ao contratado. O instituto do *disgorgement* parte da premissa de que, se houve nulidade contratual por causa atribuível ao contratado – por vezes mediante utilização de fraude e mesmo crime – os lucros oriundos da execução do contrato não teriam origem legítima – inclusive podendo caracterizar o lucro arbitrário de que trata a Lei nº 12.529/11.[408]

Posição do Superior Tribunal de Justiça a respeito de invalidação de contrato administrativo com observância do instituto do *disgorgement*:

---

[408] Art. 36. Constituem infração da ordem econômica, independentemente de culpa, os atos sob qualquer forma manifestados, que tenham por objeto ou possam produzir os seguintes efeitos, ainda que não sejam alcançados:
I - limitar, falsear ou de qualquer forma prejudicar a livre concorrência ou a livre iniciativa;
II - dominar mercado relevante de bens ou serviços;
III - aumentar arbitrariamente os lucros; e
IV - exercer de forma abusiva posição dominante.

PROCESSUAL CIVIL E ADMINISTRATIVO. CONTRATO VERBAL. SUBCONTRATAÇÃO SEM AUTORIZAÇÃO. RECURSO ESPECIAL DE TODESCATO TERRAPLANAGEM LTDA. OBRIGAÇÃO DE O ENTE PÚBLICO EFETUAR O PAGAMENTO PELOS SERVIÇOS EFETIVAMENTE PRESTADOS. VEDAÇÃO AO ENRIQUECIMENTO ILÍCITO. AGRAVO EM RECURSO ESPECIAL DO MUNICÍPIO DE BENTO GONÇALVES. AUSÊNCIA DE IMPUGNAÇÃO DE FUNDAMENTO AUTÔNOMO E DEFICIÊNCIA DE FUNDAMENTAÇÃO DEFICIENTE. SÚMULAS 283/SF E 284/STF.

1. Trata-se, na origem, de ação de cobrança ajuizada contra o Município de Bento Gonçalves visando condenar o réu a indenizá-la pela prestação de serviços, contratados verbalmente, no período de 24.03.2012 até 08.09.2012, de retroescavadeira, pá carregadeira, caminhão toco e prancha para transporte de equipamentos. Aduziu que o valor total dos serviços é de R$102.570,20, mas que pende de pagamento a quantia de R$85.068,70 válidos para fevereiro de 2017.

2. Em primeiro grau o pedido foi julgado parcialmente procedente para condenar o réu a indenizar os serviços prestados no período apontado que não foram objeto de subcontratação, devendo o valor ser auferido em liquidação.

3. A Apelação da parte autora não foi provida, e a do réu foi provida na parte relativa aos índices de correção monetária e juros de mora.

4. O aresto recorrido entendeu devida a indenização pelos serviços executados, a despeito da irregularidade da contratação, por não se admitir o enriquecimento ilícito da Administração. Todavia, entendeu descaber pagamento dos serviços prestados ao município que foram objeto de subcontratação, sob o fundamento de que em desacordo com o art. 72 da Lei 8.666/93.

5. A jurisprudência do STJ é de que, mesmo que seja nulo o contrato realizado com a Administração Pública, por ausência de prévia licitação, é devido o pagamento pelos serviços prestados, desde que comprovados, nos termos do art. 59, parágrafo único, da Lei 8.666/1993, sob pena de enriquecimento ilícito da Administração.

6. O STJ reconhece que, ainda que ausente a boa fé do contratado e que tenha ele concorrido para nulidade, é devida a indenização pelo custo básico do serviço, sem qualquer margem de lucro.

7. A inexistência de autorização da Administração para subcontratação é insuficiente para afastar o dever de indenização, no caso dos autos, porque a própria contratação foi irregular, haja vista que não houve licitação e o contrato foi verbal. Assim, desde que provada a existência de subcontratação e a efetiva prestação de serviços, ainda que por terceiros, e que tais serviços se reverteram em benefício da Administração, será devida a indenização dos respectivos valores. Na mesma linha: Resp nº 468.189/SP, Rel. Min. José Delgado, Primeira Turma, julgado em 18.03.2003, DJ de 12.05.2003, p. 221.

8. Não há como conhecer do Recurso Especial do Município de Bento Gonçalves. O recorrente não infirma o argumento de que, ainda que haja irregularidade na contratação dos serviços, é devida a indenização dos efetivamente prestados sob pena de indevido enriquecimento sem causa do Município. O ente federativo nada discorreu acerca da tese de inviabilidade de locupletamento ilícito.

Aplicam-se, por analogia, as Súmulas 283/STF e 284/STF, ante a ausência de impugnação de fundamento autônomo.

9. Agravo conhecido para não conhecer do Recurso Especial do Município de Bento Golçaves. Recurso Especial de Todescato Terraplanagem Ltda. parcialmente provido para assegurar o direito de ser indenizada pelos serviços subcontratados pelo custo básico deles, desde que provada a existência de subcontratação, bem como a efetiva prestação de serviços, mesmo

que por terceiros, e ainda que tais serviços se revertam em benefício da Administração] (REsp 2045450 / RS).

Posição do Tribunal de Contas da União a respeito de invalidação de contrato administrativo com observância do instituto do *disgorgement*:

Recurso de reconsideração interposto pelo Ministério Público junto ao TCU em face de acórdão que arquivou esta tomada de contas especial, sem julgamento do mérito, por entender ausentes os pressupostos de constituição e de desenvolvimento válido e regular do processo, sob o fundamento de que esta Corte de Contas não tem competência para exigir a restituição de lucros ilegítimos por parte de empresa privada, nas hipóteses em que tenha dado causa à nulidade de um contrato administrativo, como, por exemplo, no caso de fraude à licitação. – Matéria que discute a denominada, no direito espanhol, teoria do produto bruto mitigado e, no direito norte-americano, disgorgement. – A restituição de lucros ilegítimos está fundamentada no princípio da vedação do enriquecimento sem causa, assim como no princípio de que ninguém pode se beneficiar da própria torpeza e ainda nos efeitos retroativos da declaração de nulidade, no sentido de que se deve buscar a restauração do status quo ante. – A restituição dos lucros ilegítimos tem amparo legislativo amplo no art. 884 do Código Civil brasileiro e, especificamente, no art. 59 da Lei 8666/1993 e nos artigos 148 e 149 da Lei 14.133/2021. – A teoria do deslocamento patrimonial unitário deve ser superada em relação à restituição dos lucros ilegítimos, pois o enriquecimento sem causa de uma pessoa não necessariamente decorre do empobrecimento de outra. – Nos termos do Enunciado nº 35 da Jornada de Direito Civil em 2002, "A expressão enriquecer à custa de outrem do art. 884 do novo Código Civil não significa, necessariamente, que deverá haver empobrecimento". – A restituição dos lucros ilegítimos não importa qualquer redução do patrimônio das empresas infratoras, mas apenas promove o seu retorno ao estado em que se encontrava antes da prática do ilícito. – A restituição de lucros ilegítimos não é, em regra, uma sanção, mas sim uma consequência jurídica de natureza predominantemente civil, ainda que possa ser exigida também na esfera penal, quando o ilícito for tipificado como crime, ou na esfera administrativa, quando decorrente de ilícito dessa mesma natureza. – No que diz respeito a contratos administrativos, sejam eles regidos ou não pela Lei 8.666/1993 ou pela Lei 14.133/2021, a exemplo dos celebrados pelas empresas estatais, regidos pela Lei 13.303/2016, o TCU, com fundamento no art. 71, inciso IX, da Constituição Federal, é competente para "assinar prazo para que o órgão ou entidade adote as providências necessárias ao exato cumprimento da lei, se verificada ilegalidade", a fim de que a Administração Pública, ao efetuar a indenização decorrente de contrato nulo para o qual concorreu a empresa contratada, o faça pelo custo do serviço prestado, excluída a parcela relativa ao lucro. – Caso a Administração Pública já tenha efetuado o pagamento da indenização, o TCU, com fundamento no citado art. 71, inciso IX, da Constituição Federal, tem competência para exigir da Administração Pública que busque a restituição dos lucros ilegítimos, seja pela via administrativa ou a judicial, nos termos do art. 59 da Lei 8.666/1993 e dos arts. 148 e 149 da Lei 14.133/2021 ou, se for o caso, nos termos do art. 884 do Código Civil assim como com fundamento no princípio da vedação do enriquecimento sem causa e no princípio de que ninguém pode se beneficiar da própria torpeza e ainda nos efeitos retroativos da declaração de nulidade, no sentido de que se deve buscar a restauração do status quo ante. – O pagamento de lucros ilegítimos não é, a rigor, um dano ao erário, porquanto o Poder Público terá recebido, em contrapartida, o bem ou serviço que lhe foi prestado, não se podendo falar em diminuição patrimonial a ser recomposta. – O pagamento de lucros ilegítimos é uma despesa pública absolutamente ilegal e ilegítima como, aliás, o próprio nome diz, pois decorrente de um ato ilícito praticado pela própria empresa beneficiária do aludido pagamento, o que ofende o princípio do não enriquecimento sem causa e o de que a ninguém é dado se beneficiar da própria torpeza. – Contratos decorrentes de fraude são nulos. E a declaração de nulidade opera efeitos retroativos, a fim de se reconstituir, na medida do possível, o status quo ante que, no presente caso, significa a indenização da empresa pelos custos, expurgados os lucros ilegítimos, exatamente para evitar o enriquecimento sem causa e o benefício da própria torpeza. – No tocante à nulidade parcial ou total do contrato, a jurisprudência do TCU tem consagrado o procedimento de o Tribunal, com fundamento no art. 71, inciso IX, da Constituição Federal, fixar prazo para o administrador público adotar as devidas providências para o exato cumprimento da lei, consistente, nesse exemplo, na declaração de nulidade do contrato, de algumas de suas cláusulas e de algum termo aditivo. – Portanto, as consequências da declaração de nulidade devem ser implementadas também pelo administrador público, à luz da legislação vigente, seja a lei de licitações ou o Código Civil. Não deve o TCU, nessas hipóteses, tomar para si dever que é do gestor e de quem, no exercício natural do controle externo que lhe cabe, deve cobrar providências, nos exatos termos do art. 71, inciso IX, da Constituição Federal. – Reconhecimento da competência do TCU para atuar nesses casos de contratos nulos decorrentes de fraude praticada pela empresa contratada no tocante ao não pagamento dos lucros ilegítimos ou à sua restituição, quando já pagos, mas essa atuação deve se dar de modo indireto, com fundamento no art. 71, inciso IX, da Constituição Federal, no sentido de que seja fixado prazo para o administrador público adotar as devidas providências ao exato cumprimento da lei incidente na espécie, seja um dispositivo expresso constante da lei de licitações (art. 59 da Lei 8.666/1993 ou arts. 148 e 149 da Lei 14.133/2021) ou do Código Civil (art. 884), seja um princípio jurídico. – No caso concreto, conhecimento e não provimento do recurso (Acórdão nº 1842/2022-Plenário).

13.5 Da postergação dos efeitos da invalidação do contrato

Uma vez – após o processo de avaliação prévia dos efeitos concretos da invalidação – invalidado o contrato, a autoridade competente poderá deliberar pela postergação dos efeitos da nulidade.

Visto que a invalidação do contrato opera efeitos retroativamente, impedindo os efeitos jurídicos que o contrato deveria produzir ordinariamente e desconstituindo os já produzidos. É efeito ordinário do ato de invalidação, após cumprido o item legal para a sua formação, inclusive a publicidade, a produção imediata de efeitos.

Contudo, caso indispensável a continuidade da execução contratual para dar continuidade à atividade administrativa, o ato decisório poderá deliberar pela postergação da produção dos efeitos ordinários da invalidação.

Atente-se para que a Lei não faz referência a riscos para a prestação de serviços públicos que possam derivar da invalidação, mas de riscos para qualquer atividade administrativa, inclusive aquela ordinária e cotidiana. A decisão pela postergação dos efeitos do ato de invalidação deve ser precedida de processo de gerenciamento de riscos. Por intermédio deste processo – que já foi objeto de tratamento nesta obra – devem ser identificados todos os riscos que podem derivar do ato de invalidação. Os riscos identificados serão avaliados sob as perspectivas do impacto e da probabilidade, e submetidos a tratamento, que pode ser o da postergação dos efeitos do ato de invalidação.

O prazo de postergação de efeitos será o necessário para realizar uma nova contratação para substituir a que foi invalidada, podendo ser fixado inicialmente em até seis meses, prorrogável por uma única vez.

A decisão de postergação dos efeitos da invalidação será proferida em processo administrativo regular, objeto de motivação circunstanciada – demonstrando com objetividade, clareza e substância os riscos efetivos ou potenciais que podem afetar as atividades administrativas (que devem ser também relacionadas) – e precedida de manifestação do órgão de assessoramento jurídico. Esta manifestação tem natureza obrigatória.

Alternativa à postergação de efeitos da invalidação é a contratação direta, por urgência, até que se efetive a nova contratação.

CAPÍTULO 14

PARTICULARIDADES DOS CONTRATOS DE TERCEIRIZAÇÃO DE SERVIÇOS

14.1 Contratos de terceirização

Como bem pondera Maria Sylvia Zanella Di Pietro, "existe certo consenso entre os doutrinadores do direito do trabalho em definir a terceirização como a contratação, por determinada empresa, de serviços de terceiro para o desempenho de atividades-meio".[409] Os contratos de prestação de serviços terceirizados se incorporaram à Administração Pública como técnica de gestão. Embora hoje bastante difundidos, não constituem novidade no sistema jurídico administrativo, eis que deles já tratava o Decreto-Lei nº 200/67:

> Art. 10. A execução das atividades da Administração Federal deverá ser amplamente descentralizada.
> §7º Para melhor desincumbir-se das tarefas de planejamento, coordenação, supervisão e contrôle e com o objetivo de impedir o crescimento desmesurado da máquina administrativa, a Administração procurará desobrigar-se da realização material de tarefas executivas, recorrendo, sempre que possível, à execução indireta, mediante contrato, desde que exista, na área, iniciativa privada suficientemente desenvolvida e capacitada a desempenhar os encargos de execução.

Tratam-se os contratos de prestação de serviços terceirizados de gênero no qual se inserem inúmeras espécies contratuais. Pode-se, para os fins desta análise, distingui-los em contratos de prestação de serviços com dedicação exclusiva de mão de obra e contratos de prestação de serviços sem dedicação exclusiva de mão de obra. As particularidades contratuais significativas serão tratadas em relação aos contratos de prestação de serviços que envolvam a dedicação exclusiva de mão de obra.

Contratos de prestação de serviços terceirizados que envolvem dedicação exclusiva de mão de obra são aqueles para cuja execução os empregados da empresa contratada realizam as suas atividades integralmente dentro dos estabelecimentos da organização

---

[409] Quando da redação da obra, tramitava no Congresso Nacional o PL nº 4.330/04, versando, entre outras matérias, sobre a possibilidade de haver a terceirização de atividade fim da empresa tomadora dos serviços, alterando significativamente as relações contratuais de trabalho envolvendo a prestação de serviços terceirizados.

pública. Os empregados terceirizados exercem sua jornada laboral em caráter permanente nos estabelecimentos públicos, trabalhando lado a lado com os agentes públicos durante o expediente normal da repartição pública. Os serviços contratados, portanto, são realizados dentro das instalações e prédios públicos. Nos termos do disposto na Lei nº 14.133/21, serviços contínuos com regime de dedicação exclusiva de mão de obra são "aqueles cujo modelo de execução contratual exige, entre outros requisitos, que: a) os empregados do contratado fiquem à disposição nas dependências do contratante para a prestação dos serviços; b) o contratado não compartilhe os recursos humanos e materiais disponíveis de uma contratação para execução simultânea de outros contratos; e c) o contratado possibilite a fiscalização pelo contratante quanto à distribuição, controle e supervisão dos recursos humanos alocados aos seus contratos. Em razão de sua particular natureza e característica, estes contratos demandam cautelas também particulares.

Diversa é a situação, portanto, de contratos de prestação de serviços sem dedicação exclusiva de mão de obra em que os empregados terceirizados não exercem suas atividades no interior dos prédios públicos e no mesmo horário de expediente (ao menos não em período integral), tampouco atendem os requisitos legalmente previstos para aqueles tipificados como de mão de obra exclusiva. Nestes, há, ao reverso, compartilhamento de mão de obra.

Os contratos de prestação de serviços terceirizados são contratos de cunho operacional que, usualmente, envolvem tanto atividades comuns e rotineiras o que não significa que sejam desimportantes), como as de vigilância, limpeza e transportes, assim como serviços de maior complexidade, como certos contratos de tecnologia da informação.

14.2 Limites à terceirização

O sistema jurídico constitucional brasileiro impõe limites à contratação de prestação de serviços terceirizados. Como regra geral, o vínculo entre o Estado (Administração Pública) e pessoas físicas ocorre por intermédio de uma relação estatutária ou uma relação contratual. As pessoas físicas que pretenderem estabelecer uma relação de trabalho permanente e duradoura com o Estado o farão por intermédio da titularização de um cargo público ou de um emprego público. Por seu turno, a Constituição de 1988 estabelece no art. 37, II, que ressalvados os casos de nomeação para cargos de provimento em comissão, a investidura em cargo ou emprego público depende de aprovação prévia em concurso público de provas ou de provas e títulos, de acordo com a natureza e a complexidade do cargo ou emprego. A regra do concurso público é, então, um limite objetivo e expresso à terceirização de serviços. Vale dizer, sempre que uma posição jurídica terceirizada corresponder a uma função ou atribuição de cargo público ou de emprego público, tal posição jurídica não pode ser objeto de uma relação contratual de prestação de serviços (terceirização).

O segundo limite diz respeito à regra da competência constitucional e legal. Competência, na expressão de Celso Antônio Bandeira de Mello, "é o círculo compreensivo de um plexo de deveres públicos a serem satisfeitos mediante o exercício de correlatos e demarcados poderes instrumentais, legalmente conferidos para a satisfação de interesses públicos".[410] Pode ser também conceituada como o conjunto de deveres, poderes e de encargos que a lei ou a Constituição designa para órgão ou entidade pública, poder da República, entidade federada ou para cargo ou função pública. A competência, no dizer do referido autor, é de exercício obrigatório, é irrenunciável, intransferível e imodificável. De ditas características salienta-se a inviabilidade de sua transferência, salvo nos casos expressos em lei. Decorre, então, da regra da competência que não podem ser objeto de contratação de prestação de serviços terceirizados atividades que se inserem na competência institucional de órgão ou entidade pública – a própria e intrínseca razão de existir dele.

Uma das normas que disciplina os serviços terceirizados é a Lei nº 6.019/74, pela qual se considera prestação de serviços a terceiros a transferência feita pela contratante da execução de quaisquer de suas atividades, inclusive sua atividade principal, à pessoa jurídica de direito privado prestadora de serviços que possua capacidade econômica compatível com a sua execução (art. 4º-A). Perceba-se que a Lei prevê que podem ser objeto de terceirização inclusive da atividade principal da empresa. Esta autorização para a transferência de atividade principal para outra pessoa jurídica de direito privado não se aplica para a Administração Pública.

Atividade-fim, ou atividade principal, para a atividade privada, é a atividade econômica para a qual foi criada a pessoa jurídica e que consta dos seus estatutos sociais como o objeto social. No âmbito da Administração Pública, o rigor dessa acepção é bem maior. Atividade-fim, para a Administração Pública, é aquela que constitui o núcleo de sua competência legal ou constitucionalmente designada. Essa competência não pode ser objeto de terceirização, por evidente vedação legal e constitucional. A terceirização de atividades finalísticas da Administração Pública, sob certo manto jurídico, pode ser realizada tão somente quando houver autorização legal e constitucional expressa. Um exemplo bastante significativo dessa hipótese são os casos de autorização, permissão e concessão de serviços públicos. A Constituição Federal atribui ao Estado a prestação de serviços públicos, mas, simultaneamente, determina que poderão ser prestados direta ou indiretamente, mediante autorização, permissão ou concessão de serviços públicos (art. 175). Logo, salvo nos casos em que a delegação de competência puder ser realizada, na forma da lei, é inviável a terceirização de atividade-fim a cargo da Administração Pública (Estado).

Sobre os limites para a terceirização, o Decreto Federal nº 9507/18 dispõe que não serão objeto de execução indireta na Administração Pública federal direta, autárquica e fundacional, os serviços: I – que envolvam a tomada de decisão ou posicionamento institucional nas áreas de planejamento, coordenação, supervisão e controle; II – que sejam considerados estratégicos para o órgão ou a entidade, cuja terceirização possa colocar em risco o controle de processos e de conhecimentos e tecnologias; III – que estejam relacionados ao poder de polícia, de regulação, de outorga de serviços públicos e de aplicação de sanção; e IV – que sejam inerentes às categorias funcionais abrangidas pelo plano de cargos do órgão ou da entidade, exceto disposição legal em contrário ou quando se tratar de cargo extinto, total ou parcialmente, no âmbito do quadro geral de

---

[410] Op. cit., p. 148.

pessoal (art. 3º). De outra sorte, os serviços auxiliares, instrumentais ou acessórios a estes expressamente relacionados como de transferência vedada poderão ser executados de forma indireta, vedada a transferência de responsabilidade para a realização de atos administrativos ou a tomada de decisão para o contratado (art. 3º, §1º). Na mesma linha, a Lei nº 14.133/21 delimita o alcance das contratações de serviços terceirizados, ao prever que "poderão ser objeto de execução por terceiros as atividades materiais acessórias, instrumentais ou complementares aos assuntos que constituam área de competência legal do órgão ou da entidade". Para tanto, é preciso identificar na Lei, ou na Constituição, quais as competências constituem a missão institucional do órgão ou entidade. O exercício de atividades que constituem tais competências não podem ser transferidas para execução indireta por terceiros.

A instrução normativa nº 05/2017, editada pela então Secretaria de Gestão do Ministério do Planejamento, Desenvolvimento e Gestão é importante referência para a configuração dos contratos de prestação de serviços com dedicação exclusiva de mão de obra. Em referida norma, a previsão é de que a Administração poderá contratar, mediante terceirização, as atividades dos cargos extintos ou em extinção, tais como os elencados na Lei nº 9.632, de 07 de maio de 1998 e serviço de apoio administrativo, com a descrição no contrato de prestação de serviços para cada função específica das tarefas principais e essenciais a serem executadas, admitindo-se pela Administração, em relação à pessoa encarregada da função, a notificação direta para a execução das tarefas (art. 7º e 8º).

As referências normativas referidas constituem um relevante parâmetro que pode ser observado mesmo por órgãos e entidades que não estão a elas submetidos.

Precedentes do Tribunal de Contas da União fixando limites para a terceirização:

> A celebração de termo de parceria para execução de serviços de atividades meio, passíveis de serem licitados e prestados por meio de contrato administrativo, não se coaduna com as finalidades previstas nos arts. 3º e 9º da Lei 9.790/99 e configura fuga à licitação. A lei estabelece como objetivo dos termos de parceria celebrados com Oscips a prestação de serviços públicos à sociedade, ou seja, a prestação de atividades finalísticas do Estado à população. Art. 3º A qualificação instituída por esta Lei, observado em qualquer caso, o princípio da universalização dos serviços, no respectivo âmbito de atuação das Organizações, somente será conferida às pessoas jurídicas de direito privado, sem fins lucrativos, cujos objetivos sociais tenham pelo menos uma das seguintes finalidades: I – promoção da assistência social; II – promoção da cultura, defesa e conservação do patrimônio histórico e artístico; III – promoção gratuita da educação, observando-se a forma complementar de participação das organizações de que trata esta Lei; IV – promoção gratuita da saúde, observando-se a forma complementar de participação das organizações de que trata esta Lei; V – promoção da segurança alimentar e nutricional; VI – defesa, preservação e conservação do meio ambiente e promoção do desenvolvimento sustentável; VII – promoção do voluntariado; VIII - promoção do desenvolvimento econômico e social e combate à pobreza; IX – experimentação, não lucrativa, de novos modelos sócio-produtivos e de sistemas alternativos de produção, comércio, emprego e crédito; X – promoção de direitos estabelecidos, construção de novos direitos e assessoria jurídica gratuita de interesse suplementar; XI – promoção da ética, da paz, da cidadania, dos direitos humanos, da democracia e de outros valores universais; XII – estudos e pesquisas, desenvolvimento de tecnologias alternativas, produção e

divulgação de informações e conhecimentos técnicos e científicos que digam respeito às atividades mencionadas neste artigo. Parágrafo único. Para os fins deste artigo, a dedicação às atividades nele previstas configura-se mediante a execução direta de projetos, programas, planos de ações correlatas, por meio da doação de recursos físicos, humanos e financeiros, ou ainda pela prestação de serviços intermediários de apoio a outras organizações sem fins lucrativos e a órgãos do setor público que atuem em áreas afins. Art. 9º Fica instituído o Termo de Parceria, assim considerado o instrumento passível de ser firmado entre o Poder Público e as entidades qualificadas como Organizações da Sociedade Civil de Interesse Público destinado à formação de vínculo de cooperação entre as partes, para o fomento e a execução das atividades de interesse público previstas no art. 3º desta Lei (Acórdão nº 246/2015-TCU-Plenário).

Não há amparo legal para a contratação de mão de obra mediante a celebração de termos de parceria com Oscip ou de instrumentos congêneres (convênios, termos de colaboração, termos de fomento) com entidades sem fins lucrativos. Acórdão 2334/2020-TCU-Plenário.

Não há amparo legal na contratação de mão de obra por entidade interposta mediante a celebração de termo de parceria com Oscip ou de instrumentos congêneres, tais como convênios, termos de cooperação ou termos de fomento, firmados com entidades sem fins lucrativos. O termo de parceria é modalidade de ajuste destinada à promoção de mútua cooperação da entidade qualificada como Oscip com o Poder Público, para o fomento e a execução das atividades de interesse público previstas no art. 3º da Lei 9.790/1999, com natureza jurídica diversa da do contrato (Acórdão nº 2320/2019-TCU-Plenário).

14.3 Fatores que devem ser considerados para decidir pela terceirização da prestação de serviços

A terceirização é uma excelente técnica de administração e não pode ser negligenciada ou afastada do processo de planejamento de gestão pública, eis que, inclusive, de muito incorporada pela Administração Pública. Contudo, a decisão pela terceirização de serviços demanda acurada análise sobre alguns aspectos de relevância, especialmente em relação a certos objetos específicos. É evidente que a decisão pela terceirização de serviços ordinários e rotineiros, como os de limpeza, manutenção predial e vigilância, é menos complexa, uma vez que tais atividades não só são reconhecidas como passíveis de terceirização, como, de resto, recomenda-se que sejam exercidas por terceiros contratados.

Há outras atividades, contudo, especialmente envolvendo serviços e fornecimento de equipamentos ou de veículos (locações) que podem demandar estudos mais complexos e aprofundados.

Primeiramente, é preciso aferir sobre a capacidade de gestão dos contratos de terceirização. O controle da execução contratual de prestação de serviços, a depender do objeto, pode ser bastante específico e difícil. Em 2013, o Tribunal de Contas da União realizou estudos consistentes relativos aos contratos de prestação de serviços continuados celebrados pela Administração Pública Federal, que culminaram com a prolação do Acórdão nº 1.214/13. O objetivo dos estudos foi de apresentar proposições de melhorias nos procedimentos relativos à contratação e à execução de contratos de terceirização de serviços continuados. O grupo de estudos responsável pela condução dos trabalhos – composto inicialmente por servidores do MP, da AGU e do TCU, passando a ser posteriormente integrado também por representantes do Ministério da Previdência Social, do Ministério da Fazenda, do Tribunal de Contas do Estado de São Paulo e do Ministério Público Federal –, entre outras coisas, concluiu pela extrema complexidade do controle da execução de contratos dessa natureza, especialmente no que tange a obrigações trabalhistas e previdenciárias, afirmando, *in verbis*, que

> trata-se, como visto, de documentos de cunho previdenciário, trabalhista e sindical. Muitos deles são complexos e exigem conhecimentos específicos para sua avaliação. Além disso, para uma análise mais precisa, o fiscal necessitaria dispor de recursos técnicos como, por exemplo, acesso a sistemas da Receita Federal do Brasil e da Caixa Econômica Federal, o que nem sempre é possível, pois essas informações são protegidas por sigilos fiscal e bancário. Para que se tenha uma noção da dimensão das exigências formuladas pela Administração Pública, a empresa contratada pelo TCU para prestar serviços terceirizados de recepção (equivalente a 140 prestadores de serviço), entrega para análise, mensalmente, volume que ultrapassa 250 folhas, sendo necessárias centenas de cálculos para a conferência de valores.

É fundamental que a Administração Pública proceda exame prévio da demanda gerencial (especialmente no que diz com o controle da execução dos encargos contratuais) que a terceirização pretendida produzirá e certifique-se de que o órgão ou entidade pública dispõe de recursos humanos e materiais para o gerenciamento eficiente e eficaz.

É preciso, igualmente, aferir sobre os aspectos técnicos da terceirização, se, de fato, a solução terceirizada é a que melhor atenderá à necessidade pública. A depender da natureza dos serviços, a solução técnica mais indicada é a que envolve a mão de obra permanente, e não aquela transitória gerada pelo sistema da terceirização. Os contratos de prestação de serviços contínuos somente podem ser celebrados por até cinco anos, com possibilidade de vigência decenal. Assim, período contratual Administração Pública se deparará com a realidade de substituição (ao menos potencial) da pessoa jurídica contratada para a prestação de serviços e dos recursos humanos a ela vinculados. Essa transitoriedade de pessoal pode constituir um problema importante, a demandar prevenção pela via da contratação permanente de servidores públicos, pena de prejuízo para o interesse público objetivado com a prestação dos serviços.

A decisão pela terceirização envolve também juízo consistente sobre a vantagem econômico-financeira. É preciso realizar um orçamento preliminar dos custos integrais – diretos e indiretos – da terceirização, ponderando, inclusive, sobre se a locação de equipamentos é mais vantajosa do que a aquisição, em vista de todos os custos e despesas envolvidos em cada uma das alternativas sob análise.

Por fim, com apoio em parecer da assessoria jurídica do órgão ou entidade pública, análise da legalidade e da constitucionalidade da contratação dos serviços terceirizados, à luz dos limites jurídicos à sua adoção.

14.4 Responsabilidade subsidiária da Administração Pública por obrigações trabalhistas da pessoa jurídica contratada

Os contratos de prestação de serviços terceirizados com dedicação exclusiva de mão de obra contêm uma especificidade material que produz repercussões jurídicas absolutamente relevantes. O elemento material mais significativo nessa categoria de contratos é a atividade material realizada pelas pessoas físicas – os empregados da pessoa jurídica contratada. A mão de obra é o fator constitutivo elementar das obrigações contratuais nessa espécie de contrato. Não obstante ser assim, a relação jurídica essencial forma-se apenas entre a Administração Pública contratante e a pessoa jurídica contratada. Não há relação jurídica direta e imediata entre a Administração Pública contratante e os empregados da pessoa jurídica contratada dedicados à concreta realização das atividades objeto da avença. Apesar desse traço elementar, de inexistência de uma direta e imediata relação jurídica entre a Administração e os empregados da empresa terceirizada, a relação de prestação de serviços com dedicação exclusiva de mão de obra opera significativos efeitos no plano da responsabilidade administrativa.

Trata-se da denominada responsabilidade subsidiária por encargos trabalhistas descumpridos pelo contratado terceirizado. Essa espécie de responsabilidade foi determinada por intermédio de precedentes jurisprudenciais da Justiça do Trabalho, que culminaram na Súmula ou Enunciado nº 331. Entendeu o Poder Judiciário que o inadimplemento das obrigações trabalhistas, por parte do empregador, implicava a responsabilização subsidiária, de forma automática, do tomador de serviços – no caso, a Administração Pública. A matéria foi submetida ao Supremo Tribunal Federal por intermédio da Ação Direta de Constitucionalidade nº 16. Em decisão proferida, posteriormente convertida em tese de repercussão geral, o Supremo Tribunal Federal firmou posição de que a transferência automática, ao tomador dos serviços de encargos trabalhistas inadimplidos pelo empregador, é consequência proibida pela norma inscrita no art. 71, §1º, da Lei nº 8.666/93, que preceituava que "a inadimplência do contratado, com referência aos encargos trabalhistas, fiscais e comerciais não transfere à Administração Pública a responsabilidade por seu pagamento, nem poderá onerar o objeto do contrato ou restringir a regularização e o uso das obras e edificações, inclusive perante o Registro de Imóveis". Para a Corte Suprema, o fator decisivo para a transferência desta responsabilidade é a omissão da Administração Pública do cumprimento do dever objetivo de cuidado e controle da execução do contrato, para conferir o adimplemento das obrigações trabalhistas por parte do empregador contratado para a prestação de serviços terceirizados. Comprovada a omissão de controle efetivo das obrigações contratuais, surge a responsabilidade subsidiária por encargos trabalhistas inadimplidos.

A matéria tem sido assim decidida pelo Supremo Tribunal Federal:

EMENTA AGRAVO INTERNO EM RECLAMAÇÃO. ADC 16 E RE 760.931 (TEMA 246/RG). ART. 71, §1º, DA LEI nº 8.666/1993. RESPONSABILIDADE SUBSIDIÁRIA DA ADMINISTRAÇÃO PÚBLICA. IMPOSSIBILIDADE DE TRANSFERÊNCIA AUTOMÁTICA. NECESSIDADE DE PROVA INEQUÍVOCA DA CONDUTA OMISSIVA OU COMISSIVA NA FISCALIZAÇÃO DO CONTRATO. 1. O Plenário do Supremo assentou a impossibilidade de transferência automática a ente público, na qualidade de tomador dos serviços prestados em regime de terceirização, da responsabilidade pelo adimplemento de obrigações trabalhistas. 2. Ambas as Turmas do Supremo têm entendimento pela exigibilidade, para efeito de responsabilização do poder público, de demonstração do comportamento reiteradamente negligente do ente público bem como de nexo causal entre a conduta comissiva ou omissiva e o dano, mostrando-se imprescindível comprovação do conhecimento, pela Administração, da situação de ilegalidade, além de sua inércia em adotar providências para saná-la. 3. Agravo interno provido e reclamação julgada procedente, para cassar-se a decisão atacada no ponto em que atribui ao ente público responsabilidade subsidiária pelo adimplemento de débitos trabalhistas (Rcl nº 46989 AgR).

EMENTA AGRAVO INTERNO EM RECLAMAÇÃO. ADC 16. ART. 71, §1º, DA LEI nº 8.666/1993. RESPONSABILIDADE SUBSIDIÁRIA DA ADMINISTRAÇÃO PÚBLICA. IMPOSSIBILIDADE DE TRANSFERÊNCIA AUTOMÁTICA. NECESSIDADE DE PROVA INEQUÍVOCA DA CONDUTA OMISSIVA OU COMISSIVA NA FISCALIZAÇÃO DE CONTRATO. 1. No julgamento da ADC 16 ficou consignado que, uma vez configurada a culpa da Administração por falha na fiscalização da execução de contrato de terceirização, é do poder público a responsabilidade subsidiária pelos débitos trabalhistas não adimplidos. 2. Na hipótese, o reconhecimento da responsabilidade subsidiária da parte reclamante ocorreu de forma automática, sem caracterização de culpa, uma vez que não houve a comprovação real de um comportamento negligente da entidade pública em relação ao contrato de terceirização. 3. É incabível o pedido suspensão do processo,até o julgamento do RE 1.298.647 (Tema nº 1.118/RG), tendo em vista que naqueles autos foi indeferido o pedido de suspensão nacional dos processos que versem sobre o tema. 4. Agravo interno desprovido (Rcl nº 44614 AgR).

Por força do precedente instalado com a decisão proferida pelo Supremo Tribunal Federal na ADC nº 16, foi alterada a Súmula nº 331 do Tribunal Superior do Trabalho (TST), que passou a vigorar com a seguinte redação:

> I – A contratação de trabalhadores por empresa interposta é ilegal, formando-se o vínculo diretamente com o tomador dos serviços, salvo no caso de trabalho temporário (Lei nº 6.019, de 03.01.1974).
> II – A contratação irregular de trabalhador, mediante empresa interposta, não gera vínculo de emprego com os órgãos da Administração Pública direta, indireta ou fundacional (art. 37, II, da CF/1988).
> III – Não forma vínculo de emprego com o tomador a contratação de serviços de vigilância (Lei nº 7.102, de 20.06.1983) e de conservação e limpeza, bem como a de serviços especializados ligados à atividade-meio do tomador, desde que inexistente a pessoalidade e a subordinação direta.
> IV – O inadimplemento das obrigações trabalhistas, por parte do empregador, implica a responsabilidade subsidiária do tomador dos serviços quanto àquelas obrigações, desde que haja participado da relação processual e conste também do título executivo judicial.
> V – Os entes integrantes da Administração Pública direta e indireta respondem subsidiariamente, nas mesmas condições do item IV, caso evidenciada a sua conduta culposa no cumprimento das obrigações da Lei nº 8.666, de 21.06.1993, especialmente na fiscalização do cumprimento das obrigações contratuais e legais da prestadora de serviço como empregadora. A aludida responsabilidade não decorre de mero inadimplemento das obrigações trabalhistas assumidas pela empresa regularmente contratada.
> VI – A responsabilidade subsidiária do tomador de serviços abrange todas as verbas decorrentes da condenação referentes ao período da prestação laboral.

De acordo com as posições firmadas pelo Supremo Tribunal Federal e pelo Tribunal Superior do Trabalho, se o empregador direto (terceirizado) não cumpre as obrigações trabalhistas que lhe concernem, a responsabilidade não se transfere automaticamente para a Administração Pública tomadora dos serviços, que responderá subsidiariamente por elas, apenas se provada conduta omissiva dolosa ou culposa no cumprimento das obrigações contidas na Lei nº 14.133/21, especialmente no que tange à fiscalização do cumprimento das obrigações contratuais e legais da prestadora de serviço como empregadora (encargos trabalhistas).

Neste tema, a Lei nº 14.133/21 contém previsão de que "somente o contratado será responsável pelos encargos trabalhistas, previdenciários, fiscais e comerciais resultantes da execução do contrato, e que a inadimplência do contratado em relação aos encargos trabalhistas, fiscais e comerciais não transferirá à Administração a responsabilidade pelo seu pagamento e não poderá onerar o objeto do contrato nem restringir a regularização e o uso das obras e das edificações, inclusive perante o registro de imóveis (art. 121, §1º)

A Lei tem aderência aos precedentes emanados pelo Supremo Tribunal Federal e pelo Tribunal Superior do Trabalho e fixa que exclusivamente nas contratações de serviços contínuos com regime de dedicação exclusiva de mão de obra, a Administração responderá solidariamente pelos encargos previdenciários e subsidiariamente pelos encargos trabalhistas se comprovada falha na fiscalização do cumprimento das obrigações do contratado.

A responsabilização solidária por encargos previdenciários significa que na hipótese de existência de débitos relativos a contribuições previdenciárias, independentemente de esgotamentos das vias de cobrança de tal débito em face do devedor principal – contratado –, o órgão previdenciário pode cobrar as dívidas diretamente da Administração pública contratante – as dívidas previdenciárias relativas aos empregados alocados na prestação dos serviços, por óbvio. De outra sorte, a responsabilidade por encargos trabalhistas do contratado é subsidiária de parte da Administração Pública. A responsabilidade, neste caso, não é principal, como no caso da solidária, mas acessória. Existe assim, uma ordem para a legitimação da cobrança. O devedor subsidiário – no caso a Administração Pública, somente pode ser obrigado ao pagamento depois de esgotados os meios de cobrança diretamente do devedor principal – no caso, o empregador e contratado para a prestação dos serviços.

O fator determinante para a constituição da responsabilidade subsidiária, no caso, é a falta de diligência e cuidado no controle da execução contratual. Caso a Administração Pública opere com diligência e cautela, efetivamente controlando o adimplemento das obrigações trabalhistas por parte da contratada, inexistirá responsabilização subsidiária.

Essa norma produzida pelo Poder Judiciário trabalhista e assimilada pela Lei constitui a Administração Pública em evidente e efetivo dever jurídico de controlar com eficiência o cumprimento de todas as obrigações por parte da contratada terceirizada, e, em especial, o cumprimento das suas obrigações trabalhistas.

A responsabilização subsidiária da pessoa jurídica de direito público contratante por obrigações trabalhistas da empresa terceirizada produz um efeito direto e imediato, que é o dever, pela autoridade competente, de apuração efetiva da responsabilidade pela conduta, dolosa ou culposa, que a ensejou (a responsabilização subsidiária). É imperiosa a instauração de processo administrativo para aferir a causa da falha no controle da execução contratual, e, se houve conduta dolosa ou culposa de agente público, com a correspondente aplicação de sanções na forma da lei.

14.5 Especificidades do planejamento da contratação de serviços terceirizados

O planejamento da contratação de prestação de serviços terceirizados atenderá à sistemática geral já exposta antes. Certas especificidades e cautelas adicionais são relevantes, contudo. O antes referido Decreto Federal nº 9507/18 e a também antes referida IN nº 05/17 apresentam normas (aplicáveis para a Administração Pública Federal, registre-se) interessantes versando sobre a configuração do contrato de terceirização.

Pela sistemática do decreto, o instrumento convocatório da licitação deverá definir o objeto da contratação exclusivamente como de prestação de serviços (art. 6º – não devendo fazer referência à contratação de mão de obra). Determina também que poderão prever padrões de aceitabilidade e nível de desempenho para aferição da qualidade esperada na prestação dos serviços, com previsão de adequação de pagamento em decorrência do resultado, sendo vedada a inclusão de disposições que permitam: I – a indexação de preços por índices gerais, nas hipóteses de alocação de mão de obra; II – a caracterização do objeto como fornecimento de mão de obra; III – a previsão de reembolso de salários pela contratante; e IV – a pessoalidade e a subordinação direta dos empregados da contratada aos gestores da contratante. Prevê, ainda, que os contratos deverão conter as seguintes disposições:

> Art. 8º Os contratos de que trata este decreto conterão cláusulas que:
> I – exijam da contratada declaração de responsabilidade exclusiva sobre a quitação dos encargos trabalhistas e sociais decorrentes do contrato;
> II – exijam a indicação de preposto da contratada para representá-la na execução do contrato;
> III – estabeleçam que o pagamento mensal pela contratante ocorrerá após a comprovação do pagamento das obrigações trabalhistas, previdenciárias e para com o Fundo de Garantia do Tempo de Serviço – FGTS pela contratada relativas aos empregados que tenham participado da execução dos serviços contratados;
> IV – estabeleçam a possibilidade de rescisão do contrato por ato unilateral e escrito do contratante e a aplicação das penalidades cabíveis, na hipótese de não pagamento dos salários e das verbas trabalhistas, e pelo não recolhimento das contribuições sociais, previdenciárias e para com o FGTS;
> V – prevejam, com vistas à garantia do cumprimento das obrigações trabalhistas nas contratações de serviços continuados com dedicação exclusiva de mão de obra:
> a) que os valores destinados ao pagamento de férias, décimo terceiro salário, ausências legais e verbas rescisórias dos empregados da contratada que participarem da execução dos serviços contratados serão efetuados pela contratante à contratada somente na ocorrência do fato gerador; ou
> b) que os valores destinados ao pagamento das férias, décimo terceiro salário e verbas rescisórias dos empregados da contratada que participarem da execução dos serviços contratados serão depositados pela contratante em conta vinculada específica, aberta em nome da contratada, e com movimentação autorizada pela contratante;
> VI – exijam a prestação de garantia, inclusive para pagamento de obrigações de natureza trabalhista, previdenciária e para com o FGTS, em valor correspondente a cinco por cento do valor do contrato, limitada ao equivalente a dois meses do custo da folha de pagamento dos empregados da contratada que venham a participar da execução dos serviços contratados, com prazo de validade de até noventa dias, contado da data de encerramento do contrato; e

VI – exijam a prestação de garantia, inclusive para pagamento de obrigações de natureza trabalhista, previdenciária e para com o FGTS, em valor correspondente a cinco por cento do valor do contrato, com prazo de validade de até noventa dias, contado da data de encerramento do contrato; e

VII – prevejam a verificação pela contratante, do cumprimento das obrigações trabalhistas, previdenciárias e para com o FGTS, em relação aos empregados da contratada que participarem da execução dos serviços contratados, em especial, quanto:

a) ao pagamento de salários, adicionais, horas extras, repouso semanal remunerado e décimo terceiro salário;

b) à concessão de férias remuneradas e ao pagamento do respectivo adicional;

c) à concessão do auxílio-transporte, auxílio-alimentação e auxílio-saúde, quando for devido;

d) aos depósitos do FGTS; e

e) ao pagamento de obrigações trabalhistas e previdenciárias dos empregados dispensados até a data da extinção do contrato.

§1º Na hipótese de não ser apresentada a documentação comprobatória do cumprimento das obrigações trabalhistas, previdenciárias e para com o FGTS de que trata o inciso VII do caput deste artigo, a contratante comunicará o fato à contratada e reterá o pagamento da fatura mensal, em valor proporcional ao inadimplemento, até que a situação esteja regularizada.

§2º Na hipótese prevista no §1º e em não havendo quitação das obrigações por parte da contratada, no prazo de até quinze dias, a contratante poderá efetuar o pagamento das obrigações diretamente aos empregados da contratada que tenham participado da execução dos serviços contratados.

§3º O sindicato representante da categoria do trabalhador deve ser notificado pela contratante para acompanhar o pagamento das verbas referidas nos §1º e §2º.

§4º O pagamento das obrigações de que trata o §2º, caso ocorra, não configura vínculo empregatício ou implica a assunção de responsabilidade por quaisquer obrigações dele decorrentes entre a contratante e os empregados da contratada.

Art. 9º Os contratos de prestação de serviços continuados que envolvam disponibilização de pessoal da contratada de forma prolongada ou contínua para consecução do objeto contratual exigirão:

I – apresentação pela contratada do quantitativo de empregados vinculados à execução do objeto do contrato de prestação de serviços, a lista de identificação destes empregados e respectivos salários;

II – o cumprimento das obrigações estabelecidas em acordo, convenção, dissídio coletivo de trabalho ou equivalentes das categorias abrangidas pelo contrato; e

III – a relação de benefícios a serem concedidos pela contratada a seus empregados, que conterá, no mínimo, o auxílio-transporte e o auxílio-alimentação, quando esses forem concedidos pela contratante.

Parágrafo único. A administração pública não se vincula às disposições estabelecidas em acordos, dissídios ou convenções coletivas de trabalho que tratem de:

I – pagamento de participação dos trabalhadores nos lucros ou nos resultados da empresa contratada;

II – matéria não trabalhista, ou que estabeleçam direitos não previstos em lei, tais como valores ou índices obrigatórios de encargos sociais ou previdenciários; e

III – preços para os insumos relacionados ao exercício da atividade.

14.5.1 Base referencial para elaboração de orçamento estimativo do custo da mão de obra

A elaboração de orçamentos estimativos destinados à contratação de prestação de serviços com dedicação exclusiva de mão de obra tem importantes particularidades:

a) custos estimados de insumos: serão detalhados os custos, em demonstração analítica, de todos os insumos necessários à prestação dos serviços, como materiais, equipamentos, domissanitários, entre outros;

b) os custos estimados de mão de obra: em que pese orientação normativa – antes vista – de que os contratos de prestação de serviços com dedicação exclusiva de mão de obra são contratos que têm por objeto serviços e não a contratação de mão de obra; e de que os pagamentos e a própria estruturação do contrato devem ocorrer em função dos resultados pretendidos da execução, a formação de preços de referência desta categoria de contratos não pode prescindir de avaliação de custos de mão de obra. Um referencial significativo é a sistemática normativa da Instrução Normativa nº 05/17.[411] De acordo com esta norma, contratos de prestação de serviços instrumentais, acessórios e complementares terão o orçamento estimado mediante definição prévia de produtividade mínima definida pela Administração. Tome-se, à guisa de exemplo, a contratação de serviços de limpeza. Para serviços desta natureza, a norma especifica que "os serviços serão contratados com base na área física a ser limpa, estabelecendo-se uma estimativa do custo por metro quadrado, observadas a peculiaridade, a produtividade, a periodicidade e a frequência de cada tipo de serviço e das condições do local objeto da contratação" (Anexo VI-B, 2). Haverá, assim, uma estimativa de custo por metro quadrado de área a ser objeto do serviço. Contudo, para a composição do custo de limpeza por metro quadrado, é inevitável que sejam considerados custos variados, entre eles, o custo da mão de obra. Para a hipótese de preço referencial que não envolva produtividade mínima, mas valor estimado da contratação em outras bases, também será necessária a estimativa do custo da mão de obra. Em qualquer das possibilidades normativas de configuração da licitação e da contratação de prestação de serviços com dedicação exclusiva de mão de obra, o custo estimado mais relevante será o da mão de obra. Este custo se obtém, fundamentalmente, de remuneração de categoria profissional definida em convenção, acordo ou dissídio coletivo de trabalho. Estas normas coletivas são editadas para reger relações de trabalho de empregados enquadrados em certa categoria profissional. O enquadramento sindical – que define a norma coletiva de regência – é realizado em função da atividade preponderante do empregador, como já decidiu o Tribunal Superior do Trabalho "nos termos do art. 511, §1º, da CLT, o enquadramento sindical do empregado, no Direito do Trabalho brasileiro, é realizado em função da atividade econômica preponderante do empregador, tendo em vista a base territorial da prestação dos serviços. No caso, o Tribunal de origem verificou que a reclamada não é entidade beneficente ou filantrópica, sendo inaplicáveis as normas coletivas indicadas pela autora. Agravo de instrumento desprovido".[412]

---

[411] Da Secretaria de Gestão do Ministério do Planejamento, Desenvolvimento e Gestão.
[412] AIRR – 11390-49.2016.5.15.0038.

Para aferir acerca da norma coletiva de regência para fins de orçamento estimativo, a Administração se valerá da atividade preponderante envolvida da execução contratual e deduzirá a norma coletiva de regência das relações laborais da respectiva categoria profissional. Assim, a atividade preponderante envolvida na execução contratual, definidora do universo dos licitantes, indicará a norma coletiva que será base para a elaboração do orçamento estimativo e das propostas no certame licitatório. Esta é a orientação do Tribunal de Contas da União:

> Os órgãos e entidades integrantes do Sistema de Serviços Gerais (Sisg), como é o caso da ANTT, estão obrigados, na fase de planejamento das contratações de serviços sob o regime de execução indireta, na etapa denominada elaboração do ato convocatório, a definir o modelo de planilha de custos e formação de preços a ser adotado pelos licitantes na apresentação de suas propostas. Isso conforme o Anexo VII-C – Modelo de Proposta – da IN 5/2017, editada pela Secretaria de Gestão (Seges) do extinto Ministério do Planejamento, Desenvolvimento e Gestão (MPDG) .Tal norma também exige que o ato convocatório do certame preveja regra de elaboração da proposta, consistente na indicação, pelo licitante "dos Acordos, Convenções ou Dissídios Coletivos de Trabalho que regem as categorias profissionais que executarão o serviço e as respectivas datas-bases e vigências, com base na Classificação Brasileira de Ocupações (CBO), como preconiza o item 6.2, "c", do Anexo VII-A – Diretrizes Gerais para Elaboração do Ato Convocatório da IN 5/2017 Seges/MPDG. Por óbvio, a própria Administração, ao planejar a contratação e elaborar o orçamento estimado, deve também identificar, mediante pesquisa de mercado, e adotar a norma coletiva de trabalho da qual extrairá as informações quanto a direitos e benefícios devidos aos trabalhadores cujas categorias serão empregadas na execução dos serviços. Essa obrigação decorre de desdobramentos inerentes à licitação e à contratação desses serviços, a destacar: elaborar a planilha do orçamento estimado; verificar se o licitante apresentou salário inferior ao salário normativo fixado pela CCT a cuja observância está obrigada; auxiliar na fiscalização contratual e minimizar riscos de futuras demandas trabalhistas; bem como servir de parâmetros para eventuais repactuações contratuais (Acórdão nº 1097/2019-Plenário).
> É irregular a exigência de que as propostas dos licitantes indiquem os acordos coletivos, as convenções coletivas ou as sentenças normativas que regem as categorias profissionais que executarão o serviço. As propostas devem considerar o enquadramento sindical pela atividade econômica preponderante do empregador (Acórdão nº 2601/2020-TCU-Plenário). Na elaboração de sua planilha de formação de preços, o licitante pode utilizar norma coletiva de trabalho diversa daquela adotada pelo órgão ou entidade como parâmetro para o orçamento estimado da contratação, tendo em vista que o enquadramento sindical do empregador é definido por sua atividade econômica preponderante, e não em função da atividade desenvolvida pela categoria profissional que prestará os serviços mediante cessão de mão de obra (art. 581, §2º, da CLT e art. 8º, inciso II, da Constituição Federal) (Acórdão nº 2101/2020-TCU-Plenário).
> Nos estudos técnicos preliminares de contratação de mão de obra terceirizada, a ausência de indicação, de forma clara e precisa, do sindicato, acordo coletivo, convenção coletiva ou sentença normativa que rege a categoria profissional que executará o serviço, com base na Classificação Brasileira de Ocupações –CBO, afronta o art. 6º, inciso IX, alínea 'a', da Lei 8.666/93. Representação de licitante a respeito de possíveis irregularidades ocorridas na condução de pregão eletrônico pela Prefeitura Universitária da Universidade Federal da Paraíba (UFPB), para contratação de serviços de manutenção e conservação

da estrutura física dos campi I, II, III e IV, com fornecimento de mão de obra, utensílios e equipamentos necessários. Alegou a representante, entre outras supostas desconformidades, a desclassificação indevida de licitantes com propostas mais vantajosas e a aceitação de proposta em desacordo com item do edital. Segundo a representante, teria sido indicada, para elaboração da planilha de custo e formação de preços de encargos sociais e trabalhistas, a Convenção Coletiva de Trabalho (CCT) do Sindicato dos Trabalhadores nas Indústrias da Construção Civil. A empresa declarada vencedora, contudo, teria utilizado a CCT do Sindicato dos Trabalhadores nas Empresas Prestadoras de Serviços Gerais da Paraíba (Sinteg/PB), beneficiando-se em detrimento das demais. Os pontos foram objetos de audiência e análise pela unidade técnica, que concluiu pela rejeição das razões de justificativa apresentadas pelo pregoeiro, com proposta de aplicação de multa. Entendeu a unidade instrutiva ter agido o pregoeiro com formalismo exacerbado e em ofensa aos princípios da razoabilidade e da economicidade (ante um prejuízo potencial de R$ 197.133,48/ano), pois proposta mais vantajosa e exequível foi desclassificada por um suposto erro que, além de poder ser caracterizado como formal, não prejudicaria a análise do preço global de acordo com as normas pertinentes. Destacou a unidade técnica falhas no edital do pregão e no respectivo termo de referência. Por exemplo, da leitura da Nota explicativa constante do edital não fica claro em qual CCT os licitantes deveriam se basear para apresentar suas propostas; o item 6.7 do edital determina que o participante teria que seguir os sindicatos, acordos coletivos, convenções coletivas ou sentenças normativas que regem as categorias profissionais que executarão o serviço e as respectivas datas bases e vigências, com base na Classificação Brasileira de Ocupações – CBO, no entanto, o Termo de Referência do pregão em apreço não fez conexão entre a categoria profissional a ser terceirizada e a CBO, assim como não trouxe de forma clara e precisa a memória de cálculo do custo de cada categoria profissional, o que impossibilitaria a avaliação dos custos da contratação, na forma do art. 6º, IX, da Lei 8.666/1993. Essas falhas contribuem para problemas como o verificado no caso em exame, de apresentação de propostas com valores mais vantajosos que os oferecidos pela empresa declarada vencedora. Por fim, ante o fato de se tratar de pregão que deu origem a ata de registro de preços, ponderou a unidade técnica sobre a importância se impedir a prorrogação ou mesmo a adesão por outros órgãos e entidades à referida ata, de modo a estancar prejuízos decorrentes dessa contratação, que poderiam chegar a quase R$1 milhão se o contrato fosse prorrogado até o máximo permitido. O relator, em seu voto, anuiu às conclusões manifestas pela unidade técnica, divergindo apenas quanto à aplicação de multa ao pregoeiro. Entendeu que o pregoeiro, apesar de ter atuado com formalismo exagerado, em princípio baseou-se em edital e termo de referência falhos e inconsistentes. Observou, ainda, que, embora sua atuação rígida tenha comprometido a economicidade e a escolha da proposta mais vantajosa para a administração, com possível prejuízo para a contratação, houve competitividade de lances em todos os itens, conforme se observa da ata do pregão, e não há indícios de que a desclassificação das propostas de menor valor tenha tido como intuito direcionar a contratação para outra licitante. O Tribunal, seguindo o voto do relator, decidiu determinar à Prefeitura da UFPB que se abstenha de prorrogar o Contrato vigente e de autorizar a utilização por órgãos da administração pública da Ata de Registro de Preço oriunda do pregão eletrônico questionado, e dar ciência à UFPB acerca da irregularidade constatada no certame, relativamente à ausência, nos estudos técnicos preliminares de contratação de mão de obra terceirizada, da indicação de forma clara e precisa do sindicato, acordo coletivo, convenção coletiva ou sentença normativa que rege a categoria profissional que executará o serviço, com base na Classificação Brasileira de

Ocupações – CBO, em afronta ao art. 6º, inciso IX, alínea "a", da Lei 8.666/1993 (Acórdão nº 3982/2015-1ª Câmara, TC nº 027.026/2014-0, relator Ministro Bruno Dantas, 07.07.2015).

Inobstante a utilidade desta base referencial, não é destituída de complexidade, especialmente quando se tomam em conta os arranjos administrativos e laborais dos agentes econômicos, tornando complicada a tarefa de desvelar qual seja a atividade preponderante de uma empresa dedicada a serviços terceirizados. Como já decidiu o Poder Judiciário do Trabalho, terceirização é simples critério de organização produtiva, a cargo de empresas que podem agrupar diversas categorias profissionais em sua organização laboral:

> TERCEIRIZAÇÃO. ENQUADRAMENTO SINDICAL. CONVENÇÃO COLETIVA DE TRABALHO. DIFERENÇAS SALARIAIS. Constituindo a terceirização simples critério de organização produtiva, capaz de alcançar toda e qualquer atividade meio dos entes jurídicos tomadores (Súmula 331, III, do C. TST), não pode ser considerada atividade econômica específica (CLT, art. 511, §1º), passível de definir o critério de enquadramento sindical de seus empregados (CLT, art. 582). Afinal, como simples empresas-apêndices, que se inserem em outros segmentos empresariais, o enquadramento sindical de seus empregados apenas poderá ser ditado, com segurança e objetividade, pela atividade econômica preponderante dos respectivos tomadores (CLT, art. 511, §1º), consideradas as funções efetivamente exercidas e ressalvadas as situações das categorias profissionais diferenciadas (CLT, art. 511, §3º). Nesse cenário, oferecidos serviços de terceirização em diversas áreas, cada qual albergada por categorias econômicas específicas, será impositivo reconhecer a vinculação sindical plúrima do empregador terceirizante (CLT, art. 581, §1º), aplicando-se aos contratos de trabalho que celebra as normas coletivas próprias a cada qual desses segmentos econômicos e profissionais visitados. [TRT - 10ª Região no RO nº 949201101110000/DF] A empresa cuja atividade é o fornecimento de mão de obra de forma indistinta, a qualquer setor empresarial, se vincula aos ajustes coletivos do setor para o qual fornece mão de obra. Isso porque, "terceirização" não é atividade econômica (Processo nº 0001366-96.2016.5.10.0103 – TRT da 10ª Região).

Em que pesem posições jurídicas divergentes, a elaboração de orçamento estimativo tomando por base a norma coletiva aplicável em função da atividade econômica preponderante para a execução do contrato parece viável e eficiente.

A adoção deste critério referencial não obsta que os licitantes apresentem propostas fundadas em norma coletiva diversa daquela apontada como referencial pela Administração Pública, o que fará por sua conta e risco no que diz respeito com a exequibilidade do preço ofertado. As definições de orçamento estimativo e as normas coletivas adotadas serão fundamento e base para as repactuações.

14.5.2 Indicação referencial de quantidade mínima de empregados para executar o objeto contratual

Nos contratos de prestação de serviços não há contratação de mão de obra – o que, como visto, violaria disposição constitucional (regra do concurso público), mas contratação de um serviço. Ao contratar serviço, a Administração Pública, como regra, não deve se envolver na composição do quadro de empregados da empresa terceirizada que será alocado na execução dos serviços.

Assim, o objeto contratual será definido, como dito, exclusivamente como de prestação de serviços, de modo a descaracterizar, ao máximo, uma contratação de mão de obra.

Sempre que tecnicamente possível, portanto, a Administração Pública indicará no instrumento convocatório o objeto (serviço a ser prestado) e os licitantes, de posse do termo de referência ou do projeto básico, elaborarão suas propostas, definindo os recursos humanos (número de empregados) e os equipamentos e insumos necessários à execução contratual. Tal significa que, como regra, a Administração licitante não deve exigir quantitativo mínimo de empregados para a execução dos serviços objeto da contratação, deixando a cargo dos licitantes particulares a definição do número de empregados que será dedicado à prestação dos serviços. Não compete à Administração Pública definir e impor o quantitativo de pessoal que será alocado à prestação dos serviços. O que não afasta, por óbvio, a necessidade de previsão, no instrumento convocatório, de um certo quantitativo referencial de mão de obra, sem o que, seria impossível a elaboração de orçamentos estimativos.

Reitere-se que o objetivo da terceirização de serviços é a contratação de serviços, e não a de mão de obra. Assim, a Administração Pública prevê no instrumento convocatório e no projeto básico ou termo de referência todas as informações relevantes para que os licitantes particulares delas deduzam o quantitativo necessário de mão de obra e que será indicado em sua proposta.

Atualmente, a concepção mais contemporânea da contratação de serviços terceirizados preconiza, inclusive, que, por se tratar de contratação de um serviço, e não de mão de obra, deve ser configurada com vistas aos resultados pretendidos da execução contratual, adotando unidade de medida que possibilite a mensuração desses resultados, eliminando-se, sempre que possível, regime de execução que possibilite a remuneração das empresas com base em quantidade de horas de serviço ou por postos de trabalho, como já decidiu o Tribunal de Contas da União:

> É irregular a contratação de serviços por postos de trabalho com exigência de dedicação exclusiva ou número de horas mensais, em detrimento de forma que permita a mensuração por resultados para o pagamento da contratada, sem justificativa que demonstre, de modo individualizado, para cada posto de trabalho, que é o modelo mais vantajoso para a Administração (Anexo V da IN Seges/MP 5/2017) (Acórdão nº 992/2023-TCU-Plenário).

Em síntese, a Administração deve apontar no instrumento convocatório o quantitativo de mão de obra referencial, a partir de modelo de produtividade mínima ou outro tecnicamente aceitável, e os licitantes, a seu próprio juízo e em razão de suas peculiares e particulares organizações, estruturas, técnicas e tecnologias, formulam proposta indicando o quantitativo de pessoal que será alocado na prestação de serviços. Este quantitativo proposto pode ser diferente – maior ou menor – do que aquele apontado como referencial no instrumento convocatório. Vedada seria uma exigência taxativa ou imposição de que as propostas devessem contemplar um quantitativo determinado de mão de obra. O Tribunal de Contas da União já exarou antes decisão pela qual ressaltou que a fixação de instrumentos de medida de resultado contratual não significa que não deve ser indicado o quantitativo de empregados que serão alocados na execução contratual:

> Nas contratações de serviços continuados, a previsão no edital de critério de remuneração por resultados, em contraposição ao pagamento por postos de trabalho, não exime a

Administração de fixar no contrato que vier a ser firmado o quantitativo de postos de trabalho, de modo a viabilizar a fiscalização sobre o cumprimento das obrigações trabalhistas. Em Representação formulada por sociedade empresária acerca de pregão eletrônico conduzido pela Coordenadoria Estadual do Departamento Nacional de Obras Contra as Secas em Alagoas (DNOCS/CEST-AL), para a contratação de empresa especializada na prestação de serviços de limpeza, asseio e conservação predial, a unidade técnica apontara, dentre outras ocorrências, a "utilização indevida do critério de remuneração por posto de trabalho em vez da remuneração por unidade de medida e produtividade (...)". Realizadas as audiências regimentais, o relator observou que "a contratação dos serviços de limpeza deveria, em princípio, ter sido feita com base nas áreas a serem limpas, em detrimento do estabelecimento do número de postos de trabalho, conforme prevê a IN SLTI/MPOG 2/2008: 'Art. 11. A contratação de serviços continuados deverá adotar unidade de medida que permita a mensuração dos resultados para o pagamento da contratada, e que elimine a possibilidade de remunerar as empresas com base na quantidade de horas de serviço ou por postos de trabalho. §1º Excepcionalmente poderá ser adotado critério de remuneração da contratada por postos de trabalho ou quantidade de horas de serviço quando houver inviabilidade da adoção do critério de aferição dos resultados'". Sobre a contratação de serviços de limpeza por postos, o relator teceu as seguintes considerações: "Em que pese os termos do art. 11 da IN SLTI/MPOG 2/2008, não se pode desconsiderar a necessidade de a administração fiscalizar o adimplemento do cumprimento das obrigações trabalhistas por parte das empresas contratadas, de molde a evitar a responsabilização subsidiária prevista no item IV do Enunciado 331 do Tribunal Superior do Trabalho (TST) (...)" (TC nº 010.139/2014-1, relator Ministro Benjamin Zymler, 01.07.2015).

O elementar é que, quando da contratação se tenham plenamente identificadas as normas (convenção, acordo ou dissídio coletivo de trabalho) a que estão submetidos os profissionais que serão alocados na prestação dos serviços, pois estas serão o fundamento e o parâmetro, inclusive temporal, para o reajustamento por repactuação.

14.5.3 Disposições contratuais acerca de custeio de viagens, hospedagem e alimentação dos empregados da empresa contratada

Diversos contratos de prestação de serviços, para serem executados, demandam viagens, por vezes em número bastante significativo. O custeio dessas viagens deve ser objeto de consideração precisa por parte da Administração Pública. No âmbito da Administração Pública Federal, vinculada ao Sistema de Serviços Gerais (SISG), a IN nº 05/17 disciplina a matéria dessa forma:

> Art. 5º É vedado à Administração ou aos seus servidores praticar atos de ingerência na administração da contratada, a exemplo de:
> V – considerar os trabalhadores da contratada como colaboradores eventuais do próprio órgão ou entidade responsável pela contratação, especialmente para efeito de concessão de diárias e passagens;

A Administração Pública não deve custear diretamente despesas com diárias e passagens de empregados da empresa prestadora dos serviços. O custeio de despesas com diárias e passagens deve correr à conta do contratado. Para tanto, há duas soluções administrativas possíveis:

(i) a Administração Pública, fundada em estudos técnicos e referências históricas de viagens e deslocamentos, indica no instrumento convocatório a estimativa deles, e, com base nessa estimativa, os licitantes formulam suas propostas de preço com a inclusão desse custo. O contratado receberá o valor da contraprestação contratual estabelecido na sua proposta, e dele retirará o necessário correspondente mensalmente para o custeio de viagens e deslocamentos. Trata-se de despesa com valor estimado, que poderá ou não se efetivar em concreto. Esta solução, conquanto possível juridicamente e ajustada à natureza da relação contratual, pode implicar (i) percepção de valores para despesas que não se efetivarão – no caso de quantidade de deslocamentos inferior à estimada, ou (ii) percepção de valores insuficientes para arcar com tais custos – no caso de deslocamentos em quantidades superiores àquelas originalmente estimadas;

(ii) outra solução adequada para evitar tal descompasso entre valor recebido pelo contratado e despesa com viagens efetivamente concretizadas é a adoção de sistemática de pagamento de viagens – ao contratado, e não aos seus empregados – por fato gerador. O instrumento convocatório, e o contrato, podem estabelecer sistemática pela qual é fixada a possibilidade de, a cada mês, haver a medição de deslocamentos efetivamente realizados, que serão pagos por preço também fixado no contrato.

14.5.4 Instrumento de medição de resultados – IMR

Em vista da natureza das contratações de serviços e das características que as revestem, é recomendável que se avalie acerca da conveniência e oportunidade de instituição do denominado instrumento de medição de resultados. Esta ferramenta de gestão equivale ao acordo de níveis de serviços (ANS). O acordo de nível de serviço tem origem nas contratações de tecnologia de informação (*service level agreement*), nas quais constitui um instrumento pelo qual a área de TI e o seu cliente externo fixam diretrizes, obrigações e metas a serem cumpridas quando da execução contratual. No plano geral, o ANS pode constituir um eficiente e eficaz instrumento de gerenciamento do contrato de prestação de serviços. A rigor, trata-se de um documento que contém um rol de metas e objetivos (obrigações) que devem ser cumpridos pelo prestador do serviço, de modo a assegurar um padrão mínimo de qualidade. O acordo de nível de serviços fixa esse patamar mínimo de qualidade esperada, que, se descumprido, não produz inexecução contratual passível de sanção, mas tão somente um ajuste ou adequação do pagamento devido ao contratado.

O instrumento de medição de resultados é mecanismo que define, em bases compreensíveis, tangíveis, objetivamente observáveis e comprováveis, os níveis esperados de qualidade da prestação do serviço e respectivas adequações de pagamento.

Este instrumento de gestão deverá conter elementos constitutivos que propiciem avaliação de desempenho contratual e ganhos de eficiência a partir de parâmetros objetivos, como: a) os procedimentos de fiscalização e de gestão da qualidade do serviço, especificando-se os indicadores e instrumentos de medição que serão adotados pelo órgão ou entidade contratante; b) os registros, controles e informações que deverão ser prestados pela contratada; e c) as respectivas adequações de pagamento pelo não atendimento das metas estabelecidas; e, quando for adotado, podem ser consideradas as seguintes diretrizes:

I – antes da construção dos indicadores, os serviços e resultados esperados já deverão estar claramente definidos e identificados, diferenciando-se as atividades consideradas críticas das secundárias;

II – os indicadores e metas devem ser construídos de forma sistemática, de modo que possam contribuir cumulativamente para o resultado global do serviço e não interfiram negativamente uns nos outros;

III – os indicadores devem refletir fatores que estão sob controle do prestador do serviço;

IV – previsão de fatores, fora do controle do prestador, que possam interferir no atendimento das metas;

V – os indicadores deverão ser objetivamente mensuráveis, de preferência facilmente coletáveis, relevantes e adequados à natureza e características do serviço e compreensíveis.

VI – evitar indicadores complexos ou sobrepostos;

VII – as metas devem ser realistas e definidas com base em uma comparação apropriada;

VIII – os pagamentos deverão ser proporcionais ao atendimento das metas estabelecidas no IMR, observando-se o seguinte:

a) as adequações nos pagamentos estarão limitadas a uma faixa específica de tolerância, abaixo da qual o fornecedor se sujeitará às sanções legais; e

b) na determinação da faixa de tolerância de que trata a alínea anterior, considerar-se-á a relevância da atividade, com menor ou nenhuma margem de tolerância para as atividades consideradas críticas.

IX – o não atendimento das metas, por ínfima ou pequena diferença, em indicadores não críticos, poderá ser objeto apenas de notificação nas primeiras ocorrências, de modo a não comprometer a continuidade da contratação.

A adoção do instrumento de medição de resultados mostra-se bastante vantajosa para a gestão dos contratos de prestação de serviços. Na inexistência deste instrumento, quando o contratado descumpre o padrão mínimo de qualidade previsto no instrumento convocatório e no contrato comete infração contratual, sujeita à aplicação de sanção e, quiçá, rescisão contratual, a demandar instauração de processo administrativo sancionatório correspondente.

A adoção do instrumento de medição de resultados pressupõe que a Administração Pública aceita variações de qualidade na prestação de serviços que não comprometem e nem causam prejuízo para o interesse público. Tais variações de qualidade são aceitáveis e podem ser toleradas pela Administração. Porém, para obter a maior qualidade, estabelece adequações do pagamento em conformidade com a qualidade efetiva da prestação do serviço.

Se o contratado descumpre meta ou objetivo fixado no IMR, não comete infração contratual, nem estará sujeito a uma sanção. Tão somente terá redução, nos termos convencionados, do pagamento a que faz jus pela execução na medida da qualidade apresentada – quanto menor o padrão de qualidade, menor a remuneração será percebida pelo contratado.

O IMR constitui verdadeiro estímulo à obtenção de metas e objetivos de excelência na prestação dos serviços e deve ser adotado pela Administração Pública.

14.5.5 Planilha de custos e formação de preços

Planilha de custos e formação de preços é documento para detalhar os componentes de custo que incidem na formação do preço dos serviços, podendo ser adequado pela Administração em função das peculiaridades dos serviços a que se destina. Trata-se de instrumento que materializa o processo de formação de preços de referência para licitar prestação de serviços contínuos com dedicação exclusiva de mão de obra.

Serão especificados e detalhados na planilha os serviços a serem executados, bem como os custos unitários relativos a serviços específicos, materiais, insumos, mão de obra, encargos de natureza trabalhista, previdenciária, social, tributária, entre outros.

A composição detalhada em planilha analítica de formação de custos é fundamental para a identificação correta do preço praticado no mercado específico em que se insere o objeto da contratação.

Esta composição detalhada de custos possibilita o exame correto, na etapa da licitação, de aceitabilidade de preços – global e unitários, para fins de apuração de preço inexequível ou inaceitável.

A avaliação de aceitabilidade de custos unitários – ao menos em relação a determinados contratos de prestação de serviços – presta-se a evitar sobrepreço e superfaturamento. E também o denominado "jogo de planilhas". Como já decidiu o Tribunal de Contas da União, "é imprescindível a análise dos preços unitários em licitações do tipo menor preço global, de modo a se coibir a prática do denominado jogo de planilha, que se caracteriza pela elevação dos quantitativos de itens que apresentam preços unitários superiores aos de mercado e redução dos quantitativos de itens com preços inferiores, por meio de aditivos (Acórdão nº 1618/2019). E esta análise de aceitabilidade de preços unitários na licitação depende de parâmetro objetivo de comparação e avaliação – propiciado por planilhas adequadas de formação de preço de referência.

O conteúdo da planilha de custos e formação de preço, a depender do caso concreto, deve incluir[413]:

a) Mão de obra vinculada à execução contratual
1 Tipo de Serviço (mesmo serviço com características distintas)
2 Classificação Brasileira de Ocupações (CBO)
3 Salário Normativo da Categoria Profissional
4 Categoria Profissional (vinculada à execução contratual)
5 Data-Base da Categoria (dia/mês/ano)
b) Composição das remunerações
1 Salário-Base
2 Adicional de Periculosidade
3 Adicional de Insalubridade
4 Adicional Noturno
5 Adicional de Hora Noturna Reduzida
6 Adicional de Hora Extra no Feriado Trabalhado
7 Outros (especificar)

---
[413] Instrução Normativa nº 05/2017 – Secretaria de Gestão do Ministério do Planejamento e Gestão.

c) Encargos e Benefícios Anuais, Mensais e Diários 1 13º (décimo terceiro) Salário
2 Férias e Adicional de Férias
d) Encargos Previdenciários (GPS), Fundo de Garantia por Tempo de Serviço (FGTS) e outras contribuições 1 INSS 20,00%
2 Salário Educação 2,50%
3 SAT
4 SESC ou SESI 1,50%
5 SENAI – SENAC 1,00%
6 SEBRAE 0,60%
7 INCRA 0,20%
8 FGTS 8,00%
e) Benefícios Mensais e Diários
1 Transporte
2 Auxílio-Refeição/Alimentação
3 Assistência Médica e Familiar
4 Outros (especificar)
f) Encargos e Benefícios anuais, mensais e diários
1 13º (décimo terceiro) Salário, Férias e Adicional de Férias
2 GPS, FGTS e outras contribuições
2 Benefícios Mensais e Diários
g) Provisão para Rescisão
1 Aviso Prévio Indenizado
2 Incidência do FGTS sobre o Aviso Prévio Indenizado
3 Benefícios Mensais e Diários Valor (R$)
4 Multa do FGTS e contribuição social sobre o Aviso Prévio Indenizado
5 Aviso Prévio Trabalhado
6 Multa do FGTS e contribuição social sobre o Aviso Prévio Trabalhado
h) Ausências Legais
2 Férias
3 Licença-Paternidade
4 Ausência por acidente de trabalho
5 Afastamento Maternidade
i) Intrajornada
1 Intervalo para repouso ou alimentação
j) Custo de Reposição do Profissional Ausente
1 Ausências Legais
2 Intrajornada
k) Insumos Diversos
1 Uniformes
2 Materiais
3 Equipamentos
4 Outros (especificar)
l) Custos Indiretos, Tributos e Lucro
1 Custos Indiretos

2 Lucro
3 Tributos Federais (especificar)
4 Tributos Estaduais (especificar)
5 Tributos Municipais (especificar)

Fundamental é que a planilha de custos e formação de preços contenha todos os componentes unitários relevantes para a formação de preço e para as avaliações administrativas necessárias no âmbito da licitação e no âmbito da execução contratual – uma vez que serão, também, base para fundamentar revisões e alterações contratuais.

14.6 O Acórdão nº 1.214/13 prolatado pelo Tribunal de Contas da União como referência de planejamento da contratação de serviços terceirizados

Uma importante referência para o planejamento da terceirização é o também já citado Acórdão nº 1.214/13, prolatado pelo Tribunal de Contas da União. De acordo com essa orientação da Corte de Contas, devem ser observados os seguintes critérios e requisitos no planejamento da contratação de serviços terceirizados.

a) Parcelamento do objeto

Em atenção às particularidades do mercado, a Administração Pública pode contratar conjuntamente serviços não especializados, como os de limpeza, copeiragem, garçom. O mercado é a referência para tal orientação. Partiu o Tribunal de Contas da constatação de que no mercado as empresas que se dedicam a tais atividades não especializadas são praticamente as mesmas. Assim, o parcelamento e a contratação independente de tais serviços não produziriam o objetivo central dele (do parcelamento), que é assegurar a isonomia e ampliar o universo concorrencial. Devem ser objeto de parcelamento e contratação autônoma apenas os serviços em relação aos quais reste comprovado que as empresas atuam no mercado de forma segmentada por especialização, a exemplo de manutenção predial, ar condicionado, telefonia, serviços de engenharia em geral, áudio e vídeo, e informática. A conclusão do grupo de estudos apontado foi no sentido de que

> as empresas que prestam serviços terceirizados, em regra, não têm especialidade no serviço propriamente, mas na administração da mão de obra. É uma realidade de mercado à qual a Administração precisa se adaptar e adequar seus contratos. É cada vez mais raro, por exemplo, firmar contratos com empresas especializadas somente em limpeza, ou em condução de veículos, ou em recepção. As contratadas prestam vários tipos de serviço, às vezes em um mesmo contrato, de forma que adquirem habilidade na gestão dos funcionários que prestam os serviços, e não na técnica de execução destes.
> Trata-se, assim, de prática regular do mercado prestar esses serviços de forma concomitante. Desse modo, a divisão do objeto, como previsto na norma transcrita, não implicará em ampliação da competitividade e, em consequência, em ganhos econômicos, pois as mesmas empresas participarão da licitação.
> Além do mais, quanto maior o objeto desse tipo de contrato, menores serão os custos fixos por posto de trabalho. Em princípio, portanto, é esperada uma redução dos preços ofertados, caso o objeto não seja dividido.

Nessa linha de raciocínio, a simples divisão desses serviços implicará apenas em aumento de despesas para a administração, seja para contratá-los, seja para geri-los.[414]

Embora, como regra geral, serviços distintos devam ser licitados e contratados de forma independente e autônoma para ampliar a competitividade, os serviços comuns não especializados podem ser licitados conjuntamente, constituindo um só objeto contratual. Os contratos de gestão para ocupação de imóveis públicos (*facilities*), regidos pela Lei nº 14.011/20 podem contemplar agrupamento, em contrato único, de serviços de natureza bastante diversa, e tal proceder não viola o princípio do parcelamento, como antes já observado;

b) Qualificação econômico-financeira

A exigência da qualificação econômico-financeira mínima deve ser realizada, a depender do caso concreto, para obter indicativo de que o contratado terá condições de honrar com as obrigações contratuais sem depender de pagamentos por parte da entidade contratante. Os contratos de prestação de serviços, notadamente aqueles que envolvem a denominada dedicação exclusiva de mão de obra, implicam grandes riscos para a Administração Pública contratante, especialmente por força da responsabilidade subsidiária por encargos trabalhistas, e responsabilidade solidária por encargos previdenciários não honrados pela pessoa jurídica contratada (em relação aos seus empregados). Diante de tal risco, há dever jurídico adjetivado quando da fixação dos requisitos de capacidade econômico-financeira na configuração da licitação.

O Tribunal de Contas da União, por intermédio do Acórdão nº 1.214/13, expressou tal preocupação sugerindo e, de resto, autorizando a fixação dos seguintes requisitos:
a) Índices de Liquidez Geral (LG), Liquidez Corrente (LC) e Solvência Geral (SG) superiores a 1 (um), bem como Capital Circulante Líquido (CCL) ou Capital de Giro (Ativo Circulante – Passivo Circulante) de, no mínimo, 16,66% (dezesseis inteiros e sessenta e seis centésimos por cento) do valor estimado para a contratação, índices calculados com base nas demonstrações contábeis do exercício social anterior ao da licitação;
b) patrimônio líquido igual ou superior a 10% (dez por cento) do valor estimado da contratação;
c) patrimônio líquido igual ou superior a 1/12 (um doze avos) do valor total dos contratos firmados pela licitante com a Administração Pública e com empresas privadas, vigentes na data de abertura da licitação. Tal informação deverá ser comprovada por meio de declaração, acompanhada da Demonstração do Resultado do Exercício (DRE) relativa ao último exercício social, e se houver divergência superior a 10% (para cima ou para baixo) em relação à receita bruta discriminada na DRE, a licitante deverá apresentar as devidas justificativas para tal diferença;
d) apresentação de certidão negativa de feitos sobre falência, recuperação judicial ou recuperação extrajudicial, expedida pelo distribuidor da sede do licitante;

---

[414] Acórdão TCU nº 1.214/13.

c) Qualificação técnica operacional e profissional

Diante das particularidades e especificidades da contratação de prestação de serviços com dedicação exclusiva de mão de obra, o Tribunal de Contas da União ponderou que

> As empresas que prestam serviços terceirizados, em regra, não são especialistas no serviço propriamente, mas na administração da mão de obra. É uma realidade de mercado à qual a Administração precisa se adaptar e adequar seus contratos. É cada vez mais raro firmar contratos com empresas especializadas somente em limpeza, ou em condução de veículos, ou em recepção. As contratadas prestam vários tipos de serviço, às vezes em um mesmo contrato, de forma que adquirem habilidade na gestão dos funcionários que prestam os serviços, e não na técnica de execução destes.[415]

Para o TCU, "o que importa é perceber que a habilidade das contratadas na gestão da mão de obra, nesses casos, é realmente muito mais relevante para a Administração do que a aptidão técnica para a execução dos serviços, inclusive porque estes apresentam normalmente pouca complexidade. Ou seja, nesses contratos, dada a natureza dos serviços, interessa à Administração certificar-se de que a contratada é capaz de recrutar e manter pessoal capacitado e honrar os compromissos trabalhistas, previdenciários e fiscais". Assim, nesse sentido, devem ser exigidos os seguintes requisitos de capacidade técnica operacional dos licitantes:

a) obrigatoriedade de a contratada instalar, em prazo máximo de 60 (sessenta) dias, escritório em local (cidade/município) previamente definido pela Administração;
b) para a contratação de até 40 postos de trabalho, atestado comprovando que a contratada tenha executado contrato com um mínimo de 20 postos e, para contratos de mais de 40 (quarenta) postos, seja exigido um mínimo de 50%;
c) obrigatoriedade da apresentação de atestado comprovando que a contratada tenha executado serviços de terceirização compatíveis em quantidade com o objeto licitado por período não inferior a três anos;
d) disponibilizar todas as informações necessárias à comprovação da legitimidade dos atestados solicitados, apresentando, entre outros documentos, cópia do contrato que deu suporte à contratação, endereço atual da contratante e local em que foram prestados os serviços;
e) aceitação somente de atestados expedidos após a conclusão do contrato ou decorrido no mínimo um ano do início de sua execução, exceto se houver sido firmado para ser executado em prazo inferior.

d) Garantia contratual

Uma das constatações feitas pelo grupo de trabalho designado pelo Tribunal de Contas da União foi a de que os seguros garantia apresentados pelos licitantes continham disposição expressa excluindo da cobertura de riscos os prejuízos causados ao erário em razão do não pagamento de verbas trabalhistas, FGTS e contribuição para a previdência social, retirando do contrato de seguro a principal cobertura esperada pela Administração Pública e esvaziando de conteúdo concreto e efetivo a garantia contratual. Por conta

---
[415] Acórdão TCU nº 1.214/13.

disso, determinou o TCU que a Administração deve fazer constar dos contratos de seguro cláusula de garantia que assegure o pagamento de: prejuízos advindos do não cumprimento do contrato; multas punitivas aplicadas pela fiscalização à contratada; prejuízos diretos causados à contratante decorrentes de culpa ou dolo durante a execução do contrato; e obrigações previdenciárias e trabalhistas não honradas pela contratada;

e) Encargos contratuais

Diante dos riscos, da natureza jurídica e das consequências do descumprimento de obrigações trabalhistas e previdenciárias – em face da responsabilidade subsidiária por obrigações trabalhistas e da responsabilidade solidária por encargos previdenciários originalmente a cargo do contratado, o Tribunal de Contas da União recomenda que os contratos administrativos passem a conter as seguintes disposições:

a) que a Administração está autorizada a realizar os pagamentos de salários diretamente aos empregados, bem como das contribuições previdenciárias e do FGTS, quando estes não forem honrados pelas empresas;

b) obrigação de a contratada viabilizar o acesso de seus empregados, via Internet, por meio de senha própria, aos sistemas da Previdência Social e da Receita do Brasil, com o objetivo de verificar se as suas contribuições previdenciárias foram recolhidas;

c) obrigação de a contratada oferecer todos os meios necessários aos seus empregados para a obtenção de extratos de recolhimentos sempre que solicitado pela fiscalização;

d) fixar como falta grave o não recolhimento das contribuições sociais da Previdência Social, que poderá dar ensejo à rescisão da avença, sem prejuízo da aplicação de sanção pecuniária e de sanção mais grave;

e) obrigação de a contratada viabilizar a emissão do cartão cidadão pela Caixa Econômica Federal para todos os empregados;

f) obrigação de a contratada oferecer todos os meios necessários aos seus empregados para a obtenção de extratos de recolhimentos sempre que solicitado pela fiscalização;

g) fixar como falta grave o não recolhimento do FGTS dos empregados, que poderá dar ensejo à rescisão unilateral da avença, sem prejuízo da aplicação de sanção pecuniária e de sanção mais grave;

h) obrigação de a contratada apresentar extrato de FGTS dos empregados sempre que solicitado;

i) fixar como falta grave o não pagamento do salário, do vale-transporte e do auxílio alimentação no dia fixado, que poderá dar ensejo à rescisão do contrato, sem prejuízo da aplicação de sanção pecuniária e de sanção mais grave.

A configuração de um contrato de prestação de serviços terceirizados deve ser realizada de acordo com as peculiaridades concretas do objeto da licitação. A Administração Pública não se desonera de planejar com diligência a contratação para tão somente cuidar de repetir disposições de norma administrativa ou de decisão da Corte de Contas. Contudo, as referências elaboradas pelo Tribunal de Contas da União no Acórdão nº 1.214/13 são um valioso referencial para o administrador público encarregado da definição dos encargos contratuais.

f) Controle da execução contratual

O controle da execução contratual mostra-se muito relevante em relação aos contratos de prestação de serviços com dedicação exclusiva de mão de obra. Nesses casos, a inexecução contratual por parte do contratado, além de produzir prejuízos diretos e imediatos para o interesse público almejado na contratação, pode ensejar a já abordada responsabilidade subsidiária por encargos trabalhistas e a responsabilidade solidária por encargos previdenciários do contratado.

Tal responsabilização, como antes visto, se evidenciará, nos termos da Súmula nº 331 do TST, sempre que a Administração Pública agir com dolo ou culpa (negligência, imprudência ou imperícia) no controle do cumprimento efetivo de obrigações trabalhistas e previdenciárias por parte do contratado.

A fiscalização da execução contratual, determinada por lei, e constitutiva de dever jurídico inafastável para a Administração no plano das contratações em geral (inclusive constituindo prerrogativa exorbitante na forma do art. 104 da Lei nº 14.133/21), mostra-se dinamizada e adjetivada no plano das contratações de serviços terceirizados que envolvam dedicação exclusiva de mão de obra.

O Tribunal de Contas da União, no Acórdão nº 1.214/13 sugere importante metodologia para orientar órgãos e entidades públicos, de modo a afastar o risco da responsabilização subsidiária e da responsabilização solidária por encargos não adimplidos por parte do contratado:

a) reter 11% sobre o valor da fatura de serviços da contratada, nos termos do art. 31, da Lei nº 8.212/93;

b) exigir certidão negativa de débitos para com a previdência (CND), caso esse documento não esteja regularizado junto ao Sicaf;

c) exigir que os fiscais dos contratos solicitem, por amostragem, aos empregados terceirizados que verifiquem se essas contribuições estão ou não sendo recolhidas em seus nomes; bem como solicitem os extratos da conta do FGTS para verificar a regularidade dos depósitos devidos. O objetivo é que todos os empregados tenham tido seus extratos avaliados ao final de um ano – sem que isso signifique que a análise não possa ser realizada mais de uma vez para um mesmo empregado, garantindo, assim, o "efeito surpresa" e o benefício da expectativa do controle;

d) comunicar ao Ministério da Previdência Social e à Receita do Brasil qualquer irregularidade no recolhimento das contribuições previdenciárias;

e) comunicar ao Ministério do Trabalho qualquer irregularidade no recolhimento do FGTS dos trabalhadores terceirizados;

f) somente sejam exigidos documentos comprobatórios da realização do pagamento de salários, vale-transporte e auxílio alimentação, por amostragem e a critério da administração;

g) a fiscalização dos contratos, no que se refere ao cumprimento das obrigações trabalhistas, deve ser realizada com base em critérios estatísticos, levando-se em consideração falhas que impactem o contrato como um todo e não apenas erros e falhas eventuais no pagamento de alguma vantagem a um determinado empregado.

À guisa de complementação, destaque-se que a multicitada IN nº 05/17[416] contém normas importantes para balizar a conduta do gestor e do fiscal no controle da execução contratual.

Preconiza a norma que

> Art. 47. A execução dos contratos deverá ser acompanhada e fiscalizada por meio de instrumentos de controle que compreendam a mensuração dos seguintes aspectos, quando for o caso:I – os resultados alcançados em relação ao contratado, com a verificação dos prazos de execução e da qualidade demandada;
> II – os recursos humanos empregados em função da quantidade e da formação profissional exigidas;
> III – a qualidade e quantidade dos recursos materiais utilizados;
> IV – a adequação dos serviços prestados à rotina de execução estabelecida;
> V – o cumprimento das demais obrigações decorrentes do contrato; e
> VI – a satisfação do público usuário.
> §1º Deve ser estabelecido, desde o início da prestação dos serviços, mecanismo de controle da utilização dos materiais empregados nos contratos, para efeito de acompanhamento da execução do objeto bem como para subsidiar a estimativa para as futuras contratações.
> §2º A conformidade do material a ser utilizado na execução dos serviços deverá ser verificada juntamente com o documento da contratada que contenha a relação detalhada destes, de acordo com o estabelecido no contrato, informando as respectivas quantidades
> e especificações técnicas, tais como marca, qualidade e forma de uso.
> VI – a satisfação do público usuário.

A norma contém um roteiro para a fiscalização e controle das obrigações trabalhistas e previdenciários a cargo do contratado. O fiscal da execução contratual deve, de acordo com a norma administrativa, realizar controle sobre os seguintes aspectos:

> 1. A fiscalização técnica dos contratos deve avaliar constantemente a execução do objeto e, se for o caso, poderá utilizar o Instrumento de Medição de Resultado (IMR), conforme modelo previsto no Anexo V-B, ou outro instrumento substituto para aferição da qualidade da prestação dos serviços, devendo haver o redimensionamento no pagamento com base nos indicadores estabelecidos, sempre que a contratada:
> a) não produzir os resultados, deixar de executar, ou não executar com a qualidade mínima exigida as atividades contratadas; ou b) deixar de utilizar materiais e recursos humanos exigidos para a execução do serviço, ou utilizá-los com qualidade ou quantidade inferior à demandada.
> 1.1. A utilização do IMR não impede a aplicação concomitante de outros mecanismos para a avaliação da prestação dos serviços.
> 2. Durante a execução do objeto, fase do recebimento provisório, o fiscal técnico designado deverá monitorar constantemente o nível de qualidade dos serviços para evitar a sua degeneração, devendo intervir para requerer à contratada a correção das faltas, falhas e irregularidades constatadas.

---

[416] Da Secretaria de Gestão do Ministério do Planejamento, Desenvolvimento e Gestão.

3. O fiscal técnico do contrato deverá apresentar ao preposto da contratada a avaliação da execução do objeto ou, se for o caso, a avaliação de desempenho e qualidade da prestação dos serviços realizada.
3.1. O preposto deverá apor assinatura no documento, tomando ciência da avaliação realizada.
3.2. A contratada poderá apresentar justificativa para a prestação do serviço com menor nível de conformidade, que poderá ser aceita pelo fiscal técnico, desde que comprovada a excepcionalidade da ocorrência, resultante exclusivamente de fatores imprevisíveis e alheios ao controle do prestador.
3.3. Na hipótese de comportamento contínuo de desconformidade da prestação do serviço em relação à qualidade exigida, bem como quando esta ultrapassar os níveis mínimos toleráveis previstos nos indicadores, além dos fatores redutores, devem ser aplicadas as sanções à contratada de acordo com as regras previstas no ato convocatório.
3.4. É vedada a atribuição à contratada da avaliação de desempenho e qualidade da prestação dos serviços realizada de que trata o item 3.
3.5. O fiscal técnico poderá realizar a avaliação diária, semanal ou mensal, desde que o período escolhido seja suficiente para avaliar ou, se for o caso, aferir o desempenho e qualidade da prestação dos serviços.
4. Para efeito de recebimento provisório, ao final de cada período mensal, o fiscal técnico do contrato deverá apurar o resultado das avaliações da execução do objeto e, se for o caso, a análise do desempenho e qualidade da prestação dos serviços realizados em consonância com os indicadores previstos no ato convocatório, que poderá resultar no redimensionamento de valores a serem pagos à contratada, registrando em relatório a ser encaminhado ao gestor do contrato.

A fiscalização administrativa da execução contratual deverá avaliar os seguintes aspectos:

1. A fiscalização administrativa, realizada nos contratos de prestação de serviços com regime de dedicação exclusiva de mão de obra, poderá ser efetivada com base em critérios estatísticos, levando-se em consideração falhas que impactem o contrato como um todo e não apenas erros e falhas eventuais no pagamento de alguma vantagem a um determinado empregado.
2. Na fiscalização do cumprimento das obrigações trabalhistas e sociais, nas contratações com dedicação exclusiva dos trabalhadores da contratada exigir-se-á, dentre outras, as seguintes comprovações:
2.1. No caso de empresas regidas pela Consolidação das Leis do Trabalho (CLT):
a) no primeiro mês da prestação dos serviços, a contratada deverá apresentar a seguinte documentação:
a.1. relação dos empregados, contendo nome completo, cargo ou função, horário do posto de trabalho, números da carteira de identidade (RG) e da inscrição no Cadastro de Pessoas Físicas (CPF), com indicação dos responsáveis técnicos pela execução dos serviços, quando for o caso;
a.2. Carteira de Trabalho e Previdência Social (CTPS) dos empregados admitidos e dos responsáveis técnicos pela execução dos serviços, quando for o caso, devidamente assinada pela contratada; e
a.3. exames médicos admissionais dos empregados da contratada que prestarão os serviços.

b) entrega até o dia trinta do mês seguinte ao da prestação dos serviços ao setor responsável pela fiscalização do contrato dos seguintes documentos, quando não for possível a verificação da regularidade destes no Sistema de Cadastro de Fornecedores (Sicaf):

b.1. Certidão Negativa de Débitos relativos a Créditos Tributários Federais e à Dívida Ativa da União (CND);

b.2. certidões que comprovem a regularidade perante as Fazendas Estadual, Distrital e Municipal do domicílio ou sede do contratado;

b.3. Certidão de Regularidade do FGTS (CRF); e

b.4. Certidão Negativa de Débitos Trabalhistas (CNDT).

c) entrega, quando solicitado pela Administração, de quaisquer dos seguintes documentos:

c.1. extrato da conta do INSS e do FGTS de qualquer empregado, a critério da Administração contratante;

c.2. cópia da folha de pagamento analítica de qualquer mês da prestação dos serviços, em que conste como tomador o órgão ou entidade contratante;

c.3. cópia dos contracheques dos empregados relativos a qualquer mês da prestação dos serviços ou, ainda, quando necessário, cópia de recibos de depósitos bancários;

c.4. comprovantes de entrega de benefícios suplementares (vale-transporte, vale-alimentação, entre outros), a que estiver obrigada por força de lei ou de Convenção ou Acordo Coletivo de Trabalho, relativos a qualquer mês da prestação dos serviços e de qualquer empregado; e

c.5. comprovantes de realização de eventuais cursos de treinamento e reciclagem que forem exigidos por lei ou pelo contrato.

d) entrega de cópia da documentação abaixo relacionada, quando da extinção ou rescisão do contrato, após o último mês de prestação dos serviços, no prazo definido no contrato:

d.1. termos de rescisão dos contratos de trabalho dos empregados prestadores de serviço, devidamente homologados, quando exigível pelo sindicato da categoria;

d.2. guias de recolhimento da contribuição previdenciária e do FGTS, referentes às rescisões contratuais;

d.3. extratos dos depósitos efetuados nas contas vinculadas individuais do FGTS de cada empregado dispensado;

d.4. exames médicos demissionais dos empregados dispensados.

No curso do controle da execução contratual, caso evidenciado indício ou cometimento de irregularidade no recolhimento das contribuições previdenciárias, os fiscais ou gestores de contratos de serviços com regime de dedicação exclusiva de mão de obra deverão oficiar à Receita Federal do Brasil (RFB) comunicando o fato. Caso a irregularidade seja referente ao recolhimento da contribuição para o FGTS, os fiscais ou gestores de contratos de serviços com regime de dedicação exclusiva de mão de obra deverão oficiar ao Ministério do Trabalho comunicando o fato. Constatado o descumprimento das obrigações trabalhistas ou a perda de qualquer das condições de habilitação pelo contratado, a Administração poderá optar por extinguir o contrato, sem prejuízo das sanções previstas em Lei.

Nem sempre a solução pela via da extinção do contrato será a mais adequada para a Administração, inclusive, pode haver situação na qual a execução das obrigações principais (limpeza, vigilância etc.) estejam sendo cumpridas com eficiência e eficácia, produzindo bons resultados, e ser constatada uma irregularidade dissociada de obrigação contratual principal. A inexecução pode ser apenas de obrigações acessórias de natureza trabalhista ou previdenciária. Neste caso, a juízo discricionário, pode haver a notificação da contratada para regularização em prazo determinado, com aproveitamento, e manutenção da contratação, desde que corrigida a irregularidade apontada.

É fundamental que, ao final de cada período mensal, o agente encarregado da fiscalização verifique a efetiva realização dos pagamentos concernentes aos salários e às obrigações trabalhistas, previdenciárias e com o FGTS do mês anterior, dentre outros, apontando as irregularidades que encontrar. Neste sentido, a disposição expressa da Lei nº 14.133/21:

> Art. 50
> Nas contratações de serviços com regime de dedicação exclusiva de mão de obra, o contratado deverá apresentar, quando solicitado pela Administração, sob pena de multa, comprovação do cumprimento das obrigações trabalhistas e com o Fundo de Garantia do Tempo de Serviço (FGTS) em relação aos empregados diretamente envolvidos na execução do contrato, em especial quanto ao:
> I – registro de ponto;
> II – recibo de pagamento de salários, adicionais, horas extras, repouso semanal remunerado e décimo terceiro salário;
> III – comprovante de depósito do FGTS;
> IV – recibo de concessão e pagamento de férias e do respectivo adicional;
> V – recibo de quitação de obrigações trabalhistas e previdenciárias dos empregados dispensados até a data da extinção do contrato;
> VI – recibo de pagamento de vale-transporte e vale-alimentação, na forma prevista em norma coletiva.
> Art. 121
> §3º Nas contratações de serviços contínuos com regime de dedicação exclusiva de mão de obra, para assegurar o cumprimento de obrigações trabalhistas pelo contratado, a Administração, mediante disposição em edital ou em contrato, poderá, entre outras medidas:
> I – exigir caução, fiança bancária ou contratação de seguro-garantia com cobertura para verbas rescisórias inadimplidas;
> II – condicionar o pagamento à comprovação de quitação das obrigações trabalhistas vencidas relativas ao contrato;
> III – efetuar o depósito de valores em conta vinculada;
> IV – em caso de inadimplemento, efetuar diretamente o pagamento das verbas trabalhistas, que serão deduzidas do pagamento devido ao contratado;
> V – estabelecer que os valores destinados a férias, a décimo terceiro salário, a ausências legais e a verbas rescisórias dos empregados do contratado que participarem da execução dos serviços contratados serão pagos pelo contratante ao contratado somente na ocorrência do fato gerador.
> §4º Os valores depositados na conta vinculada a que se refere o inciso III do §3º deste artigo são absolutamente impenhoráveis.
> §5º O recolhimento das contribuições previdenciárias observará o disposto no art. 31 da Lei nº 8.212, de 24 de julho de 1991.

g) depósito de verbas devidas ao contratado em conta vinculada

Como previsto no art. 121, §3º, III da Lei nº 14.133/21, a Administração contratante, ao revés de pagar diretamente para a empresa contratada para que esta promova a destinação adequada dos valores, poderá depositar certas verbas em conta vinculada.

Com efeito, há valores incluídos no preço contratado para prestação de serviços com dedicação exclusiva de mão de obra, dos quais o contratado é mero depositário fiel ou intermediário. São verbas relativas a obrigações contratuais acessórias com natureza contingencial, que serão utilizadas na medida de ocorrência de um certo fato gerador. São elas as verbas trabalhistas, relativas a férias, 1/3 constitucional, 13º salário e multa do FGTS por dispensa sem justa causa, bem como a incidência dos encargos previdenciários e FGTS sobre férias, 1/3 constitucional e 13º salário. Caso repassadas mensalmente as verbas proporcionais referentes a estes fatos geradores, há risco de uso indevido por parte do contratado e de que, quando necessária sua utilização para os fins legal e contratualmente determinados, podem ser insuficientes ou já inexistentes.

Para afastar o risco, há dita previsão legal de que estas verbas podem ser depositadas em uma conta corrente bancária, com uso vinculado à ocorrência do fato gerador.

Para tanto, a Administração providenciará abertura de conta corrente bancária, em nome da contratada, a ser utilizada apenas para esta finalidade, com previsão de que qualquer movimentação somente poderá ser realizada mediante autorização expressa da contratante. A cada mês o depósito será realizado e corresponderá ao somatório de valores com férias; 1/3 constitucional; 13º salário; multa do FGTS por dispensa sem justa causa; incidência dos encargos previdenciários e FGTS sobre férias, 1/3 constitucional e 13º salário.

A movimentação ou saques da conta vinculada serão condicionados a solicitação da empresa contratada, com lastro em fato gerador ocorrido e devidamente comprovado.

As regras e procedimentos para depósito, saques e movimentações dos valores depositados em conta vinculada serão fixadas no instrumento convocatório e no contrato.

14.7 Contratos de serviços terceirizados e limites de despesa com pessoal impostos pela Lei de Responsabilidade Fiscal

Questão controvertida é a de contabilização de despesas com serviços terceirizados. Isto porque a Lei de Responsabilidade Fiscal impõe severos limites para gastos com pessoal na Administração Pública:

> Art. 18. Para os efeitos desta Lei Complementar, entende-se como despesa total com pessoal: o somatório dos gastos do ente da Federação com os ativos, os inativos e os pensionistas, relativos a mandatos eletivos, cargos, funções ou empregos, civis, militares e de membros de Poder, com quaisquer espécies remuneratórias, tais como vencimentos e vantagens, fixas e variáveis, subsídios, proventos da aposentadoria, reformas e pensões, inclusive adicionais, gratificações, horas extras e vantagens pessoais de qualquer natureza, bem como encargos sociais e contribuições recolhidas pelo ente às entidades de previdência.
> §1º Os valores dos contratos de terceirização de mão-de-obra que se referem à substituição de servidores e empregados públicos serão contabilizados como "Outras Despesas de Pessoal".
> §2º A despesa total com pessoal será apurada somando-se a realizada no mês em referência com as dos onze imediatamente anteriores, adotando-se o regime de competência.
> §2º A despesa total com pessoal será apurada somando-se a realizada no mês em referência com as dos 11 (onze) imediatamente anteriores, adotando-se o regime de competência, independentemente de empenho.

§3º Para a apuração da despesa total com pessoal, será observada a remuneração bruta do servidor, sem qualquer dedução ou retenção, ressalvada a redução para atendimento ao disposto no art. 37, inciso XI, da Constituição Federal.

Art. 19. Para os fins do disposto no caput do art. 169 da Constituição, a despesa total com pessoal, em cada período de apuração e em cada ente da Federação, não poderá exceder os percentuais da receita corrente líquida, a seguir discriminados:

I – União: 50% (cinqüenta por cento);

II – Estados: 60% (sessenta por cento);

III – Municípios: 60% (sessenta por cento).

§1º Na verificação do atendimento dos limites definidos neste artigo, não serão computadas as despesas:

I – de indenização por demissão de servidores ou empregados;

II – relativas a incentivos à demissão voluntária;

III – derivadas da aplicação do disposto no inciso II do §6º do art. 57 da Constituição;

IV – decorrentes de decisão judicial e da competência de período anterior ao da apuração a que se refere o §2º do art. 18;

V – com pessoal, do Distrito Federal e dos Estados do Amapá e Roraima, custeadas com recursos transferidos pela União na forma dos incisos XIII e XIV do art. 21 da Constituição e do art. 31 da Emenda Constitucional no 19;

VI – com inativos, ainda que por intermédio de fundo específico, custeadas por recursos provenientes:

VI – com inativos e pensionistas, ainda que pagas por intermédio de unidade gestora única ou fundo previsto no art. 249 da Constituição Federal, quanto à parcela custeada por recursos provenientes:

a) da arrecadação de contribuições dos segurados;

b) da compensação financeira de que trata o §9º do art. 201 da Constituição;

c) das demais receitas diretamente arrecadadas por fundo vinculado a tal finalidade, inclusive o produto da alienação de bens, direitos e ativos, bem como seu superávit financeiro.

c) de transferências destinadas a promover o equilíbrio atuarial do regime de previdência, na forma definida pelo órgão do Poder Executivo federal responsável pela orientação, pela supervisão e pelo acompanhamento dos regimes próprios de previdência social dos servidores públicos.

§2º Observado o disposto no inciso IV do §1º, as despesas com pessoal decorrentes de sentenças judiciais serão incluídas no limite do respectivo Poder ou órgão referido no art. 20.

§3º Na verificação do atendimento dos limites definidos neste artigo, é vedada a dedução da parcela custeada com recursos aportados para a cobertura do déficit financeiro dos regimes de previdência.

Art. 20. A repartição dos limites globais do art. 19 não poderá exceder os seguintes percentuais:

I – na esfera federal:

a) 2,5% (dois inteiros e cinco décimos por cento) para o Legislativo, incluído o Tribunal de Contas da União;

b) 6% (seis por cento) para o Judiciário;

c) 40,9% (quarenta inteiros e nove décimos por cento) para o Executivo, destacando-se 3% (três por cento) para as despesas com pessoal decorrentes do que dispõem os incisos XIII e XIV do art. 21 da Constituição e o art. 31 da Emenda Constitucional no 19, repartidos de forma proporcional à média das despesas relativas a cada um destes dispositivos, em percentual da receita corrente líquida, verificadas nos três exercícios financeiros imediatamente anteriores ao da publicação desta Lei Complementar;

d) 0,6% (seis décimos por cento) para o Ministério Público da União;
II – na esfera estadual:
a) 3% (três por cento) para o Legislativo, incluído o Tribunal de Contas do Estado;
b) 6% (seis por cento) para o Judiciário;
c) 49% (quarenta e nove por cento) para o Executivo;
d) 2% (dois por cento) para o Ministério Público dos Estados;
III – na esfera municipal:
a) 6% (seis por cento) para o Legislativo, incluído o Tribunal de Contas do Município, quando houver;
b) 54% (cinqüenta e quatro por cento) para o Executivo.

A violação destes limites com despesa de pessoal gera consequências graves para a Administração e para o Administrador, inclusive nos planos criminal e da improbidade administrativa. Caso ultrapassado o limite legal o Poder ou órgão público não poderá: I – receber transferências voluntárias; II – obter garantia, direta ou indireta, de outro ente; III – contratar operações de crédito, ressalvadas as destinadas ao refinanciamento da dívida mobiliária e as que visem à redução das despesas com pessoal, e III – contratar operações de crédito, ressalvadas as destinadas ao pagamento da dívida mobiliária e as que visem à redução das despesas com pessoal (art. 23, §3º).

Por conta das graves consequências derivadas da superação dos limites legais para despesa com pessoal, é preciso cautela para classificar corretamente as despesas relativas aos contratos de prestação de serviços terceirizados, que têm como característica fundamental e predominante, a atividade de pessoal.

Atente-se para que, como regra geral, a Lei especifica que "os valores dos contratos de terceirização de mão-de-obra que se referem à substituição de servidores e empregados públicos serão contabilizados como 'Outras Despesas de Pessoal'", assim, não ingressam no cômputo dos limites para despesas de pessoal. Nos termos da Lei, as despesas decorrentes com contratos de prestação de serviços terceirizados, envolvendo apenas atividades instrumentais, acessórias ou complementares à competência do órgão não devem ser computadas como despesas com pessoal para os fins de apuração do limite de que trata a Lei de Responsabilidade Fiscal.

Os gastos realizados com a execução indireta de atividades pela via terceirizada, quando desempenhadas como atividades-meio – serviços auxiliares, de apoio, instrumentais ou acessórios em relação às atividades finalísticas da Administração Pública – que não sejam similares às de qualquer carreira do quadro funcional, não são considerados no limite de despesas com pessoal disposto no artigo 18 da Lei Complementar nº 101/2000 (Lei de Responsabilidade Fiscal – LRF). Isso porque nesse caso não é caracterizada a substituição de servidores ou empregados públicos. Este é o entendimento do Tribunal de Contas do Estado do Paraná sobre o tema:

> I - Conhecer a presente consulta e, no mérito, respondê-la nos seguintes termos:
> "os dispêndios realizados com a execução indireta de atividades pela via terceirizada, quando desempenhadas como atividades meio (estas entendidas como serviços auxiliares, de apoio, instrumentais ou acessórios em relação às atividades finalísticas da Administração), desde que não encontrem similaridade com as de qualquer carreira do quadro funcional e que, portanto, não caracterizem substituição de servidores ou de empregados públicos, não são

considerados no limite de 'despesas com pessoal', em consonância com o disposto no art. 18 da Lei de Responsabilidade Fiscal" (Acórdão nº 1885/22).

Diversa é a situação na qual os serviços objeto da contratação terceirizada encontram similaridade com atribuições inerentes a cargo ou função pública. Caso a mão de obra alocada à prestação dos serviços contratados seja destinada à substituição de servidores ou empregados públicos, não tem aplicação a regra do art. 18, §1º da Lei de Responsabilidade Fiscal, como já decidiu o Supremo Tribunal Federal quando da medida cautelar na ação direta de inconstitucionalidade nº 5.598 – Distrito Federal:

> MEDIDA CAUTELAR EM AÇÃO DIRETA DE INCONSTITUCIONALIDADE. CONVERSÃO EM JULGAMENTO DE MÉRITO. ART. 51, §§1º E 2º, DA LEI Nº 5.695/2016 DO DISTRITO FEDERAL. LEI DE DIRETRIZES ORÇAMENTÁRIAS PARA O EXERCÍCIO FINANCEIRO DE 2017. REVOGAÇÃO DE PARTE DOS DISPOSITIVOS IMPUGNADOS APÓS A PROPOSITURA DA AÇÃO DIRETA. PERDA SUPERVENIENTE DO OBJETO. PREJUDICIALIDADE PARCIAL. ADITAMENTO. ART. 53 DA LEI Nº 5.950/2017. LEI DE DIRETRIZES ORÇAMENTÁRIAS PARA O EXERCÍCIO FINANCEIRO DE 2018. DISPOSITIVOS IDÊNTICOS. CÁLCULO DO LIMITE DA DESPESA TOTAL COM PESSOAL. CONTRATOS DE TERCEIRIZAÇÃO DE MÃO-DE-OBRA. SUBSTITUIÇÃO DE SERVIDORES E EMPREGADOS PÚBLICOS. CONTABILIZAÇÃO. BURLA AO LIMITE PREVISTO NO ART. 169 DA CONSTITUIÇÃO DA REPÚBLICA. ART. 18, §1º, DA LEI DE RESPONSABILIDADE FISCAL. USURPAÇÃO DA COMPETÊNCIA DA UNIÃO PARA ESTABELECER NORMAS GERAIS SOBRE DIREITO FINANCEIRO E ORÇAMENTÁRIO. ARTS. 24, I E II E §§1º A 4º, DA CONSTITUIÇÃO DA REPÚBLICA. PRECEDENTE. PROCEDÊNCIA.

Para a correta contabilização de despesas com pessoal e para evitar as graves sanções legais para a superação dos limites, é indispensável a correta e adequada análise da natureza das atribuições que serão exercidas pelo pessoal alocado na prestação dos serviços. Se for equivalente àquelas destinadas a servidores públicos ou empregados públicos, a despesa será contabilizada como "de pessoal" para os fins da Lei de Responsabilidade Fiscal.

14.8 Particularidades da repactuação de contratos de prestação de serviços com dedicação exclusiva de mão de obra de acordo com a lei nº 14.133/21

Já dito que a Constituição Federal preceitua no art. 37, XXI que é assegurada aos contratantes a manutenção das condições efetivas das propostas apresentadas no processo licitatório. Este preceito constitucional contém o princípio do equilíbrio econômico-financeiro dos contratos administrativos.

Quando da aceitação de uma proposta no processo da licitação, forma-se a equação econômico-financeira do contrato futuro, que é a relação original entre os encargos do contratado e a remuneração a que fará jus para se desincumbir de tais encargos. Esta relação entre encargos e remuneração deve se manter equilibrada ao longo de toda a execução contratual.

Ocorre que, no curso da execução de um contrato administrativo, diversos fatores podem produzir desequilíbrio na equação econômico-financeira do contrato. A inflação, as alterações contratuais, fato do príncipe, fato da administração ou eventos da economia (superinflação, supervalorização cambial, caso fortuito, força maior) podem desequilibrar a equação econômico financeira do contrato, aumentando ou diminuindo encargos ou aumentando ou diminuindo a remuneração do contratado. O desequilíbrio igualmente pode ocorrer em favor ou desfavor da própria Administração Pública.

Sempre que a equação econômico-financeira do contrato for desequilibrada de modo significativo deve haver sua recomposição pelos instrumentos do reajuste ou da revisão.

14.8.1 O desequilíbrio da equação econômico financeira do contrato em razão de evento relativo à álea econômica ordinária

A variação de preços e de custos de insumos ou de mão de obra é natural em uma economia de mercado. A variação normal, gradual e rotineira dos preços é denominada de inflação. Embora em situação de normalidade a variação inflacionária não produza aumento muito significativo de preços no curto prazo, em médio e longo prazo este aumento gradual pode impactar na economia interna dos contratos em geral e dos contratos administrativos em especial.

Esta variação de preços, então, deve ser compensada na relação contratual. A via adequada para a recomposição da equação econômico-financeira do contrato violada pela inflação é o reajuste contratual.

A Lei nº 14.133/21 prevê duas espécies de reajuste: o reajustamento em sentido estrito e a repactuação. Reajustamento em sentido estrito é forma de manutenção do equilíbrio econômico-financeiro de contrato consistente na aplicação do índice de correção monetária previsto no contrato, que deve retratar a variação efetiva do custo de produção, admitida a adoção de índices específicos ou setoriais (art. 6º, LVIII). Repactuação é forma de manutenção do equilíbrio econômico-financeiro de contrato utilizada para serviços contínuos com regime de dedicação exclusiva de mão de obra ou predominância de mão de obra, por meio da análise da variação dos custos contratuais, devendo estar prevista no edital com data vinculada à apresentação das propostas, para os custos decorrentes do mercado, e com data vinculada ao acordo, à convenção coletiva ou ao dissídio coletivo ao qual o orçamento esteja vinculado, para os custos decorrentes da mão de obra (art. 6º, LVIV). A Lei contém norma especificando a espécie de reajuste que será adotada, a depender da natureza da relação contratual. Nas licitações de serviços contínuos, observado o interregno mínimo de 1 (um) ano, o critério de reajustamento será por: I – reajustamento em sentido estrito, quando não houver regime de dedicação exclusiva de mão de obra ou predominância de mão de obra, mediante previsão de índices específicos ou setoriais; II – repactuação, quando houver regime de dedicação exclusiva de mão de obra ou predominância de mão de obra, mediante demonstração analítica da variação dos custos (art. 25, §3º).

Quando pactuados com dedicação exclusiva de mão de obra, o reajuste dos contratos deve ocorrer por intermédio da repactuação consoante já deliberou o Tribunal de Contas da União:

O instituto da repactuação de preços aplica-se apenas a contratos de serviços continuados prestados com dedicação exclusiva da mão de obra.[417]

A repactuação de preços aplica-se apenas às contratações de serviços continuados com dedicação exclusiva de mão de obra e ocorre a partir da variação dos componentes dos custos do contrato, desde que seja observado o interregno mínimo de um ano das datas dos orçamentos aos quais a proposta se referir, conforme estabelece o art. 5º do Decreto 2.271/97, devendo ser demonstrada analiticamente, de acordo com a Planilha de Custos e Formação de Preços.[418]

A este propósito, cabe destacar a norma contida no art. 7º do Decreto Federal nº 9.507/18, importante referência sobre o tema, mesmo para órgãos e entidades que não tem submissão a ele:

> Art. 7º É vedada a inclusão de disposições nos instrumentos convocatórios que permitam:
> I – a indexação de preços por índices gerais, nas hipóteses de alocação de mão de obra;

14.8.2 Aspectos relevantes do planejamento do contrato no que tange ao reajuste por intermédio da repactuação

A repactuação envolve a recomposição de custos de duas naturezas diversas: custo dos insumos necessários à execução contratual e custo da mão de obra que será alocada para a prestação dos serviços.

A configuração correta do planejamento da licitação destinada à contratação de serviços que envolvam dedicação exclusiva de mão de obra não pode prescindir da correta elaboração do orçamento estimativo, que será a base para a oferta de propostas pelos licitantes, que, por seu turno, será a base para configuração da equação econômico-financeira do contrato.

A elaboração do orçamento estimativo da futura contratação, no caso de contratos de prestação de serviços com dedicação exclusiva de mão de obra, deve ser elaborada em duas etapas ou fases distintas.

A primeira delas diz respeito ao orçamento estimativo dos insumos que serão necessários para a devida prestação de serviços. Os orçamentos estimativos de compras e serviços em geral, que não sejam de engenharia, serão realizados mediante adoção dos parâmetros normativos previstos no art. 23, §1º da Lei nº 14.133/21:

> Art. 23. O valor previamente estimado da contratação deverá ser compatível com os valores praticados pelo mercado, considerados os preços constantes de bancos de dados públicos e as quantidades a serem contratadas, observadas a potencial economia de escala e as peculiaridades do local de execução do objeto.
> §1º No processo licitatório para aquisição de bens e contratação de serviços em geral, conforme regulamento, o valor estimado será definido com base no melhor preço aferido por meio da utilização dos seguintes parâmetros, adotados de forma combinada ou não:

---

[417] Acórdão nº 1488/2016-Plenário, Monitoramento, Relator Ministro Vital do Rêgo.
[418] Acórdão nº 1574/2015-Plenário, TC nº 033.286/2014-0, relator Ministro Benjamin Zymler, 24.06.2015.

I – composição de custos unitários menores ou iguais à mediana do item correspondente no painel para consulta de preços ou no banco de preços em saúde disponíveis no Portal Nacional de Contratações Públicas (PNCP);
II – contratações similares feitas pela Administração Pública, em execução ou concluídas no período de 1 (um) ano anterior à data da pesquisa de preços, inclusive mediante sistema de registro de preços, observado o índice de atualização de preços correspondente;
III – utilização de dados de pesquisa publicada em mídia especializada, de tabela de referência formalmente aprovada pelo Poder Executivo federal e de sítios eletrônicos especializados ou de domínio amplo, desde que contenham a data e hora de acesso;
IV – pesquisa direta com no mínimo 3 (três) fornecedores, mediante solicitação formal de cotação, desde que seja apresentada justificativa da escolha desses fornecedores e que não tenham sido obtidos os orçamentos com mais de 6 (seis) meses de antecedência da data de divulgação do edital;
V – pesquisa na base nacional de notas fiscais eletrônicas, na forma de regulamento.

Devem ser realizados a partir de uma ampla pesquisa de mercado, ou, no dizer do Tribunal de Contas da União, considerando uma "cesta de preços":

> As estimativas de preços prévias às licitações devem estar baseadas em cesta de preços aceitáveis, tais como os oriundos de pesquisas diretas com fornecedores ou em seus catálogos, valores adjudicados em licitações de órgãos públicos, sistemas de compras (Comprasnet), valores registrados em atas de SRP, avaliação de contratos recentes ou vigentes, compras e contratações realizadas por corporações privadas em condições idênticas ou semelhantes.[419]

Na "cesta de preços" de que trata o TCU devem integrar preços apurados junto a fornecedores, preços de produtos ou serviços similares já contratados antes pelo órgão ou entidade; preços de produtos ou serviços similares já contratados antes por outro órgão ou entidades públicas ou empresas do setor privado; preços constantes dos sistemas eletrônicos de compras; preços de produtos ou de serviços registrados em atas de registro de preços vigentes; outros meios de aferição de preços que o órgão ou entidade entenda pertinente. Os preços pesquisados devem ser objeto de tratativa técnica ou de cálculo estatístico, de modo a possibilitar o encontro do preço de referência, que se obtido da forma correta refletirá o preço de mercado do bem ou do serviço.

No que diz respeito ao orçamento estimativo dos custos de mão de obra, que terá dedicação exclusiva na execução do contrato, a base para a sua elaboração são a convenção coletiva de trabalho, o acordo coletivo de trabalho ou a sentença normativa deduzida em processo de dissídio coletivo de trabalho.

A Consolidação das Leis do Trabalho (CLT) dispõe no art. 611 que convenção coletiva de trabalho é "o acordo de caráter normativo, pelo qual dois ou mais Sindicatos representativos de categorias econômicas e profissionais estipulam condições de trabalho aplicáveis, no âmbito das respectivas representações, às relações individuais do trabalho". Em suma, a convenção coletiva de trabalho é um acordo entre sindicato ou sindicatos de empregados e sindicato ou sindicatos de empregadores.[420]

---

[419] Acórdão nº 2637/2015-Plenário, TC nº 013.754/2015-7, Relator Ministro Bruno Dantas, 21.10.2015.
[420] Nos termos da Recomendação 91 da Organização Internacional do Trabalho – OIT, convenção coletiva é "todo acordo escrito relativo às condições de trabalho e de emprego, celebrado entre um empregador, um grupo de

As disposições de convenção coletiva de trabalho operam efeitos em relação a todos os filiados dos sindicatos representativos de que trata a Lei.

Os acordos coletivos de trabalho são pactos negociais celebrados entre um sindicato de trabalhadores e uma ou mais empresas.[421] Esses acordos produzem efeitos somente entre as partes que participaram das negociações que os produziram, não se aplicando a todas as categorias indistintamente – envolvem os trabalhadores da empresa que os celebrou e o sindicato a que estão filiados os respectivos trabalhadores.

Por fim, a sentença normativa é a decisão proferida em sede de processo de dissídio coletivo de trabalho de competência dos Tribunais Regionais do Trabalho ou do Tribunal Superior do Trabalho. A sentença normativa cria normas relativas a uma determinada e específica relação de trabalho e a uma específica categoria sindical.

Para a elaboração do orçamento estimativo dos custos de mão de obra com dedicação exclusiva em contratos de prestação de serviços é fundamental o levantamento das normas que regem as relações de trabalho que serão envolvidas na execução do contrato futuro. Para tanto, é preciso identificar a categoria profissional, ou categorias profissionais[422] dos empregados que serão alocados no trabalho contratado, de modo a balizar a formação dos preços de referência, considerando-se que um mesmo contrato de prestação de serviços terceirizados pode envolver mais de uma categoria profissional.

Um contrato de prestação de serviços pode envolver também as denominadas categorias profissionais diferenciadas nos termos do disposto no art. 511 da Consolidação das Leis do Trabalho:

> Art. 511
> §3º Categoria profissional diferenciada é a que se forma dos empregados que exerçam profissões ou funções diferenciadas por força de estatuto profissional especial ou em consequência de condições de vida singulares.

À guisa de exemplo, tome-se uma empresa cuja atividade preponderante é a de prestação de serviços de limpeza. A categoria profissional dos empregados desta empresa será correspondente à atividade de limpeza. Esta empresa, porém, pode ter relações de trabalho com profissionais de áreas distintas, como motoristas ou secretárias, dentre outras. Caso estes profissionais exerçam funções diferenciadas por força de estatuto profissional especial ou em consequência de condições de vida singulares integram categoria profissional diferenciada.

Estes profissionais que integram a denominada categoria profissional diferenciada se submetem, ou podem se submeter, a acordos ou convenções coletivas de trabalho

---

empregadores, de um lado, e, de outro, uma ou várias organizações representativas de trabalhadores, ou, na falta dessas organizações, representantes dos trabalhadores interessados por eles devidamente eleitos e credenciados, de acordo com a legislação nacional".

[421] O art. 611, §1º da CLT preceitua que "é facultado aos sindicatos representativos de categorias profissionais celebrar acordos coletivos com uma ou mais empresas da correspondente categoria econômica, que estipulem condições de trabalho, aplicáveis no âmbito da empresa ou das empresas acordantes às respectivas relações de trabalho".

[422] Categoria profissional é o conjunto de empregados que, em virtude do exercício de uma mesma atividade de trabalho ou profissão, possuem interesses jurídicos e econômicos próprios e coincidentes. (Perguntas e respostas. *Guia Trabalhista Online*. Disponível em: http://www.guiatrabalhista.com.br/guia/sindicato.htma. Acesso em: 15 set. 2023).

próprias, independentes e autônomas em relação à categoria profissional genérica dos empregados da empresa.

Para a formação dos preços de referência de contratos de prestação de serviços com dedicação exclusiva de mão de obra é preciso, então, identificar qual a categoria profissional dos empregados que serão alocados na prestação dos serviços, e aferir acerca da existência de eventual categoria profissional diferenciada.

Atente-se para o disposto na Súmula nº 374 do Tribunal Superior do Trabalho sobre a abrangência de norma coletiva de categoria profissional diferenciada:

> Empregado integrante de categoria profissional diferenciada não tem o direito de haver de seu empregador vantagens previstas em instrumento coletivo no qual a empresa não foi representada por órgão de classe de sua categoria.

Nos termos da referida súmula, o empregador somente está obrigado ao cumprimento de convenção coletiva de trabalho ou acordo coletivo de trabalho de categoria profissional diferenciada se o sindicato que a representa (a empregadora) participou da negociação coletiva que gerou a norma coletiva (CCT ou ACT). Se o órgão de classe da empresa não teve representatividade no processo de negociação coletiva que gerou a norma coletiva, não é ela obrigada a conceder vantagens previstas na convenção ou acordo coletivo da categoria profissional diferenciada.

As disposições e direitos dos trabalhadores previstas em acordos ou convenções coletivas de trabalho ou em sentença normativa devem ser observadas para a composição dos preços de referência, de modo a possibilitar o correto julgamento das propostas quando da licitação.

Fundamental é que haja a precisa definição acerca das normas (convenção, acordo ou dissídio coletivo de trabalho) a que estão submetidos os profissionais que serão alocados na prestação dos serviços. Uma base de informações desta natureza pode ser realizada nos estudos técnicos preliminares, e constar no termo de referência da licitação (definição de normas trabalhistas em tese) – sem o que restaria inviabilizada a elaboração de orçamentos estimativos. Mas relevante também serão as informações prestadas pelos licitantes em sua proposta. É que, eventualmente, cada licitante – uma vez que a contratação é de serviços – pode compor seu quadro de profissionais de modo diverso, uns adotando profissionais enquadrados em certa categoria, e outros se valendo de profissionais enquadrados em outra (definição de normas trabalhistas em concreto). Importante é que o instrumento de contrato contemple de modo expresso a definição das categorias profissionais que serão envolvidas e das normas trabalhistas (convenção, acordo ou dissídio coletivo) estão submetidas em concreto.

Os pisos salariais das categorias profissionais definidos em acordo ou convenção coletiva de trabalho devem ser respeitados quando da elaboração do orçamento estimativo da contratação (com base na definição das normas trabalhistas em tese). Caso não haja definição de piso salarial em norma coletiva, acordo ou convenção coletiva de trabalho, o valor dos salários dos trabalhadores para fins de elaboração de orçamento estimativo deve ser apurado no mercado específico em que se insere a atividade econômica, a partir de ampla pesquisa de mercado.

É importante destacar que, seja para fins de elaboração de orçamento estimativo, seja para fins de posterior repactuação do contrato, já está consolidado o entendimento no sentido de que a "administração pública não se vincula às disposições estabelecidas em acordos, dissídios ou convenções coletivas de trabalho que tratem de: I – pagamento de participação dos trabalhadores nos lucros ou nos resultados da empresa contratada; II – matéria não trabalhista, ou que estabeleçam direitos não previstos em lei, tais como valores ou índices obrigatórios de encargos sociais ou previdenciários; e III – preços para os insumos relacionados ao exercício da atividade".[423] Esta é uma disposição expressa da Lei nº 14.133/21: "a Administração não se vinculará às disposições contidas em acordos, convenções ou dissídios coletivos de trabalho que tratem de matéria não trabalhista, de pagamento de participação dos trabalhadores nos lucros ou resultados do contratado, ou que estabeleçam direitos não previstos em lei, como valores ou índices obrigatórios de encargos sociais ou previdenciários, bem como de preços para os insumos relacionados ao exercício da atividade" (art. 135, §1º).

O orçamento estimativo correto da contratação de serviços com dedicação exclusiva de mão de obra é fundamental instrumento para (i) orientar a elaboração e apresentação de propostas de preço na licitação que sejam ajustadas ao mercado, aceitáveis e exequíveis; (ii) estabelecer os fundamentos para que a proposta de preço aceita na licitação constitua um referencial adequado para as repactuações no curso da execução do contrato.

Questão que se posta, é se a Administração Pública poderia estabelecer, no orçamento estimativo, um valor de salário acima do piso estabelecido em convenção ou acordo coletivo de trabalho para os empregados que executarão os serviços a serem contratados. O Tribunal de Contas da União, ao enfrentar o tema, dispôs que é possível exigir piso salarial mínimo acima daquele estabelecido em convenção coletiva de trabalho desde que o gestor público comprove que os valores fixados no instrumento convocatório da licitação são compatíveis com os preços pagos pelo mercado para serviços com tarefas de complexidade similar.[424]

Com relação às propostas de preços a serem apresentadas pelos licitantes, o Tribunal de Contas da União já deliberou que devem indicar expressamente, de forma clara e precisa o sindicato, acordo ou sentença normativa que rege a categoria do profissional que executará o serviço, com base na classificação brasileira de ocupações (CBO).[425] O instrumento convocatório deve conter esta exigência.

14.8.3 A periodicidade da repactuação

A repactuação é espécie de reajuste que somente pode ocorrer com periodicidade mínima de um ano. É o que preceitua a norma do art. 25, §8º da Lei nº 14.133/21: "nas licitações de serviços contínuos, observado o interregno mínimo de 1 (um) ano, o critério de reajustamento será por (...)".

---

[423] Decreto Federal nº 9.507/18, art. 9º.
[424] Acórdão nº 2578/19.
[425] Acórdão nº 1501/18.

Diversamente do que ocorre com o reajustamento em sentido estrito, no qual o reajuste contratual terá por base índice setorial ou geral definido no próprio contrato, o reajuste por repactuação demanda demonstração analítica da variação dos custos contratuais. A repactuação terá a periodicidade (de ano), com data vinculada: I – à da apresentação da proposta, para custos decorrentes do mercado; II – ao acordo, à convenção coletiva ou ao dissídio coletivo ao qual a proposta esteja vinculada, para os custos de mão de obra (art. 135).

Na repactuação serão assim consideradas duas datas-base para a apuração da periodicidade anual de que trata a Lei. Para o reajuste do preço de insumos, a data da apresentação da proposta no processo licitatório é o termo inicial do cômputo do prazo de 12 meses. Para o reajuste da parcela relativa à mão de obra, o termo inicial será a data do acordo, convenção ou dissídio coletivo utilizado para elaborar a proposta de preços na licitação.

A repactuação de contratos de prestação de serviços com dedicação exclusiva de mão de obra, em razão de suas particularidades, deve ocorrer em relação ao custo dos insumos e em relação ao custo da mão de obra, de modo autônomo e independente.

A contratação de serviços pode envolver diversas categorias profissionais, com datas-base de convenção ou acordo coletivo de trabalho diversas. A Instrução Normativa nº 05/17[426] indica que a "repactuação poderá ser dividida em tantas parcelas quanto forem necessárias, em respeito ao princípio da anualidade do reajuste dos preços da contratação, podendo ser realizada em momentos distintos para discutir a variação de custos que tenham sua anualidade resultante em datas diferenciadas, tais como os custos decorrentes da mão de obra e os custos decorrentes dos insumos necessários à execução do serviço", e que "quando a contratação envolver mais de uma categoria profissional, com datas-bases diferenciadas, a repactuação deverá ser dividida em tantos quanto forem os Acordos, Convenções ou Dissídios Coletivos de Trabalho das categorias envolvidas na contratação".[427]

A Lei Geral de Licitações, por seu turno, define a sistemática idêntica para esta situação, especificando que a "repactuação poderá ser dividida em tantas parcelas quantas forem necessárias, observado o princípio da anualidade do reajuste de preços da contratação, podendo ser realizada em momentos distintos para discutir a variação de custos que tenham sua anualidade resultante em datas diferenciadas, como os decorrentes de mão de obra e os decorrentes dos insumos necessários à execução dos serviços" (Art. 135, §4º).

No caso da contratação envolver mais de uma categoria profissional, a repactuação poderá ser dividida em tantos quantos forem os acordos, convenções ou dissídios coletivos de trabalho das categorias envolvidas na contratação (art. 135, §5º).

Um exemplo elucida melhor a questão. Suponha-se uma contratação de serviços de limpeza envolvendo duas categorias profissionais. A convenção coletiva de trabalho da primeira categoria tem data base em 15 de julho do ano, e a segunda, em 02 de agosto do ano. A proposta é apresentada em janeiro do ano subsequente e o contrato firmado em março também do ano subsequente. Em julho e agosto deste ano subsequente, mesmo

---

[426] Da Secretaria de Gestão do Ministério do Planejamento, Desenvolvimento e Gestão.
[427] Art. 54, §§2º e 3º.

com vigência contratual de poucos meses, a contratada já detém direito de repactuação respectivamente em relação a cada uma das categorias.

Tem-se então, que haverá uma repactuação destinada a reajustar o custo dos insumos envolvidos na execução do contrato, e poderá haver múltiplas repactuações, cada uma em relação a uma das categorias profissionais envolvidas na execução do contrato.

14.8.4 Critérios para definição do valor devido a título de repactuação

A Lei nº 14.133/21, no art. 135, preceitua que "os preços dos contratos para serviços contínuos com regime de dedicação exclusiva de mão de obra ou com predominância de mão de obra serão repactuados para manutenção do equilíbrio econômico-financeiro, mediante demonstração analítica da variação dos custos contratuais, com data vinculada (...)". O referencial para a repactuação é a variação efetiva dos custos contratuais. Por lei, este referencial aplica-se tanto para a parcela contratual relativa à mão de obra quanto para a parcela contratual relativa aos insumos necessários à execução dos contratos. Esta opção normativa pode representar grandes dificuldades no plano prático operacional administrativo – decorrente da dificuldade e complexidade de comprovação de variação efetiva de custos de todos os insumos demandados para a execução do contrato para fins de repactuação. Defende-se que a compensação, a título de reajuste por repactuação de custos dos insumos necessários à execução do contrato, seja realizada pela aplicação de índice pré-estabelecido no contrato ou no instrumento convocatório. Esta solução já vem sendo adotada por inúmeros órgãos ou entidades públicas.

Este critério híbrido foi adotado por algumas empresas estatais quando da elaboração de seus regulamentos internos.[428] Por este modo híbrido tem-se que (i) os componentes de custos envolvendo mão de obra serão repactuados com base na variação analítica desses componentes determinada pelo Acordo, Convenção ou Dissídio Coletivo de Trabalho superveniente; e (ii) os componentes de custos envolvendo insumos e materiais serão reajustados com base em índices oficiais, previamente definidos no instrumento convocatório e no contrato.

Efetivada a primeira repactuação, os novos valores contratuais dela decorrente terão suas vigências iniciadas (i) a partir da ocorrência do fato gerador que deu causa à repactuação, como regra geral; (ii) em data futura, desde que acordada entre as partes, sem prejuízo da contagem de periodicidade e para concessão das próximas repactuações futuras; ou (iii) em data anterior à ocorrência do fato gerador, exclusivamente quando a repactuação envolver revisão do custo de mão de obra em que o próprio fato gerador, na forma de Acordo, Convenção ou Dissídio Coletivo de Trabalho, contemplar data de vigência retroativa, podendo esta ser considerada para efeito de compensação do pagamento devido, assim como para a contagem da anualidade em repactuações futuras. Os efeitos financeiros da repactuação deverão ocorrer exclusivamente para os itens que a motivaram e apenas em relação à diferença porventura existente.[429]

---

[428] Por exemplo, o regulamento interno de licitações e contratos da Empresa de Saneamento de Mato Grosso do Sul S.A. – SANESUL.

[429] Este é o tratamento dado à questão pela IN nº 05/17, no art. 58. Embora este tratamento não esteja previsto em Lei, sugere-se que o instrumento convocatório e o contrato firmado disponham neste sentido sobre a matéria.

14.9 A formalização da repactuação

A Lei nº 14.133/21 consigna que "registros que não caracterizam alteração do contrato podem ser realizados por simples apostila, dispensada a celebração de termo aditivo, como nas seguintes situações: I – variação do valor contratual para fazer face ao reajuste ou à repactuação de preços previstos no próprio contrato (art. 136). A repactuação, como espécie de reajuste, não demanda formalização pela via do termo aditivo. Formaliza-se por mera apostila ou registro formal no processo da contratação.

Diversamente do que ocorre no caso do reajuste em sentido estrito, aplicação de índice de medição da variação inflacionária já previsto no contrato, a repactuação demanda prova efetiva da variação dos custos. Esta prova deve ser feita pelo contratado, em requerimento especificamente destinado à repactuação.

Em breve roteiro (i) o contratado requer a repactuação para o contratante público; (ii) com o requerimento junta os documentos probatórios da variação dos custos dos insumos ou dos produtos utilizados para a prestação dos serviços, bem como da variação do custo da mão de obra; (iii) a Administração contratante afere os documentos e comprova e efetiva variação de custos de mão de obra e de insumos (caso não adotado o critério de reajuste por índice para a parcela de insumos).

Provada a variação efetiva dos custos dos insumos e produtos e da mão de obra, será concedida a repactuação e modificado o valor do contrato.

14.10 Conclusões objetivas sobre repactuação de contratos de prestação de serviços com dedicação exclusiva de mão de obra

1. Os contratos administrativos tem uma equação econômico-financeira – relação entre os encargos do contratado e a contraprestação pecuniária a que faz jus para se desincumbir das obrigações contratuais;
2. Esta relação entre os encargos contratuais e a remuneração do contratado deve se manter equilibrada durante a execução do contrato;
3. A variação inflacionária é um fator que desequilibra a equação econômico-financeira do contrato, que deve ser recomposta e reequilibrada;
4. O instrumento para a recomposição da equação econômico-financeira do contrato, violada pela inflação, é o reajuste contratual;
5. O reajuste contratual pode se dar por aplicação de índice de variação inflacionária previsto no instrumento convocatório e no contrato (reajuste em sentido estrito), ou por compensação de variação efetiva de custos de insumos, produtos e de mão de obra (repactuação);
6. A repactuação é instrumento para promover o reajuste de contratos de prestação de serviços com dedicação exclusiva de mão de obra;
7. Na etapa do planejamento de um contrato de prestação de serviços com dedicação exclusiva de mão de obra, a Administração Pública deve identificar as categorias profissionais a que pertencem os trabalhadores que serão alocados na prestação dos serviços;

8. Devem ser identificadas as normas coletivas (convenção coletiva de trabalho, acordo coletivo de trabalho, ou sentença normativa) a que estão ou estarão sujeitos os empregados da empresa que prestará os serviços a serem contratados;

9. O instrumento convocatório deve conter exigência de que os licitantes indiquem as categorias profissionais dos trabalhadores que serão alocados na prestação dos serviços, bem como a quais convenção ou acordo coletivo de trabalho estão ou estarão vinculados;

10. A periodicidade mínima para a repactuação é de 12 meses, contados da data limite para a apresentação das propostas no processo licitatório ou da data dos orçamentos utilizados para a elaboração das propostas;

11. A repactuação deve ser requerida pelo contratado e a Administração Pública deve aferir a efetiva variação do custo dos insumos e da mão de obra para conceder o reajuste pleiteado. Para tanto, pode realizar diligências, quando necessário. O instrumento convocatório e o contrato poderão prever que a parcela relativa aos insumos poderá ser objeto de reajustamento em sentido estrito, por índice setorial ou geral contratualmente definido;

12. A repactuação não precisa ser formalizada por termo aditivo, podendo ser objeto de mera apostila no processo de gestão contratual;

13. O pedido de reajustamento por repactuação deve ser realizado no curso da vigência contratual, pena de preclusão (art. 131, parágrafo único da Lei nº 14.133/21), e a extinção do contrato não é óbice para a sua concessão (art. 131).

CAPÍTULO 15

PARTICULARIDADES DOS CONTRATOS DE OBRAS E SERVIÇOS DE ENGENHARIA

15.1 Contratos de obras e serviços de engenharia

Os contratos de obras e serviços de engenharia constituem uma das mais significativas e importantes espécies de contratações públicas. Grande parte das políticas públicas definidas nos planejamentos estratégicos administrativos inclui a realização de obras ou de serviços de infraestrutura. Os serviços públicos essenciais, como os de fornecimento de água tratada e de coleta de esgoto, fornecimento de energia elétrica, transporte coletivo urbano e interurbano, transporte ferroviário, transporte aquaviário ou de telecomunicações, entre outros, demandam constante realização de contratações de obras e de serviços de engenharia. Vale dizer, no espectro de contratações públicas, as obras e serviços de engenharia detêm posição de destaque em face de sua relevância e vinculação com a satisfação de direitos e necessidades fundamentais humanas. Assim, pode-se referir que o pleno exercício e cumprimento das missões constitucionais postas nas mãos do Estado é impossível sem a contratação de obras ou de serviços de engenharia.

Por outro ângulo, trata-se de espécie de contratação extremamente complexa, dotada de particularidades e de peculiaridades técnicas que demandam do intérprete e do aplicador do direito especial atenção e cautela. O propósito dessa análise é o de elencar as principais particularidades dos contratos de obras e de serviços de engenharia, de modo a tentar constituir, juntamente com as considerações de ordem geral acerca dos contratos administrativos dispostas nos capítulos anteriores, um roteiro complementar para os agentes públicos envolvidos nessa espécie de contratação administrativa.

15.2 Distinção entre obras e de serviços de engenharia

A precisa distinção entre um serviço e uma obra de engenharia não tem particular relevância apenas no plano teórico. Trata-se de distinção objetiva que influi em diversas definições do planejamento da contratação pública. O regime jurídico aplicável às obras de engenharia nem sempre é o mesmo daquele aplicável aos serviços de engenharia. Tome-se, por exemplo, o caso da utilização da modalidade de licitação pregão. O pregão pode ser utilizado para licitar serviços comuns de engenharia, mas não pode ser utilizado para licitar obras de engenharia, conforme expressamente determinado pela Lei nº

14.133/21: "o pregão não se aplica às contratações de serviços técnicos especializados de natureza predominantemente intelectual e de obras e serviços de engenharia, exceto os serviços de engenharia de que trata a alínea "a" do inciso XXI do caput do art. 6º desta Lei (art. 29, parágrafo único).[430]

Este já de muito o entendimento firmado pelo Tribunal de Contas da União:

> A modalidade pregão não é aplicável à contratação de obras de engenharia, locações imobiliárias e alienações, sendo permitida a sua adoção nas contratações de serviços comuns de engenharia (Acórdão nº 3605/2014-TCU-Plenário).
> É irregular o uso da modalidade pregão para a licitação de obra, que, nos termos da Lei 8.666/93, é toda "construção, reforma, fabricação, recuperação ou ampliação", independentemente dos materiais nela empregados ou de eventual mobilidade do objeto a ser executado (Acórdão nº 2470/2013-TCU-Plenário).
> A utilização de pregão para a contratação de obras de engenharia afronta o disposto no art. 1º e em seu parágrafo único da Lei 10.520/2002. Auditoria no Fundo Nacional de Desenvolvimento da Educação – FNDE e no Município de Santo Antônio do Descoberto/GO apontou indícios de irregularidades no procedimento licitatório que tem por objeto a contratação das obras de construção de quadra esportiva coberta com palco na Escola Caminho da Luz, nessa localidade. Entre os supostos vícios, destaque-se a utilização da modalidade pregão, na sua forma eletrônica, para a realização da obra. Anotou a equipe de auditoria que, por se tratar de obra de engenharia, a modalidade pregão não poderia ter sido utilizada, tendo em vista o disposto no art. 1º e em seu parágrafo único da Lei 10.520/2002. Lembrou que o Tribunal já se manifestou sobre "a vedação de contratar obras e a permissão de contratar serviços comuns de engenharia mediante pregão". Mencionou, ainda, voto condutor de deliberação do Tribunal que conceituou tais serviços: atividades em que o "emprego de mão-de-obra e equipamentos prepondera sobre a aplicação técnica" (Acórdão 2079/2007 – Plenário). Reproduziu, em seguida, o disposto na Súmula 257/2010 do TCU: "O uso do pregão nas contratações de serviços comuns de engenharia encontra amparo na Lei nº 10.520/2002". Acrescentou que objeto sob exame merece ser classificado como obra de engenharia, e não como serviço de engenharia, "visto que se trata de ação de construir uma quadra esportiva com estrutura de concreto armado e cobertura em estrutura metálica (...)". Ressaltou, porém, o fato de já haver sido celebrado o respectivo contrato. O relator, por sua vez, ante "a baixa materialidade do contrato (R$453,4 mil)", a falta de complexidade desse objeto e "a ausência de indícios de prejuízo aos licitantes", considerou, em linha de consonância com a unidade técnica, suficiente adotar medida visando evitar a reincidência de vício dessa natureza. O Tribunal, então, decidiu dar ciência à Prefeitura Municipal de Santo Antônio do Descoberto/GO e ao FNDE sobre a: "9.1.2. utilização da modalidade licitatória denominada pregão, seja presencial ou eletrônico, para a contratação de obras de engenharia, em dissonância com os ditames estabelecidos pela Lei 10.520/2002 (art. 1º e seu parágrafo único)". Precedente mencionado: Acórdão 2079/2007-Plenário (Acórdão nº 2312/2012-Plenário, TC nº 007.643/2012-8, rel. Min. José Jorge, 29.08.2012).

---

[430] De acordo com a Lei nº 14.133/21, inexiste diferença procedimental entre um pregão e uma concorrência, quando o critério de julgamento for o de menor preço ou de maior desconto, como antes visto.

É fundamental estabelecer, portanto, a distinção entre um serviço de engenharia e uma obra de engenharia. A Lei nº 14.133/21 contempla conceitos para obras de engenharia, serviços comuns de engenharia, e serviços especiais de engenharia:

> Art. 6º Para os fins desta Lei, considera-se:
> XII – obra: toda atividade estabelecida, por força de lei, como privativa das profissões de arquiteto e engenheiro que implica intervenção no meio ambiente por meio de um conjunto harmônico de ações que, agregadas, formam um todo que inova o espaço físico da natureza ou acarreta alteração substancial das características originais de bem imóvel;
> XXI – serviço de engenharia: toda atividade ou conjunto de atividades destinadas a obter determinada utilidade, intelectual ou material, de interesse para a Administração e que, não enquadradas no conceito de obra a que se refere o inciso XII do caput deste artigo, são estabelecidas, por força de lei, como privativas das profissões de arquiteto e engenheiro ou de técnicos especializados, que compreendem:
> a) serviço comum de engenharia: todo serviço de engenharia que tem por objeto ações, objetivamente padronizáveis em termos de desempenho e qualidade, de manutenção, de adequação e de adaptação de bens móveis e imóveis, com preservação das características originais dos bens;
> b) serviço especial de engenharia: aquele que, por sua alta heterogeneidade ou complexidade, não pode se enquadrar na definição constante da alínea "a" deste inciso;

Não há conceito legal de obra especial de engenharia. Inobstante, deve ser deduzido da Lei que as obras também admitem classificação em comuns ou especiais pelos mesmos critérios que distinguem serviços de engenharia em comuns e especiais.

As definições legais não são suficientes para a resolução de situações jurídicas concretas em que a distinção mostra-se indispensável. A contribuir com o desiderato de obter conceitos mais precisos, pode-se utilizar as definições que o Instituto Brasileiro de Auditoria de Obras Públicas (IBRAOP) concebeu para as obras e para os serviços de engenharia na Orientação Técnica nº 02/09:

> *Obra de engenharia* é a ação de construir, reformar, fabricar, recuperar ou ampliar um bem, na qual seja necessária a utilização de conhecimentos técnicos específicos envolvendo a participação de profissionais habilitados conforme o disposto na Lei Federal nº 5.194/66. Para efeito desta Orientação Técnica, conceitua-se:
> *Ampliar*: produzir aumento na área construída de uma edificação ou de quaisquer dimensões de uma obra que já exista.
> *Construir*: consiste no ato de executar ou edificar uma obra nova.
> *Fabricar*: produzir ou transformar bens de consumo ou de produção através de processos industriais ou de manufatura.
> *Recuperar*: tem o sentido de restaurar, de fazer com que a obra retome suas características anteriores abrangendo um conjunto de serviços.
> *Reformar*: consiste em alterar as características de partes de uma obra ou de seu todo, desde que mantendo as características de volume ou área sem acréscimos e a função de sua utilização atual.
> *Serviço de Engenharia* é toda a atividade que necessite da participação e acompanhamento de profissional habilitado conforme o disposto na Lei Federal nº 5.194/66, tais como: consertar, instalar, montar, operar, conservar, reparar, adaptar, manter, transportar, ou ainda, demolir.

Incluem-se nesta definição as atividades profissionais referentes aos serviços técnicos profissionais especializados de projetos e planejamentos, estudos técnicos, pareceres, perícias, avaliações, assessorias, consultorias, auditorias, fiscalização, supervisão ou gerenciamento. Para efeito desta Orientação Técnica, conceitua-se:
Adaptar: transformar instalação, equipamento ou dispositivo para uso diferente daquele originalmente proposto. Quando se tratar de alterar visando adaptar obras, este conceito será designado de reforma.
Consertar: colocar em bom estado de uso ou funcionamento o objeto danificado; corrigir defeito ou falha.
Conservar: conjunto de operações visando preservar ou manter em bom estado, fazer durar, guardar adequadamente, permanecer ou continuar nas condições de conforto e segurança previsto no projeto.
Demolir: ato de por abaixo, desmanchar, destruir ou desfazer obra ou suas partes.
Instalar: atividade de colocar ou dispor convenientemente peças, equipamentos, acessórios ou sistemas, em determinada obra ou serviço.
Manter: preservar aparelhos, máquinas, equipamentos e obras em bom estado de operação, assegurando sua plena funcionalidade.
Montar: arranjar ou dispor ordenadamente peças ou mecanismos, de modo a compor um todo a funcionar. Se a montagem for do todo, deve ser considerada fabricação.
Operar: fazer funcionar obras, equipamentos ou mecanismos para produzir certos efeitos ou produtos.
Reparar: fazer que a peça, ou parte dela, retome suas características anteriores. Nas edificações define-se como um serviço em partes da mesma, diferenciando-se de recuperar.
Transportar: conduzir de um ponto a outro cargas cujas condições de manuseio ou segurança obriguem a adoção de técnicas ou conhecimentos de engenharia.

Em suma, estar-se-á a tratar de obra ou serviço de engenharia se o objeto da contração se inserir em uma das atividades anteriormente relacionadas e somente puder ser realizada por profissional legalmente habilitado para exercer a profissão de engenheiro ou arquiteto. O caso será ainda de atividade de engenharia quando se tratar de serviços técnicos profissionais especializados de projetos e planejamentos, estudos técnicos, pareceres, perícias, avaliações, assessorias, consultorias, auditorias, fiscalização, supervisão ou gerenciamento.

As atividades previstas em lei e na orientação técnica citadas constituem uma referência básica para que os agentes públicos possam definir se o objeto da contratação pretendida se caracteriza como obra ou como serviço de engenharia.

15.3 Relevância prática da distinção entre serviço de engenharia e obra de engenharia

Evidenciadas as diferenças materiais e jurídicas entre uma obra e um serviço de engenharia, é relevante apontar a relevância prática desta distinção:
a) Escolha da modalidade de licitação: a modalidade de licitação para contratar obras ou serviços de engenharia escolhe-se por conta da natureza do objeto do contrato. Obras de engenharia (comuns ou especiais), bem como serviços especiais de engenharia, devem ser licitados pela modalidade de concorrência. Serviços comuns de engenharia devem

ser licitados por pregão – em que pese, repita-se, concorrência e pregão, pelo critério de menor preço, terem idêntico rito procedimental pela sistemática da Lei nº 14.133/21;
b) Definição de responsabilidade técnica: certas atividades previstas na Lei nº 5.194/66, que regula o exercício das profissões de Engenheiro, Arquiteto e Engenheiro-Agrônomo, não são de exercício exclusivo destas categorias profissionais. Algumas atividades legalmente atribuídas a engenheiros ou arquitetos podem ser exercidas por tecnólogos, consoante disposto na Resolução nº 313 do Conselho Federal de Engenharia e Agronomia:

> Art. 3º – As atribuições dos Tecnólogos, em suas diversas modalidades, para efeito do exercício profissional, e da sua fiscalização, respeitados os limites de sua formação, consistem em:
> 1) elaboração de orçamento;
> 2) padronização, mensuração e controle de qualidade;
> 3) condução de trabalho técnico;
> 4) condução de equipe de instalação, montagem, operação, reparo ou manutenção;
> 5) execução de instalação, montagem e reparo;
> 6) operação e manutenção de equipamento e instalação;
> 7) execução de desenho técnico.
> Parágrafo único – Compete, ainda, aos Tecnólogos em suas diversas modalidades, sob a supervisão e direção de Engenheiros, Arquitetos ou Engenheiros Agrônomos:
> 1) execução de obra e serviço técnico;
> 2) fiscalização de obra e serviço técnico;
> 3) produção técnica especializada.

Diante desta possibilidade legal de exercício de atividades inerentes à engenharia por parte de profissionais que não sejam engenheiros ou arquitetos, surge a importância prática da distinção entre serviço de engenharia e obra de engenharia, uma vez que pode contribuir para a delimitação efetiva de responsabilidade técnica em concreto. A este respeito, confira-se a posição do Superior Tribunal de Justiça a respeito:

> TECNÓLOGO EM CONSTRUÇÃO CIVIL. ATRIBUIÇÕES. ANOTAÇÃO EM CARTEIRA PROFISSIONAL DE ATIVIDADES DESTINADAS APENAS A ENGENHEIROS, ARQUITETOS E AGRÔNOMOS. AUSÊNCIA DE PREVISÃO LEGAL.
> I – Dentre as atribuições dos tecnólogos em construção civil conferidas pela Lei 5.194, de 24 de dezembro de 1966, e Resolução CONFEA nº 313, de 26 de setembro de 1986, não estão inseridas todas as atividades descritas na Resolução CONFEA nº 218/73, destinadas apenas a engenheiros, arquitetos e agrônomos.
> II – Inexistindo previsão legal para conferir aos tecnólogos a equiparação de atribuições destinadas a outros profissionais, ressai indevida a anotação de tais atividades na Carteira Profissional.
> III – Recurso improvido (REsp nº 1102749 / SP).
> RECURSO ESPECIAL. PROCESSUAL CIVIL. MANDADO DE SEGURANÇA. AUSÊNCIA DE PROVA PRÉ-CONSTITUÍDA. SÚMULA 7/STJ. EQUIPARAÇÃO ENTRE TECNÓLOGO E ENGENHEIRO CIVIL. IMPOSSIBILIDADE. RESOLUÇÕES 218/73 E 313/86 DO CONFEA. APLICAÇÃO DA LEI 7.410/85. RECURSO CONHECIDO EM PARTE E, NESSA PARTE, PROVIDO.

1. É inviável, em sede de recurso especial, o exame de matéria fático-probatória relativamente à existência de prova pré-constituída que demonstre o direito líquido e certo para impetração de mandado de segurança, nos termos da Súmula 7/STJ: "A pretensão de simples reexame de prova não enseja recurso especial."
2. A questão discutida nos autos cinge-se à possibilidade de o tecnólogo em construção civil - modalidade edifícios - exercer as atribuições designadas ao engenheiro civil pela Resolução 218/73 do CONFEA.
3. A Lei 5.194, de 24 de dezembro de 1966, que regula o exercício das profissões de engenheiro, arquiteto e agrônomo, dispõe, de forma genérica, sobre as atribuições de cada uma dessas profissões (art. 7º), conferindo, outrossim, a competência para regulamentar e executar suas disposições ao CONFEA (art. 27, f). Nesse contexto, considerando a necessidade de discriminar as atividades das diferentes modalidades profissionais da Engenharia, Arquitetura e Agronomia, em nível superior e em nível médio, para fins da fiscalização de seu exercício profissional, o CONFEA editou a Resolução 218/73.
4. Da análise da legislação de regência, infere-se que: (a) não subsiste a defendida equiparação entre o tecnólogo de construção civil e o engenheiro civil; (b) a Resolução 218/73 do CONFEA, ao discriminar as atribuições dos engenheiros civis, arquitetos e engenheiros agrônomos, não extrapolou o âmbito da Lei 5.194/66, mas apenas particularizou as atividades desenvolvidas por aqueles profissionais, para fins de fiscalização da profissão. Na verdade, respeitou-se o princípio constitucional da legalidade (CF/88, art. 37, caput), que se aplica ao CONFEA, dada a personalidade jurídica de autarquia em regime especial que ostenta.
5. O Superior Tribunal de Justiça firmou orientação no sentido de que não existe amparo legal à equiparação do tecnólogo de construção civil ao engenheiro civil ou operacional (REsp 973.866/PR, 2ª Turma, Rel. Min. Castro Meira, DJ de 28.11.2007; REsp 826.186/RS, 1ª Turma, Rel. Min. José Delgado, DJ de 26.6.2006; REsp 576.938/PR, 1ª Turma, Rel. Min. Denise Arruda, 1ª Turma, DJ de 2.5.2006; REsp 739.867/RS, 2ª Turma, Rel. Min. João Otávio de Noronha, DJ de 19.12.2005).
6. Recurso especial parcialmente conhecido e, nessa parte, provido (REsp nº 911421 / SP).

A análise das normas que regem a matéria leva à conclusão no sentido de que alguns serviços de engenharia podem ser exercidos por tecnólogos, mas estes não podem assumir responsabilidade técnica sobre obras de engenharia. Compete ao setor técnico a avaliação, no caso concreto, da definição acerca da responsabilidade técnica pela execução de obras ou de serviços de engenharia – para deliberar quando o objeto do contrato poderá ser atribuído a título de responsabilidade técnica, em caráter exclusivo, a profissional engenheiro ou arquiteto, e quando poderá ser assumida tal responsabilidade por tecnólogo;

c) critério objetivo de aceitabilidade de atestados de capacidade técnica profissional: a depender do risco de execução contratual, pode ser exigida a prova de capacidade técnico-profissional como requisito de habilitação. A distinção, para esta finalidade, entre obra de engenharia ou serviço de engenharia, tem relevância. A Lei nº 14.133/21 prevê que: "a documentação relativa à qualificação técnico-profissional e técnico-operacional será restrita a: I – apresentação de profissional, devidamente registrado no conselho profissional competente, quando for o caso, detentor de atestado de responsabilidade técnica por execução de obra ou serviço de características semelhantes, para fins de contratação; II – certidões ou atestados, regularmente emitidos pelo conselho profissional competente, quando for o caso, que demonstrem capacidade operacional na execução de serviços similares de complexidade tecnológica e operacional equivalente ou superior, bem como documentos comprobatórios emitidos na forma do §3º do art. 88 desta Lei (art. 65). Devem ser admitidos como prova de capacidade técnica, atestados relativos a obras ou serviços com características "semelhantes" àquelas do objeto do certame licitatório. Não é incomum que se pretenda, para esta finalidade, a aceitação de atestados de capacidade técnica relativos a serviços de engenharia, quando o objeto da licitação versa sobre obra de engenharia. Capacidade técnica para execução de serviço de engenharia não equivale a capacidade técnica para execução de obra de engenharia, o que deve ser objeto de avaliação quando do julgamento da etapa de habilitação no curso do processo licitatório.

15.4 Regime jurídico aplicável aos profissionais engenheiros e arquitetos

É relevante frisar que a execução de obras ou de serviços de engenharia é atividade exclusiva de profissionais legalmente habilitados para tal. Essa habilitação profissional genérica não deve ser exigida apenas de profissionais ou de pessoas jurídicas contratadas pela Administração, mas também de agentes públicos que se envolvam na realização de atividades exclusivas de engenheiros ou de arquitetos, como realização de projeto básico, de projeto executivo, ou atividades de fiscalização, de execução de obras ou de serviços de engenharia. Algumas atividades inerentes à engenharia podem ser realizadas por arquitetos e por tecnólogos.

A Lei nº14.133/21 contém previsão expressa, ao conceituar serviço de engenharia, de que são atividades que podem ser exercidas por técnicos especializados. Esta norma deve ser interpretada sistematicamente com outras normas legais que regulamentam o exercício de profissões.

As principais normas que regulam a profissão de engenharia, de arquitetura e de tecnólogo engenharia estão contidas na Lei Federal nº 5.194/66, Lei Federal nº 6.496/77, na Lei Federal nº 12.378/10, bem como em resoluções expedidas pelo Conselho Federal de Engenharia e Agronomia (CONFEA), notadamente as de nºs 221/74; 282/83; 317/86; 336/89; 413/97; 425/98; 1.010/2005, 1.048/13 e 1137/23; e resoluções expedidas pelo Conselho Federal de Arquitetura, notadamente a de nº 21/2012.

É fundamental atentar para os limites legais de exercício da profissão. A Lei Federal nº 5.194/66 preceitua que as atividades e atribuições profissionais do engenheiro, do arquiteto e do engenheiro-agrônomo consistem em (art. 7º):

a) desempenho de cargos, funções e comissões em entidades estatais, paraestatais, autárquicas, de economia mista e privada;
b) planejamento ou projeto, em geral, de regiões, zonas, cidades, obras, estruturas, transportes, explorações de recursos naturais e desenvolvimento da produção industrial e agropecuária;
c) estudos, projetos, análises, avaliações, vistorias, perícias, pareceres e divulgação técnica;
d) ensino, pesquisas, experimentação e ensaios;
e) fiscalização de obras e serviços técnicos;
f) direção de obras e serviços técnicos;
g) execução de obras e serviços técnicos;
h) produção técnica especializada, industrial ou agropecuária.

Os engenheiros, arquitetos e engenheiros-agrônomos podem exercer qualquer atividade que, por sua natureza, se inclua no âmbito de suas profissões (Lei nº 5.194/66, art. 7º, parágrafo único). As atividades previstas nas alíneas "a", "b", "c", "d", "e" e "f" do artigo 7º anteriormente citado são da competência de pessoas físicas, para tanto legalmente habilitadas (art. 8º). As pessoas jurídicas e organizações estatais só poderão exercer as atividades discriminadas no artigo 7º, com exceção das contidas na alínea "a", com a participação efetiva e autoria declarada de profissional legalmente habilitado e registrado pelo Conselho Regional competente (art. 8º, parágrafo único). E as atividades enunciadas nas alíneas "g" e "h" do art. 7º podem ser exercidas, indistintamente, por profissionais ou por pessoas jurídicas (art. 9º).

A Lei nº 5.194/66 determina ainda, no art. 15, que "são nulos de pleno direito os contratos referentes a qualquer ramo da engenharia, arquitetura ou da agronomia, inclusive a elaboração de projeto, direção ou execução de obras, quando firmados por entidade pública ou particular com pessoa física ou jurídica não legalmente habilitada a praticar a atividade" de engenharia ou arquitetura, conduta que, de resto, configura contravenção penal nos termos do art. 47 do Decreto-Lei nº 3.688/41 (exercer profissão ou atividade econômica ou anunciar que a exerce, sem preencher as condições a que por lei está subordinado o seu exercício).

Particularidade importante diz respeito à denominada anotação de responsabilidade técnica (ART). A Lei nº 6.496/77 preceitua que "todo contrato, escrito ou verbal, para a execução de obras ou prestação de quaisquer serviços profissionais referentes à Engenharia, à Arquitetura e à Agronomia fica sujeito à 'Anotação de Responsabilidade Técnica' (ART)". Trata-se de documento que define para os efeitos legais os responsáveis técnicos pelo empreendimento de engenharia, arquitetura e agronomia. A anotação de responsabilidade técnica é feita perante o Conselho Regional de Engenharia e Agronomia (CREA) em cuja jurisdição for exercida a atividade.[431]

O exercício regular da profissão de engenheiro pressupõe, portanto, habilitação legal e anotação de responsabilidade técnica de toda a execução de obras ou de serviços de engenharia na forma da lei.

Confira-se, a respeito, a dicção da Lei nº 5.194/66:

> Art. 13. Os estudos, plantas, projetos, laudos e qualquer outro trabalho de engenharia, de arquitetura e de agronomia, quer público, quer particular, sòmente poderão ser submetidos ao julgamento das autoridades competentes e só terão valor jurídico quando seus autores forem profissionais habilitados de acôrdo com esta lei.
>
> Art. 20. Os profissionais ou organizações de técnicos especializados que colaborarem numa parte do projeto, deverão ser mencionados explicitamente como autores da parte que lhes tiver sido confiada, tornando-se mister que todos os documentos, como plantas, desenhos, cálculos, pareceres, relatórios, análises, normas, especificações e outros documentos relativos ao projeto, sejam por êles assinados.
>
> Parágrafo único. A responsabilidade técnica pela ampliação, prosseguimento ou conclusão de qualquer empreendimento de engenharia, arquitetura ou agronomia caberá ao profissional ou entidade registrada que aceitar êsse encargo, sendo-lhe, também, atribuída a responsabilidade

---
[431] Resolução CONFEA nº 425/98, art. 1º.

das obras, devendo o Conselho Federal dotar resolução quanto às responsabilidades das partes já executadas ou concluídas por outros profissionais.

A Lei nº Lei nº 12.378/10, assim, fixa a delimitação para o exercício de atividade e arquiteto e urbanista:

> Art. 7º Exerce ilegalmente a profissão de arquiteto e urbanista a pessoa física ou jurídica que realizar atos ou prestar serviços, públicos ou privados, privativos dos profissionais de que trata esta Lei ou, ainda, que, mesmo não realizando atos privativos, se apresenta como arquiteto e urbanista ou como pessoa jurídica que atue na área de arquitetura e urbanismo sem registro no CAU.

Aspecto significativo também é o relativo aos direitos autorais sobre projeto de obra ou de serviço de engenharia. A Lei nº 5.194/66 a este respeito disciplina que:

> Art. 17. Os direitos de autoria de um plano ou projeto de engenharia, arquitetura ou agronomia, respeitadas as relações contratuais expressas entre o autor e outros interessados, são do profissional que os elaborar.
> Parágrafo único. Cabem ao profissional que os tenha elaborado os prêmios ou distinções honoríficas concedidas a projetos, planos, obras ou serviços técnicos.
> Art. 18. As alterações do projeto ou plano original só poderão ser feitas pelo profissional que o tenha elaborado.

No que diz respeito às atividades de arquitetura, assim dispõe a Lei nº 12.378/10:

Art. 2º As atividades e atribuições do arquiteto e urbanista consistem em:
I – supervisão, coordenação, gestão e orientação técnica;
II – coleta de dados, estudo, planejamento, projeto e especificação;
III – estudo de viabilidade técnica e ambiental;
IV – assistência técnica, assessoria e consultoria;
V – direção de obras e de serviço técnico;
VI – vistoria, perícia, avaliação, monitoramento, laudo, parecer técnico, auditoria e arbitragem;
VII – desempenho de cargo e função técnica;
VIII – treinamento, ensino, pesquisa e extensão universitária;
IX – desenvolvimento, análise, experimentação, ensaio, padronização, mensuração e controle de qualidade;
X – elaboração de orçamento;
XI – produção e divulgação técnica especializada; e
XII – execução, fiscalização e condução de obra, instalação e serviço técnico.
Parágrafo único. As atividades de que trata este artigo aplicam-se aos seguintes campos de atuação no setor:
I – da Arquitetura e Urbanismo, concepção e execução de projetos;
II – da Arquitetura de Interiores, concepção e execução de projetos de ambientes;
III – da Arquitetura Paisagística, concepção e execução de projetos para espaços externos, livres e abertos, privados ou públicos, como parques e praças, considerados isoladamente ou em sistemas, dentro de várias escalas, inclusive a territorial;

IV – do Patrimônio Histórico Cultural e Artístico, arquitetônico, urbanístico, paisagístico, monumentos, restauro, práticas de projeto e soluções tecnológicas para reutilização, reabilitação, reconstrução, preservação, conservação, restauro e valorização de edificações, conjuntos e cidades;
V – do Planejamento Urbano e Regional, planejamento físico-territorial, planos de intervenção no espaço urbano, metropolitano e regional fundamentados nos sistemas de infraestrutura, saneamento básico e ambiental, sistema viário, sinalização, tráfego e trânsito urbano e rural, acessibilidade, gestão territorial e ambiental, parcelamento do solo, loteamento, desmembramento, remembramento, arruamento, planejamento urbano, plano diretor, traçado de cidades, desenho urbano, sistema viário, tráfego e trânsito urbano e rural, inventário urbano e regional, assentamentos humanos e requalificação em áreas urbanas e rurais;
VI – da Topografia, elaboração e interpretação de levantamentos topográficos cadastrais para a realização de projetos de arquitetura, de urbanismo e de paisagismo, foto-interpretação, leitura, interpretação e análise de dados e informações topográficas e sensoriamento remoto;
VII – da Tecnologia e resistência dos materiais, dos elementos e produtos de construção, patologias e recuperações;
VIII – dos sistemas construtivos e estruturais, estruturas, desenvolvimento de estruturas e aplicação tecnológica de estruturas;
IX – de instalações e equipamentos referentes à arquitetura e urbanismo;
X – do Conforto Ambiental, técnicas referentes ao estabelecimento de condições climáticas, acústicas, lumínicas e ergonômicas, para a concepção, organização e construção dos espaços;
XI – do Meio Ambiente, Estudo e Avaliação dos Impactos Ambientais, Licenciamento Ambiental, Utilização Racional dos Recursos Disponíveis e Desenvolvimento Sustentável.

Por seu turno, a Lei nº 14.133/21 estabelece no art. 93 que:

Nas contratações de projetos ou de serviços técnicos especializados, inclusive daqueles que contemplem o desenvolvimento de programas e aplicações de internet para computadores, máquinas, equipamentos e dispositivos de tratamento e de comunicação da informação (software) – e a respectiva documentação técnica associada –, o autor deverá ceder todos os direitos patrimoniais a eles relativos para a Administração Pública, hipótese em que poderão ser livremente utilizados e alterados por ela em outras ocasiões, sem necessidade de nova autorização de seu autor.
§1º Quando o projeto se referir a obra imaterial de caráter tecnológico, insuscetível de privilégio, a cessão dos direitos a que se refere o caput deste artigo incluirá o fornecimento de todos os dados, documentos e elementos de informação pertinentes à tecnologia de concepção, desenvolvimento, fixação em suporte físico de qualquer natureza e aplicação da obra.
§2º É facultado à Administração Pública deixar de exigir a cessão de direitos a que se refere o caput deste artigo quando o objeto da contratação envolver atividade de pesquisa e desenvolvimento de caráter científico, tecnológico ou de inovação, considerados os princípios e os mecanismos instituídos pela Lei nº 10.973, de 2 de dezembro de 2004.
§3º Na hipótese de posterior alteração do projeto pela Administração Pública, o autor deverá ser comunicado, e os registros serão promovidos nos órgãos ou entidades competentes.

Em razão do peculiar regime jurídico relativo aos direitos autorais sobre plano ou projeto de engenharia ou arquitetura, é fundamental que a Administração Pública faça prever nos instrumentos convocatórios e no contrato administrativo referente à contratação de projeto de engenharia ou de arquitetura (projeto básico, por exemplo) que o autor cede à Administração os direitos patrimoniais a ele relativos e autoriza antecipada e expressamente qualquer alteração no projeto ou plano original. Tal é juridicamente possível em razão de que os direitos autorais são disponíveis. O art. 93 da Lei nº 14.133/21 especifica que "nas contratações de projetos ou de serviços técnicos especializados, inclusive daqueles que contemplem o desenvolvimento de programas e aplicações de internet para computadores, máquinas, equipamentos e dispositivos de tratamento e de comunicação da informação (software) – e a respectiva documentação técnica associada –, o autor deverá ceder todos os direitos patrimoniais a eles relativos para a Administração Pública, hipótese em que poderão ser livremente utilizados e alterados por ela em outras ocasiões, sem necessidade de nova autorização de seu autor".

Quando da configuração de licitação destinada a contratar obras ou serviços de engenharia constitui dever a avalição crítica acerca das atividades que podem ser executadas por categoria profissional, para correta e legal definição da responsabilidade técnica e de prova de capacidade técnica para fins de habilitação. Deve-se tomar em conta que certas atividades profissionais são comuns e podem ser exercidas indistintamente por profissional da área de engenharia ou arquitetura, outras não podem. Repita-se que cabe ao setor técnico a definição precisa sobre limites de atividade profissional de cada categoria, para fins de deliberação acerca de responsabilidade técnica e de aceitabilidade de prova de capacidade técnica profissional.

15.5 Anotação de responsabilidade técnica dos profissionais que atuam na execução de obras e de serviços de engenharia

As atividades de profissional ou pessoa jurídica na área de engenharia ou arquitetura devem ser objeto de anotação de responsabilidade técnica e compete à Administração Pública exigir e atestar a regularidade destes registros nos órgãos profissionais competentes.

A norma que dispõe sobre a Anotação de Responsabilidade Técnica – ART, o Acervo Técnico-Profissional e o Acervo Operacional relativos a obras e serviços de engenharia é a Resolução nº 1.137/2023 do Conselho Federal de Engenharia e Agronomia – Confea. Esta norma produz distinção efetiva entre acervo técnico profissional – do profissional –, e acervo técnico operacional – da pessoa jurídica. A anotação de responsabilidade técnica – ART é o instrumento que define, para os efeitos legais, os responsáveis técnicos pela execução de obras ou prestação de serviços relativos às profissões abrangidas pelo Sistema Confea/Crea. Todo contrato escrito ou verbal para execução de obras ou prestação de serviços relativos às profissões abrangidas pelo Sistema Confea/Crea fica sujeito ao registro da ART no Crea em cuja circunscrição for exercida a respectiva atividade (art. 2º e 3º). A ART relativa à execução de obra ou prestação de serviço deve ser registrada antes do início da respectiva atividade técnica, de acordo com as informações constantes do contrato firmado entre as partes (art. 27).

A Certidão de Acervo Técnico-Profissional – CAT é o instrumento que certifica, para os efeitos legais, que consta dos assentamentos do Crea a anotação da responsabilidade técnica pelas atividades consignadas no acervo técnico do profissional (art. 47).

A anotação de responsabilidade técnica é instrumento de registro de responsabilidade técnica de profissional. O registro de responsabilidade técnica de pessoa jurídica é formalizado por intermédio de Certidão de Acervo Operacional – CAO. O CAO é o instrumento que certifica, para os efeitos legais, que consta dos assentamentos do(s) Creas, o registro da(s) anotação(ções) de responsabilidade técnica (ART) registrada(s) e relativas a obras ou serviços de engenharia realizados por contratação e execução de pessoa jurídica.

É facultado ao profissional requerer o registro de atestado fornecido por pessoa física ou jurídica de direito público ou privado contratante com o objetivo de instruir o processo de emissão de CAT e de fazer prova de aptidão para desempenho de atividade pertinente e compatível em características, quantidades e prazos. O atestado é a declaração fornecida pelo contratante da obra ou serviço, pessoa física ou jurídica de direito público ou privado, que atesta a execução de obra ou a prestação de serviço e identifica seus elementos quantitativos e qualitativos, o local e o período de execução, os responsáveis técnicos envolvidos, as atividades técnicas executadas e a empresa contratada (art. 58).

A norma que dispõe sobre a certidões pelos Conselhos de Arquitetura e Urbanismo dos Estados e do Distrito Federal Resolução nº 93/2014.

As certidões de responsabilidade técnica emitidas pelos CAU/UF são I – Certidão de Acervo Técnico (CAT); e II – Certidão de Acervo Técnico com Atestado (CAT-A) (art. 1º). O acervo técnico do arquiteto e urbanista é o conjunto de projetos, obras e demais serviços técnicos no âmbito da Arquitetura e Urbanismo, que tenham sido por ele realizados e registrados no CAU/UF por meio de Registros de Responsabilidade Técnica (RRT), nos termos da legislação em vigor. Para fins de constituição de acervo técnico do arquiteto e urbanista somente serão considerados os projetos, obras e demais serviços técnicos de Arquitetura e Urbanismo cujos RRT tenham sido devidamente baixados, nos termos de normativo próprio do CAU/BR (art. 3º e 4º).

Exigir a apresentação de ART ou de RRT é dever jurídico do gestor público, como já decidiu o Tribunal de Contas da União:

SÚMULA Nº 260
É dever do gestor exigir apresentação de Anotação de Responsabilidade Técnica – ART referente a projeto, execução, supervisão e fiscalização de obras e serviços de engenharia, com indicação do responsável pela elaboração de plantas, orçamento-base, especificações técnicas, composições de custos unitários, cronograma físico-financeiro e outras peças técnicas.
11. Outra ocorrência observada nos autos consiste na inexistência da Anotação de Responsabilidade Técnica do projeto básico da obra em exame. A Lei nº 6.496/1977, em seu art. 1º, impõe que: "Todo contrato, escrito ou verbal, para a execução de obras ou prestação de quaisquer serviços profissionais referentes à Engenharia, à Arquitetura e à Agronomia fica sujeito à 'Anotação de Responsabilidade Técnica' (ART).". Já o art. 2º desse diploma legal traz a finalidade da ART, verbis: "A ART define para os efeitos legais os responsáveis técnicos pelo empreendimento de engenharia, arquitetura e agronomia."
12. Como se vê, a ART é peça obrigatória para obras de engenharia, cujo escopo permite a especificação tanto dos técnicos que elaboram os projetos quanto daqueles que executam as obras, com vistas a possibilitar a responsabilização em caso de eventuais erros detectados em qualquer das etapas do empreendimento. Ademais disso, permite ainda a verificação acerca do cumprimento do disposto no art. 9º da Lei nº 8.666/1993, que veda a participação

dos autores do projeto básico, pessoas físicas ou jurídicas, na execução da obra ou serviço. Afigura-se pertinente determinação para que Secretaria Estadual de Infra-estrutura de Roraima adote providência para regular tal situação (Acórdão nº 1632/2009).

9.1.2.3. identifique cada peça técnica (plantas, orçamento-base, composições de custos unitários, cronograma físico-financeiro etc.) por meio das Anotações de Responsabilidade Técnica (ART) dos responsáveis por sua autoria, e também com a identificação dos últimos revisores, em conformidade com a Resolução CONFEA nº 425 (arts. 1º e 2º) e com o §5º do art. 109 da LDO/2009 (Lei nº 11.768, de 14 de agosto de 2008) (Acórdão nº 2617/2008).

15.6 Particularidades do planejamento da contratação de obras e serviços de engenharia

Como estrutura elementar e fundamental, o planejamento da contratação de uma obra ou serviço de engenharia atende as mesmas regras gerais e princípios aplicáveis a toda e qualquer contratação pública. Todas as etapas de planejamento já abordadas anteriormente têm aplicação na hipótese de obras e de serviços de engenharia. Atente-se para que a Lei nº 14.133/21 não faz distinção entre a etapa preparatória para a contratação de obras ou serviços de engenharia e aquela destinada às demais espécies contratuais. Conquanto a etapa preparatória para contratação de obras e serviços de engenharia tenha a mesma estrutura procedimental das demais espécies contratuais, a sua natureza intrínseca demanda cautelas administrativas específicas ou particularidades específicas que devem ser consideradas.

A título de particularidades que podem ter serventia para os agentes públicos envolvidos com tais contratações, pode-se referir àquelas relativas à identificação da necessidade, à descrição do objeto (projeto básico e projeto executivo), ao licenciamento ambiental e avaliação dos impactos ambientais, bem como ao orçamento estimativo.

15.6.1 Identificação da necessidade – Estudos preliminares: programa de necessidades, estudo de viabilidade e anteprojeto

A identificação da necessidade a ser atendida é a tarefa mais relevante do processo da contratação. No caso de contratação de obras ou de serviços de engenharia, essa tarefa pode ser bastante complexa. A necessidade específica, vale dizer, aquela que direta e imediatamente se pretende atender com a realização material, em muitos casos é acrescida de necessidades acessórias ou suplementares importantes. O adequado planejamento da obra ou do serviço de engenharia deve contemplar a identificação de quais as mais relevantes e significativas necessidades diretas e indiretas deverão ser satisfeitas com o objeto da contratação. O espectro de obras ou de serviços de engenharia é bastante amplo e complexo, a demandar evidente estudo técnico adequado a cada caso concreto. Tome-se por exemplo a necessidade de melhorar as condições de tráfego em uma rodovia revestida com saibro. A necessidade específica é a melhoria da via para que se obtenha a melhores das condições de tráfego. Contudo, ao melhorar as condições de tráfego, pode-se supor que haverá aumento significativo dele, o que demanda avaliar quais necessidades acessórias serão dele decorrentes: impactos ambientais, impactos no entorno e nas comunidades circunvizinhas, aumento do risco de acidentes de tráfego, entre outros, a demandar soluções técnicas e jurídicas ajustadas e adequadas à real e completa necessidade coletiva.

Elemento nuclear e estrutural da realização de obras ou serviços de engenharia ou arquitetura são os projetos que, nos termos do Decreto Federal nº 10.306/20, são "atividade de criação, conceituação, dimensionamento e planejamento, realizada anteriormente à execução da obra, em qualquer nível de desenvolvimento ou detalhamento, a qual pode se referir a: a) anteprojeto; b) projeto básico; c) projeto executivo; ou d) outras etapas de projeto não definidas em lei" (art. 3º, VII).

15.6.2 Programa de necessidades

A elaboração de programa de necessidades é etapa específica do planejamento de contratação de obras ou serviços de engenharia. Há previsão legal de sua realização no art. 6º, XXIV, a,[432] como elemento constitutivo do anteprojeto de engenharia. De muito o Tribunal de Contas da União vem recomendando a elaboração de programa de necessidades como etapa preliminar de planejamento para contratar obra ou de serviço de engenharia. Para a Corte de Contas, um programa de necessidades tem as seguintes características:

> Antes de iniciar o empreendimento, o órgão deve levantar suas principais necessidades, definindo o universo de ações e empreendimentos que deverão ser relacionados para estudos de viabilidade. Esse é o programa de necessidades.
> Em seguida, é necessário que a Administração estabeleça as características básicas de cada empreendimento, tais como: fim a que se destina, futuros usuários dimensões, padrão de acabamento pretendido, equipamentos e mobiliários a serem utilizados, entre outros aspectos. Deve-se considerar, também, a área de influência de cada empreendimento, levando em conta a população e a região a serem beneficiadas. Do mesmo modo, precisam ser observadas as restrições legais e sociais relacionadas com o empreendimento em questão, isto é, deve ser cumprido o Código de Obras Municipal.[433]

O programa de necessidades relativo à realização de obra pública é o levantamento de informações a ser feito pelo órgão ou entidade pública antes de iniciar o empreendimento, definindo o universo de ações e procedimentos, bem como quais demandas públicas deverão ser satisfeitas pela realização da obra ou serviço de engenharia. Esse levantamento deve ser realizado de forma racional e sistêmica, mediante atuação de equipe multidisciplinar para a adequada aferição de todos os aspectos relevantes a serem considerados na configuração da contratação da obra ou serviço de engenharia.

Uma referência conceitual relevante é aquela contida na orientação técnica IBRAOP OT – IBR 006/2016, do Instituto Brasileiro de Auditoria de Obras Públicas:

---

[432] Ar. 6º, XXIV – anteprojeto: peça técnica com todos os subsídios necessários à elaboração do projeto básico, que deve conter, no mínimo, os seguintes elementos: a) demonstração e justificativa do programa de necessidades, avaliação de demanda do público-alvo, motivação técnico-econômico-social do empreendimento, visão global dos investimentos e definições relacionadas ao nível de serviço desejado.

[433] BRASIL. Tribunal de Contas da União. *Obras públicas*: recomendações básicas para a contratação e fiscalização de obras públicas. 3. ed. Brasília: TCU, SecobEdif, 2013. p. 13. Lembre-se que a recomendação promovida pelo TCU se deu na vigência da Lei nº 8.666/93, que também não prevê este documento denominado "programa de necessidades".

Programa de Necessidades: documento contendo as exigências de caráter prescritivo ou de desempenho a serem satisfeitas pelo empreendimento a ser concebido, definindo suas características básicas e considerando a área de influência, a população atingida e a região beneficiada. Os padrões de acabamento, a área construída, a durabilidade, a qualidade e a destinação do bem a ser construído também devem ser estabelecidos desde logo no plano de necessidades.

Devem integrar o programa de necessidades, as denominadas condições de contorno, que são informações e levantamentos necessários e suficientes, entre sondagens, topografia, estudos de demanda, condições ambientais e demais elementos ambientais impactantes na definição da solução de projeto e do orçamento da obra.[434]

Programa de necessidades, no caso de contratações públicas, é o conjunto de informações fáticas, técnicas, sociais, urbanísticas, ambientais e legais que evidenciam na integridade os aspectos relevantes indispensáveis para a construção da solução de engenharia ou arquitetura mais apta a atender com eficiência, sustentabilidade, eficácia e economicidade uma determinada e específica necessidade pública.

As informações coletadas nesta etapa serão a base para a elaboração do estudo técnico preliminar e para os demais documentos de planejamento da contratação.

15.6.3 Estudo técnico preliminar para contratar obras ou serviços de engenharia

É indispensável a realização de investigações, estudos, consultas, avaliações e prospecções destinadas à identificação de toda a necessidade administrativa a ser satisfeita pela execução de obra pública ou serviço de engenharia.

Para a identificação desse conjunto de necessidades (específica e acessórias ou indiretas) é preciso realizar estudos preliminares bastante consistentes e completos – nesta oportunidade, não para a definição do objeto, mas tão somente para identificar quais os problemas (técnicos, jurídicos, econômicos, sociais etc.) deverão ser atendidos pelo complexo da contratação da obra ou serviço de engenharia. Estudos preliminares são, de acordo com a Orientação Técnica IBRAOP OT nº 04/12, o "conjunto de elementos que objetivam analisar o empreendimento sob os aspectos técnico, ambiental, econômico, financeiro e social, caracterizando e avaliando as possíveis alternativas para a implantação do projeto e procedendo à estimativa do custo de cada uma delas".

Assim, na fase de estudos preliminares a Administração levantará o máximo de informações sobre o local da obra e do entorno, infraestrutura já existente, serviços públicos disponíveis (água tratada, coleta de esgoto, energia elétrica, telefonia, entre outros), limitações de ordem ambiental e socioeconômica (algumas obras públicas são realizadas em áreas de invasão, ou mesmo áreas controladas por facções criminosas, traficantes de drogas, o que pode demandar uma atuação social bastante eficiente e em regime de estreita colaboração com as lideranças comunitárias formais ou informais).

Em suma, o Tribunal de Contas da União, com base na Lei, como antes dito, sugere que nesta etapa do planejamento, opere-se com três condutas indispensáveis: elaboração

---

[434] Orientação técnica IBRAOP OT – IBR Nº 006/2016.

do programa de necessidades, elaboração de estudo de viabilidade e elaboração do anteprojeto.

O estudo de viabilidade recebe da Lei nº 14.133/21 a designação de "estudo técnico preliminar", que é uma investigação preliminar realizada a partir do programa de necessidades e objetiva eleger o empreendimento que melhor responda ao programa de necessidades, sob os aspectos técnico, ambiental e socioeconômico.

Estudo técnico preliminar é "documento constitutivo da primeira etapa do planejamento de uma contratação que caracteriza o interesse público envolvido e a sua melhor solução e dá base ao anteprojeto, ao termo de referência ou ao projeto básico a serem elaborados caso se conclua pela viabilidade da contratação" (art. 6º, XX).

Confira-se o conteúdo legalmente determinado para o estudo técnico preliminar:

Art. 18
§1º O estudo técnico preliminar a que se refere o inciso I do caput deste artigo deverá evidenciar o problema a ser resolvido e a sua melhor solução, de modo a permitir a avaliação da viabilidade técnica e econômica da contratação, e conterá os seguintes elementos:
I – descrição da necessidade da contratação, considerado o problema a ser resolvido sob a perspectiva do interesse público;
II – demonstração da previsão da contratação no plano de contratações anual, sempre que elaborado, de modo a indicar o seu alinhamento com o planejamento da Administração;
III – requisitos da contratação;
IV – estimativas das quantidades para a contratação, acompanhadas das memórias de cálculo e dos documentos que lhes dão suporte, que considerem interdependências com outras contratações, de modo a possibilitar economia de escala;
V – levantamento de mercado, que consiste na análise das alternativas possíveis, e justificativa técnica e econômica da escolha do tipo de solução a contratar;
VI – estimativa do valor da contratação, acompanhada dos preços unitários referenciais, das memórias de cálculo e dos documentos que lhe dão suporte, que poderão constar de anexo classificado, se a Administração optar por preservar o seu sigilo até a conclusão da licitação;
VII – descrição da solução como um todo, inclusive das exigências relacionadas à manutenção e à assistência técnica, quando for o caso;
VIII – justificativas para o parcelamento ou não da contratação;
IX – demonstrativo dos resultados pretendidos em termos de economicidade e de melhor aproveitamento dos recursos humanos, materiais e financeiros disponíveis;
X – providências a serem adotadas pela Administração previamente à celebração do contrato, inclusive quanto à capacitação de servidores ou de empregados para fiscalização e gestão contratual;
XI – contratações correlatas e/ou interdependentes;
XII – descrição de possíveis impactos ambientais e respectivas medidas mitigadoras, incluídos requisitos de baixo consumo de energia e de outros recursos, bem como logística reversa para desfazimento e reciclagem de bens e refugos, quando aplicável;
XIII – posicionamento conclusivo sobre a adequação da contratação para o atendimento da necessidade a que se destina.

Cabe ao agente responsável pelo planejamento da obra ou serviço de engenharia a tarefa de identificar em concreto a dimensão completa da necessidade pública a ser atendida e especificá-la, com nível de precisão adequado, nos instrumentos técnicos desta etapa.

15.6.4 Anteprojeto de engenharia ou arquitetura

Com fundamento nas informações colhidas na etapa de elaboração do programa de necessidades será elaborado o anteprojeto de engenharia ou arquitetura. A depender da complexidade do objeto, a critério do setor técnico correspondente, esta peça pode ser dispensada.

Anteprojeto é peça técnica com todos os subsídios necessários à elaboração do projeto básico, que deve conter, no mínimo, os seguintes elementos: a) demonstração e justificativa do programa de necessidades, avaliação de demanda do público-alvo, motivação técnico-econômico-social do empreendimento, visão global dos investimentos e definições relacionadas ao nível de serviço desejado; b) condições de solidez, de segurança e de durabilidade; c) prazo de entrega; d) estética do projeto arquitetônico, traçado geométrico e/ou projeto da área de influência, quando cabível; e) parâmetros de adequação ao interesse público, de economia na utilização, de facilidade na execução, de impacto ambiental e de acessibilidade; f) proposta de concepção da obra ou do serviço de engenharia; g) projetos anteriores ou estudos preliminares que embasaram a concepção proposta; h) levantamento topográfico e cadastral; i) pareceres de sondagem; j) memorial descritivo dos elementos da edificação, dos componentes construtivos e dos materiais de construção, de forma a estabelecer padrões mínimos para a contratação (art. 6º, XXIV).

Para o Instituto Brasileiro de Auditoria de Obras Públicas anteprojeto de engenharia é "a representação técnica da opção aprovada em estudos anteriores, para subsidiar a elaboração do Projeto Básico, apresentado em desenhos em número, escala e detalhes suficientes para a compreensão da obra planejada, contemplando especificações técnicas, memorial descritivo e orçamento estimativo, e deve ser elaborado como parte da sequência lógica das etapas que compõem o desenvolvimento de uma obra, precedido obrigatoriamente de estudos preliminares, programa de necessidades e estudo de viabilidade".[435]

Registre-se o contido na Orientação técnica IBRAOP OT – IBR Nº 006/2016, do Brasileiro de Auditoria de Obras Públicas acerca de anteprojeto:

> O anteprojeto de engenharia e seus correspondentes estudos preliminares devem conter as condições de contorno, as informações e os requisitos técnicos destinados a possibilitar a caracterização do objeto contratual e a visão global do empreendimento, incluindo, no que couber:
> a) programa de necessidades;
> b) nível de serviço desejado;
> c) identificação e titularidade de terrenos;
> d) condições de solidez, segurança, durabilidade e prazo de entrega da obra;

---

[435] Orientação técnica IBRAOP OT – IBR Nº 006/2016.

e) levantamentos preliminares que embasaram a concepção adotada, tais como geológicos, geotécnicos, hidrológicos, batimétricos, topográficos, sociais, ambientais e cadastrais, conforme o caso;
f) desenhos preliminares da concepção da obra;
g) parâmetros de adequação ao interesse público, à economia na utilização, à facilidade na execução, aos impactos ambientais e à acessibilidade;
h) previsão de utilização de produtos, equipamentos e serviços que, comprovadamente, reduzam o consumo de energia e de recursos naturais;
i) projetos anteriores, caso existam e sejam de interesse para demonstrar a solução pretendida;
j) diagnóstico ambiental da área de influência do projeto, incluindo a avaliação do passivo ambiental, o estudo dos impactos ao meio ambiente e as prováveis medidas mitigadoras ou compensatórias, conforme o caso;
k) avaliação de impactos de vizinhança, quando exigida pela legislação aplicável;
l) proteção do patrimônio cultural, histórico, arqueológico e imaterial, inclusive por meio da avaliação do impacto direto ou indireto causado pelas obras contratadas, quando exigida pelas legislações aplicáveis;
m) memorial descritivo da obra, indicando os componentes construtivos e os materiais de construção a serem empregados, de forma a estabelecer padrões mínimos para a contratação;
n) estudo de tráfego, no caso de vias terrestres; e
o) compatibilidade com o Plano Diretor e com o Plano de Saneamento Básico, no caso de obras de saneamento básico.

As soluções técnicas, tais como definição de materiais e equipamentos a serem empregados, dimensionamento de estruturas e componentes da obra e metodologias executivas, são elementos obrigatórios do anteprojeto quando assim definidos no instrumento convocatório, constituindo-se em obrigações de meio. Em caso contrário, podem ser estabelecidas posteriormente à licitação, no projeto básico. As especificações técnicas atinentes às características finais do produto, tais como dimensões, acabamentos, qualidade e desempenho, por se constituírem em obrigações de resultado (finalísticas) devem estar previamente definidas no edital, o qual também deverá explicitar quais dessas características poderão ser alteradas quando da elaboração do projeto básico.

Precedente do Tribunal de Contas da União exemplifica o alcance do conteúdo do anteprojeto:

> Nas obras de implantação e pavimentação rodoviária, o estudo das ocorrências de materiais para pavimentação (cascalheiras, areais e pedreiras) é elemento essencial para se estimar o valor da contratação e deve ser exigido, inclusive, para os anteprojetos de engenharia (Acórdão 2980/2015-TCU-Plenário).

A depender da complexidade do objeto contratual e dos riscos envolvidos na contratação, mediante avaliação do setor técnico competente, a Administração poderá deixar de elaborar anteprojeto.

15.6.5 Orçamento estimativo com nível de precisão preliminar

Nessa etapa inicial do planejamento da obra ou serviço de engenharia ou arquitetura não existem informações suficientes para a elaboração de orçamentos estimativos com alto nível de precisão. Ainda assim, deve ser realizada uma estimativa de custo do empreendimento, adotando-se metodologias adequadas (orçamento expedito, paramétrico ou sintético). Uma a avaliação preliminar do custo de obra ou serviço de engenharia ou arquitetura é feita com base em custos históricos, índices, gráficos, estudos de ordens de grandeza, correlações ou comparação com projetos similares, ou mesmo multiplicando o custo por metro quadrado do empreendimento (que pode ser obtido em revistas especializadas) pela metragem da obra que se pretende realizar. Não há, nessa fase, por evidente, condições de realizar um orçamento detalhado e preciso do empreendimento. Contudo, como dito, para a aferição de existência de recursos orçamentários – que é o relevante nessa etapa, apenas a estimativa preliminar de custo é suficiente.

Com a estimativa de custo e com todas as informações colhidas nessa fase em mãos, deve-se realizar uma análise de viabilidade técnica e econômico-financeira, inclusive para concluir acerca da existência de recursos orçamentários para atender integralmente à despesa e acerca dos ganhos efetivos para a coletividade com a execução da obra em relação ao seu custo econômico, social e ambiental.

Nesta etapa, o nível de precisão do orçamento será baixo. De acordo com contido na antes citada Orientação técnica IBRAOP OT – IBR Nº 006/2016 podem ser utilizadas nesta etapa as seguintes metodologias:

7.1 ORÇAMENTO SINTÉTICO

O orçamento sintético é elaborado mediante levantamentos de quantitativos de serviços calculados com base no anteprojeto de engenharia, com precisão compatível com o seu nível de detalhamento, composto pela descrição, unidade de medida, preço unitário, quantidades e preço dos serviços da obra.

O orçamento sintético deve ser balizado pelos sistemas referenciais oficiais tais como Sinapi e Sicro, ou outro de reconhecida utilização, devidamente adaptados às condições regionais e peculiares de cada obra, além de levar em consideração possíveis ganhos de escala e os advindos de otimizações do anteprojeto permitidas para a elaboração do projeto básico.

7.2 METODOLOGIA PARAMÉTRICA

A metodologia paramétrica deve ser utilizada, na elaboração do orçamento, exclusivamente nos casos dos serviços para os quais não haja detalhamento suficiente no anteprojeto de engenharia, quando os quantitativos poderão ser estimados por meio de índices médios.

A metodologia paramétrica consiste em utilizar parâmetros de custos ou de quantidades de parcelas do empreendimento obtidos a partir de obras com características similares, tais como:

• percentual do custo total da obra: mobilização e desmobilização, administração local e projetos;
• custo por unidade de comprimento: defensa, meio-fio e sarjeta;
• custo por unidade de área: canteiro de obras, impermeabilização e limpeza final de obra;
• custo por unidade de volume: demolição, movimentação de terra e sistema de climatização de ar; e
• custo por ponto de utilização: instalações hidráulicas, instalações sanitárias, instalações elétricas e circuito fechado de vídeo (CFTV).

7.3 METODOLOGIA EXPEDITA

A metodologia expedita deve ser utilizada exclusivamente para empreendimentos cuja singularidade no Brasil torne inviável a elaboração do orçamento por meio dos demais métodos.

A metodologia expedita é baseada em preços por unidade de capacidade ou na utilização de indicadores de preços médios por unidade característica do empreendimento, por exemplo:
- obras de edificação: preço por metro quadrado de área construída;
- obras de geração de energia: preço por MW de potência instalada;
- estações de tratamento de água ou de esgoto: preço por unidade de volume tratado; e
- linhas de transmissão de energia: preço por quilômetro de linha com as mesmas características técnicas.

Reitere-se que, como regra geral, nesta etapa não existirão informações suficientes para a elaboração de orçamento estimativo com grau de precisão de nível de projeto básico.

15.6.6 Descrição do objeto – elaboração de projeto básico e projeto executivo

O objeto constitui a solução administrativa que será posta em disputa no processo licitatório. No que diz com a contratação de obras e de serviços de engenharia, o objeto deve ser exaustivamente detalhado no projeto básico e no projeto executivo.

A Resolução CONFEA nº 361/91 apresenta importantes considerações sobre o projeto básico.

> Art. 1º – O Projeto Básico é o conjunto de elementos que define a obra, o serviço ou o complexo de obras e serviços que compõem o empreendimento, de tal modo que suas características básicas e desempenho almejado estejam perfeitamente definidos, possibilitando a estimativa de seu custo e prazo de execução.
> Art. 2º – O Projeto Básico é uma fase perfeitamente definida de um conjunto mais abrangente de estudos e projetos, precedido por estudos preliminares, anteprojeto, estudos de viabilidade técnica, econômica e avaliação de impacto ambiental, e sucedido pela fase de projeto executivo ou detalhamento.
> §1º – As fases do projeto citadas neste Artigo podem ou não ser objeto de um único contrato, em função do porte da obra.
> §2º – A qualidade do projeto deverá ser assegurada em cada uma das fases, bem como a responsabilidade técnica de seus autores.
> Art. 3º – As principais características de um Projeto Básico são:
> a) desenvolvimento da alternativa escolhida como sendo viável, técnica, econômica e ambientalmente, e que atenda aos critérios de conveniência de seu proprietário e da sociedade;
> b) fornecer uma visão global da obra e identificar seus elementos constituintes de forma precisa;
> c) especificar o desempenho esperado da obra; d) adotar soluções técnicas, quer para conjunto, quer para suas partes, devendo ser suportadas por memórias de cálculo e de acordo com critérios de projeto pré-estabelecidos de modo a evitar e/ou minimizar reformulações e/ou ajustes acentuados, durante sua fase de execução;
> e) identificar e especificar, sem omissões, os tipos de serviços a executar, os materiais e equipamentos a incorporar à obra;
> f) definir as quantidades e os custos de serviços e fornecimentos com precisão compatível com o tipo e porte da obra, de tal forma a ensejar a determinação do custo global da obra com precisão de mais ou menos 15% (quinze por cento);

g) fornecer subsídios suficientes para a montagem do plano de gestão da obra;
h) considerar, para uma boa execução, métodos construtivos compatíveis e adequados ao porte da obra;
i) detalhar os programas ambientais, compativelmente com o porte da obra, de modo a assegurar sua implantação de forma harmônica com os interesses regionais.

Esse conteúdo normativo é uma significativa referência para a elaboração do projeto básico, que, como visto, é de atribuição exclusiva de profissional legalmente habilitado para tal.

Consoante dispõe a Orientação Técnica IBRAOP OT – IBR Nº 001/2006:

Projeto Básico é o conjunto de desenhos, memoriais descritivos, especificações técnicas, orçamento, cronograma e demais elementos técnicos necessários e suficientes à precisa caracterização da obra a ser executado, atendendo às Normas Técnicas e à legislação vigente, elaborado com base em estudos anteriores que assegurem a viabilidade e o adequado tratamento ambiental do empreendimento.

Deve estabelecer com precisão, através de seus elementos constitutivos, todas as características, dimensões, especificações, e as quantidades de serviços e de materiais, custos e tempo necessários para execução da obra, de forma a evitar alterações e adequações durante a elaboração do projeto executivo e realização das obras.

Todos os elementos que compõem o Projeto Básico devem ser elaborados por profissional legalmente habilitado, sendo indispensável o registro da respectiva Anotação de Responsabilidade Técnica, identificação do autor e sua assinatura em cada uma das peças gráficas e documentos.

O IBRAOP, na referida norma, apresenta ainda sugestão de conteúdo técnico do projeto básico, que, pela sua utilidade transcreve-se na íntegra:

Todo Projeto Básico deve apresentar conteúdos suficientes e precisos, tais como os descritos nos itens 5.1 a 5.5, representados em elementos técnicos de acordo com a natureza, porte e complexidade da obra de engenharia.
As pranchas de desenho e demais peças deverão possuir identificação contendo:
• Denominação e local da obra;
• Nome da entidade executora;
• Tipo de projeto;
• Data;
• Nome do responsável técnico, número de registro no CREA e sua assinatura.
5.1 *Desenho*
Representação gráfica do objeto a ser executado, elaborada de modo a permitir sua visualização em escala adequada, demonstrando formas, dimensões, funcionamento e especificações, perfeitamente definida em plantas, cortes, elevações, esquemas e detalhes, obedecendo às normas técnicas pertinentes.
5.2 *Memorial Descritivo*
Descrição detalhada do objeto projetado, na forma de texto, onde são apresentadas as soluções técnicas adotadas, bem como suas justificativas, necessárias ao pleno entendimento do projeto, complementando as informações contidas nos desenhos referenciados no item 5.1.
5.3 *Especificação Técnica*

Texto no qual se fixam todas as regras e condições que se deve seguir para a execução da obra ou serviço de engenharia, caracterizando individualmente os materiais, equipamentos, elementos componentes, sistemas construtivos a serem aplicados e o modo como serão executados cada um dos serviços apontando, também, os critérios para a sua medição.

5.4 Orçamento

Avaliação do custo total da obra tendo como base preços dos insumos praticados no mercado ou valores de referência e levantamentos de quantidades de materiais e serviços obtidos a partir do conteúdo dos elementos descritos nos itens 5.1, 5.2 e 5.3, sendo inadmissíveis apropriações genéricas ou imprecisas, bem como a inclusão de materiais e serviços sem previsão de quantidades.

O Orçamento deverá ser lastreado em composições de custos unitários e expresso em planilhas de custos e serviços, referenciadas à data de sua elaboração.

O valor do BDI considerado para compor o preço total deverá ser explicitado no orçamento.

5.4.1 Planilha de Custos e Serviços

A Planilha de Custos e Serviços sintetiza o orçamento e deve conter, no mínimo:

• Discriminação de cada serviço, unidade de medida, quantidade, custo unitário e custo parcial;
• Custo total orçado, representado pela soma dos custos parciais de cada serviço e/ou material;
• Nome completo do responsável técnico, seu número de registro no CREA e assinatura

5.4.2 Composição de Custo Unitário de Serviço

Cada Composição de Custo Unitário define o valor financeiro a ser despendido na execução do respectivo serviço e é elaborada com base em coeficientes de produtividade, de consumo e aproveitamento de insumos e seus preços coletados no mercado, devendo conter, no mínimo:

• Discriminação de cada insumo, unidade de medida, sua incidência na realização do serviço, preço unitário e custo parcial;
• Custo unitário total do serviço, representado pela soma dos custos parciais de cada insumo.

Para o caso de se utilizarem Composições de Custos de entidades especializadas, a fonte de consulta deverá ser explicitada.

5.5 Cronograma físico-financeiro

Representação gráfica do desenvolvimento dos serviços a serem executados ao longo do tempo de duração da obra demonstrando, em cada período, o percentual físico a ser executado e o respectivo valor financeiro despendido.

Confira-se precedente do Tribunal de Contas da União versando sobre particularidades de projeto básico:

1. A existência de deficiências graves no Projeto Básico que impossibilitam a adequada descrição dos serviços que serão implementados na obra compromete o certame realizado, tendo em vista que tal procedimento afasta da licitação empresas que optam por não correr o risco de apresentar um orçamento elaborado sem a necessária precisão, havendo, portanto, prejuízo à competitividade do certame e à contratação da proposta mais vantajosa pela Administração Pública, o que enseja a nulidade da concorrência efetivada. 2. As constatações de que o valor contratado apresenta elevado sobrepreço e de que as obras ainda não foram iniciadas justificam a anulação do ajuste pactuado. 3. Para realização de nova licitação, após a anulação da concorrência anteriormente efetivada, o projeto básico deverá atender a todos os requisitos do art. 6º, inciso IX, e do art. 7º, ambos da Lei nº 8.666/1993 e o orçamento-base deverá ser preciso, devidamente detalhado, e adequado aos preços de mercado (Acórdão nº 2819/2012).

3. Observo que o ponto central destes autos se refere a matéria com que o Tribunal tem se deparado repetidas vezes e que, infelizmente, não tem merecido a devida atenção dos responsáveis pelas obras públicas: a elaboração de um projeto básico de qualidade e preciso o suficiente para o adequado desenvolvimento técnico e financeiro do empreendimento. Projeto básico deficiente é fórmula infalível para a colheita de toda a sorte de problemas na condução da obra.
4. Entendo que é praticamente impossível deixar de ocorrer adequações, adaptações e correções quando da realização do projeto executivo e mesmo na execução das obras. Mas estas devem se manter em limites razoáveis, gerando as conseqüências naturais de um projeto que tem por objetivo apenas traçar as linhas gerais do empreendimento.
5. Aqui, a irregularidade principal foi a supressão de itens previstos inicialmente e o acréscimo de novos itens sem a realização de certame licitatório, com a possível violação dos princípios constitucionais da legalidade, da moralidade, da igualdade, da impessoalidade, da publicidade e da economicidade.
6. Alterações na transição entre o projeto básico e o executivo sempre ocorrem. Não há como fugir disso. É certo que, no caso em exame, a equipe de Auditoria defende que as mudanças foram além do razoável, a ponto de propor a adoção de medida cautelar para suspender a execução da obra e a realização de qualquer pagamento com recursos federais, oriundos do Convênio nº 11/2007 (Acórdão nº 1983/2008).

O projeto básico tem dupla função: balizar as definições do planejamento da licitação e da contratação da obra e servir de parâmetro para que os licitantes elaborem suas propostas técnicas e comerciais, daí por que deve ser elaborado com a máxima precisão técnica e por profissional devidamente capacitado para tal.

15.6.7 Modelagem da Informação da Construção (*Building Information Modelling* – BIM) como instrumento de definição do objeto contratual

A Lei contém relevante norma acerca da definição de objeto em caso de contratação de obras e serviços de engenharia e arquitetura: "nas licitações de obras e serviços de engenharia e arquitetura, sempre que adequada ao objeto da licitação, será preferencialmente adotada a Modelagem da Informação da Construção (*Building Information Modelling* – BIM) ou tecnologias e processos integrados similares ou mais avançados que venham a substituí-la (art. 19, §3º).

A norma determina a adoção gradativa de tecnologias e processos integrados que permitam a criação, a utilização e a atualização de modelos digitais de obras e serviços de engenharia. Os recursos de informática podem contribuir para melhorar, em muito, a qualidade das obras e dos serviços de engenharia. Nesse sentido, a expressão "modelos digitais" abarca duas noções: projetos e protótipos.

Deve o administrador, na medida do possível, adotar projetos padronizados de obras ou serviços de engenharia ou arquitetura mas também utilizar recursos de informática para criar protótipos digitais de obras, com o objetivo de facilitar a análise acerca da viabilidade de utilização dos mesmos projetos para situações similares ou para obter uma versão digital da obra acabada ou de parte de obra.

Já existem recursos de informática suficientes, e por preço acessível, que possibilitam a criação de protótipos digitais, em três dimensões, de uma obra ou de serviço de engenharia.

A plataforma BIM – Modelagem da Informação da Construção (*Building Information Modelling* – BIM) permite a elaboração de projetos integrados, com a possibilidade de simulações ou criação de modelos em três dimensões. Há também o recurso de renderização, que é "processo que permite obter imagens digitais resultantes de modelos tridimensionais, por meio de softwares específicos. Essas imagens visam simular ambientes de forma foto realista, materiais, luzes, bem como objetos de um projeto e de um modelo 3D".[436] A visualização digital de uma obra pronta, antes de sua execução efetiva, é um instrumento eficaz para obter mais eficiência, possibilitando ajustes e adequações de projeto antes da aplicação de recursos públicos na sua execução – para tanto a plataforma mostra-se bem adequada, exatamente porque este modelo BIM conterá base de dados fundamentada em objetos virtuais, que contém informações codificadas e incorpora seus relacionamentos, o que possibilita diversas visualizações, organizações e cálculos que integram informações gráficas e não gráficas.[437]

Sobre esta tecnologia BIM, Antonio Carlos de Oliveira Miranda e Cleiton Rocha de Matos apontam que

> Segundo Eastman et al. (2014, p. 1), o BIM é a construção de um modelo virtual preciso de uma edificação, contendo dados relevantes e necessários para dar suporte à construção e incorporando funções necessárias para o ciclo de vida de uma edificação. "Quando implementado de maneira apropriada, o BIM facilita o processo de projeto e construção mais integrado que resulta em construções de melhor qualidade com custo e prazo de execução reduzidos" (EASTMAN *et al.*, 2014, p. 1).
>
> Um modelo BIM pode ser usado para diversos propósitos, tais como: visualização e renderização 3D; desenhos para fabricação; análise dos requisitos legais do projeto; estimativa de custos; sequenciamento da construção; detecção de interferência; análises de simulações e conflito; e gestão e operação das edificações (AZHAR, 2011, p. 242-243).

O uso do BIM traz benefícios desde a fase de concepção do empreendimento até a operação, por possibilitar uma visualização mais precisa do projeto, correções automáticas das mudanças feitas nele, geração automática dos desenhos 2D, compatibilização das diversas disciplinas do projeto, extração automática dos quantitativos, sincronização com o planejamento e melhor gerenciamento e operação das edificações (EASTMAN *et al.*, 2014, p. 16-21)

(…) O BIM pode ser classificado em 3D, 4D e 5D. BIM 3D refere-se à construção virtual da obra em ferramentas computacionais de modelagem 3D, em que é possível a geração de pranchas 2D automáticas e a conexão de diversas informações em um modelo centralizado, facilitando manter o conjunto de documentos atualizados, além de poder ser usado na análise de interferências e conflitos entre as diversas disciplinas da obra, minimizando

---

[436] Disponível em: https://biblus.accasoftware.com/ptb/renderizacao-definicao-tipos-e-tecnicas-de-visualizacao/. Acesso em: 18 set. 2023.

[437] Art. 3º, V, Decreto Federal nº 10.306/20.

os problemas durante a execução e a presença dos projetistas no canteiro. A visualização do modelo 3D, passeios virtuais e inúmeras possibilidades de cortes e vistas aumentam o grau de entendimento do projeto, possibilitando a detecção de erros na fase de execução da obra. BIM 4D associa os componentes 3D às tarefas do cronograma, isto é, inclui o tempo. Já o BIM 5D refere-se à ligação inteligente do BIM 4D e a informação relativa aos custos.[438]

Luan Alves de Souza et al registram algumas vantagens da metodologia BIM:

> União dos setores da construção. Como já mencionado algumas vezes, umas das principais vantagens do BIM é que ele traz um ambiente de trabalho colaborativo, em que os setores energético, hidráulico, estrutural, arquitetônico e os demais envolvidos podem interagir e compartilhar dados.
> Essa união dos setores tem elevada importância, pois por meio dela os resultados são melhores e o empreendimento caminha congênere com a ideia concebida inicialmente, isso quer dizer que essa união torna o projeto um caminho uno, reduzindo radicalmente as incorreções que podem surgir.
> Essa colaboração parte de uma base de dados unificada compartilhada. Scheer et al. (2007) apud Farinha (2012) sustentam que com essa base de dados vários projetistas conseguem trabalhar de maneira conjunta. Quando se altera algo no projeto arquitetônico, exemplificando, todos os outros projetos integrados nessa base de dados se modificam também à medida que o modelo vai sendo atualizado.
> A viabilidade de um empreendimento está estreitamente ligada à disposição orçamentária do cliente, nesse ponto de vista, lançar um orçamento consistente sem variações relevantes, transmite confiança para ambas as partes envolvidas. Estruturação dos cortes do projeto Na fase inicial dos projetos da construção civil são definidos os cortes que facilitarão a visualização da obra.
> Os sistemas bidimensionais trazem cortes pouco detalhados visualmente e sem riqueza de informações. Através dos softwares interoperáveis é possível extrair esses cortes com mais praticidade, como se pudessem realmente visualizá-lo dentro da própria construção. A sustentabilidade dentro da construção civil é um tema relevante, uma vez que o setor é responsável pela geração de grandes volumes de resíduos em razão de fatores adversos, dentre eles o retrabalho, que ocorre quando algo que não foi previsto na fase de projeto, ou não foi alterado ainda em projeto, precisa ser refeito no decorrer da obra, gerando desperdício de materiais e, consequentemente, mais entulhos, além de atrasos no cronograma e alteração no orçamento previsto.
> Um dos principais objetivos da metodologia BIM é aprimorar os projetos, compatibilizando-os a fim de prevenir erros e retrabalhos. Assim, pode-se deduzir que promover a sustentabilidade é uma das vantagens relacionadas a essa metodologia.[439]

De maneira geral, o BIM comporta-se como um elo de ligação entre as diversas fases da construção civil: projeto estrutural e arquitetônico, instalações hidrossanitárias

---

[438] Potencial uso do BIM na fiscalização de obras públicas. *Revista do TCU*, Edição nº 133, p. 29, 2015. Disponível em: file:///C:/Users/User/Downloads/1302-Texto%20do%20artigo-2273-1-10-20160224.pdf. Acesso em: 18 set. 2023.

[439] SOUZA, Luan Alves de; DAMASCENO, Deysiane Antunes Barroso; CRUZ, Cristine Bertola; GOMES, Fernando Henrique Fagundes; MATOS, Emanuel Bomtempo; MIRANDA, Suymara Toledo; IASBIK, Israel; STEFANI FILHO, Romulo. Metodologia BIM na construção civil. In: CRUZ, Tairine Cristine Bertola (Org.). Arquitetura e Engenharia: Ensaios Multidisciplinares. Ponta Grossa: Aya Editora, 2022. Disponível em: https://ayaeditora.com.br/wp-content/uploads/Livros/L135C7.pdf. Acesso em: 26 ago. 2023.

e elétricas, orçamentação, planejamento e controle, entre outros. Assim, ele possibilita que todas as alterações feitas em uma área reflitam em todas as outras, minimizando as divergências que surgem ao longo de todos os processos da construção.

O Decreto Federal nº 10.306/2020, que foi recepcionado pela Lei nº 14.133/21, preceitua que *Building Information Modelling* – BIM ou Modelagem da Informação da Construção é o "conjunto de tecnologias e processos integrados que permite a criação, a utilização e a atualização de modelos digitais de uma construção, de modo colaborativo, que sirva a todos os participantes do empreendimento, em qualquer etapa do ciclo de vida da construção" (art. 3º, II). Este conjunto de tecnologias e processos integrados possibilita a elaboração de projetos e a sua integração (integração entre os projetos arquitetônico, estrutural, elétrico, hidráulico, de rede lógica, entre outros). Esta integração de projetos tem o potencial de reduzir de modo expressivo a necessidade de alterações contratuais no curso da execução de uma obra ou serviço de engenharia.

Antes visto que a Lei nº 14.133/21 fixa que um dos objetivos da contratação pública é a seleção da proposta apta a produzir o resultado mais vantajoso para a Administração Pública, considerado o ciclo de vida do objeto.

Neste pormenor, o Decreto Federal nº 10.306/20 aponta que ciclo de vida da construção é o conjunto das etapas de um empreendimento que abrange: a) o programa de necessidades; b) a elaboração dos projetos de arquitetura e engenharia em seus diversos níveis de desenvolvimento ou detalhamento; c) a execução da obra; d) o comissionamento; e e) as atividades de gerenciamento do uso e de manutenção do empreendimento após a sua construção (art. 3º III).

A necessária avaliação de ciclo de vida quando da definição do objeto contratual de obra e serviço de engenharia e arquitetura observará este conceito normativo.

Por fim, Antonio Carlos de Oliveira Miranda e Cleiton Rocha de Matos apontam algumas funcionalidades e utilidades decorrentes do uso da tecnologia:

> a. o BIM 4D antecipa a fase de planejamento a detecção dos problemas referentes a interferências entre os diversos serviços e entre os serviços e os elementos do canteiro. Com isso, é possível um planejamento melhor da obra e seu canteiro, aumentando as chances de ser concluída no prazo previsto. Empregando ferramentas especializadas 4D, pode-se comparar os modelos virtuais da execução real e prevista, de forma a avaliar o cumprimento do cronograma e efetuar replanejamentos para assegurar o prazo da obra.
> b. o emprego do modelo BIM 5D fornece as quantidades exatas dos componentes da obra e são ligados ao custo, permitindo o controle do fluxo de caixa e faturamento da obra, sendo possível visualizar graficamente o trabalho concluído, o que facilita o acompanhamento da obra.
> c. em algumas das atividades de fiscalização – detecção de serviço e material defeituoso, solicitação de testes e ensaios, substituição de funcionários – não foi verificada uma ajuda efetiva da tecnologia BIM, pois são atividades ligadas a verificações no local do canteiro e dependem da atuação do fiscal na gestão do contrato.[440]

---

[440] Potencial uso do BIM na fiscalização de obras públicas. *Revista do TCU*, Edição nº 133, p. 29, 2015. Disponível em: file:///C:/Users/User/Downloads/1302-Texto%20do%20artigo-2273-1-10-20160224.pdf. Acesso em: 18 set. 2023.

As funcionalidades desta tecnologia podem levar à elaboração de projetos com elevado grau de precisão, contribuindo para reduzir, ou mesmo eliminar, defeitos que são causa de alterações contratuais e prejuízos para o interesse público.

Trata-se de tecnologia que deve ser implementada e aplicada pela Administração Pública, como devem ser todas aquelas inovações tecnológicas que permitam ampliar a eficiência e diminuir os riscos de execução contratual.

A adoção de tecnologias disponíveis no mercado específico a custos razoáveis e aceitáveis, antes de constituir conduta discricionária por parte do administrador público, insere-se no plano do dever jurídico que, se descumprido, caracteriza conduta omissiva própria, passível de responsabilização pessoal.

15.6.8 Projeto executivo – instrumento de detalhamento do objeto contratual

Outro instrumento de planejamento importante para a contratação de obras e serviços de engenharia é o projeto executivo. Ainda que se repute que o conteúdo do projeto básico previsto no art. 6º, XXV da Lei nº 14.133/21 é bastante extenso e completo, a depender da complexidade do objeto, será necessário detalhamento em nível de projeto executivo. A Lei conceitua projeto executivo o conjunto de elementos necessários e suficientes à execução completa da obra, com o detalhamento das soluções previstas no projeto básico, a identificação de serviços, de materiais e de equipamentos a serem incorporados à obra, bem como suas especificações técnicas, de acordo com as normas técnicas pertinentes (art. 6º, XXVI).

O projeto executivo conterá os elementos necessários indicando "como" deve ser realizada a obra ou o serviço de engenharia. São os projetos básico e executivo complementares, vale dizer, juntos, conterão todas as informações técnicas indispensáveis para a execução satisfatória e integral do objeto contratado.

Trata-se de documento referencial de engenharia ou arquitetura que consiste no detalhamento e complementação das especificações técnicas contidas no projeto básico, voltadas à definição de metodologias de execução e resultado final do objeto pretendido.

O Instituto Brasileiro de Auditoria de Obras Públicas, por intermédio da Orientação Técnica IBRAOP OT – IBR Nº 008/2020, conceitua projeto executivo o projeto básico (conforme OT IBR Nº 001/2006) acrescido de detalhes construtivos necessários e suficientes para a perfeita instalação, montagem e execução dos serviços e obras, elaborado de acordo com as normas técnicas pertinentes e sem alterar o projeto básico, inclusive seus quantitativos, orçamento e cronograma. O projeto executivo opera, portanto, com o conceito operacional de "detalhes construtivos", que são informações técnicas incorporadas ao projeto básico para melhor compreensão do sistema construtivo e de elementos da obra nele previstos e que requeiram representação em maior escala e com nível maior de informação, com o objetivo de possibilitar a execução dos serviços, dentro da melhor técnica, perfeição e qualidade e atender às normas técnicas pertinentes.[441]

O projeto executivo é utilizado para detalhar os elementos do projeto básico (arquitetônico, estrutural, elétrico e hidráulico, entre outros) e não se confunde com a

---

[441] Orientação Técnica IBRAOP OT – IBR Nº 008/2020.

terminologia "projetos complementares". Não serve para acrescentar ou complementar o projeto básico com dimensionamentos, memórias de cálculos, características ou especificações técnicas de materiais e equipamentos, modelos/marcas de referência, definição ou alteração de método construtivo, listagem de materiais ou elaboração de orçamento. Para os casos nos quais o projeto básico esteja suficientemente detalhado e contemple os detalhes construtivos necessários e suficientes para a perfeita instalação, montagem ou execução dos serviços e obras, este pode ser denominado projeto executivo e considerado adequado tanto para a realização da licitação como para a execução da obra. Durante e após a realização das obras, a documentação do projeto executivo deve receber atualizações, inclusive no memorial descritivo, para constituir-se na documentação "conforme construído" – as *built* –, a ser utilizada pelos responsáveis pela operação, manutenção e futuras intervenções no empreendimento.[442]

A existência de projeto executivo elaborado pela própria Administração Pública e integrante do instrumento convocatório como anexo reduz significativamente a necessidade de posteriores alterações da execução contratual e tem sido recomendado como uma forma de evitar o denominado "jogo de planilhas" – o qual é estratégia fraudulenta que objetiva garantir ganhos indevidos ao contratado particular e opera quando das alterações contratuais, oportunidade em que se acrescem itens da planilha que estão com o preço superfaturado e se suprimem itens que estão com preço subdimensionado. Se a relação de materiais, insumos ou serviços é completa e realizada com base em projeto básico e projeto executivo, a chance de alterações contratuais no curso da execução da obra ou serviço de engenharia reduz-se significativamente, diminuindo proporcionalmente o risco de fraudes e desvios.

O Tribunal de Contas da União prolatou interessante acórdão (Acórdão nº 2.245/12) a respeito, indicando que se considera como projeto básico o projeto final de engenharia.

> *Auditoria. Dnit. Obras de construção da BR-158. Nas licitações de obras rodoviárias, considera-se como Projeto Básico o Projeto Final de Engenharia.*
> 9.3. nos termos do art. 242, inciso II, do Regimento Interno deste Tribunal, determinar ao Dnit que, tão-logo concluídas as correções do projeto básico que deverá nortear a licitação substitutiva (…), encaminhe a este Tribunal as cópias das respectivas peças, bem como do correspondente edital, para fins de acompanhamento;
> [VOTO]
> 12. Primeiramente, quanto à alegação da contratada de que o projeto executivo poderia promover a correção das inúmeras falhas no projeto básico, registro que tal medida, além de não possuir amparo legal e ir de encontro à jurisprudência desta Corte, não torna regular o processo licitatório realizado.
> 13. Nunca é demais enfatizar que o projeto básico deve possuir nível de precisão e detalhamento que permita caracterizar adequadamente o empreendimento, inferir seus custos reais e definir metodologia e prazo de execução.
> 14. Em face da completude esperada de um projeto básico, nos termos da Lei 8.666/1993, os projetos executivos devem, em regra, tão somente detalhar métodos construtivos e intervenções pontuais. Alterações significativas de quantitativos e de metodologias técnicas

---

[442] Especificações contidas na Orientação Técnica IBRAOP OT – IBR Nº 008/2020.

apenas podem ser admitidas em casos excepcionais e desde que não desnaturem o processo licitatório.

15. Não pode ser tido como regular, portanto, a realização de licitação com base em projeto básico deficiente, carente dos detalhamentos exigidos por lei, para que, em momento seguinte à contratação, sejam procedidas expressivas alterações no projeto.

16. Ainda nesse contexto, a Secob-2 evidenciou que o projeto básico licitado foi inicialmente aprovado em 1977 e que, mesmo depois de efetuadas as atualizações, deficiências significativas não foram corrigidas.

17. Além disso, a estimativa do superintendente regional da autarquia de que seriam demandados pelo menos 150 dias para conclusão do projeto executivo apenas robustece os indícios de que foram temerárias a realização da licitação e a assinatura do contrato. Não obstante haja previsão legal para elaboração da peça técnica final concomitantemente à execução da obra, o projeto licitado não forneceu confiabilidade suficiente para permitir o início do empreendimento.

18. A licitação realizada também divergiu da sistemática atualmente adotada pelo Dnit, que sustenta suas concorrências em projetos por ele considerados executivos. Nessa linha apontam diversas deliberações do TCU, a exemplo do acórdão 67/2002 – Plenário, que resolveu: "Determinar ao DNIT que, nas licitações de obras rodoviárias, seja considerado como Projeto Básico exigível pela Lei nº 8.666/93, o Projeto Final de Engenharia denominado pelos órgãos licitantes de Projeto Executivo, sem prejuízo da exigência do Projeto Executivo definido pela mesma lei (art. 6º, inciso X)."

Por fim, destaque-se que vedada a realização de obras e serviços de engenharia sem projeto executivo (art. 46, §1º), ressalvada a hipótese de contratação prevista no §3º do art. 18, que estabelece que "em se tratando de estudo técnico preliminar para contratação de obras e serviços comuns de engenharia, se demonstrada a inexistência de prejuízo para a aferição dos padrões de desempenho e qualidade almejados, a especificação do objeto poderá ser realizada apenas em termo de referência ou em projeto básico, dispensada a elaboração de projetos".

15.6.9 Estudo de impacto ambiental e licenciamento ambiental

Obras e serviços de engenharia em geral têm grande potencial de impacto ambiental – positivo ou negativo. Pelas modificações que produzem no plano material, é compreensível que assim seja. Os impactos ambientais da obra ou do serviço de engenharia devem ser objeto de atencioso cuidado pela Administração Pública. Cautelas e procedimentos preliminares à licitação devem ser observados, objetivando evitar os malfadados e temidos embargos, interdições ou impugnações de obras sob o argumento de violação de normas ambientais. A Lei nº 6.938/81 instituiu a Política Nacional do Meio Ambiente (art. 1º):

que tem por objetivo a preservação, melhoria e recuperação da qualidade ambiental propícia à vida, visando assegurar, no País, condições ao desenvolvimento sócio-econômico, aos interesses da segurança nacional e à proteção da dignidade da vida humana, atendidos os seguintes princípios:

I – ação governamental na manutenção do equilíbrio ecológico, considerando o meio ambiente como um patrimônio público a ser necessariamente assegurado e protegido, tendo em vista o uso coletivo;
II – racionalização do uso do solo, do subsolo, da água e do ar;
Ill – planejamento e fiscalização do uso dos recursos ambientais;
IV – proteção dos ecossistemas, com a preservação de áreas representativas;
V – controle e zoneamento das atividades potencial ou efetivamente poluidoras;
VI – incentivos ao estudo e à pesquisa de tecnologias orientadas para o uso racional e a proteção dos recursos ambientais;
VII – acompanhamento do estado da qualidade ambiental;
VIII – recuperação de áreas degradadas;
IX – proteção de áreas ameaçadas de degradação;
X – educação ambiental a todos os níveis de ensino, inclusive a educação da comunidade, objetivando capacitá-la para participação ativa na defesa do meio ambiente.

A lei federal prevê, dentre outros, dois importantes instrumentos da Política Nacional do Meio Ambiente que devem ser considerados pela Administração Pública na fase de planejamento da obra ou serviço de engenharia: a avaliação de impactos ambientais; e o licenciamento e a revisão de atividades efetiva ou potencialmente poluidoras (art. 9º, III e IV).

O licenciamento ambiental e a avaliação de impacto ambiental devem ser realizados tão logo a Administração Pública disponha das informações mínimas para subsidiá-los e serão referenciais para a conclusão do projeto básico e do instrumento convocatório. Constituem, pois, um dever jurídico inafastável, quando necessários, que devem ser realizados com precisão técnica, pena de responsabilidade por omissão própria do gestor público.

A Lei nº 6.938/81, no art. 10, preceitua que "a construção, instalação, ampliação e funcionamento de estabelecimentos e atividades utilizadores de recursos ambientais, efetiva ou potencialmente poluidores ou capazes, sob qualquer forma, de causar degradação ambiental dependerão de prévio licenciamento ambiental".

A Resolução CONAMA nº 237/97 conceitua licenciamento ambiental como "procedimento administrativo pelo qual o órgão ambiental competente licencia a localização, instalação, ampliação e a operação de empreendimentos e atividades utilizadoras de recursos ambientais, consideradas efetiva ou potencialmente poluidoras ou daquelas que, sob qualquer forma, possam causar degradação ambiental, considerando as disposições legais e regulamentares e as normas técnicas aplicáveis ao caso". No que tange a obras civis, a norma do CONAMA (Anexo I) determina que estão sujeitas ao licenciamento ambiental obra civis de: rodovias, ferrovias, hidrovias, metropolitanos; barragens e diques; canais para drenagem; retificação de curso de água; abertura de barras, embocaduras e canais; transposição de bacias hidrográficas; outras obras de arte (termo técnico de engenharia utilizado para designar determinados tipos de construção, que requerem uma maior especialização, tal como pontes, viadutos, túneis).

O art. 18 da Resolução CONAMA nº 237/96 especifica três categorias de licenciamento ambiental:

I – Licença Prévia (LP) – concedida na fase preliminar do planejamento do empreendimento ou atividade aprovando sua localização e concepção, atestando a viabilidade ambiental e estabelecendo os requisitos básicos e condicionantes a serem atendidos nas próximas fases de sua implementação;
II – Licença de Instalação (LI) – autoriza a instalação do empreendimento ou atividade de acordo com as especificações constantes dos planos, programas e projetos aprovados, incluindo as medidas de controle ambiental e demais condicionantes, da qual constituem motivo determinante;
III – Licença de Operação (LO) – autoriza a operação da atividade ou empreendimento, após a verificação do efetivo cumprimento do que consta das licenças anteriores, com as medidas de controle ambiental e condicionantes determinados para a operação.

A licença prévia, em regra, quando for o caso, deve ser providenciada pela Administração Pública contratante e constitui documento indispensável à conclusão do planejamento da obra ou do serviço de engenharia, uma vez que atesta exatamente a viabilidade ambiental do empreendimento na ótica dos órgãos de controle ambiental, conforme, inclusive, entendimento esposado pelo Tribunal de Contas da União:

9.2.3.1. a contratação de obras com base em projeto básico elaborado sem a existência da licença prévia, conforme art. 2º [na verdade, art. 7º], §2º, inciso I e art. 12, ambos da Lei nº 8.666/93 c/c o art. 8º, inciso I, da Resolução Conama nº 237/97;
9.2.3.2. o início de obras sem a devida licença de instalação, bem como o início das operações do empreendimento sem a licença de operação com base nas Resoluções Conama nº 237/97 e 06/87 (AC nº 516/13).

Com relação à avaliação de impacto ambiental, deve-se operar com os dois sentidos desse instrumento da Política Nacional do Meio Ambiente.

Primeiramente, com a avaliação de impacto ambiental no seu sentido estrito. Nesse sentido, compreende ela a elaboração do denominado Estudo de Impacto Ambiental (EIA) e seu correspondente Relatório de Impacto Ambiental (RIMA). Não é qualquer atividade econômica, ainda que potencialmente impactante no meio ambiente, que deve ser precedida do EIA/RIMA. Nos termos do disposto no art. 2º da Resolução CONAMA nº 01/86, são atividades modificadoras do meio ambiente que somente podem ser realizadas após EIA:

I – Estradas de rodagem com duas ou mais faixas de rolamento;
II – Ferrovias;
III – Portos e terminais de minério, petróleo e produtos químicos;
IV – Aeroportos, conforme definidos pelo inciso 1, artigo 48, do Decreto-Lei nº 32, de 18.11.66;
V – Oleodutos, gasodutos, minerodutos, troncos coletores e emissários de esgotos sanitários;
VI – Linhas de transmissão de energia elétrica, acima de 230KV;
VII – Obras hidráulicas para exploração de recursos hídricos, tais como: barragem para fins hidrelétricos, acima de 10MW, de saneamento ou de irrigação, abertura de canais para navegação, drenagem e irrigação, retificação de cursos d'água, abertura de barras e embocaduras, transposição de bacias, diques;
VIII – Extração de combustível fóssil (petróleo, xisto, carvão);
IX – Extração de minério, inclusive os da classe II, definidas no Código de Mineração;

X – Aterros sanitários, processamento e destino final de resíduos tóxicos ou perigosos;
XI – Usinas de geração de eletricidade, qualquer que seja a fonte de energia primária, acima de 10MW;
XII – Complexo e unidades industriais e agro-industriais (petroquímicos, siderúrgicos, cloroquímicos, destilarias de álcool, hulha, extração e cultivo de recursos hídricos);
XIII – Distritos industriais e zonas estritamente industriais – ZEI;
XIV – Exploração econômica de madeira ou de lenha, em áreas acima de 100 hectares ou menores, quando atingir áreas significativas em termos percentuais ou de importância do ponto de vista ambiental;
XV – Projetos urbanísticos, acima de 100ha. ou em áreas consideradas de relevante interesse ambiental a critério da SEMA e dos órgãos municipais e estaduais competentes;
XVI – Qualquer atividade que utilize carvão vegetal, em quantidade superior a dez toneladas por dia.

Trata-se de norma cogente que se descumprida inviabiliza a instauração da licitação e enseja responsabilidade por omissão própria. A elaboração do Estudo de Impacto Ambiental é serviço técnico profissional altamente especializado, que somente pode ser legitimamente elaborado por quem detenha capacitação técnica correspondente e, por óbvio, equipe multidisciplinar. Esse estudo pode ser contratado com terceiros particulares, inclusive sem licitação, por inexigível, a depender do caso concreto.

O estudo de impacto ambiental será também importante para identificação do passivo ambiental de certas obras de infraestrutura vinculadas à prestação de serviços (tome-se, por exemplo, o caso de concessão de rodovias ou parcerias público-privadas precedidas da realização de obras) e para a definição da matriz de riscos contratuais.

No sentido amplo, a avaliação de impacto ambiental implica o dever jurídico de, mesmo nos casos em que o EIA não é de realização obrigatória, proceder estudos e análises direcionados a avaliar os impactos da execução contratual no meio ambiente.

A Lei nº 14.133/21 cria prerrogativa discricionária da Administração de prever, no instrumento convocatório, a responsabilidade do contratado pela obtenção do licenciamento ambiental (art. 25, §5º, I); e prevê também que nas contratações de obras e serviços de engenharia, sempre que a responsabilidade pelo licenciamento ambiental for da Administração, a manifestação prévia ou licença prévia, quando cabíveis, deverão ser obtidas antes da divulgação do edital (art. 115, §4º).

Da sistemática normativa depreende-se que a responsabilidade pelo licenciamento ambiental pode ser (i) do contratado, ou (ii) da Administração Pública.

Um ponto relevante acerca da responsabilidade pelo licenciamento ambiental diz respeito ao licenciamento ambiental prévio. Como antes visto, a licença prévia é concedida na fase preliminar do planejamento do empreendimento ou atividade aprovando sua localização e concepção, atestando a viabilidade ambiental e estabelecendo os requisitos básicos e condicionantes a serem atendidos nas próximas fases de sua implementação. O licenciamento ambiental prévio será obtido com base nos estudos preliminares da etapa preparatória, com base no projeto básico e no projeto executivo do empreendimento – como regra geral. Atente-se para que atribuir a responsabilidade pelo licenciamento ambiental prévio ao contratado implica riscos que podem se demonstrar de insuportável impacto. Explica-se. Suponha-se hipótese na qual a Administração

Pública elabore certo projeto básico e licite a construção de determinada obra, com fixação da responsabilidade pelo licenciamento ambiental prévio pelo contratado. Se, quando deste licenciamento ambiental prévio, os órgãos competentes, para concedê-lo, apontarem defeito de projeto que inviabilize a licença prévia, demandando correções e alterações, o contrato celebrado poderá não suportá-las – por força dos limites legais para alterações contratuais. Neste caso, o contrato deverá ser extinto e novos projetos adequados às normas ambientais deverão ser elaborados, com todos os custos e prejuízos decorrentes. Tal consequência decorre de regra expressa da Lei que estatui que o atraso na obtenção da licença ambiental ou impossibilidade de obtê-la, ou alteração substancial do anteprojeto que dela resultar, ainda que obtida no prazo previsto, são motivo para a extinção do contrato (art. 137, VI).

Portanto, é fundamental e elementar uma avaliação técnico-jurídico adequada e eficiente sobre a necessidade efetiva de que o licenciamento ambiental prévio seja obtido antes da publicação do instrumento convocatório, como medida de prevenção e mitigação de tal risco.

Em homenagem aos princípios da celeridade e da eficiência, os licenciamentos ambientais de obras e serviços de engenharia licitados e contratados nos termos da Lei nº 14.133/21 terão prioridade de tramitação nos órgãos e entidades integrantes do Sistema Nacional do Meio Ambiente (Sisnama) – art. 25, §6º.[443]

15.6.10 Orçamento estimativo detalhado de obra ou serviço de engenharia ou arquitetura

A realização de orçamento estimativo de uma obra ou serviço de engenharia ou arquitetura é serviço técnico exclusivo de profissional legalmente habilitado na forma da lei. Não pode ser realizado por qualquer agente público, ainda que supostamente capacitado para tal pela prática cotidiana na formação de preços de referência. A elaboração de orçamento estimativo para contratação de obras e serviços de engenharia é atribuição de engenheiro ou arquiteto, nos termos do disposto na Lei nº 5194/66 (art. 7º), na Lei nº 12.378/10 (art. 2º), Resolução CONFEA nº 218/73 e Resolução CAU nº 21/2012.

A Orientação Técnica IBRAOP OT – IBR Nº 004/2012 apresenta interessantes e úteis conceitos acerca dos orçamentos de obras e serviços de engenharia:

> *3.4 Orçamento base*: orçamento detalhado do custo global da obra que integra o projeto básico da licitação, fundamentado em quantitativos de serviços e em composições de custos unitários.
> *3.5 Orçamento detalhado ou analítico*: orçamento elaborado com base nas composições de custos unitários e extensa pesquisa de preços dos insumos, realizado a partir do projeto básico ou do projeto executivo.
> *3.6 Orçamento preliminar*: orçamento sintético composto pela descrição, unidade de medida, preço unitário e quantidade dos principais serviços da obra, elaborado com base no

---

[443] Sobre prioridade de projetos perante órgãos públicos, confira-se o disposto na Lei nº 13.334/16, art. 5º: "os projetos qualificados no PPI serão tratados como empreendimentos de interesse estratégico e terão prioridade nacional perante todos os agentes públicos nas esferas administrativa e controladora da União, dos Estados, do Distrito Federal e dos Municípios".

anteprojeto de engenharia. Pressupõe o levantamento de quantidades e requer pesquisa de preços dos principais insumos e serviços.

3.7 *Orçamento real*: orçamento elaborado após a conclusão da obra, com base nos preços, consumos e produtividades efetivamente incorridos na execução dos serviços, acrescidos do rateio das despesas indiretas e da margem de lucro do construtor apurados contabilmente, bem como dos tributos recolhidos pelo contratado.

3.8 Precisão do orçamento: desvio máximo esperado entre o valor do custo de uma obra nas várias fases de projeto (estimativa de custo, orçamento preliminar, orçamento analítico) e o seu orçamento real, apurado após sua conclusão, considerando-se que o projeto orçado tenha sido efetivamente executado sem significativas alterações de escopo.

Na fase de planejamento, deve ser realizado um orçamento base, detalhado ou analítico, que será, na forma da lei, parte integrante do instrumento convocatório como anexo ou poderá ser mantido em sigilo até a conclusão da licitação – orçamento sigiloso. Esse orçamento será composto de um custo global, detalhado em custos unitários.

A Lei nº 14.133/21 tem parâmetros objetivos para a elaboração de orçamentos estimativos para contratar obras ou serviços de engenharia. A premissa elementar é de que o valor previamente estimado da contratação deverá ser compatível com os valores praticados pelo mercado, considerados os preços constantes de bancos de dados públicos e as quantidades a serem contratadas, observadas a potencial economia de escala e as peculiaridades do local de execução do objeto (art. 23).

No processo licitatório para contratação de obras e serviços de engenharia, o valor estimado, acrescido do percentual de Benefícios e Despesas Indiretas (BDI) de referência e dos Encargos Sociais (ES) cabíveis, será definido por meio da utilização de parâmetros na seguinte ordem (art. 23, §2º):

I – composição de custos unitários menores ou iguais à mediana do item correspondente do Sistema de Custos Referenciais de Obras (Sicro), para serviços e obras de infraestrutura de transportes, ou do Sistema Nacional de Pesquisa de Custos e Índices de Construção Civil (Sinapi), para as demais obras e serviços de engenharia;

II – utilização de dados de pesquisa publicada em mídia especializada, de tabela de referência formalmente aprovada pelo Poder Executivo federal e de sítios eletrônicos especializados ou de domínio amplo, desde que contenham a data e a hora de acesso;

III – contratações similares feitas pela Administração Pública, em execução ou concluídas no período de 1 (um) ano anterior à data da pesquisa de preços, observado o índice de atualização de preços correspondente;

IV – pesquisa na base nacional de notas fiscais eletrônicas, na forma de regulamento.

A referência mais importante para a elaboração de orçamentos estimativos para contratar obras e serviços de engenharia são o Sistema Nacional de Pesquisa de Custos e Índices de Construção Civil (Sinapi), ou o Sistema de Custos Referenciais de Obras (Sicro), para serviços e obras de infraestrutura de transportes.

Estas fontes de referência são prioritárias. Estados, Município e Distrito Federal podem se valer de sistemas referenciais de preços para orçamento de obras específicos e locais.

Os sistemas referenciais de formação de orçamentos estimativos de obras e serviços de engenharia – em especial SINAPI e SICRO –, tem sido apontados como indispensáveis pelo Tribunal de Contas da União:

> É irregular, em licitações de obras e serviços de engenharia que prevejam o uso de recursos da União, a adoção de custos unitários de referência com valores superiores aos correspondentes no Sinapi ou no Sicro, mesmo que obtidos a partir de composições de outros sistemas oficiais de custos, sem a devida justificativa técnica (arts. 3º, 4º e 8º, parágrafo único, do Decreto 7.983/2013) (Acórdão nº 1003/2023-TCU-Plenário).
>
> O Sinapi e o Sicro representam fontes prioritárias para a orçamentação de obras e serviços de engenharia em licitações que prevejam o uso de recursos dos orçamentos da União, devendo restar demonstrada a inviabilidade de sua utilização para que outros sistemas oficiais de custos possam ser adotados como referência (arts. 3º, 4º e 6º do Decreto 7.983/2013) (Acórdão nº 1626/2022-TCU-Plenário).
>
> Para serviços sem correspondência direta no Sistema de Custos Referenciais de Obras (Sicro) ou no Sistema Nacional de Pesquisa de Custos e Índices da Construção Civil (Sinapi), é possível a conjugação de composições desses sistemas para análise de economicidade de contrato de obra pública, desde que devidamente adaptados às peculiaridades de cada caso concreto. (Acórdão nº 1890/2020-TCU-Plenário).
>
> O Sinapi e o Sicro representam fontes prioritárias para a orçamentação de obras e serviços de engenharia das empresas estatais, devendo restar demonstrada a inviabilidade de seu uso para a utilização de outras fontes (art. 31, §§2º e 3º, da Lei 13.303/2016) (Acórdão nº 2628/2020-TCU-Plenário).
>
> As regras e os critérios para elaboração de orçamentos de referência de obras e serviços de engenharia pela Administração Pública devem se basear precipuamente nos sistemas referenciais oficiais de custo (Sinapi e Sicro), estabelecidos no Decreto 7.983/2013 - no caso de certames fundamentados na Lei 8.666/1993 que prevejam o uso de recursos dos orçamentos da União -, bem como no art. 8º, §§3º, 4º e 6º, da Lei 12.462/2011, e no art. 31, §§2º e 3º, da Lei 13.303/2016. Tais referenciais consideram, de forma direta ou indireta, os parâmetros salariais e outras disposições de instrumentos de negociação coletiva de trabalho na formação de custos com a mão de obra (Acórdão nº 719/2018-TCU-Plenário).

No plano da Administração Pública Federal deve ser observado o contido no Decreto nº 7.893/13, ou outro que o venha a substituir –, que contém o roteiro procedimental técnico cogente para a formação do orçamento de referência que, nos termos da norma, é "o detalhamento do preço global de referência que expressa a descrição, quantidades e custos unitários de todos os serviços, incluídas as respectivas composições de custos unitários, necessários à execução da obra e compatíveis com o projeto que integra o edital de licitação".

O decreto federal, por óbvio, somente obriga órgãos e entidades públicas integrantes da Administração Pública Federal, ou quem pretenda realizar obras ou serviços de engenharia utilizando recursos federais. Contudo, trata-se de um verdadeiro roteiro prático interessante, que pode ser, *mutatis mutandi*, utilizado por qualquer organização pública como norma referencial.

Nos termos de dita norma, a Administração Pública deve pesquisar no mercado específico o **custo unitário de referência** – valor unitário para execução de uma unidade de medida do serviço previsto no orçamento de referência e obtido com base nos sistemas de referência de custos ou pesquisa de mercado; o **custo unitário** – detalhamento do custo unitário do serviço que expresse a descrição, quantidades, produtividades e custos unitários dos materiais, mão de obra e equipamentos necessários à execução de uma unidade de medida; e o **custo total de referência do serviço** – valor resultante da multiplicação do quantitativo do serviço previsto no orçamento de referência por seu custo unitário de referência, para obter o **custo global de referência** – valor resultante do somatório dos custos totais de referência de todos os serviços necessários à plena execução da obra ou serviço de engenharia.

O custo global de referência de obras e serviços de engenharia, exceto os serviços e obras de infraestrutura de transporte, será obtido a partir das composições dos custos unitários previstos no projeto que integra o edital de licitação, menores ou iguais à mediana de seus correspondentes nos custos unitários de referência do Sistema Nacional de Pesquisa de Custos e Índices da Construção Civil (Sinapi), excetuados os itens caracterizados como montagem industrial ou que não possam ser considerados como de construção civil (art. 3º).

Já o custo global de referência dos serviços e obras de infraestrutura de transportes será obtido a partir das composições dos custos unitários previstas no projeto que integra o edital de licitação, menores ou iguais aos seus correspondentes nos custos unitários de referência do Sistema de Custos Referenciais de Obras (Sicro), cuja manutenção e divulgação caberá ao Departamento Nacional de Infraestrutura de Transportes (DNIT), excetuados os itens caracterizados como montagem industrial ou que não possam ser considerados como de infraestrutura de transportes (art. 4º).

A sistemática expressada para a composição de custo global de referência de serviços e obras não impede que os órgãos e entidades da Administração Pública Federal desenvolvam novos sistemas de referência de custos, desde que demonstrem sua necessidade por meio de justificativa técnica e os submetam à aprovação do Ministério do Planejamento, Orçamento e Gestão; sendo que os novos sistemas de referência de custos somente serão aplicáveis no caso de incompatibilidade de adoção dos sistemas referidos nos arts. 3º e 4º do aludido decreto, incorporando-se às suas composições de custo unitário os custos de insumos constantes do Sinapi e Sicro.

Alternativamente, em caso de inviabilidade da definição dos custos conforme o disposto nos arts. 3º, 4º e 5º do Decreto nº 7.893/13, a estimativa de custo global poderá ser apurada por meio da utilização de dados contidos em tabela de referência formalmente aprovada por órgãos ou entidades da Administração Pública Federal em publicações técnicas especializadas, em sistema específico instituído para o setor ou em pesquisa de mercado.

Na elaboração dos orçamentos de referência, os órgãos e entidades da Administração Pública Federal poderão adotar especificidades locais ou de projeto na elaboração das respectivas composições de custo unitário, desde que demonstrada a pertinência dos ajustes para a obra ou serviço de engenharia a ser orçado em relatório técnico elaborado por profissional habilitado (art. 8º).

Os custos unitários de referência da Administração Pública poderão, somente em condições especiais justificadas em relatório técnico elaborado por profissional habilitado e aprovado pelo órgão gestor dos recursos ou seu mandatário, exceder os seus correspondentes do sistema de referência adotado na forma desse decreto, sem prejuízo da avaliação dos órgãos de controle, dispensada a compensação em qualquer outro serviço do orçamento de referência (art. 8º, parágrafo único).

Os órgãos e entidades públicas devem observar, por evidente, as normas internas editadas a propósito de referenciar a elaboração dos orçamentos de referência. Na inexistência de tais normas, podem alternativamente utilizar a sistemática preconizada no Decreto nº 7.893/13 – embora se reconheça que tal sistemática já foi objeto de algumas críticas bastante pertinentes (uma delas: os preços integrantes das tabelas Sinapi e Sicro nem sempre representam a realidade dos mercados locais e nunca levam em conta os ganhos potenciais da economia de escala – o preço de um saco de cimento tabelado pode, em negociação envolvendo a aquisição de milhares de sacos, sofrer significativa e potencial redução).

Pode-se encontrar com facilidade na *internet* inúmeros manuais ou guias elaborados por Administrações Públicas de todas as esferas federativas, que muito podem contribuir para a criação de um sistema próprio e específico de orçamentação ajustado às peculiaridades do órgão ou entidade contratante.

As planilhas orçamentárias, bem como os estudos que serviram de base para a sua elaboração, devem ser objeto de anotação de responsabilidade técnica (ART) que deverá obrigatoriamente constar do projeto que integrar o edital de licitação, inclusive de suas eventuais alterações. O orçamento estimativo global e detalhado em custos unitários servirá de referência para estabelecer critérios de aceitabilidade de preços, que deverão obrigatoriamente constar do instrumento convocatório da licitação para contratação de obras e serviços de engenharia.

A adequada e correta elaboração do orçamento estimativo da obra ou serviço de engenharia é estrutural no processo da contratação. Pode-se afirmar que grande parte dos problemas enfrentados pela Administração ao licitar e contratar obras e serviços de engenharia advém da falta de controle e de precisão sobre elementos fundamentais do planejamento. Erros e falhas na orçamentação levam a anomalias na licitação e na execução contratual. Sem o domínio completo dos custos global e unitários envolvidos na obra ou serviço, a Administração está sujeita a desembolsos de recursos públicos ilegítimos e ao superfaturamento, por vezes sem sequer ter ciência disso. Orçamentos irreais podem levar à contratação de propostas por preços inexequíveis ou muito baixos, que podem comprometer a integridade da obra ou serviço de engenharia, pondo em risco o interesse público, o patrimônio público, a saúde e a segurança de pessoas.

A IBRAOP, por intermédio da já citada orientação técnica nº 04/12, estabeleceu faixas de precisão aceitáveis para os diversos tipos de orçamentos relacionados a obras e serviços de engenharia, bem como a forma de cálculo dos preços correspondentes:

Tipo de orçamento	Fase de projeto	Cálculo do preço	Faixa de Precisão
Estimativa de custo	Estudos preliminares	Área de construção multiplicada por um indicador.	± 30%*
Preliminar	Anteprojeto	Quantitativos de serviços apurados no projeto ou estimados por meio de índices médios e custos de serviços tomados em tabelas referenciais.	± 20%
Detalhado ou analítico (orçamento base da licitação)	Projeto básico	Quantitativos de serviços apurados no projeto e custos obtidos em composições de custos unitários com preços de insumos oriundos de tabelas referenciais ou de pesquisa de mercado relacionados ao mercado local, levando-se em conta o local, o porte e as peculiaridades de cada obra.	± 10%
Detalhado ou analítico definitivo	Projeto executivo	Quantitativos apurados no projeto e custos de serviços obtidos em composições de custos unitários com preços de insumos negociados, ou seja, advindos de cotações de preços reais feitas para a própria obra ou para outra obra similar ou, ainda, estimados por meio de método de custo real específico.	± 5%

15.6.11 Taxa de bonificação e despesas indiretas – BDI

Um dos componentes significativos do orçamento de referência é o BDI – benefícios e despesas indiretas.

O denominado BDI corresponde a um componente da planilha de custos de um orçamento de obra ou serviço de engenharia que corresponde a um percentual que incide sobre o valor correspondente ao custo global de referência apurado e destina-se à cobertura de custos indiretos envolvidos no empreendimento.

Custos diretos são os dos insumos, produtos, materiais ou serviços diretamente relacionados com a execução da obra ou serviço de engenharia. Os custos indiretos são correspondentes às despesas que não se pode relacionar direta e exclusivamente à obra ou serviço de engenharia, mas são indispensáveis para a execução deles.

Não há uniformidade de pensamento sobre quais despesas devem integrar o BDI. Segundo previsto no Decreto nº 7.983/13, o BDI, no mínimo, deverá contemplar: I – taxa de rateio da administração central; II – percentuais de tributos incidentes sobre o preço do serviço, excluídos aqueles de natureza direta e personalística que oneram o contratado; III – taxa de risco, seguro e garantia do empreendimento; e IV – taxa de lucro.

Pode-se, então, concluir, em síntese, que o preço global de referência de uma obra ou serviço de engenharia será produto da somatória de todos os custos diretos acrescidos do percentual do BDI.

Sobre a composição do BDI para obras e serviços de engenharia, assim se posiciona o Tribunal de Contas da União:

> A taxa de BDI deve ser formada pelos componentes: administração central, riscos, seguros, garantias, despesas financeiras, remuneração do particular e tributos incidentes sobre a receita auferida pela execução da obra. Custos diretamente relacionados com o objeto da obra, passíveis de identificação, quantificação e mensuração na planilha de custos diretos (administração local, canteiro de obras, mobilização e desmobilização, dentre outros), não devem integrar a taxa de BDI (Acórdão nº 2622/2013-Plenário, TC nº 036.076/2011-2, Ministro-Substituto Marcos Bemquerer Costa, 25.09.2013).
>
> Na composição do BDI de obras públicas devem ser considerados somente os custos alocados com base em critérios de rateio ou em estimativas ou aproximações, tais como: administração central, riscos, seguros, garantias e despesas financeiras, além da remuneração da empresa contratada e tributos incidentes sobre o faturamento. Itens relacionados a administração local, canteiro de obras e mobilização/desmobilização devem constar na planilha de custos diretos do orçamento de referência das licitações (Acórdão nº 3.034/2014-Plenário, TC nº 013.703/2011-0, relator Ministro-Substituto Augusto Sherman Cavalcanti, 05.11.2014).
>
> Os percentuais dos componentes de BDI definidos pelo Acórdão 325/2007-Plenário não podem ser aplicados de forma generalizada ou mesmo linear para todas as obras públicas, em face das nuanças que diferenciam uma obra de outra (Acórdão nº 1.211/2013-Plenário, TC nº 011.156/2010-4, relator Ministro Raimundo Carreiro, 22.05.2013).
>
> Independentemente do regime de execução contratual, na hipótese de a empresa deixar de recolher determinado tributo embutido em seu BDI, ao ser favorecida por regime tributário diferenciado ou qualquer benefício legal, essa desoneração deve ser repassada ao contrato pactuado, de forma a garantir o pagamento apenas por tributos que representam gastos efetivamente incorridos pela contratada (Acórdão nº 2.440/2014-Plenário, TC nº 036.076/2011-2, relator Ministro-Substituto Marcos Bemquerer Costa, 17.09.2014).

Questão relevante diz respeito à formação do BDI no caso de impossibilidade material de parcelamento da execução de obra ou serviço de engenharia. Neste caso, a contratação de obra ou serviço de engenharia contemplará diversos custos, de natureza distinta, envolvidos na mesma contratação.

Referência importante para a formação do BDI, neste caso, é aquela contida no art. 9º, §1º do Decreto Federal nº 7983/13: "comprovada a inviabilidade técnico-econômica de parcelamento do objeto da licitação, nos termos da legislação em vigor, os itens de fornecimento de materiais e equipamentos de natureza específica que possam ser fornecidos por empresas com especialidades próprias e diversas e que representem percentual significativo do preço global da obra devem apresentar incidência de taxa de BDI reduzida em relação à taxa aplicável aos demais itens".

Explica-se. A execução de certos contratos de obras pode implicar a aquisição de equipamentos, materiais e insumos, que será feita diretamente pelo contratado. O custo destas aquisições será computado ao custo global da obra. Contudo, sobre tais custos de aquisição não incidem custos indiretos que estão previstos e computados no percentual fixado a título de taxa de BDI. Deve haver uma avaliação de proporcionalidade e fixação de taxa de BDI diferida para tais elementos adquiridos para dar conta da execução do contrato.

A posição do Tribunal de Contas da União sobre o assunto:

SÚMULA Nº 253
Comprovada a inviabilidade técnico-econômica de parcelamento do objeto da licitação, nos termos da legislação em vigor, os itens de fornecimento de materiais e equipamentos de natureza específica que possam ser fornecidos por empresas com especialidades próprias e diversas e que representem percentual significativo do preço global da obra devem apresentar incidência de taxa de Bonificação e Despesas Indiretas – BDI reduzida em relação à taxa aplicável aos demais itens.

A primeira irregularidade diz respeito ao suposto prejuízo decorrente da não aplicação de BDI diferenciado para os materiais que compõem os itens "7.0 – Serviços de implantação com fornecimento de material para rede elétrica" e '9.0 – Iluminação Pública".

Nesse ponto trago à pauta o percuciente exame realizado no voto que conduziu a prolação do Acórdão 1773/2009-TCU-Plenário (fiscalização de origem), da lavra do eminente ministro Benjamin Zymler, que conta com minha integral concordância.

A situação fática em tela não caracteriza a obrigatoriedade de incidência de BDI diferenciado nos materiais. Enquanto a súmula 253/2010 deste Tribunal é clara em definir essa exigência para o fornecimento de materiais e equipamentos "que representem percentual significativo do preço global da obra", é de se notar que a contratação desses serviços, juntamente com os respectivos insumos, está longe de representar parcela materialmente relevante do empreendimento, porquanto perfazem tão somente 5,5% do valor total da obra. Assim, a ausência de BDI diferenciado para os materiais que compõem alguns itens do contrato não implica na existência de dano ao erário.

Também me alinho ao juízo de que a natureza dos serviços em questão, afetos à área de engenharia elétrica, deveria demandar a abertura de procedimento licitatório apartado para sua contratação. Este ponto foi objeto de oitiva do responsável e a unidade técnica, na primeira análise da matéria, avaliou como suficiente determinar ao Deracre que procedesse às medidas corretivas nos futuros certames (Acórdão nº 1918/2013).

A jurisprudência do TCU prevê a regra geral, consolidada na Súmula 247, no sentido da obrigatoriedade, sempre que possível, da adjudicação por item e não por preço global, nas licitações para a contratação de obras, serviços e alienações, cujo objeto seja divisível e não haja prejuízo para o conjunto ou complexo ou perda de economia de escala.

Na impossibilidade técnica e econômica, devidamente justificada, quanto ao parcelamento do objeto em licitações autônomas, e sendo o fornecimento de materiais e equipamentos de grande materialidade, faz-se necessária a diferenciação entre o BDI de fornecimento de materiais e o dos serviços de engenharia, para enquadrar o primeiro a patamares geralmente aceitos pelo TCU.

Na fiscalização de empreendimentos que envolvem licitação conjunta de equipamentos e obras civis, cujo parcelamento em certames distintos seja técnica e economicamente inviável, o TCU depara-se frequentemente com o fato de a aquisição indireta dos equipamentos tender a gerar ônus demasiado e desproporcional para o custo dos empreendimentos, tendo em vista que a Administração Pública contratante se vê obrigada a remunerar tanto a empreiteira que adquire os equipamentos de terceiros, nesse caso, normalmente com BDI bastante elevado, assim como o terceiro, indiretamente, que, na composição do seu preço ofertado à empreiteira, já terá computado sua parcela de lucro.

Essa é exatamente a situação retratada nesse processo.

Ao contrário do que sustenta o apelante sem maiores fundamentações, a aplicação de percentual de BDI diferenciado e reduzido somente a itens de fornecimento de equipamentos por terceiros não implica necessariamente o desequilíbrio econômico-financeiro da avença em desfavor da empresa contratada.

A manutenção ou eventual aumento da taxa linear original de bonificação e despesas indiretas sobre os demais itens da planilha de preços das obras civis, excluídos os fornecimentos de bens e equipamentos por terceiros, cujo BDI deverá ser reduzido, há de ser pormenorizadamente justificado na negociação a ser realizada entre a Empresa Maranhense de Administração Portuária – Emap e a Serveng-Civilsan S.A. Empresas Associadas de Engenharia, de molde a restar demonstrada, perante esta Corte, a justa retribuição pelos serviços avençados e os custos efetivamente incorridos pela contratada.

O que não se pode admitir é o fato de os cofres públicos federais deverem injustificadamente suportar contratos excessivamente onerosos ao argumento do pacta sunt servanda, ou de que o instrumento convocatório não havia previsto a referida repactutação.

É lógico que, em se tratando da alteração de cláusulas econômico-financeiras, há de ser estabelecido acordo bilateral entre as partes, devendo, sempre, a Administração Pública velar pela seleção da proposta que lhe seja mais vantajosa, sem prejuízo da justa retribuição ao terceiro contratado, ex vi dos princípios da eficiência, insculpido no caput do art. 37 da Constituição Federal, e da manutenção das condições efetivas da proposta, estampada no inciso XXI do referido dispositivo constitucional.

De mais a mais, a aplicação de BDI diferenciado da ordem de 10% observa jurisprudência deste Tribunal, guardando, assim, isonomia com o tratamento dispensado por ocasião do Acórdão 2158/2008-TCU-Plenário em relação a outro contrato de execução de obras no mesmo porto, pertencente à empresa concorrente nos certames.

Para espancar quaisquer dúvidas que possam pairar sobre a aderência da medida recorrida às reiteradas decisões do TCU em caso similares, esta Corte de Contas, recentemente, aprovou anteprojeto de Súmula de Jurisprudência nº 253/2010, cujo teor foi vazado nos seguintes termos:

"Comprovada a inviabilidade técnico-econômica de parcelamento do objeto da licitação, nos termos da legislação em vigor, os itens de fornecimento de materiais e equipamentos de natureza específica que possam ser fornecidos por empresas com especialidades próprias e diversas e que representem percentual significativo do preço global da obra devem apresentar incidência de taxa de Bonificação e Despesas Indiretas (BDI) reduzida em relação à taxa aplicável aos demais itens" (Acórdão nº 1368/2010).

É fundamental, então, a avaliação sobre necessidade e possibilidade de fixação de BDI diferenciado ou diferido quando de contratação de obra ou serviço de engenharia que não admite o parcelamento do objeto.

15.6.12 Orçamento sigiloso

O orçamento estimativo para licitar obra ou serviço de engenharia, acompanhado dos preços unitários referenciais, das memórias de cálculo e dos documentos que lhe dão suporte, também poderão constar de anexo classificado, se a Administração optar por preservar o seu sigilo até a conclusão da licitação (sobre sigilo do orçamento consulte-se o tópico específico em que é tratado).

Especial cuidado deve ser dado para a elaboração do orçamento estimativo quando o critério de julgamento da licitação eleito for o de maior desconto. O julgamento por maior desconto terá como referência o preço global fixado no edital de licitação. Nesta hipótese, o risco significativo é de que os licitantes não elaborem suas propostas baseados em formação de seus próprios orçamentos estimativos, a partir de consideração sobre a real e efetiva capacidade técnica ou econômico-financeira – limitando-se a definir um percentual de desconto que incidirá sobre o valor do orçamento base da licitação, de modo aleatório e não precedido de avaliação crítica. Orçamentos estimativos bem elaborados possibilitam segurança jurídica para que órgão decisório da licitação – agente de contratação ou comissão de contratação – avaliem e deliberem sobre desclassificação de preço manifestamente inexequível.

A precisão do orçamento estimativo é decisiva e fundamental para evitar sobrepreço e superfaturamento no processo da contratação.

15.6.13 Canteiro de obras, mobilização e administração local como custos diretos

As despesas com canteiro de obras, mobilização e administração local constituem custos diretos, e assim devem ser representados na planilha de orçamento estimativo. Assim, não podem ser parte integrante do BDI, como já decidiu o Tribunal de Contas da União:

> 9.1. orientar as unidades técnicas do Tribunal que, quando dos trabalhos de fiscalização em obras públicas, passem a utilizar como referenciais as seguintes premissas acerca dos componentes de Lucros e Despesas Indiretas – LDI:
> 9.1.1. os tributos IRPJ e CSLL não devem integrar o cálculo do LDI, nem tampouco a planilha de custo direto, por se constituírem em tributos de natureza direta e personalística, que oneram pessoalmente o contratado, não devendo ser repassado à contratante;
> 9.1.2. os itens Administração Local, Instalação de Canteiro e Acampamento e Mobilização e Desmobilização, visando a maior transparência, devem constar na planilha orçamentária e não no LDI; Acórdão nº 325/2007.
> 9.3. determinar ao Ministério do Planejamento, Orçamento e Gestão que:
> 9.3.1. constitua grupo de trabalho, sob sua coordenação, para elaboração de estudos técnicos para a construção de composições referenciais para itens orçamentários associados à administração local, com vistas a estabelecer parâmetros de mercado para subsidiar a elaboração e a análise dos orçamentos de obras públicas, em consonância com os dispositivos legais previstos no Decreto nº 7.983/2013, em especial no art. 17, contando com a participação dos órgãos e entidades responsáveis pela manutenção de sistemas de referência de preços de obras públicas da Administração Pública Federal, a exemplo do Departamento Nacional de Infraestrutura de Transportes – Dnit, da Caixa Econômica Federal, da Companhia de Desenvolvimento dos Vales do São Francisco e do Parnaíba – Codevasf, da Secretaria Especial de Portos da Presidência da República – SEP/PR, da Eletrobras, dentre outros, e encaminhe a este Tribunal, no prazo de cento e vinte dias, os resultados dos aludidos estudos;
> 9.3.2. oriente os órgãos e entidades da Administração Pública Federal a:
> 9.3.2.1. discriminar os custos de administração local, canteiro de obras e mobilização e desmobilização na planilha orçamentária de custos diretos, por serem passíveis de identificação, mensuração e discriminação, bem como sujeitos a controle, medição e pagamento individualizado por parte da Administração Pública, em atendimento ao princípio constitucional da transparência dos gastos públicos, à jurisprudência do TCU e

com fundamento no art. 30, §6º, e no art. 40, inciso XIII, da Lei nº 8.666/1993 e no art. 17 do Decreto nº 7.983/2013;

9.3.2.2. estabelecer, nos editais de licitação, critério objetivo de medição para a administração local, estipulando pagamentos proporcionais à execução financeira da obra, abstendo-se de utilizar critério de pagamento para esse item como um valor mensal fixo, evitando-se, assim, desembolsos indevidos de administração local em virtude de atrasos ou de prorrogações injustificadas do prazo de execução contratual, com fundamento no art. 37, inciso XXI, da Constituição Federal e no arts. 55, inciso III, e 92, da Lei nº 8.666/1993; Acórdão nº 2622/2013.

9.1.5. inclua cláusula, nos editais de licitação, dispondo sobre a obrigatoriedade de os licitantes apresentarem o detalhamento na planilha orçamentária da composição do item Administração Local;

9.1.6. faça constar nos termos aditivos o detalhamento na planilha orçamentária da composição do item Administração Local, abstendo-se da prática de incidir seu percentual, com base em estimativa, sobre os demais custos;

9.1.7. efetue o pagamento de obrigações contratuais referentes à Administração Local como despesas diretas, em função do efetivamente realizado e registrado nas medições, abstendo-se da prática de incidir percentualmente o item estimado como Administração Local sobre os demais custos; (Acórdão nº 1801/2008).

O instrumento convocatório deve prever exigência de que os custos relativos a canteiro de obras, mobilização e administração local sejam discriminados como custos diretos, e assim, não devendo integrar a composição do BDI.

15.6.14 Fator chuva – a produtividade de obras e serviços de engenharia em período chuvoso

Períodos chuvosos podem ter impacto no andamento das obras ou serviços de engenharia e na execução dos contratos. Em tais períodos, pode haver a paralisação, total ou parcial, ou a redução do ritmo de execução. É fundamental que o instrumento convocatório, e o contrato, contenham previsão expressa sobre o tratamento material e jurídico que será adotado neste caso.

A construção de matriz de riscos adequada é um excelente instrumento de gestão deste risco, por vezes inevitável. Por suposto, podem-se atribuir os riscos previsíveis – decorrentes de períodos naturais, ordinários e esperados de chuvas – ao contratado; e os riscos imprevisíveis – decorrentes de períodos de chuva anormais e extraordinários, ou de volume extraordinário de chuvas em períodos normais – ao contratante público.

A matriz de riscos definirá esta distribuição dos riscos inerentes ao "fator chuva" e apontará, de antemão, a solução técnica e jurídica para os conflitos de interesses decorrentes dele.

Sobre o elemento fator chuva há diversos precedentes do Tribunal de Contas da União que podem ser utilizados como referência para a tratativa do risco em sede de instrumento convocatório ou de matriz de riscos:

> A questão das chuvas merece capítulo particular.
> Propõe a contratada que seja aplicado um "fator chuva" sobre as produtividades dos serviços para compensar os gastos extras com as máquinas paradas nos dias chuvosos. Tal providência teria sido endossada, inclusive, pelo Acórdão 490/2005-TCU-Plenário.

Na prática, seria atribuída uma redução uniforme na produção horária das patrulhas mecânicas, com consequente majoração dos custos horários operativos dos serviços.

Preliminarmente, já restou demonstrado na jurisprudência desta Corte que a aplicabilidade da metodologia estipulada no Acórdão 490/2005-P se destina, unicamente, aos casos de chuvas extraordinárias, cuja ocorrência e intensidade caracterizem uma situação imprevisível, ou previsível de consequências incalculáveis, nos termos da teoria da imprevisão. Essa foi a conclusão corroborada pelo Plenário nos Acórdãos 2.061/2006 e 1.537/2009.

Em um juízo mais aprofundado da matéria, não há de dúvidas que as chuvas oneram a empreitada. É intuitivo. Resta, entretanto, objetivar o quanto; mesmo para apreciar a justeza e a real necessidade de ajustes na metodologia utilizada para referenciar os preços da obra.

Na modelagem proposta pela Construtora Andrade Gutierrez, o efeito de se considerar um abatimento uniforme de produtividade para os serviços se equipara à redução do fator de eficiência de todos os equipamentos envolvidos na execução da obra.

Por definição, contudo, o fator de eficiência é o percentual de tempo em que o equipamento está com o motor ligado, mas não está efetivamente executando o serviço. Por conseguinte, na prática, a redução uniforme de produtividade equivale à presunção de que as máquinas, quando estão paradas em razão da chuva, estão todas ligadas, em plena operação. Não vejo como acolher a tese.

Nesse tempo de inatividade devem ser considerados, apenas, os custos improdutivos - iguais aos custos de mão de obra, pela metodologia do Sicro. Nesse último caso, o impacto nos custos diretos dos serviços será relevantemente menor. Trago o estudo apresentado no relatório que fundamentou o voto condutor do Acórdão 1537/2009-TCU-Plenário:

Observa-se que no mês mais chuvoso do ano existiram variações nos custos unitários dos serviços de 2,87% a 18,00% [compactação de aterros]. No mês de maio a variação foi de 1,91% a 4,17%. Mas devemos atentar que na estação chuvosa não há porque se falar em serviços. Normalmente, nesta estação, em razão do tempo chuvoso, é emitido um termo de paralisação das obras, suspendendo o contrato e seus efeitos, de forma que não se desenvolvem atividades no canteiro de obras.

Então, no período de execução das obras, a efetiva variação a ser considerada é a de 1,91% a 4,17%. Isto nos serviços mais afetados pela chuva, os de terraplenagem. Lembramos, também, que nos meses de junho, julho e agosto da estação seca no Pará choveu menos que em maio, diminuindo ainda mais esse teórico aumento de custo.

(...) o CENTRAN [Centro de Excelência em Tecnologia de Transportes, formado por servidores do Exército e do Dnit] realizou estudos (...), intitulado Influência das chuvas em obras de engenharia, que constam inclusive do sítio do DNIT na internet.

No estudo (...), com base de dados e acurácia muito maior, resultam acréscimos percentuais devidos à chuva ainda menores que aos do presente relatório. Para o Estado de Santa Catarina, por exemplo, no serviço de Escavação, Carga e Transporte de 1ª categoria DMT 1000 a 1200m, o acréscimo percentual do adicional de chuva foram mínimos 0,6875% (fls. 10, anexo 6) . No estado do Amazonas (cuja precipitação média é ainda superior a do Pará), o adicional na regularização do subleito foi de 2,26% (...) . (Grifei)

Em conclusão, pondero, por razão de justiça, que eventuais adaptações nos sistemas de referência devem ser empreendidas não somente naquilo que onerar a empreitada, mas também no que ensejar alguma diminuição em seus custos.

Logo, se incluído o pequeno incremento do "fator chuva", haveriam de se considerar, também, as produtividades e os valores residuais dos equipamentos aquém da realidade, tal qual enumerado pela Secob-2 em sua instrução, assim como aplicar os fatores de barganha e de escala não contemplados nos sistemas oficiais de preços. Citaria, ainda, a redução do ISS considerado no BDI do Sicro, para corretamente sopesar que o tributo não incide sobre os materiais. Os valores pagos pela mão de obra também deveriam cair, visto que à época, o sistema não considerava os preços das convenções coletivas de trabalho, como apontado no manual do Sicro (vide Acórdão 2490/2010-TCU-Plenário). Indico, também, que os valores de referência para o fornecimento e colocação nas formas de aço nas obras de arte especial da ferrovia deveriam considerar armadura com bitola superior aos 10 mm utilizados no Sicro, com expressiva redução de preço.

Por tudo isso, a inclusão do "fator chuva", desacompanhado de outras ponderações no Sicro que desonerariam a empreitada, não se mostra como medida justa neste caso concreto para fielmente dimensionar o preço esperado para a obra. Acórdão nº 1922/2011.

85. Há de ser negada, também, a alegada influência de chuvas sobre a produtividade dos encargos contratuais (e suas consequências nas composições de custos unitários). Nos processos de controle externo são muito comuns pleitos para aplicação de um fator de eficiência mais baixo nas produtividades dos serviços, para compensação das horas paradas com a chuva. Com uma produtividade dos equipamentos mais baixa, mais horas de máquinas seriam necessárias para executar uma mesma tarefa, o que redundaria em um custo unitário maior. Estaria, aí, compensado o "fator chuva". Esse raciocínio, todavia, tem sido rejeitado pelo TCU, conforme pertinentes fundamentos esposados pela unidade instrutiva. No mesmo sentido os acórdãos 1199/2004, 490/2005, 616/2005, 2061/2006, 278/2008, 3044/2008, 1129/2009, todos do Plenário. Acórdão nº 2290/2013.

10. Outro tema merecedor de destaque na auditoria é concernente à previsão de pagamento às contratadas de indenização por eventuais paralisações dos serviços provocadas por chuvas ou mau tempo, podendo chegar a até aproximadamente 3% dos valores ajustados, o que, no conjunta, soma R$ 5,8 milhões.

11. A lógica é que, ao contrário do estipulado pela Petrobras, o custo horário improdutivo, nas paralisações, não pode ser exatamente igual ao da obra em ritmo normal de execução, uma vez que naquela situação os equipamentos, só para ilustrar, não consomem combustíveis e lubrificantes, nem exigem reparos. Além disso, fica o receio de que equipamentos parados por motivos alheios às chuvas possam ter o seu uso inadvertidamente indenizado (Acórdão nº 396/2011).

Em síntese, deve ser avaliada a necessidade de previsão no instrumento convocatório e no contrato (com adoção de matriz de riscos, de preferência) de previsão relativa à redução e produtividade em razão de chuvas. Não deve ser adotado qualquer fator ou fórmula para compensar redução eventual de produtividade por conta de chuvas ordinárias, uma vez que esta perda pode ser compensada por outros fatores favoráveis, especialmente no caso de obras complexas.

Na hipótese de chuvas extraordinárias que comprometam de modo significativo o andamento da execução contratual, podem ser previstas fórmulas ou fatores de compensação de perda de eficiência – horas de mão de obra ociosa, locação de equipamentos, custos de manutenção, entre outras despesas.

Contudo, é preciso avaliar se tais custos decorrentes de atraso em razão de chuvas já não foram compensados por intermédio da componente "riscos" contida na taxa de BDI – uma das componentes da taxa é o fator risco, um percentual que incide sobre o valor do contrato destinado a compensar despesas imprevistas e imprevisíveis.

15.6.15 Obras públicas e serviços de engenharia sustentáveis

A Lei nº 14.133/21 tem evidente diretriz voltada para as contratações públicas sustentáveis – o tema já foi antes abordado. No plano das contratações de obras de engenharia há especificações legais taxativas. Quando de contratação de obras e serviços de engenharia serão observadas normas relativas a: I – disposição final ambientalmente adequada dos resíduos sólidos gerados pelas obras contratadas; II – mitigação por condicionantes e compensação ambiental, que serão definidas no procedimento de licenciamento ambiental; III – utilização de produtos, de equipamentos e de serviços que, comprovadamente, favoreçam a redução do consumo de energia e de recursos naturais; IV – avaliação de impacto de vizinhança, na forma da legislação urbanística; V – proteção do patrimônio histórico, cultural, arqueológico e imaterial, inclusive por meio da avaliação do impacto direto ou indireto causado pelas obras contratadas; VI – acessibilidade para pessoas com deficiência ou com mobilidade reduzida.

Trata a Lei de fomentar as contratações ESG – *environmental, social and governance*, com foco e atenção na fixação de critérios de sustentabilidade, especialmente na sua dimensão ambiental.

Para a implementação de obras ou serviços de engenharia sustentáveis as especificações e demais exigências do projeto básico ou executivo devem ser adotadas objetivando economia da manutenção e operacionalização da edificação, redução do consumo de energia e água, bem como a utilização de tecnologias e materiais que reduzem o impacto ambiental, tais como:

a. Uso de equipamentos de climatização mecânica ou de novas tecnologias de resfriamento do ar que permitam a automação do sistema e, quando possível, a setorização adequada dos ambientes climatizados;

b. Automação da iluminação do prédio, projeto de iluminação, interruptores, iluminação ambiental, iluminação tarefa, uso de sensores de presença;

c. Energia solar ou outra energia limpa para aquecimento de água;

d. Sistema de medição individualizado de consumo de água e energia;

e. Sistema de reuso de água e de tratamento de efluentes gerados;

f. Aproveitamento da água da chuva, agregando ao sistema hidráulico elementos que possibilitem a captação, transporte, armazenamento e seu aproveitamento;

g. Utilização de materiais que sejam reciclados, reutilizados e biodegradáveis, e que reduzam a necessidade de manutenção;

h. Comprovação da origem da madeira a ser utilizada na execução da obra ou serviço.

Podem ser adotadas inúmeras definições técnicas que ensejarão vantagens de natureza de sustentabilidade ambiental, como:

a. escolha adequada da localização da obra: o local da obra tem forte impacto de natureza de sustentabilidade ambiental. Deve ser avaliada a infraestrutura, meios de transporte disponíveis para o acesso, acesso a serviços públicos essenciais como fornecimento de água e de energia elétrica;

b. a elaboração de projetos deve priorizar soluções sustentáveis como orientação da edificação para melhor aproveitamento de iluminação e ventilação naturais;

c. material e elementos construtivos sustentáveis devem ser priorizados, levando em conta fatores como reaproveitamento, reciclagem, conforto térmico, entre outros;

d. especificação técnica de aparelhos e equipamentos dotados de níveis adequados de eficiência energética;

e. especificações técnicas para reaproveitamento de água de chuvas;

15.6.16 Particularidades da licitação para contratação de obras e serviços de engenharia

A contratação de obra ou de serviço de engenharia será precedida de processo de contratação direta (quando autorizada por Lei), ou de licitação nas modalidades legalmente previstas (concorrência, pregão, concurso ou diálogo competitivo).[444]

Para licitar obras ou serviços de engenharia são admitidos os seguintes regimes de contratação: I – empreitada por preço unitário; II – empreitada por preço global; III – empreitada integral; IV – contratação por tarefa; V – contratação integrada; VI – contratação semi-integrada; VII – fornecimento e prestação de serviço associado.[445]

No caso de adoção de regime de contratação integrada, a Administração é dispensada da elaboração de projeto básico, hipótese em que deverá ser elaborado anteprojeto de acordo com metodologia definida em ato do órgão competente (art. 46, §2º). No caso de adoção dos regimes de empreitada por preço global, empreitada integral, tarefa, contratação integrada ou semi-integrada deve ser adotada a licitação por preço global e deve ser adotada sistemática de medição e pagamento associada à execução de etapas do cronograma físico-financeiro vinculadas ao cumprimento de metas de resultado, vedada a adoção de sistemática de remuneração orientada por preços unitários ou referenciada pela execução de quantidades de itens unitários (art. 46, §9º).

No tocante à licitação para a contratação de obras e serviços de engenharia, outro aspecto a ser salientado é a recomendação realizada pelo Tribunal de Contas da União para a análise de exequibilidade dos preços unitários propostos pelos licitantes, mesmo no caso de licitação por preço global. Tal se deve a evitar o jogo de planilhas quando das alterações contratuais, reputando que o controle da exequibilidade de custos unitários mesmo em licitações por preço global constitui medida preventiva que deve ser adotada:

> É imprescindível a análise dos preços unitários em licitações do tipo menor preço global, de modo a se coibir a prática do denominado jogo de planilha, que se caracteriza pela elevação dos quantitativos de itens que apresentam preços unitários superiores aos de mercado e redução dos quantitativos de itens com preços inferiores, por meio de aditivos (Acórdão nº 1618/2019-TCU-Plenário).
>
> A definição do critério de aceitabilidade dos preços unitários e global nos editais para a contratação de obras, com a fixação de preços máximos para ambos, é obrigação e não faculdade do gestor (Súmula TCU 259), ainda que se trate de empreitada por preço global. Essa obrigação tem por objetivo mitigar a ocorrência dos riscos associados tanto ao "jogo de cronograma" quanto ao "jogo de planilha" (Acórdão nº 1695/2018-TCU-Plenário).
>
> A existência na planilha contratual de serviços específicos com preços unitários acima dos referenciais de mercado, ainda que não caracterize sobrepreço global, deve ser evitada,

---

[444] Pregão no caso de serviços comuns de engenharia. Concorrência no caso de obras ou serviços especiais de engenharia. Diálogo competitivo pode incluir a seleção para executar obras ou serviços de engenharia, e pode ser instaurado concurso para contratar projetos de engenharia ou arquitetura.

[445] Sobre regimes de execução consultar a seção específica.

principalmente se concentrados na parcela de maior materialidade da obra, pois traz risco de dano ao erário no caso de celebração de aditivos que aumentem quantitativos dos serviços majorados (jogo de planilha) ou diante da inexecução de serviços com descontos significativos nos preços, depois de executados aqueles com preços unitários superiores aos de mercado (jogo de cronograma) (Acórdão nº 2307/2017-TCU-Plenário).

Nas licitações para contratação sob regime de empreitada por preço global, não se exclui a necessidade de limitação dos preços unitários, uma vez que, mesmo nesses ajustes, os valores pactuados para cada item, em princípio, servirão de base para eventuais acréscimos contratuais, sob pena de uma proposta aparentemente vantajosa vir a se tornar desfavorável à Administração.

Ainda no âmbito dos Pedidos de Reexame interpostos por gestores da SRHMA/TO, fora questionada a irregularidade relativa à "inexistência de critérios de aceitabilidade de preços unitários para os Editais (…), em afronta ao art. 40, inciso X, da Lei 8.666/1993". Segundo o recorrente, tais critérios não seriam relevantes em empreitadas por preço global. O relator, em oposição, registrou que "o fato de um processo licitatório ter sido realizado para uma contratação em regime de empreitada por preço global não exclui a necessidade de limitação dos preços unitários". Explicou que "mesmo nessas contratações, os valores pactuados para cada item, em princípio, servirão de base no caso de eventuais acréscimos contratuais, de sorte que uma proposta aparentemente vantajosa poderá se tornar desfavorável à Administração". Ao se reportar ao caso concreto, destacou que, em um dos contratos, cujo preço total sofreu significativa majoração após modificações no projeto executivo, observou-se "a elevação de quantitativos em itens com sobrepreço e a redução de outros com preços equivalentes aos de mercado", ocasionando desequilíbrio econômico-financeiro. Em relação a outro ajuste, o relator observou que, apesar de afastada a ocorrência de sobrepreço global, "alguns itens apresentaram preços unitários até 20% acima dos de mercado, ocorrência que poderia ser evitada pelo estabelecimento de critérios de aceitabilidade de preços unitários associada a uma estimativa adequada dos preços referenciais". O Tribunal, seguindo a proposta do relator, negou provimento ao recurso (Acórdão nº 2857/2013-Plenário).

A análise de exequibilidade dos preços unitários na composição do custo global das propostas é, com efeito, fundamental para evitar distorções e imprecisões, em especial quando das alterações contratuais. Não se trata apenas de evitar fraudes, mas também de evitar prejuízo ao erário pelo eventual custeio de insumos ou serviços por valor que exceda aqueles praticados no mercado. Para a aferição de sobrepreço na fase de licitação, o TCU tem preconizado o denominado método da limitação dos preços unitários ajustados, referido no acórdão:

> *Tomada de Contas Especial. Obra e Serviço de Engenharia. Para a avaliação de sobrepreço na fase de licitação é preferível a aplicação do 'Método da Limitação dos Preços Unitários Ajustado', que permite verificar os critérios de aceitabilidade de preços unitários e globais (art. 40, inciso X, da Lei 8.666/93). Para contratos em andamento ou finalizados, é recomendável a aplicação do 'Método da Limitação do Preço Global', que admite a compensação entre sobrepreços e subpreços unitários durante a execução contratual, de forma a manter o equilíbrio econômico-financeiro do ajuste.*
>
> Trata-se de tomada de contas especial (…) para apurar indícios de superfaturamento na aplicação dos recursos do Convênio nº 234/2003, celebrado entre o Dnit e o Município de Maringá/PR, no valor total de R$45,5 milhões (…) cujo objeto consistia no rebaixamento da linha férrea do contorno ferroviário da cidade.

3. Cabe destacar que as premissas usadas à época pela unidade técnica [Secob-4] para a apuração dos indícios de sobrepreço foram: cálculo pelo método de limitação dos preços unitários ajustado; e não adoção das composições da administração que não foram possíveis de serem aferidas.

7. Com a reestruturação da Secretaria do TCU, a SeinfraHidroferrovia foi incumbida da instrução da presente TCE, tendo concluído, após nova análise dos orçamentos contratados, que não se confirmavam os indícios de superfaturamento nos percentuais apurados nos autos do TC 000.543/2008-0, já que as discrepâncias detectadas nos autos se situariam em patamares metodologicamente aceitáveis (de até 5% sobre o valor contratado), propondo, em consequência, o arquivamento dos presentes autos.

8. Importante mencionar que essa nova análise usou como premissa o método da limitação do preço global, que seria aplicável no caso de contratos já assinados, e adotou as composições de preços da administração para as quais não havia nenhuma contestação anterior, ampliando, assim, as amostras avaliadas para no mínimo 80% do valor dos contratos, de sorte que as discrepâncias finais apuradas não justificariam nem mesmo a conversão da referida representação em TCE, por configurarem variações normais de preços.

9. O MPTCU, por sua vez, questionou que a mudança de método de apuração não teria produzido redução significativa nos indícios de superfaturamento apontados pela então Secob-4, se calculados em relação aos preços totais dos contratos: no Contrato nº 72/2004 e, por conseguinte, no Contrato nº 73/2004, se reduziria o suposto superfaturamento de 6,81%, em vez de 10,55%, para 4,89%, enquanto, no Contrato nº 134/2008, ele seria reduzido de 13,49%, em vez de 24,81%, para 4,22%, e, assim, o Parquet especial sugeriu a aplicabilidade do método da limitação dos preços unitários ajustado ao caso concreto, considerando, para tanto, que os indícios apurados pela então Secob-4, a partir desse método, teriam lastreado a prolação do Acórdão 8.545/2012-2ª Câmara.

10. Nesse diapasão, o Parquet especial propôs a continuidade do trâmite desta TCE, como alternativa para o cumprimento do Acórdão 8.545/2012-TCU-2ª Câmara, e especialmente para serem promovidas as citações suscitadas a partir dos indícios de dano ao erário apontados pela então Secob-4 à Peça nº 170 do TC 000.543/2008-0.

11. Ante os elementos constitutivos dos autos, entendo que o encaminhamento sugerido pela unidade técnica especializada se mostra o mais adequado, de tal sorte que incorporo o parecer da SeinfraHidroferrovia a estas razões de decidir, sem prejuízo de tecer as considerações que se seguem.

12. Observa-se, inicialmente, que a então Secob-4 usou o método de cálculo de sobrepreço preconizado pelo ultrapassado Acórdão 2.319/2009-Plenário, prolatado quando o Tribunal teria avaliado as conclusões inerentes ao estudo elaborado no âmbito da Segecex, orientando as unidades técnicas a adotarem, preferencialmente, o denominado "Método da Limitação dos Preços Unitários Ajustado" para a possível quantificação de sobrepreço no âmbito desta Corte de Contas.

13. Naquela ocasião, ao ponderar vantagens e desvantagens, o estudo concluiu pela adoção do aludido método, especialmente por apresentar: embasamento jurídico e simplicidade de aplicação e de compreensão pelos auditores federais e pelos auditados, além da facilidade de implantação nos contratos de obras e serviços de engenharia firmados pela administração pública.

14. Tal método, em essência, caracterizava-se por considerar como débito qualquer pagamento de serviço com sobrepreço unitário, independentemente de o preço global do orçamento estar compatível com os parâmetros de mercado, partindo da premissa de que nenhum preço unitário de serviço, contratado originalmente ou acrescido posteriormente, poderia

ser injustificadamente superior ao paradigma de mercado, de modo que não se admitiria nenhum tipo de compensação entre sobrepreços e subpreços unitários.

15. Ocorre, todavia, que diversos acórdãos desta Corte de Contas adotaram outras formas de cálculo para o dano derivado indícios de sobrepreço ou de superfaturamento, com destaque para o denominado "Método da Limitação do Preço Global", que admite no cálculo do débito a compensação dos serviços com preço excessivo com outros serviços cujos preços se mostrem inferiores ao preço de mercado.

16. Ilustram esse entendimento os seguintes excertos tirados das seguintes decisões do TCU:

a) do Acórdão 583/2003-Plenário: "(...) 23. Há que se nortear pelo entendimento, já comum no Tribunal, de que, estando o preço global no limite aceitável, dado pelo orçamento da licitação, os sobrepreços existentes, devido à falta de critérios de aceitabilidade de preços unitários, apenas causam prejuízos quando se acrescentam quantitativos aos itens de serviço correspondentes, porque, até esse momento, como disse antes, o valor contratado representava o equilíbrio entre preços altos e baixos, apesar do vício de origem";

b) do Acórdão 1.551/2008-Plenário: "(...) 3. Na avaliação econômica do contrato, o eventual sobrepreço existente deve ser apurado de forma global, isto é, fazendo-se as compensações dos preços excessivos de alguns itens com os descontos verificados em outros, principalmente se os preços são os mesmos oferecidos na licitação da obra e se pode constatar que a proponente sopesou de forma diferenciada o custo dos diversos serviços, tirando proveito das possíveis vantagens comparativas, desde que de forma legítima. Situação diversa ocorre com itens eivados de ilegalidade, tais os que apresentaram modificação sensível dos parâmetros eleitos na licitação, justificando a impugnação individual do item anômalo";

c) do Acórdão 2.482/2008-Plenário: "(...) Segundo a jurisprudência deste Tribunal, ainda que existam distorções nos preços unitários de determinados itens, caso se mantenham as condições originais da contratação, não haverá sobrepreço no contrato celebrado por valor global compatível com o mercado (Acórdãos 583/2003, 388/2004, 1245/2004 e 2137/2005, 2635/2007, todos do Plenário)"; e

d) do Acórdão 1.064/2009-Plenário: "(...) 11. Ora, é pacífico nesta Corte (vide, dentre outros, os Acórdãos 798/2008, 1.414/2003, 388/2004 e 1.746/2003, todos do Plenário) que, estando o preço global no limite aceitável dado pelo orçamento da licitação, as discrepâncias de preços existentes, devido à ausência de critério de aceitabilidade de preços unitários, apenas causam prejuízos quando se realizam aditivos em que são acrescidos quantitativos para itens de serviço cujos valores eram excessivos em relação aos demais licitantes, ou, ainda, quando suprimidas as quantidades daqueles itens cujos preços eram vantajosos para a administração contratante, o que não ocorreu na hipótese dos autos. Nesse sentido, descabe a constatação da unidade técnica de que teria havido prejuízo a compensar em pagamentos futuros, o que me leva a acolher as razões apresentadas".

17. Observa-se pela jurisprudência mais recente que o método da limitação do preço global continuou a ser aplicado pelo Tribunal, considerando as circunstâncias do caso concreto e, em especial, o equilíbrio econômico-financeiro do contrato, desde que o preço global esteja no limite aceitável, dado pelo orçamento da licitação, e que não tenha havido alteração dos quantitativos dos itens com sobrepreço (para mais) e com subpreço (para menos).

18. Nessa linha de entendimento, destacam-se os seguintes julgados do TCU:

a) no Acórdão 1.887/2010-Plenário: "(...) Com efeito, se os preços globais estão compatíveis com os de mercado, a existência de determinados itens com sobrepreço deve ser correspondida pela existência de itens cujos preços estão abaixo dos de mercado, havendo assim uma compensação entre os valores desses dois diferentes grupos de insumos. Assim, a redução dos

valores dos itens com sobrepreço afetaria o equilíbrio econômico-financeiro da contratação e possibilitaria o auferimento de vantagens indevidas por parte da Administração"; e
b) no Acórdão 1.219/2014-Plenário: "(...) 29. O procurador-geral registrou, inicialmente, que o estudo da jurisprudência do TCU indica que esta Corte, ao examinar diversos casos concretos, teve entendimento divergente da orientação em abstrato dada pelo acórdão 2.319/2009- Plenário.
30. Anuiu ao procedimento adotado pela unidade técnica no caso tratado nos presentes autos, por entender 'mais adequada uma análise do valor global do contrato, que preconize a verificação da justa remuneração do objeto considerado em sua totalidade'.
31. Em conclusão, o MPTCU manifestou-se no sentido de que:
'a) não existe método padrão para cálculo de sobrepreço aplicável genericamente a todas as situações, devendo tal opção ser realizada à luz das peculiaridades do caso concreto;
b) não é adequada a fixação do Método da Limitação dos Preços Unitários como metodologia prioritária na análise de contratos de obras públicas realizada pelo TCU, embora tal técnica possa ser adotada preferencialmente na análise de editais;
c) o Método da Limitação de Preços Globais, na maior parte das vezes, apresenta-se como mais apropriado na análise de contratos de obras públicas, com amparo de farta jurisprudência do TCU, ressalvadas as especificidades da situação concreta em exame;
d) neste caso concreto, é adequada a utilização do Método da Limitação de Preços Globais, conforme análise realizada pela unidade técnica (peça 140)'.
32. Não tenho qualquer reparo a fazer ao parecer do procurador-geral do MPTCU, a cujas conclusões me associo".
19. Constata-se, portanto, que, apesar de o Acórdão 2.319/2009-TCU-Plenário até ter orientado as unidades técnicas a adotarem, preferencialmente, o "Método da Limitação dos Preços Unitários Ajustado", tal método tem sido aplicado apenas nos casos em que se analisam orçamentos de obras ainda na fase da licitação, destacando-se que, nesse sentido, é o registro contido no voto condutor do Acórdão 2.086/2012-Plenário, quando aduz que:
"Na oportunidade, deixei assente concordância com a metodologia adotada pela Secob-1 para análise dos preços registrados na licitação, com a avaliação de cada preço unitário à luz de sua referência de mercado, sem compensações entre subpreços e sobrepreços.
Repito que, na fase licitatória, essa sistemática de verificação dos preços consagra a exigência das leis de diretrizes orçamentárias de que as tabelas referenciais, notadamente Sicro e Sinapi, sejam os preços máximos adotados pela Administração Pública em suas licitações. Ademais, vai ao encontro do entendimento fixado na Súmula 259 desta Corte, que aduz ser obrigação do gestor fixar critério de aceitabilidade de preços unitários".
20. Bem se vê que a aplicação desse método de avaliação do orçamento, quando constatado ainda na fase da licitação, tem o condão de verificar se o gestor cumpriu com o seu dever de balizar os preços unitários do certame pelos referenciais preconizados nas Lei de Diretrizes Orçamentárias (LDO), estabelecendo os critérios de aceitabilidade de preços unitários e globais exigidos pelo art. 40, inciso X, da Lei de Licitações.
21. Por outro lado, sabe-se que a aplicação direta do método de limitação dos preços unitários ajustado nos casos de contratos em andamento e/ou finalizado, sem considerar a efetiva compensação entre indícios de sobrepreços e de subpreços unitários durante a execução contratual, poderia gerar inaceitável desequilíbrio econômico-financeiro em desfavor do contratado.
22. Evidentemente, esse mesmo raciocínio não se aplica a débitos decorrentes de pagamento a maior por alteração em quantitativos de insumos e serviços, que podem ensejar o chamado "jogo de planilha" com prejuízos ao contratante, ou a danos derivados de serviços

não executados, cuja despesa, na prática, foi irregularmente liquidada (v.g.: Acórdão nº 2.731/2012-TCU-Plenário).

23. Logo, em situações semelhantes às do presente caso concreto, o TCU tem aplicado o método da limitação do preço global, o qual prevê a compensação dos indícios de sobrepreço unitário com os de subpreço em outros itens do contrato, de sorte a avaliar globalmente o empreendimento em curso ou já concluso, e não apenas os preços unitários dos serviços licitados.

24. Ressalte-se que, com a mudança de método de apuração, até não ocorreu significativa redução dos percentuais apontados como indícios de superfaturamento nos contratos ora examinados, conforme noticiado pelo MPTCU, mas que, após a compensação entre os indícios de sobrepreço e os de subpreço, incluindo-se na amostra analisada as composições da administração não consideradas no cálculo anterior e ajustando-se o preço do CBUQ para o Contrato nº 134/2008, os novos percentuais obtidos se mostram, sim, suficientemente diminutos (menos de 5% sobre o valor do contrato), como concluiu a unidade técnica, não recomendando assim o prosseguimento desta TCE, mesmo porque, em casos similares, o Tribunal não tem tratado como indício de débito esse baixo percentual de variação nos preços (v. Acórdãos nºs 394/2003, 752/2007, 2.505/2010, 3.104/2010, 1.683/2011, 3.443/2012 e 1.406/2013, todos do Plenário).

28. Assim, ao tempo em que louvo a preocupação suscitada pelo MPTCU, entendo que a metodologia de cálculo adotada pela SeinfraHidroferrovia mostra-se bem mais coerente com os ditames legais, em especial, com a LDO, quanto à observância dos referenciais de preço de mercado fixados nos sistema oficiais de custos de obras, até mesmo porque a jurisprudência do TCU vem consagrando a compensação dos indícios de sobrepreço apurados com os eventuais descontos praticados em outros itens do contrato, observando-se as características do empreendimento e as condições de execução dos contratos na apuração do possível débito.

29. Note-se que este Tribunal, ao prolatar o Acórdão 8.545/2012-2ª Câmara, acolheu a indicação inicial do sobrepreço apurado pela então Secob-4 apenas para converter os autos de representação em TCE, com o objetivo de recompor o dano ao erário, mas não se pronunciou, naquele momento processual, sobre a pertinência do método adotado para a apuração do dano, destacando-se que o próprio Parquet especial reconhece, ante a complexidade técnica da matéria, que não seria aconselhável fixar previamente a aplicação geral e uniforme desse ou daquele método de apuração de sobrepreço/superfaturamento aos diversos tipos de obras públicas.

30. Anote-se, ainda, que não foram apontados sequer indícios de desvios ou locupletamento por parte dos agentes públicos e privados envolvidos no empreendimento, de modo que os indícios de sobrepreço originalmente apontados nos autos consistiriam na única falha a ser examinada nestas contas especiais, mostrando-se, contudo, inexistente.

31. Por tudo isso, torna-se oportuna a reanálise dos elementos constitutivos da TCE, sem os quais o prosseguimento do feito poderia se mostrar infrutífero e desarrazoado, de modo que, em consonância com o cálculo descrito na instrução de mérito transcrita no Relatório precedente, o indício de débito pode ser considerado como inexistente nestes autos, ante o seu reduzido percentual de desvio em relação ao valor total dos respectivos contratos, de acordo com a já mencionada jurisprudência deste Tribunal, conduzindo o feito, então, segundo o proposto pela unidade técnica especializada, ao seu arquivamento pela ausência de pressupostos de constituição e desenvolvimento válido e regular do processo, nos termos dos arts. 169, inciso II, e 212 do Regimento Interno TCU.

9.1. arquivar a presente tomada de contas especial, sem julgamento do mérito, por ausência de pressupostos de constituição e de desenvolvimento válido e regular do processo; e (AC nº 2.677-15/15-2).

Embora um pouco extenso, o acórdão transcrito revela intensa preocupação do Tribunal de Contas da União com o controle dos preços unitários quando da licitação de obras ou de serviços de engenharia, o que deve ser de fato e em concreto observado pela Administração Pública.

15.6.17 Requisitos de habilitação técnica profissional e técnica operacional para contratação de obras e serviços de engenharia e arquitetura

A Lei nº 14.133/21 prevê que a documentação relativa à qualificação técnico-profissional e técnico-operacional será restrita a:
I – apresentação de profissional, devidamente registrado no conselho profissional competente, quando for o caso, detentor de atestado de responsabilidade técnica por execução de obra ou serviço de características semelhantes, para fins de contratação;
II – certidões ou atestados, regularmente emitidos pelo conselho profissional competente, quando for o caso, que demonstrem capacidade operacional na execução de serviços similares de complexidade tecnológica e operacional equivalente ou superior, bem como documentos comprobatórios emitidos na forma do §3º do art. 88 desta Lei;
III – indicação do pessoal técnico, das instalações e do aparelhamento adequados e disponíveis para a realização do objeto da licitação, bem como da qualificação de cada membro da equipe técnica que se responsabilizará pelos trabalhos;
IV – prova do atendimento de requisitos previstos em lei especial, quando for o caso;
V – registro ou inscrição na entidade profissional competente, quando for o caso;
VI – declaração de que o licitante tomou conhecimento de todas as informações e das condições locais para o cumprimento das obrigações objeto da licitação.

Como requisito de habilitação, a Administração Pública poderá exigir prova de capacidade técnica dos licitantes. A prova de capacidade técnica será profissional – relativa aos profissionais que estarão envolvidos na execução do contrato; ou operacional – relativa à empresa contratada, encarregada da execução contratual.

Quando se fizer necessária, a prova de capacidade técnica será feita por intermédio de atestados de capacidade técnica, declarações ou instrumentos equivalentes, representativos de uma certa e determinada capacitação técnica mínima, nos termos do instrumento convocatório. A exigência de prova de capacidade técnica implica redução da competitividade. É de se supor que, quanto maiores as exigências de capacidade técnica, menor o número de profissionais ou empresas aptos a atendê-las.

Assim, há um limite legal para a exigência de prova de capacidade técnica. A exigência de prova de capacidade técnica será limitada às parcelas de maior relevância e valor significativo do objeto da licitação.

A vinculação da capacidade técnica a ser exigida dos licitantes às parcelas de maior relevância e valor significativo do objeto é de muito fixada pelo Tribunal de Contas da União:

A exigência de comprovação de experiência anterior, para fins de qualificação técnico-operacional, na prestação de serviços que não são, simultaneamente, de maior relevância técnica e valor significativo do objeto viola o art. 30, §1º, inciso I, da Lei 8.666/1993, o art. 14 da Lei 12.462/2011 (RDC) e a Súmula TCU 263. Acórdão 2474/2019-TCU-Plenário. A exigência de comprovação da execução de quantitativos mínimos em obras ou serviços com características semelhantes, para fins de atestar a capacidade técnico-operacional, deve guardar proporção com a dimensão e a complexidade do objeto e recair, simultaneamente, sobre as parcelas de maior relevância e valor significativo. Como regra, os quantitativos mínimos exigidos não devem ultrapassar 50% do previsto no orçamento base, salvo em condições especiais e devidamente justificadas no processo de licitação. Acórdão 244/2015-TCU-Plenário.

No que tange ao que possa constituir "parcela de maior relevância e valor significativo" a Lei nº 14.133/21 fixou um parâmetro objetivo: "a exigência de atestados será restrita às parcelas de maior relevância ou valor significativo do objeto da licitação, assim consideradas as que tenham valor individual igual ou superior a 4% (quatro por cento) do valor total estimado da contratação" (art. 67, §1º). Este critério legal para definição das parcelas de maior relevância e valor significativo, vinculado ao valor delas, pode não representar efetivamente uma parcela de obra ou serviço que mereça prova de capacidade técnica. Parece evidente. Há etapas de obra ou de serviços de engenharia que podem ter valor igual ou superior àquele estabelecido como critério, mas que não tenham nenhuma complexidade técnica a justificar uma exigência de prova de capacidade técnica (por exemplo, parcela de valor elevado relativa à qualidade de revestimento de piso). Por outro lado, pode haver etapas de obras ou de serviços, de imensa complexidade e risco, porém, de valor inferior ao estabelecido como limite (por exemplo, valor de fundações ou elementos estruturais). É preciso dar à lei uma interpretação sistemática e racional. Caso a Administração Pública identifique uma etapa de execução de obra ou de serviços que seja marcada pela complexidade técnica e pelo risco de execução, independentemente do seu valor, deverá exigir prova de que os licitantes detêm a capacidade técnica necessária à sua execução adequada.

A Lei admite a exigência de atestados de capacidade técnica com quantidades mínimas de até 50% (cinquenta por cento) das parcelas de maior relevância e valor significativo, vedadas limitações de tempo e de locais específicos relativas aos atestados. Este quantitativo mínimo de capacidade técnica pode ser comprovado mediante somatória de atestados (por exemplo: o edital prevê que a parcela de relevância e valor significativo é de 5.000 m². Pode ser exigida prova de capacidade técnica de execução anterior de até 2.500 m². Esta prova pode, eventualmente, ser feita, mediante somatória de quantitativos previstos em três atestados de capacidade técnica, com quantitativos indicados de 1.000 m², 1.000 m² e 500 m² respectivamente). A aceitação de somatória de quantitativos registrados em atestados de capacidade técnica diferentes deve ser objeto de avaliação técnica preliminar e previsão no instrumento convocatório, com a devida justificativa para a recusa de tal somatória. Com efeito, podem haver situações em que, dada a natureza do objeto contratual, a capacidade técnica para executar 5.000 m² não é similar à de executar duas vezes 2.500 m². O setor técnico deverá apontar as devidas justificativas para esta decisão. Esta é a posição do Tribunal de Contas da União sobre somatório de quantitativos previstos em atestados diferentes:

> 9.7.2. somente limite o somatório de quantidades de atestados para a comprovação de capacidade técnico-operacional dos editais nos casos em que o aumento de quantitativos do serviço acarretarem, incontestavelmente, o aumento da complexidade técnica do objeto ou uma desproporção entre as quantidades e prazos para a sua execução, capazes de ensejar maior capacidade operativa e gerencial da licitante e de potencial comprometimento acerca da qualidade ou da finalidade almejada na contratação da obra ou serviços;
> 9.7.3. atente para o parcelamento obrigatório dos objetos a serem contratados, sempre que se comprove sua viabilidade técnica e econômica, consoante prevê o art. 23, §1º da Lei 8666/93;
> 9.7.4. somente limite a soma de atestados entre consorciadas para a comprovação de capacidade técnico-operacional nos casos em que, incontestavelmente, para cada item da exigência, duas ou mais empresas reunidas, seja em face da possibilidade de redução dos prazos do serviço, seja em razão da melhor capacidade de reunião de equipamentos e mão-de-obra, não aumentem a capacidade operacional da licitante Acórdão nº 2150/2008.
> 9.1.2. exclusão das seguintes cláusulas de habilitação, consideradas restritivas à competitividade do certame e incompatíveis com os arts. 3º, §1º, inciso I, e 30, §§3º e 6º, da Lei 8.666/1993: vedação da possibilidade de somatório de atestados para qualificação técnica dos licitantes quando não for comprovada sua imprescindibilidade, exigência de atestado de execução de colunas verticais (jet grouting) exclusivamente em obras de esgotamento sanitário e exigência indevida de comprovação de compromisso prévio do licitante com terceiro (Acórdão nº 1023/2013).
> de que o não atendimento das providências indicadas por este Tribunal no Acórdão 1023/2013-TCU-Plenário(…) fazendo-se necessária, para viabilizar tal aplicação, a expedição de novo edital de licitação, livre dos seguintes vícios:
> 9.2.2. vedação, injustificada tecnicamente, para somatório de atestados para qualificação técnica dos licitantes, o que só é cabível quando o acréscimo de quantitativo do serviço acarreta o aumento da complexidade técnica de sua execução (Acórdão nº 1998/2013).

Há determinação legal para que profissionais indicados pelo licitante para cumprir requisito de capacidade técnica previsto no instrumento convocatório deverão participar da obra ou serviço objeto da licitação, sendo admitida a sua substituição por profissionais de experiência equivalente ou superior, desde que aprovada pela Administração (art. 67, §6º). Causas inúmeras podem resultar na impossibilidade de que os profissionais indicados pelo contratado na etapa da licitação não tenham condições de participar da execução do contrato. Podem ser substituídos, desde que o sejam por profissionais detentores de capacidade técnica equivalente ou superior. Esta capacidade técnica deve ser equivalente ou superior àquela exigida como limite pelo instrumento convocatório e não em relação àquela de titularidade do profissional indicado pelo licitante/contratado.

15.6.18 Particularidades do seguro-garantia para obras e serviços de engenharia

Na contratação de obras e serviços de engenharia a Administração pode exigir a modalidade de seguro-garantia, com cláusula de retomada (*performance bond*). Pelo modelo tradicional, o seguro-garantia destina-se a garantir o objeto principal contra o risco de inadimplemento, pelo tomador, das obrigações contratualmente assumidas. Assim, a seguradora se obriga a pagar uma indenização, contratualmente fixada, caso o contratado da Administração Pública não cumpra obrigação pactuada e garantida.

O órgão regulatório das atividades de seguradoras é a Superintendência de Seguros Privados – SUSEP, que é autarquia vinculada ao Ministério da Economia, criada pelo Decreto-Lei nº 73, de 21 de novembro de 1966, responsável pelo controle e fiscalização dos mercados de seguro, previdência privada aberta, capitalização e resseguro. É fundamental que a Administração contratante detenha conhecimentos mínimos acerca das regras editadas pela SUSEP sobre o seguro-garantia.

Pelo modelo tradicional, a obrigação da seguradora esgota-se com o pagamento da indenização, não tendo qualquer obrigação em relação à execução do contrato garantido. Contudo, a Lei nº 14.133/21 introduz no sistema jurídico, ao menos no que tange ao regime jurídico das contratações públicas, o seguro-garantia com cláusula de retomada. Neste modelo, a seguradora tem a opção de (i) indenizar mediante pagamento em dinheiro; ou (ii) indenizar mediante execução da obrigação garantida. O edital poderá exigir a prestação da garantia na modalidade seguro-garantia e prever a obrigação de a seguradora, em caso de inadimplemento pelo contratado, assumir a execução e concluir o objeto do contrato (art. 102).

A Circular SUSEP nº 622/22, ajustada à Lei, prevê que "a seguradora indenizará o segurado ou o beneficiário, até o valor da garantia, mediante: I – pagamento em dinheiro dos prejuízos, multas e/ou demais valores devidos pelo tomador e garantidos pela apólice em decorrência da inadimplência da obrigação garantida; ou II – execução da obrigação garantida, de forma a dar continuidade e concluí-la sob a sua integral responsabilidade, nos mesmos termos e condições estabelecidos no objeto principal ou conforme acordado entre segurado e seguradora" (art. 21). Em suma, a cláusula de retomada institui a faculdade para a seguradora de (i) pagar a indenização contratada em dinheiro; ou (ii) assumir a execução integral da obra ou do serviço de engenharia. Caso concluído o objeto contratual satisfatoriamente, ficará isenta do pagamento de indenização em dinheiro.[446]

Para além da garantia de conclusão – ao menos potencial – da obra ou serviço de engenharia – o seguro-garantia com cláusula de retomada enseja vantagem adicional de instituir a seguradora em prerrogativa de controle da execução contratual (na perspectiva de que melhor atende o interesse público a fiel execução do contrato pelo obrigado originariamente, do que a transferência deste encargo para a seguradora). Para o exercício do controle da execução do contrato e validação da cláusula de retomada:

a) **a seguradora deverá firmar o contrato, inclusive os aditivos, como interveniente anuente:** a validade da cláusula de retomada é condicionada, não apenas à sua previsão no contrato de seguro firmado entre o segurado e a seguradora. É indispensável que a seguradora contratada assine o contrato de obra ou de serviço público, bem como os termos aditivos, como interveniente anuente. A falta de assinatura da seguradora

---

[446] Art. 102, parágrafo único Na hipótese de inadimplemento do contratado, serão observadas as seguintes disposições: I – caso a seguradora execute e conclua o objeto do contrato, estará isenta da obrigação de pagar a importância segurada indicada na apólice; II – caso a seguradora não assuma a execução do contrato, pagará a integralidade da importância segurada indicada na apólice.

no contrato inviabiliza o cumprimento posterior da cláusula de retomada, salvo se houver concordância dela – da seguradora. A falta de assinatura do contrato, contudo, não desobriga a seguradora da indenização por pagamento em dinheiro do valor contratado. As providências e formalidades necessárias para a assinatura do contrato por parte da seguradora deverão ser previstas o instrumento convocatório, que conterá "prazo mínimo de 1 (um) mês, contado da data de homologação da licitação e anterior à assinatura do contrato, para a prestação da garantia pelo contratado quando optar pela modalidade seguro-garantia (art. 96, §3º);

b) a seguradora terá livre acesso às instalações em que for executado o contrato principal: a Administração deverá prever no contrato a obrigação do contratado de dar livre acesso às instalações e local da obra ou do serviço de engenharia, sob pena de sanção. O acesso deve ser conferido também a todos os documentos, de que natureza forem, relacionados à execução do contrato, que demonstrem o cumprimento de obrigações acessórias que possam interferir na execução do contrato;

b) acompanhar a execução do contrato principal: para tanto, a seguradora poderá indicar profissional ou empresa especializada para este controle da execução. O contrato administrativo deverá prever a obrigação da seguradora de compartilhar oportunamente com a Administração contratante todas as informações relevantes acerca da execução do contrato, para prevenir futura alegação de omissão administrativa de dever de fiscalização;

c) ter acesso à auditoria técnica e contábil: mais do que apenas ter acesso às auditorias técnicas e contábeis realizadas por iniciativa do segurado, a seguradora tem a prerrogativa de contratar e realizar auditorias, seja de que natureza forem, da execução contratual;

d) requerer esclarecimentos ao responsável técnico pela obra ou pelo fornecimento: o contrato administrativo da obra ou serviço de engenharia deverá prever cláusula contendo esta obrigação, sob pena de sanção, de prestar todos os esclarecimentos solicitados pela seguradora;

e) a emissão de empenho em nome da seguradora, ou a quem ela indicar para a conclusão do contrato, será autorizada desde que demonstrada sua regularidade fiscal: o contrato administrativo da obra ou do serviço deverá prever as condições e requisitos, bem como a forma jurídica pela qual a seguradora assumirá a execução do contrato. É certo que, na execução da cláusula de retomada, a seguradora se subrroga em direitos e obrigações originalmente do segurado. Contudo, o detalhamento desta configuração jurídico-contratual é fundamental para evitar controvérsias que possam gerar entraves para a conclusão do objeto contratual;

f) a seguradora poderá subcontratar a conclusão do contrato, total ou parcialmente: nenhuma seguradora tem, em seu objeto social, atividades de engenharia ou arquitetura, eis que privativas desta categoria profissional. Assim, a subcontratação não será uma faculdade, mas uma decorrência jurídica inevitável da execução da cláusula de retomada. O regime da subcontratação por parte da seguradora é aquele genericamente previsto em Lei para as subcontratações em geral. O subcontratado deve ser aprovado pela Administração contratante e deverá demonstrar o cumprimento dos requisitos de habilitação – em especial de capacidade técnica – originalmente devidos pelo contratado na forma prevista no instrumento convocatório, inclusive de regularidade fiscal e trabalhista.

Deve-se considerar no contrato a consequência para eventual inexecução parcial ou total de obrigações por parte da seguradora na execução da cláusula de retomada.

15.7 Particularidades do controle da execução de contratos de obras e serviços de engenharia

Quanto ao controle da execução de contratos de obras e serviços de engenharia, aspecto relevante é relacionado às alterações contratuais. A precisão absoluta dos projetos básico e executivo, bem como de todos os elementos do planejamento das obras e serviços de engenharia é praticamente impossível. Nem mesmo em uma obra ou serviço de engenharia domésticos, sob a tutela rigorosa do proprietário particular, consegue-se realizar um planejamento perfeito, imune à necessidade de alterações quanto mais no que diz com as obras públicas, em geral complexas e de grandes dimensões. De qualquer sorte, a maior precisão técnica deve ser incansavelmente buscada. O próprio Conselho Federal de Engenharia e Agronomia manifestou na supracitada Resolução nº 361/91 a admissibilidade de erros de até 15% para mais ou menos na definição dos quantitativos de materiais e insumos ou de seu custo.

No plano do controle da execução contratual de obras e serviços de engenharia, a cautela deve se prender a evitar alterações contratuais indevidas e ilegítimas, e, em especial, o jogo de planilhas.

O jogo de planilhas caracteriza-se pela elevação dos quantitativos de itens que apresentam preços unitários superiores aos de mercado e redução dos quantitativos de itens com preços inferiores, por meio de aditivos, produzindo distorções significativas na equação econômico-financeira dos contratos e lucro arbitrário para os contratados.

Para evitar o jogo de planilhas nas contratações públicas, em especial nas contratações de obras e de serviços de engenharia, o Tribunal de Contas da União concebeu uma metodologia simples, mas eficiente, expressada originalmente no Acórdão nº 468/06. Nessa decisão, ao analisar as causas e os efeitos do jogo de planilhas, a Corte de Contas indicou que para evitar essa irregularidade e fraude é preciso inicialmente adotar medidas acautelatórias quando do planejamento da contratação. São elas: (i) definição completa e suficiente, com nível de precisão adequado de todo o encargo contratual. Toda contratação deve ser precedida de planejamento adequado, que expresse o conjunto das obrigações contratuais em projeto básico tecnicamente preciso; (ii) elaboração do projeto executivo pela própria Administração Pública, a integrar o edital como anexo, contendo todas as soluções executivas almejadas, de modo a diminuir o grau de incerteza quando da execução do contrato; (iii) elaboração de orçamentos estimativos tecnicamente precisos, que reflitam com grau de certeza suficiente o mercado específico do objeto da contratação.

Recomenda ainda o Tribunal de Contas da União, na esteira da prevenção do jogo de planilhas, que haja, mesmo em licitação que almeje contratação sob regime de empreitada por preço global, a análise de aceitabilidade e de exequibilidade dos custos unitários, e não somente do preço global proposto pelos licitantes.

Além das medidas acautelatórias, o órgão de controle externo preconiza a utilização de duas metodologias distintas, a que denominou de método do balanço e método do desconto.

O método do balanço foi concebido em processo de controle levado a efeito pelo Tribunal de Contas da União, pelo que se orienta que quando das alterações contratuais que impliquem acréscimos de determinados itens componentes da planilha de custos e supressão de outros (ou mesmo apenas acréscimos, sem supressões), a Administração Pública deve realizar criteriosa avaliação de mercado, para apurar o real valor (de mercado) do bem, serviço ou obra que será objeto do acréscimo.

Isto significa que, quando da alteração contratual, não será levado em conta o preço indicado na planilha de custos do licitante (que compõe o preço contratado) para o item objeto da alteração.

É o que se pode observar do disposto no Acórdão TCU nº 583/03:

> Da planilha revisada (...) pode-se observar a existência de quatro tipos de variação de quantitativos: (a) aumento de quantitativo onde o preço da (...) era superior ao orçado; (b) diminuição de quantitativo onde o preço da (...) era inferior ao orçado; (c) aumento de quantitativo onde o preço da (...) era inferior ao orçado; e (d) diminuição de quantitativo onde o preço da (...) era superior ao orçado. É fácil perceber que as duas primeiras alterações desequilibram o contrato em prejuízo do erário, ao passo que as duas últimas o desequilibram em prejuízo da empresa.
> 29. Para se calcular o débito, faz-se necessário um balanço dos efeitos financeiros dessas alterações. Certamente, como itens com sobrepreço e aumentos de quantitativos são muito mais significativos, há um dano ao erário a se contabilizar e recompor (Acórdão nº 583/2003, Plenário, rel. Min. Marcos Vilaça).

O Tribunal de Contas da União, visando reduzir o risco de alterações contratuais danosas para o erário, recomenda, em adendo, a utilização de outra metodologia, que passou a ser conhecida como "método do desconto". Para o Tribunal de Contas da União, não basta que quando de uma alteração contratual a Administração Pública realize o balanço dos efeitos financeiros da alteração, minorando as distorções pela adoção do preço de mercado dos itens que serão objeto de acréscimo. É preciso ainda que seja mantida a vantagem inicial proposta pelo licitante quando do processo licitatório. Assim, após aferido o preço de mercado, por meio de pesquisa de preços tecnicamente correta e adequada, a Administração Pública aplicará sobre o preço de mercado encontrado, o mesmo percentual de desconto que o contratado ofereceu sobre o preço global na disputa licitatória.

É o que se infere do Acórdão TCU nº 1.755/06:

> Conquanto a alteração contratual seja tecnicamente justificável e não decorra de comprovado "jogo de planilha", a supressão parcial da vantagem originariamente obtida pela Administração é indício de desequilíbrio da equação econômico-financeira em desfavor dos cofres públicos. Portanto, deverá a Secretaria de Infra-estrutura de Santa Catarina encetar procedimento administrativo, assegurada ampla defesa à contratada, a fim de que seja demonstrado se os encargos decorrentes da nova configuração contratual justificam a redução do desconto inicial de 28,98% para 16,28% do valor orçado pela contratante. Para se ter uma idéia, o

restabelecimento de desconto percentual originalmente obtido pela Administração implicaria, em termos absolutos, a dedução da quantia de R$2.298.201,96 (a preços de março de 2002) do valor global da nova configuração da proposta da ARG Ltda, conforme demonstrativo em anexo. Isto é, o valor global da nova planilha contratual, mantido o desconto inicial de 28,98%, seria de R$12.849.686,85 e não de R$15.147.888,81. Não obstante o indício de desequilíbrio econômico-financeiro, o qual deverá ser objeto de ampla análise por parte da Secretaria de Infra-estrutura de Santa Catarina e justificação pela empresa ARG Ltda., os elementos constantes dos autos já permitem concluir que o acréscimo dos novos itens de terraplenagem pelos termos aditivos, nas condições em que foram pactuados, importou em ganho indevido pela empresa contratada da quantia de R$766.093,10. Esse montante, conforme demonstrarei a seguir, origina-se do confronto entre os preços efetivamente praticados pela empresa ARG, para os novos itens de trabalho, e aqueles valores nos quais a contratada deveria contemplar o desconto devido, tal qual ou, pelo menos, na mesma tendência do oferecido na licitação. Com a celebração dos aditivos ao contrato 008/STO-Getra/2002 foram inclusos três novos itens de trabalho (vide planilha fl. 1.946 do anexo 12), a saber: a) Escavação, Carga e Transporte de material de 1ª categoria, na distância média entre 200 e 3.000 metros, ao preço unitário de R$3,02 o m³. Esse custo é inferior ao custo orçado pela Secretaria de Infra-estrutura (fl. 1.973 do anexo 12), referido ao mês de março de 2002, cujo valor é R$3,85 o m³; b) Escavação, Carga e Transporte de material de 2ª categoria, na distância média entre 200 e 3.000 metros, cujo preço unitário acordado foi de R$7,56 o m³. Esse valor é significativamente superior ao orçado pela Secretaria de Infra-estrutura (fl. 1.973 do anexo 12), para o mês de março de 2002, o qual foi estimado em R$5,49 o m³.; c) Escavação, Carga e Transporte de material de 2ª categoria, na distância média entre 50 e 200 metros, cujo preço unitário acordado foi de R$3,16 o m³. Esse valor é inferior ao orçado pela Secretaria de Infraestrutura (fl. 1.973 do anexo 12), para o mês de março de 2002, estimado em R$4,72 o m³. Determina o art. 65, §3º, da Lei 8.666/93, que os preços dos novos serviços incluídos pelos termos aditivos sejam fixados por livre acordo entre as partes. Entretanto, convém tecer alguns comentários acerca da justa remuneração dos novos itens de trabalho ajustados.

Considerando-se que esses serviços apresentam a mesma natureza dos itens de terraplenagem previstos no contrato original, diferenciando-se, apenas, pelas distâncias médias de transporte e do material escavado, entendo mais condizente com o interesse público que o preço dos novos itens de trabalho seja fixado com base no mesmo desconto inicialmente ofertado pela empresa vencedora da licitação. Ou seja, a parametrização dos preços dos novos serviços de terraplenagem pelos valores orçados pela contratante implicaria sensível redução da vantagem inicial, contribuindo, em conseqüência, para o desequilíbrio da equação econômico-financeira do ajuste inicial (Acórdão nº 1.755/06).

Adotada a metodologia preconizada pelo Tribunal de Contas da União, haverá a diminuição do risco de prejuízo ao erário quando das alterações contratuais.

Esta metodologia de muito preconizada pela Corte de Contas está expressa na Lei nº 14.133/21, ao dispor que "nas contratações de obras e serviços de engenharia, a diferença percentual entre o valor global do contrato e o preço global de referência não poderá ser reduzida em favor do contratado em decorrência de aditamentos que modifiquem a planilha orçamentária" (art. 128).

Especificamente no que tange às alterações em contratos de obras e serviços de engenharia, a Lei nº 11.768/08, lei de diretrizes orçamentárias da União passou a contemplar metodologia para formação de preços de obras e serviços de engenharia e a exigir a aplicação do método do desconto quando das alterações contratuais:

> Art. 109. O custo global de obras e serviços executados com recursos dos orçamentos da União será obtido a partir de custos unitários de insumos ou serviços iguais ou menores que a mediana de seus correspondentes no Sistema Nacional de Pesquisa de Custos e Índices da Construção Civil (SINAPI), mantido e divulgado, na internet, pela Caixa Econômica Federal.
> §1º Nos casos em que o SINAPI não oferecer custos unitários de insumos ou serviços, poderão ser adotados aqueles disponíveis em tabela de referência formalmente aprovada por órgão ou entidade da administração pública federal, incorporando-se às composições de custos dessas tabelas, sempre que possível, os custos de insumos constantes do SINAPI.
> §2º Somente em condições especiais, devidamente justificadas em relatório técnico circunstanciado, elaborado por profissional habilitado e aprovado pela autoridade competente, poderão os respectivos custos unitários exceder o limite fixado no *caput* deste artigo, sem prejuízo da avaliação dos órgãos de controle interno e externo.
> §3º O órgão ou a entidade que aprovar tabela de custos unitários, nos termos do §1º deste artigo, deverá divulgá-los pela internet e encaminhá-los à Caixa Econômica Federal.
> §4º (VETADO)
> §5º Deverá constar do projeto básico a que se refere o art. 6º, inciso IX, da Lei nº 8.666, de 1993, inclusive de suas eventuais alterações, a anotação de responsabilidade técnica e declaração expressa do autor das planilhas orçamentárias, quanto à compatibilidade dos quantitativos e dos custos constantes de referidas planilhas com os quantitativos do projeto de engenharia e os custos do SINAPI.
> §6º A diferença percentual entre o valor global do contrato e o obtido a partir dos custos unitários do SINAPI não poderá ser reduzida, em favor do contratado, em decorrência de aditamentos que modifiquem a planilha orçamentária.

Normas similares foram incorporadas às leis de diretrizes orçamentárias até 2013. A partir de 2014 a lei de diretrizes orçamentárias da União deixa de fazer referência a qualquer metodologia relacionada às alterações de contratos de obras ou serviços de engenharia.

Eventualmente, para preencher lacuna deixada pela lei de diretrizes orçamentárias, o Poder Executivo Federal editou o Decreto nº 7.983/13, versando sobre regras e critérios para elaboração do orçamento de referência de obras e serviços de engenharia, contratados e executados com recursos dos orçamentos da União.

Essa norma, balizadora de alterações contratuais promovidas em contratos celebrados pela União ou com recursos dos orçamentos da União, contém interessante metodologia para a formação dos preços de referência e para orientar o administrador quando das alterações contratuais, com vistas a evitar o desequilíbrio econômico-financeiro em desfavor da Administração Pública ou as fraudes contratuais quando da celebração de termos aditivos:

> Art. 13. Em caso de adoção dos regimes de empreitada por preço global e de empreitada integral, deverão ser observadas as seguintes disposições para formação e aceitabilidade dos preços:
> I – na formação do preço que constará das propostas dos licitantes, poderão ser utilizados custos unitários diferentes daqueles obtidos a partir dos sistemas de custos de referência previstos neste Decreto, desde que o preço global orçado e o de cada uma das etapas

previstas no cronograma físico-financeiro do contrato, observado o art. 9º, fiquem iguais ou abaixo dos preços de referência da administração pública obtidos na forma do Capítulo II, assegurado aos órgãos de controle o acesso irrestrito a essas informações; e

II – deverá constar do edital e do contrato cláusula expressa de concordância do contratado com a adequação do projeto que integrar o edital de licitação e as alterações contratuais sob alegação de falhas ou omissões em qualquer das peças, orçamentos, plantas, especificações, memoriais e estudos técnicos preliminares do projeto não poderão ultrapassar, no seu conjunto, dez por cento do valor total do contrato, computando-se esse percentual para verificação do limite previsto no §1º do art. 65 da Lei nº 8.666, de 1993.

Parágrafo único. Para o atendimento do art. 11, os critérios de aceitabilidade de preços serão definidos em relação ao preço global e de cada uma das etapas previstas no cronograma físico-financeiro do contrato, que deverão constar do edital de licitação.

Art. 14. A diferença percentual entre o valor global do contrato e o preço global de referência não poderá ser reduzida em favor do contratado em decorrência de aditamentos que modifiquem a planilha orçamentária.

Parágrafo único. Em caso de adoção dos regimes de empreitada por preço unitário e tarefa, a diferença a que se refere o *caput* poderá ser reduzida para a preservação do equilíbrio econômico-financeiro do contrato em casos excepcionais e justificados, desde que os custos unitários dos aditivos contratuais não excedam os custos unitários do sistema de referência utilizado na forma deste Decreto, assegurada a manutenção da vantagem da proposta vencedora ante a da segunda colocada na licitação.

Art. 15. A formação do preço dos aditivos contratuais contará com orçamento específico detalhado em planilhas elaboradas pelo órgão ou entidade responsável pela licitação, na forma prevista no Capítulo II, observado o disposto no art. 14 e mantidos os limites do previsto no §1º do art. 65 da Lei nº 8.666, de 1993

Conquanto referida norma somente se imponha para órgãos e entidades submetidos ao poder hierárquico do Chefe do Poder Executivo Federal ou para quem realize contratações com recursos dos orçamentos da União, recomenda-se que a metodologia nela preconizada para as alterações contratuais seja incorporada à rotina administrativa dos demais entes federados, por contemplar orientação administrativa já sedimentada pelo Tribunal de Contas da União.

15.8 Particularidades referentes às alterações contratuais para inclusão de itens novos

Como tratado em tópico anterior e específico direcionado ao regime de alterações contratuais, os contratos de obras ou serviços de engenharia admitem alterações, unilaterais ou consensuais, quantitativas ou qualitativas. Muitas vezes será necessária a inclusão de item novo (material ou serviço), imprevisto originalmente na relação contratual.

Para além da identificação técnica do item a ser acrescido, fundamental é a adequada formação do preço a ser pago para o contratado, de modo a evitar sobrepreço ou superfaturamento.

Como já visto, a Lei nº 14.133/21 determina um critério normativo para a fixação dos preços de itens novos: "se o contrato não contemplar preços unitários para obras ou serviços cujo aditamento se fizer necessário, esses serão fixados por meio da aplicação da relação geral entre os valores da proposta e o do orçamento-base da Administração sobre os preços referenciais ou de mercado vigentes na data do aditamento, respeitados os limites estabelecidos no art. 125 desta Lei" (art. 127).

Para tanto, é preciso:

1. Elaboração de orçamento estimativo preciso e adequado do insumo ou serviço que será acrescido, de modo a encontrar o preço pelo qual é encontrado no mercado específico em que se insere;
2. Detalhar o orçamento, se for o caso, em planilhas de custos unitários;
3. Verificar se algum insumo ou material componente de serviço a ser acrescido já tem preço contratado (em outro serviço). Este preço contratado deve ser objeto de avaliação reflexiva para a composição dos novos preços;
4. Realizar o orçamento estimativo para inclusão de novos itens pelos parâmetros fixados no art. 23, §2º da Lei nº 14.133/21;
5. Aplicar aos preços orçados para itens novos, a mesma relação entre os valores da proposta e o valor do orçamento base da licitação – desconto oferecido no processo licitatório.

Precedentes relevantes do Tribunal de Contas da União sobre o tema:

9.2. determinar, com fundamento no art. 45 da Lei nº 8.443/1992, à Companhia de Habitação do Paraná – COHAPAR que, em cumprimento aos arts. 3º e 65 da Lei nº 8.666/1993, apresente ao TCU, no prazo de 30 dias, termo aditivo que contemple:
9.2.1. formalização de todas as alterações de planilha decorrentes de modificações implementadas pelo novo projeto da obra, em especial, àquelas já verificadas pela equipe de auditoria na visita in loco, ou seja, a troca de fundações de estacas brocas e pré-moldadas para radier, juntamente com:
9.2.1.1. as respectivas justificativas técnicas, memórias de cálculo, atos e pareceres autorizativos;
9.2.1.2. planilha orçamentária atualizada, com a identificação dos itens suprimidos e acrescidos em função da alteração contratual (impressa e planilha eletrônica em meio magnético);
9.2.1.3. demonstrativo de que o ajuste não implicou redução do desconto inicial do contrato (0,9%), em relação aos custos referenciais estabelecidos na Lei nº 12.017/2009 (art. 112, caput, §§2º e 3º), acrescidos do BDI de referência adotado no orçamento-base da Administração (20%), de forma a garantir o cumprimento do art. 112, §6º, da referida Lei (Lei de Diretrizes Orçamentárias – 2010), acompanhado das justificativas, análises técnicas e documentos de aprovação dos preços unitários adotados para os serviços novos, não previstos no contrato original;
9.2.1.4. cláusula prevendo que, caso seja necessária no futuro a celebração de novos aditivos, além daquele determinado nessa proposta, os preços unitários de serviços novos ou com quantidades aumentadas, com vistas a garantir o cumprimento do art. 112, §6º, Lei nº 12.017/2009, devem:
9.2.1.4.1. no caso de serviços novos, estar limitados aos custos referenciais estabelecidos na referida Lei (art. 112, caput, §§2º e 3º), acrescidos de BDI de referência adotado no orçamento-base da Administração (20%), aplicando-se o desconto inicialmente obtido (0,9%);
9.2.1.4.2. no caso de serviços preexistentes, utilizar os preços unitários contratuais, observando o desconto da proposta inicial (Acórdão nº 2152/2010-Plenário).
II – no caso de itens novos, deverá ser adotada a seguinte sistemática:
a – utilizar o valor de insumos constantes da proposta da contratada, dentro da composição orçamentária do Sicro;

b – não existindo o insumo na proposta da contratada, será adotado o valor do insumo do Sicro;

c) não existindo este novo item no Sicro, deverá ser apresentada justificativa detalhada da nova composição de preços, utilizando, quando possível, valores dos insumos constantes da proposta, e, em caso contrário, utilizar preços de mercado obtidos por meio de cotações fornecidas por fontes independentes. Este novo item deverá ser comparado com outro similar constante do Sicro.

Tal procedimento visa a manutenção do equilíbrio econômico-financeiro inicialmente avençado entre a Administração e o particular contrato. Além dessa orientação normativa do DNIT, especificamente no âmbito do acompanhamento das obras de duplicação da BR-101/Sul, tem-se, no tocante à definição de preços de itens novos, a seguinte jurisprudência do TCU (Acórdão nº 2065/2013-Plenário).

156. Tratando-se de solução ou serviço novo, caso seus itens constitutivos de custos possam ser encontrados ou extraídos do contrato, então seu custo deverá ser projetado a partir desses parâmetros. O custo dos itens constitutivos que não puderem ser extraídos do contrato deverão ser estimados por valor de mercado.

157. É razoável supor, como regra, que o custo de determinado item, cotado pela empresa em sua proposta como integrante de uma determinada composição de custos, seja semelhante ao custo de mesmo item em outra composição de custos. Portanto, é razoável que essa mesma cotação seja utilizada para estabelecer os custos de uma solução ou serviço novo, observadas as peculiaridades de cada um.

158. Apenas para exemplificar, é razoável supor que o custo de um determinado trator de esteiras seja o mesmo em todas as composições de custos em que compareça, respeitada a variação de sua produtividade em relação ao serviço específico.

159. Assim, comparecendo esse trator de esteiras como item de custo de um serviço novo, seu custo deverá ser semelhante àquele já ofertado pela empresa executora, em sua proposta, para outro serviço.

160. Caso não seja possível extrair do contrato o custo integral da nova solução ou serviço, então a administração deverá receber proposta da empresa executora para o serviço novo, a qual deverá respeitar as cotações já ofertadas para itens de composição de custos constantes do projeto básico e garantir que os demais itens encontrem-se em patamar de igualdade ou inferioridade com os valores médios de mercado encontrados para mesmo item de custo.

161. É claro que a análise detalhada das alterações contratuais deve estar previamente escoimada de erros e tentativas de fraudes, como, por exemplo, o sobrepreço (preço acima do de mercado) para serviço novo, ou o superfaturamento (quantitativos não executados ou entregues) em medições, os quais deverão ser impugnados pela fiscalização da obra ou pelo gestor do contrato, e corrigidos pela administração (Acórdão nº 1019/2007-Plenário).

8. Na demonstração dos custos unitários dos eventuais novos serviços a serem acrescentados aos contratos, o preço final deve ser deduzido dos preços dos itens congêneres previstos no contrato original e das condições licitadas, não se admitindo que, na sua composição de preço, constem custos elementares de insumos diferentes dos atribuídos aos mesmos insumos em composições preexistentes nem taxas de consumo ou de produtividade em visível desacordo com as especificadas em composições semelhantes, atentando-se para o fato de que o preço de mercado sempre deverá servir de limitante superior (Acórdão nº 1874/2007-Plenário).

Em síntese, a inclusão de itens novos – insumos, materiais ou serviços – em contratação de obras ou serviços de engenharia deve (i) se dar nos limites legais para alterações contratuais; (ii) demanda aferição sobre a existência eventual de preço contratado para determinado insumo ou material necessário para execução do serviço que se pretende acrescer; (iii) caso existente preço contratado para material ou insumo necessário a dito serviço, será base para formação do preço do serviço adicional; (iv) é vedado pagar preço superior ao de mercado para item novo acrescido ao contrato; (v) é preciso formar o preço dos itens novos de acordo com os parâmetros previstos no art. 23, §2º da Lei nº 14.133/21, e (vi) sobre o preço formado, deve ser aplicada a relação percentual (descontado) entre o orçamento base da licitação e o preço proposto pela contratada no certame licitatório.

15.9 Vedação à execução de novos serviços sem previsão contratual utilizando faturamento de serviços contratualmente previstos – química contratual

A execução material de contrato de obra ou serviço de engenharia somente deve ser realizada com a devida cobertura contratual. Caso necessário serviço novo, é preciso formalizar a alteração contratual mediante termo aditivo. A chamada "química" consiste em realizar a execução material de serviços que não estavam originalmente previstos no contrato, e pagar por tais serviços, faturando e pagando-os à conta de outros serviços contratualmente previstos, e de fato, não executados. Esta conduta já foi reprovada pelo Tribunal de Contas da União:

> O pagamento por serviços não realizados para dar cobertura à execução de outros serviços ou aquisições sem previsão contratual afronta os arts. 62 e 63 da Lei 4.320/1964 e o art. 36, §§1º e 2º, do Decreto 93.872/1986 e constitui irregularidade grave, apta a ensejar sanção aos responsáveis (Acórdão nº 1488/2023-Plenário).
> 155. Há duas hipóteses para as inconsistências na planilha de medição ora relatadas: os serviços foram incluídos para superfaturar o valor pago, ou houve substituição de serviços, a chamada "química" das medições.
> 156. A "química" consiste em realizar pagamentos de serviços novos, sem cobertura contratual, utilizando para faturamento outros serviços, estes sim, constantes da planilha de preços original, sem a respectiva execução destes últimos, para futura compensação. Definição extraída do Acórdão 1606/2008-TCU-Plenário.
> 157. Além de ser reconhecida em jurisprudência desta Corte como irregularidade gravíssima (no mesmo Acórdão 1606/2008-TCU-Plenário), não se justifica ante a situação emergencial em que as obras ocorreram. Não houve tempo hábil para se elaborar projetos básicos e realizar licitações, havia premência em recuperar as escolas a tempo do início do ano letivo, e poderia ser plenamente justificável que a planilha de medição não espelhasse na íntegra a planilha de orçamento.
> 158. Cabia aos fiscais, no desempenho de suas atribuições legais, acompanhar amiúde e concomitantemente as obras em execução, medindo e planilhando os serviços efetivamente realizados. O que não se pode aceitar como correto é que serviços não executados tenham sido pagos, com aval dos fiscais do contrato (Acórdão nº 1104/2013-Plenário).

Execução material sem cobertura contratual caracteriza contrato verbal com a Administração Pública, que é nulo e de nenhum efeito (art. 95, §2º). Diante da necessidade de serviço não previsto originalmente no contrato, é preciso realizar uma alteração formal de acréscimo, mediante termo aditivo.

15.10 Particularidade do recebimento definitivo de obras ou serviços de engenharia – *as built*

Além das cautelas de praxe a serem adotadas quando do recebimento definitivo, é fundamental que a Administração Pública exija dos contratados (deve haver previsão no instrumento convocatório e no contrato celebrado) do denominado projeto *as built* ou, "como construído".

As built (como construído), é catálogo de projetos elaborado pela executora da obra, durante a construção ou reforma, que retrate a forma exata de como foi construído ou reformado o objeto contratado.[447]

A execução de um projeto de engenharia dificilmente se dará nos exatos termos do originalmente projetado. Há inúmeros fatores, de natureza diversa, que podem influir para demandar modificações no projeto original. Um exemplo clássico é a localização de tubulação hidráulica, que no curso da execução pode variar de centímetros até metros. A utilização da obra sem que se saiba exatamente o resultado final da execução, especialmente a parte que não é visível (cabeamentos, rede telefônica, rede elétrica etc.) pode gerar dissabores e mesmo graves prejuízos. O projeto *as built* retrata fielmente a execução feita, com a localização precisa de todos os elementos construtivos significativos (colunas, pilares etc.) e deve ser exigido e arquivado pela Administração Pública.

É fundamental que esta exigência de entrega de projeto *as built* seja prevista no edital e no contrato, como encargo do contratado.

15.11 Principais irregularidades cometidas em processo de contratação de obras

A seguir algumas das principais irregularidades apontadas pelo Tribunal de Contas da União em processos de contratação de obras públicas:[448]

15.11.1 Irregularidades concernentes ao procedimento licitatório

• exigências desnecessárias de caráter restritivo no edital, especialmente no que diz respeito à capacitação técnica dos responsáveis técnicos e técnico-operacional da empresa;
• ausência de critério de aceitabilidade de preços global e unitário no edital de licitação;
• projeto básico inadequado ou incompleto, sem os elementos necessários e suficientes para caracterizar a obra, não aprovado pela autoridade competente, e/ou elaborado posteriormente à licitação;

---

[447] BRASIL. Tribunal de Contas da União. *Obras Públicas*: recomendações Básicas para a Contratação e Fiscalização de Obras de Edificações Públicas. 4. ed. Brasília: TCU, 2014. p. 88. Disponível em: https://portal.tcu.gov.br/data/files/1E/26/8A/06/23DEF610F5680BF6F18818A8/Obras_publicas_recomendacoes_basicas_contratacao_fiscalizacao_obras_edificacoes_publicas_4_edicao.PDF. Acesso em: 19 set. 2023.

[448] BRASIL. Tribunal de Contas da União. *Obras Públicas*: recomendações Básicas para a Contratação e Fiscalização de Obras de Edificações Públicas. 4. ed. Brasília: TCU, 2014. p. 48. Disponível em: https://portal.tcu.gov.br/data/files/1E/26/8A/06/23DEF610F5680BF6F18818A8/Obras_publicas_recomendacoes_basicas_contratacao_fiscalizacao_obras_edificacoes_publicas_4_edicao.PDF. Acesso em: 19 set. 2023.

- modalidade de licitação incompatível;
- obra não dividida em parcelas com vistas ao melhor aproveitamento dos recursos disponíveis no mercado e à ampliação da competitividade;
- obra dividida em parcelas, porém, não respeitando a modalidade de licitação pertinente para a execução total do empreendimento;
- dispensa de licitação sem justificativa ou com justificativa incompatível;
- inexigibilidade de licitação sem justificativa ou com justificativa incompatível;
- ausência da devida publicidade de todas as etapas da licitação;
- ausência de exame e aprovação preliminar por assessoria jurídica da Administração das minutas de editais de licitação, contratos, acordos, convênios e ajustes;
- não conformidade da proposta vencedora com os requisitos do edital e, conforme o caso, com os preços máximos fixados pelo órgão contratante;
- inadequação do cronograma físico-financeiro proposto pelo vencedor da licitação, indicando manipulação dos preços unitários de forma que os serviços iniciais do contrato ficam muito caros e os finais muito baratos, podendo gerar um crescente desinteresse do contratado ao longo das etapas finais da obra por conta do baixo preço dos serviços remanescentes;
- inadequação do critério de reajuste previsto no edital, sem retratar a variação efetiva do custo de produção;
- não adoção de índices específicos ou setoriais de reajuste, desde a data prevista para a apresentação da proposta, ou do orçamento a que essa proposta se referir, até a data do adimplemento de cada parcela;
- participação na licitação, direta ou indiretamente do autor do projeto básico ou executivo, pessoa física ou jurídica.

15.11.2 Irregularidades concernentes ao contrato

- divergência entre a descrição do objeto no contrato e a constante do edital de licitação;
- divergências relevantes entre os projetos básico e executivo;
- não vinculação do contrato ao edital de licitação (ou ao termo que a dispensou ou a inexigiu) e à proposta do licitante vencedor;
- ausência de aditivos contratuais para contemplar eventuais alterações de projeto ou cronograma físico-financeiro;
- não justificativa de acréscimos ou supressões de serviços;
- extrapolação, quanto aos acréscimos ou supressões de serviços, dos limites definidos na Lei nº 14.133/21;
- alterações, sem justificativas coerentes e consistentes, de quantitativos, reduzindo quantidades de serviços cotados a preços muito baixos e/ou aumentando quantidades de serviços cotados a preços muito altos, podendo gerar sobrepreço e superfaturamento (jogo de planilha);
- acréscimo de serviços contratados por preços unitários diferentes da planilha orçamentária apresentada na licitação;
- acréscimo de serviços cujos preços unitários são contemplados na planilha original, porém acima dos praticados no mercado;
- execução de serviços não previstos no contrato original e em seus termos aditivos;

- subcontratação não admitida no edital e no contrato;
- contrato encerrado com objeto inconcluso;
- prorrogação de prazo sem justificativa.

Irregularidades concernentes à execução orçamentária:
- não inclusão da obra no plano plurianual ou em lei que autorize sua inclusão, no caso de sua execução ser superior a um exercício financeiro;
- ausência de previsão de recursos orçamentários que assegurem o pagamento das etapas a serem executadas no exercício financeiro em curso.

15.11.3 Irregularidades concernentes às medições e aos pagamentos

- pagamento de serviços não efetivamente executados;
- pagamento de serviços executados, porém não aprovados pela fiscalização;
- falta de comprovação e conferência pela fiscalização dos serviços executados;
- divergências entre as medições atestadas e os valores efetivamente pagos;
- medições e pagamentos executados com critérios divergentes dos estipulados no edital de licitação e contrato;
- inconsistências e incoerências nos relatórios de fiscalização;
- superfaturamento.

15.11.4 Irregularidades concernentes ao recebimento da obra

- ausência de recebimento provisório da obra pelo responsável por seu acompanhamento e fiscalização, mediante termo circunstanciado assinado pelas partes;
- ausência de recebimento definitivo da obra, por servidor ou comissão designada por autoridade competente, mediante termo circunstanciado, assinado pelas partes, após prazo de observação ou vistoria que comprove a adequação do objeto aos termos contratuais;
- descumprimento de condições descritas no edital de licitação e no contrato para o recebimento da obra;
- descumprimento dos prazos de conclusão, entrega, observação e recebimento definitivo, conforme o caso, previsto no contrato e em seus termos aditivos;
- recebimento da obra com falhas visíveis de execução;
- omissão da Administração, na hipótese de terem surgidos defeitos construtivos durante o período de responsabilidade legal desta;
- não realização de vistorias dos órgãos públicos competentes para a emissão do "Habite-se".

CAPÍTULO 16

PROCEDIMENTOS AUXILIARES DAS LICITAÇÕES E DAS CONTRATAÇÕES PÚBLICAS

16.1 Procedimentos auxiliares das licitações e das contratações públicas

A Lei nº 14.133/21 institui os denominados procedimentos auxiliares, destinados a ampliar a eficiência, a celeridade e a eficácia das contratações públicas. São eles o credenciamento; a pré-qualificação; o procedimento de manifestação de interesse; o sistema de registro de preços; e o registro cadastral. Tratam-se de procedimentos administrativos de natureza instrumental ou preparatória para posterior processo de licitação ou de contratação direta.

16.2 Credenciamento

Credenciamento é processo administrativo de chamamento público em que a Administração Pública convoca interessados em prestar serviços ou fornecer bens para que, preenchidos os requisitos necessários, se credenciem no órgão ou na entidade para executar o objeto quando convocados (art. 6, XLIII). É uma espécie de contratação direta por inexigibilidade de licitação como taxativamente previsto no art. 74, IV da Lei nº 14.133/21. A inviabilidade de competição evidencia-se pela possibilidade de contratação de todos aqueles que pretenderem travar relação contratual com a Administração. Ao revés de licitar e selecionar apenas um agente econômico para contratar, a Administração Pública seleciona todos os potencialmente interessados em contratar com ela, e fica apta a celebrar com eles futuras e eventuais contratações. É eficiente meio de gestão que amplia as possibilidades de obtenção de resultados vantajosos das relações contratuais. De muito o Tribunal de Contas da União reconhece a legitimidade do credenciamento:

> O credenciamento é legítimo quando a administração planeja a realização de múltiplas contratações de um mesmo tipo de objeto, em determinado período, e demonstra que a opção por dispor da maior rede possível de fornecedores para contratação direta, sob condições uniformes e predefinidas, é a única viável ou é mais vantajosa do que outras alternativas para atendimento das finalidades almejadas, tais como licitação única ou múltiplas licitações, obrigando-se a contratar todos os interessados que satisfaçam os requisitos de habilitação e que venham a ser selecionados segundo procedimento objetivo e impessoal, a serem remunerados na forma estipulada no edital) (Acórdão nº 2977/2021-TCU-Plenário).

É possível a utilização do credenciamento para a contratação de instituições financeiras visando à prestação do serviço de pagamento da remuneração de servidores públicos, desde que demonstrado que a adoção desse modelo é mais vantajosa para a Administração Pública (Acórdão nº 1191/2018-TCU-Plenário).

É possível a utilização de credenciamento - hipótese de inviabilidade de competição não relacionada expressamente no art. 25 da Lei 8.666/1993 - para contratar prestação de serviços privados de saúde no âmbito do SUS, que tem como peculiaridades preço pré-fixado, diversidade de procedimentos e demanda superior à capacidade de oferta pelo Poder Público, quando há o interesse da Administração em contratar todos os prestadores de serviços que atendam aos requisitos do edital de chamamento (Acórdão nº 784/2018-TCU-Plenário).

O credenciamento pode ser considerado como hipótese de inviabilidade de competição quando observados requisitos como: i) contratação de todos os que tiverem interesse e que satisfaçam as condições fixadas pela Administração, não havendo relação de exclusão; ii) garantia de igualdade de condições entre todos os interessados hábeis a contratar com a Administração, pelo preço por ela definido; iii) demonstração inequívoca de que as necessidades da Administração somente poderão ser atendidas dessa forma (Acórdão nº 2504/2017-TCU-Primeira Câmara).

O credenciamento é hipótese de inviabilidade de competição não expressamente mencionada no art.25 da Lei 8.666/93 (cujos incisos são meramente exemplificativos). Adota-se o credenciamento quando a Administração tem por objetivo dispor da maior rede possível de prestadores de serviços. Nessa situação, a inviabilidade de competição não decorre da ausência de possibilidade de competição, mas sim da ausência de interesse da Administração em restringir o número de contratados (Acórdão 3567/2014-TCU-Plenário).

A aplicação do sistema de credenciamento na contratação de serviços deve observar os seguintes requisitos, conforme as orientações expedidas pelo Acórdão 351/2010-TCU-Plenário: a) a contratação de todos os que tiverem interesse e que satisfaçam as condições fixadas pela Administração, não havendo relação de exclusão; b) a garantia da igualdade de condições entre todos os interessados hábeis a contratar com a Administração, pelo preço por ela definido; c) a demonstração inequívoca de que as necessidades da Administração somente poderão ser atendidas dessa forma, cabendo a devida observância das exigências do art.26 da Lei 8.666/93, principalmente no que concerne à justificativa de preços (Acórdão nº 5178/2013-TCU-Primeira Câmara).

Para efetivar o credenciamento a Administração Pública deve dar publicidade de intenção de credenciamento, mediante publicação de edital de chamamento público, dando conhecimento da intenção de credenciar agentes econômicos para eventuais e futuras contratações. O instrumento convocatório fará previsão dos requisitos objetivos (objeto) para o credenciamento, dos requisitos subjetivos (requisitos de habilitação a serem cumpridos pelos interessados) e definição do preço que será pago quando da eventual e futura contratação. O credenciamento deve ser permanentemente aberto a novos inscritos credenciados. Será assim formada uma base efetiva de agentes econômicos que poderão ser contratados para atender certa e determinada necessidade pública. O credenciamento pode ser utilizado nas seguintes hipóteses:

a) contratação paralela e não excludente: caso em que é viável e vantajosa para a Administração a realização de contratações simultâneas em condições padronizadas. Os agentes econômicos credenciados serão contratados para objetos idênticos, ou seja, qualquer dos credenciados pode ser contratado para o fornecimento ou para a prestação dos serviços. Por exemplo: credenciamento para fornecimento de gêneros alimentícios ou para prestação de serviços de manutenção de veículos. Nesta hipótese, a seleção do credenciado para contratação se dá pela própria Administração. A este respeito, o Tribunal de Contas de Minas Gerais já decidiu que "é possível a utilização do credenciamento fundado no inciso III do art. 79 da Lei nº 14.133/21, para a aquisição de bens comuns, desde que as circunstâncias de aquisição se amoldem às exigências legais e sejam devidamente justificadas, demonstrando-se a vantajosidade do credenciamento para a Administração" (Processo nº 1120202);

b) contratação com seleção a critério de terceiros: caso em que a seleção do contratado está a cargo do beneficiário direto da prestação. Os credenciados serão escolhidos pelos destinatários da prestação. Por exemplo: credenciamento de prestação de serviços de exames laboratoriais, de serviços de avalição psicotécnica ou psicológica. Nesta hipótese, os destinatários dos serviços – os agentes públicos – escolhem o credenciado para contratação, que receberá a contraprestação pecuniária da Administração contratante;

c) contratação em mercados fluidos: caso em que a flutuação constante do valor da prestação e das condições de contratação inviabiliza a seleção de agente por meio de processo de licitação. Por exemplo: credenciamento de agentes econômicos para fornecimento de passagens aéreas; combustíveis, ou moeda estrangeira. Na hipótese de credenciamento para aquisição de passagens aéreas, credenciam-se as companhias aéreas e as compras de passagens são feitas diretamente nos sítios eletrônicos, pelo preço do momento, como já decidiu o Tribunal de Contas da União, "é regular a aquisição, mediante credenciamento, de passagens aéreas em linhas regulares domésticas, sem a intermediação de agência de viagem, por ser inviável a competição entre as companhias aéreas e entre estas e as agências de viagem (Acórdão nº 1094/2021-TCU-Plenário).

Nos termos da Lei, a Administração deverá divulgar e manter à disposição do público, em sítio eletrônico oficial, edital de chamamento de interessados, de modo a permitir o cadastramento permanente de novos interessados; quando o objeto não permitir a contratação imediata e simultânea de todos os credenciados, deverão ser adotados critérios objetivos de distribuição da demanda; e o edital de chamamento de interessados deverá prever as condições padronizadas de contratação.

Quando o credenciamento for para contratação paralela e não excludente ou para contratação com seleção a critério de terceiros, o instrumento convocatório deverá contemplar o preço que será pago quando da contratação efetiva do credenciado. No caso de credenciamento para contratação em mercados fluidos a Administração deverá registrar as cotações de mercado vigentes no momento da contratação, ou seja, poderá ser pago o preço de mercado praticado no momento da necessidade da contratação.

Precedentes do Tribunal de Contas da União acerca do credenciamento:

> Em licitação para contratação de serviço de gestão compartilhada de frota mediante credenciamento de rede especializada em manutenção veicular, é regular o estabelecimento de limite máximo para a taxa de administração a ser cobrada pela contratada de sua rede de credenciados, desde que: a) o processo licitatório contenha memórias de cálculo indicando como a Administração chegou ao limite máximo da taxa secundária ou de credenciamento (IN Seges/ME 73/2020, art. 40, §2º, inciso II, da Lei 8.666/1993, art. 3º, inciso XI, alínea a, item 2, do Decreto 10.024/2019 e art. 30, inciso X, da IN Seges/MP 5/2017) ; b) o edital preveja

mecanismo de verificação, pela fiscalização do contrato, das cláusulas pactuadas quanto à taxa secundária ou de credenciamento (Capítulo V da IN Seges/MP 5/2017) (Acórdão nº 2312/2022-TCU-Plenário).

Na contratação de serviços de administração, intermediação e fornecimento de benefício alimentação e refeição aos seus colaboradores, é recomendável que as entidades do Sistema S, caso decidam pela técnica do credenciamento, observem, por analogia, as disposições do art. 79, parágrafo único, da Lei 14.133/2021 (nova Lei de Licitações e Contratos) (Acórdão nº 459/2023-TCU-Plenário).

O instrumento convocatório de chamamento público para o credenciamento disporá sobre as regras para a contratação de credenciados. A este propósito, já decidiu o Tribunal de Contas da União que "não viola o princípio da isonomia a utilização de critérios técnicos objetivos, mediante pontuação, para definir preferência em contratações decorrentes de credenciamento" (Acórdão nº 533/2022-TCU-Plenário).

16.3 Pré-qualificação

Pré-qualificação é procedimento seletivo prévio à licitação, convocado por meio de edital, destinado à análise das condições de habilitação, total ou parcial, dos interessados ou do objeto (art. 6º, XLIV). Por intermédio da pré-qualificação, se antecipa e desloca de um processo de contratação específico a avaliação de requisitos para a habilitação dos agentes econômicos ou de requisitos de aceitabilidade do objeto do futuro contrato. A análise e avaliação de cumprimento de requisitos objetivos ou subjetivos no curso de processos licitatórios tem potencial de produzir atrasos ou retardamentos de licitação ou de processo de contratação direta – decorrentes de necessidade de análises, testes, diligências ou comprovação de informações e condições objetivas ou subjetivas relevantes para a decisão administrativa de contratar. A pré-qualificação antecipa estas decisões relevantes e propicia que, no processo da licitação ou da contratação direta, se obtenham ganhos significativos de eficiência e celeridade. A pré-qualificação é o procedimento técnico-administrativo para selecionar previamente os licitantes que reúnam condições de habilitação para participar de futura licitação ou de licitação vinculada a programas de obras ou de serviços objetivamente definidos; ou bens que atendam às exigências técnicas ou de qualidade estabelecidas pela Administração.

Para fins de instauração do processo de pré-qualificação, deve ser designada uma comissão, ou designado um órgão responsável pela análise e avaliação do cumprimento dos critérios exigidos para a avaliação e deliberação acerca do cumprimento de exigências legais e normativas. Fundamental é que as regras para a pré-qualificação sejam disciplinadas em regulamentação específica editada pela Administração. Definidos os requisitos e as exigências para a pré-qualificação, será elaborado e veiculado o instrumento convocatório de chamamento público. O processamento da pré-qualificação tem início com a publicação de instrumento convocatório, convidando interessados a participar. O edital de chamamento para pré-qualificação conterá informações mínimas necessárias para definição do objeto; a modalidade, a forma da futura licitação e os critérios de julgamento, dentre outras informações e exigências relevantes.

Para fins de qualificação subjetiva, podem ser exigidos documentos de habilitação que a Administração reputar relevantes para antecipar exigências que seriam produzidas em licitações futuras. As exigências podem ser relativas à habilitação jurídica, regularidade fiscal e trabalhista, habilitação técnica e habilitação econômico-financeira. As exigências de habilitação jurídica e de regularidade fiscal e trabalhista, quando cumpridas em processo de pré-qualificação, se aproveitam em qualquer licitação futura. As exigências de habilitação técnica ou habilitação econômico-financeira cumpridas em processo de pré-qualificação tem uso posterior mais restrito, delimitado a licitações cujo objeto seja compatível com elas. Contudo, tendo em vista que, ordinariamente, a Administração realiza licitações frequentes para objetos similares ou idênticos, a pré-qualificação subjetiva envolvendo habilitação técnica ou habilitação econômico-financeira pode ter relevância significativa para ganhos de eficiência e celeridade.

A pré-qualificação objetiva antecipa avaliação de requisitos de qualidade que devem ser atendidos para a aceitação de objeto contratual. A análise de aceitabilidade de objeto proposto em licitação pode envolver diligências, exame de amostras, prova de conceito, entre outras providências. Estas condutas destinadas a aferir o cumprimento de requisitos de qualidade objetiva são deslocadas de um processo licitatório específico e antecipadas em sede de pré-qualificação. Assim, para fins de pré-qualificação podem ser exigidas amostras, laudos, memoriais, estudos, prova de conceito, entre outras. A comissão ou órgão designado promoverá, nos termos de regulamentação específica – que pode ser veiculada pelo instrumento convocatório – a análise de aceitabilidade do objeto pretendido. Cumpridos os requisitos objetivos, será emitido o certificado de pré-qualificação, que poderá ser apresentado em licitações futuras, dispensando-se qualquer exame objetivo no curso do processo licitatório ou de contratação direta.

A pré-qualificação terá validade de 1 (um) ano, no máximo, e poderá ser atualizada a qualquer tempo, sendo que não pode ter validade superior ao prazo de validade dos documentos apresentados pelos interessados.

A Lei prevê a possibilidade de licitação para participação exclusiva de licitantes ou bens pré-qualificados. Neste caso, o instrumento convocatório deverá contemplar prazo suficiente para que os interessados que não sejam pré-qualificados possam, em tempo hábil, realizar sua pré-qualificação para participação no certame.

Da decisão de pré-qualificação caberá recurso, nos termos do disposto no art. 165, I, a, da Lei nº 14.133/21.

16.4 Procedimento de manifestação de interesse

Procedimento de manifestação de interesse é instrumento pelo qual a Administração convida interessados para realizar estudos, investigações, levantamentos e projetos de soluções inovadoras que contribuam com questões de relevância pública. Trata-se de meio para obter de agentes econômicos interessados soluções para atendimento de necessidades públicas. Identificada uma certa e determinada necessidade administrativa, para a qual se pretenda uma solução ainda não disponível ordinariamente no mercado, a Administração realizará estudos preliminares, definindo com a maior precisão possível o problema a ser solucionado e resolvido por intermédio de solução a ser concebida por eventuais interessados.

O PMI será instaurado mediante publicação de edital de chamamento público. A instauração do procedimento pode ser dar por iniciativa da Administração ou por provocação de qualquer interessado.

Os agentes econômicos que tenham proposta de solução inovadora poderão solicitar a instauração do PMI mediante requerimento direcionado para a autoridade competente.

A decisão pela instauração do PMI insere-se no plano da discricionariedade administrativa. Na hipótese de decisão pela sua instauração, serão elaborados os estudos e documentos da etapa preparatória, com delimitação do escopo em termo de referência, projetos, levantamentos, investigações ou estudos preliminares.

O instrumento convocatório do PMI deve indicar, no mínimo: demonstração do interesse público na realização do empreendimento a ser contratado; delimitação do escopo dos estudos, sendo que, no caso de um serviço que possibilite a resolução do problema por meio de alternativas inovadoras, poder-se-á restringir-se a indicar somente o problema que se busca resolver com a parceria, deixando à iniciativa privada a possibilidade de sugerir diferentes meios para sua solução; definição de critérios para a qualificação e seleção dos autorizados a realizar os estudos; exclusividade da autorização, se for o caso; prazo e forma de apresentação do requerimento de autorização; prazo para análise e eventual formalização de autorização; prazo para a apresentação dos estudos, estabelecidos no cronograma de execução, compatível com a complexidade e abrangência das atividades a serem desenvolvidas, contado da data de publicação da autorização, podendo ser estabelecidos prazos intermediários; proposta de cronograma de reuniões técnicas; valor nominal máximo para eventual ressarcimento ou critérios para a sua fixação, bem como base de cálculo para fins de reajuste; definição de critérios para o recebimento e seleção dos estudos realizados, os quais consistirão, ao menos, em: a) consistência das informações que subsidiaram sua realização; b) adoção das melhores técnicas de elaboração, segundo normas e procedimentos científicos pertinentes, utilizando, sempre que possível, equipamentos e processos recomendados pela melhor tecnologia aplicada ao setor; c) compatibilidade com as normas técnicas e legislação aplicável ao setor, bem como com as orientações do órgão ou entidade demandante; d) atendimento às exigências estabelecidas no edital de chamamento; e) atendimento de todas as etapas e atividades de elaboração dos estudos estabelecidas no cronograma de execução; f) demonstração comparativa de custo e benefício do empreendimento em relação a opções funcionalmente equivalentes, se existentes; e g) critérios para avaliação, seleção e ressarcimento dos estudos.

Atendidos os requisitos e exigências do instrumento convocatório, os interessados serão autorizados a apresentar projetos, levantamentos, investigações e estudos.

A Administração selecionará, mediante critérios objetivos previstos no instrumento convocatório, a proposição que melhor atende o interesse público. Dentre outros critérios de seleção possíveis, podem ser elencados os seguintes: nível de conhecimento da necessidade pública por parte do proponente; métodos e metodologias aplicáveis; melhor relação entre custo de implementação e benefícios decorrentes; impacto ambiental; critérios de sustentabilidade, viabilidade econômica e financeira, cumprimento de normas técnicas e legislação aplicável, entre outros.

Na hipótese de a comissão entender que nenhum dos projetos, levantamentos, investigações ou estudos apresentados atenda satisfatoriamente à autorização, não selecionará qualquer deles para utilização em futura licitação.

O edital do procedimento licitatório para contratação do empreendimento de que deve conter cláusula que condicione a assinatura do contrato pelo vencedor da licitação ao ressarcimento dos valores relativos à elaboração de projetos, levantamentos, investigações e estudos utilizados na licitação.

A Administração poderá autorizar, por intermédio do instrumento convocatório, que os autores ou responsáveis economicamente pelos projetos, levantamentos, investigações e estudos apresentados participem direta ou indiretamente da licitação ou da execução de obras ou serviços.

16.5 Sistema de Registro de Preços

16.5.1 Conceito e cabimento do sistema de registro de preços

Sistema de registro de preços é o conjunto de procedimentos para realização, mediante contratação direta ou licitação nas modalidades pregão ou concorrência, de registro formal de preços relativos à prestação de serviços, às obras e à aquisição e locação de bens para contratações futuras (art. 6º XLV). Por intermédio de um processo convencional de contratação, a Administração identifica uma necessidade pública que, para ser satisfeita, demanda a contratação de terceiros. Avalia a dimensão quantitativa e a dimensão qualitativa desta necessidade, elege uma solução técnica (objeto do contrato), realiza uma licitação ou uma contratação direta (dispensa ou inexigibilidade), seleciona o futuro contratado que, após executar o contrato celebrado, receberá a contraprestação pecuniária convencionada. Sempre que a Administração puder identificar esta necessidade em termos qualitativos e quantitativos e puder avaliar com precisão a oportunidade adequada da execução do contrato, terá cabimento uma contratação convencional.

Entretanto, por vezes a Administração identifica uma certa e determinada necessidade, sem conseguir, de imediato, definir com boa margem de precisão os quantitativos que serão necessários ou o momento em que a prestação contratual será imprescindível. Diante de uma tal situação fático-material, poderá optar, ao revés de realizar uma licitação ou seleção por contratação direta para celebração de um contrato que será integralmente executado desde logo, instituir o registro de preços, destinado a propiciar eventuais e futuras contratações.

Para tanto, realizará uma licitação, na modalidade de pregão ou de concorrência, ou um processo de contratação direta, e após selecionar o agente econômico de interesse, celebrará com ele não um contrato administrativo, mas uma ata de registro de preços. Nesta ata serão previstos o objeto do futuro contrato, os quantitativos estimados e o preço que será praticado se efetivadas as contratações subsequentes.

Fundamentalmente são três os requisitos para opção pelo registro de preços: a necessidade de contratações frequentes de mesmo objeto; a impossibilidade de precisão na definição de quantitativos a serem contratados futuramente e a impossibilidade de precisão acerca da oportunidade em que as contratações serão necessárias.

O Decreto Federal nº 11.462/23 especifica as possibilidades de uso do registro de preços: I – quando, pelas características do objeto, houver necessidade de contratações permanentes ou frequentes; II – quando for conveniente a aquisição de bens com previsão de entregas parceladas ou contratação de serviços remunerados por unidade de medida, como quantidade de horas de serviço, postos de trabalho ou em regime de tarefa; III – quando for conveniente para atendimento a mais de um órgão ou a mais de uma entidade, inclusive nas compras centralizadas; IV – quando for atender a execução descentralizada de programa ou projeto federal, por meio de compra nacional ou da adesão; ou V – quando, pela natureza do objeto, não for possível definir previamente o quantitativo a ser demandado pela Administração.

O sistema confere inúmeros ganhos de eficiência: (i) a Administração não se obriga a adquirir ou contratar de imediato o objeto do registro. No caso de bens, não carece de implantação de estrutura de recebimento de quantitativos elevados, que deveriam ser geridos e administrados em termos de conservação, manutenção, distribuição e controle de consumo; (ii) na eventualidade de o objeto registrado não ter, de fato, a qualidade mínima esperada e definida pela Administração, não há contratação a desfazer. Identificado problema de qualidade ou de execução do contrato, há opção de nada mais contratar, com o desfazimento da relação jurídica por intermédio da extinção da ata de registro de preços; (iii) celeridade de contratações e economicidade decorrentes das definições previstas na ata de registro de preços.

Nem todo objetivo contratual pode ser objeto de registro de preços. Para a adoção do registro de preços, já assentou o Tribunal de Contas da União, é preciso que o objeto seja padronizável e replicável (Acórdão nº 1333/2020). Será registrado o preço unitário de um objeto padronizado, homogêneo, que possa ser replicado sem perda da essência ou funcionalidade principal.

No que diz respeito ao seu objeto, podem ser registrados preços para compras, serviços, serviços de engenharia, locações de bens e obras de engenharia. O SRP poderá ser utilizado para a contratação de execução de obras e serviços de engenharia, desde que atendidos os seguintes requisitos: I – existência de termo de referência, anteprojeto, projeto básico ou projeto executivo padronizados, sem complexidade técnica e operacional; e II – necessidade permanente ou frequente de obra ou serviço a ser contratado. O relevante é que seja possível definir um objeto, padronizável e replicável, do qual se possa registrar um preço unitário (de unidade, de lote, de item).

16.5.2 Etapa preparatória do registro de preços

Identificada a possibilidade de satisfação de necessidade contratual da Administração pela via do registro de preços, o órgão ou entidade realizará todos os procedimentos e condutas inerentes à etapa preparatória (estudo técnico preliminar, termo de referência ou projeto básico, mapa de riscos, entre outros). Esta etapa preparatória será conduzida pelo denominado órgão ou entidade gerenciadora, que é responsável pela condução do conjunto de procedimentos para registro de preços e pelo gerenciamento da ata de registro de preços dele decorrente. Fundamentalmente será identificada a necessidade pública e a definição de sua satisfação por intermédio de objeto que terá o preço registrado e poderá ser contratado eventual e futuramente pelo preço registrado.

Os critérios de definição de objeto, de encargos contratuais e de formação de preços de referência serão aqueles legalmente previstos para a etapa preparatória destinada a uma licitação ou processo de contratação direta para celebrar contrato com o agente econômico que for selecionado pela Administração. A diferença é que após a licitação ou processo de contratação direta a Administração não celebrará imediatamente um contrato.

No curso da etapa preparatória, o órgão ou a entidade deverá realizar procedimento público de intenção de registro de preços para, nos termos de regulamento, possibilitar, pelo prazo mínimo de 8 (oito) dias úteis, a participação de outros órgãos ou entidades na respectiva ata e determinar a estimativa total de quantidades da contratação. A intenção de registro de preços é comunicação formal a eventuais interessados, de que o órgão gerenciador está a preparar o registro de preço de determinado objeto, para contratações futuras.

Tendo como referência o previsto no Decreto nº 11.462/23, compete ao órgão ou entidade gerenciadora: I – realizar procedimento público de intenção de registro de preços – IRP e, quando for o caso, estabelecer o número máximo de participantes, em conformidade com sua capacidade de gerenciamento; II – aceitar ou recusar, justificadamente, no que diz respeito à IRP: a) os quantitativos considerados ínfimos; b) a inclusão de novos itens; e c) os itens de mesma natureza com modificações em suas especificações; III – consolidar informações relativas à estimativa individual e ao total de consumo, promover a adequação dos termos de referência ou projetos básicos encaminhados para atender aos requisitos de padronização e racionalização e determinar a estimativa total de quantidades da contratação; IV – realizar pesquisa de mercado para identificar o valor estimado da licitação ou contratação direta e, quando for o caso, consolidar os dados das pesquisas de mercado realizadas pelos órgãos e pelas entidades participantes, inclusive na hipótese de compra centralizada; V – confirmar, junto aos órgãos ou às entidades participantes, a sua concordância com o objeto, inclusive quanto aos quantitativos e ao termo de referência ou projeto básico, caso o órgão ou a entidade gerenciadora entenda pertinente; VI – promover os atos necessários à instrução processual para a realização do procedimento licitatório ou da contratação direta e todos os atos deles decorrentes, como a assinatura da ata e a sua disponibilização aos órgãos ou às entidades participantes; VII – remanejar os quantitativos da ata ; VIII – gerenciar a ata de registro de preços; IX – conduzir as negociações para alteração ou atualização dos preços registrados; X – deliberar quanto à adesão posterior de órgãos e entidades que não tenham manifestado interesse durante o período de divulgação da IRP; XI – verificar se as manifestações de interesse em participar do registro de preços atendem aos requisitos legais e regulamentares e indeferir os pedidos que não os atendam; XII – aplicar, garantidos os princípios da ampla defesa e do contraditório, as penalidades decorrentes de infrações no procedimento licitatório ou na contratação direta; e XIII – aplicar, garantidos os princípios da ampla defesa e do contraditório, as penalidades decorrentes do descumprimento do pactuado na ata de registro de preços, em relação à sua demanda registrada, ou do descumprimento das obrigações contratuais, em relação às suas próprias contratações.

Órgão ou entidade participante é todo aquele que manifesta interesse em compor originariamente o sistema de registro de preços. Também com referência no Decreto nº 11.462/23, tem-se que compete ao órgão ou à entidade participante, que será responsável por manifestar seu interesse em participar do registro de preços: I – registrar sua intenção de participar do registro de preços, acompanhada: a) das especificações do item ou do termo de referência ou projeto básico adequado ao registro de preços do qual pretende participar; b) da estimativa de consumo; e c) do local de entrega; II – garantir que os atos relativos à inclusão no registro de preços estejam formalizados e aprovados pela autoridade competente; III – solicitar, se necessário, a inclusão de novos itens, no prazo previsto pelo órgão ou pela entidade gerenciadora, acompanhada das informações a que se refere o inciso I e da pesquisa de mercado que contemple a variação de custos locais e regionais; IV – manifestar, junto ao órgão ou à entidade gerenciadora, por meio da IRP, sua concordância com o objeto, anteriormente à realização do procedimento licitatório ou da contratação direta; V – auxiliar tecnicamente, por solicitação do órgão ou da entidade gerenciadora, a configuração do sistema de registro de preços; VI – tomar conhecimento da ata de registro de preços, inclusive de eventuais alterações, para o correto cumprimento de suas disposições; VII – assegurar-se, quando do uso da ata de registro de preços, de que a contratação a ser realizada atenda aos seus interesses, sobretudo quanto aos valores praticados; VIII – zelar pelos atos relativos ao cumprimento das obrigações assumidas pelo fornecedor e pela aplicação de eventuais penalidades decorrentes do descumprimento do pactuado na ata de registro de preços ou de obrigações contratuais; IX – aplicar, garantidos os princípios da ampla defesa e do contraditório, as penalidades decorrentes do descumprimento do pactuado na ata de registro de preços, em relação à sua demanda registrada, ou do descumprimento das obrigações contratuais, em relação às suas próprias contratações, informar as ocorrências ao órgão ou à entidade gerenciadora; X – prestar as informações solicitadas pelo órgão ou pela entidade gerenciadora quanto à contratação e à execução da demanda destinada ao seu órgão ou à sua entidade.

O instrumento convocatório da licitação ou a documentação relativa ao processo de contratação direta serão construídos, quando for o caso, mediante atuação conjunta do órgão ou entidade gerenciadora e órgãos e entidades participantes.

16.5.3 A seleção do fornecedor ou do prestador para o registro de preços

A seleção de agente econômico para formar o registro de preços pode ocorrer mediante processo de licitação ou processo de contratação direta. O conteúdo essencial para o instrumento convocatório para licitação destinada ao registro de preços está previsto no art. 82 da Lei nº 14.133/21: I – as especificidades da licitação e de seu objeto, inclusive a quantidade máxima de cada item que poderá ser adquirida; II – a quantidade mínima a ser cotada de unidades de bens ou, no caso de serviços, de unidades de medida; III – a possibilidade de prever preços diferentes: a) quando o objeto for realizado ou entregue em locais diferentes; b) em razão da forma e do local de acondicionamento; c) quando admitida cotação variável em razão do tamanho do lote; d) por outros motivos justificados no processo; IV – a possibilidade de o licitante oferecer ou não proposta em quantitativo inferior ao máximo previsto no edital, obrigando-se nos limites dela; V – o critério de julgamento da licitação, que será o de menor preço ou o de maior desconto sobre tabela de preços praticada no mercado; VI – as condições para alteração de preços registrados; VII – o registro de mais de um fornecedor ou prestador de serviço, desde que aceitem cotar o objeto em preço igual ao do licitante vencedor, assegurada a preferência de contratação de acordo com a ordem de classificação; VIII – a vedação à participação do órgão ou entidade em mais de uma ata de registro de preços com o mesmo objeto no prazo de validade daquela de que já tiver participado, salvo na ocorrência de ata que tenha registrado quantitativo inferior ao máximo previsto no edital; IX – as hipóteses de cancelamento da ata de registro de preços e suas consequências.

A licitação, a depender do objeto, será veiculada pela modalidade de concorrência ou pregão, e o critério de julgamento será o de menor preço ou de maior desconto.

Caso a seleção de fornecedor ou de prestador possa ocorrer mediante processo de contratação direta, nos termos do disposto no art. 74 (licitação inexigível) ou art. 75 (licitação dispensável) da Lei nº 14.133/21, serão observados os requisitos e cautelas de planejamento previstos no art. 72.

A norma contida no art. 150 da Lei Geral de Licitações preconiza que "nenhuma contratação será feita sem a caracterização adequada de seu objeto e sem a indicação dos créditos orçamentários para pagamento das parcelas contratuais vincendas no exercício em que for realizada a contratação, sob pena de nulidade do ato e de responsabilização de quem lhe tiver dado causa". A Lei exige indicação dos créditos orçamentários para fins de contratação. A licitação para registro de preços implica eventual e futura contratação. Assim, não se faz necessária a indicação da disponibilidade de créditos orçamentários para fins de licitação para registro de preços. Ela somente será exigida para a formalização do contrato ou de outro instrumento hábil que o substitua.

16.5.4 A ata de registro de preços

Ata de registro de preços é documento vinculativo e obrigacional, com característica de compromisso para futura contratação, no qual são registrados o objeto, os preços, os fornecedores, os órgãos participantes e as condições a serem praticadas, conforme as disposições contidas no edital da licitação, no aviso ou instrumento de contratação direta e nas propostas apresentadas (art. 6º, XLVI). Trata-se de instrumento com natureza similar à de contrato preliminar versado no art. 462 do Código Civil Brasileiro. Por força deste documento, o fornecedor ou prestador se obriga a executar o objeto contratual, mas a Administração não se obriga a contratar, como já decidiu o Tribunal de Contas da União: "a ata de registro de preços caracteriza-se como um negócio jurídico em que são acordados entre as partes, Administração e licitante, apenas o objeto licitado e os respectivos preços ofertados. A formalização da ata gera apenas uma expectativa de direito ao signatário, não lhe conferindo nenhum direito subjetivo à contratação" (Acórdão nº 1285/2015-TCU-Plenário). Há previsão legal expressa neste sentido: "a existência de preços registrados implicará compromisso de fornecimento nas condições estabelecidas, mas não obrigará a Administração a contratar, facultada a realização de licitação específica para a aquisição pretendida, desde que devidamente motivada" (art. 83). Em outros termos, além de inexistir obrigação de realizar contratação, a Administração Pública é autorizada a desconsiderar ata de registro de preços em vigência, e realizar uma licitação para a contratação do objeto pretendido – ainda que integrante de dita ata em vigência.

A ata de registro de preços é instrumento pelo qual o signatário se obriga a fornecer o objeto que teve o preço registrado no período de sua vigência. A vigência da ata será de 1 (um) ano e poderá ser prorrogado, por igual período, desde que comprovado o preço vantajoso. A ata de registro de preços, assim, poderá ter vigência total de dois anos. Conquanto a Lei faça referência à prorrogação de vigência, defende-se que está a tratar de renovação da vigência da ata de registro de preços. Renovada a vigência da ata, pode haver a restituição integral dos quantitativos registrados originalmente. Esta foi a solução dada pelo Decreto Estadual nº 10.086/2022 do Paraná:

> Art. 299. No ato de prorrogação da vigência da ata de registro de preços poderá haver a renovação dos quantitativos registrados, até o limite do quantitativo original.
> Parágrafo único. O ato de prorrogação da vigência da ata deverá indicar expressamente o prazo de prorrogação e o quantitativo renovado.

O Tribunal de Contas da União tem precedente no sentido de que "a ata de registro de preços se encerra com o término da sua vigência ou com a contratação da totalidade do objeto nela registrado (Acórdão nº 1604/2017-TCU-Plenário). Atente-se para que esta decisão foi prolatada sob o regime jurídico da Lei nº 8.666/93, e não se coaduna com o regime jurídico previsto na Lei nº 14.133/21, que admite a renovação de quantitativos, como se defende – embora se reconheça polêmico o tema.

A minuta de ata de registro de preços será objeto da manifestação jurídica de que trata o art. 53 da Lei nº 14.133/21 e integrará, como anexo, o instrumento convocatório da licitação correspondente.

16.5.5 Reajuste, revisão e repactuação dos preços registrados

A Lei nº 14.133/21 prevê, expressamente, a possibilidade de reajuste, revisão ou repactuação dos preços registrados. Esta autorização está contida no art. 82, VI, ao dispor que serão conteúdo do instrumento convocatório da licitação para o registro de preço "as condições para alteração de preços registrados" – evidentemente que tais condições somente podem dizer respeito aos instrumentos legalmente previstos para a recomposição do equilíbrio econômico-financeiro da ata celebrada. Também a norma contida no art. 82, §5º IV, que preceitua que são condições para o registro de preços estabelecer os critérios para "atualização periódica dos preços registrados". Relevante que o instrumento convocatório da licitação, e a própria ata de registro de preços, contemple regras claras e suficientes acerca dos limites e possibilidades para o reajuste, revisão ou repactuação dos preços registrados, que seguirão os mesmos critérios definidos legalmente para a recomposição da equação econômico-financeira dos contratos administrativos.

16.5.6 Definição de quantitativos máximos a serem contratados

Como regra geral, o instrumento convocatório destinado ao registro de preços, bem como a ata, devem indicar os quantitativos máximos a serem potencialmente contratados, como já decidiu o Tribunal de Contas da União: "é obrigatória a fixação, em edital, dos quantitativos máximos a serem adquiridos por meio dos contratos decorrentes de ata de registro de preços. Compete à entidade que gerencia a ata impedir que a soma dos quantitativos dos contratos dela derivados supere o quantitativo máximo previsto no edital" (Acórdão nº 2311/2012-TCU-Plenário). A Lei nº 14.133/21 contempla exceção taxativa a esta regra geral, indicando que é permitido registro de preços com indicação limitada a unidades de contratação, sem indicação do total a ser adquirido, apenas nas seguintes situações: I – quando for a primeira licitação para o objeto e o órgão ou entidade não tiver registro de demandas anteriores; II – no caso de alimento perecível; III – no caso em que o serviço estiver integrado ao fornecimento de bens. Com efeito, a inexistência de contratações e consumo contratual históricos e anteriores pode dificultar ou mesmo inviabilizar a definição de quantitativos estimativos para registro de preços. Registro de preços de produtos perecíveis também pode ser efetivado sem indicação de quantitativos estimativos. Há indefinição evidente de quantitativos no caso de registro de serviços com fornecimento de bens. De fato o fator imprevisibilidade de quantitativos é marcante nesta espécie de relação jurídica: não se pode estimar quantos serviços serão necessários, nem quantos bens serão necessários para efetivar os serviços objeto do registro. Nestas hipóteses, de modo justificado, é obrigatória apenas a indicação do valor máximo da despesa e é vedada a participação de outro órgão ou entidade na ata – exatamente por conta da impossibilidade de definir os quantitativos a que teria direito o órgão aderente.

16.5.7 Critério de julgamento por grupo de itens – lotes

O registro de preços pressupõe a possibilidade de fixação de preço para uma unidade registrável (item, lote, unidade de medida). Quando se reúnem diversos itens em um lote (grupo de itens), o registro é do preço do lote (somatória do preço de todos os itens que o integram). Como regra, deve ser contratado o lote. Contudo, pode ocorrer que a Administração precise apenas de um certo item que compõe o lote (por exemplo, um lote constituído por canetas e lápis, e a Administração não tenha necessidade de canetas, apenas de lápis). Fere a eficiência e o interesse público obrigar a Administração a contratar algo de que não necessita. Tal pode ensejar a responsabilização pessoal de agentes públicos.

Sob outro aspecto, há situações em que a licitação e o registro de preços de itens isolados é inviável técnica ou economicamente (suponha-se uma licitação para registro de centenas de componentes eletrônicos ou peças de reposição, de custo unitário muito baixo). Se for este o caso, justificadamente, poderá ser adotado o critério de julgamento de menor preço por grupo de itens, quando for demonstrada a inviabilidade de se promover a adjudicação por item e for evidenciada a sua vantagem técnica e econômica, caso em que o critério de aceitabilidade de preços unitários máximos deverá ser indicado no edital. Na hipótese, a contratação posterior de item específico constante de grupo de itens exigirá prévia pesquisa de mercado e demonstração de sua vantagem para o órgão ou entidade. Confira-se a posição do Tribunal de Contas da União a respeito do tema: "nas licitações para registro de preços, a modelagem de aquisição por preço global de grupo de itens é medida excepcional que precisa ser devidamente justificada, a ser utilizada apenas nos casos em que a Administração pretende contratar a totalidade dos itens do grupo, respeitadas as proporções de quantitativos definidos no certame. Apesar de essa modelagem ser, em regra, incompatível com a aquisição futura de itens isoladamente, admite-se tal hipótese quando o preço unitário ofertado pelo vencedor do grupo for o menor lance válido na disputa relativa ao item (Acórdão nº 1650/2020-TCU-Plenário).

16.5.8 Adesão ou carona

O registro de preços pode ser formado pela conjugação de esforços administrativos do órgão gerenciador e dos órgãos participantes (registre-se que pode haver registro de preços sem participação). A Lei, contudo, contempla a possibilidade de que órgãos ou entidades que não participaram da composição originária do registro de preços possam aproveitar e contratar os quantitativos registrados em ata vigente. Trata-se da figura jurídica do órgão ou entidade não participante, que é aquele que não participa dos procedimentos iniciais da licitação para registro de preços e não integra a ata de registro de preços, mas pode realizar a sua adesão a ela, nos termos da Lei. E a Lei preceitua que se não participarem do procedimento previsto no *caput* deste artigo, os órgãos e entidades poderão aderir à ata de registro de preços na condição de não participantes, observados os seguintes requisitos: I – apresentação de justificativa da vantagem da adesão, inclusive em situações de provável desabastecimento ou descontinuidade de serviço público; II – demonstração de que os valores registrados estão compatíveis com os valores praticados pelo mercado na forma do art. 23; III – prévias consulta e aceitação do órgão ou entidade gerenciadora e do fornecedor.

A adesão à ata de registro de preços demanda realização de planejamento prévio por parte do órgão não participante e demonstração cabal de que o objeto que consta da ata pretendida é aquele adequado para a plena satisfação da necessidade administrativa, como já decidiu o Tribunal de Contas da União: "a inserção de cláusula em edital licitatório prevendo a possibilidade de adesão a ata de registro de preços por órgãos ou entidades não participantes do planejamento da contratação ("carona") exige justificativa específica, lastreada em estudo técnico referente ao objeto licitado e devidamente registrada no documento de planejamento da contratação (art. 9º, inciso III, do Decreto nº 7.892/13) (Acórdão nº 2822/2021-TCU-Plenário).

A Lei veda a adesão, por qualquer órgão ou entidade, à ata de registro de preços celebrada por Município, ao dispor que "a faculdade conferida pelo §2º deste artigo estará limitada a órgãos e entidades da Administração Pública federal, estadual, distrital e municipal que, na condição de não participantes, desejarem aderir à ata de registro de preços de órgão ou entidade gerenciadora federal, estadual ou distrital" (art. 86, §3º). Esta regra viola o princípio federativo, ao impor de modo inconstitucional disciplina sobre matéria de interesse e de competência legislativa local.

Os limites para adesão são (i) cada adesão não pode exceder, por órgão ou entidade, a 50% (cinquenta por cento) dos quantitativos dos itens do instrumento convocatório registrados na ata de registro de preços para o órgão gerenciador e para os órgãos participantes, e (ii) o quantitativo total de adesões à ata de registro não pode exceder o dobro do quantitativo de cada item registrado na ata de registro de preços para o órgão gerenciador e órgãos participantes, independentemente do número de órgãos não participantes que aderirem (art. 86, §§5º e 6º).

Por fim, é vedada aos órgãos e entidades da Administração Pública federal a adesão à ata de registro de preços gerenciada por órgão ou entidade estadual, distrital ou municipal (art. 86, §8º), como já decidido também pelo Tribunal de Contas da União: "é irregular a adesão ou participação de órgão ou entidade federal em Sistema de Registro de Preços da Administração Pública Estadual, Municipal ou do Distrito Federal" (Acórdão nº 1000/2014-TCU-Plenário).

16.6 Registro cadastral

Registro cadastral é base de dados, informatizada, que contém e armazena informações relativas a licitantes e cadastrados. É sistema destinado a ganhos de eficiência e celeridade, na medida que armazena, gerencia e mantém um conjunto de informações sobre requisitos de habilitação, desempenho contratual, cumprimento de sanções, entre outras, abreviando tais análises quando do processo da licitação ou da contratação direta. Os órgãos e entidades da Administração Pública deverão utilizar o sistema de registro cadastral unificado disponível no Portal Nacional de Contratações Públicas (PNCP), para efeito de cadastro unificado de licitantes.

O sistema de cadastramento prioritário, definido em Lei, é aquele unificado disponível no Portal Nacional de Contratações Públicas, sendo proibida a exigência, pelo órgão ou entidade licitante, de registro cadastral complementar para acesso a edital e anexos. Este sistema unificado será público e deverá ser amplamente divulgado e estar permanentemente aberto aos interessados, e será obrigatória a realização de chamamento público pela internet, no mínimo anualmente, para atualização dos registros existentes e para ingresso de novos interessados.

Há previsão legal de que a Administração poderá realizar licitação restrita a fornecedores cadastrados, atendidos os critérios, as condições e os limites estabelecidos em regulamento, bem como a ampla publicidade dos procedimentos para o cadastramento – nos moldes da tomada de preços prevista na Lei nº 8.666/93.

Serão objeto de registro cadastral:
(i) informações e documentos relativos à habilitação jurídica, regularidade fiscal e trabalhista, bem como algumas relacionadas à habilitação econômico-financeira, como balanços e balancetes, e mesmo habilitação técnica (consoante disposição legal – art. 88, §1º –, o interessado, ao requerer, a qualquer tempo, inscrição no cadastro ou a sua atualização, fornecerá os elementos necessários exigidos para habilitação previstos na Lei; e o inscrito, considerada sua área de atuação, será classificado por categorias, subdivididas em grupos, segundo a qualificação técnica e econômico-financeira avaliada, de acordo com regras objetivas divulgadas em sítio eletrônico oficial);
(ii) atuação do contratado no cumprimento de obrigações legais e contratuais assumidas;
(iii) informações sobre cumprimento de sanções aplicadas a licitantes e contratados.

Ao inscrito será fornecido certificado, renovável sempre que atualizar o registro.

A documentação exigida para fins de habilitação no processo da contratação poderá ser substituída por registro cadastral (art. 70, II) e, nos casos de pré-qualificação, o licitante dispensado de apresentação de documentos que já constarem do registro cadastral (art. 80, §1º I).

CAPÍTULO 17

CONTRATO PÚBLICO PARA SOLUÇÃO INOVADORA

17.1 Fundamentos do contrato público para solução inovadora – incentivo à inovação e ao desenvolvimento nacional sustentável

A Lei nº 14.133/21, entre outros, determina que dentre os objetivos da contratação pública estão os de incentivar a inovação e incentivar o desenvolvimento nacional sustentável (art. 11). Uma das formas de atender tais objetivos é a adoção do contrato público para solução inovadora, instituído pela Lei Complementar nº 182/21. Esta Lei delibera sobre o marco legal das startups e do empreendedorismo inovador. Por esta via contratual atende-se o objetivo de incentivar a inovação – porque seu objetivo é exatamente fomentar soluções inovadoras –, e o objetivo de incentivar o desenvolvimento nacional sustentável – pelo tratamento diferenciado e favorecido para as startups, com vistas à sua sustentabilidade econômica.

O regime jurídico da LC nº 182 foi formatado exatamente para o fomento de uma categoria de agentes econômicos e para o fomento do desenvolvimento de soluções inovadoras para necessidades públicas e privadas. Este regime jurídico é suplementar àquele previsto na Lei nº 10.973/04 (Lei da Inovação), que é fonte de inspiração da Lei Complementar – ao menos em parte.

Os destinatários do tratamento favorecido da Lei são as denominadas startups. São enquadradas como startups as organizações empresariais ou societárias, nascentes ou em operação recente, cuja atuação caracteriza-se pela inovação aplicada a modelo de negócios ou a produtos ou serviços ofertados (art. 4º). A Lei nº 14.133/21 também apresenta um conceito de startup. Nos termos da Lei Geral de Licitações, são considerados startups os microempreendedores individuais, as microempresas e as empresas de pequeno porte, de natureza emergente e com grande potencial, que se dediquem à pesquisa, ao desenvolvimento e à implementação de novos produtos ou serviços baseados em soluções tecnológicas inovadoras que possam causar alto impacto (art. 81, §4º). Para os fins de enquadramento nesta modalidade de tratamento prevista na Lei Complementar nº 182 não se considerará este conceito de startup previsto na Lei nº 14.133/21, ou seja, para formação de contrato público para solução inovadora, serão consideradas startups aquelas espécies empresariais descritas na LC nº 182. Assim, não se exige que apenas microempresas ou empresas de pequeno porte possam celebrar contrato público para solução inovadora.

Podem ter enquadramento na modalidade de tratamento especial destinada ao fomento de startup (i) o empresário individual, (ii) a empresa individual de responsabilidade limitada, (iii) as sociedades empresárias, (iv) as sociedades cooperativas; e (v) as sociedades simples:

a) com receita bruta de até R$16.000.000,00 (dezesseis milhões de reais) no ano-calendário anterior ou de R$1.333.334,00 (um milhão, trezentos e trinta e três mil trezentos e trinta e quatro reais) multiplicado pelo número de meses de atividade no ano-calendário anterior, quando inferior a 12 (doze) meses, independentemente da forma societária adotada;

b) com até 10 (dez) anos de inscrição no Cadastro Nacional da Pessoa Jurídica (CNPJ) da Secretaria Especial da Receita Federal do Brasil do Ministério da Economia; e

c) que atendam a um dos seguintes requisitos, no mínimo:

c.1) declaração em seu ato constitutivo ou alterador e utilização de modelos de negócios inovadores para a geração de produtos ou serviços, nos termos do inciso IV do *caput* do art. 2º da Lei nº 10.973, de 02 de dezembro de 2004; ou

c.2) enquadramento no regime especial Inova Simples, nos termos do art. 65-A da Lei Complementar nº 123, de 14 de dezembro de 2006.

Para fins de contagem do prazo de até 10 anos de inscrição no Cadastro Nacional da Pessoa Jurídica (CNPJ), para as empresas decorrentes de incorporação, será considerado o tempo de inscrição da empresa incorporadora; para as empresas decorrentes de fusão, será considerado o maior tempo de inscrição entre as empresas fundidas; e para as empresas decorrentes de cisão, será considerado o tempo de inscrição da empresa cindida, na hipótese de criação de nova sociedade, ou da empresa que a absorver, na hipótese de transferência de patrimônio para a empresa existente (art. 4º).

O tratamento especial destinado ao fomento de startup é regido pelos seguintes princípios e diretrizes: I – reconhecimento do empreendedorismo inovador como vetor de desenvolvimento econômico, social e ambiental; II – incentivo à constituição de ambientes favoráveis ao empreendedorismo inovador, com valorização da segurança jurídica e da liberdade contratual como premissas para a promoção do investimento e do aumento da oferta de capital direcionado a iniciativas inovadoras; III – importância das empresas como agentes centrais do impulso inovador em contexto de livre mercado; IV – modernização do ambiente de negócios brasileiro, à luz dos modelos de negócios emergentes; V – fomento ao empreendedorismo inovador como meio de promoção da produtividade e da competitividade da economia brasileira e de geração de postos de trabalho qualificados; VI – aperfeiçoamento das políticas públicas e dos instrumentos de fomento ao empreendedorismo inovador; VII – promoção da cooperação e da interação entre os entes públicos, entre os setores público e privado e entre empresas, como relações fundamentais para a conformação de ecossistema de empreendedorismo inovador efetivo; VIII – incentivo à contratação, pela Administração Pública, de soluções inovadoras elaboradas ou desenvolvidas por startups, reconhecidos o papel do Estado no fomento à inovação e as potenciais oportunidades de economicidade, de benefício e de solução de problemas públicos com soluções inovadoras; e IX – promoção da competitividade das empresas brasileiras e da internacionalização e da atração de investimentos estrangeiros.

A análise dos princípios e diretrizes de regência do tratamento diferenciado para as startups revela o caráter de instrumento eficaz e eficiente de fomento da inovação e do desenvolvimento sustentável, em especial pelo incentivo à contratação, pela Administração Pública, de soluções inovadoras elaboradas ou desenvolvidas por startups, reconhecidos o papel do Estado no fomento à inovação e as potenciais oportunidades de economicidade, de benefício e de solução de problemas públicos com soluções inovadoras. O poder de compra estatal, com efeito, e como antes visto, é poderoso instrumento de fomento de boas práticas.

Com o objetivo de materializar princípios, diretrizes e objetivos de fomento, a Lei cria um especial sistema jurídico de contratações públicas, destinadas a resolver demandas públicas que exijam solução inovadora com emprego de tecnologia; e promover a inovação no setor produtivo por meio do uso do poder de compra do Estado (art. 12).

Estão autorizados a aplicar o regime jurídico especial de contratações, os órgãos e as entidades da Administração Pública direta, autárquica e fundacional de quaisquer dos Poderes da União, dos Estados, do Distrito Federal e dos Municípios (art. 12, §1º), bem como as empresas públicas, as sociedades de economia mista e suas subsidiárias poderão adotar, no que couber, as disposições deste Capítulo, nos termos do regulamento interno de licitações e contratações (art. 12, §2º).

Para a implementação do modelo especial de contratação, a administração pública poderá contratar pessoas físicas ou jurídicas, isoladamente ou em consórcio, para o teste de soluções inovadoras por elas desenvolvidas ou a ser desenvolvidas, com ou sem risco tecnológico, por meio de licitação na modalidade especial.

Atente-se para este ponto, em especial, que exigirá mudança de racionalidade e de paradigmas para a exata compreensão do alcance e do potencial de fomento da regra. Em modelagem regular e ordinária de contratação pública, a Administração identifica uma necessidade administrativa, encontra e define uma solução (ainda que de modo participativo e conjunto com os agentes econômicos, como se dá no caso do diálogo competitivo) e realiza uma licitação destinada à contratação e execução desta solução definida, que se prestará à satisfação da necessidade pública.

A contratação preconizada pela Lei Complementar nº 182 atende a modelagem radicalmente diferente. Por intermédio de licitação veiculada por concorrência especial, a Administração não realizará uma contratação imediata de solução técnica, mas contratará a pesquisa e o desenvolvimento de uma solução inovadora, que poderá ou não ser efetivada.

Para tanto, a delimitação do escopo da licitação poderá restringir-se à indicação do problema a ser resolvido e dos resultados esperados pela Administração Pública, incluídos os desafios tecnológicos a serem superados, dispensada a descrição de eventual solução técnica previamente mapeada e suas especificações técnicas, e caberá aos licitantes propor diferentes meios para a resolução do problema. A base de informações prestadas para os licitantes terá nível de precisão de estudo técnico preliminar, limitada ao apontamento de qual é a necessidade pública, e quais os resultados que se pretendem obter da solução inovadora a ser desenvolvida.

17.2 Inovação e solução inovadora

O objetivo do contrato público para solução inovadora é o fomento à inovação e ao desenvolvimento nacional sustentável. As ações de fomento estatal da inovação tem previsão também na Lei da Inovação, ao instituir que o uso do poder de compra do Estado é instrumento de estímulo à inovação nas empresas (art. 19, VIII). Tem-se, portanto, que compete ao Estado ações de fomento à inovação, utilizando seu poder de compra – dever jurídico que pode ser exercitado por intermédio do contrato público para solução inovadora.

O contrato público para solução inovadora é forma de atuação em regime de colaboração de que trata o art. 3º da Lei nº 10.973/04 – que, de resto, constitui seu arcabouço jurídico estrutural e base de legitimação: "a União, os Estados, o Distrito Federal, os Municípios e as respectivas agências de fomento poderão estimular e apoiar a constituição de alianças estratégicas e o desenvolvimento de projetos de cooperação envolvendo empresas".

Inovação é a introdução de novidade ou aperfeiçoamento no ambiente produtivo e social que resulte em novos produtos, serviços ou processos ou que compreenda a agregação de novas funcionalidades ou características a produto, serviço ou processo já existente que possa resultar em melhorias e em efetivo ganho de qualidade ou desempenho, nos termos do disposto na Lei nº 10.973/02 (art. 2º, IV). Solução inovadora é o resultado de atividade de pesquisa e desenvolvimento que propicie resultado apto a satisfazer uma determinada necessidade, pública ou privada, por intermédio de técnicas ou tecnologias inexistentes, total ou parcialmente, no âmbito de atuação dos agentes econômicos.

Toda atividade direcionada a uma solução inovadora implica risco tecnológico, que é "a possibilidade de insucesso no desenvolvimento de solução, decorrente de processo em que o resultado é incerto em função do conhecimento técnico-científico insuficiente à época em que se decide pela realização da ação" (art. 2º, II, Decreto nº 9283/18) que é um dos riscos relevantes a que estará sujeita a contratação para solução inovadora.

A probabilidade elevada de risco tecnológico é matriz da formatação diferenciada do contrato público para solução inovadora, que, como se demonstrará, não é um contrato de resultado certo que, se não efetivado, implica responsabilização do contratado.

17.3 Licitação destinada ao contrato público para solução inovadora

O planejamento da contratação de solução inovadora deve observar as normas previstas na Lei nº 14.133/21, conquanto não haja previsão expressa de sua aplicação subsidiária ao regime da LC nº 182. Isto porque a Lei nº 14.133/21 estabelece normas gerais de licitação e contratação para as Administrações Públicas diretas, autárquicas e fundacionais da União, dos Estados, do Distrito Federal e dos Municípios. No que for necessário para suprir omissão da Lei Complementar e no que com ela não conflitar terá aplicação e regência a Lei Geral de Licitações. A licitação para contratação de solução inovadora não se dará pelas modalidades tradicionais previstas na Lei Geral de Licitações, mas pela modalidade de concorrência especial, com rito previsto na Lei Complementar.

O processo da contratação de solução inovadora pode ser realizado mediante seguintes etapas procedimentais:

a) delimitação do escopo da licitação: o certame licitatório pode ser estruturado com lastro em três elementos: indicação do problema a ser resolvido, dos resultados pretendidos pela Administração e os desafios tecnológicos a serem superados. Em etapa inicial, a Administração deverá identificar, com nível máximo de precisão, a efetiva necessidade administrativa que demanda solução que não é encontrável de modo satisfatório no mercado tradicional ou ainda que seja encontrada uma solução disponível no mercado, se conclua existir espaço tecnológico e científico para inovação, com ganhos de eficiência. Os agentes encarregados da etapa preparatória de contratação deverão realizar o mapeamento das forças, fraquezas, oportunidades e ameaças a que estão sujeitos os projetos, programas ou atividades públicas, para apontar eventos que comprometem, ou podem comprometer, a consecução das missões institucionais. Por interpretação sistêmica da Lei, após o delineamento, com margem de precisão máxima possível da necessidade administrativa a ser suprida, compete aos agentes eleger o desafio tecnológico – como trata a Lei – a ser superado pela contratação de solução inovadora. Exemplos de desafios: (i) reduzir o tempo de resposta de ações administrativas; (ii) racionalizar e conferir mais eficiência para o tratamento de dados e informações; (iii) racionalizar e melhorar os sistemas de processo administrativo eletrônico; (iv) realizar o tratamento de água com menor uso de produtos químicos; (v) conceber fontes alternativas de energia; entre outros. O Tribunal de Contas da União sugere uma "imersão no desafio", realizando "análise do contexto em que o desafio priorizado se situa para construção de clareza e alinhamento em relação ao desafio que se pretende enfrentar. Nessa etapa os debates e trocas de experiência entre as partes internas e externas da organização são especialmente úteis (p.ex., especialistas de outras instituições, professores, pesquisadores e comunidade científica em geral, funcionários do governo com conhecimento técnico relevante) para a construção de um entendimento mais abrangente do desafio. Vale lembrar que a compreensão do desafio é um trabalho cíclico/iterativo que pode demandar revisões e redefinições ao longo do processo".[449] A partir desta análise crítica da necessidade, das soluções disponíveis no mercado tradicional e de conclusão pela importância de uma solução inovadora, portanto substancialmente diversa daquelas tradicionalmente utilizadas, serão elencados os resultados pretendidos – as melhorias esperadas com a nova solução;

b) etapa preparatória: a etapa preparatória será estruturada em consideração a três premissas fundamentais: a necessidade pública, os resultados pretendidos e os desafios tecnológicos a serem superados. O regime jurídico da etapa preparatória previsto na Lei nº 14.133/21, no que não conflitar com a LC nº 182, tem plena aplicabilidade. Conforme o caso, será exigida a elaboração de estudo técnico preliminar, termo de referência ou projeto básico, bem como se exige realização de processo de gestão de riscos e elaboração de mapa de riscos. Deve também ser elaborado o orçamento estimativo da futura contratação. Serão levantadas as informações relativas às necessidades administrativas que serão atendidas e os resultados pretendidos com a contratação. É

---

[449] Jornada TCU – CPSI. Disponível em: file:///C:/Users/User/Downloads/TCU%20-%20JORNADA%20CPSI.pdf. Acesso em: 20 set. 2023.

fundamental a fixação objetiva dos resultados que se pretende alcançar com a solução a ser desenvolvida, pois este elemento balizador para a elaboração de propostas pelos licitantes. Serão definidos nesta etapa requisitos de qualidade possíveis e requisitos de habilitação, nos termos do disposto na Lei nº 14.133/21. As informações necessárias à formulação de propostas contemplarão: a descrição da necessidade, os resultados pretendidos, as justificativas para a contratação de solução inovadora, os objetivos da contratação, indicadores, metas, riscos identificados, os fundamentos legais do processo da contratação e a minuta do contrato público para solução inovadora.

c) elaboração e publicação do instrumento convocatório: A elaboração do instrumento convocatório adotará o regramento previsto, no que couber, na Lei nº 14.133/21. O edital da licitação, contendo as informações indispensáveis apuradas na etapa preparatória, principalmente o conjunto destinado à caracterização precisa da necessidade administrativa e dos resultados pretendidos da contratação, será divulgado com antecedência de, no mínimo, 30 (trinta) dias corridos até a data de recebimento das propostas: I – em sítio eletrônico oficial centralizado de divulgação de licitações ou mantido pelo ente público licitante; e II – no diário oficial do ente federativo. A lei complementar não exige publicidade do instrumento convocatório no Portal Nacional de Contratações Públicas, tampouco em jornal diário de grande circulação. Para a Administração Pública Federal, entretanto, a publicidade da contratação no Portal Nacional de Contratações Públicas é exigida pela Lei nº 14.436/22, art. 17: "os órgãos e as entidades integrantes dos Orçamentos Fiscal, da Seguridade Social e de Investimento deverão disponibilizar informações atualizadas referentes aos seus contratos no Portal Nacional de Contratações Públicas, de que trata a Lei nº 14.133, de 1º de abril de 2021, e às diversas modalidades de transferências operacionalizadas na Plataforma +Brasil, inclusive com o georreferenciamento das obras e a identificação das categorias de programação e fontes de recursos, observadas as normas estabelecidas pelo Poder Executivo federal". É conteúdo necessário do instrumento convocatório a definição do objeto do certame, as regras e formalidades do processo licitatório, os requisitos e os impedimentos para participação, os critérios de julgamento, regras de habilitação e regras de recursos, pedidos de esclarecimentos e impugnações. Os documentos de planejamento necessários para orientar a elaboração das propostas serão veiculados como anexo do instrumento convocatório. O instrumento convocatório disporá sobre regras para participação no certame (credenciamento ou similar) e conterá o valor estimado da contratação;

d) etapa de seleção do prestador: em data e horário designados no instrumento convocatório os licitantes apresentam proposta de solução inovadora, contemplando o projeto de solução inovadora que será desenvolvido, com nível de detalhamento exigido no instrumento convocatório (objeto, objetivos, metas, indicadores, prazos, proposta de preço e cronograma físico-financeiro, atividades que serão realizadas, fundamentos técnicos do projeto de solução inovadora). As propostas serão avaliadas e julgadas por comissão especial integrada por, no mínimo, 3 (três) pessoas de reputação ilibada e reconhecido conhecimento no assunto, das quais: I – 1 (uma) deverá ser servidor público integrante do órgão para o qual o serviço está sendo contratado; e II – 1 (uma) deverá ser professor de instituição pública de educação superior na área relacionada ao tema da contratação. Os critérios para julgamento das propostas poderão considerar, sem prejuízo de outros definidos no edital:

I – o potencial de resolução do problema pela solução proposta e, se for o caso, da provável economia para a Administração Pública;
II – o grau de desenvolvimento da solução proposta;
III – a viabilidade e a maturidade do modelo de negócio da solução;
IV – a viabilidade econômica da proposta, considerados os recursos financeiros disponíveis para a celebração dos contratos;
V – a demonstração comparativa de custo e benefício da proposta em relação às opções funcionalmente equivalentes;
VI – O potencial de resolução do problema pela solução proposta e, se for o caso, da provável economia para a Administração Pública;
VII – A demonstração comparativa de custo e benefício da proposta em relação às opções funcionalmente equivalentes;
VIII – Capacidade técnica da equipe.

O critério de julgamento será o de melhor técnica como regra, com fixação no instrumento convocatório de requisitos objetivos para a seleção (pontuação e ponderação dos critérios valorativos eleitos) sendo que o preço indicado pelos proponentes para execução do objeto será critério de julgamento somente quando for necessária a avalição da viabilidade econômica da proposta, considerados os recursos financeiros disponíveis para a celebração dos contratos; e a demonstração comparativa de custo e benefício da proposta em relação às opções funcionalmente equivalentes. A Lei não oferece maiores detalhes sobre o critério de julgamento e critério de avaliação das propostas, conferindo para a Administração uma ampla margem de discricionariedade para tais definições. O critério de julgamento que envolva o preço ofertado deve ser excepcional. A Administração poderá selecionar mais de uma proposta para a celebração do contrato, hipótese em que caberá ao edital limitar a quantidade de propostas selecionáveis.

Após a fase de julgamento das propostas, a Administração Pública poderá negociar com os selecionados as condições econômicas mais vantajosas para a administração e os critérios de remuneração que serão adotados. Se o valor da proposta vencedora estiver acima do orçamento estimado para a contratação, poderá ser realizada negociação com o proponente classificado em primeiro lugar, objetivando a adequação do preço. Caso o proponente classificado em primeiro lugar não aceite a adequação do preço aos limites do orçamento estimado da contratação, poderão ser consultados os demais proponentes, na ordem de classificação, acerca de interesse de assumir a posição do originalmente primeiro classificado, com adequação de seu preço. Encerrada a fase de julgamento e de negociação, na hipótese de o preço classificado em primeiro lugar ser superior à estimativa, a Administração Pública poderá, mediante justificativa expressa, com base na demonstração comparativa entre o custo e o benefício da proposta, aceitar o preço ofertado, desde que seja superior em termos de inovações, de redução do prazo de execução ou de facilidade de manutenção ou operação, limitado ao valor máximo que se propõe a pagar. A análise da documentação relativa aos requisitos de habilitação será posterior à fase de julgamento das propostas e contemplará somente os proponentes selecionados. Mesma sistemática procedimental adotada como regra pela

Lei nº 14.133/21. Os requisitos de habilitação exigíveis serão aqueles previstos na Lei nº 14.133/21, que poderão ser dispensados no todo ou em parte, mediante justificativa. Após homologação do resultado da licitação, a Administração Pública celebrará Contrato Público para Solução Inovadora (CPSI) com as proponentes selecionadas, com vigência limitada a 12 (doze) meses, prorrogável por mais um período de até 12 (doze) meses;

e) etapa de gestão e fiscalização do contrato: o instrumento deverá conter, obrigatoriamente, o modelo de gestão do contrato, especificando a forma e os parâmetros para o controle efetivo da execução contratual. A fiscalização do cumprimento das obrigações contratadas e da evolução do desenvolvimento da solução inovadora é tarefa de elevada complexidade, a demandar a constituição de uma equipe de fiscalização, integrada por fiscal técnico, fiscal administrativo e fiscal do setor demandante, no mínimo. Os agentes responsáveis pela fiscalização devem contar com um plano de gestão e fiscalização, indicando, de modo suficiente e adequado, os elementos e critérios de controle que serão avaliados. O controle periódico e correto poderá apontar para viés contínuo de desconformidade que pode exigir a extinção antecipada da relação contratual, caso evidenciada a inviabilidade da solução em desenvolvimento. Serão exigidos e avaliados relatórios periódicos do desenvolvimento da solução inovadora, apontando os sucessos, os fracassos, as potencialidades e riscos envolvidos na execução, bem como posicionamento conclusivo, por parte do contratado, acerca da viabilidade de manutenção do desenvolvimento do objeto contratual. Os pagamentos devidos ao contratado se darão na forma e prazos definidos contratualmente;

f) etapa de recebimento provisório e recebimento definitivo: o recebimento provisório do objeto contratado se dará na razão das etapas contratualmente previstas para o desenvolvimento da solução. A conclusão de cada etapa, com o cumprimento de metas contratualmente fixadas, dá direito ao pagamento, de acordo com a evolução do cronograma físico-financeiro. Uma especificidade notável diz respeito ao recebimento definitivo. O contrato público para solução inovadora não é contrato de resultado, mas contrato de fomento de pesquisa e desenvolvimento de solução técnica. Há riscos tecnológicos, de natureza imprevisível, ainda que previsíveis, com consequências incalculáveis, que podem obstar a consecução da solução contratada. É da natureza da pesquisa científica a possibilidade de insucesso e de fracasso tecnológico. Tal também é a natureza intrínseca do contrato público para solução inovadora. Portanto, independentemente do efetivo e eficaz desenvolvimento e criação da solução inovadora, se provado que o contratado atuou com eficiência, eficácia, diligência, perícia e com suficiência científica, em que pese não entregar a solução pretendida, fará jus ao pagamento.

17.4 Contrato público para solução inovadora

Contrato público para solução inovadora é instrumento contratual destinado à formação de vínculo instrumental para o fomento de soluções inovadoras e de empresas enquadradas como startups.

São cláusulas necessárias de um contrato público para solução inovadora aquelas previstas, no que couber, pelo art. 92 da Lei nº 14.133/21, e as que disponham sobre:

(i) as metas a serem atingidas para que seja possível a validação do êxito da solução inovadora e a metodologia para a sua aferição;

(ii) a forma e a periodicidade da entrega à Administração Pública de relatórios de andamento da execução contratual, que servirão de instrumento de monitoramento, e do relatório final a ser entregue pela contratada após a conclusão da última etapa ou meta do projeto;

c) a matriz de riscos entre as partes, incluídos os riscos referentes a caso fortuito, força maior, risco tecnológico, fato do príncipe e álea econômica extraordinária;

d) a definição da titularidade dos direitos de propriedade intelectual das criações resultantes do CPSI; e

e) a participação nos resultados de sua exploração, assegurados às partes os direitos de exploração comercial, de licenciamento e de transferência da tecnologia de que são titulares;

f) cláusula de confidencialidade e de proteção de dados pessoais;

g) regime sancionatório nos termos do previsto na Lei nº 14.133/21;

h) meios alternativos de solução de controvérsias;

i) possibilidade de termo de ajustamento de conduta substitutivo de sanção.

O contrato público para solução inovadora terá valor máximo de R$1.600.000,00 (um milhão e seiscentos mil reais), podendo o edital prever limites inferiores para a contratação.

A remuneração da contratada deverá ser feita de acordo com um dos seguintes critérios: I – preço fixo; II – preço fixo mais remuneração variável de incentivo; III – reembolso de custos sem remuneração adicional; IV – reembolso de custos mais remuneração variável de incentivo; ou V – reembolso de custos mais remuneração fixa de incentivo.

A execução contratual de pesquisa e desenvolvimento da solução inovadora deve ocorrer de acordo com cronograma físico financeiro aprovado pela Administração. Se tiver sido identificado na etapa de gestão de riscos – apontado no mapa de riscos – algum risco tecnológico (fatores que podem comprometer ou inviabilizar o desenvolvimento da solução inovadora, os pagamentos somente serão feitos de acordo com ele (o cronograma), e proporcionalmente aos serviços efetivamente executados.

Ponto fundamental da lei – repita-se, por relevante –, é que os pagamentos ao contratado serão devidos independentemente de proveito útil para a Administração: "com exceção das remunerações variáveis de incentivo vinculadas ao cumprimento das metas contratuais, a administração pública deverá efetuar o pagamento conforme o critério adotado, ainda que os resultados almejados não sejam atingidos em decorrência do risco tecnológico, sem prejuízo da rescisão antecipada do contrato caso seja comprovada a inviabilidade técnica ou econômica da solução" (art. 14, §5º).

Caso não comprada pelo contratado, ao longo da execução, a viabilidade técnica ou econômica da solução em desenvolvimento deverá haver a extinção antecipada da contratação.

Os pagamentos serão feitos após a execução dos trabalhos, e, a fim de garantir os meios financeiros para que a contratada implemente a etapa inicial do projeto, a

Administração Pública poderá prever em edital o pagamento antecipado de uma parcela do preço anteriormente ao início da execução do objeto, mediante justificativa expressa.

O contrato público para solução inovadora é espécie de contratação por risco. O contrato público para solução inovadora não é contrato em que se espera e deve exigir necessariamente um resultado. É essencialmente um contrato de fomento de pesquisa e de desenvolvimento de solução inovadora. Nesta medida, há risco de que nenhuma solução inovadora resulte da execução contratual, o que deverá ser objeto de avaliação por parte do contratante público quando da decisão pela adoção do modelo.

O regime sancionatório do contrato público para solução inovadora é aquele previsto na Lei nº 14.133/21.

17.5 Do Contrato de Fornecimento

A Lei prevê uma nova hipótese de contratação direta. Concluída a execução do contrato público para solução inovadora, a Administração Pública poderá celebrar com a mesma contratada, sem nova licitação, contrato para o fornecimento do produto, do processo ou da solução resultante do contrato, ou, se for o caso, para integração da solução à infraestrutura tecnológica ou ao processo de trabalho da Administração Pública. Quando a solução técnica inovadora objeto do contrato tiver sido concebida e desenvolvida por mais de uma empresa contratada, o contrato de fornecimento será firmado, mediante justificativa, com aquela cujo produto, processo ou solução atenda melhor às demandas públicas em termos de relação de custo e benefício com dimensões de qualidade e preço.

O contrato de fornecimento terá vigência limitada a 24 (vinte e quatro) meses, prorrogável por mais um período de até 24 (vinte e quatro) meses.

Os contratos de fornecimento serão limitados a 5 (cinco) vezes o valor máximo definido no §2º do art. 14 da Lei Complementar, incluídas as eventuais prorrogações, hipótese em que o limite poderá ser ultrapassado nos casos de reajuste de preços e dos acréscimos de que trata 125 da Lei nº 14.133/21.

CAPÍTULO 18

ERRO GROSSEIRO NO PROCESSO DA CONTRATAÇÃO PÚBLICA

18.1 Responsabilidade pessoal por dolo ou erro grosseiro

Responsabilidade "revela o dever jurídico, em que se coloca a pessoa, seja em virtude de contrato, seja em face de fato ou omissão, que lhe seja imputado, para satisfazer a prestação convencionada ou para suportar as sanções legais que lhe são impostas".[450] É uma capacidade jurídica, pois, para assumir as consequências da própria conduta.

No processo da contratação pública, desde a etapa do planejamento até o recebimento definitivo do objeto contratado, há inúmeras condutas e atos administrativos que são praticados e produzidos por agentes públicos. Estes atos ou condutas, comissivos ou omissivos, podem ser reputados ilegais, ilegítimos ou antieconômicos por órgão ou agente de controle interno ou externo. A ilegalidade, a ilegitimidade ou a antieconomicidade do ato ou da conduta pode ensejar a responsabilidade daquele que lhe deu causa.

O nosso sistema jurídico consagra o princípio da independência entre as instâncias civil, penal, administrativa e por improbidade administrativa. Assim, uma mesma conduta típica ou de cometimento de infração no processo da contratação pública pode ensejar a responsabilização no âmbito das instancias civil, penal, administrativa e por improbidade administrativa.

A responsabilização pode ocorrer pelo cometimento de infração mediante conduta dolosa ou culposa, omissiva ou comissiva. Neste propósito, questão controvertida sempre se postou no que diz respeito à responsabilidade por erro do agente público, que é a falsa percepção da realidade.

À prima facie, se poderia argumentar que o erro seria categoria subsumida na noção de culpa em sentido estrito, ou seja, negligente, imprudente ou imperita. Contudo, tal não se revela juridicamente correto. Culpa em sentido estrito caracteriza-se pela falta do dever de cuidado objetivo.

Porém, o erro é uma categoria jurídica independente. A conduta maculada pelo erro não necessariamente será originária de falta de cuidado objetivo. Não necessariamente será imprudente, imperita ou negligente, mas aquela que se dá por uma falsa ou incorreta

---

[450] DE PLÁCIDO E SILVA. *Vocabulário Jurídico*. 28. ed. São Paulo: Forense, 2009. p. 1214.

representação da realidade que opera, ou pode operar, efeitos significativos no plano da manifestação da vontade.

O Decreto- Lei nº 4.657/42[451] preceitua, no art. 28, que:

> Art. 28. O agente público responderá pessoalmente por suas decisões ou opiniões técnicas em caso de dolo ou erro grosseiro.

Esta disposição normativa constitui um importante norte hermenêutico para balizar e conduzir o controle dos atos administrativos e das condutas dos agentes públicos em geral e no processo da contratação pública em especial.

Há evidente propósito normativo de limitar o alcance da responsabilização pessoal do agente público, que passa a responder pessoalmente apenas por dolo ou erro grosseiro.

Atente-se para o fato de que a norma não faz qualquer referência à culpa, mas tão somente a dolo e erro grosseiro.

Partindo-se da premissa de que erro e culpa não se confundem como categorias jurídicas, como adiante se defenderá, o texto expresso da lei induz a relevantes e complexas reflexões.

18.2 Razão de existir da norma legal – proibição de excesso no exercício da pretensão punitiva estatal

Sem dúvida a norma foi editada para reprimir e prevenir abusos no exercício da atividade de controle da Administração Pública e da pretensão punitiva estatal. Verifica-se que certos órgãos de controle interno e externo, incluído o Ministério Público, por vezes exercem a atividade de controle das condutas dos agentes públicos fora dos limites da legalidade, imputando responsabilidade quando não legalmente devida.

Não é incomum que um determinado agente público seja responsabilizado, não pelo cometimento de ilegalidade, mas porque um certo órgão ou agente de controle tem interpretação diversa acerca de um dispositivo legal ou constitucional, ou mesmo tem opinião pessoal diversa sobre o mérito da decisão administrativa reputada irregular, gerando situação de grave insegurança jurídica por parte dos agentes públicos – na medida em que aquele que atua em erro – na correta acepção jurídica – tem por vezes sido responsabilizado como se tivesse praticado conduta dolosa, intencional e desonesta.

A norma contida no art. 28 do Decreto Lei nº 4.657/42 estabelece um paradigma para a atuação do controle interno e externo: somente o erro grosseiro pode ensejar a responsabilização pessoal do agente público – coibindo excessos no exercício da pretensão punitiva estatal.[452]

18.3 Limitação objetiva do dispositivo normativo

A Lei preceitua que o agente público responderá pessoalmente por "decisões" ou "opiniões técnicas". Estes conceitos jurídicos devem ser interpretados de modo

---

[451] Lei de Introdução às Normas do Direito Brasileiro.
[452] A Lei nº 14.133/21 prevê, expressamente, no art. 5º que as normas do Decreto-Lei nº 4.657/21 tem aplicação plena nas relações jurídicas derivadas do processo da contratação pública.

extensivo ou amplo para compreender fenômenos da franja marginal de que trata Karl Engish.[453] Usa-se dizer que as normas que contém disposições excepcionais devem ser interpretadas restritivamente. A norma preceituada no art. 28 da referida lei não se vale das expressões "decisões" e "opiniões técnicas" em caráter de excepcionalidade, mas em sentido exemplificativo, que admite interpretação ampla ou extensiva em relação ao seu significado meramente semântico ou estritamente técnico.

Desta feita, quer parecer que o objeto da norma são as decisões, as opiniões técnicas e todas as demais condutas que possam produzir efeitos jurídicos adotadas por agentes públicos no regular exercício da função administrativa. Por exemplo, no que diz com o processo da contratação pública a elaboração de um projeto, ou de um orçamento estimativo não se enquadram no conceito estrito de "decisão", nem de "opinião técnica", mas seguramente podem ser inseridas nestas noções se adotada uma interpretação extensiva destes termos.

Defende-se a interpretação ampla das acepções decisão e opinião técnica, para incluir nestas noções condutas assemelhadas destinadas à produção de um resultado legítimo e juridicamente correto. Assim, por decisões, opiniões técnicas e condutas assemelhadas o agente público somente responderá pessoalmente por dolo ou erro grosseiro.

O preceito legal não alcança toda e qualquer conduta de agente público, o que parece evidente. Tome-se por exemplo a conduta de direção negligente ou imperita de motorista. Não é necessário que tenha havido erro grosseiro para que responda pessoalmente por prejuízos causados ou para que possa sofrer sanção administrativa com fundamento na culpa em sentido estrito.

Há casos, portanto, nos quais o agente público responderá pessoalmente por culpa simples. Recorde-se que a Constituição Federal preceitua, no art. 37, §6º que o agente público responderá em sede de regresso por prejuízos que causarem a terceiros por dolo ou culpa, quando do exercício da função. Perceba-se que inexiste na Constituição referência a erro grosseiro, mas à culpa em sentido estrito e ao dolo, a ensejar o direito de regresso da Administração Pública em face de agente seu que produza prejuízos a terceiro.

18.4 Extensão dos efeitos da norma legal

A previsão de que o agente público somente responderá pessoalmente por dolo ou erro grosseiro foi instituída tão somente para fins de apuração e imputação de responsabilidade do agente.

Desta feita, uma conduta que não esteja maculada por erro grosseiro pode isentar o agente de responsabilização pessoal, mas pode não operar efeitos no plano da validade e da legitimidade do ato praticado.

É possível coexistirem juridicamente, então, duas situações. Por uma conduta produzida por negligência, imprudência ou imperícia, culposa, portanto, mas que não caracterize erro grosseiro, o agente não pode ser responsabilizado pessoalmente.

---

[453] ENGISH, Karl. *Metodologia da Ciencia do Direito*. 3. ed. Lisboa: Fundação Calouste Gulbenkian, 1997. p. 501: "amplo é então aquele significado que, em maior ou menor extensão, compreende também fenômenos da franja marginal, que no uso linguístico geral só algumas vezes se tem também em conta".

Contudo, esta conduta culposa, não qualificada pela gravidade da negligência, da imprudência ou da imperícia, pode ensejar invalidação do ato praticado.

Deve ser procedida aferição da natureza da conduta de modo independente e autônomo (i) para fins de responsabilização pessoal, e (ii) para fins de juízo de validade e de legitimidade do ato.

Neste sentido, defende-se que será inválido o ato, se ilegal, ilegítimo ou antieconômico, ainda que produzido por agente público, que nesta qualidade, não agiu com erro grosseiro e, portanto, não pode ser responsabilizado pessoalmente.

18.5 Responsabilidade do agente por conduta dolosa

Dolo, no dizer de Cezar Roberto Bitencourt, é "a consciência e a vontade de realização da conduta descrita em um tipo penal, ou, na expressão de Welzel, 'dolo, em sentido técnico penal, é somente a vontade de ação orientada à realização do tipo de um delito'".[454]

O dolo implica a intenção de realizar uma determinada conduta. O agente age com dolo quando manifesta uma vontade dirigida a um fim que lhe é pretendido, com consciência de que a está realizando.

A conduta dolosa de agente público, se produz um resultado ilegal, ilegítimo ou antieconômico quando do processo da contratação pública, deve ser responsabilizada, salvo nas hipóteses em que a conduta dolosa, embora típica, não seja ilícita ou não seja culpável.

18.6 Responsabilidade do agente por conduta culposa

A norma contida no art. 28 do referido Decreto-Lei nº 4657/42 faz referência, como já dito, para fins de responsabilização pessoal do agente público, à conduta dolosa ou maculada por erro grosseiro.

Tomando em conta a premissa antes apontada de que culpa e erro em sentido estrito são categorias jurídicas autônomas e independentes, é preciso indagar se remanesce a possibilidade de responsabilização pessoal do agente público a título de culpa não adjetivada pela gravidade.

Culpa "é a inobservância do dever objetivo de cuidado manifestada numa conduta produtora de um resultado não querido, mas objetivamente previsível". A culpa manifesta-se nas seguintes modalidades: negligência, imprudência ou imperícia:

> Imprudencia é a prática de uma conduta arriscada ou perigosa e tem caráter comissivo. Conduta imprudente é aquela que se caracteriza pela intempestividade, precipitação, insensatez ou imoderação do agente.
> Negligência é a displiscência no agir, a falta de precaução, a indiferença do agente, que, podendo adotar as cautelas necessárias, não o faz. É a imprevisão passiva, o desleixo, a inação. É o não fazer o que deveria ser feito antes da ação descuidada.

---

[454] BITENCOURT, Cezar Roberto. *Tratado de Direito Penal*. Parte 1. 16. ed. São Paulo: Saraiva, 2011. p. 314.

Imperícia é a falta de capacidade, de aptidão, despreparo ou insuficiência de conhecimento técnico par ao exercício de arte, profissão ou ofício.[455]

É certo que uma conduta pode ser imprudente, negligente ou imperita em razão de erro por parte do agente. Mas não necessariamente assim o será. É perfeitamente possível que uma conduta seja adotada sem o devido cumprimento do dever objetivo de cuidado, sem, contudo, tenha havido falsa ou equivocada representação da realidade, ou, portanto, erro. Aquele que age com negligência, imprudência ou imperícia pode fazê-lo sem cometer qualquer erro na acepção jurídica restrita do termo.

O agente público, em razão da disposição expressada no art. 28 do Decreto-Lei nº 4.657/42, não pode mais responder a título de culpa em qualquer intensidade pelo cometimento de infração no curso do processo da contratação pública.

Uma conduta marcada pela negligência, pela imprudência ou pela imperícia que não caracterize erro grosseiro não pode ensejar a responsabilização. Assim, em outros termos, para que a culpa possa ser fundamento da responsabilidade pessoal, deve ser em intensidade tal que passe a caracterizar um erro grosseiro.

18.7 Dimensões jurídicas do erro

Atua em erro aquele que manifesta sua vontade a partir de uma percepção equivocada ou falsa de uma determinada realidade fática ou jurídica. Nos termos de Fabio Ulhoa, "o conceito jurídico de erro é o da decisão tomada em função de falsa representação da realidade".[456]

Para Caio Mario da Silva Pereira, "quando o agente, por desconhecimento ou falso conhecimento das circunstâncias, age de um modo que não seria sua vontade, se conhecesse, se conhecesse a verdadeira situação, diz-se que procede com erro".[457] Já no entender de Marcos Bernardes de Mello:

O erro na manifestação de vontade caracteriza-se por uma falsa representação psicológica da realidade. Aquilo que a pessoa acredita ser a realidade, na verdade, não é. No erro, a falsidade da representação constitui o fator determinante do conteúdo da vontade manifestada. Portanto, a vontade que se exteriorizou é produto do erro, de modo que, se a pessoa conhecesse a realidade, não a teria expressado, ou a teria manifestado com outro sentido.[458]

A partir dos seus conceitos jurídicos, desde logo se percebe que erro e culpa não se confundem, ou seja, não são intercambiáveis ou subsumíveis. Ou pelo menos não o eram, antes da edição da Lei nº 13.655/18, que produziu modificações no Decreto-Lei nº 4.657/42.

No exercício da função administrativa, é plausível e mesmo esperado que o agente público possa atuar em erro. O universo da atividade pública é multifacetado e complexo. Admitir que o erro é impossível quando do exercício de função pública

---

[455] Op. cit., p. 329.
[456] ULHOA, Fabio. Curso de Direito Civil. São Paulo: Editora Saraiva, 2003. v. 1. p. 328.
[457] SILVA PEREIRA, Caio Mário. Instituições de Direito Civil. Rio de Janeiro: Editora Forense, 2004. v. I. p. 517.
[458] BERNARDES DE MELLO, Marcos. Teoria do fato jurídico. Plano da validade. 6. ed. São Paulo: Saraiva, 2011. p. 149.

implicaria admitir a possibilidade da existência de um agente público que dominasse todas as informações e técnicas e fosse dotado de capacidades cognitivas excepcionais. Tal não equivale à realidade fática. Os agentes públicos são pessoas humanas dotadas de falibilidade e passíveis de erro.

Na noção jurídica de erro, repita-se, não está obrigatoriamente subsumida a noção de culpa ou vice-versa. A conduta pode ser culposa sem que tenha havido erro por parte do agente, e pode se dar em erro sem que tenha havido qualquer elemento da culpa em sentido estrito – negligência, imprudência ou imperícia. O agente pode ter sido diligente e cauteloso, mas ter dirigido sua conduta a partir de uma falsa percepção da realidade – em erro, portanto.

É tradicional no Direito a distinção entre erro e culpa, com as consequências e os efeitos jurídicos naturais e decorrentes desta diferenciação. A corroborar este pensamento a posição doutrinária de Pontes de Miranda, para quem "também é preciso não se introduzir na teoria da anulabilidade por erro investigação de culpa. Se o erro foi essencial, não há que inquirir-se de ter sido culpado em errar o figurante, ou em ser escusável ou não o erro (...) Quem erra não tem culpa de errar; ou teve culpa em admitir o ato jurídico e, então não errou (...)".[459]

Em relação aos negócios jurídicos,[460] para que se configure como defeito de consentimento, passível de tornar nula ou anulável a relação jurídica, o erro deve ser substancial e escusável.

Já no que tange à responsabilidade parece melhor se ajustar a distinção entre erro de tipo e erro de proibição, característica do Direito Penal.

Erro de tipo "é o que recai sobre circunstância que constitui elemento essencial do tipo. É a falsa percepção da realidade sobre um elemento do crime. É a ignorância ou a falsa representação de qualquer dos elementos constitutivos do tipo penal".[461] No erro de tipo, o agente realiza a conduta que acredita ser legítima por uma falsa interpretação da situação jurídica ou fática. Exemplo clássico em doutrina é o do agente que leva objeto que acredita ser seu, quando pertence a outra pessoa.

Já o erro de proibição "é o que incide sobre a ilicitude de um comportamento. O agente supõe, por erro, ser lícita a sua conduta, quando na realidade ela é ilícita (...) o agente supõe permitida uma conduta proibida".[462]

O erro de tipo incide, então, em relação aos elementos que constituem a infração tipificada, e o erro de proibição sobre o conhecimento da ilicitude. Num exemplo básico, opera em erro de tipo o agente público que nomeia para prover cargo em comissão um

---

[459] MIRANDA, Pontes de. *Tratado de Direito Privado*. Parte Geral. Campinas: Bookseller, 2000. p. 275.
[460] Declaração de vontade dirigida no sentido da obtenção de um resultado pretendido (SILVA PEREIRA, Caio Mário. *Instituições de Direito Civil*. Rio de Janeiro: Editora Forense, 2004. v. I. p. 475).
[461] BITENCOURT, Cezar Roberto, *op. cit.*, p. 447.
[462] BITENCOURT, Cezar Roberto, *op. cit.*, p. 447. A propósito de erro de proibição, há precedente do Tribunal de Contas da União reputando que a aplicação equivocada, porém de boa fé, de norma jurídica por agente público, embora caracterize erro grosseiro, não justificou imputação de responsabilidade: "(...) sa forma, cabia ao Secretário da Fazenda, ao movimentar os recursos da conta específica do convênio, atentar para a sua disciplina jurídica, de modo que ao não fazê lo, agiu de forma culposa, sendo adequada a sua responsabilização. 18. a despeito do erro grosseiro no cumprimento de suas atribuições, compreender ser possível extrair boa fé na conduta do responsável, que se baseou em norma estadual vigente, sob a falsa ideia de que era aplicável ao caso. Com isso, julgo escorreito, com fulcro no a (...) (Acórdão nº 1766/2017 – primeira câmara – tomada de contas especial (TCE) – relator Benjamin Zymler).

parente, sem conhecer esta relação de parentesco. E em erro de proibição aquele que nomeia um parente imaginando ser legal e legítima a nomeação.

Parece claro que a figura do erro grosseiro prevista no Decreto-Lei nº 4.657/42 não equivale às figuras do erro de tipo ou erro de proibição. Ao menos não necessariamente.

O erro grosseiro instituído pela Lei constitui uma categoria jurídica dotada de certa independência e autonomia em relação a outras categorias como de erro substancial, erro de tipo e erro de proibição, ou mesmo de culpa em sentido estrito.

Com efeito, embora a Lei faça referência a "erro", o erro grosseiro de que trata, à toda vista, é uma espécie de culpa qualificada pela intensidade da gravidade da conduta, que engloba condutas negligentes, imperitas ou imprudentes de elevada gravidade.

O Decreto nº 9.830/18, ao regulamentar a Lei nº 13.655/18, esclarece que:

> Art. 12. O agente público somente poderá ser responsabilizado por suas decisões ou opiniões técnicas se agir ou se omitir com dolo, direto ou eventual, ou cometer erro grosseiro, no desempenho de suas funções.
> §1º Considera-se erro grosseiro aquele manifesto, evidente e inescusável praticado com culpa grave, caracterizado por ação ou omissão com elevado grau de negligência, imprudência ou imperícia.

O regulamento tem natureza de norma nacional, vale dizer, tem aplicação e produz efeitos para todas as entidades da federação, eis que editado o decreto para cumprimento de função regulamentadora.

Sob o prisma do sistema jurídico o decreto produz uma inovação, introduzindo no conceito de erro os elementos da culpa em sentido estrito – negligência, imprudência ou imperícia. Discussão a que não se adentra nesta oportunidade é se teria cabimento, e pois, validade jurídica, a criação de um conceito de erro grosseiro pela via de regulamento.

18.8 Caracterização do erro grosseiro

Erro grosseiro para os fins do disposto no Decreto-Lei nº 4.657/42 é aquela conduta, comissiva ou omissiva, equivocada, incorreta, praticada sob falsa ou incorreta premissa e qualificada pelo elevado grau de negligência, imprudência ou imperícia. Não basta, para caracterizar o erro grosseiro, por conseguinte, que a conduta tenha sido realizada com negligência, com imprudência ou com imperícia, típicos elementos da culpa em sentido estrito. Quer parecer, então, que, a partir da edição da Lei em questão, a conduta que pode ensejar responsabilização pessoal do agente público é apenas aquela de maior gravidade, que supere a simples falta de diligência, de pequena imprudência ou de imperícia que não seja grave.

A conduta descuidada, equivocada, incorreta, apressada, desidiosa, ineficiente, se não for dolosa, somente ensejará responsabilidade pessoal se for grave de modo a caracterizar o erro grosseiro.

Por contraditório que possa parecer, ao fazer referência a que somente o erro grosseiro – verdadeira dimensão qualificada de culpa – pode redundar responsabilização pessoal do agente, fica excluída a possibilidade jurídica de responsabilização pessoal por erro. Aquele que erra, na estrita dimensão do significado jurídico do erro, como antes dito, não pode mais ser responsabilizado pessoalmente.

Lembre-se que o Superior Tribunal de Justiça, a propósito da improbidade administrativa, de muito registra a importância da distinção entre erro e dolo ao afirmar que "a lei alcança o administrador desonesto, não o inábil".[463]

A identificação de erro grosseiro passa necessariamente pela análise das condições pessoais e materiais que tinha o agente quando da prática do ato. Aspectos subjetivos e aspectos objetivos da conduta em exame devem ser cuidadosamente examinados para a correta apuração da responsabilidade por erro grosseiro.

No plano subjetivo, demanda-se investigar o grau de capacitação que era exigível do agente, bem como suas aptidões e capacidades pessoais de ordem técnica ou jurídica. É preciso que sejam exigíveis do agente público, por força de Lei, certas qualificações e capacitações técnicas ou jurídicas, que se não forem adquiridas e aplicadas podem resultar em condutas viciadas. Em sentido contrário, não se pode exigir certa conduta do agente público que exija capacitação superior àquela legalmente exigida para o exercício das atribuições de seu cargo ou função pública.

O agente público que não recebe, quando devida, a capacitação necessária para o exercício de suas atribuições, em princípio e a depender de exame de caso concreto, não pode responder por erro grosseiro quando produza conduta irregular. Se a falta de capacitação decorre de omissão de autoridade que lhe seja hierarquicamente superior, e a conduta praticada não está inserida nas atribuições do cargo titularizado pelo agente, tem-se por inexistente o nexo causal a justificar a imputação de responsabilidade pessoal. A causa direta do erro grosseiro, nesta hipótese, seria a falta de capacitação, que não pode ser imputada àquele que erra.

No plano objetivo, é preciso investigar acerca da suficiência dos recursos materiais e financeiros que o agente detinha para a prática da conduta reputada irregular. Caso o órgão ou entidade pública não tenha ofertado os recursos materiais, humanos ou financeiros suficientes, sob o prisma da razoabilidade e da proporcionalidade para a prática da conduta, o agente que a produz de modo irregular não atua com erro grosseiro.

Por fim, tem-se que somente haverá erro grosseiro se o erro – *rectius*, culpa – for inescusável, vale dizer, aquele que "seria suscetível de ser evitado se o agente houvesse precedido com cautela e prudência razoáveis em um indivíduo de inteligência e conhecimento normais, relativamente ao objeto do negócio jurídico"[464] ou "quando a falsa percepção da realidade é produto da falta de empenho da pessoa em se informar adequadamente antes de praticar o negócio jurídico".[465] Em outro sentido, se o erro é escusável, não pode ser grosseiro, pois "é escusável o erro que não poderia ser percebido por pessoa de diligência normal.

---

[463] REsp nº 213994 MG 1999/0041561-2.
[464] PEREIRA, Caio Mario da Silva, *op. cit.*, p. 522.
[465] Ulhoa, Fabio, *op. cit.*, p. 330.

18.9 Medida do homem médio padrão ou do administrador médio

Tarefa das mais complexas é aquela de identificar na conduta o erro grosseiro. Certo que há zona positiva de certeza, pela qual é certo que uma conduta caracteriza erro grave ou grosseiro (ex.: o agente adota conduta sem qualquer consulta ao posicionamento dominante nos órgãos de controle ou a precedente jurisprudenciais consolidados), e há também, zona negativa de certeza (ex.: o agente adota conduta que a doutrina majoritária reputa correta ou amparada em precedentes jurisprudenciais consolidados), pela qual é certo que uma conduta não o caracteriza.

Problema maior se posta na chamada zona de incerteza. No âmbito do Poder Judiciário é por vezes utilizado o padrão do homem comum ou homem médio para analisar condutas delituosas e avaliar a imputação de responsabilidade – em juízo de comparação entre a conduta em análise e a conduta que supostamente teria sido adotada por um homem médio se busca concluir acerca da legitimidade ou da legalidade dela.

O padrão do homem médio é uma figura jurídica destinada a fornecer um referencial ou um paradigma para a solução de certas questões complexas envolvendo a conduta humana. É uma medida de comportamento que serve como referência, pela comparação, para se concluir se a uma conduta é correta, legítima, possível, esperada etc.

Homem médio é, hipoteticamente, aquele dotado de capacidade cognitiva, inteligência, grau de conhecimento e de informação, saúde, dentre outras qualidades ou potencialidades, de natureza intermediária, central ou razoavelmente exigível de qualquer outra pessoa dotada do mesmo padrão de potencialidades e capacidades. Faz-se referência a um entendimento do homem médio ou a uma compreensão do homem médio como parâmetro para avaliar uma certa atitude humana – o parâmetro é a representação da realidade fática ou jurídica que um homem comum, dotado de capacidades e potencialidades comuns e medianas, em igual situação produziria. Uma conduta que, em situação similar, seria praticada por qualquer pessoa, pode ser tida por uma conduta do homem médio.

Antes já se disse que o erro grosseiro de que trata a Lei é figura jurídica relativa à culpa qualificada pela gravidade da negligência, da imprudência ou da imperícia. Nesta medida, o erro grosseiro é aquele que certa ou dificilmente seria cometido por outra pessoa, dotada de capacidades ou potencialidades similares às daquele que praticou a conduta.

O Tribunal de Contas da União de muito vem utilizando a figura do "administrador médio" para análise de condutas supostamente infracionais. O administrador médio à similitude do homem médio é reputado um parâmetro de comparação para avaliar condutas administrativas.

Confira-se o disposto no acórdão nº 1628/2018, no qual o Tribunal de Contas da União estabeleceu que "a conduta culposa do responsável que foge ao referencial do 'administrador médio' utilizado pelo TCU para avaliar a razoabilidade dos atos submetidos a sua apreciação caracteriza o 'erro grosseiro' a que alude o art. 28 do Decreto-Lei nº 4.657/1942 (Lei de Introdução às Normas do Direito Brasileiro), incluído pela Lei nº 13.655/2018".

Logo, para a Corte de Contas, pois, uma referência para identificar uma conduta praticada em erro grosseiro é o referencial do "administrador médio". Conduta do administrador médio seria aquela esperada como razoável, proporcional e devida por parte de um agente público diligente, nos limites da capacidade técnica exigível para o exercício das atribuições de seu cargo ou função pública.

Trata-se de uma referência fortemente influenciável pela subjetividade do julgador que não pode ser, isoladamente, considerada para a identificação do erro grosseiro.[466]

18.10 A natureza instrumental e funcional do contrato administrativo

Um dos instrumentos essenciais para o cumprimento da missão estatal no plano da Administração Pública são os contratos que celebra com particulares para a realização das compras, das obras, dos serviços e das concessões de serviços públicos ou de uso de bens públicos necessárias ao atingimento de seus objetivos. Pode-se afirmar que sem a figura do contrato administrativo não é possível existir materialmente a Administração Pública.

Os contratos administrativos tem natureza funcional e instrumental. Vale dizer, tem uma função e servem como instrumentos para bem possibilitar o Estado de exercer sua competência legal e constitucional.

Tem natureza funcional por força de constituir um meio para possibilitar a administração consensual aquela realizada com a participação voluntária dos particulares.

Tem natureza instrumental por constituir um instrumento fundamental para a realização dos misteres que a Lei e a Constituição lhe designam. Pode-se mesmo afirmar que inexistiria a possibilidade do exercício pleno das funções estatais caso inexistisse o instituto da relação contratual administrativa.

Sua natureza instrumental leva a crer que o objetivo jurídico-contratual transcende seu objeto específico para que se conclua que o contrato administrativo presta-se a garantir a segurança pública, a prestação de serviços de educação, a prestação jurisdicional e todas as outras funções típicas exercidas pelos Poderes da República. É então verdadeiro instrumento para que o Estado possa satisfazer suas necessidades ou para a satisfação das necessidades da coletividade.

Constitui ele, então (o contrato), um meio apto, eficiente e eficaz para a implementação das políticas públicas.

---

[466] Confira-se a posição do TCU sobre administrador médio expressada nos seguintes acórdãos: (i) o administrador médio deve saber gerir os gastos públicos, como se estivesse administrando os próprios recursos, com zelo e economicidade (Acórdão nº 487/1999); (ii) administrador médio é aquele que ajusta a sua conduta de acordo com a razoabilidade e cujos dispêndios não denotam falta de conformidade com um padrão mínimo de eficácia (Acórdão nº 440/2005); (iii) O que se espera de um administrador médio diante da necessidade de aumentar o contrato em montante superior ao permitido pela lei, como é o caso da situação em estudo, é a realização de novo processo licitatório e revogação do contrato vigente (Acórdão nº 3131/2005); (iv) Administrador médio seria aquele de boa conduta objetiva e zelosa, em licenciosa analogia à tese do crivo do "homem médio", restaria bem atendida (Acórdão nº 706/2008); (v) modelo de conduta social, adotada por um administrador médio ou homem leal, honesto cauteloso e diligente (razoabilidade da conduta) (Acórdão nº 1529/2011); (vi) O administrador médio deve ser capaz de perceber o potencial de restrição à competitividade de determinados itens do edital (Acórdão nº 1692/2012); (vii) Administrador médio é aquele cujas diligências, sensibilidade, idiossincrasias e sentimentos éticos e morais são representativas da população brasileira (Acórdão nº 3015/2012); (viii) O administrador médio é diligente o suficiente para analisar toda a documentação do certame que tivesse acesso para que constatasse eventual irregularidade (Acórdão nº 320/2013); (ix) O administrador médio não possui a capacidade de verificar se ocorreu ou não alguma das circunstâncias da rescisão unilateral (art. 79, I, Lei de Licitações e Contratos), antes da hipótese de rescisão amigável de um contrato (art. 79, II, da Lei 8.666) (Acórdão nº 740/2013).

A natureza funcional e instrumental do contrato administrativo – meio apto para obter do mercado o necessário para implementar e executar políticas públicas – faz dele um verdadeiro mecanismo de gestão administrativa.

Esta acepção do contrato administrativo é um norte hermenêutico ou um vetor importante de interpretação. As falhas na execução contratual, ou o impedimento – seja qual for a causa – da continuidade da execução do contrato não implicam somente repercussão jurídica no plano contratual, mas operam efeitos para inclusive abalar a estrutura fundante de uma determinada política pública.

Falhas, defeitos ou sustação da execução de um contrato administrativo podem operar efeitos diretos e imediatos no tocante a direitos e garantias fundamentais das pessoas – tome-se, por exemplo, a interrupção de serviços de saúde, educação, ou segurança pública decorrentes de falhas ou impedimentos na execução do contrato administrativo.

Esta referência é central, inclusive para os órgãos de controle quando de juízos jurídico-valorativos acerca de qualquer intercorrência ou contingência na vida do contrato (modificações de execução, rescisões, aplicação de sanções etc.).

Nesta medida, pode-se afirmar que, diante da importância dos contratos que a Administração Pública celebra, merecem cuidado especial e concentração de esforços para evitar erros quando de sua formação ou de sua execução.

O erro grosseiro tem, assim, significação distinta e adjetivada no plano das contratações públicas. Um erro grosseiro no processo da contratação pode implicar inviabilização do cumprimento de objetivos e valores constitucionais elementares e fundamentais.

18.11 Erro grosseiro na identificação da necessidade a ser satisfeita pelo contrato público

O texto, como antes dito, presta-se a avaliar o erro grosseiro em relação a três condutas inerentes e necessárias no processo da contratação administrativa: a identificação da necessidade a ser satisfeita pelo contrato; a descrição do objeto contratual e a elaboração do orçamento estimativo.

A razão de existir do contrato administrativo é a existência, por seu turno, de um problema ou demanda por parte da Administração Pública que, para serem supridos, reivindicam a realização de atividade material ou jurídica de um particular, em relação de colaboração normalmente contratada.[467]

Esta demanda tem que ser precisa e corretamente identificada, pois será o fundamento de validade de todas, ou ao menos das mais importantes decisões no processo da contratação.

A demanda a ser sanada pela execução do contrato tem uma dimensão qualitativa e uma dimensão quantitativa que devem ser conhecidas e determinadas tecnicamente. A conduta administrativa diligente e prudente será aquela direcionada à aferição precisa e correta da demanda pública que deve ser satisfeita pela via do contrato.

---

[467] Lembrando que há outros modos de atuação em parceria com a iniciativa privada, como aqueles previstos na Lei nº 13.019/15: termo de colaboração, termo de fomento e acordo de cooperação.

Se a necessidade pública não for correta e precisamente identificada, a solução a ser contratada será deficiente, insuficiente ou mesmo inútil. A necessidade pública deve ser apurada em todas as suas dimensões, inclusive ambiental, pena de caracterização de erro grosseiro.

A inexistência de estudos e avaliações técnicas mínimas caracteriza erro grosseiro no que tange à necessidade pública que se pretende resolver pela via do contrato.

Também caracteriza erro grosseiro a inexistência de registros formais descrevendo (ainda que de modo sucinto) em documentos técnicos com conteúdo técnico proporcional à complexidade da situação fática, como requisições, termos de referência, estudos preliminares e congêneres.

Esta etapa de definição da necessidade a ser satisfeita pela via do contrato deve incluir, pena de caracterização de erro grosseiro, o levantamento de todas as providências a cargo da Administração Pública imprescindíveis para o início da execução contratual, como: licenciamento ambiental prévio, adaptação dos prédios ou da estrutura física da organização pública (rede lógica, elétrica, hidráulica, etc.), licença ou autorização da vigilância sanitária ou do Corpo de Bombeiros, quando for o caso, dentre outras.

A falta ou insuficiência de estudos preliminares, análises, medições, avaliações técnicas ou jurídicas envolvendo a necessidade a ser suprida pela via do contrato pode ensejar erro grosseiro – a depender da gravidade da conduta – e a responsabilização pessoal do agente público a quem foram designadas tais atribuições.

A título de exemplos, confira-se precedentes do Tribunal de Contas da União acerca de erro grosseiro na identificação da necessidade administrativa:

> (…) Se anunciam padecem flagrantemente do vício da ilegalidade. 40. Em primeiro lugar, não se admite que o projeto básico da obra tenha errado o volume do material de terraplenagem em cerca de 200.000 m3, como dá a entender a 1ª revisão do projeto. Tal erro grosseiro desautoriza presumir se que o orçamento base tenha se fundamentado em quantitativos de serviços propriamente avaliados, como exige o art. 6º, inciso ix, alínea "f" da lei 8.666/1993. 41. Nada obstante, o volume adicional foi incorpora (…) (Acórdão nº 177/2005 – plenário – relatório de auditoria (ra) – relator Augusto Sherman – 02.03.2005).
>
> (…) cação das demandas futuras, mas não se admitem erros grosseiros de estimativa. Irreal a estimativa de consumo de us, porque a quantidade indicada era menor que a efetivamente consumida até aquela data. A quantidade alocada para esse item resultou de erro grosseiro de estimativa, não pela imprevisão das quantidades a serem consumidas no futuro, mas porque desconsiderado o consumo pretérito do serviço, devidamente contabilizado nos boletins de medição. Não prospera a afirmação de que as demandas (…)
>
> (…) Mações relativas à efetiva execução contratual, disponíveis nos boletins de medição emitidos por sua gerência, que deixavam evidente o desacerto das estimativas de serviços e dos valores propostos (fls. 846/59, volume 3). Conforme demonstrado, houve erro grosseiro na estimativa dos serviços cujos preços seriam repactuados. A proposta recomendada por Ibsen Flores Lima previu quantidade de us inferior a já consumida e ignorou a baixa execução dos itens que sofreriam redução de preços. Desta forma(…) (Acórdão nº 2408/2009 – plenário – tomada de contas especial (tce) – relator Walton Alencar Rodrigues – 14.10.2009).
>
> (…) Ria implantada a barragem do rio arraias/to. 62.3. No projeto básico, limitou se a estabelecer apenas "premissas". Isso ensejou alterações significativas no volume de serviço no momento da execução das obras, o que significa dizer que houve, sim, um erro grosseiro

na estimativa do volume de serviço. 62.4. Portanto, como se revelou posteriormente, diante do volume de alterações necessárias por ocasião do projeto executivo, o projeto básico, em seu formato original, realmente não se prestava à (...) (Acórdão nº 2830/2009 – plenário – relatório de levantamento (rl) – relator Augusto Sherman – 25.11.2009).

A necessidade deve ser justificada . A inexistência de substancial justificativa da necessidade caracteriza erro grosseiro.

18.12 Erro grosseiro na descrição do objeto da contratação

O objeto da contratação é a solução técnica ou material para atender plena e satisfatoriamente a necessidade administrativa que foi devida e corretamente apurada.

Usa-se dizer que o objeto deve ser descrito de forma sucinta, suficiente, precisa e clara. Descrever o objeto significa apontar a solução técnica adequada para suprir plenamente a demanda administrativa por bens, serviços, obras ou serviços de engenharia, ou para alienações e concessões, permissões ou autorizações de uso ou de serviços públicos. Trata-se de conduta pública de inegável relevância que, se realizada de modo negligente, imperito ou imprudente, pode resultar em prejuízos graves para o interesse público.

Para a correta descrição do objeto é preciso, primeiramente, o conhecimento suficiente da necessidade pública a ser satisfeita pela contratação, nas suas dimensões quantitativa e qualitativa.

A dificuldade relativa à escolha do objeto da contratação reside no fato de que dificilmente haverá uma solução apenas para uma demanda administrativa que necessite ser suprida pela contratação de terceiros particulares. Usual e normalmente haverá mais de uma solução possível para atender à mesma necessidade pública. A escolha de uma solução, ou de um objeto, dentre vários possíveis e potencialmente corretos para satisfazer a necessidade pública insere-se, em geral, no plano da discricionariedade administrativa.

Salvo na eventual hipótese de a solução técnica ser estabelecida e fixada em Lei ou ato normativo vinculante, o administrador público conta com certa margem de liberdade para escolher o objeto que melhor atenderá, na sua ótica, a necessidade pública.

Com efeito, atos discricionários "são aqueles que a Administração pratica com certa margem de liberdade de avaliação ou decisão segundo critérios de conveniência e oportunidade formulados por ela mesma, ainda que adstrita à lei reguladora da expedição deles".[468] As circunstâncias e as particularidades do caso ou da situação concreta, no caso da conduta discricionária, influirão na tomada decisão orientada à obtenção do resultado que, na ótica do administrador, melhor atenderá o interesse público.

Embora se possa cogitar de algum espaço para a subjetividade no exercício da prerrogativa discricionária, a conveniência e a oportunidade – elementos característicos desta espécie de decisão – serão sempre avaliadas à luz de aspectos objetivos relacionados à necessidade a ser satisfeita quando da execução do contrato público.

---

[468] BANDEIRA DE MELLO, Celso Antônio. *Curso de Direito Administrativo*. 31. ed. São Paulo: Malheiros, 2014. p. 434.

Desta feita, o objeto da contratação adequado será aquele que tem potencialidade de satisfação plena da necessidade identificada e que demanda a contratação de particulares para ser satisfeita. A contratação de um objeto que não tem, no mínimo, a potencialidade de satisfazer tal necessidade caracteriza um erro grosseiro.

Terá potencialidade para tal desiderato o objeto descrito na conformidade do mercado em que está inserido. Conhecer o mercado em que se insere o objeto da contratação é um dos deveres elementares e fundamentais dos agentes públicos quando da definição da solução técnica que será licitada. Caracteriza erro grosseiro licitar um objeto sem conhecimento mínimo do mercado concorrencial (de suas particularidades essenciais) em que se insere ele. A licitação de um objeto fora dos padrões de mercado pode levar a licitações desertas ou fracassadas ou a execuções contratuais insatisfatórias e mesmo desastrosas.

O Tribunal de Contas da União tem precedentes que exemplificam condutas de erro grosseiro no que tange à descrição do objeto

> (…) 10 e 5/2011. 147. Porém, os gestores aduziram que, em se tratando de descrições e especificações em tecnologia, 'a ocorrência de imprecisão técnica é indesejável, mas plenamente possível, sem que isso necessariamente decorra de dolo, premeditação ou erro grosseiro do agente público'. A título de exemplo, mencionaram trecho da própria instrução da unidade técnica do tribunal (peça 53), na qual apontaram corretamente a ocorrência de duas imprecisões no uso de termos afetos à área do audiovisual(…) (Acórdão nº 1542/2016 – plenário – representação (repr) – relator Augusto Sherman – 15.06.2016).
>
> (…) cabe ressaltar que o parecer pela aprovação deu se em flagrante desrespeito à lei 8.666/1993, que é enfática sobre a necessidade de prévia aprovação do projeto básico antes da deflagração do processo licitatório. Plenamente enquadrável, portanto, como erro grosseiro, tendo em vista que o parecer infringiu disposição literal de lei (art. 7º, §2º, inciso i, da lei 8.666/1993), fato que torna a responsabilização do parecerista jurídico plausível, de acordo com a jurisprudência do tribunal de contas (…) (Acórdão nº 2982/2014 – plenário – relatório de auditoria (ra) – relator Walton Alencar Rodrigues – 05.11.2014).
>
> (…) Eles. 111. Cotejando os autos, verifica se que o processo foi submetido à procuradoria do dnit, à assessoria de cadastro e licitações e posteriormente à diretoria colegiada. Assim, tendo cumprido o rito de aprovação do edital, e por não se tratar de erro grosseiro, de fácil percepção, não seria razoável exigir que o diretor de infraestrutura aquaviária se ocupasse, pessoalmente, de minuciosa revisão do projeto. 112. Outrossim, caso este tribunal decida incluir o diretor aquaviário no rol de res(…) (Acórdão nº 1298/2017 – plenário – tomada de contas especial (tce) – relator André de Carvalho – 21.06.2017).
>
> (…) Dentro do período válido para essa etapa. Se depois houve sua retirada significativa do orçamento (95%), seria de se supor que tal ação estivesse pautada na posterior verificação de que era prescindível para a conservação da rodovia, confirmando se erro grosseiro de previsão, mas sem que isso assumisse qualquer vínculo com estimativas futuras realizadas em etapas posteriores. Desse modo, o tipo de análise efetuado pelos auditores somente é adequado se restrito a uma determinada etapa do pato, (…) (Acórdão nº 2914/2013 – plenário – representação (repr) – relator Raimundo Carreiro – 30.10.2013).
>
> (…) contratadas pela administração pública 2. Elevada disparidade entre os quantitativos do dfp e os quantitativos dos histogramas de mão de obra aplicados na obra (ver item 7.5 e quadro 3, item 7.8 anexos) 3. Projeto executivo desenvolvido com base em erro grosseiro nos cálculos de volumes de terraplanagem, provocando alteração de escopo de forma

injustificada, conforme item 3.2.2.1 adiante 4. Prazo inicial de execução exíguo para passagem dos dutos, que não se mostrou necessário (prazo foi dilatado (...)
(...) aria que conduziria a uma redução nos custos da obra. Todavia, simultaneamente à constatação da não confirmação das premissas, foi também constatado que o projeto executivo licitado possuía inconsistências nos volumes de terraplanagem, decorrentes de erro grosseiro nos cálculos desenvolvidos pela empresa responsável por sua elaboração (Dynatest Engenharia Ltda). E, em função desse erro de projeto, a Encalso propôs à Petrobras uma alteração contratual que resultou na celebração do indigitado adi (...) (Acórdão nº 1919/2013 – plenário – relatório de auditoria (ra) – relator Ana Arraes – 24.07.2013).
(...) orense, 1995, p. 184).' 194. Ademais, entende se que o caso em apreço não se amolda ao precedente jurisprudencial trazido à baila pelo recorrente, eis que a existência de objetos contratuais amplos e imprecisos, e, ainda, sem justificativa de preços, é erro grosseiro facilmente aferível pelo gestor público médio, não se exigindo conhecimentos técnicos profundos para a sua aferição. 195. Além disso, é de mister ressaltar que a cadeia decisória na administração pública visa a assegurar a regularidade (...) (Acórdão nº 3015/2012 – plenário – relatório de auditoria (ra) – relator Walton Alencar Rodrigues – 08.11.2012).

A descrição do objeto deve ser justificada, pena de erro grosseiro.

18.13 Erro grosseiro na elaboração do orçamento estimativo

Elaborar o orçamento estimativo significa apurar no mercado o valor aproximado do objeto da contratação, seja ele um bem, um serviço ou uma obra ou outro, de natureza diversa.

Trata-se de uma das tarefas mais complexas do processo da contratação. Estimar o valor do futuro contrato é conduta que deve ser realizada por agente público dotado da capacitação necessária e suficiente.

A elaboração do orçamento estimativo no processo das contratações públicas pode ser dividida em três categorias: (i) orçamento estimativo de obras e serviços de engenharia; (ii) orçamento estimativo de compras e serviços (que não sejam de engenharia); e (iii) orçamento estimativo para fins de contratação direta por inexigibilidade de licitação. Os orçamentos estimativos serão elaborados de acordo com os parâmetros, como antes visto, fixados no art. 23 da Lei nº 14.133/21.

Os orçamentos estimativos de compras e serviços em geral que não sejam de engenharia, devem ser realizados, pena de erro grosseiro, a partir de uma ampla pesquisa de mercado ou, no dizer do Tribunal de Contas da União, considerando uma "cesta de preços":

> As estimativas de preços prévias às licitações devem estar baseadas em cesta de preços aceitáveis, tais como os oriundos de pesquisas diretas com fornecedores ou em seus catálogos, valores adjudicados em licitações de órgãos públicos, sistemas de compras (Comprasnet), valores registrados em atas de SRP, avaliação de contratos recentes ou vigentes, compras e contratações realizadas por corporações privadas em condições idênticas ou semelhantes.[469]

---

[469] Acórdão nº 2637/2015-Plenário, TC nº 013.754/2015-7, relator Ministro Bruno Dantas, 21.10.2015.

Na "cesta de preços" de que trata o TCU, devem integrar preços apurados junto a fornecedores, preços de produtos ou serviços similares já contratados antes pelo órgão ou entidade; preços de produtos ou serviços similares já contratados antes por outros órgãos ou entidades públicas ou empresas do setor privado; preços constantes dos sistemas eletrônicos de compras; preços de produtos ou de serviços registrados em atas de registro de preços vigentes; outros meios de aferição de preços que o órgão ou entidade entenda pertinente. Os preços pesquisados devem ser objeto de tratativa técnica ou de cálculo estatístico, de modo a possibilitar o encontro do preço de referência que, se obtido da forma correta, refletirá o preço de mercado do bem ou do serviço.[470]

No que diz, por fim, com a elaboração de orçamento estimativo de bem ou serviço que será objeto de contratação direta por licitação inexigível, trata-se de algo que será contratado sem licitação em razão da inviabilidade de competição porque o fornecedor é exclusivo, ou porque não há parâmetros objetivos para comparação de propostas em processo licitatório. Desta feita, em razão da natureza singular do objeto, nos casos de contratação direta por inexigibilidade de licitação, o orçamento estimativo elabora-se a partir dos preços praticados pelo próprio prestador ou fornecedor junto a outras instituições públicas ou privadas, como já deliberou o Tribunal de Contas da União:

> A justificativa do preço em contratações diretas (art. 26, parágrafo único, inciso III, da Lei 8.666/1993) deve ser realizada, preferencialmente, mediante: (i) no caso de dispensa, apresentação de, no mínimo, três cotações válidas de empresas do ramo, ou justificativa circunstanciada se não for possível obter essa quantidade mínima; (ii) no caso de inexigibilidade, comparação com os preços praticados pelo fornecedor junto a outras instituições públicas ou privadas.[471]

A Lei nº 14.133/21, por seu turno, prevê que nas contratações diretas por inexigibilidade ou por dispensa, quando não for possível estimar o valor do objeto na forma estabelecida nos §§1º, 2º e 3º do art. 23, o contratado deverá comprovar previamente que os preços estão em conformidade com os praticados em contratações semelhantes de objetos de mesma natureza, por meio da apresentação de notas fiscais emitidas para outros contratantes no período de até 1 (um) ano anterior à data da contratação pela Administração ou por outro meio idôneo.

Não opera em erro grosseiro o agente público que realiza orçamento estimativo de acordo com os critérios acima apontados.

Confira-se alguns precedentes do Tribunal de Contas da União acerca de erro grosseiro na elaboração de orçamentos estimativos:

> (...) exclusão do item carpinteiro (parágrafos 85/87 da peça 185), defendendo que o argumento utilizado pela unidade técnica do tcu em sua conclusão (parágrafos 107/110 da peça 185) são muito frágeis: "a inserção no sicro de serviço contendo coeficiente com erro grosseiro

---

[470] Confira-se outro precedente do Tribunal de Contas da União a respeito: É recomendável que a pesquisa de preços para a elaboração do orçamento estimativo da licitação não se restrinja a cotações realizadas junto a potenciais fornecedores, adotando-se, ainda, outras fontes como parâmetro, como contratações similares realizadas por outros órgãos ou entidades públicas, mídias e sítios eletrônicos especializados, portais oficiais de referenciamento de custos (Acórdão nº 2816/2014-Plenário).

[471] Acórdão nº 1.565/2015-Plenário.

de avaliação, elevando se a preço desarrazoado, caracterizaria ato nulo". 65. defende ter ocorrido mera retificação/evolução, com melhor apuração daquele índice, nada mais. e que seria "pouco sensato" anular, por essa razão, um ato ad (...)

(...) dessa forma, não há como prosperar a alegação do consórcio sobre a fragilidade dos argumentos utilizados por esta unidade técnica sobre o serviço "cerca arame farpado com suporte madeira", uma vez que fica comprovado, e já reconhecido pelo Dnit, o erro grosseiro da composição adotada como base para a licitação e o consequente sobrepreço do serviço contratado. 107. também entende se que a alegação do consórcio de que "não pode ser alterado um item de pagamento de contrato administrativo no meio (...)

(...) autos que o dirigente sabia ou tinha condições de saber das falhas do projeto no momento de sua aprovação, ainda que a elaboração de planilha orçamentária, contemplando serviços já' executados no segmento inicial da br 210/ap, possa ser considerada erro grosseiro. 114. de forma diferente, o consórcio contratado elaborou proposta de preços com orçamento contratado e foi diretamente beneficiado pelo sobrepreço apontado pela presente instrução. 115. no que concerne ao argumento de que "causa espécie (...)

(...) critéio da elaboração de curva abc e destacou a existência de precedentes no sentido de que "não existe percentual tolerável de sobrepreço global" . 10. acerca do sobrepreço do item "cerca arame farpado com suporte madeira", destacou que ele decorreu de erro grosseiro da composição adotada como base para a licitação, especificamente a

sobrestimativa do índice de mão de obra de encarregado de turma, de forma que o seu pagamento importa em enriquecimento ilícito do particular em detrimento ao público (...) (Acórdão nº 844/2017-plenário, relatório de auditoria (ra), relator Benjamin Zymler, 03.05.2017).

(...) 10 e 5/2011. 147. porém, os gestores aduziram que, em se tratando de descrições e especificações em tecnologia, 'a ocorrência de imprecisão técnica é indesejável, mas plenamente possível, sem que isso necessariamente decorra de dolo, premeditação ou erro grosseiro do agente público'. a título de exemplo, mencionaram trecho da própria instrução da unidade técnica do tribunal (peça 53), na qual apontaram corretamente a ocorrência de duas imprecisões no uso de termos afetos à área do audiovisual (...) (Acórdão nº 1542/2016-plenário, representação (repr), relator Augusto Sherman, 15.06.2016).

(...) a (peça 8, p. 13 15) (peça 12, p. 24) 100. a contratada alega que: (...) a equipe de auditoria do TCU em sua análise considerou que os materiais: 'barra de aço st 50/55' e 'barras de aço st85/105' são materiais idênticos e com mesmo custo unitário, o que é um erro grosseiro, pois são materiais que possuem preços diferentes. (...) em nossas composições adotamos a mesma produtividade apresentada pelo Dnit, produtividade esta que reflete a realidade do trabalho. 101. alega também que não é possível comparar (...) (Acórdão nº 1013/2014-plenário, relatório de levantamento (rl), relator André de Carvalho, 16.04.2014).

(...) a Secex de que os preços das cestas para Manaus estavam mais caros do que para o interior do Pará (evidência de sobrepreço), tendo em vista que, segundo o Dieese a cesta básica em Manaus é sempre mais cara que em Belém 15.2.5. há fortes indícios de erro grosseiro na pesquisa de mercado feita pela Conab, tendo em vista que os preços verificados pelo Dieese no ano de 2005 em Belém apresentam valor maior do que o da pesquisa de preços. pelo histórico, o valor em Manaus tende a ser sempre maior que (...) (Acórdão nº 776/2012-plenário, prestação de contas (pc), relator Augusto Nardes, 04.04.2012).

18.14 Erro grosseiro decorrente de insuficiência, falha ou inexistência de motivação das decisões

Apresentar expressa e taxativamente as razões de fato e de direito que levaram à prolação da decisão administrativa no processo licitatório constitui um dos deveres basilares do administrador. Além de dever, a motivação constitui requisito de legitimidade e de validade do ato decisório. Registre-se, também, que a Lei nº 14.133/21 elegeu a motivação como um princípio de regência do processo da contratação (art. 5º) e determina, no art. 18, IX, que deverá haver "a motivação circunstanciada das condições do edital, tais como justificativa de exigências de qualificação técnica, mediante indicação das parcelas de maior relevância técnica ou valor significativo do objeto, e de qualificação econômico-financeira, justificativa dos critérios de pontuação e julgamento das propostas técnicas, nas licitações com julgamento por melhor técnica ou técnica e preço, e justificativa das regras pertinentes à participação de empresas em consórcio".

Logo, qualquer decisão proferida na fase interna da licitação que não seja precedida da suficiente e consistente motivação padecerá de vício de ilegitimidade – invalidável, portanto. A este respeito, Celso Antonio Bandeira de Mello afirma taxativamente que "atos administrativos praticados sem a tempestiva e suficiente motivação são ilegítimos e invalidáveis (...)".[472]

O princípio da motivação, além de princípio autônomo dentro do sistema jurídico-administrativo, e expresso na Lei, tem função instrumental à efetivação de outros princípios administrativo-constitucionais. O princípio, segundo Celso Antonio Bandeira de Mello, "implica para a Administração o dever de justificar seus atos, apontando-lhes os fundamentos de direito e de fato, assim como a correlação lógica entre os eventos e situações que deu por existentes e a providência tomada".[473]

Ao realizar uma opção administrativa (decisão), o administrador toma em consideração aspectos de ordem fática, jurídica e político-institucional que devem ser dados a conhecer formalmente[474] no processo. Tal imposição, decorrente da aplicação do princípio, além de fornecer instrumental efetivo para a realização de outros princípios, como acima dito, constitui mecanismo de preservação da história (memória) administrativa. Propiciatório, portanto, de referencial teórico para orientar futuras condutas, e de garantia do próprio administrador que se liberta de ilações destituídas de fundamento acerca dos motivos que levaram à prolação daquela decisão, e não de outra diversa.

A motivação pode inclusive conter, além das razões de fato e de direito que levaram à decisão administrativa concreta, considerações sobre as opções técnico-jurídicas que se apresentaram ao administrador e foram descartadas, demonstrando inclusive que a opção feita, em contraste com as que se puseram à escolha, era a melhor em face do princípio da eficiência administrativa.

---

[472] BANDEIRA DE MELLO, Celso Antônio. *Curso de Direito Administrativo*. 31. ed. São Paulo: Malheiros, 2014. p. 116.

[473] *Op cit.*, p. 115.

[474] O princípio da formalidade que integra o regime jurídico-administrativo – e está circunstancialmente expresso no parágrafo único do artigo 4º da Lei nº 8.666/93, que ressalta caracterizar o procedimento licitatório ato administrativo formal – impõe o registro expresso de todas razões de fato e de direito que servem de substrato da decisão adotada.

A síntese empírica do princípio da motivação pode ser expressada como a manifestação do administrador que se orienta para responder a um "por quê?". Se a resposta a esta questão – por que foi proferida esta decisão, e não outra? – contiver substância e conteúdo técnico-jurídico aptos a promover o convencimento de quem esteja a analisar, e mesmo julgar, a decisão administrativa – no sentido de que a opção realizada foi a melhor e mais adequada à luz dos demais princípios administrativo-constitucionais – estará atendido o requisito jurídico da motivação.

Nesta linha de pensamento, caracteriza erro grosseiro no processo da contratação (i) não motivar decisão ou escolha; (ii) apresentar motivação insuficiente ou incompleta; ou (iii) apresentar motivação incorreta ou falha para justificar a conduta.

18.15 Conclusões acerca de erro grosseiro no processo da contratação pública

1. A partir da entrada em vigência da norma contida no art. 28 da Lei nº 13.655/18 o agente público somente pode ser responsabilizado por conduta dolosa ou maculada por erro grosseiro;

2. O erro grosseiro de que trata a Lei é caracterizado pela conduta culposa praticada com grave negligência, grave imprudência ou grave imperícia. Trata-se, pois, em que pese a designação de "erro" na norma legal, de conduta maculada pela culpa grave. Assim, o erro grosseiro de que trata a Lei é figura jurídica relativa à culpa qualificada pela gravidade da negligência, da imprudência ou da imperícia;

3. A previsão de que o agente público somente responde pessoalmente por erro grosseiro constitui novo marco legal no plano da responsabilidade. A partir dele o agente público não pode responder pessoalmente por erro em sentido estrito do termo, ou por culpa que não seja adjetivada pela gravidade da conduta;

4. As acepções, decisões ou opiniões técnicas apontadas na Lei devem ser interpretadas em sentido amplo para contemplar condutas assemelhadas ou similares;

5. A conduta que não seja praticada por erro grosseiro não pode ensejar responsabilização pessoal do agente público, mas pode implicar conclusão pela ilegalidade e invalidade do ato produzido;

6. A medida do homem médio ou do administrador médio como parâmetro para identificar o erro grosseiro é passível de interpretação subjetiva e não deve ser o único critério a ser utilizado pelos órgãos de controle para fins de imputação de responsabilidade. É necessária a avaliação de outros fatores de ordem subjetiva e de ordem objetiva para uma precisa e correta identificação de condutas que devem ensejar responsabilização pessoal do agente, pena de cometimento de injustiça e de violação da legalidade;

7. O erro grosseiro pode se dar na identificação da necessidade a ser sanada ou satisfeita pela contratação de terceiro particular. É preciso o conhecimento substancial e suficiente, nas dimensões quantitativa e qualitativa, da necessidade administrativa que será fundamento de validade do objeto da licitação;

8. O erro grosseiro pode se dar na descrição do objeto da contratação. A descrição correta do objeto contemplará os aspectos de qualidade e de quantidade necessários e suficientes, a partir de definições de ordem técnica, material e jurídica, que se mostrem aqueles fundamentais para suprir a demanda administrativa pela via do contrato;

9. O erro grosseiro pode se dar na elaboração do orçamento estimativo. O orçamento estimativo correto deve refletir o preço ou o valor de mercado do objeto da contratação. A orçamentação de obras e de serviços de engenharia deve ocorrer prioritariamente com base em sistemas oficiais de referências (tabelas oficiais de preços de insumos e de serviços). A orçamentação de bens e de serviços que não sejam de engenharia deve ocorrer com base em uma ampla pesquisa de mercado, para formação do que o Tribunal de Contas da União denomina de "cesta de preços";

10. O erro grosseiro pode se dar pela insuficiência, incorreção ou inexistência de motivação dos atos e decisões adotados no processo da contratação. Todas as decisões e escolhas técnicas ou materiais devem estar devidamente justificadas no processo, com apontamento das razões de fato e de direito que levaram à escolha adotada.

CAPÍTULO 19

QUESTÕES OBJETIVAS RELEVANTES SOBRE O PROCESSO DA CONTRATAÇÃO PÚBLICA

19.1 Etapa de planejamento

1. A função de agente de contratação pode ser exercida por titular de cargo em comissão?
Como regra geral o agente de contratação deve ser titular de cargo de provimento efetivo. Esta é a previsão expressa contida no art. 8º da Lei nº 14.133/21. Contudo, diante de impossibilidade real, efetiva e concreta de que esta função seja exercida por titular de cargo efetivo, em caráter excepcional, a função poderá ser exercida por titular de cargo exclusivamente em comissão, para que não sejam causados prejuízos graves para o interesse público.

2. A Lei nº 14.133/21 tem aplicação para as empresas públicas e sociedades de economia mista?
O regime jurídico licitatório e contratual das empresas públicas e das sociedades de economia mista é o da Lei nº 13.303/16 e o previsto nos seus regulamentos internos, a teor do disposto no art. 40. A norma do art. 1º, §1º da Lei nº 14.133/21 determina que são abrangidas por esta Lei as empresas públicas, as sociedades de economia mista e as suas subsidiárias, regidas pela Lei nº 13.303, de 30 de junho de 2016. Contudo, a Lei Geral de Licitações tem aplicação para as estatais (i) na parte que trata dos crimes em licitações e contratos – art. 178; (ii) em todas as hipóteses da Lei nº 13.303/16 em que haja referência expressa à Lei nº 8.666/93 ou à Lei nº 10.520/02, por força da regra do art. 189 da Lei nº 14.133/21, que dispõe que "aplica-se esta Lei às hipóteses previstas na legislação que façam referência expressa à Lei nº 8.666, de 21 de junho de 1993, à Lei nº 10.520, de 17 de julho de 2002, e aos arts. 1º a 47-A da Lei nº 12.462, de 4 de agosto de 2011".

3. Qualquer agente público pode ser designado para as funções essenciais no processo da contratação?
Não. A designação para as funções essenciais do processo da contratação somente podem recair por agente público que tenha sido selecionado por gestão por competências, e I – seja, preferencialmente, servidor efetivo ou empregado público dos quadros permanentes da Administração Pública; II – tenha atribuições relacionadas a licitações e contratos ou possuam formação compatível ou qualificação atestada por certificação profissional emitida por escola de governo criada e mantida pelo poder público; e III – não seja cônjuge ou companheiro de licitantes ou contratados habituais da Administração nem

tenham com eles vínculo de parentesco, colateral ou por afinidade, até o terceiro grau, ou de natureza técnica, comercial, econômica, financeira, trabalhista e civil (art. 7º).

4. O estudo técnico preliminar é obrigatório em todas as contratações?

O planejamento da contratação será proporcional e razoável. A depender da complexidade ou do valor do objeto contratual, pode ser dispensada, em parte, a elaboração de documentos de planejamento. Pode, também, ser avaliada a dispensa de elaboração de estudo técnico preliminar nas hipóteses dos incisos I, II, VII e VIII do art. 75, do §7º do art. 90, e do inciso III do art. 75 da Lei nº 14.133, de 2021.

5. Quem elabora o estudo técnico preliminar pode elaborar o termo de referência ou o projeto básico?

Não é necessária a segregação de funções entre aquelas desenvolvidas na etapa preparatória. Assim, um mesmo agente público pode ser designado simultaneamente para qualquer das atribuições desta etapa, desde que detenha capacidade técnica, no mínimo a genérica.

6. A manifestação jurídica é obrigatória em todas as contratações?

É dispensável a análise jurídica nas hipóteses previamente definidas em ato da autoridade jurídica máxima competente, que deverá considerar o baixo valor, a baixa complexidade da contratação, a entrega imediata do bem ou a utilização de minutas de editais e instrumentos de contrato, convênio ou outros ajustes previamente padronizados pelo órgão de assessoramento jurídico (art. 53, º 5º).

7. Como avaliar o ciclo de vida de produto ou serviço?

A lei não exige que seja avaliado o ciclo de vida de produto ou serviço, mas que seja considerado. Há uma diferença significativa. Para considerar o ciclo de vida, a Administração pode se valer das certificações, que são declarações exaradas por entidades públicas ou privadas acreditadas, como aquelas expedidas pela *Forest Stewardship Council* – FSC.

8. Pode ser indicada marca no processo da contratação?

Pode haver a indicação de marca em decorrência da necessidade de padronização do objeto; em decorrência da necessidade de manter a compatibilidade com plataformas e padrões já adotados pela Administração; quando determinada marca ou modelo comercializados por mais de um fornecedor forem os únicos capazes de atender às necessidades do contratante; ou quando a descrição do objeto a ser licitado puder ser mais bem compreendida pela identificação de determinada marca ou determinado modelo aptos a servir apenas como referência.

9. Pode haver a vedação de contratação de uma determinada marca ou produto?

Pode haver a vedação de contratação de marca ou produto, quando, mediante processo administrativo, restar comprovado que produtos adquiridos e utilizados anteriormente pela Administração não atendem a requisitos indispensáveis ao pleno adimplemento da obrigação contratual. Para tanto, deve ser instaurado processo administrativo prévio, conduzido por comissão processante e com garantias de contraditório e de ampla defesa. O relatório demonstrando as razões pelas quais deve ser vedada a marca ou produto será aprovado pela autoridade competente, que editará o ato de vedação (art. 41, III).

10. Pregoeiro ou agente de contratação podem elaborar o instrumento convocatório?
Não há vedação legal para que agente público encarregado da etapa da licitação elabore o instrumento convocatório. A elaboração do edital por pregoeiro ou agente de contratação é manifestação de eficácia, celeridade e eficiência administrativa. No entanto, o Tribunal de Contas da União tem o seguinte precedente: a atribuição, ao pregoeiro, da responsabilidade pela elaboração do edital cumulativamente às tarefas de sua estrita competência afronta o princípio da segregação de funções e não encontra respaldo no art. 3º, inciso IV, da Lei nº 10.520/2002 nem no art. 17 do Decreto nº 10.024/2019 (Acórdão nº 2146/2022-Plenário).

11. Quem é o responsável pelo planejamento da contratação direta?
Não há previsão legal acerca da competência para o planejamento da contratação direta. Cada órgão ou entidade definirá o agente ou comissão responsável pela configuração dela. A definição do encarregado do planejamento da contratação direta se dará do mesmo modo e forma daquela destinada à licitação.

12. A Administração tem o dever de promover a capacitação dos agentes que atuarão no processo da contratação?
Capacitação é um dever da alta administração e um direito dos agentes públicos. Designar agentes públicos para atuar no processo da contratação sem a devida e suficiente capacitação constitui grave defeito de organização, passível de responsabilização pessoal. O Tribunal de Contas da União já decidiu que "a jurisprudência desta Corte apoia o entendimento de que o dirigente máximo de órgão ou entidade da Administração Pública deve ser responsabilizado quando comprovada omissão grave no seu dever de regulamentação e supervisão dos subordinados, não podendo se abster dessa função (Acórdão nº 10.434/21-2ª Câmara).

13. O estudo técnico preliminar é uma providência que foi prevista para tornar mais burocrático o planejamento da contratação?
O estudo técnico preliminar nada tem de burocrático, se usada esta expressão na sua acepção pejorativa ou negativa. Trata-se de análise de viabilidade técnica, jurídica, orçamentária, administrativa e econômica da futura contratação. O conteúdo do estudo técnico preliminar previsto no §1º do art. 18 da Lei nº 14.133/21 é um verdadeiro roteiro indispensável de providências que não podem ser omitidas – ao menos tem que ser consideradas – pela Administração.

14. Quem deve elaborar o estudo técnico preliminar?
A Lei não determina o responsável pela elaboração do ETP, apenas fixa os requisitos para designação para as funções essenciais do processo da contratação – entre outros, é preciso que os agentes sejam, preferencialmente, servidor efetivo ou empregado público dos quadros permanentes da Administração Pública; tenham atribuições relacionadas a licitações e contratos ou possuam formação compatível ou qualificação atestada por certificação profissional emitida por escola de governo criada e mantida pelo poder público. A designação será formal e poderá recair sobre qualquer agente público que preencha os requisitos legais, sendo certo que a participação de servidor do órgão ou setor demandante é indispensável.

15. Quando se pode deixar de parcelar o objeto da contratação?

A lei prevê o princípio do parcelamento. Assim, sempre que se tratar de objeto divisível, deve haver o parcelamento – em itens ou lotes – para ampliação da competitividade. No caso de compras, o parcelamento não é obrigatório se a economia de escala, a redução de custos de gestão de contratos ou a maior vantagem na contratação recomendar a compra do item do mesmo fornecedor; se o objeto a ser contratado configurar sistema único e integrado e houver a possibilidade de risco ao conjunto do objeto pretendido; ou se o processo de padronização ou de escolha de marca levar a fornecedor exclusivo.

16. Servidor que participou da elaboração de termo de referência ou de projeto básico pode atuar como fiscal?

O fiscal tem o dever de controlar a execução contratual. O fato de ter participado da elaboração do termo de referência ou do projeto básico não é óbice para o exercício desta atribuição e não a prejudica. Ao contrário. A dimensão do conhecimento das regras contidas no instrumento convocatório – do qual o termo de referência ou projeto básico são parte integrante – confere-lhe maior capacidade técnica para o exercício da função fiscalizadora.

17. Qual a diferença entre as atribuições de um pregoeiro e de um agente de contratação?

Não há diferença material entre as atribuições de um pregoeiro e de um agente de contratação. Ambas as funções destinam-se a conduzir o processo licitatório, aquele na modalidade de pregão, e este, nas demais modalidades, especialmente a concorrência. Cabe à alta administração editar norma fixando as atribuições de pregoeiro e de agente de contratação. Pode-se dizer que ambos têm as mesmas atribuições, apenas que, pregoeiro as exerce no pregão, e agente de contratação, na concorrência – e demais modalidades em que deva atuar nos termos da Lei.

18. O que são contratos plurianuais?

A Lei prevê que os contratos de serviços contínuos e os contratos de fornecimentos contínuos, contratos de locação, contratos de operação continuada de serviços estruturantes de tecnologia de informação, entre outros, podem ter o prazo inicial de vigência de até cinco anos. São os denominados contratos plurianuais.

19. Qual a diferença entre matriz de riscos e mapa de riscos?

Matriz de riscos é cláusula contratual definidora de riscos e de responsabilidades entre as partes e caracterizadora do equilíbrio econômico-financeiro inicial do contrato. Mapa de riscos é documento formal que materializa o processo de gerenciamento de riscos. A matriz de riscos é elaborada com base nas informações do mapa de riscos.

20. Quem define se o objeto é comum ou especial para fins de escolha da modalidade de licitação?

Objetos comuns devem ser licitados por pregão e objetos especiais, por concorrência. A definição deve ser da área técnica em que se insere o objeto da contratação. Esta manifestação tem que ser formal e identificada, para fins de aferição posterior de responsabilidade, se for o caso.

21. Pode ser contratada a prestação de serviços técnicos para a elaboração dos documentos de planejamento?

Sim. Em licitação que envolva bens ou serviços especiais cujo objeto não seja rotineiramente contratado pela Administração, poderá ser contratado, por prazo determinado, serviço de empresa ou de profissional especializado para assessorar os agentes públicos responsáveis pela condução da licitação (art. 8º, §4º).

22. O órgão de controle interno tem dever de orientação dos agentes que atuam nas funções essenciais do processo da contratação?

Os agentes que integram o órgão de controle interno tem dever de orientação. Não há previsão legal de submissão ordinária do processo da contratação para manifestação prévia de controle interno. Contudo, a Lei prevê que o órgão administrativo deverá editar regulamentos prevendo atribuições dos agentes públicos no processo, no qual deve ser prevista a possibilidade de eles contarem com o apoio dos órgãos de assessoramento jurídico e de controle interno para o desempenho das funções essenciais. Há previsão expressa de que o fiscal do contrato será auxiliado pelos órgãos de assessoramento jurídico e de controle interno da Administração, que deverão dirimir dúvidas e subsidiá-lo com informações relevantes para prevenir riscos na execução contratual (art. 117, §3º).

23. Para a contratação direta é necessário elaborar estudo técnico preliminar?

As cautelas de planejamento para licitar ou para contratar diretamente devem ser as mesmas. Para definir a intensidade e cautelas de planejamento, devem ser consideradas a complexidade do objeto, o preço estimativo do contrato e os riscos envolvidos na contratação. A Lei prevê, no art. 72, que o estudo técnico preliminar, quando for o caso, será elaborado também no processo da contratação direta.

24. A avaliação de desempenho contratual pode ser exigida como critério de habilitação técnica?

A Administração deve instituir sistema de avaliação de desempenho contratual. A lei prevê que a atuação do contratado no cumprimento de obrigações assumidas será avaliada pelo contratante, que emitirá documento comprobatório da avaliação realizada, com menção ao seu desempenho na execução contratual, baseado em indicadores objetivamente definidos e aferidos, e a eventuais penalidades aplicadas, o que constará do registro cadastral em que a inscrição for realizada. A anotação do cumprimento de obrigações pelo contratado será condicionada à implantação e à regulamentação do cadastro de atesto de cumprimento de obrigações, apto à realização do registro de forma objetiva, em atendimento aos princípios da impessoalidade, da igualdade, da isonomia, da publicidade e da transparência, de modo a possibilitar a implementação de medidas de incentivo aos licitantes que possuírem ótimo desempenho anotado em seu registro cadastral (art. 87). Para fins de prova de capacidade técnica na licitação podem ser exigidos documentos comprobatórios de avaliação de desempenho contratual prévio (art. 67, II), como já decidiu o Tribunal de Contas da União: é possível, para fins de qualificação técnica em licitações realizadas por empresas públicas e sociedades de economia mista, a utilização de indicadores de avaliação de desempenho de licitantes na execução de contratos anteriores com a entidade promotora do certame, desde que prevista no instrumento convocatório e restrita às parcelas do objeto técnica ou economicamente relevantes (art. 58 da Lei nº 13.303/16 – Lei das Estatais) (Acórdão nº 1312/2023-TCU-Plenário).

25. Para prova de quantitativo de capacidade técnica é possível a somatória de quantitativos de atestados de capacidade técnica diversos?

O instrumento convocatório pode prever a prova de quantitativo de capacidade técnica pela somatória de quantidades indicadas em atestados diferentes. A depender do objeto da contratação esta somatória de quantitativos de atestados diferentes pode, de fato, demonstrar a experiência necessária. Há casos, entretanto, nos quais a somatória de tais quantitativos não se presta à prova da totalidade exigida no edital. Compete à área técnica definir sobre a aceitabilidade da somatória de atestados, a depender dos riscos de execução contratual envolvidos. Segundo já decidiu o Tribunal de Contas da União, "a vedação, sem justificativa técnica, ao somatório de atestados para comprovar os quantitativos mínimos exigidos na qualificação técnico-operacional contraria os princípios da motivação e da competitividade" (Acórdão nº 2291/2021-TCU-Plenário).

26. O sistema de registro de preços pode ser utilizado para licitar obras de engenharia?

O registro de preços pode ser utilizado para licitar obras de engenharia desde que exista projeto padronizado, sem complexidade técnica e operacional, e necessidade permanente ou frequente de obra ou serviço a ser contratado. O fundamental é a existência de um objeto padronizado que possa ser replicado sem alterações significativas, e possa ter o preço registrado por alguma unidade de medida, como já decidiu o Tribunal de Contas da União: "o Sistema de Registro de Preços previsto na Lei 13.303/2016 (Lei das Estatais) pode ser aplicado para obras e serviços simples de engenharia, padronizáveis e replicáveis, que não exigem a realização de estudos específicos e a elaboração de projetos básicos individualizados para cada contratação" (Acórdão nº 2176/2022-TCU-Plenário).

27. Pode ser registrado o preço de lotes para posterior contratação apenas de item que o integra?

Para fins de registro de preços, o critério de julgamento de menor preço por grupo de itens somente poderá ser adotado quando for demonstrada a inviabilidade de se promover a adjudicação por item e for evidenciada a sua vantagem técnica e econômica, e o critério de aceitabilidade de preços unitários máximos deverá ser indicado no edital. Neste caso, contratação posterior de item específico constante de grupo de itens exigirá prévia pesquisa de mercado e demonstração de sua vantagem para o órgão ou entidade (art. 82, §1º e §2º).

28. Pode haver licitação para registro de preços com indicação limitada a unidades de contratação, sem indicação do total a ser adquirido?

Como regra geral, o instrumento convocatório da licitação para registro de preços deve indicar o quantitativo máximo a ser registrado na ata. Excepcionalmente, pode haver licitação sem indicação do total a ser adquirido quando for a primeira licitação para o objeto e o órgão ou entidade não tiver registro de demandas anteriores; no caso de contratação de alimento perecível; ou caso em que o serviço estiver integrado ao fornecimento de bens (art. 82. §3º).

29. O agente público pode recusar a designação para assumir função de pregoeiro, agente de contratação ou fiscal de contrato?

Como regra geral, esta designação não pode ser recusada, uma vez que não é ilegal. Contudo, o agente público que não estiver devidamente capacitado para o exercício da função deve comunicar formalmente a autoridade superior que deverá (i) promover a capacitação do agente; ou (ii) designar outra pessoa devida e suficientemente capacitada.

30. Pode haver licitação sem licenciamento ambiental prévio, quando devido?

Algumas atividades econômicas, para serem exploradas, exigem licenciamento ambiental, nos termos da Lei nº 6.938/80 e da Resolução CONAMA nº 237/97. De acordo com esta resolução, Licença Prévia (LP) é concedida na fase preliminar do planejamento do empreendimento ou atividade aprovando sua localização e concepção, atestando a viabilidade ambiental e estabelecendo os requisitos básicos e condicionantes a serem atendidos nas próximas fases de sua implementação. Como regra geral, o licenciamento ambiental prévio deve ser obtido pela própria Administração, antes da licitação, sob o risco de não o fazendo, quando da execução contratual ser negado, com gravames para o interesse público, que terá que refazer o projeto básico do empreendimento objeto da contratação.

19.2 Etapa da seleção do fornecedor ou prestador

31. Estados e Municípios devem publicar o instrumento convocatório no Portal Nacional de Contratações Públicas?

As regras de publicidade do instrumento convocatório contidas na Lei nº 14.133/21 são normas gerais e de cumprimento obrigatório por todos os órgãos e entidades da Administração Pública. Assim, é obrigatória a publicidade dos editais no PNCP, nos prazos previstos na Lei, também por parte dos Estados e Municípios.

32. É preciso publicar o edital na íntegra no sítio eletrônico do órgão ou entidade?

Deve haver a publicação do edital na íntegra no sítio eletrônico do órgão e no Portal Nacional de Contratações Públicas. Sobre esta publicação em sítio eletrônico, atente-se para a seguinte decisão do Tribunal de Contas da União: a inserção, no Portal de Compras do Governo Federal, de documento de licitação em formato não editável, que não permite a pesquisa de conteúdo nos arquivos, infringe, além do princípio da transparência, a regra estabelecida no art. 8º, §3º, inciso III, da Lei nº 12.527/2011 (Lei de Acesso à Informação) (Acórdão nº 328/2023-Plenário).

33. Quem deve responder pedidos de esclarecimentos e impugnações ao instrumento convocatório?

A competência para decidir impugnações e responder pedidos de esclarecimentos deve ser definida pelo órgão ou entidade pública. A autoridade responsável pela contratação é órgão deliberativo ordinário nesta questão. Tal atribuição pode ser designada para pregoeiros, agentes de contratação ou comissão de contratação. No âmbito da Administração Pública Federal, esta atribuição foi designada para agente de contratação ou comissão de contratação, nos termos do Decreto nº 11.246/22.

34. Quando deve haver a desclassificação ou inabilitação na licitação?

Nos termos da Lei, somente pode haver a inabilitação ou a desclassificação por vício insanável de documentação ou de proposta. Há previsão expressa de que "o desatendimento de exigências meramente formais que não comprometam a aferição da qualificação do licitante ou a compreensão do conteúdo de sua proposta não importará seu afastamento da licitação ou a invalidação do processo" (art. 12, III) e de que "serão desclassificadas as propostas que contiverem vícios insanáveis; ou que apresentarem desconformidade com quaisquer outras exigências do edital, desde que insanável" (art. 59, I e III). Assim, o órgão decisório responsável pela condução da licitação (agente de contratação, pregoeiro ou comissão de contratação) tem o dever jurídico de possibilitar o saneamento de vício de documentação de habilitação ou de propostas.

35. Podem ser apresentados documentos novos no processo da licitação?

A Lei prevê que podem ser apresentados documentos novos, em sede de diligências, para complementação de informações acerca dos documentos já apresentados pelos licitantes e desde que necessária para apurar fatos existentes à época da abertura do certame; ou para atualização de documentos cuja validade tenha expirado após a data de recebimento das propostas (art. 64, I e II), ainda que os documentos não tenham sido apresentados na oportunidade prevista no edital por equívoco ou falha. Assim decidiu o Tribunal de Contas da União: "a vedação à inclusão de novo documento, prevista no art. 43, §3º, da Lei 8.666/1993 e no art. 64 da Lei 14.133/2021 (nova Lei de Licitações), não alcança documento ausente, comprobatório de condição atendida pelo licitante quando apresentou sua proposta, que não foi juntado com os demais comprovantes de habilitação e da proposta, por equívoco ou falha, o qual deverá ser solicitado e avaliado pelo pregoeiro" (Acórdão nº 1211/21).

36. Quantas vezes o órgão decisório da licitação (agente de contratação, pregoeiro ou comissão de contratação) pode oportunizar a correção de documentos ou de proposta?

Não há previsão legal acerca deste número de oportunidades. Mas há previsão expressa de que somente podem ser inabilitadas licitantes ou desclassificadas propostas por vício insanável. Nos limites da razoabilidade e da proporcionalidade, pode ser dada mais de uma oportunidade para esta correção de documentos e de propostas.

37. Pregoeiro ou agente de contratação podem solicitar manifestação da assessoria jurídica ou do controle interno para orientar a tomada de decisões na licitação?

Há previsão expressa de que a assessoria jurídica e o controle interno tem o dever jurídico de responder consultas formuladas pelos agentes públicos encarregados da licitação. Normas internas devem prever a possibilidade de eles contarem com o apoio dos órgãos de assessoramento jurídico e de controle interno para o desempenho das funções essenciais à execução da licitação (art. 8º, §3º).

38. O rito procedimental da concorrência é igual ao rito procedimental do pregão?

Inexiste diferença entre o rito procedimental da concorrência e o rito procedimental do pregão. Ambos atenderão a esta sequência de fases: I – preparatória; II – de divulgação do edital de licitação; III – de apresentação de propostas e lances, quando for o caso; IV – de julgamento; V – de habilitação; VI – recursal; e VII – de homologação. Atente-se para que pregão e concorrência tem agora, como regra geral, a fase de habilitação sucedendo a etapa de julgamento das propostas.

39. Qual a diferença entre uma concorrência e um pregão?

Se o critério de julgamento da licitação – o que ocorre na maioria dos casos – for o de menor preço, não há diferença entre uma concorrência e um pregão. Isto porque a Lei preceitua que a utilização isolada do modo de disputa fechado será vedada quando adotados os critérios de julgamento de menor preço ou de maior desconto (art.56, §1º). Tal significa que, se o critério de julgamento for o de menor preço, obrigatoriamente haverá etapa de lances também na modalidade de concorrência.

40. Pode ser utilizado o pregão para licitar obras de engenharia?

O pregão não se aplica às contratações de serviços técnicos especializados de natureza predominantemente intelectual e de obras e serviços de engenharia, exceto os serviços de engenharia (art. 29, parágrafo único). As obras devem ser licitadas pela modalidade de concorrência – ressalvado o caso de adoção da modalidade de diálogo competitivo. Ocorre que o rito procedimental do pregão e da concorrência, quando o critério de julgamento da licitação for o de menor preço, são idênticos, restando esvaziada de conteúdo útil a regra do art. 29, parágrafo único.

41. O que é um serviço de engenharia?

Serviço de Engenharia é toda a atividade que necessite da participação e acompanhamento de profissional habilitado conforme o disposto na Lei Federal nº 5.194/66, tais como: consertar, instalar, montar, operar, conservar, reparar, adaptar, manter, transportar, ou ainda, demolir. Incluem-se nesta definição as atividades profissionais referentes aos serviços técnicos profissionais especializados de projetos e planejamentos, estudos técnicos, pareceres, perícias, avaliações, assessorias, consultorias, auditorias, fiscalização, supervisão ou gerenciamento (OT – IBR nº 002/2009 – IBRAOP) . Nos termos da Lei nº 14.133/21, é toda atividade ou conjunto de atividades destinadas a obter determinada utilidade, intelectual ou material, de interesse para a Administração e que, não enquadradas no conceito de obra a que se refere o inciso XII do caput deste artigo, são estabelecidas, por força de lei, como privativas das profissões de arquiteto e engenheiro ou de técnicos especializados, que compreendem: a) serviço comum de engenharia: todo serviço de engenharia que tem por objeto ações, objetivamente padronizáveis em termos de desempenho e qualidade, de manutenção, de adequação e de adaptação de bens móveis e imóveis, com preservação das características originais dos bens; b) serviço especial de engenharia: aquele que, por sua alta heterogeneidade ou complexidade, não pode se enquadrar na definição de serviço comum de engenharia.

42. O que é uma obra de engenharia?

Obra de engenharia é a ação de construir, reformar, fabricar, recuperar ou ampliar um bem, na qual seja necessária a utilização de conhecimentos técnicos específicos envolvendo a participação de profissionais habilitados conforme o disposto na Lei Federal nº 5.194/66 (OT – IBR nº 002/2009 – IBRAOP). Nos termos da Lei nº 14.133/21, é toda atividade estabelecida, por força de lei, como privativa das profissões de arquiteto e engenheiro que implica intervenção no meio ambiente por meio de um conjunto harmônico de ações que, agregadas, formam um todo que inova o espaço físico da natureza ou acarreta alteração substancial das características originais de bem imóvel.

43. Quem deve conduzir a licitação na modalidade de leilão?

Leilão é modalidade para licitar a alienação de bens públicos, móveis ou imóveis. O leilão poderá ser cometido a leiloeiro oficial ou a servidor designado pela autoridade competente da Administração, e regulamento deverá dispor sobre seus procedimentos operacionais (art. 31). A contratação de leiloeiro oficial deverá observar as regras do Decreto nº 21.981/1932 que regulamenta a profissão de leiloeiro. A contratação poderá ocorrer pelo sistema de credenciamento.

44. Quem é responsável por processar e julgar as modalidades de licitação pelo critério de melhor técnica ou técnica e preço?

Melhor técnica ou técnica e preço são critérios de julgamento para licitar bens e serviços especiais, inclusive de engenharia, e obras de engenharia. Assim, deve ser adotada a modalidade de concorrência, cuja licitação será conduzida por agente de contratação ou por comissão de contratação. Contudo, a atribuição de notas a quesitos de natureza qualitativa será dará por banca designada para esse fim, de acordo com orientações e limites definidos em edital, considerados a demonstração de conhecimento do objeto, a metodologia e o programa de trabalho, a qualificação das equipes técnicas e a relação dos produtos que serão entregues. A banca terá no mínimo 3 (três) membros e poderá ser composta por servidores efetivos ou empregados públicos pertencentes aos quadros permanentes da Administração Pública; ou por profissionais contratados por conhecimento técnico, experiência ou renome na avaliação dos quesitos especificados em edital, desde que seus trabalhos sejam supervisionados por profissionais designados conforme o disposto no art. 7º da Lei (art. 37).

45. Pode haver julgamento por maior desconto sobre preços fixados em tabelas referenciais?

O julgamento por maior desconto deve ter como referência o preço global fixado no edital de licitação, e o desconto será estendido aos eventuais termos aditivos, como disposto na Lei (art. 34, §2º). O instrumento convocatório pode dispor que o desconto seja aplicado sobre tabelas referenciais de preços, como tabelas de preços de medicamentos, de livros, de combustíveis, entre outras.

46. O que é o critério de julgamento pelo maior retorno econômico?

É critério de julgamento para licitar os chamados contratos de eficiência, que objetivam a redução de despesas de custeio (gastos com energia elétrica, especialmente). A remuneração do contratado deverá ser fixada em percentual que incidirá de forma proporcional à economia efetivamente obtida na execução do contrato. Nas licitações, os licitantes apresentarão uma proposta de trabalho, que deverá contemplar: a) as obras, os serviços ou os bens, com os respectivos prazos de realização ou fornecimento; b) a economia que se estima gerar, expressa em unidade de medida associada à obra, ao bem ou ao serviço e em unidade monetária; e uma proposta de preço, que corresponderá a percentual sobre a economia que se estima gerar durante determinado período, expressa em unidade monetária (art. 39).

47. Como deve ser definido o menor preço para a disputa licitatória?

A lei opera com a noção jurídica de melhor preço. Será reputado vencedor da licitação o licitante que apresente proposta de menor preço, desde que atendidos os requisitos de qualidade previstos no instrumento convocatório. Para a definição dos requisitos de qualidade do objeto, deve ser considerado o ciclo de vida de produto ou serviço, bem como elementos para apurar a proposta que, além de menor preço, propicie o menor dispêndio para a Administração. Para a apuração do menor dispêndio, serão considerados os custos indiretos, relacionados com as despesas de manutenção, utilização, reposição, depreciação e impacto ambiental do objeto licitado, entre outros fatores vinculados ao seu ciclo de vida, sempre que objetivamente mensuráveis, conforme disposto em regulamento (art. 34, §1º).

48. Quem decide os recursos interpostos contra decisões proferidas na licitação?

A competência para decidir recursos é da autoridade responsável pela contratação ou aquela a quem for atribuída esta competência por normas próprias do órgão ou entidade. O recurso à autoridade que tiver editado o ato ou proferido a decisão recorrida que, se não reconsiderar o ato ou a decisão no prazo de 3 (três) dias úteis, encaminhará o recurso com a sua motivação à autoridade competente, que deverá proferir sua decisão no prazo máximo de 10 (dez) dias úteis, contado do recebimento dos autos.

49. Quando pode ser utilizada a modalidade de diálogo competitivo?

A modalidade de diálogo competitivo presta-se para licitar objetos complexos. Nesta modalidade de licitação os agentes econômicos oferecem ou podem oferecer múltiplas soluções para atendimento da necessidade administrativa. A solução final obtida de interações com os interessados, mediante reuniões técnicas para tanto (diálogos). É restrita para contratações em que a Administração objetive contratação do objeto com as seguintes condições: inovação tecnológica ou técnica; impossibilidade de o órgão ou entidade ter sua necessidade satisfeita sem a adaptação de soluções disponíveis no mercado; e impossibilidade de as especificações técnicas serem definidas com precisão suficiente pela Administração (art. 32).

50. O que é preço com margem?

É o preço de referência da licitação realizada com aplicação de margens de preferência para bens manufaturados e serviços nacionais que atendam a normas técnicas brasileiras; ou para bens reciclados, recicláveis ou biodegradáveis (art. 26). Esta margem de preferência pode ser aplicada em percentual de até 10% (dez por cento). Preço com margem é aquele ofertado por licitante que apresenta proposta contendo objeto que não se beneficia da margem de preferência. A este preço, é acrescido o percentual de até dez por cento, para comparação objetiva com preços nominais ofertados por licitantes cujo objeto seja contemplado pela margem de preferência. Por exemplo: o preço do licitante classificado em primeiro lugar é de R$1.000,00 para produto não contemplado pela margem de preferência. O segundo colocado apresenta proposta de preço de R$1.050,00 para objeto contemplado pela margem de preferência. O preço de disputa com margem do primeiro colocado passa a ser considerado como de R$1.100,00 (caso a margem seja de 10%) para disputa com o segundo colocado, que neste caso será vencedor do certame.

51. O que é orçamento sigiloso?

Nas licitações pode haver a decisão pela manutenção do sigilo do orçamento estimativo. Neste caso, deve ser elaborado o orçamento estimado da contratação pelos critérios previstos no art. 23, que será mantido em sigilo até o final da disputa licitatória. O orçamento estimado deve ser elaborado em processo diferido, apartado do processo principal da contratação. Portanto, mediante justificativa, o orçamento estimado da contratação poderá ter caráter sigiloso, sem prejuízo da divulgação do detalhamento dos quantitativos e das demais informações necessárias para a elaboração das propostas. Este sigilo não prevalecerá para os órgãos de controle interno e externo (art. 24). Se for adotado o critério de julgamento por maior desconto, o preço estimado ou o máximo aceitável deverá constar do edital da licitação.

52. O que é credenciamento?

É processo administrativo de chamamento público em que a Administração Pública convoca interessados em prestar serviços ou fornecer bens para que, preenchidos os requisitos necessários, se credenciem no órgão ou na entidade para executar o objeto quando convocados. Pode ser utilizado para o caso de contratação paralela e não excludente: caso em que é viável e vantajosa para a Administração a realização de contratações simultâneas em condições padronizadas; com seleção a critério de terceiros: caso em que a seleção do contratado está a cargo do beneficiário direto da prestação; ou em mercados fluidos: caso em que a flutuação constante do valor da prestação e das condições de contratação inviabiliza a seleção de agente por meio de processo de licitação (art. 79). O Tribunal de Contas do Estado de Minas Gerais, no Processo nº 1120202, manifestou que é possível a utilização do credenciamento para a contratação de bens comuns tais como medicamentos, material hospitalar, gêneros alimentícios, material de construção, peças e acessórios para veículos automotores e combustíveis.

53. Quais são os critérios para evitar o fracionamento ilegal da despesa na contratação direta por valor?

Para evitar o fracionamento ilegal da despesa na contratação direta por valor, devem ser somadas todas as despesas (i) no mesmo exercício financeiro – 01 de janeiro até 31 de dezembro; (ii) por unidade gestora, e (iii) que tenham a mesma natureza, ou seja, aquelas relativas às contratações no mesmo ramo de atividade (art. 75, §1º). Por unidade gestora pode-se entender unidade gestora administrativa ou unidade gestora financeira e orçamentária. Para a Administração Federal, considera-se ramo de atividade a linha de fornecimento registrada pelo fornecedor quando do seu cadastramento no Sistema de Cadastramento Unificado de Fornecedores (Sicaf), vinculada: I – à classe de materiais, utilizando o Padrão Descritivo de Materiais (PDM) do Sistema de Catalogação de Material do Governo federal; ou II – à descrição dos serviços ou das obras, constante do Sistema de Catalogação de Serviços ou de Obras do Governo federal" (Instrução Normativa SEGES/ME Nº 67/2021).

54. O que são sobrepreço e superfaturamento?

Sobrepreço é preço orçado para licitação ou contratado em valor expressivamente superior aos preços referenciais de mercado, seja de apenas 1 (um) item, se a licitação ou a contratação for por preços unitários de serviço, seja do valor global do objeto, se a licitação ou a contratação for por tarefa, empreitada por preço global ou empreitada integral, semi-integrada ou integrada; e superfaturamento é dano provocado ao patrimônio da Administração, caracterizado, entre outras situações, por: a) medição de quantidades superiores às efetivamente executadas ou fornecidas; b) deficiência na execução de obras e de serviços de engenharia que resulte em diminuição da sua qualidade, vida útil ou segurança; c) alterações no orçamento de obras e de serviços de engenharia que causem desequilíbrio econômico-financeiro do contrato em favor do contratado; d) outras alterações de cláusulas financeiras que gerem recebimentos contratuais antecipados, distorção do cronograma físico-financeiro, prorrogação injustificada do prazo contratual com custos adicionais para a Administração ou reajuste irregular de preços.

55. O que é e o que pode integrar o BDI – bonificações e despesas indiretas?

BDI é valor percentual que incide sobre o custo global de referência para realização da obra ou serviço de engenharia. O preço global de referência de obras ou serviços de engenharia será o resultante do custo global de referência acrescido do valor correspondente ao BDI, que deverá evidenciar em sua composição, no mínimo: I – taxa de rateio da administração central; II – percentuais de tributos incidentes sobre o preço do serviço, excluídos aqueles de natureza direta e personalística que oneram o contratado; III – taxa de risco, seguro e garantia do empreendimento; e IV – taxa de lucro.

56. O que é jogo de planilhas?

O jogo de planilha caracteriza-se pela elevação dos quantitativos de itens que apresentam preços unitários superiores aos de mercado e redução dos quantitativos de itens com preços inferiores, por meio de aditivos, gerando distorções indevidas na formação dos preços e lucros arbitrários para o contratado. Para evitar o jogo de planilhas, o Tribunal de Contas da União reputa imprescindível a análise dos preços unitários em licitações do tipo menor preço global (Acórdão nº 1618/2019), e tem precedente no sentido de que "a definição do critério de aceitabilidade dos preços unitários e global nos editais para a contratação de obras, com a fixação de preços máximos para ambos, é obrigação e não faculdade do gestor (Súmula TCU nº 259), ainda que se trate de empreitada por preço global. Essa obrigação tem por objetivo mitigar a ocorrência dos riscos associados tanto ao "jogo de cronograma" quanto ao "jogo de planilha" (Acórdão nº1695/2018-Plenário).

57. O que é preço manifestamente inexequível?

Preços manifestamente inexequíveis são os que não se comprovam suficientes para dar conta dos custos mínimos necessários para a execução do contrato, por não serem compatíveis com os de mercado. No caso de indícios de inexequibilidade de preço, o órgão decisório da licitação deve realizar diligência para oportunizar a prova de exequibilidade, como já decidiu o Tribunal de Contas da União: "deve ser realizada diligência para que a licitante vencedora do pregão comprove a exequibilidade dos itens com preços consideravelmente inferiores aos estimados pela empresa estatal (art. 56, caput, inciso V e §2º, da Lei nº 13.303/2016), ainda que o preço global ofertado esteja acima do patamar legal definido como parâmetro objetivo para a qualificação da proposta como inexequível (art. 56, §3º, da Lei nº 13.303/2016)" (Acórdão nº 2189/2022-TCU-Plenário); ou "Antes de ter sua proposta desclassificada por inexequibilidade, ao licitante deve ser franqueada oportunidade de defendê-la e demonstrar sua capacidade de bem executar os serviços, nos termos e condições exigidos pelo instrumento convocatório" (Acórdão nº 1244/2018-TCU-Plenário).

58. Para fins de habilitação jurídica, o objeto social da empresa licitante deve ser idêntico ao objeto da licitação?

É preciso apenas que exista uma relação justificável – quando não legalmente exigível, entre o objeto do futuro contrato e o objeto social da licitante. Para o Tribunal de Contas da União, basta que exista compatibilidade material e jurídica entre o objeto da licitação e o objeto social da empresa licitante: "não são considerados válidos para fins de habilitação atestados de prestação de serviços incompatíveis com as atividades econômicas previstas no contrato social do licitante. Os atestados devem não apenas demonstrar uma situação de fato, mas, necessariamente, uma situação fática que tenha ocorrido em conformidade com a lei e com o contrato social" (Acórdão nº 2939/2021-TCU-Plenário).

59. Documentos da matriz podem ser utilizados para prova de regularidade fiscal de filial?

A regularidade fiscal deve ser provada pelo estabelecimento que participa da licitação e irá executar o futuro contrato. Se filial participa da licitação, os documentos de habilitação jurídica e regularidade fiscal deverão estar em nome da filial, exceto aqueles que, pela própria natureza, somente possam ser emitidos em nome da matriz. E o contrato deverá ser executado pela entidade empresarial que participou da licitação.

60. Empresa em recuperação judicial pode participar de licitações e ser contratada?

As empresas em recuperação judicial podem participar de processos licitatórios e disputar contratos públicos. Para tanto, devem comprovar sua viabilidade econômico-financeira, inclusive pela apresentação de plano de recuperação judicial homologado pelo Juízo onde tramita o processo de recuperação respectivo. De acordo com o Tribunal de Contas da União, "admite-se a participação, em licitações, de empresas em recuperação judicial, desde que amparadas em certidão emitida pela instância judicial competente afirmando que a interessada está apta econômica e financeiramente a participar de procedimento licitatório" (Acórdão nº 1201/2020-TCU-Plenário). Neste caso, estão dispensadas de prova de regularidade fiscal, como já decidiu o Superior Tribunal de Justiça.

61. Pode ser exigido registro em conselhos regionais de engenharia e agronomia de empresas que atuam no ramo mobiliário?

A atividade básica desenvolvida pela empresa é o fator determinante para a obrigatoriedade do seu registro no respectivo conselho de fiscalização profissional. Cabe a análise de qual seja a atividade do agente econômico, e verificar se esta atividade é submetida ao controle de algum conselho de fiscalização profissional. Se não for, a exigência será ilegal. Empresas do ramo mobiliário não estão submetidas ao controle do sistema CONFEA.

62. Pode ser exigida, para fins de habilitação econômico-financeira, a apresentação de balanço por microempreendedor individual?

O microempreendedor individual não está isento de apresentação de balanço para fins de qualificação econômico-financeira na licitação, ainda que dispensado de tal por norma expressa no art. 1.179, §2º do Código Civil Brasileiro. A regra prevista na Lei civil destina-se ao fomento da atividade econômica pela facilitação de escriturações e registros contábeis do microempreendedor. A finalidade de exigência de balanço no processo da contratação pública é a diminuição dos riscos de execução contratual e, pois, a proteção do interesse público, daí a legitimidade da exigência, como já decidiu o Tribunal de Contas da União: "para participação em licitação regida pela Lei 8.666/1993, o microempreendedor individual (MEI) deve apresentar, quando exigido para fins de qualificação econômico-financeira, o balanço patrimonial e as demonstrações contábeis do último exercício social (art. 31, inciso I, da Lei nº 8.666/1993), ainda que dispensado da elaboração do referido balanço pelo Código Civil (art. 1.179, §2º, da Lei nº 10.406/2002)" (Acórdão nº 133/2022-TCU-Plenário).

63. A partir de que data é exigível a apresentação de balanço aprovado do exercício anterior?

O Código Civil Brasileiro prevê que "a assembléia dos sócios deve realizar-se ao menos uma vez por ano, nos quatro meses seguintes à ao término do exercício social, com o objetivo de tomar as contas dos administradores e deliberar sobre o balanço patrimonial e o de resultado econômico (art. 1078)". Tal significa que as empresas deverão ter o balanço aprovado até final de abril do exercício. É evidente que a norma legal – pelo princípio da hierarquia de normas – prevalece sobre qualquer outra norma de natureza infralegal, como aquelas eventualmente editadas para prestação de informações ou escrituração digital junto aos agentes ou órgãos públicos dotados de prerrogativa de controle. Será exigível em licitação a apresentação do balanço do exercício anterior, aprovado e registrado, a partir de 01 de maio do exercício em que se realiza o certame. É relevante que esta exigência seja expressa no instrumento convocatório, como já decidiu o Tribunal de Contas da União: "se não houver cláusula no edital que especifique o exercício a que devam se referir, o balanço patrimonial e demais demonstrações contábeis do exercício imediatamente anterior somente podem ser exigidos se a convocação da licitante para apresentação da documentação referente à qualificação econômico-financeira (art. 31 da Lei 8.666/1993) ocorrer após a data limite definida nas normas da Secretaria da Receita Federal para a apresentação da Escrituração Contábil Digital (ECD) no Sistema Público de Escrituração Digital (Sped)" (Acórdão nº 2293/2018-TCU-Plenário).

64. Microempresas e empresas de pequeno porte podem participar de licitações cujo objeto tenha valor superior ao limite para o enquadramento como tal?

As microempresas e empresas de pequeno porte podem participar de licitações independentemente do valor estimado da contratação, desde que atendam os requisitos de habilitação. Contudo, a Lei nº 14.133/21 prevê que o valor estimado da contratação deve ser considerado para aferir da possibilidade jurídica de participarem do certame mediante prerrogativas do tratamento diferenciado de que trata a LC nº 123. As ME e EPP não poderão fruir do tratamento diferenciado quando (i) no caso de licitação para aquisição de bens ou contratação de serviços em geral, ao item cujo valor estimado for superior à receita bruta máxima admitida para fins de enquadramento como empresa de pequeno porte; ou (ii) no caso de contratação de obras e serviços de engenharia, às licitações cujo valor estimado for superior à receita bruta máxima admitida para fins de enquadramento como empresa de pequeno porte (art. 4º).

65. O que é ocorrência impeditiva indireta?

Constitui ocorrência impeditiva indireta a extensão dos efeitos de sanção que impeça de licitar e contratar a Administração Pública para: I – as pessoas físicas que constituíram a pessoa jurídica, as quais permanecem impedidas de licitar com a Administração Pública enquanto perdurarem as causas da penalidade, independentemente de nova pessoa jurídica que vierem a constituir ou de outra em que figurarem como sócios; II – as pessoas jurídicas que tenham sócios comuns com as pessoas físicas antes referidas. O Tribunal de Contas da União tem precedentes versando sobre ocorrências impeditivas indiretas: O órgão ou a entidade promotora do certame não deve obstar a participação de empresa licitante com fundamento na existência de ocorrências impeditivas indiretas de licitar constantes do Sistema de Cadastramento Unificado de Fornecedores (Sicaf) sem que haja elementos suficientes para evidenciar que a sua constituição teve por objetivo burlar penalidade aplicada a outra sociedade empresarial e sem que seja dada oportunidade à interessada para manifestação prévia (art. 29 da IN-Seges/MPDG 3/2018) (Acórdão nº 534/2020-TCU-Primeira Câmara).

19.3 Etapa de gestão e fiscalização do contrato

66. Como deve ocorrer a publicidade dos contratos?
A publicação dos contratos celebrados deve ocorrer no Portal Nacional de Contratações Públicas e no sítio eletrônico do órgão ou entidade (art. 94). A publicação do contrato no PNPC é condição para sua eficácia (produção dos seus efeitos). Não é exigida legalmente a publicação do extrato do contrato em diário oficial ou em jornal diário de grande circulação.

67. Pode haver contratação verbal com a Administração Pública?
Pode haver contratações verbais de valor até R$11.441,66. Embora a Lei não tenha referência expressa, esta contratação se dará pelo regime de adiantamento ou suprimento de fundos (art. 95, §2º). Este valor será atualizado anualmente por Decreto do Presidente da República pelo Índice Nacional de Preços ao Consumidor Amplo Especial (IPCA-E) ou por índice que venha a substituí-lo. Nesta medida, o fundamental é concluir se a contratação verbal que se pretende realizar poderia ser realizada mediante processo normal de aplicação. Se o processo normal de aplicação é viável e possível, não tem cabimento o regime de suprimento de fundos. Assim: 1. o valor limite para utilização de recursos pelo regime de suprimento de fundos não é definido para cada objeto contratual, mas para situações em que não seja possível adotar o processo normal de aplicação, como acima visto; 2. para a aplicação do limite de valor definido no art. 95, §2º da Lei nº 14.133/21, para contratações verbais pelo regime de suprimento de fundos, não é necessária a somatória de objetos que tenham mesma natureza; 3. é indevida a aquisição fracionada de bens pelo regime de suprimento de fundos quando for possível adotar o regime normal de aplicação.

68. Em que situações não é obrigatório o instrumento de contrato para formalizar a relação contratual?
O instrumento de contrato é obrigatório, salvo nas seguintes hipóteses em que a Administração poderá substituí-lo por outro instrumento hábil, como carta-contrato, nota de empenho de despesa, autorização de compra ou ordem de execução de serviço: I – dispensa de licitação em razão de valor; II – compras com entrega imediata e integral dos bens adquiridos e dos quais não resultem obrigações futuras, inclusive quanto à assistência técnica, independentemente de seu valor (art. 95, I e II).

69. O que é seguro-garantia com cláusula de retomada?
Na contratação de obras e serviços de engenharia, o edital poderá exigir a prestação da garantia na modalidade seguro-garantia e prever a obrigação de a seguradora, em caso de inadimplemento pelo contratado, assumir a execução e concluir o objeto do contrato, hipótese em que: I – a seguradora deverá firmar o contrato, inclusive os aditivos, como interveniente anuente e poderá: a) ter livre acesso às instalações em que for executado o contrato principal; b) acompanhar a execução do contrato principal; c) ter acesso à

auditoria técnica e contábil; d) requerer esclarecimentos ao responsável técnico pela obra ou pelo fornecimento. Caso a seguradora assuma a execução do contrato, fica desobrigada de pagar a indenização contratualmente devida (art. 102).

70. Qual a duração legalmente prevista para os contratos de receita?
Contratos de receita são aqueles em que, ao invés de pagar pela execução do contrato, a Administração recebe contraprestação pecuniária do contratado. É o caso, por exemplo, dos contratos de concessão de uso de bem público. Na contratação que gere receita e no contrato de eficiência que gere economia para a Administração, os prazos serão de: I – até 10 (dez) anos, nos contratos sem investimento; II – até 35 (trinta e cinco) anos, nos contratos com investimento, assim considerados aqueles que impliquem a elaboração de benfeitorias permanentes, realizadas exclusivamente a expensas do contratado, que serão revertidas ao patrimônio da Administração Pública ao término do contrato (art. 110).

71. Contratos com prazo inferior a 1 ano devem ter cláusula de reajuste?
O reajuste dos contratos só pode ocorrer com periodicidade mínima de 12 meses. Contudo, a Lei prevê que "independentemente do prazo de duração do contrato, será obrigatória a previsão no edital de índice de reajustamento de preço, com data-base vinculada à data do orçamento estimado e com a possibilidade de ser estabelecido mais de um índice específico ou setorial, em conformidade com a realidade de mercado dos respectivos insumos" (art. 25, §7º). Esta previsão presta-se a evitar que um contrato celebrado originalmente por prazo inferior a 12 meses eventualmente venha a ser prorrogado, alcançando prazo superior, sem que tenha sido previsto o reajustamento.

72. A Administração Pública pode exigir determinada garantia contratual?
A modalidade de garantia contratual deve ser definida pelo contratado, como regra. A Lei dispõe que caberá ao contratado optar por uma das seguintes modalidades de garantia: I – caução em dinheiro ou em títulos da dívida pública emitidos sob a forma escritural, mediante registro em sistema centralizado de liquidação e de custódia autorizado pelo Banco Central do Brasil e avaliados por seus valores econômicos, conforme definido pelo Ministério da Economia; II – seguro-garantia; III – fiança bancária emitida por banco ou instituição financeira devidamente autorizada a operar no País pelo Banco Central do Brasil (art. 96). Porém, no caso de contratação de obras ou serviços de engenharia, a Administração pode exigir que a garantia seja mediante seguro-garantia com cláusula de retomada (art. 102).

73. As normas sobre seguro-garantia editadas pela Superintendência de Seguros Privados – SUSEP devem ser observadas quando da contração pública?
A SUSEP edita normas versando sobre seguro-garantia que devem ser cumpridas pela Administração Pública, inclusive, sob pena de não recebimento da indenização devida. Na data de publicação desta obra está em vigência a Circular SUSEP nº 662/2022, que estabelece regras e critérios para a elaboração e a comercialização de planos de Seguro-Garantia, e prevê que seguro-garantia destina-se a garantir o objeto principal contra o risco de inadimplemento, pelo tomador, das obrigações garantidas. Pelo contrato de Seguro-Garantia, a seguradora obriga-se ao pagamento da indenização, caso o tomador não cumpra a obrigação garantida, conforme estabelecido no objeto principal ou em sua legislação específica, respeitadas as condições e limites estabelecidos no contrato de seguro.

74. As alterações de planilhas de custos para substituir itens caracterizam uma alteração contratual?

A denominada substituição de itens, especialmente no caso de planilhas de custos de obras ou serviços de engenharia caracteriza alteração contratual, seja quantitativa – aumento ou diminuição de quantidade itens de mesma natureza –, seja qualitativa – substituição de um item por outro de natureza diversa. Isto porque esta substituição implica uma supressão de algo, sucedida de um acréscimo. Não se encontra fundamento jurídico para excepcionar da condição de alteração contratual o ajustamento ou redistribuição interna de componentes unitários de planilha de custos. Assim, tal substituição de itens deve ser formalizada por termo aditivo e sujeita-se aos limites previstos no art. 125 da Lei nº 14.133/21.

75. O recebimento de objeto contratual, no caso de compras, pode ser feito apenas mediante atestado no verso de nota fiscal?

No caso de compras, o objeto será recebido provisoriamente, de forma sumária, pelo responsável por seu acompanhamento e fiscalização, com verificação posterior da conformidade do material com as exigências contratuais; e definitivamente, por servidor ou comissão designada pela autoridade competente, mediante termo detalhado que comprove o atendimento das exigências contratuais (art. 140, II, "a" e "b"). Forma sumária de recebimento provisório não equivale a recebimento sem nenhuma formalização. O recebimento implica, também, assumir a responsabilidade pela guarda da coisa – quando for o caso. Logo, este recebimento sumário se dará por forma escrita, mediante termo de recebimento simplificado ou outra forma que registre, de modo inequívoco, que o contratado entregou e a Administração recebeu (inclusive para fins de identificação de mora). O Tribunal de Contas da União já decidiu que o mero atesto de notas fiscais não formaliza corretamente o recebimento de bens: "na aquisição de medicamentos, a existência de nota fiscal, ainda que atestada, desacompanhada de outras evidências de recebimento dos produtos, é insuficiente para comprovar a regular aplicação dos recursos públicos envolvidos, cabendo a responsabilização solidária da empresa fornecedora caso tenha emitido a nota fiscal sem a indicação dos lotes dos medicamentos (Resolução Anvisa – RDC nº 430/2020) (Acórdão nº 6415/2023-TCU-Primeira Câmara).

76. No que consiste a garantia adicional quando da contratação de obras e serviços de engenharia?

No caso da contratação de obras e serviços de engenharia, será exigida garantia adicional do licitante vencedor cuja proposta for inferior a 85% (oitenta e cinco por cento) do valor orçado pela Administração, equivalente à diferença entre este último e o valor da proposta, sem prejuízo das demais garantias exigíveis de acordo com a Lei. Por exemplo: o valor do orçamento estimativo da licitação foi de R$1.000.000,00. O valor da proposta vencedora, de R$700.000,00. O valor-base para a garantia adicional é de R$850.000,00 (85% do valor do orçamento estimativo da licitação). O valor da garantia adicional deverá ser de R$300.000,00 (diferença entre o valor do orçamento estimativo e o valor da proposta). Esta garantia se dará pelas modalidades de caução em dinheiro ou títulos da dívida pública, seguro-garantia ou fiança bancária. A garantia adicional se dará sem prejuízo das garantias contratuais previstas no art. 96.

77. O mesmo agente público pode ser designado simultaneamente para a função de gestor e de fiscal de contrato de uma mesma relação contratual?

Entre as funções de gestor e de fiscal de contrato deve haver segregação. Isto porque uma das atribuições do gestor de contratos é exatamente o controle da atuação dos fiscais de contrato. Tem aplicação, na hipótese, a regra do art. 7º, §1º: autoridade referida no *caput* deste artigo deverá observar o princípio da segregação de funções, vedada a designação do mesmo agente público para atuação simultânea em funções mais suscetíveis a riscos, de modo a reduzir a possibilidade de ocultação de erros e de ocorrência de fraudes na respectiva contratação.

78. Quais os requisitos legais para a decretação de invalidade de licitação ou de contrato?

Só pode haver a decretação de nulidade do contrato se restar comprovado que esta solução é a que melhor atende o interesse público. Antes da invalidação do contrato deve haver uma avaliação prévia dos efeitos da invalidação a partir dos parâmetros fixados no art. 147. Ademais, pode haver a decretação de nulidade para produzir efeitos apenas no futuro, de modo que não haja prejuízos com a interrupção da execução do contrato.

79. Qual pode ser o prazo de vigência de ata de registro de preços?

Ata de registro de preços é documento vinculativo e obrigacional, com característica de compromisso para futura contratação, no qual são registrados o objeto, os preços, os fornecedores, os órgãos participantes e as condições a serem praticadas, conforme as disposições contidas no edital da licitação, no aviso ou instrumento de contratação direta e nas propostas apresentadas. O prazo de vigência da ata de registro de preços será de 1 (um) ano e poderá ser prorrogado, por igual período, desde que comprovado o preço vantajoso. Defende-se que na renovação do prazo de vigência da ata podem também ser renovados os quantitativos registrados.

80. O que é um contrato de eficiência?

Contrato de eficiência é aquele cujo objeto é a prestação de serviços, que pode incluir a realização de obras e o fornecimento de bens, com o objetivo de proporcionar economia ao contratante, na forma de redução de despesas correntes, remunerado o contratado com base em percentual da economia gerada. Os contratos de eficiência são licitados pelo critério de julgamento de maior retorno econômico.

81. O processo para apuração de responsabilidade que possa ensejar sanção de impedimento de licitar e contratar com a Administração e de declaração de inidoneidade tem que ser conduzido por comissão processante?

Sim, a aplicação destas sanções deve ser precedida de processo de responsabilização, a ser conduzido por comissão composta de 2 (dois) ou mais servidores estáveis, que avaliará fatos e circunstâncias conhecidos e intimará o licitante ou o contratado para, no prazo de 15 (quinze) dias úteis, contado da data de intimação, apresentar defesa escrita e especificar as provas que pretenda produzir.

82. Pode haver reabilitação de licitante ou contratado em relação a sanção de impedimento de licitar e contratar ou de declaração de inidoneidade?

Sim. É admitida a reabilitação do licitante ou contratado perante a própria autoridade que aplicou a penalidade, exigidos, cumulativamente: I – reparação integral do dano causado à Administração Pública; II – pagamento da multa; III – transcurso do prazo mínimo de 1 (um) ano da aplicação da penalidade, no caso de impedimento de licitar e contratar, ou de 3 (três) anos da aplicação da penalidade, no caso de declaração de inidoneidade; IV – cumprimento das condições de reabilitação definidas no ato punitivo; e V – análise jurídica prévia, com posicionamento conclusivo quanto ao cumprimento dos requisitos definidos neste artigo.

83. Pode ser celebrado termo de ajustamento de conduta em substituição à aplicação de sanção administrativa?

Sim. Termo de ajustamento de conduta é instrumento jurídico por intermédio do qual pessoa física ou jurídica que cometeu infração legal ou contratual assume o cumprimento de certas e determinadas condições objetivando evitar a aplicação da sanção administrativa que seria legalmente devida. Ou seja, ao invés de ter a responsabilidade apurada pelo suposto cometimento de infração, ou de ter contra si aplicada uma sanção pelo cometimento em concreto de infração, é formalizado um compromisso de condutas positivas (fazer) ou negativas (não fazer) em caráter substitutivo da sanção.

84. Quando da prorrogação da vigência de ata de registro de preços pode haver a renovação dos quantitativos?

A Lei prevê que a vigência da ata de registro de preços será de um ano, podendo ser prorrogada por igual período. A rigor, o instituto é de renovação da ata – na premissa de que prorrogação é instituto para conceder prazo adicional para o que não foi concluído em termos de execução contratual. Desta feita, renovada a vigência da ata, podem ser, em homenagem à eficiência, renovados os quantitativos originalmente registrados nela. Esta foi a solução adotada pelo Decreto Estadual nº 10.086/22 (Paraná).

85. Pode haver reajustamento por índice, setorial ou geral, dos custos contratuais referentes aos insumos em contratos de prestação de serviços com dedicação exclusiva de mão de obra?

A Lei prevê que os preços dos contratos para serviços contínuos com regime de dedicação exclusiva de mão de obra ou com predominância de mão de obra serão repactuados para manutenção do equilíbrio econômico-financeiro, mediante demonstração analítica da variação dos custos contratuais (art. 135). Esta opção legislativa pode comprometer a eficiência e a celeridade, bem como se mostrar extremamente complexa no cotidiano da Administração. Defende-se que, por interpretação sistemática, pode haver a previsão de que o reajustamento de preços de insumos em caso de contratos de prestação de serviços com dedicação exclusiva de mão de obra será por índice fixado no instrumento convocatório e no contrato.

86. Diante de vício de nulidade, a Administração pode deixar de anular o contrato?

A anulação de licitação ou de contrato só pode ocorrer se for medida de interesse público (art. 147). Constatado o vício, a primeira providência é avaliar sobre a possibilidade e efetivar o saneamento. Caso insanável, deverá ser promovida uma avalição prévia dos efeitos da invalidação, para concluir sobre anulação, considerando: I – impactos econômicos e financeiros decorrentes do atraso na fruição dos benefícios do objeto do contrato; II – riscos sociais, ambientais e à segurança da população local decorrentes do atraso na fruição dos benefícios do objeto do contrato; III – motivação social e ambiental do contrato; IV – custo da deterioração ou da perda das parcelas executadas; V – despesa necessária à preservação das instalações e dos serviços já executados; VI – despesa inerente à desmobilização e ao posterior retorno às atividades; VII – medidas efetivamente adotadas pelo titular do órgão ou entidade para o saneamento dos indícios de irregularidades apontados; VIII – custo total e estágio de execução física e financeira dos contratos, dos convênios, das obras ou das parcelas envolvidas; IX – fechamento de postos de trabalho diretos e indiretos em razão da paralisação; X – custo para realização de nova licitação ou celebração de novo contrato; XI – custo de oportunidade do capital durante o período de paralisação.

87. A alta administração pode ser responsabilizada pessoalmente por defeito de governança das contratações?

A alta administração é responsável pela governança das contratações. Caso se efetivem prejuízos para os processos de contratação pública decorrentes de falhas de governança, os integrantes da alta administração podem ser responsabilizados pessoalmente, como inclusive já decidiu o Tribunal de Contas da União: "86. O conjunto de falhas ora descritas denota que, muito além de fiscalização contratual deficiente em um contrato específico, o Ministério da Saúde apresenta graves fragilidades de caráter estrutural que propiciam elevação em grau temerário dos riscos de ineficácia, desperdício e, até mesmo, malversação de recursos públicos. 87. Nos termos do disposto na nova lei de licitações e contratos, a governança das contratações constitui responsabilidade da alta administração do órgão, cabendo-lhe implantar processos e estruturas, inclusive de gestão de riscos e controles internos, para avaliar, direcionar e monitorar os processos licitatórios e os respectivos contratos, tendo por objetivos, dentre outros, o de assegurar a seleção da proposta apta a gerar o resultado de contratação mais vantajoso para a Administração Pública; assegurar tratamento isonômico entre os licitantes, bem como a justa competição, além de evitar contratações com sobrepreço ou com preços manifestamente inexequíveis e superfaturamento na execução dos contratos (Lei 14.133/2021, artigos 11 e 169) . 88. Conclui-se, no ponto, pela desnecessidade da emitir ciência ao Ministério da Saúde quanto à falha ora constatada por já haver sido reconhecida pelo próprio órgão, sem prejuízo de assinalar que a não resolução das recorrentes fragilidades constatadas ao longo de anos na governança das contratações, atrai diretamente para a alta administração do órgão a responsabilização pelas irregularidades e eventuais danos ao erário que vierem a ser constatados. Considerando que a proposição aguarda deliberação do colegiado competente, considera-se oportuno também dar ciência ao Ministério da Saúde que a não resolução das recorrentes fragilidades constatadas ao longo de anos na governança das contratações, a exemplo da continuidade da irregular execução dos serviços de armazenagem e transporte de insumos de saúde sem cobertura contratual, atrai diretamente para a alta administração do órgão a responsabilização pelas irregularidades e eventuais danos ao erário que vierem a ser constatados" (Acórdão nº 1270/2023-Plenário).

88. Deve haver revisão contratual em favor da Administração Pública?

Revisão contratual é instrumento para recomposição da equação econômico-financeira do contrato que seja desequilibrada por eventos como alterações contratuais, fato da administração, fato do príncipe, fatos imprevisíveis ou fatos previsíveis com consequências incalculáveis, entre outros fatores que não a variação inflacionária. Caso qualquer dos fatos geradores de revisão opere para reduzir os custos contratuais, é dever do gestor adotar medidas para a revisão contratual para retirar o excesso do preço contratado.

89. As alterações contratuais consensuais têm limite percentual em relação ao valor do contrato?

A Lei prevê, no art. 125, que "nas alterações unilaterais a que se refere o inciso I do caput do art. 124 desta Lei, o contratado será obrigado a aceitar, nas mesmas condições contratuais, acréscimos ou supressões de até 25% (vinte e cinco por cento) do valor inicial atualizado do contrato que se fizerem nas obras, nos serviços ou nas compras, e, no caso de reforma de edifício ou de equipamento, o limite para os acréscimos será de 50% (cinquenta por cento)". Perceba-se que a Lei trata apenas de impor limites percentuais para as alterações unilaterais. Pode-se defender, assim, que as alterações consensuais não estão submetidas a estes limites.

90. A Administração Pública tem responsabilidade subsidiária por encargos trabalhistas inadimplidos pelo empregados nos contratos de prestação de serviços com dedicação exclusiva de mão de obra?

A responsabilidade trabalhista subsidiária da Administração Pública não é automática, como já decidiu o Supremo Tribunal Federal: EMENTA AGRAVO INTERNO EM RECLAMAÇÃO. ADC 16 E RE 760.931 (TEMA 246/RG). ART. 71, §1º, DA LEI nº 8.666/1993. RESPONSABILIDADE SUBSIDIÁRIA DA ADMINISTRAÇÃO PÚBLICA. IMPOSSIBILIDADE DE TRANSFERÊNCIA AUTOMÁTICA. NECESSIDADE DE PROVA INEQUÍVOCA DA CONDUTA OMISSIVA OU COMISSIVA NA FISCALIZAÇÃO DO CONTRATO. 1. O Plenário do Supremo assentou a impossibilidade de transferência automática a ente público, na qualidade de tomador dos serviços prestados em regime de terceirização, da responsabilidade pelo adimplemento de obrigações trabalhistas. 2. Ambas as Turmas do Supremo têm entendimento pela exigibilidade, para efeito de responsabilização do poder público, de demonstração do comportamento reiteradamente negligente do ente público bem como de nexo causal entre a conduta comissiva ou omissiva e o dano, mostrando-se imprescindível comprovação do conhecimento, pela Administração, da situação de ilegalidade, além de sua inércia em adotar providências para saná-la. 3. Agravo interno provido e reclamação julgada procedente, para cassar-se a decisão atacada no ponto em que atribui ao ente público responsabilidade subsidiária pelo adimplemento de débitos trabalhistas. Rcl 46989 AgR. Haverá responsabilidade subsidiária apenas se comprovado o dolo ou a culpa por defeito de fiscalização do cumprimento de obrigações trabalhistas inerentes ao contrato celebrado. Esta também é a norma prevista no art. 121 da Lei nº 14.133/21: "exclusivamente nas contratações de serviços contínuos com regime de dedicação exclusiva de mão de obra, a Administração responderá solidariamente pelos encargos previdenciários e subsidiariamente pelos encargos trabalhistas se comprovada falha na fiscalização do cumprimento das obrigações do contratado".

91. Pode haver decretação de nulidade de contrato e postergação de seus efeitos?

Ao declarar a nulidade do contrato, a autoridade, com vistas à continuidade da atividade administrativa, poderá decidir que ela só tenha eficácia em momento futuro, suficiente para efetuar nova contratação, por prazo de até 6 (seis) meses, prorrogável uma única vez (art. 148, §2º).

92. A Administração Pública pode prever mais de uma etapa recursal no processo da licitação, uma vez que a Lei determina que a apreciação do recurso se dará em fase única (unicidade recursal)?
Qualquer medida ou instrumento jurídico que amplie direitos e garantias dos licitantes, desde que não violados regras ou princípios jurídicos podem ser adotados. Não há óbice para que, em homenagem à eficiência e outros valores (em especial no caso de inversão de fases do processo da licitação, quando a habilitação deva ocorrer como primeira etapa), seja prevista uma etapa recursal para cada fase de julgamento – habilitação e propostas.

93. A resposta aos pedidos de esclarecimentos e às impugnações devem ser comunicadas a todos os licitantes?
As respostas a pedidos de esclarecimentos e impugnações constituem importante fonte de informações para que sejam elaboradas as propostas, e devem ser divulgadas amplamente, inclusive por meio de publicidade em sítio eletrônico do órgão ou entidade.

94. Os reajustamentos contratuais exigem termo aditivo para formalização?
Os reajustamentos contratuais, em sentido estrito ou por repactuação, podem ser formalizados por simples apostilamento, não exigindo termo aditivo (art. 136).

95. O órgão de assessoramento jurídico e o órgão de controle interno tem dever de orientar os fiscais e gestores do contrato?
O fiscal do contrato será auxiliado pelos órgãos de assessoramento jurídico e de controle interno da Administração, que deverão dirimir dúvidas e subsidiá-lo com informações relevantes para prevenir riscos na execução contratual (art. 117, §3º).

96. Pode ser contratado apoio terceirizado para a fiscalização contratual?
É permitida a contratação de terceiros para assisti-los e subsidiá-los com informações pertinentes a essa atribuição. Na hipótese da contratação de terceiros para este apoio, a empresa ou o profissional contratado assumirá responsabilidade civil objetiva pela veracidade e pela precisão das informações prestadas, firmará termo de compromisso de confidencialidade e não poderá exercer atribuição própria e exclusiva de fiscal de contrato; a contratação de terceiros não eximirá de responsabilidade o fiscal do contrato, nos limites das informações recebidas do terceiro contratado (art. 117).

97. Pode haver pagamento antecipado, antes do recebimento integral ou parcial do objeto do contrato?
Como regra, o pagamento somente pode ocorrer após a liquidação regular da despesa. Porém, a antecipação de pagamento será permitida se propiciar sensível economia de recursos ou se representar condição indispensável para a obtenção do bem ou para a prestação do serviço, hipótese que deverá ser previamente justificada no processo licitatório e expressamente prevista no edital de licitação ou instrumento formal de contratação direta. A Administração poderá exigir a prestação de garantia adicional como condição para o pagamento antecipado (art. 145).

98. Quando ocorre a prescrição da pretensão punitiva por infrações legais ou contratuais cometidas no processo da contratação pública?
A prescrição ocorrerá em 5 (cinco) anos, contados da ciência da infração pela Administração e será interrompida pela instauração do processo de responsabilização a que se refere o *caput* deste artigo; suspensa pela celebração de acordo de leniência previsto na Lei

nº 12.846, de 1º de agosto de 2013; ou suspensa por decisão judicial que inviabilize a conclusão da apuração administrativa (art. 158, §4º).

99. O que é o instituto do *disgorgement* aplicado às contratações públicas?
O *disgorgement* é, em síntese, instituto pelo qual se obtém a restituição de lucros indevidos no caso de prática de ilícitos quando de execução de contrato. Decretada a invalidação do contrato ou identificada prática ilícita, a Administração deverá, com base no instituto, descontar do pagamento devido ao contratado a parcela de lucros originalmente prevista. O Tribunal de Contas da União já decidiu que "a restituição de lucros ilegítimos está fundamentada no princípio da vedação do enriquecimento sem causa, assim como no princípio de que ninguém pode se beneficiar da própria torpeza e ainda nos efeitos retroativos da declaração de nulidade, no sentido de que se deve buscar a restauração do status quo ante. A restituição dos lucros ilegítimos tem amparo legislativo amplo no art. 884 do Código Civil brasileiro e, especificamente, no art. 59 da Lei 8666/1993 e nos artigos 148 e 149 da Lei 14.133/2021" (Acórdão nº 1842/2022).

100. Pode ser exigida a implantação de programa de integridade pelos contratados?
Programa de integridade é o conjunto de mecanismos e procedimentos internos de integridade, auditoria e incentivo à denúncia de irregularidades e na aplicação efetiva de códigos de ética e de conduta, políticas e diretrizes, com o objetivo de: I – prevenir, detectar e sanar desvios, fraudes, irregularidades e atos ilícitos praticados contra a Administração Pública, nacional ou estrangeira; e II – fomentar e manter uma cultura de integridade no ambiente organizacional (art. 56, Decreto nº 11.129/22). Nas contratações de obras, serviços e fornecimentos de grande vulto, o edital deverá prever a obrigatoriedade de implantação de programa de integridade pelo licitante vencedor, no prazo de 6 (seis) meses, contado da celebração do contrato, conforme regulamento que disporá sobre as medidas a serem adotadas, a forma de comprovação e as penalidades pelo seu descumprimento. A sua implementação pode ser exigida também para fins de reabilitação de sanção aplicada.

REFERÊNCIAS

ALEXY, Robert. *Teoria dos Direitos Fundamentais*. São Paulo: Malheiros, 2008.

ASSONI FILHO, Sérgio. *Orçamentos públicos*: a Lei 4320/1964 comentada. São Paulo: Revista dos Tribunais, 2008.

BELTRAME, Priscila Akemi. Proibição de submissão a novo julgamento – regra do ne bis in idem – o sistema interamericano de direitos humanos e o direito comparado. *Revista Brasileira de Ciências Criminais*, v. 80, set. 2009.

BANDEIRA DE MELLO, Celso Antônio. *Conteúdo jurídico do princípio da igualdade*. 3. ed. São Paulo: Malheiros, 1998.

BANDEIRA DE MELLO, Celso Antônio. Contrato administrativo: direito ao equilíbrio econômico-financeiro – reajustes contratuais e os Planos Cruzado e Bresser. *Revista de Direito Público*, São Paulo, n. 90, abr./jun. 1989.

BANDEIRA DE MELLO, Celso Antônio. *Curso de Direito Administrativo*. 31. ed. São Paulo: Malheiros, 2014.

BANDEIRA DE MELLO, Celso Antônio. *Discricionariedade e controle judicial*. 2. ed. São Paulo: Malheiros, 1993.

BANDEIRA DE MELLO, Celso Antônio. O equilíbrio econômico nos contratos administrativos. In: *Perspectivas do Direito Público*: estudos em homenagem a Seabra Fagundes. Belo Horizonte: Del Rey, 1995.

BARROS, Suzana de Toledo. *O Princípio da proporcionalidade e o Controle de Constitucionalidade das Leis Restritivas de Direitos Fundamentais*. Brasília: Livraria e Editora Brasília Jurídica, 1996.

BENETON, Marco Antônio Hatem. *Plano plurianual, os contratos administrativos e a teoria do diálogo das fontes*: orçamentos públicos e Direito Financeiro. São Paulo: Revista dos Tribunais, 2011.

BÉNOIT, Francis Paul. *Le Droit Administratif français*. Paris: Dalloz, 1968.

BERNARDES DE MELLO, Marcos. *Teoria do fato jurídico*. Plano da validade. 6. ed. São Paulo: Saraiva, 2011.

BERTOLDI, Marcelo M.; RIBEIRO, Márcia Carla Pereira. *Curso avançado de Direito Comercial*. 6. ed. São Paulo: Revista dos Tribunais, 2011.

BERÇAITZ, Miguel Angel. *Teoria general del contrato administrativo*. 2. ed. Buenos Aires: Ediciones Depalma, 1980.

BIELSA, Rafael. *Régimen de los servicios públicos*. Estudios de Derecho Público. Buenos Aires: Depalma, 1950. v. 1.

BITENCOURT, Cezar Roberto. *Tratado de Direito Penal*. Parte 1. 16. ed. São Paulo: Saraiva, 2011.

BORGES, Alice Maria Gonzalez. O equilíbrio econômico-financeiro nos contratos administrativos. *Boletim de Licitações e Contratos Administrativos*, São Paulo, n. 7, p. 388, jul. 2000.

BORGES, Roxana Cardoso Brasileiro. Obrigações de fazer e de não fazer. *In*: LOTUFO, Renan; NANNI, Giovanni Ettore (Coord.). *Obrigações*. São Paulo: Atlas, 2011.

BRASIL. Tribunal de Contas da União. *Manual de Gestão de Riscos do TCU* – Um passo para a eficiência. 2. ed. Brasília: TCU, Secretaria de Planejamento, Governança e Gestão (Seplan), 2020.

BRASIL. Tribunal de Contas da União. *Obras públicas*: recomendações básicas para a contratação e fiscalização de obras públicas. 3. ed. Brasília: TCU, SecobEdif, 2013.

BRASIL. Tribunal de Contas da União. *Obras Públicas*: recomendações Básicas para a Contratação e Fiscalização de Obras de Edificações Públicas. 4. ed. Brasília: TCU, 2014. p. 88. Disponível em: https://portal.tcu.gov.br/data/files/1E/26/8A/06/23DEF610F5680BF6F18818A8/Obras_publicas_recomendacoes_basicas_contratacao_fiscalizacao_obras_edificacoes_publicas_4_edicao.PDF. Acesso em: 19 set. 2023.

BRASIL. Tribunal de Contas da União. *Referencial Básico de Governança*. Brasília, 2014. p. 11. Disponível em: file:///C:/Users/User/Downloads/2663788%20(1).PDF. Acesso em: 28 ago. 2023.

CAETANO, Marcelo. *Manual de Direito Administrativo*. Coimbra: Almedina, 1991. v. I.

CANARIS, Claus Wilhelm. *Pensamento sistemático e conceito de direito na ciência do direito*. 2. ed. Lisboa: Fundação Calouste Gulbenkian. 1996.

CANOTILHO, José Joaquim Gomes. *Direito Constitucional*. 6. ed. Coimbra: Almedina, 1993.

CARVALHO FILHO, José dos Santos. *Manual de Direito Administrativo*. 28. ed. São Paulo: Atlas, 2015.

CASSAGNE, Juan Carlos. *El contrato administrativo*. Buenos Aires: Abeledo Perrot, 1999.

CASTRO, Rodrigo Pironti Aguirre de. *Sistema de controle interno*: uma perspectiva do modelo de gestão pública gerencial. Belo Horizonte: Fórum, 2007.

CONSELHO NACIONAL DE JUSTIÇA – CNJ. *Gestão por competências passo a passo*: um guia de implementação/Coordenação: Centro de Formação e Aperfeiçoamento de Servidores do Poder Judiciário (CEAJUD). Brasília: CNJ, 2016. p. 29. Disponível em: https://www.cnj.jus.br/wp-content/uploads/2012/01/6df487e745d2ed907c5ea433b6ebee96.pdf. Acesso em: 29 ago. 2023.

CRETELLA JR., José. *Tratado de Direito Administrativo*. Rio de Janeiro: Forense, 1967. v. 3.

DE PLÁCIDO E SILVA. *Vocabulário Jurídico*. 28. ed. São Paulo: Forense, 2009.

DERANI, Cristiane. *Direito Ambiental Econômico*. São Paulo: Saraiva, 2009.

DI PIETRO, Maria Sylvia Zanella. *Direito Administrativo*. 23. ed. São Paulo: Editora Atlas, 2010.

DINIZ, Maria Helena. *Curso de Direito Civil Brasileiro*. 3. ed. São Paulo: Saraiva, 1986.

DINIZ, Maria Helena. *Curso de Direito Civil Brasileiro*: teoria das obrigações contratuais e extracontratuais. 29. ed. São Paulo: Saraiva, 2013.

DOTTI, René Ariel. *Curso de Direito penal*: parte geral. 8. ed. São Paulo: Revista dos Tribunais, 2021.

DROMI, José Roberto. La imprevisión en los contratos de la administración. *In*: DROMI, José Roberto. *Contratos Administrativos*: régimen de pago y actualización. Buenos Aires: Editorial Astrea de Alfredo y Ricardo Depalma, 1988.

DROMI, Roberto. *Licitacion Publica*. 2. ed. Buenos Aires: Ciudad Argentina, 1999.

ENGISH, Karl. *Metodologia da Ciencia do Direito*. 3. ed. Lisboa: Fundação Calouste Gulbenkian, 1997.

ESCOLA, Héctor Jorge. *El interés público como fundamento del derecho administrativo*. Buenos Aires: Depalma, 1989.

ESTORNINHO, Maria João. *Requiem pelo Contrato Administrativo*. Coimbra: Almedina, 2003.

FALSARELLA, Christiane. *Reserva do possível como aquilo que é razoável se exigir do Estado*. Disponível em: https://apesp.org.br/comunicados/images/tese_christiane_mina_out2012.pdf). Acesso em: 23 ago. 2023.

FERREIRA, Rui Cardona. *Indemnização do interesse contratual positivo e perda de chance* (em especial na contratação pública). Coimbra: Coimbra Editora, 2011.

FIGUEIREDO, Lúcia Valle. *Extinção dos contratos administrativos*. São Paulo: Revista dos Tribunais, 1986.

FONTE, Felipe de Melo. *Políticas Públicas e Direitos Fundamentais*. São Paulo: Saraiva, 2013.

FRANÇA, R. Limongi. *Enriquecimento sem Causa*. Enciclopédia Saraiva de Direito. São Paulo: Saraiva, 1987.

GAMBINO, Enrique Sanchez. La indexación en los contratos administrativos provinciales. *In*: GAMBINO, Enrique Sanchez. *Contratos Administrativos*: régimen de pago y actualización, 1988. t. 1.

GASPARINI, Diogenes. *Direito Administrativo*. 13. ed. São Paulo: Saraiva, 2008.

GASPARINI, Diogenes. Reequilíbrio econômico financeiro do contrato. *Boletim de Licitações e Contratos*, São Paulo, n. 7, p. 406, jul. 2001.

GOMES, Jesiel de Marco. Economia de escala: uma revisão sobre as teorias tradicional e moderna dos custos e sua adequação ao mundo real. *Revista Análise Econômica*, Faculdade de Ciências Econômicas – UFRGS, n. 17, p. 60, 1992. Disponível em: https://seer.ufrgs.br/index.php/AnaliseEconomica/article/view/10407/6097. Acesso em: 26 ago. 2023.

GOMES, Orlando. *Obrigações*. 17. ed. São Paulo: Forense, 2009.

GONÇALVES, Carlos Roberto. *Responsabilidade Civil* – de acordo com o novo Código Civil. São Paulo: Saraiva, 2003.

GONÇALVES, Pedro. *A concessão de serviços públicos*. Coimbra: Almedina, 1997. p. 239.

GORDILLO, Agustín. *Tratado de Derecho Administrativo*. 5. ed. Buenos Aires: Fundación de Derecho Administrativo, 1988.

GRAU, Eros. *A ordem econômica na Constituição de 1988*. 14. ed. São Paulo: Malheiros, 2010.

GUARANI, Fabio. Princípio da confiança no Direito Penal como argumento em favor de órgãos empresariais em posição de comando e compliance: relações e possibilidades. *In*: DAVID, Décio Franco. *Compliance e Direito Penal*. São Paulo: Atlas, 2015.

GUERRERO, Fernando Fernández-Figueroa. *La revisión de precios de los contratos de las administraciones públicas*: especial referencia al ámbito local. Estudios sobre la contratación en las Administraciones Públicas. Granada: Comares, 1996.

GUIMARÃES, Edgar. *Controle das licitações públicas*. São Paulo: Dialética, 2002.

GUIMARÃES, Edgar; NIEHBUR, Joel de Menezes. *Registro de Preços*: aspectos práticos e jurídicos. 2. ed. Belo Horizonte: Editora Fórum, 2013.

GUIMARÃES, Fernando Vernalha. *Alteração unilateral do contrato administrativo*. São Paulo: Malheiros, 2003.

GUIMARÃES, Fernando Vernalha. O equilíbrio econômico-financeiro nas concessões e ppps: formação e metodologia para recomposição. *In*: MOREIRA, Egon Bockmann (Coord.). *Tratado do Equilíbrio Econômico-Financeiro*. Belo Horizonte: Editora Fórum, 2019.

JAKOBS, Gunter. *Fundamentos do Direito Penal*. 2. ed. São Paulo: Revista dos Tribunais, 2012.

JESUS, Damásio Evangelista de. *Direito Penal*. 12. ed. São Paulo: Saraiva, 1988.

JÈZE, Gaston. *Principios generales del Derecho Administrativo*: teoría general de los contratos de la Administración. Buenos Aires: Depalma, 1949. v. 3.

JÈZE, Gaston. *Principios generales del Derecho Administrativo*: teoría general de los contratos de la administración. Buenos Aires: Depalma, 1950. v. 4.

JUSTEN FILHO, Marçal. *Comentários à Lei de Licitações e Contratos Administrativos*. 15. ed. São Paulo: Dialética, 2012.

JUSTEN FILHO, Marçal. *Comentários à Lei de Licitações e Contratos Administrativos*. 16. ed. São Paulo: Thomson Reuters; Revista dos Tribunais, 2014.

JUSTEN FILHO, Marçal. *Comentários à Lei de Licitações e Contratações Administrativas*. São Paulo: Revista dos Tribunais, 2021.

JUSTEN FILHO, Marçal. *Concessões de serviços públicos*. São Paulo: Dialética, 1997.

KELSEN, Hans. *Teoria pura do direito*. 2. ed. São Paulo: Livraria Martins Fontes Editora, 1987.

LAUBADÈRE, André de. *Traité théorique et pratique des contrats administratifs*. Paris: Librairie Générale de Droit et de Jurisprudence, 1956.

LIMA, Carlos Fernando dos Santos. O Sistema Nacional de Lavagem de Dinheiro. *In*: DE CARLI, Carla Veríssimo (Org.). *Lavagem de dinheiro*: prevenção e controle penal. Porto Alegre: Verbo Jurídico, 2011.

LONG, M. et al. *Les grands arrêts de la jurisprudence administrative*. 11. ed. Paris: Dalloz, 1996.

MARION, José Carlos. *Análise das Demonstrações Contábeis*. 2. ed. São Paulo: Atlas, 2002.

MARQUES NETO *et al*. A correlação monetária e econômica nos contratos administrativos e a nova lei. *In*: GARCIA, Maria (Coord.). *Estudos sobre a lei de licitações e contratos*. Rio de Janeiro: Forense Universitária, 1995.

MAXIMILIANO, Carlos. *Hermenêutica e aplicação do Direito*. 14. ed. Rio de Janeiro: Forense, 1994.

MEDAUAR, Odete. *Controle da Administração Pública*. São Paulo: Revista dos Tribunais, 2012.

MEIRELLES, Hely Lopes. Contrato Administrativo: características: alteração. *In*: MEIRELLES, Hely Lopes. *Estudos e pareceres de Direito Público*. São Paulo: RT, 1992. v. 3.

MEIRELLES, Hely Lopes. *Direito Administrativo brasileiro*. 26. ed. São Paulo: Malheiros, 2001.

MEIRELLES, Hely Lopes. *Licitação e contrato administrativo*. 12. ed. São Paulo: Malheiros, 1999.

MELLO, Marcos Bernardes de. *Teoria do fato jurídico*. Plano da validade. 11. ed. São Paulo: Editora Saraiva, 2011.

MENDES. Renato Geraldo. *O processo de contratação pública*: fases, etapas e atos. Curitiba: Zênite. 2012.

MIRANDA, Pontes de. *Tratado de Direito Privado*. Parte Geral. Campinas: Bookseller, 2000.

MOREIRA, Egon Bockman; GUIMARÃES, Fernando Vernalha. *Licitação pública*. São Paulo: Malheiros, 2012.

MOREIRA, Egon Bockmann. *Processo Administrativo*. Princípios constitucionais e a Lei 9.784/99. São Paulo: Malheiros, 2003.

MOREIRA NETO, Diogo de Figueiredo. *Curso de Direito Administrativo*. 10. ed. Rio de Janeiro: Forense, 1992.

MORAES, Renato José de. *Cláusula rebus sic stantibus*. São Paulo: Saraiva, 2001.

NEGRÃO, Ricardo. *Manual de Direito Comercial e de Empresa*. 5. ed. São Paulo: Saraiva, 2007.

NIEBUHR, Joel de Menezes. *Licitação pública e contrato administrativo*. 3. ed. Belo Horizonte: Fórum, 2013.

OCAMPO, Raúl Enrique Granillo. *Distribución de los riesgos en la contratación administrativa*. Buenos Aires: Astrea de Alfredo y Ricardo Depalma, 1990.

OCDE. *Recomendação do Conselho sobre Liderança e Competências na Função Pública, OCDE/LEGAL/0445*. Disponível em: https://www.oecd.org/gov/pem/recommendation-on-public-service-leadership-and-capability-pt.pdf. Acesso em: 29 ago. 2023.

ORTIZ, Gaspar Ariño. *Teoría del equivalente económico en los contratos administrativos*. Madrid: Escuela Nacional de Administración Pública, 1968.

PÉQUIGNOT, Georges. *Théorie générale du contrat administratif*. Paris: Éditions A. Pédone, 1945.

PERCIO, Gabriela Verona. *Contratos administrativos*: sob a **ótica** da gestão e da fiscalização. Curitiba: Rep**ú**blica, 2013.

PEREIRA, Caio Mário. *Instituições de Direito Civil*: teoria geral das obrigações. 20. ed. Rio de Janeiro: Forense, 2003. v. II.

PEREIRA, Caio Mário. *Instituições de Direito Civil*: introdução ao Direito Civil: teoria geral de Direito Civil. Rio de Janeiro: Forense, 2005. v. 1.

PEREIRA JÚNIOR, Jessé Torres. *Comentários à Lei das Licitações e Contratações da Administração Pública*. 5. ed. Rio de Janeiro: Renovar, 2002.

PEREIRA JUNIOR, Jessé Torres; DOTTI, Marinês. *Políticas públicas nas licitações e contratações administrativas*. Belo Horizonte: Fórum, 2009.

PEREZ, Jesus Gonzalez. *El principio general de la buena fe en el Derecho Administrativo*. Madrid: Civitas, 1983.

Perguntas e respostas. *Guia Trabalhista Online*. Disponível em: http://www.guiatrabalhista.com.br/guia/sindicato.htma. Acesso em: 15 set. 2023.

Potencial uso do BIM na fiscalização de obras públicas. *Revista do TCU*, Edição nº 133, p. 29, 2015. Disponível em: file:///C:/Users/User/Downloads/1302-Texto%20do%20artigo-2273-1-10-20160224.pdf. Acesso em: 18 set. 2023.

RAIMUNDO, Miguel Assis. *A formação dos contratos públicos*: uma concorrência ajustada ao interesse público. Lisboa: aafdl, 2013.

RAMOS, Dora Maria de Oliveira. Revisão de preços: impossibilidade de previsão no instrumento convocatório para prevenir expectativa de inflação. In: *Temas polêmicos sobre licitações e contratos*. 4. ed. São Paulo: Malheiros, 2000.

REALE, Miguel. *Direito Administrativo*: estudos e pareceres. Rio de Janeiro: Forense, 1969.

REALE, Miguel. *Filosofia do Direito*. 17. ed. São Paulo: Saraiva, 1996.

RIBEIRO, Cássio Garcia; INÁCIO JR., Edmundo. *O mercado de compras governamentais brasileiro (2006-2017)*: mensuração e análise. Texto para discussão. IPEA. Instituto de Pesquisa Econômica Aplicada, 2019. Disponível em: https://repositorio.ipea.gov.br/bitstream/11058/9315/1/td_2476.pdf. Acesso em: 29 ago. 2023.

RIBEIRO, Márcia Carla Pereira; BERTOLDI, Marcelo. Jornada I STJ 70. In: NERY JR., Nelson; NERY, Rosa Maria de Andrade. *Código Civil comentado*. 4. ed. São Paulo: Revista dos Tribunais, 2006.

RIVERO, Jean. *Direito Administrativo*. Coimbra: Almedina, 1981.

ROCHA, Cármen Lúcia Antunes. *Princípios constitucionais da Administração Pública*. Belo Horizonte: Del Rey, 1994.

RODRIGUES, Pedro Nunes. *A modificação objectiva do contrato de empreitada de obras públicas*. Lisboa: Universidade Católica Editora, 2012.

RODRIGUES, Sílvio. *Direito Civil*: dos contratos e das declarações unilaterais da vontade. 30. ed. São Paulo: Saraiva, 2004. v. 3.

ROXIN, Claus. *Derecho Penal*. Parte General. Madrid: Thomson-Civitas, 1997. Tomo I.

SANTOS, José Anacleto Abduch; BERTONCINI, Mateus; COSTÓDIO FILHO, Ubirajara. *Comentários à Lei nº 12.846 – Lei Anticorrupção*. 2. ed. São Paulo: Thomsom Reuters, 2015.

SANTOS, José Anacleto Abduch. *Contratos de Concessão de Serviços Públicos* – Equilíbrio Econômico-Financeiro. Curitiba: Juruá, 2002.

SANTOS, José Anacleto Abduch. *Licitações e o estatuto da microempresa e empresa de pequeno porte*. 2. ed. Curitiba: Juruá, 2015.

SANTOS, José Anacleto Abduch. Licitações e o Terceiro Setor. In: OLIVEIRA, Gustavo Justino (Org.). *Terceiro Setor, Empresas e Estado: Novas fronteiras entre o público e o privado*. Belo Horizonte: Editora Fórum, 2007.

SANTOS, Juarez Cirino dos. *Direito Penal*. Parte Geral. 5. ed. Florianópolis: Conceito Editorial, 2012.

SAVYTZKI, Taras. *Manual de análise de balanços*. Curitiba: Sigma, 1985.

SILVA, De Plácido e. *Vocabulário Jurídico*. 28. ed. São Paulo: Forense, 2009.

SILVA PEREIRA, Caio Mario da. *Instituições de Direito Civil*. 4. ed. Rio de Janeiro: Forense, 1978. v. 3.

SILVA PEREIRA, Caio Mário. *Instituições de Direito Civil*. Rio de Janeiro: Editora Forense, 2004. v. I.

SILVA PEREIRA, Caio Mário. *Instituições de Direito Civil*: teoria geral do Direito Civil. 24. ed. Rio de Janeiro: Forense, 2011.

SILVA PEREIRA, Caio Mário. *Responsabilidade civil de acordo com a Constituição de 1988*. 2. ed. Rio de Janeiro: Forense, 1990.

SOUZA, Luan Alves de; DAMASCENO, Deysiane Antunes Barroso; CRUZ, Cristine Bertola; GOMES, Fernando Henrique Fagundes; MATOS, Emanuel Bomtempo; MIRANDA, Suymara Toledo; IASBIK, Israel; STEFANI FILHO, Romulo. Metodologia BIM na construção civil. In: CRUZ, Tairine Cristine Bertola (Org.). *Arquitetura e Engenharia*: Ensaios Multidisciplinares. Ponta Grossa: Aya Editora, 2022. Disponível em: https://ayaeditora.com.br/wp-content/uploads/Livros/L135C7.pdf. Acesso em: 26 ago. 2023.

SUNDFELD, Carlos Ari. *Licitações e contratos administrativos*. 2. ed. São Paulo: Malheiros, 1995.

SUNDFELD, Carlos Ari. *Processo Administrativo*: temas polêmicos da Lei nº 9.784/99: o processo administrativo e seu sentido profundo no Brasil. São Paulo: Atlas, 2011.

TÁCITO, Caio. *Temas de Direito Público*: estudos e pareceres. Rio de Janeiro: Renovar, 1997. v. 1.

TAVARES, André Ramos. *Direito constitucional econômico*. 3. ed. São Paulo: Método, 2011.

TAVARES, Juarez. *Direito Penal da negligência*. São Paulo: Revista dos Tribunais, 1895.

TELES, Vanali. *Licitações e contratos de TI*. Brasília: Thesaurus, 2009.

TEPEDINO, Gustavo; BARBOZA, Heloisa Helena; MORAES, Maria Celina Bodin. *Código Civil Interpretado*: conforme a Constituição da República. São Paulo: Renovar, 2011. v. 1.

WALD, Arnoldo. *Equilíbrio econômico e financeiro no direito brasileiro*: estudos em homenagem ao Professor Caio Tácito. Rio de Janeiro: Renovar, 1997.

WALD, Arnoldo. Dispute Resolution Boards: evolução recente. *Revista de Arbitragem e Mediação*, v. 8, n. 30, p. 139-151, jul./set. 2011.

WALINE, Marcel. *Droit Administratif*. 8. ed. Paris, 1959.

ULHOA, Fabio. *Curso de Direito Civil*. São Paulo: Editora Saraiva, 2003. v. 1.

VENOSA, Sílvio Sálvio. *Direito Civil*. Parte Geral. São Paulo: Atlas, 2004. v. 1.

Você sabe o que é gestão por competência? Descubra e saiba como aplicar na sua empresa passo a passo. *Siteware*. Disponível em: https://www.siteware.com.br/blog/metodologias/o-que-e-gestao-por-competencia/. Acesso em: 29 ago. 2023.

ZANCANER, Weida. *Da convalidação e da invalidação dos atos administrativos*. São Paulo: Revista dos Tribunais, 1990.

ZARDO, Francisco. *Infrações e sanções em licitações e contratos administrativos*. São Paulo: Revista dos Tribunais, 2014.